JN335373

判例を基にした刑事事実認定の基礎知識

丸山輝久 著

現代人文社

序　文

刑事裁判を担う法曹実務家は、まさに、生の証拠（事実）との戦いである。検察官は、捜査段階において、警察官が適正手続に則って証拠を収集しているかを監視し、あるいは自ら証拠を収集し、収集した証拠を分析・評価する連続した作業を行って起訴すべきか否か、どのような訴因（公訴事実）で起訴すべきかを決め、公判において、訴因が認定されるための証拠を請求し、立証活動を行い、論告求刑によって一連の活動は一応の終局を迎え、判決によってその成果が評価される。

弁護人は、捜査段階において、被疑者の取調べを中心とした捜査が適正に行われるよう監視するとともに、被疑者に有利な証拠を自ら収集し、公判において、開示された証拠および自ら収集した証拠を、被告人の立場から分析・評価して弁護方針を決定し、情状も含めて訴因に対峙できる事実の主張を構築し、証拠能力および証拠評価を争う訴訟活動を行い、弁論によって一応の終局を迎えその成果が評価される。

裁判官は、審判対象である訴因の適格性に配慮し、証拠能力の有無を決定し、集積されていく証拠に基づいて訴因に対する心証を形成し、判決の言い渡しによって終局する。

したがって、法曹実務家にもっとも求められるのは、自らの立場から、生の証拠を分析・評価して、証拠能力を的確に判断する能力、証拠評価した結果を基に、自己の主張を根拠付ける積極事実と障害となる消極事実を区分して整理しその優劣を判断し、主張として構成し表現できる能力である。

法曹実務家の養成を目的とするロースクール（法科大学院）では、これらの能力を身に着ける初歩的な訓練がなされなければならないはずであり、これが実務と理論の架橋であるはずである。しかし、ロースクールでは、学生が生の事件、生の証拠に触れることが許されないという意見が強いし、可能だとしても著しい制約がある。また、司法試験の合格率が30％前後という現状では、学生は司法試験合格のために安易で効率的な解釈を記憶することに傾き、判例の事実摘示を学ぶことを敬遠する傾向が強い。したがって、生の事実や証拠に触れることはおろか、事実の整理・分析すら十分ではない。これでは、生の事実や証拠から争点を探し出し、主張を組み立てていく方法、工夫を身に着けることはできないし、組み立てられた主張が証拠から見て正しいかどうかを洞察する能力も身に付かない。

私は、弁護士業32年目にして、初めて、大宮法科大学院大学の教員になった。第二東京弁護士会が学校法人佐藤栄学園と提携して、経営と教育を分離し、教育については全面的に教員が責任を負うロースクールである。しかも、日本でたった一つの新設校である。それまで、司法修習生の弁護修習での講義を10数年前に何年か担当し、司法修習生の刑事実務研修を10名以上引き受けてきたこともあり、刑事クリニック（前、後期各５カ月間で、４単位科目）担当の教員を気軽に引き受けた。しかし、実際に担当してみて、ロースクールでの指導は司法修習生に対する指導とは全く異質であり、ロースクールでは基礎知識の確実化、論点把握力、起案力が中心で、事実の分析・評価や初歩的実務技術の習得など殆ど期待されていないことを感じた。そして、２年目からは刑事事実認定論という新設科目も担当することになった。その教育実践の中で、判例を素材にして講義内容を組み立てる試みに徹底するようになった。

本書は、私の５年間のロースクールでの講義の中で、毎年修正を加えながら、学生に提示してきた内容の、現時点での到達点である。その意味で、私の講義録とでもいうべきものである。

本書の特徴の第一は、実体法と訴訟法の関連性をできる限り追及したという点である。それは、刑事手続における事実認定は、単に、裁判で有罪無罪を判断することだけではなく、訴因と罪数、認定犯罪の限界などで深く関連しているし、証拠能力の正確な判断なくして事実認定はできない。また、証拠能力の有無の判断自体も事実認定である。したがって、実体法と訴訟法をできる限り関連付けて学んでいくことが必要だと考えたからである。

第二は、実務にとって最も重要なことは事実（証拠）であり、事実をどの証拠を根拠にして確定して行くかが最も重要であるので、せめて判例の事実整理の手法だけでも学ぶべきであるとの考えから、判例の事実の整理の部分をできるかぎり扱っていることである。そのことによって、事実認定に必要な事実を整理し、認定の根拠とできる事実とその障害となる事実を区分し、後者を否定し前者を肯定する手法の一端を垣間見、知っておかなければならないと考えたからである。そのために、読み手自身が判例を読んで考えてもらうことが重要であるので、判例解説的論述は最小限にとどめている。

第三に、犯罪の成立についても、行為ごとに犯罪を成立させるパズル的な思考方法をできる限り排除し、一つの事案に対して、誰にどのような犯罪を成立させるのが社会常識に叶っているか、一つの故意の実現としての実行行為はどこからどこまでかという視点を強く押し出している。私は、そのような思考方法が実務家に必要だと考える。

なお、本書は、解釈学の基礎知識について一定レベルに達した者を対象にしているので、解釈学の基礎的知識については殆ど言及していない。薄学の私が、哲学的とも思える学説対立や、抽象的解釈論に触れることはとうてい無理なことであるからである。読者の各自が基本書でチェックしていただきたいと願う。

2010年10月
丸山輝久

《追記》

本書の原稿完成と同時に、私が奉職している大宮法科大学院大学が桐蔭横浜大学と統合されることになった。完全未修者のみを対象とし夜間主コースを設け、専任教員の半数を弁護士が占め、法曹実務家なら大いに魅力を感ずるカリキュラムを掲げ、恵まれた施設環境の下で、法曹養成の理念を純化してスタートしたわが法科大学院は、途半ばで独自の歩みを止め統合の途を選択せざるを得なかった。それは、合格率が３割という新司法試験、合格至上主義から来る法科大学院入学者数の激減という壁に阻まれたからである。万感を込めて残念であるといいたい。それでも５回の卒業生を送り出し、そのうち55名の新司法試験合格者を輩出した。そして、嬉しいことに、私が団長をしている原発被災者支援弁護団に８名もの大宮法科大学院卒業生が加わってくれている。大宮法科大学院としては残された期間は少ないが、なんとか合格者計100名をと願っている。

はからずも、本年11月から桐蔭横浜大学の法科大学院の夜間主コースを対象とする「刑事法総合」という科目も担当することになった。大宮法科大学院大学と桐蔭横浜大学法科大学院で、本書を利用できることになった。

（2011年11月28日記）

判例を基にした刑事事実認定の基礎知識

目次

第３章　捜査の適法性と証拠能力（認定の資料１）

第４章　伝聞証拠（認定の資料２）

第７章　事案の捌き方　その２（違法阻却事由を中心として）

第８章　事案の捌き方　その３（財産犯を中心として）

※凡例

本書では、特に記載のない限り、「判例百選」は以下の版を指します。

刑訴法判例百選	井上正仁ほか編『刑事訴訟法判例百選[第9版]』(有斐閣、2011年)
刑法判例百選総論	西田典之ほか編『刑法判例百選I総論[第6版]』(有斐閣、2008年)
刑法判例百選各論	西田典之ほか編『刑法判例百選II各論[第6版]』(有斐閣、2008年)

第1章
刑事事実認定のための前提知識

第１　裁判における刑事事実認定とは

刑事裁判における事実認定とは、狭義の意味では、証拠能力のある証拠に基づいて、検察官が起訴した公訴事実（訴因）の存否を判断する作業である。したがって、認定する対象を特定し、争点を整理・明確化する訴因論と、認定に供してよい証拠を確定させ、証拠を分析・評価するための証拠論を前提にしなければならない。また、広義の意味では、捜査の結果を踏まえた検察官の起訴、証拠能力の有無の決定、論告、弁論なども事実認定作業である。

1　実体的真実主義

刑訴法1条は、刑事裁判は「公共の福祉の維持と個人の基本的人権の保障とを全うしつつ、事案の真相を明らかにし、刑罰法令を適正且つ迅速に適用実現することを目的とする」と規定している。

民主主義国家における刑罰権の行使は、国民の付託に基づくものであるから、公正・公平に行われて国民に信頼されるものでなければならない。そのためには、法を適用すべき事実の認定が国民から見て納得できるものでなければならないし、それに対する法の適用が公正・公平であることが必要不可欠である。すなわち、事実認定が正しく行われることが刑事裁判の基本であり、それなくして公正・公平な法適用も担保されない。

同条の「事案の真相を明らかにし」とは**実体的真実主義**を定めたものであるといわれている。「**実体的真実**」とは、制限された制度（制限された証拠と法定手続）の下で究明される「**できるかぎり真実らしい事実**」であり、相対的真実にすぎない（絶対的真実は神のみぞ知るである）。すなわち、刑事裁判における事実認定の作業は、過去に起こった事柄を、事後に収集された証拠に基づいて判断した事実にすぎないのであり、真実ではなく、限りなく真実らしい事実を追究する判断作用にすぎないという制約がある。

また、刑事裁判における真実追究は国家、社会の秩序維持という「**公共の福祉**」と個人の「**基本的人権の擁護**」という対立的概念を調和しつつ行われなければならないとされている。「公共の福祉」を重視すれば、「真犯人を逃してはならない。真犯人は必ず処罰されなければならない」という命題を重視することになり、有罪・無罪の境界線上の事案について有罪認定に傾くことになる。また、「公共の福祉」を重視すれば、迅速な刑罰権の行使に傾き、「迅速」を重視すれば拙速な審理の危険性があり、被告人の弁解を丁寧に吟味することを怠りがちになる。

さらに、刑事訴訟法は**自由心証主義**を採用し、「証拠の証明力は、裁判官の自由な判断に委ねる」と規定している（**同318条**）。これは、裁判官は、職業的良心と信念にのみ基づいて、証拠評価をして犯罪事実の存否を判断しなければならないという意味である。しかし、裁判官の良心や信念は、個々の裁判官の国家観、人生観、思想、宗教観、心情などに依拠しており、裁判官ごとにそれらが異なる以上、上記対立概念についての軸足が異なる。そのため、裁判の進め方、証拠採用、証拠判断、法解釈などが異なってくる場合が当然予定されている。刑事法制度は、その不均衡、不合理を審級制度で是正しようとしている。しかし、上級審が前者の立場の場合、一審有罪判決の安易な追認となり、一審無罪判決否定による逆転有罪という結果になるし、再審の扉は極めて厳しいものになる。

刑事裁判は、上述のとおり、証拠能力を有する証拠に基づいて、過去の「真実らしい」事実の追究にすぎない。しかも、真実の追究は自由ではなく、適正手続に則って行われなければならない。したがって、刑事裁判における真実の発見は二重の意味で相対的なものである。すなわち、**刑事裁判における事実認定は証拠評価の結論**にすぎない。検察官の主張する事実と被告人の主張する事実が対立し、それを前提として裁判所が判定を下す。さらに、裁判所の認定も、一審、控訴審、最高裁判所で異なることが少なくないばかりか、再審によって覆ることも予定されている。したがって、実務家は、一つの審判対象である訴因事実について、少なくとも三つの異なった事実認定が可能であることが想定されていることを念頭におかなければならない。

日本の裁判制度に対して二つの疑念が投げかけられてきた。一つは、国民の裁判に対する信頼が揺らいでいるという疑念である。これは、現行刑事裁判が余りにも精密手法化していて国民には解りにくい上に、判決までに長期間を要するために訴訟経済的合理性を失っているのではないかという指摘と、誤判・再審無罪が後を絶たない上に、判決理由に説得性が欠けるものが少なくないとし、職業裁判官にだけ任せておけないのではないかという指摘である。裁判員裁判制度の導入はその疑念の延長線にある。私は、この制度の導入について高く評価している。しかし、この疑念の根源は、糾問的捜査構造の下での調書重視（自白重視）による精密手法の弊害であり、「自白は証拠の女王」とする考え方を捨てない限り、また、糾問的捜査構造を改めない限り払拭できない。また、裁判員裁判制度の前提となっている公判前整理手続は、主張・立証が制限されることによる被告人の不利益、「迅速」重視の裁判による不十分な審理を招きかねない。

被疑者の基本的人権擁護の視点から導入された、被疑者国選弁護人制度も極めて意義のあるものである。しかし、弁護人の助言と指導を得ているとの理由で、安易に自白の任意性を肯定する理由に使われる危険性がある。

もう一つは、これも国民の裁判に対する信頼が揺ぐ原因ではあるが、被告人の権利のみが重視されて犯罪被害者の立場が無視されているのではないかという疑念である。そのために犯罪被害者が刑事裁判手続に参加できる制度が設けられた。私はこれについても反対ではない。しかし、被害者の感情的訴えが事実認定を歪める危険性、重罰化の危険性を孕んでおり、刑罰権は国家権力が謙抑的に行使すべきであるという原則が、犯罪被害者の権利という個人の権利擁護を介在させることにより、裁判が私的報復の場にならないという保障はなく、刑罰権の抑制的行使という原則が歪められるのではないかという危惧がある。

また、刑事裁判制度とは直接関係はないが、裁判員裁判制度及び犯罪被害者の裁判手続への参加制度の実施によって裁判が劇場化し、第四の権力といわれる報道と相まって、裁判の独立性、公平性、中立性をどう守るかという重要な問題があることを忘れてはならない。

いずれにしても、上記諸制度の導入より、弁護人の役割は極めて重要となったといえる。

2　自由心証主義と証拠裁判主義

証拠裁判主義（**刑訴法317条**）は自由心証主義（**同318条**）に対する制約である。

前述した通り、有罪立証の挙証責任は検察官が負っている。どのような審判を求めるかは検察官に裁量権があるが、検察官が取調請求を義務付けられている証拠もある（**同300条**）。例外的に、裁判所も証拠調べについて職権を発動する義務がある場合がある。それは、**審理不尽**が上訴理由になっていて（**同379条**）、審理を尽くすことが裁判所の責務とされているからである。しかし、裁判所の義務は、証拠請求を促す義務（**規則208条**）が主たるもので、公判準備の結果の顕出（**刑訴法303条**）、更新（**同315条、規則213条、同213条の2項3号**）、破棄差戻し・移送の公判（**刑訴法400条**）などは、一旦証拠調べが行われた後の、裁判手続変更に伴う証拠処理として、裁判所の義務とされているものである。

直接主義・口頭主義から伝聞証拠排除の原則がある。また、厳格な証明と自由な証明との区別をきちんと理解することも重要である。

自由心証には、**合理的な疑いを超えた証明**がある場合でなければ有罪と認定できないという制限がある。しかし、合理的な疑いを超えた証明自体が極めて抽象的な概念であり、具体的な裁判の場では、疑わしきは被告人の利益にという命題と、真犯人を見逃してはならないという命題の狭間で揺れ動くことについては前述した。

判決書で理由を記載することは、有罪の判決において「法律上犯罪の成立を妨げる理由又は刑の加重減免の理由となる事実が主張されたとき」のみであり（**刑訴法335条2項、336条**）、事実認定に関する主張に対する判断理由の記載は法律上必要とされていない。しかし、控訴理由（**同381、382条**）、上告審の職権発動による原判決破棄（**同411条2、3号**）などの規定は、事実誤認も上訴理由となるので、事実判断についての理由を記載することを間接的に予定しているといえる。

実務では、無罪判決の方が理由記載が詳細である場合が多く、本末転倒の感がある。判決の理由記載も、直感的判断理由から分析的・論理的な判断理由へ移行し、事実認定に関する判断過程の説明が必要とされるようになった。

判例1-1は、最高裁が情況証拠による見解を示した平成19年の判決（**後掲1-3**）をさらに進めて、合理的な疑いを差し挟む余地のない程度の立証に「直接証拠がないのであるから、情況証拠によって認められる間接事実中に、被告人が犯人でないとしたならば合理的に説明することができない（あるいは、少なくとも説明が極めて困難である）事実関係が含まれていることを要する」という概念を導入した。反対意見もあるので読み比べてほしい。

同1-2は、通勤電車内での痴漢事件について、被害者供述のみに基づいて有罪判決をすることについて警鐘を鳴らし、無罪判決をした事案である。この判決も裁判官の意見対立が激しい。

同1-5の齋藤裁判官の意見は、裁判所の限界を率直に語っている。**同1-4**は、情況証拠のみによる有罪認定については厳しくなければならないことを強調しているが、**同1-3**は、合理的な疑いを超えた証明について「反対事実が存在する疑いを全く残さない場合をいうものではなく、抽象的な可能性としては反対事実が存在するとの疑いをいれる余地があっても、健全な社会常識に照らして、その疑いに合理性がないと一般的に判断される場合には、有罪認定を可能とする趣旨である。」として、合理的な疑いを超えた証明についてニュアンス的に後退している感がある。

（自由心証主義に関する判例）

1-1　最判平22・4・27（殺人、現住建造物等放火被告事件）

刑事裁判における有罪の認定に当たっては、合理的な疑いを差し挟む余地のない程度の立証が必要であるところ、情況証拠によって事実認定をすべき場合であっても、直接証拠によって事実認定をする場合と比べて立証の程度に差があるわけではないが（最決平19・10・16参照）、直接証拠がないのであるから、情況証拠によって認められる間接事実中に、被告人が犯人でないとしたならば合理的に説明することができない（あるいは、少なくとも説明が極めて困難である）事実関係が含まれていることを要するものというべきである。ところが、本件において認定された間接事実は、以下のとおり、この点を満たすものとは認められず、第１審及び原審において十分な審理が尽くされたとはいい難い。

（１）第１審判決による間接事実からの推認は、被告人が、本件事件当日に本件マンションに赴いたという事実を最も大きな根拠とするものである。そして、その事実が認定できるとする理由の中心は、本件灰皿内に遺留されていたたばこの吸い殻に付着した唾液中の細胞のＤＮＡ型が被告人の血液のそれと一致したという証拠上も是認できる事実からの推認である。

このＤＮＡ型の一致から、被告人が本件事件当日に本件マンションを訪れたと推認する点について、被告人は、第１審から、自分がＣ夫婦に対し、自らが使用していた携帯灰皿を渡したことがあり、Ｃがその携帯灰皿の中に入っていた本件吸い殻を本件灰皿内に捨てた可能性がある旨の反論をしており、控訴趣意においても同様の主張がされていた。

原判決は、Ｂ方から発見された黒色の金属製の携帯灰皿の中からＥが吸ったとみられるショートホープライトの吸い殻が発見されていること、それはＣなどが被告人方からその携帯灰皿を持ち出したためと認められること、上記金属製の携帯灰皿のほかにもビニール製の携帯灰皿をＣなどが同様に持ち出すなどした可能性があること、本件吸い殻は茶色く変色して汚れていることなどといった、上記被告人の主張を裏付けるような事実関係も認められるとしながら、上記金属製携帯灰皿を経由して捨てられた可能性については、Ｅの吸い殻を残して被告人の吸い殻だけが捨てられることは考えられないからその可能性はないとした。また、ビニール製携帯灰皿を経由して捨てられた可能性については、ビニール製携帯灰皿に入れられた吸い殻は通常押しつぶされた上で灰がまんべんなく付着して汚れるのであるが、本件吸い殻は押しつぶされた形跡もなければ灰がまんべんなく付着しているわけでもないのであり、むしろ、その形状に照らせば、もみ消さないで火のついたまま灰皿などに捨てられてフィルターの部分で自然に消火したものと認められること、茶色く変色している点は、フィルターに唾液が付着して濡れた状態で灰皿の中に落ち込んだ吸い殻であれば、翌日採取されてもこのような状態となるのは自然というべきであることから、その可能性もないとした。

しかし、ビニール製携帯灰皿に入れられた吸い殻が、常に原判決の説示するような形状になるといえるのか疑問がある上、そもそも本件吸い殻が経由する可能性があった携帯灰皿がビニール製のものであったと限定できる証拠状況でもない（関係証拠によれば、Ｂ方からは、箱形で白と青のツートーンの携帯灰皿も発見されており、これはＥ又は被告人のものであって、Ｃが持ち帰ったものと認められるところ、所論は、この携帯灰皿から本件吸い殻が捨てられた可能性があると主張している。）。また、変色の点は、本件事件から１か月半余が経過してなされた唾液鑑定の際の写真によれば、本件吸い殻のフィルター部全体が変色しているのであり、これが唾液によるものと考えるのは極めて不自然といわざるを得ない。本件吸い殻は、前記のとおり本件事件の翌日に採取されたものであり、当時撮影された写真において既に茶色っぽく変色していることがうかがわれ、水に濡れるなどの状況がなければ短期間でこのような変色は生じないと考えられるところ、本件灰皿内から本件吸い殻を採取した警察官Ｆは、本件灰皿内が濡れていたかどうかについて記憶はないが、写真を見る限り湿っているようには見えない旨証言しているから、この変色は、本件吸い殻が捨てられた時期が本件事件当日よりもかなり以前のことであった可能性を示すものとさえいえるところである。この問題点について、原判決の上記説明は採用できず、その他、本件吸い殻の変色を合理的に説明できる根拠は、記録上見当たらない。したがって、上記のような理由で本件吸い殻が携帯灰皿を経由して捨てられたものであるとの可能性を否定した原審の判断は、不合理であるといわざるを得ない。（略）

（２）ところで、本件吸い殻が捨てられていた本件灰皿には前記のとおり多数の吸い殻が存在し、その中にはＣが吸っていたたばこと同一の銘柄（マルボロライト〔金色文字〕）のもの４個も存在した。これらの吸い殻に付着する唾液等からＣのＤＮＡ型に一致するものが検出されれば、Ｃが携帯灰皿の中身を本件灰皿内に捨てたことがあった可能性が極めて高くなる。しかし、この点について鑑定等を行ったような証拠は存在しない。また、本件灰皿内での本件吸い殻の位置等の状況も重要であるところ、吸い殻を採取した前記の警察官にもその記憶はないなど、その証拠は十分ではない。検証の際に本件灰皿を撮影した数枚の写真のうち、内容が見えるのは、上ぶたを取り外したところを上から撮った写真１枚のみであるが、これによって本件吸い殻は確認できないし、内容物をすべて取り出して並べた写真も、本件吸い殻であることの確認ができるかどうかという程度の小さなものである。さらに、**本件吸い殻の変色は上記のとおり大きな問題であり、これに関しては、被告人が本件事件当日に本件吸い殻を捨てたとすれば、そのときから採取までの間に水に濡れる可能性があったかどうかの検討が必要であるところ、これに関してはそもそも捜査自体が十分になされていないことがうかがわれる。前記のとおり、本件吸い殻が被告人によって本件事件当日に捨てられたものであるかどうかは、被告人の犯人性が推認できるかどうかについての最も重要な事実であり、ＤＮＡ型の一致からの推認について、前記被告人の主張のように具体的に疑問が提起されているのに、第１審及び原審において、審理が尽くされているとはいい難いところである。**

（３）その上、仮に、被告人が本件事件当日に本件マンションに赴いた事実が認められたとしても、**認定されている他の間接事実を加えることによって、被告人が犯人でないとしたならば合理的に説明できない（あるいは、少なくとも説明が極めて困難である）事実関係が存在するとまでいえるかどうかにも疑問がある。**すなわち、第１審判決は、（略）、例えば、Ｃを殺害する動機については、Ｃに対して怒りを爆発させてもおかしくない状況があったというにすぎないものであり、これは殺人の**犯行動機**として積極的に用いることのできるようなものではない。また、被告人が本件事件当日に携帯電話の電源を切っていたことも、他方で本件殺害行為が突発的な犯行であるとされていることに照らせば、それがなぜ被告人の犯行を推認することのできる事情となるのか十分納得できる説明がされているとはいい難い。その他の点を含め、第１審判決が掲げる間接事実のみで被告人を有罪と認定することは、著しく困難であるといわざるを得ない。

そもそも、このような第１審判決及び原判決がなされたのは、第１審が限られた間接事実のみによって被告人の有罪を認定することが可能と判断し、原審もこれを是認したことによると考えられるのであり、前記の「被告人が犯人でないとしたならば合理的に説明することができない（あるいは、少なくとも説明が極めて困難である）事実関係」が存在するか否かという観点からの審理が尽くされたとはいい難い。本件事案の重大性からすれば、そのような観点に立った上で、第１審が有罪認定に用いなかったものを含め、他の間接事実についても更に検察官の立証を許し、これらを総合的に検討することが必要である。

５　結論

以上のとおり、本件灰皿内に存在した本件吸い殻が携帯灰皿を経由してＣによって捨てられたものであるとの可能性を否定して、被告人が本件事件当日に本件吸い殻を本件灰皿に捨てたとの事実を認定した上で、これを被告人の犯人性推認の中心的事実とし、他の間接事実も加えれば被告人が本件犯行の犯人であることが認定できるとした第１審判決及び同判決に審理不尽も事実誤認もないとしてこれを是認した原判決は、本件吸い殻に関して存在する疑問点を解明せず、かつ、間接事実に関して十分な審理を尽くさずに判断したものといわざるを得ず、その結果事実を誤認した疑いがあり、これが判決に影響を及ぼすことは明らかであって、第１審判決及び原判決を破棄しなければ著しく正義に反するものと認められる。（略）、更に審理を尽くさせるため、本件を第１審である大阪地方裁判所に差し戻すこととし、裁判官堀籠幸男の反対意見があるほか、裁判官全員一致の意見で、主文のとおり判決する。

（裁判官藤田宙靖の補足意見）

私は、多数意見に賛成するものであるが、本件において被告人を犯人であるとする第一審判決及びこれを支持する原判決の事実認定の方法には、刑事司法の基本を成すとされる推定無罪の原則に照らし重大な疑念を払拭し得ないことについて、以下補足して説明することとしたい。（略）

１　第一審判決及び原判決が、被告人を本件の犯人であると認定した根拠は、基本的には、以下のような点である。

（１）被告人が当日現場マンションに立ち入ったことを証する幾つかの間接証拠が存在すること。

（２）被告人に被害者らを殺害する動機があったとまでは認定できないが、被害者Ｃとのやり取りやそのささいな言動をきっかけとして、同人に対し怒りを爆発させてもおかしくはない状況があったこと。

（３）第三者の犯行を疑わせる状況は見当たらないこと。

（４）被害者らの推定死亡時刻頃における被告人のアリバイはなく、また、この点についての被告人の供述があいまいであり、不自然な変転等が見られること。

（５）これらの事実は、それ自体が直接に被告人が犯人であることを証するものではないが、これらを総合して評価すると、相互に関連し合ってその信用性を補強し合い、推認力を高めていること。（略）

（５）第一審判決及び原判決は、上記の各間接事実について、その一つ一つについては、それだけで被告人有罪の根拠とすることはできないものの、これらを「総合評価」すれば合理的疑いを容れる余地なく被告人有罪が立証されているとする。私もまた、このような推論が一応可能であること自体を否定するものではない。ただ、本件における各間接事実は、その一つ一つを取って見る限り、上記に見たように、さほど強力な根拠として評価し得るものではなく、たばこの吸い殻のＤＮＡ型を除いては、むしろ有罪の根拠としては薄弱なものであるとすら言えるのではないかと思われる。本件において認定されている各事実は、（略）、いずれも、被告人が犯人である可能性があることを示すものであって、仮に被告人が犯人であると想定すれば、その多くが矛盾無く説明されるという関係にあることは否定できない。しかし一般に、一定の原因事実を想定すれば様々の事実が矛盾無く説明できるという理由のみによりその原因事実が存在したと断定することが、極めて危険であるということは、改めて指摘するまでもないところであって、そこで得られるのは、本来、その原因事実の存在が仮説として成立し得るというだけのことに過ぎない。**「仮説」を「真実」というためには、本来、それ以外の説明はできないことが明らかにされなければならないのであって、自然科学における真実の発見と刑事裁判における事実認定との間における性質の違いを前提としたとしても、少なくともこの理論上の基本的枠組みは、後者にあっても充分に尊重されるのでなければならない。**これを本件について見るならば、被告人を犯人と断定するためには、**「被告人が犯人であることを前提とすれば矛盾無く説明できる事実関係」に加えて更に、「被告人が犯人でないとしたならば合理的に説明できない（あるいは、少なくとも説明が極めて困難である）事実関係」の存在が立証されることが不可欠であるというべきである。**（略）

３　なお、堀籠裁判官の反対意見に鑑み、以下を付加したい。

先に述べたとおり、私は、「被告人が犯人であることを前提とすれば全ての事実が矛盾無く説明できる」こと（以下「事実〔１〕」と称する）のみで被告人を犯人と断定することは甚だ危険であり、有罪の認定に当っては、これと同時に「被告人が犯人でないとすれば合理的に説明することができない（あるいは、少なくとも説明が極めて困難である）事実関係」の存在（以下「事実〔２〕」と称する）が認定されなければならないと考えている。その場合、有罪認定の証拠とされる間接事実群のうちいずれかの個別事実のみをもって既に上記「事実〔２〕」が認められるならば、それ以上の「総合判断」は必要としないということは、反対意見の指摘するとおりであるが、本件の場合には、そのような事実関係にはなく、正に「総合判断」が必要とされるケースなのであるから、ここでいう「事実〔２〕」の必要とは、更に進んで、総合判断の「あり方」に関しても問題とされるものであることは、本来、改めて説明するまでもないことであるように思われる。

すなわち、「総合判断」に当っては、上記「事実〔１〕」と共に、「事実〔２〕」もまた充たされているか否かが問われなければならないところ、本件において第一審及び原審が前提とした間接事実のみでは、個別の事実についてはもとよりこれらを如何に「総合」しても、その結果として「事実〔２〕」がクリアーされているものとは言えないのみならず、そもそも、その審理に当ってこの問題が正面から意識されているようにも窺えない。多数意見は、正にこの点を問題とするものである。

なお、反対意見は、「裁判員裁判は、多様な経験を有する国民の健全な良識を刑事裁判に反映させようとするものであるから、裁判官がこれまで形成した事実認定の手法を裁判員がそのまま受入れるよう求めることは、避けなければならない」とした上で、上記のような考え方につき、「合理的疑いを容れない程度の立証とは何かを説明するためのものであるとしても、先に述べたような趣旨で裁判員裁判が実施された現時点においては、相当ではないと考える」という。しかし、それ自体一般国民にとって必ずしも容易に理解できる概念とは言い難い「合理的疑いを容れない程度の立証」とはそもそもどういうことであるかについての手掛かりを全く与えることなく、手放しで「国民の健全な良識」を求めることが、果たして裁判員制度の本旨に沿うものであるかは疑問であるのみならず、刑事司法の原点に立った上での事実認定上の経験則とは本来どのようなものであるかを明示することは、法律家としての責務でもあるものと考える。

（裁判官那須弘平の意見）

多数意見のうち、結論部分（主文）には賛成する。同理由のうち、「合理的な疑いを差し挟む余地のない証明」がなされたかどうかを判断する一つの基準として、直接証拠がなく情況証拠によって有罪の認定をする場合には、情況証拠によって認められる間接事実中に「被告人が犯人でないとしたならば合理的に説明することができない（あるいは、少なくとも説明が極めて困難である）事実関係」が含まれていることを要するとする点についても賛成し、これを支持する。しかし、多数意見が、その具体的適用の一環として、第１審判決及び原判決中に審理不尽があると指摘する個々具体的な問題点の中には、賛同できない部分がある。また、多数意見中では指摘されていないが、「被告人が犯人でないとしたならば合理的に説明することができない（あるいは、少なくとも説明が極めて困難である）事実関係」の存否を判断する上で見落とせないと思われる点も複数存在する。そこで、これら多数意見と見解を異にし、あるいは多数意見が触れていない問題点を中心にして、以下のとおり私の見解を示しておきたい。

１　被告人の本件マンション立入り問題と犯人性の認定

（１）本件灰皿内に遺留されていた本件吸い殻に付着した唾液中のＤＮＡ型が被告人の血液のそれと一致したという事実から、被告人が本件事件当日に本件マンションに赴いたと推認してよいか。これは、本件の核心的争点であるが、多数意見が指摘するとおり、第１審判決及び原判決が挙げる複数の間接事実（事件当日、被告人が本件マンション付近に長時間自己の運転する自動車を駐車させていたことを窺わせる事実及び同じく本件マンション付近のバッティングセンターにおいて被告人によく似た人物が目撃されている事実等）を勘案しても、他の携帯灰皿を介しての被害者等による投棄の可能性等の問題がなお残ることから、第１審及びこれを是認する原審のような推認をすることには無理がある。やはり、マンションの階段にあった本件灰皿から採取された本件吸い殻の変色の原因の究明（本件事件当日、採取までの間に消火活動に伴う放水等の影響で、水に濡れた蓋然性があったか否かを含む）及び他の吸い殻に付着していたかも知れない唾液のＤＮＡ鑑定及びこれと被害者ないし被告人の周辺関係者のＤＮＡ型との比較検討等を欠かすことはできず、この点についてさらに審理を尽くす必要があると考える。

（２）他方で、多数意見が「仮に、被告人が本件事件当日に本件マンションに赴いた事実が認められたとしても、認定されている他の間接事実を加えることによって、被告人が犯人でないとしたならば合理的に説明できない（あるいは、少なくとも説明が極めて困難である）事実関係が存在するとまでいえるかどうかにも疑問がある」とする点については、**私は見解を異にする。**

そもそも、被告人には犯行に至ってもおかしくない人間関係が存在することは否定しがたく、これに妻Ｅとの間での携帯電話のやりとりをめぐる被告人の不自然な行動、及び事件当日の被告人の行動につき被告人自らによる合理的説明がなされていないこと、犯行現場の状況や犯行の手口等からみて犯行が被害者と近しい関係にある者によって敢行された可能性を否定できないこと等の間接事実が存在することを踏まえると、被告人が犯人ではないかとの疑いは拭いがたいものがある。そのような証拠状況に加えて、さらに、本件吸い殻に関する差戻し後の審理の結果として、被告人が当日本件マンションに赴いた事実が証拠から認定できる状況が生じた場合を想定すれば、被告人が犯人ではないかとの疑惑は極めて強いものになるはずである。そして、この場合には、被告人が第１審及び原審を通じ、本件マンションへの立入りを強く否定し続けてきたことと両立しがたい客観的事実（立入りの事実）の存在が明らかになったことになるのであるから、そこに「被告人が犯人でないとしたならば合理的に説明することができない事実関係」が存在すると認めざるを得なくなる。したがって、なぜ被告人が事実に反して立入りを否定し続けたのかについての説得力を持った特別な理由が被告人から示されない限り、被告人が犯人であることにつき「合理的疑いを差し挟む余地のない程度の証明」がなされたものと認めて差し支えないと考える。

２　間接事実からマンション立入りに関する推認ができない場合の対応

問題は、むしろ、１で検討したことのその先にある。差戻し後の審理を経ても、被告人が本件吸い殻を当日本件灰皿に捨てたことを裏付ける新たな証拠の存在を確認できない状況のままであるときに、裁判所が現時点で存在する他の証拠ないし間接事実を吟味し直して、やはり被告人が事件当日本件マンションに立ち入ったと認定し、有罪方向での判断をすることが許されるか。この点について、多数意見は否定的な見解を採るものと解されるが、私はなおこれを肯定する余地が残されていると考える。すなわち、

（１）第１審判決は、多数意見が（略）要約する複数の情況証拠から間接事実を認定し、その間接事実を総合することによって当日の立入りの事実を認定する手法を採用しているが、それだけでなく、別系統の直接証拠である乙１４号証（平成１４年８月１７日付けで警察官が作成し、被告人が署名指印した被告人供述調書）をも援用し、この調書の任意性及び信用性を認めた上で、被告人の犯人性を肯定する判断の補強とする、という二段構えの理由付けをしている（略）。

この調書は、「本年４月１４日は、Ｂの事が色々心配で午前中も堺方向をさがし、午後２時ころ、自宅マンションを出て、Ｂをさがしに行っています。そして時間は、はっきり覚えていませんが、午後５時前ころに、Ｂ夫婦の姿が無いか、さがすために、Ｑに入っていると思います。このマンションは、４階建で道路からマンション敷地内に入り、すぐの所にある入口を入って、階段を上っています」という供述を含む極めて簡単なものであり、本件犯行自体を直接に認める内容のものでもない。

しかし、被告人が事件当日の午後２時過ぎころに自宅を出てホンダストリームに乗って平野区方面に向かい、午後１０時ころまで同区内ないしその周辺で行動していたこと、その目的はＢないしＢ方を探すためであったことは、被告人自身が認めて争わない事実であり、さらに捜査段階においては、事件当日、本件マンション付近にホンダストリームを駐車したことを自ら明確に捜査官に告げ、その供述を維持していた事実もある。第１審判決は、これらの情況証拠をも踏まえた上で、同自白調書の任意性と信用性を認めたものと理解できるのであって、後記取調べに際しての暴行ないしこれに近い強制の有無という点でなお問題が残されているとはいえ、その判示するところが論理則、経験則に照らして不合理であるとまではいえないと考える。

（２）第１審判決が、同調書につき、被告人の本件マンションへの立入りの事実を認定するための直接の根拠とせず、まず前記のとおりの情況証拠による間接事実の認定という作業を積み重ねて被告人の犯人性を推認した上で、同推認による判断は、同調書によって「さらに補強されることになる」とした真意は必ずしも明らかではない。しかし、任意性について争いのある供述調書による直接的な認定を敢えて避け、情況証拠から間接事実を認定し、間接事実の積み重ねにより被告人の犯人性を認定し、その上で同調書を補強的に援用するという手法を採ったと理解できないでもなく、そうとすれば、このような選択がとかく自白偏重の批判を受けがちなこの種事案について、手堅い審理の実現という点で、一定の積極的意義を有するものと評価することも可能となる。いずれにせよ、乙１４号証については、任意性及び信用性を認めることができるか否かという基本的問題が残されている点を除けば、他の証拠に比べて質的に劣るという性格をそれ自体として持つのものでもないことは明らかである。

したがって、差戻し審において、被告人が本件吸い殻を当日本件灰皿に捨てたことを裏付ける新たな証拠の存在を確認できない状況のままであっても、直接証拠である乙１４号証に新たな位置付けをした上で、その供述に沿った事実の認定をすることも手続的には不可能ではないと考える（その前提として、後述のとおり、被告人が主張する取調べに際しての暴行ないしこれに近い強制があったかどうかに関する厳密な再吟味を経て、任意性及び信用性を確認する必要があることはいうまでもない）。

３　乙１４号証作成時の暴行等の有無の問題

乙１４号証は、任意捜査の過程で作成されたものであるが、被告人は公判廷においてその作成経緯につき、「３人の警察官から、１０時間以上にわたり、殴る、蹴るの暴行を受けた上、椅子に座ったまま自分の足首を握るという二つ折りの体勢を取らされたり、ナイロン袋を頭からかぶせて呼吸ができないようにされ、また、両手を柔道の帯で後ろ手に縛られた」などと供述している。これに対し、取調べに当たった警察官は、暴力を振るった事実を全面的に否定している。第１審判決はこの点につき、「被告人の取調べ状況に関する供述を額面どおりに受け取ることはできない」として被告人の主張を斥ける一方、警察官の証言の信用性を肯定したが、原判決は、「被告人が主張するような暴行があったと疑いなく認めることはともかくとして、被告人が任意に供述をしたものと疑問の余地なく認めることにも躊躇があり、乙第１４号証に証拠能力を認めて取り調べた第１審裁判所の措置は、刑事訴訟法３２２条１項に反したものである」として、第１審判決とは反対の判断を示した（ただし、この証拠を排除しても、他の証拠を総合すれば、被告人が各犯行の犯人であることを認めた第１審判決の判断が異なったものとなった蓋然性はないとも判断）。

しかし、任意捜査の段階において、１０時間以上にわたる取調べをすること自体大きな問題であるが、さらに被告人の主張するような暴行やこれに近い強制の違法捜査（それ自体犯罪に該当する行為である）があったのが事実であるとすると、単に乙１４号証の任意性、信用性の判断に影響を及ぼすだけでなく、担当の捜査官による捜査の信頼性が強く揺らぐため、本件吸い殻の採取や鑑定依頼の手続、ひいてはＤＮＡの鑑定結果の信頼性についても影響が及ぶことは必至である。必然的に、「他の証拠を総合すれば、被告人が各犯行の犯人であると認めた一審判決の判断が異なったものになった蓋然性はない」という原審の判断の相当性にも強い疑念が生じることになる。

他方で、上記の点に関する被告人の主張の基本的な部分に虚偽ないし大きな誇張があるとすると、被告人の供述の信用性が大きく揺らぎ、ひいては、その虚偽ないし誇張の供述の存在自体が「被告人が犯人でないとしたならば合理的に説明することができない事実関係」に当たるか、少なくともその一部を構成するとして、有罪認定の根拠とされることにもなりかねない。

原判決は、暴行の存否について踏み込んだ判断を示すことなく、乙１４号証の任意性判断の問題に限定した処理をするにとどまっているが、被告人と捜査官のいずれが嘘を言っているのかの問題が本件全体の見立てに大きく影響する重要な争点であることは上述のとおりであることを考慮すれば、この点に関し差戻し審においてさらに踏み込んだ審理がなされることが必要であると考える。

４　妻の証言の位置づけ

被告人の妻であるＥは、事件発生から約１か月半を経た５月末に、「被告人が犯人」との確信を深め、自宅を出て被告人と別居する生活を始めた。同女が、そう確信するに至った根拠について公判廷で詳細に証言しており、一つ一つは夫婦の間の些細なエピソードに過ぎないにしても、これが積み重なることによって、全体として被告人が犯人であると確信するに至った経緯が比較的詳しく示される内容となっている。それまで不仲でもなかった妻が夫に対しこのような厳しい認識を持つに至り、審理の中でもこの認識を維持してこれに沿った証言をしている事実は、一般的に見て極めて重い意味を持つ。その証言が第１審において被告人を犯人であると判断するに際し、微妙な影響を与えたであろうことは想像に難くない。

もっとも、第１審は、判決書の上では同女の証言を、本件事件発生に先立つ時期において、被告人が被害者であるＣに対し、性交渉を迫る等の行為に及んでいたかどうか、「恋慕の情」を抱いていたかどうか等を含め犯行の動機に関する間接事実の認定に用いたり、本件事件発生時前後の被告人の行動に不自然ないし不審な行動がなかったかどうか等の間接事実の認定に用いたりしているものの、Ｅがなぜ夫である被告人を犯人であると確信して家を出るに至ったのか、果たしてその判断ないし行動に合理性があったのかについては、詳しく判示していない（そもそも、このような微妙な点について判決書の中に記載することは技術的に困難であり、かつ刑事訴訟法上も要求されていない）。しかし、本件が、被告人の犯人性をめぐって激しく争われ、当審における裁判官の見解も分かれるような状況にあることから、差戻し審においては、同女が被告人を犯人と考えて家を出るに至った点につき、可能な限り検討を加えて、明示的な判断をすることが望ましいと考える。その上で、同女の家を出る原因となった上記確信及びその後の行動について誤解や不合理な判断に基づく点があったとも認められない場合には、夫を擁護する立場の妻をしてそのような行動に走らせた原因につき、それなりの理由があったものと判断し、これを「被告人が犯人でないとしたならば合理的に説明することができない（あるいは、少なくとも説明が極めて困難である）事実関係」の存在判断の一つの資料とすることも、自由心証主義（刑訴法３１８条）の趣旨に照らし、許されると考える。

５　「審理不尽」による差戻しの必要性

（1）本件については、被告人の犯行を示す直接的な証拠が存在せず、情況証拠を積み重ねても、被告人が犯人であると認定することにつき「合理的な疑い」を拭い去るほどの立証がなされたかどうか、当審における裁判官の中でも意見が分かれる難しい事案であり、私を除いても複数の裁判官が「合理的疑い」が残るとの見解を採っている。このような状況の下では、（略）、合理的な疑いを超えた証明は未だなされていないと判断する外なく、原判決破棄の点では、多数意見に同調するのが合理的であると考える。

（2）問題は、**事実審である第１審判決までも破棄する必要があるかどうかである**。第１審では、担当裁判官は公判廷でなされた被告人及び多数の証人の供述を直接見聞きして心証を形成したはずであるが、その心証形成の過程が判決書に細大漏らさず記載されているわけではないし、法律上もそのようなことが要求されているものでもない。その意味では、第１審の事実認定について当審が介入できることには限界がある。また、第１審に差戻しても、被告人や証人の生の供述に接した裁判官は審理に関与できないし、過去に得られた証人等の供述を法廷で再現することも期待できず、結局は既存の記録を再度精査する作業が中心となると考えられる。そうすると、第１審に多数意見が挙げるような瑕疵が存在するとしても、原審においてこれを修正・補充して適切な判断をすることも可能であり、かつそれで足りるのではないかとも考えられる。他方で、しかし、被告人が本件マンションに当日立ち入ったか否かが本件の核心的な争点であるにもかかわらず、この点に関する第１審の検討に不十分な面があったことは否めず、本件の重大性をも考慮すれば、原判決を破棄するだけでなく、第１審判決をも破棄すべしとする多数意見の考え方にも頷ける点がある。はなはだ判断に迷うところではあるが、当事者の審級の利益も考慮して、第１審における一段と慎重な判断を期待するという趣旨で、多数意見に同調することとしたい。

（裁判官堀籠幸男の反対意見）

第１　本件吸い殻について

１　本件吸い殻は本件マンションの階段の灰皿内から押収されたものであり、この吸い殻に付着した粘膜細胞のＤＮＡ型が被告人のものと一致していることは明らかであるところ、多数意見は被告人の吸い殻が携帯灰皿に入れられたまま被害者宅に残されており、これを被害者Ｃが階段の灰皿に捨てた可能性を否定することができないから、上記事実から被告人が被害者の住む本件マンションに立ち入ったことを推認することができないとする。そして、その主たる根拠として、本件吸い殻が変色している点を挙げる。そこで多数意見の説示が証拠に照らし相当であるかどうかについて検討する。

２　事件翌日の４月１５日から実施された検証において撮影された写真（略）。以下「写真Ａ」という。）によれば、本件吸い殻は、フィルターが白いものの右列の下から７番目の吸い殻である。また、６月３日から着手された唾液鑑定において撮影された写真（略。以下「写真Ｂ」という。）によれば、写真Ａと同じ面の吸い殻は、上段の方である。

写真Ａと写真Ｂを比較すると、明らかに写真Ｂの吸い殻（フィルター部分）の方が濃く変色しており、その相違は顕著である（写真Ａに写っている吸い殻は小さいが、拡大すればこのことは明らかである。）。

もっとも、写真Ａについては、光の具合で本件吸い殻が白く見えるのではないかとの反論も考えられるが、写真Ａの吸い殻の中には本件吸い殻よりも濃く変色している吸い殻も写っているから、そのように考えるのは無理である。

３　本件吸い殻は、押収後、捜査機関が保管していたものであるから、その間に吸い殻が変色する原因となる物質が付加されたとは考えがたいところであり（そのような証拠はない。）、写真Ａの吸い殻と写真Ｂの吸い殻とを比較して、変色が顕著であることの理由は、多数意見は何ら触れていないが、時間的経過の結果生じたものという理由以外には考えられない。

４　先ず、本件吸い殻が、仮にＣにより捨てられたものと仮定すると、Ｃが被告人方を最後に訪れたのは、平成１４年２月２０日ころであるから、被告人が本件吸い殻にかかるたばこを吸ったのは、平成１４年２月２０日以前であり、本件吸い殻は、被告人が吸ってから写真Ａ撮影時まで少なくとも２か月弱経過していたことになる。写真Ａと写真Ｂが撮影された時間的間隔よりも、経過時間は長いのである。被告人が吸ってから少なくとも２か月弱経過しているのに写真Ａの程度にしか変色が見られないというのはいかにも不自然というほかない。

５（1）そこで、次に、本件吸い殻の変色の原因は、吸い殻自体を水等に漬けたことによるものか、相当期間風雨に曝されたことによるものかが問題となる。

（2）まず、本件吸い殻が灰皿に捨てられた後に、水等が灰皿に入れられたり、又は風雨に曝されたりした場合には、その灰皿にあった他の吸い殻にも影響を及ぼすことは明らかであるが、写真Ａによると他の吸い殻は全体として白っぽく、この灰皿に水等が入れられたり、また風雨に曝されたと認められるような形跡は全くない。

(３)また、本件検証当時、本件灰皿は濡れていたかどうか記憶がないとの警察官の証言があり、写真Ａ等からしても、吸い殻全体が乾いているように見える。もし水等に漬かるか風雨に曝されたというのであれば、写真Ａの撮影時に他の吸い殻も既に変色していたはずであると考えるのが自然である。
(４)そうすると、本件吸い殻が水等に漬けられたことがあったとすれば、それは、捨てられた後に水等に漬かったり、風雨に曝されたと考えるよりも、本件たばこを吸った人がたばこを消すために行ったものと考えるのが、写真Ａ等の状況に合致するのである。
６　本件吸い殻が写真Ｂの吸い殻のように顕著に変色したのは、たばこの火を水等に漬けて消したため、たばこの成分がフィルターの部分に浸透し、時間の経過によって乾燥してフィルターの紙が変色したためと考えるのが自然である。
７　以上検討したところによれば、本件吸い殻の変色の状況に関する証拠からは、本件吸い殻にかかるたばこは、写真Ａが撮影された時点に近い時期に吸われたものと考えるのが相当であり、写真Ａの撮影時点から約２か月弱前に吸われた可能性があると考えるのは無理である。
８　そして、吸い殻が携帯灰皿に入れられた場合、吸い殻の周囲に灰が付くのが通常であり、現に被害者宅で見つかった携帯灰皿の中にあった吸い殻には灰が付着しているのであり、また、ビニール製携帯灰皿に吸い殻を入れて持ち運べば蓋のスナップを止めるときなどに吸い殻は押しつぶされたようになるはずであるが、本件吸い殻には灰が付着した形跡も押しつぶされた形跡もなく、これらの事実は、本件吸い殻が吸った後、直接階段の灰皿内に捨てられたことを補強するものというべきである。
９　したがって、本件吸い殻の変色の点を根拠に本件吸い殻が携帯灰皿を経て捨てられたものである可能性を否定することができないとする多数意見は、客観的証拠の評価を誤ったものであり、賛成することができない。(略。)
７　総合判断
(１)本件においては、１個の間接事実だけで被告人が犯人であると推認できるような強力な間接事実は存在しない。しかし、以上みてきたとおり、被告人が事件に関与していることが推認できる間接事実又は関与している可能性が高いと考えられる間接事実が多数存在しているのであり、これらの間接事実を総合すれば、被告人が本件犯行に関与していることは合理的疑いを容れられない程度にまで立証されているといえる。
(２)刑事裁判における有罪認定に必要とされる立証の程度としての「合理的な疑いを差し挟む余地がない」の意義について、多数意見が引用する平成１９年１０月１６日の第一小法廷決定は、「合理的な疑いを差し挟む余地がないというのは、反対事実が存在する疑いを全く残さない場合をいうものではなく、抽象的な可能性としては反対事実が存在するとの疑いをいれる余地があっても、健全な社会常識に照らして、その疑いに合理性がないと一般的に判断される場合には、有罪認定を可能とする趣旨である。」とする。

前記第一小法廷決定の趣旨に従えば、本件においては、被告人が本件犯行を行ったとの点について、合理的疑いを差し挟まない程度の立証はされていると考える。
(３)原判決及び第一審判決の事実認定は、これを肯認することができるから、当法廷は量刑の当否について審議すべきであると考える。
第３　多数意見に対する疑問及び差戻後の第一審の審理について
１　多数意見は、間接事実によって合理的疑いを容れない程度の立証があったとするためには、間接事実中に「被告人が犯人でないとしたならば合理的に説明することができない事実関係」が含まれていることを要するとする。**この説示部分は、法令の解釈適用ではなく、経験則を示すものである。しかし、このような概念を定立することの相当性には、次の二点の疑問がある。**
(１)「被告人が犯人でないとしたならば合理的に説明することができない事実関係」という概念は必ずしも明確ではない。この概念が１個の間接事実中に「被告人が犯人でないとしたならば合理的に説明することができない事実関係」が含まれていることを要する趣旨であれば、明らかに誤りである。なぜなら、その１個の間接事実があれば十分であり、他方、それがなければ認定することができないことを意味し、複数の間接事実を総合して認定することを否定する趣旨であると解されかねないからである。そうであるとすれば、複数の間接事実、特に多数の間接事実を総合して被告人が犯人であると認定する場合には、「被告人が犯人でないとしたならば合理的に説明することができない事実関係」があるとは、まさしく被告人が犯人であることが合理的疑いを容れない程度に立証された場合と同意義になるように思われる。そうすると、このような概念をあえて定立することの必要性はないように思われる。
(２)次に、刑事裁判における事実認定は、社会生活を営むことによって形成される経験則に基づいて行われるものであるから、裁判官の専権に属するものではなく、広く一般国民も十分なし得るものである。裁判員裁判は、多様な経験を有する国民の健全な良識を刑事裁判に反映させようとするものであるから、裁判官がこれまで形成した事実認定の手法を裁判員がそのまま受入れるよう求めることは、避けなければならない。上記概念は、間接事実からの認定につき、一部実務家が提唱していた概念と同一内容のものである。多数意見は、これを間接事実から被告人が犯人であることを認定するための要件とし、被告人を有罪とするにはこれを満たさなければならないと判示するものであって、上記のような事実認定の手法が裁判員裁判の場合にも適用されるべきであるとの前提に立っているのではないかと解される。しかし、上記概念を用いることは、合理的疑いを容れない程度の立証とは何かを説明するためのものであるとしても、先に述べたような趣旨で裁判員裁判が実施された現時点においては、相当ではないと考える。

2　本件は、第一審に差し戻されることになるが、被告人の妻Ｅは、事件直後に被告人の腕にあざ（指のような形）及びデニムのシャツの絞りじわがあったと証言しており、第一審判決はその証言の信用性を否定しているが、Ｅの証言はいずれも詳細で具体的であって、現実の体験であることを強く感じさせるものであり、同証言の信用性については再検討が必要であると考える。また、乙１４号証の任意性につき、第一審判決はこれを肯定し、原判決はこれを否定している。任意捜査の過程でなされた被告人の警察官に対する供述の任意性の問題であり、この点も再検討が必要であると考える。

1-2　最判平21・4・14（強制わいせつ被告事件）

1　当審における事実誤認の主張に関する審査は、当審が法律審であることを原則としていることにかんがみ、原判決の認定が論理則、経験則等に照らして不合理といえるかどうかの観点から行うべきであるが、本件のような満員電車内の痴漢事件においては、被害事実や犯人の特定について物的証拠等の客観的証拠が得られにくく、被害者の供述が唯一の証拠である場合も多い上、被害者の思い込みその他により被害申告がされて犯人と特定された場合、その者が有効な防御を行うことが容易ではないという特質が認められることから、これらの点を考慮した上で特に慎重な判断をすることが求められる。

2　関係証拠によれば、次の事実が明らかである（略）。

被告人は、捜査段階から一貫して犯行を否認しており、本件公訴事実を基礎付ける証拠としては、Ａの供述があるのみであって、物的証拠等の客観的証拠は存しない（被告人の手指に付着していた繊維の鑑定が行われたが、Ａの下着に由来するものであるかどうかは不明であった。）。被告人は、本件当時６０歳であったが、前科、前歴はなく、この種の犯行を行うような性向をうかがわせる事情も記録上は見当たらない。したがって、Ａの供述の信用性判断は特に慎重に行う必要があるのであるが、（１）Ａが述べる痴漢被害は、相当に執ようかつ強度なものであるにもかかわらず、Ａは、車内で積極的な回避行動を執っていないこと、（２）そのことと前記２（２）のＡのした被告人に対する積極的な糾弾行為とは必ずしもそぐわないように思われること、また、（３）Ａが、成城学園前駅でいったん下車しながら、車両を替えることなく、再び被告人のそばに乗車しているのは不自然であること（原判決も「いささか不自然」とは述べている。）などを勘案すると、同駅までにＡが受けたという痴漢被害に関する供述の信用性にはなお疑いをいれる余地がある。そうすると、その後にＡが受けたという公訴事実記載の痴漢被害に関する供述の信用性についても疑いをいれる余地があることは否定し難いのであって、Ａの供述の信用性を全面的に肯定した第１審判決及び原判決の判断は、必要とされる慎重さを欠くものというべきであり、これを是認することができない。被告人が公訴事実記載の犯行を行ったと断定するについては、なお合理的な疑いが残るというべきである。（略）

（裁判官那須弘平の補足意見）

1　冤罪で国民を処罰するのは国家による人権侵害の最たるものであり、これを防止することは刑事裁判における最重要課題の一つである。刑事裁判の鉄則ともいわれる「疑わしきは被告人の利益に」の原則も、有罪判断に必要とされる「合理的な疑いを超えた証明」の基準の理論も、突き詰めれば冤罪防止のためのものであると考えられる。

　本件では、公訴事実に当たる痴漢犯罪をめぐり、被害を受けたとされる女性（以下「Ａ」という。）が被告人を犯人であると指摘するもののこれを補強する客観的証拠がないに等しく、他方で被告人が冤罪を主張するもののやはりこれを補強する客観的証拠に乏しいという証拠状況の下で、１審及び原審の裁判官は有罪・無罪の選択を迫られ、当審でも裁判官の意見が二つに分かれている。意見が分かれる原因を探ると、結局は「合理的な疑いを超えた証明」の原理を具体的にどのように適用するかについての考え方の違いに行き着くように思われる。そこで、この際、この点について私の考え方を明らかにして、多数意見が支持されるべき理由を補足しておきたい。

2　痴漢事件について冤罪が争われている場合に、被害者とされる女性の公判での供述内容について「詳細かつ具体的」、「迫真的」、「不自然・不合理な点がない」などという一般的・抽象的な理由により信用性を肯定して有罪の根拠とする例は、公表された痴漢事件関係判決例をみただけでも少なくなく、非公表のものを含めれば相当数に上ることが推測できる。しかし、被害者女性の供述がそのようなものであっても、他にその供述を補強する証拠がない場合について有罪の判断をすることは、「合理的な疑いを超えた証明」に関する基準の理論との関係で、慎重な検討が必要であると考える。その理由は以下のとおりである。

ア　混雑する電車内での痴漢事件の犯行は、比較的短時間のうちに行われ、行為の態様も被害者の身体の一部に手で触る等という単純かつ類型的なものであり、犯行の動機も利那的かつ単純なもので、被害者からみて被害を受ける原因らしいものはこれといってないという点で共通している。被害者と加害者とは見ず知らずの間柄でたまたま車内で近接した場所に乗り合わせただけの関係で、犯行の間は車内での場所的移動もなくほぼ同一の姿勢を保ったまま推移する場合がほとんどである。このように、混雑した電車の中での痴漢とされる犯罪行為は、時間的にも空間的にもまた当事者間の人的関係という点から見ても、単純かつ類型的な態様のものが多く、犯行の痕跡も（加害者の指先に付着した繊維や体液等を除いては）残らないため、「触ったか否か」という単純な事実が争われる点に特徴がある。このため、普通の能力を有する者（例えば十代後半の女性等）がその気になれば、その内容が真実である場合と、虚偽、錯覚ないし誇張等を含む場合であるとにかかわらず、法廷において「具体的で詳細」な体裁を具えた供述をすることはさほど困難でもない。その反面、弁護人が反対尋問で供述の矛盾を突き虚偽を暴き出すことも、裁判官が「詳細かつ具体的」、「迫真的」あるいは「不自然・不合理な点がない」などという一般的・抽象的な指標を用いて供述の中から虚偽、錯覚ないし誇張の存否を嗅ぎ分けることも、けっして容易なことではない。本件のような類型の痴漢犯罪被害者の公判における供述には、元々、事実誤認を生じさせる要素が少なからず潜んでいるのである。

イ　被害者が公判で供述する場合には、被害事実を立証するために検察官側の証人として出廷するのが一般的であり、検察官の要請により事前に面接して尋問の内容及び方法等について詳細な打ち合わせをすることは、広く行われている。痴漢犯罪について虚偽の被害申出をしたことが明らかになれば、刑事及び民事上の責任を追及されることにもなるのであるから（刑法172条、軽犯罪法1条16号、民法709条）、被害者とされる女性が公判で被害事実を自ら覆す供述をすることはない。検察官としても、被害者の供述が犯行の存在を証明し公判を維持するための頼りの綱であるから、捜査段階での供述調書等の資料に添った矛盾のない供述が得られるように被害者との入念な打ち合わせに努める。この検察官の打ち合わせ作業自体は、法令の規定（刑事訴訟規則１９１条の３）に添った当然のものであって、何ら非難されるべき事柄ではないが、反面で、このような作業が念入りに行われれば行われるほど、公判での供述は外見上「詳細かつ具体的」、「迫真的」で、「不自然・不合理な点がない」ものとなるのも自然の成り行きである。これを裏返して言えば、公判での被害者の供述がそのようなものであるからといって、それだけで被害者の主張が正しいと即断することには危険が伴い、そこに事実誤認の余地が生じることになる。

ウ　満員電車内の痴漢事件については上記のような特別の事情があるのであるから、冤罪が真摯に争われている場合については、たとえ被害者女性の供述が「詳細かつ具体的」、「迫真的」で、弁護人の反対尋問を経てもなお「不自然・不合理な点がない」かのように見えるときであっても、供述を補強する証拠ないし間接事実の存否に特別な注意を払う必要がある。その上で、補強する証拠等が存在しないにもかかわらず裁判官が有罪の判断に踏み切るについては、「合理的な疑いを超えた証明」の視点から問題がないかどうか、格別に厳しい点検を欠かせない。

3　以上検討したところを踏まえてＡの供述を見るに、１審及び原審の各判決が示すような「詳細かつ具体的」等の一般的・抽象的性質は具えているものの、これを超えて特別に信用性を強める方向の内容を含まず、他にこれといった補強する証拠等もないことから、上記２に挙げた事実誤認の危険が潜む典型的な被害者供述であると認められる。

　これに加えて、本件では、判決理由第２の５に指摘するとおり被害者の供述の信用性に積極的に疑いをいれるべき事実が複数存在する。その疑いは単なる直感による「疑わしさ」の表明（「なんとなく変だ」「おかしい」）の域にとどまらず、論理的に筋の通った明確な言葉によって表示され、事実によって裏づけられたものでもある。Ａの供述はその信用性において一定の疑いを生じる余地を残したものであり、被告人が有罪であることに対する「合理的な疑い」を生じさせるものであるといわざるを得ないのである。

　したがって、本件では被告人が犯罪を犯していないとまでは断定できないが、逆に被告人を有罪とすることについても「合理的な疑い」が残るという、いわばグレーゾーンの証拠状況にあると判断せざるを得ない。その意味で、本件では未だ「合理的な疑いを超えた証明」がなされておらず、「疑わしきは被告人の利益に」の原則を適用して、無罪の判断をすべきであると考える。
4　堀籠裁判官及び田原裁判官の各反対意見の見解は、その理由とするところも含めて傾聴に値するものであり、一定の説得力ももっていると考える。しかしながら、これとは逆に、多数意見が本判決理由中で指摘し、当補足意見でやや詳しく記した理由により、Aの供述の信用性にはなお疑いをいれる余地があるとする見方も成り立ち得るのであって、こちらもそれなりに合理性をもつと評価されてよいと信じる。
合議体による裁判の評議においては、このように、意見が二つ又はそれ以上に分かれて調整がつかない事態も生じうるところであって、その相違は各裁判官の歩んできた人生体験の中で培ってきたものの見方、考え方、価値観に由来する部分が多いのであるから、これを解消することも容易ではない。そこで、問題はこの相違をどう結論に結びつけるかであるが、私は、個人の裁判官における有罪の心証形成の場合と同様に、「合理的な疑いを超えた証明」の基準（及び「疑わしきは被告人の利益に」の原則）に十分配慮する必要があり、少なくとも本件のように合議体における複数の裁判官がAの供述の信用性に疑いをもち、しかもその疑いが単なる直感や感想を超えて論理的に筋の通った明確な言葉によって表示されている場合には、有罪に必要な「合理的な疑いを超えた証明」はなおなされていないものとして処理されることが望ましいと考える（これは、「疑わしきは被告人の利益に」の原則にも適合する。）。（略）
（裁判官近藤崇晴の補足意見）（略）上告裁判所は、事後審査によって、「判決に影響を及ぼすべき重大な事実の誤認がある」（刑訴法411条3号）かどうかを判断するのであるが、言うまでもなく、そのことは、公訴事実の真偽が不明である場合には原判決の事実認定を維持すべきであるということを意味するものではない。上告裁判所は、原判決の事実認定の当否を検討すべきであると考える場合には、記録を検討して自らの事実認定を脳裡に描きながら、原判決の事実認定が論理則、経験則等に照らして不合理といえるかどうかを検討するという思考操作をせざるを得ない。その結果、原判決の事実認定に合理的な疑いが残ると判断するのであれば、原判決には「事実の誤認」があることになり、それが「判決に影響を及ぼすべき重大な」ものであって、「原判決を破棄しなければ著しく正義に反すると認めるとき」は、原判決を破棄することができるのである。殊に、原判決が有罪判決であって、その有罪とした根拠である事実認定に合理的な疑いが残るのであれば、原判決を破棄することは、最終審たる最高裁判所の職責とするところであって、事後審制であることを理由にあたかも立証責任を転換したかのごとき結論を採ることは許されないと信ずるものである。
（裁判官堀籠幸男の反対意見）
第1　事実誤認の主張に関する最高裁判所の審査の在り方
1　刑訴法は、刑事事件の上訴審については、原判決に違法又は不当な点はないかを審査するという事後審制を採用している。上訴審で事実認定の適否が問題となる場合には、上訴審は、自ら事件について心証を形成するのではなく、原判決の認定に論理則違反や経験則違反がないか又はこれに準ずる程度に不合理な判断をしていないかを審理するものである。そして、基本的に法律審である最高裁判所が事実誤認の主張に関し審査を行う場合には、その審査は、控訴審以上に徹底した事後審査でなければならない。最高裁判所の審査は、書面審査により行うものであるから、原判決に事実誤認があるというためには、原判決の判断が論理則や経験則に反するか又はこれに準ずる程度にその判断が不合理であると明らかに認められる場合でなければならない。刑訴法411条3号が「重大な事実の誤認」と規定しているのも、このことを意味するものというべきである。
2　刑訴法は、第一審の審理については、直接主義、口頭主義を採用しており、証人や被告人の供述の信用性が問題となる場合、第一審の裁判所は、証人や被告人の供述態度の誠実性、供述内容の具体性・合理性、論理の一貫性のみならず、論告・弁論で当事者から示された経験時の条件、記憶やその正確性、他の証拠との整合性あるいは矛盾等についての指摘を踏まえ、その信用性を総合的に検討して判断することになるのであり、その判断は、まさしく経験則・論理則に照らして行われるのである。証人や被告人の供述の信用性についての上訴審の審査は、その供述を直接的に見聞して行うものではなく、特に最高裁判所では書面のみを通じて行うものであるから、その供述の信用性についての判断は、経験則や論理則に違反しているか又はこれに準ずる程度に明らかに不合理と認められるかどうかの観点から行うべきものである。
第2　事実誤認の有無
1　本件における争点は、被害者Aの供述と被告人の供述とでは、どちらの供述の方が信用性があるかという点である。
被害者Aの供述の要旨は、多数意見が要約しているとおりであるが、Aは長時間にわたり尋問を受け、弁護人の厳しい反対尋問にも耐え、被害の状況についての供述は、詳細かつ具体的で、迫真的であり、その内容自体にも不自然、不合理な点はなく、覚えている点については明確に述べ、記憶のない点については「分からない」と答えており、Aの供述には信用性があることが十分うかがえるのである。

多数意見は、Ａの供述について、犯人の特定に関し疑問があるというのではなく、被害事実の存在自体が疑問であるというものである。すなわち、多数意見は、被害事実の存在自体が疑問であるから、Ａが虚偽の供述をしている疑いがあるというのである。しかし、田原裁判官が指摘するように、Ａが殊更虚偽の被害事実を申し立てる動機をうかがわせるような事情は、記録を精査検討してみても全く存しないのである。

２　そこで、次に被害者Ａの供述からその信用性に対し疑いを生じさせるような事情があるといえるかどうかが問題となる。

（１）多数意見は、先ず、被害者Ａが車内で積極的な回避行動を執っていない点で、Ａの供述の信用性に疑いがあるという。この点のＡの供述の信用性を検討するに際しては、朝の通勤・通学時における小田急線の急行・準急の混雑の程度を認識した上で行う必要がある。この時間帯の小田急線の車内は、超過密であって、立っている乗客は、その場で身をよじる程度の動きしかできないことは、社会一般に広く知れ渡っているところであり、証拠からも認定することができるのである。身動き困難な超満員電車の中で被害に遭った場合、これを避けることは困難であり、また、犯人との争いになることや周囲の乗客の関心の的となることに対する気後れ、羞恥心などから、我慢していることは十分にあり得ることであり、Ａがその場からの離脱や制止などの回避行動を執らなかったとしても、これを不自然ということはできないと考える。Ａが回避行動を執らなかったことをもってＡの供述の信用性を否定することは、同種痴漢被害事件において、しばしば生ずる事情を無視した判断といわなければならない。

（２）次に、多数意見は、痴漢の被害に対し回避行動を執らなかったＡが、下北沢駅で被告人のネクタイをつかむという積極的な糾弾行動に出たことは、必ずしもそぐわないという。しかし、犯人との争いになることや周囲の乗客の関心の的となることに対する気後れ、羞恥心などから短い間のこととして我慢していた性的被害者が、執拗に被害を受けて我慢の限界に達し、犯人を捕らえるため、次の停車駅近くになったときに、反撃的行為に出ることは十分にあり得ることであり、非力な少女の行為として、犯人のネクタイをつかむことは有効な方法であるといえるから、この点をもってＡの供述の信用性を否定するのは、無理というべきである。

（３）また、多数意見は、Ａが成城学園前駅でいったん下車しながら、車両を替えることなく、再び被告人のそばに乗車しているのは不自然であるという。しかしながら、Ａは、成城学園前駅では乗客の乗降のためプラットホームに押し出され、他のドアから乗車することも考えたが、犯人の姿を見失ったので、迷っているうちに、ドアが閉まりそうになったため、再び同じドアから電車に入ったところ、たまたま同じ位置のところに押し戻された旨供述しているのである。Ａは一度下車しており、加えて犯人の姿が見えなくなったというのであるから、乗車し直せば犯人との位置が離れるであろうと考えることは自然であり、同じドアから再び乗車したことをもって不自然ということはできないというべきである。そして、同じ位置に戻ったのは、Ａの意思によるものではなく、押し込まれた結果にすぎないのである。多数意見は、「再び被告人のそばに乗車している」と判示するが、これがＡの意思に基づくものと認定しているとすれば、この時間帯における通勤・通学電車が極めて混雑し、多数の乗客が車内に押し入るように乗り込んで来るものであることに対する認識に欠ける判断であるといわなければならない。この点のＡの供述内容は自然であり、これをもって不自然、不合理というのは、無理である。

（４）以上述べたように、多数意見がＡの供述の信用性を否定する理由として挙げる第２の５の（１）、（２）及び（３）は、いずれも理由としては極めて薄弱であり、このような薄弱な理由を３点合わせたからといって、その薄弱性が是正されるというものではなく、多数意見が指摘するような理由のみではＡの供述の信用性を否定することはできないというべきである。

３　次に、被告人の供述については、その信用性に疑いを容れる次のような事実がある。

（１）被告人は、検察官の取調べに対し、下北沢駅では電車に戻ろうとしたことはないと供述しておきながら、同じ日の取調べ中に、急に思い出したなどと言って、電車に戻ろうとしたことを認めるに至っている。これは、下北沢駅ではプラットホームの状況についてビデオ録画がされていることから、被告人が自己の供述に反する客観的証拠の存在を察知して供述を変遷させたものと考えられるのであり、こうした供述状況は、確たる証拠がない限り被告人は不利益な事実を認めないことをうかがわせるのである。

（２）次に、被告人は、電車内の自分の近くにいた人については、よく記憶し、具体的に供述しているのであるが、被害者Ａのことについては、ほとんど記憶がないと供述しているのであって、被告人の供述には不自然さが残るといわざるを得ない。

（３）多数意見は、被告人の供述の信用性について、何ら触れていないが、以上によれば、被告人の供述の信用性には疑問があるといわざるを得ない。

４　原判決は、以上のような証拠関係を総合的に検討し、Ａの供述に信用性があると判断したものであり、原判決の認定には、論理則や経験則に反するところはなく、また、これに準ずる程度に不合理といえるところもなく、原判決には事実誤認はないというべきである。

第３　論理則、経験則等と多数意見の論拠

多数意見は、当審における事実誤認の主張に関する審査について、「原判決の認定が論理則、経験則等に照らして不合理といえるかどうかの観点から行うべきである」としている。この点は、刑訴法の正当な解釈であり、私も賛成である。しかし、多数意見がＡの供述の信用性に疑いを容れる余地があるとして挙げる理由は、第２の５の（１）、（２）及び（３）だけであって、この３点を理由に、Ａの供述には信用性があるとした原判決の判断が、論理則、経験則等に照らして不合理というにはあまりにも説得力に欠けるといわざるを得ない。

多数意見は、Ａの供述の信用性を肯定した原判決に論理則や経験則等に違反する点があると明確に指摘することなく、ただ単に、「Ａが受けたという公訴事実記載の痴漢被害に関する供述の信用性についても疑いをいれる余地があることは否定し難い」と述べるにとどまっており、当審における事実誤認の主張に関する審査の在り方について、多数意見が示した立場に照らして、不十分といわざるを得ない。

（裁判官田原睦夫の反対意見）（略）当審は、制度上法律審であることを原則とするから、事実認定に関する原判決の判断の当否に介入するについては自ら限界があり、あくまで事後審としての立場から原判決の判断の当否を判断すべきものである（最判昭43・10・25参照）。具体的には、一審判決、原判決及び上告趣意書を検討した結果、原判決の事実認定に関する論理法則、経験則の適用過程に重大な疑義があるか否か、あるいは上告趣意書に指摘するところを踏まえて記録を検討した場合に、原判決の事実認定に重大な疑義が存するか否か、及びそれらの疑義が、原判決を破棄しなければ著しく正義に反すると認めるに足りるものであるか否かを審査すべきこととなる。（略）

Ａの供述の信用性を肯認した原判決には、以下に述べるとおり、その論理法則、経験則の適用過程において重大な疑義が存するとは到底認められないのである。

（１）Ａは一審において証言しているが、その供述内容は首尾一貫しており、弁護人の反対尋問にも揺らいでいない。また、その供述内容は、一審において取り調べられたＡの捜査段階における供述調書の内容とも基本的には矛盾していない。（略）

本件では、被告人は一貫して否認しているところ、その供述の信用性を検討するに当たっては、被告人の人物像を顕出させると共に、本件当時の被告人が置かれていた社会的な状況が明らかにされる必要があり、また、被告人の捜査段階における主張内容、取調べに対する対応状況等が重要な意義を有する。

ところが、被告人の捜査段階における供述調書や一審公判供述では、被告人の人物像はなかなか浮かび上っておらず、原審において取り調べられた被告人の供述書及び被告人の妻の供述書等によって、漸く被告人の人物像が浮かび上がるに至っている。また、その証拠によって、被告人は、平成１８年４月に助教授から教授に昇任したばかりであり、本件公訴事実にかかる日の２日後には、就任後初の教授会が開かれ、その時に被告人は所信表明を行うことが予定されていたことなど、本件事件の犯人性と相反すると認められ得る事実も明らかになっている。

また、近年、捜査段階の弁護活動で用いられるようになっている**被疑者ノート**は証拠として申請すらされておらず、被告人が逮捕、勾留された段階での被告人の供述内容、心理状況に関する証拠も僅かしか提出されていない。さらに、記録によれば、被告人の警察での取調べ段階でＤＮＡ鑑定が問題となっていたことが窺われるところ、その点は公判では殆ど問題とされていない。（略）

1-3 最決平19・10・16（爆発物取締罰則違反、殺人未遂被告事件）

刑事裁判における有罪の認定に当たっては、**合理的な疑いを差し挟む余地のない程度の立証**が必要である。ここに合理的な疑いを差し挟む余地がないというのは、**反対事実が存在する疑いを全く残さない場合をいうものではなく、抽象的な可能性としては反対事実が存在するとの疑いをいれる余地があっても、健全な社会常識に照らして、その疑いに合理性がないと一般的に判断される場合には、有罪認定を可能とする趣旨である。**そして、このことは、直接証拠によって事実認定をすべき場合と、情況証拠によって事実認定をすべき場合とで、何ら異なるところはないというべきである。

1-4 最判昭48・12・13（現住建造物等放火被告事件）

「**疑わしきは被告人の利益に**」という原則は、刑事裁判における鉄則であることはいうまでもないが、事実認定の困難な問題の解決について、決断力を欠き安易な懐疑に逃避するようなことがあれば、それは、この原則の濫用であるといわなければならない。そして、このことは、情況証拠によって要証事実を推断する場合でも、なんら異なるところがない。けだし、情況証拠によって要証事実を推断する場合に、いささか疑惑が残るとして犯罪の証明がないとするならば、情況証拠による犯罪事実の認定は、およそ、不可能といわなければならないからである。ところで、**裁判上の事実認定は、自然科学の世界におけるそれとは異なり、相対的な歴史的真実を探究する作業なのであるから、刑事裁判において「犯罪の証明がある」ということは「高度の蓋然性」が認められる場合をいうものと解される。しかし、「蓋然性」は、反対事実の存在の可能性を否定するものではないのであるから、思考上の単なる蓋然性に安住するならば、思わぬ誤判におちいる危険のあることに戒心しなければならない。したがって、右にいう「高度の蓋然性」とは、反対事実の存在の可能性を許さないほどの確実性を志向したうえでの「犯罪の証明は十分」であるという確信的な判断に基づくものでなければならない。**この理は、本件の場合のように、もっぱら情況証拠による間接事実から推論して、犯罪事実を認定する場合においては、より一層強調されなければならない。

1-5 最判昭38・9・12（汽車顛覆致死等被告事件：松川事件）

（裁判官斎藤朔郎の補足意見）一般に、犯罪の実行行為の隅から隅まで残りなく、証拠で認定するなどということは、容易にできることではない。その意味で自白の内容は客観的事実と大綱において一致していれば、その真実性を認めてよいことになる。しかし、**犯人と実行行為との結びつき**については、どこかの一点で、合理的な疑いをいれる余地のないまで確実なものがなければならない。それさえあれば、その余の事実については大綱の一致でよいこと、もちろんである。

（略）自由心証は、ある程度の直感力に基づくものとはいえ、その確信は、われわれの社会通念による論証に十分たえるものでなければならない。確信するが故に真実であるということは、成り立たない議論であること、いうまでもなかろう。検察官自身も「捜査の不手際のため真相の究明を困難ならしめたと思われる点があること」（略）を卒直に認めている本件事案において、なおさら、捜査中の調書の真実性の吟味に一層慎重ならざるをえない。もしそれ、かかる捜査の欠陥を、裁判所の専権として有する自由心証の自由をもつて補充し、真実性を容易に承認するが如きことがあっては、裁判の中立性を自ら放棄するものであろう。

（略）刑事事件につき、公共の福祉の維持と個人の基本的人権の保障とを全うしつつ、事案の真相を明らかにし、刑罰法令を適正かつ迅速に適用実現することを目的とする、わが刑事訴訟法の下では、被告人が有罪であるか、無罪であるかが、証拠によって確定できないという真相もまた、右刑訴一条にいう事案の真相の一つに外ならないと考えざるをえない。

もちろん、疑わしきは罰せずの原則に安易にたより、事案の真相の究明をゆるがせにすることの、許されないことであること、いうまでもない。無罪の裁判において、真犯人が別に現われてきて、被告人の無実が決定的に証明できるような場合ー犯罪事実の不存在の認定の場合ーは、ほとんど稀れな場合であって、多くの場合は、有罪の認定をするにはなお合理的な疑いが残っているという程度で、事件に終止符を打たざるをえない場合が通例であること、多言を要しない。それ以上の審理を尽さなければならないとすることは、国家が裁判所に課している責務の範囲外のことを裁判所に求めることである。

第２　糾問的捜査構造

1　現行捜査構造

民主主義国家における刑事手続は、被疑者・被告人たる国民が国家の刑罰権行使に対して、できる限り対等の防御権が保障され、手続も公正かつ適正に行われることが原則である。捜査は、刑事手続において最も基本的人権を侵害する危険性を有しているので、特に、被疑者の基本的人権を遵守して行われなければならない。しかし、捜査は、証拠隠滅や逃亡を防ぐために強い密行性が必要とされる。しかも、被疑者＝犯人という憶測の下に活動する傾向が強いので、その憶測を裏付ける無理な証拠探しのために違法、不当な方法を行う危険性がある。また、収集した証拠についても、被疑者の有罪を裏付ける証拠のみを重視し、被疑者に有利な証拠を見落とし無視する危険性があるし、証拠評価についても有罪立証の方向に傾くという恣意性を孕んでいる。そして、自白が「証拠の女王」であるとして被疑者自身が重要な証拠収集対象にされている。

現行の捜査構造は、決して当事者主義的ではなく職権主義的であり、糾問的捜査構造の色彩が強い。捜査側の権限が広範かつ強力であるのに比べて、被疑者の権利は極めて制限されている。被疑者の身柄拘束（**刑訴法199ないし217条**）も決して短くはないのに、別件逮捕、逮捕の繰り返しなども許容されているのでさらに**長期化**できる。そして、裁判所は、「身体の拘束を受けている被疑者に取調べのために出頭し、滞留する義務があると解することが、直ちに被疑者からその意思に反して供述することを拒否する自由を奪うことを意味するものではない」（**最判平11・3・24**）として、身柄拘束された被疑者に取調べ受忍義務を認めているので、長時間取調べ、別件取調べなどにおいて違法収集証拠の理論を適用することや、自白の任意性を否定することに抑制的である。

また、捜査側は、収集した証拠を完全に独占し、被疑者は、ひとたび押収されてしまえば、自分の所有物であっても一切利用することはできない。捜査側による証拠の独占こそが被疑者・被告人の防御活動を致命的に弱くしている。弁護人は、証拠隠滅の恐怖と闘いながら、被疑者に有利な証拠収集にあたらなければならないのが現状である。

捜査権は、国家の刑事処罰権を遂行する手段の一つとして国家が独占している。一次的には司法警察職員としての警察官が持ち（**刑訴法189条2項**）、二次的に検察官が持っている（**同191条1項**）。そして、検察官は、警察の捜査の適法性、必要性について一般的指揮権を有し（**同193条1項**）、捜査協力に関する一般的指揮権を有し（**同2項**）、個別事件の捜査について具体的指揮権を有している（**同3項**）。即ち、検察官は、警察の捜査が適法かつ適正に行われるように指導・監督する義務を担っていて、間接的に被疑者・被告人の人権も擁護される建前になっている。このことが、検察官作成調書の方が警察官作成調書より証拠能力について優位性が認められている所以である（**同321条1項2号と3号**の違い）。しかし、検察官は訴追権者であり、訴追する方向での証拠採集が主目的とならざるを得ず、警察の捜査と同化する危険性があることを否定できず、捜査の適法性、収集証拠の評価の客観性という意味で、十分チェック機能が担保されているとは言えない。特に、自白獲得においてその傾向が強い。また、検察官が一次的に捜査する「特捜事件」においては、捜査側内のチェック機能すら存在しておらず、近年、特捜捜査の手法に強い疑問が投げかけられている。

2　被疑者の防御権とその制約

捜査段階での被疑者の積極的な権利としては、**弁護人選任権**（**憲法37条3項、刑訴法30条**）と**弁護**

人との秘密接見交通権（同39条）が主であるが、接見交通権は捜査の必要性との関係で制約がある**（同3項）**。その他に、第一回公判期日前に、裁判官の職権発動を促す**証拠保全の制度（同179条、99条、128条、165条、143条）**と、**勾留理由開示制度（同82、83条）**、勾留、接見禁止、押収などについての**準抗告（同430条）**などがある。消極的な権利としては黙秘権がある**（憲法38条1項、刑訴法198条2項）**。

(1)　弁護人選任権

国選弁護制度は、被疑者国選弁護制度（**刑訴法37条の2、3**）によって拡充された。これは、日弁連が主導して弁護士全員が負担した自主財源によって十数年にわたる当番弁護士制度の成果が実現したものである。しかし、被疑者段階の国選弁護人選任は、当面、短期１年以上の懲役若しくは禁錮の事件に限定されており、それ以下の事件の弁護士選任は、上記自主財源によって被疑者が希望する場合に弁護士会が弁護人を推薦することになっている。

判例1-8、**同1-10**は、弁護人選任権の侵害を重大な違法であるとして、妨害している間に収集された証拠を違法収集証拠としたものである。弁護人選任権の妨害のみで違法収集証拠を認定する例は極めて少ない。むしろ、自白の任意性判断の一つの事実とする場合の方が多い。

同1-6、**同1-7**は、被告人が弁護人との意思疎通を拒んでいる場合、被告人の意思をどのように汲み取って主張すればよいかに関するものである。**同1-9**は、国選弁護人が選任された後に私選弁護人が選任された場合でも、国選弁護人は裁判所から解任されない限り弁護人の地位は存続するとしており、これは公判段階でのものであるが、被疑者国選弁護人についても同様に解されることになろう。

自白獲得が捜査の中心となっている以上、被疑者弁護制度の必要性が極めて大きい。いずれにしても、弁護人は、弁護過誤あるいは懲戒請求、証拠隠滅の容疑などのプレッシャーの下で、緊張した弁護活動を行っているのである。

（捜査段階での弁護人選任権、弁護活動に関する判例）

1-6　東京高判平19・5・18（公務執行妨害、傷害被告事件）

被告人と接見して意思疎通を図ろうと努力していた原審弁護人に対し、被告人が「うるせえな」と言ったきりしゃべらず、その努力に報いることを自ら拒否していたため、弁護人が第1回公判期日に至るまで、被告人の意思を確認してその意思に沿った弁護方針を立てられる状況になかったことから、法律専門家としての視点から、関係証拠を検討し、そこから得られる心証を踏まえて、幾分抽象化された存在としての被告人の合理的な意思を想定し、それに沿った弁護活動したとしても、法律専門家としての弁護士が行う弁護人としての職責に反する違法・不当なものであったとするには当たらない。

1-7　最決平17・11・29（逮捕監禁、営利略取、殺人、死体遺棄被告事件）

第１審の最終弁論は、殺人、死体遺棄の公訴事案について全面的に否認する被告人の第６回公判期日以降の供述を前提とせず、第５回公判期日までの共述を前提として有罪の主張をするものであるのに、裁判所は、弁護人に更に弁論を尽くさせるなどせず、この主張を放置して結審しているから、第１審の訴訟手続は、被告人の防御権ないし弁護人選任権を侵害する違法法があるとして上告した事案で、**弁護人**は、被告人が供述を翻した後の供述も信用性の高い部分を含むものであって、十分検討してもらいたい旨述べたり、被告人も、最終意見陳述の段階では、殺人、死体遺棄の公訴事実を否認する点について明確に述べないという態度をとっている上、本件最終弁論に対する不服を述べていないことなどからすれば、第１審の訴訟手続に法令違反があるとは認められない。

1-8　福岡高判平14・10・31（覚せい剤取締法違反被告事件）

弁護人依頼権の侵害は、違法な身柄拘束の状態を招くのであって、このような違法な身柄拘束の状態を利期して被告人に対する採尿手続が行われた場合には、その採尿手続も違法性を帯びるものといわざるをえない。そして、この採尿手続が帯びる違法性の程度が重大であり、これによって採取された尿の鑑定書を証拠として許容することが、将来における不当な抑留、拘禁や違法な捜査の抑制の見地からして相当でないと認められるときには、この鑑定書の証拠能力は否定されるというべきである。

1-9　東京高判昭57・4・28（住居侵入、殺人、同未遂被告事件）

国選弁護人が選任され、その後に私選弁護人が選任されて、国選弁護人から辞任、解任の申立があった場合でも、国選弁護人は、当然にその地位を失うものではなく、裁判所又は裁判長が申立の正当な理由があると認めて解任しない限り、弁護人としてその職責を果たさなければならないと解すべきところ、原審においては、（略・注：私選弁護人が選後され、）国選弁護人から辞任、解任の申出があったが、同弁護人は解任されなかったのであるから、同弁護人は依然としてその地位にあったものといわなければならない。また同弁護人は右のように選任されてから第四六回公判期日（略）までの長期にわたり被告人のために活発な弁護活動に当たっていたこと、同公判期日において、検察官、弁護人双方の立証は一応終了し、検察官の論告求刑もなされて、次回期日以降に弁護人、被告人による各意見陳述が予定されていたこと、（略）突然被告人によって弁護人（略）が解任されたが、結局（略）弁護人らが辞任届をしたこと、その他本件事案の重大性、複雑性等を考慮すると、原審が被告人によって私選弁護人が選任された後も国選弁護人を選任せず、むしろ国選弁護人にも被告人の弁護人の一員として弁護活動を継続させようとしたのは、被告人の利益にこそなれ、不利益になるとは考えられず、被告人の弁護人選任権に不当に介入したものとはいえない。

1-10　大阪地判平1・12・7（大麻取締法違反、覚せい剤取締法違反等被告事件）

被疑者が別件大麻取締法違反の嫌疑による現行犯逮捕の当初から申し出ていた弁護人への連絡が18時間以上も遅延したことを理由として、その逮捕中に覚せい剤取締法違反の嫌疑により捜索差押許可状を得て強制採尿を行った一連の措置に、弁護人依頼権を侵害する違法があり、弁護人依頼権侵害の違法の程度が重大であるとして、強制採尿によって得られた尿の鑑定書及びこれに関する証人の証言の証拠能力が否定された。

(2)　弁護人との接見交通権

弁護人の接見交通権の拡大は、捜査弁護における弁護士の長い戦いの成果でもある。**判例1-15**は、弁護人の接見制限を厳しく解釈した最判の少数意見である。一読することを勧める。**同1-14**は、接見交通権に関する**刑訴法39条3項**の「捜査のため必要があるとき」とは、「接見等を認めると取調べの中断等により捜査に顕著な支障が生ずる場合に限られる。そして、弁護人等から接見等の申出を受けた時に、捜査機関が現に被疑者を取調べ中である場合や実況見分、検証等に立ち会わせている場合、また、間近い時に右取調べ等をする確実な予定があって、弁護人等の申出に沿った接見等を認めたのでは、右取調べ等が予定どおり開始できなくなるおそれがある場合などは、原則として右にいう取調べの中断等により捜査に顕著な支障が生ずる場合に当たると解すべきである」との考え方を維持し（**最判平3・3・24**参照）、特に、弁護人選任と密接に関係している初回接見の重要性を強調している。**同1-12**は、検察官の**接見指定書**の性格について、行政機関内の事務連絡文書であるとし、同通知が発せられた場合であっても、検察官が具体的に接見指定をしていない場合には、監獄の長は独自の権限に基づいて決すべきであるとするものである。なお、**同1-16**は、具体的指定書を検察庁まで取りに来ないと接見させないとする検察官の措置について、指定方法は検察官の合理的裁量に委ねられているとして、検察官から弁護人事務所へのファックス送信ができないので、弁護人の事務所から約10分かかる検察庁まで取りに来ることを求めたことは合理的裁量の範囲内であるとする。しかし、具体的指定書も内部伝達文書であることには変わりがないのに、なぜ、一般的指定書と扱いを異にして弁護人が検察官の使者的役割をしなければならないのか、理解に苦しむ。

同1-11は、接見室のない検察庁での接見申出を拒否したことが違法であるとした事案であるが、接見を拒否できる理由のうち、逃亡の恐れや戒護上の必要性は了解できるが、証拠隠滅が含まれていることは、弁護人が証拠隠滅に加担する可能性があることを認めていることになる。**同1-13**は、接見禁止のついた勾留とそれがない勾留とが競合する場合、接見禁止がついた勾留に基づいて具体的指定ができるとした判例である。

これらの判例を総合すると、接見禁止の処分がある場合、一般的指定書は検察官がその旨を勾留機関に通知する内部文書であり、検察官は、現に捜査の必要がある場合に限って、接見日時を具体的に指定することができ、弁護人の不利益が少ない場合には、具体的指定書を検察庁まで受け取りに来ることを求めることができ、それに従わない限り接見させなくても違法ではないということになる。

(接見交通権に関する判例)

1-11　最判平17・4・19(国家賠償請求上告、同附帯上告事件)

被疑者が、検察官による取調べのため、その勾留場所から検察庁に押送され、その庁舎内に滞在している間に弁護人等から接見の申出があった場合には、検察官が現に被疑者を敢調べ中である場合や、間近い時に上記取調べ等をする確実な予定があって、弁護人等の申出に沿った接見を認めたのでは、上記取調べ等が予定どおり開始できなくなるおそれがある場合など、捜査に顕著な支障が生ずる場合には、検察官が上記の申出に直ちに応じなかったとしても、これを違法ということはできない(**最判平11・3・24**参照)。

しかしながら、検察庁の庁舎内に被疑者が滞征している場合であっても、弁護人等から接見の申出があった時点で、検察官による取調べが開始されるまでに相当の時間があるとき、又は当日の取調べが既に終了しており、勾留場所等へ押送されるまでに相当の時間があるときなど、これに応じても捜査に顕著な支障が生ずるおそれがない場合には、本来、検察官は、上記の申出に応ずべきものである。もっとも、被疑者と弁護人等との接見には、被疑者の逃亡、罪証の隠滅及び戒護上の支障の発生の防止の観点からの制約があるから、検察庁の庁会内において、弁護人等と被疑者との立会人なしの接見を認めても、被疑者の逃亡や罪証の隠滅を防止することができ、戒護上の支障が生じないような設備のある部屋等が存在しない場合には、上記の申出を拒否したとしても、これを違法ということはできない。そして、上記の設備のある部屋等とは、接見室等の接見のための専用の設備がある部屋に限られるものではないがその本来の用途、設備内容等からみて、接見の申出を受けた検察官が、その部屋等を接見のためにも用い得ることを容易に想到することができ、また、その部屋等を接見のために用いても、被疑看の逃亡、罪証の隠滅及び戒護上の支障の発生の防止の観点からの問題が生じないことを容易に判断し得るような部屋等でなければならない。(略)

広島地検の庁舎内には、弁護入等と被疑者との立会人なしの接見を認めても、被疑者の逃亡や罪証の隠滅を防止することができ、戒護上の支障が生じないような設備のある部屋等は存在しないものというべきであるから、B検事がそのことを理由に被上告人からの接見の申出を拒否したとしても、これを直ちに違法ということはできない。

(略)しかしながら、上記のとおり、刑訴法39条所定の接見を認める余地がなく、その拒否が違法でないとしても、同条の趣旨が、接見交通権の行使と被疑者の取調べ等の捜査の必要との合理的な調整を図ろうとするものであること(前記大法廷判決参照)にかんがみると、検察官が上記の設備のある部屋等が存在しないことを理由として接見の申出を拒否したにもかかわらず、弁護人等がなお検察庁の庁舎内における即時の接見を求め、即時に接見をする必要性が認められる場合には、検察官は、例えば立会人の居る部屋での短時間の接見などのように、いわゆる秘密交通権が十分に保障されないような態様の短時闇の接見(以下、便宜「**面会接見**」という。)であってもよいかどうかという点につき、弁護人等の意向を確かめ、弁護人等がそのような面会接見であっても差し支えないとの意向を示したときは、面会接見ができるように特別の配慮をすべき義務があると解するのが相当である。

1-12　最判平16・9・7(損害賠償請求事件)

検察官の発する「接見等の指定に関する通知書」は、検察官が監獄の長に対し、接見指定をすることがあり得ると考える一定の事件について、弁護入が指定を受けないで接見の申出をした場合に、その旨を検察官に連絡することを依頼する趣旨の**行政機関の事務連絡文書**である。上記通知書が発せられた場合であっても、検察官が接見措定をしていない限り、接見を申し出た弁護人に対し、これを認めるか否かは、監獄の長がその独自の権限に基づいて決することができる。したがって、検察官が本件通知書を発すること自体が、弁護人に対する関係で違法となることはない。(略)

検察官が接見指定の照会を受けてから回答するまでに、被疑者Bについては約40～45分間、被疑者Aについては約34分間かかっており、いずれも、接見指定をするかどうかを回答するまでに要した時間としては相当の長時間である。しかし、監獄の長は上記のとおり、接見を申し出た弁護人に対し、これを認めるか否かを独自の権限で決すべきであり、本件**通知書は合理的な範囲内において弁護人を待機させることを依頼するものにすぎない**から、検察官が本件通知書を発しながら接見指定の照会に速やかに回答しないことが弁護人に対する関係で違法となることはない。(略)

留置係官が検察官に連絡をして接見指定をするかどうかの回答を得るためにある程度時間を要するのは当然であり、その間弁護人が待機することになり、それだけ接見が遅れることになっても、それが合理的な範囲内にとどまる限り、許されるものと解するのが相当である。(略)

弁護人と被疑者が接見を開始した後は、特段の事情がない限り、留置係官が被疑者と弁護人との接見を中断させることはできないというべきである。このことは、検察官から「接見等の指定に関する通知書が発せられている場合において、留置係官の過誤等により、検察官に対する連絡をしないで接見を開始させたときであっても変わりがない。(略)

検察官、検察事務官又は司法警察職員(以下「捜査機関という。)は、弁護人又は弁護人を選任することができる者の依頼により弁護人となろうとする者(以下「弁護人等」という。)から、被疑者との接見又は書類若しくは物の授受(以下「接見等」という。)の申出があったときは、原則として、いつでも接見等の機会を存えなければならないのであ、捜査機関が現に被疑者を取調べ中である場合など、接見等を認めると取調べの中断等により捜査に顕著な支障が生ずる場合に限り、接見等のための日時、場所及び時間を指定することができるが、その場合には、弁護人等と協議してできる限り速やかな後見等のための日時等を指定し、被疑者が弁護人等と防御の準備をすることができるような措置を採らなければならないものと解すべきである(**平3・3・24大法廷判決**参照)。そして、弁護人等から接見等の申出を受けた者が、接見等のための日時等の指定につき権限のある捜査機関(以下権限のある捜査機関」という。)でないため、指定の要件の存否を判断できないときは、権限のある捜査機関に対して申出のあったことを連絡し、その具体的措置について指示を受ける等の手続を採る必要があり、こうした手続を要することにより、弁護人等が待機することになり、又はそれだけ接見等が遅れることがあったとしても、それが合理的な範園内にとどまる限り、許容されているものと解するのが相当である。そして、接見等の申出を受けた者が合理的な時間の範囲内で対応するために採った措置が社会通念上相当と認められるときは、当該措置を採ったことを違法ということはできないものというべきである(**最判平3・5・31**、他略)。

1-13　最決平13・2・7(準抗告棄却決定に対する特別抗告事件)

同一人につき被告事件の勾留とその余罪である被疑事件の**勾留が競合している場合**、検察官は、被告事件について防御権の不当な制限にわたらない限り、被告事件についてだけ弁護人に選任された者に対しても、刑訴法39条3項の接見等の指定権を行使することができるのであるから(**最決昭55・4・28**参照)、これと同種の原判断は相当である。

1-14　最判平12・6・13(損害賠償請求事件)

検察官、検察事務官又は司法警察職員(以下「捜査機関」という。)は、弁護人又は弁護人を選任することができる者の依頼により弁護人となろうとする者(以下「弁護人等」という。)から被疑者との接見又は書類若しくは物の授受(以下「接見等」という。)の申出があったときは、原則としていつでも接見等の機会を与えなければならないのであり、**刑訴法39条3項本文にいう「捜査のため必要があるとき」とは、右接見等を認めると取調べの中断等により捜査に顕著な支障が生ずる場合に限られる。そして、弁護人等から接見等の申出を受けた時に、捜査機関が現に被疑者を取調べ中である場合や実況見分、検証等に立ち会わせている場合、また、間近い時に右取調べ等をする確実な予定があって、弁護人等の申出に沿った接見等を認めたのでは、右取調べ等が予定どおり開始できなくなるおそれがある場合などは、原則として右にいう取調べの中断等により捜査に顕著な支障が生ずる場合に当たると解すべきである**(**最判平3・3・24**参照)。

右のように、弁護人等の申出に沿った接見等を認めたのでは捜査に顕著な支障が生じるときは、捜査機閣は、弁護人等と協議の上、接見指定をすることができるのであるが、その場合でも、その指定は、被疑者が防御の準備をする権利を不当に制限するようなものであってはならないのであって(刑訴法39条３項ただし書)、捜査機関は、弁護人等と協議してできる限り速やかな接見等のための日時等を指定し、被疑者が弁護人等と防御の準備をすることができるような措置を採らなければならないものと解すべきである。

とりわけ、弁護人を選任することができる者の依頼により弁護人となろうとする者と被疑者との逮捕直後の**初回の接見**は、身体を拘束された被疑者にとっては、弁護人の選任を目的とし、かつ、今後捜査機関の取調べを受けるに当たっての助言を得るための最初の機会であって、直ちに弁護人に依頼する権利を与えられなければ抑留又は拘禁されないとする憲法上の保障の出発点を成すものであるから、これを速やかに行うことが被疑者の防御の準備のために特に重要である。したがって、右のような接見の申出を受けた捜査機関としては、前記接見指定の要件が具備された場合でも、その指定に当たっては弁護人となろうとする者と協議して、即時又は近接した時点での接見を認めても接見の時間を指定すれば捜査に顕著な支障が生じるのを避けることが可能かどうかを検討し、これが可能なときは留置施設の管理運営上上支障があるなど特段の事情のない限り、犯罪事実の要旨の告知等被疑者の引致後直ちに行うべきものとされている手続及びそれに引き続く指紋採取、写真撮影等所要の手続を終えた後において、たとい比較的短時間であっても時間を指定した上で即時又は近接した時点での接見を認めるようにすべきであり、このような場合に被疑者の取調べを理由として右時点での接見を拒否するような指定をし、被疑者と弁護人となろうとする者との初回の接見の機会を遅らせることは、被疑者が防御の準備をする権利を不当に制限するものといわなければならない。（略）

山口課長は、上告人内田と協議する姿勢を示すことなく、午後５時ころ以降も接見指定をしないまま同上告人を待機させた上、午後５時45分ころに至って一方的に接見の日時を翌日に指定したものであり、他に特段の事情のうかがわれない本件においては、右の措置は、上告人市川が防御の準備をする権利を不当に制限したものであって、刑訴法39条3項に違反するものというべきである。そして、右の措置は、上告人市川の速やかに弁護人による援助を受ける権利を侵害し、同時に、上告人内田の弁護人としての円滑な職務の遂行を妨害したものとして、刑訴法上違法であるのみならず、国家賠償法一条一項にいう違法な行為にも当たるといわざるを得ず、これが捜査機隣として遵守すべき注意義務に逸するものとして同課長に過失があることは明らかである。

1-15　最判平12・3・17（慰謝料請求事件）（少数意見）

（裁判官河合伸一の反対意見）一　憲法34条は、「何人も…直ちに弁護人に依頼する権利を与へられなければ、抑留又は拘禁されない」と定めている。これは、被疑者に対し、弁護入を選任した上で、その弁護人に相談し、助言を受けるなど、弁護入から援助を受ける機会を持つことを保障するものである。刑訴法39条１項は、身体を拘束されている被疑者が弁護人等との接見交通権を有することを規定しているが、これは憲法の右保障をより具体的に定めるものである。そして、被疑者のこの権利と弁護人等が被疑者と接見交通する権利は表裏の関係にあるから、弁護人等の接見交通権もまた憲法34条の保障に由来するものというべきである。

二　刑訴法39条は、さら３項本文において、捜査機関が、接見等の日時、場所及び時間を指定することにより、**接見交通権の行使に制限**を加えることを認めている。これは、国家刑罰権の発動としての捜査権の行使のため、捜査機関が身体を拘束されている被疑者を取り調べることもまた憲法の承認するところであることを前提として、右捜査権の行使と擾見交通権の行使との問の調整を図る趣旨の規定である。しかし、接見交通権の由来する憲法39条の文書、捜査機関の接見指定権の行使に加えられた刑訴法39条３項ただし書の制約、さらには、接見交通権が、被疑者の基本的人権のためのみならず、国家刑罰権の適正な実現のためにも機能するものであることなどからすると、**捜査機関のする右接見の日時等の指定は、あくまで必要やむを得ない例外的措置として、されなければならない**。すなわち、

1　弁護人等から被疑者との接見を求める申出があったときは、被疑者を拘束している捜査機関等は、原則として、いつでも、かつ直ちに、接見をさせなければならない（もっとも、ここで「直ちに」とは、このような事務を処理するために社会通念上許容される合理的時間内に」の意味である。）。

2　刑訴法39条3項本文の要件があるときは、捜査機関は、接見の日時等を指定することができ、適法にこの指定がされた場合は、そしてその場合に限り、右原則の例外として、その指定がされた時から指定された日時まで、接見交通権の行使は停止され、その間の接見の申出は拒否される。

3　右**指定の要件としての「捜査のため必要があるとき」**とは、弁護人等から撲見の申出を受けた時に、(一)現に被疑者を取り調べているなど、捜査のためその身柄を拘束中利であって、申出どおりに、接見を認めるためにはその取調べ等を中断せざるを得ない場合、又は、(二)間近い時に取調べ等をする確実な予定があって、申出どおりに接見を認めたのでは、右取調べ等が予定どおり開始できなくなるおそれがある場合などであって、(三)かつ、右取調べ等の中断又は開始不能により捜査に顕著な支障が生ずるときに限られると解すべきである（前項及び本項につき、多数意見引用

の最高裁大法廷判決参照)。

三　監獄法1条3項により監獄として**代用される警察官箸付属の留置場**に被疑者が勾留されている場合、被疑者の留置に関する業務を担当するのは、当該警察官署の総務又は警務部所属の職員たる留置主任官及びその補助職員である(以下、併せて「留置担当官」という。)。留置担当官は、その業務に関し、捜査機関の指揮命令下にあるものではなく、これとは独立し、その責任において留置業務を遂行すべき立場にある。留概担当官が、その留置している被疑者について弁護人等から接見の申出を受けた場合も、もとより同様であって、留置担当官は、前述の憲法及び刑訴法の趣旨に従い、右の立場において、適切に必要な措置を講じなければならない。留置担当官がこの職務に違反し、弁護人等の接見交通権の行使を妨げたときは、国家賠償法上も違法となることは多言を要しない。

四　ところで、(略)、本件当時、被上告人警察の留置担当起案においては、接見指定の権限を有する捜査機関の発する一般的指定書を受けている被疑者について弁護人等から接見申出を受けた場合、具体的指定書を持参していれば、その内容に従って接見させ、これを持参していなければ、右捜査機関に連絡して、指定権を行使するか否かを確認し、もしこれを行使しないというのであれば直ちに接見させ、もしこれを行使するというのであれば双方で協議してもらい、その協議の結果に従って接見させる取扱い(以下体件取扱い」という。)をしており、本件において上告人が被疑者と申出どおりの擾見をすることができなかったのも、右取扱いに起因するものであったことがうかがえる。

原審は、右の**一般的指定書**を、捜査機関が、留置担当官に対し、弁護人等から接見の申出があった時に接見措定権を行使することがあり得る旨を通知する**内部的連絡文書**と解した上、留置担当官が捜査部門から切り離されていて、接見指定の要件の存否を判断し得る立場にないから、接見の申出に際し権限ある捜査機関にその判断と指定権行使の機会を与える必要があるとして、本件取扱いの適法性を肯定するごとくである。

五　しかし、私は、本件取扱いを、少なくともそのまま適法とすることはできないと考える。

1　たしかに、留置担当官は、捜査部門から独立した立場にあるから、前記二項3の接見指定要件のすべてを判断することはできない。しかし、その要件の(一)、すなわち、現に捜査機関が被疑者を取り調べるなどしていて、申出どおりの接見を認めるためにはこれを中断せざるを得なくなる場合に当たるかについては、容易に判断することができる。また、その(二)についても、捜査機関が間近い時に取調べなどをする確実な予定を立てていることを知っていれば、その予定開始時刻と弁護人の接見申出の内容を勘案して、申出どおりに接見を認めたのでは取調べ等を予定どおり開始できなくなるおそれがある場合に当たるか否かを判断することができる。そして、右(一)及び(二)のいずれにも当たらないことが分かれば、接見指定の要件がないことは明らかなのであるから、直ちに接見をさせればよく、右(一)又は(二)の場合に当たると判断するときに初めて、その旨を権限ある捜査機関に連絡し、同機関に前記(三)の要件、すなわち、右取調べの中断又は予定どおりの開始の不能により捜査に顕著な支障が生じるかを判断して接見指定権を行使する機会を与えれば足りるはずである。もっとも、右の(二)についてこのような取扱いをするためには、捜査機関において、間近い時に取調べをする予定が確実なものとなったときに、その旨を留置担当官に予告しておくべきこととなるが、一般にそれが捜査機関にとって困難を伴うものとは考えられない。

2　よしんば、右のように取り扱うことが困難な事情があるため、捜査機関が、留置担当官に対し、ある被疑者について接見措定をする可能性があることのみを通知しておき、その被疑者について接見の申出があった時に留置担当官からその旨を権限ある捜査機関に連絡してその判断を待つとの取扱いをする必要のある場合があるとしても、その場合、留置担当官としては、権限ある捜査機関に連絡して、その指示どおりに行動すれば足りるものではない。もし、同期間の指示ないし対応が明らかに違法であるときには、その指示等に盲従することなく、速やかに申出に沿った接見をさせるなど、適切な措置を講じなければならない。けだし、留置担当官は捜査機関の指揮命令下にあるわけではなく、これとは独立した立場で、接見の業務を公正、適切に遂行する職責を負うものだからである。

(裁判官梶谷玄の反対意見)

一　代用監獄における留置担当官の権限及び義務

代用監獄における留置担当官は、捜査機関から独立した機関であり、監獄法の規定に従って留置場を管理するとともに、被疑者の権利を擁護する義務、すなわち、捜査機関による被疑者の違法・不当な取調べを行わせず、また被疑者の弁護人又は弁護人となろうとする者(以下「弁護人等」という。)との接見交通権を確保する義務を負担するものである。このうち、被疑者とその弁護人等との接見交通に関しては、捜査のため必要があるとき、すなわち、現に取調ぺ中であるとか、間近い時に取調べの確実な予定があって捜査に顕著な支障を生ずるようなとき等の場合以外は、被疑者に弁護人等との接見交通を認めるべき権限と義務を有し、担当捜査官から事前に接見指定をするかもしれないとの内部的な連絡（以下「接見指定の内部連絡」という。）がされていたときであっても、これは何ら法的な効力を持つものではなく、留置担当官において、右捜査の必要が認められず、また、担当捜査官との連絡ができず又はその他の理由で合理的な時間を超えて弁護人等に被疑者との接見をさせなかったときには、弁護人等に被疑者との接見を認める義務に違反し、違法となるというべきである。これを詳説すると、次のとおりである。

二　刑事訴訟法及び監獄法の規定（略）

三　代用監獄に関する国際的批判

これに加えるに、原本の代期監獄制度は、近時国際的に大きな批判を浴びており、その批判に耐えるようその運用を図ることが強く要請されている。すなわち、

1　市民的及び政治的権利に関する国際規約（昭和54年条約第７号。以下「規約」という。）の遵守に関し、国際（人権）規約委員会は、昭和63年以降再三にわたり、日本国における拘禁が速やかにそして有効に裁判所の下に置かれないで警察の権限に放置されていること、及び代用監獄制度が警察と別個の権限の下に置かれていないこと等を規約違反と指摘し、代用監獄制度の運用が規約のすべての要求に適合しなければならないこと等を勧告している。また、平成10年11月19日に出された、日本政府の第四回報告書に対する同委員会の最終見解においても、起訴前勾留は、警察の管理下で最長23日間にも及び、保釈が認められず、刑訴法39条3項に基づき弁護人との接見に厳しい制限があり、取調べが弁護人の立会いなしで行われるなど、規約9条、10条及び14条に規定する保障が完全に満たされていないこと（22項）、代用監獄が警察から分離された当局の管理下にないのは、規約９条及び14条に基づく被拘禁者の権利の侵害の機会を増加させる可能性があること（23項）、自白が共用により引き出される可能性を排除するため、代用監獄における被疑者の取調べが厳格に監視されるべきこと（25項）等が勧告されている。

日本政府は、右第四回報告書において、刑訴法39条3項に基づく接見指定権の行使にっき、最高裁判所の昭和五三年７月10日、平成３年５月10日及び同月31日の判決について述べた後、実際の運用上も、検察官があらかじめ施設の長に対し接見指定をすることがある旨通知した事件において、弁護人が直接施設に赴いて接見を求めたときも、係官は、検察官に連絡し、検察官が接見指定の要否を前記最高裁判例の趣旨に従って判断し、接見指定をしないか、接見時間のみの指定をする場合は、弁護人と被疑者を直ちに接見させる取扱いとしていると述べ、また、代用監獄制度について、被留置者の人権保障のため、被留置者の処遇を担当する部門と犯罪捜査を担当する部門は厳格に分離されている旨報告している。それにもかかわらず、規約委員会は、前説最終見解を出しているのである。

2　さらに、平成６年と７年に国際法曹協会（International Bar Association）により、代用監獄に関して詳細な調査が行われ、代用監獄制度は、適法かつ不当な手段が使われる機会を提供するものであること等から、規約の7、9、10、14条及び国連被拘禁者保護原則の諸原則に反し、又はそのおそれがあること、代用監獄が廃止できないならば、その管理が法務省矯正局の管轄下で警察から独立して行われるよう改善すべきこと等が勧告されている。日本政府（警察庁）は、国際法曹協会に対し、拘禁担当の部署は捜査担当の部署から完全に分離され、日本の警察は、代用監獄に収容された被拘禁者の防御権の尊重等、その人権保障に必要な措置を講じており、その所管を他の期間に移す必要はない旨回答しているが、それにもかかわらず、国際法曹協会は、前記勧告をしているのである。

3　このように、日本政府は、代用監獄における留置担当官と担当捜査官の分離の問題について、両者は実質的にも分離され、捜査官による不当な取調べの防止や弁護人等からの接見申出に対しても十分に配慮しており、規約違反はない旨前記国際機関等に説明している。そして、既に説示したところによれば、日本政府の説明は、現実に実施、運用されるべきものであり、留置担当官は、捜査担当官の違法な取調べに対して審査機能を果たすと共に、弁護人と被拘禁者との接見交通について、担当捜査宮に連絡しその指示に従えば足りるというのではなく、接見指定要件がないときは自ら責任を持って接見を認めるべき義務がある。（略）

1-16　最判平12・2・22（損害賠償請求事件）

1　本件被疑者は、昭和六二年一二月四日、恐喝未遂容疑で逮捕され、同月五日、福島県警察郡山警察署の留置場に勾留され、併せて刑訴法八一条に基づく接見禁止決定を受けた。右勾留の期間は、同月一四日に同月二四日まで延長された。

2　安藤和平（承継前の上告人、以下「安藤弁護士」という。）と上告人斎藤利幸は、いずれも弁護士であり、それぞれ同月四日と同月一七日に本件被疑者と接見して弁護人に選任された。安藤弁護士の事務所は福島地方検察庁郡山支部（以下「地検郡山支部」という。）から約一二五〇メートル、郡山警察署は地検郡山支部から約三一〇〇メートルの距離

にあり、それぞれの間の所要時間は、自動車で一〇分内外である。

3　当時福島県においては、福島地方検察庁次席検事が福島県警察本部に対し、接見禁止決定を受けた被疑者の弁護人から監獄の長に対する接見申出があった場合には、検察官に接見の日時、場所及び時間の指定の要件の存否について判断する機会を得させるため、右申出があった旨を捜査担当の検察官等に事前連絡するよう通知していた。

4　安藤弁護士は、同月九日午後一時ころ、郡山警察署に赴き、留置副主任官である関東俊勝（以下「関東留置官」という。）に対し、同日午後四時以降の本件被疑者との接見を申し出た（以下「本件接見申出（1）」という。）。関東留置官は、接見の日時等の指定をする権限がなかったため、安藤弁護士に対し、右権限のある検察官に連絡して接見の日時等の指定を受けるよう求めた。そこで、安藤弁護士が、同日午後一時五分ころ、地検郡山支部の吉田検察官に電話し、同日午後四時以降の接見を申し出た（以下「本件接見申出（2）」という。）ところ、同検察官から同日午後四時以降は取調べ予定であると言われたため、安藤弁護士は、翌一〇日午前の接見を希望する旨述べた。これに対し、吉田検察官が接見指定書によって指定したい旨述べたところ、安藤弁護士は、接見指定書をファクシミリで安藤弁護士の事務所に送付することを要請し、同検察官は、検討すると返事した。本件接見申出（2）がされた時点において、安藤弁護士が接見を希望した当日午後四時以降には、本件被疑者に対する確実な取調べの予定があって、右希望どおりの接見を認めると、右取調べを予定どおり開始することができなくなるおそれがあった。

5　安藤弁護士は、同月一〇日午前九時ころ、吉田検察官に電話して接見の申出をした（以下「本件接見申出（3）」という。）。吉田検察官は、同日午前九時三〇分ころ、折り返し安藤弁護士に電話し、「午後四時からの接見を認める。接見指定書をファクシミリで送付しようとしたが弁護士事務所へは送付不可能であったので、検察庁に取りに来てほしい。事務員に来てもらってもかまわない。」旨述べた。これに対し、安藤弁護士は、接見指定書を郡山警察署へ送付するよう要請したが、吉田検察官は来庁を希望した。安藤弁護士は、吉田検察官が接見指定書の受領及び持参に固執するので、同日正午ころ**準抗告を申し立てた**ところ、福島地方裁判所郡山支部（以下「地裁郡山支部」という。）は、同日午後五時ころ、接見指定書により接見指定をするまでは接見を一般的に禁止する旨の一般的指定処分がされているものとして、「**吉田検察官が安藤弁護士に対しなした地検郡山支部で検察官の接見指定書を受け取り、これを持参しない限り本件被疑者との接見を拒否するとの処分はこれを取り消す。**」旨の決定（以下「第一次準抗告決定」という。）をした。本件接見申出（3）がされた同日午前には、本件被疑者に対する確実な取調べの予定があって、直ちに接見を認めると、右取調べを予定どおり開始することができなくなるおそれがあった。

6　同月一一日午前九時三〇分ころ、出張中であった安藤弁護士は、事務所の事務員を介して、吉田検察官に対し、翌一二日（土曜日）の午前又は午後の一時間程度の接見を申し出た（以下「本件接見申出（4）」という。）。吉田検察官は、同月一一日午後一時四〇分ころ、安藤弁護士の事務所に電話し、事務員に対し、接見の日時等の打合せのため安藤弁護士が翌一二日午前九時三〇分に地検郡山支部に来庁するよう求め、接見指定書で接見の日時等を指定する意向である旨を伝えた。本件接見申出（4）がされた時点において、安藤弁護士が接見を希望した同日午前には、本件被疑者に対する確実な取調べの予定があって、右希望どおりの接見を認めると、右取調べを予定どおり開始することができなくなるおそれがあった。また、同日午後は、留置場の執務時間外であったところ、安藤弁護士が本件被疑者との執務時間外の接見を必要とするまでの緊急の事情はなかった。

7　安藤弁護士は、同日午前九時ころ、郡山警察署に赴き、関東留置官に対して現に取調べ中の本件被疑者との接見の申出をしたが（以下「本件接見申出（5）」という。）、関東留置官から検察官に無断では接見させられないと言われたため、同日午前九時三〇分ころ、地裁郡山支部に**再度準抗告の申立て**をした。地裁郡山支部の裁判官が安藤弁護士と吉田検察官を裁判所に呼んで事情聴取をした際、同検察官が「警察と連絡を取り、安藤弁護士の希望時間に沿って接見できるように努力する。接見が可能となれば、決まったことを接見指定書に記入するので、この指定書を警察署に持参して接見してもらいたい。」旨述べたのに対し、**安藤弁護士が接見指定書の受領及び持参を拒否したため、接見の日時等の指定の方法について協議が整わなかった。**

8　地裁郡山支部は、同日午後六時ころ、「**吉田検察官が昭和六二年一二月一一日安藤弁護士に対しなした、地検郡山支部で検察官の接見指定書を受け取り、これを持参しない限り、本件被疑者との接見を拒否するとの処分を取り消す。吉田検察官は、安藤弁護士に対し、同人と本件被疑者との接見につき、刑訴法三九条三項の指定を電話等口頭で行い、かつ安藤弁護士が指定書を持参しなくとも指定された日時に本件被疑者と接見させることをしない限り、安藤弁護士に対し、接見を拒否してはならない。**」旨の決定（以下「第二次準抗告決定」という。）をした。

9　安藤弁護士は、同月一二日午後六時過ぎころ、吉田検察官に電話して本件被疑者との接見の申出をし（以下「本件接見申出（6）」という。）、口頭によって接見の日時等を指定することを求めた。これに対し、吉田検察官は、接見指定書で指定するとし、地検郡山支部に来庁して接見指定書を受領するよう求めたので、安藤弁護士は、同日午後七時ころ、地検郡山支部に赴き、接見の日時及び時間を翌一三日（日曜日）午前一〇時から同一一時五〇分までの間の一時間とする接見指定書を受領し、同日午前一一時一八分から午後零時三〇分まで接見した。（以下略）。

（判断） 検察官、検察事務官又は司法警察職員（以下「捜査機関」という。）は、弁護人又は弁護人を選任することができる者の依頼により弁護人となろうとする者（以下「弁護人等」という。）から被疑者との接見又は書類若しくは物の授受（以下「接見等」という。）の申出があったときは、原則としていつでも接見等の機会を与えなければならないのであり、刑訴法三九条三項本文にいう「捜査のため必要があるとき」とは、右接見等を認めると取調べの中断等により捜査に顕著な支障が生ずる場合に限られ、右要件が具備され、接見等の日時等を指定する場合には、捜査機関は、弁護人等と協議してできる限り速やかな接見等のための日時等を指定し、被疑者が弁護人等と防御の準備をすることができるような措置を採らなければならないものと解すべきである。そして、弁護人等から接見等の申出を受けた時に、捜査機関が現に被疑者を取調べ中である場合や実況見分、検証等に立ち会わせている場合、また、間近い時に右取調べ等をする確実な予定があって、弁護人等の申出に沿った接見等を認めたのでは、右取調べ等を予定どおり開始することができなくなるおそれがある場合などは、原則として右にいう取調べの中断等により捜査に顕著な支障が生ずる場合に当たると解すべきである（**最判平11・3・24**）。

そして、弁護人等から接見等の申出を受けた者が接見等の日時等の指定につき権限のある捜査機関（以下「権限のある捜査機関」という。）でないときは、右申出を受けた者が権限のある捜査機関に連絡しその措置について指示を受けるなどの手続を採る必要があるから、こうした手続を採る間、弁護人等が待機させられ又はその間接見ができなかったとしても、それが合理的な範囲内にとどまる限り、そのことは、許容されているものと解するのが相当である（**最判平3・5・31**）。（略）

「捜査のため必要があるとき」には、捜査機関が弁護人等から被疑者との接見の申出を受けた時に、間近い時に被疑者を取り調べたり、実況見分、検証等に立ち会わせたりするなどの確実な予定があって、弁護人等の必要とする接見を認めたのでは右取調べ等を予定どおり開始することができなくなるおそれがある場合も含まれると解すべきことは、前記のとおりであり、関東留置官は、権限のある捜査機関ではなかったのであるから、右各接見申出を受けた関東留置官が、安藤弁護士と上告人斎藤に対して権限のある捜査機関である検察官に連絡して接見の日時等の指定を受けるよう求め、又は自ら右検察官に連絡してその指示を受けるために地検郡山支部に電話し、その間安藤弁護士及び上告人斎藤を本件被疑者と接見させなかったことをもってこれを違法ということはできない。（略）

捜査機関が弁護人等と被疑者との接見の日時等を指定する場合、その方法は、捜査機関の合理的裁量にゆだねられていると解すべきであり、電話などの口頭による指定をすることはもちろん、弁護人等に対する書面（接見指定書）の交付による方法も許されるものというべきであるが、その方法が著しく合理性を欠き、弁護人等と被疑者との迅速かつ円滑な接見交通が害される結果になるようなときには、それは違法なものとして許されないものというべきである（**最判平3・5・10**）。

これを本件についてみると、原審の確定した前記事実関係によれば、安藤弁護士の事務所と地検郡山支部との距離及び地検郡山支部と郡山警察署との距離はそれぞれ約一二五〇メートル及び約三一〇〇メートルであり、それぞれの所要時間は自動車で一〇分内外であったことに加え、吉田検察官は、接見指定書の受領に来るのは事務員でも差し支えないとの意向を示したり、第二次準抗告を審理する地裁郡山支部の裁判官から事情聴取を受けた際には、その場で安藤弁護士に接見指定書を交付する旨提案するなどしたというのであるから、**接見指定書を受領し、これを郡山警察署に持参することが安藤弁護士及び上告人斎藤にとって過重な負担となるものであったとまではいえない**。また、前記のとおり、本件接見申出（2）ないし（9）については、申出の時から接見を希望する日時までに相当の時間があるか、又は接見の日時等を指定する要件があり、若しくは執務時間外の接見申出であるために、安藤弁護士及び上告人斎藤が本件被疑者と直ちに接見をすることはできなかったのであるから、地検郡山支部まで接見指定書を受け取りに行くことによって接見の開始が遅れたともいえない。そして、**当時は地検郡山支部から安藤弁護士の事務所に対してファクシミリで接見指定書を送付することができなかったなどの事情も考慮すると、吉田検察官及び杉垣検察官が、右各接見申出について接見指定書によって接見の日時等を指定しようとして、安藤弁護士と上告人斎藤にその受領及び持参を求め、その間右指定をしなかったことが、著しく合理性を欠き、右両名と本件被疑者との迅速かつ円滑な接見交通を害するものであったとまではいえず、これを違法ということはできない。**

そして、**第一次準抗告決定は、検察官によって一般的指定処分がされているものとして、これを取消したものであるところ、**前記一３の通知が捜査機関の内部的な事務連絡であって、それ自体は弁護人である安藤弁護士及び上告人斎藤又は本件被疑者に何ら法的な拘束力を及ぼすものではなく、本件において一般的指定処分がされたとはいえないとした原審の判断は、正当として是認することができる。そうすると、**第一次準抗告決定は、その対象を欠くもので、検察官を拘束する効力を生じないものというべきである。**第二次準抗告決定は、吉田検察官が本件接見申出（４）に対して接見指定書で接見の日時等を指定する意向である旨伝えたことが接見を拒否する処分に当たるとした上、これを取り消したものと解されるところ、右処分がされたといえないことは前記２のとおりであり、**右決定もその対象を欠くものというべきである。**また、右決定は、その後にされる別の接見申出に対する接見の日時等の指定の方法についてまでも検察官を拘束する効力を有するものとは解されない。したがって、吉田検察官及び杉垣検察官が接見指定書によって接見の日時等を指定したことの適否についての前記判断は、右各準抗告決定が存在すること自体によって左右されるものではないというべきである。

(3)　証拠保全請求

判例1-17は、捜査機関が収集所持している証拠は証拠保全手続の対象外であるとしている。したがって、捜索・差押、検証、鑑定は理論的には可能であっても、**同1-18**が説示するような、捜査側に不利な証拠であって、公判前に滅失してしまうなどの限られた場合に限定される。しかも、弁護人は捜査内容を知り得ないので、被疑事実との関連性や必要性を疎明することは不可能に近い。これに対して証人尋問は、被告人に有利な証人や捜査側に取調べを受けた参考人が、国外退去などによって裁判開始時には証人として出廷確保できないことが明らかな場合、そのことを疎明して裁判官の職権発動を促すことは可能である。しかし、この場合も、弁護人は、捜査の具体的な内容や捜査方針を知ることができないので、手探りの尋問にならざるを得ないため、公判の立証に的確に役立てることができる保障はない。

（証拠保全に関する判例）

1-17　最決平17・11・25（準抗告の決定に対する特別抗告事件）

裁判官がした証拠保全における押収の裁判に対する準抗告の決定に対する特別抗告審において、捜査機関が収集し保管している証拠については、特段の事情が存しない限り、**刑訴法179条**の証拠保全手続の対象にならないものと解すべきであるから、これと同旨の原判断は相当であるとして抗告を棄却。

下級審（京都地決平17・9・9）　刑訴法179条所定の証拠保全手続は、被告人、被疑者又は弁護人も本来自己に有利な証拠を自ら任意の方法で収集、保全すべきではあるが、**被告人、被疑者又は弁護人にはそのための強制的な手段が認められていないことから、起訴後の公判段階を待っていては、その証拠が廃棄又は隠匿されるなどのおそれがある場合には、裁判官の強制処分によって、その証拠の収集、保全を図ることができるというものである**ところ、本件写真は、（略）被疑者を任意同行した直後に警察官によって撮影されたもの、（略）身体検査令状に基づき実施した被疑者の身体検査において警察官によって撮影されたもので、いずれも警察官が本件被疑事件の捜査の過程において証拠として被疑者の身体の注射痕様のものなどを撮影し、警察署内部において保管しているものである。そうすると、本件写真は、いわば捜査機関の手によって既に収集、保全がされたものであって、被疑者側は、本件に係る公訴提起がなされた後に、検察官からそれらの証拠開示を受けたり、検察官の手持ち証拠として証拠請求するなどして、公判廷に証拠として提出すれば足りるのであって、通常は、証拠保全手続によって証拠を保全する必要性はないというべきである。

そして、そもそも捜査機関が収集、保全した証拠について、捜査機関が被疑者に有利な証拠であるとして廃棄又は隠匿するおそれがあるとの理由で、広く証拠保全が許容されるならば、捜査機関が事案の真相を解明すべく被疑者にとって有利、不利を問わず、客観的な証拠等の収集を行う適正な捜査を行っているのに、被疑者側が捜査機関の収集した証拠の中から自己に有利な証拠を探し出そうとするなどの行為を招きかねず、ひいては、捜査機関による適正な捜査自体に支障を生じさせ、あるいはその妨げとなり得る場合も考えられ、証拠開示の制度との整合性にも疑問が生じることなどをも考慮すると、捜査機関が収集、保管している証拠について、証拠保全手続によって保全すべき必要性が肯認できるのは、捜査機関が、証拠を故意に毀滅したり、紛失させたりするおそれがあることが疑われる特段の事情が疎明された場合に限られると解すべきである。
(略)捜査機関は、被疑者の当初の弁解に矛盾、不合理な点があるとして疑い、被疑者を厳しく追及する一方で、身体検査や鑑定の実施等により客観的証拠を収集するなどして本件事案の真相解明に向けて捜査を遂行していたと認められるのであり、殊更に本件写真が被疑者の弁解に沿う被疑者に有利なものであって、捜査機関による本件被疑事実の立証の妨げになるなどと考えて、本件写真を故意に毀滅又は隠匿するなどの行為に出るおそれがあるとは認め難いというべきである。(略)警察官が本件写真を故意に毀滅又は隠匿するなどの行為に出るおそれがあることを疑わせる特段の事情は認められないのであって、本件写真については、保全を必要とする事由の疎明はなされていないと解される。
(略)

1-18 千葉地決昭57・8・4(証拠保全請求事件)

(主文) 昭和五七年八月六日午後二時千葉県警察市原警察署内の婦人少年室の入口付近壁面を検証する。
(理由) 1 まず、所論の壁面に存するという記載事項が、証拠保全手続により検証をして保全すべき証拠に該るか否かであるが、いわゆる**自白の任意性の挙証責任**は当該自白を証拠として請求する検察官側に存すると解されるものの、これについて裁判所に一応の疑いを抱かせるのは弁護人側の立証等の活動によるところが大きく、かつ、自白の任意性の有無は一般に有罪無罪に直接結びつき得る重要な事実であって、所論のような記載が存するとすれば、それは通常、自由かつ公然とはなしえないものであるだけに、弁護人側の右活動の一助となることは明らかであって、右保全すべき証拠に該るものというべきである。
2 次に、右記載事項を証拠保全手続により現時点で保全する必要性があるか否かであるが、
(一)弁護人らの所論中、第一回公判期日後の通常の証拠調手続での証拠調ではこれが隠滅されるおそれがあるとする部分は、それが、公判を維持追行する検察官が自ら又は第三者を介して右隠滅工作をなすおそれがあるという趣旨であるならば、いかに対立当事者であるといっても公益の代表者たる検察官が左様な姑息な手段をとるようなことはないと考えるべきであるから、直ちにこれに与することはできない(なお、証拠保全として検証を行う場合でも、検察官は、右通常の証拠調として検証を行う場合と同様、立会権を有しているので、その意味で事情はさほど変らないものといえる。)。
(二)だがしかし、右所論が、被告人に暴行を加える等した警察官が存し、その警察官が自ら又は第三者を介して右隠滅工作をなすおそれがあるという趣旨であるならば、それは一理あるものというべきである。けだし、暴行を加える等した警察官がいるならば、右警察官はそのことにより刑事上や行政上の処分を受けたり民事上も責任を追求される可能性が存するのであり、公判の裁判が公開の法廷で行われること等により何らかの方法で本件の壁面の記載事項が存することを知った場合には右の処分等を免れるためにこれを毀滅する所為に出ることは十分に考えうるからである(なお、証拠保全としての検証をなす場合にも警察署長への通知及びその立会が必要であり、このことから第一回公判後と事情は変らないとの考え方もあろうが、右通知等により、いわば警察の組織ぐるみで右毀滅の所為等卑劣な手段を弄すると考えるべきではない。)。
(三)更に、弁護人の所論中、他の留置人や担当の警察官等により右記載が意図されずに消されてしまう可能性があるとする部分は、そのとおり首肯しうるところである(なお、本件では被告人が千葉刑務所に移監されて相当の日数が経ってから証拠保全の請求があったものであるが、右請求が遅くなったことについては弁護人作成の報告書等に記載されている事情の下ではやむをえないと考えられる。)。
(四)ところで、右記載が存するとされる場所は、被告人(現在も千葉刑務所に勾留中である)及び弁護人らにおいてた易く立ち入ることはできず、被告人に有利な証拠も収集すべきであろう検察官等に対し、弁護人らにおいて右記載を前記のような証拠であるとして収集することを求めたとしても、右記載がそのようなものであるか否かの判断は検察官に委ねられており、検察官が右求めに応じるとの保障もこれを強制する手段も存しないことから、既に公訴の提起されている本件において弁護人らが対立当事者である検察官に右を求めた形跡がないことを殊更考慮するまでもなく、弁護人らにおいて本件の請求をする以外に自ら右証拠の収集やその毀滅を回避するための有効で容易な方法は見い出し難いというべきである。
(五)これに加えて、本件の被告事件は殺人を含む重大なものであり、右保全さるべき証拠によって立証しようとする事

実も又重要なものであることを考えれば、第一回公判期日（昭和五七年八月一七日）まで余り期間はないとの事情は存するが、現時点において明瞭に存した前記記載が後日（例えば、右被告事件の審理を担当する裁判所が本件の如き検証を行うとすればその時まで）何らかの事情で毀滅するに至った場合には、右記載の存否等を巡って公判の審理に無用の混乱を惹起するおそれもあり、そのような禍根を残さないためにも現時点で検証を行ない、現時点における記載の存否等を明らかにしておくのが相当と考える。以上のことから、保全すべき必要性も存するというべきである。

３　なお、右**保全の必要性の疎明の程度**であるが、本件の如き事情の下では弁護人作成の報告書及び上申書二通に記載されていること以外にそれを求めることは難きを強いることになり、右各書面で疎明は足りているものと考える。

(4) 被疑者の黙秘権

刑訴法198条2項は供述拒否権の告知義務を定めている。これは黙秘権の行使を担保するためのものである。したがって、告知者は、被疑者が黙秘権の意味を理解できるように告知しなければならない。**後掲判例5-17**は、黙秘権の意義を詳しく説示し、弁護人選任権の侵害についても言及しているので参照されたい。また、**同1-21**は、黙秘権の意味を理解していない被疑者に対する黙秘権の告知は、憲法上認められた権利であることや証拠上の扱いも含めて説明する必要があるとしている。**同1-22**は、勾留中の被疑者が供述拒否を明確にしている場合、勾留の目的は証拠隠滅および逃亡の防止に限定されるので、執拗に取調べることは許されないとしている。注目すべき判例ではあるが、供述拒否を明確に表明した被疑者には取調べ受忍義務（在席義務）を解除しないと実効性はない。

同1-19は、足利事件の無罪判決であるが、第一回公判期日後の審判対象事件についての取調べ制限について述べ、その際に黙秘権を告知していないことを違法の理由の一つとしている。**同1-20**は、ポリグラフ検査は被疑者の黙秘権との関係から真摯な同意が必要であるとする。

同1-23は、弁解録取書は勾留の必要性判断のために作成されるものであるから、黙秘権を告知しなかったとしても違法ではないとしているが、弁解録取書も供述証書として証拠になりうるのだから妥当ではないと思う。

（被疑者の黙秘権に関する判例）

1-19　宇都宮地判平22・3・26（足利事件再審）

捜査官は、起訴後であっても、被告人に対し、当該起訴に係る事実について、その公判維持に必要な取調べを行うことはできる。しかし、このような取調べは、刑事訴訟法の大原則である当事者主義や公判中心主義の趣旨を没却するおそれが類型的に高いというべきであるから、このような取調べを行うに当たっては、捜査官には、前記のおそれを踏まえた慎重な配慮や対応が求められるというべきである。とりわけ、第１回公判期日後に当該起訴に係る事実について被告人を取り調べる場合には、公判維持のための被告人からの聴取は、まさに当該公判において被告人質問をすることで足りるのが通常であって、あえて公判外で被告人の取調べを行う必要性は低いといえる一方、当事者主義や公判中心主義の趣旨を没却するおそれはより強度なものになるといわねばならないから、捜査官による第１回公判期日後の当該起訴に係る事実に関する被告人の取調べが許されるのは、公判維持のためには被告人質問ではなく公判外での被告人への取調べをするよりほかにないというような高度の必要性が認められる場合であって、かつ、捜査官が、被告人や弁護人に対して、当事者主義や公判中心主義の潜脱とならないような慎重な配慮や対応（例えば、被告人及び弁護人の承諾を得た上で取調べを行うなど）を十分に行ったと評価できる場合に限ると解するのが相当である。（略）本件において、被告人質問ではなく公判外での取調べによらなければ公判維持ができないという事情は一切認められないし、Ｐ７検事は、本件取調べに際し、弁護人への事前連絡等を一切しておらず、また、**黙秘権告知**や弁護人の援助を受ける権利についてＰ１氏に説明するなども一切しなかったというのであるから、本件取調べは、当事者主義や公判中心主義の趣旨を没却する違法な取調べであったといわねばならない。

1-20　奈良地判平19・4・18（損害賠償請求事件）

そもそもポリグラフ検査は、主として否認の被疑者に対して被疑事実に関連する事項を含む各種質問を発し、その応答に伴い生ずる呼吸波、心脈波、皮膚電気反射などの生理的変化を同時に記録し、これを分析することにより被疑者の返答の真偽ないし被疑事実に関する認識の有無を判断する検査である。否認していた被疑者が「嘘をついている」との結果を被疑者自身が期せずして出す可能性のある検査であるから、黙秘権との関係から慎重に対応する必要がある。被疑者の真摯な同意が必要であることは争いがない。本件で、未成年者の原告自身の同意だけで、親権者である父親の同意をとらなかったことは違法である。未成年者が法律上特別の扱いを受けるのは、その判断能力が未熟であって親権者のサポートが必要だからである。ポリグラフ検査に必要な真摯な同意について、未成年者の場合は本人のみならず親権者の同意をも含めると考えるべきである。本件で警察官は、任意同行の際、親権者である父親の同意を電話でとったが、ポリグラフ検査では父親の同意を得ていない。

1-21　浦和地判平2・10・12（現住建造物等放火等被告事件）

（注：黙秘権の）告知が、被告人に対し黙秘権の意味を理解させ得るようなものであったかどうかは、自ずから別個の問題である。そもそも、捜査段階の通訳人のうち、同種の経験を何回か有するＵでさえ、黙秘権という言葉を知らず、その言葉の意味を前記のように説明されて初めて理解し得た状況なのであるから、経験の全くないＴが黙秘権の概念について知識があったとは考えられず、このような法律的素養が全くないか、極めて乏しい通訳人によってなされた黙秘権の告知が、被告人に理解し得るような適切な方法で行われたとは到底考えられない。このように法律的素養に乏しい民間人を通訳人として使用せざるを得ない捜査官としては、まずもって通訳人自身に対し、黙秘権とか弁護人選任権など、憲法及び刑事訴訟法で保障された被疑者の基本的な諸権利の意味を説明し、少なくとも一応の理解を得た上で通訳に当たらせるのでなければ、かかる通訳人に、右各権利の告知を適切に行わせることは到底不可能であると思われる。しかるに、本件捜査にあたった捜査官の言動からは、右のような点に関する問題意識は全く窺うことができない。（略）、本件で問題とされているのは、先にも指摘したとおり、我が国の法律制度はおろか自国の法律制度についてすらほとんど全く知識のない、知的レベルの低い外国人被疑者に対する黙秘権告知の方法なのである。このような被疑者が、前記の程度の形式的な告知を受けただけで、これによって自己に「一切の供述を拒否する権利」があり、供述を拒否しても、そのことだけによって不利益な取扱いを受けることはないという黙秘権の実体を理解し得るとは到底考えられない。本件における捜査官の黙秘権告知の方法は、被疑者に対し黙秘権行使の機会を実質的に保障するという観点からは、著しく不十分なものであったといわなければならない。

1-22　岡山地決昭44・9・5（勾留取消の裁判に対する準抗告申立事件）

被疑者には、黙秘権が保障されている以上、それは拘禁中と否とに拘わりないのであるから、**勾留中の被疑者**といえども供述義務を負うものではなく、従って、被疑者の取調といっても、被疑者の任意の弁解、供述を得るために、証拠と弁解との矛盾を示摘する程度の尋問が許されるにすぎず、糺問的な尋問をしたり、余罪を追及したり、自白を強要する等黙秘権を侵害する取調までが許容されるものではない。

（略）黙秘権は、人権尊重の見地からして極めて重要な規定であって、それは、単に被疑者に対し告知されれば足るというものではなく、黙秘権の行使が正当な権利として実効あらしめられるためには、捜査官における黙秘権を侵害するような尋問が禁止されなければならない。

従って、被疑者の黙秘権の行使による供述拒否の意思が明確に表明され、前述した意味での被疑者の取調によっては任意の供述が期待できない場合は、前述の如く、勾留の目的が主として逃亡及び罪証隠滅の防止のため、すなわち被疑者による捜査の妨害の予防のためのものである以上、勾留は、被疑者を外界と遮断すること（逃亡、罪証隠滅の虞れの防止）としてのみ行なわれるべきであって、連日被疑者を取調室に呼び執拗に尋問を繰り返えし、その供述を求めることは、勾留によって許容された被疑者の取調の限界を逸脱するものといわなければならない。

1-23　最判昭28・7・14（殺人未遂被告事件）

刑訴203条に基く司法警察員の被疑者に対する**弁解録取書**は、専ら被疑者を留置する必要あるか否かを調査するための弁解を録取する書面であって、同198条の被疑者の取調調書ではないから、刑訴法上その弁解の機会を与えるには犯罪事実の要旨を告げれば充分であって、同198条2項に従いあらかじめ被疑者に供述を拒むことができる旨を告げることを要するものでなく、従ってその旨の記載がないからといつて刑訴法に違反するところはない。そしてまたかかる弁解録取書であっても刑訴322条の要件を具え、又は同326条の同意があるときは証拠とするに妨げないことはいうをまたないところである。

(5) 勾留理由開示制度

勾留理由開示制度(刑訴法82、84条)は、「既になされた勾留の裁判の理由の告知・開示にすぎず、勾留の理由の当否を判断する裁判に当たらない」(**神戸地決昭47・2・17**)とされている。したがって、勾留決定時における勾留の要件(**同60条1項**)を具体的に告げれば足り、それを根拠付ける疎明資料の明示までは必要ないとされているので、この制度によって、被告人が捜査側が持っている証拠を知ることができず、防御活動という意味では余り役立たない。しかし、勾留理由開示の裁判は、公開の法廷で行われるため、接見禁止の勾留中の被告人にとっては、短時間であっても親族の顔を見ることができる機会であるとともに、意見陳述によって、取調べの不当性を裁判所の記録に残すことができるという点では有効である。

勾留理由開示請求は、勾留が開始せられた当該裁判所において一勾留につき一回限り許される(**最決昭29・8・5**)。

勾留理由開示請求ができる「利害関係人」とは、本人、弁護人、法定代理人、補佐人、配偶者、直系の親族、兄弟姉妹の身分関係に準ずる程度の社会共同生活関係を有するため直接かつ具体的な利害関係を有する者であって(**山口地決昭45・5・7**)、単に友人知古又は「同業者というような、社会的身分関係ないし公訴(被疑)事実に対する関係などにおいて、直接間接に利害関係のある者は含まない(**田川簡裁決昭36・9・27**)。勾留理由開示請求却下に対する不服申立は**刑訴法429条1項2号**により行うことができる(**最決昭46・6・14**)。

勾留理由開示において被疑者の意見陳述が証拠として使われた例は多いが、最近の判例を挙げると、**広島高判平21・12・14**、**福井地判平19・5・10**、**熊本地判平19・2・26**、**東京高判平17・6・16**などが散見される。

なお、勾留後に勾留の必要性がなくなった場合には、勾留に対する準抗告、勾留取消の職権発動請求などを行うことになる。

(6) 令状主義による捜査のチェック

強制力を伴う捜査については、原則として、令状主義が採られている。まず、最も人権侵害を伴う身柄拘束は、身柄拘束期間が最大23日間とされているが(**刑訴法203～205条、208条**)、別件逮捕の多用、事件ごとの令状主義制度を逆用した逮捕の繰り返しなどによって、著しく長期化する傾向がある。また、別件取調べの弾力的許容もある。その上に、逮捕令状許可の判断が形式化している傾向があり、逮捕時における令状主義は形式的要件が具備しているかを判断する程度のチェック機能しかないといっても過言ではない。なお、被疑者の勾留(**同206、207、60条**)については、最近、却下率が上がっているとの声も聞く。勾留決定については準抗告(**同429条1項2号**)によって異議申立ができる。しかし、逮捕手続については異議申立ての方法はなく、後に、その過程で採集された証拠を違法収集証拠として争うしかない。

身柄拘束中の取調べについては、前述したとおり、被疑者に受忍義務があるとされているので、密室の中で行われる取調べについて黙秘権があるとしても、自白強要を阻止する制度的担保がないし、検察官の警察捜査への同化などを考えるとチェックは余り期待できない。

また、身柄拘束以外の強制処分においても、令状許可決定自体に異議申立を行う道はない。対象者は、令状許可申請は秘密裏に行われるので、事前の異議申立を認めても実効性がないともいえる。執行された後に執行方法について準抗告することができ（**同430条**）、「検察官等のした差押に関する処分に対して、同法430条の規定により不服の申立を受けた裁判所は、差押の必要性の有無についても審査することができるものと解するのが相当である。（略）（証拠物または没収すべき物と思料する）ものであっても、犯罪の態様、軽重、差押物の証拠としての価値、重要性、差押物の隠滅毀損されるおそれの有無、差押の必要がないと認められるときまで、差押を是認しなければならない理由はない。したがって、原裁判所が差押の必要性について審査できることを前提として差押処分の当否を判断したことは何ら違法ではない。」（**最決昭44・3・18**）とされている。

(7)　違法収集証拠排除による捜査の適正化

違法捜査をなくすのに効果的な方法の重要な一つとして、違法捜査によって収集された証拠の証拠能力を否定する違法収集証拠排除の理論がある。下級審判例の蓄積によって、徐々にではあるが確立されつつある。しかし、最高裁は、捜査に違法があったとしても、令状主義遵守の見地から看過しえない重大な違法がある場合にしか証拠能力は否定されないとし、その程度に至った違法があると認定することに極めて慎重である。詳細は第３章で検討する。

第3　公判における当事者主義

1　検察官処分権主義・起訴便宜主義と立証責任

公訴提起から実質的に当事者主義が始まる。検察官は訴追権を独占し（**刑訴法247条**）、犯罪事実について、起訴するか否か、起訴する場合でもどのような犯罪として起訴するかの権限を有している（**同248条**）。そして、検察官は、起訴する場合、訴追を求める犯罪事実を起訴状に訴因（公訴事実）という形で記載して公訴提起しなければならない（**同256条1、2項**）。

また、検察官は、犯罪事実の存在が明らかな場合でも、事案の軽微さ、情状などを考慮して不起訴（起訴猶予）にすることができる。このことは、略式裁判制度と相まって、被疑者の刑事裁判の負担を軽減する効果、刑事処罰の迅速化という点では有効である。他方、驚異的な有罪率に支えられた現行刑事裁判の下では、起訴が過度に信頼され、捜査機関によるリーク情報を重視した捜査報道が、起訴＝有罪という風潮を作り出している。このことは、被疑者が、起訴＝有罪という恐れから、少しでも軽い犯罪、軽い刑、早期保釈などを得たいがために、捜査官に迎合して意に反した自白をする原因になる可能性がある。また、裁判においても、無罪推定の原則に影響しないという保証はない。

民事事裁判は、請求の認諾が認められ、それについては証明を要しない（民訴法266条、179条）。しかし、刑事裁判では**自白のみでは有罪にできない（憲法38条3項）**。

検察官は、訴追権を独占していることから、証拠能力ある証拠によって有罪を立証しなければならず、訴追事実を立証できなければ被告人は無罪となるので、**挙証責任も原則として検察官が負う**。ただし、自白の任意性などの場合は、まず、被告人がそれを否定する主張をし、ある程度の疎明をしなければならないとされている。

判例1-26は、起訴便宜主義について詳しく説示しており参考になる。なお、この判例は、裁判所が検察官の起訴の適法性を判断する場合、検察官が起訴した以上、検察官が行った他の関連事件の処分と比較して判断することは許されないとしている。**同1-25**、**同1-27**は、検察官の公訴提起は、提起時において、検察官が現に収集した証拠資料及び通常要求される捜査を遂行すれば収集し得た証拠資料を総合勘案して合理的な判断過程により有罪と認められる嫌疑があれば足りるとし、検察官の公訴提起が違法とされる場合は、公訴の提起自体が職務犯罪を構成するような極限的な場合に限られるとしている。検察官の公訴権は裁量の範囲が極めて広く、かつ、無答責に近いといえる。

後掲2-19は、検察官が反復継続して行っていた出資法違反の貸付行為を包括一罪として起訴し、後に新たな貸付行為を訴因内容の追加的変更として請求し、裁判所がこれを許可した後に併合罪であるとして追加的訴因変更許可を取り消して当初の訴因のみについて有罪判決をし、追加した事実については公訴時効を理由に免訴判決をした事案で、控訴審は、追加的訴因変更を検察官の訴追意思の表明とみて、その時点で**刑訴法254条1項**に準じて公訴時効の進行が停止するとした。検察官処分権主義は、処罰を求める犯罪事実の範囲を特定する権限であって、その公訴事実が一罪か否かは法律の解釈適用であるので裁判官の専権事項であるから、併合罪であるなら訴因内容の追加的変更を許可したことは違法であったことになり、訴因変更がなかった（起訴がなかった）ことになる。しかし、裁判所が誤って許可してしまったために、訴訟中に追加部分の公訴時効が到来してしまったということを救ったものであろう。

同1-24は、傷害と窃盗での検察官の起訴に対し、裁判所が起訴状朗読の直後に傷害と窃盗の関係を求釈明したところ、検察官が強盗致傷に訴因を変更したことが、検察官処分権主義、起訴便宜主義に反しないとした事案である。確かに、裁判所は訴因変更自体を促してはいないが、起訴状の記載から暴行が財物奪取に向けられている場合、恐喝・傷害あるいは強盗致傷が考えられるので、裁判官がその点を求釈明したい気持ちは分かる。しかし、強盗致傷の訴因構成も可能な事案について、検察官が窃盗・傷害の限度に留めるのはまさに起訴便宜主義なのであって、訴因の特定という意味では暴行と窃盗の各態様が明確であれば十分である。裁判所があえて重罪になる可能性を求釈明することは、違法とまではいえないとしても妥当ではないと考える。

（検察官処分権主義・起訴便宜主義に関する判例）

1-24　大阪高判平7・9・1（強盗致傷〔変更前の訴因傷害、窃盗〕窃盗被告事件）

所論は、訴因変更前の本件公訴事実は、強盗致傷罪の一部を起訴したものであり、これは、被告人の犯行について、検察官が、強盗の部分を不起訴にし、傷害と窃盗の訴因により刑事責任を問おうとしたものにほかならないにもかかわらず、裁判所が、釈明命令を発して、**強盗致傷への訴因変更**を促すような訴訟指揮をすることは、起訴便宜主義の制度に反しており、かつ、検察官の訴因設定権限に不当に干渉するものである旨主張する。しかし、原審で取り調べた証拠、特に被告人および乙山秋子の各供述調書にかんがみると、検察官は、本件訴因変更の有無にかかわらず、起訴の当初から、被告人らが、ボストンバッグを窃取するために、甲野に対し別紙記載の暴行を加えて傷害を負わせたことを証明しようとしていたことが窺われ、起訴状に記載された右暴行態様および傷害程度に照らせば、被告人らが加えた暴行は、被害者の反抗を抑圧するに足りる程度に達していたと評価できることに照らすと、本件公訴事実の訴因は傷害と窃盗であり、起訴状には、傷害の動機や暴行により被害者の反抗を抑圧した旨の記載がないものの、検察官は、強盗致傷に該当する事実そのものを審判の対象とし、ただ法律構成を傷害と窃盗の訴因にとどめたというべきである。それはさておき、**検察官は、起訴を独占しており、起訴不起訴の決定および訴因の設定について裁量権を有している**のであるが、検察官の訴因設定権限について、**裁判所が全く関与できないというものではなく、**刑事訴訟法が、事案の真相を明らかにすることをその目的として掲げていること（同法１条）、裁判所が訴因変更を命令することができる旨定めていること（同法312条2項）などにかんがみると、裁判所は、**訴因の相当性**について疑問を抱いたときは、適宜、検察官に対し、釈明を求めたり、訴因変更の勧告や命令をするなどして、不当な訴因のまま漫然と審判することのないようにすべきことが法律上求められているのであり、しかも、本件求釈明は、本件公訴事実の傷害と窃盗との関係を明らかにするよう求めるものであり、検察官の釈明内容によっては、当初の訴因のまま審理が進められるのであって、それ自体は、訴因変更を促すものですらないのであるから、何ら起訴便宜主義に反するものではなく、検察官の訴因設定権限に不当に干渉するものでもない。

所論は、本件求釈明が、法定刑の重い訴因への変更を示唆するもりであり、被告人に不利益なものであって、被告人に不公平な措置であると主張するのであるが、裁判所は、訴因と実体とが乖離しており、これを一致させるのが相当であると認めるときは、実体に沿う訴因への変更を勧告ないし命令することができると解されるところ、そのうち法定刑の同等ないし軽い方への訴因の変更を勧告ないし命令することは許されるが、**重い方への訴因の変更を勧告ないし命令することが禁じられているとまでは解せられない**うえ、本件求釈明それ自体は、既に説示したとおり、訴因変更を示唆するものではなく、本件公訴事実の傷害と窃盗との関係の検討を委ねたにすぎず、本件求釈明がされた時点では、審理を担当した裁判官は、検察官が、どのような証拠に基づいて起訴したかを知らないのであるから、求釈明の結果、訴因の変更請求がされることになるのか、あるいは当初の訴因のまま審理を進めることになるのかは、裁判官にとって不明であったと認められるから、本件求釈明が被告人に不公平な措置であるということはできない。

なお、所論は、本件求釈明は、証拠調べに入る前にされているが、これは、証拠調べをする前に裁判官が強盗致傷ではないかという心証を持ったということにほかならず、これは、**起訴状一本主義**が、裁判官に白紙の状態で実体審理に臨むことを要求していることに反しているうえ、本件訴因変更許可決定は、本件が強盗致傷罪が成立する事案であれば、本件求釈明をするのは当然であり、訴因変更を許可すべきであるとしており、逆にいえば、本件が強盗致傷罪が成立しない事案であれば、本件求釈明および訴因変更許可決定は違法であることになるから、原裁判所としては、本件求釈明および訴因変更許可決定につき適法の評価を受けるためには、強盗致傷罪が成立しなければならないところ、このことは、本件求釈明をし訴因変更許可決定をした時点で、証拠調べをしていないにもかかわらず、強盗致傷罪の成立を認める方向で、裁判所の心証が形成されていたと疑うに十分であるから、**予断排除の原則**に抵触している、というのである。ところで、いわゆる起訴状一本主義は、裁判官に白紙の状態で実体審理に臨むことを要求しているものであるが、公訴提起後公判期日が開かれるまでの間、裁判官に対し何の準備もしないことを要求しているものではなく、この間に、裁判官が、起訴状の記載について、**刑事訴訟法339条1項2号**の事由の有無はもとより、犯罪構成要件事実の記載洩れや明白な誤記、罰条の誤りの有無等を点検し、釈明を求める必要があるか否かを検討するのは当然のことであり、本件訴因変更許可決定は、起訴状の記載についての検討の結果、同一の日時場所における、動機の記載されていない傷害とひったくり窃盗という公訴事実の記載自体から、傷害罪と窃盗罪の二罪が成立する事案であるのか、あるいは強盗致傷罪が成立する事案であるのかという疑義が生じるところ、その疑義を解消するために本件求釈明をするのは当然であるという、まことに文字どおり当然のことを説示しているのであり、訴因変更請求についても、検察官が訴訟上の権利を濫用したものではないから、訴因変更を許可すべきであるとしているのであって、これも当然のことを説示しているのである（変更前の訴因と変更後の訴因との間に公訴事実の同一性があることは明白である）。右のとおり、本件訴因変更許可決定は、法理上当然のことを説示しているのであって、同決定の時点において、証拠調べをしていないにもかかわらず、原裁判所の心証が、強盗致傷罪の成立を認める方向で形成されていたことを疑わせるような事情は何ら存しないから、原裁判所ないし裁判官が、起訴状一本主義や予断排除の原則に反していないことは明らかである。

1-25　最判平1・6・29（損害賠償請求事件）（公訴提起の適法性）

刑事事件において無罪の判決が確定したというだけで直ちに公訴の提起が違法となるということはなく、公訴提起時の検察官の心証は、その性質上、判決時における裁判官の心証と異なり、右提起時における各種の証拠資料を総合勘案して合理的な判断過程により有罪と認められる嫌疑があれば足りるものと解するのが当裁判所の判例（略）であるところ、公訴の提起時において、**検察官が現に収集した証拠資料及び通常要求される捜査を遂行すれば収集し得た証拠資料を総合勘案して合理的な判断過程により有罪と認められる嫌疑があれば、右公訴の提起は違法性を欠く**ものと解するのが相当である。したがつて、公訴の提起後その追行時に公判廷に初めて現れた証拠資料であって、通常の捜査を遂行しても公訴の提起前に収集することができなかったと認められる証拠資料をもつて公訴提起の違法性の有無を判断する資料とすることは許されないものというべきである。

1-26　最決昭55・12・17（傷害被告事件・刑訴法判例百選Ｐ88）

検察官は、現行法制の下では、公訴の提起をするかしないかについて広範な裁量権を認められているのであって、公訴の提起が検察官の裁量権の逸脱によるものであつたからといつて直ちに無効となるものでないことは明らかである。たしかに、右裁量権の行使については種々の考慮事項が刑訴法に列挙されていること（刑訴法二四八条）、検察官は公益の代表者として公訴権を行使すべきものとされていること（検察庁法四条）、さらに、刑訴法上の権限は公共の福祉の維持と個人の基本的人権の保障とを全うしつつ誠実にこれを行使すべく濫用にわたってはならないものとされていること（刑訴法一条、刑訴規則一条二項）などを総合して考えると、検察官の裁量権の逸脱が公訴の提起を無効ならしめる場合のありうることを否定することはできないが、それはたとえば公訴の提起自体が職務犯罪を構成するような極限的な場合に限られるものというべきである。
（略）いま本件についてみるのに、原判決の認定によれば、本件犯罪事実の違法性及び有責性の評価については被告人に有利に参酌されるべき幾多の事情が存在することが認められるが、犯行そのものの態様はかならずしも軽微なものとはいえないのであって、当然に検察官の本件公訴提起を不当とすることはできない。本件公訴提起の相当性について疑いをさしはさましめるのは、むしろ、水俣病公害を惹起したとされるチツソ株式会社の側と被告人を含む患者側との相互のあいだに発生した種々の違法行為につき、警察・検察当局による捜査権ないし公訴権の発動の状況に不公平があったとされる点にあるであろう。原判決も、また、この点を重視しているものと考えられる。しかし、すくなくとも公訴権の発動については、犯罪の軽重のみならず、犯人の一身上の事情、犯罪の情状及び犯罪後の情況等をも考慮しなければならないことは刑訴法二四八条の規定の示すとおりであつて、起訴又は不起訴処分の当不当は、犯罪事実の外面だけによっては断定することができないのである。このような見地からするとき、**審判の対象とされていない他の被疑事件についての公訴権の発動の当否を軽々に論定することは許されないのであり、他の被疑事件についての公訴権の発動の状況との対比などを理由にして本件公訴提起が著しく不当であつたとする原審の認定判断は、ただちに肯認することができない**。まして、本件の事態が公訴提起の無効を結果するような極限的な場合にあたるものとは、原審の認定及び記録に照らしても、とうてい考えられないのである。したがつて、本件公訴を棄却すべきものとした原審の判断は失当であって、その違法が判決に影響を及ぼすことは明らかである。
(略)しかしながら、本件については第一審が罰金五万円、一年間刑の執行猶予の判決を言い渡し、これに対して検察官からの控訴の申立はなく、被告人からの控訴に基づき原判決が公訴を棄却したものであるところ、記録に現われた本件のきわめて特異な背景事情に加えて、犯行から今日まですでに長期間が経過し、その間、被告人を含む患者らとチッソ株式会社との間に水俣病被害の補償について全面的な協定が成立して双方の間の紛争は終了し、本件の被害者らにおいても今なお処罰を求める意思を有しているとは思われないこと、また、被告人が右公害によって父親を失い自らも健康を損なう結果を被っていることなどをかれこれ考え合わせると、原判決を破棄して第一審判決の執行猶予付きの罰金刑を復活させなければ著しく正義に反することになるとは考えられず、いまだ刑訴法四一一条を適用すべきものとは認められない。

1-27　最判昭53・10・20(国家賠償請求事件・刑訴法判例百選P86)

刑事事件において無罪の判決が確定したというだけで直ちに起訴前の逮捕・勾留、公訴の提起・追行、起訴後の勾留が違法となるということはない。けだし、逮捕・勾留はその時点において犯罪の嫌疑について相当な理由があり、かつ、必要性が認められるかぎりは適法であり、公訴の提起は、検察官が裁判所に対して犯罪の成否、刑罰権の存否につき審判を求める意思表示にほかならないのであるから、起訴時あるいは公訴追行時における検察官の心証は、その性質上、判決時における裁判官の心証と異なり、起訴時あるいは公訴追行時における各種の証拠資料を総合勘案して合理的な判断過程により有罪と認められる嫌疑があれば足りる。

2　起訴状一本主義(予断排除の原則)

検察官は、有罪を推測できる予断を抱かせる事項を記載したり証拠を添付することができない(**刑訴法256条6項**)。

また、裁判官の除斥(**同20条**)、忌避(**同21条**)、回避(**規則13条**)、第一回公判期日前の裁判所又は裁判官に対する証拠保全、証人尋問等の請求の禁止(**刑訴法179条、規則188条、刑訴法226、227条**)、第一回公判期日前の勾留に関する処分禁止(**刑訴法280条、規則187条**)など、裁判官についても予断を抱く事情があれば、当該裁判に関与できない。このように、予断排除の原則はかなり徹底して貫かれている。

判例1-29は、恐喝罪の共同正犯の訴因に暴力団員であることを記載した点について、**共謀の態様を裏付ける重要な事実**であるとし、**同1-30**は、恐喝罪、競争入札妨害罪について、地域業界での地位記載について**犯罪成立を裏付ける事実**であるとして、いずれも余事記載ではないとしている。**同1-32**は、**前科**記載について、前科が公訴犯罪事実の構成要件となっている場合(例えば常習累犯窃盗)又は公訴犯罪事実の内容となっている場合(例えば前科の事実を告知しての恐喝など)を除いて、訴因に前科を記載することは予断排除の原則に反するとしている。**同1-28**は、訴因と冒頭陳述の関係を指摘したものである。

起訴状一本主義とは関係がないが、予断排除との関係で裁判に関与できる裁判官について、**同1-31**は、簡裁の裁判官が、証拠調べに入る前に、簡裁の管轄を越える刑を科するのを相当とするか否か(管轄権があるか否か)を判断するために、職権で資料を取り寄せたことについて、本案の審理と密接に関連するものであり、これを離れて形式的に判断することのできないものであることから**刑訴法256条6項**の法意に反するとした。しかし、**同1-33**は、起訴前の強制処分及び保護処分に関与した裁判官は忌避対象にならないとしている。

(起訴状一本主義に関する判例)

1-28　東京高判昭60・12・4(業務上横領被告事件)

検察官の冒頭陳述は、起訴状一本主義の下において白紙の状態で公判期日に臨む裁判所に対して、検察官の立証計画の全貌と立証の重点を示すとともに、このことを通して個々の証拠調請求の必要性及び合理性ならびにその間の有機的関連性を明らかにするため、訴因たる事実を推知させる事実についての検察官の一応の見解を表明させるものに他ならならず、(略)審判の対象たる訴因をさらに限定する機能を有するものとはいえず、この点に関する所論は、刑事訴訟の流動的発展的性格を無視する見解と評するの外はない。仮に検察官の冒頭陳述に所論のような審判の対象を限定する機能を容認すべき場合がありうるとし本件がかかる場合に該当するとしても、第一次謀議に関する、検察官の冒頭陳述における「三月一日ころ」という日時の主張が、三月一日を中心として前後に二、三日の巾をもたせた表現であることは文理上明らかであり、右の「ころ」という表現が無意味な記載であり、右の「三月一日ころ」という表現が「三月一日」という表現と完全に同一であるとする所論はそもそも文理的に容認しえないところというべきであるのみならず、(略)また、このことは、検察官の冒頭陳述当時すでにこれらの供述調書の開示を受けていた筈の弁護人らにおいても十分に看取、理解しえたところというべきであるから、原判決の認定が右冒頭陳述の主張の範囲を逸脱したものとは到底いえ(ない。)

1-29　大阪高判昭57・9・27(傷害被告事件)

記録によると、所論のとおり、本件起訴状の公訴事実の冒頭には「被告人Kは暴力団M系A組の若頭補佐、被告人Y、同Oは同組の組員であるが」との記載のあることが明らかである。そこで所論にかんがみ、右記載の当否について検討するに、刑事訴訟法二五六条六項の規定が起訴状の中に裁判官をして事件の審理に先立ち当該被告人にとつて不利な予断を生ぜしめる事実の引用を禁止していることは所論のとおりである。しかしながら、反面、同条三項は「公訴事実は、訴因を明示してこれを記載しなければならない。訴因を明示するにはできる限り日時、場所、方法を以て罪となるべき事実を特定してこれをしなければならない。」と規定する。そして、右の罪となるべき事実とは犯罪構成要件該当事実のみならず、共犯者があれば、その者との**共謀の事実、態様**をも含むと解すべきである。以上の観点に立ってみると、本件は被告人を含む共犯者三名が一通の起訴状で一括して公訴を提起せられた傷害被告事件であって、被告人が単独で本件傷害事件を惹起したとされる案件ではない。このような案件の場合には、起訴状の中になされた所論のような記載は、被告人と共犯者の関係を明らかにすることによって共謀の態様を明示し、公訴事実を特定するためのものであるとも解せられ、いまだ刑事訴訟法二五六条六項の規定に違反するものとはみられない。従って、本件公訴の提起が違法、無効であるとはいえない。

1-30　東京高判昭57・3・4(恐喝、競売入札妨害被告事件)

本件各起訴状には、「被告人は、かねてから行田地区電気工事業者間のボス的存在として、埼玉県行田市等発注の電気工事につき、その入札前に指名業者間の談合を主宰し、入札を自己の意思のままに左右したり他の業者に不当な圧力を加えて工事の請負を断念させ、更には工事を落札した業者に言掛りをつけて金員を交付させ、意に従わない業者に対してはその業務を妨害するなどの横暴を常とし、地元業者らから畏怖されているものであり、相被告人小沢文夫は、被告人の実弟で、博徒稲川会八木田一家に属し、傷害事件等で服役した経歴を有し、被告人が前記のとおり工事入札等に関し他業者に圧力を加える際、これに協力して相手業者に対し強談威迫等の行動に出るため、被告人同様同業者らから畏怖されているものである」旨、被告人兄弟の性格、経歴、日頃の所業等に関し、裁判官に予断を与える事項が執拗なまでに反復して記載されている。(略)

そこで、考察するのに、起訴状に公訴事実を記載するに際し、犯罪事実とは何ら直接の関係がないのに、ただ被告人の悪性を強調する目的で被告人の性格、経歴及び素行等に関する事実を記載することは、起訴状一本主義の原則に違反し、もとより許されないところであるが、本件各公訴事実は、被告人兄弟が共謀のうえ行田市発注の工事の入札に参加した他の指名電気工事業者に対してなした恐喝及び威力入札妨害を訴因とするものであるところ、本件各犯行において被告人兄弟が金員の要求ないし談合強要のため被害者両名に対して申し向けた言辞は、被告人兄弟の性格、経歴、日頃の所業等の記載とあいまつて、脅迫文言としての具体性、現実性を明らかにし、ひいては、右記載が被害者両名の畏怖内容を特定しかつ明確化するのに役立っていることが、各公訴事実の記載自体に徴して明らかであつて、本件各起訴状の記載中所論指摘の部分は、いずれも各公訴事実の訴因の内容を具体化し明確化するために必要であるといわなければならないから、所論主張のようにこれが起訴状一本主義の原則に反する記載であるとは認められず、従って、起訴状の余事記載を前提として本件起訴手続の無効を主張する所論も、その前提を欠き採用することができない。

1-31　名古屋高決昭50・6・12（裁判官忌避申立却下決定に対する即時抗告申立事件）

本件忌避申立の理由のうち、長谷川裁判官が、略式命令不相当として、自ら通常の規定に従って事件を審判するにとどまらず、第一回公判期日に先立ち、職権をもつて春日井市選挙管理委員会より「愛知県知事および春日井市長選挙のお知らせ」などと題する同選挙管理委員会委員長森鉄一名義の選挙事務用郵便物一通等の任意提出をうけ、これを第一回公判期日において職権により証拠調をしようとしたことをもつて、刑訴法256条6項、247条、378条3号後段の法意に反するものとして忌避事由に該るとする点につき考察する。（略）長谷川裁判官が所論指摘のごとき措置に出た趣旨は、同裁判官が、略式命令請求と同時に差し出された書類等を審査した際、事案の内容等に徴し、事情の如何によっては裁判所法三三条二項による科刑制限を超える刑を科するのを相当と認める結果となり、ひいて管轄についても影響するところがあるかもしれないことを慮り、もし右のごとき事態となれば職責上当然刑訴法332条による移送決定の点について検討を要することとなることを考慮し、これに備えて同法43条3項による事実の取調としてこれを行ったものであると解せられる。そうとすると、同裁判官の前記措置は、その意図したところからすれば、所論のごとく刑訴法247条、378条3号後段の法意に反するものとは認められない。しかし科刑制限を超える刑を科するのを相当とするか否か、ひいて管轄の点に問題を生じないか否かという点は、いずれも本案の審理と密接に関連するものであり、これを離れて形式的に判断することの出来ないものであることからすれば、同裁判官の前記措置は、その意図したところが前叙のごときものであつたとしても、いわゆる起訴状一本主義を規定し、予断排除の法則を示した刑訴法256条6項の法意に反する違法な措置であるというのほかはない。

ところで、除斥、忌避の制度が、終局判決の公正を期するためのものであり、審判の実質的内容の公正を保持するためのものであること、忌避制度が除斥制度を補充する機能を有するものであることに徴すると、忌避事由としての「不公平な裁判をする虞」があるとするためには、当該裁判官と事件ないしその関係者との間に、当該訴訟手続外の要因により生じた、除斥事由に準ずるような客観的事情があることを要するものと解すべきである。してみれば、長谷川裁判官のとった前記措置は、前叙のとおり違法であるけれども、右の違法は証拠調に関する異議の申立、もしくは上訴の申立などによりその是正を求めるべき筋合のものであり、同裁判官が右措置に出た意図が、前説示のごとく、専ら刑訴法332条による移送決定に資するためのものと解せられること、そして右決定がいわゆる中間裁判でありかつ形式裁判であることからすれば、忌避事由としての「不公平な裁判をする虞」がある場合に当らないものというべく、本所論もまた採用の限りでない。

従って、右と結論を同じくし、申立人の本件忌避申立を理由がないとして却下した原裁判所の措置は、正当としてこれを是認すべく、原決定に違法、不当の廉は認められない。

1-32　最判昭27・3・5（詐欺被告事件）

本件起訴状によれば、詐欺罪の公訴事実について、その冒頭に、「被告人は詐欺罪により既に二度処罰を受けたものであるが」と記載しているのであるが、このように詐欺の公訴について詐欺の前科を記載することは両者の関係からいって、公訴犯事実につき、**裁判官に予断を生ぜしめるおそれのある事項**にあたると解しなければならない。（略）**前科が、累犯加重の原由たる事実である場合は**、量刑に関係のある事項でもあるから、正規の手続に従い（刑訴296条参照）、証拠調の段階においてこれを明らかにすれば足りるのであって、特にこれを起訴状に記載しなければ、論旨のいう目的を達することができないという理由はなく、従って、これを罰条の摘示と同じ趣旨と解することはできない。もっとも被告人の前科であっても、それが、**公訴犯罪事実の構成要件となっている場合（例えば常習累犯窃盗）又は公訴犯罪事実の内容となっている場合（例えば前科の事実を手段方法として恐喝）等は、公訴犯罪事実を示すのに必要であって、これを一般の前科と同様に解することはできないからこれを記載することはもとより適法である。**

1-33　最判昭25・4・12（窃盗建造物侵入被告事件）

倉吉簡易裁判所判事として所論のような起訴前の強制処分に関与し且つ、起訴後第一回公判期日までの間に鳥取地方裁判所倉吉支部判事として保護請求却下の決定をした福浦判事が、同支部判事として第一審の審理判決をしたことは、所論の通りであるが、そのために同判事が職務から除斥されることがないことは勿論、忌避の理由があるものとも認められないから、第一審の判決が憲法第37条第1項に違反するとはいえない。

3　被告人の防御権

公判における被告人の防御権の主たるものは、黙秘権の保障、弁護士による防御権の保障、証拠開示請求、証拠能力に関する意見、証拠決定に関する異議申立の権利、証人の反対尋問権、証拠請求、裁判長の訴訟指揮に対する異議申立権、弁論の陳述、上訴権などである。

(1)　公判における黙秘権

黙秘権は公判においても保障されている(**刑訴法311条1項**)。黙秘できる事項にも時期にもなんら制限はない。また、被告人は、他人の裁判で、自分が刑事責任を問われている事項、あるいは将来刑事責任を問われる可能性のある事項について証言を求められた場合は、その旨を告げて証言拒否することができる(**同146条、規則122条**)。被告人が、公判廷で行った供述は証拠となる。

判例1-34、同1-36は、証言拒絶権の根拠である**自己負罪拒否の特権**自体があくまでも自己の刑事上の不利益の原因となるような供述を拒否できる権利として権利者個人の利益のために認められたものであるから、客観的には自己の犯罪事実につき刑事訴追を受けあるいは有罪判決を受けるおそれがある場合であっても、実際にはこのようなおそれを考慮することなく、もっぱら、訴訟当事者その他の第三者の刑事上の不利益を防止する目的なり意図をもって証言を拒絶したときには、適法な証言拒絶権の行使があったとはいず、自己負罪の理由を述べない被告人に裁判官が証言を強いても違法とは言えないとし、宣誓した場合嘘を言うと**偽証罪の対象になる**としている。これに対して、**同1-35**は、自己負罪の理由があることが明らかな場合、裁判官が証言拒絶の理由を言わないことを理由に証言を強いた場合、嘘の証言をしても、そもそも証言義務がなかったのであるから**偽証罪は成立しない**としている。

(黙秘権とその限界に関する判例)

1-34　札幌地判昭49・4・19(損害賠償請求事件)

一、原告が、昭和四四年一二月二二日、札幌市大通り西一三丁目所在札幌地方裁判所公判廷で開かれた訴外山本ことCに対する窃盗被告事件の証人として呼出しをうけ、訴外小関正平検察官からなされた「あなたが山本やアベと一緒に昭和四一年の四月ころ旭川駅前のバスに乗ろうとしたお客からお金をすり取ったことがありますか」という尋問に対して、「それについては全然ぼくいいたくありません」と述べてその証言を拒絶したことは当事者間に争いがない。

二、ところで、原告の本訴請求は、まず、原告が右のように述べて証言を拒絶したのに対して、裁判官が「言いたくないという証人の気持わかりますけどね、証人としては言いたくないことでも聞かれたら言わなければなりません。そういう義務があります」といって、証言を要求したことが、憲法および刑事訴訟法のうえで認められている証言拒絶権の行使を不当に妨げたものとして違法たるをまぬかれないというものであるが、(略)

(一)まず、訴外Cに対する窃盗被告事件の公訴事実が「被告人山本ことCは、A、Yと共謀のうえ、昭和四一年四月二三日ころ、旭川市宮下通八丁目旭川駅前バス停留所において、Kが着用していた背広ポケットから現金一三〇、〇〇〇円余在中の財布一個を抜き取り窃取した」というものであることは被告の自認するところであるから、右尋問は、証人たる原告にとってはまさしく自己の犯罪事実に関して供述を要求される内容のものであって、**刑事訴訟法146条**によって証言を拒絶することのできた場合であることはあきらかである。被告は、右犯罪事実は原告にとって確定裁判のあった事件と余罪の関係にあったもので、法律の通常的な運用の実情を前提とすれば現実的かつ実質的な訴追の危険はなかったと主張するが、右犯罪事実について確定裁判の既判力が及ぶとか公訴時効が完成して公訴権そのものが消滅したとかの事情が認められないかぎり、刑事訴追をうけるおそれは存在するものといわざるをえないから、右主張は採用できない。

(二) そして、検察官がした前記尋問自体からみて、原告が証言を拒絶したのは、一見、原告自身が刑事訴追をうけまたは有罪判決をうけることをおそれたためであるとも推認しえないではないが、(略)、原告は、証言を拒絶するにあたり、刑事訴訟規則122条1項所定の証言を拒む事由を示さなかったことが認められるから、証言を拒絶した際の原告の意図が右推認のとおりであったかは必らずしも明らかではないうえ、たとえ、**証人が客観的には自己の犯罪事実につき刑事訴追をうけあるいは有罪判決をうけるおそれがある場合であっても、実際にはこのようなおそれを考慮することなく、もっぱら、訴訟当事者その他の第三者の刑事上の不利益を防止するというような目的なり意図をもって証言を拒絶したときには、適法な証言拒絶権の行使があったとはいえないものと解するのが相当である。けだし、証言拒絶権は、黙秘権とは異なり、司法の適正な運用のために要求される一般的な証言義務の例外として一定の事由がある場合にのみ限定的に認められたものであるばかりでなく(刑事訴訟法146条が「何人も、自己が刑事訴追を受け、又は有罪判決を受ける虞のある証言を拒むことができる」とし、同規則122条1項が「証言を拒む者は、これを拒む事由を示さなければならない」と定めているのも、証言拒絶権が黙秘権とは異なることを示すものである)、証言拒絶権の根拠である自己負罪拒否の特権自体があくまでも自己の刑事上の不利益の原因となるような供述を拒否できる権利として権利者個人の利益のために認められたものだからである。**しかも、本件では、裁判官が前記のごとく述べて証言を要求したことが、証言の強制にわたる違法なものとして国家賠償法1条の要件を充足するか否かが問題なのであるから、原告がいかなる目的なり意図をもって証言を拒絶したかは、証言拒絶の際にあらわれていた資料のみではなく、本件の口頭弁論終結時までにあらわれた一切の資料を総合して決定すべきものであることはいうまでもないところである。
(三) ところが、このような観点に立ってみると、結論からいえば、原告が検察官の尋問に対して「それについては全然ぼく言いたくありません」と述べて証言を拒絶したのは、もっぱら、訴外Cに対する気兼ねないし同人の刑事上の不利益となる証言をしたくないという気持からであり、自己の刑事上の訴追をおそれたものとはとうてい認められないのである。(略) 以上のような原告とCとの関係、原告が証言を拒絶するに至るまでのいきさつ、証言を拒絶した際の状況およびその直後の原告の供述のほか、原告は、本件の証言拒絶の時点まで前科八犯を有していていかなる場合にどのような手続を経て刑事訴追が行われるかについては相当の知識を有していたとみられること、(略)、Cは能弁でよくしゃべり原告はこれに対していいたくないという表情ですり仲間の団結力の強さを感じたと述べている部分があること、(略) 証言のときは最初から緊張してコチコチの状態であり、同じすり仲間の前で一緒にやったと述べることは仲間のおきてに反するということで困惑していると感じられたと述べている部分があることなどの事情を総合的に考慮すれば、原告が証言を拒絶したのは、もっぱら、Cに対する気兼ねないし同人の刑事上の不利益となる証言をしたくないという気持からであり、自己の刑事上の訴追をおそれたものとはとうてい認められないのである。
(四) そうとすれば、原告が証言を拒絶したことは証言拒絶権の行使として適法なものとはいえず、したがって、それ以上は証言を要求されないという人格的利益も認められないことになるから、これに対して、裁判官が「言いたくないという証人の気持わかりますけどね、証人としては言いたくないことでも言わなければなりません。そういう義務があります」といって証言を要求したことは、その動機とくに右裁判官が、前述したところと同じように適法な証言拒絶権の行使とはいえないものと判断したことによるものか、それとも、何らかの事情によって原告が証言拒絶権を有すること自体に思いを至さなかったことによるものかを問題にするまでもなく、証言拒絶権の行使を妨げた違法なものであるとする原告の主張は理由がないものといわなければならない。

また、**証言拒絶権は、証人が真実を述べることによって刑事訴追をうけあるいは有罪判決をうけるおそれがある場合はその証言を拒絶することができるというにとどまり、虚偽の供述をすることを許す趣旨でないことはいうまでもない**から、たとえ自己の犯罪事実についてであっても、宣誓した証人が証言を拒絶することなく虚偽の証言をしたときは、偽証罪の成立をまぬかれることはできない。したがって、本件の場合、検察官が証人として宣誓のうえ自己の記憶に反する虚偽の供述をしたものとして原告を偽証罪で起訴したこともまた違法とはいえないものというべきである。

もっとも、原告が右偽証罪の起訴に対して無罪の確定判決をうけていることは当事者間に争いがなく、(略) 刑事裁判所は、原告が証言を拒絶したことは証言拒絶権の行使として適法であり、これに対し、裁判官が前記のように述べて証言を促したことはその不当な侵害であって原告は偽証罪の主体たりえない旨判示していることが認められるが、刑事裁判と民事裁判とは、その目的、機能、判断の構造を異にするものであって前者が後者を拘束するいわれはないから、右の刑事確定判決があるからといって上述した判断をするうえでとくに支障となるものではない。

1-35　札幌地判昭46・5・10 (偽証被告事件)

被告人は刑訴法146条、同規則122条により理由を述べて証言を拒絶できる場合であったことは明らかである。(略)被告人は証言を拒む事由を明示していないが裁判官は右する事案の性質(被告人が共犯とされていることなど)及び質問の内容によって被告人に証言拒絶権が存在すると判断することは容易な筈であり、(略)かかる場合に供述をしない理由を積極的に開示する必要もないと言ってよく、少なくとも裁判官が証言を拒む理由をなんら釈明せずに証言するよう要求することは証言拒否権の行使を不当に妨げるものと言わざるを得ない。そうすると、被告人に言いたくない旨の答えは証言拒絶権の行使として一応適法なものと言うべきであるから裁判官はその行使を許すべき場合であったのであり、これを許しておけば本件偽証も行わなかったであろうことが十分予想されるのである。

而して証人が証言拒絶権を行使した場合には以降その証人に対して自己負罪事項につき証言を要求することができないことは明らかなところであるところ刑法169条が偽証罪の主体として処罰の対象とするところの「証人」とは法律上証言拒絶権を行使した結果裁判所が供述を命じ得なくなった証人を含まないと解すべきである。けだし刑訴法146条の保障する自己負罪事実についての証言拒絶権は憲法38条1項に由来する国民の基本的な権利の一つであり、その権利の行使が裁判所によって認められず証人が供述を強いられるがごとき事態はは稀有なことであって刑法169条の予想する提携にあたらないであろうし、その結果承認が自己の犯罪事実について虚偽の証言をしたとしてもその証言は証拠とすることができない性質のものであるからである。

1-36　最決昭28・10・19(偽証教唆被告事件)

被告人自身に黙秘権があるからといって、他人に虚偽の陳述をするよう教唆したときは偽証教唆の責を免れないことは既に当裁判所の判例とするところであり(**昭和27・2・14決定**参照)、今これを変更する必要を認めない。また刑法104条の証憑の偽造というのは証拠自体の偽造を指称し証人の偽証を包含しないと解すべきであるから、自己の被告事件について他人を教唆して偽証させた場合に右規定の趣旨から当然に偽証教唆の責を免れるものと解することはできない。(略)

何人も自己が刑事訴追を受け又は有罪判決を受ける虞のある証言を拒むことができることは刑訴146条の規定するところであるが証人がこの証言拒絶権を抛棄し他の刑事事件につき証言するときは必ず宣誓させた上で、これを尋問しなければならないのである。それゆえかかる証人が虚偽の陳述をすれば刑法169条の偽証罪が成立するのである。されば本件につき証人Ｙが所論の如く証言拒絶権があるとしても同証人は拒絶権を抛棄し宣誓の上虚偽の証言をしたものであるから偽証罪の成立したものというべく被告人が右証人を教唆して偽証させたときは偽証教唆の責を免れないものと解すべきである。

(2)　弁護人による弁護の保障

起訴後の被告人の弁護人選任権(**憲法37条3項**)は、私選弁護人の選任権(**刑訴法30条**)は当然として、国選弁護人(**同36、37条、289、290条**)の選任が国に義務付けられており、弁護人による弁護制度が確立している。**判例1-38**ないし**同1-40**は、**刑訴法289条1項(弁護人の在廷)**が適用されない事情に関するものである。

(弁護人による弁護の保障に関する判例)

1-37　高松高判平10・2・10(覚せい剤取締法違反、道路交通法違反被告事件)

被告人は、鑑定人の尋問を実力で阻止するなどして原審の審理を妨害する一方、弁護人を足蹴にする暴行に及び、公判期日への出廷を拒否し、弁護人との接見も拒否するとともに、弁護人にも出廷を拒否するよう脅迫的な内容の手紙を送りつけるなどするようになったが、原裁判所は、被告人不出頭のまま実質審理を行うことを留保して被害人の翻意を待ったが被告人の出廷は得られず、やむなく被告人不出頭のままで実質審理に入る旨告げると、弁護人らは、被告人と打ち合わせができていないこと、被告人から出廷拒否を求められていること、被告人から脅迫されていることを理由をあげて、原裁判所の在廷命令を無視して退廷したため、弁護人の立会いが得られないまま公判期日に証人尋問等の実質審理を行ったというのであり、まさしく**最決平7・3・27**のいう、**刑訴法289条1項**の適用がなく、弁護人の立会いが得られないまま公判審理を行うことができる場合にあったということができる。

1-38　高松地判平9・3・25（覚せい剤取締法違反、道路交通法違反被告事件）

本件が**必要的弁護事件**である以上、原則として弁護人不在廷のままで実質審理を行い得ないものであることは言うまでもない。しかし、被告人・弁護人が必要的弁護制度を濫用して訴訟の遅延を図り、あるいは自己の不当な要求を実現するため法的手段によらないで出頭拒否等の直接行動により裁判所に圧力をかけようとするような場合には、被告人の防御の利益の擁護の要請のみならず迅速裁判による適正な公判審理及び社会における裁判の威信保持の要請その他裁判制度上の種々の要請を総合的に勘案して、被告人・弁護人の恣意により、裁判所が国民から付託された裁判権の正常な活動が著しく阻害され、あるいは裁判制度が否定される結果となることを防止するため、やむを得ず必要な限度で**刑事訴訟法289条**の例外を認め弁護人不在廷のまま審理をすることが憲法上、刑事訴訟法上許される場合もあると解される。

1-39　最決平7・3・27（暴力行為等処罰に関する法律違反、住居侵入被告事件）

刑訴法289条に規定するいわゆる必要的弁護制度は、被告人の防御の利益を擁護するとともに、公判審理の適正を期し、ひいては国家刑罰権の公正な行使を確保するための制度である（最判昭23・10・30）。（略）被告人は（略）本件が必要的弁護事件であって、審理を行うには弁護人の立会いが必要であることを熟知しながら（略）弁護人を公判期日へ出頭させないなど、種々の手段を用いて、本件公判審理の進行を阻止しようとしたものであり、私選弁護人両名は、このような被告人の意図や目的を十分知りながら、裁判所による公判期日の指定に応ぜず、被告人の意向に沿った対応に終始し、裁判所が公判期日を一括して指定するや、公凝期日への不出頭あるいは在廷命令を無視した退廷を繰り返し、裁判所からの再三にわたる出頭要請にも応じなかったものである。さらに、裁判所が弁護人出頭確保のため弁護士会の推薦に基づき順次選任した同会会長を含む国選弁護人も、被告人の意向に従って、あるいは、被告人の弁護人本人やその家族に対する暴行ないし脅迫によって、いずれも公判期日に出頭しなくなったものである。そして、このような被告人の言動あるいは被告人の意向に沿った弁護人らの対応によって、多数回にわたり実質審理が阻止され、弁護人の立会いの下に公判期日開くことが事実上不可能になったものであることは明らかである。

（略）裁判所が弁護人出頭確保のための方策を尽したにもかかわらず、被告人が、弁護人の公判期日への出頭を妨げるなど、弁護人が在廷しての公判審理ができない事態を生じさせ、かつ、その事態を解消することが極めて困難な場合には、当該公判期日については、**刑訴法298条1項**の適用がないものと解するのが相当である。けだし、このような場合、被告人は、もはや、必要的弁護制度による保護を受け得ないものというべきであるばかりでなく、実効ある弁護活動も期待できず、このような事態は、被告人の防御の利益の擁護のみならず、適正かつ迅速に公判審理を実現することをも目的とする刑訴法の本来想定しないところだからである。

（3）　証拠開示

証拠開示は刑事弁護活動の歴史でもある。**判例1-56**は、関連事件の確定記録の閲覧拒否に関するもので、「刑事訴訟法53条及び刑事確定訴訟記録法は裁判の公開の観点からの独立の規定であり、その規定の体裁からみて刑事確定訴訟記録の公開を原則とし、その閲覧について検察官に自由な処分権能が存在することを前提としているとは解されない」とするのに対し、**裁判所の訴訟指揮による証拠開示命令**は、「証拠開示について明文かつ直接的な規定の存在しない一般的な場合において、当事者主義的訴訟構造及び当該証拠開示に伴う弊害と被告人の防禦とを調和させるため、一定の要件の下、訴訟の審理に一定の秩序を与える裁判所の合目的的活動たる訴訟指揮権に基づきこれを行うものであって、当事者主義的訴訟構造はとりもなおさず証拠として請求の予定のない証拠関係の開示は検察官の自由な処分権能下にあるとの原則を導くものであり、裁判所の証拠開示命令は右原則を肯認しつつも結果的には一定の限度で右を修正するものにほかならない。」として、両者は制度の違いを明確にしている。

弁護人の証拠開示請求は、裁判所の訴訟指揮権の発動を促す限度で認められているにすぎなかった。訴訟指揮による証拠開示命令に関しては、**昭44・4・25の二つの最決**があり、弁護人が職権発動を促すには、開示を求める証拠を特定して具体的必要性を示さなければならず、「裁判所は、事案の性質、審理の状況、当該証拠の種類及び内容、閲覧の時期、程度および方法、その他諸般の事情を勘案し、その閲覧が被告人の防御のために特に重要性あり、かつこれにより罪証隠滅、証人威迫等の弊害を招来するおそれがなく、相当と認められるときは」検察官に開示を命ずることができるとしてはいるが、主尋問開始前に、反対尋問のために必要であるとして当該証人の供述録取書の開示命令をした事案について、「その閲覧の時期を主尋問終了後反対尋問前と指定したとしても、いまだその閲覧が被告人の防御のため特に重要であるということはできず、また、右段階で、証人威迫、罪証隠滅の弊害がないとするのは時期尚早であって、右証拠開示命令は違法である」としている。これによると、反対尋問のために当該証人の供述調書について開示命令ができるのは早くても主尋問終了後ということになる。実務では、この判断を基にしながら証拠開示の攻防が繰り広げられてきた。

検察官は、公益的立場で訴追権及び捜査権を独占しており、証拠の収集は、訴追側のためのものだけではなく、被告人の基本的人権擁護のためのものでもある。糾問的捜査構造の下で収集された証拠が検察官に独占された状態で、公判になって、急に当事者対等を持ち出しても真の平等とはいえない。なお、検察官による証拠独占と証拠開示命令に関する裁判所の消極性は幾多の誤判の原因にもなっている。したがって、捜査段階においては、捜査の必要性から捜査側が証拠を独占することはやむを得ないとしても、公訴提起後は、国家機密や第三者のプライバシーなどを侵害しない限り、原則全面開示してこそ真の当事者主義であり、平等が担保されると考える。

しかし、**公判前整理手続制度**の導入によって、証拠開示請求は、限定的にではあるが被告人の権利として認められるようになった（**刑訴法316条の14以下**）。公判整理前手続に付されない事件についてもこの制度が準用されるべきである。

挙げた判例は、公判前整理手続に関するものが殆んどである。この制度では、弁護人が開示請求できる証拠は**類型証拠（同条の15）**と**主張関連証拠（同条の20）**に分けられている。

類型証拠とは、検察官請求証拠の証明力を争うために、**同条の15**で類型化され特定された証拠をいう。**同1-52**は、「弁護人側が検察官請求証拠の証明力を判断するのに資するために、一般的、類型的な開示の必要性及び弊害の程度を考慮し、開示することが適当であるものを類型化したものである」とし、**同6号**の「事実の有無に関する供述を内容とする」供述録取書等とは、その事実の有無について直接に認識等した者の供述を録取等したものをいい、犯行現場に急行した警察官が関係者や被告人から聞き取ったことを内容とする報告書のような伝聞供述は同号の類型証拠に該当しないとし、**同1-51**は、「特定の検察官請求証拠の証明力を被告人側が適切に判断できるようにするために、その証明力の判断に重要であると認められる一定類型の証拠の開示を認めようとするものである」とし、「供述録取書等」が供述者の署名若しくは押印により内容の正確性が担保されているか、機械的正確さによって録取内容の正確性が保障されているものに限られていることをも併せ考慮すると、**同号の「検察官が特定の検察官請求証拠により直接証明しようとする事実の有無に関する供述」**を内容とする供述書、供述録取書又は上記記録媒体は、供述者が直接体験した事実を記載したものあるいはその供述を録取・記録したものに限られ、伝聞供述を内容とする捜査報告書は含まれないと判示している。**同1-44**は、検察官の立証を考慮すると、「供述者の学歴や職歴等の経歴、家族関係や交遊関係、財産関係を含む生活状態、不良集団等との関わり合いの有無、資格、性格及び健康状態や身体の特徴は、供述を信頼するに足る人物か否かの判断材料として有用なものであるといえる」ので、それが録取された供述調書は類型証拠であるとして開示請求を認めた。また、**同1-45**は、「本件保護状況ないし採尿状況に関する記載のある警察官Ａ作成のメモ」は、犯罪捜査に当たった警察官が犯罪捜査規範13条に基づき作成した備忘録であり、証拠開示の対象となり得るとしている。

同1-54は、**同条の15第1項1号、5号ロ、6号**の各類型証拠について、必要性がないか乏しいとして開示請求を却下している。必要性の主張が重要となる。

不開示希望調書について、**同1-54**は、**同条の15第1項の柱書**について「類型に該当する証拠は、当然に開示されるというものではなく、特定の検察官請求証拠の証明力を判断するために重要であると認められ、かつ、その重要性の程度その他の被告人の防御の準備のために開示をすることの必要性の程度並びに開示によって生じるおそれのある弊害の内容及び程度を考慮して、相当と認められるときに開示されるものである」と説示した上で、不開示希望調書を開示するためにはそれなりの必要性と重要性がなければならないとし、**同1-50**は、類型証拠である被告人の供述調書について被告人が不開示希望をしている場合の不開示希望調書、その調書の作成部分を含む取調べ状況報告書などを、弁護人が被告人の意思に添って開示を求めている場合について、検察官は、不開示希望制度維持のために弊害があるという一般的な理由ではなく、あくまで具体的事件における不開示を相当とする具体的事情を主張しなければならないとして、その主張がないとして開示命令を肯定した。

主張関連証拠とは、弁護人の主張のために必要とされる証拠であって、特定されてはおらず、関連性、必要性があり、それらが開示の弊害より大きければ開示が認められる。**同1-43**は、警察官の取調べメモ、備忘録などについて、犯罪捜査規範13条によって義務付けられているメモで、**個人的メモの域を超え、捜査関係の公文書ということができる**として、主張関連証拠として開示対象となるとしている。**同1-42**は、①捜査官が被告人方建物の内外、その室内の状況及び現場にあった物等をデジタルカメラで撮影して記録した電磁データ、②被害者の遺体写真をデジタルカメラで撮影して記録した電磁データ、③被告人について作成された取調状況記録書面（捜査官が作成した取調べ時の状況を記録したメモを含む）の開示請求に対し、検察官が①②は記録を破棄した、③は開示記録以外に存在しないとの回答を前提に「検察官はもとより公務員が職務上保管するものとはいえない」として下級審が棄却したのに対し、弁護人は主張関連証拠として開示しているが、本来証拠物に当たるものであり、公判継続中なのに破棄したということは考えられないから、破棄したか否かについて関係者を尋問して調査すべきであるとして破棄差し戻しし、③については弁護人の任意性否定の主張が明確ではなく、当該証拠との関連性が明確ではないとして、結果として一審決定を肯定した。検察官が廃棄したという回答を軽々に信用すべきではないとした点に意味がある。

これに対し、**同1-42**は、主張関連証拠として、共犯者らの取調べに関して作成された警察官及び検察官の取調べメモ（手控え）、取調べ小票、調書案、備忘録等の開示請求した事案について、検察官が職責上誠実に調査した上で存在しないとしている以上開示請求の前提を欠くとしている。また、**同1-49**は、「犯人特定ないし捜査の端緒に関する捜査報告書」は、脅迫行為の証明に供する検察官側証人乙らの証言の信用性を吟味し弾劾するためには、これらの者にかかる被害届、供述調書が事件後約５か月も経過して作成され、しかもその内容が著しく変遷していることにかんがみて、捜査機関の初動段階における関係者の供述を含む証拠の取捨選択又はこれに対する認識をも検討することが必要不可欠であるとして主張関連証拠として開示請求したのに対し、捜査機関の初動段階における認識いかんと脅迫文言の有無の立証とは関連性に乏しく、その解明の必要性の程度もきわめて低いとして、被告人の取調べに際して作成された捜査メモないし備忘録、被告人の取調状況に関する捜査報告書は、逮捕状不呈示ないし逮捕状の緊急執行の不当という主張と関連性も必要性も乏しいとして、いずれも開示請求を認めていない。さらに、**同1-46**は、**同316条の20第1項**にいう「その関連性の程度その他の被告人の防御の準備のために当該開示をすることの必要性の程度」について、本件当時被告人に精神障害を疑わせる症状が生じていたことについて具体的に指摘することなく、上記のような概括的なものにとどまる場合には、限定責任能力の疑いを生じる可能性があることが適切に主張されているとはいえず、証拠との関連性及び開示の必要性の程度と「当該開示によって生じるおそれのある弊害の内容及び程度」を具体的に考慮して、開示の相当性を判断する前提としても、主張が不十分であるとして、開示請求を認めていない。

同1-40は、裁判所の証拠開示命令で**同条26の1項**の「裁判所は、開示の時期若しくは方法を指定し、又は条件を付することができる」こと、及び、**同281条の3、4**の弁護人の開示記録の保管管理義務、目的外使用の禁止について説示した判例である。

同1-55は、**同99条2項**の提出命令に関するものであり、提出命令時期が検察官立証の段階で、いまだ弁護人の主張する争点が不明確なので必要性の判断ができないこと、既に請求されている証拠では不十分とする理由が不明であること、証人調べ等によって開示の必要性を明らかにすべきであること請求証拠疎明がないことなどを挙げて必要性が不明確であるのに、開示を求められている証拠は、量が膨大で、開示のための時間、労力、経費の負担が大きいことなどを挙げて、一審の提出命令を否定している。

（証拠開示に関する判例）

1-40　東京高決平22・3・17（即時抗告申立事件）

法316条の26第1項が、証拠の開示を命じる場合において、「裁判所は、開示の時期若しくは方法を指定し、又は条件を付することができる。」としたのは、無条件かつ速やかに証拠を開示すると弊害を生じるおそれがあり、あるいはその程度が大きく、開示の必要性の程度を勘案しても、開示は相当でないと判断されるが、特定の時期、方法を指定し、あるいは、一定の条件を付すことによって、上記弊害の発生を防止することができ、あるいはその程度が小さくなり、開示するのが相当であると判断することができるような場合には、裁判所が、時期等を指定し、あるいは条件等を付した上で開示させることができるようにしたものと解される。そして、証拠の開示による弊害の発生を防止し、あるいはその程度を小さくするためには、複製等の利用方法に条件を付すことが必要かつ相当なことがあるから、同条項の文言に照らしても、同条項に基づいて裁判所が付すことができる条件には、所論がいうような開示の場面に関するものに限らず、開示後の複製等の利用方法に関するものも含まれるというべきである。

（略）刑事訴訟法は、**281条の3**において、弁護人に複製等を適正に管理する義務を課し、**281条の4**において、**複製等の目的外使用を禁止**しつつも、義務違反に対する刑事罰については、罪刑法定主義の要請、弁護士の高度の職業倫理性等を考慮の上、弁護人については、対価として財産上の利益その他の利益を得る目的で人に交付等をする行為のみを処罰することとして（同法281条の5第2項）、一定の目的、態様の義務違反行為のみを刑事罰の対象としているのであって、所論がいうように、同法が、複製等の利用方法に関するものであれば、いかなる義務ないし条件違反であっても一律に刑事罰の対象としようとしたものとはいえない。（略）

証拠の開示に関する弁護人の具体的権利が憲法によって直接保障されたものでないことは、明らかであり、**法281条の3ないし5**が複製等の利用方法等について制限を設け、**法316条の15**及び**法316条の26**が、開示又は開示命令に際し、検察官又は裁判所において開示の時期若しくは方法を指定し、又は条件を付すことができることとしているのもこれを前提とするものである。そして、複製等の利用に伴う弊害には、証拠の内容、形態等により様々なものがあり得るところであり、かかる弊害の発生を防止し、あるいはその程度を小さくするために、法281条の３又は４による制限以外の条件を付し、あるいは具体的な管理方法を条件とすることが必要となる場合があることは否定できず、そのような条件を付すことが当然に弁護権の違法な制約となるかのようにいう所論は採用できない。

さらに、原決定が付した条件についてみるに、原決定は、弁護人の複製等の利用方法に関する条件は、法281条の３ないし５が存在しているにもかかわらず、なおも証拠の性質等から条件を付さなければ証拠の損壊や流出のおそれがある場合に限って付すことができるとの前提に立って、開示によって生じる弊害のおそれ、その程度等を検討し、本件各ＤＶＤには、一旦侵害されると回復が困難な被告人、被害者その他関係者の名誉・プライバシーに関する事項が含まれていると認めた上で、電子データの電磁的記録媒体であるというＤＶＤの性質上、複製が容易であるばかりか、インターネットに接続されたパソコンで再生等をされることが想定されるため、使用者の意図とかかわりなくインターネットを通じて外部に流出する危険があり、しかも、ひとたび外部に流出すると瞬時に全世界的に流布しかねないとするとともに、「証拠開示命令申立書」及び「証拠開示命令申立請求補充書」と題する各書面中において弁護人らが主張する弁護活動上の支障についても具体的に検討した上で、必要かつ相当なものとして別紙の条件を付したものであり、（略）原決定の判断に誤りは認められない。

1-41　大阪高決平20・12・3（即時抗告申立事件）

弁護人の予定主張は、（1）被告人に殺意はなかった、（2）被告人は、犯行当時、精神疾患又はその治療のために服用していた薬物の影響により、心神喪失ないし心神耗弱の状態であった、（3）被告人の捜査段階の供述調書（供述録取書）には任意性がない、（4）被告人には自首が成立する、旨いうものである。（略）弁護人が開示を求める証拠は、〔1〕捜査官が被告人方建物の内外、その室内の状況及び現場にあった物等をデジタルカメラで撮影して記録した電磁データ、〔2〕被害者の遺体写真をデジタルカメラで撮影して記録した電磁データ、〔3〕被告人について作成された取調状況記録書面（捜査官が作成した取調べ時の状況を記録したメモを含む。既に開示済みのものを除く）及び取調状況を録画したビデオテープ及び電磁データである（裁定請求書等での証拠の特定がやや不明確な部分もあるが、上記のとおりと解する）。〔1〕は検察官請求の写真撮影報告書（略）及び検証調書（同８号証）に添付された写真の画像データであり、〔2〕は鑑定書（略）に添付された写真の画像データである。

（略）、事件が現に係属中であるのに、捜査機関が〔1〕及び〔2〕を消去するなどというのは通常考え難いことであって、裁判所としては、検察官の上記のような不合理な主張を容易に受け入れるべきではなく、検察官に対し、消去の経緯や時期、その理由等について具体的な説明を求め、場合によっては担当者の証人尋問などの事実取調べを行うなどして事の真偽を確かめる必要があるというべきであり、それによって納得のいく説明等がなされなければ、それらの証拠は捜査機関が保管しており、検察官において入手が容易なものとみなすべきであると解される。

また、被告人は、犯行当日に現行犯逮捕され、その翌日に、身上関係を内容とする警察官調書（略）及び被害者を包丁で数回刺した事実の自認などを内容とする警察官調書（略）が作成されているのであるから、捜査官において、被告人の取調状況をビデオテープ等に記録していないとしても、被告人のこの間の取調状況に関する報告書等を作成していたことが想定されるところ、前述のとおり、検察官は、この点に関し、「既に開示済みの記録の他には存在しない」旨主張しており、要するに、（略。注：上記調書）と被告人の署名のない弁解録取書のほかにはない旨いうものと解されるが、この点についても、裁判所としては、検察官のそのような主張を容易に受け入れるわけにはいかない。（略）

もっとも、原決定は、〔1〕及び〔2〕について、「仮にそれらのデータが何らかの形で存在して、証拠開示命令の対象になる証拠に該当する余地があるとしても、既に開示済みの犯行直後の現場の状況や遺体の負傷状況等を明らかにした前記検証調書、鑑定書等の原本が開示されている以上、更に前記各電磁データを被告人の防御のために開示する必要性までは認められず、同条項（刑訴法316条の26第1項）の要件を満たさない。また、弁護人は、**主張関連証拠開示請求**における主張として、被告人に殺意はなかったというにとどまり、前記検証調書等の原本に加えて更に前記各電磁データを開示する必要性の理由として述べるところは説得力に乏しく、**証拠漁りの懸念もうかがわれる**ものであって、開示の必要性も相当性も認められないから、**同法316条の20の1項**の要件も満たさない」旨説示している。

しかし、〔1〕及び〔2〕は、それ自体は無体物であるものの、何らかの記憶媒体に保存された上で証拠として取り扱われるものであり、**刑訴法316条の15第1項1号**の「証拠物」に該当すること、検察官は、上記検証調書等に添付された写真について、〔1〕及び〔2〕をパソコンの画面上等に画像として表示し、それを拡大（画素数にもよるが、通常検証調書等に添付される印刷された写真よりは相当に大きく拡大できると解される）して検分することができるのに、弁護人にはそれができないのであって、〔1〕及び〔2〕の開示は、検察官請求証拠である上記検証調書等について検察官と弁護人を対等の立場に置くためのものでもあること、〔1〕及び〔2〕は本件において特に重要と思われる客観的証拠であること、他方、開示によって生ずるおそれのある弊害は特に見当たらないことなどからすると、〔1〕及び〔2〕については、類型証拠としての開示を相当とする余地が十分あるものというべきであり、原決定の上記判断は是認することができない。（略）

他方、〔3〕についてみると、弁護人は、上記（3）のとおり、（略。注：上記調書）には任意性がない旨主張しているものの、それらの調書のどの部分をどのように争うのかを明らかにしておらず、しかも、（略。上記調書）には被告人に殺意があった旨の供述部分は存在しないとうかがわれることも考慮すれば、上記（1）、（2）及び（4）の主張との関係で、それらの調書の任意性を争うことにどのような意味があるのかも明らかではないといわざるを得ないのであるから、〔3〕について主張関連証拠としての開示を相当とする事情は認められず、この点に関する原決定の判断は結論において相当として是認できる。

1-42　東京高決平20・11・17（即時抗告申立事件）

弁護人は、予定主張記載書等や公判前整理手続期日において、本件傷害及び傷害致死被告事件のいずれについても、**共犯者らとの共謀の成立等を争う旨主張し**、平成２０年５月１６日付け証拠開示請求書にて、検察官に対し、その**主張関連証拠**として、**共犯者らの取調べに関して作成された警察官及び検察官の取調べメモ（手控え）、取調べ小票、調書案、備忘録等の開示を請求し**、さらに、主張との関連性及び開示の必要性がないとして、上記各証拠の開示には応じられない旨の検察官の回答を受けて、同年７月８日に、原審裁判所に対し、上記各証拠の開示命令を請求した。（略）

検察官は、（略）上記請求は、上記各証拠について、主張との関連性又は必要性が認められないので、理由がない旨の意見を述べたが、同年９月１日に、上記各証拠のうち、警察官作成の取調べメモを開示した（これを受けて、弁護人は、上記請求のうち、共犯者らの取調べに関して作成された警察官の取調べメモ（手控え）、取調べ小票、調書案、備忘録等の開示命令請求を取り下げた。以下、上記請求のうち、その後も維持されている部分を「本件請求」という。）。（略）

そして、検察官は、同年１０月２７日付け意見書にて、公判担当検察官及び捜査主任検察官が現に保管している証拠中に、検察官作成の取調べメモは存在せず、また、共犯者らを取り調べた各担当検察官に問い合わせて調査したが、同検察官らの手元にも、取調べメモは存在しないので、本件請求は理由がない旨の意見を述べた。

（略）検察官の（略）調査結果を前提とする限り、本件請求に係る証拠は存在しないのであり、このような存在しない証拠の開示を命じることはできないから、本件請求は、理由がないといわざるを得ない。所論は、検察官に対し、検察官作成の取調べメモの廃棄の時期及び理由等について釈明を求めるべきであるとするが、本件請求に係る証拠が存在しない旨の検察官の回答は、自らの検察官としての立場、その職責の重さ等を十分に認識した上で、誠実に対処した結果なされたものであろうから、他にその回答の真実性を疑わしめるような状況が窺われない限り、信ずるに足るものであるというべきである。そして、前記のとおり、弁護人からの開示請求に対し、当初はこれに全く応じていなかったのに、調査の上、警察官作成の取調べメモについては、その存在を確認して開示に応じたという検察官の応答状況等に照らすと、本件においてそのような状況は認められない。したがって、本件請求を棄却した原決定の判断は正当である。

1-43　最決平20・9・30（即時抗告棄却決定に対する特別抗告事件）

（１）被告人は、強盗致傷等の罪で起訴されたが、この強盗致傷の行為（以下「本件犯行」という。）に関与したことを否認している。

（２）上記被告事件の公判前整理手続で、検察官は、被告人の知人であるＡ（以下「Ａ」という。）の証人尋問を請求し、これが採用されたことから、準備のためＡに事実の確認を行ったところ、Ａは、検察官に対し、被告人がＡに対し本件犯行への関与を自認する言動をした旨の供述を行うに至った。

Ａについては、捜査段階でＢ警察官（以下「Ｂ警察官」という。）が取調べを行い、供述調書を作成していたが、上記の供述は、この警察官調書には記載のないもの（以下、Ａの上記の供述を「新規供述」という。）であった。そこで、検察官は、この新規供述について検察官調書を作成し、その証拠調べを請求し、新規供述に沿う内容を証明予定事実として主張した。

（３）弁護人は、この新規供述に関する検察官調書あるいはＡの予定証言の信用性を争う旨の主張をし、その**主張に関連する証拠**として、「Ｂ警察官が、Ａの取調べについて、その供述内容等を記録し、捜査機関において保管中の大学ノートのうち、Ａの取調べに関する記載部分」（以下「本件メモ」という。）の証拠開示命令を請求した。

（４）本件大学ノートは、Ｂ警察官が**私費で購入して仕事に利用していたもの**で、Ｂ警察官は、自己が担当ないし関与した事件に関する取調べの経過その他の参考事項をその都度メモとしてこれに記載しており、勤務していた新宿警察署の当番編成表をもこれにちょう付するなどしていた。　本件メモは、Ｂ警察官がＡの取調べを行う前ないしは取調べの際に作成したものであり、Ｂ警察官は、記憶喚起のために本件メモを使用して、Ａの警察官調書を作成した。　なお、Ｂ警察官は、本件大学ノートを新宿警察署の自己の机の引き出し内に保管し、練馬警察署に転勤した後は自宅に持ち帰っていたが、本件事件に関連して検察官から問合せがあったことから、これを練馬警察署に持って行き、自己の机の引き出しの中に入れて保管していた。

（５）原々審である東京地方裁判所は、本件メモの提示を受けた上で、その証拠開示を命じたため、その命令の適否が争われている。

２　以上の経過からすると、**本件メモは、Ｂ警察官が、警察官としての職務を執行するに際して、その職務の執行のた**

めに作成したものであり、その意味で公的な性質を有するものであって、職務上保管しているものというべきである。したがって、本件メモは、本件犯行の捜査の過程で作成され、公務員が職務上現に保管し、かつ、検察官において入手が容易なものに該当する。また、Ａの供述の信用性判断については、当然、同人が従前の取調べで新規供述に係る事項についてどのように述べていたかが問題にされることになるから、Ａの新規供述に関する検察官調書あるいは予定証言の信用性を争う旨の弁護人の主張と本件メモの記載の間には、**一定の関連性を認めることができ**、弁護人が、その主張に関連する証拠として、本件メモの証拠開示を求める必要性もこれを肯認することができないではない。さらに、本件メモの上記のような性質やその記載内容等からすると、これを開示することによって特段の弊害が生ずるおそれがあるものとも認められない。そうすると、捜査機関において保管されている本件メモの証拠開示を命じた原々決定を是認した原判断は、結論において正当として是認できるものというべきである。

（裁判官宮川光治の補足意見）（略）　原決定及び原々決定は、いずれも、本件メモが証拠開示命令の対象となるか否かの判断において、まず**犯罪捜査規範13条**に基づき作成した備忘録（以下「13条書面」という。）に当たるか否かを検討し、本件メモは13条書面に該当すると判断している。しかしながら、本件メモが、広く、「本件犯行の捜査の過程で作成され、公務員が職務上現に保管し、かつ、検察官において入手が容易なものに該当する」か否かを問題とすることが適切である。そして、そのような書面であると判断した後、**刑訴法316条の20第1項**に規定する主張との関連性の程度、必要性の程度、弊害の内容及び程度について判断することとなる。

そして、主張との関連性の程度、必要性の程度、弊害の内容及び程度の判断については、原決定が「弁護人に既に開示された証拠を見ていない裁判所が限られた資料からその内容の必要性や相当性を否定するには慎重であるべきであって、弁護人の観点からする検討の余地を与えることも重要である」と述べていることは相当である。（略）

1-44　東京高決平20・7・11（即時抗告事件）

傷害事案の公訴事実の要旨は、「被告人は、Ｄと共謀の上、同年５月５日午前零時３０分ころから同日午前３時ころまでの間、Ｍ県Ｎ市所在の株式会社Ｏ事務所内において、Ｐに対し、顔面及び両肩等を手けんで多数回殴打するなどの暴行を加えて加療約２週間を要する顔面打撲等の傷害を負わせた。」というものであり、傷害致死事案の公訴事実（検察官の釈明後のもの）の要旨は、「被告人は、Ａ、Ｂ、Ｃ、Ｄ、Ｅ、Ｆ、Ｇ及びＨらと共謀の上、同月７日午後９時３０分ころから同日午後１１時３０分ころまでの間、会社事務所内において、Ｐに対し、全裸にしてアルミ製ポール及び酒瓶等を肛門に挿入し、頭部、顔面、腹部等を多数回手けんで殴打し、足蹴にするなどの暴行を加えて脳挫傷等に伴う硬膜下血腫等の傷害を負わせ、同月８日午前３時２０分ころ、同市内の病院において、同傷害により同人を死亡させた。」というものである。

（略）そして、検察官は、証明予定事実記載書等や公判整理手続期日において、傷害事案について、「会社の実質的経営者である被告人は、経理部長のＰに対し、金員横領の有無等を追及するうち、自ら暴行を加えるとともに、従業員のＤにも指示して暴行を加えさせた。」旨主張し、傷害致死事案について、被告人は共謀共同正犯である旨釈明した上、「被告人は、Ｐに対し、横領金員の使途先等を追及する中で、暗黙裏ないしは明示的に、時や共犯者を異にして、Ｐに対する暴行を指示し、従業員である共犯者をして、公訴事実記載等の様々な暴行を加えさせ、事後には、Ｃ１人ないしはＣ、Ｄ及びＥの３人による犯行である旨の口裏合わせを指示した。」などと主張している。これに対し、弁護人は、予定主張記載書において、傷害事案については、「被告人が、Ｄらとともに、Ｐに対し、横領金員の使途等につき事情を聞くうち、Ａが、反抗的態度を示したＰを足蹴にした。被告人も、毅然とした態度を示す必要があるとして、Ｐの左右の頬を１回ずつ殴打した。その後、ＤがＰに対して殴る蹴るの暴行を加えたので、被告人は、他の従業員とともに、Ｄを制止した。」旨、傷害致死事案については、「被告人が、従業員を集めて終礼をした際、Ｐに横領の事実について釈明させたものの、曖昧な話に終始し、同人の妻もＰの説明を言下に否定するなどしたため、一部従業員がＰに詰め寄り、騒然となった。被告人は、終礼前から飲酒し続けており、従業員に対し、今日中に横領金員の使途を確認してくれなどと指示し、役員室に赴いてソファーに横になり、飲酒するうちに就寝してしまった。暫くして、被告人は、従業員から起こされ、Ｐの容態がおかしくなったことを伝えられ、その後、Ｐが死亡したことを知り、レストランに従業員を集めて事情を聞いた結果、Ｃ、Ｄ、Ｅらが中心となって、Ｐに対して激しいリンチを加えたことを知った。」旨それぞれ主張し、傷害致死事案については、共謀の有無のみならず、暴行の存否・態様、傷害と死亡の因果関係も争っている。

（略）また、検察官は、共謀や共同犯行状況等に関する甲号証として、傷害事案については、共犯者とするＤの検察官調書、目撃者とするＡ及びＢの各検察官調書を、傷害致死事案については、共犯者とするＤ、Ａ、Ｃ、Ｅ、Ｆ、Ｈ

及びGの各検察官調書、犯行の目撃者とする６名の各検察官調書、D、E及びCの各犯行前後の言動等を把握しているとする３名の各検察官調書を請求した上、弁護人の不同意の意見を踏まえ、それらに代えて、各供述者の証人尋問を請求している。併せて、検察官は、弁護人からの証拠開示請求に基づき、別紙〔１〕記載の各証拠を除く前記各証人に対する捜査官に対する供述調書のほか、共犯者とするD、A、C、B、E、F、H及びGの取調べ状況等報告書等を開示している。（略）なお、D、A、C、B、E、F、H及びGは、いずれも傷害致死事案（Dは傷害事案を含む）で起訴され、現段階までに、大半が既に１審判決を受け、１部の者が一審で審理中となっている。

（当裁判所の判断）

（１）別紙〔１〕記載の各証拠の開示命令の当否

別紙〔１〕記載の各証拠（いずれも既開示分の各供述者が会社に入社した経緯や、身長、利き手又は視力等の身体的特徴を含む）は、各供述者がPに対する殺人被疑者（DについてはPに対する傷害被疑者としての場合を含む）として取調べを受けた際に作成された身上経歴等を内容とする警察官調書（以下「身上調書」ともいう）であり、各供述者により一様に網羅されているわけではないが、出生地、前科前歴の有無、学歴や職歴等の経歴、家族関係や交遊関係、財産関係を含む生活状態、不良集団等との関わり合いの有無、資格や趣味嗜好、性格及び健康状態や身体の特徴が主な項目となっている。そして、前記（略）の検察官請求証拠の内容にもかんがみれば、別紙〔１〕記載の各証拠のうち、D及びAの各身上調書は傷害事案及び傷害致死事案、C、E、F、H及びGの各身上調書は傷害致死事案、Bの身上調書は傷害事案のそれぞれの関係で**類型証拠に該当する**と認められる。

（略）、供述（以下証言を含む）の証明力の判断に当たっては、供述内容が他の証拠と符合するか否か、供述内容に不自然不合理な点がないか、供述が一貫しているか、それとも変遷しているかなどの点だけでなく、供述者が利害関係や怨恨等の面で虚偽供述をする動機や原因があるのかどうか、さらには、**供述者の知的能力、性格、行動傾向等からその供述を信頼するに足る人物か否かの点もおろそかにできない事情であり、それらを総合的に検討する必要があるというべきである。**ちなみに、刑訴規則は、証人の供述の信用性を争うために必要な尋問事項として、証言の信用性に関する事項と証人の信用性に関する事項を挙げており、最判昭43・10・25以下も、供述証拠の信用性について、供述者の属性（能力や性格等）及び供述者の立場（当事者との利害関係等）の全般にわたり、十分な検討を加える必要性を指摘している。殊に、供述者が共犯者とされる場合には、自己の刑事責任の軽減を図り、他の者を共犯者に引き入れ、その者に犯行の主たる役割を押し付けるなどの巻き込み若しくは責任転嫁供述のおそれがないとはいえない点にも留意しなければならない。

（略）本件においては、（略）検察官の証明予定事実記載書によれば、会社の従業員は日頃から被告人に暴力を振るわれて畏怖していたとされており、それぞれが利害関係を有する被告人に対する悪感情を抱きかねない面があるだけでなく、共犯者とされる者は巻き込み供述等をするおそれがないとはいえない。これらに、検察官請求の目撃者とされる証人も立証趣旨等から会社の従業員と窺われることをも考え併せると、原決定説示のように、既開示分の主として罪体に関するとみられる供述調書の検討を通して、供述の変遷、各供述間での整合性等により、D、A、C、B、E、F、H及びGの各供述の信用性を十分判断できるとは言い難く、**虚偽供述をする動機等の有無や供述者が供述を信頼するに足る人物か否かの点の検討も相応の重要性を有するといわなければならない。そして、共犯者とされる者の前科前歴は、内容如何によって巻き込み供述等の要因となりうるものであり、また、A及びBのように、傷害致死事案の共犯者とされる者が、同事案と密接に関連する傷害事案の目撃者とされている場合には、その目撃供述においても、共犯事案における巻き込み供述等と符節を合わせるおそれなしとせず、前科前歴が虚偽供述の要因となりうる可能性を否定し難い。加えて、供述者の学歴や職歴等の経歴、家族関係や交遊関係、財産関係を含む生活状態、不良集団等との関わり合いの有無、資格、性格及び健康状態や身体の特徴は、供述を信頼するに足る人物か否かの判断材料として有用なものであるといえる。**したがって、別紙〔１〕記載の各証拠のうち、各供述者の学歴や職歴等の経歴、前科前歴の有無、家族関係や交遊関係、財産関係を含む生活状態、不良集団等との関わり合いの有無、資格、性格及び健康状態や身体の特徴に関する部分は、**供述の証明力の判断に当たって重要であると認められ、開示の必要性も肯定することができる。**なお、それらの事項は各供述者のプライバシーや名誉に関わるものではあるが、各供述者自身の公判で明らかにされるものである上、被告人の公判における証人尋問に際しては、**刑訴規則199条の6ただし書**に基づき、尋問の必要性はもとより、尋問の程度や表現等についても適切な配慮がなされると見込まれることに照らし、開示による弊害は少ないと考えられる。

以上を総合すれば、別紙〔１〕記載の各証拠中、各供述者の学歴や職歴等の経歴、前科前歴の有無、家族関係や交遊関係、財産関係を含む生活状態、不良集団等との関わり合いの有無、資格、性格及び健康状態や身体の特徴に関する部分は、黙秘権の告知の点を含め、開示するのが相当である。

もっとも、別紙〔1〕記載の各証拠のうち、各供述者の出生地、趣味嗜好及び親族の氏名・年齢・職業に関する部分は、供述の信用性に直ちに影響を与えるようなものではなく、供述の証明力を判断するために重要とはいえず、開示は認められない。

（略）この主張関連証拠の開示に対し、（略）、原決定は、弁護人の予定主張につき、共犯者が捜査官に迎合したとの主張をしているとの前提で考えると、前科前歴は弁護人の主張と関連性があることは否定できないが、既開示供述調書から、供述の変遷、各供述間での整合性等によって、捜査官に迎合した可能性のある供述か否かの判断は十分でき、別紙〔2〕記載の各証拠が存在したとしても、開示の必要性は相当低く、各供述者自身の公判で前科前歴が明らかにされているとしても、証人としての立場の名誉あるいはプライバシーの保護は十分尊重されるべきなどとの理由の下に、刑訴法316条の20第1項所定の相当性は認められないと説示している。

そこで検討すると、弁護人の予定主張は、傷害致死事案に限定されているとみられるところ、共犯者とされる者において、自己の刑事責任を免れるために、被告人がPに対する暴行を指示したなどと巻き込み供述等ないしは迎合供述をするに至ったと主張する点は、従前の被告人に対する説明とは異なる旨相応の根拠を挙げており、刑訴法316条の17第1項の主張明示義務に違反しているとまでは言い難く（なお、弁護人において、捜査官が共犯者とされる者を誘導した旨主張しているかどうかは判然としないだけでなく、それを肯定できるとしても、誘導状況等について具体的内容を伴っておらず、この点については主張明示義務を尽くしているとはいえない。）、前記のとおり、前科前歴は内容如何により巻き込み供述等の要因ともなりうることからすると、検察官が証人請求しているD、A、C、E、F、H及びGに関する別紙〔2〕記載の各証拠は、その主張と関連性を有すると認められる。しかしながら、D、A、C、E、F、H及びGに関する前科前歴の有無及びその概要は、前記のとおり、類型証拠として開示されることになる各身上調書の該当部分により把握でき、他の既開示証拠と併せ考慮すれば、巻き込み供述等の有無の判断は可能と考えられ、たとえ、別紙〔2〕記載の各証拠の存在が肯定できるとしても、それをも開示する必要性は乏しい。

1-45　最決平20・6・25（即時抗告棄却決定に対する特別抗告事件）

所論は、原々決定が開示を命じた「本件保護状況ないし採尿状況に関する記載のある警察官A作成のメモ」（以下「本件メモ」という。）は、同警察官が私費で購入してだれからも指示されることなく心覚えのために使用しているノートに記載されたものであって、個人的メモであり、**最決平19・12・25**にいう証拠開示の対象となる備忘録には当たらないから、その開示を命じた原々決定を是認した原決定は違法であると主張する。

しかしながら、犯罪捜査に当たった警察官が**犯罪捜査規範13条**に基づき作成した備忘録であって、捜査の経過その他参考となるべき事項が記録され、捜査機関において保管されている書面は、当該事件の公判審理において、当該捜査状況に関する証拠調べが行われる場合、証拠開示の対象となり得るものと解するのが相当である（前記第三小法廷決定参照）。そして、警察官が捜査の過程で作成し保管するメモが証拠開示命令の対象となるものであるか否かの判断は、裁判所が行うべきものであるから、裁判所は、その判断をするために必要があると認めるときは、検察官に対し、同メモの提示を命ずることができるというべきである。これを本件について見るに、本件メモは、本件捜査等の過程で作成されたもので警察官によって保管されているというのであるから、証拠開示命令の対象となる備忘録に該当する可能性があることは否定することができないのであり、原々審が検察官に対し本件メモの提示を命じたことは相当である。検察官がこの提示命令に応じなかった本件事実関係の下においては、本件メモの開示を命じた原々決定は、違法ということはできない。したがって、本件メモの開示を命じた原々決定を是認した原決定は結論において相当である。

1-46　東京高決平20・6・18（即時抗告事件）

本件公訴事実の要旨は、被告人が、共犯者らと共謀の上、被害者を被保険者とする生命保険契約に基づく死亡保険金を取得する目的で、被害者を病死に見せかけて殺害しようと企て、平成１２年７月中旬ころから同年８月１２日ころまでの間、被害者に対し、殺意をもって、酒類を多量に飲酒させて肝機能を低下等させた上、同日午後７時ころから翌１３日午前２時ころまでの間、共犯者方他一か所で、更に飲酒させ、酩酊した被害者の口内にアルコール分約９６度のウオッカ入りの酒瓶の注ぎ口を押し込んで、そのウオッカを強いて飲用させ、同人を高濃度アルコール摂取による呼吸不全により死亡させて殺害したという殺人の事案である。（略）

弁護人は、公判前整理手続において、公訴事実記載の飲酒させる行為の一部は殺人行為に当たらないことや、被害者の死亡との因果関係を争う主張をしたほか、(略)、「被告人は、平成１１年１月ころから覚せい剤を使い始め、本件犯行時にかけて、ほぼ毎日のように覚せい剤を使用していた。その覚せい剤の量は、１回につき０．２ないし０．３ｇと多量であった。平成１２年８月１２日にも、共犯者方に行く前に服用している。犯行当時は、幻覚妄想状態ないし急性の意識変容と精神運動性興奮状態にあり、限定責任能力であった疑いがある。」(注：と主張した)。

(略)弁護人は、この**主張との関連**で、(略)〔１〕平成１２年ないしその２ないし３年前ころに、被告人が覚せい剤にかかわっていたこと(覚せい剤の入手、使用、所持、譲渡等関わりの形態を問わない。)を示すすべての証拠。例えば、覚せい剤との関わりを述べる被告人の供述調書、同じく被告人と覚せい剤との関わりを述べる第三者の供述調書、被告人と覚せい剤との関わりを示す捜査報告書等。〔２〕上記〔１〕の時期に、被告人が通常人とは違った言動(おかしな言動や極めて粗暴な言動等)をしたり、そのような様子を示していたことを示すすべての証拠。例えば、その旨述べる被告人の供述調書、被告人のそのような言動や様子を見た者の供述調書、それを示す捜査報告書等、(注：開示を求めた)。

(略)(１)**刑訴法316条の20第1項による証拠開示の請求**は、同法**316条の17第1項**の主張を前提とするところ、本件において、弁護人は、一応、上記１(２)記載のとおり、被告人が本件当時、覚せい剤の使用による幻覚妄想状態ないし急性の意識変容と精神運動性興奮状態にあり、限定責任能力であった疑いがある旨の主張を明らかにしている。しかし、覚せい剤使用による精神障害が責任能力に影響を及ぼすのは限られた場合であることからすると、弁護人の主張が、本件当時被告人に精神障害を疑わせる症状が生じていたことについて具体的に指摘することなく、上記のような概括的なものにとどまる場合には、限定責任能力の疑いを生じる可能性があることが適切に主張されているとはいえず、鑑定等の証拠調べの要否を判断する前提としても不十分である。また、この主張内容では、弁護人が開示を求める〔１〕及び〔２〕の証拠との関連性がないとまではいえないものの、主張が具体性を欠くために、**刑訴法316条の20第1項**にいう「その関連性の程度その他の被告人の防御の準備のために当該開示をすることの必要性の程度」が明らかになっておらず、証拠との関連性及び開示の必要性の程度と「当該開示によって生じるおそれのある弊害の内容及び程度」を具体的に考慮して、開示の相当性を判断する前提としても、不十分というほかはない。特に、本件において、弁護人は、既に確定した被告人の別件殺人等被告事件における公判未提出証拠を開示請求の対象としているところ、このような別件の記録について開示を求める以上、具体的な主張を明確にし、その主張との関連性と開示の必要性を明らかにして、開示の弊害を考慮してもなお開示することが相当であることを示す必要性は、一層高いというべきである。

(２)所論は、弁護人において、「犯行時、覚せい剤使用による幻覚妄想状態ないし意識変容、精神運動性興奮状態にあったために、事理弁識能力又は行動制御能力が著しく減弱していた」として、覚せい剤使用によりどのような精神障害が生じ、それが犯行にどのような影響を与えたかについて具体的な主張をしているのであるから、争点及び証拠の整理に十分であるというが、上述のとおり、所論のようには解されない。もとより、被告人の精神障害について、専門的な分析に基づき詳細な基礎事実を明らかにすることは、鑑定等によらない限り困難であり、公判前整理手続の段階では、弁護人にそこまでの主張の明示を求めることができない場合が多い。しかし、弁護人としては、既に開示された証拠の内容や、被告人及び関係者からの聴取等に基づき、本件当時、被告人に幻覚妄想や意識変容、精神運動性興奮状態が生じていたことを疑わせる具体的事実を主張することは可能であり、こうした事実の主張がなければ、被告人の責任能力を争点として取上げ、これについて証拠調べを行う必要性が明らかにされたとはいえないから、本件における弁護人の上記主張内容は、争点及び証拠の整理という公判前整理手続の目的に照らしても、不十分であるといわざるを得ない。

(３)以上によれば、本件における弁護人の責任能力に関する主張は、具体的主張の明示が不十分であり、また、主張と証拠との関連性の程度、当該開示の必要性の程度について疎明が不十分であるから、本件証拠開示命令請求を棄却した原判断に誤りは認められない。

1-47　東京高決平20・4・1(即時抗告事件)

本件各公訴事実の要旨は、被告人が、(１)自己が提起した民事訴訟の相手方に対し、執拗に怒号して脅迫し、答弁書の作成者を教えることなど義務のないことを行わせようとしたが、通報により警察官が臨場したため、その目的を遂げず、(２)自己所有土地の不動産取得税減額申請の受理に因縁を付け、県税事務所所長に対し、執拗に怒号し、謝罪文を作成交付する処分をさせるために脅迫を加え、(３)自己所有土地の売却に関し、高額の税金を課されたとして不満を持ち、売却の相手方が勤務していた小学校に押し掛け、執拗に怒号し、同人を脅迫した、というものであるところ、**本件開示の請求**にかかる上記〔1〕の証拠は、（1）（3）の事件で通報を受けて現場に臨場した警察官が作成した捜査報告書であり、同〔2〕の証拠は、被告人が（1）ないし（3）のいずれかの事件で取調べを受けた際、その供述を録取したものとして作成されたものの、被告人が署名押印を拒否した書面である。

そこで検討するが、〔1〕に関して、検察官が特定の検察官請求証拠により直接証明しようとする事実に関して警察官がその警察官以外の者の供述を聴き取った捜査報告書は存在するが、**刑訴法316条の15第1項6号の「事実の有無に関する供述を内容とする」供述録取書等とは、その事実の有無について直接に認識等した者の供述を録取等したものをいう**から、上記捜査報告書は**同号の類型証拠に該当しない、**〔2〕に関して、被告人の供述を録取した書面で被告人が**署名押印を拒否したものは存在するが、「被告人の供述録取書等」には当たらない**から、上記書面は同項7号の類型証拠に該当しないとして弁護人の請求を棄却した原決定の判断に違法不当な点は認められない。

1-48　最決平19・12・25（即時抗告決定に対する特別抗告事件）

被告人は、平成１９年２月５日、更に同年３月５日、偽造通貨行使の事実で東京地方裁判所に起訴され、これらの弁論は併合された。同月１６日、上記被告事件の第１回公判期日が開かれた。被告人は、罪状認否において、手元にあった旧１万円札を共犯者とされる者に渡したことはあるが、それが偽札とは思っていなかったなどと陳述した。事件は期日間整理手続に付され、公判期日は追って指定とされた。

（略）検察官は、「犯行動機、犯行に至る経緯等」を立証趣旨として、被告人の供述書、警察官に対する供述調書各１通を証拠請求した。弁護人は、上記証拠を不同意とし、任意性を争い、公判期日においてすることを予定している主張として、警察官による自白を強要する威嚇的取調べ、利益提示による自白の誘引等を明示した。弁護人は、上記**主張に関連する証拠**として、刑訴法316条の20第1項に基づき、「**被告人に係る警察官の取調メモ（手控え）・取調小票・調書案・備忘録等**」の開示を請求した（以下「本件開示請求」という。）。（略）平成１９年１０月９日、弁護人は、刑訴法316条の26第1項に基づき、本件開示請求に係る証拠の開示命令を請求した。

（略）原審である東京高等裁判所は、その審理を行うに当たり必要であるとして、検察官に対し、本件開示請求に係る証拠の存否を明らかにするとともに、その開示による弊害を具体的に主張するよう求めたが、検察官は、証拠開示の対象となる証拠は検察官が現に保管する一件捜査記録中にある証拠に限られ、同記録中には本件開示請求に係る取調べメモ等は存在せず、したがって、その余の事項について釈明の必要はないと回答した。原審は、**刑訴法316条の20により検察官が開示義務を負う証拠の範囲は、原則として検察官の手持ち証拠に限られるというべきであるが、検察官が容易に入手することができ、かつ、弁護人が入手することが困難な証拠であって、弁護人の主張との関連性の程度及び証明力が高く、被告人の防御の準備のために開示の必要性が認められ、これを開示することによって具体的な弊害が生じるおそれがない証拠が具体的に存在すると認められる場合には、これは、いわば検察官が保管すべき証拠というべきであるから、検察官の手持ち証拠に準じ、これについても証拠開示の対象となると解すべき**ところ、取調べメモ（手控え）、備忘録等は、犯罪捜査規範により警察官に作成及び保存が義務付けられている以上、裁判所としては、検察官が本件開示請求に係る取調べメモ（手控え）、備忘録等の存否を明らかにしようとしないという事情によってその存否が不明な場合には、これが存在することを前提とせざるを得ず、本件において、被告人の取調べに係るＡ警部補が作成した取調べメモ（手控え）、備忘録等が、検察官が容易に入手することができ、かつ、弁護人が入手することが困難な証拠であって、弁護人の主張との関連性の程度及び証明力が高く、被告人の防御の準備のために開示の必要性が認められる証拠に該当することは明らかというべきであり、また、このような取調べメモ（手控え）、備忘録等を開示することにより一般的に弊害があるとは考えにくいところ、本件における具体的な弊害についても検察官から何ら主張が行われていないのであるから、これがあると認めることもできないとして、原々決定を変更し、検察官に対し、「被告人の取調べに係るＡ警部補作成の取調べメモ（手控え）、備忘録等」の開示を命じた（原決定）。

（略）**公判前整理手続及び期日間整理手続における証拠開示制度は、争点整理と証拠調べを有効かつ効率的に行うためのものであり、このような証拠開示制度の趣旨にかんがみれば、刑訴法316条の26第1項の証拠開示命令の対象となる証拠は、必ずしも検察官が現に保管している証拠に限られず、当該事件の捜査の過程で作成され、又は入手した書面等であって、公務員が職務上現に保管し、かつ、検察官において入手が容易なものを含むと解するのが相当である。**

（略）公務員がその職務の過程で作成するメモについては、専ら自己が使用するために作成したもので、他に見せたり提出することを全く想定していないものがあることは所論のとおりであり、これを証拠開示命令の対象とするのが相当でないことも所論のとおりである。しかしながら、**犯罪捜査規範13条は、「警察官は、捜査を行うに当り、当該事件の公判の審理に証人として出頭する場合を考慮し、および将来の捜査に資するため、その経過その他参考となるべき事項を明細に記録しておかなければならない。」**と規定しており、**警察官が被疑者の取調べを行った場合には、同条により備忘録を作成し、これを保管しておくべきものとしているのであるから、取調警察官が、同条に基づき作成した備忘録であって、取調べの経過その他参考となるべき事項が記録され、捜査機関において保管されている書面は、個人的メモの域を超え、捜査関係の公文書ということができる。これに該当する備忘録については、当該事件の公判審理において、当該取調べ状況に関する証拠調べが行われる場合には、証拠開示の対象となり得るものと解するのが相当である。**

1-49　東京高決平18・12・28（即時抗告事件）

本件公訴事実の要旨は、被告人が、平成１７年１１月１３日午後６時１２分ころ、横浜市中区内の事務所から同市保土ヶ谷区内の甲方に電話をかけた上、応対した同人の妻乙に対し、「てめえなんか関係ない。甲を出せ。でないと、お前の家に行くぞ。家で待ってろ。ただじゃおかねえぞ。ひどい目に遭うぞ。」などと語気鋭く申し向け、もって同女の身体等に危害を加えかねない気勢を示して脅迫したというものである。

原裁判所は、第１回公判期日における被告人が上記日時ころ乙との間で電話を通じて会話をしたことは認めるが同女を脅迫していないとの被告人及び弁護人の罪状認否を経て、本件を期日間整理手続に付したところ、その手続において、検察官は証明予定事実を証明するための証拠として書証のほか乙らの証人尋問を請求し、**刑訴法316条の14、316条の15第1項**に規定する証拠を開示した。これに対し、弁護人は脅迫の故意ないし実行行為を争うとの予定主張を明示した上、脅迫行為の証明に供する検察官側証人乙らの証言の信用性を吟味し弾劾するためには、これらの者にかかる被害届、供述調書が事件後約５か月も経過して作成され、しかもその内容が著しく変遷していることにかんがみて、捜査機関の初動段階における関係者の供述を含む証拠の取捨選択又はこれに対する認識をも検討することが必要不可欠であり、前記〔１〕の**犯人特定ないし捜査の端緒に関する捜査報告書**は上記**主張に関連する証拠**であるとして、この開示を求めている。また、弁護人は本件逮捕手続は逮捕状の呈示のない違法なものである上、それに続く身柄拘束は専ら別件の逮捕監禁事件の捜査を目的とし、令状主義を潜脱するものであるから、このような違法捜査に基づく起訴は公訴権の濫用として無効であるとの予定主張を明示した上、前記〔２〕の**被告人の取調べに際して作成された捜査メモないし備忘録、被告人の取調状況に関する捜査報告書**は、捜査機関の被告人に対する取調べの重点が別件事件であるか否か、ひいて捜査官の令状主義潜脱の主観的意図の有無を推認させるから上記主張に関連する証拠であるとして、この開示を求めている。

〔１〕について、これまでの期日間整理手続において検察官及び弁護人から提出された各証明予定事実を検討すると、公訴事実に関する主たる争点は、本件当日の被告人と乙との電話を通じての会話中被告人が脅迫文言を言ったか否かであり、上記弁護人の予定主張にかんがみると、これに関連する証拠として開示を検討されるべきものとしては、特段の事情のない限り、被告人と乙とのやりとりを聞知した可能性のある者に関する証拠で十分というべきであって、所論のいうところを踏まえてみても、所論のいう捜査機関の初動段階における認識いかんと脅迫文言の有無の立証とは関連性に乏しく、その解明の必要性の程度もきわめて低いといわざるを得ない。そうすると、所論の証拠の開示を命じなかった原決定は結論において正当である。

〔２〕について、逮捕状不呈示ないし逮捕状の緊急執行の適否に関して、所論のいう証拠は関連性も必要性もおよそ乏しい。また違法な別件逮捕勾留であるとの所論に関しては、被告人は本件について罪体に関する供述調書の作成に応じず、自己の主張を尽くしていることが窺えるし、加えて捜査手続の違法等によって公訴提起が無効となるのは、公訴の提起が職務犯罪を構成するような極めて重大な場合であるというべきところ、このような場合であることを弁護人は具体的に主張していないことに徴すると、そのような弁護人の予定主張と所論のいう被告人の取調状況に関する証拠とは、その関連性はもとより必要性にも乏しいというべきである。そうすると、所論の証拠の開示を命じなかった原決定は、この点についても結論において正当である。

1-50　大阪高決平18・9・22（即時抗告事件）

その各**不開示希望調書**欄について、被告人の防御の準備のために当該証拠を開示することの必要性の程度（〔１〕）並びに当該開示によって生じるおそれのある弊害の内容及び程度（〔２〕）を考慮し、開示が相当と認められるか否かについて検討すると、〔１〕については、弁護人は、**被告人の各検察官調書**（略）の証明力を判断するため、身柄拘束中の被告人に係る取調べの客観的状況（日時、場所、調書作成の有無、通数等）を知る必要があり、不開示希望調書欄を含め、開示がなければ、作成された調書の通数その他その取調べの外形的全体像を確認点検できないのであるから、防御の準備のため開示を受ける必要性が認められる。不開示希望調書の有無及び通数は、弁護人が被告人に質せば把握できる可能性が高いことなど、検察官が指摘し、原決定も承認する事情を考慮しても、開示の必要性が失われるものではない。また、検察官は、弁護人の必要性に関する主張は抽象的可能性を述べるのみで、開示の必要性を裏づける具体的主張ではないというが、弁護人は、被告人の特定の供述調書の信用性等を争い、その信用性等判断のために身柄拘束中の被告人に係る取調べの客観的状況を知る必要があると主張しているのであるから、本条（いわゆる**類型的証拠開示**）の必要性の主張としては十分である。

〔２〕について、（略）**不開示希望調書制度を維持するため**であるとして、本件で検察官が主張する開示による弊害は、事件の具体的事情にかかわらず一般的、抽象的に生じるものである。刑訴法316条の15第1項8号は、取調べ状況の記録に関する準則に基づき作成された取調べ状況報告書（不開示希望調書欄を含む。）について、同条１項の他の証拠と同様に、具体的事案において個別的に開示の相当性を判断すべきものと定めているのであるから、このような弊害をもって、一律に前記法条規定の相当性を失わせる事情と解するのは相当ではない。**検察官としては、あくまで具体的事件における不開示を相当とする具体的事情を主張しなければならないというべきである**が、本件においては、これがなされていない。原決定が、開示の対象は法文上被告人に係る取調べ状況報告書に限定されていること、本件において、不開示希望調書制度の直接の保護の対象であるとして検察官の主張する被告人自身が開示を求める意思を有していること、弁護人が被告人の真意によらず開示請求しているとする形跡は全くないこと等に徴して、一般的にも、あるいは本件具体的事案においても、本件証拠開示を認めることの弊害は少ないと説示するところも、おおむね相当として是認できる。そうすると、上記の開示の必要性と開示により生じるおそれのある弊害の内容と程度を考慮し、本件証拠の開示を命じた原決定は相当であり、原決定に裁量判断を誤った違法はない。（略）（なお、**最決平18・11・14はこの決定を肯定している**）

1-51　東京高決平18・10・16（即時抗告事件）

刑訴法316条の15により開示が予定されている証拠は、基本的には検察官が現に保管している証拠を意味するものと解され、この点はこれまでの証拠開示に関する一般的な実務の解釈・運用と異なるところはない。このことは、刑訴法316条の27第2項に、裁判所が、被告人側からの開示命令の請求について決定をするに当たり、検察官の保管する証拠であって、裁判所の指定する範囲に属するものの標目を記載した一覧表の提示を命ずることができる旨の規定が置かれていることからもうかがうことができる。（略）、未開示証拠の不存在をいう検察官の回答は、物理的不存在を意味すると判断するのが相当である。結局、未開示の証拠は存在しないものと認めた原決定は相当であり、審理不尽の違法がある旨の所論は採用できない。

（略）記録によれば、検察官は、被告人とＣ子との共謀を認定するための間接事実として、「Ｃ子が、平素より、被告人に対して非常に気を遣い、被告人の顔色をうかがいながら行動しており、被告人に服従しているような関係であったこと」を主張しており、これを証人Ｄ及び同Ｅ子の各証言により直接立証しようとしている。したがって、所論の指摘する各証拠がこの事実の有無に関する供述を内容とするものであれば、同号の該当性を認め得る。原審は、このような観点から検察官に証拠の提示を命じた上、各証拠が同号の「検察官が特定の検察官請求証拠により直接証明しようとする事実の有無に関する供述を内容とするもの」に該当しないと判断したものと解される。当審において、改めて検察官に証拠の提示を命じ、この点について検討してみたが、当該証拠が同号に該当するものとは認められない。また、開示請求に係る各証拠にはＣ子が自宅において平素から被害児童を虐待していた事実について記載されている可能性が高い旨の所論についてみると、本件において検察官が立証しようとする事実は、前記公訴事実の要旨のとおり、被告人がＣ子と共謀の上、前記日時ころ、被告人方で暴行を加えたか否かであるから、Ｃ子自身がその自宅において平素から被害児童を虐待していた事実に関する証拠は、同号の「検察官が特定の検察官請求証拠により直接証明しようとする事実の有無に関する供述を内容とするもの」には当たらない。

（略）、**刑訴法316条の15第1項6号の「供述録取書等」**は、刑訴法316条の14第2号に定義されているとおり、「供述書、供述を録取した書面で供述者の署名若しくは押印のあるもの又は映像若しくは音声を記録することができる記録媒体であって供述を記録したもの」をいう。そして、**警察官が捜査の過程で作成する捜査報告書は、警察官の「供述書」と解することができる**。しかしながら、刑訴法316条の15は、特定の検察官請求証拠の証明力を被告人側が適切に判断できるようにするために、その証明力の判断に重要であると認められる一定類型の証拠の開示を認めようとするものである（この点、被告人側が明らかにした主張に関連する証拠の開示についての刑訴法316条の20に証拠の類型による限定がないのとは異なる。）。そして、「供述録取書等」が上記のとおり供述者の署名若しくは押印により内容の正確性が担保されているか、機械的正確さによって録取内容の正確性が保障されているものに限られていることをも併せ考慮すると、刑訴法316条の15第1項6号の「検察官が特定の検察官請求証拠により直接証明しようとする事実の有無に関する供述」を内容とする供述書、供述録取書又は上記記録媒体は、**供述者が直接体験した事実を記載したものあるいはその供述を録取・記録したものに限られ、同号にいう「供述」には伝聞供述は含まれないと解するのが相当である。**このように解することが、後記の「検察官が証人として尋問を請求した者」の供述を警察官が聞き取ったことを内容とする捜査報告書が同項五号の「供述録取書等」に該当しないとする解釈と整合するものと考える。そうすると、警察官の作成した捜査報告書は、上記のとおり警察官の「供述書」ではあるが、警察官が聞き取った第三者の供述を内容とする捜査報告書は、実質的には第三者の供述を録取した書面であるから、第三者の署名若しくは押印がない以上、同項六号の「供述」を内容とするものとはいえず、同号に該当する証拠と認めることはできない。

1-52　大阪高決平18・10・6（証拠開示命令請求棄却決定に対する即時抗告事件）

弁護人が、Ｂ子外四名の関係者及び被告人から事情を聴取した結果を記載した捜査官作成の捜査報告書及び電話聴取書等の証拠を刑訴法316条の15第1項6号により開示すべきとして証拠開示命令の請求をしたのに対し、原裁判所は前記各証拠は同規定の類型に該当しないとして請求を棄却した（略）。

（略）本件で開示請求されている捜査報告書等は、前記の関係者や被告人から事情聴取した聴取内容のほか、聴取の日時、場所、聴取内容を踏まえての考察、意見等を捜査官が報告書として記載したものであるから、**刑訴法316条の14第2号にいうところの同捜査官が作成した「供述書」であって、同法316条の15第1項6号の「被告人以外の者の供述録取書等」に該当する。**しかし、同規定では、さらにその「供述録取書等」が「検察官が特定の検察官請求証拠により直接証明しようとする事実の有無に関する供述を内容とするもの」であることが開示すべき類型証拠としての要件となっている。これは、検察官の証明予定事実記載書面の提出及び証拠の開示に引き続き、弁護人側の主張明示や検察官による主張関連証拠の開示に先立って、**弁護人側が検察官請求証拠の証明力を判断するのに資するために、一般的、類型的な開示の必要性及び弊害の程度を考慮し、開示することが適当であるものを類型化したものである。そうすると、前記規定の「事実の有無に関する供述」とは、その事実があったこと又はなかったことについての供述、すなわち、その事実の有無についての原供述を意味するものと解するのが相当である。**そして、本件開示請求に係る証拠において、事件当日の関係者や被告人の行動など、検察官が特定の検察官請求証拠により直接証明しようとする事実の有無について供述するのは関係者や被告人などの原供述者であり、捜査報告書等の供述者である捜査官が供述するのは、それらの原供述を聴取したというものに過ぎない。したがって、前記捜査報告書等は前記事実の有無に関する供述を内容とするものではなく、同法316条の15第1項6号の類型には該当しない。

この点、所論は、「事実の有無に関する供述」とは、事実の有無に関連する供述の意味であって、検察官の証明予定事実の有無についての原供述に限らず、その聴取に係る捜査官の供述もそれに当たる旨主張するが、前記の類型証拠の開示制度の趣旨にかんがみると、所論の解釈は広きに過ぎ、採用できない。

1-53　大阪高決平18・6・26（証拠開示裁定請求棄却決定に対する即時抗告事件）

（注：**刑訴法316条の15の1項5号**の類型証拠について）**第1項本文（いわゆる柱書）**によれば、上記類型に該当する証拠は、当然に開示されるというものではなく、特定の検察官請求証拠の証明力を判断するために重要であると認められ、かつ、その重要性の程度その他の被告人の防御の準備のために開示をすることの必要性の程度並びに開示によって生じるおそれのある弊害の内容及び程度を考慮して、相当と認められるとき開示されるものである。（略）、開示請求調書を検察官から提示させて、その内容を検討した結果、開示請求調書に記載された事項は、その供述者が公判廷において供述すると予想される事項とは関連性を有しないと認める。

（注：取調べ状況報告書中の不開示希望調書の有無及び通数欄について）上記捜査報告書**添付の取調べ状況報告書**は、**刑事訴訟法316条の15第1項8号**に該当する書面であり、取調べ状況報告書自体は、被告人について被疑者として身柄を拘束して取り調べた際、その取調べ時間や調書作成の有無等の取調べの過程や状況を記録したものであるから、検察官が取調べを請求している被告人の供述調書の証明力を判断するために重要であると認められる。しかし、

取調べ状況報告書が、被告人の供述調書の証明力を判断するために重要であるとしても、そのことから直ちに、取調べ状況報告書のすべての欄を開示すべきであるということにはならない。その開示すべき範囲については、同法条第一項に掲げられた類型に該当する他の証拠と同様、証明力の判断をする上での必要性の観点から、その重要性の程度その他の被告人の防御の準備のために開示をすることの必要性の程度並びに開示によって生じるおそれのある弊害の内容及び程度を考慮して、相当と認められる部分を開示すべきであると解される。

そして、一般的に考えて、不開示希望調書の有無及び通数の点は、原決定が説示するとおり、不開示希望調書の作成をめぐって、取調官と被疑者との間で取引が存在したなどの特段の事情があり、具体的にその主張がされている場合には、証明力を判断する上での重要性は相当高いといえるが、そのような特段の事情がない場合には、弁護人において、不開示希望調書の有無及び通数を被告人に確認することができることも考えると、その重要性は相対的にみて高いとはいえず、本件においては、特段の事情の存在について弁護人から具体的な主張はない。また本件においては、取調べ状況報告書のうち不開示希望調書の有無及び通数欄以外のすべてが開示されているのであるから、不開示希望調書の有無等を被告人に確認することは容易であることにかんがみると、不開示希望調書の有無及び通数欄を被告人の防御の準備のために開示することの必要性は、それほど高くないというべきである。

他方、不開示希望調書の有無及び通数欄が開示された場合、原決定が指摘するような一般的な弊害があるといわざるを得ない。そうすると、不開示希望調書の有無及び通数欄の記載と、被告人の供述調書の証明力との関わりについて、具体的な事情が明らかにされていない本件において、同欄を開示することが相当でないとした原決定の判断は相当。

1-54　東京高決平18・2・24（証拠開示に関する裁定決定に対する即時抗告事件）

本件に関係する公訴事実の要旨は、新潟県内にある高等学校（校長Ｅ）に進路指導アドバイザーとして勤務していた被告人が、平成１６年８月２６日ころから平成１７年２月下旬ころまでの間、上記４名を含む同校の生徒１０名の就職について、就職希望先の企業から採用を断られるなどしていずれも採用の内定決定通知等ないのに、これがあるように装い、同校進路指導主事Ｆ、各生徒及びその各担任教師に対し、その都度各生徒の就職が内定した旨嘘を言い、Ｆらをしてその旨誤信させ、各生徒に対する就職指導等の業務の実施をうち切らせ、偽計を用いて同校の業務を妨害し、その際、行使の目的をもってほしいままに、うち１名の生徒について就職希望先の企業から被告人あてに送付されてきた不採用通知書の印刷された文字を切り抜くなどして、同企業名義の採用通知書を偽造し、これを同生徒及びＦらに呈示して行使したというものである。

そして、〔１〕原決定書別紙記載Ｎｏ．１の証拠は「生徒の採用通知書及び不採用通知書が綴じてあるファイル（略）」であって上記４名の生徒にかかる不採用通知書と上記１０名以外の生徒についての採用通知書及び不採用通知書が綴じてあるファイルであり、弁護人はこれを検察官請求証拠のうちＦの供述調書（略）の証明力を判断するための証拠物であって**刑訴法316条の15第1項1号の類型**に該当するとしてその開示を求めている。また、〔２〕原決定書別紙記載Ｎｏ．２７及びＮｏ．２８の各証拠は「Ｅの作成にかかるすべての告訴状、被害届ないし被害申告書等並びにそれらの添付書類」及び「Ｅ以外の者（同人の代理人を含む）の作成にかかるすべての告訴状ないし被害申告書並びにその添付書類」であり、弁護人は前者を検察官請求証拠のうちＥ作成の平成１７年９月８日付け告訴状（略）及び同人の供述調書（略）の証明力を判断するための供述録取書等であって**同条項5号ロの類型**に、後者をＥの上記証明力を判断するために同供述調書等により直接証明しようとする事実の有無に関する供述を内容とするものであって**同条項6号の類型**にそれぞれ該当するとしてその開示を求めている。〔３〕原決定書別紙記載Ｎｏ．３８の証拠は「Ｇ以外の者が同人の供述内容を記録したすべての捜査報告書その他の供述書」であり、弁護人はこれを検察官請求証拠のうち就職希望先企業の担当者であるＧの供述調書（略）の証明力を判断するために同供述調書により直接証明しようとする事実の有無に関する供述を内容とするものであって**同条項6号の類型**に該当するとしてその開示を求めている。

まず〔１〕についてみると、これまでの公判前整理手続において検察官及び弁護人から提出された各証明予定事実を検討すると、証拠開示の対象となっている業務妨害の主たる争点は被告人がＦ、各生徒及びその各担任教師に対して各生徒の就職が内定した旨嘘を言ったか否かであり、各生徒が就職希望先の企業から採用を断られたこと自体は争点ではない。もとより、妨害したとされる業務も起訴状記載の公訴事実及び検察官作成の証明予定事実に徴して各生徒に対する学校の就職指導をうち切らせないことによる引き続く就職指導であるから、そもそも他の生徒に対する状況如何の解明の必要性は乏しいと考えられる。そうすると、上記１０名以外の生徒に関する所論の証拠の開示の必要性の程度はきわめて低いのであって、いわんや謄写までの必要性はなく、これを認めなかった原決定は正当である。

次いで〔2〕についてみると、所論は関係者の供述の証明力に関係するとして被害届等の開示を求めているが本件における上記争点との関係においてみた場合発覚の端緒に過ぎない点に着目した証拠調べの必要性は乏しいといわなければならない。この点において所論〔2〕の開示を求める主張は失当というべきである。結論において同旨の原決定は正当である。なお、〔3〕就職希望先企業の関係者の供述内容を記録する書面についても上記指摘の争点とはなっていない点を問題とするものと窺われるのであって、開示の必要性は乏しくこれを認めなかった原決定は結論において正当。

1-55　大阪高決平5・11・29（提出命令に対する抗告事件）

各被告人の弁護人は、平成五年一月以降数次にわたって証拠物の提出命令を申し立てたが、その申立ての理由は、要するに、各被告人による融資等の動機、目的や各案件の内容などを明らかにするために、当時の伊藤萬及び関連会社の経営状況や主力銀行の住友銀行との関係、資金調達及び企画料など収益処理の実態、商社金融における不動産案件の位置づけなどを、資産価値の極端な膨張を特色とするバブル経済を背景にした商社の経営戦略の観点も考慮して解明することが必要であり、これらを伊藤萬グループ全体の計数関係資料などの証拠物によって立証する、というものである。この申立てを受けて、原裁判所は**刑訴法99条2項に基づき本件各提出命令を発した**が、その内容は、名宛人を抗告申立各会社ほか一名とし、対象物件を、（一）伊藤萬及び関連七社の昭和六〇年から平成四年の決算期にかかる**総勘定元帳や補助元帳などの経理関係書類**、（二）伊藤萬において開催された**会議の議事録**、（三）伊藤萬の**在庫評価委員会等に関する書類**、（四）伊藤萬と**取引先との間の資金援助等に関する文書**、（五）伊藤萬元副社長らの業**務日誌等**とし、ほぼ右申立てどおり認めている（略）。

刑訴法九九条二項の提出命令は、証拠調べの必要があるときに、証拠物等と思料される物を指定して発せられるものであり、その**名宛人に提出義務を負わせる強制処分**であることにかんがみると、審判の対象とされている犯罪の性質、態様や軽重などを考慮したうえで、証拠としての価値及び必要性のほか、特定性や代替性、名宛人が受ける不利益など諸般の事情を勘案して、その是非を判定すべきものと考えられる。ところが、本件各提出命令は、（略）、検察官立証がようやく各論段階に入ったばかりで、被告らによる各公訴事実に対する認否及び意見陳述はされているが、弁護人の冒頭陳述は行われておらず、事件の具体的争点が煮詰められていない状況で発せられている。弁護人が前記申立ての理由中で主張している伊藤萬の経営実態などは、**犯罪の成否に関係する具体的事実の指摘ないし主張を欠くいわば抽象的な意見にとどまっており、これを受けた本件提出命令の対象物もいかなる具体的要証事実を立証するために必要とされるのか判然としない。**

さらに、これまでの検察官立証を前提として、その対象物の必要性を検討すると、伊藤萬や関連会社の経理概要は取調べ済の証人のほか、有価証券報告書、月次試算表、決算資料などの証拠によって一応明らかとなっており、その経理概要では足りず全会計帳簿による財務分析を必要とする理由は窺えず、また、右資料や捜査報告書などの作成過程の正確性を疑わせる事情もこれまでの証拠調べを通じて出ていない。報告書類等の基礎資料について疑問があれば証人尋問の際に確認し、または個々に証拠開示等の方法によって解明するのが相当である。さらに、監査結果報告書も取調べ済であるが、「会計監査人監査実施状況等について」と題する報告書では企画料等の参考事項に関しても指摘がされており、必要があれば多くの日数を要して全国各事業所の会計帳簿を調べた監査法人の担当者らを証人尋問することも可能である。してみると、総勘定元帳や補助元帳などの経理関係書類一切を提出させることが現段階で必要になっているとは認め難い。元副社長の業務日誌等についても、その一部は取調べ済であり（元名古屋支店長の日誌等については既に保管者から提出されている）、在庫評価委員会等に関する書類については、今後各論として検察官立証の対象案件に関するものであり、その立証結果をまって要否を決すべきである。以上を要するに、**既に取調べ済の証拠及び他の立証方法も考慮すると、検察官立証の途中である現段階で、本件各提出命令の対象物につき提出を命ずる必要性を肯定できるものは見当たらない。**

しかも、抗告人住金物産株式会社の申立て理由によれば、同社が保管する伊藤萬の「伝票元帳」八か年分の量だけでも膨大なものになり、提出前にその写しと目録を作成するだけでも相当な労力と費用を要し、同社の業務に多大の支障を来すことが窺われるのであって、この事情は他の抗告人会社についても同様であり、これら提出を命じられた者の受ける不利益は軽視することができない。

以上の諸事情を総合すると、争点が具体的に明確化されず、従って要証事実との関連性も十分に把握できない現時点において、包括的かつ大量の会計帳簿類を含む物件の提出を命じた原決定は、いずれも証拠調べの必要性に関する判断を誤っており、合理的裁量を逸脱した違法なものである。各論旨は理由がある。

1-56 京都地判平2・11・16（確定訴訟記録の閲覧不許可処分に対する準抗告申立事件）

1　Aに対する各覚せい剤取締法違反被告事件の公訴が平成二年二月二三日（自己使用。略）に京都地方裁判所にそれぞれ提起され、後に併合して審理され、右に対する有罪判決が同年八月二二日に宣告されて同年九月六日に確定した（以下「第一事件」という。）。右京都地方裁判所平成二年（わ）第三七一号被告事件の公訴事実の概要は、AがB子（以下「B子」という。）に対して覚せい剤を有償譲渡したというものである。

2　そして同年六月五日、C（以下「C」という。）に対する覚せい剤取締法違反被告事件の公訴が京都地方裁判所に提起されて公判が係属中であり（以下「第二事件」という。）、申立人外二名がCの弁護人である。第二事件の公訴事実の概要は、CがAに対して覚せい剤を有償譲渡（非営利目的）したというものであるところ、Cは捜査段階以来犯行を否認してアリバイの存在を主張しており、一方Cから覚せい剤を譲り受けたとされるAの供述の概要は、第一事件、第二事件の各公訴事実のとおりであり、第一事件においてB子に譲り渡した覚せい剤は第二事件のCからの譲受けにかかる覚せい剤であるというものである。検察官は第一回公判期日までにA及びB子の検察官に対する各供述調書を含む請求予定の証拠を弁護人に対して開示し、第一回公判（同年七月三日）において、弁護人及びCは公訴事実を否認して無罪を主張すると共に未開示のAら事件関係者の供述調書等の開示を求め、第二回公判（同月三一日）において、裁判所はAの証人採用決定をなすとともに、右証拠開示については職権発動及び開示勧告をしないことを明らかにし、第三回公判（同年九月四日）にはAの証人尋問が行われ（続行）、第四回公判（同月二五日）には同人及び警察官一名（実況見分調書の成立の真正立証）の証人尋問が行われていずれも終了し、裁判所はB子の証人採用決定をなし、第五回公判（同年一〇月九日）にはB子の証人尋問が行われ主尋問が終了して反対尋問途中で続行となり、同月二〇日の本件閲覧請求後の第六回公判（同月二三日）にはB子及び技術吏員（捜査機関作成の鑑定書の成立の真正立証）の証人尋問が行われていずれも終了し、裁判所はE（立証趣旨・被告人とAとの接触状況、犯行前に被告人からAに電話があったこと等）及び同D子（立証趣旨・被告人の覚せい剤の使用状況、取扱状況）の各証人採用決定をなし、第七回公判（同年一一月二〇日）には、同人らの証人尋問が予定されている。検察官は証拠請求予定のない証拠書類等の証拠開示には依然応じていない。

3　申立人は、第二事件の弁護資料とするため、同年一〇月二〇日、本件確定記録の保管検察官たる京都地方検察庁検察官に対して本件訴訟記録全部の閲覧請求をなしたところ、京都地方検察庁検察官は、右同日、検察庁の事務に支障があるとの理由で本件処分をなした。

三　そこで以上を前提として本件不許可処分の当否について検討するに、まず、刑事確定訴訟記録法は、**刑事訴訟法53条**を受け、刑事被告事件に係る訴訟の記録の訴訟終結後における保管、保存及び閲覧に関する必要事項を定めたものであるところ、刑事確定訴訟記録法4条1項ただし書、外事訴訟法53条1項ただし書は、確定記録の保存又は裁判所若しくは検察庁の**事務に支障のあるときは閲覧することができない旨規定**しており、ここに検察庁の事務に支障のあるときとは、検察事務及び検察行政事務に支障があるときであり、右には**その捜査・公判等に不当な影響を及ぼすおそれがあるときをも含む**と解するのが相当である。

そこで本件訴訟記録の閲覧の捜査・公判等への不当な影響を及ぼすおそれの有無について検討するに、なるほど本件訴訟記録のもととなった第一事件は、Aが第二事件により譲り受けた覚せい剤を更にB子へと譲渡したというものであって、双方の被告事件が密接な関係を有することは否定できないところであり、またCは捜査段階以来一貫して公訴事実（被疑事実）を全面的に否認して争い、また本件閲覧請求時検察官立証は終了していなかったこと等の事実を認めることができるものの、第二事件の訴訟経過等は前述したとおりであって、第一回公判までに、申立人たる弁護人に対してA及びB子の検察官に対する供述調書等が開示されており、申立人はA及びB子らの住所氏名等の人定事項及び同人らの第二事件に関する供述内容等を相当程度把握していたと認められ、加えて本件閲覧請求時（本件処分時）には、A及びB子に対する各証人尋問はAにあってはその全てが、B子にあっては主尋問が終了し、しかもその間なんらかの罪証隠滅工作がなされた形跡はなく、更に第一回公判期日において供述調書が不同意となった結果、証人尋問請求の可能性が存在した前記E及びD子の供述調書等は本件訴訟記録中には存在しないこと等によれば、同人らの証人尋問等による検察官立証は依然終了していないものの、申立人に対して本件訴訟記録を閲覧させたからといって右閲覧に伴って申立人ら弁護人側の反証等のためにAらの再尋問の請求がありうるとしても、右は弁護人の防禦権の行使として相当なものと解されても不当なものとはいえず、その他検察官立証が不当な影響をうける可能性を記録上窺うことができないこと、また検察官においても不当な影響の発生を窺わせる具体的事情を明らかにすることがないこと等を総合考慮すれば、本件訴訟記録の閲覧が捜査・公判等に対してなんらかの影響を与える可能性が存在すること自体は格別、その影響が不当なものであると認めることはできないのであって、結局本件訴訟記録の閲覧による捜査・公判等への不当な影響を及ぼすおそれは認められないというべきである。

そして、刑事確定訴訟記録法4条2項各号所定の記録閲覧の制限事由の有無については、他に閲覧不許可事由が存在しないことは検察官においてもその提出にかかる意見書中においてこれを認めるところであるが、なお検討するに、同条2項1号ないし3号所定事由の存在はいずれも認められず、また同条2項4号、5号所定事由の存否についても、本件申立人は弁護士であり、その閲覧目的も関連事件の弁護活動の参考にするというものであること、申立人はA及びB子の検察官に対する供述調書等の開示を受けていること、同事件における同人らの公判供述等によりその刑事処分の結果等を知っていると認められること、本件訴訟記録中にはAの身上関係の書証が含まれてはいるものの、Aにはさしたる前科・前歴はなかったことなど当該書証の申立人による閲覧がAに対して格別不利益を与えるとは認められないこと等の諸事情を総合考慮すれば、本件閲覧により犯人たる被告人の改善及び更生を著しく妨げることとなるおそれ（第四号）や事件関係人の名誉又は生活の平穏を著しく害することとなるおそれ（第5号）が生じるとは認められず、同条2項ただし書の事由について検討するまでもなく同条2項本文所定の閲覧制限事由に該当しないというべきである。

以上のとおりであって、**本件閲覧請求に対して保管検察官は本件訴訟記録を閲覧させるべきであったというべく、本件処分がその合理的裁量の範囲を逸脱したことは明らかである。**

なお検察官は、当事者主義的訴訟構造や訴訟における裁判所の訴訟指揮の優越性などを強調するものの、その主張は結局のところ裁判所の証拠開示命令の不発動の一事をもって刑事訴訟法53条1項ただし書にあたると主張するものにほかならないところ、もとより訴訟について合目的的な進行を図るべき権限と職責を有するのは公判裁判所であるが、**裁判所の訴訟指揮による証拠開示命令**は、証拠開示について明文かつ直接的な規定の存在しない一般的な場合において、当事者主義的訴訟構造及び当該証拠開示に伴う弊害と被告人の防禦とを調和させるため、一定の要件の下訴訟の審理に一定の秩序を与える裁判所の合目的的活動たる訴訟指揮権に基づきこれを行うものであって、当事者主義的訴訟構造はとりもなおさず証拠として請求の予定のない証拠関係の開示は検察官の自由な処分権能下にあるとの原則を導くものであり、裁判所の証拠開示命令は右原則を肯認しつつも結果的には一定の限度で右を修正するものにほかならない。他方、刑事訴訟法53条及び刑事確定訴訟記録法は裁判の公開の観点からの独立の規定であり、その規定の体裁からみて刑事確定訴訟記録の公開を原則とし、その閲覧について検察官に自由な処分権能が存在することを前提としているとは解されないのであって（その意味で刑事確定訴訟記録が検察官の手中にのみあるべき証拠書類とは当然にはいえない。）、なんの留保もなしに一方に関する法的処理を他方のそれに妥当させることが相当でないことは明らかである。そして、保管検察官はその保管にかかる刑事確定訴訟記録を、現に係属しあるいは将来係属するであろう他の刑事被告事件（本件では第二事件）の訴訟関係人としてこれを保持・管理しているとも当然にはいえず、更に訴訟につき最終的な職責と権限を有する公判裁判所の訴訟指揮の結果は尊重されなければならないとの立論自体は相当であっても、証拠開示命令の職権発動の構造等に徴す、**刑訴法99条2項**れば、証拠開示に関する職権不発動は、一般には当事者主義的訴訟構造等に配慮し開示の必要性等をも勘案した結果として職権を発動しなかったというに止まるものであって、右不発動は当然には証拠の開示全般を積極的に阻止する意味をも内包するものではないと解するのが相当であり、**通常の職権不発動から一般的かつ抽象的に刑事確定訴訟記録の閲覧がなしえないとする結論を導くのは早計であるというべきである**（もっとも、対象証拠の開示が訴訟に不当な影響を与えること等をその理由として訴訟指揮権の不発動がされている場合等において、同一の訴訟状況下にあって右訴訟指揮と異なる判断をなすことは公判裁判所の権限と抵触するもので相当ではなく、かかる場合公判に不当な影響を及ぼすおそれがあるとする立論を妥当とする余地はなお存在するが、本件がかかる場合に当たるとは認められない。）。そしてなにより刑事訴訟法53条1項ただし書の規定が、公判裁判所の判断が不服申立の審理にあたる裁判所の判断を排除しあるいは拘束するとする結論を予定しているとは認められないというべきである。

以上検討したとおり、刑事確定訴訟記録の閲覧請求についての刑事確定訴訟記録法4条1項ただし書、刑事訴訟法53条1項ただし書該当事由の存否の判断については、その閲覧がもたらす裁判所若しくは検察庁の事務支障の有無、殊に捜査・公判に不当な影響を及ぼすおそれがあるか否かを、法規定本来の意義、目的等を併せ考慮しつつこれを判断するのが相当であるというべきであって、右に反する検察官の主張は採用の限りではない。

(4)　証拠意見

刑訴法298条は、当事者の証拠調べ請求権と裁判所の証拠調べ決定権しか記載していないが、伝聞証拠は原則として相手方の同意がある場合しか証拠能力を有しないとされているので(**同326条**)、伝聞証拠については意見を聞くことが前提となっている。また、**規則190条2項**は、裁判所は証拠決定前に相手方の意見を聴くことを義務付けている。当事者は裁判所の証拠調べに関する決定に対して異議申立てができる(**同309条1項**)。

したがって、伝聞証拠についての証拠意見は極めて重要であり、時として、弁護人が同意の証拠意見をしたことが思わぬ結果になる可能性があるので、証拠を十分吟味して意見をいうことが重要であり、意見に反して証拠決定された場合には「相当でない」理由を述べて異議申立を行っておかなければならない(**規則205条1項**)。異議申立を行っておかないと、その決定手続の瑕疵が治癒されたものとされて、控訴理由である訴訟手続の法令違反にならないことがあることを明記しておくべきである。

(5)　反対尋問権

証人に対する反対尋問(**刑訴法304条2項、規則199条の4、5**)は、被告人の防御活動の中核をなすものであり、弁護人は力量をもっとも発揮しなければならない場面である。弁護方針の確立、証拠の検討、関連事項の調査活動、被告人及び関係者との打ち合わせなどの準備作業の達成度と尋問技術が、反対尋問の成否を決する。反対尋問なしという選択ができる判断力も必要である。

(6)　訴訟指揮に対する異議申立

裁判長が被告人の立場から見て公平かつ適正に訴訟指揮が行われているかをチェックし、適宜、異議申立を行うことも重要な弁護人の活動である(**同309条2項**)。このことは、被告人と弁護人との間の信頼関係を維持するためにも重要であるが、過度に被告人に迎合して、執拗に異議に固執することや、蒸し返しの異議は禁止されている(**規則206条**)。この異議に対する不服は抗告の対象とはならない(**最決昭29・10・8**は、証拠決定について特別抗告の対象にならないとしている)。したがって、訴訟手続の違法や審理不尽などの控訴理由とするほかない。

(7)　弁論

弁論(**刑訴法293条**)は、弁護活動の集約であり、事実認定及び法律上の問題点について行う主張である。その重要性については改めて論ずる必要はないが、弁護人の力量が問われる。特に、裁判員裁判においては、裁判員に分かりやすく、説得的で、かつ記憶に残る努力と工夫をしなければならない。

弁護人に固有に認められたものであるから、被告人の意見には拘束されない。しかし、被告人と意見が対立する場合、誠実義務違反や弁護過誤の問題が生じる。

(8)　上訴権

裁判は人が行うものであり、事実認定や法令の解釈適用に誤りが生じることを前提にして、三審制度がとられている。ただし、上告は理由が制限されており、事実誤認や法令違反は最高裁判所の職権発動を促すことしか認められていない。

4　裁判所の権能と義務

裁判長は、裁判を統括し進行させるための広範な訴訟指揮権がある（**刑訴法294条**）。当事者に対する求釈明権（**規則208条**）、尋問、発言、論告、弁論などを制限する権限（**刑訴法295条**）法廷の秩序維持のための権限（**同288条**、**規則215条**）などがある。

事実認定との関係で重要なものとして、まず、訴追権を検察官が独占し、審判の対象が訴因に限定されているので（不告不理の原則）、裁判所は、審判の対象を特定・明確にするための求釈明義務、訴因変更の勧告あるいは命令義務があり、訴因変更請求を許可するか否かを決定する権限と義務がある。これらを怠れば、審理不尽あるいは訴訟手続違反として、相対的控訴理由になる。訴因の特定、訴因の変更命令については、第２章で詳述する。

次に、証拠決定（**同298条2項**）、証拠調べの順序、方法等の決定（**同297条**）の権限がある。

裁判所のもっとも重要な権能は、判決を言い渡すことである。判決には管轄違いの判決（**同329ないし332条**）、事実の認定結果に基づく有罪（**同333**、**334条**）、無罪（**同336条**）、免訴の判決（**同337条**）、公訴棄却の判決（同**338条**）および決定（**同339条**）などがある。そして、有罪の判決には罪となるべき事実、証拠の標目、法令の適用を明示し、法律上犯罪の成立を妨げる理由又は刑の加重減免の事由となる事実が主張されたときは、それに対する判断を示さなければならない（**同335条2項**）。また、事実誤認が控訴理由になっており（**同382条**）、上告審でも事実誤認が職権による原判決破棄理由とされていること（**同411条3号**）などから、理由記載も義務付けられていると判断できる。

後掲判例2-70は、控訴審の事後審査審としての制約を、**前掲判例1-1**、**1-2**、**1-4**は、上訴審の事実誤認に関する判断の制約について述べている。

第2章

訴因論（審判の対象）

第１　訴因制度を支える４つの法原理とその役割

１　訴因制度の意義と役割

(1)　訴因制度の意義

訴因制度は、一事不再理の原則（二重起訴の禁止）、検察官処分権主義（起訴便宜主義）、被告人の防御権の保障、裁判所の事実認定及び法令適用の権能という４つの原則の基に成り立っている制度である。

公訴事実という言葉は、二つの意味で用いられている。すなわち、**一事不再理**の効力が及ぶ範囲（判決の拘束力が及ぶ範囲）を画する意味での公訴事実という意味と、検察官が訴因に構成して審判の対象とした公訴事実という意味である。**前者は刑訴法312条のいう公訴事実であり、後者は同256条2項２号のいう公訴事実である。**紛らわしいので、ここでは前者を**犯罪事実**、後者を**訴因事実**と呼んで説明することにする。

訴因は、検察官が裁判所に対して、処罰を求めるために「できる限り日時、場所及び方法を以て罪となるべき事実を特定して」起訴状に記載した訴因事実を意味する。これは、検察官が、**起訴便宜主義**に基づいて、過去の犯罪事実を基にして、法定の犯罪成立要件にあてはめて構成した事実であるから**法的評価を加えた**抽象化された事実である。したがって、訴因事実は犯罪事実の全てではない。訴因事実は、検察官が犯罪事実の中から処罰を求めるのが適当と考えた部分であり、犯罪事実を外円として訴因事実がその中に入る小円ということになる。また、起訴した時点では、訴因事実と犯罪事実のそれに該当する部分の事実は同一であると推定されている。

ところが、裁判で証拠調べを進めていくと両者に齟齬が生じてくることが多い。**検察官**にとっては、**二重起訴の禁止の原則**が同一の犯罪事実の範囲で及ぶため、訴因事実に限定されずに、犯罪事実の同一範囲で犯罪の認定ができる範囲が広い方が主張・立証がしやすい。しかし、**裁判所**にとっては、当事者主義、検察官処分権主義の下で審判の対象が訴因事実に限定されているので、誰に対するどのような犯罪であるかが特定され、明確にされていることが必要となる（**同256条2項**）。さらに、**被告人**にとっては、訴因事実が防御対象であるので、犯罪及び犯人性が特定されているだけでは不十分であり、犯行の日時、場所、態様などが明らかでないと、もぐらタタキのような防御を強いられることになる。したがって、訴因事実は、**被告人の防御権**を保障するために、それらができる限り特定されている必要がある（**同条3項**）。**同312条**はそのことを前提にして調和を図っている。

訴因制度は、このような機能を持っている重要な制度であるので、裁判の冒頭で、弁護人による訴因に対する求釈明を巡って攻防が繰り広げられることが少なくない。特に、公判前整理手続に付された場合は、検察官も弁護人も争点を明確にすることを義務付けられていて（**同316条の17、22**）、公判開始後は新たな主張・立証を制限されるので（**同条の32**）、求釈明によって検察官の主張事実の特定、立証範囲の確定を行う重要性はきわめて強い。

一つの事例で検討してみる。

Ｘは、甲の家のアルミサッシ窓を壊して侵入し、鍵のかかった箪笥などを壊しながら１階の室内を物色して、箪笥内にあった現金30万円、指輪・時計などの貴金属を盗み、２階も物色しようとして階段を上がりかけたところ、２階の部屋に在室していた甲の母親乙子が、２階の階段の踊り場から「どろぼう。」と叫んだので、Ｘが「騒ぐな。騒ぐと殺すぞ。」と怒鳴って階段を上がろうとしたところ、乙子の姿が見えなくなった。そこで、Ｘは、２階に上がるのを止めて侵入した窓から逃走した。Ｘが逃げたのを確認してから乙子が110番通報するために急いで階段を降りようとしたところ、階段を踏み外して足を骨折するけがを負った。Xは、2、3分走って逃げた後速足で20分くらい歩いて、大丈夫だろうと思って公園のベンチで一息ついていた。すると、警察官丙が近づいてきて職務質問しようとしたので、とっさに丙に体当たりして丙が倒れた隙に走って逃げた。丙は倒れた際に右手に加療2日を要する擦過傷を負った。

この生の事実について考えられる罪名は、アルミサッシの窓を壊したことが建造物損壊罪か器物損壊罪(①)、甲の家に侵入したことが住居侵入罪(②)、金品を盗るために箪笥を壊したことが器物損壊罪(③)、金品を盗った行為が窃盗罪(④)、その後乙子を脅して逃げたことが事後強盗罪(⑤)、または事後強盗致傷罪(⑥)、警察官丙に体当たりしたことが公務執行妨害罪(⑦)、負傷させたことが傷害罪(⑧)などの犯罪が考えられる。

検察官は、この犯罪事実からどのようが訴因事実を構成するかである。まず、この事実すべてを一つの犯罪事実と見るか、どこかで区切って別の犯罪事実とみるかという**犯罪事実の同一性が**問題になる。甲宅での行為(①ないし⑥)は事後強盗致傷罪に至る一連の行為であるから一つの犯罪事実(「A犯罪事実」という)であることは明らかであるが、公園での行為⑦、⑧(「B犯罪事実」という)とは、被害者、保護法益、場所などが異なるので明らかに別の犯罪事実である。したがって、A犯罪事実とB犯罪事実には犯罪事実(公訴事実)の同一性はなく、併合罪関係にあることになる。また、B犯罪事実の⑦、⑧は観念的競合の関係にあり、科刑上一罪である。

次に、A犯罪事実のうちの②⑤を、B犯罪事実のうち⑥をそれぞれ起訴したとすると、②と⑤は牽連犯で科刑上一罪であるので一つの訴因事実(「A訴因事実」という)として構成し、それと併合罪関係にある⑥はもう一つの訴因事実(「B訴因事実」という)として構成して起訴したとする。すると、起訴状にはA訴因事実とB訴因事実の二つの訴因が記載されることになる。

そして、公判で証拠調べした結果、乙子がけがをしたのは、Xが逃げたのを確認し、110番通報するために急いで階段を降りようとして、階段を踏み外したためであることが明らかになったとする。これはA犯罪事実が変化したことになる。そして、検察官が、事後強盗致傷罪の認定を求めようとする場合、訴因変更が必要となる。公訴事実が同一であるA犯罪事実内の変化であるから訴因変更が可能であることになる。裁判所は、検察官の訴因変更を許可しなければならないし、検察官が訴因変更しなければA訴因事実の限度でしか認定できない。ただし、裁判所が、④の限度でしか認定できないと判断した場合には、縮小認定であり、被告人の防御に不利益を及ぼさないので訴因変更の必要はない。また、検察官が⑧の事実についても追加して処罰を求めたいと考えた場合には、公訴事実が同一のB犯罪事実内の変更であるから訴因変更は可能であり、裁判所は、検察官が訴因変更しない限り⑧を認定することはできない。

このように、**犯罪事実(公訴事実)の同一性**がある範囲で、検察官に訴因事実を変更できる権限を与え、審判の対象として顕在化させて、被告人の防御権とを調和させることにしたのが訴因制度なのである。

(2) 訴因の特定

裁判所は、訴訟指揮権に基づいて、不特定な訴因を特定させる義務がある(**刑訴法294条、規則208条**)。したがって、訴因の不特定のまま判決に至ることは審理不尽の違法として相対的控訴理由となる(**刑訴法379条**)。しかし、法令の解釈・適用は裁判所の専権事項であるから、裁判所は検察官の適用罰条の主張には拘束されない。**判例2-12**は、不特定な訴因が補正された場合、「補正のために主張された事実が起訴状記載の公訴事実と一体不可分の関係に立ち、合して特定・明示された訴因としての評価を受ける」としている。

同2-8、**同2-11**は、覚せい剤使用について、日時、場所、方法等の特定の程度を判断しているが、前者は訴因の特定の意義について詳しく説明しているので参考になる。覚せい剤使用は、1回の使用ごとに犯罪が成立する併合罪関係にある。しかし、証拠となる尿の鑑定が可能な期間は2週間程度に限定されているのでその間に複数回の使用があった場合に、その鑑定結果がどれかの使用を証明することは明らかであるが、特定の使用を証明することは困難であるし、使用日時場所は被告人の自白に依拠せざるを得ない場合が多い。したがって、鑑定結果に反映されていることが最も確実な最後の使用と特定せざるをえないのである。**同2-3**は、殺人罪について、日時、方法について検察官はできる限り特定すれば足り、不確定であっても証拠上犯人性が明確であれば、被告人が犯人性を否定しているとしても防御に支障はないから不特定ではないとしている。これは、訴因を「できる限り」特定しているかの判断は、犯人性の証明が最も重要であって、その証明程度によって日時、方法などの特定の程度が異なってくることを示唆している。

同2-6、**同2-10**は、実行共同正犯、共謀共同正犯に関して、共謀関係の特定の程度に関する事案であり、いずれも犯罪及び犯人性を超える事実について、どの程度特定すればよいかを判断したものである。

同2-2は、わいせつ図画の提供行為と所持の起訴において、追加的変更によって提供行為回数を次々と増やした事案で、提供行為は包括一罪であり、それと所持罪とは観念的競合の関係にある科刑上一罪だから、いずれも許容されるとしている。また、**同2-1**は、残業代未払いに関する労働基準法違反事件で、同基準法32条１項が週単位で規定しているのに月単位の残業時間の集計が記載された訴因について、「時間外労働を構成する労働日ないし労働時間が基本的に同一であるとしても、違反している規範を異にしている場合には、それらの時間外労働は社会通念上別個の事実であり両立し得るもの」であるから、公訴事実の同一性が認められないとして訴因の変更を不許可として無罪判決を言い渡した原判決について、「予備的訴因変更請求は、週を特定し、週単位の時間外労働の規制違反の罪を明示して瑕疵を補正しようとしたものと理解できるから、原審は、上記適正な訴因となるように措置した上、予備的訴因変更を許可すべきであった」として破棄し、控訴審で訴因変更を認めて有罪判決をしている。

同2-4は、受託収賄の起訴で「代表質問など」という記載の検察官の釈明が「勧誘説得請託」も含む趣旨であるというものであった場合、「いずれも一個の収賄における請託として主張されているものであるから、その一部を明示しなくても受託収賄罪の訴因の特定に欠けるところはなく、公訴事実中の『など』は、その前後の記載内容からすると、代表質問請託以外の請託の存在を示すものであると解釈することも十分可能であるとの判断を示しており、その判断が不当であるとはいえないから、原判決が代表質問請託のほかに勧誘説得請託の事実を認定したのが審判の請求を受けない事件について判決をした違法があるとはいえない」としている。

同2-5、**同2-9**は、より不明確な訴因への変更を許可したことは、訴因制度に反して違法として破棄し、原審の証拠で当初の訴因が認定できるとして自判した事案であり、訴因制度の趣旨に適ったものである。

同2-13は検察官の釈明ミス（業務上横領の占有で法律上の占有であることが明らかなのに「事実上及び法律上の占有」と釈明）したことについて、訴因の特定に影響しないとした事案である。

同2-7は、覚せい剤使用について単純一罪として起訴したのに訴因を変更せずに二回の使用を認定し併合罪とした事案について違法であるとしたもので、審判の対象が訴因であることを説示している。

（訴因の特定に関する判例）

2-1　最判平21・7・16（道路交通法違反、労働基準法違反被告事件）

1　本件公訴事実のうち、労働基準法32条1項違反の事実の要旨は、「被告人は、石油製品の保管及び運送等を営むＡ社の代表取締役としてその業務全搬を統括していたものであるが、同社の統括運行管理者と共謀の上、同社の業務に関し、同社が、同社の労働者の過半数を代表する者との間で、書面により、平成17年４月16日から平成18年４月15日までの時間外労働及び休日労働に関する協定を締結し、自動車運転者に対して、法定労働時間を超えて延長することができる時間は、１日につき７時間、１か月につき130時間などと定め、平成17年４月15日、大津労働基準監督署長に届け出ていたのであるから、上記各協定時間の範囲を超えて労働させてはならないのに、労働者Ｂをして、同社の事務所等において、１か月130時間を超えて、同年11月16日から同年12月15日までの間に15時間30分、同月16日から平成18年１月15日までの間に38時間15分の合計53時間45分の時間外労働をさせた」というものである。（略）

原判決は、第１審判決の上記判示部分は、違反に係る週が全く特定されておらず月単位の時間外労働協定違反の事実を認定したものであるが、適用された法令である労働基準法32条1項は週単位の時間外労働を規制するものであって、月単位の時間外労働には直接の規制は設けられておらず、また、いわゆる３６協定違反については罰則が設けられていないから、月単位の時間外労働協定違反の事実は犯罪を構成しない事実であるとした。さらに、原審は、その手続において検察官の請求した週単位の時間外労働の事実（当該月の中で違反となる週を特定したもの）を明示する予備的訴因変更を不許可としたが、原判決は、その理由につき、時間外労働というのは、法定労働時間や時間外労働協定といった一定の規範に照らさなければ観念できないものであるから、時間外労働を構成する労働日ないし労働時間が基本的に同一であるとしても、違反している規範を異にしている場合には、それらの時間外労働は社会通念上別個の事実であり両立し得るものであって、基本的事実関係を異にすると解すべきであり、旧訴因の月単位の時間外労働協定違反の事実と新訴因の週単位の時間外労働の事実とでは基本的事実関係を異にし、**公訴事実の同一性**が認められないとした。そして、原判決は、第１審判決を破棄して自判し、上記公訴事実については被告人を無罪とした。（略）

（１）労働基準法32条1項違反に係る上記公訴事実は、その記載だけからみると、月単位の時間外労働を示す内容となっており、当該月の特定はされているものの、週の特定はもとより週という言葉さえ出てきておらず、これを直ちに週単位の時間外労働の規制違反を記載したとみることはできない。しかし、労働基準法に月単位の時間外労働の規制違反の規定はないこと、起訴状には罰条として週単位の時間外労働を規制している労働基準法32条1項が記載されていることを合理的に解釈すると、**週単位の時間外労働の規制違反の事実を摘示しその処罰を求めようとした趣旨ではあったが、結果として、違反に係る週の特定に欠けるという不備が生じてしまったと解するのが相当である**。したがって、本件は、**訴因の特定が不十分でその記載に瑕疵がある場合に当たり、その瑕疵の内容にかんがみると、訴因変更と同様の手続を採って訴因を補正すべき場合である。**

（２）ところで、いわゆる36協定で１か月につき延長することができる時間外労働時間が定められている場合における労働基準法32条1項違反の罪に関して検討すると、同条項の文理、36協定の趣旨等に照らすと、原則的な労働時間制の場合であれば、始期から順次１週間について40時間の法定労働時間を超えて労働させた時間を計算し、これを最初の週から順次積算し、上記延長することができる時間に至るまでは36協定の効力によって時間外労働の違法性が阻却されるものの、これを超えた時点以後は、36協定の効力は及ばず、週40時間の法定労働時間を超える時間外労働として違法となり、その週以降の週につき、上記時間外労働があれば、それぞれ同条項違反の罪が成立し、各違反の罪は併合罪の関係に立つものと解すべきである。そして、36協定における次の新たな１か月が始まれば、その日以降は再び延長することができる時間に至るまで、時間外労働が許容されるが、これによると、１週間が、単位となる月をまたぎ、週の途中の日までは週40時間の法定労働時間を超える違法な時間外労働であり、その翌日からは新たな１か月が始まり、時間外労働が許容される場合も生じる（端数日は生じない）。この場合も、その週について上記違法な時間外労働に係る同条項違反の罪が成立することとなる。そして、１週間の始期に関しては、問題となる事業場において就業規則等に別段の定めがあればこれによるが、これがない場合には、労働基準法32条1項が「１週間について40時間」とのみ規定するものであることなどにかんがみると、その始期を36協定における特定の月の起算日に合わせて訴因を構成することも許されると解される。

（３）本件につき、検察官のした予備的訴因変更請求についてみると、「平成17年12月７日から同月13日までの週及び同月９日から同月15日までの週を通じた週」などとし、15日から逆算して１週間を構成している点及び本件につき時間外労働の罪が１罪として成立するとして「通じた週」としている点については、（２）で述べたところから明らかなとおり、適正を欠くものであり、上記関係についていえば、「平成17年12月７日から同月13日までの週につき15分の、同月14日から同月20日までの週につき15時間15分のそれぞれ時間外労働をさせた」とすべきである。しかし、検察官の上記予備的訴因変更請求は、週を特定し、週単位の時間外労働の規制違反の罪を明示して瑕疵を補正しようとしたものと理解できるから、原審は、上記適正な訴因となるように措置した上、予備的訴因変更を許可すべきであったと解される。

３　以上によれば、**予備的訴因変更を許さず、第１審判決を破棄して、前記公訴事実（労働基準法32条1項違反に係**

る部分）について被告人を無罪とした原判決には、刑訴法256条3項、312条1項の解釈適用を誤った違法があり、これが判決に影響を及ぼし、原判決を破棄しなければ著しく正義に反するものと認められる。なお、本件では、前記公訴事実と原判決が有罪としたその余の公訴事実とは併合罪の関係にあるとして起訴されたものと解されるから、上記違法は、原判決の全部に影響を及ぼすものである。

2-2　最決平21・7・7（児童買春、児童ポルノに係る行為等の処罰及び児童の保護等に関する法律違反等被告事件）

（事実経過）（１）本件第１審判示第３の罪に関する当初の公訴事実の概要は、「被告人は、前後１１回にわたり、３名の者に対し、児童ポルノでありわいせつ図画であるＤＶＤ－Ｒ合計１１枚及びわいせつ図画であるＤＶＤ－Ｒ合計２５枚を不特定又は多数の者に販売して提供した。」というものであった。

（２）次に、検察官は、（１）の提供行為を維持したままで、さらに５回の提供行為を追加し、「被告人は、前後１６回にわたり、４名の者に対し、児童ポルノでありわいせつ図画であるＤＶＤ－Ｒ合計２１枚及びわいせつ図画であるＤＶＤ－Ｒ合計６７枚を不特定又は多数の者に販売して提供した。」とする訴因変更を請求し、第１審裁判所はこれを許可した。

（３）さらに、検察官は、（２）の提供行為を維持したままで、所持行為を追加し、「被告人は、（ア）前後１６回にわたり、４名の者に対し、児童ポルノでありわいせつ図画であるＤＶＤ－Ｒ合計２１枚及びわいせつ図画であるＤＶＤ－Ｒ合計６７枚を不特定又は多数の者に販売して提供し、（イ）自宅において、児童ポルノでありわいせつ図画であるＤＶＤ－Ｒ合計２０枚及びわいせつ図画であるＤＶＤ－Ｒ合計１３６枚を不特定若しくは多数の者に提供又は販売する目的で所持した。」とする訴因変更を請求し、第１審裁判所は、これを許可した上、最終的にそのとおりの事実を認定した。

（判断）児童買春、児童ポルノに係る行為等の処罰及び児童の保護等に関する法律２条３項にいう児童ポルノを、不特定又は多数の者に提供するとともに、不特定又は多数の者に提供する目的で所持した場合には、児童の権利を擁護しようとする同法の立法趣旨に照らし、同法７条４項の児童ポルノ提供罪と同条５項の同提供目的所持罪とは併合罪の関係にあると解される。しかし、児童ポルノであり、かつ、刑法175条のわいせつ物である物を、他のわいせつ物である物も含め、不特定又は多数の者に販売して提供するとともに、不特定又は多数の者に販売して提供する目的で所持したという本件のような場合においては、わいせつ物販売と同販売目的所持が包括して一罪を構成すると認められるところ、その一部であるわいせつ物販売と児童ポルノ提供、同じくわいせつ物販売目的所持と児童ポルノ提供目的所持は、それぞれ社会的、自然的事象としては同一の行為であって**観念的競合の関係に立つ**から、結局以上の**全体が一罪**となるものと解することが相当である。（略）したがって、これと同旨の見解の下に第１審の訴因変更手続に違法はないとした原判断は、相当である。

2-3　東京高判平20・9・25（死体損壊、死体遺棄、殺人等被告事件）

論旨は、要するに、本件殺人（原判示第２）の公訴事実（ただし、訴因変更後のもの。以下同じ。）は、殺害の日時、場所の記載が概括的であり、殺害の方法についても不詳とされ、**訴因の特定**が欠けているにもかかわらず、公訴を棄却することなく実体判断をした原判決には、判決に影響を及ぼすことが明らかな訴訟手続の法令違反がある、というのである。

そこで記録を調査して検討すると、本件殺人の公訴事実は、殺害の日時が「平成１８年１１月２５日午前３時９分ころから同日午前９時５３分ころまでの間」、殺害の場所が「岐阜県、愛知県ないしそれらの周辺地域」と概括的な記載にとどまり、さらに、殺害の方法が「不詳」となっているが、殺害の対象については「Ｂ（当時２４年）」（以下「被害者」という。）と特定されている。本件においては、被害者が既に死亡し、遺体の損傷がひどく、また、犯行の目撃者もいない上、被告人も捜査の当初から一貫して犯行を否認又は黙秘しており、殺害の日時、場所、方法及び死因をつまびらかにすることができない特殊な事情がある。本件殺人の公訴事実については、検察官において、当時の証拠に基づいて、できる限り、犯行の日時、場所、方法等を特定したものと認められる。前記の公訴事実程度の記載であっても、**他の犯罪と十分に識別されて限定されている上、被告人の防御の範囲を示しており、訴因の特定を欠いているとまではいえない**。本件殺人の公訴を棄却しなかった原審の措置は相当であって、原判決に影響を及ぼすことが明らかな訴訟手続の法令違反はない。

所論は、訴因が特定されているとする理由の一つとして、被告人が犯行を否認していることを挙げるのは、否認していることを、無罪の推定を受ける被告人の不利益に扱うことになり許されない、という。しかし、訴因はできる限り特定することが求められているのであって、公訴事実の記載がそれ以上に特定することができるかどうかを判断するために、被告人の供述を含めた証拠収集の状況を一つの事情として考慮することは無罪推定の原則とは別個の問題である。無罪推定の原則に反するものではない。

2-4 東京高判平17・12・19（各受託収賄被告事件）

所論は、本件公訴事実のうち請託の内容等に関する部分は、Ｐ１が「内閣総理大臣の演説に対して質疑するに当たり、国策として前記大学（職人大学）の設置を支援するよう提案するなど同大学設置のため有利な取り計らいを求める質問をされたい旨の請託を受け、その請託を受けたことなどの報酬として供与されるものであることを知りながら」というものであって、「勧誘説得請託」は訴因に含まれていないのに、原判決が「代表質問請託」のほかに「勧誘説得請託」の事実を認定したのは、審判の請求を受けない事件について判決をした違法がある、というのである。

しかしながら、原審第９回公判において、弁護人から、訴因に掲げられた「など」という表現に、「勧誘説得請託」が含まれるのかどうかについて釈明を求められたのを受けて、第１０回公判において、検察官は、「など」には「勧誘説得請託」を含む旨釈明しており、以後、それを前提に審理が続けられたことが明らかである。そうして、原審は、**「代表質問請託」と「勧誘説得請託」は、いずれも１個の収賄における請託として主張されているものであるから、その一部を明示しなくても受託収賄罪の訴因の特定に欠けるところはなく、**公訴事実中の「など」は、その前後の記載内容からすると、代表質問請託以外の請託の存在を示すものであると解釈することも十分可能であるとの判断を示しており、その判断が不当であるとはいえないから、原判決が「代表質問請託」のほかに「勧誘説得請託」の事実を認定したのが審判の請求を受けない事件について判決をした違法があるとはいえない。論旨は理由がない。

2-5 東京高判平16・11・15（窃盗被告事件）

弁護人の論旨に対する判断に先立ち、職権をもって調査すると、記録によれば、原審第１回公判において、検察官から訴因変更の請求がなされ、原審はこれを許可する決定をしたが、以下のとおり、原審における当該訴因変更許可決定は違法であり、判決に影響を及ぼすことが明らかである。

すなわち、平成１６年７月１４日に開かれた原審第１回公判において、検察官は、同日付け「訴因・罰条の追加・撤回・変更請求書」と題する書面により、訴因を「被告人は、平成１６年６月１日午前１１時１５分ころ、東京都新宿区新宿３丁目３７番１号所在のフラッグスビル１０階タワーレコード株式会社新宿店ＤＶＤ売場において、同店店長Ａ管理に係るデジタル・ヴァーサタイル・ディスク１箱（販売価格９、８００円）を窃取するなどしたものである。」とする旨の訴因変更請求を行い、原審は、弁護人の意見を聴いた上で、これを許可する決定をした。そもそも、検察官は、同年６月１１日付け起訴状において、公訴事実として、「被告人は、平成１６年６月１日午前１１時１５分ころ、東京都新宿区（略）所在のフラッグスビル１０階（略）レコード株式会社新宿店ＤＶＤ売場において、同店店長Ａ管理に係るデジタル・ヴァーサタイル・ディスク１箱（販売価格９、８００円）を窃取し、さらに、同人管理に係る別のデジタル・ヴァーサタイル・ディスク１箱の防犯タグを剥がし窃取しようとしたが、警備員に発見・逮捕されたため、その目的を遂げなかったものである。」と記載し、罪名及び罰条には「窃盗　刑法第２３５条」と記載しており、起訴検察官としては、〔１〕上記日時場所におけるデジタル・ヴァーサタイル・ディスク（以下単に「ＤＶＤ」ともいう。）１箱の窃盗既遂の事実と〔２〕上記日時場所における別のＤＶＤ１箱の窃盗未遂の事実を訴因として掲げ、これらの２つの事実を包括一罪として起訴したものと理解される。しかしながら、変更後の訴因は、「窃取するなどした」という被告人の行為内容の**特定を欠く**ものとなり、「など」という表現で示された被告人の行為が上記〔２〕の窃盗未遂の事実を意味しているのか、何らかの別の行為を意味しているものなのか訴因の記載自体から不明というほかないものとなった。原審がこのような特定を欠く訴因への変更を許可したことは違法であり、訴訟手続に関する法令に違反したものであって、これが判決に影響を及ぼすことは明らかであるから、原判決は破棄を免れない。

２　破棄自判

よって、**刑訴法397条1項**、**379条**により、原判決を破棄し、同法400条ただし書きを適用して、当裁判所において自判することとする。

ところで、原判決の「犯罪事実」には、上記〔１〕の窃盗既遂の事実のみが記載されており、当初包括一罪として訴因の一部を構成していた上記〔２〕の窃盗未遂の事実に関しては、「犯罪事実」中で全く認定されておらず、これを認定しなかった理由の記載もない。上記〔2〕の窃盗未遂の事実は包括一罪を構成する可分な複数の事実の一部であり、この部分を訴因中に含ませるか否かは**検察官に訴因構成の裁量権限**があると解される場合であるところ、上記〔2〕の窃盗未遂の事実がなんら認定されていない原判決に対して、検察官は、控訴の申立てをしなかった上、当審において、上記〔2〕の窃盗未遂部分が当審の審判の対象から既に外れていると理解している旨釈明しているのであるから、結局、実質的には検察官が包括一罪の訴因の一部である上記〔2〕の**窃盗未遂部分を撤回した**のと同様の結果が生じていると理解される。そうすると、本件は、包括一罪として起訴された事実につき、その一部については理由中で無罪の判断を示した第一審判決に対し被告人が控訴を申し立てた場合ではないが、（注：**最判昭46・3・24**）の趣旨に徴し、本件の〔2〕の窃盗未遂部分については、当事者間において攻防の対象から外されたものとみるべき場合に準ずるものとして、当審でさらにこの点を判断することは職権の発動として許される限度を超えるものと解すべきである。したがって、原判決が認定した部分（上記〔2〕の窃盗未遂部分を除いた部分）についてのみ判決する。

2-6 大阪高判平13・1・30（銃砲刀剣類所持等取締法違反、殺人被告事件）

論旨は、被告人のＡ及びＢに対する各殺人の訴因は、いずれも共謀の事実が日時、場所、方法等をもって特定されていなければならない。すなわち、（1）Ａに対する殺人の訴因は、被告人自らも実行行為をなしたとされる実行共同正犯の訴因であるが、この場合においても、共同正犯が同時犯と区別される客観的な要件は共謀の事実なのであるから、右共謀が日時、場所、方法等をもって具体的に特定されていなければならない。また、（2）Ｂに対する殺人の訴因は、被告人の発射した弾丸がＢに命中しなかったことを前提とするものであり、共謀共同正犯の訴因と理解するほかないから、その共謀共同正犯における共謀の日時、場所、方法等が、被告人の防御の範囲を明示するために特定されていなければならない、仮に右殺人の訴因が実行共同正犯の訴因と理解しうるとしても、原判決は被告人の発射した弾丸によってＢが死亡したのではないと判示しているのであるから、被告人にＢに対する殺人の罪責を負わせるためには、被告人とＢに弾丸を命中させた氏名不詳者らとの間におけるＢ殺害の共謀の事実が認定されなければならず、そうである以上、被告人の防御の利益確保のため、右共謀の訴因が、日時、場所、方法等をもって特定されなければならない、しかるに、本件においては、右いずれの訴因についてもその特定がなされていないというほかなく、右各訴因特定の措置をとらず、公訴棄却もせずに、公判を追行した原審の訴訟手続には、判決に影響を及ぼすことが明らかな法令違反がある、というものである。

そこで、検討すると、まず、本件Ａに対する殺人の訴因は、**被告人自身の実行行為が明示された実行共同正犯の訴因であることが明らかであり、訴因の明示に欠けるところはない**と解されるから、この点についての訴因の不特定をいう所論は採用することができない。次に、本件Ｂに対する殺人の訴因は、Ａに対する殺人と併合罪の関係に立つ別個の訴因であり、Ｂに対する被告人自身の実行行為が明示されていないのであるから、共謀共同正犯の訴因と解されるところであるが、**共謀共同正犯における共謀の事実は、共謀に基づく他の共犯者の実行行為と相まって犯罪事実を構成するものであり、その共犯者の実行行為の日時、場所、方法等が特定され、これが被告人との共謀に基づくものであることが明示されている限り、その共謀の日時、場所、方法等が明示されていないとしても、訴因の特定に欠けることはなく、**公訴を棄却すべきであるなどということにはならないというべきである。本件においても、被告人と共謀した氏名不詳者がけん銃を使用してけん銃弾三発を発砲し、これをＢに命中させて殺害したものであるとする公訴事実の記載によって、共犯者の実行行為も明示されているのであるから、訴因の特定に欠ける点はない。

そもそも、本件のように、共謀の存在が、これを裏付ける諸般の具体的事実の積み重ねによって総合的に推認されざるを得ないという証拠構造になっている事案の場合にあっては、公訴事実の記載の他に、裁判長の求釈明やこれに対する検察官の釈明なども加えて、できうる限り共謀の内容が特定されておれば、被告人の防御という観点からも、訴因の特定に欠ける点はないと考えられるところである。本件においても、所論指摘の共謀の点については、裁判長の求釈明に応じた検察官において、「被告人は、本件犯行時より以前の時点において、Ｃ方、被告人方、甲野会事務所内、乙山組事務所内、丙川ハイツ及びその周辺地域等において、Ｃの護衛警護に従事する役目を負っていた甲野会関係者らと、Ｃが襲撃されそうになった場合や現実に襲撃された場合には、Ｃの生命や安全を確保するとともに、襲撃者に対する攻撃行動を取り、相手を殺害することもあり得ることの共同認識を有していたところ、本件の時に至り、公訴事実記載の丁原系組員ＡらによるＣに対する襲撃行為を目の当たりにするや、Ｃの安全等を確保するとともに、被告人らが携帯するけん銃を使用して弾丸を発射し、襲撃相手のＡやＢらを殺害することの意を通じて、共謀の上、こもごも、Ａ及びＢに対する本件の各実行行為に及んだものである」と釈明しているなど、その共謀の内容については、できうる限りこれを特定して、明示していることが明らかであり、所論指摘の訴因の特定に欠ける点はない。

2-7　東京高判平12・6・27（覚せい剤取締法違反被告事件）

論旨は、要するに、原判示第二の覚せい剤所持の事実については、単純一罪として起訴されているのに、原判決は、二個の所持の事実を認定し、これらを併合罪として処断しているが、訴因変更手続を経ることなくこのような判決をした原裁判所の訴訟手続には、判決に影響を及ぼすことが明らかな法令違反がある、というのである。

（事実）（一）原判示第二の事実に対応する起訴状記載の公訴事実第二は、「被告人は、みだりに、平成一一年一二月三〇日（以下、「本件当日」という。）、東京都足立区鹿浜（略）マンション二〇五号室M（略）方（以下、「M方」という。）において、覚せい剤である塩酸フェニルメチルアミノプロパンの結晶（以下、単に「覚せい剤」という。）〇・二三七グラムを所持した」というものである。

（二）原裁判所は、右公訴事実につき、罪となるべき事実の第二として、次のとおりの事実を認定判示した。

「第二　被告人は、みだりに、本件当日

一　M方において、アルミホイルに付着した覚せい剤〇・〇一五グラム（以下、「〔1〕の覚せい剤」という。）を、玄関寄り居室の壁に掛けてあった籠の中に入れて所持し

二　M方において、チャック付きビニール袋に入った覚せい剤〇・二二二グラム（以下、「〔2〕の覚せい剤」という。）を、前記一記載の居室に隣接した居室の洋服ダンスに収納してあったジャンパーの生地の内側に隠匿して所持した。」

（三）そして、原判決は、法令の適用において、右第二の事実について、「被告人が同一の密売人から同時に入手した覚せい剤を、被告人が使用するためにビニール袋からアルミホイルに一部移し替えて、ビニール袋入り覚せい剤は洋服ダンス内のジャンパーの生地の中に隠匿し、使用後まだ残っていたアルミホイルに付着した覚せい剤は別の部屋の壁に掛けられた籠の中に入れておいたという事実関係の下では、入手先、入手の機会が同一のものであり、被告人がM方から出るときには共に持ち去る意思があったという事情を考慮しても、これを二個の所持とみて併合罪として処理すべきであると判断される」と説示して、第二の一の事実と第二の二の事実を原判示第一の事実（覚せい剤使用）と共に併合罪とし、第二の二の罪を最も犯情が重いとしてその罪に法定の加重をして、被告人を懲役一年に処している。

（四）原裁判所の審理をみると、第一回公判期日において、被告人及び弁護人が公訴事実全部につき、これを認める陳述をし、検察官の冒頭陳述の後、検察官請求の全証拠について、弁護人が証拠とすることに同意すると述べたので、原裁判所は、これらを取り調べ、弁護人請求の情状関係の証拠の取調べと被告人質問を実施して結審し、第二回公判期日に判決が言い渡されている。

（五）以上のとおり、検察官は、冒頭陳述において、公訴事実第二について、「Mが、自宅内で被告人が隠匿所持していたアルミホイルに包まれた〔1〕の覚せい剤を発見し、警察に通報したことなどから、本件所持の犯行が発覚した。逮捕された被告人が、M方にビニール袋入りの〔2〕の覚せい剤も隠匿していると自供したため、この覚せい剤も発見された」旨述べているものの、これは捜査経過の概要を説明しているにとどまるのであり、本件審理の過程を通じて、所持罪の罪数が問題とされた形跡は見当たらない。以上のとおり、検察官が本件覚せい剤の所持を一罪として起訴していることは、その公訴事実の記載に徴して明らかであり、これに対し、原裁判所は、本件公訴事実の記載を何ら問題にすることなく、判決において、突如として、公訴事実第二の記載内容には表れていない所持の場所・態様・量（すなわち、一括して記載された覚せい剤のうち、どれだけのものをどこにどのようにして所持していたかということ）を関係証拠に基づき特定して、第二の一の事実と第二の二の事実に分けて認定判示した上、これを併合罪として処断したことが明らかである。

（判断） 右のように**二個の所持罪を認定しようとするのであれば、これに対応する公訴事実には、二個の所持の事実が書き分けられておらず、かつ、二個の所持に分ける手がかりとなるような事実の記載もないから、併合罪関係にある二個の所持罪の起訴としては訴因の特定を欠くというほかない**ので、原裁判所としては、検察官に原判示事実に沿うように**訴因を補正させる必要があった**というべきである。それにもかかわらず、このような措置を講じないまま前記のとおりの判決をした原裁判所の訴訟手続は、審判対象の明示・特定という訴因制度の趣旨を無視するものであり、**これが被告人の防御に具体的な影響を及ぼしたかどうかを論ずるまでもなく**（本件においては、原判決のように二個の所持罪を認めるというのであれば、第二の二の罪については自首の成否が問題にされてしかるべきであるが、このような防御上の論点等の存否にかかわらず）、**到底是認することができない**（なお、本件とは異なり、公訴事実自体に数罪と認定する基礎になる事実が記載されている場合は、訴因の補正の問題は生じないことは当然である。ただ、その場合でも、検察

官に対する釈明等を通じて、被告人への不意打ちを避けるための措置を講じなければならない場合があることに注意すべきである。)。

(略)次に、右の訴訟手続の法令違反が判決に影響を及ぼすか否かという論点との関係で、本件の所持罪の罪数関係について検討すると、関係証拠によれば、本件覚せい剤の所持の態様等の詳細は、原判決が第二の一及び第二の二の事実として認定し、法令の適用欄でこれを補足しているとおりであり、また、その捜査経過も検察官が冒頭陳述で述べているとおりであると認められる。しかし、〔1〕の覚せい剤も〔2〕の覚せい剤も、被告人が同一の居宅内に隠匿所持していたものであるところ、検察官においては、右のような捜査経過を考慮してか、後に発見された〔2〕の覚せい剤(〔2〕の覚せい剤が発見されたのは、本件当日の一〇日余り後の平成一二年一月一二日である。)についても、〔1〕の覚せい剤が発見された時点までにおける所持を訴追対象とし、これらの覚せい剤は被告人の一括所持にかかるものとして起訴しているものと解される。このように、**覚せい剤という同種の薬物を同一時点において同一居宅内の複数の場所に分散して所持している場合には、特段の事情がない限り**、原判決が指摘するようなその余の事実関係の如何にかかわらず、**単一の所持と認めるのが相当である**。したがって、原判示第二の一及び二の事実については、一個の覚せい剤所持罪が成立するにとどまるのであって、**原判決には、罪数についての法令適用の誤りもあるということになる**(控訴趣意第二点が罪数について指摘するところは、結論において正当である。)。ところで、本件においては、原判示第一として覚せい剤使用罪が認定されているから、本件覚せい剤所持罪が一罪であるとしても併合罪加重すべきことに変わりはなく、右の罪数判断の誤りは、処断刑の範囲に差を来さないので、それ自体としては、判決に影響を及ぼすものとまではいえない。そうすると、前記の訴訟手続の法令違反も、もともと判決に影響を及ぼさない事項に関するものとして、これまた判決に影響を及ぼさないとする考え方もあり得るように思われる(当裁判所の罪数判断によると、前記のような訴因の補正の手続は不要ということになるし、当審においてそのような手続は踏んでいない。)。

しかしながら、**我が刑訴法は、訴訟手続の法令違反(379条)、事実誤認(382条)、法令適用の誤り(380条)及び量刑不当(381条)をそれぞれ独立の控訴理由として規定し、これらの判決への影響の有無も原則として各控訴理由ごとに判断すべきものと規定していることが明らかであり、これらの控訴理由の論理的な先後関係は、原則として右の順序のとおりであると解されるので、先順位の訴訟手続の法令違反の控訴理由が認められる場合には、それだけで原判決は破棄を免れないのであり、それ以外の後順位の控訴理由については判断を示す必要はないのである**。本件において、前記の訴訟手続の法令違反は、重大であり、この控訴理由につき独立して考察すれば、これが判決に影響を及ぼすものと解すべきことに疑問の余地はないと思われるのであって、原判決は訴訟手続の法令違反により破棄を免れないと解するのが相当である(前記の訴訟手続の法令違反の判決への影響の有無を法令適用の誤りのそれと併せて判断する考え方によると、本件において、仮に原判決の罪数解釈に誤りはないとすれば、原判決を破棄すべきこととなり、原判決に更に罪数判断の誤りが重なっていれば、原判決が破棄を免れるということになろうが、これが妥当な結論とは思われない。)。

2-8　大阪高判平4・2・5(覚せい剤取締法違反被告事件)

(事実)訴因変更後の本件公訴事実は「被告人は、法定の除外事由がないのに、昭和六三年六月中頃から同月二五日までの間、大阪府内、兵庫県内、岡山県内のいずれかにおいて、フェニルメチルアミノプロパンを含有する量目不詳の覚せい剤を自己の身体に注射し、もって覚せい剤を使用したものである。」というもので、所論がいうように、犯行日時の点で約二週間の幅があり、場所が三府県にわたり、使用量も不詳というあいまいな点があることが認められる。

しかしながら、**訴因の特定は、審判及び被告人の防御の対象を明らかにするという目的のために行われるものであるから、右機能を害しないかぎり、捜査の状況等により「できる限り」特定すれば足りるものであることは刑事訴訟法256条3項の規定に照らして明らかである。**

そこで、まず前記程度の訴因の記載が審判の対象をあいまいにしているか否かについて検討するに、覚せい剤使用罪の保護法益は、個々人の健康被害を防ぐことを直接の目的とするものではなく、そのような被害を及ぼす有害薬物を国が厳重に管理する権能を保護する点にあると解するのが相当であり、保護法益の幅は甚だ広いといわなければならないから、保護法益侵害行為の特定のために日時、場所、態様の具体性が必ずしも必要不可欠とは解されない。

とりわけ、本件のように被告人の尿から覚せい剤が検出されたという証拠関係がある場合には、故意が無かったというような特段の事情が無い限り、仮に日時、場所、態様が不詳であっても、尿の提出から最長約二週間前までの期間内に少なくとも一回の前記管理違反行為があったこと自体は明白であるといわなければならない。

そうすると審判の対象としては、右違反行為が他の行為と区別できる程度に特定していれば足りると考えられるところ、前記訴因は約二週間の期間内に少なくとも一回の被告人の管理違反行為があったことを検察官が主張しているものと理解し、審判の対象とすることが可能といわなければならない。すなわち、約二週間の期間内に少なくとも一回という主張であれば、個別性が弱いだけに逆にその期間内の他の同種行為が別に処罰される危険はないと考えられるから、消極的ではあるが他の行為との区別がなされているといわなければならず、そのため二**重起訴**、**既判力**の問題も生じ得ないからである。

これを**被告人の防御**の点から検討しても、被告人の尿からの覚せい剤の検出があれば、被告人との結びつきは疑いを入れる余地がなく、被告人のアリバイ主張は意味がないこととなるから、その意味で日時、場所、態様の幅が被告人の防御に影響を及ぼすことはないうえ、被告人が覚せい剤の体内摂取について故意がなかったとの主張をするについても、その主張の特殊性にかんがみれば、日時、場所等に幅があるからといって被告人に特に困難を強いるものとも考えられず、仮に日時、場所等が不明であるが、訴因で主張された期間内に故意が無い使用行為があったとの合理的疑いが残存すれば、「疑わしきは被告人の利益に」の原則に従い、訴因となった使用行為と結びつけて判断することとならざるを得ないから、結局被告人に不利益を及ぼすおそれはないと解される。

また前述のように二重起訴、既判力の範囲の不明確性が被告人に不利益に働く危険も考えられないから、いずれの側面から検討しても被告人の防御を不当に困難にする点はないといわざるを得ない。

以上によれば、本件程度の訴因の特定が訴因の機能を害するものではないと解されるうえ、覚せい剤自己使用罪の犯行は、被害者がなく行為の密行性が高いため、被疑者の任意の自白が得られない場合には、捜査を遂げた後にもなお犯行の日時、場所、態様を詳細には解明できない場合が多いことは経験則に照らして明らかであることをも考慮すると、本件における訴因の記載は法にいう「できる限り」の要件を満たしていると解するのが相当である。

2-9　大阪高判平2・9・25（覚せい剤取締法違反被告事件）

（事実） 1　被告人に対する本件起訴状の公訴事実は、「被告人は、法定の除外事由がないのに、氏名不詳の女性と共謀のうえ、平成元年五月十七日午後五時ころ、大阪市東淀川区〈住所略〉ホテル「○○」二○三号室において、前記女性からフェニルメチルアミノプロパンを含有する覚せい剤結晶約○・○七五グラムを約○・七五ミリリットルのぬるま湯で溶かし、同水溶液のうち約○・二五ミリリットルを自己の左腕内側血管に注射してもらい、かつ、同時刻ころ、同所において、同女が同女の陰部に塗布した前記同様の覚せい剤結晶約○・○三グラムを嚥下し、もって覚せい剤をそれぞれ使用したものである。」というのであり、罰条は、覚せい剤取締法四一条の二第一項三号、一九条、刑法六○条とされていたところ、第一回公判期日において、被告人は、右公訴事実について、「女性に注射器で覚せい剤を注射してもらったことはありません、同女の陰部をなめたことはあるが覚せい剤を飲んでいません」旨陳述し、弁護人は、「被告人の陳述の趣旨は、女性に注射器で覚せい剤を注射してもらおうとしたが、血管に注射針が通らず覚せい剤を注入できなかったものであり、同女の陰部に覚せい剤を塗布したのは性行為をするためで、覚せい剤を口から嚥下するために塗布したものではない」と主張した。

2　その後原審では、被告人の提出した尿に関する任意提出書、領置調書、鑑定書、犯行場所に関する捜査報告書、被告人の司法警察員及び検察官に対する各供述調書などの書証の取調べや被告人を取調べた警察官の証人尋問がなされたほか、被告人質問もなされたが、公判廷における被告人の供述の要旨は、「公訴事実の日時場所において、氏名不詳の女性から覚せい剤の水溶液を注射してもらおうとして注射器の針を腕に刺されたことはあるが、翌日警察に出頭しなければならないから打ってはいけないと思ってすぐ針を抜いてもらったため、覚せい剤は体内に入っていないと思う、その後その女性と性行為をするに際し、同女が陰部に塗った覚せい剤をなめたことはあるが、すぐ吐き出しており、ただ少しは飲み込んだ分もあると思うので、その結果鑑定による反応が出たことはあり得ると考える」というのである。

3　検察官は、原審第五回公判期日後の平成二年一月一八日付訴因・罰条変更請求書に基づき、公訴事実を、「被告人は、法定の除外事由がないのに、平成元年五月上旬ころから同月一七日ころまでの間、大阪府またはその周辺において、覚せい剤であるフェニルメチルアミノプロパン若干量を自己の身体に施用し、もって覚せい剤を使用したものである。」に、罰条を覚せい剤取締法四一条の二第一項三号、一九条にそれぞれ変更する旨の請求を行い、第六回公判期日で右公訴事実中「同月一七日ころ」を「同月一八日ころ」と訂正したが、同公判期日で、弁護人は、右訴因・罰条の変更並びに犯行の日時の訂正は異議がないが、犯行の日時及び施用の態様を特定してもらいたいとの意見を述べたものの、原裁判所は、右訴因・罰条の変更並びに犯行日時の訂正を許可する旨の決定をなし、右変更後の公訴事実に対し、被告人及び弁護人は、公訴事実のような事実はない旨陳述した。
4　その後原審では、第六回及び第七回公判期日において、被告人の前件の際の捜査官に対する供述調書、被告人作成の上申書、情状証人などの取調べがなされ、補充の被告人質問もなされた後、検察官は、本件公訴事実の証明は十分であり、被告人の公判になってからの弁解は措信できないとの内容の論告を行い、弁護人は、変更後の訴因は訴因の特定に欠けるから本件は公訴棄却すべきであり、あるいは、被告人の公判における供述に信用性があることを前提にして、被告人には覚せい剤使用の故意がなく無罪であるとの内容の弁論を行った。
5　原判決は、所論が指摘するとおり、右訴因変更後の事実をそのまま認定し、変更後の罰条を適用している。
(判断) 本件は、覚せい剤使用の日時、場所、方法等が明確である当初の訴因が、のちに検察官の訴因・罰条変更により、日時、場所にある程度の幅があり、使用量、使用方法の表示に明確を欠き、同時に共犯が単独犯に変った事案である。検察官が、何ゆえに右のように訴因等の変更請求したかは、記録上明らかではないが、一般的にいえば、被告人の提出した尿の鑑定結果等から被告人が故意に覚せい剤を使用した事実は疑いないが、被告人の公判における供述やその他の証拠関係から、当初の訴因で特定した覚せい剤使用の日時、場所、方法等を維持することができず、かといって、証拠上他の特定の日時、場所等を認めるには十分でないと判断したものと解される。

そして、**刑事訴訟法256条3項**によれば、公訴事実は、できる限り日時、場所及び方法をもって罪となるべき事実を特定することにより訴因を明示して記載すべきであるが、犯罪の種類、性質、証拠等のいかんにより、右法条の目的を害さない限り、日時、場所等につきある程度幅があり、または不明確な表示をしても、罪となるべき事実を特定しない違法があるということはできない。このことは、起訴時における訴因についてばかりでなく、公判審理の進捗に伴い、当初の訴因として掲げた罪となるべき事実の日時、場所、方法等が、証拠との関係でそのまま維持することができなくなり、訴因を変更しようとする場合においても同様に当てはまると考えられ、変更後の訴因が右の意味での特定性を有しているのであれば、そのような訴因変更は適法である。

（略）、新旧両訴因に公訴事実の同一性が認められるから、原則としてその訴因変更請求は適法であり、裁判所としては、これを許可しなければならないものである。しかし、前述したところから考えると、訴因変更請求時の証拠関係に徴し、当初の公訴事実記載の犯行の日時、場所、方法等が具体的に認定できるような場合に、それらをわざわざ幅があり、または不明確な表示に変更するため訴因変更を請求するのは、訴因を不特定にするだけであるから、裁判所として、単純にこれを許可すべきではない。また、たとえ検察官の訴因変更請求の権能を尊重しその後の立証を慮ってこれを許可したとしても、その後公判審理を重ね、なおも犯行の日時、場所、方法等につき具体的事実が認められ、変更後の訴因が、**刑事訴訟法256条3項**の法意に照らし特定性に欠けると判断されるような場合には、その訴因をそのままにして実体判断をすることは許されない。かかる場合、裁判所としては、検察官に対し、犯行の具体的日時、場所等を明確にして訴因を特定するよう、訴因の**補正方釈明を求めるか訴因の再変更を促すべき訴訟手続上の義務がある**といわなければならない。

所論は、右のような場合、裁判所としては、訴因の特定に欠けているとして刑事訴訟法338条4号により公訴棄却すべきであると主張するが、訴訟の主宰者としては、訴因が不特定であっても、それが著しい場合は格別、原則として**検察官に対し右のような訴因の特定のための措置を求めるべきであり、検察官がこれに応じない場合に初めて公訴棄却するのが相当**と考えられ、直ちに公訴棄却するのはかえって訴訟手続の法令違反になると解されるから、所論は、採用しない。
（略）本件は、証拠上当初の公訴事実のとおり、犯行の日時、場所、方法等について具体的に認定できる場合であるのに、訴因変更によって、わざわざそれらを幅があり、また不明確な表示に変更し、訴因が不特定になった事案と認められる。したがって、本件においては、前記のとおり証拠関係のほとんどが、検察官の訴因・罰状変更請求がなされる前の第五回公判期日までに取調べがなされていることをも考慮すると、原裁判所としては、訴因を不特定にする結果を生ずる検察官の訴因・罰条変更請求を単純に許可すべきではなく、また、たとえ一度はこれを許可したとしても、その後、更に訴訟の進行状況に応じて、検察官に対し、犯行の具体的日時、場所等を明確にして訴因を特定するよう、訴因の補正方釈明を求めるか訴因の再変更を促すべき訴訟手続上の義務があったものといわなければならない（もっとも、本件では、共犯者を加え罰条の再変更を伴うから、後者の手続のほうが相当であったといえよう。）。

しかるに、原審は、**漫然と検察官の訴因・罰条変更請求を許可したうえ、その後も右のような釈明を求めることも訴因の再変更を促すこともしなかったのであるから、訴訟手続の法令違反（審理不尽）があり、また、本件では、被告人の側から、認定できる具体的日時・場所における覚せい剤の摂取行為を前提に、それが故意によらない旨の主張がなさ**

れているのであるから、右違反は判決に影響を及ぼすものというべきである。また、原判決には、併せて、そのような不特定な訴因に基づいて、罪となるべき事実を認定したものとして、**理由不備の違法**もあるといわなければならない（また、厳密にいえば、覚せい剤使用の単独犯を認定した点において、事実誤認も認められる。）。したがって、所論とは異なる理由によるものの、原判決は破棄を免れない。よって、その余の論旨に対する判断を省略して、**刑事訴訟法397条1項、379条、378条4号**により原判決を破棄し、同法400条但書に従い更に判決することとするが、主たる訴因については、前記のとおり訴因が不特定であり有罪判決ができないので、当審において追加された予備的訴因・罰条に基づいて次のとおり判決する（本件のように、主たる訴因がそのままでは公訴棄却の判決が免れない事案においては、予備的訴因を認定することができるものと解される。）。

2-10　東京高判昭59・9・17（公職選挙法違反被告事件）

所論に鑑み、調査するに、罪となるべき事実に**共同正犯の犯罪事実を示すについて**は、単に「共謀して」と判示すれば足り、あえて共謀の日時、場所、方法等を具体的に判示することを要しないと解すべきであるから、原判決には所論のような理由不備がなく、また、検察官の共謀の相手方、態様、内容についての釈明により訴因の特定としては十分であるとして、審理を進めた原審の措置には何ら訴訟法に違反する点はない。

2-11 東京高判昭57・3・24（覚せい剤取締法違反被告事件）

（事実）本件公訴事実は、「被告人は、法定の除外事由がないのに、昭和56年８月中旬ころから同月下旬ころまでの間、東京都内某所において、覚せい剤であるフェニルメチルアミノプロパン相当量を自己の身体に施用し、もって、覚せい剤を使用したものである。」というのである（ちなみに、原判決の認定した罪となるべき事実も、これと全く同文である。）。

ところで、原判決の援用する**最決昭56・4・25**、（略）は、本件公訴事実と略々類似の公訴事実の記載につき、「日時、場所の表示にある程度の幅があり、かつ、使用量、使用方法の表示にも明確を欠くところがあるとしても、**検察官において起訴当時の証拠に基づきできる限り特定したものである以上**、覚せい剤使用罪の訴因の特定に欠けるところはない」旨判示している。右説示中、「検察官において……できる限り特定した」云々の部分は、刑事訴訟法256条3項後段において「できる限り……特定して」と規定しているのを承けて、当該事案においては、起訴当時公訴事実をそれ以上詳らかにすることができない事情があったことを、日時、場所等につき幅のある表示をすることが許される条件の一つとして指摘する趣旨と解される。

訴因の特定とは、本来検察官の主張それ自体としての明確性に関する問題であるから、これによって「**裁判所に対し審判の対象を限定するとともに、被告人に対し防禦の範囲を示す**」という**同法256条3項**の目的に照らして考察すべきものであり（**最判昭37・11・28**（略））、右小法廷決定は、覚せい剤使用罪の公訴事実につき、当該事案における訴因の記載方法が同条項所定の目的を害することにはならないとの具体的事例に対する判断を示したものと解すべきである。

本件公訴事実の記載は、右小法廷決定の事案と対比すれば、その日時の幅（決定の事案では８日間）が一層広く、使用方法の表示が一層漠然としているほかは、概ね大同小異と言い得るのである。そして、**訴因を特定することの意義は、これを他の訴因と区別し限定すること、とりわけ、その日時、場所の如何により、法令（条例を含む。）の時間的、場所的適用範囲、公訴時効の成否、裁判権、土地管轄等に異同を生ずべき場合において、異なる裁判結果に終る可能性のある（従って、これに応じてその防禦方法を異にすることあるべき）他の訴因と区別することにある**ものと考えられるところ、本件公訴事実に表示された日時、場所の幅の中では、右のような異同を生ずる可能性は認められない。してみれば、本件において、日時の幅が「８月中旬ころから同月下旬ころまでの間」とおよそ20日間に及んでいること（もっとも、被告人は同月25日別件で逮捕され、翌26日本件鑑定資料とされた尿を任意提出しているのであるから、少くとも逮捕時点以降は除外するのが正確である。）は、訴因の特定上、それほど問題を生ずることはないものと言うべきである。

もっとも、同一人が一日数回使用することも稀でない覚せい剤使用事犯の特質に鑑み、右のような幅のある日時の表示では、この間に数回の使用がなされた可能性も否定できないが、この点に関しては、原審第三回公判期日において、検察官は、公訴事実記載の期間中数回の使用があったとしても、その最終の一回分だけを起訴した趣旨である旨釈明しているから、右可能性の存在は、訴因の特定を害するものではない。

次ぎに、覚せい剤使用事犯にあっては、その使用方法は、他の使用事犯と区別するに足るほどの個性を持たないのが通例であるから、「犯行方法」の訴因特定機能はさして高いものと言うことはできず、逆に言えば、これを具体的に明示していないからと言って、直ちに訴因の特定を欠くものとは言い得ない（もっとも、覚せい剤取締法上、覚せい剤の「施用」とは、その「使用」とは異る意義内容を有する概念とされているのであるから、使用罪の方法として「自己の身体に施用し」云々と表示するのは、明らかに失当というべきであるが、その趣旨とするところは、自己の身体に注射し又は服用したことを表現するにあるものと解されるから、もとより訴因の特定を害するほどの瑕疵と言うを得ない。)。

以上のように、本件公訴事実の記載は、日時、場所の記載にかなりの幅があるけれども、その幅の中のどの日時、場所を採っても法令の適用上異る裁判結果に至る可能性はなく、また、その幅の中に含まれる唯一回の行為のみを起訴したものであるから、訴因としての特定性に欠けるところはなく、当該訴訟手続内においても、また、二重起訴の禁止、既判力の及ぶ範囲の点から考察しても、被告人の防禦活動に支障を来たすことはないものと解すべきである。

ちなみに、フェニルメチルアミノプロパン自体は微黄色の液体であって水に殆ど溶けない物質であり、通常覚せい剤として出回っているのはその塩類であって、無色ないし白色で水溶性の結晶ないし粉末であること、尿中から検出された覚せい剤については、塩類形成の有無、種類を確定し得ないため、単にフェニルメチルアミノプロパンとのみ記載する例であることよりすれば、本件公訴事実が、使用対象である薬物を「覚せい剤であるフェニルメチルアミノプロパン」と限定的に表示していることに疑問の余地はあるが、その趣旨とするところは、「フェニルメチルアミノプロパンを含有する覚せい剤」と言うにあるものと解される。また、その使用量は、訴因の特定要素ではなく、構成要件要素と考えられるが、犯罪の成否よりはその刑責の大小に関わるものであり、通常の使用事犯ではおおよそ一定の範囲を想定し得るものであるから、これを具体的に特定し得ない事情がある場合においては、「相当量」と表示したとしても、訴因の明示に欠けるところがあるものと言うことはできない。

叙上の次第であって、本件公訴事実は、訴因の特定、明示に欠けるところはないと認められるから、所論はその前提を欠き、理由なきに帰する。

2-12　仙台高判昭52・2・10（業務上過失致死傷被告事件）

思うに、**公訴事実の記載が、訴因の特定・明示の要求に適合しないために、これが補正が必要となり、検察官においてこれを補正するということは実際上起りうることである。このような場合には、補正のために主張された事実が起訴状記載の公訴事実と一体不可分の関係に立ち、合して特定・明示された訴因としての評価を受けることになろう。**しかし、当初より公訴事実の記載において訴因の特定・明示の要求に欠けるところがない場合には、たまたま検察官が冒頭陳述あるいは釈明の形で、さらに公訴事実を敷衍して陳述したからといって、これが直ちに訴因としての評価を受けるというものでないことはいうまでもない。

これを本件についてみるに、起訴状記載の本件公訴事実中前記サルモネラ菌の汚染の原因、経路に関する部分は、被告人がさつまあげ製造業者として、防鼠駆除措置を講ずべき業務上の注意義務があるのに、これを怠り、製造を継続したことから、被告人方工場内において、「製造中のさつまあげに鼠の糞尿によるサルモネラ菌を附着媒介させ」たというものである。本件は、事柄の性質上いわゆる疫学的立証が要請される事案であり、その汚染の原因、経路の特定、明確化には自ら限界がある。このような事案の特質並びに原審における審理の経過にかんがみると、先に当裁判所が当審第七回公判期日において、「裁判所の見解」として表明したとおり、本件公訴事実の記載としては、右の程度の記載をもって訴因の特定・明示の要求に欠けるところはないとしなければならず、「油★後放冷機上汚染」との検察官の前示陳述を強いて「訴因」と解さなければならぬ程の理由、必要性は見い出し難いといわなければならない。右陳述は、訴因たる事実を推知させる可能な個々の事実についての検察官の一応の見解の表明にとどまるものとみるのが相当である。

ところで、原審においては、前示のような「油★後放冷機上汚染」との検察官の陳述に基づき、当初からこの点を中心に審理が進められた。裁判所としては、審理の経過にかんがみ、検察官の右陳述にとらわれることなく、右以外の点である油★前工場内汚染の可能性を示唆、指摘するなどして、当事者、主として被告人側にその点に関する反証活動の機会を与え、防禦の十全を期すべきであった。しかるに、原裁判所は、前記のように右検察官の陳述を「訴因」として捉えたため、かかる措置に出ることなく、しかも工場内汚染の可能性が極めて濃厚であり、工場外汚染の認められない事案であるにもかかわらず、結局本件公訴事実については証明が十分でないとして、被告人を無罪としたのである。即ち、原判決には訴因の意義を誤解し、審理を尽さず事実を誤認した違法の廉が存することが明らかであるから、破棄を免れない。

2-13　大阪高判昭41・12・9（業務上横領被告事件）

論旨は要するに、（略）会社の機関について横領罪が成立するためには「事実上の占有」がある場合に限られるのであるから、「事実上及び法律上の占有」というが如きは訴因不特定である、というのである。

しかしながら、**横領罪の要件たる占有とは、財物に対する事実的又は法律的支配をいう**のであって、事実的支配か法律的支配の何れか一方があれば足りるのであるが、占有の具体的態様によっては、その双方が併存することもありうるのであって、必ず何れか一方に帰着すべきものではなく、犯人が一般の自然人であると法人の機関であるとによって、**その間に差異を生ずべきいわれはない**。また所論のごとく、法人の機関の場合には事実的支配がなければならないと解すべき理由はない。そして横領罪の訴因としては、財物に対する事実的支配又は法律的支配の存在を示すに足る具体的事実を明示することを要することはもちろんであるが、所論のごとく、右具体的事実が事実上の占有にあたるか法律上の占有にあたるかという法律的評価の点までをも詳細に明示することを要するものではないと解する。ところで、記録によると、本件各訴因には、被告人Ｙは株式会社Ｎ開発（以下、Ｎ開発という）及びＪ販売株式会社（以下、Ｊ販売という）の各取締役会長、原審相被告Ｉは右両社会社の各代表取締役であって、Ｎ開発は主として土地開発の施行をし、Ｊ販売は主として右開発土地の販売を担当する契約のもとに両社相提携してその事業を運営するにあたり、被告人及びＩはいずれもその業務の遂行に従事するものであるところ、（一）右Ｎ開発が昭和三七年頃Ｆ株式会社から同市灘区篠原字仲山字小屋場山等の山林合計一〇町七反一九歩を買受け、これの開発分譲を始め、その内右篠原字仲山（略）附近の土地合計一、二一五坪六合三勺をＯ外一三名に分譲したところ、右土地が未だＯ等に所有権移転登記されていない同三八年三月頃右土地を形式的にＤ土木株式会社（以下Ｄ土木という）に所有権移転し、その旨の登記をし、右Ｏ等のため引続き業務上管理中、同三八年六月二五日頃、右土地が登記簿上Ｄ土木の所有名義人であるのを奇貨として同社代表取締役Ｋと共謀のうえ擅にＯ等所有の右土地を株式会社Ｔ銀行（以下、Ｔ銀行という）に対し、三〇〇〇万円の債務に対する増担保として充当して横領し、（以上は昭和三九年三月二六日付起訴状の公訴事実）、（二）Ｎ開発がさきに他から買受けた神戸市灘区篠原字前ケ谷、同区八幡字炭山の土地約一万坪を昭和三六年暮頃から開発分譲を始めＵ外五名に土地合計三四五坪二合七勺を売却分譲したうえ同人等のため業務上保管管理中、右土地が登記簿上未だＮ開発の所有名義であるのを奇貨として同三七年一一月二八日頃同会社がＴ銀行から三、〇〇〇万円借用するに際し、擅に右土地をこれが担保に充当して横領したものである（以上は昭和三九年五月一六日付起訴状の公訴事実）旨明示されている。しかして、右明示されたところによると、右各訴因は、被告人及びＩがいずれもＮ開発及びＪ販売の重職にあって、その業務の遂行に従事していたものであり、その職務上の地位に基づいて、登記簿上Ｎ開発の所有名義になっている土地を自由に処分し、その登記手続をなしうる権限を有していたこと、従って、Ｎ開発から他人に売却した土地であっても、登記簿上Ｎ開発の所有名義のままになっているものについては、これをほしいままに他に処分し、その登記手続をすることが可能であったこと、またＤ土木に所有権移転登記をした土地についても、単に形式的に所有権を移転したというのであるから、実質的には所有権の移転はなく、従ってＤ土木の代表取締役はＮ開発の業務遂行者である被告人両名の指示があれば、異議なくその指示する登記手続に協力すべき関係にあることをいずれも表現せんとするものであることは容易に推理することができる。しかも、検察官は、原審第一回公判廷において、「公訴事実中『右土地を形式的に』とあるのは実質的に所有権は移転していないとの意味である」旨釈明し、さらに原審第三回公判廷において、「昭和三九年三月二六日付起訴状記載の公訴事実においては、該不動産の登記簿上の所有名義はＤ土木であるが、右は被告人等がＫと共謀して財産隠匿のため通謀虚偽表示により所有権移転の形式をとったものにすぎず、被告人両名はいつにてもその欲するところに従って、Ｄ土木の機関をして事実上自由に所有名義を指定の者に移転をなさしめ法律的処分をなしうる地位にあったのであり、同年五月一六日付起訴状の公訴事実においては、該不動産の登記簿上の所有名義はＮ開発であるが、被告人等は同会社の機関として該不動産を処分しうる地位にあったものであり、従っていずれの場合も被告人等は各不動産を法律上占有していたものと考える。本件における領得行為の発現は、いずれも不動産を担保に提供したこと、すなわち抵当権設定契約をなしたうえ、抵当権設定登記をなしたことを指称する」と釈明しているのであるから、本件各訴因は検察官の釈明により一層明確化されたものといえるし、右各訴因に明示された事実によると被告人両名は本件各不動産に対し法律的支配力を有し、これを占有していたものと理解するに十分である。もっとも、検察官が原審第二一回公判廷において「本件の各占有は、本件不動産を事実上及び法律上支配していることを指称する」旨釈明していることは所論のとおりであるが、本件各訴因に明示された事実によると、被告人等は本件各不動産を法律上支配していたものと理解すべきであって、本件各訴因には被告人等が本件各不動産を事実上支配していたことを示すべき事実は何ら明示されていないのであるから、検察官の右釈明は誤である。しかしながら、訴因に明示された占有に関する具体的な事実を事実上の支配とみるか法律上の支配とみるかは、事実に対する法律的評価にすぎないから、検察官がこれを誤って釈明したとしても、それは単に法律上の見解を述べたものにすぎず、訴因の特定性に影響を及ぼすものではないと解する。そうすると、本件各訴因に明示された事実は、罪となるべき事実を特定するに十分である。

2　一事不再理の原則（二重起訴の禁止）

同一事件（同一の公訴事実）に対する訴追手続は一回に限定され、同時に二つ以上の訴追手続が存在してはならず（**二重起訴の禁止**）、一度訴追されて確定判決を経た犯罪事実については、再び審理することができない（**一事不再理の原則。刑訴法337条1号**）。これは、被告人に二重に刑事手続の危険を課すことを禁止したものであり、この場合の**危険**とは、「訴訟手続の開始から終了に至るまでの一つの継続的状態」を意味し、上訴手続による上級審の審理は含まれない（**最判昭25・9・27**）。

同一事件とは、実体上または科刑上一罪であることで、二つの訴因が別々の社会的事実と評価できず、いずれか一方しか成立しない関係（**両立し得ない関係**）にある場合をいう。実行行為（包括一罪）、罪数関係（科刑上一罪）や、一つの法益侵害と評価される不可罰的事後行為などは公訴事実の同一性の問題と一体である。

判例2-14、同2-16は、複数の窃盗事件の関係をそれぞれ単純窃盗で起訴するか、常習累犯窃盗で起訴するかは検察官の裁量であり、前者の場合は併合罪で追起訴の方法になるが、後者は、一定期間の複数の窃盗が一罪となるので、その間に漏れていた窃盗については訴因変更の手続きで追加することになるし、起訴されなかった窃盗についても一事不再理効がおよび起訴することは許されなくなる。

同2-15は、少年事件の逆送致において、検察官の起訴が家裁の逆送致決定に拘束されるか、及び二重の危険に該当するかを問題にした事案である。**同2-17**は、失火罪で有罪判決を受けた後、放火幇助で起訴することは二重起訴になるとした事案であり、**同2-18**は、業務上横領の訴因と窃盗の訴因とは公訴事実の同一性がないので訴因変更できないとされたため、新たに窃盗で起訴したところ、両訴因は公訴事実の同一性があり、前者が成立すれば後者は不可罰的事後行為となるが、後者の起訴を訴因の変更として扱ったという珍しい事案である。

（一事不再理に関する判例）

2-14　最判平15・10・7（窃盗被告事件・刑訴法判例百選Ｐ208）

原判決は、本件起訴に係る建造物侵入、窃盗の各行為が、確定判決で認定された別の機会における建造物侵入、窃盗の犯行と共に、実体的には盗犯等の防止及び処分に関する法律2条の常習特殊窃盗罪として一罪を構成することは否定し得ないとしながら、確定判決前に犯された余罪である本件各行為が単純窃盗罪（刑法235条の罪をいう。以下同じ。）、建造物侵入罪として起訴された場合には、刑訴法337条1号の「確定判決を経たとき」に当たらないとの判断を示している。この判断が、同様の事案において、「確定判決を経たとき」に当たるとして免訴を言い渡した本件引用判例（注：**高松高判昭59・1・24**）と相反するものであることは、所論指摘のとおりである。しかしながら、本件引用判例の解釈は、採用することができない。

常習特殊窃盗罪は、異なる機会に犯された別個の各窃盗行為を常習性の発露という面に着目して一罪としてとらえた上、刑罰を加重する趣旨の罪であって、常習性の発露という面を除けば、その余の面においては、同罪を構成する各窃盗行為相互間に本来的な結び付きはない。したがって、実体的には常習特殊窃盗罪を構成するとみられる窃盗行為についても、検察官は、立証の難易等諸般の事情を考慮し、常習性の発露という面を捨象した上、基本的な犯罪類型である単純窃盗罪として公訴を提起し得ることは、当然である。そして、実体的には常習特殊窃盗罪を構成するとみられる窃盗行為が単純窃盗罪として起訴され、確定判決があった後、確定判決前に犯された余罪の窃盗行為（実体的には確定判決を経由した窃盗行為と共に一つの常習特殊窃盗罪を構成するとみられるもの）が、前同様に単純窃盗罪として起訴された場合には、当該被告事件が確定判決を経たものとみるべきかどうかが、問題になるのである。

この問題は、確定判決を経由した事件（以下「前訴」という。）の訴因及び確定判決後に起訴された確定判決前の行為に関する事件（以下「後訴」という。）の訴因が共に単純窃盗罪である場合において、**両訴因間における公訴事実の単一性の有無を判断するに当たり、**〔1〕両訴因に記載された事実のみを基礎として両者は**併合罪関係**にあり一罪を構成しないから公訴事実の単一性はないとすべきか、それとも、〔2〕いずれの訴因の記載内容にもなっていないところの犯行の常習性という要素について証拠により心証形成をし、両者は常習特殊窃盗として**包括的一罪**を構成するから公訴事実の単一性を肯定できるとして、**前訴の確定判決の一事不再理効が後訴にも及ぶとすべきか、**という問題であると考えられる。

思うに、訴因制度を採用した現行刑訴法の下においては、少なくとも第一次的には訴因が審判の対象であると解されること、犯罪の証明なしとする無罪の確定判決も一事不再理効を有することに加え、前記のような常習特殊窃盗罪の性質や一罪を構成する行為の一部起訴も適法になし得ることなどにかんがみると、前訴の訴因と後訴の訴因との間の公訴事実の単一性についての判断は、基本的には、前訴及び後訴の各訴因のみを基準としてこれらを比較対照することにより行うのが相当である。本件においては、前訴及び後訴の訴因が共に単純窃盗罪であって、両訴因を通じて常習性の発露という面は全く訴因として訴訟手続に上程されておらず、両訴因の相互関係を検討するに当たり、常習性の発露という要素を考慮すべき契機は存在しないのであるから、ここに常習特殊窃盗罪による一罪という観点を持ち込むことは、相当でないというべきである。そうすると、**別個の機会に犯された単純窃盗罪に係る両訴因が公訴事実の単一性を欠くことは明らかであるから、前訴の確定判決による一事不再理効は、後訴には及ばない**ものといわざるを得ない。

以上の点は、各単純窃盗罪と科刑上一罪の関係にある各建造物侵入罪が併せて起訴された場合についても、異なるものではない。

なお、前訴の訴因が常習特殊窃盗罪又は常習累犯窃盗罪（以下、この両者を併せて「常習窃盗罪」という。）であり、後訴の訴因が余罪の単純窃盗罪である場合や、逆に、前訴の訴因は単純窃盗罪であるが、後訴の訴因が余罪の常習窃盗罪である場合には、両訴因の単純窃盗罪と常習窃盗罪とは一罪を構成するものではないけれども、両訴因の記載の比較のみからでも、両訴因の単純窃盗罪と常習窃盗罪が実体的には常習窃盗罪の一罪ではないかと強くうかがわれるのであるから、訴因自体において一方の単純窃盗罪が他方の常習窃盗罪と実体的に一罪を構成するかどうかにつき検討すべき契機が存在する場合であるとして、単純窃盗罪が常習性の発露として行われたか否かについて付随的に心証形成をし、両訴因間の公訴事実の単一性の有無を判断すべきであるが（注：**最判昭34・3・29**参照）、本件は、これと異なり、前訴及び後訴の各訴因が共に単純窃盗罪の場合であるから、前記のとおり、常習性の点につき実体に立ち入って判断するのは相当ではないというべきである。（略）したがって、刑訴法410条2項により、本件引用判例は、これを変更し、原判決を維持するのを相当と認める。

2-15　東京高判平15・5・27（強盗殺人、窃盗被告事件）

所論は、本件事実のうち、（少年事件の家裁送致後の）逆送決定において認定された恐喝及び殺人を超える部分については、検察官は、少年法45条5号所定の検察官送致決定がなされていないにもかかわらず公訴提起したものであって、その点につき訴訟条件を欠いており、原審裁判所は、刑訴法338条４号により速やかに本件公訴を棄却すべきであったのであり、それにもかかわらず、原審裁判所が、これをせずに被告人を有罪としたのは、刑訴法378条2号の不法に公訴を受理した場合に当たる旨主張する。（略）

家庭裁判所の逆送決定における刑事処分相当との判断は、検察官を拘束し、原則として起訴を強制するが、そのことから、検察官が送致を受けた事件について公訴を提起する場合に送致罪名、罰条に拘束されることを帰結するものではない。

なぜならば、少年審判手続においては、そもそも刑事訴訟の訴因に相当する概念がなく、家庭裁判所が検察官に事件を送致する場合にも、罪となるべき事実と罰条を示すことを義務づけられているが、訴因を明示して記載すべきことまでは求められていない（少年審判規則24条参照）のであるから、検察官に対し、送致罪名・罰条に拘束力を認めるべき法的な根拠が存するわけではないのである。実質的に考えてみても、**逆送され、原則として起訴が強制される事件であっても、公訴の提起の権限及び維持の責任は、ひとえに検察官にあるのであるから、収集した証拠に基づき、立証の難易や処罰の必要性、その他の事情を勘案し、公訴事実の同一性の範囲内でどのような訴因に構成して起訴するかについて、検察官は主体的に決定する必要があるといえる。**したがって、検察官は、逆送決定書に記載された「罪となるべき事実」と基本的な事実関係において同一である範囲内において、その裁量に基づいて構成した訴因・罰条により公訴を提起することができるというべきである。

（略）少年法等の改正がされ、事実認定手続を充実強化する方策が設けられたのではあるが、この改正に伴い、検察官の起訴権限、範囲等を従来に比して制約するような法制は格別設けられていない。（略）公判係属中、実体形成が動態的に変容していくのに伴い、公訴事実の同一性の範囲内において、検察官が訴因変更を請求し、あるいは、裁判所が訴因変更を命ずるという刑訴法が予定する措置が制約されるいわれはない。そうすると、起訴段階においてのみ、検察官が逆送決定書記載の犯罪事実の記載に拘束されると解することに、格別実益はないことになる。

（略）逆送決定は、少年審判手続を終結させるが、なお公訴提起や一定の場合の再送致など、その事件の帰趨が最終的に決するわけではない**中間的な処分**であり、**一事不再理効類似の効力は認められない**。また、検察官は、審判手続に関与した場合においては、家庭裁判所の保護処分（これについては一事不再理効類似の効力が認められる。少年法46条）の決定について不服があるときは、重大な事実誤認等を理由に抗告受理の申立てをする余地が認められている（同法32条の4）一方、逆送決定における事実認定については、不服申立ての手続が認められていない。これらによれば、検察官は、家庭裁判所の事実認定に不服があれば、むしろそれに拘束されることなく、公訴事実の同一性の範囲内で構成した訴因・罰条に基づいて公訴提起できるというべきであって、少年を**二重の危険**にさらすのと同様の結果を招き、憲法39条の趣旨も没却するおそれがある旨の所論は、失当である。

2-16　東京高判平14・3・15（各建造物侵入、窃盗被告事件）

被告人Ａは、平成一二年四月一一日立川簡易裁判所で別件の建造物侵入、窃盗罪（被告人Ｂと共謀の上、平成一一年一月二二日から同年四月一六日までの間に敢行した窃盗一件及び建造物に侵入した上での窃盗三件を内容とするもの。）により、懲役一年の判決を受け、同判決は平成一二年四月二六日に確定したこと、被告人Ａは同年一一月二四日、建造物侵入、窃盗の本件各犯行（平成九年九月二二日ころから平成一一年四月一九日ころまでの間の二三件にわたる窃盗又は建造物侵入窃盗を内容とするもの。）により起訴されたこと、前記判決宣告前に、本件に関しては、各被害者から被害届が提出され、被害現場の実況見分がなされており、被告人Ａ本人からはもとより、被告人Ｂとの共犯事件に関しては同被告人からも上申書が提出され、被告人両名の現場引き当たりが終了していたが、担当検察官は、被害状況や盗品の確認等に関する被害者らの供述調書等、今後作成を要する証拠書類が多数あり、本件を公判請求するためには、なお相当の日数を要するものと判断し、証拠上確実に認定可能な前記四件の事案のみを公判請求して結審に応じたことが認められる。そしてその後検察官は、本件の捜査を進めていなかったことが窺われるところ、関係証拠によれば、被告人両名に対する前刑の各判決確定後に、起訴されなかった窃盗事実の被害者の一部が極めて強い被害感情を有することが判明したことから、改めて全被害者に対し、その被害感情を確認するなどの再捜査を行い、起訴されないままになっていた被告人Ａの本件各犯行について平成一二年一一月二四日起訴したことが認められる。このような検察官の事件処理は、所論指摘のように、**同時審判という被告人Ａの利益を損なうものであることは否定できないものの、そうであるからといって、本件起訴に至る経緯全体をみると、前記判決確定後になされた本件起訴が、いまだ憲法や刑訴法の迅速な裁判の保障を定めた規定に違反して、無効であるとまではいえず、原判決が不法に公訴を受理したものともいえない**。論旨は理由がない。（略）

被告人Ｂに関する弁護人の各論旨は、要するに、（略）先例（注：**高松高判昭59・1・24**）に従い、被告人Ｂに対しては、刑訴法337条1号により免訴を言い渡すべきであり、この点を看過して被告人Ｂに対し有罪を宣告した原判決には、判決に影響を及ぼすことが明らかな法令適用の誤りがある、というものである。すなわち、原判決は、被告人Ｂに対する本件各起訴状記載の公訴事実（訴因変更後のもの）と同一の事実（平成一〇年一〇月六日ころから平成一一年八月八日ころまでの間の二二件にわたる窃盗又は建造物侵入窃盗を内容とするもの。）を認定し、被告人Ｂを懲役二年に処したが、本件各犯行は、行為の態様や犯行回数等に照らし、盗犯等の防止及び処分に関する法律（以下「盗犯等防止法」と略称する。）二条所定の**常習特殊窃盗罪に該当**するものである。ところが、被告人Ｂは、本件各起訴より前の平成一二年四月一四日立川簡易裁判所で別件の建造物侵入、窃盗罪により懲役一年二月の判決を受け、同判決は同年九月二〇日に確定したところ（以下「前件確定判決」という。）、前件確定判決の建造物侵入、窃盗の各犯行も常習特殊窃盗罪に該当し、本件各犯行と共に一罪を構成するものである。したがって、本件各犯行については、一罪の一部について既に確定判決があったことになるから、免訴とされるべきであるにもかかわらず、**原判決は、被告人Ｂの本件各犯行及び前件確定判決における各犯行は「常習として」なされたものとは認められず、盗犯等防止法2条所定の常習**

特殊窃盗罪には該当しないと判断して、被告人Bを懲役二年に処したもので、原判決には、判決に影響を及ぼすことが明らかな法令適用の誤りがあると主張する。

これに対し検察官は、〔1〕被告人Bの前件確定判決の各犯行及び本件各犯行とも、常習性を有するに至っておらず、常習特殊窃盗罪には該当しない、〔2〕確定判決の拘束力により、前件確定判決が単純窃盗と認定した行為を、後訴において常習特殊窃盗と認定することはできない、〔3〕前件確定判決における審理は単純窃盗の範囲に限定されていたから、その判決の既判力の客観的範囲（**一事不再理効**）は、単純窃盗としての公訴事実の単一性・同一性の認められる範囲に限定されるべきである、〔4〕弁護人らの所論によると、検察官は、常習特殊窃盗を犯した者に対しては、常に同罪により公訴を提起すべきことになるが、それは刑訴法で認められた検察官の訴追裁量権を侵害する、〔5〕訴因の拘束力からして、単純窃盗罪等として起訴された本件各犯行について、重い常習特殊窃盗罪に該当すると認定することはできないと主張する。

そこで検討すると、訴因制度を採用している現行法上、検察官は訴因の設定構成に関する訴追裁量権を有しているから、起訴が可能な犯罪事実の全部を訴因に含めて起訴する必要は必ずしもないのであり、また、裁判所も検察官が設定した訴因の範囲内で審判を行うことになる。したがって、被疑者が実体的には常習特殊窃盗の一罪を構成する複数の窃盗行為（未遂を含む。）を犯した場合であっても、検察官は、立証の難易、当該被疑者の犯罪傾向等、諸般の事情を考慮して、**併合罪関係にある単純窃盗として訴因を構成して起訴することもできる**のであり、その場合、**公判裁判所もその訴因に拘束され**、併合罪関係にある単純窃盗として審判することになる（なお、関係証拠によれば、実務上、常習特殊窃盗罪で起訴、処罰される被告人の数は、常習累犯窃盗罪の場合に比して極端に少ないことが認められるところ、これは、常習累犯窃盗罪の常習性とは異なり、常習特殊窃盗罪の常習性については定型的な判断をすることが困難な面があることもあって、前記のような立証の難易等を考慮して、検察官が単純窃盗の訴因で起訴することが珍しくないことを示していると考えられる。）。そして、このようにして単純窃盗の確定判決を得たときでも、前同様の窃盗行為のいわば余罪が存在する場合には、これらについて、検察官が単純窃盗として訴因を構成して起訴することも、その訴追裁量権の範囲内にあるものとして許されると解される。すなわち、検察官は、実体的には一つの常習特殊窃盗罪を構成する複数の窃盗行為について、〔1〕その一部を常習特殊窃盗の訴因により起訴して確定判決を得たのに、後訴において、その余を単純窃盗の訴因により起訴すること、〔2〕その一部を単純窃盗の訴因により起訴して確定判決を得たが、後訴において、その余を常習特殊窃盗の訴因により起訴することはいずれも一事不再理効により許されない（前記〔1〕及び〔2〕のように、検察官が前訴又は後訴のいずれかの訴因を常習特殊窃盗として構成している場合には、両訴因は公訴事実の同一性の範囲内にあり、前訴の一事不再理効が後訴にも及ぶというべきである。実質的に考えても、前記〔1〕及び〔2〕の場合に、一方の訴因が単純窃盗であることから、確定判決の一事不再理効が後訴に及ばないと解するのは、余りにも検察官に便宜な解釈であって妥当性を認めることができない。）が、〔3〕実体的には一つの常習特殊窃盗罪を認めることができない。）が、〔3〕実体的には一つの常習特殊窃盗罪を構成する複数の窃盗行為の一部を単純窃盗の訴因で起訴して確定判決を得ている場合、後訴において、その余の窃盗行為も単純窃盗の訴因で起訴すること、すなわち、**前訴及び後訴を通じて、常習特殊窃盗にいう常習性の評価を入れないで、単純窃盗として訴因を設定することは、前記のような検察官の訴追裁量権に照らして許容される**ところである（なお、（注：**最判昭和43・3・29**）は、前記〔2〕の場合について判示したものと理解することができるのであって、前記〔3〕の場合に単純窃盗の訴因を掲げた後訴を許さないという趣旨までを判示したものと解することはできない。）。この場合、併合罪関係にある数個の事実のうちの一部の事実に関する確定判決の**一事不再理効は、公訴事実の同一性の範囲を超える他の事実には及ばない**から、単純窃盗の訴因に係る確定判決の一事不再理効は、これと併合罪関係にある単純窃盗の訴因で起訴がなされた後訴には及ばないのである。

これを本件についてみると、関係証拠によれば、所論指摘の前件確定判決が存在し、その確定判決に係る訴因は単純窃盗又はこれに単純窃盗と科刑上一罪の関係にある建造物侵入を加えたもの（以下「単純窃盗等」という。）であることが認められるところ、後訴の本件訴因も同様に単純窃盗等からなるものであって、両訴因は併合罪の関係に立ち、公訴事実の同一性を欠くことが明らかであるから、前件確定判決の一事不再理効は後訴である本件には及ばないと解される。もっとも、本件の証拠関係に照らすと、両訴因に掲げられた窃盗行為が実体的には常習特殊窃盗の一罪を構成することは、たやすく否定することができないというべきである（これと異なる原判決の認定判断は直ちに首肯することはできない。）が、確定判決を経た場合に当たるか否かという**免訴事由の存否に係る公訴事実の同一性の判断は、後訴裁判所において、前件確定判決に係る訴因（単純窃盗等）と後訴の訴因（単純窃盗等）を基礎として判断するべきであ**

って、ここに両訴因には含まれない常習特殊窃盗にいう常習性という要素を持ち込み、両訴因に係る窃盗行為が常習特殊窃盗の一罪を構成するものであるとして、両訴因が公訴事実の同一性の範囲内にある、したがって、前件確定判決の一事不再理効が後訴に及ぶと解することはできないというべきである。

2-17　最判昭35・7・15（放火幇助被告事件）

右**放火幇助**の公訴事実の要旨をみるに、本犯である原審相被告人Kは愛知県幡豆郡（略）製油株式会社取締役社長、同S及び被告人Mは同会社の工員であるところ、同会社は昭和二三年九月設立以来前記場所に工場を置き、農家及び油糧配給公団より委託された菜種の搾油事業を営んでいたが、同年一〇月上旬頃より多量の保有菜種油を横流し、農家及び油糧配給公団への還元油の不足を生じ次第に経営困難を来たしたので、右Kはこれが措置に苦慮した結果、放火により工場を全焼させてその使途を糊塗すると共に保険金を騙取して会社の窮状を打開しようと企て、同年一一月九日当時共栄火災海上保険相互会社と契約していた保険金一五〇万円に加えて、別途に安田火災海上保険株式会社と保険金四〇〇万円の新火災保険契約を締結してこれが準備を整えた後、同年一二月一日頃前記Sに会社工場放火の決意を打ち明けてその承諾を求め、ここに右K及びSの両名は共謀の上、Sにおいてその実行を担当し、同年同月三日午前零時頃、Kの指図に従い、かねて右会社の事務所並びに宿直室に一部を使用していた北側工場内北西隅の空叺の堆積してある個所に、油のしみたボロ布二〇〇匁位を置き、これにマツチを以て点火し右空叺に燃え移らしめて、人の居住する建造物に放火し因って右工場全部並びに隣接の右Kの家族居住の住宅一棟及びボイラー室一棟を焼燬したものであり、被告人Mは同月二日夜同工場宿直員であつたのであるが、同日右Kから当夜の放火の計画を打ち開けられ、情を知らない他の宿直員Iを放火現場である同工場より誘い出して遊興するよう命ぜられるや、これに応じて右Iを伴って同夜工場を抜け出し前記Sの放火を容易ならしめて以て幇助したものであるというにある。

他方、被告人Mに対する**失火罪**の公訴事実の要旨は、「被告人M、同Iの両名は、いずれも幡豆郡（略）製油株式会社の工員であって、昭和二三年一二月二日夜共同して宿直勤務中、右会社工場事務室において、同夜九時頃から煉炭火鉢（口径、高さ、各一尺五寸位）に多量の木炭を使用して暖をとつていたのであるが、その際数回飛火した事例もあり、且つ現場はその火鉢に接近して菜種入叺、書類、用紙、帳簿、ボロ布、菜種油充満の無蓋ドラム罐、油等各種多量の可燃物が存置してあり、かかる場所においては火気の使用について飛火等防止のため適切な措置を講じ、以て火災を未然に防止すべき注意義務があったのにかかわらず、右両名は不注意にも同夜一〇時頃右火鉢の火気を始末せず、そのまま放置して外出したため、同残火の飛火により同夜一二時頃前記可燃物に燃え移り発火するところとなり、右会社所有の木造杉皮葺平家建工場四棟（九八坪の建物）を焼燬したものである」というにあり、被告人Mは右公訴事実につき西尾簡易裁判所において昭和二四年一二月八日附略式命令により罰金一〇〇〇円に処せられ、該罰金刑は同年同月二七日確定したものであること記録に徴し明らかである。

されば**右放火幇助と失火との両公訴事実**は、同一被告人に対する同一日時場所における同一客体の焼燬に関するものであり、正に社会的、歴史的事実は同一であって、すなわち基本的事実関係を同じくするものであり、両者間には**公訴事実の同一性がある**こと疑を容れる余地がない。従って本件工場の焼燬について、被告人Mが既に失火罪により罰金刑に処せられ、その罰金刑が確定している以上、**重ねて同被告人を放火幇助罪に問擬し、これを処罰することはできないことは当然である。**原審がこれと同旨に出で被告人Mに対し**免訴の言渡をなしたのは正当**であって、論旨は理由がない。

2-18　最判昭34・12・11（窃盗被告事件）

所論は、第一次第一審における被告人は家畜商として馬二頭の売却方を依頼せられその売却代金中三万円を着服横領したものであるという**業務上横領の訴因**と、第二次第一審において別件として公訴を提起された被告人は右の馬二頭を窃取したものであるという**窃盗の訴因**とは、**事実の同一性がある**から、本件窃盗の公訴は既に公訴の提起があつた事件につき更に同一裁判所に公訴が提起されたときにあたり、刑訴383条3号に違反し、引いて憲法39条後段の**一事不再理の原則に違反**するというにある。

（略）第一次第一審における当初の訴因である「被告人は家畜商を営んでいるものであるが、昭和二五年七月二五日頃北海道空知郡上富良野町市街地家畜商Rより同人所有の馬四頭の売却方を依頼せられ、同月二九日うち二頭を新潟県西蒲原郡（略）Sに代金六万円で売却し、これを業務上保管中、同月三〇日同郡曽根町台丸旅館において、Rに右代金を引渡す際ほしいままに、馬二頭を一二万円で売つたが日曜日で銀行もなく、買主より三万円だけ内金として受取った旨嘘のことを申し向け、その場において残金三万円を着服して横領したものである」という**業務上横領の訴因**と、その後第一次第一審の新潟地方裁判所相川支部が事実の同一性があるとして**訴因変更を許可し変更された訴因について有罪を言渡**し、第一次第二審の東京高等裁判所が右は同一性がないとしてこれを破棄し新潟地方裁判所に移送したため、検察官から同裁判所に別件として公訴を提起せられた**窃盗の訴因**即ち「被告人は昭和二五年七月三〇日新潟県西蒲原郡鎧郷村大字西汰上Ａ方から同人が一時北海道空知郡上富良野町市街地Ｒより預っていたＲの父所有の牝馬鹿毛及び青毛各一頭（価格合計一二万円相当）を窃取したものである」とは、前者が馬の売却代金の着服横領であるのに対し、後者は馬そのものの窃盗である点並びに犯行の場所や行為の態様において多少の差異はあるけれども、いずれも同一被害者に対する一定の物とその換価代金を中心とする不法領得行為であって、一方が有罪となれば他方がその不可罰行為として不処罰となる関係にあり、その間基本的事実関係の同一を肯認することができるから、**両者は公訴事実の同一性を有する**ものと解すべく、従って第一次第二審の判決がその同一性を欠くものと判断したのは誤りであるといわなければならない。かように第一次の控訴審が第一審判決の法令解釈に誤りがあるとしてこれを破棄、差戻し、第二次の第一審及び控訴審がその判決に従った場合において、上告審たる最高裁判所は右第一次の控訴審の法律判断に拘束されるものでないことは、すでに当裁判所の判例（注：**昭32・10・9**）とするところである。しかして第二次第一審における窃盗の公訴提起は第一次第二審の差戻判決の判断に従って行われたものであるとの経緯にかんがみれば、右判断にして誤りであること前示のごとくである以上、**右公訴の提起は実質において訴因変更の趣旨と解することができるのであって、**従って**二重起訴ではない**といわなければならない（そして第二次第一審が窃盗の訴因につき有罪を認定し業務上横領の訴因はその不可罰的事後行為と認めて無罪を言渡したのに対してなされた本件控訴の申立の効果は、右有罪部分と不可分の関係にある業務上横領にも及ぶものというべきであるから、すでに確定裁判を経たものとして免訴の裁判をなすべき場合にも当らない）。

3　検察官処分権主義・起訴便宜主義（刑訴法247、248条）

検察官は、訴追可能な犯罪事実の全部を訴因として訴追する義務を負っているのではなく、**審判の対象及びその範囲を決める権限を有している。また、有罪判決が明らかな場合でも起訴猶予にする権限を持っており、裁判所もこの権限を侵害できない（訴因の拘束力）**。したがって、検察官は、訴因変更請求権を有し、裁判所の訴因変更命令を拒む権利も有している。公訴権の乱用については**前掲1-27**ないし**同1-29**を参照されたい。

起訴便宜主義と訴因との関係について、**前掲判例2-14**は、常習累犯窃盗として包括一罪となるような事案でも、検察官が、個々の窃盗を単純窃盗罪として複数の起訴をすることを、検察官の処分権主義から肯定できるが、常習累犯窃盗で起訴した場合は、それに包含されて一罪となる窃盗を単純窃盗で起訴することはできないとしたものである。同**2-16**も同趣旨なので併せて参考にされたい。

同2-19は、併合罪関係にある場合に、公訴時効の関係で**訴因の追加的変更を訴追意思の現れであると解釈して時効中断の効果**を認めた事案である。これは裁判所の判断ミスによって公訴時効到来してしまったことを救済した、極めて政策的な判決であると思う。

裁判所は、**訴因の拘束力**によって、訴因の範囲を超えた認定をすることが許されず、訴因と異なった事実を認定する場合には、訴因変更手続を行って異なった事実を顕在化させ被告人に防御の機会を与えなければならない。なお、訴因逸脱認定は**訴訟手続の法令違反（同379条）**であり（**最判昭33・1・23**参照）、起訴訴因と公訴事実の同一性のない訴因を認定した場合が絶対的控訴理由（**刑訴法378条3号**）となることに注意されたい。

訴因の拘束力に関しては、**同2-22**、**同2-23**が詳しく説示しており、前者は横領の事実に大きな齟齬が生じた場合について、後者は買収の選挙違反で買収金を直接手渡したか、人を介して手渡したかの違いについて、いずれも訴因の変更が必要であるとしている。**同2-21**は、証拠上訴因記載額を上回って脱税額を認定できる場合でも、訴因の拘束力から訴因記載額でしか認定できないとしている。また、**同2-22**は、一発の銃弾で、一人を殺害し、もう一人に傷害を負わせた事案で、検察官が、傷害を負った者に対しても殺人未遂罪の訴因で起訴し、傷害を負った者に対する殺意について錯誤論を適用したものであると釈明したのに対し、原審が錯誤論によってではなく直截に殺意を認定したことは、訴因の枠を超えるもので、判決に影響を及ぼす訴訟手続違反であるとし破棄し、検察官の釈明訴因通りに錯誤論で殺人未遂を認定している。

これに対し、**同2-20**は、不真正不作為犯の詐欺罪で作為義務発生根拠となる具体的事実（状況）を３時間も異なって認定することについて、「時間の長短だけが問題となるような通常いわれる縮小認定とは局面を異にする」が、審判の対象となる犯罪事実の本質的部分とはいえないから、訴因の拘束力はそこまでは及ばないので、訴因の記載事項ではなく、それが訴因に記載されている場合でも「認定事実において異なる事実を認定することになる場合に訴因変更手続を必ず経なければならないものと解することはできない。」とし、被告人の防御の不利益になるかを検討し、両当事者が重要争点として捉えて攻防を行っているので、「訴因変更をしないまま、作為義務発生の時間を繰り下げて判示事実を認定したことが、不意打ちに当たるとか、被告人に実質的に不利益をもたらすということはできない。」としている。

（起訴便宜主義に関する判例）

2-19　最判平18・11・20（詐欺、恐喝未遂、出資の受入れ、預り金及び金利等の取締りに関する法律違反被告事件）

（１）検察官は、平成１０年１１月１３日、出資法5条2項違反の事実１件について被告人を起訴した。
（２）検察官は、出資法5条2項違反の行為が反復累行された場合には包括一罪になるとの見解に基づいて、平成１０年１２月１０日、同日付け訴因変更請求書で、当初の訴因に平成９年１１月２８日から平成１０年７月２３日までの間に犯したとする出資法5条2項違反の事実２０件を追加する内容の訴因変更請求をした。
（３）第１審裁判所は、平成１１年２月１９日の公判期日において、弁護人に異議がないことを確認して訴因変更を許可し、以後訴因変更後の公訴事実について審理が重ねられた。
（４）第１審裁判所は、平成１５年９月１６日の公判期日において、当初の訴因と追加分の訴因との間には公訴事実の同一性がないから、訴因変更許可決定は不適法であるとして、職権で訴因変更許可取消決定をし、追加分の訴因に係る証拠について証拠の採用決定を取り消す決定をした。
（５）検察官は、平成１５年１０月９日、訴因変更許可取消決定により排除された事実を公訴事実として改めて被告人を起訴し、その後の公判期日において、同事実についての審理が行われた。
（６）第１審判決は、訴因変更請求を公訴の提起に準ずるものとして刑訴法254条１項前段を類推適用するのは相当といえず、本件訴因変更請求には公訴時効の進行を停止する効力がなく、前記（５）の公訴事実については公訴提起の時点で既に公訴時効の期間が経過していたとして、被告人を免訴した。
（７）これに対して検察官が控訴を申し立て、原判決は、訴因変更許可決定がされた段階で、本件訴因変更請求に**刑訴法254条1項前段**が準用されて公訴時効の進行が停止し、訴因変更許可取消決定がされた時点から再び公訴時効が進行を始めたものと解されるから、前記（５）の公訴事実について公訴時効は完成していないとして、第１審判決を破棄した上で自判し、被告人に有罪を言い渡した。
２　本件出資法5条2項違反の各行為は、個々の制限超過利息受領行為ごとに一罪が成立し、**併合罪**として処断すべきものであるから（注：**最判平17・8・1**参照）、検察官としては、前記訴因変更請求に係る事実を訴追するには、訴因変更請求ではなく追起訴の手続によるべきであった。しかし、検察官において、訴因変更請求書を裁判所に提出することにより、その請求に係る特定の事実に対する訴追意思を表明したものとみられるから、その時点で**刑訴法254条1項**に準じて公訴時効の進行が停止すると解するのが相当である。したがって、前記訴因変更請求に係る事実について公訴時効が完成していないとした原判断は結論において正当である。

(訴因の拘束力に関する判例)

2-20 東京高判平21・3・6(詐欺被告事件)

本件のような不真正不作為犯において、作為義務発生時点を上記のとおり約3時間半も繰り下げて認定した場合には、作為義務の発生根拠となる具体的事実(状況)が変化し、その変化に対応した立証活動が必要となるのであって、本件は、時間の長短だけが問題となるような通常いわれる縮小認定とは局面を異にするものといわなければならない。(略)したがって、これをいわゆる縮小認定と判断し、訴因変更を要しないとした原判決は、説明が不十分であるか、判断を誤っているといわなければならない。しかし、本件において、訴因変更の手続を要するか否かについては、更に検討を要する。

本件における犯罪行為の本質的部分は、同月28日の引渡予定の契約者らにその構造計算書の計算結果が虚偽であるなどの事実を告げるなりして残代金の支払請求を一時的にでも撤回すべきという作為義務に違反して、これをせずに支払請求をそのまま維持したため、各被害者から金員を詐取したという点にあると解される。作為義務発生の時刻が繰り下がったといっても、このような犯罪事実の本質的部分に関しては、訴因と原判決の認定事実(以下「認定事実」という。)との間において相違する点は認められない。作為義務発生の時刻が繰り下がることにより事実に相違が生じてくるのは、作為義務発生の根拠となる事実(本件の場合は、「本件建物の安全性に関する瑕疵」及び「本件物件の引渡しに関する事実」を認識していたということ)を基礎付ける具体的事実の範囲(内容)についてである。実際には、原判決の認定によれば、「本件物件の引渡しに関する事実」を認識していたという点を基礎付ける事実として、10月27日午後2時過ぎころ、D(以下「D」という。)が被告人に対し、「明日の藤沢の引渡しをしてもよろしいでしょうか。」と尋ねたところ、被告人から引渡してよいとの返答があったとの事実を挙げているが、この事実は当初の訴因が作為義務発生の時刻として掲げた10月27日午前10時30分ころより後の時間帯の出来事である(原判決は、10月27日午前10時30分の段階では、本件物件の引渡日が翌28日であること(「本件物件の引渡しに関する事実」)について、「確たる認識はなかった」「せいぜい未必的な認識しかなかった」とし、同日午後2時過ぎころ、Dから、上記のような質問を受けて初めて、「確定的な認識を持つに至った」としている。)。また、「本件物件の安全性に関する瑕疵」を認識したという点を基礎付ける事実については、10月27日午前11時ころからのE株式会社(以下「E」という。)とBとの会議においてE側からどのような情報が与えられたか(本件物件が後述のF物件に該当するなどという情報が与えられたか)という点が、同日10時30分ころ以降の出来事として問題となるが、この点について、原判決は、「本件建物の安全性に関する瑕疵」についての認識を基礎付ける事実としては、取り上げていない(ただし、原判決は、被告人が、同日10時30分ころまでに、上記会議に至るまでのその余の状況によって、上記「本件建物の安全性に関する瑕疵」を認識した旨認定している。そして、原判決は「本件争点の前提となる事実」の中で、上記会議においてEから「本件建物の安全性に関する瑕疵」に関する情報を伝えられた旨認定・説示している。)。

ところで、このような作為義務発生の根拠となる事実(本件においては、「本件建物の安全性に関する瑕疵」及び「本件物件の引渡しに関する事実」を認識したこと)を基礎付ける事実は、審判の対象となる犯罪事実の本質的部分とはいえないから、**訴因の拘束力**はそこまでは及ばないというべきであり、必ずしも、訴因に記載しなければならないというものではない。そして、それが訴因に記載されたような場合においても、認定事実において異なる事実を認定することになる場合に、訴因変更手続を必ず経なければならないものと解することはできない。しかし、そうはいっても、上記のような事実は、作為義務の有無を決定づける重要な事実であることに変わりはないから、その点に変化(本件の場合は事実が追加されている。)が生じるのであれば、それが不意打ちになるとか、被告人の防御に不利益を与えることにならないために、それが訴因に掲げられているのであれば、訴因変更の手続をとることが望ましいが、仮にそうでない場合においても、それに代わる適切な措置を講じることは必要である。本件は、上記のような事実がそのまま訴因の中に記載された場合ではないが、作為義務発生根拠となる事実の発生時刻、引いては作為義務発生の時刻が繰り下げられることによって、その大本となる基礎事実の範囲に変化が生じるのであるから、そのような事実に変化が生じる場合と同様に考え、これに準じて対処すべきである。そこで、本件において、訴因変更をしなかったことが、被告人にとって不意打ちに当たるとか、被告人の防御に実質的な不利益を与えるものであったか否かについて検討する。(略)

これらの事実に基づき検討すると、10月27日午前11時ころから行われたEとBとの会議の終了後である同日午後2時過ぎころ、Dが被告人に対し、「明日の藤沢の引渡しをしてもよろしいでしょうか。」と尋ねたところ、被告人から引き渡してよいとの発言があったとの点については、検察官の冒頭陳述においても立証すべき事実として掲げられ、原審第４回公判期日において、証人Ｄが、１０月２７日午後２時過ぎころ、Ｄが被告人に対し、「明日の藤沢の引渡しをしてもよろしいでしょうか。」と尋ねるなどした旨証言した際には、相当に詳細な反対尋問がなされ、それに関する被告人質問もなされて、その上で、弁護人側よりその点に関連する本件録音データに基づく反証活動が行われたことが認められるのであって、この１０月２７日午後２時過ぎころの被告人とＤとのやりとりが本件の争点となっていることは、当事者において十分に理解していたということができる。また、「本件物件の安全性に関する瑕疵」の認識に関しては、１０月２７日午前１１時ころからのＥとＢとの会議でＥ側から本件物件を含む竣工済み７物件等の構造計算書が改ざんされたことが、その物件名を挙げて伝えられたという点は、原判決において作為義務発生の根拠となる事実を基礎付ける事実としては正面から認定されていない（経過事実として認定されていることは前記のとおりである。）のであるが、他方、この点は、当初より検察官の冒頭陳述において、立証対象事実として主張され、関係者の証人尋問においても、その点に関する尋問が詳細になされていたことが認められるのであって、この点も両当事者が本件の重要争点として捉えていたことが明らかである。これらの事情に照らせば、訴因変更をしないまま、作為義務発生の時間を繰り下げて判示事実を認定したことが、不意打ちに当たるとか、被告人に実質的に不利益をもたらすということはできない。結局、原審の訴訟手続に判決に影響を及ぼすような法令違反を認めることはできない。

2-21 福岡地判平6・6・17（法人税法違反被告事件）

平成２年９月期における所得金額が検察官主張額よりも一〇〇〇万円減額されるため、平成３年９月期における事業税認定損が検察官主張額よりも減額される結果、平成３年９月期の実際総所得金額は検察官主張額を超えることとなるが、**訴因の拘束力**により平成三年九月期の実際所得金額は、検察官主張の金額の限度でこれを認定することとする。

2-22 東京高判平6・6・6（公務執行妨害、殺人等被告事件）

起訴状の訴因は「被告人は、Ｓ巡査、Ｙ警部補らが、被告人を強盗致傷事件の被疑者として通常逮捕しようとした際、これを免れるため、殺意を持って、前記警察官両名に対し、所携の自動装てん銃弾１発を発射し、もって、（略）、Ｓ巡査を心臓銃創による失血死させて殺害し、さらに、右銃弾をＹ警部補の左下腿部に命中させたが、（略）左下腿部銃創の傷害を負わせた任意同行とどまり、殺害の目的を遂げなかった」というものであるが、検察官は、第１回公判期日において、右訴因の「**前記警察官両名に対し」という文言は法律的評価を踏まえての記載である旨釈明**した上、冒頭陳述において、「被告人は、殺意をもって、Ｓ巡査を狙って、拳銃で実包１発を発射した。被告人の発射しした銃弾は（略）、同巡査の心臓から背部を貫通し、さらに同巡査の背後にいたＹ警部補の左下腿部に命中し、」とし、証拠調べ後の論告においても「弁護人は、被告人には、Ｙ警部補に対する殺意がなく、殺人未遂罪は成立しない旨主張するが、**最判昭53・7・28**等に照らし、甲に対し発射した銃弾が甲の身体を貫通して、たまたま通行中の乙にも命中し、乙をも傷つけた場合には、甲に対する殺人のほかに乙に対する殺人未遂も成立することは確立された判例理論であるから、弁護人の右主張は理由がない。」としていることが認められ、このような原審の審理経過からすれば、**被告人にＹ警部補に対する殺意が認められ、したがって殺人未遂罪が成立するとする本件訴因は、錯誤論の適用を前提にするものであることは明らかである。**

これに対し、原判決は、罪となるべき事実第一として、起訴状の訴因とほぼ同じ事実を認定適示するとともに、Ｙ警部補に対して殺人未遂罪は成立しないとする弁護人の主張に対する判断として、「しかしながら、（注：上記最判）に徴すれば、右主張は理由がないことは明らかであるが、本件事実関係を子細に検討すれば、打撃（方法）の錯誤に法定的符合説を適用する右判例の手法を採るまでもなく、より直さい的にＹに対する殺人未遂の成立を認めることができる。」とした上、関係証拠を検討し、これたの関係証拠によって認められる本件の事実関係からすれば、被告人が、「追跡してきたＳ巡査のみならずＹ警部補にも弾丸が命中することを認識、認容していたものと認められる。」との認定適示していることが認められ、原判決の認定適示には、被告人のＹ警部補に対する殺意の認定につき、錯誤論の適用を前提にするかのような表現もあるが、全体として見た場合には、錯誤論の適用を前提とするものではなく、これと両立することにない、事実の認識、認容があったことを前提とするものであることは明らかである。

しかし、**被告人のＹ警部補に対する殺意につき、事実の認識、認容があったとするか、あるいは、事実の認識、認容はなく、錯誤論の適用を前提とするかは、事実関係に重要な差異があることが明らかであり、原裁判所において右のような認定判断をするためには、審理の過程で検察官に釈明を求めるなど、事実の認識、認容があったかどうかを争点として顕在化させる措置等がとられる必要があるというべきところ、記録上原審の審理の過程でそのような措置が取られた形**

跡は認められず、したがって、原判決には、そのような措置等をとることなく、検察官が釈明等により明らかにした訴因と異なる事実について認定判断した、訴訟手続の法令違反があるものというべく、この違法は判決に影響を及ぼすことは明らかである。

（なお、原判決は、被告人のＹ警部補に対する殺意について、被告人にＹ警部補に銃弾が命中し傷害の結果が発生することについての認識、認容があったと認定しているが、原審で取り調べられた関係証拠によると、被告人は、原判示ホテル「Ｒ」で妻とともに駐車していた自分の乗用車に乗り込もうとした際、張り込んでいた警察官から呼び止められ、一人で一目散に走って逃げたが、他店のとフェンスとの間の約１メートルの狭い、しかも背丈の高い雑草等が茂った同ホテルの裏側で、後ろから縦一列になって被告人を逮捕すべく追跡する警察官らに追い詰められ、被告人の後ろ１メートル足らずにＳ巡査が、さらにそのすぐ後ろにＹ警部補が迫ったところを、逮捕を免れるため、振り向きざま、すぐ後ろのＳ巡査に向かって、右手に持ったけん銃から銃弾１発を発射したものであること、被告人は、背部から幾人か複数の警察官が追跡してくることを認識していたが、その人数、位置関係等を把握し得る状況ではなかったこと等の事実が認められ、これらの事実からすれば、被告人は、自己の背後１メートル足らずに責めっていたＳ巡査を狙って発砲したことは明らかであり、被告人が、けん銃購入強盗罪試射し、ある程度けん銃の威力を承知していたこと、被告人が地面より一段高いところに位置してけん銃を発砲したと思われること等の事実が認められるとしても、けん銃から発射した銃弾が、Ｓ巡査の身体を貫通した後、同巡査の背後にいたＹ警部補にまで傷害を負わせるということは、被告人にとって予期しない出来事であったと認めるのが相当であり、被告人において、Ｙ警部補に銃弾が命中し傷害の結果が発生することについての認識、認容があったとは認められないというべきである。）

（略）（罪となるべき事実）「平成四年七月八日午後四時ころ、妻とともに投宿していた神奈川県大和市下鶴間一五番地の一所在のホテル「ロイヤル」敷地内において、情報を得て被告人の逮捕に赴いていた神奈川県警察本部刑事部機動捜査隊巡査鈴木将人（当時三一歳）、同刑事部捜査第一課警部補横山秋男（当時四五歳）らが、被告人を強盗致傷事件の被疑者として通常逮捕しようとした際、これを免れるため、殺意をもって、被告人のすぐ後ろを追跡していた鈴木巡査の身体を狙い、所携のトカレフ自動装てん式けん銃（略）で銃弾一発を発射し、もって、鈴木巡査らの職務の執行を妨害するとともに、鈴木巡査の胸部から背部に銃弾を貫通させ、よって、そのころ、同所において、同巡査を心臓銃創による失血により死亡させて殺害し、さらに、右銃弾を同巡査のすぐ後ろから被告人を追跡していた横山警部補の左下腿部に命中させたが、同警部補に加療約一か月半を要する左下腿銃創の傷害を負わせたにとどまり、殺害するに至らなかった」。

（略）被告人は、被告人を逮捕すべく後ろから縦一列になって追跡する警察官らに追い詰められ、被告人の後ろ一メートル足らずに鈴木巡査が、さらにそのすぐ後ろに横山警部補が迫ったところを、逮捕を免れるため、振り向きざま、鈴木巡査の身体を狙って、右手に持ったけん銃から銃弾一発を発射し、判示のとおり、鈴木巡査の胸部から背部に銃弾を貫通させ、さらに、右銃弾を横山警部補の左下腿部に命中させたことが認められ、被告人が背後に迫った鈴木巡査を殺害する意思のもとにけん銃から銃弾一発を発射するという殺害行為に出、同巡査を殺害するとともに、同じ殺害行為により、横山警部補に左下腿銃創の傷害を負わせたのであるから、**それが被告人の予期しなかったものであったとしても、被告人に同警部補に対する殺意が認められるというべきは明らかであり、したがって、同警部補に対する殺人未遂罪が成立することは明らかである。**

2-23　大阪高判昭31・4・26（横領詐欺被告事件）

刑事訴訟法第256条3項において「公訴事実は、訴因を明示してこれを記載しなければならない」と定めているのは、公訴犯罪事実が法律的にどのような形に構成せられて審判せられるかという具体的構成要件事実を示すことによって、裁判所に対しては**審判の対象に限界をつける**とともに、訴訟当事者に対しては**攻撃防禦の目標と範囲とを限定する**ためにほかならないから、**訴因の追加変更手続の目的**は、訴訟の発展段階における審判の対象としての訴因の変化を明示し、よって訴因の拘束力をその変化に順応させるとともに、訴訟当事者に新たな攻撃防禦の機会を与えるにあるといわなければならない。従って、訴因の横領を詐欺と変更するように、**犯罪の抽象的構成要件すなわち各罰条の類型的構成要件に変更を来す場合には、訴訟当事者の攻撃防禦に実質的な不利益を及ぼすか否かにかかわらず訴因の追加変更を要する**し、右の場合に当らなくても、訴因の追加変更が訴訟当事者の攻撃**防禦**（主として被告人の防禦であるが、裁判所が検察官の思いがけない方向に訴因を変更する場合をも含めて解釈する必要がある）**に実質的な影響を及ぼすおそれのあるとき**には、訴訟当事者にあらかじめ警告を与えなければならないから、ひとしく訴因の追加変更の手続を採ることを要すると解するべきである。結局その要否の標準は、刑事訴訟におけるフェアープレーの原理の要請するところに従って判定せられなければならないと考える。

本件起訴状によれば、第一事実として「被告人は、昭和二十九年九月七日頃、京都府与謝郡（略）K（〔略〕の誤記）方において、同人よりM外約二十名に対する立木売却代金支払のため、現金十九万円、又小林与助より立木伐採搬出に要する諸道具の借賃として現金五万円をいずれも預り保管中、同年四月十三日頃、大阪市西成区（略）飲食店I（略）方その他において、遊興飲食費その他自己の用途に充当するため、内金九万円をほしいままに着服して横領し」との訴因が記載せられていて、審判の対象は、（一）Kから預った山林立木代金十九万円と（二）Hから預った伐採搬出の諸道具借賃金五万円の二口合計金二十四万円中九万円を九月十三日頃大阪市において着服横領した事実である。これは、被告人が三重県下へ行く汽車中において金二十四万円中十五万円を盗まれたのちにおいて領得の意思を生じたという弁解に基き残額九万円の着服横領として起訴したものである。これに対し、原判決は「昭和二十九年九月九日ごろ、京都府与謝郡（略）の住居で、二、三日前から、Kの依頼にしたがい、同字に住むMに渡すため、金一九〇、〇〇〇円を預っていたのをよいことに、同住居から他の府県に出向くに際し、ほしいままに全額をたずさえ拐帯した」と判示し、山林立木代金全額につき、九月九日頃被告人の住居から他府県へ出向くとき拐帯横領したと認定したのである。右の判文を起訴状と対照すると、同じ横領罪の構成要件の範囲内に属することは相違ないが、その内容実質において、金員委託者二名を一名とし、従って委託金二口を一口とし、領得意思発現の態様を着服横領から拐帯横領に、従ってその日時場所を変更したのみならず、横領金額九万円を十九万円に拡張したのであって、かような変更は抽象的構成要件には変更がなくても、被告人の防禦権の行使に実質的な影響を及ぼすものといわなければならない。従って、原判決が刑事訴訟法第312条に定める訴因変更の手続を採らないで、いきなり判決において前記のように訴因と異る認定をしたのは違法であるといわなければならない。しかし、所論の**同法第378条3号にいわゆる「事件」とは、訴因によって代表せられる公訴犯罪事実を指すのであるから、起訴にかかる事実と、判決の認定する事実とが同一性を失わないかぎり、訴因の変更又は撤回の手続をしなければならないのにこれをしないで審理判決しても、審判の請求を受けた事件について判決をせず、又は審判の請求を受けない事件について判決をしたことにならないのである。**本件において、起訴状記載の、被告人がHから預かった伐採搬出に要する諸道具の借賃の一部横領の点は、被告人がKから預かった山林立木代金の一部横領と包括一罪又は想像的競合罪の関係にあるものとして起訴せられているので、その点を無罪としても公訴事実の同一性は害せられないから、原判決が右の点については横領が成立しないものと認めながら、主文において無罪の言渡をせずかつ理由中において特にその趣旨の説明をしなくても、審判の請求を受けた事件について判決をしなかったことにはならない。また山林立木代金の全額について横領罪の成立を認定しても、被害金額の増額に過ぎず、公訴事実はもとより同一であるから、審判の請求を受けない事件について判決をしたことにはならない。これを要するに、原裁判所が訴因変更の手続をしなければならないのに、これをしないで審理判決をしたのは、訴訟手続上の法令違反であり、その違反が判決に影響を及ぼすことが明らかであるから、この点において論旨は理由があり、原判決は破棄を免れない。

2-24　名古屋高金沢支判昭28・9・17（公職選挙法違反被告事件）

本件公訴事実は、「被告人は、昭和二十七年十月一日行われた衆議院議員選挙に際し、富山県第一区から立候補した同議員候補者Kの選挙運動をした者であるが、同候補者の当選を得しめる目的」を以て、同候補者への投票取纒めを依頼する趣旨の下に、其の報酬として、同年九月二十六日頃魚津市（略）所在株式会社（略）製作所事務室に於て、Gに対し、現金五千円を供与したものである。と言うにあるところ、原審は訴因変更の手続を履践することなく、「被告人は昭和二十七年十月一日施行の衆議院議員選挙に際し、富山県第一区より立候補したKの選挙運動者であるが、同候補者の当選を得しめる目的を以て、同候補者への投票取纒めを依頼する趣旨の下に、其の報酬として、同年九月二十六日頃Gを介しOに対し、現金五千円を供与したものである。」旨の事実を認定したものであることが明白である。思うに、裁判所は、被告人の防禦権の行使に対し、実質的に不利益を蒙らしめない限り、訴因変更の手続を経る迄もなく、訴因の記載と或程度異る事実を認定する権限を有することは、明かであるけれども斯る権限は、認定事実が、一般的に訴因中に包含されると認め得る場合にのみはじめて、これを適法に行使するを得ると解すべく、便宜に流れて濫りに権限行使の範囲を拡張し、訴因の拘束力を有名無実ならしめるが如き解釈は、到底これを採るを得ない。従って、訴因記載事実の範囲を逸脱した限度に於て、犯罪事実を認定するが如きは仮令、審理中証拠関係等より、斯る認定に到達すべき可能性あることを、被告人弁護人等に於て、或程度予測し得たとしても被告人自ら該認定事実と符合する事実の存在を主張したるが如き特別の事情なき限り、該認定事実に対する被告人の防禦を完全ならしめたものと言うを得ず、若し裁判所が訴因変更の手続に依らずして斯る措置を執ったものであるに於ては、斯る措置は、刑事訴訟法第256条第271条第312条等の趣旨に違背する違法のものであると言うべきである。これを本件について観るに、訴因記載の事実に依れば、「被告人はGに対し、金五千円を供与したものである。」と言うに対し、原審認定事実は、「被告人はGを介し、Oに対し金五千円を供与したものである。」と言うにあって、原審認定事実は、訴因記載事実の限度を逸脱するものであることが明らかであり、原審が訴因変更の手続を経由しなかつたことは既に説示した通りであつて、しかも記録を精査しても、原審の事実認定につき被告人の防禦権行使に不利益を与えない既述の如き特別事情の存在を見出すことが出来ない。そうして見れば、原審は訴因変更の手続に依らずして、訴因の範囲を超えて事実を認定し、これによって被告人の防禦権行使に実質的な不利益を与えたものと言わざるを得ず、従って、原審の訴訟手続には判決に影響する法令の違背があるとなさざるを得ない。

4　被告人の防御権の保障（憲法37条２、３項、刑訴法312条４項）

(1)　防御範囲の特定

被告人は、訴因に掲げられた犯罪事実を対象として防御をすれば足り、訴因外の犯罪事実について防御する義務を負わず、また、訴因が変更されて新たに顕在化した争点について、防御の機会が与えられなければならない。**前掲判例2-22ないし同2-24**を参照されたい。

判例2-29は、被告人の防御の観点から訴因変更の必要性の判断基準について説示し、窃盗の共同正犯の訴因について、訴因変更をせずに幇助犯に認定をすることは適法であるとし、**同2-25**は、犯行場所を公判前整理手続で「Ｘ荘ｆ号室の被告人方室内」と特定したのに第５回公判期日で「Ｘ荘及びその付近」と変更することは、被告人の防御活動を受け入れた上での変更であるとして適法としている。また、**同2-27**は、検察官は、覚せい剤所持で起訴したが、押収した物が覚せい剤であると確定できなかったため、一旦結審した後、弁論の再開を求め、「覚せい剤様の結晶を覚せい剤として所持した」との麻薬等特例法違反の事実を予備的訴因として追加請求し、弁護人が不適法であるとの意見を述べたが、裁判所は予備的訴因の追加を許可し、弁護人が請求した予備的訴因に関する証拠調べを行った上で予備的訴因を認定した事案について、主位的訴因も相当程度嫌疑があって立証も不可能とはいえず、「最初の結審段階において、すでに主位的訴因について客観的に無罪が確実といえるような状況にあったものではなく（なお、原判決が主位的訴因について無罪としたのは、本件物を摂取した共犯者である妻の尿から覚せい剤が検出されているとしても、同じく摂取した被告人及び他１人の尿からは検出されておらず、妻も本件物を摂取する前に覚せい剤と認められる物を摂取していることから、本件物によって覚せい剤が検出されたと断定することはできないことを理由とするのである。）、ましてや一審段階にあるのであるから、検察官の本件予備的訴因の追加請求が一旦結審後になされたとしても、それは被告人側の防御に不意打ちを与えるものではない」、予備的訴因は主位的訴因より軽い罪であり、「主位的訴因についてのそれまでの防御活動が予備的訴因に対する防御活動としても意味があり、かつ、予備的訴因に対して特段困難な防御活動を必要としなかったのであるから、本件予備的訴因の追加が、被告人側のそれまでの防御活動を無にし、新たな防御活動でまかないきれない不利益与えるものではない」として適法とした。

これに対し、**同2-26**は、起訴状では「廉価売却、販売委託、高値買戻しという一連の本件取引」を背任行為としたのに対し、原判決が一連の取引全てを架空取引であり、その決済のために手形を振出し決済したことを背任行為と認定したことについて、「本件各取引は架空のもので、資産を流出させるための偽装であるとする場合と、その取引の実体はあるが、（注：ｄ社）にとっては不要なもので、同社に損害を生じさせる取引ととらえるかでは、行為態様の悪質性にも大きな差異があり、その行為から発生する法律効果だけではなく、事実の側面においてもまったく様相を異にすることは明らかであって、共謀の趣旨やそれに基づく具体的行為態様も異なってくる。また、被告人の防禦の観点から見ても、前者であれば、その行為の態様からみて、会社の裏金作りのような事案を除けば、任務違背性や図利加害目的を争う余地は乏しいのに対し、後者であれば、本件取引の目的、会社にとってのその取引の有用性（任務違背性）や図利加害目的が争点になり得るのであって、被告人側の防禦の方法にかなりの差違が生じることになる」として、原判決のような認定をすることは原則として許されないとしている。

同2-28は、「共謀の上、同日午後８時ころから翌２５日未明までの間に、青森市内又はその周辺に停車中の自動車内において」、「Ｎ又は被告人あるいはその両名において、扼殺、絞殺又はこれに類する方法で被害者Ｈを殺害した」という択一的な認定をした事案について、「その事件が被告人と奈良の２名の共謀による犯行であるというのであるから、この程度の判示であっても、殺人罪の構成要件に該当すべき具体的事実を、それが構成要件に該当するかどうかを判定するに足りる程度に具体的に明らかにしているものというべきであって、罪となるべき事実の判示として不十分とはいえない」とし、「実行行為者がだれであるかは、一般的に、被告人の防御にとって重要な事項であるから、当該訴因の成否について争いがある場合等においては、争点の明確化などのため、検察官において実行行為者を明示するのが望ましいということができ、検察官が訴因においてその実行行為者の明示をした以上、判決においてそれと実質的に異なる認定をするには、原則として、訴因変更手続を要するものと解するのが相当である」としながら、「殺人罪の共同正犯の訴因としては、その実行行為者がだれであるかが明示されていないからといって、それだけで直ちに訴因の記載として罪となるべき事実の特定に欠けるものとはいえない」とし、「被告人の防御の具体的な状況等の審理の経過に照らし、被告人に不意打ちを与えるものではないと認められ、かつ、判決で認定される事実が訴因に記載された事実と比べて被告人にとってより不利益であるとはいえない場合には、例外的に、訴因変更手続を経ることなく訴因と異なる実行行為者を認定することも違法ではない」と判示している。

（被告人の防御権と訴因変更の要否に関する判例）

2-25　広島地判平18・7・4（強制わいせつ致死、殺人、死体遺棄等被告事件）

検察官は、公判前整理手続で判示第２の犯行はＸ荘ｆ号室の被告人方室内で行われた旨主張していたところ、第５回公判期日において、これをＸ荘及びその付近に変更する旨訴因変更請求をし、当裁判所は、これを許可したものであるが、弁護人は、検察官の上記訴因変更請求が被告人の**防御権を侵害**するもので権利濫用に当たり許されない旨主張する（略）。しかしながら、検察官の上記訴因変更請求は、公訴事実の同一性を損なうものではなく、また、その変更により含まれることになる犯行場所は、公判前整理手続で確認された当事者双方の主張の範囲内にあって、被告人**の防御も尽くされているばかりか、むしろ、弁護人の主張に沿ったものである**上、更に新たな証拠調べを要するものでもない。したがって、検察官の上記訴因変更請求は権利濫用には当たらず適法であって、これを当裁判所が許可したことに違法な点はない。

（略）１人の死を殺人罪と強制わいせつ致死罪とで二重評価するのは相当でなく、殺人罪と強制わいせつ罪の観念的競合として処理すべき旨主張する（略）が、本件では、被告人は、当時７歳に過ぎない被害児童に対して、手指を陰部等に挿入して傷を負わせる強制わいせつ行為をする過程のなかで、強制わいせつ行為に引き続き、あるいは、これと並行して、同児の反抗を抑圧して強制わいせつ目的を遂げるため、ないしは、これに加えて犯行の発覚を防ぐために、同児に対する殺意をもって殺害行為に及んだ上、更に肛門部に手指を挿入するなどしているのであり、このような事実関係のもとでは、包括して強制わいせつ致死罪が成立するとともに殺人罪が成立し、両罪は観念的競合の関係に立つと解するのが相当である（注：**最判昭和31・10・25、同昭35・8・17**）。

2-26　東京高判平15・5・14（商法違反、詐欺被告事件）

（1）本件公訴事実の要旨は「原審相被告人ｃはｄ及び同社の関連会社で宝飾品の仕入とｄへの販売を業とするｅの各代表取締役副会長として両社の業務全般を統括するとともに、ｇを実質的に経営していたもの、被告人ａは、ｄ及びｅの各代表取締役社長として両者の業務全般を統括していたもの、被告人ｂは、ｇの代表取締役社長であったものであるが、被告人両名及びｃは、共謀の上、長期在庫品の処分等と称し、ｄが仕入れた商品及び顧客から買い取った商品等をｇに対し仕入価格より低額で売却した上、同社から同商品の販売委託を受け、これを顧客に売却した際には、ｇへの売却金額より高額で同社からｅを介してｄが買い戻すという不要の取引をして差額相当分の利益を得させて利を図ろうと企て、原審相被告人ｃ、被告人ａにおいて、それぞれｄが商品を仕入れ、販売するに当たり、商品を仕入価格より低額で他に売却した上高額で買い戻す不要な取引による無用な支出を避けるなど、同社のために忠実にその職務を執行すべき任務を有していたにもかかわらず、これに背き、自己及びｇの利益を図る目的をもって、原判決別紙犯罪事実一覧表（一）記載のとおり、平成２年１０月４日ころから平成５年３月２２日ころまでの間、前後３６４８回にわたり、ｄ本部において、ダイヤモンドプチネックレス等合計５２８６点について、売却後もｄがｇから販売委託を受けて販売し、これを顧客に販売した際には、ｄがｇから売却価格より高値で買い戻してその差額分の利益を同社に与える目的の下にその売却手続をして、ｇをしてｄに対し額面合計２億５３６万３６６７円の小切手を振り出させて同金額をｄに入金させた上、平成５年１２月１０日ころから平成８年１２月１０日ころまでの間、前後３７回にわたり、ｄ本部において、顧客に販売した前記ダイヤモンドプチネックレス等合計５２８６点について、これらをｅを介して代金合計９億５８４５万７９００円でｇから買い戻した代金の支払として、ｄ振出しの約束手形をｅ宛てに振り出し、ｅをしてｇ宛てに合計９億１２８１万７０５０円の買戻し代金支払のための約束手形を振り出させ、もって、ｄにｇからの入金額とｅに対する支払額の差額である７億５３０９万４２３３円について、無用な支出をさせて、ｄに同金額の損害を与えたものである。」というものである。

これに対し、原判決の罪となるべき事実の要旨は、「原審相被告人ｃは、平成元年から平成５年６月までｄの代表取締役として、その後は同社の代表取締役副会長として、その業務全般を掌握して統括し、被告人ａは、平成元年に同社の取締役に就任し、平成５年６月以降は同社の代表取締役として、その業務全般を掌握して統括し、いずれも、同社の取締役として同社のために忠実にその職務を遂行すべき任務を負っていた者であり、被告人ｂは、昭和５８年以降、被告人ｃの意向によって設立された旧ｇの、平成２年１０月以降は旧ｇを継承した新ｇの各代表取締役に就任していた者であるが、被告人両名及びｃは、ｃ及び被告人ａのｄに対するその任務に背き、自らと新ｇの利益を図る目的でｄの資金を新ｇに流失させて蓄積することを企て、共謀のうえ、両社やｄの関連会社のｅの帳簿や伝票類を操作するなどして、平成２年１０月４日ころから平成５年３月２２日ころにかけて、原判決別紙犯罪事実一覧表（一）記載のとおり、３６４８回にわたり、ｄがｇに５２８６点の商品を、その販売権をｄに留めて、ｄがこれを顧客に販売したときは、同社の関連会社のｅを介してｇから買い戻すことができる旨の特約の下に、仕入価格の約１割相当の合計２億５３６万３６６７円の廉価で売却したように偽装した後、同表記載のとおり、平成５年１２月１０日ころから平成８年１２月１０日ころにかけて、３７回にわたり、ｄがその各商品をその特約に基づいて新ｇからｅを介して合計９億１２８１万７０５０円で買い戻したかのように再び偽装し、その買戻代金の支払のためとして、ｅから新ｇ宛てに各買戻代金を支払金額とする各約束手形を、更に、ｄからｅ宛てにその買戻代金に５パーセントを加えた支払金額（合計９億５８４５万７９００円）の各約束手形をそれぞれ振り出させて、いずれも、そのころ、その決済をさせ、よって、ｄに、前記当初の新ｇへの売却金と買戻し時のｅの新ｇへの支払金の差額７億７４５万３３８３円の損害を与えた」というものである。（略）原判決は、一連の取引は全てｄの資産を私的に流用するためにした架空のものであると断じ、債務を負担していないのに手形を振出し、決済したという行為を背任行為ととらえ、ｄとｇとの本件取引は、その背任行為を取引行為に偽装するためにした架空のものであるとし、いわば犯罪行為を隠蔽するためにした偽装工作にすぎないとしていることは明らかであるのに対し、起訴状記載の公訴事実は、これを素直に読む限り、廉価売却、販売委託、高値買戻しという一連の本件取引がｄにとって一方的に不利益で、損害を与える不要なものであるのに、敢えてその取引をしてｄに損害を生じさせたという、本件取引全体の任務違背性を問題とし、廉価売却を含む一連の本件取引行為を背任の実行行為としてとらえているものとみるほかはなく、これらの取引が偽装であることを公訴事実の記載から推測することは困難である（架空取引の場合には、通常の公訴事実の記載方法は本件公訴事実とは大きく異なっており、少なくとも取引が架空のものであることは明示されるはずである。）。本件各取引は架空のもので、資産を流出させるための偽装であるとする場合と、その取引の実体はあるが、ｄにとっては不要なもので、同社に損害を生じさせる取引ととらえるかでは、行為態様の悪質性にも大きな差異があり、その行為から発生する法律効果だけではなく、事実の側面においてもまったく様相を異にすることは明らかであって、共謀の趣旨やそれに基づく具体的行為態様も異なってくる。また、被告人の防禦の観点から見ても、前者であれば、その行為の態様からみて、会社の裏金作りのような事案を除けば、任務違背性や図利加害目的を争う余地は乏しいのに対し、後者であれば、本件取引の目的、会社にとってのその取引の有用性（任務違背性）や図利加害目的が争点になり得るのであって、被告人側の**防禦の方法にかなりの差違が生じることになる。このように、起訴状記載の公訴事実と原判決の認定した罪となるべき事実を比較する**と、行為の外形的事実はさほど変わらず、狭義の公訴事実の同一性は全く疑問の余地はないが、その事実の社会的、法律的意味合いを大きく異にする重要な事実の変更があり、その各事実を一般的、類型的に比較すると、**明らかに被告人の防禦に実質的な不利益が生じる事実の変更**であって、当事者に攻撃防禦の対象を明確にして、被告人の防禦を全うさせようという訴因の現実的な機能に着目すると、本件のような場合、**訴因変更の手続を経ないで、原判決のような認定をすることは原則として許されないというべきである。**

（３）もっとも、審理の具体的経過、状況に照らして、原判決の認定した事実について、被告人側の防禦が十分行われていると認められ、当事者に不当な不意打ちとなっていないことが明らかであれば、訴因変更を要せずに、原判示のとおり認定することも違法ではないと考えられなくはない。

しかしながら、原審に関与した検察官は、本件取引が架空のものであるというような主張はしていない。（略）また、弁護人は、その各証人尋問や被告人質問においても、取引自体は実体があるものとの前提で、その取引には会社経営上の合理性、有用性が認められるとして、その事実を証明すべく、証人尋問や被告人質問を行っているのであって、取引の存在自体は所与の事実とし、それが形式上の帳簿上だけの操作であるとか、仮装であるか否かなどという尋問・質問は全くしていないし、その弁論においても、本件取引が実際に行われたことを前提にして、その取引の有用性や公訴時効の成否を論じているのであって、争点となっていない本件取引の架空性については、両被告人の弁護人は、何ら触れていない。以上のとおり、（略）原判決の認定した罪となるべき事実については、被告人側の防禦が尽くされているとは認め難く、**不意打ちの認定**であるといわざるを得ない。

そうすると、原審が、検察官による訴因変更を経ることなく、原判示第一の商法違反に関する罪となるべき事実を認定したのは、訴訟手続に関する刑訴法312条に違反したものといわざるを得ず、その違反が判決に影響を及ぼすことは明らかであり、同法３７９条の事由があるものと認められ、原判決は、被告人ａについては、詐欺の訴因と共に１個の刑を科しているので、結局、原判決のうち被告人両名に関する部分はすべて破棄を免れない。（略）

以上のとおりであって、当審における事実取調べの結果をも併せると、既に必要な立証は尽くされており、本件の証拠関係に照らせば、原判決のような当初の公訴事実と異なる事実を認定するために、訴因変更を促し、あるいは訴因変更を命じる必要があるとはいえず、現時点において、当初の訴因に対し裁判所の判断を示すべきものと認められ、原判決のうち被告人両名に関する部分を破棄して自判するのが相当である。

2-27　仙台高判平13・10・4（覚せい剤取締法違反被告事件）

検察官による訴因変更（予備的訴因の追加を含む。）は、公訴事実の同一性を害しない限り許される（**刑訴法312条1項**）。しかし、その訴因変更が、被告人側に回復し難い防御活動の不利益を与える場合、変更しようとする訴因による処罰については、既に検察官が実質的に放棄したと認められる場合、迅速な裁判の要請に反する場合などについて、許されないことがあると解されるところ、具体的な訴因変更が許されない場合に当たるか否かは、当該事件の訴訟の経過等を踏まえて判断すべきである。（略）

被告人は、平成１２年７月７日に覚せい剤を所持していたとの覚せい剤取締法違反の事実（以下、主位的訴因という。）で起訴され、同年８月３０日の第１回公判において、被告人及び弁護人は所持にかかる物が覚せい剤であることを争ったので、その点を争点として、以後第２回公判から第５回公判まで証拠調べ等が行われ、同年１２月２７日の第６回公判において、論告及び弁論がなされて結審したところ、検察官から予備的訴因の追加請求を前提に弁論再開の請求がなされ、弁護人は、予備的訴因の追加請求は不適法であることを理由に、弁論再開に反対したが、原裁判所は弁論再開を決定し、平成１３年２月１４日の第７回公判において、検察官が、覚せい剤様の結晶を覚せい剤として所持したとの麻薬等特例法違反の事実を予備的訴因（以下、予備的訴因という。）として追加請求し、それに対し弁護人が上記と同様不適法であるとの意見を述べたが、裁判所は予備的訴因の追加を許可し、同年３月９日の第８回公判及び同月２８日の第９回公判において、弁護人の請求にかかる予備的訴因に関する証拠調べが行われた上、第９回公判において改めて予備的訴因に関する論告及び弁論がなされて結審し、同年４月１８日原判決が言い渡されたものである。

さらに、主位的訴因に関する原審での検察官の立証状況及びそれを踏まえた主張を見ると、記録上認められるそれら立証状況及び主張は、原判決が（覚せい剤取締法違反についての判断）において、主位的訴因に関する検察官の立証の結果から認定できる事実として列記し、また、検察官の主張として掲記するとおりであるが、その検察官の立証状況及び主張にかんがみると、検察官は、主位的訴因において被告人が所持していたとされている物（以下、本件物という。）が、押収されておらず証拠物として存在しないことから、本件物自体によって直接覚せい剤であることを証明できないため、本件物を入手しようとした動機・理由、その入手するに至る経過、本件物の形状及びそれを舐めた際の状況、本件物の使用状況、本件物を摂取した共犯者である妻の心身の状況及びその尿からの覚せい剤の検出などの情況事実を立証することにより、本件物が覚せい剤であることの証明は可能であると判断し、主位的訴因でもって起訴をするとともに、原審においてはその立証方針に沿って立証活動を行ったものと認められる。（略）

検察官の上記のような立証方針及びそれに沿った立証活動は、原裁判所も原判決で認めているように、十分に根拠があり、主位的訴因の立証として無理なものとはいえなかったと認められるのであるから、予備的訴因の追加請求前の最初の結審段階において、すでに主位的訴因について客観的に無罪が確実といえるような状況にあったものではなく（なお、原判決が主位的訴因について無罪としたのは、本件物を摂取した共犯者である妻の尿から覚せい剤が検出されているとしても、同じく摂取した被告人及び他１人の尿からは検出されておらず、妻も本件物を摂取する前に覚せい剤と認められる物を摂取していることから、本件物によって覚せい剤が検出されたと断定することはできないことを理由とするのである。）、ましてや一審段階にあるのであるから、検察官の本件予備的訴因の追加請求が一旦結審後になされたとしても、それは被告人側の防御に**不意打ちを与えるものではない**といえる。（略）

また、**予備的訴因**の麻薬等特例法違反の罪（法定刑は２年以下の懲役または３０万円以下の罰金）が、主位的訴因の覚せい剤取締法違反の罪（法定刑は１０年以下の懲役）より**軽い罪**であり、**主位的訴因についてのそれまでの防御活動が予備的訴因に対する防御活動としても意味があり、かつ、予備的訴因に対して特段困難な防御活動を必要としなかったのであるから、本件予備的訴因の追加が、被告人側のそれまでの防御活動を無にし、**新たな亡業活動でまかないきれない不利益与えるものではないといえる。

2-28　最判平13・4・11（殺人・死体遺棄・現住建造物等放火・詐欺被告事件・刑訴法判例百選Ｐ98）

本件のうち殺人事件についてみると、その公訴事実は、当初、「被告人は、Ｎと共謀の上、昭和６３年7月２４日ころ、青森市大字合子沢所在の産業廃棄物最終処分場付近道路に停車中の普通乗用自動車内において、被害者Ｈに対し、殺意をもってその頸部をベルト様のもので絞めつけ、そのころ窒息死させて殺害した」というものであったが、被告人がＮとの共謀の存在と実行行為への関与を否定して、無罪を主張したことから、その点に関する証拠調べが実施されたところ、**検察官が第１審係属中に訴因変更を請求したことにより**、「被告人は、Ｎと共謀の上、前同日午後８時ころから午後９時３０分ころまでの間、青森市安方２丁目所在の共済会館付近から前記最終処分場に至るまでの間の道路に停車中の普通乗用自動車内において、殺意をもって、被告人が、Ｈの頸部を絞めつけるなどし、同所付近で窒息死させて殺害した」旨の事実に**変更された**。この事実につき、**第１審裁判所**は、審理の結果、「被告人は、Ｎと共謀の上、前同日午後８時ころから翌２５日未明までの間に、青森市内又はその周辺に停車中の自動車内において、Ｎ又は被告人あるいはその両名において、扼殺、絞殺又はこれに類する方法でＨを殺害した」旨の事実を認定し、罪となるべき事実としてその旨判示した。

まず、**以上のような判示が殺人罪に関する罪となるべき事実の判示として十分であるか**について検討する。上記判示は、殺害の日時・場所・方法が概括的なものであるほか、実行行為者が「Ｎ又は被告人あるいはその両名」という択一的なものであるにとどまるが、その事件が**被告人とＮの２名の共謀による犯行であるというのであるから、この程度の判示であっても、殺人罪の構成要件に該当すべき具体的事実を、それが構成要件に該当するかどうかを判定するに足りる程度に具体的に明らかにしているものというべき**であって、罪となるべき事実の判示として不十分とはいえないものと解される。

次に、**実行行為者につき**第１審判決が訴因変更手続を経ずに訴因と異なる認定をしたことに違法はないかについて検討する。訴因と認定事実とを対比すると、前記のとおり、犯行の態様と結果に実質的な差異がない上、共謀をした共犯者の範囲にも変わりはなく、そのうちのだれが実行行為者であるかという点が異なるのみである。そもそも、殺人罪の共同正犯の訴因としては、その実行行為者がだれであるかが明示されていないからといって、それだけで直ちに訴因の記載として罪となるべき事実の特定に欠けるものとはいえないと考えられるから、訴因において実行行為者が明示された場合にそれと異なる認定をするとしても、審判対象の画定という見地からは、訴因変更が必要となるとはいえないものと解される。とはいえ、実行行為者がだれであるかは、一般的に、被告人の防御にとって重要な事項であるから、当該訴因の成否について争いがある場合等においては、争点の明確化などのため、検察官において実行行為者を明示するのが望ましいということができ、検察官が訴因においてその実行行為者の明示をした以上、判決においてそれと実質的に異なる認定をするには、**原則として、訴因変更手続を要するものと解するのが相当である。**しかしながら、実行行為者の明示は、前記のとおり訴因の記載として不可欠な事項ではないから、少なくとも、**被告人の防御の具体的な状況等の審理の経過に照らし、被告人に不意打ちを与えるものではないと認められ、かつ、判決で認定される事実が訴因に記載された事実と比べて被告人にとってより不利益であるとはいえない場合には、例外的に、訴因変更手続を経ることなく訴因と異なる実行行為者を認定することも違法ではないものと解すべきである。**

そこで、本件について検討すると、記録によれば、次のことが認められる。第１審公判においては、当初から、被告人とＮとの間で被害者を殺害する旨の共謀が事前に成立していたか、両名のうち殺害行為を行った者がだれかという点が主要な争点となり、多数回の公判を重ねて証拠調べが行われた。その間、被告人は、Ｎとの共謀も実行行為への関与も否定したが、Ｎは、被告人との共謀を認めて被告人が実行行為を担当した旨証言し、被告人とＮの両名で実行行為を行った旨の被告人の捜査段階における自白調書も取り調べられた。弁護人は、Ｎの証言及び被告人の自白調書の信用性等を争い、特に、Ｎの証言については、自己の責任を被告人に転嫁しようとするものであるなどと主張した。審理の結果、第１審裁判所は、被告人とＮとの間で事前に共謀が成立していたと認め、その点では被告人の主張を排斥したものの、実行行為者については、被告人の主張を一部容れ、検察官の主張した被告人のみが実行行為者である旨を認定するに足りないとし、その結果、実行行為者がＮのみである可能性を含む前記のような択一的認定をするにとどめた。以上によれば、第１審判決の認定は、被告人に不意打ちを与えるものとはいえず、かつ、訴因に比べて被告人にとってより不利益なものとはいえないから、実行行為者につき変更後の訴因で特定された者と異なる認定をするに当たって、更に訴因変更手続を経なかったことが違法であるとはいえない。

2-29　最判昭29・1・21（窃盗幇助被告事件）

原判決が、「法が訴因及びその変更手続の規定を定めた趣旨は審理の対象、範囲を明確にして被告人の利益を保護する目的にあるのであるから、被告人の防禦に実質的な不利益を生ずるおそれがないときは、公訴事実の同一性を害しない限り、訴因の変更手続をしなくても訴因と異る事実を認定してもさしつかえがないものと解するのを相当とする」として、訴因変更の手続をとらずに窃盗の共同正犯を同幇助と認定した第一審判決を維持したこと、並びに、（注：**同24・5・2）宣告の名古屋高等裁判所の判決**（略）が、「仮令公訴事実の同一性を害さぬ場合でも法定の手続による追加、撤回、変更がなされぬ限り、起訴状に訴因を以て明示されていない事実は、それが被告人に実質的に不利益を与えると否とを問わず審判の対象とすることを禁止し当事者に対して不測の事実認定を受けないことを保障し当事者をして安んじて起訴状の又はその後の法定の手続によって審判の対象とされている当該訴因に攻撃防禦を集中せしめる趣旨であって、訴因の異別は劃一的に且厳格に判定すべきものと思われる」として、訴因変更の手続をとらずに共謀による窃盗行為自体をその幇助行為と認定した第一審判決を刑訴378条3号に該当する不法のものとした（略）。

刑訴256条は、公訴事実は、訴因を明示してこれを記載しなければならないことを命じている。しかし、**同312条**によれば、起訴状に記載された訴因の変更は、公訴事実の同一性を害しない限度において許されるものであり、また裁判所は、審理の経過に鑑み適当と認めるときは、訴因の変更を命ずることができるものであり（従って適当と認めないときは、変更を命じなくてもよい。）、さらに、裁判所は、訴因の変更により被告人の防禦に実質的な不利益を生ずる虞があると認めるときは、被告人又は弁護人の請求により、決定で、被告人に充分な防禦の準備をさせるため必要な期間公判手続を停止しなければならない（従って、実質的な不利益を生ずる虞があると認めないとき、又は、認めても被告人等が請求しないときは、停止決定をする必要もない。）ものとされている。されば、法が訴因及びその変更手続を定めた趣旨は、原判決説示のごとく、審理の対象、範囲を明確にして、被告人の防禦に不利益を与えないためであると認められるから、裁判所は、審理の経過に鑑み被告人の防禦に実質的な不利益を生ずる虞れがないものと認めるときは、公訴事実の同一性を害しない限度において、訴因変更手続をしないで、訴因と異る事実を認定しても差支えないものと解するのを相当とする。本件において**被告人は、第一審公判廷で、窃盗共同正犯の訴因に対し、これを否認し、第一審判決認定の窃盗幇助の事実を以て弁解しており、本件公訴事実の範囲内に属するものと認められる窃盗幇助の**

防禦に実質的な不利益を生ずる虞れはないのである。それ故、当裁判所は、刑訴410条2項に従い、前記名古屋高等裁判所の判例を変更して原判決を維持するを相当とする。

(2) 変更時期の制限

当事者の攻撃・防御が相当長期間集積された結果、当初の訴因の証明に疑問が出た段階で、突然、訴因を変更することは、被告人にとっては不意打ちになるばかりか、さらに新たな防御活動を強いるという不当な負担を負わせることになるし、それまでの審理過程を無にするという訴訟経済上の損失を生じるので、捜査権、訴追権を独占していて、訴訟遂行を誠実かつ公正に行う義務がある検察官としては、そのような訴因変更は不誠実かつ不公正であるので許されないとの理由から、訴因変更には**時期的制限**がある。

公訴提起後７年余を経過して結審した事件において、検察官の弁論再開請求ならびに予備的訴因・罰条の追加請求を刑訴法規ことに規則第１条の精神に違背するとして却下した判例がある（**横浜地小田原支決昭43・10・9**）。また、**同2-32**は、当初の起訴（強盗傷人）から強盗殺人未遂に訴因変更請求までに約3年2か月（第１回公判から約１年１か月）が経過し、その間に合計14回の公判が開かれた事案について、「検察官は、これまでの審理経過に照らし、右訴因等の変更請求をする機会があったにもかかわらず、何らこれらの措置を採らず、訴訟終結間近（論告期日直前）になって、右訴因等変更請求をしたこと、」「検察官が訴因等変更の必要性が生じた根拠とする事実は、」「第１回公判において、当初の訴因である強盗致傷について、検察官から証拠の取調べ請求がなされ、採用決定を経た後、取り調べられた証拠によりあらわれていたものと内容的には異ならないものであり、犯罪の構成要素について基礎となる証拠及びその評価について変更は認められないことなどを考慮すると、迅速かつ公正な裁判の要請という観点から、本件訴因等変更請求は、誠実な権利の行使とは認められず、権利の濫用に当たり、「刑事訴訟規則1条に反し、許されない」とした。

同2-30は、公判整理手続に付された交通事故に関する事案で、弁護人は被告人と事故との関連性を争ったが、事故であるとした場合の被告人の注意義務については争点としていなかったところ、公判で目撃証言から交通事故の態様が訴因事実と異なっていることが明らかになたったため、検察官が訴因変更請求をした事案について、公判整理手続制度の趣旨からみて原則として公判開始後の訴因変更は認められないが、公判での証拠調べの結果で新たに明らかになったこと、変更後の訴因を立証する証拠は大半が既に証拠調べ済みであり、検察官が訴因変更に伴って新たに請求する証拠は極めて限られており、被告人の防御権を考慮して認められた弁護側立証を含めても、１期日で終了し得る程度であったから、「訴因変更請求は、公判前整理手続における充実した争点整理や審理計画の策定という趣旨を没却するようなものとはいえないし、権利濫用にも当たらない」とした。

同2-32は、専ら、火災発生後の被告人の行為が、殺人の実行行為かそれとも救助行為としての消火行為かにしぼられて攻撃防御が展開されて18回の公判経過（第1回公判期日から約2年6か月経過）、弁護人の防御活動が成功したかにみられ、かつ、結審間近かの段階で、当初の釈明によって明瞭に訴因からも立証事項からも除外されていることが確認された右足蹴り行為をあらためて立証事項とし、訴因として攻防の対象とさせようとした事案について、「被告人の防禦に実質的な不利益のなかには、憲法上の要請でもある迅速な裁判をうけ得ないことからくる被告人の不安定な地位の継続による精神的物質的な消耗をも考慮に入れるべきである」との考えの下に、「あらたな防禦範囲の拡大を強いられるのみならず、暴行、傷害、傷害致死等の実行行為としても独立に評価され、処断される危険にさらされる」ことになるとして、「不意打ちであるのみならず、誠実な訴訟上の権利の行使（刑訴規則1条2項）とは言い難いうえに」、「被告人としても、これらに対するあらたな防禦活動が必然的に要請され、裁判所もまた十分にその機会を与えなければならないから、訴訟はなお相当期間継続するものと考えられ、迅速裁判の趣旨（刑訴規則1条1項）に反して被告人をながく不安定な地位に置くことによって、被告人の防禦に実質的な著しい下利益を生ぜしめ、延いて公平な裁判の保障を損うおそれが顕著であるといわなければならない」として訴因変更を許可したことは相当ではなく、刑訴法312条1項の解釈適用を誤ったもの」であるとしている。

同2-33は、寄付募金を語って詐取したという訴因と、許可または届出なく寄付募金行為を行ったという条例違反の訴因とは公訴事実の同一性があるとしているが、田中二郎裁判官の反対意見は、公訴事実の同一性を肯定しながらも、第1回公判から9年以上経っての突然の不意打ちの訴因変更であり違法であるとしている。

（訴因変更時期に関する判例）

2-30　東京高判平20・11・18（業務上過失致死、道路交通法違反被告事件）

論旨は、要するに、本件における公判前整理手続の経過及び公判の審理状況、検察官の訴訟活動等に照らすと、検察官立証が終了して被告人質問に入る直前の段階となった原審第４回公判期日終了後に検察官がした訴因変更請求は、権利の濫用に該当して許されないのに、これを許可した原審には判決に影響を及ぼすことが明らかな訴訟手続の法令違反がある、というのである。（略）

公判前整理手続は、当事者双方が公判においてする予定の主張を明らかにし、その証明に用いる証拠の取調べを請求し、証拠を開示し、必要に応じて主張を追加、変更するなどして、事件の争点を明らかにし、証拠を整理することによって、充実した公判の審理を継続的、計画的かつ迅速に行うことができるようにするための制度である。このような公判前整理手続の制度趣旨に照らすと、公判前整理手続を経た後の公判においては、充実した争点整理や審理計画の策定がされた趣旨を没却するような訴因変更請求は許されないものと解される。

これを本件についてみると、公判前整理手続において確認された争点は、「被告人が、本件交通事故を引き起こして逃走した犯人であるかどうか」という点であり、本件交通事故を起こした犯人ないし被告人に業務上の注意義務違反があったかどうかという点については、弁護人において何ら具体的な主張をしていなかった。なお、弁護人は、公判前整理手続の過程において、被害者が自損事故により自ら転倒して死亡した旨を主張予定書面に記載しているものの、被害者運転の原動機付自転車（以下「被害者車両」という。）と本件交通事故を起こした自動車（以下「犯行車両」という。）が接触するという本件交通事故が発生していることを前提に、犯行車両の運転者に業務上の注意義務違反がなかった旨を具体的に主張するものではない。公訴事実の内容である過失を基礎付ける具体的事実、結果を予見して回避する義務の存在、当該義務に違反した具体的事実等に対して、弁護人において具体的な反論をしない限り、争点化されないのであって、実際にも争点とはなっていない。公判前整理手続における応訴態度からみる限り、本件交通事故が発生していることが認定されるのであれば、犯行車両の運転者に公訴事実記載の過失が認められるであろうということを暗黙のうちに前提にしていたと解さざるを得ない。検察官が訴因変更請求後に新たに請求した実況見分調書２通は、公判前整理手続において、当初請求したものの、追って撤回した証拠であって、業務上の注意義務違反の有無が争点とならなかったために、そのような整理がされたものと考えられる。

ところが、公判において、本件交通事故の目撃者等の証拠調べをしてみると、本件交通事故の態様が、訴因変更前の公訴事実が前提としていたものとは異なることが明らかとなったため、検察官は、原審の指摘を受け、前記のとおり、訴因変更請求をした。

そして、その段階でその訴因変更請求を許可したとしても、証拠関係は、大半が既にされた証拠調べの結果に基づくものであって、訴因変更に伴って追加的に必要とされる証拠調べは、検察官立証については前記のとおり極めて限られており、被告人の防御権を考慮して認められた弁護側立証を含めても、１期日で終了し得る程度であった。

３　以上によれば、本件は、公判前整理手続では争点とされていなかった事項に関し、公判で証人尋問等を行った結果明らかとなった事実関係に基づいて、訴因を変更する必要が生じたものであり、仮に検察官の訴因変更請求を許可したとしても、必要となる追加的証拠調べはかなり限定されていて、審理計画を大幅に変更しなければならなくなるようなものではなかったということができる。

そうすると、本件の訴因変更請求は、公判前整理手続における充実した争点整理や審理計画の策定という趣旨を没却するようなものとはいえないし、権利濫用にも当たらないというべきである。検察官の本件の訴因変更請求を許可した原審には、判決に影響を及ぼすことが明らかな訴訟手続の法令違反は認められない。

2-31　大阪地判平10・4・16（殺人、死体遺棄、窃盗、強盗致傷、公務執行妨害等被告事件）

刑事訴訟法312条1項によると、裁判所は、検察官の請求があるときは、公訴事実の同一性を害しない限度において、訴因の変更を許さなければならない。しかし、迅速かつ公正な裁判の要請という観点から、訴訟の経過に照らし検察官の訴因の変更請求が誠実な権利の行使と認められず、権利の濫用に当たる場合には、刑事訴訟規則一条に基づき、訴因の変更は許されないこともあると解される。（略）一件記録によれば、（略）、同日、検察官及び弁護人から、同月二〇日の第一三回公判で証拠調べを終了されたい旨の意思が表明され、これに基づき、当裁判所は、検察官及び弁護人の同意を得て、論告期日として平成一〇年一月一二日を、弁論期日として同年二月二日をそれぞれ指定したこと、第一三回公判には、予定どおりの証拠調べがなされたが、その後、平成九年一二月二六日になって、検察官から、被害状況及び被害感情等を立証するため、強盗致傷の被害者遠山の証人尋問を請求したい旨の申入れがあったことから、当裁判所は、検察官及び弁護人の意見を聴取した上、平成一〇年一月一二日の第一四回公判を右証人尋問にあてることとし、あらためて同年二月二日に論告を、同月一九日に弁論をそれぞれ予定することを取り決めたこと、第一四回公判において、予定どおり証人遠山の尋問がなされたが、同人の証言内容は、同人の捜査段階における供述とほとんど同一であったこと、そして、かねて検察官及び弁護人と打ち合わせていたとおり、右の論告、弁論期日がそれぞれ指定されたが、右論告期日直前の同年一月二六日、検察官から、本件強盗致傷を強盗殺人未遂に変更する旨の訴因罰条変更請求書が、さらに、翌二七日に意見書がそれぞれ提出されるに至ったこと、これに対し、弁護人は、同月三〇日、訴因変更に対する意見陳述書を提出し、その中で、本件訴因等変更請求は権利の濫用に当たり、許されるべきではない旨主張していること（検察官請求証拠を同意したのは、強盗致傷の事実を前提としたものである旨の主張もしている。）などが認められる。（略）

（１）本件は、当初、強盗傷人の嫌疑で捜査が進められ、被告人Ａ１も強盗傷人の被疑事実で通常逮捕されたところ、勾留の段階でいったんは強盗殺人未遂の被疑事実に変更され、その後、同被疑事実で捜査が行われたが、結局、検察官は強盗致傷として起訴し、そのまま審理が進められたこと、（２）長野地方裁判所上田支部における第一回公判で検察官請求の証拠がすべて同意されたのも、強盗致傷として起訴されたためであり、仮に強盗殺人未遂として起訴されていたならば、右証拠のすべてが同意されることはなかった可能性があり、本件訴因等変更請求が認められた場合、被告人Ａ１の防御に実質的な不利益を及ぼすものとみられること、（３）被告人Ａ１に対する強盗致傷被告事件の審理は、当初の起訴から右訴因等変更請求までに約三年二か月（第一回公判から約一年一か月）が経過し、その間に合計一四回の公判が開かれており、検察官は、これまでの審理経過に照らし、右訴因等の変更請求をする機会があったにもかかわらず、何らこれらの措置を採らず、訴訟終結間近（論告期日直前）になって、右訴因等変更請求をしたこと、（４）検察官が訴因等変更の必要性が生じた根拠とする事実（主として、被告人Ａ１の本件行為の態様、本件前後の状況、創傷の状況等）は、いずれも平成八年一二月二〇日の第一回公判において、**当初の訴因である強盗致傷について、検察官から証拠の取調べ請求がなされ、採用決定を経た後、取り調べられた証拠によりあらわれていたものと内容的には異ならないものであり、犯罪の構成要素について基礎となる証拠及びその評価について変更は認められないことなどを考慮すると、迅速かつ公正な裁判の要請という観点から、本件訴因等変更請求は、誠実な権利の行使とは認められず、権利の濫用に当たるものと解され、刑事訴訟規則1条に反し、許されないというべきである。**

2-32　福岡高那覇支判昭51・4・5（殺人被告事件）

第一回公判期日以来第一八回公判期日に至るまで約二年六箇月の間、争点は、専ら、前記時点以後の被告人の行為が、殺人の実行行為かそれとも救助行為としての消火行為かにしぼられて攻撃防禦が展開され、とりわけ弁護人は、防禦活動を右の一点に集中してきたことがたやすく看取されるところ、その防禦活動が成功したかにみられ（このことは原審判決内容において裏づけられる）、かつ、結審間近か（このことは次々回に結審していることによって明白）の段階で、当初の釈明によって明瞭に訴因からも立証事項からも除外されていることが確認された右足蹴り行為が、あらためて立証事項とし、訴因として攻防の対象とされようとした。これが第一八回公判期日における検察官の釈明及び冒頭陳述の追加訂正並びに訴因変更の申立をいずれも許可しなかつた原審裁判所の背景にあつた事情と考えられる。他方、**刑訴法312条1項**は、「裁判所は検察官の請求があるときは、公訴事実の同一性を害しない限度において、起訴状に記載された訴因又は罰条の追加、撤回又は変更を許さなければならない。」と定め、一般に、右請求は、検察官の責任と権限においてなされるべく、裁判所の介入すべきことではないとされ、ここに刑事訴訟の当事者主義的構造のあらわれがみられると解されている。そしてその赴くところは、公訴事実の同一性を害しない限り、検察官は、一度撤回した訴因を再び追加することすら、原則として禁ぜられるものではないとの裁判例も示されている。しかしながら、およそ例外を全く許さない原則はないのであって、同条4項に、「裁判所は訴因又は罰条の追加又は変更により被告人の防禦に実質的な不利益を生ずる虞があると認めるときは、被告人又は弁護人の請求により、決定で被告人に充分な防禦の準備をさせるため必要な期間公判手続を停止しなければならない。」と定めていることにかんがみると、右検察官の権限といえども、被告人の防禦に実質的な不利益を生ぜしめないこととの適正な釣合いの上に成り立っていることが明らかであつて、もし、被告人の右不利益を生ずるおそれが著しく、延いて当事者主義の基本原理であり、かつ、裁判の生命ともいうべき公平を損うおそれが顕著な場合には、裁判所は、公判手続の停止措置にとどまらず、検察官の請求そのものを許さないことが、例外として認められると解するのが相当である。しかして、ここにいう被告人の防禦に実質的な不利益のなかには、憲法上の要請でもある迅速な裁判をうけ得ないことからくる被告人の不安定な地位の継続による精神的物質的な消耗をも考慮に入れるべきである。このような観点に立って本件を案ずるに、検察官の前記訴因変更の請求は、成程公訴事実の同一性を害しない限度ではあるが、前示経緯が明らかに示すとおり、検察官が弁護人の求釈明によって自ら明瞭に訴因から除外することを確認した事実をあらためて復活させるに等しく(本件においてはこの事実即ち前記足蹴り行為が訴因にのぼせられるにおいては、被告人にとつては、本件殺人の点につきあらたな防禦範囲の拡大を強いられるのみならず、暴行、傷害、傷害致死等の実行行為としても独立に評価され、処断される危険にさらされることに留意すべきである)、しかも約二年六箇月の攻防を経て一貫して維持してきた訴因、即ち本件問題の行為が殺害行為そのものであるとの事実の証明が成り立ち難い情勢となった結審段階のことであってみれば、そうしてまた、被告人としては、右足蹴り行為につき、それまで明確に審判の対象から外され、従って防禦の範囲外の事実として何ら防禦活動らしい活動をしてこなかつたことの反面、右問題の行為が、殺害行為どころか救助行為としての消火行為であるとの一貫した主張がようやく成功したかにみえる段階であつたことをも考えあわせてみれば、それはまさに、不意打ちであるのみならず、誠実な訴訟上の権利の行使(**刑訴規則1条2項**)とは言い難いうえに、右事実をあらたに争点とするにおいては、たとえば、読売新聞掲載の写真の撮影者等の証人喚問、フイルムの提出命令等の事態が十分予想され、被告人としても、これらに対するあらたな防禦活動が必然的に要請され、裁判所もまた十分にその機会を与えなければならないから、訴訟はなお相当期間継続するものと考えられ、迅速裁判の趣旨(**刑訴規則1条1項**)に反して被告人をながく不安定な地位に置くことによって、被告人の防禦に実質的な著しい下利益を生ぜしめ、延いて公平な裁判の保障を損うおそれが顕著であるといわなければならない。以上審案したところによってみれば、原審裁判所が、検察官の前記訴因の変更を許さなかつたことは、さきに示した例外的な場合に該当して結局相当というべく、**刑訴法312条1項**の解釈適用を誤ったものとすることはできず、訴訟手続の法令違反は存しない。)

2-33　最決昭47・7・25(詐欺被告事件)

本件起訴状記載の第六および第一二の詐欺の各事実と、予備的訴因追加申立書掲記の金沢市金銭物品等の寄附募集に関する条例違反または小松市寄附金品取締条例違反の各事実との間には、それぞれ、公訴事実の同一性があるとの原審の判断は正当である。

(裁判官田中二郎の反対意見)一、原審が確定したところによると、本件は、被告人の指示にもとづきその外交員らが、不特定多数人である第一審判示の人々に対し、「盆の法要を営むので、御志をいただきたい」旨述べて、第一審判示の金銭の交付を受けた事実が本件各条例にいう「寄附募集」に該当するものとして、被告人を罰金五、〇〇〇円に処したものである。(略)本件における諸論点および多数意見に対し私の賛成しえない理由は、次のとおりである。

(1)第一の問題は、本件の詐欺の本位的訴因と各条例違反の予備的訴因との間に公訴事実の同一性があるかどうかの点である。詐欺罪は、「人ヲ欺罔シテ財物ヲ騙取」することによって成立する刑法犯であるのに対し、本件各条例違反は、許可又は届出なくして寄附募集をすることの禁止に違反して寄附募集をすることによって成立する行政的取締法規違反にすぎない。いずれも、結果的に財物を取得するという点において、両者には共通するところがあるとはいえるけれども、単に財物を取得するというだけでは犯罪を構成する事実とはいえず、前者は、「人ヲ欺罔シテ」財物を「騙取」するところに犯罪性が認められるものであるのに対し、後者は、「許可又は届出なくして」「寄附募集」という形式で財物を取得するところに各条例違反が成立するのであって、両者は、その罪名・罪質を全く異にするのみならず、構成要件

的事実の共通性又は類似性を全く欠くものといわなければならない。（略）

公訴事実の同一性の有無の判断については、従来から、見解の分かれるところであるが、かりに、基本的事実同一説の立場に立ち、公訴事実の同一性の範囲を緩やかに解すべきであるとしても、**刑訴法312条**の精神からすれば、訴因の追加又は変更により被告人の防禦に実質的な不利益を生ずるようなことがあってはならないはずである。ところが、本件第一審においては、九年二か月余の長きにわたり、五三回の公判期日を経ながら、その間、条例違反の点については全く触れるところがなく、第五四回の公判期日にいたり、突如として予備的訴因の追加をさせ、これに対し弁護人らが異議を述べたのにかかわらず刑訴法312条にもとづく充分な防禦の機会を与えず、しかも、自ら明示の決定をすることもなく、そのまま、結審し、第五五回の判決公判期日において、右予備的訴因である本件各条例違反について有罪の判決をするにいたったもので、被告人および弁護人らに対し、実質的に充分な防禦をする権利に不意討ちの打撃を与えたものとして、とうてい、是認することができない。それにもかかわらず、原判決は、公訴事実の同一性を認め、第一審において被告人に予備的訴因に対する陳述を求めるなどただちに次の訴訟手続に進んでいることを理由に、特に異議申立について許否の決定をしていなくても、右異議申立についてはこれを却下し、右予備的訴因追加の請求についてはこれを許可する旨の黙示的な決定があつたものと認められるとして、この点に関する第一審判決を是認している。しかも、弁護人らの異議申立は、証拠調その他裁判長の処分に対してではなく、明らかに検察官の予備的訴因追加の請求に対してされているものと解されるにかかわらず、原審は、被告人側としては、反証の取調、あるいは、その準備のため公判の続行を求め、進んでは必要な期間公判手続の休止を求めることもできるのに、このような方途を取らなかったとして、弁護人らの所論を排斥しているのである。

しかし、右のような形式的な処理の仕方で果たして実質的に被告人側に充分な防禦の機会を与えたといえるであろうか。また、被告人側を納得させるに足りる手続を踏んだといえるであろうか。刑訴法312条は、一方において、検察官に訴因等の追加・変更等を請求する権利を認めるとともに、他方において、被告人の防禦がそれによって実質的に不利益を蒙ることがないことを期し、その間の調整を図っているのであって、第一審における本件の処理の仕方は、検察官の請求を偏重し、被告人側に防禦の機会を与えることの必要性を軽視したものというほかなく、被告人側を納得させるに足りる公正な手続を踏んだものとはいいがたい。

5　裁判所の事実認定および法令適用の権能

裁判所は、裁判を通じての真実発見義務と適正な刑罰権行使義務を負っているので、訴因について釈明義務、変更命令義務を負う場合があるが、検察官が訴追権を独占していることとの関係で、その命令は検察官を拘束する効力はなく、裁判所が釈明や変更命令を怠った場合に、真実発見義務に違反した（審理不尽）になるという程度の効力があるにすぎない。しかし、裁判所は、訴因として掲げられた犯罪事実に対し正しく法令を適用する権限を有し義務を負っているので、これについては検察官の意見には拘束されない。**判例2-41**は、訴因変更命令に拘束力がないことを明言している。

前掲2-23は、業務上横領の訴因を特別背任に変更した事案で、控訴審が一審の特別背任の認定が誤りであるとして訴因罰条を変更することなく業務上横領の認定したことは違法であるとしたものであるが、訴因の追加変更手続の目的について明確に説明しているので参考になる。**同2-44**は、住居侵入窃盗事件で、訴因で「住居に侵入し」と記載されていても、罰条に刑法235条のみが記載されたままの場合、住居侵入まで認定することは審判の請求を受けない事件まで認定したもので違法であるとしている。また、**同2-43**は、強制わいせつの訴因について無罪を言い渡した一審判決を破棄して公然わいせつ罪で有罪を自判した原審判決について、検察官の訴因には「公然性」含まれていないし、訴因の変更もないので、審判の請求を受けていない犯罪を判決したことになるとしている。

同2-40は、過失犯の注意義務が異なる場合は訴因変更が必要であるとしている。ただし、**同2-37**は、注意義務自体ではなく、一定の注意義務を課す根拠となる具体的事実については、たとえそれが公訴事実中に記載されたとしても、訴因の拘束力が認められるものではないから、その事実が公訴事実中に一旦は記載されながらその後訴因変更の手続を経て撤回されたとしても、被告人の防禦権を不当に侵害するものでない限り、その事実を認定することは違法ではないとしている。

訴因変更命令義務について、**同2-35**は、強盗の訴因に対して事後強盗が認められる場合、公訴事実の同一性があるので、事後強盗の訴因に変更し又は同訴因を追加しさえすれば、事後強盗の事実を認定できた可能性が大であった場合について、裁判所は、検察官に対し、訴因の変更等をするか否か釈明すべき義務があるとしている。なお、この判例は、占有、故意、反抗抑圧の程度についても詳述しているのでその点でも参考になる。**同2-38**は、公務執行妨害事件で現場共謀として起訴されたが、被告人が現場には存在せず事前共謀であるなら有罪の可能性があったことから、裁判所が釈明を求めたところ、検察官が現場共謀である旨の釈明をし訴因変更をする意思がないと釈明したため、訴因変更命令をせずに無罪判決をした事案について、その点について防御を尽くしているので8年半に及ぶ審理の結果、第一審裁判所が検察官に対し訴因の変更を促したことによりその訴訟法上の義務を尽くしたものというべきであり、さらに進んで、訴因変更を命じ又はこれを積極的に促すなどの措置に出るまでの義務まではないとした事案である。

また、**同2-39**は、公務執行妨害罪の訴因に記載されていない事実（暴行）について暴行の態様について「など」という記載があり、検察官が「など」は例示ではなく限定的記載であると釈明したのだから、暴行の限定は重要な事実であるのでそれ以外の暴行を認定することは訴因の拘束力に反するが、刑訴法378条3号に該当する違法ではないが、「原判示の他の暴行事実に付加して認定、判示したにすぎず、右付加認定が本件公務執行妨害罪の成否にかかわりを持たないのは勿論、その罪質、態様、違法性及び犯情等に基本的な変更をもたらすものではないこと、右一連の暴行については、原審において、証人調べの際の反対尋問などにより被告人側に防禦の機会が十分与えられたことが」明らかであるから、「例外的に、訴因の枠外の事実を認定した違法が判決に影響を及ぼさない」とした。

同2-42は、贈賄の訴因で収賄を認定することは、被告人の防御に不利益であるから訴因変更が必要であるが、裁判所が訴因変更命令を出しても検察官が訴因変更をしない場合に、裁判所が訴因変更されたものとして判決することは違法とし、訴因変更命令権に拘束力がないことを明言している。

前掲判例2-5は、検察官が、同一場所での同一時間での窃盗と窃盗未遂を包括一罪として起訴し、審理中に既遂と未遂を一緒にした「窃盗などした」と訴因変更し、裁判所がこれを許可してその通りの判決をした事案について、「など」と訴因変更したことにより、当初の訴因事実（既遂と未遂一件ずつ）だけでなく、同一場所で同一時間に他にも犯罪を行っている可能性が推測されるので特定を欠くことになり違法であるとし、検察官が未遂は控訴審の審判対象としていないと釈明したので、「など」を削除して既遂についてのみ有罪とする自判をしている。

また、**同2-37**は、追加された訴因の変更を許可した後にそれが公訴事実の同一性を害するものであることが判明したので、これを是正するため、訴因追加の許可を取り消す決定によって、その訴因を審判の対象から排除し、その立証のための証拠決定も取り消したことは相当であるとしている。また、**同2-34**は、盗撮による常習的卑わい行為の場合に成立する各条例違反の罪の罪数については、公刊物上裁判例が容易には見当たらず、いまだ実務上の解釈が確立されていないので、併合罪の起訴訴因を包括一罪に変更する検察官の請求を許可したことは誤りとは言えないが、後に併合罪であることが明らかになった場合は、訴因変更許可を取り消すべきであるとしている。

（訴因についての裁判所の義務に関する判例）

2-34　東京地判平16・12・20（「迷惑防止条例」違反被告事件）

判示各認定事実のような盗撮による常習的卑わい行為の場合に成立する各条例違反の罪の罪数については、公刊物上裁判例が容易には見当たらず、いまだ実務上の解釈が確立されていない状況にあり、かつ、適用される各構成要件が常習行為を加重処罰する趣旨のもとで「常習として」という共通の文言を用いていることからすれば、第一回公判期日の時点では、これらが常習一罪の関係にあるとする検察官の見解が成り立つ余地が相当程度にあったということができ、**刑事訴訟法312条1項**において、裁判所が、検察官の訴因等変更請求に対し、公訴事実の同一性を害しない限度において、これを許可しなければならないとされていることからすると、同期日の時点で訴因等変更許可の決定をした裁判所に罪数解釈に関する誤りがあったということはできないが、他方、**その後の審理の結果、各罪が併合罪の関係にあると判断するに至った場合には、採り得る手段の一つとして、明文の規定はないが、従前の訴因等変更決定を取り消し、かつ、同変更決定に沿う証拠採用決定を取り消すことができることは、最判昭62・12・3**(略)の趣旨に照らして明らかである。

2-35　札幌高判平7・6・29(強姦致傷、強盗被告事件)

本件**強盗の公訴事実**(略)の要旨は、「被告人両名は、共謀の上、平成六年三月三日午後一一時ころ、北海道千歳市(略)所在の空き地(通称コムカラ峠。以下「コムカラ峠」という。)において、被告人両名の強姦(右起訴状の公訴事実第一)によりC子が抗拒不能に陥っているのに乗じ、C子所有にかかる現金五〇〇円及び腕時計一個等一〇点(時価合計五九五〇円相当)を強取したものである」というのであり、これに対し、原判決は、強盗の成立を認めず、原判示第三の窃盗の事実を認定したもので、その要旨は、被告人両名が共謀の上、原判示第二の強姦の犯行後の同日午後一〇時過ぎころ、コムカラ峠に駐車中の自動車内において、現金五〇〇円、及び腕時計一個等一〇点(時価合計五九五〇円相当)を盗み取った、というものである。(略)。

原判決が認定しているとおり、C子は、被告人両名から強姦される少し前にちょっと意識を失ったことがあったが、その後は、姦淫されている間も、本件により金品を取られたときも、一度も意識を失っていないことは明らかである。しかし、原判決は、原判決説示二2において、被告人両名はC子が失神しているものと真実思っていたと認められるとしており、その点を関係証拠によって検討しても、この認定を覆すに足りる証拠はなく、原判決の認定に誤りは認められない。すなわち、本件に先立ってC子をこもごも姦淫しているのであるが、C子を被告人両名で姦淫した状況に照らすと、被告人両名がそのように信じたかどうか、疑わしいところもないわけではない。しかし、被告人両名は、捜査段階から原審、更に当審に至るまで一貫して、C子が失神していたと思っていた旨述べており、C子を姦淫した際、その間もC子は失神しているように必死に装っており、事実、被告人Aが「死人を抱いているみたいだ」と言ったというのであって、さらに、コムカラ峠から帰る途中、C子に対し、稚拙ながら、被告人Aが心臓マッサージや人工呼吸をしていることも併せ考えると、真実失神していたものと思っていたと認めるのが相当であり、また、被告人両名において、C子が意識を回復する気配を感じていたという形跡は認められない。そうすると、被告人両名について、本件は、被害者が失神している状態にある事案と同様に考えるべきである。(略)

所論によると、反抗不能状態の利用意思があれば強盗罪となり、それがなければ窃盗罪となることになろう。**反抗不能状態の利用の意思**については、暴行・脅迫により反抗不能状態を生じさせた者が、金品を取る犯意を生じて金品を取った場合は、特段の事情の認められない限り、その意思があるというべきであるが、そのような反抗不能状態の利用の意思があるにしても、失神した状態にある被害者に対しては、脅迫をすることは全く無意味というほかなく、同様に、失神した被害者に対して腹いせのために暴行を加えるような特段の事情のある場合は別として、そのような事情のない限り、反抗不能の状態を継続するために新たな暴行を加える必要もないことは明らかである。反抗不能状態を継続させるために、新たな暴行・脅迫の必要があるのは、被害者が失神していない場合か、あるいは失神して意識を取り戻したとき又はその気配を感じたときである。**犯意**に関していえば、そのような被害者が意識を取り戻した場合又はその気配を感じた場合は別として、被害者が失神している場合は、もともと、脅迫をすることはもちろん、新たな暴行を加えることも考え難いから、犯人の主観としては、窃盗の犯意はあり得ても、暴行・脅迫による強盗の犯意は考え難いというべきである。他方、このような場合は、被害者の反抗もまた何ら論じる余地もないといわなければならない。さらに、被害者が金品を奪取されることを認識していないのであるから、被害者が失神している状態にある間に金品を取る行為は、反抗不能の状態に陥れた後に金品を取る犯意を生じて、被害者に気付かれないように金品を盗み取る窃盗、更にいえば、殺人犯が人を殺した後、犯意を生じ死者から金品を取る窃盗とさほどの差異がないというべきである。(本件と同様な事案と思われる**高松高判昭30・2・11**参照)。

そうすると、**新たな暴行・脅迫が必要かどうかは**、被害者が失神状態にある場合と、被害者がそうでない場合とでは、同一には論じられないと考えられる(ちなみに、刑法は強制わいせつ等の罪に関しては、被害者の心神喪失状態にある場合については、一七八条を設けて、これを他の場合と区別しているのである。）。新たな暴行・脅迫不要説の根拠として所論が引用する東京高等裁判所昭和４７年８月６日判決、大阪高等裁判所昭和４７年８月４日判決は、いずれも被害者が失神した間に金品を取った事案ではなく、本件とは事案を異にする。

所論は、失神した被害者に対する関係では、新たな暴行・脅迫を問題としないという限りでは、その余の点はさておくとして、結果が同じであるといえるものの、その理由においてその立場をとることができないから、採用することができない。（略）　そこで、前項に述べた考え方を前提として、本件を検討すると、新たな暴行・脅迫を論じる余地はなく、本件は窃盗に当たるというべきである。

（**占有の移転時期**）本件において、被告人両名がＣ子所有の現金入りの財布、アドレス帳等の占有を確保したかどうかを検討する。被告人Ｂがそれらをコンソールボックスに投げ入れたことは、そのコンソールボックスが運転席の左脇にあり、その際には被告人両名のどちらかが運転席に着席していたのであるから、仮にＣ子が取り戻そうとしても取り戻すことは困難な状況にあったと認められ、その占有は完全に被告人両名のもとに移っていたものというべきである。したがって、その時点では未だ占有が被告人両名のもとに移っていないことを前提とする所論は、その前提を欠き失当である。もちろん、本件は、被告人両名に右財布、アドレス帳等の占有が移転した時点で窃盗の既遂に達するのであって、その後の経緯を全体的に考察して、事後強盗の成立が考えられることは別として、さかのぼって、窃盗を強盗と評価することができないこともいうまでもないところである。

（**訴訟手続の法令違反**）　すなわち、前記第一の二２で認定した事実によれば、被告人両名は、コムカラ峠に駐車中の本件車両内でＣ子からアドレス帳や鍵などを取った後、Ｃ子の自宅付近でＣ子を解放する際、Ｃ子に右二点の物品の返還を求められたが、鍵を返しただけで、指紋が付いているから返せないなどと言ってアドレス帳は返還せず、他方、Ｃ子においても、被告人両名に取られた各財物のうち、取り分け返してもらいたいと考えた右二点の返還を求めたものの、アドレス帳については被告人両名から拒否され、これ以上逆らえば更に暴行を加えられると考え、更に返還を求めるのをあきらめたのであるが、これらの事実によれば、Ｃ子は、それまでの暴行・脅迫及び姦淫行為による反抗不能の状態が継続する中で、右アドレス帳の返還要求を断念したもの（被告人両名に取られた他の金品については、言葉にも出せないままに返還要求を断念している。）であることが明らかである（なお、関係証拠によれば、Ｃ子が被告人Ｂの呼びかけに反応を示した後解放されるまでの間、被告人Ａからスポーツ飲料を渡されて飲んだり、被告人両名と会話を交わしていた事実が認められるものの、これは走行し移動中の本件車両内という、被告人両名の絶対的支配の下におけるものであるから、前記反抗不能の状態が依然として継続していたことにかわりはない。）。そして、このような被告人両名の返還を拒否する言動は、Ｃ子の右反抗不能状態に乗じて、その要求をあきらめさせたものということができるところ（この点に関する被告人両名の認識につき、被告人Ｂの原審公判廷供述中には、これを認める供述部分がある一方、他の供述部分ではこれを否定し、また、被告人Ａも原審公判廷でこれに否定的な供述をする。しかし、被告人両名の右否定（的）供述は、前記第一の二２認定の本件前後の経緯等の事実と対比して不自然、不合理であり、信用できない。）、これは、平成七年法律第九一号による改正前の刑法二三八条所定の取還を拒ぐための脅迫と認められ、同条の事後強盗罪が成立する可能性が大きい。そうであるとすると、**本件強盗の訴因と右事後強盗の事実との間には公訴事実の同一性**があり、事後強盗の訴因に変更し、又は同訴因を追加しさえすれば、事後強盗の事実を認定できた可能性が大であったというべきである。このような場合、事後強盗罪は窃盗罪と比べ重大な罪であるから、原裁判所としては、検察官に対し、この点について訴因の変更等をするか否か釈明すべき義務があったものである。しかし、記録を調査しても、原審がそのような措置をとった形跡はうかがえず、原裁判所の訴訟手続きは、右釈明義務を尽くさなかった点において訴訟手続を誤ったもので、これが判決に影響を及ぼすことは明らかであり、原判示第三の窃盗は、被告人Ａについては原判示第一、第二の各罪と、被告人Ｂについては同第二の罪と、いずれも併合罪の関係にあるので、原判決全部が破棄を免れない。

2-36　最判昭63・10・24（業務上過失傷害被告事件）

起訴状記載の公訴事実の要旨は、被告人が、普通乗用自動車を業務として運転し、時速約三〇ないし三五キロメートルで進行中、前方道路は付近の石灰工場の粉塵等が路面に凝固していたところへ、当時降雨のためこれが溶解して車輪が滑走しやすい状況にあつたから、対向車を認めた際不用意な制動措置をとることのないよう、あらかじめ減速して進行すべき業務上の注意義務があるのにこれを怠り、前記速度で進行した過失により、対向車を認め急制動して自車を道路右側部分に滑走進入させ、折から対向してきた普通乗用自動車に自車を衝突させ、右自動車の運転者に傷害を負わせたというものであつたが、検察官は、第一審の途中（第六回公判）で、右公訴事実中、「前方道路は付近の石灰工場の粉塵等が路面に凝固していたところへ、当時降雨のためこれが溶解して車輪が滑走しやすい状況にあつたから」という部分を、「当時降雨中であって、アスファルト舗装の道路が湿潤し、滑走しやすい状況であつたから」と変更する旨の訴因変更請求をし、右請求が許可された。

第一審裁判所は、右変更後の訴因につき、本件事故現場付近の道路が格別滑走しやすい状況にあつたことを被告人が認識し、あるいは認識し得たと認めるには疑問が存するので、被告人には前記速度以下に減速すべき注意義務があつたとは認められない旨の判断を示し、被告人に対して無罪を言い渡した。

検察官は、右判決に対して控訴を申し立て、原審において、当初の訴因と同内容のものを予備的に追加する旨の訴因追加請求をしたところ、原審裁判所は、右請求を許可し、事故現場の状況とそれに対する被告人の認識等についての証拠調を行った。

原判決は、第一審及び原審で取り調べられた証拠によれば、本件事故現場付近の道路は、石灰が路面に付着凝固していたところへ折からの降雨で湿潤して滑走しやすくなっており、被告人がそのような状況を認識していたものと認められるから、被告人が右状況を認識していたとは認められない旨判断した第一審判決には事実誤認があり、右誤認は判決に影響を及ぼすことが明らかであるとして、右判決を破棄した。そのうえで、原判決は、原審において**予備的に追加された訴因**に基づき、被告人が、普通乗用自動車を業務として運転し、時速約三〇ないし三五キロメートルで進行中、対向進行してきた普通乗用自動車を進路前方に認めたが、当時被告人の走行していた道路左側部分は、付近の石灰工場から排出された石灰の粉塵が路面に堆積凝固していたところへ折からの降雨で路面が湿潤し、車輪が滑走しやすい状況にあつたのであるから、対向車と離合するため減速するにあたり、不用意な制動措置をとることのないようあらかじめ適宜速度を調節して進行すべき業務上の注意義務があるのにこれを怠り、漫然右同速度で進行し、前記対向車に約三四メートルに接近して強めの制動をした過失により、自車を道路右側部分に滑走進入させて同対向車に自車前部を衝突させ、同対向車の運転者に傷害を負わせたとの事実を認定し、被告人を罰金八万円に処した。

三　ところで、**過失犯に関し、一定の注意義務を課す根拠となる具体的事実については、たとえそれが公訴事実中に記載されたとしても、訴因としての拘束力が認められるものではないから、右事実が公訴事実中に一旦は記載されながらその後訴因変更の手続を経て撤回されたとしても、被告人の防禦権を不当に侵害するものでない限り、右事実を認定することに違法はないものと解される。**

本件において、降雨によって路面が湿潤したという事実と、石灰の粉塵が路面に堆積凝固したところに折からの降雨で路面が湿潤したという事実は、いずれも路面の滑りやすい原因と程度に関するものであって、被告人に速度調節という注意義務を課す根拠となる具体的事実と考えられる。それらのうち、石灰の粉塵の路面への堆積凝固という事実は、前記のように、公訴事実中に一旦は記載され、その後訴因変更の手続を経て撤回されたものではあるが、そのことによって右事実の認定が許されなくなるわけではない。また、本件においては、前記のとおり、右事実を含む予備的訴因が原審において追加され、右事実の存否とそれに対する被告人の認識の有無等についての証拠調がされており、被告人の防禦権が侵害されたとは認められない。したがつて、原判決が、降雨による路面の湿潤という事実のみでなく、石灰の粉塵の路面への堆積凝固という事実をも併せ考慮したうえ、事実誤認を理由に第一審判決を破棄し有罪判決をしたことに違法はない。

2-37　最判昭62・12・3（窃盗、有印私文書偽造、同行使、詐欺、詐欺未遂等被告事件）

第一審裁判所は、誤って元の訴因の事実とは併合罪関係にあり公訴事実の同一性がない事実につき訴因追加を許可し、その追加された訴因の事実についての証拠を取り調べた後に、右誤りを是正するため、まず右訴因追加の許可を取り消す決定をし、次いで右証拠の採用決定を取り消す決定をしたうえ、改めて追起訴された右追加訴因と同一の事実をも含めて、更に審理を重ね、判決に至っているが、右各取消決定について刑訴法にこれを認める明文がないからといつて、このような決定をすることが許されないと解すべき理由はなく、これと同旨の理由により右第一審訴訟手続を適法とした原判決の判断は正当である。

（原審：**東京高判昭61・12・18**）（一）　原判示第五の新宿郵便局関係事実と原判示第四の赤坂郵便局関係事実とは併合罪の関係にあることが明らかであるところ、新宿郵便局関係事実について、検察官が、昭和六〇年三月九日付の書面により、これをすでに起訴されていた赤坂郵便局関係事実に訴因として追加することを請求し、同月一二日の第二回公判において、弁護人がこれに異議がない旨の意見を述べ、原裁判所が右訴因の追加を許可する決定をしたこと。

（二） そして、右公判期日において、追加された訴因につき被告人がそのとおり間違いない旨陳述し、弁護人も被告人の述べたとおりである旨の意見を述べ、次いで、同年四月二三日の第三回公判において、裁判官の交付により公判手続が更新されたうえ、追加された訴因につき検察官の請求した証拠がすべて同意書面として取り調べられたこと。
（三） ところが、同年九月一八日の第七回公判において、検察官が、弁護人の求釈明にこたえて前記二つの事実が併合罪の関係にあると釈明し直したうえ、前記の追加された訴因の撤回を請求し、弁護人が撤回に同意するとの意見を述べ、原裁判所がこれを許可するとともに先にした訴因追加の許可を取り消す決定をし、他方、検察官は、新宿郵便局関係事実について、同年九月二〇日付で改めて公訴を提起したこと。
（四） 原裁判所は、同年一一月一三日の第八回公判において、すでに取調済の各証拠のうち、訴因追加の許可が取り消された訴因との関係で取り調べられたものについて、検察官が証拠請求を撤回したのに伴い証拠採用決定を取り消す旨の決定をしたうえ、右追起訴事件の審理に入つたが、その公判において、被告人は、公訴事実のとおり間違いない旨陳述し、更に、昭和六一年一月二二日の第九回公判において、弁護人も、公訴提起が不適法であると主張したものの、公訴事実については被告人が述べたとおりであるとの意見を述べ、次いで、先に採用決定が取り消された各証拠が、再度、検察官の請求によりすべて同意書面として取り調べられたこと。
（五） なお、原裁判所においては、第三回公判から判決に至るまで、裁判官の交代がなかったこと。
（略）公訴事実の同一性がない訴因の追加に端を発した異常な手続が介在しているが、だからといつて、所論のように、不法に公訴を受理したとか、判決に影響を及ぼすことの明らかな訴訟手続の法令違反があるなどということはできない。以下に、その理由を述べる。
（一） 追加された訴因について、後にそれが公訴事実の同一性を害するものであることが判明した場合には、これを是正するため、**訴因追加の許可を取り消す決定**によって、その訴因を**審判の対象から排除**するのが相当であり、この点に関する原裁判所の措置に所論のような違法は認められない。所論は、訴因の追加の許可を取り消す決定は公訴事実の同一性を害しない範囲内の訴因についてのみ可能であるというが、右の**許可を取り消す決定**は**刑訴法312条1項**の訴因の撤回の許可決定ではなく、所論も指摘するように、訴訟関係を整序するための**非類型的な決定**であるから、公訴事実の同一性を害しない範囲内の訴因についてのみ可能であるという制約はない。所論は、また、右の訴因を排除するためには、**同法338条4項**の準用による公訴棄却の判決をなすべきであるともいうが、もともと公訴の提起がなく、独立した公訴として取り扱われたこともない訴因を排除するのに、公訴棄却の判決をするのは過分であり賛成できない。
（二） 検察官が訴因の撤回を請求し、原裁判所が訴因追加の許可を取り消す決定をしたことをもつて、所論のように当該訴因につき公訴が取り消され、刑訴法339条3号による公訴棄却の決定が確定したのと同視することはできないから、前記九月二〇日付の公訴の提起が同法340条に違反するとの所論は、前提を欠き採用できない。
（三） 前記のようにして訴因が審判の対象でなくなった場合には、その立証のために取り調べられた証拠は不要であり、紛らわしくもあるから、それらの証拠については採用決定を取り消す決定をするのが相当であり、この点に関する原裁判所の措置に違法は認められない。そして、そのような措置がとられた本件においては、同じ原審裁判官が、過去に取調をしたことのあるそれらの証拠を、追起訴事実の審理において再び証拠として採用し、取り調べて判決をしたとしても、予断排除の原則ひいては公平な裁判所の裁判の要請に反するものとは解されない。なお、右の追起訴事実については、それが先に追加訴因の形であつたときと全く同様に、事実関係に争いがなく、請求のあった証拠も総て同意書面として取り調べられているのであって、結果的に、原審裁判官が先に同じ証拠を取り調べたことがあるために、事実認定に影響を生じたとは考えられないから、この見地からしても、原判決に所論の違法はないといわなければならない。

2-38 最判昭58・9・6（公務執行妨害、傷害、同致死被告事件・刑訴法判例百選P106）

乙事実に関する訴因がいわゆる現場共謀に基づく犯行の趣旨であることは起訴状における公訴事実の記載から明らかであるうえ、検察官は、第一審審理の冒頭において、右訴因が現場共謀による実行正犯の趣旨である旨及び乙事実は甲事実とは別個の犯罪である旨の釈明をし、その後約八年半に及ぶ審理の全過程を通じて右主張を維持したので、乙事実に関する第一審における当事者の攻撃防禦は、検察官の右主張を前提とし、その犯行の現場に被告人らがいたかどうかの事実問題を中心として行われた。

第一審裁判所は、審理の最終段階において、被告人O、同Hの両名については、乙事実の被害者である警察官一九名が負傷した時間帯である昭和四三年九月四日午前五時三〇分ころから五時四五分ころまでの間に同事実の犯行現場である五階エレベーターホールにいて犯行に加担したと認めるに足る証拠がなく、また、その余の被告人らについては、同日午前五時四〇分以前に右現場にいて犯行に加担したと認めるに足る証拠がないとの心証に達し、前記訴因を前提とする限り被告人らを無罪又は一部無罪とするほかないものの、乙事実の訴因を右現場共謀に先立つ事前共謀に基づく犯行の訴因に変更するならばこれらの点についても犯罪の成立を肯定する余地がありうると考えて、裁判長から検察官に対し、第五四回公判において、甲・乙両事実の関係及び乙事実の共謀の時期・場所に関する検察官の従前の主張を変更する意思はないかとの求釈明をしたところ、検察官がその意思はない旨明確かつ断定的な釈明をしたので、第一審裁判所は、それ以上進んで検察官に対し訴因変更を命じたり積極的にこれを促したりすることなく、現場共謀に基づく犯行の訴因の範囲内において被告人らの罪責を判断し、被告人O、同Hに対しては乙事実について無罪の、その余の被告人らに対しては前記五時四〇分過ぎ以降に生じた傷害、公務執行妨害についてのみ有罪(ただし、被告人Sに対しては甲事実についても有罪)の各言渡しをした。

これに対し、原判決は、被告人Sを除くその余の被告人らに対する関係では、乙事実の訴因につき訴因変更の手続を経ることなく事前共謀に基づく犯行を認定してその罪責を問うことは許されないものの、本件においては、右訴因変更をしさえすれば右被告人らに対し第一審において無罪とされた部分についても共謀共同正犯としての罪責を問いうることが証拠上明らかであり、しかも右無罪とされた部分は警察官一名に対する傷害致死を含む重大な犯罪にかかるものであるから、第一審裁判所としては、検察官に対し、訴因変更の意思があるか否かの意向を打診するにとどまらず、進んで**訴因変更を命じ**、あるいは少なくともこれを積極的に促すべき義務があったとし、右義務を尽くさず、右被告人らについて乙事実又はその一部を無罪とした第一審の訴訟手続には審理を尽くさなかつた違法があるとして、右被告人らに関する第一審判決を破棄し、被告人Sに対する関係では、同被告人については事前共謀に基づく一連の抵抗行為のすべてが訴因とされているとみるべきであるから、同被告人は、右抵抗行為中に含まれる乙事実につき仮にその実行行為の一部に加わっていなかったとしても共謀共同正犯としての責任を免れないとし、第一審判決が同被告人の事前共謀に基づく本件建物における一連の犯行を認めながら乙事実の一部を有罪としなかったのは共同正犯に関する刑法六〇条の解釈ないし適用を誤つた違法があるとして、同被告人に関する第一審判決を破棄し、全被告人につき事件を東京地方裁判所に差し戻す旨の判決を言い渡したものである。

思うに、まず、被告人Sを除くその余の被告人らに対する関係では、前記のような審理の経過にかんがみ、乙事実の現場共謀に基づく犯行の訴因につき事前共謀に基づく犯行を認定するには訴因変更の手続が必要であるとした原判断は相当である。そこで、進んで、第一審裁判所には検察官に対し訴因変更を命ずる等の原判示の**義務があったか否か**の点につき検討すると、第一審において右被告人らが無罪とされた乙事実又はその一部が警察官一名に対する傷害致死を含む重大な罪にかかるものであり、また、同事実に関する現場共謀の訴因を事前共謀の訴因に変更することにより右被告人らに対し右無罪とされた事実について共謀共同正犯としての罪責を問いうる余地のあることは原判示のとおりであるにしても、記録に現われた前示の経緯、とくに、本件においては、検察官は、約八年半に及ぶ第一審の審理の全過程を通じ一貫して乙事実はいわゆる現場共謀に基づく犯行であって事前共謀に基づく甲事実の犯行とは別個のものであるとの主張をしていたのみならず、審理の最終段階における裁判長の求釈明に対しても従前の主張を変更する意思はない旨明確かつ断定的な釈明をしていたこと、第一審における右被告人らの防禦活動は右検察官の主張を前提としてなされたことなどのほか、本件においては、乙事実の犯行の現場にいたことの証拠がない者に対しては、甲事実における主謀者と目される者を含め、いずれも乙事実につき公訴を提起されておらず、右被告人らに対してのみ乙事実全部につき共謀共同正犯としての罪責を問うときは右被告人らと他の者との間で著しい処分上の不均衡が生ずることが明らかであること、本件事案の性質・内容及び右被告人らの本件犯行への関与の程度など記録上明らかな諸般の事情に照らして考察すると、第一審裁判所としては、検察官に対し前記のような求釈明によって事実上訴因変更を促したことによりその訴訟法上の義務を尽くしたものというべきであり、さらに進んで、検察官に対し、訴因変更を命じ又はこれを積極的に促すなどの措置に出るまでの義務を有するものではないと解するのが相当である。

そうすると、これと異り、第一審裁判所に右のような訴因変更を命じ又はこれを積極的に促す義務があることを前提として第一審の訴訟手続には審理を尽くさなかつた違法があると認めた原判決には、訴因変更命令義務に関する法律の解釈適用を誤った違法があるというべきであり、右違法は判決に影響を及ぼし、原判決を破棄しなければ著しく正義に反するものと認める。

次に、被告人Sに対する関係では、乙事実の訴因は、その余の被告人らの場合と同じく現場共謀に基づく犯行の訴因であり、甲事実の訴因は、右乙事実の訴因とされている犯行部分を除くその余の部分に関する、右現場共謀に先立つ事前共謀に基づく犯行の訴因であるところ(なお、乙事実の訴因とされている犯行部分が右事前共謀に基づくものとして予備的ないし択一的関係において主張されているという事実は認められない。)、右乙事実の訴因につき右事前共謀に基づく犯行を認定する場合に訴因変更の手続を必要とすることはその余の被告人らの場合と同様であって、右訴因変更手続を経ない限り、乙事実の訴因中被告人Sが同事実の犯行現場である本件五階エレベーターホールにいて犯行に加担したと認めるに足る証拠のない部分について事前共謀に基づく罪責を認めることは許されないと解されるから、右訴因変更手続を経ないまま、同被告人につき事前共謀に基づく一連の抵抗行為のすべてが訴因とされていることを前提として第一審判決には共同正犯に関する**刑法60条**の解釈ないし適用を誤った違法があると認めた原判決には、訴因の範囲に関する判断を誤った違法があるというべきであり、右違法は判決に影響を及ぼし、原判決を破棄しなければ著しく正義に反するものと認める。

2-39　東京高判昭51・3・30(公務執行妨害被告事件)

所論は、要するに、原判決は、検察官が訴因として主張していない事実(「身を伸ばして法壇上の机に手をかけた」という事実)を、訴因変更の手続を経ることなく、罪となるべき事実として認定したが、まさしく右事実は犯罪の成否にもかかわる重要な事実であり、不意打ち的に被告人及び弁護人の防禦の機会を奪い取って認定されたものであって、原判決は、審判の請求を受けない事件について判決したというべく、破棄を免れない、というのである。

確かに、記録によれば、原判決は、斉川裁判長に対し被告人が加えた暴行として、「やにわに被告人席から弁論再開申立書を振りかざしながら、法壇中央にある裁判長席へ向って『不当』あるいは『ナンセンス』と叫びながら足早に近づき、右裁判長席の真正面にある書記官席の机上に跳び乗り、身を伸ばして法壇上の机に手をかけた」旨を認定したが、右認定にかかる暴行事実のうち、「身を伸ばして法壇上の机に手をかけた」との事実は、起訴状に訴因として明示されておらず、且つ、検察官は、原審第二回公判廷において、同裁判長に対する暴行として起訴状に記載された「やにわに、喚声をあげて突進し、土足のまま裁判所書記官用の机にとび上って所持の書面を投げつけるなどの暴行」の「**など」は「喚声をあげて」以下「書面を投げつける」までの一連の行為が複数であるという趣旨で、例示的であるという趣旨ではない旨釈明したことが認められる。したがって、右によれば、暴行の点につき訴因変更の手続がなされた証跡の窺えない本件においては、原判決には、訴因の拘束力を無視して訴因の枠外の事実を認定した点に、訴訟手続の法令違反があるとのそしりを免れない。**(刑訴法378条3号にいう審判の請求を受けない事件について判決をした場合には当たらない。)

しかして、訴因の枠外の事実を認定した違法があれば、一般的にはこの違法が判決に影響を及ぼすというべきであるが、本件においては、原判決は、斉川裁判長の判決言渡を妨げる原因となった被告人の同裁判長に対する一連の暴行を認定、判示するにつき、「身を伸ばして法壇上の机に手をかけた」という事実を、原判示の他の暴行事実に付加して認定、判示したにすぎず、右付加認定が本件公務執行妨害罪の成否にかかわりを持たないのは勿論、その罪質、態様、違法性及び犯情等に基本的な変更をもたらすものではないこと、右一連の暴行については、原審において、証人調べの際の反対尋問などにより被告人側に防禦の機会が十分与えられたことが、記録並びに原審で取調べた各証拠により明らかである。

それ故、右のような場合は、**例外的に、訴因の枠外の事実を認定した違法が判決に影響を及ぼさない**、と解するのが相当である(もともと、右のような場合、訴因変更を要しない、すなわち、訴因の枠外の事実を認定したことが違法にならないのではないかとの疑問も生ずるが、検察官から起訴状につき前示の釈明がなされた以上、やはり右疑問には消極に解さざるを得ない)。

2-40　仙台高判昭43・7・18(道路交通法違反、業務上過失致死被告事件)

「公訴事実が、軽四輪乗用自動車を運転した被告人において被害者Hとの間に安全な間隔を保たないでその右側を進行しようとした点に被告人の過失が存するものと主張しているのに対し、原判決は、被告人が運転開始前、酒に酔ってすでに正常な運転をすることができない状態にあつたこと、したがつて、右自動車の運転を敢えて開始しこれを中止することなく継続した点に被告人の過失が存することをそれぞれ認定しているものと解されるのであり」、このように原判決が、訴因として掲げられた過失とは異なる別個の過失を認定するには、その旨の**訴因変更手続を経なければならないもの**と解するのが相当である。しかるに、原審でこの訴因変更手続を経由した形跡は記録上何ら存しないのであって、してみると、原判決が、この手続を経由することなく、直ちに右のような過失を認定したのは、訴因の拘束力の範囲を逸脱しかつ被告人の防禦に実質的な不利益を及ぼすおそれがあるものとして違法であるというべく、この訴訟手続の法

第2　訴因変更の要否

訴因には、概ね、①犯罪事実の構成要件的評価を特定するための事実、②犯罪行為を特定する事実、③結果を特定する事実、④犯罪事実のさらなる詳細な事実（意図、動機、計画、謀議の態様、犯罪の方法、態様、経過など）が記載されている。

訴因について**事実記載説**（通説判例）に立った場合、訴因変更を必要とする「**事実が異なった場合**」とは、どの程度異なった場合を言うのかが問題となる。

訴因変更の要否は、三つの視点から考えなければならない。検察官からみると、提起した訴因と異なった犯罪が認定されても（横領の訴因に対して背任、窃盗、占有離脱物横領などの認定。強盗致傷の訴因に対して窃盗あるいは恐喝と傷害）、訴因事実に限定しての処罰を求めているのではなく、その他の犯罪も含めた犯罪事実の処罰を求めていると考えられるので、検察官処分権主義は侵されない。しかし、住居侵入窃盗事件で、検察官が住居侵入を落として窃盗のみで起訴したのに、処罰を求めていない住居侵入も含めて認定されると処分権主義侵害となる（**前掲判例2-44**参照）。この意味で、検察官処分権主義も訴因変更の要否の限界を画しているといえる。

次に、裁判所にとっては、訴因に拘束力があるのだから、検察官が訴因変更しなければ、提起した訴因事実と異なった犯罪事実を認定することができない。したがって、裁判所にとって必要な訴因変更の要否は、特定されている犯罪事実の範囲内かその範囲外かという限度で足りることになる。なお、**訴因逸脱認定**は**刑訴法378条3項か同379条又は411条１号**かという問題がある。起訴訴因では変更不可能な犯罪事実の認定は前者、訴因変更可能なのに変更しないで認定は後者とする判例が多い。

これに対して、被告人にとっては、訴因は防御の対象範囲を明確に確定するという極めて重要な意味を持っている。提起された訴因に対して防御活動が成功したのに、突然、別の犯罪事実を認定されたのでは、それまでの防御活動が無意味になるばかりか、認定された犯罪について防御できなかったという著しい不利益が生じる。その意味で、訴因変更の要否は、被告人の防御権の保障、すなわち、**被告人の防御に不利益になるか**が判断基準となるのは当然である。被告人の防御に不利益になるかの判断基準については、抽象的ないし一般的見地から判断すべきであるという**抽象的危険説**の方が目的に適っている。

上記①犯罪事実の構成要件的評価を特定するための事実は、原則として訴因変更が必要である。これは異なった構成要件間の齟齬であり、被告人にいかなる犯罪の刑事責任を負わせるかを決める必要最小限の事実主張であり、防御する被告人にとってばかりではなく、審判する裁判所にとっても、一犯罪（科刑上一罪も含めて）一訴因でなければならない。そして、裁判所にとっては、検察官が提起した訴因と異なった犯罪事実を認定できないのであるから、また、被告人にとっては、抽象的、一般的には構成要件が異なれば防御対象も異なってくるので不利益になるのであるから、いずれの面からも、原則として訴因変更が必要である。しかし、証拠不十分の結果、あるいは防御の結果として縮小認定する場合は、審判の対象は明確であるし、被告人にとって不利益ではないので訴因変更は不要である（判例によると、殺人→傷害致死、殺人未遂→傷害、強盗→恐喝、強盗致死→傷害致死、横領→占有離脱物横領、受託収賄→単純収賄など）。

また、事実に齟齬はなく、事実の法的評価の違い（法令適用）だけの場合も、被告人に不利益でない場合は変更不要な場合がある（例えば、窃盗の起訴で、占有のみが立証できない場合の占有離脱物横領）。

さらに、単独犯か共同正犯か、直接正犯か間接正犯かは共犯の態様の違いでなので同一の公訴事実の範囲内にあり、検察官が共犯として処罰することを求めていることには変わりがないので、被告人の防御権を侵害しない場合には訴因変更しなくても検察官処分権主義には反しない。

上記②犯罪行為を特定する事実は、提起された訴因事実と、行為の態様や因果関係が異なる場合（傷害致死事件で、殴った行為によるか、押し倒した行為により何かに打ち当たった結果か）は、裁判所にとっては不要であっても、被告人にとっては防御上極めて重要であるので、原則として訴因変更が必要である。ただし、同一機会での一連の暴行であれば（殴ったり蹴ったりの複数回の暴行のうち、どの暴行が傷害の原因であるか）、全体が一個の実行行為であるから訴因変更は必要ない。

上記③結果を特定する事実は、犯罪の最も重要な部分であるので訴因の変更が必要である（窃盗の被害物品の変更など）。

上記④犯罪事実のさらなる詳細な事実は、主として、被告人の防御権という観点から検討が必要である。

訴因変更の要否については、次に掲載する判例の外、既に掲載している判例を参照されたい。

（訴因変更の要否に関する判例）

2-45　東京高判平18・7・5（傷害被告事件）

原判決は、本件について、被告人両名の共謀を認定し、「事実認定の補足説明」の第９の３において、「自転車を蹴り倒したことを原因として、被告人両名とＶとの間で口論となり、被告人乙がＶの腕を掴んで揺さぶったことなどの本件犯行に至るまでの経緯、被告人両名がＶに対して加えた暴行の態様等からすれば、本件犯行時、被告人両名の間で、少なくとも黙示の現場共謀が成立していたことは明らかである」と説示している。

しかしながら、（略）、被告人甲が手でＶの両頬を叩き、さらに持っていたバッグでその顔面を２回殴打し、これに対してＶが手で防戦していたところ、被告人乙が、Ｖの後方からその頭髪を掴み手拳で後頭部を数回殴打したもので、この経緯に照らすと、被告人甲がＶに暴行を加えたのは、同被告人の突発的な単独行為であることが明らかであり、その際、被告人甲が暴行を加えるについて同乙と意思を通じていたものとは認められない。そうして、その後被告人乙がＶに暴行を加えた際には、同甲に加勢する気持ちであったことは容易に推認することができるけれども、被告人乙がＶに暴行を加え始めた後は、同甲は全く手を出していないのであって、被告人甲が、同乙の加勢を得て、これに呼応した形跡は全くない。そうすると、被告人両名がＶに対して暴行を加える旨意思の連絡をしていたとは言い難いのであって、他に、被告人両名の共謀を認めるべき証拠はないから、本件について、被告人両名の共謀を認めた原判決は是認することができない。

然るところ、被告人両名は、いずれもＶの頭部付近に暴行を加えているものの、Ｖの頚椎捻挫、頭部打撲あるいは右耳挫創の傷害が被告人両名のいずれの暴行によるものであるのかを明らかにする証拠はないから、Ｖの受傷は、被告人両名のいずれの暴行により生じたかを知ることができないというべきである。

そうすると、被告人両名の黙示の共謀を認めた原判決は是認することができないけれども、被告人両名の行為は傷害の同時犯と認められるから（本件を**傷害の同時犯と認定するについて、訴因変更の必要はない**と認める。）、結局、原判決のこの事実誤認はいまだ判決に影響を及ぼすことが明らかであるとはいえない。

第３　訴因変更の可否（公訴事実の同一性）

訴因変更は公訴事実の同一性の範囲で許されている（**刑訴法312条１項**）。

公訴事実の同一性がある場合とは、社会的事実に照らし、**両訴因が別訴において両立し得ない関係**にある場合をいう。この意味については、二つの面から考える必要がある。一つは、一事不再理の原則が及ぶ範囲、即ち、判決の拘束力が及ぶ範囲である、**実体上の一罪のみならず科刑上一罪（牽連犯、観念的競合）**として評価される事実が同一である。これを**公訴事実の単一性**という。もう一つは、社会的事実関係から見て両訴因が両立し得ない関係にある場合は事実が同一である。これを**狭義の公訴事実の同一性**という。そして、両訴因が両立しうる関係のある場合には併合罪関係にあるということである。

公訴事実の同一性の範囲内で一事不再理の効力が働くとしたものとして、「火鉢の火気を始末せず外出したため、火鉢の残火が飛んで工場を焼毀させた」という失火の事実で罰金刑に科せられた後に、「Ａから工場の放火を打ち明けられ、情を知らない宿直員Ｂを誘い出して遊興するよう命ぜられ、Ｂを伴って夜工場を抜け出し、Ａの放火を容易にして幇助した」という事実で起訴された事案で「同一被告人に対する同一日時場所における同一客体の焼毀に関するものであり、正に社会的、歴史的事実は同一であって、即ち基本的事実関係を同じくするものであり、両者間には公訴事実の同一性がある」として刑訴法337条1号によって免訴の判決を言い渡さなければならないとした判例がある（**最判昭35・7・15**）。

判例2-48は、変更後の訴因について有罪認定ができない場合は訴因変更を許可すべきではないとしている。

覚せい剤使用については、**同2-46**は、公判において、被告人が使用の場所や態様を変更したため、変更後の供述を信用してその内容の訴因に変更することは、尿の鑑定結果から一回の覚せい剤使用を起訴したものであるから、両立し得ない関係にあるので公訴事実の同一性があるとして訴因変更を認めたのに対し、**同2-50**は、使用日を２日後に変更する旨の訴因変更について、被告人が多い時には一日２、３回使用していたこと、そのような使用頻度でも10日分以上の覚せい剤を所持していたと変更した供述を前提にすると、両立しうる関係にあるので訴因変更は認められないとし、採尿に直近の最後の使用の意味であるという検察官の主張に対しては、不明確な訴因が明確になった場合などに当てはまるとしても、最初から明確であった日時の事実が、他の事実に乗り換えることになる場合には当てはまらないとして訴因変更を認めない。

収賄と贈賄の関係については、公務員と共謀して収賄したという訴因と贈賄者と共謀して公務員に贈賄したという訴因は一つの贈収賄事件で、共謀の相手が収賄側なのか贈賄側なのかの違いであるので、両立しない関係にあり公訴事実の同一性があるとした判例（**最決昭53・３・６**）、「被告人はＡと共謀の上○○時△△場所においてＢから一人あたり2830円相当の酒食の饗応の贈賄を収受した」という収賄の訴因と「被告人はＢと共謀の上○○時△△場所においてＡに対し2830円相当の酒食の饗応の賄賂を供与した」という贈賄の訴因は、「公訴事実の日付、場所、人及び行為の内容等具体的事実関係を全て同じくし、公訴事実の同一性を失わない」とした判例（**最判昭28・3・15**）がある。

窃盗と横領の関係については、「甲日乙時に道路上でＡ保管の腕時計を窃取した」という窃盗の訴因と「甲日乙時ころ、ＡがＢと喧嘩する際脱ぎ捨てたジャンパーから路上に転がり出た同腕時計をＡのために保管中、翌日入質した」という横領の訴因は同一性があるとした判例（**最判昭37・3・15**）、被告人はＡに短期間に一頭６万円で売却できると約束していたが、その見込みがなく、Ａから馬を引き上げると告げられたため、ＡとＢに無断で馬を引き出して廉価で売却したという事案で、「Ａから馬の売却を依頼されていて売却した代金の一部を着服横領した」という業務上横領の訴因と「ＡがＢから預かっていた馬を窃取した」という窃盗の訴因とは、「いずれも同一被害者に対する特定の物とその換価代金を中心とする不法領得行為であって、一方が有罪となれば他方がその不可罰行為として不処罰になる関係にあるので公訴事実の同一性があるとした判例（**最判昭34・12・11**）はある。

詐欺と横領の間については、「○○の外務員として会員募集及び会費などの集金業務に従事中、甲日から乙日までの間25回にわたって25名から集金した合計175000円をその都度ほしいままに着服横領した」という業務上横領の訴因と「犯行当日の４ヶ月前に解雇されていたが、なお○○の事務員なるかのように装い前期期間中同25名から同金額を騙取した」という詐欺の訴因は同一性を失わないとした判例（**最判昭31・11・9**）がある。

窃盗と臓物罪との関係については、**判例2-54**は、「昭和二五年一〇月一四日頃、静岡県長岡温泉Ｋホテルに於て宿泊中のＯの所有にかかる紺色背広上下一着、身分証明書及び定期券一枚在中の豚皮定期入れ一個を窃取したものである」という訴因と、「賍物たるの情を知りながら、一〇月一九日頃東京都内において自称Ｏから紺色背広上下一着の処分方を依頼され、同日同都豊島区（略）Ｙ方に於て金四千円を借受け、その担保として右背広一着を質入れし、以って賍物の牙保をなしたものである」という訴因について公訴事実の同一性を肯定し、公訴事実の同一性の判断に関する考え方を説示しているので参考になる。その他に、「甲日乙時ころ、Ａ方で、Ｂと共謀して自転車１台とアメ１瓶を窃取した」という窃盗の訴因と「甲日ころＡ方付近までＢと同行し同人の依頼により同人がＡ方から窃取した同上の△△まで運搬した」という贓物運搬の訴因とは同一性があり、Ｂが窃取した直後にＢの依頼で贓物を運搬した事実が窃盗の共同正犯の証拠となる重要な事実であるとした判例（**最判昭27・10・30**）、「昭和二十八年九月二十一日午前一時頃京都市（略）Ｔ方前路上に於て同人所有のリヤカー一台（時価一万円位）を窃取した」という事実と、追加された予備的訴因である「昭和二十八年九月二十一日午前一時頃京都市（略）大宮南入路上で知人Ｆより、その盗品たるの情を知りながら、リヤカー一台（時価一万円位）を預りもつて賍物の寄蔵をなした」という事実との間には、日時の同一、場所的関係の近接性及び不法に領得されたＴ所有のリヤカー一台に被告人が関与したという事実に変りはないから、右両訴因の間の基本的事実関係は、その同一性を失うものでないとした判例（**最判昭29・9・7**）がある。

同2-49は、裏金の横領について、送金依頼に乗じて送金先に送金依頼額より多くの送金をするからその分を指示する口座に返金してほしい旨を依頼して送金した（変更後の訴因）、依頼を受けた者が当該額を小切手数枚にして送金してきたのを着服した（変更前訴因）という事案について、両訴因は、片方が成立すれば他方が不可罰的な準備行為か事後行為となる関係だから両立し得ない関係にあるので、訴因変更は適法であるとしている。

同2-53は、株式取得のためになされた業務上横領行為と商法489条2号前段に違反する会社の自己株取得のためになされた支出行為とは、いずれも被告人の同一行為が行為に関する同一事実の表裏をなすもので、択一的関係にあって公訴事実の同一性があるとしている。

同2-47は、検察官が、起訴状の犯行日時の「昭和62年」を「昭和63年」に変更申請し、弁護人の異議はないとの意見を受けて裁判所が変更許可し、そのとおりの判決をしたが、証拠上は当初の訴因が正しいことが明らかである事案について、「認定事実と訴因事実とが犯行の日のほかは完全に一致していること」、弁護人も異議ない旨の意見も受けて訴因変更手続をしていることなどから、「犯行の日にかかる前示のような誤認は罪となるべき事実の特定に影響を及ぼしていないものと認められない」としている。これは、証拠上両立し得ない関係にあることが明らかであることを前提とした、一審の誤認を救済した判断であるといえる。

同2-51は、事実は同一であり、両訴因は預金者なのか仲介者なのかという法的評価の違いであるから訴因変更は適法であるとする。

同2-52は、勾留状の被疑事実が賭博罪であるのに、起訴訴因が「賭博開張図利を、賭具を貸与して幇助した」である場合、併合罪の関係にあるものであるから、事件の同一性を欠くが、勾留中の供述調書の任意性には影響ないとしたものである。

（訴因変更の可否に関する判例）

2-46　最判昭63・10・25（覚せい剤取締法違反被告事件）

起訴状記載の訴因は、「被告人は、『Ａちゃん』ことＢ某と共謀の上、法定の除外事由がないのに、昭和六〇年一〇月二六日午後五時三〇分ころ、栃木県芳賀郡（略）の被告人方において、右Ｂをして自己の左腕部に覚せい剤であるフエニルメチルアミノプロパン約〇・〇四グラムを含有する水溶液約〇・二五ミリリツトルを注射させ、もつて、覚せい剤を使用した」というものであり、また、検察官が第一審裁判所において変更を請求した訴因は、「被告人は、法定の除外事由がないのに、昭和六〇年一〇月二六日午後六時三〇分ころ、茨城県下館市（略）所在スナツク『Ｃ』店舗内において、覚せい剤であるフエニルメチルアミノプロパン約〇・〇四グラムを含有する水溶液約〇・二五ミリリツトルを自己の左腕部に注射し、もつて、覚せい剤を使用した」というものである。そして、記録によれば、検察官は、昭和六〇年一〇月二八日に任意提出された被告人の尿中から覚せい剤が検出されたことと捜査段階での被告人の供述に基づき、前記起訴状記載の訴因のとおりに覚せい剤の使用日時、場所、方法等を特定して本件公訴を提起したが、その後被告人がその使用時間、場所、方法に関する供述を変更し、これが信用できると考えたことから、新供述にそって訴因の変更を請求するに至ったというのである。そうすると、両訴因は、その間に覚せい剤の使用時間、場所、方法において多少の差異があるものの、いずれも被告人の尿中から検出された同一覚せい剤の使用行為に関するものであって、事実上の共通性があり、**両立しない関係**にあると認められるから、基本的事実関係において同一であるということができる。したがつて、右両訴因間に公訴事実の同一性を認めた原判断は正当である。

2-47　東京高判昭63・9・12（住居侵入、窃盗被告事件）

原判決は、犯行の日を「昭和六二年一月二三日」と認定判示しているが、原判決挙示の関係各証拠によれば、その犯行の日が「昭和六三年一月二三日」であることが明らかであり、この点、原判決には事実の誤認があるといわなければならない。そこで、右の事実誤認が判決に影響を及ぼすものかどうか記録を調査して検討すると、原判示第一の事実に対応する訴因は、昭和六三年二月二六日付起訴状記載の公訴事実として掲げられたものであるところ、起訴に際しては同訴因においても犯行の日を「昭和六二年一月二三日」としていたが、原審第一回公判期日に検察官からこれを「昭和六三年一月二三日」に改める旨訴因の変更の請求があり、原審弁護人においても右請求に異議がなく、原裁判所が訴因変更を許可し、更に、この訴因の変更手続が行われた後に被告人に対し被告事件について陳述する機会が与えられ、被告人が同訴因につき公訴事実を全部認める旨の陳述をしていることが明らかである。すなわち、原判決における犯行の日の誤った認定判示は、変更前の訴因における犯行の日の誤った表示をそのまま踏襲したものと窺え、一方、被告人側においても、変更前の訴因と変更後の新訴因との間で犯行の日に満一年の相違があるにせよ、犯行時刻、犯行場所、犯行方法、賍品などが全て同一であることから、公訴事実の同一性を肯定して、訴因変更に異議がなく、かつ、変更後の訴因について犯罪事実を全面的に認めたものと認められる。してみると、判決において認定判示する犯行の日時は、罪となるべき事実そのものではなく、これを特定するため、できる限り明示することが求められているものであるから、原判示第一の事実の認定において、認定事実と訴因事実とが犯行の日のほかは完全に一致していることに加え、右のような審理経過、とりわけ犯行の日に関して訴因変更の手続がとられていることなどに照らし、犯行の日にかかる前示のような誤認は罪となるべき事実の特定に影響を及ぼしていないものと認められ、したがって、右誤認が判決に影響を及ぼすものでないことも明らかであり、結局、原判決を破棄する事由は存在しない。

2-48　宇都宮地判昭58・9・27（住居侵入、強盗殺人被告事件）

被告人が被害者宅に赴いたと想定される時間帯を基準とすると、被告人は、被害者がおそらく就寝中に被害者宅にいわば押し入って本件犯行に及んだと考えざるを得ないが、そうすると、検察官の訴因及び冒頭陳述における主張内容を更に上回るような凶悪事犯ということになる。被告人にこのような凶悪事犯を被害者宅で敢えて行なうほどの動機が存在したといえるであろうか。被告人がその自白中において供述する動機に対するよりも一層大きな疑問を持たざるを得ず、先に検討したように、「華」での飲酒及びその代金の支払状況などからして被告人が被害者宅へ赴く際ある程度の所持金を有していた可能性が十分あるだけに、なおさら疑問の感が深い。なお、被告人が当初、窃盗ないしは強盗とは全く異なる動機、目的で被害者宅へ押し入ったということも一応考えてみる必要があるけれども、このような異質の動機、目的の存在を推測させるだけの証拠は当公判廷にあらわれていないといわなければならない。

また、被告人が右のとおり被害者の就寝中に被害者宅に押し入ったとすると、その侵入口、侵入方法が問題となるが、被害者が独り暮らしの女性であり、しかも、日頃から不審者が庭先等にあらわれるのを相当に気にかけ、本件の少し前に施錠設備を頑丈にしたほどであったこと（証人Ｉ、同Ｗの当公判廷における各供述、同人らの員等）などからすると、被害者が五月三〇日の夜独りでおりながら玄関の施錠をしないままであったものとは考えにくく、そうかといって、証拠上、他の場所から何物かが被害者宅に侵入した形跡はうかがわれず、この点も大いに疑問の残るところである。

更に、被害者宅へ侵入後、殺害及び逃走に至るまでの経緯を認めるに足りる証拠がないことになる。捜査段階における自白による午後八時ころの侵入から午後一一時三〇分ころまでに至る物色、待機、押入れ内での隠れ、その間の被害者の動静、被害者による発見等の経緯は、その時間帯のアリバイの成立により崩れたのであり、それにかわる侵入後の経緯が証拠上空白であるといわざるを得ない。

以上のほか、がま口や足跡痕に関する事実からたやすく被告人が本件強盗殺人等の真犯人であるとは断じ得ないことは（略）で検討したとおりである。

そうすると、結局、被告人が「華」を出てから被害者宅に赴き本件強盗殺人等の犯行に及んだものと断定して、訴因変更手続を経たうえ有罪の認定をすることはとうていできないものといわざるを得ないし、また、本件の審理経過や事案の性質等に鑑みると、今後、新たに右に指摘したような諸点についての証拠を発見収集することは著しく困難であるといわざるを得ない。

2-49 東京高判昭56・9・16（業務上横領、贈賄被告事件）

記録によれば、被告人Ａは、昭和四九年一〇月三〇日別紙**第一訴因**及び原判示第二の各業務上横領の事実で公訴を提起され、次いで、同年一一月二日原判示第三の業務上横領の事実で、更に、同月三〇日原判示第四の贈賄の事実で、それぞれ追起訴され、原審は、これらを併合審理のうえ、昭和五三年一二月四日第四〇回公判期日において弁論を終結し、昭和五四年一月三一日第四一回公判期日において判決言渡しの予定であったところ、同期日において職権で弁論を再開し、検察官に対し第一訴因を維持するか否か釈明し、これらに対する弁護人の異議申立を棄却し、同年二月二三日第四二回公判期日において、検察官の同月九日付訴因追加請求書に基づく別紙**第二訴因の予備的追加を許可**し、同年三月二〇日第四三回公判期日において、弁護人の右許可決定に対する異議申立を却下し、弁護人のした第二訴因防御のための証人Ｃ、同Ｄ、同Ｅ子の各申請をすべて却下し、同年五月一八日第四四回公判期日において、弁護人の申請による被告人Ａの質問を実施して、弁論を終結し、同年六月二七日第四五回公判期日において、**第二訴因につき原判示第一の業務上横領の事実を認定した判決の言渡しをした**ことが明らかである。

そこで、第一訴因並びにこれに関する冒頭陳述と第二訴因とを対比検討すると、本件は、全国販売農業協同組合連合会（以下「全販連」という。）養鶏部長として、マレックワクチンの販売代金の一部を簿外資金として管理運用していた被告人Ａが、右簿外資金として、三菱銀行大手町支店のＡダッシュ名義の普通預金口座（以下「Ａダッシュ名義口座」ともいう。）に、合計三一三万四、一三四円を預金し、全販連のため業務上保管中、昭和四六年七月初めころ全販連の下部組織である兵庫県経済農業協同組合連合会（以下「兵庫県経済連」という。）畜産部長Ｃから二〇〇万円の送金依頼があった際、右預金のうちから二〇〇万円を同人に送金し、これを自己あてに送り返してもらって自己の借金の返済資金に充てようと考え、同人に対し、「私も個人的に使いたい金もあるので、一応私の分として一五〇万ないし一六〇万円余計に送金するから、着いたら直ぐに私の口座に振り込んでくれ。」と頼み、「合せて四〇〇万円送る。」と伝えたうえ、同年七月八日ころ、情を知らないＤを介して、右預金のうちから二〇〇万円を、右Ｃが管理する三和銀行神戸支店Ｃダッシュ名義普通預金口座（以下「Ｃダッシュ名義口座」ともいう。）に振替送金し（第二訴因）、右Ｃは、同月一四日ころ、かねて右簿外資金の運用として同被告人から送金されていた二二〇万円を右Ｃダッシュ名義口座から引出し、小切手七通としてこれを同被告人に返戻し、同被告人が全販連のため業務上保管中、このうち小切手五通額面合計一八〇万円を、そのころ、東京都内において自己の用途に充てるため着服した（第一訴因）という事案にかかるものであり、簿外資金の近接した一連の流れのうち、どの段階の領得行為をとらえて業務上横領罪の成立を認めるかという問題であって、一方が有罪になれば他方はその不可罰的な準備行為又は事後行為として不処罰となる関係にあり、両立し難く、その間基本的事実関係の同一を肯認することができるから、両訴因は公訴事実の同一性を有すると認められる。したがって、訴因の追加変更を許可し、第二訴因について有罪判決をした原審の措置には、何ら違法はない。

次に、右訴因追加変更は、著しく時機に遅れたものというほかないが、未だ被告人の防御を著しく困難にし、手続の適正を害するものとは認められず、これを許可した原審の措置は違法とはいえない。

更に、同被告人が同年七月八日ころ、自己の用途に供する目的で、情を知らないDを介してAダッシュ名義口座からCダッシュ名義口座へ二〇〇万円振替送金したとの第二訴因の事実は、すでに冒頭陳述で詳細に主張されていたところであり、弁護人が、第二訴因防御のためとして申請した証人C、同D、同E子は、右の点に関しても尋問済みであったのであるから、この点については改めて被告人Aの質問を許すだけで十分であるとして、右三名の証人申請を却下した原審の措置は、必ずしも是認し得ないわけではなく、未だ審理不尽の違法があるとは認められない。

2-50　前橋地決昭56・6・19（覚せい剤取締法判違反被告事件）

主文　本件訴因変更はこれを許さない。

理由　（訴因変更請求の趣旨）被告人に対する昭和五五年一〇月三一日付起訴状記載の公訴事実「被告人は、法定の除外事由がないのに、昭和五五年九月二四日午前零時三〇分ころ、太田市《番地略》の自宅において、フェニルメチルアミノプロパンを含有する覚せい剤水溶液約〇・一五ｃｃを自己の左腕に注射し、もって覚せい剤を使用したものである。」とあるうち、日時の点を「九月二六日午前三時一五分ころ」に、覚せい剤水溶液の量を「約〇・二五ｃｃ」に変更することを求める。

（当裁判所の判断）本件訴因変更請求が許されるためには、前記起訴状記載の公訴事実の訴因（以下、旧訴因という。）と、検察官が変更を求める訴因（以下、新訴因という。）との間に公訴事実の同一性があることを要するので、この点について検討する。

公訴事実が同一であるとは、基本的事実関係が同一であること、すなわち、Ａ訴因事実とＢ訴因事実のうち、重要な事実が一致している結果、Ａ訴因事実とＢ訴因事実とが社会的歴史的にみて同一の事象と認められ、互いに両立しえない関係にある場合をいう。

それでは、犯行日時の点は右の重要な事実に該当するのか、それとも枝葉の問題にすぎないのか。この点は、当該犯罪の特殊性や犯行態様に照らし、具体的に決定すべきである。たとえば、Ａ方からカラーテレビ一台を盗んだというような窃盗の事案では、被害者と賍物が同一である限り、そのような犯行は一回的にしか存在し得ないと認められるから、たとえ日時の点にくいちがいがあっても、両訴因は両立しえない同一の事象であって、公訴事実の同一性が認められる。しかし、本件のような覚せい剤使用の事犯では、しばしば犯行が反覆継続して行なわれ、複数の犯行を区別して特定しうる特徴を有しないのが通常である。したがってかかる犯行を特定するためには、日時の点が重要な意味を持ち、日時が異なれば、二つの訴因は両立する可能性があるのである。かような事案にあっては、原則として、日時のくい違いがある限り、その違いがごく瑣末である場合を除いて公訴事実の同一性を欠くというべきである。

しかし、他方、公判審理の過程において、被告人が覚せい剤を使用したことがそのころ一回限りであり、他に同種犯行の形跡がないことが認められる場合や、他の者と一緒に覚せい剤を注射したというように、ある覚せい剤使用の犯行を他と区別する特徴があって、その事実が両訴因を通じて同一である場合には、日時の点は枝葉の問題にすぎなくなる。けだし、右のような事情があれば、当該犯行は一回限りのものであって、日時が異なっても両立する可能性はなくなるからである。（略）

相違点のうち、量の点は枝葉の問題であるとしても、日時の点は前述の意味において重要である。すなわち被告人の公判廷供述によれば、被告人は、昭和五五年九月当時覚せい剤を常用し、多い時には一日二、三回使用していたことが認められ、犯行日のくいちがいがたとえ二日であっても、両訴因は両立する可能性が強く、しかも旧訴因については、前記のような、相当詳細な自白も存在したのである。これに対し、被告人は、当公判廷において昭和五五年九月二四日には覚せい剤をきらしていて、覚せい剤を使用する可能性はなく、同月二六日にAから覚せい剤を入手して、これを使用して注射したものであり、以前に九月二四日に覚せい剤を使用したと言ったのは全部虚偽である旨供述し、また昭和五六年四月一三日付検察官に対する供述調書中にも同様の記載がある。そこで、これらの供述がその通りだとすると、九月二四日から九月二六日までの間に犯行は一回限りであったということになる。しかしながら、被告人の前記供述調書によれば、被告人は、昭和五五年九月八日ころCから覚せい剤三グラムを買い、同月一七、八日ころ使いはたした旨供述しているが、三グラムといえば、一回分を〇・〇五グラムとしても六〇回分であり、一〇日前後で使いはたせる量とは考えられないし、（なお被告人は右三グラムはすべて自己使用し、他人に譲渡したことはないと述べている。）また常用者である被告人が一週間以上も覚せい剤を切らしたまま、過ごしていたというのも不自然であり、前記当公判廷供述は、到底信用することができない。このように、公判審理を通じても、新旧の訴因が両立する可能性を否定することができず、従って公訴事実の同一性がないといわざるを得ない。

なお、検察官は、**本件起訴は被告人の逮捕前の最終使用一回を起訴した趣旨**であり、当初不明確であった犯行日時の点が公判審理の過程で明確になってきたにすぎないから公訴事実の同一性を認めるべきであると主張する。確かに、被告人の尿から覚せい剤が検出されたが、被告人が否認している場合に、採尿時から一週間程度前の日時から逮捕時までの間に覚せい剤を使用したものとして起訴し、最終の一回を起訴した趣旨である旨釈明して、犯行を特定する方法が実務上広く行なわれている。しかし、これは、犯行日時を特定する証拠が存しない場合にやむを得ず、このような方法によって、審判の対象、既判力の範囲等が必要最少限度特定されると解しているのであって起訴の当初から一定の証拠にもとづいて日時を特定して起訴した場合にまでこの考え方を推し及ぼすことは許されないと解すべきである。けだし、右のような場合には、不明確な訴因が明確になったのではなく、まさにある事実から他の事実に乗り換えることにほかならないからである。

覚せい剤事犯の捜査が困難であること、殊に犯行の日時場所の特定を自白に頼らざるを得ない場合が多く、従って日時場所についての誤りが公訴提起後に至って判明する場合もしばしば起り得ることは、当裁判所としても理解しないわけではない。しかし、前述したような、他に犯行を特定づける客観的徴表の存在する場合はともかく、本件のような場合を追起訴手続によらず、「最終使用」一回のみを起訴したという検察官の意思（もしくは使用罪は通常「最終使用」一回のみを起訴するという実務上の取扱い）を根拠として公訴事実の同一性を認め、訴因変更手続でまかなうとすれば、あまりにも刑事訴訟の基本構造を無視した便宜的措置であるとの非難を免れないのではあるまいか。

なお検察官が意見書中に引用する**福岡高裁昭40・12・15**判決は、訴因中の犯行年月日の単純な誤記（証拠上はすべて昭和三八年であるのを三九年と誤記した）の事案であって、本件に適切でなく、他に本件と同様な事案についての先例は見当らないようである。

2-51　東京高判昭55・3・28（預金等に係る不当契約の取締に関する法律違反等被告事件）

被告人夏野、同臼井に対する昭和五二年一一月三〇日付起訴状記載の**主位的訴因**は「第一　被告人夏野、同臼井の両名は、一　寺尾、松浦と順次共謀の上、松浦が東京都新宿区上落合（略）東京信用金庫中井駅前支店に、昭和四九年一二月二六日いずれも期間三か月、金額一、〇〇〇万円の定期預金三口をするに際し、当該各預金に関し、株式会社エヌエス本社（代表取締役被告人夏野）から、正規の利息のほかに特別の金銭上の利益を得る目的で、同日、前記支店において、同会社と通じ、同支店を相手方として、当該各預金にかかる債権を担保として提供することなく、同支店が同会社に資金の融通をなすべき旨を同支店長であつた大森と約して前記各預金をし、（略）、第二　被告人夏野、同臼井は、松岡、篠木と順次共謀の上、松岡が、前記支店に別表一記載のとおり同月二七日から昭和五〇年三月三一日までの間、四回にわたり、いずれも期間三か月、金額合計三億円の定期預金をするに際し、当該各預金に関し、前記エヌエス本社から、前同様の利益を得る目的で、同表記載の各犯行年月日に、右支店において、同会社と通じ、同支店を相手方として、当該各預金にかかる債権を担保として提供することなく、同支店が、同会社に対し、資金の融通をなすべき旨を大森と約して前記各預金をし、もつて、当該各預金に関し不当な契約をした（別表一―略―）というのであり、これに対する罰条として法4条1号、2条1項、刑法60条、65条1項が掲げられており、同被告人らを法2条1項にいう預金等をする者（以下単に預金者という）の共同正犯として訴追するものであるところ、**予備的訴因**は（略）、被告人夏野、同臼井が同条2項にいう預金等をすることについて媒介する者（以下媒介者という）に該り、自己のために同項所定の不当契約をしたもの（以下自己媒介という）として同被告人らを訴追するものであることが明らかであって、両訴因を構成する事実関係を比較対照すると、**基本たる事実関係において差違は認められず**、両訴因の間にはもっぱら右事実をどのような**法的観点で把えて罪となるべき事実を構成するかについて相違があるにすぎない**から、公訴事実の同一性を失わないことは明らかというべきであり、なお本件では、被告人夏野、同臼井は、後記のとおり、エヌエスの役員として同社のために預金者らに金庫への預金を依頼する等していたものであつて、「特定の第三者」としてはエヌエスと同視すべきであり、本位的訴因は罪とならないとして、予備的訴因が採用されたことが認められるから、訴因変更を許すべきではなかったとする前示所論は失当というほかはない。

2-52　最判昭45・7・10（賭博開帳図利、同幇助被告事件）

被告人が、昭和四三年三月二八日に景松園において賭博をしたとの勾留状記載の事実と、同日同所において今泉らがした賭博開張図利を、賭具を貸与して幇助したとの起訴状記載の事実とは、併合罪の関係にあるものであるから、事件の同一性を欠くものと解すべきである。したがって、これを同一性があるとした原判断は、法令の解釈適用を誤ったものというべきである。しかし、右法令違反は、所論被告人の供述の任意性の判断に影響を及ぼすものではなく、また、右供述の任意性ないし信用性を疑うべき証跡は記録上存在しない。

(弁護人の主張) 普通賭博として勾留され、昭和四三年四月一五日の第一回の起訴状によれば勾留のまま罪名は賭博開張図利、同幇助と云う罪名に変更されて起訴されていることも明白である。従って勾留理由となった普通賭博は訴因となっていない。果してしからば刑法第185条の普通賭博と刑法第186条の賭博開張図利とは仝一犯罪事実と云えるであろうか、若し事実の同一性を欠くとすればその勾留は不当勾留となる。従って左様な勾留をして置いて、しかも接見禁止迄して取調べた捜査のあり方は到底証拠として直ちに採用すべきものとは言い難く関係人の供述自体と被告人の供述との間の作成の時間的関係その他総べての条件を十二分に検討した上で拒否を決すべきものと思料する。然るに前叙の通り原審並に第一審は軽軽に関係人の供述等を信用して事実の認定を誤ったものと云う他はない。

2-53　最判昭33・5・20(業務上横領等被告事件)

訴因に関する経過について記録を調べてみると、昭和二六年一二月二日附起訴状第三の公訴事実(業務上横領)に次で同二七年一二月二五日附訴因追加請求書および同二八年三月九日附訴因追加請求書の訂正申立と題する書面により、**択一的訴因**(商法489条2号前段違反)の追加請求があり、検察官は、第一審第九回公判期日に右訴因追加請求書によってその**追加を請求**し、副主任弁護人はこの追加請求に**異議がない**旨を述べ、裁判長はこの**追加を許可**したが、さらに検察官が同第一〇回公判期日に右追加請求書の**訂正申立**と題する書面により訂正申立をしたのに対して、副主任弁護人は、**公訴事実の同一性がないとして異議を申し立**て、裁判長はこの追加請求の訂正申立をも**許可**したことが認められる。

ところで記録によって所論の同一性の関係を検討してみるに、原審の認定したように、本件株式一万株に関する事実関係は、被告人野上が本件会社の社長として会社のために右株式を取得し、右株式は会社の所有に帰したと認めるのが相当であり、したって右株式の対価として細川に支った金五〇万円は、事実、会社の資金がそのまま使用されたと認めるべきであって、この事実は、本件の五〇万円を被告人野上に対する貸付金とした等の被告人らの事後の処理方法によって変るものではない。されば本件五〇万円が会社資金中から支出された金員であることは両者異なることなく、またこの金員の支出が、被告人野上個人の株式取得のためになされた業務上横領行為であるか、あるいは商法489条2号前段に違反する会社の自己株取得のためになされた支出行為であるかは、いずれも被告人野上の会社社長としての行為に関するものである以上、同一事実の表裏をなすものにほかならない。それゆえ本来の訴因と追加請求の訴因とは択一的関係にあって公訴事実の同一性を害するものでないとした原審の判断は相当である。

次に訴因の追加を許すことによって被告人野上が防禦に実質的な不利益を受ける虞があるかどうかを考えてみるに、記録によって審理の経過を逐一検討してみると、訴因の追加請求の前後にわたり十分に審理がつくされていることが認められる。(略) 被告人弁護人ともに追加請求の訴因についても実質上は十分に防禦の方法をつくしていると認めなければならない。

2-54　最判昭29・5・14(窃盗傷害被告事件)

論旨引用の札幌高等裁判所の判決の趣旨とするところは、この判決に対する検事上告を棄却した当裁判所第三小法廷判決(注:**昭26・2・6**)が説示するように「窃盗と贓物牙保とは常に公訴事実の同一性がないとか或は犯罪の日時場所が隔っている場合には公訴事実の同一性がないとか判断したのではなく、基本的事実関係が同一でないから、公訴事実の同一性がないと判断したに止まる」のである。ところで、本件において、原判決は起訴状記載の窃盗の訴因と予備的に追加された贓物牙保の訴因とはその基本たる事実が同一であると認め、所論のような程度の相異は未だ公訴事実の同一性を失わしめるに至らないと判断しているのであって、両者が基本的事実関係を異にするものであると認めながら、公訴事実の同一性を認めた訳でないことは、判文上極めて明らかである。従って、原判決は何ら論旨引用の判例と相反する判断をしたものではない。(略)

論旨引用の判例(注:**最判昭25・5・16、同昭25・6・30**)は、別段、日時場所が違えば基本的事実関係が異るとするものではなく、本件における原判決も日時場所の相異を無制限に認める趣旨ではない。ただ本件程度の相違ならば、本件において予備的に追加された贓物牙保の訴因は、起訴状起載の窃盗の訴因と基本的事実関係を同じくすると認めて差支えなく、未だ公訴事実の同一性を失わしめるものではないとした趣旨にすぎないものと解すべきであるから、何ら引用の判例に相反する判断をしたものではない。従って、判例違反の主張は理由がない。（略）
（**二つの訴因の間に、基本的事実関係の同一性が認められるかどうかは、各具体的場合に於ける個別的判断によるべきものである**。そして、本件においては起訴状記載の訴因及び罰条は「被告人は昭和二五年一〇月一四日頃、静岡県長岡温泉Kホテルに於て宿泊中のOの所有にかかる紺色背広上下一着、身分証明書及び定期券一枚在中の豚皮定期入れ一個を窃取したものである」「刑法235条」というのであって、第一審第八回公判廷において予備的に追加された訴因及び罰条は「被告人は贓物たるの情を知りながら、一〇月一九日頃東京都内において自称Oから紺色背広上下一着の処分方を依頼され、同日同都豊島区池袋（略）番地Y方に於て金四千円を借受け、その担保として右背広一着を質入れし、以って贓物の牙保をなしたものである」「刑法256条2項」というのである。そして、右予備的訴因において被告人が牙保したという背広一着が、起訴状記載の訴因において被告人が窃取したというO所有の背広一着と同一物件を指すものであることは、本件審理の経過に徴し、極めて明らかである。従って、右二訴因はともにOの窃取された同人所有の背広一着に関するものであって、ただこれに関する被告人の所為が窃盗であるか、それとも事後における贓物牙保であるかという点に差異があるにすぎない。そして、両者は罪質上密接な関係があるばかりでなく、本件においては事柄の性質上両者間に犯罪の日時場所等について相異の生ずべきことは免れないけれども、その日時の先後及び場所の地理的関係とその双方の近接性に鑑みれば、一方の犯罪が認められるときは他方の犯罪の成立を認め得ない関係にあると認めざるを得ないから、かような場合には両訴因は基本的事実関係を同じくするものと解するを相当とすべく、従って**公訴事実の同一性**の範囲内に属するものといわなければならない。本件の如き場合において、公訴事実の同一性なしとするにおいては、一方につき既に確定判決があっても、その既判力は他に及ばないと解せざるを得ないから、被告人の法的地位の安定性は、そのため却って脅されるに至ることなきを保し難い。以上の次第であるから、本件における前記訴因及び罰条の予備的追加には所論の如き違法はなく、しかも該手続によって贓物牙保の点も審判の対象として明確にされていたのであって、被告人がこの点につき防禦権を行使するのに実質的な不利益を蒙ったような事実は記録上何ら認められない。）

第４　控訴審と訴因変更

控訴審での訴因変更について、**最判昭30・12・26**は、「一審判決に、事実誤認ないし法令の違反があって、これが破棄されることが予想される場合に、控訴審裁判所が、検察官の訴因、罰条の追加変更を許すことは違法とはいえない」とし、「控訴審裁判所が右追加変更された訴因、罰条について審理判決することのできるのは、あくまでも、一審判決に事実誤認ないし法令違反があることを理由に控訴審でこれが破棄されることが前提とならねばならず、破棄が相当とされた場合に始めてこれについて審理判決することができるものと解すべきである」としている。したがって、**訴因変更は、一審の判決を破棄する場合にのみ許される**。

しかし、一審判決を破棄する場合に控訴審での訴因変更を簡単に認めると、被告人の審級の利益を損ねることになるので、原則として、破棄差戻をすべきである。しかし、訴因の変更をすれば有罪認定ができる場合に、控訴審での訴因変更を全く許さず破棄差戻しをしなければならないとすると、被告人の負担、訴訟経済の観点から不都合である。控訴審での訴因変更の可否は、審級の利益と訴訟経済との調和の問題である。

事後審査審の状態では、一審の証拠から一審判決の当否を判断する。この場合、事実誤認の有無（起訴訴因事実に対する事実認定の当否）を判断する場合には、訴因変更の問題は起きない（**判例2-58**参照）。しかし、一審で取調べられた証拠だけによって起訴訴因事実と異なった犯罪事実が認定できる場合がある。すなわち、一審裁判所は、起訴訴因事実は認定できないが訴因変更すれば別の犯罪を認定できることが明らかな場合に訴因変更命令義務があるが、それを怠って判決した場合は、その手続違反は判決に影響を及ぼすことが明らかである。この場合には、控訴審での検察官の訴因変更請求を許可するか、裁判所が訴因変更命令を発し、訴因が変更された場合に変更後の訴因について有罪認定することになる。しかし、この場合でも、変更後の訴因についても一審で防御が尽くされていることが前提でなければならない。

控訴審は事実調べをすることが認められている（**刑訴法393条１項**）。事実調べを行えば続審に変わり、新たな事実調べの結果も加えて事実認定をやり直すことになる。起訴訴因事実のみについての判断である場合は訴因変更の問題はない。しかし、起訴訴因事実は認定できないが別の犯罪を認定できる場合（この場合は控訴審での事実調べが加わっているので一審には上記の訴訟手続の法令違反はない）、訴因変更を認めるべきかが問題になる。この場合が、被告人の審級の利益を最も損ねることになるので、被告人に不利益な判決をすることは原則として許されないと考えるべきである。

このよう考えると、控訴審での訴因変更は、一審判決と異なった事実の有罪判決を自判することを前提にしていると言える。したがって、一審判決が事実を確定しないで無罪を言い渡した場合に、控訴審がなんら事実調べもしないでも有罪認定ができる場合、すなわち、一審判決が事実誤認ないし審理不尽があるのに新たな事実調べをしないということは、一審判決の事実誤認あるいは審理不尽を追認するか、あるいは逆転させることであり当然のことである。また、事実の取調べを行った場合には、核心部分の事実の取調べを行わないで有罪認定ができる場合に限定すべきであるとされている。核心部分の攻防についてまで審級の利益を奪えないことが理由である。

控訴審での訴因変更の許容範囲は相当広いことになる。**判例2-57**団藤、谷口両裁判官の意見を参照されたい。

同2-55は、本起訴は無罪で追起訴が有罪で、被告人のみが控訴した場合、併合罪関係にあるので、本起訴で有罪の可能があるなら破棄して差し戻しすべきで自判はできないとしている。

同2-56は、科刑上一罪あるいは包括一罪の一部が無罪、一部が有罪とされた場合で被告人のみが公訴した場合、有罪部分は当然審判の対象にできるが、無罪部分について審判の対象にはできないとした。

(控訴審と訴因に関する判例)

2-55　最判平16・2・16(暴力行為等処罰に関する法律違反被告事件)

(1)検察官は、平成12年8月25日付け起訴状をもって、「被告人は、業務その他正当な理由による場合でないのに、平成12年8月14日午後9時53分ころ、福岡市内の路上において、刃体の長さ約8.9cmの折りたたみ式ナイフ1本を携帯した。」旨の銃砲刀剣類所持等取締法違反事件1件を起訴し、同年12月15日付け起訴状をもって、「被告人は、平成12年8月14日午後9時20分ころ、福岡市内にあるパチンコ店Eスペース店内において、同店従業員に対し、『お前、何か』などと語気鋭く申し向け、刃体の長さ約8.9cmの折りたたみ式ナイフ1本を示すなどして同人の生命、身体等に危害を加えかねない気勢を示し、もって、兇器を示して脅迫した。」旨の暴力行為等処罰に関する法律違反事件1件(以下、同起訴状の公訴事実を「本件公訴事実」という。)を起訴した。

(2)第1審裁判所は、両事件を併合して審理した上、一部有罪一部無罪の判決をしたが、その概要は、次のアないしウのとおりである。

ア　平成12年8月25日付け起訴状の公訴事実については、被告人を無罪とする旨理由中で説示するとともに、その旨主文でも言い渡している。

イ　本件公訴事実については、被告人を無罪とする旨理由中では説示しているものの、その旨主文では言い渡していない。

ウ　罪となるべき事実として、「被告人は、業務その他正当な理由による場合でないのに、平成12年8月14日午後9時20分ころ、福岡市内にあるパチンコ店Eスペース店内において、刃体の長さ約8.9cmの折りたたみ式ナイフ1本を携帯した。」旨の銃砲刀剣類所持等取締法違反の事実(以下「本件犯罪事実」という。)を認定した上、本件犯罪事実について被告人を罰金10万円に処する旨主文で言い渡している。そして、この点に関し、本件公訴事実には本件犯罪事実の主張も含まれているので、訴因変更の手続は不要である旨判示している。

(3)被告人は第1審判決中有罪部分について控訴を申し立てたが、検察官は控訴を申し立てなかった。このため、第1審判決中平成12年8月25日付け起訴状の公訴事実についての無罪部分は、確定した。

(4)原審において、弁護人は、本件公訴事実と併合罪の関係にあって起訴されていない本件犯罪事実を認定し有罪の判決をした第1審判決には、**刑訴法378条3号後段**の審判の請求を受けない事件について判決をした違法があるから、破棄を免れない旨主張し、検察官は、弁護人の控訴趣意は理由がない旨主張した。原判決は、弁護人の控訴趣意をいれるとともに、職権調査の結果によれば、本件公訴事実について被告人を無罪とする旨主文で言い渡していない第1審判決には、同号前段の審判の請求を受けた事件について判決をしなかった違法もあると認められる旨判示して、第1審判決中有罪部分を破棄し本件を第1審裁判所に差戻した。

2　原判決が、第1審判決には刑訴法378条3号前段及び後段の違法があるとしてこれを破棄した点は、正当である。しかし、以下に述べるように、原判決が、本件を第1審裁判所に差し戻した点は、是認することができない。

上記1でみたとおり、第1審判決は、罪数に関する法解釈を誤ったことが原因であるとはいえ、絶対的控訴理由である同号前段及び後段の違法を犯していたのであるが、検察官は控訴せず、被告人のみが控訴して、第1審判決には同号後段の違法がある旨主張していたものである。被告人は、本件公訴事実については、第1審判決の理由中において無罪とされており、不服を申し立てる利益がなかったことから、第1審判決中の有罪部分である本件犯罪事実についてのみ控訴を申し立てたが、本件公訴事実は、被告人の控訴申立てに伴い、法律上当然に原審に移審係属するところとなったのである。このような訴訟の経過にかんがみると、**被告人の控訴申立てを契機として、原審裁判所が、職権により本件公訴事実について調査を加え、同号前段の違法がある旨指摘して第1審判決を破棄するにとどまらず、本件公訴事実を有罪とする余地があるものとして第1審裁判所に差し戻し、あるいは自ら有罪の判決をすることは、職権の発動の限界を超えるものであって許されないというべきである。**そうすると、本件公訴事実については、第1審判決の無罪の結論に従うほかないのであるから、原審裁判所としては、本件を第1審裁判所に差し戻すのではなく、自判して被告人に対し無罪を言い渡すべきであったといわねばならない。

また、本件犯罪事実は、公訴提起がなかったにもかかわらず、第1審裁判所がこれを認定して有罪の判決をしたため、上記控訴申立てに伴い事実上原審に係属するに至ったものであるから、本件犯罪事実については、公訴提起の手続がその規定に違反したため無効である場合に準じて、公訴棄却を言い渡すべきであったと解される（注：**最判昭25・10・24**参照）。

したがって、原判決は、上記の点において判決に影響を及ぼすべき法令の違反があり、これを破棄しなければ著しく正義に反すると認められる。

よって、刑訴法411条1号により原判決を全部破棄し、当審において自判するのを相当と認め、同法413条ただし書、414条、404条、336条、338条4号により、第１審判決中有罪部分を破棄した上、本件公訴事実については被告人に対し無罪の言渡しを、本件犯罪事実については公訴棄却の言渡しをそれぞれすることとした。

2-56　仙台高判昭60・5・28（公職選挙法違反被告事件）

旧一審は、供応接待の点については無罪である旨理由中で判決し、これについて検察官の不服申立てがなかったのであるから、右無罪部分については最早当事者間において攻防の対象からはずされたものとみるべきであるが、これと観念的競合の関係にたつ事前運動の点については有罪とされて争われているのであるから、それが当事者間の攻防の対象からはずされていないことは明らかである。すなわち、同決定は、牽連犯または包括一罪の一部につき、一審判決が理由中において無罪とした点は、当事者間の攻防の対象からはずされたものとみることができるとし、むしろ、これと**牽連犯ないし包括一罪の関係にある有罪部分**は、被告人側の控訴により当然控訴審に移審し、当事者間の攻防の対象となることを前提としていると解されるのであるから、同決定の趣旨に鑑みても、本件のように、供応接待の事実と観念的競合の関係にたつ事前運動の点が当事者間の攻防の対象からはずされたとすることはできず、又、所論指摘の**仙台高判昭57・5・25**も、同様に、「包括一罪及び一所為数法の関係にあるとして起訴された事実の一部について有罪、その余の部分について無罪とした第一審判決に対し、被告人と検察官の双方から控訴があった場合においても、無罪とされた部分中の一部につき第一審裁判所のした事実認定に不服が主張されていないときは、控訴審としては、当事者主義を基本原則とし、かつ、控訴審の性格を原則として事後審としている現行刑訴法の構造にかんがみ、その不服主張のない部分を攻防の対象から外されたものとし、その部分の事実認定につき職権調査を及ぼすべきではない」とするものであって、無罪とされた部分と公訴事実の同一性の範囲内にある有罪部分について控訴があった場合には、その有罪部分は当然当事者間の攻防の対象となることを前提としているのであるから、所論指摘の各判例の趣旨に照らし、所論（二）は採用できない。

2-57　最判昭58・2・24（賍物寄蔵被告事件）

被告人は、左記のとおり、いずれも、東京都《番地略》の自宅において、自己の長男Ｔ（以下「Ｔ」という。）の友人である高校生Ａ（以下「Ａ」という。）から、同人が他から窃取してきた物品を、それらが盗品であることの情を知りながら買い受け、もって賍物の故買をしたとして起訴されたものである。（起訴事実略）

これに対し、被告人は、右各故買の事実を全面的に否認し、ただ、昭和五一年二月中旬ころ、Ａから、Ｔを介して、Ａの両親がけんかをし母親が家を出るので二万円を貸してくれるように頼まれ、これを貸した際、前記物品のうち、（略）合計六点を預ったことがあるにすぎず、これらの物品が賍物であることは知らなかった旨弁解していた。第一審は、被告人方から発見されなかった一部の物品につき、その特定に合理的な疑いが残るとして、追起訴状第一事実を無罪とし、他の一部の公訴事実についても同様の理由から一部の物品を除外したほかは、起訴事実に沿うＡの供述を信用することができるとして、ほぼ各公訴事実どおりの賍物故買の事実を認定して、被告人を懲役一〇月、罰金四万円に処した。

被告人が事実誤認等を理由として控訴したところ、原審は、Ａの供述は、その供述内容自体においても信用性に疑いを抱くべき点があることに加えて、第一審において取り調べられず原審において始めて取調を受けたＴは前記被告人の弁解に符合する証言をしており、右証言は、Ｔが本件の捜査当時においてすでに同旨の供述をしていることや、これを一部裏づける証拠も存することなどに照らして直ちにその信憑性を否定し難いものがあるなど、原審の事実取調の結果によれば、Ａ供述の信用性についてさらに一層疑問が深まったとし、結局、第一審判決が有罪とした各賍物故買の事実を認定するについては、合理的な疑いが残り、証拠が不十分であるから、第一審判決中右の部分は事実を誤認したものであるとして、これを破棄した。しかし、原審は、さらに進んで、原審において**追加された予備的訴因**に基づき、被告人は、昭和五一年二月中旬ころ、前記自宅において、Ａから、同人が他から窃取してきたネックレス等六点（予備的訴因にかかる物品のうち、追起訴状第二事実のネックレスを除外したものであって、前記のように被告人がその弁解においてＡから預かったことを認めている物品。以下「本件物品」という。）を、それが盗品であるかもしれないことを認識しながら、Ｔを介し、Ａに対する貸金二万円の担保として預り、もって賍物の寄蔵をしたとの事実を認定し、被告人に対し、懲役四月（執行猶予二年）、罰金二万円の刑を言い渡した。（略）、

被告人の賍物性の未必的認識の肯定につながる可能性をもつ徴憑であることを全く否定することはできい。しかしながら、以上の各事実は、いずれもそれだけでは、あるいは被告人に右未必的認識があったかもしれないとの推測を生ぜしめる程度の証明力しかもつものではなく、他に被告人とＡとの従来の関係、Ａの人物や素行についての被告人の認識、本件物品の性状及びその対価の額、この種の物の売買や収受に関する被告人の従前の行動等の点においてさらに右の推認を強める特段の事情が認められない限り、右の事実だけでは未だもって被告人に本件物品の賍物性について未必的認識があったとの推断を下さしめるには足りないといわねばならない。（略）

以上の点に加え、被告人が二三年間にわたり自衛官として勤務してきた前科のない者であることなどを考慮すると、本件において、被告人に本件物品が盗品であることについての未必的認識があったものと認定するに足りる十分な証拠があるとは、とうていいうことができない。

そうすると、原判決が、前示のような理由のみをもって右認識の存在を認め、被告人に有罪を言い渡したことは、証拠の評価を誤り、判決に影響を及ぼすべき重大な事実誤認を犯したものといわざるをえず、原判決を破棄しなければ著しく正義に反すると認められる。

（裁判官団藤重光の補足意見） 多数意見の冒頭に要約されているとおり、被告人は、昭和四九年一〇月六日ころから同五〇年一二月下旬ころまでの七回にわたって、長男Ｔの友人Ａから同人が他から窃取して来た十数点にのぼる物品を自宅において故買したということで、起訴されたのである。これに対して、被告人は、これらの故買の事実を全面的に否認し、ただ、これらの物品の中で指輪など六点だけについては、被告人がＡからＴを通じて二万円の借金を申し込まれた際にその担保としてＴを介して預かったことを認めたが、それらが賍物であることは知らなかったと主張していた。そこで、検察・弁護双方の攻防は、上記の各故買事実の存否をめぐって、きめ手となる「盗品を被告人に買ってもらった」旨のＡの供述の信憑性の有無が焦点となったのであった。

第一審は、Ａの供述を措信して、公訴事実中一部を除く大部分について有罪を認めたので、有罪部分について被告人側からの控訴申立があり、事件は控訴審に移った。控訴審においては弁護側の防禦が次第に功を奏し、弁論終結の段階では、弁護人としては本位的訴因について無罪判決を確信するにいたっていたであろうことは、原審第一一回公判期日における弁護人・検察官双方の弁論要旨を比較してみても、容易に看取される。ところが、この段階にいたって、突如として、弁論再開の上、賍物寄蔵の予備的訴因の追加がみとめられたのである。

この予備的訴因は、被告人は昭和五一年二月中旬ころ、自宅において、Ａから、同人が他から窃取して来たネックレス、指輪等七点を、情を知りながら、Ｔを介し、Ａに対する貸金二万円の担保として預かり、もって賍物の寄蔵をしたものである、というのである。

これは、**犯行の日時**の点で本位的訴因とのあいだに四箇月ないし九箇月ものひらきがあるのであって、目的物こそ同一であるとはいえ、このようにかけはなれた日時における故買と寄蔵とが、はたして**公訴事実の同一性**の範囲内のものといえるかどうかについても（**刑訴法312条1項**参照）、疑問の余地がないではないが、賍物罪の特殊性からいっても、また、既判力の範囲の考慮からいっても、この点は不問に付するのが相当であろう。

問題は、この予備的訴因の内容と、その追加の時期である。原審で陳述された弁護人の意見書にもあるとおり、この予備的訴因に掲げられている事実は、外形的事実としては、被告人が当初から弁解として主張していた事実そのものであり、検察官としては、それまでにこのような予備的訴因の追加請求をする機会はいくらもあったのにかかわらず、この段階にいたって、はじめてそれをしたのである。

おもうに、手続の初期の段階におけるのとちがって、実体形成がここまで進んだ手続段階において、しかも弁護側の防禦活動の結果を逆手にとるような訴因変更をみとめることは、公正な攻撃防禦を主眼とする当事者主義の理念にもとるものというべきであろう（略））。

もっとも、わたくしは、これだけで、すぐに、本件予備的訴因追加を不適法とみるつもりはない。わたくしは、ここで、改めて、控訴審における訴因の追加・変更の問題について考えてみなければならない。私見によれば、**控訴審においても、原判決の破棄を前提として、訴因の追加・変更が許されるべきであるが、そのばあいには、新訴因について被告人側に充分に防禦を尽させるために、原則として第一審に事件を差し戻す必要がある。控訴審において新訴因にもとづいて自判が許されるのは、それによって被告人の実質的な防禦の利益を害することにならないような特段の事情のある**

ばあいにかぎるべきである。そうすると、このような特段の事情のみとめられない本件においては、かりに予備的訴因の追加をみとめるとしても、第一審判決を破棄した上、事件を第一審に差し戻すべきであった。ところが、本件では、起訴（昭和51年4月6日）以来、予備的訴因追加の許可までにすでに四年三箇月以上、原判決の宣告（昭和56年7月14日）までには五年三箇月以上の日子を経過しているのである。このようなばあいに第一審へ事件を差し戻すことは、あきらかに迅速な裁判（憲法三七条、刑訴法一条）の要請に反するといわなければならない。のみならず、本件ではもっとも重要な証人であるＡはその段階ではすでに死亡していたのであるから、かりに第一審に差し戻しても充分な審理を行うことは困難であったのであり、被告人の防禦の面においても重要な支障を生じていたのである。

以上の事情を総合して考えると、本件予備的訴因追加を許可した原審の措置は不適法であったというべきであり、原審は、本位的訴因について犯罪事実の証明がない以上、第一審判決を破棄してただちに無罪の判決を言い渡すべきであったといわなければならない。

かようにして、当審においても、本来ならば、右のような手続上の違法を理由として原判決を破棄して無罪の自判をするべきところであった。谷口裁判官はまさしくそれを主張されるのであり、わたくしもこれに対して満腔の敬意を惜しむものではない。しかし、さらに進んで考えると、訴因の適法性は訴訟条件の問題に直結するものではなく、訴因について上記のような違法があるからといって、原判決がその訴因についてした犯罪事実の認定の当否について当審が実体に立ち入って審査することじたいを、すこしも妨げるものではない。そうして、現に当審においてそのような審査をした結果、犯罪事実の証明があるとはいえず、実体的にも無罪を言い渡すべきものであることがあきらかになったのである。すでに当審においてここまで実体形成が進められた以上、原審が違法に予備的訴因の追加を許可したという手続上の瑕疵をとがめ立てるべき段階はもはや過ぎ去ったものとみるべきである。これは、いうまでもなく、瑕疵の治癒ではなく、瑕疵は依然として残っている。しかし、被告人の立場に立って考えるとき、予備的訴因追加の手続的な違法を理由として無罪を言い渡されるのと、予備的訴因じたいについても犯罪の証明がないことを理由として無罪を言い渡されるのと、どちらがいっそう利益であろうか。法技術的には両者のあいだにはなんらの差異もないといえようが、刑事裁判においては法技術的なものをこえる人間的情緒の要素を無視し去ってはならないのであって、そのような見地に立って考えるときは、あきらかに後者が利益であるというべきである。もともと訴因は被告人の防禦の利益のために設けられた制度である。犯罪の証明がないことがあきらかになった段階で、なおかつ証拠不十分の理由による無罪の言渡を避け、**もっぱら手続上の理由によって無罪を言い渡すべきものとするのは、かえって訴因制度の本旨に反する**ことになりはしないかとおもう。

法廷意見は、訴因論に立ち入ることをしないで、端的に実体的理由から無罪の結論に到達しているのであるが、わたくしは、以上に述べたような見地において、全面的にこれを支持するものである。

（裁判官谷口正孝の意見）　私も、原判決を破棄し、当裁判所において自判のうえ、被告人に対し無罪判決の言渡しをすることについては、異論はない。然し、私は、本件については、原裁判所がそもそも終結した弁論を再開したうえ予備的訴因の追加を許可したことは違法であり、原裁判所として第一審判決の認定した被告人と原判示のＡとの間の第一審判決認定の盗品の売買の事実じたいにすべて誤認の疑いがあるとしたのであれば当然その段階において第一審判決を破棄し、無罪の裁判をすべきであったと思う。

なるほど、控訴審において訴因の変更の許されることは当裁判所の判例の示すところであるが、その訴因変更は無条件に許されるわけではなく、「訴訟記録並びに原裁判所及び控訴裁判所において取り調べた証拠によって原判決を破棄し自判しても被告人の防禦上実質的利益を害しないと認められるようなとき」という制約に服すべきことも既に当裁判所の判例に示すところである（**最判昭30・12・26**）。控訴審において、被告人が第一審以来検察官の提起した訴因事実に対してしてきた防禦を実質上徒労に帰せしめるような訴因変更を認めることは、刑事裁判における審理手続の正義、公平の観点からしても許されるべきではあるまい。

ところで、本件についてこれをみるのに、（略）被告人及び弁護人の防禦・立証活動は成功したというべきであった。

然るに、原審は職権により弁論を再開し、検察官はその段階において予備的訴因の追加を求めたのである。その訴因事実とされた事実は、それまで検察官が合理性を欠き首肯できないとしていた被告人の前記弁解に副う事実であった。そして、原審は、右訴因の予備的追加申立に対する弁護人の異議申立を却下し、右申立を許可したうえ、右予備的訴因追加申立書記載の事実について被告人を有罪とした（但し一部を除いている）。

右原審における訴訟審理の経過を考えると、検察官は第一審判決が有罪とした事実について、自らの有罪の主張が維持できなくなった段階において、従前合理性を欠き首肯できないとした被告人の弁解事実を採りあげ、逆にこの事実に副って有罪主張の理由を構成しているのである。

私は、本件予備的訴因追加の申立は刑事訴訟手続における公平の理念に反するものと思う。のみならず、第一審判決が有罪とした六件の賍物故買の事実と予備的訴因追加申立書記載の唯一回の、しかも被告人の長男Ｔを介し、その友人であるＡに対する貸金二万円の担保として賍物を預り保管したという事実（この事実のみを被告人の犯行とする場合、前科、前歴もなく、しかも長年にわたり国家公務員としてまじめに勤務してきた被告人に対しては、果して起訴されたかどうかも問題であろう。）とでは、事件の質を異にし、被告人及び弁護人の知情の点の防禦、その立証の方法についても異るものがある。本件の予備的訴因追加申立は、被告人及び弁護人の虚をつき、実質的に防禦上の不利益を強いるものであり、右申立は許可されるべきではなかったと思う。従って、原審としては第一審の有罪認定を事実誤認として破棄するのであれば、被告人に対し右有罪とされた訴因事実について直ちに無罪の言い渡しをすべきであったと考える。然しながら、多数意見も被告人に対し予備的訴因追加申立書記載の事実について無罪とするものであるから、私としても被告人に無罪を言い渡すという結論においてこれに従うことにした

2-58　最判昭42・5・25（器物損壊境界毀損被告事件）

原判決は、被告人および検察官の各控訴趣意に対し、いずれもその理由がなく、一審判決にはなんら誤りはない旨判示しながら、原審において、新たに追加された訴因、罰条について、犯罪の成立が認められるということのみを理由に、一審判決には、結局において法令の適用に誤りありとして、これを破棄していることが明らかである。ところで、一審判決に、事実誤認ないし法令の違反があって、これが破棄されることが予想される場合に、控訴審裁判所が、検察官の訴因、罰条の追加変更を許すことは違法とはいえないのであるが、**控訴審裁判所が右追加変更された訴因、罰条について審理判決することのできるのは、あくまでも、一審判決に事実誤認ないし法令違反があることを理由に控訴審でこれが破棄されることが前提とならねばならず、破棄が相当とされた場合に始めてこれについて審理判決することができるものと解すべきである。**一審当時の訴因、罰条からみて、一審判決になんら誤りが見出されないのに、新たに訴因、罰条が追加変更されたことを理由に、その新しい訴因について一審判決がその存在を認めず罰条を適用しなかったことが結局において一審判決の事実誤認ないし法令違反になるとして、これを破棄することは許されない。**なんとなれば、現行刑訴法上の控訴審は、刑訴法393条2項等の場合を除き、本来その性質は、第一審判決になんらかの過誤があるか否かを審査するいわゆる事後審査をする裁判所であるからである。**然るに本件において原審は、一審当時の訴因罰条について一審判決にはなんら誤りはないとしながら、新たに追加された訴因、罰条について犯罪の成立が認められるが故に一審判決に誤りがあるとしてこれを破棄しているのであって、原判決は、判決に影響を及ぼすべき法令の違反があり、これを破棄しなければ著しく正義に反するものと認められる。

第3章

捜査の適法性と証拠能力（認定の資料1）

はじめに

捜査は、起訴すべきか否かを判断するための証拠収集活動であり、同時に公判維持（有罪立証）のための証拠収集活動である。証拠収集活動には、**任意捜査**と令状に基づく**強制捜査**とがある。国家の廉潔性、公正性から捜査は適正手続に基づいて行われなければならず、法を遵守しなければならない訴追権者が、違法な手続で得た証拠を使用してはならないとする**違法収集証拠禁止の理論**がある。しかし、実務では、手続の違法と、それによって得られた証拠の証拠能力が否定される違法とを区別し、証拠能力が否定されるのは違法性が著しい場合に限られるという二段構えの考え方をとっている。それは、社会秩序を維持するために適正な刑罰権の行使が必要であるという刑事手続の目的と、刑事被疑者・被告人の基本的人権擁護に基づく適正手続の保障との比較考量によって、証拠能力までも否定するか否かの判断を司法に委ねたことを意味する。しかし、法治国家である以上、捜査機関が超えてはならない一線があるはずであるが、裁判官が上記比較考量の基準のどちらに軸足を置くかによって、捜査の違法性及び証拠排除するほどの違法性があるか否かの結論が異なってくることになる。最高裁は、違法収集証拠として証拠能力を否定することに極めて慎重であるが、下級審によって違法収集証拠排除の判例が蓄積されている。極めて緩やかではあるが最高裁もそれに従って変化しつつある。

捜査の適法性の判断基準のキーワードは、判例によると、**必要性、緊急性、相当性**であるとされている。実務では、違法であることは比較的認めるが、証拠能力が否定される程度については、比較的重大な違法でもそれが捜査側の過失である場合には証拠能力までは否定しない判例が多いことから見て、判断で最も重要視されているのは**捜査側の令状主義潜脱の意図（悪意性）**ではないかと思う。

捜査の端緒は、捜査機関が犯罪の発生を探知した時点から始まる。探知には、**通報、被害届、告訴、告発**などがある。通報の場合は、警察官が現場に急行し、現場で開始される遺留証拠の発見（領置）、犯行現場の状況を記録して証拠化する実況見分、周辺聞き込みなどが行われる。被害届、告訴、告発は、被害者の事情聴取から始まる。その他に、具体的な犯罪を探知していないが、警察官が警ら中に不審者に対して行う**職務質問**によって犯罪を探知する場合がある。

前者は、犯罪現場という客観的証拠あるいは被害者から犯人を探査していくため、初動捜査では人権侵害が発生することが比較的少ないが、被疑者が絞り込まれていくに従って、特に、身柄拘束、取調べなどにおいて人権侵害の問題が生じる。これに対して、後者は、警察官の主観による嫌疑からのスタートであるので、職務質問対象者から犯罪を顕在化させようとするために、初動捜査から人権侵害の問題が起こる場合が多い。

第１　任意捜査

任意捜査は人権侵害がない限り自由に行うことができる。そして、人の権利侵害を伴う場合は、侵害される権利者の**任意の同意があることが前提**である。実際には、捜査機関である警察官が職務質問を行い、その際に所持品検査あるい身体検査を行い、発見された証拠物の任意提出を求めたり、任意同行を求めるという手順で進行するが、対象者が全くの任意に応じるということは少ない。したがって、**任意捜査の適法性は、まず、任意の同意（黙示の同意も含む）があったと判断できるかが問題となり、次に、同意がない場合と判断された場合に、どの程度まで強制が任意捜査として許容されるか**ということが問題となる。

判例によると、同意がない場合の任意捜査の適法性は、強制処分に至らない程度の強制力の行使の範囲内である、とされている。すなわち、ある程度の強制力の行使が許容されており、それを決する許容基準が**捜査の必要性、緊急性、方法の相当性**の有無及びその程度である。**必要性**は、犯罪の重大性、嫌疑の濃淡、当該捜査によって得ようとする証拠の重要性などから判断される。即ち、事案が重大なほど、嫌疑が濃いほど、得ようとする証拠が有用なほど必要性が強くなることになる。**緊急性**は、令状を得ていたのでは時機を失してしまうこと（逃亡、証拠隠滅など）である。**相当性**は、必要性、緊急性の程度と当該捜査によって侵害される人権の侵害程度とを比較考量して、前者の方が強い場合に相当性があるとされ、任意捜査の許容範囲内であるとして適法とされる。

1　職務質問（警察官職務執行法２条）

対象者は、「異常な挙動その他周囲の事情から合理的に判断して何らかの罪を犯し、若しくは犯そうとしていると疑うに足りる相当な理由のある者」又は「既に行われた犯罪について、若しくは犯罪が行われようとしていることについて知っていると認められる者」であり、**できる行為は「停止させて質問すること」**である（**同1項**）。逃げた者の追跡（**最判昭30・7・9**）、腕に手をかけ引き止める行為（**最判昭29・7・15**）、車の発進を制止するために窓から手を入れてエンジンを切り、エンジンキーを取り上げること（**最判昭53・9・22、最決平6・9・16**）なども許される。

職務質問には、それに付随して行うことが認められている**任意同行、留め置き**などがあり、さらにそれらを利用した**所持品検査、任意提出・領置、取調べ**などがある。

任意同行は、実施する場所が本人に不利である場合、又は交通の妨害になる場合は、付近の警察署、派出所又は駐在所に同行を求めることができる（**同条2項**）。しかし、拒否、退去の自由が保障されなければならならない（**刑訴法198条1項但書**）。問題となるのは、上記要件を備えていないのに、特定の犯罪捜査目的で事情聴取を行うために同行を求める場合である。そのような場合は任意か否か、任意でない場合に許容される範囲が極めて重要である。また、同行自体は任意であっても、同行後に長時間**留め置いたこと**に同様の問題が生じる。したがって、任意同行の適法性、留め置きの適法性も別個に検討し、いつの時点から違法になるのかを確定させる必要がある。

所持品の検査は、職務質問の目的を達するために犯罪に関連する証拠物を所持していないかを検査するものであり、極めて重要な捜査方法である。しかし、身体検査は人権侵害の程度が強いので、同意の判断は慎重でなければならない。**最高裁**の考え方は**判例3-10**であり、「警職法2条1項に基づく職務質問に附随して行う所持品検査は、任意手段として許容されるものであるから、所持人の承諾を得てその限度でこれを行うのが原則であるが、職務質問ないし所持品検査の目的、性格及びその作用等にかんがみると、所持人の承諾のない限り所持品検査は一切許容されないと解するのは相当でなく、捜索に至らない程度の行為は、強制にわたらない限り、たとえ所持人の承諾がなくても、所持品検査の必要性、緊急性、これによって侵害される個人の法益と保護されるべき公共の利益との権衡などを考慮し、具体的状況のもとで相当と認められる限度において許容される場合があると解すべきである」という基本的考え方を述べた上で、違法収集証拠について、「証拠物は押収手続が違法であっても、物それ自体の性質・形状に変異をきたすことはなく、その存在・形状等に関する価値に変りのないことなど証拠物の証拠としての性格にかんがみると、その押収手続に違法があるとして直ちにその証拠能力を否定することは、事案の真相の究明に資するゆえんではなく、相当でないというべきである。」「証拠物の押収等の手続に憲法38条及びこれを受けた刑訴法218条1項等の所期する令状主義の精神を没却するような重大な違法があり、これを証拠として許容することが、将来における違法な捜査の抑制の見地からして相当でないと認められる場合においては、その証拠能力は否定されるものと解すべきである。」としている。

また、**同3-8**は、**同一目的**、**直接利用**という基準を示した最判で、被告人宅への立ち入りから「任意同行及び警察署への留め置きの一連の手続と採尿手続は、被告人に対する覚せい剤事犯の捜査という同一目的に向けられたものであるうえ、採尿手続は右一連の手続によりもたらされた状態を直接利用してなされていることにかんがみると、右採尿手続の適法違法については、採尿手続前の右一連の手続における違法の有無、程度をも十分考慮してこれを判断するのが相当である」とし、「被告人宅の寝室まで承諾なく立ち入っていること、被告人宅からの任意同行に際して明確な承諾を得ていないこと、被告人の退去の申し出に応ぜず警察署に留め置いたことなど、任意捜査の域を逸脱した違法な点が存することを考慮すると、これに引き続いて行われた本件採尿手続も違法性を帯びるものと評価せざるを得ない」としながら、その違法性は証拠能力を否定するほど重大ではないとする。この判例の意味は、捜査の違法性は、個々の手続の適法性を分断して見るのではなく、同一目的の捜査である限り、それぞれの違法性が集積されて違法性が強くなっていくことを示したという意味では意義がある。

同3-9は、原審の違法性があるという判断を覆し適法であるとし、**同3-7**は、所持品検査で証拠物を発見できなかったので任意同行して再び所持品検査を行い、靴下の中から覚せい剤を発見し試薬試験をして現行犯逮捕し任意で採尿を行った事案について、現行犯逮捕までの一連の捜査に違法があり、採尿手続はその違法を引き継いでいて違法であるとしながら、尿の鑑定書の証拠能力を肯定しているが、島谷六郎、奥野久之両裁判官の反対意見も参考にされたい。**同3-5**も、違法性の程度が高くないとした最判である。最高裁は、証拠能力を否定する違法性の程度のハードルが極めて高いことを示しており、適正な刑罰権の行使に軸足があることが顕著である。

注目すべきは**最判3-2**である。窃盗容疑の逮捕令状が発付されていたが令状不携帯で逮捕し、警察署に連行した後に逮捕状を呈示したが、逮捕状には現場で令状を呈示して逮捕を執行したように記載し、その身柄拘束中に任意に尿の提出を受け、その尿から覚せい剤が検出された旨の鑑定書を添付して被告人方の捜索差押許可状を得て、前に取得していた窃盗の捜索差押許可状と一緒に執行し、覚せい剤を発見し差押えたという事案について、上記逮捕の違法は重大であるから尿の鑑定書の証拠能力はなく、覚せい剤取締法違反容疑による捜索差押許可状は無効であるから使用を無罪にした点は適法である、しかし、「覚せい剤の差押えは、司法審査を経て発付された捜索差押許可状によってされたものであること、逮捕前に適法に発付されていた被告人に対する窃盗事件についての捜索差押許可状の執行と併せて行われたものであることなど、本件の諸事情にかんがみると」、覚せい剤の差押と鑑定書との「関連性は密接なものではな」く、「その収集手続に重大な違法があるとまではいえず、その他、これらの証拠の重要性等諸般の事情を総合すると、その証拠能力を否定することはできない」とした。これによると、適法な捜索差押許可状の執行を併せて行っていなければ覚せい剤の差押も重大な違法ということにならざるを得ないので、最高裁が違法集証拠排除の考え方を一歩進めたと考えられる。しかし、覚せい剤の差押およびその覚せい剤の鑑定書の証拠能力を肯定して所持を有罪とした理由は極めて歯切れが悪い。すなわち、裁判所を欺いても許可令状を得てしまえば司法審査を経ているとして違法性が弱まるという点は、裁判所を欺いたという悪意性を無視したものであって違法収集証拠排除の考え方に逆行するし、適法な令状と併せて執行したという点も、窃盗容疑の捜索差押許可状の捜索で覚せい剤を発見しても、任意提出を受けるか改めて差押許可状を得るかしなければ差押はできないはずである。その違法を無視しているばかりか、違法が二重になっているのだから違法性が濃くなることはあっても薄まることはあり得ないからである。

下級審の判例を見ると、**同3-3**は、ホテル側がチェックアウト時間が過ぎていたので再三清算を求めたが退室しない不審な客がいるとの通報を受けて駆けつけた警察官が、客が一旦開けた部屋のドアを閉めようとしたので、ドアの間に靴を挟んで阻止し入口内側に入ったところ、客が裸で異常な言動をしていたので部屋内に入りソファーに押さえつけた直後、「シャブでもやっているのか。」と警察官が質問したのに対し、客が「体が勝手に動くんだ。」、「警察がうってもいいと言った。」などと言い、さらに、客が右手に注射器を握り、小指の下から針が出ているのを発見したことなどから、承諾を得ずにテーブルの上に置かれた客の財布を開き、小銭入れの部分から本件覚せい剤を発見したので現行犯逮捕し、捜索差押を行い、警察署で尿の任意提出を受けた事案について、一審は、職務質問および所持品検査の違法が重大であるので現行犯逮捕も重大な違法である、違法な身柄拘束中の採尿手続も違法であるとして、すべての収集証拠の証拠能力を否定し無罪を言い渡したのに対し、「所持品検査の必要性・緊急性自体は高度のものが肯定でき、またその対象物が財布であったことのほか、所持品検査の具体的態様も既にファスナーの開いていた状態の小銭入れ部分から内容物を取りだすというに過ぎなかったのであること、上原巡査らにおいて令状主義に関する諸規定を潜脱しようとの意図があったものではないこと、全裸の被告人を約三〇分間にわたり押さえ続けたことについては違法であるものの、これは直接的には所持品検査に向けられたものではなく、被告人が暴れ続ける中で職務質問を続行するために行われた必要、最小限の有形力の行使であって、それ以上の有形力の行使はなかったこと、更に、本件所持品検査により害される被告人個人の法益と保護されるべき公共の利益との権衡なども合わせ考慮すれば、上原巡査らの行った所持品検査、被告人を覚せい剤所持の現行犯人として逮捕したこと及びそれに引き続く本件各証拠物（略）の押収手続の違法は」、証拠能力を否定しなければならないほどに違法性はないとした。**同3-4**、**同3-5**も、所持品検査等の違法性を肯定したが証拠能力を否定するほどの違法ではないとしたものである。

これに対し、**同3-1**は、パトカーによる警ら中に不審車に乗っていた者を職務質問し、薬物使用あるいは所持の疑いを持って自動車内を含む所持品検査を実施すべく説得したが応じなかったので、捜索令状を得ようとして専門の捜査官を呼んだが令状請求は無理といわれたため、対象者の帰してくれという要望を無視してさらに説得を続け、３時間後に対象者が帰ろうとして車をちょっと動かした際に、車のミラーが警察官の体に接触したことを捉えて公務執行妨害罪の現行犯で逮捕し、それに伴って車内の捜索を実施し大麻を発見して押収したという事案であり、職務質問、留め置きの一連の経緯を任意捜査の限界を超えた違法がある上に、警察官に悪意性が推測されることを控えめに述べ、公務執行妨害罪の暴行に当たらないので現行犯逮捕も違法であるとし、これらの違法は重大であるとして大麻の証拠能力を否定しており、**同3-6**は、任意同行自体は適法としたが、「４時間以上にわたって、被告人が尿意を我慢し、尿提出を頑強に拒否していたにもかかわらず、旅行は延期すべきであるとして、尿提出を求めて警察署に**留め置いた**」ことは、「令状を請求する意思もその資料もないのに、ひたすら、被疑者の尿を採取する目的のみで、長時間警察署内に留め置き、被疑者が我慢できずにやむを得ず排出した尿を証拠として採取することが許されるということになってしまう」として重大な違法であるとして証拠能力を否定した。

（職務質問等に関する判例）

3-1　東京高判平19・9・18（公務執行妨害、大麻取締法違反被告事件）

ア　平成１８年３月２５日午前１時５５分ころ（略）、警視庁ａ警察署警察官Ｃ巡査部長（以下「Ｃ警察官」という。）

及び同Ｄ巡査部長（以下「Ｄ警察官」という。）は、警ら用無線自動車ａ５号（以下「ａ５号」という。）に乗車して東京都ａ区内を警ら中、ａ通りからｃ陸橋の側道を経て環状×号線内回りに合流しようとした際、被告人が運転する車両（以下「被告人車両」という。）を発見した。Ｃ警察官らは、被告人車両がａ５号の右側に位置し、一時的ではあるが若干右にハンドルを戻すような蛇行運転とも受け取れる動きをしたことから、ａ５号を見て動揺した可能性があると考え、無免許運転又は酒気帯び運転の疑いを抱くとともに、「セルシオ」という被告人車両の車種から暴力団関係者が乗車している可能性があり、さらに、被告人車両の後部座席窓ガラスにスモークフィルムが貼られ、助手席の窓にカーテンが３分の１程度掛かっていたことなどから、何らかの規制品等を所持している可能性もあると判断して、職務質問を行うこととし、車載マイクを用いて、被告人車両に対し路肩に寄って停車するよう指示した。被告人車両は、それに応じて、午前２時ころ、同区ｂ×丁目×番××号付近の片側３車線の環状×号線内回り左端第１車線上（以下「本件現場」という。）に停車し、ａ５号も被告人車両の約２メートル後方に停車した。

イ　Ｃ警察官とＤ警察官は、被告人車両の運転席側に行き、運転席の窓から車内の様子を確認し、運転席に被告人、助手席にＥ（以下「Ｅ」という。）、助手席側の後部座席にＦ（以下「Ｆ」という。）がそれぞれ乗車しているのを認めた。Ｃ警察官らは、被告人及びＥに対していずれも暴力団構成員風の風体であるとの印象を、Ｆに対して水商売風の風体であるとの印象を抱いた。そして、Ｆに対しては、半開きのうつろな目つきをし、身体が左右に揺れているのではないかとの印象を抱いた。Ｃ警察官が、被告人に対して、**所持品検査**として被告人車両の中を見せるよう求めたが、被告人は運転席の窓を開けて会話に応じたものの、降車はせず、所持品検査については協力を拒否した。また、Ｄ警察官が運転免許証の提示を求めたところ、被告人はこれに応じた。Ｄ警察官が運転免許証に基づき照会したところ、被告人には覚せい剤取締法違反と大麻取締法違反の前科があることが判明した。Ｃ警察官らは、被告人に酒気を帯びた様子がなく、無免許運転及び飲酒運転の疑いのないことが判明したものの、所持品検査を拒否したことから被告人らが違法薬物を隠匿しているのではないかとの疑いを強め、被告人とＥに対し被告人車両の中を見せるよう再三求めたが、被告人やＥは見せる必要がないなどと言ってこれを拒否し、帰らせてほしい旨要求した。

ウ　Ｃ警察官らは、午前２時２０分ころ、被告人らが電話をかける素振りを見せたことなどから、応援の警察官の派遣を要請し、午前２時４５分ころまでに、警ら用無線自動車ａ２号（以下「ａ２号」という。）と同ａ３号（以下「ａ３号」という。）を含め、３台の警察車両が順次本件現場に到着し、制服着用の警察官合計７名が被告人車両の周囲に集った。そこでは、ａ２号で到着したＢ警察官が、被告人らに対する職務質問等の指揮を執った。Ｂ警察官は、被告人車両の急発進を防止する等の目的で、ａ３号を被告人車両の前方約１．３メートルまで接近させ、同車より約６０センチメートル右側に出た位置に停車させた。Ｂ警察官は被告人に対し、被告人車両の検査に応じるとともに、エンジンを切るよう繰り返し説得したが、被告人は、運転席側の窓を開けて同警察官との会話に応じたものの、「見せる必要はない、テレビを見ているのでエンジンは切らない。」などと言って、いずれの要請も拒否し、引き続きそこから退去したい旨要求した。

エ　Ｂ警察官は、薬物事犯を被疑事実とする捜索差押許可状の請求の可能性を視野に入れ、午前３時１５分ころ、警視庁ａ警察署の担当捜査員２名を本件現場に呼び寄せ検討させた。担当捜査員らは、被告人車両の外部から被告人らを観察したが、Ｆの様子から薬物使用の可能性が考えられるとしたものの、結局確定的な判断はできないとの見解を示し、また、被告人及びＥには薬物事犯の兆候は認められないことから、この時点での令状請求は困難であるとして、更に所持品検査に応じるよう説得を続けて様子を見るよう助言したのみで、本件現場から引き上げた。

オ　Ｂ警察官は、部下からの進言により職務質問の状況をビデオカメラによって撮影することとし、同警察官の指示により、午前３時３０分ころ、ビデオカメラを搭載したａ２号がそれまで被告人車両の後部に位置していたａ５号と入れ替わって被告人車両の約２．１メートル後方で同車より約２８センチメートル右側に出た位置に停車した。そして、その後の職務質問等の状況は、ａ２号搭載の固定式ビデオカメラにより、被告人車両の後方から撮影されるところとなった。

カ　Ｂ警察官らは、その後も、被告人やＥに対し、所持品検査に応じるよう説得を続けたが、被告人らは令状はあるのか、任意なら応じないなどと言って、これを拒否し続け、押し問答が続いた。被告人らは、午前４時ころ以降、もう協力する必要はないとして、本件現場から立ち去らせて欲しい旨強く要求するようになり、Ｂ警察官らは、なおも、所持品検査に協力するよう説得を繰り返し、そのような膠着状態が続いた。被告人は、午前５時ころ以降、Ｆの体調が悪いことを訴えその場から解放して欲しい旨要求したが、Ｂ警察官は、それも認めず、所持品検査に応じるようになおも説得を続けた。このような膠着状態の中で、警察官らの複数の者が多数回にわたり、懐中電灯を点滅したりして被告人車両内や被告人らの顔面を照らすなどし、また、助手席や運転席の窓を拳等で小刻みに叩きつける警察官もいた。
キ　Ｂ警察官は、午前５時２０分ころ、改めて、本署に連絡して捜索差押許可状請求の可否を検討し、これができない場合には職務質問を中止すると決断し、令状請求の判断のために担当者の臨場を再度要請した。
ク　被告人は、夜も白んだ午前５時２９分ころ、運転席側ドアを少し下げて、同車の横付近に立っていたＢ警察官らに対し、「もう行きますから、どいてください。」と比較的穏やかに声を掛けて、運転席側窓を閉めた。しかし、Ｂ警察官は、なおも運転席のドアを叩いて、所持品検査に応じるように求めた。被告人車両は、前記のように、その前後をａ３号とａ２号に挟まれていた上、周囲をＢ警察官ら６名の警察官に取り囲まれる状態にあったが、被告人は、被告人車両を右側車線に出し易くするために、被告人車両を一旦約１メートルほど後退させて停車した。Ｂ警察官は、運転席のドアを叩いて、なお、所持品検査に応じるよう声をかけながら、被告人車両と並行して移動した。被告人は、被告人車両を停車させてから約２秒後に、本件現場から立ち去るため、被告人車両のハンドルを右方向に切り、ブレーキペダルに足を置いて、ブレーキを緩めながら、ゆっくりと被告人車両を前進させた。被告人は、被告人車両を約２秒程度かけて、３０センチメートルほど前進させたが、Ｂ警察官と接触しそうになり、直ちに被告人車両を停車させた。この時に、Ｂ警察官の右肘内側の部分と被告人車両の運転席側ドアミラーが接触し、そのドアミラーが折り畳まれた。
ケ　Ｂ警察官は、上記のとおり、被告人車両のドアミラーが自己の右肘に接触したことから直ちに**公務執行妨害罪**が成立するとして、同罪による**現行犯逮捕**手続に着手し、被告人は、警察官らによって、被告人車両から外に連れ出され、同罪により現行犯逮捕された。Ｂ警察官らは、この逮捕に伴う捜索により、被告人車両の後部トランクルームから本件大麻を発見した。そして、本件大麻を所持していたことを被疑事実とする大麻取締法違反の罪で被告人をさらに**現行犯逮捕し、これに伴う捜索差押**手続により本件大麻を押収した。（略）
（注：警察官の職務執行の適法性について）被告人車両を停止させ、職務質問を開始したことに違法はなく、また、無免許運転及び飲酒運転の嫌疑は解消したものの、深夜の時間帯であること、被告人車両の車種、被告人らの風体から暴力団構成員と疑われたこと、被告人車両のカーテンやスモークフィルムの状況、さらに被告人らが所持品検査を拒否したこと、被告人に薬物事犯の前科があること等から、被告人らが違法な薬物を所持しているのではないかと疑ったことについては、一応の合理性が認められるのであり、被告人らも当初は渋々ながらもそれを受け入れる姿勢を示していたことにも照らせば、警察官らが職務質問を続行し、所持品検査に応じるよう説得したこと、その後、被告人らを本件現場に合理的な時間内留め置いたことについても違法なところはなかったものということができる。しかしながら、本件の職務質問等はあくまでも所持品検査として行われたものであり、合理的な時間内に、協力が得られなければ、打ち切らざるを得ない性質のものであった。しかるに、その後の職務質問等は長時間に及び、被告人が耐えきれずに被告人車両を動かそうとした午前５時２９分の時点においては、すでに約３時間半もの時間が経過していた。警察官らはこの間被告人車両を事実上移動することが不可能な状態に置いて、ずっと被告人らを本件現場に留め置いていたものである。このように被告人らの留置きが長時間に及んだのは、警察官らが所持品検査に応じるように説得を続けていたことによるが、その間、被告人らは所持品検査を拒否し続けている上、当初より、帰らせてほしい旨繰り返し要求していたものであり、**被告人らの所持品検査を拒否し立ち去りを求める意思は明確であって、それ以上警察官らが説得を続けたとしても被告人らが任意に所持品検査に応じる見込みはなく、被告人らを留め置き職務質問を継続する必要性は乏しかったといえる。犯罪の嫌疑**については前記のような程度のものであって、格別強い嫌疑があったわけではなく、むしろ、令状請求に耐えられるようなものでなかったことは、午前３時１５分ころの時点で令状請求の可否を判断するために臨場した担当捜査員が、直ちに令状請求をすることは困難との判断をしていることによっても明らかである。**担当捜査員によって令状による強制捜査が困難と判断されたこの段階では、それ以上、被告人らを留め置く理由も必要性もなかったものと思われる。**この時点以降において特段事情の変化がなかったことは明らかであるから、少なくとも、被告人らが帰らせてほしい旨を繰り返し要求するようになった午前４時ころには、警察官らは所持品検査の説得を断念して、被告人車両を立ち去らせるべきであり、被告人らが繰り返し立ち去りたいとの意思を明示していることを無視して、被告人車両の移動を許さず、被告人らを本件現場に留め置いて職務質問を継続したのは、明らかに所持品検査の限界を超えた違法な職務執行であったといわざるを得ない。したがって、Ｂ警察官らの職務の執行を適法な職務の執行といえないとした原判決の判断は正当として是認することができる。（略）

被告人車両の車種、その特徴及び被告人らの風体（Ｅの顔面の切り傷痕を含む。）、被告人の前科等は、犯罪の嫌疑を抱く根拠としては抽象的で漠然としたものであり、具体的な犯罪の嫌疑をうかがわせるものとしてはやはり十分なものであったとはいい難い。Ｆの様子が薬物使用を疑わせるものであったかという点に関しても、前記のとおり、午前３時

１５分ころの段階で、警視庁ａ警察署の担当捜査員２名を本件現場に呼び寄せ検討させたが、結局それは判断がつかないとの結論となったというのであるから、この点も薬物事犯をうかがわせる根拠としては不十分なものであったと解される。所論の指摘するその他の事情については、大方が、被告人逮捕後に判明した事情であって、本件職務行為の適法性を判断する事情とするのは相当でない。(略)

被告人らが、車内検査への協力を拒否し、警察官らからのたび重なる要請にも応じようとしなかったことは事実であり、警察官らにおいてそのことから被告人らに対する嫌疑を強めたことはそのとおりと思われる。しかしながら、一般的に、人が車内へ立ち入っての所持品検査に応じない理由には様々なものが予想され、必ずしも犯罪に結びつくとは限らないのである。そのほかの事情と併せ考えて、何らかの犯罪に関係しているとの嫌疑を抱くこと自体を不当とはいえないにしても、その推定力には自ずから限界があるといってよい。そして、なにより、警察官らの車内検査への説得が任意捜査として行われている以上、警察官らの求めに応じて車内検査に応じるか否かはあくまで被告人らの意思に任されているわけであり、被告人らが車内検査に応じないことから嫌疑が一層強まり、それによって警察官らがその後も説得を続けることができると解すると、結局のところ、被告人らが車内検査に応じるまで警察官らはいつまでも説得を継続できるということになってしまう。これは、職務質問を受ける側の者にとっては耐え難いことであろう。任意捜査であることとは明らかに矛盾し、黙秘権の保障、プライバシーの保障という観点からもゆるがせにできないように思われる。被告人らが車内検査を拒否し続けたことをとらえて、警察官らの職務質問の継続を肯定する根拠とすることは相当とはいい難い。(略)

Ｂ警察官は、午前３時３０分ころから午前４時ころまでの間に、被告人車両のタイヤが車体からはみ出ているように見えたことから、整備不良車であるとの疑いを抱き、その状態を確認するため、被告人に対し自動車検査証の提示を求めたこと、被告人がその提示を拒否したことが認められる。しかしながら、Ｂ警察官としては、整備不良の有無を確認できなかったため、あえてその点をとらえて強制捜査を行うことまでは考えなかったというのであり、結局のところ、Ｂ警察官は、その点に関して、それ以上被告人を追及することもなく、その疑いがあることを理由として被告人車両の発進を止めるなどの措置もとっていないのである。このように、整備不良に関してＢ警察官の抱いた嫌疑も上記の程度のものであって、この点を理由として、強制捜査を可能とするまでの状況があったとは認められず、警察官らにおいて、その場に留まるように説得することが期待される場面であったともいい難い。また、自動車検査証の提示義務違反を理由に被告人を現行犯人として逮捕することも可能であったとの主張については、そもそも、警察官らは被告人車両がいわゆる整備不良車に該当するか否かについて明確な判断をしていなかったのであり、道路交通法６３条１項によって、被告人に自動車検査証の提示を求めることができるか否かについても疑問がある上、自動車検査証の提示義務違反によって、被告人を逮捕する必要性・相当性があったともいい難い（Ｂ警察官の原審公判供述によると、Ｂ警察官が被告人に自動車検査証の提示を求めたのは１回限りであるとうかがわれるところ、被告人が運転免許証については警察官に提示していることを考慮すると、なお説得すれば、被告人が自動車検査証の提示に応じる可能性は高かったものといえる。この点からも逮捕の必要性・相当性があったとはいい難い。)。(略)

客観的な状況に照らして嫌疑が強くなったとの点に関しては、そのような状況が認められないことは前記のとおりである。また、自動車検査証の提示義務違反による現行犯逮捕という別件を利用した強制処分を行うことなく、最も重大な規制薬物所持という嫌疑に注目して職務質問を継続したとの点についても、前記のとおりであって、そのような強制捜査を行わなかったのはむしろ当然の措置といってよく、自動車検査証の提示義務違反により現行犯逮捕しなかったからといって、本件の長時間にわたる**留め置き**等が正当化されるものではない。(略)

各車両の配置状況からみて、被告人車両がその場から立ち去るためには、右にハンドルを切って第２通行帯に進出する必要があることは明らかであり、警察官らが被告人車両の直近に佇立している状況においては、そのような行動に出ることは物理的にもかなり困難を伴う上、被告人が再三にわたって立ち去りたい旨告げているのに、許可を与えようとはせず、執ように車内の検査に応じるよう要請している状況下においては、それを振り切って発進させることには多大の心理的抵抗があると思われる。そして、仮に発進したとしても、警察車両がそのあとを追尾し、さらに停止を求められること等も予測されたのであるから、実質的には、被告人車両がその場から立ち去ることができない状況にあったことは明らかである。このように、**長時間にわたって被告人車両をその場所から実質的に移動できないような状況に置いて被告人らを留め置いたこと自体が問題であり、それ以外に特別の有形力の行使がなかったからといって、本件職務の執行が適法なものになるとはいえない**。付言するに、前記のとおり、職務質問が膠着状態に陥った際、警察官らが、多数回にわたり、懐中電灯を点滅したりして被告人車両内や被告人らの顔面を照らすなどし、また、助手席や運転席の窓を拳等で小刻みに叩きつける行為に出たことも認められるのであって、これを不当な有形力の行使ではないということも難しい。（略）

（注：公務執行妨害罪に該当する暴行の有無について）（略）、このような状況下において、被告人車両のドアミラーがＢ警察官の右腕の肘に少しばかり接触したとしても、それをもって公務執行妨害罪の暴行に該当するというには疑問が残るといわざるを得ない。さらに、Ｂ警察官は、原審公判において、その時の状況につき、（略）供述するが、最も緊迫したはずのこの状況下におけるＢ警察官の行動としては、この供述内容は余りにも不自然であり、ビデオに映るＢ警察官の動静からは、Ｂ警察官が終始被告人車両に注目している様子がうかがわれることに照らしても、同供述は信用できない。また、当審における事実取調べの結果によれば、被告人車両の運転席側ドアミラーが折り畳まれるためには、ある程度の力が加わることが必要であることも認められるのであって、Ｂ警察官が、そのままではドアミラーが自分に接触することを認識しながら、あえて右腕に力を入れて接触するに任せたのではないかという疑いを払拭することができない。これと同旨の原判決の判示は正当である。（略）前記認定のとおり、被告人はＢ警察官に対し、「もう行きますから、どいてください。」と声を掛け、被告人車両を一旦後退させた後に時間をかけてゆっくりと前進させたのであるから、Ｂ警察官において、後退した被告人車両が前進してくることを十分予想できたもので、身構えて腕に力を入れることは十分に可能であったと考えられる。（略）被告人の行為は、被告人車両を約２秒をかけてゆっくりと右前方に約３０センチメートル進行させたというものに過ぎないものであり、警察官との接触を避けるために停車してもいるのであって、所論指摘のように警察官らが、被告人車両と第２通行帯との間の空間に佇立していたことを考慮しても、警察官らにおいて、急激に第２通行帯に追い込まれるような状況があったとはいえない。そして、**被告人の行為が仮に有形力の行使に当たるとしても極めて微弱なものといってよく、警察官らの職務執行を妨害するに足りるものとはいい難いのであって、被告人の行為は、公務執行妨害罪における暴行には該当しないものと判断される**。（略）

（注：証拠能力について）（略）上記の証拠の証拠能力を判断するためには、上記の現行犯逮捕手続だけではなく、それに先行する被告人らを本件現場に留め置いた措置等も含めて、手続の過程全体を検討する必要があると思われる。そこで、時系列にしたがって、被告人らを本件現場に留め置いた措置等の違法性、被告人を公務執行妨害罪により現行犯逮捕した手続の違法性の順に検討し、その後、項を改めて、本件手続過程全体を検討することとする。（略）

本件において、被告人らを**留め置いた状況**等については、前記（略）のとおり、被告人らの留め置きは約３時間半もの長時間に及んでいるところ、もともと、被告人らの犯罪の嫌疑はそれほど強いものではなく、車内検査の必要性及び緊急性も高くはなかったこと、令状の発付が得られる見込みも乏しかったこと、他方、被告人らの対応の仕方からみて、被告人らが任意に被告人車両の所持品検査に応じる見込みはほとんどなく、長時間の留め置きを継続するだけの必要性に乏しかったこと、被告人らは当初は渋々ながら職務質問に応じる意向を示していたものの、その後は、警察官らに対し繰り返しその場から立ち去ることを求めていたこと、被告人車両の移動を禁じるべき特段の事情も認められなかったこと、以上の事実が認められる。そうすると、当初車両の停止を求め、職務質問を開始した時点においては警察官の行為は適法であったといえることを考慮しても、被告人らを長時間にわたって留め置き職務質問を続行したことは、被告人に所持品検査に応じさせるための説得としては明らかにその限度を超え、任意捜査としての限界を超えて違法であったといわざるを得ない。

そして、前記のとおり、被告人やＥらが被告人車両内で寝たような素振りを示すや、警察官らは、複数の者が多数回にわたり懐中電灯を点滅させて被告人車両内や被告人らの顔面を照らしたり、助手席や運転席の窓を拳等で小刻みに叩き続けるなどという行動をとったのであるが、これは、それ自体、穏当を欠く行為というべきであるが、原判決が指摘するように、被告人らをいたずらに刺激し公務執行妨害を引き起こすことを意図した挑発行為と受け取られても仕方がないものというべきである（所論は、上記のような警察官らの行為は、説得行為を無視する被告人らに対して警察官らとの会話に応じさせようとする苦肉の策であって、挑発行為であるとした原判決の認定は誤りであるというのであるが、午前３時、４時という深夜の時間帯でもあったことからすれば、そのような行動は、職務質問に応じる気持ちがないことを表明している被告人らにとって圧迫感や不快感を感じさせる以外の何物でもなく、明らかに被告人らの反感を招くものであって、相手方を説得するために有効適切な手段であるとは到底考えられない。これらの点を踏まえて、原判決が、そのような警察官らの行為について、半ば挑発ととらえ、被告人らが公務執行妨害を引き起こすことを意図していたとの疑いを招きかねない行為であって、令状主義の精神からも問題があると判断したことは相当である。）。

以上のような諸事情に加え、そのほかに長時間にわたる被告人らの留め置き行為等の措置を特段正当化できるような事情が見当たらないことをも考慮すると、本件違法捜査が警察官において職務熱心の余りなされたものであったとしても、**将来の違法捜査抑制の見地から見逃すことができないと考えられ、その違法の程度は大きいといわざるを得ない。**（略）**（注：公務執行妨害罪による現行犯逮捕について）**（略）**現行犯逮捕手続の適法性の判断は、**その現行犯逮捕が行われた当時の状況を基に行うべきであり、その点に異論はない。しかしながら、本件現行犯逮捕が行われた当時の状況は、すでに述べたとおりであって、これらの状況については警察官らにおいて十分認識できたはずである。このような状況を直視すれば、警察官らは、被告人らを本件現場に留め置く行為がもはや違法であると判断できたはずである（Ｂ警察官が、午前５時２０分ころ、改めて、本署に連絡して捜索差押許可状請求の可否を検討し、これができない場合には職務質問を中止する旨を決断し、令状請求の判断のために担当者の臨場を再度要請したことが認められるが、同警察官においても、同警察官らの職務執行に疑問を持ち、もはや一刻の猶予もならないものと判断していたことがうかがわれる。）。したがって、警察官らが、公務執行妨害罪の成立に疑問を持つことに何の支障もなかったというべきであり、本件現行犯逮捕を違法と判断すべきであるというのは警察官らに不可能を強いるものであるとの主張は理由がないといわざるを得ない。仮に警察官らに人権尊重の意識が欠けあるいは法的知識が乏しかったためにそのような状況を認識しながら、違法とは考えていなかったとしても、そのために警察官らの行動を適法とすることができないことは明らかである。

（注：証拠収集に至る手続の違法及びその程度について）　以上の検討を踏まえて、本件一連の手続の違法及びその程度を検討するが、被告人車両を現場へ留め置いた措置等が違法でありその違法の程度が大きいこと、被告人を本件公務執行妨害罪により現行犯逮捕した手続についても違法であり、その違法の程度も大きいこと、以上については、すでに説示したとおりである。

そして、これら一連の経過を全体としてみるとき、警察官らの行動は、そもそも強制処分ができない状況であったにもかかわらず、夜間約３時間半の長時間にわたって被告人らを留置き、何度もそこから立ち去りたいとの要請を受けたにもかかわらず車両の移動を許さず、延々と被告人車両の中を見せるように説得し続け、被告人らがそれに耐えられなくなって、車を発進しようとしたところをなおも阻止した上、公務執行妨害罪に当たるとして現行犯逮捕し、強制処分として車両の捜索を行った、以上のように概観することができる。警察官らの主観的な意図はともかくとして、令状主義を潜脱した結果となっていることはどうしても否めない。以上の点に加えて、後記のように、**警察官らにおいて令状主義を潜脱する意図がなかったとは必ずしもいい難いこと、また、本件が警察官らにおいて法の執行方法の選択ないし捜査の手順を誤ったに過ぎないような場合でもないこと等にも照らせば、本件一連の手続の違法の程度は令状主義の精神を没却するような重大なものであったといわざるを得ない**。（略）

Ｂ警察官において被告人車両が整備不良車であるか否か明確に判断していたわけではなく、整備不良や自動車検査証の提示義務違反によって、強制捜査に移行することは考えていなかったのである（そして、本件の場合、自動車検査証の提示を拒んだことを根拠に強制捜査を行うことについては、その可否と必要性、相当性につき大いに疑問があったというべきである。）。Ｂ警察官が車内検査を行う方便としてことさらに本件公務執行妨害罪による現行犯逮捕を選んだかどうかという点はともかくとして、Ｂ警察官が、被告人が自動車検査証の提示を拒んだことを根拠に強制捜査を行うことも検討しながらあえて職務質問という任意の方法を選んだというのは、若干事実に反するように思われる。また、以上のような事実関係に照らせば、これが、警察官らが法の執行方法の選択ないし捜査の手順を誤ったというような場合に該当しないことも明らかである。

所論は、同じく、警察官らは警察車両に搭載したビデオカメラにより、職務質問の現場を終始撮影しており、そのビデオカメラの前で職務を遂行していたのであって、令状主義を潜脱する意図などなかったという。この点は、確かに、警察官らは警察車両に搭載したビデオカメラにより、職務質問の状況を連続して撮影していたことが認められ、Ｂ警察官らはそのことを認識しながら職務に当たっていたものと思われる。しかしながら、警察官らの令状主義に関する理解の程度、内容如何によっては、自らの捜査手法の違法性を明確に意識しないということもあり得るのであって、ビデオ撮影の行われている面前で諸手続が行われたからといって、警察官らに令状主義を潜脱する意図がなかったものとはいえない。それよりは、ビデオに撮影された内容を検証することによって、実際に行われた手続の中身、その経過を検討することの方が重要である。また、この現場を撮影した８ミリビデオ（その後、このビデオはＤＶＤとして編集され、本件事件の証拠（原審第甲１３号証）として提出されている。以下、単に「ビデオ」などともいう。）が、証拠として提出された経過については、Ｇ作成の報告書（当審弁第３号証）、当審における証人Ｈ（以下、「Ｈ警察官」という。）の供述によれば、以下のような事実が認められる。

ア　ａ警察署で本件を担当したＨ警察官は、Ｂ警察官から、本件ビデオの存在についての報告を受けていたものの、当初はこのビデオを検察庁に送付しなかった。
イ　被告人は、警察官からの取調べで、ビデオカメラで当時の状況を撮影していたと聞かされ、検察庁において、検察官松山佳弘（以下「松山検察官」という。）から取調べを受けた際、そのことを同検察官に伝えた。松山検察官が、a警察署に照会したところ、H警察官は、ビデオが存在する旨を明らかにするとともに、その８ミリビデオをＶＨＳのビデオに変換したものを、検察庁に提出した。
ウ　被告人は平成１８年４月１４日に起訴されたが、国選弁護人に選任された弁護士Gは同年６月６日被告人と接見し、被告人から、ビデオの存在を聞かされた。同弁護人は、即日、公判担当の検察官林正章（以下「林検察官」という。）に問い合わせ、同検察官から、その件は聞知していない旨の返答を得た。
エ　同月６月７日の公判期日前の打ち合わせの席上、同弁護人が林検察官にその旨を確認したところ、同検察官は確認中であると返答し、同月９日の第１回公判期日直後にも、同弁護人は同検察官に対しビデオの提出を促した。
オ　林検察官は、同年７月３日に至って、ビデオの存在を認め、その後、このビデオは、同弁護人に開示され、原審公判に証拠として提出された（略）。
警察署において、このビデオを公表することを逡巡していたのではないかとの疑いを容易に払拭することができない。（略）、Ｂ警察官に令状主義潜脱の意図などなかったというのであるが、同警察官が、前記のように、捜査段階において、ビデオに撮影された内容とかなり異なる供述を行っていたことにも照らせば、そうとばかりはいえないように思われる。また、令状主義潜脱の意図について、同警察官個人の問題に限定して判断することは相当でない。いずれにしても、このビデオの取扱いを巡る捜査機関における一連の処理には、いささか不明朗なものが残るといわざるを得ないのであって、本件職務質問の現場において、ビデオ撮影が行われていたからといって、警察官らに、令状主義潜脱の意図がなかったとはいえないものと解される。（略）
（注：本件大麻等の証拠能力について）　以上の次第であり、被告人の現行犯逮捕に至るまでの手続は、一体として違法であり、その違法の程度は令状主義の精神を没却するような重大なものであったといわざるを得ない。そして、このような違法な手続に密接に関連する証拠を許容することは将来における違法捜査抑制の見地からも相当でないと認められるのであって、その証拠能力を否定すべきである。そして、本件大麻等が、押収された経過は、前記のとおりであり、Ｂ警察官らは、この逮捕に伴う捜索により、被告人車両の後部トランクルームから本件大麻を発見し、本件大麻を所持していたことを被疑事実とする大麻取締法違反の罪で被告人をさらに現行犯逮捕した上、これに伴う捜索差押手続により本件大麻を押収したのである。**本件大麻等は、上記の重大な違法があると判断される手続と明らかに密接な関連を有する証拠である。したがって、本件大麻等の証拠能力を否定した原判決の判断は、正当として是認することができ、原判決には判決に影響を及ぼすことが明らかな訴訟手続の法令違反は認められない。**

3-2　最判平15・2・14（覚せい剤取締法違反、窃盗被告事件）
（１）被告人に対しては、かねて窃盗の被疑事実による逮捕状（以下「本件逮捕状」という。）が発付されていたところ、平成１０年５月１日朝、滋賀県大津警察署の警部補Ａ外２名の警察官は、被告人の動向を視察し、その身柄を確保するため、本件逮捕状を携行しないで同署から警察車両で三重県上野市内の被告人方に赴いた。
（２）上記警察官３名は、被告人方前で被告人を発見して、任意同行に応ずるよう説得したところ、被告人は、警察官に逮捕状を見せるよう要求して任意同行に応じず、突然逃走して、隣家の敷地内に逃げ込んだ。
（３）被告人は、その後、隣家の敷地を出て来たところを上記警察官３名に追いかけられて、更に逃走したが、同日午前８時２５分ころ、被告人方付近の路上（以下「本件現場」という。）で上記警察官３名に制圧され、片手錠を掛けられて捕縛用のロープを身体に巻かれ、逮捕された。
（４）被告人は、被告人方付近の物干し台のポールにしがみついて抵抗したものの、上記警察官３名にポールから引き離されるなどして警察車両まで連れて来られ、同車両で大津警察署に連行され、同日午前１１時ころ同署に到着した後、間もなく警察官から本件逮捕状を呈示された。
（５）本件逮捕状には、同日午前８時２５分ころ、本件現場において本件逮捕状を呈示して被告人を逮捕した旨のＡ警察官作成名義の記載があり、さらに、同警察官は、同日付けでこれと同旨の記載のある捜査報告書を作成した。
（６）被告人は、同日午後７時１０分ころ、大津警察署内で任意の採尿に応じたが、その際、被告人に対し強制が加えられることはなかった。被告人の尿について滋賀県警察本部刑事部科学捜査研究所研究員が鑑定したところ、覚せい剤成分が検出された。

（7）同月６日、大津簡易裁判所裁判官から、被告人に対する覚せい剤取締法違反被疑事件について被告人方を捜索すべき場所とする捜索差押許可状が発付され、既に発付されていた被告人に対する窃盗被疑事件についての捜索差押許可状と併せて同日執行され、被告人方の捜索が行われた結果、被告人方からビニール袋入り覚せい剤１袋（以下「本件覚せい剤」という。）が発見されて差し押さえられた。
（8）被告人は、同年６月１１日、「法定の除外事由がないのに、平成１０年４月中旬ころから同年５月１日までの間、三重県下若しくはその周辺において、覚せい剤若干量を自己の身体に摂取して、使用した」との事実（公訴事実第１）、及び「同年５月６日、同県上野市内の被告人方において、覚せい剤約０．４２３ｇをみだりに所持した」との事実（公訴事実第２）により起訴され、同年１０月１５日、本件逮捕状に係る窃盗の事実についても追起訴された。（略）

以上の事実を前提として、原審が違法収集証拠に当たるとして証拠から排除した被告人の尿に関する鑑定書、これを疎明資料として発付された捜索差押許可状により押収された本件覚せい剤、本件覚せい剤に関する鑑定書について、その証拠能力を検討する。

（1）**本件逮捕には、逮捕時に逮捕状の呈示がなく、逮捕状の緊急執行もされていない（逮捕状の緊急執行の手続が執られていないことは、本件の経過から明らかである。）という手続的な違法があるが、それにとどまらず、警察官は、その手続的な違法を糊塗するため、前記のとおり、逮捕状へ虚偽事項を記入し、内容虚偽の捜査報告書を作成し、更には、公判廷において事実と反する証言をしているのであって、本件の経緯全体を通して表れたこのような警察官の態度を総合的に考慮すれば、本件逮捕手続の違法の程度は、令状主義の精神を潜脱し、没却するような重大なものであると評価されてもやむを得ないものといわざるを得ない。そして、このような違法な逮捕に密接に関連する証拠を許容することは、将来における違法捜査抑制の見地からも相当でないと認められるから、その証拠能力を否定すべきである（最判昭53・9・7**参照）。

（2）前記のとおり、**本件採尿は、本件逮捕の当日にされたものであり、その尿は、上記のとおり重大な違法があると評価される本件逮捕と密接な関連を有する証拠であるというべきである。また、その鑑定書も、同様な評価を与えられるべきものである。**

したがって、原判決の判断は、上記鑑定書の証拠能力を否定した点に関する限り、相当である。

（3）次に、本件覚せい剤は、被告人の覚せい剤使用を被疑事実とし、被告人方を捜索すべき場所として発付された捜索差押許可状に基づいて行われた捜索により発見されて差し押さえられたものであるが、上記**捜索差押許可状は上記（2）の鑑定書を疎明資料として発付されたものであるから、証拠能力のない証拠と関連性を有する証拠というべきである。**

しかし、**本件覚せい剤の差押えは、司法審査を経て発付された捜索差押許可状によってされたものであること、逮捕前に適法に発付されていた被告人に対する窃盗事件についての捜索差押許可状の執行と併せて行われたものであることなど、本件の諸事情にかんがみると、本件覚せい剤の差押えと上記（2）の鑑定書との関連性は密接なものではないというべきである。したがって、本件覚せい剤及びこれに関する鑑定書については、その収集手続に重大な違法があるとまではいえず、その他、これらの証拠の重要性等諸般の事情を総合すると、その証拠能力を否定することはできない。**

そうすると、原判決は、上記の点において判決に影響を及ぼすべき法令の解釈適用の誤りがあり、これを破棄しなければ著しく正義に反すると認められる。

（4）なお、原判決が維持した第１審判決は、被告人の尿に関する鑑定書、本件覚せい剤、これに関する鑑定書をいずれも違法収集証拠として排除した結果、本件公訴事実中、覚せい剤使用及び所持の点については、犯罪の証明がないとして、いずれも無罪とし、窃盗の点についてのみ有罪として、懲役１年６月の刑を科したものであるところ、前記のとおり、**覚せい剤使用の事実については第１審判決の無罪の判断を維持すべきであるが、覚せい剤所持の事実については、第１審判決の無罪の判断は破棄を免れず、覚せい剤所持の事実が認められれば、その罪と窃盗の罪とは刑法45条前段の併合罪となり得るので、上記の両事実に関する部分を破棄し、更に審理を尽くさせる必要がある。**

よって、原判決及び第１審判決中、覚せい剤所持及び窃盗に関する部分については、刑訴法411条1号によりこれを破棄し、同法413条本文により、更に審理を尽くさせるため、上記破棄部分を大津地方裁判所に差戻し、原判決中、その余の部分については、検察官の上告は理由がないことに帰するので、同法414条、395条により、これを棄却する。

3-3　東京高判平11・8・23（覚せい剤取締法違反被告事件）

（一）被告人は、平成九年八月一一日午後一時過ぎ、いわゆるラブホテルである本件ホテルにチェックインの手続をとって、三〇一号室に一人で入室した。
（二）本件ホテルの責任者Ｓ（以下「Ｓ」という。）は、翌一二日午前九時前に出勤して夜勤担当者から被告人のチェックアウト予定が午前一〇時である旨引き継いだが、被告人がその時刻になってもチェックアウトせず、かえって缶入り飲料水五本を一度に注文したり、それを届けた客室担当者から被告人が入れ墨をしているとの報告を受けたため、暴力団関係者を宿泊させてしまい、何時退去してくれるか分からない状況になっているのではないかと心配になり、また職務上の経験からジュースを大量に飲む場合には薬物を使用している可能性も高い旨の知識を有していたので、被告人の薬物使用も懸念した。
（三）同日午前一一時過ぎ、Ｓは、フロント担当者を介して電話でチェックアウトの時間を問合せたところ、被告人の返事は曖昧であったが、その際「午後零時」という時刻を言っていたことから、同日午後零時ころまで待った。しかし、なおも被告人がチェックアウトしないので、フロント担当者に再度電話させたが、曖昧なまま電話を切られた。そこで、Ｓは、客室担当者を同行して三〇一号室に赴き、外ドア脇のチャイムを鳴らしたところ、被告人が客室と内玄関の間に設置されたドア（以下「内ドア」という。）を開けた様子がしたことから、外ドア越しに「フロントの者です。」と声をかけたが、被告人は、「うるさい。」と怒鳴り返したり、Ｓの料金精算要求に、「この部屋は二つに分かれているんじゃないか。」などと言った後、内ドアを閉めて奥に引っ込んだ様子がした。そこで、Ｓは、フロントに戻り、本社と連絡をとった上で一一〇番通報をして、被告人が宿泊料金を支払わないこと、被告人にホテルから退去して欲しいことのほか、薬物使用の可能性があることを話した。
（四）警視庁福生警察署地域課所属司法巡査寺門邦浩（以下「寺門巡査」という。）及び同溝口泰弘（以下「溝口巡査」という。）は、東京都あきる野市秋川一丁目付近をパトカーで警ら中、同日午後一時一一分ころ、通信司令本部から「瑞穂町武蔵〈番地略〉ホテルＡにおいて料金上のゴタ」との無線通報を傍受し、直ちに本件ホテルに向かった。その途中、通信司令本部から「相手は入れ墨をしている一見やくざ風の男」との連絡があり、また福生警察署の上司である高橋警部補から、薬物がらみの可能性もあるので事故防止には十分注意するようにとの指示を受けた。
（五）寺門、溝口両巡査は、事件は無銭宿泊かあるいは立てこもりで、覚せい剤若しくはシンナーを使用しているのではないかなどと考えながら、同日午後一時三八分ころ、本件ホテルに到着し、既に来ていた駐在所勤務の渡部稔巡査部長とともに、Ｓから、「昨日チェックインしたお客さんがチェックアウト予定の午前一〇時を過ぎても出てこなくて困っている。何度か電話したが、曖昧な言葉を繰り返すだけで、出てこようとしない。従業員が三〇一号室に行ったときに入れ墨をした男の客がいた。」などの説明を受けた。寺門巡査は、確認のため三〇一号室に電話をして、被告人に、「お客さん、お金払ってよ。」と話したところ、「分かった、分かった。」との返事だったので、料金を払う意思があるのではないかと思ったが、Ｓに先ほどからと一緒であると言われて、無銭宿泊かとも考えた。しかし、場所がホテルの客室の中なので福生警察署の上司に電話で相談し、部屋に行って事情を聞くようにとの指示を受けたことから、Ｓに、「部屋に行って話を聞いてみましょう。」と言ったところ、同人が、「はい。分かりました。」と答えたことから、寺門巡査は、三〇一号室に立ち入って事情を聞くことにつき了解を得たものと理解し、溝口巡査、渡部巡査部長及びＳとともに四人で三〇一号室に向かった。
（六）三〇一号室に到着すると、寺門巡査は、外ドアを叩いて声をかけたが返事がなかったことから、無施錠の外ドアを開けて内玄関に入り、そこで、再度室内に向かって「お客さん、お金払ってよ。」と声をかけたところ、内ドアにはめ込まれた曇りガラスを通して被告が近づいて来るのを認めた。そして、被告が内ドアを内向きに約二、三〇センチメートル開けたことから、同巡査は、被告が全裸であり、また入れ墨をしているのを認めたが、ドアはすぐに閉められた。寺門巡査は、被告人が自己と目が合うや慌てて内ドアを閉めたことから、直ちにドアノブを握って被告人が内側から押さえているドアを押し開け、ほぼ全開の状態にして、内玄関と客室の境の敷居上辺りに足を踏み入れた途端、被告人が両手の拳を振り上げて殴りかかるようにしてきたので、とっさにその右腕をつかみ、次いで同巡査の後方にいた溝口巡査も被告人の左腕をつかみ、その手を振りほどこうとしてもがく被告人を二人がかりで、客室内のドアから入って右手すぐの場所に置かれたソファーに座らせ、寺門巡査が被告人の右足を、溝口巡査がその左足をそれぞれ両足で挟むようにして被告人を押さえつけた（原判決が、寺門巡査が客室内に立ち入った後に被告人が暴行行為に及んだ旨認定しているのは事実誤認である。）。
（七）被告人が手を振りほどこうとしたり、足をばたつかせ、また体を揺するなどして暴れるため、寺門、溝口両巡査は被告人を押さえ続けたが、寺門巡査は、被告人の目がつりあがった様子や顔色も少し悪く感じられたこと等から、「シャブでもやっているのか。」と尋ねたところ、被告人は、「体が勝手に動くんだ。」、「警察がうってもいいと言った。」などと答えた。そのころ、溝口巡査が、被告人の右手に何かが握られているのに気づき、「右手に何を持っているんだ。」と叫んだことから、寺門巡査も被告人の右手拳の小指の下から針が出ているのを認め、左手で被告人の右手首付近を強く握って注射器を手放させた。
（八）同日午後一時四六分ころ、上原伸二巡査（以下「上原巡査」という。）は、応援要請に基づき相勤者とともに本件ホテルに到着し、三〇一号室に臨場したが、同室においてはソファーに被告人が全裸で座り、その両脇から寺門巡査と溝口巡査が中腰の状態で、「暴れるんじゃねえ。」などと言いながら、被告人の左右の肩や手を押さえており、被告人は、「うー。」、「放せ。」と言ってもがくようにして暴れていた。上原巡査は、部屋に入ると、テーブルのそばの床上に落ちていた二つ折りの財布や先端が割れている注射筒及び注射針（被告人が握っていた前記注射器）を拾って、注射器を入れる箱や注射針一本が載っていたテーブルの上に置き、寺門、溝口両巡査と一緒になって被告人に氏名、生年月日を答えるよう説得を続けるうち、被告人がようやくこれに答えたので、無線で犯罪歴の照会をして被告人の覚せい剤取締法違反の前歴が判明した。
（九）上原巡査は、被告人の所持品を検査するため、寺門、溝口両巡査によってソファーに押さえつけられていた全裸の被告人に対し、テーブル上の注射筒等を指して、誰の物かを尋ねたり、テーブル上の財布を手に取って、「これは誰のだ。お前の物だろう。」などと尋ねたが、被告人は答えなかった。寺門、溝口両巡査も加わって追及するうち、被告人はようやく自分の物であることを認めたので、上原巡査において、「中を見せてもらっていいか。」と尋ねたが、返答もしなかった。そこで、寺門、溝口両巡査も、「中を見るぞ。いいか。」と繰り返し説得し、被告人の頭が下がったのを見て、上原巡査は、被告人が財布の中を見せるのを了解したと判断した。
　そこで、上原巡査は、同日午後一時五〇分ころ、二つ折りの右財布を開いて、カード入れの部分に入っていたキャッシュカードを見て被告人の氏名を確認し、ファスナーの開いていた小銭入れの部分から白色結晶入りのビニール袋を抜き出して、被告人に対し、「シャブだろう。」と聞いたが返事はなかった。寺門、溝口両巡査も覚せい剤ではないかと口々に追及したが、被告人は、「俺は知らねえ。俺んじゃねえから、勝手にしろ。」などと言うのみであった。なお、財布の中には、現金六万六五〇〇円が入っていた。
（一〇）覚せい剤らしき物を発見したので専務員を派遣するようにとの上原巡査の依頼により、福生警察署生活安全課所属の清水喜隆巡査が本件ホテル三〇一号室に駆けつけ、被告人に対して覚せい剤の予試験をする旨告げた上で、被告人に見えるようにして室内のベッドの上で前記ビニール袋入りの白色結晶につき予試験を実施し、覚せい剤の陽性反応が出たため、同日午後二時一一分、寺門巡査らは**被告人を覚せい剤所持の現行犯人と認めて逮捕し、その現場で右白色結晶一袋（略）、注射筒一本（略）、注射針二本（略）等を差し押さえた。**（略）右白色結晶は、同月一三日に被告人から採取した尿とともに、同月一四日、警視庁刑事部多摩鑑識センター内科学捜査研究所へ鑑定嘱託され、同月一八日、鑑定書（略）が作成された。（略）。
（注：三〇一号室への立入りの適法性について）寺門巡査らが三〇一号室に赴いた時点においては被告人は既にチェックアウトの予定時刻をかなり過ぎており、再三催促されても曖昧な態度で宿泊料金の精算をしようとしなかったこと、被告人が入れ墨をしており暴力団関係者と疑われたこと、同巡査らは、三〇一号室の立入りにつき本件ホテルの責任者であるＳから許諾（依頼）を得ていたこと、Ｓから被告人が清涼飲料水を一度に五缶も注文したり、部屋が二つに分かれているのではないか、などと意味不明の言葉を発したりしていることを聞いていただけでなく、現に、同巡査がドアの外から声をかけたのに対して全裸で姿をみせ、しかも同巡査の姿（寺門、溝口両巡査及び渡部巡査部長は、いずれも警察官の制服を着用していた。）を認めるや、一旦開こうとした内ドアを慌てて閉めるような行動に出たのであるから、これらによれば被告人について無銭宿泊のみならず、薬物使用の嫌疑も認められたというべきで、警察官職務執行法2条1項に定める職務質問の要件が存したことは明らかであり、その必要性、緊急性には高いものがあったというべきである。そして、寺門巡査が職務質問を続行するために三〇一号室の内ドアを被告人と押し合ってこれをほぼ全開にし、再びドアを閉められないように同室と内玄関の境の敷居上辺りに**足を踏み入れたこと**については、原判決のいう、職務質問の実施、継続を確保する観点から**ドアが閉まることを阻止するための必要かつ相当な有形力の行使**（警察官職務執行法2条1項に定める**停止行為**に準じるもの）として適法というべきである。ところで、本件にあっては１の（六）認定のとおり、寺門巡査において内玄関と室内の境の敷居上辺りに足を踏み入れた途端、被告人がいきなり両手の拳を振り上げて寺門巡査に殴りかかるようにしてきたので、とっさにこのような状態の被告人を放置できないとの判断のもとに、寺門巡査において被告人の右腕をつかみ、次いで溝口巡査が被告人の左腕をつかんで、なおも暴れる被告人を客室内の間近にあったソファーに座らせたものであるが、これは被告人が突然強烈な暴行に出るという緊迫した状況のもと

で、しかも瞬間的な出来事であって、寺門巡査らにおいて意識的に室内に立ち入ったものではなく、被告人の突然の暴行に殆ど反射的に対応するうち、一連の流れの中で被告人を制止するため不可避的に室内に立ち入る結果になったものと評価することができる。以上によれば、寺門巡査らの立入り行為が犯罪の発覚をおそれる被告人の意思に反するものであったとしても、これを違法と評価する余地はない。

ところで、原判決は、この点につき、「ホテルの客室内の客に対する職務質問は、プライバシー保護の観点から、差し当たっては出入口ドア付近においてなされるべきであるし、また本件では無銭宿泊や不退去の嫌疑が不十分であり、覚せい剤使用の嫌疑についても、客観的証拠はなにもなく、いわば捜査官の直感的なものに留まる。そうすると、三〇一号室の客である被告人が、客室のドアを押し閉めて、応対を拒否する意思を明示しているのに、寺門巡査らが、何ら説得をすることもなく、直ちにドアを押し開けて客室内に立ち入ったことは、職務質問をするために必要かつ相当な行為とは認められず、任意処分である職務質問の手段として許される有形力行使の限界を超えた違法なものである。」旨説示している。しかしながら、右判断は、寺門巡査らが三〇一号室へ立ち入ったことと被告人の暴行との時間的前後関係について同巡査らの立入りが先行することを前提とするものであるが、原審証人寺門邦浩は、内玄関と室内の境の敷居の上辺りに足を踏み入れたところ、被告人が両手を振り上げて殴りかかってきた旨明確に述べている（図面にも書いて示している。）ところ、これは内容的にも被告人が寺門巡査らの姿を見て慌てて内ドアを閉めたのに対し、同巡査が直ちにドアを押し開けたことなど前後の状況に照らして自然なものであるし、更に、原審証人溝口泰弘及び中立的な立場にある同Ｓの各証言もこれに符合するものであって、これらを総合すれば、１の（六）認定のとおりの事実が優に認定できる。そうすると、原判決の右判断は前提となる事実の認定を誤っており、この点で既に失当である上、犯罪の嫌疑の点に関しても、本件ホテルはいわゆるラブホテルであって、男性一人の客が丸一日近く部屋にこもっていること自体が多少不審を抱かれてもやむを得ない面があるばかりでなく、当初のチェックアウト予定の時刻を三時間以上経過していることやホテル側が繰り返し精算要求をしたのに合理的な理由もなくこれに応じないで推移していたこと等にかんがみると、無銭宿泊ないし不退去の嫌疑は低くなく、また前記１の（二）ないし（六）認定の各事実に照らせば、薬物使用の嫌疑も認められるというべきであるから、この点でも評価を誤ったものといわざるを得ない。そして、ホテルの客室における職務質問はその出入口ドア付近でなされるべきであるとする点は、原則的にはそのとおりであるにしても、被告人が突然暴行に及んだことを含む本件の具体的経緯、状況のもとにあっては、客室内のソファーに座らせて職務質問をなしたことを違法視する余地がないことは既に説示したとおりである。（略）。

（注：被告人の財布に対する所持品検査及び本件覚せい剤等の押収手続の適法性について）

寺門、溝口両巡査が、寺門巡査に殴りかかるようにしてきた被告人を二人がかりで三〇一号室のソファーに押さえつけた直後、寺門巡査の「シャブでもやっているのか。」との問いに対して、被告人は、「体が勝手に動くんだ。」、「警察がうってもいいと言った。」などと言い、まもなく溝口巡査において被告人が右手に注射器を握り、小指の下から針が出ているのを見つけたのであるが、それ以前の段階においてもＳからの申告内容や被告人の異常な言動等によって薬物使用の嫌疑が認められていたのに加えて、右のように被告人が覚せい剤事犯に直接結びつくような発言をしたことや右手に注射器を握っているのが発見されたことから、被告人について覚せい剤使用、所持の**嫌疑が飛躍的に高まった**ものというべきである。

このことを踏まえて、上原巡査がテーブルの上に置かれた被告人の財布を開き、小銭入れの部分から本件覚せい剤を発見した点について検討するに、**所持品検査は任意手段たる職務質問に付随するものとして許容されるのであるから、所持人の承諾を得てその限度で行うのが原則であるが、所持品検査の必要性・緊急性、これによって侵害される個人の法益と保護されるべき公共の利益との権衡を比較考量し、当該具体的状況のもとで相当と認められる場合には、捜索に至らない程度の行為は、強制にわたらない限り、所持人の承諾のない場合でも許されるものである。**これを本件についてみると、前記１の（三）ないし（六）認定の警察官出動の経緯や篠原の申告内容、被告人の態度などから職務質問をなすべき要件が存していたことは明らかであり、また覚せい剤使用という嫌疑の性質、重大性かんがみれば所持品検査の**必要性**があったことも十分肯定でき、更に、被告人は寺門巡査らに押さえられていてもひどく暴れ続けていた状況、右手に注射器を握っていたのが発見されたことにより被告人が当該財布内に覚せい剤を所持している蓋然性が客観的にも極めて高くなっており、これを放置すれば覚せい剤を遺棄するなどして罪証を隠滅する可能性が大であったことなどに照らせば、**緊急性**も肯定される。

そして、上原巡査らが行った所持品検査の具体的態様等についてみると、まずその対象物は二つ折りの財布（しかも床上に落ちていた。）で、通常は現金やカード類が入っているに過ぎないものであって、鞄や着衣等と比較するとプライバシー侵害の程度は高くないといい得るし、検査の具体的態様は、例えば、被告人の身体に手をかけて探ったり、あるいはその着衣のポケットに手を入れて内容物を取り出すといった被告人に対して直接有形力を行使する態様のものではなく、被告人の手から離れて一旦テーブルの上に置かれていた財布を手に取った上で、財布の中を見せるように繰り返し説得しつつ、被告人の頭が下がったのを被告人が中を見せるのを了解したものと解釈して、二つ折りの財布を開き、ファスナーの開いていた小銭入れの部分から白色結晶入りのビニール袋を抜き出したというものである。このようにみてくると、上原巡査の行為に限定して考察すれば、右所持品検査は**捜索に至らない程度の行為であり、強制にわたらないものである**と評価し得るようにも思われる。

ただ、ここで見落とすことができないのは、上原巡査らが被告人に財布の中をみせるように説得していた際、被告人は寺門、溝口両巡査によって全裸のまま身体を押さえ続けられていた点である。もとより、被告人がそのような状態に置かれるについての発端は、被告人の暴行によるものであるし、その後も原審証人寺門邦浩及び同溝口泰弘が証言するように、仮に被告人を押さえ続けるのを止めていたら警察官側が殴られるような事態が予想された（なお、その後逮捕する旨を告げられた被告人が激しく暴れ出し、これを制止するためには保護バンドなどの戒具が必要な状態になったことは、原判決が認定しているとおりであって、右各警察官の証言が単なる杞憂でなかったことが明らかである。）のであるから、寺門巡査らが被告人の身体を押さえ続けたこと自体はやむを得ない面があるといえるが、それにしても寺門巡査らが全裸の被告人を押さえつけたまま、被告人側の様子の変化等に応じて下着ないしズボンをはかせるなどの措置をとらないで、約三〇分間にわたってその身体を押さえ続けた行為については、**有形力行使の態様及び程度において職務質問に伴うものとして許容される限度を超えて行き過ぎがあったといわざるを得ない。そうすると、そのような行き過ぎた身体拘束下に置かれた被告人に対する所持品検査も、その許容される限度を超えたものと評価せざるを得ないこととなり、ひいては右所持品検査によって本件覚せい剤が発見されたことに依拠してなされた被告人の現行犯逮捕、本件覚せい剤等の押収手続もまた違法であるといわざるを得ない**（なお、本件所持品検査につき、被告人の頭が下がったからといって、その任意の承諾があったと認められないことは、原判決が正当に説示するとおりである。）。

しかしながら、以上検討したところを総合し、全体として観察すると、本件においては所持品検査の必要性・緊急性自体は高度のものが肯定でき、またその対象物が財布であったことのほか、所持品検査の具体的態様も既にファスナーの開いていた状態の小銭入れ部分から内容物を取りだすというに過ぎなかったのであること、上原巡査らにおいて令状主義に関する諸規定を潜脱しようとの意図があったものではないこと、全裸の被告人を約三〇分間にわたり押さえ続けたことについては違法であるものの、これは直接的には所持品検査に向けられたものではなく、被告人が暴れ続ける中で職務質問を続行するために行われた必要、最小限の有形力の行使であって、それ以上の有形力の行使はなかったこと、更に、本件所持品検査により害される被告人個人の法益と保護されるべき公共の利益との権衡なども合わせ考慮すれば、上原巡査らの行った所持品検査、被告人を覚せい剤所持の現行犯人として逮捕したこと及びそれに引き続く本件各証拠物（略）の押収手続の違法はいずれもその**証拠能力に影響を及ぼすほど重大であるとまではいえない**。したがって、右各証拠物及びそれに関する各鑑定書（略）を有罪認定の証拠とすることが違法捜査抑制の見地からみて相当でないとまでいうこともできず、差し押さえられた覚せい剤等の証拠能力を肯定して差し支えないというべきである。そうすると、本件覚せい剤等の収集手続に重大な違法があるとして右覚せい剤等及びそれについての各鑑定書の証拠能力を否定した原判決の判断には訴訟手続の法令違反があり、これが判決に影響を及ぼすことは明らかであるから、所論のその余の点について検討するまでもなく、原判決は破棄を免れない。

（略。注：採尿手続等の適法性について）

1　被告人の尿の採取手続に関しては、関係各証拠によれば、平成九年八月一二日福生警察署に連行された被告人は同日から翌一三日にかけて取調べを受けたが、尿の任意提出を拒んだため、被告人の尿の捜索差押許可状が請求され、同日中に東京地方裁判所八王子支部裁判官はこれを発付したこと、そこで取調官は再度尿を任意に出すよう説得したが、被告人がこれに応じなかったため、同日午後二時ころ、強制採尿を実施するために工藤武久警部補ほか約五名の警察官が被告人を東京都福生市内のＮ医院に連行したこと、同医院において工藤警部補は被告人及びＮ医師に対して被告人の尿の強制採尿令状を提示した上、同警部補らにおいて被告人をベッドに押えつけてズボンを脱がせ、Ｎ医師がカテーテルを使用して医院備付けの採尿用紙コップに被告人の尿を採取したこと、そして、同医院の看護婦が工藤警部補の指示に従って警察側で用意した採尿容器を水洗いした上で、右尿を紙コップかち右採尿容器に移し替えて蓋をしたこと、そして、工藤警部補が被告人に対して採尿容器の封緘紙に署名するように求めたが、被告人がこれを拒絶したので、立ち会っていた警察官において右封緘紙の採尿署課隊欄に所定の事項を記入した上で、被告人の氏名を書きかけたところ、その部分は被告人に自署させるべきと理解していた工藤警部補が止めたこと、その後看護婦が採尿容器の蓋の上から右封緘紙を貼付した上、右封緘紙と採尿容器本体とにかけて指印を施して右採尿容器を封緘したこと、被告人の尿については翌一四日、警視庁の科学捜査研究所へ鑑定嘱託がなされ、同月一八日鑑定書（原審甲１３号証）が作成されたこと、以上の経緯が認められる。
２　右１の事実関係に照らして考察すると、本件における被告人の尿の強制採尿手続は、裁判官が発付した捜索差押許可状に基づき、かつ、その執行手続においても格別違法視すべき点がないものであるから、被告人の尿に関する鑑定書（略）及び鑑定結果についての報告書（略）の証拠能力は、これを肯定して然るべきものである。

原判決は、（略）、被告人の尿の採尿手続に先行する現行犯逮捕手続や本件覚せい剤等の押収手続に重大な違法がある以上、尿の採尿手続にも重大な違法があることになるとして、その鑑定書等の証拠能力を否定している。

しかし、本件における所持品検査ないし現行犯逮捕手続に違法な点が認められるものの、その違法の程度は右手続の過程で収集された本件各証拠物の証拠能力を否定するほど重大なものとまではいえないことは、前記（略）において認定したとおりであり、またその際作成された現行犯人逮捕手続書等を疎明資料として強制採尿令状が発付され、被告人の尿の採取に至った一連の手続に格別問題とすべき点はない。したがって、原判決が、被告人の尿の鑑定書及び鑑定結果についての報告書の証拠能力を否定したことは誤りであり、原判決はこの点でも判決に影響を及ぼすことの明らかな訴訟手続の法令違反がある。

3-4 大阪高判平11・3・5（覚せい剤取締法違反被告事件）

（１）被告人は、平成九年一二月二一日午後一一時三〇分頃、兵庫県伊丹市（略）路上に駐車中の普通貨物自動車（以下「本件車両」という。）内において、覚せい剤を注射して使用したが、覚せい剤使用後も本件車両を駐車させたまま車内にいた。
（２）同日午後一一時五二分頃、「バラ公園北たつみ橋荒牧公園横で大麻かマリファナを吸っている男がいる。車のナンバーは下四桁△△△△で、ライトバン。この車内で男一人で、セーターにスラックス姿、車窓にはスモークを張っている。」旨の一一〇**番通報**が警察にあった。
（３）県警本部通信司令室からの右現場へ向かえとの指令を傍受した兵庫県地域部自動車警ら隊阪神方面隊のＡ巡査部長（以下「Ａ」という。）他一名乗務のパトカーが、受理後二、三分で現場に臨場した。

一一〇番通報された車の下四桁のナンバーは本件車両のナンバーと一致しており、現場付近には本件車両以外の車はなかったので、Ａは被告人に対して職務質問を開始し、まず、運転免許証の提示を求めたところ、被告人は当初抵抗を見せていたが、結局、運転免許証をＡに渡し、右運転免許証により総合照会が実施された。
（４）その頃、兵庫県伊丹警察署地域（課のＢ警部補（以下「Ｂ」という。）及びＣ巡査長（以下「Ｃ」という。）乗務のパトカーも現場に到着し、以後は主にＢとＡが**職務質問**を行った。
（５）Ｂらがここで何をしているのかと質問すると、被告人は車の改造をしていると答えるだけであったので、更に車検証の提示を求めて確認すると、本件**車両は車検切れ**であり、被告人も車検切れで車が動かせないなどと言っていた。
（６）その頃、前記総合照会の結果、（被告人には**毒物及び劇物取締法違反で二回の前歴並びに覚せい剤取締法違反で一回の前科があることが判明**し、前記一一〇番通報の内容と併せ、被告人が薬物を使用したり、所持しているのではないかとの疑いが出てきた。

この頃には現場にはパトカーが続々と到着し、結局、パトカーが四、五台、警察官が八名か、一〇名くらいが集まっていた。
（７）Ｂらが被告人に対して所持品を見せてくれるよう求めると、被告人は拒否し、Ｂらが説得しても、頑強に拒否を繰り返す状態が続いた。そのうち、被告人が左手に何か隠し持っていることが分かったので、Ｂらが何か持っているのではないかと質問すると、被告人は何も持っていないと答えた。そこで、被告人に本件車両から降りるように求めると被告人はこれも拒否した。なお、この頃から、被告人は泣き喚いたりして興奮状態となっていた。

このような被告人の態度から、Ｂらは前記**犯罪の疑いを益々強く持つようになった。**
（８）次いで、Ｂは本件車両の助手席側に回り、後部座席のドアを開けて車内に入って後部座席を調べたが、特に不審な物はなかったので降り、今度は助手席のドアを開けて被告人の横に乗り込んで尻の下に隠し持っている物を見せて欲しいと言うと、被告人は何もないと言って応じなかったので、Ｂは助手席から降りた。
（９）Ｂらが更に説得を続けている（と、被告人はＡを遠ざけてくれたら降りると言ったので、被告人の求めるとおりＡを遠ざけたが、被告人はそれでも降りなかった。
(１０)そのうち、被告人は先輩のＤ(以下「Ｄ」という。)を呼ぶと言って、所持していた携帯電話でＤに現場へ来てくれるよう連絡し、Ｂらも事態が膠着していたことから、Ｄに被告人を説得してもらうこととし、Ｄの到着を待った。
(１１)Ｄが到着したので、Ｂらはその時までの状況を説明し、本件車両から降りるように被告人を説得して欲しいと依頼すると、Ｄは助手席に乗り込み被告人を説得したが、被告人はＤの説得にも応じなかった。
結局、Ｄも説得をあきらめて本件車両から降り、「こんなんしゃあないで、どないでもして下さい」と言った。
(１２)すると、被告人は、もう死んでやる、親に申し訳ないというようなことを言い出し、ハンドルに頭をぶつけるような様子が見え、**自傷行為のおそれ**があったので、とっさにＢは右手を被告人の頭とハンドルの間に差出し、さらにその手を首から左肩に回した。この様子を見ていたＡや周りの警察官も、一緒になって被告人の腹部や足を持って、被告人を本件車両から降ろした。
(１３)被告人は本件車両から降ろされそうになったため、左手に持っていたポシェットを運転席のシートと背もたれの間に隠したが、本件車両の正面から車内の様子を確認していた兵庫県伊丹警察署地域一課のＥ巡査(以下「Ｅ」という。)が助手席のドアを開けて車内に入り、ポシェットを車内から持ちだして、Ｃに手渡し、ＣはＡにポシェットを手渡した。
(１４)Ａがポシェットを被告人に見せて、何が入っているのかと尋ねると、被告人は覚せい剤が入っていると答えたので、Ａは被告人にポシェットを「開けて見るで。」と確認したところ、被告人は「はい。」か「うん。」と言ったのでポシェットのチャックを開けたところ、その中には注射器と水溶液が入った透明の瓶のほか銀紙に包まれたものが二個あった。そこで、Ａがこれは何かと尋ねると、被告人は覚せい剤であることを認めたので、Ａは被告人を**現行犯逮捕**した。
(略)Ｂが本件車両の**後部座席及び助手席に乗り込んだこと**については、被告人はいったんは拒否したことが認められるものの、後記のとおりＢが被告人が手に隠し持っている物の所持品検査を目的としているものでないことは被告人も分かったと認められるから、被告人の拒否の程度は強いものではなかったと認められること、この前後でもＢらは被告人を**時間をかけて説得**していることからＢが被告人の拒否を排してまで強引に乗り込む必然性はなかったと認められること、後部座席に乗り込んだのは、ここで何をしているのかとの職務質問に対して被告人が車の改造をしていると答えたことから車内に不審物がないか確認するためであり、助手席に乗り込んだのは、被告人に尻の下に隠し持っている物を見せてくれるように頼むとともに、被告人の横に座って本件車両から降りるよう**説得するため**であるが、いまだ**職務質問の延長の域にとどまる**といえるものであり、それより進めて被告人が隠し持っている物を所持品検査するまでの意図はなかったと認められること、さらに被告人もＢが乗り込んでしまってからは**黙認した**と認められ、現に被告人は、乗り込まれてから、Ｂに早く降りてくれなどと抗議をした様子は認められていない。また、仮に被告人の意思に反していたとしても、違法の程度は低いうえ、Ｂの右行為は、後記所持品検査とは直接の関連性を持たない、別個の行為であるから、本件覚せい剤等の証拠能力に影響を及ぼすものではない。
次に、警察官らが**被告人を本件車両から降ろしたことについて**みると、Ｄが来る前の職務質問中から被告人は興奮状態にあったが、関係証拠を総合すれば、Ｄに来てもらったものの、Ｄからも降りるように説得され、しかし被告人としては降りることもできず説得にも応じなかったため、Ｄがどうしようもないなどと言っていわば匙を投げてしまったのを聞き、進退に窮して、もう死ぬとか親に申し訳ないと言いながら、興奮の余りハンドルを掴んで頭を前後に動かす動作をしたことが認められ、この動作を関係者の中で一番間近で見ていたＢがとっさに自傷行為のおそれがあると判断し、自傷行為を止めようと被告人の頭とハンドルの間に右手を入れたが、被告人が抵抗して暴れるので、それを見たＡや他の警察官らも被告人の腹部や足を持つなどして、Ｂとともに被告人を車外に降ろしたと認められる。
ところで、**警察官職務執行法3条1項は、一定の場合、精神錯乱又はでい酔のため、自己又は他人の生命、身体又は財産に危害を及ぼす虞のある者を保護しなければならないと規定している**こと、さらに捜査の過程において被疑者が負傷するようなことがあれば、後に捜査手続の適法性が問題とされる余地や口実を与えることになることを十分知悉しているＢが、被告人の頭とハンドルの間に右手を入れた行為はもちろん、それに引き続き警察官らが被告人を車外に降ろした行為も、狭い車内で被告人の自傷行為を制止し続けることは困難であることに徴すれば、客観的にみれば、被告人の自傷行為を防ぐために容認され得る行為であって、これを違法とまでいうことはできない。
さらに、**ポシェットが車外に持ち出され、Ａの手に渡ったことについて**は、Ｄは被告人が車外に降ろされてからＡが被告人の持っているポシェットを取ったと証言するが、被告人自身はポシェットは車から降ろされるときに、助手席側から入ってきた警察官に手に持っていたポシェットを取られたと供述しているのであって、Ｄは被告人が車外に降ろされる様子とＡがポシェットを手に持っている場面を見たことから、Ａが車外で被告人の手からポシェットを取ったと誤解している可能性があるから、Dの証言は直ちには信用できない。また、被告人の右供述については、被告人がポシェットを持ったまま車外に出れば、ポシェットを見せるように言われることは必至の状況であったと認められるから、被告人がポシェットを持ったまま降ろされたというのは不自然であるうえ、警察官としても被告人を車外に降ろしてからポシェットを取れば足り、わざわざ反対側の助手席に乗り込んで車内でポシェットを取る必要はないと認められるから、E及びCの証言と対比し、にわかに信用することができない。

ポシェットの開披について、被告人はポシェットを見せられたときには既に開披されていたと供述するが、Aが被告人に対してポシェットの開披の承諾を求めたことについてはDも聞いていることから、被告人の供述は信用できず、AがポシェットPを手にしたときにはまだ開披されていなかったことは明らかであるが、被告人が開披を明確に承諾したかどうかは前記のところがらは必ずしも明らかではない。しかし、被告人はポシェットの開披後のAの質問には素直に答えていることに徴すると、被告人はポシェットが捜し出されることには抵抗していたが、見つかった後には観念していたと認められるから、被告人は少なくともポシェットの開披を黙示に承諾したと認められる。

(略)以上の捜査の経過を前提に、本件ポシェットの所持品検査の過程、すなわち、Eが助手席のドアを開けて車内に入ってポシェットを持ち出し、これをCを介してAに手渡し、Aが手にしたポシェットを被告人に提示して中味を尋ね、ポシェットを開披するまでの一連の行為が適法であったか否かを検討する。

まず、Eがドアを開けて車内に入った行為であるが、Eは被告人の承諾を得ないままこれを行っている。しかし、当時の状況からみて、被告人の意向を確認する暇がないほどの緊急性があったとは認められないから、Eが被告人の承諾を得ないまま車内に入った行為は**違法と言わざるを得ない**。また、Eが車内からポシェットを持ち出し、Cを介してAに手渡した行為についても、被告人の占有下にあるポシェット(被告人所有の車に被告が隠匿したのであるから、被告人の占有下にあり、路上に落とした場合の占有離脱物とは同視できない。)を車外に持ち出す行為は、原則として、被告人の承諾を得ないで行うことはできないものであり、本件の場合、被告人を説得してその承諾を得る暇がなかったとは認められないのに、全くそのような試みをすることなく、被告人の承諾がないまま、ポシェットを車外に持ち出した行為も**違法と言わざるを得ない**。

しかし、Eは車外からポシェットを現認しており、Eはポシェット以外のものを車内で捜したり、車内で座席の下を覗いたり、ダッシュボードを開けたりはしておらず、車内の**捜索にわたるような行為はしていないこと**、したがってEの行為による**被告人のプライバシー侵害の程度は比較的低いこと**、Eは、持ち出したポシェットを直ちにDを介して本件捜査の職務質問を担当しているAに手渡し、Aによる職務質問に供していることからすれば、**ポシェットの持ち出しを職務質問に付随する行為で任意捜査の範疇に含まれるものと考えていたものと認められ、これが捜査、押収に該当するとか、令状主義を潜脱するなどの認識はなかったと認められること**(もっとも、このような強制捜査と任意捜査の別及び任意捜査の限界についての認識の甘さは責められるべきである。)、ポシェットは被告人の直接支配下を離れて車内に外から見える状態で置かれており、E及びCも車外から現認していることから、**被告人が身につけているなど直接支配下にある場合と異なり、この観点からもプライバシー侵害の程度は低いこと**、被告人のこれまでの態度や様子、覚せい剤の前科、一一〇番通報の内容などから、当時被告人には覚せい剤等の**薬物の使用ないし所持の嫌疑が相当濃厚**であり、しかも**その嫌疑はますます濃くなってくる状況にあった**こと、したがって、ポシェットにはその種犯罪に関係する物が入っていることの嫌疑も益々濃厚になっていたこと、ポシェットを車内にそのままにしておいて、被告人をポシェットの見える位置に同行して所持品検査する場合と結果的にはそれほど変わらないとも評価できること、覚せい剤等の薬物事犯はその性質上当該薬物を発見しない限り検挙が困難であること、さらに、原審において、これらの証拠について同意がなされ、異議なく証拠調べがなされていることなどを総合勘案すれば、**Eが車内に入りポシェットを車外に持ち出した行為は違法ではあるが、令状主義の精神を没却するような重大な違法があり、証拠とすることが将来の違法捜査を抑制する見地から相当でないと認められるときに該当し、その結果得られた証拠の証拠能力を否定しなければならないほど重大な違法があったとはいえない**。

そして、Aが手にしたポシェットを被告人に提示して中味を尋ねたことは職務質問として許される行為であり、ポシェットを開披したことについては前記のとおり少なくとも被告人の黙示の承諾があったから違法とはいえない。(略)

所持品検査に基づいて被告人の現行犯逮捕が行われ、被告人は兵庫県伊丹警察署に引致されて同署で**尿を任意提出**している。現行犯逮捕の要件は備わっていたと認められるが、その根拠となった覚せい剤が前記のように違法な所持品検査によって取得された物であるということになると、結局、現行犯逮捕も違法といわざるを得ない。しかし、現行犯逮捕に承継された所持品検査の違法は前記のとおり証拠能力を否定しなければならないほど重大な違法とはいえないうえ、尿の任意提出手続は一応被告人の任意の意思に基づいて行われたものであって、直接違法を引き継いでいるというよりは、**そこに被告人の意思が介在しているのであるから、尿の任意提出手続が違法であるとしても、その違法はさらに弱まっているとみるべき**であり、さらに原審において異議なく証拠調べがなされていることも勘案すると、証拠能力を否定しなければならないほど重大な違法とはいえないから、尿検査の結果得られた採尿報告書以下の原判示第一の事実認定に用いられた関係証拠は証拠能力を有すると解するのが相当である。

3-5　最決平7・5・30（覚せい剤取締法違反被告事件）

1　平成五年三月一一日午前三時一〇分ころ、同僚とともにパトカーで警ら中の警視庁三田警察署道下敏明巡査は、東京都港区内の国道上で、信号が青色に変わったのに発進しない普通乗用自動車（以下「本件自動車」という。）を認め、運転者が寝ているか酒を飲んでいるのではないかという疑いを持ち、パトカーの赤色灯を点灯した上、後方からマイクで停止を呼び掛けた。すると、本件自動車がその直後に発進したため、道下巡査らが、サイレンを鳴らし、マイクで停止を求めながら追跡したところ、本件自動車は、約二・七キロメートルにわたって走行した後停止した。

2　道下巡査が、本件自動車を運転していた被告人に対し**職務質問**を開始したところ、被告人が**免許証を携帯していないことが分かり**、さらに、照会の結果被告人に**覚せい剤の前歴五件を含む九件の前歴**のあることが判明した。そして、道下巡査は、被告人のしゃべり方が普通と異なっていたことや、停止を求められながら逃走したことなども考え合わせて、覚せい剤所持の嫌疑を抱き、被告人に対し約二〇分間にわたり所持品や本件自動車内を調べたいなどと**説得した**ものの、被告人がこれに応じようとしなかったため、三田警察署に連絡を取り、覚せい剤事犯捜査の係官の応援を求めた。

3　五分ないし一〇分後、部下とともに駆けつけた三田警察署齊木清稔巡査部長は、道下巡査からそれまでの状況を聞き、皮膚が荒れ、目が充血するなどしている被告人の様子も見て、覚せい剤使用の状態にあるのではないかとの疑いを持ち、被告人を捜査用の自動車に乗車させ、同車内で道下巡査が行ったのと同様の**説得を続けた**。そうするうち、窓から本件自動車内をのぞくなどしていた警察官から、車内に白い粉状の物があるという報告があったため、齊木巡査部長が、被告人に対し、検査したいので立ち会ってほしいと求めたところ、被告人は「あれは砂糖ですよ。**見てくださいよ。**」などと答えたので、同巡査部長が、被告人を本件自動車のそばに立たせた上、自ら車内に乗り込み、床の上に散らばっている白い結晶状の物について**予試験を実施**したが、覚せい剤は検出されなかった。

4　その直後、齊木巡査部長は、被告人に対し、「車を取りあえず調べるぞ。これじゃあ、どうしても納得がいかない。」などと告げ、他の警察官に対しては、「相手は承諾しているから、車の中をもう一回よく見ろ。」などと指示した。そこで、道下巡査ら警察官四名が、懐中電灯等を用い、座席の背もたれを前に倒し、シートを前後に動かすなどして、本件自動車の内部を丹念に調べたところ、運転席下の床の上に白い結晶状の粉末の入ったビニール袋一袋が発見された。なお、被告人は、道下巡査らが車内を調べる間、その様子を眺めていたが、**異議を述べたり口出しをしたりすることはなかった。**

5　齊木巡査部長は、被告人に対し、「物も出たことだから本署へ行ってもらうよ。」などと同行を求め、被告人もこれに素直に応じたので、被告人を三田警察署まで**任意同行**した上、同署内で覚せい剤の予試験を実施し、覚せい剤反応が出たのを確認して、被告人を覚せい剤所持の**現行犯人として逮捕した。**

6　被告人は、同署留置場で就寝した後、同日午前九時三〇分ころから取調べを受けていたが、しばらくして尿の提出を求められ、午前一一時一〇分ころ、同署内で**尿を提出した。**その間、被告人は、尿の提出を拒否したり、抵抗するようなことはなく、警察官の指示に素直に協力する態度をとっていた。

二　以上の経過に照らして検討すると、警察官が本件自動車内を調べた行為は、被告人の承諾がない限り、職務質問に付随して行う所持品検査として許容される限度を超えたものというべきところ、右行為に対し被告人の任意の承諾はなかったとする原判断に誤りがあるとは認められないから、右行為が違法であることは否定し難いが、警察官は、停止の求めを無視して自動車で逃走するなどの不審な挙動を示した被告人について、覚せい剤の所持又は使用の嫌疑があり、その所持品を検査する必要性、緊急性が認められる状況の下で、覚せい剤の存在する可能性の高い本件自動車内を調べたものであり、また、被告人は、これに対し明示的に異議を唱えるなどの言動を示していないのであって、これらの事情に徴すると、右違法の程度は大きいとはいえない。

次に、本件採尿手続についてみると、右のとおり、警察官が本件自動車内を調べた行為が違法である以上、右行為に基づき発見された覚せい剤の所持を被疑事実とする本件現行犯逮捕手続は違法であり、さらに、本件採尿手続も、右一連の違法な手続によりもたらされた状態を直接利用し、これに引き続いて行われたものであるから、違法性を帯びるといわざるを得ないが、被告人は、その後の警察署への同行には任意に応じており、また、採尿手続自体も、何らの強制も加えられることなく、被告人の自由な意思による応諾に基づいて行われているのであって、前記のとおり、警察官が本件自動車内を調べた行為の違法の程度が大きいとはいえないことをも併せ勘案すると、右採尿手続の違法は、いまだ重大とはいえず、これによって得られた証拠を被告人の罪証に供することが違法捜査抑制の見地から相当でないとは認められないから、被告人の尿の鑑定書の証拠能力は、これを肯定することができると解するのが相当であり（注：最判昭53・9・7参照）、右と同旨に出た原判断は、正当である。

3-6　福岡高判平6・10・5（覚せい剤取締法違反被告事件）

「佐伯警察署の警察官は、平成四年二月一日に被告人が覚せい剤を使用しているとの通報がなされたうえ、多数の覚せい剤関係の前科があることなどから、被告人に対し覚せい剤所持ないし使用の嫌疑を抱き、事情聴取及び尿の提出を求めるために同署まで**任意同行**を求めようと考えたこと、そこで、A警部補、B巡査部長、C巡査部長、D巡査の四名で、外出した被告人を車両で追尾し、同月二日午後一時三〇分ころ、**被告人の進路の前方に停車し、三人で被告人の傍らに赴き**、Aが警察手帳を示して『覚せい剤使用の通報があり、話を聞きたいので署まで来てほしい。』と声をかけたが、被告人は、覚せい剤使用を否定し、帰京の途上にあるので二時過ぎの電車に乗らねばならないとの理由で**これを拒否した**こと、Aはさらに**説得し**たが、被告人はそのまま歩き出したので、警察官四名で被告人を**取り囲む態勢で説得を続け、被告人の腕に手をかけるなどして翻意を促したところ、被告人も止むなく同行に応じて車に乗車した**こと」が認められる。

これに対し、被告人は、原審及び当審において、所論に副う供述をしているが、暴力団構成員でもなく、凶器等を所持している可能性もうすい被告人一人に対し、七、八名もの警察官が同行に関与するとは通常考えられないし、警察官が身分も明らかにせずに任意同行を求めたというのは不自然であり、また、任意同行を求められた場所は市街地であり、一〇分以上も抵抗したというのに、人目についた節もないことなどを総合すると被告人の供述は信用できない。そうすると、警察官らが、同行を拒否して立ち去ろうとした被告人に対し、これを取り囲んで説得を続けたり、その腕に手をかけて引き止めた行為は、当時被告人に覚せい剤の所持ないし使用の疑いがあった（通報の信用性、被告人の覚せい剤前科、職務質問の際の被告人の態度等）こと、被告人は同行を拒んだものの、大声を出したり逃げ出そうとしたりしたことはなく、同行拒否の姿勢はそれ程強いものではなかったこと、しぶしぶながら自分の意思で警察車両に乗車していることなどを考慮すると、警察官らが被告人に対し、任意同行を求めたのは適法な職務行為であるから、任意捜査において許容される限度内の有形力の行使であるとした原判決の判断は正当というべきである。

（略。注：**採尿手続**が違法であるとの主張について）本件採尿に至る経緯については（略）、警察官は、被告人が覚せい剤を使用している旨の通報があったほか、任意同行を求めた際の被告人の目の輝きの異様さや、覚せい剤と聞いた後の落ち着きのない態度から、被告人の覚せい剤使用の疑いを強く抱いたこと、午後一時四〇分ころから、佐伯警察署取調室において、BとCが取調べにあたり、被告人の同意を得てスポーツバッグやジャンパーなどの所持品検査と身体検査を実施したところ、覚せい剤や注射器等は発見できなかったが、被告人の右手の内側に注射痕様のものがあり、被告人は合理的な説明ができなかったこと、警察官らは、被告人の覚せい剤使用をますます強く疑ったが、強制採尿のための捜索差押許可状を請求するには資料不足と考え、午後二時一〇分ころから検査のために尿を提出するように求めたが、被告人はこれを拒否し、帰らせて欲しい旨強く要求したこと、午後三時ころ、被告人は東京の保護会へ行くので帰して欲しい旨更に強く要求し、Aは「小便を出したら帰す。」と答えて容易に帰そうとはせず、保護会には連絡してやると言ったが、被告人は保護会に居づらくなることを考えてこれを断ったこと、その後、Aは更に説得を続けたところ、午後四時三〇分ころ、被告人から弁護士を呼ぶように要求がなされ、Aが「佐伯には西山弁護士しかおらず、日曜なので連絡がつくかどうかわからない。」と答えると被告人は姉と連絡を取りたいというので、電話連絡させたところ、被告人は弁護士を呼んでくれるように依頼したこと、右電話の一〇分後くらいに、被告人はAに尿の提出に応じる旨申し出たが、すぐには排尿しようとはせず、弁護士の到着を待つ気配を見せていたこと、午後五時四〇分ころ、被告人は尿意を告げたので、CとBが被告人を便所に案内し、少し離れた位置から被告人がポリ容器に排尿するのを見守ったところ、被告人は五ccど排尿したが、警察官は少量のため検査不能と考えてこれを廃棄したうえ、再度提出するよう求めたこと、午後六時二〇分ころ、被告人は前回と同様の過程で、一五ccほど排尿して提出し、任意提出書等に署名したこと、警察官が被告人の腕を写真撮影した後、午後六時四五分ころ、被告人は帰されたこと、以上の事実を認めることができる。

原判決は、（略）違法の程度は令状主義の精神を没却するほど重大なものではないとして、被告人の尿の鑑定書の証拠能力を肯定した。しかしながら、原判決の判断は是認することができない。すなわち、被告人は、東京の保護会に帰ろうとして大分空港から飛行機に乗るため、佐伯駅に向かって歩いていたところを職務質問されたものであるが、警察官に対し最初から東京に行くので早く帰してくれと言っていたこと、洗面道具や衣類など自己の所持品を大きなバッグに入れて携帯していたこと、姉に東京へ帰る旨言って、餞別の金を貰っていることなどの事実に照らすと被告人が東京に戻ろうという意思のあったことは明らかであり、警察官らもそのこと自体は承知していたものである。また、警察官らは、被告人に対し所持品検査をし、腕の注射痕を見分したのだから、さらに尿を採取しようというのであれば、一定時間説得しても同意を得られない以上、裁判所に対し強制採尿のための令状の発付を請求すべきであるところ、警察官らは、通報者保護の見地から情報源が明らかにできないとして、令状請求を見送ったというのである。しかしながら、**強制処分に令状が必要とされるのは、その性質上、個人の身体、財産等に重大な不利益を及ぼし、その者に忍受を強いるものであるから、裁判官においてその妥当性を審査させようというものであって、もっぱら被疑者ら強制処分を受ける者の権利擁護のためのものであるというべきである**。したがって、通報者の保護が被疑者の保護に優越するものではないから、令状請求の意思もないのにもっぱら被疑者が尿を排出するのを待つために、警察署内に**留め置くこと**は、正に令状主義の精神を没却するものというべきである。原判決は、午後三時ころからの留め置きを違法と認定しているが、被告人は尿の提出を頑強に拒否し、帰してくれるように要求していたのだから、所持品検査等が終了した後は、令状請求の意思もなく、また、令状請求するに必要資料もない以上、一定時間説得後は帰すべきであり、**午後二時一〇分すぎころからは、違法な状態になっていたものというべきである**。また、原判決は、被告人が尿を提出する意思を表示したことを違法の程度を軽くする要素としている。しかし、警察官らは、鑑定に足りるような量の尿を提出してもらわないと、帰ってもらっては困るとの認識を持っており、どうしても帰らなければならないというような**特別事情がない限り、留め置く意思があったこと**、そして、被告人が東京に帰る旨言っていることも特別事情に当たらないから、帰京を延期すべきであると考えていたこと、被告人は、狭い取調べ室において、**常に警察官に監視されている状態であったこと**を考慮すると、**被告人が尿を提出しなければ帰れないという強制された状況下にあったものであり、自由な意思決定ができたとも思われない**し、被告人が弁護士の到着を待つ気配を示したのも、尿を出したくないという気持の現れというべきである。したがって、被告人が尿を提出すると言ったことは、真摯なものではなく、また便所でも警察官らに見張られている状況であったことを考慮すると、原判決のようにこの点を重視することは相当でない。

また、原判決は、被告人を**留め置く緊急性と必要性**があったというのであるが、任意同行の段階ではともかく、所持品検査等が済んだ後は、覚せい剤所持の容疑はなくなったうえ、被告人が凶悪犯罪に関与しているような疑いもなかったのであるから、必要性や緊急性がなお継続していたということはできない。

結局、警察官らは、被告人が東京に帰る旅行の途中であることを知りながら、警察署に任意同行を求め、午後一時四〇分に警察署に到着して以来、午後六時二〇分までの間、四時間以上にわたって、被告人が尿意を我慢し、尿提出を頑強に拒否していたにもかかわらず、旅行は延期すべきであるとして、尿提出を求めて警察署に留め置いたものであって、本件のような捜査方法においては、警察官らは、令状を請求する意思もその資料もないのに、ひたすら、被疑者の尿を採取する目的のみで、長時間警察署内に留め置き、被疑者が我慢できずにやむを得ず排出した尿を証拠として採取することが許されるということになってしまう。そうすると、結果的には、令状を得ることなく強制採尿が可能となり、令状主義の精神を没却し、また、違法捜査抑制の見地からも、こうした経過によって得られた尿の鑑定書の証拠能力を認めることは許されないというべきである。

3-7　最判昭63・9・16（覚せい剤取締法違反被告事件）

（１）昭和六一年六月一四日午前一時ころ、警視庁第二自動車警ら隊所属の宮澤巡査部長と福田巡査が東京都台東区内の通称浅草国際通りをパトカーで警ら中、暗い路地から出て来た一見暴力団員風の被告人を発見し、宮澤巡査部長がパトカーを降りて被告人に近づいて見ると、覚せい剤常用者特有の顔つきをしていたことから、覚せい剤使用の疑いを抱き、職務質問をすべく声をかけたところ、被告人が返答をせずに反転して逃げ出したため、被告人を停止すべく追跡した。（２）途中から応援に駆けつけた付近の交番の洞ケ瀬巡査と那須巡査らも加わって追跡し、被告人が自ら転倒したところに追いつき、福田巡査を加えた四名の警察官が、その場で暴れる被告人を取り押さえ、凶器所持の有無を確かめるべく、**着衣の所持品検査**を行つたが、凶器等は発見されなかった。（３）そのころ、多くの野次馬が集まってきたため、宮澤巡査部長は、その場で**職務質問**を続けるのが適当でないと判断し、取り押さえている被告人に対し、車で二、三分の距離にある最寄りの**浅草署へ同行**するよう求めたが、被告人が片手をパトカーの屋根上に、片手をドアガラスの上に置き、突っ張るような状態で乗車を拒むので、説得したところ、被告人は、渋々ながら手の力を抜いて後部座席に自ら乗車した。(4)その際、被告人の動静を近くから注視していた宮澤巡査部長は、被告人が紙包みを路上に落とすのを現認し、被告人にこれを示したが、同人が知らない旨答えたため、中味を見分したところ、覚せい剤様のものを発見し、それまでの捜査経験からそれが覚せい剤であると判断して、そのまま保管した。(5)被告人が乗車後も肩をゆすり、腕を振るなどして暴れるため、警察官が両側から被告人の手首を握るなどして制止する状態のまま、浅草署に到着し、両側から抱えるような状態で同署四階の保安係の部屋まで被告人を**同行**した。(6)同室では、被告人の態度も落ち着いてきたため、宮澤巡査部長が職務質問に当たり、被告人の氏名、生年月日等を尋ねたところ、被告人が着衣のポケツトから自ら身体障害者手帳等を取り出して机の上に置き、次いで**所持品検査**を求めると、被告人がふてくされた態度で上衣を脱いで投げ出したので、所持品検査についての**黙示の承諾**があったものと判断し、宮澤巡査部長が右上衣を調べ、福田、那須の両巡査が被告人の着衣の上から触れるようにして所持品検査をするうち、外部から見て被告人の左足首付近の靴下の部分が脹らんでいるのを見つけ、そのまま中のものを取り出して確認したところ、覚せい剤様のもの一包みや注射器、注射針等が発見された。(7)右(4)(6)の覚せい剤様のものの**試薬検査**を実施したところ、覚せい剤特有の反応が出たため、同日午前一時二〇分ころ、被告人を覚せい剤所持の**現行犯人として逮捕**するとともに、右覚せい剤二包みと注射器等を**差し押さえた**。(8)その後、被告人に排尿とその尿の提出を求めたところ、被告人は当初弁護人の立ち会いを求めるなどして応じなかったが、警察官から説得され、納得して**任意に尿を出し**提出したため、右尿を**領置**した。

二　以上の経過に即して、警察官の捜査活動の適否についてみるに、右(3)及び(5)の浅草署への被告人の同行は被告人が渋々ながら手の力を抜いて後部座席に自ら乗車した点をいかに解しても、その前後の被告人の抵抗状況に徴すれば、同行について承諾があったものとは認められない。次に、浅草署での(6)の所持品検査(以下、「本件所持品検査」という。)についても、被告人がふてくされた態度で上衣を脱いで投げ出したからといって、被告人がその意思に反して警察署に連行されたことなどを考えれば、黙示の承諾があったものとは認められない。本件所持品検査は、被告人の承諾なく、かつ、違法な連行の影響下でそれを直接利用してなされたものであり、しかもその態様が被告人の左足首付近の靴下の脹らんだ部分から当該物件を取り出したものであることからすれば、違法な所持品検査といわざるを得ない。次に、(8)の**採尿手続自体は、被告人の承諾があったと認められるが、前記一連の違法な手続によりもたらされた状態を直接利用して、これに引き続いて行われたものであるから、違法性を帯びるものと評価せざるを得ない**(注:最判昭61・25参照)。

三　所持品検査及び採尿手続が違法であると認められる場合であっても、**違法手続によって得られた証拠の証拠能力**が直ちに否定されると解すべきではなく、その違法の程度が令状主義の精神を没却するような重大なものであり、証拠として許容することが、将来における違法な捜査の抑制の見地からして相当でないと認められるときに、その証拠能力が否定されるというべきである(注:前掲判決参照)。

これを本件についてみると、職務質問の要件が存在し、所持品検査の必要性と緊急性とが認められること、宮澤巡査部長は、その捜査経験から被告人が落とした紙包みの中味が覚せい剤であると判断したのであり、被告人のそれまでの行動、態度等の具体的な状況からすれば、実質的には、この時点で被告人を右覚せい剤所持の現行犯人として逮捕するか、少なくとも緊急逮捕することが許されたといえるのであるから、警察官において、**法の執行方法の選択ないし捜査の手順を誤ったものにすぎず、法規からの逸脱の程度が実質的に大きいとはいえないこと**、警察官らの有形力の行使には暴力的な点がなく、被告人の抵抗を排するためにやむを得ずとられた措置であること、警察官において令状主義に関する諸規定を**潜脱する意図があつたとはいえない**こと、採尿手続自体は、何らの強制も加えられることなく、被告人の自由な意思での応諾に基づいて行われていることなどの事情が認められる。これらの点に徴すると、本件所持品検査及び採尿手続の違法は、未だ重大であるとはいえず、右手続により得られた証拠を被告人の罪証に供することが、違法捜査抑制の見地から相当でないと認められないから、右証拠の証拠能力を肯定することができる。なお、右(4)の被告人が落とした覚せい剤の差押手続には、何ら違法な点はないのであるから、その証拠能力を肯定することができる。

(裁判官島谷六郎、同奥野久之の反対意見)私は、本件所持品検査及び採尿手続により得られた証拠の証拠能力を肯定する多数意見には、賛成することができない。

本件は、被告人をその意に反して警察署に連行したうえ、被告人をその支配下に置いた状況を直接利用して、違法な所持品検査を行い、引き続き一連の行為として違法と評価される採尿手続により尿を提出させたという事案であって、最も典型的な違法捜査というべきものである。特に、警察署への意に反する本件連行は、いかに被告人が抵抗していたからとはいえ、警察官職務執行法二条三項によって厳に禁じられているところであり、まさに逮捕に類するものというべきであって、その違法性はまことに重大である。このように違法な連行に引き続き、かつ、これを直接利用してなされた本件所持品検査及び採尿手続の違法も重大なものといわなければならない。かかる態様の捜査について、単にこれを違法とするだけで、その結果得られた証拠の証拠能力を認めることは、違法な捜査を抑制するという見地からして、相当ではない。けだし、このような違法捜査は、警察官において職務熱心の余り偶々なされる類のものであるとしても、なお、構造的に再発する危険をはらむ事象であるから、警察官職務執行法二条三項は、そのきっかけとなる警察署への意に反する連行を許さず禁じているのである。したがつて、本件のような違法収集証拠の証拠能力を否定することが、かかる違法捜査を抑制する上で肝要であるといわざるをえない。

多数意見が証拠能力を肯定する根拠として挙げている点のうち、本件を**捜査手順の誤り**とする前提として、（4）の時点において、被告人が落した紙包みの中味が覚せい剤であり、これを所持する被告人を現行犯逮捕又は緊急逮捕することが許されたとする点については、疑問がある。すなわち、覚せい剤であることの確認について、もとより必ず予試験の実施が必要である訳ではないが、判例等において、予試験を経ずに覚せい剤であると確認しうるとされた事案を見れば、例えば、身近に注射器等が散在するといつたより具体的に覚せい剤の所持を疑わせる客観的状況が認められる場合であって、本件程度の状況で現行犯逮捕ないし緊急逮捕が許されるとなしうるか疑問が残るといわざるをえない。そうであるからこそ、宮澤巡査部長もその時点での逮捕に踏み切らなかったのであって、これを単なる捜査手順の誤りとみるのは、相当でない。また、現に捜査実務ではより慎重を期して予試験による結果を待って、覚せい剤であることの確認を得て、現行犯逮捕に移っているのが一般であると思われるから、多数意見のような判断は、この妥当な実務の扱いを弛緩させるおそれがあり、問題である。なお、少なくとも浅草署に到着した時点で、所持品検査に先立ち、被告人が落した紙包みの中味についての予試験をして、それが覚せい剤であることを確認しておれば、現行犯逮捕が許されたのであるから、これをせずに所持品検査を行った点を捉えて、単なる捜査手順の誤りに過ぎないとする見方もあるかも知れないが、こう解したとしても、それ以前には逮捕が許されなかつたことには変わりがないから、それに先立つ連行の違法の重大性を拭い去ることはできないというべきである。その他多数意見が挙げる諸点を考慮しても、本件連行とそれに引き続く所持品検査及び採尿手続には令状主義の精神を没却するような重大な違法があるといわざるをえず、本件証拠を証拠として許容することは、将来における違法な捜査の抑制の見地から相当でなく、その証拠能力は否定されるべきである。

3-8　最判昭61・4・25（覚せい剤取締法違反被告事件・刑訴法判例百選P198）

奈良県生駒警察署防犯係の係長巡査部長中嶋忠彦、巡査部長小出雅康、巡査内浦俊雄の三名は、複数の協力者から覚せい剤事犯の前科のある被告人が再び覚せい剤を使用しているとの情報を得たため、昭和五九年四月一一日午前九時三〇分ころ、いずれも私服で警察用自動車（ライトバン）を使って、生駒市内の被告人宅に赴き、門扉を開けて玄関先に行き、引戸を開けずに「Yさん、警察の者です」と呼びかけ、更に引戸を半開きにして「生駒署の者ですが、一寸尋ねたいことがあるので、上つてもよろしいか」と声をかけ、それに対し被告人の明確な承諾があったとは認められないにもかかわらず、屋内に上がり、被告人のいた奥八畳の間に入った。右警察官三名は、ベツドで目を閉じて横になっていた被告人の枕許に立ち、中嶋巡査部長が「Yさん」と声をかけて左肩を軽く叩くと、被告人が目を開けたので、同巡査部長は同行を求めたところ、金融屋の取立てだろうと認識したと窺える被告人は、「わしも大阪に行く用事があるから一緒に行こう」と言い、着替えを始めたので、警察官三名は、玄関先で待ち、出てきた被告人を停めていた前記自動車の運転席後方の後部座席に乗車させ、その隣席及び助手席にそれぞれ小出、中嶋両巡査部長が乗車し、内浦巡査が運転して、午前九時四〇分ころ被告人宅を出発した。被告人は、車中で同行しているのは警察官達ではないかと考えたが、反抗することもなく、一行は、午前九時五〇分ころ生駒警察署に着いた。午前一〇時ころから右警察署二階防犯係室内の補導室において、小出巡査部長は被告人から**事情聴取**を行ったが、被告人は、午前一一時ころ本件覚せい剤使用の事実を認め、午前一一時三〇分ころ右巡査部長の求めに応じて採尿してそれを提出し、腕の注射痕も見せた。被告人は、警察署に着いてから右採尿の前と後の少なくとも二回、小出巡査部長に対し、持参の受験票を示すなどして、午後一時半までに大阪市鶴見区のタクシー近代化センターに行ってタクシー乗務員になるための地理試験を受けることになっている旨申し出たが、同巡査部長は、最初の申し出については返事をせず、尿提出後の申し出に対しては、

「尿検の結果が出るまでおつたらどうや」と言って応じなかった。午後二時三〇分ころ尿の鑑定結果について電話回答があったことから、逮捕状請求の手続がとられ、**逮捕状の発付を得て**、小出巡査部長が午後五時二分被告人を**逮捕**した。（略）原判決は、右のような事実認定を前提に、警察官三名による被告人宅への立ち入りは、被告人の明確な承諾を得たものとは認め難く、本件任意同行は、被告人の真に任意の承諾の下に行われたものでない疑いのある違法なものであり、受験予定である旨の申し出に応じることなく退去を阻んで、逮捕に至るまで被告人を警察署に留め置いたのは、任意の取調べの域を超える違法な身体拘束であるといわざるを得ないので、そのような違法な一連の手続中に行われた本件尿の提出、押収手続（以下、採尿手続という）は、被告人の任意提出書や尿検査についての同意書があるからといって、適法となるものではなく、その尿についての**鑑定書の証拠能力は否定されるべき**であるとする。

そこで勘案するに、本件においては、被告人宅への立ち入り、同所からの任意同行及び警察署への留め置きの一連の手続と採尿手続は、被告人に対する覚せい剤事犯の捜査という**同一目的に向けられたもの**であるうえ、採尿手続は右一連の手続によりもたらされた状態を**直接利用してなされている**ことにかんがみると、右採尿手続の適法違法については、**採尿手続前の右一連の手続における違法の有無、程度をも十分考慮してこれを判断するのが相当**である。そして、そのような判断の結果、採尿手続が違法であると認められる場合でも、それをもって直ちに採取された尿の鑑定書の証拠能力が否定されると解すべきではなく、**その違法の程度が令状主義の精神を没却するような重大なものであり、右鑑定書を証拠として許容することが、将来における違法な捜査の抑制の見地からして相当でないと認められるときに、右鑑定書の証拠能力が否定される**というべきである（中有：前掲判決参照）。以上の見地から本件をみると、採尿手続前に行われた前記一連の手続には、被告人宅の寝室まで承諾なく立ち入っていること、被告人宅からの任意同行に際して明確な承諾を得ていないこと、被告人の退去の申し出に応ぜず警察署に留め置いたことなど、任意捜査の域を逸脱した違法な点が存することを考慮すると、**これに引き続いて行われた本件採尿手続も違法性を帯びるものと評価せざるを得ない。しかし、**被告人宅への立ち入りに際し警察官は当初から無断で入る意図はなく、玄関先で声をかけるなど被告人の承諾を求める行為に出ていること、任意同行に際して警察官により何ら有形力は行使されておらず、途中で警察官と気付いた後も被告人は異議を述べることなく同行に応じていること、警察官において被告人の受験の申し出に応答しなかったことはあるものの、それ以上に警察署に留まることを強要するような言動はしていないこと、さらに、採尿手続自体は、何らの強制も加えられることなく、被告人の自由な意思での応諾に基づき行われていることなどの事情が認められるのであって、これらの点に徴すると、本件採尿手続の帯有する違法の程度は、いまだ重大であるとはいえず、本件尿の鑑定書を被告人の罪証に供することが、違法捜査抑制の見地から相当でないとは認められないから、本件尿の鑑定書の証拠能力は否定されるべきではない。

3-9　最決昭59・2・29（殺人被告事件）

（1）　昭和五二年五月一八日、東京都港区（略）高輪グリーンマンシヨン四〇五号室の本件被害者Ｓ子方において、被害者が何者かによって殺害されているのが被害者の勤め先の者によって見され、同人の通報により殺人事件として直ちに捜査が開始され、警視庁捜査一課強行犯二係を中心とする捜査本部が所轄の高輪警察署に設置された。犯行現場の状況等から犯人は被害者と面識のある者との見通しのもとに被害者の生前の交友関係を中心に捜査が進められ、かつて被害者と同棲したことのある被告人もその対象となったところ、同月二〇日、被告人は自ら高輪警察署に出頭し、本件犯行当時アリバイがある旨の弁明をしたが、裏付捜査の結果右アリバイの主張が虚偽であることが判明し、被告人に対する容疑が強まったころから、同年六月七日早朝、捜査官四名が東京都大田区大森北（略）所在の野尻荘（被告人の勤め先の独身寮）の被告人の居室に赴き、本件の有力容疑者として被告人に任意同行を求め、被告人がこれに応じたので、右捜査官らは、被告人を同署の自動車に同乗させて同署に**同行した**。

（2）　捜査官らは、被告人の承諾のもとに被告人を警視庁に同道した上、同日午前九時半ころから二時間余にわたって**ポリグラフ検査**を受けさせた後、高輪警察署に連れ戻り、同署四階の三・三平方メートルくらいの広さの調べ室において、一名（巡査部長）が主になり、同室入口付近等に一ないし二名の捜査官を立ち会わせて被告人を**取り調べ**、右アリバイの点などを追及したところ、同日午後一〇時ころに至って被告人は本件犯行を認めるに至った。

（3）　そこで、捜査官らは、被告人に本件犯行についての自白を内容とする**答申書**を作成させ、同日午後一一時すぎには一応の取調べを終えたが、被告人からの申出もあって、高輪警察署長宛の「私は高輪警察署でＳさんをころした事について申し上げげましたが、明日、さらにくわしく説明致します。今日は私としても寮に帰るのはいやなのでどこかの旅館に泊めて致だきたいと思います。」と記載した答申書を作成提出させて、同署近くの日本鋼管の宿泊施設に被告人を宿泊させ、捜査官四、五名も同宿し、うち一名は被告人の室の隣室に泊り込むなどして被告人の挙動を監視した。
（４） 翌六月八日朝、捜査官らは、自動車で被告人を迎えに行き、朝から午後一一時ころに至るまで高輪警察署の前記調べ室で被告人を取り調べ、同夜も被告人が帰宅を望まないということで、捜査官らが手配して自動車で被告人を同署からほど近いホテルメイツに送り届けて同所に宿泊させ、翌九日以降も同様の取調べをし、同夜及び同月一〇日の夜は東京観光ホテルに宿泊させ、右各夜ともホテルの周辺に捜査官が張り込み被告人の動静を監視した。なお、右宿泊代金については、同月七日から九日までの分は警察において支払い、同月一〇日の分のみ被告人に支払わせた。
（５） このようにして、同月一一日まで被告人に対する取調べを続行し、この間、前記二通の**答申書**のほか、同月八日付で自白を内容とする**供述調書及び答申書**、同月九日付で心境等を内容とする答申書、同月一〇日付で犯行状況についての自白を内容とする**供述調書**が作成され、同月一一日には、**否認の供述調書（参考人調書）**が作成された。
（６） 捜査官らは、被告人から右のような本件犯行についての自白を得たものの、決め手となる証拠が十分でなかったことなどから、被告人を逮捕することなく、同月一一日午後三時ころ、山梨市から被告人を迎えに来た被告人の実母らと帰郷させたが、その際、右実母から「右の者御署に於て殺人被疑事件につき御取調中のところ今回私に対して身柄引渡下され正に申しうけました」旨記載した高輪警察署長宛の**身柄請書**を徴した。
（７） 捜査本部ではその後も被告人の自白を裏付けるべき捜査を続け、同年八月二三日に至って、本件殺人の容疑により前記山梨市の実母方で被告人を逮捕した。被告人は、身柄を拘束された後、当初は新たなアリバイの主張をするなどして本件犯行を否認していたが、同月二六日に犯行を自白して以降捜査段階においては自白を維持し、自白を内容とする司法警察員及び検察官に対する各供述調書が作成され、同年九月一二日、本件につき殺人の罪名で勾留中起訴された。
２ 右のような事実関係のもとにおいて、昭和五二年六月七日に被告人を高輪警察署に任意同行して以降同月一一日に至る間の被告人に対する取調べは、**刑訴法一九八条**に基づき、任意捜査としてなされたものと認められるところ、**任意捜査においては、強制手段、すなわち、「個人の意思を制圧し、身体、住居、財産等に制約を加えて強制的に捜査目的を実現する行為など、特別の根拠規定がなければ許容することが相当でない手段」（注：最決昭51・３・16参照）を用いることが許されないことはいうまでもないが、任意捜査の一環としての被疑者に対する取調べは、右のような強制手段によることができないというだけでなく、さらに、事案の性質、被疑者に対する容疑の程度、被疑者の態度等諸般の事情を勘案して、社会通念上相当と認められる方法ないし態様及び限度において、許容されるものと解すべきである。**
３ これを本件についてみるに、まず、被告人に対する当初の任意同行については、捜査の進展状況からみて被告人に対する容疑が強まつており、事案の性質、重大性等にもかんがみると、その段階で直接被告人から事情を聴き弁解を徴する**必要性があったこと**は明らかであり、任意同行の手段・方法等の点において**相当性を欠くところがあったものとは認め難く**、また、右任意同行に引き続くその後の被告人に対する取調べ自体については、その際に暴行、脅迫等被告人の供述の任意性に影響を及ぼすべき事跡があったものとは認め難い。
４ しかし、被告人を四夜にわたり捜査官の手配した宿泊施設に宿泊させた上、前後五日間にわたって被疑者としての取調べを続行した点については、原判示のように、右の間被告人が単に「警察の庇護ないしはゆるやかな監視のもとに置かれていたものとみることができる」というような状況にあったにすぎないものといえるか、疑問の余地がある。
すなわち、被告人を右のように宿泊させたことについては、被告人の住居たる野尻荘は高輪警察署からさほど遠くはなく、深夜であっても帰宅できない特段の事情も見当たらない上、第一日目の夜は、捜査官が同宿し被告人の挙動を直接監視し、第二日目以降も、捜査官らが前記ホテルに同宿こそしなかったもののその周辺に張り込んで被告人の動静を監視しており、高輪警察署との往復には、警察の自動車が使用され、捜査官が同乗して送り迎えがなされているほか、最初の三晩については警察において宿泊費用を支払っており、しかもこの間午前中から深夜に至るまでの長時間、連日にわたって本件についての追及、取調べが続けられたものであって、これらの諸事情に徴すると、被告人は、捜査官の意向にそうように、右のような宿泊を伴う連日にわたる長時間の取調べに応じざるを得ない状況に置かれていたものとみられる一面もあり、その期間も長く、任意取調べの方法として必ずしも妥当なものであったとはいい難い。
しかしながら、他面、被告人は、右初日の宿泊については前記のような答申書を差出しており、また、記録上、右の間に被告人が取調べや宿泊を拒否し、調べ室あるいは宿泊施設から退去し帰宅することを申し出たり、そのような行動に出た証跡はなく、捜査官らが、取調べを強行し、被告人の退去、帰宅を拒絶したり制止したというような事実も窺われないのであって、これらの諸事情を総合すると、右取調べにせよ宿泊にせよ、結局、**被告人がその意思によりこれを容認し応じていたものと認められる**のである。

5　被告人に対する右のような取調べは、宿泊の点など任意捜査の方法として必ずしも妥当とはいい難いところがあるものの、被告人が任意に応じていたものと認められるばかりでなく、事案の性質上、速やかに被告人から詳細な事情及び弁解を聴取する必要性があったものと認められることなどの本件における具体的状況を総合すると、結局、**社会通念上やむを得なかったもの**というべく、任意捜査として許容される限界を越えた違法なものであつたとまでは断じ難いというべきである。

6　したがつて、右任意取調べの過程で作成された被告人の答申書、司法警察員に対する供述調書中の自白については、記録上他に特段の任意性を疑うべき事情も認め難いのであるから、その任意性を肯定し、証拠能力があるものとした第一審判決を是認した原判断は、結論において相当である。

3-10　最判昭53・9・7（覚せい剤取締法違反等被告事件・刑訴法判例百選P196）

（1）昭和四九年一〇月三〇日午前零時三五分ころ、パトカーで警ら中の垣田巡査、椎原巡査長の両名は、原判示ホテルオータニ附近路上に被告人運転の自動車が停車しており、運転席の右横に遊び人風の三、四人の男がいて被告人と話しているのを認めた。（2）パトカーが後方から近付くと、被告人の車はすぐ発進右折してホテルオータニの駐車場に入りかけ、遊び人風の男達もこれについて右折して行った。（3）垣田巡査らは、被告人の右不審な挙動に加え、同所は連込みホテルの密集地帯で、覚せい剤事犯や売春事犯の検挙例が多く、被告人に売春の客引きの疑いもあったので、職務質問することにし、パトカーを下車して被告人の車を駐車場入口附近で停止させ、窓ごしに運転免許証の提示を求めたところ、被告人は正木良太郎名義の免許証を提示した（免許証が偽造であることは後に警察署において判明）。（4）続いて、垣田巡査が車内を見ると、ヤクザの組の名前と紋のはいったふくさ様のものがあり、中に賭博道具の札が一〇枚位入っているのが見えたので、他にも違法な物が入っているのではないかと思い、かつまた、被告人の落ち着きのない態度、青白い顔色などからして覚せい剤中毒者の疑いもあったので、**職務質問を続行するため降車を求めると、被告人は素直に降車した。**（5）降車した被告人に**所持品の提示を求めると、被告人は、「見せる必要はない」と言って拒否**し、前記遊び人風の男が近付いてきて、「お前らそんなことする権利あるんか」などと罵声を浴びせ、挑戦的態度に出てきたので、垣田巡査らは他のパトカーの応援を要請したが、応援が来るまでの二、三分の間、垣田巡査と応対していた被告人は何となく落ち着かない態度で所持品の提示を拒んでいた。（6）応援の警官四名くらいが来て後、垣田巡査の所持品提示要求に対して、被告人はぶつぶつ言いながらも右側内ポケットから「目薬とちり紙（覚せい剤でない白色粉末が在中）」を取り出して同巡査に渡した。（7）垣田巡査は、さらに**他のポケットを触らせてもらうと言って、これに対して何も言わなかった被告人の上衣とズボンのポケットを外から触った**ところ、上衣左側内ポケットに「刃物ではないが何か堅い物」が入っている感じでふくらんでいたので、その提示を要求した。（8）右提示要求に対し、**被告人は黙ったままであった**ので、垣田巡査は、「いいかげんに出してくれ」と強く言ったが、**それにも答えないので、「それなら出して見るぞ」と言ったところ、被告人は何かぶつぶつ言って不服らしい態度を示していたが、同巡査が被告人の上衣左側内ポケット内に手を入れて取り出してみる**と、それは「ちり紙の包、プラスチツクケース入りの注射針一本」であり、「ちり紙の包」を被告人の面前で開披してみると、本件証拠物である「ビニール袋入り覚せい剤ようの粉末」がはいつていた。さらに応援の中島巡査が、被告人の上衣の内側の脇の下に挟んであつた万年筆型ケース入り注射器を発見して取り出した。（9）そこで、垣田巡査は、被告人をパトカーに乗せ、その面前で**マルキース試薬を用いて右「覚せい剤ようの粉末」を検査**した結果、覚せい剤であることが判明したので、パトカーの中で被告人を覚せい剤不法所持の現行犯人として逮捕し、本件証拠物を差し押えた。

（二）ところで、**警職法2条1項に基づく職務質問に附随して行う所持品検査は、任意手段として許容されるものであるから、所持人の承諾を得てその限度でこれを行うのが原則であるが、職務質問ないし所持品検査の目的、性格及びその作用等にかんがみると、所持人の承諾のない限り所持品検査は一切許容されないと解するのは相当でなく、捜索に至らない程度の行為は、強制にわたらない限り、たとえ所持人の承諾がなくても、所持品検査の必要性、緊急性、これによって侵害される個人の法益と保護されるべき公共の利益との権衡などを考慮し、具体的状況のもとで相当と認められる限度において許容される場合があると解すべきである**（注：**最判昭53・6・20参照**）。

（三）これを本件についてみると、原判決の認定した事実によれば、垣田巡査が被告人に対し、被告人の上衣左側内ポケットの所持品の提示を要求した段階においては、被告人に覚せい剤の使用ないし所持の容疑がかなり濃厚に認められ、また、同巡査らの職務質問に妨害が入りかねない状況もあったから、**右所持品を検査する必要性ないし緊急性はこれを肯認しうるところであるが、被告人の承諾がないのに、その上衣左側内ポケットに手を差入れて所持品を取り出し**

たうえ検査した同巡査の行為は、一般にプライバシイ侵害の程度の高い行為であり、かつ、その態様において捜索に類するものであるから、上記のような本件の具体的な状況のもとにおいては、相当な行為とは認めがたいところであって、職務質問に附随する所持品検査の許容限度を逸脱したものと解するのが相当である。してみると、右違法な所持品検査及びこれに続いて行われた試薬検査によってはじめて覚せい剤所持の事実が明らかになった結果、被告人を覚せい剤取締法違反被疑事実で現行犯逮捕する要件が整った本件事案においては、**右逮捕に伴い行われた本件証拠物の差押手続は違法といわざるをえないものである。**（略）
（**証拠能力**について）（一）違法に収集された証拠物の証拠能力については、憲法及び刑訴法になんらの規定もおかれていないので、この問題は、刑訴法の解釈に委ねられているものと解するのが相当であるところ、刑訴法は、「刑事事件につき、公共の福祉の維持と個人の基本的人権の保障とを全うしつつ、事案の真相を明らかにし、「刑罰法令を適正且つ迅速に適用実現することを目的とする。」（同法一条）ものであるから、違法に収集された証拠物の証拠能力に関しても、かかる見地からの検討を要するものと考えられる。ところで、刑罰法令を適正に適用実現し、公の秩序を維持することは、刑事訴訟の重要な任務であり、そのためには事案の真相をできる限り明らかにすることが必要であることはいうまでもないところ、**証拠物は押収手続が違法であっても、物それ自体の性質・形状に変異をきたすことはなく、その存在・形状等に関する価値に変りのないことなど証拠物の証拠としての性格にかんがみると、その押収手続に違法があるとして直ちにその証拠能力を否定することは、事案の真相の究明に資するゆえんではなく、相当でないというべきである。**しかし、他面において、事案の真相の究明も、個人の基本的人権の保障を全うしつつ、適正な手続のもとでされなければならないものであり、ことに憲法35条が、憲法33条の場合及び令状による場合を除き、住所の不可侵、捜索及び押収を受けることのない権利を保障し、これを受けて刑訴法が捜索及び押収等につき厳格な規定を設けていること、また、憲法31条が法の適正な手続を保障していること等にかんがみると、**証拠物の押収等の手続に憲法35条及びこれを受けた刑訴法218条1項等の所期する令状主義の精神を没却するような重大な違法があり、これを証拠として許容することが、将来における違法な捜査の抑制の見地からして相当でないと認められる場合においては、その証拠能力は否定されるものと解すべきである。**
（二）これを本件についてみると、原判決の認定した前記事実によれば、被告人の承諾なくその上衣左側内ポケットから本件証拠物を取り出した垣田巡査の行為は、職務質問の要件が存在し、かつ、所持品検査の必要性と緊急性が認められる状況のもとで、必ずしも諾否の態度が明白でなかった被告人に対し、**所持品検査として許容される限度をわずかに超えて行われたに過ぎない**のであって、もとより**同巡査において令状主義に関する諸規定を潜脱しようとの意図があったものではなく、また、他に右所持品検査に際し強制等のされた事跡も認められないので、本件証拠物の押収手続の違法は必ずしも重大であるとはいいえないのであり、これを被告人の罪証に供することが、違法な捜査の抑制の見地に立ってみても相当でないと認めがたいから、本件証拠物の証拠能力はこれを肯定すべきである。**

2　領置

領置（**刑訴法221条**）は、任意捜査で証拠物を確保する場合で、遺留物（所持を離れた経緯が所持者の意思に基づくか否かは不要）は、所持者が存在するか否かの判断が必要であるが、領置自体は同意を求めることができないので任意性の問題は生じない。これに対して、職務質問、任意同行、留め置きなどの機会の**任意提出**に基づく領置は、同意の有無、あるいは任意捜査の範囲内かという判断が必要となる。真に任意かという点が問題になるが、前掲の職務質問に関する判例を参照されたい。

なお、領置は任意捜査での保管方法であり、強制捜査での保管方法である**押収**とは概念的に区別すべきである。領置に捜索、差押、検証等に関する規定が準用されることになっている（**同222条**）。しかし、その性質上、適用できる条文は少なく、**同112条**（執行中の出入り禁止）、**同114条**（公務所内での領置）、**同118条**（執行中止の際の処分）、**同121条**（押収物の保管・廃棄）程度であろう。

問題となるのは、領置は物を保管・管理することであるが、**その付随処分**として、領置時の状態に変更を加えて性状、意味、含有物などを調べることができるかという点である。すなわち、これらの捜査方法は他人の権利（秘密情報、プライバシーなど）を侵害するものでるので、本来、令状に基づく検証あるいは鑑定という強制捜査によるのが建前である。領置の目的を達するために許容される限度の問題であり、別途、その適法性を検討する必要がある（破いて破棄されて判読不能になっている状態の紙片の復元や消去されたメールの復元など）。

無主物の領置は問題にならない。**判例3-11**は、公道のゴミ収集場に捨てたゴミの領置に関するものである。注意しなければいけない点は、ゴミであることが明確な物全てについて同様に考えるべきではないということである。ゴミ収集業者が取りに来るまで特定の場所に隔離して保管している場合は、所有者の占有を完全に放棄したとはいえず、そうするのは個人の生活状況などを人に知られたくないという意思があるからであり、無断で領置することはプライバシーなどの侵害になる。また、公道のゴミ収集場に、破って内容が解らないようにして捨てた紙片を領置することは、領置自体には問題がないとしても、その紙片に記載されている個人情報を他人に見られないために細かく破って捨てたのであるから、それを貼り合わせて復元すると秘密情報侵害の問題が生じる。やはり、捜査の必要性、緊急性、相当性を勘案して適法性を判断することになる。

（領置に関する判例）

3-11　最決平20・4・15（窃盗、窃盗未遂、住居侵入、強盗殺人被告事件）

（1）本件は、金品強取の目的で被害者を殺害して、キャッシュカード等を強取し、同カードを用いて現金自動預払機から多額の現金を窃取するなどした強盗殺人、窃盗、窃盗未遂の事案である。

（2）平成１４年１１月、被害者が行方不明になったとしてその姉から警察に対し捜索願が出されたが、行方不明となった後に現金自動預払機により被害者の口座から多額の現金が引き出され、あるいは引き出されようとした際の防犯ビデオに写っていた人物が被害者とは別人であったことや、被害者宅から多量の血こんが発見されたことから、被害者が凶悪犯の被害に遭っている可能性があるとして捜査が進められた。

（3）その過程で、被告人が本件にかかわっている疑いが生じ、警察官は、前記防犯ビデオに写っていた人物と被告人との同一性を判断するため、**被告人の容ぼう等をビデオ撮影**することとし、同年１２月ころ、被告人宅近くに停車した捜査車両の中から、あるいは付近に借りたマンションの部屋から、公道上を歩いている被告人をビデオカメラで撮影した。さらに、警察官は、前記防犯ビデオに写っていた人物がはめていた腕時計と被告人がはめている腕時計との同一性を確認するため、平成１５年１月、被告人が遊技していたパチンコ店の店長に依頼し、店内の防犯カメラによって、あるいは警察官が小型カメラを用いて、店内の被告人をビデオ撮影した。

（4）また、警察官は、被告人及びその妻が自宅付近の公道上にある**ごみ集積所に出したごみ袋を回収**し、そのごみ袋の中身を警察署内において確認し、前記現金自動預払機の防犯ビデオに写っていた人物が着用していたものと類似するダウンベスト、腕時計等を発見し、これらを**領置**した。

（5）前記（３）の各ビデオ撮影による画像が、防犯ビデオに写っていた人物と被告人との同一性を専門家が判断する際の資料とされ、その専門家作成の鑑定書等並びに前記ダウンベスト及び腕時計は、第１審において証拠として取り調べられた。

（略。注：**ビデオ録画について**）、前記事実関係及び記録によれば、捜査機関において被告人が犯人である疑いを持つ合理的な理由が存在していたものと認められ、かつ、前記各ビデオ撮影は、強盗殺人等事件の捜査に関し、防犯ビデオに写っていた人物の容ぼう、体型等と被告人の容ぼう、体型等との同一性の有無という**犯人の特定のための重要な判断に必要な証拠資料**を入手するため、これに必要な限度において、公道上を歩いている被告人の容ぼう等を撮影し、あるいは不特定多数の客が集まるパチンコ店内において被告人の容ぼう等を撮影したものであり、いずれも、通常、人が他人から容ぼう等を観察されること自体は受忍せざるを得ない場所におけるものである。以上からすれば、これらのビデオ撮影は、捜査目的を達成するため、必要な範囲において、かつ、相当な方法によって行われたものといえ、捜査活動として適法なものというべきである。

（注：**領置について**）ダウンベスト等の領置手続についてみると、被告人及びその妻は、これらを入れたごみ袋を不要物として公道上のごみ集積所に排出し、その占有を放棄していたものであって、排出されたごみについては、通常、

そのまま収集されて他人にその内容が見られることはないという期待があるとしても、捜査の必要がある場合には、**刑訴法221条**により、これを遺留物として領置することができるというべきである。また、市区町村がその処理のためにこれを収集することが予定されているからといっても、それは廃棄物の適正な処理のためのものであるから、これを遺留物として領置することが妨げられるものではない。

したがって、前記各捜査手続が違法であることを理由とする所論は前提を欠き、原判断は正当として是認することができる。

3 実況見分

五官の作用によって、物、場所などの形状、態様、状況などを感知する検証的捜査活動を、捜査機関が任意捜査として行う場合が実況見分である。

留意すべき重要な点は２つである。一つは、証拠書面が捜査報告書となっていても実質的には実況見分調書である場合、逆に、実況見分調書とされていても、実質的には捜査官の捜査報告書（供述書）である場合があるので、**書面の表題に囚われずに内容で判断**しなければならないという点である。

二つは、実況見分調書の記載内容で、実況見分の目的を達するための**指示・説明的記載**は実況見分調書と一体となって**刑訴法321条3項**が類推適用されるが、現場供述的記載は供述証拠であって、被告人の同意（**同326条**）がない限り、**当該供述者の署名・捺印がないと同321条1項3号あるいは同322条１項の書面に該当せず、証拠能力がない**という点である。この場合、添付されている写真は、犯行状況を再現している態度が写っている「**供述写真**」であっても、修正などが加えられていない限り、機械的に撮影されているので、供述者自身の表現であることが明らかなので、それを確認するための署名・捺印は不要で証拠能力を有することになるが、その写真を説明するために記載されている文言は証拠能力を有しないという点に注意しなければならない（伝聞証拠の項で詳述する）。

判例3-12は、宅配便の中身を、宅配業者の承諾を得ただけでエックス線検査することは、「その射影によって荷物の内容物の形状や材質をうかがい知ることができる上、内容物によってはその品目等を相当程度具体的に特定することも可能であって、荷送人や荷受人の内容物に対するプライバシー等を大きく侵害するものであるから、検証としての性質を有する強制処分に当たる」とし、「検証許可状の発付を得ることが可能だったのであって、検証許可状によることなくこれを行った本件エックス線検査は、違法である」としたが、必要性があったこと、宅配便業者の承諾を得ていることなどから、違法性の程度は強くないとしている。

（任意捜査としてのエックス線検査に関する判例）

3-12　最決平21・9・28（覚せい剤取締法違反被告事件）

大阪府警察本部生活安全部所属の警察官らは、かねてから覚せい剤密売の嫌疑で大阪市内の有限会社Ａ（以下「本件会社」という。）に対して内偵捜査を進めていたが、本件会社関係者が東京の暴力団関係者から宅配便により覚せい剤を仕入れている疑いが生じたことから、宅配便業者の営業所に対して、本件会社の事務所に係る宅配便荷物の配達状況について照会等をした。その結果、同事務所には短期間のうちに多数の荷物が届けられており、それらの配送伝票の一部には不審な記載のあること等が判明した。そこで、警察官らは、同事務所に配達される予定の宅配便荷物のうち不審なものを借り出してその内容を把握する必要があると考え、上記営業所の長に対し、協力を求めたところ、承諾が得られたので、平成１６年５月６日から同年７月２日にかけて、５回にわたり、同事務所に配達される予定の宅配便荷物各１個を同営業所から借り受けた上、関西空港内大阪税関において**エックス線検査**を行った。その結果、１回目の検査においては覚せい剤とおぼしき物は発見されなかったが、２回目以降の検査においては、いずれも、細かい固形物が均等に詰められている長方形の袋の射影が観察された（以下、これら５回の検査を「本件エックス線検査」という。）。なお、本件エックス線検査を経た上記各宅配便荷物は、検査後、上記営業所に返還されて通常の運送過程下に戻り、上記事務所に配達された。また、警察官らは、本件エックス線検査について、荷送人や荷受人の承諾を得ていなかった。

（略）本件エックス線検査は、荷送人の依頼に基づき宅配便業者の運送過程下にある荷物について、捜査機関が、捜査目的を達成するため、荷送人や荷受人の承諾を得ることなく、これに外部からエックス線を照射して内容物の射影を観察したものであるが、その**射影によって荷物の内容物の形状や材質をうかがい知ることができる上、内容物によってはその品目等を相当程度具体的に特定することも可能であって、荷送人や荷受人の内容物に対するプライバシー等を大きく侵害するものであるから、検証としての性質を有する強制処分に当たるものと解される。そして、本件エックス線検査については検証許可状の発付を得ることが可能だったのであって、検証許可状によることなくこれを行った本件エックス線検査は、違法であるといわざるを得ない。**

（略）本件覚せい剤等は、同年６月２５日に発付された各捜索差押許可状に基づいて同年７月２日に実施された捜索において、５回目の本件エックス線検査を経て本件会社関係者が受け取った宅配便荷物の中及び同関係者の居室内から発見されたものであるが、これらの許可状は、４回目までの本件エックス線検査の射影の写真等を一資料として発付されたものとうかがわれ、本件覚せい剤等は、違法な本件エックス線検査と関連性を有する証拠であるということができる。

しかしながら、本件エックス線検査が行われた当時、本件会社関係者に対する宅配便を利用した覚せい剤譲受け事犯の嫌疑が高まっており、更に事案を解明するためには本件エックス線検査を行う**実質的必要性があったこと**、警察官らは、荷物そのものを現実に占有し管理している宅配便業者の承諾を得た上で本件エックス線検査を実施し、その際、検査の対象を限定する配慮もしていたのであって、**令状主義に関する諸規定を潜脱する意図があったとはいえないこと**、本件覚せい剤等は、司法審査を経て発付された各捜索差押許可状に基づく捜索において発見されたものであり、その発付に当たっては、本件エックス線検査の結果以外の証拠も資料として提供されたものとうかがわれることなどの諸事情にかんがみれば、本件覚せい剤等は、本件エックス線検査と上記の関連性を有するとしても、その証拠収集過程に重大な違法があるとまではいえず、その他、これらの証拠の重要性等諸般の事情を総合すると、その証拠能力を肯定することができると解するのが相当である。

4　写真撮影・ビデオ録画

写真撮影やビデオ録画は肖像権の侵害となる。任意捜査として許容されるかは、捜査の必要性、緊急性、権利侵害を十分配慮した相当性のある方法であるか否かの判断によって決する。捜査側が証拠収集のために行う写真撮影やビデオ録画は、プライバシーが尊重されなければならない個人的な住宅内や室内などでは令状なしには行えない。しかし、公開の場や公共の場（道路、公園など）では、他人に顔や風体を見られることがある程度予定されているのでプライバシー侵害は比較的小さい。また、捜査側が撮影や録画したものではなく、民間人（組織）が公共の安全や犯罪防止のために設置したカメラ（公道や公共施設、銀行などに常設）の画像も、通常人は撮影されること、場合によってはそれが犯罪捜査に使われることを許容していると考えられる。

前掲判例3-11は、銀行の防犯ビデオの画像と、容疑者の容貌の同一性を確認するために、容疑者が公道を歩いている姿をビデオ録画したり、パチンコ店内に設置されたビデオカメラの映像を利用することの適法性を肯定している。**同3-13**は、速度違反を取り締まるための自動カメラを適法としたものである。

（写真撮影・ビデオ録画に関する判例）

3-13　最判昭61・2・14（道路交通法違反被告事件）

速度違反車両の自動撮影を行う本件**自動速度監視装置による運転者の容ぼうの写真撮影**は、現に犯罪が行われている場合になされ、犯罪の性質、態様からいつて緊急に証拠保全をする必要性があり、その方法も一般的に許容される限度を超えない相当なものであるから、憲法13条に違反せず、また、右写真撮影の際、運転者の近くにいるため除外できない状況にある同乗者の**容ぼうを撮影**することになっても、憲法13条、21条に違反しないことは、**最判昭44・12・24**の趣旨に徴して明らかであるから、所論は理由がなく、憲法14条、31条、35条、37条違反をいう点は、本件装置による速度違反車両の取締りは、所論のごとく、不当な差別をもたらし、違反者の防禦権を侵害しあるいは囮捜査に類似する不合理な捜査方法とは認められないから、所論はいずれも前提を欠き、適法な上告理由に当たらない。

5 秘密録音、盗聴

容易に盗み聞きできる会話などは任意捜査として許容できる。しかし、**憲法21条2項**、**電気通信事業法4条1項**などから、両当事者の同意がない電話の盗聴などは、令状がなければできない(**同222条の2**)。**当事者のいずれかの同意**がある場合は任意捜査として許される。

判例3-16の最決は、新聞記者が自分と情報提供者である被告人との会話を秘密録音した場合について、その録音内容は、被告人が未必的にではあるが録音されることを認容していた被告人と新聞記者との間で交わされた電話による会話を、正確性、信用性確認のために録音したものであることを理由に違法収集証拠ではないとした。また、捜査機関が行った秘密録音については、**同3-14**は、捜索差押時の現場で、声紋鑑定のために複数の者との会話などを秘密録音し、その中から、脅迫電話の声と酷似する声を抽出する編集をした場合について、「対話者の一方が相手方の同意を得ないでした会話の録音は、それにより録音に同意しなかった対話者の人格権がある程度侵害されるおそれを生じさせることは否定できないが、いわゆる盗聴の場合とは異なり、対話者は相手方に対する関係では自己の会話を聞かれることを認めており、会話の秘密性を放棄しその会話内容を相手方の支配下に委ねたものと見得るのであるから、右会話録音の適法性については、録音の目的、対象、手段方法、対象となる会話の内容、会話時の状況等の諸事情を総合し、その手続に著しく不当な点があるか否かを考慮してこれを決めるのが相当である」とした上で、具体的に録音方法を検討して適法としている。また、声紋鑑定書、言語学鑑定書の証拠能力についても判断しているので参照されたい。**同3-15**も、一方当事者の同意がある場合の秘密録音について適法としたものであるが、会話者の一方に捜査協力費を提供して同意を得て行ったことについても、好ましくはないが必要性を重視して違法とまでは言えないとしている。

同3-17は、被告人が二人の証言予定者の打ち合わせの状況を、手提げ鞄の中に録音機を設置し、偶然出会ったかのように装い、その鞄を一人に預けて秘密録音した事案について、欺罔方法によるものであることを理由に違法とし、違法性を阻却する事由もないとして証拠能力を否定した。

逆探知も通信の秘密に含まれる。しかし、電話自体を犯罪の手段として悪用している場合にまで法律で保護するとは考え難いので、被害者の同意があるか、犯人探査の必要性があれば任意捜査として許容される。

(秘密録音、盗聴に関する判例)

3-14　東京地判平2・7・26(職務強要被告事件)

(罪となるべき事実) 被告人は、革命的共産主義者同盟全国委員会(略称中核派)の構成員であるが、昭和六三年一〇月一五日午前一一時一五分ころから同二八分ころまでの間、東京都杉並区《番地略》A(当時六二歳)方に電話をかけ、千葉県収用委員会予備委員である同人に対し、その職を辞させるため、右中核派の勢威を示しつつ、「収用委員辞めなさい。O会長がどういう風な目にあったか、あなた知っているでしょう」「どうなっても知らんぞ」「僕みたいに電話するだけの人間ならいいけどもそうでない人もいるから」「あなたが意地を張れば家族に迷惑がかかるかも知れんし、銀行の仕事先の方だって迷惑がかかるかも知れない」などと申し向け、右Ａが予備委員を辞職しないときは同人及び家族の生命、身体、財産等にどのような危害を加えるかも知れない旨告知して脅迫し、もって公務員をしてその職を辞させるために脅迫したものである。

（注：**録音テープ等の証拠能力**）

一　捜索時テープの証拠能力

（略）各カセットテープ（略。以下、「捜索時テープ」ということがある）の証拠能力については、当裁判所は、弁護人の違法収集証拠である旨の主張に対する判断を留保して証拠調を進めてきたので、この点についてここで判断を加える。

1　三里塚闘争会館の捜索の適法性

（略）本件捜索時テープは、昭和六三年一一月二五日、右乙山、乙野ら警察官が三里塚闘争会館において捜索差押を行った際に録音されたものと認められるところ、右捜索差押が違法であった場合、それが本件捜索時テープの証拠能力に影響を及ぼす可能性があるので、まず右捜索差押の適法性について検討する。

（一）本件捜索差押の状況

（略）昭和六三年一一月二五日、右両名ら約五〇名の警察官が、三里塚闘争会館を、同年一〇月一六日Ａ方に脅迫電話をかけてきたという暴力行為等処罰に関する法律違反事件を被疑事実とする捜索差押許可状により捜索し差押を行った（以下、「本件捜索差押」ということがある）。右令状に記載された差し押えるべき物は会議録、議事録、メモ類その他であった。捜索差押に当たって、現場責任者の乙川警部が当初の総括立会人Ｃに対して右令状を呈示した。右捜索の目的は、Ａ方にかかった脅迫電話の内容から、犯人は成田空港建設工事に反対する中核派の活動家である疑いがあったため、右活動家の拠点となっている三里塚闘争会館を捜索し、被疑事実に関する証拠物を押収すること、及びＡ方にかかった脅迫電話の声の録音テープを比較して犯人を特定するために同会館内にいる中核派活動家の声を録音することの二つであった。捜索差押と兼ねて録音を担当した者は、乙山を総括として乙野ら合計七名であった。右捜索差押により、中核派の機関誌紙「共産主義者」、「前進」、メモ類、フロッピーディスク等約五〇点を押収した。

（二）本件捜索差押の適法性

以上の事実に照らせば、本件捜索差押は令状に基づき適式に実施されたものであり、三里塚闘争会館に赴いた警察官の大部分は専ら捜索差押に従事し、実際に押収物もあり、本件捜索差押の必要性がなかったことを窺わせる事情もない。したがって、本件捜索差押に際しては、捜索差押許可状記載の被疑事実について捜索差押をする目的があったことは明らかであって、活動家の声の録音も目的の一つとされてはいたが、専らそれを目的とするものであったとは認められない。したがって、本件捜索差押には何ら違法な点はなく、適法なものである。

2　会話の**秘密録音**の適法性

（略）（一）本件捜索時テープの録音状況

（略）本件捜索差押の際、令状の被疑事実及びその前日のＡ方への本件脅迫電話の事件等の捜査のため、乙山を総括とする七名の警察官が三里塚闘争会館内の中核派活動家の声の録音を担当した。同会館の二階建の本館、北棟、東棟の各階の各立会人の声の録音と捜索のため同会館から排除された立会人以外の者の声の録音とを右七名が分担した。乙野は本館一階を担当し、小型録音機をジャンパーの内側の腰につけたポシェットの中に入れ、タイピン式マイクをジャンパーの内側のセーターの右襟付近に付け、録音機に気づかれないようにして録音した。（略）その際、乙野は自分の担当区域内で活動家の声をなるべく多く録音するよう努力をしたが、途中から代わって総括立会人になった被告人が主に本館一階付近にいたため被告人の声を多く録音した。乙野は、以前に岡山県の被告人の実家に行き被告人の母親に会い、被告人を説得して実家に帰らせてほしいと頼まれたことがあったので、本件捜索差押の際、被告人に対して「おれ、お前の実家に行って来たんだよ」などと話しかけ被告人の母親から頼まれた趣旨を伝えようとしたところ、これに対して被告人は「捜索と関係ない話をするな」「捜索と関係ない話をするならば外へ出ろ」などと繰り返して言ったが、乙野は、通常の会話をしながら捜索を円滑にやりたいということからしばらくそのような会話を続けたということもあった。

一方、乙山は、東棟二階を担当したが、立会人が女性であったため録音を打ち切り、本館一階で被告人の声の収録に当たった。担当区ごとに担当者がいたので、総括立会人たる被告人の声の収録のみを行った。乙山は小型録音機をセカンドバッグの中に入れ、タイピン式マイクをバッグから外に出した状態にして録音した。この録音テープが平成元年押第六四八号の三のカセットテープである。この間乙山は被告人と、捜索時間中の食事の準備のこと、野球関係のファイルの差押のことなどを話した。警察官には被告人らを興奮させ、その上で被告人らの声を録音するという意図はなかった。

その後、捜査官において捜索時テープを検討した結果、被告人の声が本件脅迫電話の声と似ているとして、録音した(略)テープのうち、被告人の声が鮮明に録音されている部分を合計七箇所抽出し、これをカセットテープのＡ面にダビングし、そのＢ面にマイクロカセットテープの脅迫電話の内容全部をダビングして、全く同内容のカセットテープ六本を作成した。そのうちの一本が、(略)の五のカセットテープ(略)である。他の五本は、参考人の事情聴取、鑑定嘱託などに使用された。

(二)録音の適法性

ところで、**対話者の一方が相手方の同意を得ないでした会話の録音は、それにより録音に同意しなかった対話者の人格権がある程度侵害されるおそれを生じさせることは否定できないが、いわゆる盗聴の場合とは異なり、対話者は相手方に対する関係では自己の会話を聞かれることを認めており、会話の秘密性を放棄しその会話内容を相手方の支配下に委ねたものと見得るのであるから、右会話録音の適法性については、録音の目的、対象、手段方法、対象となる会話の内容、会話時の状況等の諸事情を総合し、その手続に著しく不当な点があるか否かを考慮してこれを決めるのが相当である。**

そこで、本件について検討するのに、前記１(一)及び２(一)記載の事実によれば、本件録音は、本件捜索差押の被疑事実である昭和六三年一〇月一六日Ａ方に対する脅迫電話の事実自体ないしこれと密接に関連する他の脅迫電話の事実の捜査を目的として、右捜索差押の際に警察官と総括立会人である被告人らとの捜索差押に関する会話及びその際の雑談を録音したものである。そして、その会話の際、被告人は会話の相手が警察官であること及び本件捜索差押の被疑事実が右の脅迫電話の事件であることを認識していた。他方、警察官は、被告人の声を録音するため、被告人に対して話しかけるなどの働きかけをしているものの、その会話は捜索差押の際のものとして特に異常なものとは言えず、また乙野が被告人に対してした被告人の母親の話も虚偽の内容ではない。その他、警察官が被告人を挑発し、欺罔ないし偽計を用い、あるいは誘導するなど不当な手段を用いて、話をするまいとしている被告人に無理に話をさせたというような事情も認められない。

以上の諸事情を総合すれば、本件録音は、その手続に著しく不当な点は認められず、適法であると認めることができる。なお、弁護人は、本件捜索差押時の録音は相手方の意思の制圧による人格権あるいはプライバシーの侵害が存在するので強制処分に該当する旨主張するが、前叙のとおりいわゆる盗聴と異なる本件録音の性質、態様等に照らせば、それが強制処分に当たらないことは明らかである。

(注：**声紋鑑定の証拠能力**)

１　声紋鑑定の方法

(略)人間が言葉を発するに当たっては、肺から押し出された空気流が、声帯を振動させて声帯音を発生させるが、この声帯音は声帯の基本振動数の整数倍の周波数成分である高調波成分を含んでいる。これが、咽頭、喉頭、口腔、鼻腔等からなる声道を通って口から出るまでに、声道の共鳴特性に従い、ある周波数成分は強められ、ある周波数成分は弱められるという共鳴が起こる。人は口の開き具合や舌の位置などの調音器官の調節によってこの共鳴の仕方を変えて、いろいろな言葉を発音する。この共鳴の仕方の調節つまり調音は、話者個人の声道を作っている肉体的構造や日常の会話訓練によって決定され、個人により異なるものであるから、言葉の発音を構成している音声の周波数分布が個人により異なる特徴を持つ。このことを利用して、音声の周波数成分をサウンドスペクトログラフで縦軸を周波数、横軸を時間として図形表示し、紋様化して表示したサウンドスペクトログラム上に現われたホルマントと呼ばれる共鳴の強い部分の位置等を分析し、その特徴を対比して個人識別をするものである。

一般に周波数分析をする際には、狭帯域フィルタ(四五ヘルツ幅)と広帯域フィルタ(三〇〇ヘルツ幅)を使用するが、前者は声帯振動の高調波構造を明らかにし、後者はホルマントの位置を明確に示す。声紋鑑定では、ホルマントの特徴を見るため、主に広帯域フィルタで分析した結果を用いるが、それだけでは不十分なので、狭帯域フィルタによる分析結果も合わせて使用する。同一人が同一語を同じ話し方で話せば、その語の声紋におけるホルマントの位置と強さは、同じように現われる。しかし、同一人でも全く同じ話し方をするというわけではないので、ホルマントの変動が多少起こり、そのため個人性の識別には経験が必要とされる。

２　声紋鑑定の証拠能力

右のような声紋による個人識別の方法は、未だ識別の対象となった資料の数が限られているため、その正確性は完全に確立されたとまでは言えないが、その根拠には右のとおり科学的な合理性があり、使用される各種機器の性能、声紋の分析技術がともに向上していることにも鑑みれば、一概に証拠能力を否定するのは相当でなく、必要な技術と経験を有する適格者によって実施され、使用した機器の性能、作動が正確であって、その検査結果が信頼性あるものと認められる場合には、その分析の経過及び結果についての正確な報告には、証拠能力を認めることができるものと考えるべきである。

（注：**言語学鑑定**）（略）話者の言葉の言語学上の特徴点すなわちアクセント、音韻、語法、語いなどの異同を比較することによって話者の出身地、話者の同一性を鑑定するいわゆる言語学鑑定については、関係証拠上明らかなように、**わが国の方言研究は世界的にみても非常に進んでいること、人が言語形成期に身につけた言語的特徴のうちアクセントが一番変動しにくく、音韻がこれに次ぐものであること等に鑑みれば、言語学の専門的知識及び技術を有する適格者が行ったもので、その結果が信頼できるものと認められる場合は、その鑑定の経過と結果についての正確な報告には、**証明力の程度はともかく、**証拠能力を肯定することができる**と言わなければならない。

3-15　松江地判昭57・2・2（殺人未遂教唆、有印私文書偽造、同行使被告事件）

二本の録音テープであるが、枕木山テープは主としてＡ証言の弾劾のため、リビドーテープは専らＡ証言の弾劾のため、それぞれ証拠として提出されたのであって、犯罪事実認定の証拠とはなり得ないから、その意味での証拠能力は問題とならないけれども、右各テープの収集手続に重大な違法があれば、弾劾証拠としても許容されないと考えられるので、以下その証拠能力について判断する。本件各録音テープは、**いずれも対話の一方当事者が相手方の同意のないまま対話を録音したものである**ところ、かような手段による録音が明らかにされることによって、同意しなかった対話者の人格権がある程度侵害されるおそれが生ずることはいなめないが、いわゆる盗聴の場合とは異なり、対話者は相手方に対する関係では自己の供述を聞かれることを認めているのであって、その証拠としての許容性はこれを一律に否定すべきではなく、録音の目的、対象、方法等の諸事情を総合し、その手続に重大な違法があるか否かを考慮して決定するのが相当である。これを本件についてみるに、前記認定のとおり枕木山テープは、一般人であるＡが自己の判断で被告人との山中でのＢ子殺害に関する会話を録音したもの、リビドーテープは、前記Ｓが本件に関係があると思料されるテープをＡが売り込んできたため、後日問題が生じた場合に備えて同人との喫茶店での会話を録音したものであり、いずれもその対象は犯罪に関したいわば公共の利害にかかわる事実であるうえ、本件各録音テープの内容に照らしても、録音者においてことさら相手方をおとし入れたり、誘導等により虚偽の供述を引き出そうとするなどの不当な目的を持っていたとは認められず、これに加えて、録音の場所、方法についても社会通念上格別非難されるようなものとは言えないことをも勘案すれば、本件各録音テープの録音の過程にその証拠能力を否定しなければならないほどの違法な点は存しないというべきである。なお枕木山テープについて付言すると、同テープは前認定のとおりＡにより一部消去されており、いわゆる**編集されたテープ**というべく、そのため前後の脈絡をかえられて会話内容が作出されたおそれもあるが、一部消去された事実をもって直ちに証拠能力を否定すべき重大な違法があるとはいいがたい。

そこで、さらに進んで、枕木山テープと前記認定の捜査協力費五万円との関係を考察する。一般的に、捜査機関が**捜査協力費の提供**を条件に犯罪に関する情報や証拠を入手することは好ましいことではないが、すべての人が捜査に協力的であるともいえないことは事実であるから、捜査機関が証拠の提供を受けた後、その提供者に捜査協力費を交付した場合、それによって得られた証拠の証拠能力については、捜査の段階、進展状況、捜査協力費の額、金員授受の状況及び経緯、証拠の種類等の諸事情を総合し、金員授受に捜査の公正を疑わせるに足るほど重大な違法があったかどうかによって決するのが相当と考える。ところで本件では、前認定の経過で右テープがＡから任意提出され、その後五万円が右テープ提供に対する協力費として交付されたものであり、右五万円自体捜査協力費として社会通念上やや高額と思われるものの、前認定のとおり、Ａにおいて執拗に高額の金員を要求したため松江警察署においてやむなくこれに応じたことは既に述べたところで、前記（略）で認定した当時の被告人に対する捜査状況、本件事案の特異性及び重大性、枕木山テープの証拠としての重要性並びにＡの売り込みという特殊事情を考慮すれば、右金員交付は捜査遂行上やむを得ない措置として是認され、従って枕木山テープの入手過程に違法の点はなく、右テープの証拠能力に欠ける点はない。

3-16　最決昭56・11・20（軽犯罪法違反被告事件）

録音テープはいずれも被告人の同意を得ないで録音されたものではあるが、前者の録音テープは、被告人が新聞紙による報道を目的として新聞記者に聞かせた前示偽電話テープの再生音と再生前に同テープに関して被告人と同記者との間で交わされた会話を、同記者において取材の結果を正確に記録しておくために録音したものであり、後者の録音テープ（被告人の家人との対話部分を除く。）は、未必的にではあるが録音されることを認容していた被告人と新聞記者との間で右の偽電話に関連して交わされた電話による会話を、同記者において同様の目的のもとに録音したものであると認められる。このように、対話者の一方が右のような事情のもとに会話やその場の状況を録音することは、たとえそれが相手方の同意を得ないで行われたものであっても、違法ではないと解すべきである。したがって、録音が違法であることを理由にそれらの録音テープの証拠能力を争う所論は、すでにこの点において前提を欠くものといわなければならない。

3-17　静岡地判昭40・3・5（公職選挙法違反、名誉毀損被告事件）

（一）秘密録音に至る経緯

（略）右Ｙ、Ｍの両名は、Ｓ女が昭和三七年六月四日にＡ家から家出する数日前に同女と電話で話をしたり、洋裁の用件を頼まれたりしていたし、同女の家出後もＡ家から同女の行方等について照会を受け捜索を依頼されたことがあった。そのため、判示第一の虚偽文書（以下怪文書と称する）について捜査が開始された後において、Ｙ、Ｍの両名は、前記家出前後のＳ女の行動態度、同女とＡ夫婦との関係等について警察官から尋問され調書が作られた。即ちＹについて（略）三通、Ｍについて（略）三通である。この合計六通の供述調書は、本件公判において検察官側から証拠として提出され、弁護人側の同意を得て証拠調が行われたが、弁護人側は、更に右Ｙ、Ｍの両名をＳ女とＡ夫妻との関係について詳しく尋問するために証人として申請し、その証拠調は（略）警察署において施行された。ところで右証拠調に先立ち、Ｙはその勤め先であるＢ商工会の事務室から、電話で当時静岡県周智郡春野町に居住していたＭに連絡して打ち合せたうえ、同年六月七日に同県袋井市天理教教会境内の公園で落ち合い、来るべき証人調の施行に関して話し合った。被告人は予めこれを知って、携帯用録音機を装置した手提鞄を用意し（この点から見て被告人等はＹ、Ｍの当日の行動予定を予め了知していたものと推測される）、Ｙ、Ｍが同被告人に面識のないことを利用して、偶然の出会いを装い、右手提鞄を一時預つて貰いたい旨申入れ、右両名のすぐ近くに手提鞄を保管させ、約一時間半にわたり両名の私談を秘密に録取したのである。

（二）Ｙ、Ｍが右のような私談を行うに至つた心理状態（略）

（三）録音テープの証拠能力

以上の説明により明らかなように、本件録音はＹ、Ｍの秘密の談話を**欺罔手段により盗聴**したものである。元来このような秘密録音は、**個人の人格権を侵害する違法なものである**。論者或いは、被告人等はＹ、Ｍが共謀して偽証しようとするのを防ぐためやむなく録音したのであるから違法性を阻却すると主張するかもしれない。しかし前記のようにＹ、Ｍの両名が会合するに至ったのは、証拠を隠滅したり偽証の準備をしたりするためではなく、たゞ供述調書のくい違いを明らかにするためであるから、その見解は当らない。むしろ被告人等自らが甘言、利益、圧力をもって執拗に証人に接近して自己に有利な証言を追求する態度を示し、他人の供述調書を提示して証言の齟齬を示して困惑させることによって不安な心理状態を生じさせ、その心理状態下に両名が会合を約すると、その機会を利用すべく予め録音装置を整えて盗聴するに至ったものであるから、本件録音は被告人等が行なった一連の違法訴訟活動の一環をなす違法行為と見るべきである。勿論証人両名が行なつた証言の事前打合せは真実発見のためには望ましくないが、前記の事情を総合すれば結局Ｙ、Ｍを責めるよりその人格権の保護を優先させて然るべきものといえる。従つて、本件秘密録音は結局違法であり証拠能力の点にも甚だしい疑問があるといわねばならない。

6　おとり捜査

捜査官あるいはその協力者が犯罪を唆して犯罪を実行させて逮捕することをおとり捜査という。**犯罪誘発型**（犯意がない者を唆す場合）と、**機会提供型**（犯意を持っている者に犯罪の機会を提供したにすぎない場合）とがあり、後者の場合が適法であるとされている。

判例3-18は、おとり捜査に関する最判の考えを述べ、機会提供型であるから適法であるとしたものであり、**同3-19**は、多数意見がおとり捜査ではないとしたことに対して、違法なおとり捜査であるとする反対意見である。

（おとり捜査に関する判例）

3-18　最決平16・7・12（大麻取締法違反、出入国管理及び難民認定法違反被告事件）

（１）被告人は、我が国であへんの営利目的輸入や大麻の営利目的所持等の罪により懲役６年等に処せられた前科のあるイラン・イスラム共和国人で、上記刑につき大阪刑務所で服役後、退去強制手続によりイランに帰国し、平成１１年１２月３０日偽造パスポートを用いて我が国に不法入国した。

（２）（略）捜査協力者（略）は、大阪刑務所で服役中に被告人と知り合った者であるが、自分の弟が被告人の依頼に基づき大麻樹脂を運搬したことによりタイ国内で検挙されて服役するところとなったことから、被告人に恨みを抱くようになり、平成１１年中に２回にわたり、近畿地区麻薬取締官事務所に対し、被告人が日本に薬物を持ち込んだ際は逮捕するよう求めた。

（３）被告人は、平成１２年２月２６日ころ、捜査協力者に対し、大麻樹脂の買手を紹介してくれるよう電話で依頼したところ、捜査協力者は、大阪であれば紹介できると答えた。被告人の上記電話があるまで、捜査協力者から被告人に対しては、大麻樹脂の取引に関する働き掛けはなかった。捜査協力者は、同月２８日、近畿地区麻薬取締官事務所に対し、上記電話の内容を連絡した。同事務所では、捜査協力者の情報によっても、被告人の住居や立ち回り先、大麻樹脂の隠匿場所等を把握することができず、他の捜査手法によって証拠を収集し、被告人を検挙することが困難であったことから、おとり捜査を行うことを決めた。同月２９日、同事務所の麻薬取締官と捜査協力者とで打合せを行い、翌３月１日に新大阪駅付近のホテルで捜査協力者が被告人に対し麻薬取締官を買手として紹介することを決め、同ホテルの一室を予約し、捜査協力者から被告人に対し同ホテルに来て買手に会うよう連絡した。

（４）同年３月１日、麻薬取締官は、上記ホテルの一室で捜査協力者から紹介された被告人に対し、何が売買できるかを尋ねたところ、被告人は、今日は持参していないが、東京に来れば大麻樹脂を売ることができると答えた。麻薬取締官は、自分が東京に出向くことは断り、被告人の方で大阪に持って来れば大麻樹脂２ｋｇを買い受ける意向を示した。そこで、被告人がいったん東京に戻って翌日に大麻樹脂を上記室内に持参し、改めて取引を行うことになった。その際、麻薬取締官は、東京・大阪間の交通費の負担を申し出たが、被告人は、ビジネスであるから自分の負担で東京から持参すると答えた。

（５）同月２日、被告人は、東京から大麻樹脂約２ｋｇを運び役に持たせて上記室内にこれを運び入れたところ、あらかじめ捜索差押許可状の発付を受けていた麻薬取締官の捜索を受け、現行犯逮捕された。

（略）本件において、いわゆるおとり捜査の手法が採られたことが明らかである。**おとり捜査は、捜査機関又はその依頼を受けた捜査協力者が、その身分や意図を相手方に秘して犯罪を実行するように働き掛け、相手方がこれに応じて犯罪の実行に出たところで現行犯逮捕等により検挙するものであるが、少なくとも、直接の被害者がいない薬物犯罪等の捜査において、通常の捜査方法のみでは当該犯罪の摘発が困難である場合に、機会があれば犯罪を行う意思があると疑われる者を対象におとり捜査を行うことは、刑訴法197条1項に基づく任意捜査として許容されるものと解すべきである。**

　これを本件についてみると、上記のとおり、麻薬取締官において、捜査協力者からの情報によっても、被告人の住居や大麻樹脂の隠匿場所等を把握することができず、他の捜査手法によって証拠を収集し、被告人を検挙することが困難な状況にあり、一方、被告人は既に大麻樹脂の有償譲渡を企図して買手を求めていたのであるから、麻薬取締官が、取引の場所を準備し、被告人に対し大麻樹脂２ｋｇを買受ける意向を示し、被告人が取引の場に大麻樹脂を持参するよう仕向けたとしても、おとり捜査として適法というべきである。したがって、本件の捜査を通じて収集された大麻樹脂を始めとする各証拠の証拠能力を肯定した原判断は、正当として是認できる。

3-19　最決平8・10・18（覚せい剤取締法違反被告事件）（反対意見）

一　本件におけるおとり捜査の存在について

１　被告人が所持していた覚せい剤はＡからの注文によるものであるが、そのＡが警察のおとりであるかどうかについて、原判決は、「Ａの供述するように、Ｂ刑事がＡに対し被告人から覚せい剤を注文するように頼み、Ａがそのとおり実行した、言い換えれば、Ａが警察の協力者としておとりになったと疑う余地は大いにある」と判示しつつ、一方、Ａ

が被告人の所属する暴力団とかかわりがあり、被告人側から圧力を受けていたこと、AがB刑事から依頼を受けた最初のときは、その依頼分のほかに自己使用分の覚せい剤まで被告人から買い求めてこれを使用したことを自認していることなどを指摘した上、Aが自らの意思で覚せい剤を注文したとみる余地もあるから、Aが単に警察に協力する積もりであったかは相当疑問であり、結局「おとり捜査があったとにわかには決め難い」としている。

2　しかしながら、**Aに覚せい剤使用の意思があったことはおとりであるということと両立し得ない問題ではない**から、これを理由におとり捜査であることを否定することはできないのであり、**警察の要請によりAが被告人に覚せい剤を注文しこれを所持させたかどうかが重要である。**(略)

二　本件おとり捜査の適法性について

1　原判決は、Aの行為により被告人の犯意が誘発されていないことのほか、覚せい剤事犯の重大性や捜査の困難等を根拠に、仮におとり捜査があったとしても違法ではないとしているが、原判決の説くところは、おとり捜査を正当化する要件として十分とはいえない。人を犯罪に誘い込んだおとり捜査は、正義の実現を指向する司法の廉潔性に反するものとして、特別の必要性がない限り許されないと解すべきである。そして、その必要性については、具体的な事件の捜査のために必要か否かを検討すべきものであって、原判決のようにある特定の犯罪類型について一般にその捜査が困難であることを理由としてその必要性を肯定すべきではない。もし、そのような一般的必要性によりおとり捜査の適否を決するとすれば、重大な犯罪に関しては無制限におとり捜査を認めることにもなりかねず、憲法、刑事訴訟法の理念に反することとなるからである。

2　このような見地から本件をみると、おとり捜査の必要性があったとするには重大な疑問がある。すなわち、原判決の認定によれば、捜査機関は、被告人方で約五〇グラムの覚せい剤を目撃したとするAの供述を記載したB刑事の報告書を疎明資料として一一月二〇日被告人方に対する捜索差押許可状の発付を受けて、既に一一月二二日の執行を予定していたというのであるから、特段の事情のない限り、同許可状により被告人方を捜索すれば必要にして十分であったというべきである。捜査機関は、被告人が捜査線上に浮かんだ別件殺人事件のためその身柄を拘束する目的で、右許可状による執行の不成功を見越し、Aをおとりとして、更に被告人が覚せい剤を所持するように仕向けたのではないかとの疑念を抱かせ、原判決も「梶谷事件の捜査のことも念頭にあったことは否定し難い」と判示している。そして結果的には、被告人が覚せい剤密売に関与した疑いを抱かせる証拠物等が被告人方から押収されたとはいえ、捜査機関は本件令状請求に際し事前に被告人の覚せい剤に対する犯罪的傾向について具体的にどのような資料を有していたのか必ずしも明らかとはいえず、本件記録を検討しても、右のような捜査方法まで用いなければならない必要性を見いだすことはできない。

3　さらに、前記捜索差押許可状の請求の際の疎明資料は、原審における警察官の説明によれば、内規による令状請求簿の保存期間一年を経過したため廃棄されて現存しないというのである。しかし、右疎明資料は第一審からその内容が問題とされ、それがねつ造された資料であるとの弁護人の主張があり、証拠開示命令の申立てがされていたのであるから、その廃棄は、原判決も判示するように、「無用な疑いを招くばかりか、真相の解明を阻害する」極めて不適切な措置であり、その結果として本件においておとり捜査を必要とした理由も究明されないままになっていることを指摘せざるを得ない。

三　結論

私たちは、以上のように、本件においてはおとり捜査が行われたものであり、原審判示や本件記録からはその**おとり捜査の必要性を認めることはできないものと考える。**この見解と異なり、おとり捜査の事実を看過した上、おとり捜査の適法性についての解釈を誤った原判決には、判決に影響を及ぼすべき法令の違反があり、これを破棄しなければ著しく正義に反するものといわざるを得ない。そこで、原判決を破棄し、更に審理を尽くさせるため本件を原裁判所に差し戻すのが適当であると考えるものである。

7　取調べ(刑訴法198条)

任意同行後の留め置きの間の取調べは、身柄拘束中の取調べと違って、退席の自由も保障されなければならない。最判は、供述調書の証拠能力を任意捜査の手続的違法と切り離して、任意性の問題として扱う傾向がある(**前掲判例3-9**参照)。

しかし、違法収集証拠排除の理論から見ると、違法手続で採取された供述調書も客観証拠と同様でなければばならないはずである。

第2　強制捜査

強制捜査は、令状が発付されていることで、それ自体の必要性、緊急性、相当性の存在が一応推定されている。したがって、実際に行われた執行が法律で定められた要件に適合しているかが問題となり、その判断については、刑罰権の適正な行使に重きをおくと許容範囲は広くなるし、基本的人権の尊重に重きをおくと許容範囲は厳格になる。

強制捜査では、逮捕に際して許される捜索差押の許容範囲、捜索差押の際の「必要な処分」の範囲などが主として問題となる。

1　逮捕

逮捕には、令状逮捕、緊急逮捕、現行犯逮捕があるが、身体の拘束という強い人権侵害を伴うものであるから、それぞれの要件が法律で定められおり、要件に適合しているか否かをきちんと吟味しなければならない。逮捕については異議申立制度がないことから、事後的審査によって、令状請求時点で令状に添付されていた疎明資料に基づいて「合理的な判断過程により」「当該犯罪を犯したことを相当高度に是認しうる嫌疑があると認められる」かを判断することになる（**東京地判平16・3・17**）。刑事手続上で争う方法としては、勾留に対する準抗告の中で違法な逮捕だから逮捕前置主義に反するとして、あるいは公判段階で違法収集証拠排除の理由として主張する外はない。なお、この外に、国家賠償請求をすることができる。**判例3-20**は、軽微な物損の交通事故で、捜査に協力しない車の所有者を加害者と間違えて誤認逮捕した事案について、逮捕時の嫌疑の程度、それを裏付ける資料、逮捕の必要性、緊急性などを検討して適当であるとして国家賠償請求を棄却している。

逮捕については、**同一事件での複数回逮捕（逮捕の蒸し返し）**と、**別件逮捕勾留**の問題がある。

（違法逮捕と損害賠償請求に関する判例）

3-20　京都地判昭55・12・19（損害賠償請求事件）

西陣警察署警察官らによる逮捕当時原告を前記被疑事実により逮捕するに相当な嫌疑があったものと認めるのが相当である。すなわち、逮捕当時加害車が原告所有のものであってその管理下にあり原告において当然その所在を知っているものと考えるのが通常であり他に管理者があるとすれば簡単な調査により容易に知りえたものと判断されこれを否定する特別の事情は認められなかったにもかかわらず捜査官のこれらに関する質問に対し嘘を交えた曖昧な返答を繰り返し単に捜査に非協力的な態度を示したというにとどまらず殊更真実を隠そうとする不信な様子が窺えたこと、加害者は事故現場付近に土地勘があるものとみられていたところ原告店舗がその近くであったこと、警察官は加害者逃走の約二〇分後に原告と応対しているのであるが原告に対するそのときの印象と直接加害者と対話している被害者らの述べた加害者の容貌の特徴、年齢や酒気を帯びていたことなどの諸点との間に近似性があるものと考えられたこと、このような原告に対する嫌疑の素地があったところに加えて被害者が写真面割の結果加害者は原告に間違いない旨確信的に断言したこと、さらに原告は逮捕時においても自分に嫌疑を掛けられているにもかかわらずただ被疑事実を否定するだけで依然として加害車の所在について明らかにしようとせず警察官に反発するばかりで嫌疑を解くための努力をしなかったことを合せ考えると、昭和五二年八月四日午前八時一〇分頃の原告逮捕当時原告は被疑事実についての重要事実を殊更隠蔽しそのことが他の者を捜査から免れさせようとしているというよりも被疑事実を否定することによって逮捕を免れ証拠を隠そうとしているものと判断されたとしても止むをえなかったと考えられるから、原告を本件被疑事実を犯したものとするについて相当な嫌疑があったと認めるのが相当である。そして、後記のとおり右情況から証拠湮滅を防ぐためにも緊急に処理する必要性があったと考えられるから、**捜査初期の段階にある逮捕において要求される嫌疑の**

程度はこれをもって足りると解するのが相当である。
ところで、西陣警察署警察官らが原告を本件加害者と認める重要な資料となったのは、事故翌日の昭和五二年八月三日午後六時頃のMの面割供述であるけれども通常面割に当っては捜査官に慎重な配慮が要請されるものであるところ、本件写真面割に使用された写真は他の数枚と共にではなく原告の顔写真一枚だけでありまた本件事故当時から二〇年も以前に撮影されたものであって警察官がこれを示すに当って古いものであると告げているが原告の逮捕当時の写真と対比するとその細部の特徴には同一性を認めることができるものの額の様子が大きく異っておりその年齢的印象も異なるからこのような面割写真の示し方は見る者を誤導するおそれもあって必ずしも適切であるとは言えないけれども緊急を要する逮捕段階においてはこのような犯人特定方法も単に口頭で容貌の特徴を聴取するよりはより具体的であるから絶対採用してはならない無価値のものとまでは言えず本件では至近距離で対話した被害者が写真に写っている人物の特徴をとらえてこれを加害者であると確信的に断定したのであり、前記の他の諸情況と総合することによって原告に対する嫌疑の相当性を判断したのであるから、それらの情況の一つを抽出してこれを単独で評価し後日これに誤りがあったからといって適切な資料でないとし逮捕に必要な嫌疑を全体に否定するのは相当でない。
そして、犯人が事故現場から逃走しその直後の話合の場からも逃げており、また原告の前記の様な捜査に極めて非協力な態度からすると、原告が加害車を修理するなどして罪証隠滅をはかるおそれは十分に認められたから逮捕の必要性は認めることができる。原告は、事故翌日の中原巡査からの電話照会の際に加害者及び加害車の所在調査の約束をしていることから逮捕の必要性があったとは認められない旨主張するけれども、《証拠略》によれば、原告は中原巡査から調査協力を要請されて了解したにすぎないのであって自ら積極的に調査協力を申出たものではなく、又、原告は一応の了解をしながらその直後に中原巡査外一名の警察官が原告方を訪れた際には頭ごなしに中原巡査らを怒鳴りつけ任意捜査を拒否していることが認められ、この事実に照らすと、警察官らがこの状況では最早右調査協力を原告に期待するのは困難でありむしろ加害車を修理するなどの罪証隠滅をはかるおそれがあると判断したのは相当であると認められる。
(略)西陣警察署警察官らは原告を逮捕した昭和五二年八月四日午前八時一〇分頃から釈放した同日午後九時三〇分頃までの間、原告の取調べをする一方、F子の出頭を求めて同女を原告に直接面通しさせ、Mに対する再度の写真面割のため同人の旅行先に捜査官を派遣し、又、原告のアリバイ主張の裏付けのため丙川春子、丁原秋夫らの取調べをし、乙山の出頭後においても同人の供述がいささかあいまいであることや水口に対する写真面割の結果についての捜査官からの連絡によって乙山が身替り犯人とも思われる節が十分窺われたため再度F子の出頭を求めて同女を乙山に直接面通しさせるなどの捜査活動を行っており、右身柄拘束時間はこれらの捜査活動を遂行し原告の嫌疑についての一応の判断を示すために必要なものであったと認められるから、この間の原告の身柄拘束は適法であったと認められる。

(1)　逮捕の蒸し返し

逮捕は、原則として、**刑訴法199条3項及び身柄拘束について厳格に期間制限**している趣旨から、同一犯罪事実について２回以上逮捕する**逮捕の蒸し返し**は認められない。しかし、事案の重大性、捜査の必要性などから、令状主義潜脱の意図がない場合に例外的に認められる。**同3-21**は、科刑上一罪の関係にある同一人に対する複数回の児童買淫行とその行為を撮影した行為とは観念的競合関係にあるとしても、半年間の複数回の行為であり、一回ごとに証拠収集が必要であることを考慮すると例外的に再逮捕は適法であるとたものであり、**同3-22**は、同一事件での再逮捕が令状請求書にその旨の記載がないので違法であるとして起訴後の勾留に対して準抗告した事案について、再逮捕であることの記載がなかったことは、「単なる逮捕状請求手続上の瑕疵にとどまらず、裁判官の逮捕の必要性の判断に重大な影響を及ぼす手続違反」であるとしたが、「公訴提起後における裁判官による勾留であって、裁判官が独自に職権で勾留の要否を判断するものであり、起訴状中の「『逮捕中求令状』の記載は単に裁判官の職権発動を促す事実上の申出にすぎず、又勾留の前手続としていわゆる逮捕前置主義が採用されているわけではなく、逮捕が違法であっても、必ずしも起訴後の勾留が許されぬと解する必然性はない（結果的には、違法逮捕に伴う身柄拘束中の勾留質問に基づき、勾留をすることとなるが、その一事をもって勾留自体が違法となるものと解することはできない。)」し、「本件においては、公訴提起時に、公訴事実と同一の被疑事実につき前に逮捕がなされたことがある旨の疎明資料が存していたことは明らかであって、勾留裁判官としては、右事実をも斟酌したうえ、職権を発動して被告人を勾留したものであるから、結局勾留裁判官の勾留の理由および必要性に関する判断が妥当なものであったかどうかを検討すれば足りる」として準抗告を却下した。

(二重逮捕に関する判例)

3-21　札幌高判平19・3・8(「児童ポルノに係る行為等の処罰等に関する法律」違反等被告事件)

平成１８年６月２１日勾留が執行された上記条例違反罪の被疑事実は「平成１８年２月１８日午後４時３６分ころから同日午後６時３５分ころまでの間、ｅ市(中略)に所在するホテル『B』１０５号室において、A(平成元年▲月▲日生、当１６歳)が満１８歳に満たない青少年であることを知りながら、単に自己の性的欲望を満たす目的で同女と性交し、もって満１８歳に満たない青少年に対し淫行したものである。」というものであり、また、その後の同年７月１１日勾留が執行された児童ポルノ製造罪の被疑事実は「平成１６年７月２４日午後６時５０分ころから平成１７年５月２９日午後４時５６分ころまでの間、別表記載のとおり１５回にわたり、北海道内において、A(平成元年▲月▲日生)が満１８歳に満たない児童であることを知りながら、デジタルビデオカメラを使用し、同児童の被疑者との性交場面、同児童をして被疑者に口淫させた場面、同児童の陰部を露出させた姿態などを撮影して、児童を相手とする性交、性交類似行為に係る児童の姿態であって性欲を興奮させ又は刺激するもの及び衣服の全部又は一部を着けない児童の姿態であって性欲を興奮させ又は刺激する動画を電磁的記録媒体であるミニデジタルビデオカセット３本に描写し、もって同児童に係る児童ポルノを製造したものである。」というものである。そして、関係証拠によれば、被告人と児童との交際は、平成１５年１０月ころから同１８年３月ころまで続いていたと認められ、本件児童淫行罪は上記条例違反罪の行為の日を含む期間における同一児童への児童淫行罪であることからすると、上記のとおり、本件児童淫行罪と後の逮捕勾留事実である本件児童ポルノ製造罪とは**観念的競合の関係**にあり、また、本件児童淫行罪は先の逮捕勾留事実である上記条例違反罪とも一罪となり、結局、以上は**実体法上一罪と解される余地がある**。

しかし、**一罪一逮捕一勾留の原則といえども例外を認めないものではなく**、本件においては、上記条例違反罪の被疑事実は平成１８年２月１８日の行為であり、後の児童ポルノ製造罪の被疑事実は平成１６年７月２４日から同１７年５月２９日ころまでの行為であり、その間には半年以上の時間的間隔がある別個の行為であり、しかも、児童ポルノ製造罪は異なる日あるいは時刻における１５回の行為であり、各行為についての証拠の収集が必要であることなどに鑑みると、上記児童ポルノ製造罪の被疑事実による再逮捕・勾留は、一罪一逮捕一勾留の原則の例外として許容されるものと解される。したがって、この逮捕・勾留期間中に作成された被告人供述調書は、いずれも違法収集証拠に該当しないから、これらを証拠に用いた原判決に違法はなく、論旨は理由がない。

3-22　東京地決昭48・3・6(勾留の裁判に対する準抗告事件)

一件記録および事実取調の結果によれば、被告人は、本件公訴事実と同一の被疑事実(本件覚醒剤譲渡の日時、場所、譲受人を右被疑事実と対比すれば、事実の同一性は認められる。)につき、昭和四七年一〇月一二日大阪地方裁判所裁判官の発した逮捕状により同月一三日逮捕され、翌一四日大阪地方検察庁に送致され、同日より、同月二三日までの一〇日間勾留され、検察官より勾留延長の請求がなされたが、同月二四日大阪地方裁判所第一〇刑事部(準抗告審)において右請求は却下されたため、同日釈放された後、引続き同年一一月一〇日まで大阪府警港警察署に取調のため任意出頭に応じていたが、関係者の取調未了のため、起訴・不起訴の処分が保留されていたところ、同四八年二月一五日東京簡易裁判所裁判官の発した逮捕状により、同月一七日前記被疑事実と同一性のある被疑事実で再び逮捕され(以下本件再逮捕と略称する。)、同月一九日東京地方検察庁に送致され、同日いわゆる逮捕中求令状の形式で公訴提起がなされ、同日東京地方裁判所裁判官富永元順の発した勾留状により同日勾留されるに至ったこと、本件再逮捕の逮捕状請求書には刑事訴訟規則第142条第1項第8号所定の事項の記載が欠けており、更に右請求者において、請求当時、右再逮捕の被疑事実と同一性のある被疑事実につき、前記のように被告人が既に逮捕勾留され、釈放後も任意捜査が続けられ、処分保留の状況であったことを認識していたことがそれぞれ認められる。

(略)刑事訴訟法第199条第3項、刑事訴訟規則第142条第1項第8号の法意は、再逮捕による不当な逮捕の蒸し返しを防止するためであって、裁判官としては、同号所定事項の記載があつてはじめて逮捕状請求の当否を審査するに際し、不当な逮捕の蒸し返しにあたるかどうか、換言すれば、再逮捕の必要性の有無を適正に判断することができるものというべく、従って、右記載の欠缺は、単なる逮捕状請求手続上の瑕疵にとどまらず、裁判官の逮捕の必要性の判断に重大な影響を及ぼす手続違反と解すべく、本件においては右欠缺を明白に補正するに足りる資料が逮捕状請求書添付の疎明資料中に存しない以上、本件再逮捕は違法のそしりを免れない。

しかしながら、本件勾留は、公訴提起後における裁判官による勾留であつて、裁判官が独自に職権で勾留の要否を判断するものであり、起訴状中の「逮捕中求令状」の記載は単に裁判官の職権発動を促す事実上の申出にすぎず、又勾留の前手続としていわゆる逮捕前置主義が採用されているわけではなく、逮捕が違法であっても、必ずしも起訴後の勾留が許されぬと解する必然性はない(結果的には、違法逮捕に伴う身柄拘束中の勾留質問に基づき、勾留をすることとなるが、その一事をもつて勾留自体が違法となるものと解することはできない。)。

しかも、本件においては、公訴提起時に、公訴事実と同一の被疑事実につき前に逮捕がなされたことがある旨の疎明資料が存していたことは明らかであって、勾留裁判官としては、右事実をも斟酌したうえ、職権を発動して被告人を勾留したものであるから、結局勾留裁判官の勾留の理由および必要性に関する判断が妥当なものであったかどうかを検討すれば足りるものと考えられる。

一件記録および事実取調の結果により認められる本件被告事件の性質、態様、被告人の家族関係等に徴すれば、被告人の刑責の軽重の決定に重大な影響をもつ事項について罪証を隠滅すると疑うに足りる相当な理由があり、且つ被告人が逃亡すると疑うに足りる相当な理由があり、又前記罪証隠滅、逃亡の虞れの程度に照らせば、再び被告人を勾留する必要性は存するものと考えられ、原裁判官の決定は相当というべきである。

(2) 別件逮捕勾留

捜査は、特定の罪名について嫌疑がある場合に逮捕令状を請求できることからして原則として事件単位であるが、それを厳格に運用すると、かえって身柄拘束期間が長期化する危険性があるし、捜査を著しく阻害する可能性もある。したがって、関連する別件の取調べを行うことは許容されている。問題は、本命とする事件について逮捕できるだけの嫌疑が固まっていない場合に、それ自体では逮捕の必要性まではない軽微な別件で逮捕し本命事件の取調べを行う場合、令状主義を悪用しているのではないかという点である。この場合、違法の基準を別件でみるのか本件でみるのかの対立がある。逮捕の目的が本件である以上、本件を基準とすべきであると思う。

判例3-28は、狭山事件の最判中の別件逮捕勾留に関する判断部分である。被害届を端緒とする恐喝未遂事件と別に発覚した窃盗事件により逮捕勾留した別件は、逮捕勾留の理由と必要性があったことは明らかであるとし、別件の恐喝未遂と本件(誘拐、強盗強姦殺人事件)とは「社会的事実として一連の密接な関連があり、別件の捜査として事件当時の被告人の行動状況について被告人を取調べることは、他面においては本件の捜査ともなるのであるから、専ら本件の取調べでない限り、本件について取調べることは別件について当然しなければならない取調べをしただけであるとし、本件の逮捕勾留は、その後に発見、収集した証拠を併せて事実を解明することによって、初めて本件について逮捕・勾留の理由と必要性を明らかにして請求することができるに至ったのであるから、別件と本件とについて「同時に逮捕・勾留して捜査することができるのに、専ら、逮捕・勾留の期間の制限を免れるため罪名を小出しにして逮捕・勾留を繰り返す意図のもとに、各別に請求したものとすることはできない」と判断している。これは、違法な別件逮捕勾留を、専ら本件を取調べる意図の場合に限定し、また、別件と一緒に本件の逮捕ができたのにあえて遅らせて、別件での身柄拘束を本件で利用した場合に限定している。別件逮捕勾留の違法は極めて限られた場合にしか認められないことになり、令状主義、身柄拘束の厳しい期間制限などの趣旨に逆行する考え方であると思う。この考え方を修正する下級審判例が集積されている。

同3-26は、鹿児島夫婦殺人事件の差戻審の判決であるが、違法な別件逮捕勾留について詳しく説示しており、認定について丁寧であるので大いに参考になる。**同3-29**も、違法な別件逮捕勾留であると判断したものであるが、違法な別件逮捕勾留の考え方について詳細に説示している。これらの考え方は現在も主流であるので参考にされたい。

同3-23は、別件が浮浪罪で、本件が覚せい剤取締法違反の案件で、別件の浮浪罪の現行犯逮捕が要件を満たしていないことを詳細に認定し、本件の覚せい剤取締法違反についても注射器を持っていたことや覚せい剤使用の前科があることから必要性は認めたものの、もっぱら本件のために別件逮捕を利用したといえるとして違法な別件逮捕であるとし、その間の採尿手続を違法とし、尿の鑑定書の証拠能力を否定して無罪を言い渡している。

これに対して、**同3-27**は、被害届による恐喝未遂事件を別件（不起訴）、覚せい剤使用事件を本件とするもので、別件逮捕当日に尿の任提出を求めている事案で、捜査の端緒から見て別件の逮捕は適法であること、時間をおくと尿検査が無意味になることなどから、捜査側に令状主義潜脱の意図がないとして違法でないとしている。また、**同3-25**は、別件を鎮火妨害罪、本件を放火罪とする事案で、被告人は、別件については動機にあいまいな点はあったが任意調べのときから認めており、放火罪についての容疑を裏付ける証拠が希薄であったが、両罪の関係は「放火した犯人がその火災継続中に鎮火妨害罪にあたる行為をしても、同罪は前者に吸収されて成立せず、両者は法条競合の関係にある」ので、「鎮火妨害罪の成否は、放火罪の成否に依存しているのであって、手続上も、鎮火妨害罪による被疑者の逮捕・勾留の効力は、元来同一火災に関する放火罪にも及ぶものであり、捜査の実際についてみても、鎮火妨害罪の動機の解明の過程で、取調べはおのずから放火罪の嫌疑の究明に及ぶ関係にあるばかりでなく、そもそも鎮火妨害罪の成否を判断するには、同一人に対する放火罪の嫌疑について究明することが必要であるとさえいえるのである。してみると、本件鎮火妨害罪による被告人の逮捕・勾留の目的が、捜査官の主観的な意図において、主として鎮火妨害罪の動機の解明ないし放火罪の取調べにあったとしても、これを違法な別件逮捕・勾留ということができない」としている。さらに、**同3-24**は、旅券不携帯容疑の現行犯逮捕勾留、偽造公文書行使罪による逮捕勾留、起訴後の余罪調べを経て約20日後に××事件（注：罪名不明）での逮捕勾留という捜査経過を辿った事案で、最初の逮捕勾留について、旅券不携帯は軽微な事件とはいえないこと、所持していた外国人登録証明書が他人から預かっているものであると述べ、被告人自身は不法入国者であることを供述していたのであるから、人の特定が不十分な状態であったし、自認している不法入国事件は旅券不携帯事件と密接な関連性が認められるから、旅券不携帯事件の逮捕勾留期間中に不法入国事件について取り調べることも許容されることからすると、旅券不携帯事件により逮捕勾留する理由及び必要性があったとしたが、その勾留の延長は、不法入国については飛行機から船での密入国に供述を変更し、その裏付けが取れないため立件が困難であったし、旅券不携帯は新たな捜査がほとんど必要なかったことから勾留の必要性がなく違法とし、その間に録取された供述調書の証拠能力を否定し、さらに、二番目の逮捕勾留自体は適法であるが、その間の取調べは取調官も同じであるなど前の違法な勾留の影響が継続しているとして、その間の供述調書の証拠能力も否定し、起訴後の余罪取調べ中で採取された供述調書の証拠能力も否定した。しかし、××罪での逮捕勾留は、被告人の自白から独立した客観証拠が順次収集され固められていっており、被告人に対する取調べは、この客観証拠を参照し援用しながら行われたことがうかがわれ、違法勾留期間中の違法な取調べの影響が次第に薄らぎ希薄化していったものとみられるとして、その間に収集された被告人の供述調書の証拠能力を肯定した。これは、各身柄拘束のスタート自体は適法であるとしたうえで、必要性のなくなった旅券不携帯事件の勾留延長時点から違法として、違法な手続をその一点に限定し、その違法の影響がどの時期までの被告人の取調べに及ぶかという考え方をとったものである。

（別件逮捕に関する判例）

3-23　大阪高判平21・3・3（覚せい剤取締法違反被告事件）

（１）まず、被告人が平成１９年１０月７日午後３時４０分に軽犯罪法１条４号違反の罪（以下「浮浪罪」という。）で現行犯逮捕され、翌８日午後２時２５分に釈放されたが、同２７分に本件覚せい剤使用の被疑事実で再逮捕され、引き続き、同月９日に同事実で勾留されたこと、所論指摘の各証拠のうち、鑑定書の鑑定資料である被告人の尿は、浮浪罪での逮捕による身柄拘束中に裁判所に請求され、かつ、発付・執行された捜索差押許可状（いわゆる強制採尿令状）により採取されたものであること、覚せい剤取締法違反の逮捕状は、上記鑑定の結果、被告人の尿から覚せい剤成分が検出されたことを資料として請求・発付されたものであること、その余の各証拠は、上記勾留期間中に作成ないし録取されたものであることが、いずれも明らかである。

したがって、**浮浪罪による現行犯逮捕の適法性**と、**所論指摘の各証拠の証拠能力の有無**とは、必ずしも一義的に対応するものではないが、その違法性の有無及び程度は、証拠能力の判断に基本的な方向性を与える事情であり、その適切な判定が重要であることはいうまでもない。そして、その判定に際しては、いわゆる**別件逮捕**としての違法性の有無以前に、浮浪罪による逮捕自体として適法かどうかを、確実に見極める必要がある。

（２）上記の判断に際しては、逮捕当時における被告人の生活状況に関する客観的事実を的確に把握し、それとの関連で、関係者の供述の自然さや合理性を評価することが不可欠である。この点、原判決が、「現行犯逮捕の適法性は、逮捕の時点を基準とし、その当時の事情等によって客観的に判断すべきであり、事後に判明する事情や資料等を併せ、回顧的にその適法性をいうべきものではない。」と述べる点は、一般論としては妥当であり、上記の客観的事情が、現行犯逮捕の適法性に直結するものではない。しかし、逮捕の時点で、逮捕者にどのような事情が判明していたのかを判断する最も客観性のある手掛かりは、これらの客観的な諸事情にほかならないのに、原判決の証拠評価には、この観点が欠落しているといわざるを得ない。すなわち、浮浪罪の要件が、〔１〕生計の途がないこと、〔２〕働く能力があること、〔３〕職業に就く意思を有しないこと、〔４〕一定の住居を持たないこと、〔５〕諸方をうろついたこと、の５点であることは、軽犯罪法の解釈上明らかであり、この５点の全てが、逮捕当時、逮捕者にとって明白といえる程度に判明していなければ、同罪による現行犯逮捕は違法との評価を免れない。そして、本件で、逮捕者である警察官らが直接、物理的に現認した状況は、被告人が、原判示の駐車場に駐車中の自動車に乗り込もうとする状況のみであって、それのみでは、到底、上記各要件が逮捕者に明白であったとはいえず、警察官らが、上記各要件の充足が明白かどうかを判断する資料は、積極、消極のいずれの方向にせよ、専ら、逮捕の現場における職務質問において、被告人から聴取した内容に尽きる。したがって、本件逮捕の適法性を判断するためには、警察官らが被告人から、これらの各要件について、どのような事情を聴取したのかを把握しなければならず、裁判所にとっての、その直接的な判断資料は、警察官らと被告人の各供述である。警察官らは、基本的には、「被告人は、上記〔１〕から〔５〕までに該当する事実を述べていた。」旨、被告人は、「自分は、警察官らに、上記〔１〕〔３〕〔４〕〔５〕のような事実はないと説明した。」旨、相対立する供述をしており、そのいずれが信用できるかを、諸般の指標に照らして判断する必要がある。その際、極めて重要な視点となるのが、被告人の生活状況のうち、上記各要件との関連を有する客観的な事実である。現に、本件の職務質問の際、これらの事実に関する質問がなされ、それに対する被告人の応答が、現行犯逮捕の判断資料になったことは、警察官ら、被告人のいずれの供述を前提としても明らかであり、この「被告人の応答」の状況に関する供述の信用性が、検討課題なのであるから、警察官ら、被告人の各供述の内容となっている「被告人の応答」が、被告人の生活に関する客観的諸事情と整合性を保っているかどうかは、供述の信用性を判断する重要な考慮要素であるといえる。

（３）また、現行犯逮捕の要件に関する判断資料の獲得状況について、供述の信用性を判断する以上、その供述の核心部分は、警察官が、その判断資料となる被告人の生活状況について、被告人から返答を得た状況に関する部分であって、前記自動車の捜索の経緯一般等ではない。したがって、他の部分についても、それなりの重要性を否定できないにせよ、何よりも、この核心部分に関して、その信用性を十分に検証することが不可欠である。

（４）ところが、原判決は、警察官らの供述については、「各供述内容は具体的で、同一場面ではおおむね一致しているほか、身柄拘束に至る事実経過に沿っていて、特に不自然、不合理とみるべき点はない。」として、被告人の生活状況に関する客観的事情について、何ら具体的な分析を行わないまま、その信用性を肯定し、他方、被告人の供述については、供述の核心部分である被告人の生活状況に関しては、そのような警察官の供述に反するという１点のみを根拠とし、それ以外には、前記自動車の捜索に至る過程など、核心部分とはいえない事情に関する不自然さを挙げただけで、信用性を排斥した上、本来重視すべき客観的事情との整合性の点は、現行犯逮捕の適法性は事後的に判断すべきものではないという論法で、視野の外に置いている。
（５）このような原判決の証拠評価は、到底是認できず、以下、関係者の供述の信用性、特に、上記核心部分の信用性を、前記（２）の視点を含む各指標に照らして、検討することとする。（略）
（注：**浮浪罪による現行犯逮捕としての違法性**）本件の逮捕が、浮浪罪による現行犯逮捕として適法か否かを判断するに、上記２（１）のとおり、被告人の本件当時における生活状況が、客観的に同罪の構成要件を充たさないものであったことはもとより、逮捕の時点において逮捕者である警察官らに判明していた事情を基礎としても、警察官らにおいて、同罪の構成要件の全てが、現行犯逮捕の要件を充たす程度に明白になっていたとは到底認められず、その逮捕が違法であることは明らかである。

しかも、警察官らは、単に、過失によって、同罪の構成要件が充足されていると軽信したというにとどまらず、その構成要件と相容れない事実が存在する旨の被告人の訴えを積極的に黙殺して逮捕を強行したと評価せざるを得ず、その違法性の程度は極めて高い。

すなわち、就労意思の関係については、被告人は、「職務質問開始直後から、所持品の提出と合わせて、前記自動車の捜索がされ、その助手席に置いてあった『フロムＡ』や、遮光板に挟んであった求人のコピーを警察官らに見せて、求職活動をしているところだと言った。」などと供述している。そして、この供述には、上記自動車の捜索の状況を含めて、容易に排斥できない信用性が認められ、これによれば、警察官らが、求職活動の事実について、被告人が口頭で訴え掛ける内容を無視したことが明らかであるのみならず、上記自動車の捜索によって就職情報誌や求人関係のコピーを現認しながら、その存在を黙殺した可能性も濃厚である。

住居の関係についても、被告人は、「トラブルを抱えていて自宅に長居できないこと、トラブルの内容、まだ住居があって毎日風呂に入りに行き、トラブルが解決次第戻るつもりであることなどを説明した。」旨述べるところ、その一部は前記２（１）ウの報告書によって裏付けられていて、その信用性を排斥することはできず、やはり、警察官らが被告人の訴えを黙殺した疑いを否定できない。仮に、被告人が自ら積極的にこれらの事実を訴えなかったとしても、被告人が前記マンションを賃借していることは明白であり、単に、被告人が同所に帰っていない旨や、その理由が暴力団関係者の危害を恐れることにある旨答えたからといって、それだけで直ちに、浮浪罪の要件としての「一定の住居を有しない」事実が認められることにはならないのであるから、警察官としては、同所で寝泊まりをしなくなってからの期間、家財道具の存否、その後全く帰宅することがないのか、帰宅する割合や用事の実態はどのようなものか、寝泊まりできるようになる見込みの有無ないし程度など、本来の住居との結び付きの具体的な程度を質問すべきことは当然であり、そのような質問をしないまま、直ちにこの要件を充たしていると判断したことは、警察官としての落ち度にほかならない。

本件では、浮浪罪の構成要件のうち、「生計の途を有しない」、「諸方をうろついた」の２点についても、決して、その充足が自明であるとはいい難い面があり、特に後者については、被疑事実とされる「前記駐車場をうろついた」という行動のみで、浮浪罪が予想する行為類型を充たしているかどうかも、多分に疑問であるが、少なくとも、「職業に就く意思を有しない」については、警察官が、その要件の不充足を殊更に黙殺し、「一定の住居を持たない」についても、同様に、要件の不充足を黙殺したか、現行犯逮捕に伴う制約の範囲内で容易に可能な資料の収集を怠ったことが明らかである。特に、軽犯罪法の適用に際しては、所論も指摘するとおり、「この法律の適用にあたっては、国民の権利を不当に侵害しないよう留意し」なければならない旨が明示されており（同法４条）、現行犯逮捕に際しても、違反の要件を、真摯な事情聴取等により、可能な範囲で慎重に検討することが求められているのであり、警察官らの判断の在り方は、この規定の趣旨にも反している。したがって、本件の現行犯逮捕は、それ自体として、違法性の程度が極めて高いものであるというほかない。
（注：**別件逮捕としての違法性**）本件の逮捕は、いわゆる別件逮捕としても違法である。警察官らが、浮浪罪による逮捕に踏み切った目的として、一応考えられるのは、〔１〕浮浪罪に関する捜査の必要性、〔２〕前記自動車に関連する何らかの犯罪の捜査の必要性、〔３〕覚せい剤事犯に関する捜査の必要性、の３つである。

現行犯逮捕の必要性について、Ｂ警察官は、「このまま身柄を離すと、注射器の件や車の件が解明されないし、逃亡のおそれもあった。」などと、Ｃ警察官は、「不審な車両に乗っているし、覚せい剤を使用したような注射器も持っているので、放置すれば何か犯罪をするかもしれない、逃げてしまうのではないかと思った。」などと供述する。警察官らの供述には、既に検討したとおり重大な疑義があり、そのまま前提とはできないが、覚せい剤事犯に対する一定の関心があったことは、これらの供述によっても認められ、また、少なくとも、逮捕の時点で、被告人には、覚せい剤事犯の前科の存在と注射器の所持が判明しており、浮浪罪による身柄拘束を覚せい剤事犯の捜査に利用しようとする思惑が生じても不自然でない状況に至っていたといえる。もとより、このことだけで、逮捕の目的が専ら覚せい剤の捜査にあったと即断することはできず、捜査経緯の全体を総合して判断する必要があるが、Ｂ警察官は、逮捕以後の手続には関与しておらず、Ｃ警察官も、弁解録取までの手続に関与したのみなので、その後の捜査経緯をも踏まえて、捜査機関全体としての目的を合理的に推察するのが相当である。

そこで、まず、浮浪罪に関する捜査について見ると、確かに、Ｄ警察官の供述によれば、逮捕翌日、午前中の取調べでいわゆる身上調書が作成された後、同日午後の取調べで、浮浪罪に関連する供述調書が録取されたことが認められる。しかし、逮捕の被疑事実となった罪に関する捜査を実際に行った体面を整えるため、その罪に関連する調書が作成されることも、ないとはいえず、調書の作成のみから、捜査機関の実質的な関心を肯定するのは早計である。また、逮捕翌日の午前中には、被告人の尿から覚せい剤が検出されたことが判明しており、Ｄ警察官は、同日午後の取調べについて、「この時点で、調書を取り終われば浮浪罪では釈放して覚せい剤で再逮捕することが前提になっていたのか。」という質問に対し、「そうだと思う。」と答え、「それで浮浪罪では釈放しても支障がないということで、取調べ等を行った。」とも述べており、実際に、同警察官の供述と、現行犯人逮捕手続書、覚せい剤使用での逮捕状によると、同日の午後２時２５分まで、浮浪罪での取調べが行われた後、同時刻に被告人が釈放され、２分後に覚せい剤使用で逮捕されたことが認められる。さらに、この間、浮浪罪についての処分に関しては、捜査機関内部で、勾留請求が検討された事実はもとより、逮捕中、釈放後を問わず、最終的な処分の方向性について何らかの検討が行われた事実も全く窺われず、Ｄ警察官は、取調べ状況に関する手控えも作成しておらず、総じて、浮浪罪に関する捜査機関の関心は薄かったと認められる。

次に、前記自動車に関連する犯罪の捜査については、浮浪罪による逮捕期間中にも、その後にも、何ら具体的な進展がなく、捜査機関が、本件の逮捕をこの捜査に利用し、あるいは、利用する意思を有していたとは、考えられない。

続いて、覚せい剤事犯の捜査について見ると、まず、被告人が本件当日午後４時１５分にａ署に引致された直後から、採尿手続が進行していることが認められる。すなわち、Ｄ警察官は、上記引致の際、自ら被告人に対し、尿の任意提出を促し、被告人がこれを拒否したため、直ちに強制採尿の手続に入ったこと、Ｃ警察官が浮浪罪に関する弁解録取をした後、自らは専ら採尿手続の令状請求に関する書類等を作成していたこと、この間、被告人が何をしていたかは分からないこと、令状が発付され、被告人に尿を出すつもりはあるのかを聞き、令状を見せたところ、被告人が出すと言ったので、午後７時５５分、署内のトイレで採尿したこと、当日は、浮浪罪に関する捜査は全く行っていないことを供述するところ、これらの供述の信用性を害する事情はなく、上記各事実が認められる。また、同警察官は、暴力団対策と薬物事犯を担当する刑事課組織犯係の所属で、本件の捜査に従事することになった理由として、「薬物があるかもしれないから。」と述べ、「覚せい剤薬物捜査を念頭に置いて担当が回ってきたということでよいか。」という質問に対しても、「そういうことだと思う。」と述べて、これを認めている。

このような捜査の経緯から見ると、捜査機関の関心が、専ら又は主として覚せい剤の嫌疑にあったことはほぼ明らかであるといえ、本件逮捕は、所持品検査の段階で収集された資料である被告人の前科と注射器所持の事実のみでは、覚せい剤事犯での逮捕を基礎付けるだけの嫌疑はいまだ不十分であるために、強制採尿及び鑑定を経て、覚せい剤使用による逮捕状の発付を得ることと、その間における被告人の身柄確保を主要な目的とし、そのために、別罪での逮捕という形式を利用したものであって、いわゆる別件逮捕としても違法であると評価すべきである。

（注：**証拠能力に対する影響**）以上を踏まえて、所論主張の各証拠の証拠能力を判断するに、本件の現行犯逮捕は、浮浪罪による現行犯逮捕自体として違法であり、その違法性の程度が高い上、別件逮捕としても違法であって、令状主義の精神を没却する重大な違法に該当するといえ、将来に向けて、浮浪罪の規定が本件のような形で濫用される事態を厳に禁圧すべき要請も高い。

また、本件の捜索差押許可状の請求手続に際して、どのような資料が裁判所に提供されたかは不明であるが、覚せい剤の前科関係、注射器２本の所持事実のほか、被告人がａ署に引致後、任意採尿を拒否したという、正に違法な逮捕の期間中に生じた事情も、当然資料化されていたものと解され、この採尿拒否という事情があればこそ、令状が発付されたことも明らかである。そして、このように、違法な逮捕期間中に獲得された資料に基づいて請求・発付された令状の執行として、かつ、その違法な逮捕期間中に、被告人の尿が差し押さえられたことも明らかであり、さらに、この尿を資料として所論指摘の鑑定書が作成されたこと、この鑑定書を主要な資料として、覚せい剤自己使用を被疑事実とする通常逮捕状が発付されるに至り、その逮捕とこれに引き続く勾留期間に、所論指摘のその余の証拠が作成あるいは録取されるに至ったことも認められる。したがって、少なくとも、上記各証拠と本件違法捜査との結び付きはいずれも相当強いといえるが、その中でも、鑑定書と違法捜査との結び付きは極めて強く、その証拠能力を否定しなければ、本件の捜査について、上記評価を行った意義もないというべきである。(略)

以上の次第で、少なくとも、所論指摘の鑑定書に証拠能力を認めることは許されず、原審裁判所が同鑑定書を証拠として採用したことは、刑訴法３１７条に違反する。そして、同鑑定書が証拠に採用されなければ、他の各証拠の証拠能力の有無にかかわらず、被告人が原判示の覚せい剤を使用した事実を認定することはできないから、この違法が判決に影響を及ぼすことは明らかである。(破棄、自判＝無罪)

3-24　東京地判平12・11・13(偽造有印公文書行使、強盗致傷、住居侵入、窃盗被告事件)

(注：**別件逮捕勾留の適否について**)

(一)旅券不携帯事件による逮捕勾留について

(１)逮捕勾留の理由及び必要性

旅券不携帯事件の逮捕勾留の基礎となった被疑事実は、被告人が七月八日に駒込署において旅券を携帯していなかったというものであるところ、右事実は、法定刑が一〇万円以下の罰金とされる出入国管理及び難民認定法違反の罪(同法76条、23条1項)に該当するもので、それ自体軽微とまではいえない。しかも、前認定のとおり、被告人は、逮捕当時「Ａ」名義の外国人登録証明書を所持していたが、右証明書は他人から預かったもので、自分のものではない旨述べていて、その人定が明らかではなかったこと、被告人自身、当初から、旅券を所持していないのは本邦に不法入国したためである旨供述していたところ、被告人が有効な旅券又は乗員手帳を所持しないで本邦に入国したという前掲不法入国事件(同法違反)は旅券不携帯事件と密接な関連性が認められるから、旅券不携帯事件の逮捕勾留期間中に不法入国事件について取り調べることも許容されることからすると、被告人を旅券不携帯事件により逮捕勾留する理由及び必要性のあったことは明らかである。

(２)勾留期間を延長すべきやむを得ない事由

ア　旅券不携帯事件の勾留期間の延長請求は、前認定のとおり、主として被告人の人定の裏付け捜査及び不法入国事件の捜査の必要性にあったところ、右勾留期間延長の裁判時はもとより勾留延長期間の満了時においても、不法入国事件の裏付け捜査が未了であったといえるから、勾留期間を延長すべきやむを得ない事由が引き続き存在したことは否定できない。

イ(ア)しかしながら、捜査本部は、右勾留期間延長前の七月一九日までに、被告人の戸口簿を入手するなどして、被告人の人定を中心とする旅券不携帯事件の裏付け捜査をほぼ遂げていたこと、一方、不法入国事件について、被告人は、「Ｃ」又は「Ｃツーダッシュ」名義の偽造旅券で飛行機で本邦に入国した旨供述していたところ、捜査本部は、同日までに、被告人が所持していたＡ名義の外国人登録証が偽造されたものであり、Ａダッシュ、Ａ及びＣによる出入国記録及び退去強制歴並びに被告人自身の退去強制歴はないが、Ｃツーダッシュ名による出入国記録及び飛行機の搭乗記録はあるとの捜査資料を入手していたこと、さらに、右勾留期間延長後の同月二三日には、Ｃ名による査証発給の事実がない旨の捜査資料を入手し、翌二四日ころから、被告人が、本邦に入国したのは飛行機ではなく船による旨供述するようになり、その後もその供述を変えなかったこと、そのため、主任検事の伊藤検事は、同月二三日には、不法入国事件で捜査が進展しない場合に備えて捜査本部に対して、偽造公文書行使事件で再逮捕する方針を指示し、同月二七日ころには、旅券不携帯事件の処分は保留し、偽造公文書行使事件で再逮捕する方針を固めたことはいずれも前に認定したとおりである。

(イ)ところで、被告人を不法入国事件で起訴するためには、被告人の自白の補強証拠として、不法入国の事実を裏付けるべき客観証拠の入手が不可欠であるところ、飛行機で入国した場合は、偽造旅券上の査証の記載や偽名による出入国記録が客観証拠となるのに対し、船で入国した場合は、右のような客観証拠を入手することが困難であることは、伊藤検事もその証言で認めるとおりである。

(ウ)そして、前記アでみたような捜査の進展状況に照らすと、被告人の不法入国を裏付けるべき証拠としては、被告人の自白以外には、被告人が有効な旅券を所持していないとの事実のみであり、しかも、同月一九日までに捜査本部が入手した捜査資料によれば、Ｃ名による出入国記録はなく、また、Ｃツーダッシュ名による出入国記録及び飛行機の搭乗記録はあるものの、入国記録に加えて右入国後の出国記録もあるというのであり、「Ｃ」又は「Ｃツーダッシュ」名義の偽造旅券で入国したとする被告人の供述の信用性自体に疑問が生じているのである。さらに、同月二三日に、Ｃ名義の査証発給のない事実が判明し、翌二四日には、被告人が入国方法が船であったと供述を変えたため、不法入国事件による立件がほぼ絶望的となり、伊藤検事も、同月二三日には、不法入国事件で立件できない場合に備えて、偽造公文書行使事件で再逮捕する方針を指示せざるを得ない状況に追い込まれていたということができる。

(エ)そうすると、勾留延長期間の満了時まで、不法入国事件の裏付け捜査が未了であったことを理由として、勾留期間を延長すべきやむを得ない事由が一応存したこと自体は否定できないとしても、勾留期間延長の必要性は、延長当初から決して高いものではなく、その後の被告人の供述の変更に伴って著しく低下し希薄化していったものと認められる。

(二)偽造公文書行使事件による逮捕勾留について

偽造公文書行使事件の逮捕勾留の基礎となった被疑事実は、被告人が六月三日に東京都豊島区内の質店において「A」名義の偽造された外国人登録証明書を提示して行使したというものであるが、右事実は、法定刑が一年以上一〇年以下の懲役刑に相当する重大事犯である上、関係各証拠によれば、右事実については、被告人が旅券不携帯事件による逮捕時に、「A」名義の外国人登録証明書及び同名義の質札を所持していたことを端緒とし、同事件の取調べ中に発覚したものであり、七月一六日には、質店店主からの事情聴取を終え、さらに、同月一九日には質店の遺留指紋の一つが被告人のものと一致することまで判明していたことが認められる。しかしながら、偽造公文書行使事件について被告人の起訴・不起訴の処分を決するには、犯行野動機、状況等について被告人から更に事情を聴取するなど捜査を尽くす必要があったことが認められるのであり、被告人について同事件による逮捕勾留の理由及び必要性があったことは明らかである。

(三)以上のとおり、旅券不携帯事件及び偽造公文書行使事件による被告人の逮捕勾留にはそれぞれ理由及び必要性が認められ、また、旅券不携帯事件の勾留期間の延長についても延長すべきやむを得ない事由の存在を否定できないから、右の諸点に関する限り、旅券不携帯事件及び偽造公文書事件による逮捕勾留に違法はないということができる。

3　捜査のあり方等からの検討

(一)旅券不携帯事件による逮捕(七月八日)から勾留期間延長(勾留満期は同月一九日)まで

(1)まず、旅券不携帯事件による逮捕から勾留期間延長までの捜査の進展状況についてみるに、旅券不携帯事件及び不法入国事件の関係では、前認定のとおり、各関係機関への捜査関係事項照会が行われたほか、被告人の自称住居地への捜索差押及び引当たり捜査、被告人の所持していた携帯電話のレンタルサービス申込書の入手及び同じく被告人の所持していた外国人登録証の真偽の確認、被告人の元雇用主の取調べ、被告人の戸口簿の取り寄せ等が行われ、被告人の供述調書としては、七月八日付けで弁解録取書(一丁)及び警察官調書一通(本文五丁)、同月九日付けで警察官調書二通(九丁及び本文六丁)、同月一〇日付けで検察官調書一通(一丁)、同月一五日付けで警察官調書一通(八丁)、同月一八日付けで警察官調書一通(四丁)がそれぞれ作成されている。

(2)ア　これに対し、××事件の関係では、七月一三日に心理鑑定が実施されているが、被告人の供述調書等は作成されていない。

イ　この点、被告人は、公判段階において、逮捕の翌日から、犯行現場に指紋が残っているとかGが逮捕されてすべて認めているなどと言われて、専ら××事件について取調べを受けた旨供述するけれども、右公判供述がそのまま信用することが困難なものであることは前にみたとおりである。

ウ　一方、田中警部補は、被告人の取調べを担当することになった際、上司から、旅券不携帯事件及び不法入国事件を立件できるようにするとともに、××事件についても並行して調べるように指示されたが、七月二〇日までは、専ら不法入国事件の立件を目的として取調べを行っており、××事件当日である六月二五日の行動については、被告人の日本での生活状況、稼働状況を明らかにする趣旨で聴いたにすぎない旨証言し、伊藤検事も、旅券不携帯事件の配点を受けた際、別件逮捕勾留であるとのそしりを受けないようにする必要があると考えたことから、××事件の捜査主任官を務めていた鈴木警部に電話して、まずは不法入国事件の捜査を最優先に進めるべきこと、××事件についての取調べは不法入国事件を立件するのに必要な生活痕跡を洗い出す限度にとどめ、専ら××事件について聴くような調べ方はしないことなどを指示し、鈴木警部も、当然そのつもりであると返事していた旨証言している。

エ　もっとも、田中警部補も、心理鑑定が実施された七月一三日以降は、被告人の生活状況を明らかにする趣旨とはいえ、Gの顔写真のA四版コピーを取調室の机の上に置いて調べたことを認めている。また、同日から勾留満期である同月一九日までの被告人の取調べ時間は、前認定のとおり、検事調べのあった同月一六日を除き、連日六時間三〇分ないし九時間四四分と長時間に及んでいるが、この間に作成された被告人の供述調書が同月一五日付け(略)及び同月一八日付け(略)の二通にとどまっており、前記(1)でみたような他の捜査の進展状況とも対比すると、次第に取調べの力点が××事件に関する事情聴取に移行していったことがうかがわれるのである。

(3)しかしながら、同月一六日に、伊藤検事が旅券不携帯事件及び不法入国事件について被告人を取り調べているほか、同月一八日には、不法入国事件に関する被告人の供述調書が作成されるとともに、捜査本部がAダッシュ及びA名による退去強制歴並びに被告人自身の退去強制歴に関する各捜査関係事項照会回答書を入手していることも考慮すると、旅券不携帯事件による逮捕から勾留期間延長までの間は、被告人に対する××事件の取調べは、あくまで旅券不携帯事件及び不法入国事件の取調べに付随し、これと並行して行われている程度にとどまっていたものといえるから、その間の××事件の取調べに違法があるとはいえない。

(二)旅券不携帯事件による勾留期間延長(七月二〇日)から偽造公文書行使事件による逮捕(同月二九日)まで

(1)ア 次に、旅券不携帯事件による勾留期間延長から偽造公文書行使事件による逮捕までの捜査の進展状況についてみるに、旅券不携帯事件及び不法入国事件の関係では、前認定のとおり、七月二三日に、外務省領事移住部から、C名義による査証発給がない旨の回答書(同月一二日照会)を得たにとどまり、関係各証拠を総合しても、積極的な捜査が行われた形跡はうかがわれない。

イ この点、伊藤検事は、七月二三日、鈴木警部に対し、C名義の旅券の発見に努めるよう指示した旨証言し、田中警部補は、勾留期間延長後も、被告人の友人の所在捜査等必要な裏付け捜査をしていた旨証言するが、旅券不携帯事件の一件記録(略)によっても、捜査本部において右旅券の発見のために積極的に捜査したり、被告人の友人の所在捜査等必要な裏付け捜査をしていたことをうかがわせる資料はほとんどなく、かえって、前認定のとおり、同月一四日に「C」名による出入国記録のないことが判明し、同月二四日には、被告人が「C」名義の偽造旅券で不法入国したとする前言を翻し、船で入国したと供述するに至っていて、C名義の旅券を発見する意味は失われ、不法入国による立件も絶望的となっていたのである。

(2)ア 右勾留期間の延長後も、前認定のとおり、被告人に対する取調べは続き、同月二〇日に六時間五〇分、二一日に九時間三五分、二二日に八時間三五分、二三日に七時間一五分、二四日に六時間一〇分、二六日に六時間二三分、二七日に六時間一五分と、日曜日であった同月二五日を除き、ほぼ連日、相当長時間に及ぶ取調べが続けられた(ただし、同月二八日は後期の引当たり捜査が行われたため、取調べは午後のみ二時間五二分にとどまっている。)。

イ この間、旅券不携帯事件及び不法入国事件の関係で作成された供述調書は、中国の母親から送られた戸口簿の写しが被告人に関するものであることを確認する内容の同月二四日付け警察官調書(本文三丁)一通のみであり、検察官による被告人の取調べは一度も行われていないのに対し、××事件の関係では、警察官調書二通(同月二四日付け・本文四丁、同月二七日付け・一二丁)及び上申書二通(同月二四日付け、同月二七日付け)が作成されているほか、同月二八日午前に実施された引当たり捜査について同月二九日付けの捜査報告書一通(甲50)が作成されている。

ウ そして、前記(1)認定のような当時の捜査の進展状況に右イ認定のような被告人による上申書作成や被告人の供述調書の作成状況、引き当たり捜査実施の事実、前認定のとおり、七月一三日、心理鑑定により被告人が××事件について認識している可能性のあることが判明し、同月二二日には、被告人が同房者である中国人に強盗をやったと打ち明けていたことが明らかになっており、更には、前記二で検討したことからも明らかなとおり、被告人は、自ら積極的に××事件について自供したものではなく、頑強に否認を続け、自白を開始した後も、警察官が怒りや苛立ちから戸口簿の写しの入った封筒に火を着けるほどまでに、取調べに抵抗を続けていたことも考慮すると、前記ア認定の取調べ時間中に、被告人の不法入国事件に関する取調べも入国方法も確認する程度に若干行われたことがうかがわれるものの、その大半は、××事件の取調べに費やされたものであることが容易に推認できるのである。

エ この点、田中警部補は、被告人が××事件を自供する三日くらい前からは、同事件について「大分」聴いた旨認める一方、勾留期間延長後も不法入国立件に向けて、被告人が逮捕後に所持していた携帯電話の契約関係や偽造外国人登録証の入手経路等について被告人の取調べを行った旨証言するが、これらの点に関する被告人の供述調書は作成されておらず、戸口簿については、七月一七日に既に到着していたのに、同月二四日に至るまでその内容を確認する調書すら作成されていない状況に照らすと、被告人を不法入国事件立件に向けて取り調べていた旨の右田中証言をそのまま信用することは困難である。

オ また、伊藤検事は、七月二六日、鈴木警部から、被告人が××事件を自供した旨の報告を受けて、再度被告人を不法入国事件で取り調べるよう指示した旨証言している。ところが、田中警部補は、被告人が、同月二四日ころの取調べで、船で入国したようなことを述べるに至ったが、その関係の供述調書を全く作成していないし、××事件関係の調書や上申書を作成中であったので、船で入国したと述べている点について、詳しくは聞いていないとまで証言している。

しかも、伊藤検事自身、捜査本部から、被告人が実は船で入国した旨述べるに至り、その後もその供述を変えず、その内容もあいまいなものであるとの報告を受けて、自ら被告人を取り調べることもなく、不法入国事件による起訴を断念したことは、前認定のとおりである。

（３）ア　以上のとおり、旅券不携帯事件による勾留期間の延長後は、被告人に対して前記（２）ア認定のように、ほぼ連日、相当長時間に及ぶ取調べが続けられており、しかも、その大半が××事件の取調べに費やされていたのに対し、不法入国事件に関しては、被告人を若干取り調べた点を除けば、捜査本部が積極的に捜査を行った形跡がなく、同月二四日までに、不法入国による立件が絶望的となるような状況に陥っていたこと、さらに、被告人は、××事件について、頑強に否認を続けて、自白した後も、取調べに抵抗を続けていたことがうかがわれるのである。

イ　そして、**旅券不携帯事件による勾留期間延長から偽造公文書行使事件による逮捕までの間の右のような捜査のあり方からすると、右期間中における××事件の取調べは、旅券不携帯事件による逮捕勾留期間中に許された限度を大きく超えているのに対し、本来主眼となるべき旅券不携帯事件ないし不法入国事件の捜査は、ほとんど行われない状況にあったというべきであるから、右勾留期間延長後は、旅券不携帯事件による勾留としての実体を失い、実質上、××事件を取り調べるための身柄拘束となったとみるほかはない。したがって、その間の身柄拘束は、令状によらない違法な身柄拘束となったものであり、その間の被告人に対する取調べも、違法な身柄拘束状態を利用して行われたものとして違法というべきである。**

ウ　この点、検察官は××事件について、被告人の日本における生活痕跡等を示すという意味で旅券不携帯事件と密接に関連する事実であり、同事件の逮捕勾留期間中にも広く取り調べることができる旨主張するが、同事件は、旅券不携帯事件との関連性があるとはいえず、不法入国事件とも、不法入国後の生活状況として関係するにすぎないものであって、関連性は希薄というほかないから、検察官の右主張はその前提を欠くものである。

エ　そして、前記イで指摘した旅券不携帯事件による勾留期間延長から偽造公文書行使事件による逮捕までの間の被告人取調べの違法は、**憲法及び刑訴法の所期する令状主義の精神を没却するような重大なものであり、かつ、右取調べの結果得られた供述調書を証拠として許容することが、将来における違法な捜査の抑制の見地からも相当でないと認められる以上**、右期間中に得られた被告人の供述調書、すなわち、七月二四日付け（略）及び同月二七日付け（略）各警察官調書並びにその間に被告人を同事件に関し現場に引き当たりをして得られた同月二九日付け捜査報告書（甲５０）の**証拠能力はすべて否定されるべきもの**と解するのが相当である。

（三）偽造公文書行使事件による逮捕（七月二九日）から同事件による起訴（八月九日）まで

（１）前認定のとおり、伊藤検事は、七月二七日ころ、鈴木警部に対して、偽造公文書行使事件による勾留期間中は、同事件に関する一通りの捜査が終わるまで××事件については積極的に触らないように指示し、現に、偽造公文書行使事件による逮捕後、八月五日までは、専ら同事件についての取調べが行われて、××事件に関する取調べは控えられており、偽造公文書行使事件に関する検事調べが終わった後の同月六日に、××事件について一時間四五分取調べが行われ、本文四丁の警察官調書（乙９）が作成されている。したがって、右期間中の××事件についての取調べは、偽造公文書行使事件の取調べに付随し、これと並行して行われている程度にとどまるといえるから、その間の××事件の取調べ自体に違法があるとはいえない。

（２）しかしながら、右警察官調書が得られた**八月六日の取調べは、前判示のように違法と解される身柄拘束（以下「本件違法勾留」という。）が終了してから八日間を経た後のものとはいえ、前認定のとおり、本件違法勾留期間中と同じ田中警部補が行ったものであり、その内容も、被告人が右期間中から××事件の共犯者として供述していたＦツーダッシュの人定に関するものであるから、右警察官調書における被告人の供述は、本件違法勾留期間中における違法な取調べの影響下にあり、それまでに得られた被告人の同事件に関する自白と一体をなすものとして、その違法を承継するものと解するほかはない**。したがって、右警察官調書（略）も、本件違法勾留期間中に得られた二通の各警察官調書（略）と同様の趣旨において、その証拠能力を欠くものと解するのが相当である。

（四）偽造公文書行使事件による起訴（八月九日）から××事件による逮捕（八月三〇日）まで

（１）ア　前認定のとおり、被告人に対する××事件の取調べは、偽造公文書行使事件による起訴後も断続的に続けられ、八月一二日には、本文五丁の警察官調書（略）が作成されたほか、同月一九日、二〇日、二三日、二四日及び二六日にも取調べが行われている。そして、××事件の共犯者とされるＦツーダッシュに対する前認定のような捜査の進捗状況と対比すると、Ｆツーダッシュに対する捜査の進展に応じて、被告人に対する取調べも随時行われていたことがうかがわれる。

イ　とはいえ、右一連の取調べは、前認定のとおり、二一日間に七日と断続的で、取調べ時間も一日当たり最大で四時間三〇分、平均すると約三時間一〇分と比較的短時間である。
しかも、田中警部補の証言によると、そのころの取調べにおいて、被告人が供述を渋ったり、取調べに抵抗を示すことのなかったことが認められる。したがって、右取調べは、被告人が任意に応じていたものということができ、しかも、偽造公文書行使事件の審理を何ら阻害するようなものではなかったから、それ自体に違法のないことは明らかである。
（2）ア　しかしながら、**前記警察官調書（略）が作成されたのは、本件違法勾留が終了してから一四日間を経た八月一二日であり**、しかも、前認定のとおり、同月一〇日には、××事件の共犯者とされるＦツーダッシュが逮捕されたとはいえ、右**警察官調書が得られた取調べは、本件違法勾留期間中と同じ田中警部補が行ったもの**であり、その内容も、事件当日に同事件の現場に最寄りの千駄木駅の改札口でビデオテープに録画された人物から被告人並びに同事件の共犯者とされるＦツーダッシュ及びＧを特定するなどしたものであるから、右警察官調書における被告人の供述もまた、**本件違法勾留期間中における違法な取調べの影響下にあり、それまでに得られた被告人の同事件に関する自白と一体をなすものとして、その違法を承継するものと解されるのである**。したがって、右警察官調書（略）も、本件違法勾留期間中に得られた二通の各警察官調書（略）と同様の趣旨において、その**証拠能力を欠くものと解するのが相当**である。
イ　もっとも、前認定のとおり、八月一二日に、××事件の犯行現場に残されていた指紋の一つがＦツーダッシュの指紋と一致することが確認され（略）、さらに、同月一九日には、甲野から、Ｆツーダッシュが犯人の一人であることは間違いないと思う旨（略）の、関口からも、Ｆツーダッシュは犯人の一人に似ている旨（略）の各供述が得られ、Ｆツーダッシュ自身も、同月二五日には、被告人及びＧと共に××事件を敢行した旨自供するに至り、同日付けで警察官調書二通（略）が作成されるなど、被告人の同事件への関与については、被告人の自白から独立した客観証拠が順次収集され、固められていっており、同月一九日以降の取調べは、このような客観証拠を参照し援用しながら行われたことがうかがわれるのであって、右取調べについては本件違法勾留期間中の違法な取調べの影響が次第に薄らぎ希薄化していったものとみられるのである。
（五）××事件による逮捕（八月三〇日）から起訴（九月二〇日）まで
（1）××事件の逮捕状請求及び勾留請求の際には、被告人の同事件への関与を裏付けるべき疎明資料として、被告人の前掲警察官調書四通（略）に加え、前記（四）の（2）イ掲記の各客観証拠が提出されたことがうかがわれるところ、このうち被告人の警察官調書四通はいずれも、前記（二）ないし（四）で判示したとおり、**証拠能力を欠くものではあるが、これらから独立した右各客観証拠によっても、被告人の同事件への関与を十分裏付けることができる上、同事件の事案の重大性、証拠の収集状況、被告人の供述状況等に照らすと、逮捕勾留の理由及び必要性も十分認められる以上、同事件による逮捕勾留は、本件違法勾留の影響の点を除けば、何ら違法はないというべきである。**
（2）そこで、本件違法勾留の違法ないしその期間中の取調べの違法が××事件による逮捕勾留ないしその間の取調べの適否に及ぼす影響について検討することとする。
ア　まず、××事件による逮捕勾留期間中の取調べに対する本件違法勾留期間中の取調べの影響についてみるに、前記（四）の（2）で判示したとおり、被告人と同事件との結び付きを裏付ける客観証拠が順次収集され固められていったことに伴い、その影響が次第に薄らぎ希薄化していったものと認められる。したがって、同事件による逮捕勾留期間中に得られた被告人の供述は、前掲各警察官調書（略）と一体をなすものとまでは認められず、その違法を承継するとしても、その程度は証拠能力を否定すべきほどの重大なものとはいえないのである。
イ　次に、本件違法勾留により、実質上は、既に被告人が××事件について相当期間勾留されていることの影響についてみるに、本件全証拠を子細に検討しても、旅券不携帯事件による逮捕勾留が、専ら××事件を取り調べる目的で、旅券不携帯事件の勾留に名を借りその身柄拘束を利用して、××事件につき勾留して取り調べるのと同様の効果を狙ったもの、すなわち、積極的に令状主義を潜脱しようとしたものとまでは認められない。しかも、伊藤検事は、旅券不携帯事件の勾留期間中、被告人の自白が概括的なものにとどまり、共犯者の身柄が確保されていないことなどから、直ちに××事件で逮捕しない方針を固めていた旨証言している上、前記（四）の（2）イでみたような捜査の進展状況をも合わせ考慮すると、同事件による逮捕は、前掲客観証拠が順次収集され固められていったことが決め手となったとうかがわれるのである。さらに、本件違法勾留終了から同事件による逮捕までに一か月余りの期間が経過していること、右アでもみたとおり、本件違法勾留期間中の取調べの影響は、偽造公文書行使事件の起訴後に次第に薄らぎ希薄化していったものと認められることも考慮すると、××事件による逮捕勾留については、**逮捕勾留の蒸し返し**に当たるとまではいえないということができる。

（3）したがって、××事件による逮捕勾留及びその期間中の取調べに違法があるとはいえないほか、他にその間の取調べに違法があることをうかがわせる状況も存在しない以上、その間に得られた被告人の供述調書はすべて証拠能力を有するものと解するのが相当である。

3-25　大阪高判平1・11・9（現住建造物等放火被告事件）

（注：**鎮火妨害罪による逮捕・勾留が違法な別件逮捕か**）

昭和五二年五月一五日午前一時ころ、兵庫県津名郡〈住所省略〉所在のＢ方木造瓦葺平屋建（面積約五六・一九平方メートル）が全焼する火災が発生した。当時、同家屋では、Ｂの他妻Ｃ、長男Ｄ（一三歳）、長女Ｅ（八歳）及び三男Ｆ（六歳）が就寝していた。Ｂ方では、火災を発見すると同時にＣが玄関から飛び出して東隣にあるＧ方に走って助けを求め、同人の妻Ｈが火災を確かめたうえ一一九番による火災通報を行った。また、Ｄも慌てて自宅から二度にわたって一一〇番通報した。右電話の後、Ｄは、弟のＦを連れて窓から屋外へ逃げ、Ｂが長女Ｅを連れて同じく窓から外へ逃げた。これらの電話通報により火災現場には、直ちに淡路広域消防組合五色出張所勤務のＩらの消防職員がポンプ車で駆けつけ消火活動に当たり、また、津名西警察署勤務の警察官三名が臨場してその場に集まった者らの整理やＣら関係者から事情聴取を始めた。右家屋の隣家に居住している被告人は、五月一四日の夕刻から夜にかけてＢらと飲み歩き、途中から同人とは別行動をとり同人より遅れて帰宅したのであるが、右火災現場において、Ｃには出会ったものの、右のとおりＢ及びその子らが危うく難をのがれて逃げていることを知らず、これらの者が逃げ遅れて火中にあるものと思い込んで、狼狽し、駆けつけてきたＩら消防職員に対し、「消防来るのが遅いやないか。中に子供がおるよってに、早う中に入って助けたらんかい」などと罵ったり、消火活動を開始したＩの防火服を引っ張って破いたり、同人が持っていた防火用ホースを掴んで引っ張り、その筒先を他の者に向けて水を掛けたり、消防職員や警察官から制止されてもその場を動かずに消防職員にまつわりついたりして、かえって鎮火の妨害に当たる行動をとり続けた。右火災は、一五日午前一時三〇分ころ漸く鎮火したが、警察では、直ちに放火の疑いを持ってその捜査を開始し、Ｂ夫婦やＤに対する事情聴取によって、出火直前に、被告人と思われる人物が、Ｂ方の玄関ドアを激しく叩き、「火をつけるぞ」と怒鳴っていた事実をつかみ、火災現場における異常な言動と相俟って、その火災は、被告人の放火ではないかとの疑いを強めていった。

警察では、本件を重大事件として兵庫県警察本部長が直接指揮をとる本部指揮事件に指定し、所轄の津名西警察署の警察官がその指揮を仰ぎながら捜査を進め、被告人を、昭和六二年五月一九日、二〇日、二一日及び六月一五日の四回にわたって任意に取調べたところ、被告人は、放火を否認し、自分は、火災の第一発見者でしかないと供述したが、前示のように消防職員の消火活動を妨害するような行動に出たことは当初からこれを認めていた。しかし、その鎮火妨害の動機についての供述は、はっきりせずもっぱら酒のせいにしていた。この間、被告人は、五月二一日までは、警察官の呼び出しに応じたが、その後は、「仕事が忙しい」等の理由により、再三の呼び出しに対して出頭を拒否し、六月一五日にようやく出頭してきたものである。そのため、捜査を担当した警察官らは、対策に苦慮し、放火罪による逮捕も検討したが、犯行の目撃者がおらず、犯行直前まで被告人と行動を共にしていたＪも関わり合いになるのを恐れて曖昧な供述をしていたので、第三者による放火の可能性も完全に否定できず、放火罪による逮捕に踏み切ることは躊躇せざるをえなかった。一方、警察官らは、被告人が、昭和六二年五月二二日、前記淡路広域消防事務組合洲本消防署岩屋分署五色出張所を訪れ、同所長に「俺が消火活動を妨害したことを警察に言うたらしいが、それを取り下げてほしい。破った防火衣の弁償はする」旨申し出たり、同年六月一六日ころには、被告人の実父Ｋが火災現場に居合わせた兵庫県津名郡〈住所省略〉のＬ方に電話を掛け、応対に出たＭに「火事のことを目撃して警察に言うたのはＬさんとこか」等と言ってきたりするなど、被告人側に罪証湮滅工作的な行動があったのも探知した。

そこで、捜査担当警察官らは、管轄の神戸地方検察庁洲本支部検察官とも相談して、被告人を容疑のはっきりしている右鎮火妨害罪で逮捕する手続きをとることとし、六月二五日、裁判官の逮捕状を得てこれを逮捕し、さらに同月二七日検察官の勾留請求に基づき裁判官において被告人を勾留した。右鎮火妨害罪で強制捜査をするにあたって、これに従事した警察官や検察官の間では、同罪と現住建造物等放火罪との罪数関係の検討を経た上、鎮火妨害罪で身柄拘束中に放火罪の被告人の容疑が固まった場合には直ちに令状を切り換える手続きをとることとし、その際、後日身柄拘束の期間で批判を受けないために、放火罪での勾留延長はせず、鎮火妨害罪で勾留請求してから二〇日以内に被告人を放火罪で起訴に持ち込むようにすることが確認された。

右鎮火妨害罪で逮捕された後、鎮火妨害罪に関しては、六月二五日、同月二九日及び翌三〇日にそれぞれ被告人の員面調書が作成され、七月四日に同じく検面調書が作成されている。各員面調書の内容は、事件については従来から被告人も認め捜査当局にも判明していた鎮火妨害の外形的事実を認めているに止まり、その他は被告人の身上、経歴や被告人と被害者Ｂ方家族との交友関係等について供述しているだけで、放火に関与しているかどうかを含め鎮火妨害をなすに至った経緯については、殆んど書かれておらず、後記のように放火の事実を認めた後の七月四日付の検面調書に至って初めて、被告人が自らＢ方家屋に放火したこと、そして予期しない深刻な結果が発生する事態になったため狼狽し、鎮火妨害した旨の供述が詳細に記載されている。右逮捕・勾留後、鎮火妨害に対する取調べと並行して、放火に対する取調べも行われたが、被告人は、七月一日になって初めて自ら放火し、それによって火災が発生したことを認めるに至り、それを契機として、同日付、七月二日付（二通）及び七月三日付で現住建造物等放火罪を被疑事実とする員面調書が作成されている。但し、七月一日付の員面調書においては、所論指摘のとおり、被告人は、事件当日Ｂ方玄関内でライターに火をつけこの火がＢ方家屋に引火した事実を認めているが、ライターに点火したとき同家屋の焼燬の意思まで有していたことについての明確な供述は記載されていない。七月二日付の二通の員面調書の内容は、被告人がそれまで放火を否認していた理由、今回それを自白するにいたった心境の変化、犯行に至るまでの行動が記載されている。七月三日付の調書で初めて本件放火の犯行状況に関する供述が放火の未必の故意を含めて明らかにされている。

右自白がなされた後、七月四日、前示のように、検察官が最終的に鎮火妨害罪について被告人の取調べを行った上、勾留中の被告人を一旦釈放し、警察官において被告人を直ちに現住建造物等放火罪で再逮捕し、七月六日同罪で勾留手続きがとられ、同月一五日、被告人は、同罪で起訴された。

（略）一般的にいって**鎮火妨害罪**は、各種放火罪の補充規定であるが、火災の際にその消火活動を故意に妨げる行為は、公共の安全に対して重大な危険を及ぼしかねず、したがってその法定刑も一年以上一〇年以下の懲役刑という**重大な犯罪**とされているのである。そして、本件についてみると、任意捜査の段階において、鎮火妨害の外形的事実は、関係者の供述によって明らかになっていたばかりでなく、被告人もこれを認めており、被告人に鎮火妨害行為に対する認識・認容、したがって故意のあったこともその行為自体から推認され、**逮捕・勾留の要件としての同罪の嫌疑は十分であったと認められる**。しかも前記のように、その鎮火妨害行為は、現に消火活動に従事している消防職員に対する**かなり程度の高い暴行を伴った**ものである。もっとも、被告人は、任意捜査の段階においては、鎮火妨害の動機について、曖昧な供述しかしておらず、一方その行為自体からは、その目的が燃焼中の家の中に取り残された子供の救出にあったことがうかがわれるけれども、当時判明していたすべての犯情を考慮しても、本件鎮火妨害罪をそれほど軽微なものであるとみるべきであったとは認められない。次に、**逮捕の必要性・勾留の理由及び必要性**についてみるに、前認定のとおり、被告人側に、具体的な罪証隠滅工作的な行動はあったとしても、実効性に乏しいものであって、勾留の理由としての罪証を隠滅すると疑うに足りる相当な理由があったとまでは認めがたいが、被告人には、当時放火についてもかなり根拠のある嫌疑が掛けられており、被告人自身も、放火について警察官から事情聴取を受け犯行を否認するなど、このことを十分知悉しており、逮捕前から次第に任意出頭を渋るようになって再三出頭を拒否した事実のあることに加え、被告人の身上、境遇、生活状況などをも考慮すると、当時被告人には、**逃亡すると疑うに足りる相当な理由があったというべき**である。したがって、本件鎮火妨害罪による被告人の逮捕・勾留は、その理由と必要性があったものといわざるをえず、これを否定する所論は採りえない。

もっとも、被告人には、当時放火の嫌疑がかけられており、前認定のとおり捜査官側は、鎮火妨害罪による逮捕前から同罪による逮捕・勾留を利用して、放火についても被告人を取り調べようとする意図を有し、現にその取調べを行っているのであるから、この点からも検討を加える必要がある。

たしかに、前記認定の事実から判断すると、捜査官側は、鎮火妨害罪により被告人について、逮捕・勾留手続きをとるについて、その主観的意図においては、すでに犯罪の嫌疑が十分で、動機に解明されない点が残っているに過ぎない同罪よりも、より重大でかなりの嫌疑もあるにもかかわらず被告人が否認を続けている放火について被告人を取り調べることを主たる目的としていたものであり、鎮火妨害罪の取調べといっても、主としてその動機、すなわち被告人による放火の事実の存否と密接に関わる事実についての取調べを意図していたに過ぎないものであったと認められる。被告人の取調べ以外の証拠収集についても、鎮火妨害罪のそれはすでに殆ど収集し尽くされており、以後収集保全されるべき証拠は、おおむね鎮火妨害の動機に関するものを含む放火についての証拠に限られていたものと推認され、罪証隠滅といい逃亡といい、それは主として放火の嫌疑との関係で問題になるものであるということができる。このような場合、**被疑者の身体を拘束する必要があると考える捜査官としては、放火罪についての資料を収集し、同罪について逮**

捕状の請求をすべきものであって、安易に鎮火妨害罪によって被疑者の身体の拘束を求めるべきものではないと考えられる（本件鎮火妨害罪による逮捕状請求の時点においても、放火罪による逮捕状発布の可能性はあったものと認められる。）。

しかし、翻って、**放火罪と鎮火妨害罪の関係をみるに、放火した犯人がその火災継続中に鎮火妨害罪にあたる行為をしても、同罪は前者に吸収されて成立せず、両者は法条競合の関係にあるということができる**。すなわち、同一火災に関しては、実体法上同一人について鎮火妨害罪と放火罪との二罪が併存的に成立することはなく、鎮火妨害罪の成否は、放火罪の成否に依存しているのであって、手続上も、鎮火妨害罪による被疑者の逮捕・勾留の効力は、元来同一火災に関する放火罪にも及ぶものであり、捜査の実際についてみても、鎮火妨害罪の動機の解明の過程で、取調べはおのずから放火罪の嫌疑の究明に及ぶ関係にあるばかりでなく、そもそも鎮火妨害罪の成否を判断するには、同一人に対する放火罪の嫌疑について究明することが必要であるとさえいえるのである。してみると、**本件鎮火妨害罪による被告人の逮捕・勾留の目的が、捜査官の主観的な意図において、主として鎮火妨害罪の動機の解明ないし放火罪の取調べにあったとしても、これを違法な別件逮捕・勾留ということができないのは明らかである**。したがって、鎮火妨害罪による逮捕・勾留が違法であることを前提として、その指摘する被告人の検面調書及び員面調書の証拠能力の欠缺を主張する所論は、これを採ることができない。なお、鎮火妨害罪と放火罪との間に、右に説示したような関係がある以上、鎮火妨害罪による逮捕・勾留中に放火罪について被告人を取り調べることが許されるのは明らかである。たしかに本件においては、所論指摘のとおり、鎮火妨害罪による逮捕・勾留中、実質的には別罪である放火についての取調べを行うに当たって、取調官は、被告人に**取調受認義務がないことを告知していない**が、以上のような事情のある本件ではその瑕疵によって右各供述調書の証拠能力を否定することはできない。また、本件では、七月一日に被告人が放火について自白し始めたのに、捜査官は、なお鎮火妨害罪により勾留されたままの被告人について放火の取調べを続行し、七月四日になって初めて被告人を釈放し、放火罪により再逮捕している点も問題であるが、七月一日から同月四日までの被告人の取調状況は、前認定のとおりであり、被告人の放火に関する完全な形の自白が得られたのは、七月三日であり、その後の放火罪での逮捕・勾留期間をも考慮すると、この点でも被告人の供述調書の証拠能力を否定することはできない。結局所論指摘の被告人の各供述調書は、証拠能力を欠く違法収集証拠ということはできない。

3-26　福岡高判昭61・4・28（殺人被告事件）

（1）**一般に甲事実について逮捕・勾留した被疑者に対し、捜査官が甲事実のみでなく余罪である乙事実についても取調を行うことは、これを禁止する訴訟法上の明文がなく、また逮捕・勾留を被疑事実ごとに繰返していたずらに被疑者の身柄拘束期間を長期化させる弊害を防止する利点もあり、一概にこれを禁止すべきではない。しかしながら憲法31条が法の適正な手続の保障を掲げ、憲法33条、34条及びこれらの規定を具体化している刑事訴訟法の諸規定が、現行犯として逮捕される場合を除いて、何人も裁判官の発する令状によらなければ逮捕・勾留されないこと、逮捕状・勾留状には、理由となつている犯罪が明示されなければならないこと、逮捕・勾留された者に対しては直ちにその理由を告知せねばならず、勾留については、請求があれば公開の法廷でその理由を告知すべきことを規定し、いわゆる令状主義の原則を定めている趣旨に照らし、かつ、刑事訴訟法198条1項が逮捕・勾留中の被疑者についていわゆる取調受忍義務を認めたものであるか否か、受忍義務はどの範囲の取調に及ぶか等に関する同条項の解釈如何にかかわらず、外部から隔離され弁護人の立会もなく行われる逮捕・勾留中の被疑者の取調が、紛れもなく事実上の強制処分性をもつことを併せ考えると、逮捕・勾留中の被疑者に対する余罪の取調には一定の制約があるといわなければならない。そして例えば、いまだ逮捕状及び勾留の各請求をなしうるだけの資料の揃つていない乙事実（本件）について被疑者を取り調べる目的で、すでにこのような資料の揃つている甲事実（別件）について逮捕状・勾留状の発付を受け、甲事実に基づく被疑者としての逮捕・勾留、さらには甲事実の公判審理のために被告人として勾留されている身柄拘束を利用し、乙事実について逮捕・勾留して取り調べるのと同様の取調を捜査において許容される被疑者の逮捕・勾留期間内に、さらにはその期間制限を実質的に超過して本件の取調を行うような別件（甲事実）逮捕・勾留中の取調の場合、別件（甲事実）による逮捕・勾留がその理由や必要性を欠いて違法であれば、本件（乙事実）についての取調も違法で許されないことはいうまでもないが、別件（甲事実）の逮捕・勾留についてその理由又は必要性が認められるときでも、右のような本件（乙事実）の取調が具体的状況のもとにおいて憲法及び刑事訴訟法の保障する令状主義を実質的に潜脱するものであるときは、本件の取調は違法であるのみならず、それによつて得られた被疑者の自白・不利益事実の承認は違法収集証拠として証拠能力を有しないものというべきである。**

（2）そして別件（甲事実）による逮捕・勾留中の本件（乙事実）についての取調が、具体的状況のもとで令状主義の原則を実質的に潜脱するものであるか否かは、１甲事実と乙事実との罪質及び態様の相違、法定刑の軽重、並びに捜査当局の両事実に対する捜査上の重点の置き方の違いの程度２甲事実と乙事実との関連性の有無及び程度３取調時の甲事実についての身柄拘束の必要性の程度４乙事実についての取調方法（場所、身柄拘束状況、追求状況等）及び程度（時間、回数、期間等）並びに被疑者の態度、健康状態５乙事実について逮捕・勾留して取り調べたと同様の取調が捜査において許容される被疑者の逮捕・勾留期間を超えていないか６乙事実についての証拠、とくに客観的証拠の収集程度７乙事実に関する捜査の重点が被疑者の供述（自白）を追求する点にあつたか、物的資料や被疑者以外の者の供述を得る点にあつたか８取調担当者らの主観的意図はどうであつたか等の具体的状況を総合して判断するという方法をとるのが相当というべきである（**大阪高判昭59・4・15**参照）。

（3）　これを本件についてみるに、前記事実関係からすれば、

ア　別件の逮捕・勾留事実（詐欺等四事実）は、その罪質、罪数、態様、被告人の当時の住居（神奈川県下の建設現場）等からみて逮捕・勾留の理由及び必要性は一応認められるが、本件殺人の事実と比較して、その法定刑がはるかに軽いのはもとより、その罪質及び態様においても大きな違いのある軽い犯罪であるだけでなく、昭和四四年一月一八日被害者両名の殺害死体発見以来特別捜査本部を設置して一大捜査活動を展開して約八〇日間にわたって捜査を続けてきた捜査官らの関心は、別件の逮捕状及び勾留の各請求をなすにあたり、別件よりも主として本件殺人の事実の解明に向けられていたといわざるをえないこと

イ　別件の逮捕・勾留事実と本件の殺人事実とは、罪質、被害者、犯行日時、場所、犯行態様をいずれも異にして関連性がなく、右逮捕・勾留事実の取調と本件の殺人事実の取調の間に一方の取調が他方の取調にもつながるというような密接な関係も存しないこと

ウ　別件の逮捕・勾留事実については、逮捕状及び勾留の各請求にあたり罪質、罪数、犯行態様、住居等からみて逮捕・勾留の理由及び必要性は一応認められ、昭和四四年四月二四日そのうち三つの事実が詐欺、準詐欺、銃砲刀剣類所持等取締法違反として起訴され、さらに同年五月一六日逮捕・勾留事実外ではあるが罪質、犯行態様等を同じくする詐欺等三事実について追起訴されているが、被告人はその取調に対し当初から事実を争わず犯意も認めていたといいうるものであり、前科も罰金刑に処せられたことが二回あるのみで、本来の住所は本籍地で家のある鹿屋市内にあつて妻と五人の子がそこに住んでいること、同月二三日の別件第一回公判廷において被告人は右両起訴の全事実についてこれを認め、検察官の立証が終り、弁護人の求めで弁償のために続行され、同年六月一三日の別件第二回公判廷で被告人質問及び弁償の立証等がなされ、起訴された詐欺、準詐欺の各事実については全部弁償がなされたことになつたといいうることなどに照らすと、別件の勾留の理由及び必要性は同年四月二四日別件の起訴によって或程度減少し、別件第一回公判期日の終了によってて更に少なくなり、別件第二回公判期日の終了後には極めて少ないものとなっていたと考えられること

エ　しかるに別件逮捕・勾留中の被告人に対する本件の殺人事実についての取調は、取調主任警察官の証言及びこれに相反しない範囲の被告人の原審及び当審公判廷における供述部分によってすら、被告人が別件の逮捕により鹿屋警察署に引致された当日である昭和四四年四月一三日から始められ、四月中は二週間位休日もなく連続して、五月ころ以降は大体において日曜日を除いて連続的に、平均して朝から晩一〇時ころまでの間に一日当り八時間位（別件関係の供述調書が作成された四月一三、二二、二三、二四日、五月二、一〇日には本件の取調時間はその分少なくなる）の密度の高い取調が恒常的に八〇日余りの期間にわたつて続けられ、このうち四月ころは約一〇日間にわたり警察署長官舎及び警察官宿舎の畳の間で座らせて、勾留事実関係からすれば逃走の虞も認められないのに、片手錠を施したまま右のような取調を行っていたものであり、前記事実関係からすれば、**本件の殺人事実についての取調は別件の逮捕・勾留を利用してなされ**、別件の起訴（四月二四日）までは本件を主とし別件を従とし、別件に関連する追起訴事実に関する被告人の最終調書が作成された同年五月一〇日ころまでは本件の取調にその殆んどをあて、その後は専ら、本件の取調にあてて長期間連続的、日々長時間行われ、しかも警察署外で片手錠を施したまま行われたことを含むものであること、そして被告人は同年六月ころからは相当に重い身体的、精神的疲労状態をあらわしてきており、そのことは取調官に自明であったといえるものであり、被告人が本件の殺人事実に関する取調を拒絶する態度に出なかったのは、逮捕・勾留事実以外の、しかもそれと全く関連性がない本件の殺人事実について、その取調を受忍する義務のないことを知らなかったためであるといえること

オ　本件殺人事実につき逮捕・勾留がなされたとしても、その身柄拘束下において捜査官が取調できる期間は刑訴法

上、せいぜい二三日間位であり、この期間内に起訴できなかったときは被疑者は釈放されなければならないものである。しかるに本件殺人事実について捜査官は別件逮捕・勾留を利用して前記のような本件の殺人事実について逮捕して取り調べると同様の取調を右二三日間を超えて、八〇日余りの間にわたつて行つたのみならず、最後に至つて自白が得られるや、更にこれを資料として本件殺人事実につき逮捕状の発付を受けて逮捕し（七月四日）、勾留の請求（七月六日）をなし、改めて二二日間も取調べて本件殺人事実の起訴（七月二五日）を行ったものであること

カ　本件の殺人事実の捜査については、その事実と被告人を具体的に結びつけうる証拠が収集されなければならないが、１昭和四四年四月一二日の**別件逮捕以前においては**、客観的証拠としては、同年一月一八、一九日Ｔ方の庭及び木戸道等から採取した車てつ痕七個の中の一個に被告人が当時使用していた軽四輪貨物自動車の左前輪タイヤとそのトレツドシヨルダー部において一致するものがある旨報告されていたが、犯行日とされる同月一五日の翌朝Ｔ方を訪れた他車の車てつ痕が採取されず、被告人もよくＴ方を訪問していてこれが犯行日の被告人車の車てつ痕であるとは特定しがたい状況にあったこと、同月一八日Ｋ子の死体陰部から採取された陰毛三本中にＴ及びＫ子以外のものと思料される一本（いわゆる甲の毛）があり、犯人のものではないかとの疑いはあるものの、被告人のものだとまでは特定されていなかったこと、Ｔの腕につけられていた腕時計等により犯行は同月一五日夜とされ、被告人の同夜の行動中午後八時過ぎから二時間位の行動が不明であったが、右腕時計の停止時刻は一五日午後一一時四五分ころと鑑定されている事情にあったこと、右のほか被告人と本件の犯行を結びつけうる客観的証拠は収集されておらず、被告人の言動等から疑いをかけるものの到底、本件の殺人事実をもって、被告人に対する逮捕状及び勾留の各請求をなしうる程度の資料（証拠）の収集がなかったこと、２**別件逮捕から約一か月間については**、車てつ痕に関する鑑定書が提出され、被告人車左前輪のタイヤ痕と採取車てつ痕中の一個との符合が明示されたほか、被告人車左後輪のタイヤ痕と採取車てつ痕中の一個とが同種同型であることが示され、被告人は右一月一五日夜Ｔ方を訪れ右二個の車てつ痕の採取位置あたりまで車で乗り入れている供述はしたものの、平穏に午後一〇時三〇分以前に帰宅したことを述べており、妻の取調によつても被告人が同夜午後一〇時過ぎころ帰宅したことは認めざるをえないものであったこと、別件逮捕の翌日被告人からその陰毛二三本の提出を受けてこれを鑑定にまわすと、これと右いわゆる甲の毛は類似するところが多いが、甲の毛には捻転屈曲があって双方の同一性を決しかねている事情にあったこと、被告人及び被告人方から領置した衣類その他からＴ及びＫ子の血痕の付着したものは発見されず、被告人が衣類その他について右一月一五日ころ以降処分した事実もうかがわれず、いまだ本件の殺人事実をもつて被告人に対する逮捕状及び勾留の各請求をなしうる程度の資料（証拠）収集がなかったこと、３**別件逮捕から約一か月経過してから後については**、別件逮捕から八〇日余り後の本件の殺人事実についての自白に至るまで、被告人の犯行であることをうかがわしめるような新たな客観的証拠の収集はなく、再び犯行日の一月一五日夜Ｔ方に立寄つたことを撤回した被告人を追及し、同年六月四日に至り三たび立寄り（平穏裡にＴ方を出て帰宅した旨述べる）を認めさせ、同月二四日にはＫ子と寝床に入つたことやＴとＫ子がけんかになつたことを述べさせ、同年七月二日には遂にＴの死亡、Ｋ子の殺人について自白させるに至つたもので、その自白をまつてようやく被告人の陰毛といわゆる甲の毛の対比鑑定書が作成され、Ｔの腕時計について部外鑑定に付されるという状況であり、別件逮捕から約二か月経過した六月中旬においては、被告人の犯行であることをうかがわしめる客観的新証拠の収集は五月中旬以降これといってなく、被告人の供述調書を他の収集証拠にあわせても、なおまだ本件の殺人事実をもって被告人に対する逮捕状及び勾留の各請求をなしうるだけの資料（証拠）の収集がない状況であったこと

キ　別件逮捕・勾留の当初は被告人側から陰毛・着衣その他本件の殺人事実との関連性が考えられる物の任意提出を得て鑑識・鑑定に付し、また、妻等の供述調書を作成するなどの捜査があつたことは認められるが、前記被告人に対する取調状況、証拠の収集状況からすると、本件の殺人事実に関する捜査の重点は当初から相当に大きく、昭和四四年五月中旬以降は極めて大きく、被告人の供述（自白）の追求に向けられていたといえること

ク　本件の殺人事実の捜査を指揮した大重五男、被告人に対する本件の取調の主任警察官であった浜ノ上仁之助ら捜査関係者は、別件逮捕で鹿屋警察署に引致された昭和四四年四月一三日から同年七月四日本件逮捕に至るまで別件逮捕・勾留を積極的に利用した本件の殺人事実に関する被告人の取調その他の捜査を行ってきており、捜査指揮者・取調主任者らは別件逮捕の当初から本件の殺人事実の自白に至るまで別件の逮捕・勾留を、いまだ逮捕状及び勾留の各請求をなしうるだけの資料（証拠）の揃つていない本件の殺人事実の取調に利用しようという意図を有していたものといえること

以上の諸事由が認められ、これを踏まえて考察すると、別件逮捕・勾留中の被告人に対する本件の殺人事実についての取調は、いまだ逮捕状及び勾留の各請求をなしうるだけの資料の揃っていない重大事犯である本件の殺人事実に

ついて被告人を取り調べる目的で、本件の捜査中資料も揃ってきた関連性の全くない軽い事犯である別件の詐欺等の事実について逮捕状及び勾留状の発付を受け、別件逮捕・勾留は、その理由及び必要性が一応認められ、その事実について取調がなされて昭和四四年四月二四日起訴されているけれども、それ以後は別件の公判審理のための勾留であり、勾留の理由及び必要性が高いとはいえない事案であるのにその勾留を利用し、被告人が別件逮捕で引致されるやその日から本件の取調に入り、別件の起訴前から本件の殺人事実の取調を主とし別件を従とする取調を行い、別件起訴後同年五月一〇日ころまでは別件同種余罪の取調を若干なしたものの殆んどを本件の取調にあて、同月中旬以降は専ら本件の取調をなし、その取調状況は平均して朝から晩一〇時ころまで、四月中は二週間位休日もなく連続し、五月以降は大体において月曜日から土曜日まで連続してといえる八〇日余りの期間にわたる長時間、長期間、連続的なもので、そのうち四月後半ころは約一〇日間にわたり警察署長官舎等の畳の間で座らせて、勾留事実関係よりすれば逃走の虞もないのに片手錠を施したまま取り調べ、別件逮捕から一か月経過してもいまだ本件の逮捕状及び勾留の各請求をなしうる証拠の収集がなく、同年五月中旬以降は被告人の犯行であることをうかがわしめるような客観的新証拠の収集がなく、六月中旬に至つてもいまだ本件の逮捕状及び勾留の各請求をなしうる証拠を収集しえず、被告人はかかる任意の取調といいがたい取調を受忍する義務のないことを知らず致し方なく取調を受け、同年六月ころからは相当重い身体的・精神的疲労状態をあらわしているなかで、本件の殺人事実について逮捕・勾留して取り調べると同様の取調を、捜査において許容される逮捕・勾留の期間的制限を実質的に大きく超過して行ないつつ、被告人の供述（自白）を追求したものであるということができ、被告人に対する本件の殺人事実に関する取調の具体的状況に照らし、原審判決が有罪認定の証拠として掲げる被告人の司法警察員に対する各供述調書（左記の七通と後記の六通計一三通）のうち別件逮捕・勾留中（しかも別件逮捕から二か月以降）に作成された昭和四四年六月一二日付、二三日付、二四日付、七月二日付（二通）、三日付（二通）計七通（略）の供述調書が作成されたときの取調は、**任意捜査の限度を超え違法であるにとどまらず、憲法及び刑事訴訟法の保障する令状主義を実質的に潜脱するものであり、捜査官が事案の真相を究明すべく職務に精励したことを認めるにやぶさかでないが、かかる取調のもとで作成された右被告人の供述調書七通は司法の廉潔性の保持及び将来における同様の違法な取調の抑制という見地から違法収集証拠としてその証拠能力は否定されるべきである。**

（４）　次に本件の（Ｋ子に対する）殺人事実についての逮捕・勾留中に作成され、原判決が有罪認定の証拠として掲げる被告人の司法警察員に対する各供述調書に該当する昭和四四年七月四日付、一〇日付、一六日付、一九日付、二五日付各調書及び被告人の検察官に対する（同月二四日付）供述調書以上合計六通（前記の表の番号２１ないし２６）は、前記証拠能力がないとされる被告人の司法警察員に対する同月二日付（二通）三日付（二通）各供述（自白）調書等を資料として逮捕状の発付を受け、別件の勾留状が失効するや間髪を入れずに逮捕し、更に勾留状の発付を受けた本件の逮捕・勾留中に右各供述（自白）調書に基づいて、それと社会事実的に同一性を有する事実内容の詳細具体化を順次連続して追求した捜査官の取調によつて作成されたものであることが明らかであることにかんがみると、**本件逮捕・勾留中に作成された右被告人の供述調書六通も前記別件逮捕・勾留中の取調の重大な違法性を承継具有する取調のもとで作成されたものと認められるので、前記（３）記載の供述調書七通と同じく違法収集証拠としてその証拠能力は否定されるべきである。**

（略）してみると、以上のような**違法収集証拠として証拠能力のない被告人の司法警察員及び検察官に対する供述調書**一三通を任意捜査の範囲内にとどまる取調で作成されたものとして証拠能力を否定せず、これを有罪認定の証拠とした原判決には訴訟手続の法令違反があり、本件の証拠関係に照らすと、右違反が判決に影響を及ぼすことは明らかである。論旨は理由がある

3-27 東京高判昭61・5・28（覚せい剤使用被疑事件）

被告人は昭和六〇年九月二〇日に恐喝未遂罪で通常逮捕され、引き続き勾留されたものであるが、その捜査の端緒は、被害者であるＫが交番を訪ねて被害事実を申告し、相談をしたため、交番勤務の警察官から刑事防犯課暴力犯捜査係の平井警部補に報告したことによるものであることが窺われ、結果的に公訴提起に至らなかつたとはいえ、その罪質、法定刑に照らして見ても、また、勾留期間中に被疑者調書が少くとも三通作成されていること（略）に徴しても、**捜査官において、令状主義を潜脱し、当初から本件覚せい剤使用事実の捜査を行う目的で、取り調べる意図もない恐喝未遂事実による身柄拘束を利用したものとは到底認め得ない**ことは、原判決の指摘するとおりである。そして、本件覚せい剤使用事実に関する被疑者調書は、すべて本件覚せい剤使用事実による再逮捕のなされた同年一〇月一一日以

降において作成されたものであつて、恐喝未遂事実による身柄拘束中になされたのは、被告人の尿の任意提出のみである（これに引き続く鑑定嘱託や鑑定、法定の除外事由の有無に関する照会などは、捜査機関側の行為であって、被疑者の取調べとは関係がない。）。たしかに、平井警部補は、恐喝未遂事実による逮捕当日である同月二〇日に被告人に尿の提出を促し、翌二一日朝にその提出を得ているのであるが、これは、時日を経過すれば採尿しても覚せい剤の検出が不可能になるという証拠方法の特異性によるものであってて、当初から採尿の目的で逮捕したとか、恐喝未遂事実については取調べの意図がなかったということの証左とはなり得ない。そして、逮捕した時点で、被告人に尿の提出を求める合理性、必要性のあつたことは、被告人の顔色が青白く、目がやつれており、左右の腕に新しい注射痕が認められた事実によつて裏付けられている。してみれば、本件尿の提出は任意捜査として適法になされたものであり、これに基づく領置、鑑定嘱託、鑑定など一連の手続及びその結果が違法収集証拠となるものではないことはいうまでもない。

3-28 最決昭52・8・9（強盗強姦、強盗殺人、死体遺棄、恐喝未遂、窃盗等被告事件）

所論違憲主張の前提である**「別件」の逮捕・勾留及び「本件」の逮捕・勾留を含む一連の捜査手続が刑訴法の手続規定に違反した違法なものであるか**どうかについてみるに、（略）、捜査官は、被告人に対する窃盗、暴行、恐喝未遂被疑事件について、同年五月二二日逮捕状の発付を得て翌二三日被告人を逮捕し、被告人は同月二五日勾留状の発付により勾留され、右勾留は同年六月一三日まで延長され（第一次逮捕・勾留）、検察官は、勾留期間満了の日に、同被疑事件のうち窃盗及び暴行の事実と右勾留中に判明した窃盗、森林窃盗、傷害、暴行、横領の余罪の事実とについて公訴を提起し（右余罪については、あらためて勾留状が発せられた。）、右恐喝未遂被疑事件については、処分留保のまま勾留期間が満了したこと、被告人に対する右被告事件の勾留に対し弁護人から同月一四日保釈請求があり、同月**一七日保釈許可決定**により被告人は釈放されたが、これに先だち、捜査官は、同月一六日被告人に対する強盗強姦殺人、死体遺棄被疑事件について逮捕状の発付を得て、同月**一七日被告人が保釈により釈放された直後右逮捕状により被告人を逮捕**し、被告人は、同月二〇日勾留状の発付により勾留され、右勾留は同年七月九日まで延長され（第二次逮捕・勾留）、検察官は、勾留期間満了の日に、強盗強姦、強盗殺人、死体遺棄の事実と**処分留保のままとなつていた前記恐喝未遂の事実とについて公訴を提起した**ものであること、が認められる。

ところで、被告人に対する強盗強姦、強盗殺人、死体遺棄、恐喝未遂被告事件（以下「本事件」という。）の捜査と第一次逮捕・勾留、第二次逮捕・勾留との関係について考察するに、記録によると、その経過は次のとおりである。すなわち、

本事件は、同年五月一日午後七時三〇分ころＮ方表出入口ガラス戸に二女Ｙの身分証明書が同封された脅迫状が差し込まれ、同女の通学用自転車が邸内に放置されていたのを間もなく家人が発見して警察に届出たのが捜査の端緒となったのであるが、長女Ｔが、脅迫状に指定された日時、場所に身の代金に擬した包を持って赴き、犯人と言葉を交わしたところ、犯人は他に人がいる気配を察知して逃走し、犯人逮捕のため張り込み中の警察官が犯人を追ったが逮捕することに失敗した。そのため、埼玉県警察本部及び狭山警察署は、重大事件として同月三日現地に特別捜査本部を設けて捜査を開始し、同日犯人の現われた佐野屋附近の畑地内で犯人の足跡と思われる三個の足跡を石膏で採取したほか、警察官、消防団員多数による広域捜索（山狩）を実施し、同日Ｙの自転車の荷掛用ゴム紐を、翌四日農道に埋められていたＹの死体をそれぞれ発見し、死体解剖の結果、死因は頸部圧迫による窒息死であり、姦淫された痕跡があり、死体内に残留されていた精液から犯人の血液型がＢ型（分泌型一排出型）であることが判明し、また、死体とともに発見された手拭及びタオルは犯人の所持したもので犯行に使用されたものと推定されたが、一方、Ｙの所持品のうち鞄、教科書、ノート類、チヤツク付財布、三つ折財布、万年筆、筆入及び腕時計が発見されなかった。そのころ、Ｉ経営の豚舎内から飼料攪拌用のスコツプ一丁が同月一日夕方から翌二日朝にかけて盗難に遭ったことが判明していたのであるが、同月一一日右スコツプが死体発見現場に近い麦畑に放置されているのが発見され、死体を埋めるために使用されたものと認められるところ、Ｉ方豚舎の番犬に吠えられることなく右スコツプを夜間豚舎から持ち出せる者は、Ｉ方の家族か、その使用人ないし元使用人か、Ｉ方に出入りの業者かに限られるので、それらの関係者二十数名について事件発生当時の行動状況を調査し、筆跡と血液型とを検査するなどの捜査を進めた結果、元Ｉ方豚舎で働いていたことのある被告人の事件当日の行動がはっきりしないほか、脅迫状の筆跡と被告人の筆跡とが同一又は類似するとの鑑定の中間報告を得て、被告人が有力な容疑者として捜査線上に浮んだのである。

以上の捜査経過でも明らかなように、事件発生以来行われてきた捜査は、強盗強姦殺人、死体遺棄、恐喝未遂とい

う一連の被疑事実についての総合的な捜査であって、第一次逮捕の時点においても、既に捜査官が被告人に対し強盗強姦殺人、死体遺棄の嫌疑を抱き捜査を進めていたことは、否定しえないのであるが、右の証拠収集の経過からみると、脅迫状の筆跡と被告人の筆跡とが同一又は類似すると判明した時点において、恐喝未遂の事実について被害者Nの届書及び供述調書、司法警察員作成の実況見分調書、Tの供述調書、被告人自筆の上申書、その筆跡鑑定並びに被告人の行動状況報告書を資料とし、右事実にKに対する暴行及びR所有の作業衣一着の窃盗の各事実を併せ、これらを被疑事実として逮捕状を請求し、その発付を受けて被告人を逮捕したのが第一次逮捕である。また、捜査官は、第一次逮捕・勾留中被告人から唾液の任意提出をさせて血液型を検査したことや、ポリグラフ検査及び供述調書の内容から、「本件」についても、被告人を取調べたことが窺えるが、その間「別件」の捜査と並行して「本件」に関する客観的証拠の収集、整理により事実を解明し、その結果、スコツプ、被告人の血液型、筆跡、足跡、被害者の所持品、タオル及び手拭に関する捜査結果等を資料として「本件」について逮捕状を請求し、その発付を受けて被告人を逮捕したのが第二次逮捕である。

してみると、**第一次逮捕・勾留は、その基礎となつた被疑事実について逮捕・勾留の理由と必要性があったことは明らかである。**そして、「別件」中の恐喝未遂と「本件」とは社会的事実として一連の密接な関連があり、「別件」の捜査として事件当時の被告人の行動状況について被告人を取調べることは、他面においては「本件」の捜査ともなるのであるから、**第一次逮捕・勾留中に「別件」のみならず「本件」についても被告人を取調べているとしても、それは、専ら「本件」のためにする取調というべきではなく、「別件」について当然しなければならない取調をしたものにほかならない。それ故、第一次逮捕・勾留は、専ら、いまだ証拠の揃つていない「本件」について被告人を取調べる目的で、証拠の揃つている「別件」の逮捕・勾留に名を借り、その身柄の拘束を利用して、「本件」について逮捕・勾留して取調べるのと同様な効果を得ることをねらいとしたものである、とすることはできない。**

更に、**「別件」中の恐喝未遂と「本件」とは、社会的事実として一連の密接な関連があるとはいえ、両者は併合罪の関係にあり、各事件ごとに身柄拘束の理由と必要性について司法審査を受けるべきものであるから、一般に各別の事件として逮捕・勾留の請求が許されるのである。**しかも、第一次逮捕・勾留当時「本件」について逮捕・勾留するだけの証拠が揃っておらず、その後に発見、収集した証拠を併せて事実を解明することによって、初めて「本件」について逮捕・勾留の理由と必要性を明らかにして、第二次逮捕・勾留を請求することができるに至つたものと認められるのであるから、**「別件」と「本件」とについて同時に逮捕・勾留して捜査することができるのに、専ら、逮捕・勾留の期間の制限を免れるため罪名を小出しにして逮捕・勾留を繰り返す意図のもとに、各別に請求したものとすることはできない。**また、「別件」についての第一次逮捕・勾留中の捜査が、専ら「本件」の被疑事実に利用されたものでないことはすでに述べたとおりであるから、第二次逮捕・勾留が第一次逮捕・勾留の被疑事実と実質的に同一の被疑事実について再逮捕・再勾留をしたものではないことは明らかである。

それ故、「別件」についての第一次逮捕・勾留とこれに続く窃盗、森林窃盗、傷害、暴行、横領被告事件の起訴勾留及び「本件」についての第二次逮捕・勾留は、いずれも適法であり、右一連の身柄の拘束中の被告人に対する「本件」及び「別件」の取調について違法の点はないとした原判決の判断は、正当として是認することができる。従つて、「本件」及び「別件」の逮捕・勾留が違法であることを前提として、被告人の捜査段階における供述調書及び右供述によつて得られた他の証拠の証拠能力を認めた原判決の違憲をいう所論は、その前提を欠き、その余の所論は、単なる法令違反の主張であつて、いずれも適法な上告理由にあたらない。

3-29 福岡高判昭52・5・30（殺人〔変更前の罪名尊属殺人〕等被告事件）

一　本件－被告人のM殺人及び同死体遺棄事件

二　別件－被告人の日本刀不法所持を内容とする銃砲刀剣類所持等取締法違反事件

三　本件捜索－昭和四八年二月二一日被告人宅に対してなされた本件（殺人及び死体遺棄事件）についての捜索、差押

四　**本件逮捕**－同年二月二四日被告人に対して執行された本件（殺人及び死体遺棄事件）を基礎事実とする逮捕

五　本件勾留－同年二月二六日被告人に対して執行された右逮捕に基づく勾留

六　**別件逮捕**－同年二月二一日被告人に対して執行された別件（銃砲刀剣類所持等取締法違反事件）を基礎事実とする逮捕（略）

（イ）昭和四八年二月二一日被告人宅についてなされた本件捜索は、これに先立つ同年一月二六日、本件捜査本部で

開かれた総合捜査会議において、それまでに収集された本件に関する証拠資料を検討した結果、その容疑者を被告人一名に絞り、これに対する逮捕状請求にはなお不足とされた犯行と被告人とを結びつける裏付資料（殺人現場から持出されたと目される被害者の衣類及び殺人の用に供せられたと思われる刃物）を発見する目的でなされたものであること（ロ）本件捜索の過程で発見された日本刀は即時現場において被告人の妻Ｋから任意提出を受け、捜査官において領置されたこと（ハ）右日本刀を被告人が所持していたことについて即日現場において、右Ｋにつき取調べが行われ、同女の供述が録取されるとともに、右日本刀発見の事実が捜査本部に通報され、当日本件について有田警察署で任意取調中の被告人からも、昼食後の休憩時に、右日本刀を被告人が不法に所持していたことを自認する旨の供述が得られた（ただし、供述調書は作成されなかった）こと（ニ）日本刀の所持についての許可申請も登録もなされていないことについても即日関係官署に照会され、午後五時過ぎにはその回答が得られていること以上の各事実が認められる。

（２）　このような諸事実に照らせば、別件逮捕がなされた時点（昭和四八年二月二一日午後八時二〇分）においては、既に別件を立件し起訴するに必要な実質的な証拠資料の収集を終っていた（少くとも収集し終り得る状態にあった）ことになり、日本刀不法所持の動機、態様、目的などに照らしてみると、それ自体としてはさして悪質なものとはいえず、被告人の当時の年令、職業、生活状態に徴してみても、別件だけではもはや罪証湮滅のおそれも、逃亡のおそれも考えられず、従って**別件自体の捜査や訴追のためには、被告人を逮捕する必要性はなかったと考えられる。**

（３）しかるに、警察が敢えて被告人につき別件で逮捕状を請求し、裁判官がこれを発したのは、右日本刀が本件においてＭ殺害の用に供せられた成傷器である可能性が大であると認め、ひいては被告人が右日本刀の発見により、殺人事件について追求されることを危惧して逃亡するおそれがあるとの観点に立って、別件逮捕の必要性を根拠づけたものであることは、当該逮捕状請求書の記載から窺知できるので、右日本刀の本件成傷器としての可能性を検討してみると、鑑定人原三郎作成の鑑定書によれば、死体解剖による成傷器に関する意見において、「有刃性のもので、ある程度の重みのあるものと推定されるが、頭骨に全く損傷がみられないので、非常に重い大型のものとは考え難いようである。」と表現されており、また、本件死体頭部の切割創は連続的に並行状態に示されていて、当審証人堤亀一の証言によれば、このような傷の状態を右日本刀で生ぜしめるためには、両手を用いて動かない相手を小刻みに斬りつけるような場合に可能とみられることなどに徴すれば、右日本刀を本件成傷器と考える余地が全くないとは言えないにしても、むしろ殺人現場であるＭの家の炊事場にあった包丁などの方が、より成傷器として想定しやすいものであり、さればこそ、現に本件捜索に当った捜査官らにおいても、日本刀を発見した際、当該捜索、差押の目的物件として、「本件に使用されたものと思われる刃物」をもかかげてあるにもかかわらず（捜索、差押許可状請求書、同許可状）、右日本刀を差押えることなく、被告人の妻Ｋの任意提出によってこれを領置しているともみられ、右日本刀をもって、ただちに本件の成傷器として想定することは困難であったということができ、これを敢えて本件の成傷器たる可能性ありとして、別件逮捕の必要性を根拠づけるためには、なお、血痕の付着や、死体頭部の傷痕と右日本刀の刃の形状との符合如何につき具体的な確認がなされるなど、積極的な裏付けが必要となり、従って捜査本部が右日本刀を領置後ただちに佐賀県警察本部刑事部鑑識課にこれを送り血痕検査を委嘱した措置は首肯できるにしても、同日中には鑑識担当者堤亀一の手で、ルミノール液及びベンチジン液による反応検査がなされ、即日捜査本部に対して、右検査結果が陰性である旨電話で回答されていることに徴すれば、被告人の別件逮捕は、右日本刀の本件成傷器としての極めて稀薄な可能性に、その必要性を敢えて根拠づけ、これに依存してなされたものであるといわざるを得ない。

（４）さらに別件逮捕後における被告人の取調べ状況については、右逮捕当日（昭和四八年二月二一日）別件についての被告人の弁解が録取され、翌二二日被告人が日本刀を不法に所持していたことを自認する供述を含め、右所持に至る経緯及び身上関係についての供述を得て、二通の供述調書にしたこと、同月二四日右日本刀を本件の兇器として使用したかどうかにつき当初十数分間に糺したことのほかは、同日本件につき被告人が自白するに至るまで取調べに当てられた時間の大部分は、本件についての取調べに終始したこと、被告人が本件につき自白をし、これが調書に作成されるや、同日本件逮捕状の請求がなされた経緯が認められる。

（５）一般に**甲事実（別件）による逮捕中の被疑者を乙事実（本件）について取調べることの適否について考えてみるに、令状主義を保障する憲法条及びその理念に基づく刑事訴訟法199条2項、同規則142条1項、143条、143条の2の諸規定を合理的に解釈すれば、本来逮捕について令状主義は各被疑事実について運用されるべきことが原則であると解せられ、これを厳格に適用すれば、甲事実について逮捕中の被疑者を乙事実について取調べることは許されないことになる。しかしながら、この原則をしかく厳格に貫ぬくと被疑事実ごとに逮捕をくり返さねばならなくなり、却って身柄拘束**

期間の長期化を招き、また一方捜査の流動的、発展的な機能を著しく阻害することにもなるので、現実の運用面においては、令状主義の基本理念に立ちつつも、事件単位の考え方を緩和する必要が生ずる。従って、現実には、甲事実について逮捕中の被疑者を乙事実について取調べることが許される場合があるのであって、その適否は一概に断じ難く、具体的事案に即して前記の矛盾する要請の調和の中において、その限界を求め、適否の検討がなされねばならないが、乙事実についての取調べが許されるためには少くとも甲事実についての逮捕自体が実質的な要件、即ち逮捕の理由及び必要性を具備していることが要請されることは当然の帰結であるといわなければならない。

（6） このことを本件の場合に即して考察すれば、被告人に対する別件逮捕の必要性は、日本刀が本件成傷器たる可能性があるという意味での本件との関連性にのみ依存しているものであるところ、右関連性が極めて稀薄であることは、前叙のとおりであること、しかも右関連性は、別件逮捕時に近接して、日本刀に対するルミノール反応が陰性である旨の検査結果が顕われて、一応否定されたにもかかわらず、なお右逮捕は継続され、逮捕期間中、形式的には別件についての取調べがなされたとはいえ、実質的には、その殆んどが本件についての取調べに利用されていること、さらには、別件逮捕の端緒となった本件捜索は、被害者Mの命日を期して、事実上被告人を真犯人と目して、その裏付資料を得るために、強力に開始された一斉捜査の一環として行われたものであるとみられないでもないことからすると、**別件逮捕は、本件の取調べに利用する意図のもとになされ、これを覆うために日本刀の本件成傷器としての極めて稀薄な可能性を過大評価して表面上の理由にかかげたものと推断されても止むを得ないものというべく、従って、別件逮捕は必要性の点でその実質的要件を欠いた違法のそしりを免れず、このような違法な逮捕による身体の拘束下において、これを利用して本件についての取調べをすることは、別件について取調べることとともに違法なものといわざるを得ない。**

（略）以上のとおりで、本件自白調書は違法な逮捕下における違法な取調べによって得られたものとなるので、その証拠能力を**刑事訴訟法319条**とも関連させて検討するに、**同条の適用が問題となる場合の殆んどは、適法な拘禁下における違法又は不当な取調べ方法自体にかかわるものであると考えられ、現行法上、極めて厳格な規制のもとに逮捕、勾留が許され、これにかなった身体拘束下に適法な取調方法により得られた自白が証拠能力を認められていることからみれば、その場合は身体に拘束自体がもたらす固有の苦痛が被拘禁者の自白に及ぼす影響については、不当な長期拘禁の場合を除き、任意性の判断としては捨象されているものと解せられる。このような観点から、身体の自由という最も基本的な人権について、憲法33条が定めた令状主義を直截に受けとめ、違法な逮捕や勾留による人権の侵害に対する刑事訴訟手続外における救済の現実が法制度のもとでは極めて迂遠であり且つ実効を帰し難い現実面に思いを致すとき、また令状主義を徹底せんがため刑事訴訟法及び同規則が身体の拘束に関して極めて厳格な規制をもって臨んでいる法意に照らせば、憲法が保障しようとする理念をより実質的に運用実践の面において反映させ、効果あらしめるためには、違法な逮捕という手段によって得られた自白は、その直接的取調べの方法如何を問わず、その証拠能力を否定することによって、司法的審査の資料とすることを排斥することが最も端的且つ実効的な方法であると考える。特に別件逮捕が違法な場合、その間に得られた本件に関する自白は、それが任意捜査としての諸要件を備えた取調べによることが明らかにされない限り、令状主義を潜脱するものとして、証拠能力を否定されるのが至当であると考えられ、その限りにおいて真実発見の要請も捜査の利益も適正手続の要請に一歩を譲る結果となっても止むを得ないものと考えられる。**

叙上の理に照らせば、本件自白調書の証拠能力は否定すべきものであるから、原判決がこれと同旨の判断をしたことは正当であって、論旨の非難は当らない。

（3） 令状逮捕（刑訴法199条）

逮捕は令状による逮捕が原則である。相当な犯罪の嫌疑がある場合、裁判官の逮捕許可令状を得て行う。犯罪の嫌疑は、勾留請求の場合よりも低いものでよいとされており（**大阪高判昭50・12・2**）、**逮捕令状の執行**は、令状逮捕においては令状の呈示が必要不可欠であるが（**同201条1項**）、令状を携帯していないため提示できない場合は緊急執行の方法がある（**同条2項、73条3項**）。令状不呈示については**前掲判例3-2**を参照されたい

同3-30は、外国人登録手続の際の指紋押なつ拒否容疑で令状逮捕された者が提起した国家賠償請求事件で、軽微な事件であり、本人が指紋押なつ拒否を求めており、客観証拠も揃っているので罪証隠滅のおそれはなく、生活状態から逃亡のおそれもないので逮捕の理由もないが、組織的行動でその背景が

明確になっていないことから明らかに逮捕の必要性がないとはいえないので、５回の任意出頭要求拒否が刑訴法199条1項但書きの「正当な理由なく」任意出頭要求を拒んだ場合に該当するから逮捕の必要があったとする。しかし、任意出頭要請自体の捜査上の必要性はきわめて希薄で、指紋押なつ拒否運動に対する抑止的意図がうかがわれることも事実であり、刑事手続をこのような目的に利用することが許されるかという問題には答えていない。

(令状逮捕に関する判例)

3-30　最判平10・9・7(損害賠償請求事件)

１　被上告人は、昭和三一年五月九日に出生し、大韓民国国籍を有する者であり、昭和四七年五月三一日、我が国に永住することの許可を受け、京都市右京区内に所有する建物において妻と居住していた。

２　被上告人は、外国人登録法(略)が定める在留外国人についてのいわゆる指紋押なつ制度の撤廃を求める運動に積極的に参加していたが、昭和六〇年二月八日、Ｒ子とともに、京都市右京区役所を訪れ、外国人登録証明書を汚損したとして、同法6条1項に基づき、それぞれ外国人登録証明書の引替交付を申請し(以下「本件申請」という。)、被上告人及びＲ子は、その際、京都市の職員であるＴから同法14条1項に従って外国人登録証明書、外国人登録原票及び指紋原票に指紋を押なつするように求められたが、いずれもこれを拒否した。

３　京都府太秦警察署の山口休雄司法巡査は、昭和六〇年四月一八日、右京区役所の職員から被上告人の右の指紋押なつ拒否の事実を聞き込み、また、京都府舞鶴西警察署に勤務する高橋悦郎巡査部長は、同月一九日、近畿地区外登法改正闘争委員会発行の「闘争ニュース」第三号を入手したが、これには、同年二月八日に京都、大阪等において被上告人及びＲ子を含む合計一八名が外国人登録法に定める指紋押なつを拒否した旨が記載されていた。右の両警察署から連絡を受けた京都府桂警察署は、同年五月から被上告人に対する捜査を開始し、昭和六一年二月三日、右京区長に対し、本件申請に際しての被上告人の指紋押なつの有無等について照会して、右京区長から、同月一四日付けの回答書を得た。右の回答書には本件申請に際して被上告人が指紋押なつをしなかった旨が記載され、被上告人作成の外国人登録証明書交付申請書及び被上告人の外国人登録原票の各写しが添付されていた。桂警察署に勤務する勝浦憲一警部補は、同月一九日、被上告人の指紋押なつ拒否の状況についてＴから事情聴取した。

４　桂警察署では、被上告人から事情を聴取することとし、同署に勤務する徳永強志巡査部長らは、昭和六一年二月二四日、同年三月一〇日、同月二四日、同年四月二日、同月九日の五回にわたり、被上告人に対して桂警察署への任意出頭を求めた。しかし、被上告人は、勤め先である韓国青年会京都府地方本部に出勤するなどしてこれに応じなかった。同年三月一五日には、坂和優弁護士が、桂警察署を訪ねて同署に勤務する井手一文警部に対し、弁護人選任届(略)等を提出した。坂和弁護士が右の弁護人選任届等を提出した様子は、地元の新聞紙上で報道された。

５　桂警察署は、被上告人を逮捕する方針を固め、井手警部が、昭和六一年四月一七日、京都地方裁判所裁判官に対し、逮捕状を請求した。右の請求に当たっては、勝浦警部補作成の捜査報告書(捜査の端緒、捜査の経緯等に関するもの)、徳永巡査部長ら作成の捜査報告書(被上告人に対する呼出しの状況等に関するもの)、前記の桂警察署の右京区長に対する照会書及び同区長からの回答書等の資料が添付された。右の逮捕状の請求を受けた京都地方裁判所和田真裁判官は、同日、逮捕状を発付した。勝浦警部補は、同月一八日午前七時三三分、右逮捕状により被上告人を逮捕した(以下「本件逮捕」という。)。被上告人は、桂警察署において、写真の撮影、指紋の採取等をされ、徳永巡査部長によって取り調べられた後、同日午後一時四〇分、京都地方検察庁検察官に送致された。被上告人は、同地方検察庁において取調べを受けた後、同日午後六時三九分、釈放された。

二　(略)、**原審**は、右事実関係の下において、次の理由で、本件の逮捕状の請求及びその発付はいずれも違法であり、逮捕状を請求した司法警察員及びこれを発付した裁判官に故意又は過失も認められるとして、被上告人の本件損害賠償請求を一部認容した。

１　被上告人は、桂警察署から五回にわたって任意出頭するように求められながら出頭しなかったが、右の不出頭には、いずれも正当な理由がなかったというべきである。

２　しかし、被上告人には、次のとおり、逃亡又は罪証隠滅のおそれがなく、逮捕の必要がなかったものと認められる。

(一) 被上告人が逃亡又は罪証隠滅の意思を有していたと認めることはできないし、被上告人は、逃亡のおそれが認められるような生活状態にはなかった。また、桂警察署は、逮捕状を請求した時までに、既に被上告人が指紋押なつをしなかったことを立証するために十分な証拠を入手しており、被上告人が罪証隠滅を企図したとしても、その余地はなかったというべきである。
(二) 指紋押なつを拒否した者に対する宣告刑は、おおむね罰金一万円ないし五万円であることによると、動機、組織的背景等の事実は刑の量定にほとんど影響を及ぼしていないと推測され、仮に右の事実が罰金額の多寡に何らかの影響を与えているとしても、その程度の影響しか持ち得ない事実の解明のために被上告人の身柄を拘束することは明らかに均衡を失するものであり、本件における右の事実は、罪証隠滅の対象にはならないというべきである。
3　井手警部の本件逮捕状の請求は、被上告人を逮捕する必要がないのにされたものであることが明白である。井手警部が逮捕の必要があると判断したことは著しく合理性を欠いて、違法であり、井手警部は、逮捕の必要がないことを知り、又は知り得べきであったから、上告人京都府は、本件逮捕によって被上告人が被った損害を賠償すべき責任を負う。
(略)
三　しかしながら、原審の右二の２ないし４の判断は、いずれも是認することができない。(略)
1　司法警察職員等は、被疑者が罪を犯したことを疑うに足りる相当な理由及び逮捕の必要の有無について裁判官が審査した上で発付した逮捕状によって、被疑者を逮捕することができる(刑訴法199条1項本文、2項)。一定の軽微な犯罪については、被疑者が定まった住居を有しない場合又は正当な理由がなく刑訴法198条の規定による出頭の求めに応じない場合に限って逮捕することができるとされているから(刑訴法199条1項ただし書)、裁判官は、右の軽微な犯罪については、更にこれらの要件が存するかどうかも審査しなければならない。ところで、逮捕状の請求を受けた裁判官は、提出された資料等を取り調べた結果(刑訴規則143条、143条の2)、逮捕の理由(逮捕の必要を除く逮捕状発付の要件)が存することを認定できないにもかかわらず逮捕状を発付することは許されないし(刑訴法199条2項本文)、被疑者の年齢及び境遇並びに犯罪の軽重及び態様その他諸般の事情に照らし、被疑者が逃亡するおそれがなく、かつ、罪証を隠滅するおそれがない等明らかに逮捕の必要がないと認めるときは、逮捕状の請求を却下しなければならないのである(刑訴法199条2項ただし書、刑訴規則143条の3)。なお、右の罪証隠滅のおそれについては、被疑事実そのものに関する証拠に限られず、検察官の公訴を提起するかどうかの判断及び裁判官の刑の量定に際して参酌される事情に関する証拠も含めて審査されるべきものである。

そして、右の逮捕状を請求された裁判官に求められる審査、判断の義務に対応して考えると、司法警察員等においても、逮捕の理由がないか、又は明らかに逮捕の必要がないと判断しながら逮捕状を請求することは許されないというべきである。
2　本件における事実関係によれば、本件逮捕状の請求及びその発付の当時、被上告人が外国人登録法14条1項に定める指紋押なつをしなかったことを疑うに足りる相当な理由があったものということができ、さらに、右の罪については、一年以下の懲役若しくは禁錮又は二〇万円以下の罰金を科し、あるいは懲役又は禁錮及び罰金を併科することとされていたのであるから(同法18条1項8号、2項)、刑訴法199条1項ただし書、罰金等臨時措置法7条1項(いずれも平成三年法律第三一号による改正前のもの)に規定する罪に該当しないことも明らかであって、本件においては**被上告人につき逮捕の理由が存したということができる。**

そこで、逮捕の必要について検討するに、本件における事実関係によれば、被上告人の生活は安定したものであったことがうかがわれ、また、桂警察署においては本件逮捕状の請求をした時までに、既に被上告人が指紋押なつをしなかったことに関する証拠を相当程度有しており、被上告人もこの点については自ら認めていたのであるから、被上告人について、逃亡のおそれ及び指紋押なつをしなかったとの事実に関する罪証隠滅のおそれが強いものであったということはできないが、被上告人は、徳永巡査部長らから五回にわたって任意出頭するように求められながら、**正当な理由がなく出頭せず、また、被上告人の行動には組織的な背景が存することがうかがわれたこと等にかんがみると、本件においては、明らかに逮捕の必要がなかったということはできず、**逮捕状の請求及びその発付は、刑訴法及び刑訴規則の定める要件を満たす適法なものであったということができる。
3　右のとおり、本件の逮捕状の請求及びその発付は、刑訴法及び刑訴規則の定める要件を満たし、適法にされたものであるから、国家賠償法1条1項の適用上これが違法であると解する余地はない。

(4)　緊急逮捕（刑訴法210条）

「長期３年以上の懲役若しくは禁錮にあたる罪を犯したことを疑うに足りる充分な理由ある場合」で、急速を要し、令状請求ができないときに認められるが、逮捕後速やかに裁判官に令状請求をしなければならない。「罪を犯したことを疑うに足りる充分な理由」の存否は令状逮捕の嫌疑と同様である。令状請求を待てないほどの緊急性があったかの判断は、逃亡の恐れ、証拠隠滅の可能性などを考慮して決せられる。事後の令状請求の「直ちに」は、共犯者が多数いるため令状請求に添付する疎明資料の整理に時間がかかって６時間後に請求した場合について適法（**広島高判昭58・2・1**）とする判例がある一方、実況見分などを行った後の６時間40分後の請求（**大阪高判昭50・11・19**）、休日で交通の便などから８時間30分後の請求（**最決昭50・6・12**）などを違法としている。したがって、時間的限度が８時間前後ということになり、その範囲内で、既に収集した資料の整理のために時間が必要であった場合はやむを得ないが、緊急逮捕は新たな証拠収集のためではないので、その活動をすることによって時間を要したということは許されないということになる。

判例3-32は、令状請求が遅れたので緊急逮捕の要件を満たしていない違法があるので勾留も違法であるが、違法な逮捕手続中に録取された被告人の供述調書を排除しても被疑事実を疎明する証拠がある場合は、その違法は勾留を違法とするほど重大でないとした最決の中の、緊急逮捕について詳しく説示している団藤裁判官の補足意見があるので、参考にされたい。

同3-33は、緊急逮捕前の任意同行が違法で事実上の身柄拘束であるから、その時点から逮捕したことになるので、その時点で緊急逮捕の要件を満たしていなければならず、事実上の身柄拘束中に自白などで緊急逮捕の要件を備えたとしても適法にはならないとし、勾留請求を却下した。

同3-31は、緊急性について、共犯者が単独犯行であるとの供述を被告人との共犯であると変更し、被害者の死体が発見され、マスコミ報道が盛んになされていたことから、被告人が逃亡するおそれがあったとして緊急性を肯定したが、直ちに令状請求をしていない点で違法な緊急逮捕であるとし、勾留については捜査機関とは異なった裁判所の手続であることを理由に適法とした。その理由は、「直ちに逮捕状の請求手続がなされたかどうかは、単に逮捕したときから逮捕状の請求が裁判官になされるまでの所要時間の長短のみによって判断すべきではなく、被疑者の警察署への引致、逮捕手続書等の書類の作成、疎明資料の調整、書類の決裁等の警察内部の手続に要する時間及び事案の複雑性、被疑者の数、警察署から裁判所までの距離、交通機関の事情等をも考慮して合理的に判断されるべきである」とし、逮捕から逮捕状請求手続までに17時間を要していることは、「いかに他に重大事件が発生して北見市警察署の署員がこれに忙殺されていたからといっても、それは、逮捕状請求手続のために必要とされる客観的に妥当な範囲の時間内における請求とは到底認められ」ないとし、「緊急逮捕手続は、事後的に直ちに逮捕状の発付があることを要件として、かろうじてその合憲性を肯定し得るものであると考えられることに徴すると、本件の違法は甚だ重大なものであって、これを前提とする勾留請求は許されず、本件勾留請求は却下されるべきものであったと考えられる。したがって被告人に対する本件逮捕、勾留は、現時点で事後的に判断すると本来違法なものであったといわざるを得ない」、しかし「被疑者の勾留は、司法的抑制の見地から、捜査官憲とは別の立場にある裁判官が、逮捕手続における違法の有無を審査するとともに、被疑者の身柄拘束を継続する要件の有無を審査する新たな別個の司法的判断であり、たとえその判断が誤りであったとしても、準抗告で是正されないかぎり勾留状自体は有効とされるものであること」、勾留請求を受けた裁判官が本件勾留請求を却下しなかった理由としては、「逮捕状請求の遅延という事態に気付かなかったこと、これに気付いていたが違法とまではいえないと考えたこと、逮捕手続に違法があると考えたが、これが勾留請求が許されないほどのものではない、あるいは勾留請求を却下したとしても再逮捕が可能であるから被疑者の全体の身柄拘束期間を考慮すれば勾留請求却下がかえって被疑者に不利益になると考えたこと等が想定できるので」、「裁判官の司法的判断である勾留の裁判がなされた以上、これに従い以後の手続をすすめたものであるから、これが事後的に違法なものとなり、その勾留中の自白調書であるとしてその証拠能力が否定される事態に至るとすれば、著しく手続の安定性が害されるものであること」、逮捕状の請求の警察官に不当な手段を用いていないこと、勾留の請求者たる検察官にも逮捕状請求を隠そうとするような行為がないこと、「被疑者の勾留は、被疑者の逃亡及び罪証隠滅の防止の目的のための制度であり、被疑者の取調べを直接の目的とするものではないこと等の事情を考慮すれば、本件のような違法な逮捕手続を将来において抑制するためには勾留請求を却下することにより臨むのが相当であり」、「自白が獲得されるまでの一連の手続を全体としてみると、その過程に令状主義、ひいては適正手続の保障の精神を没却するほどの重大な違法があるとも認め難いから」その証拠能力を否定するのは正当ではないとしている。

(緊急逮捕に関する判例)

3-31　釧路地判昭61・8・27（強盗殺人、死体遺棄再審被告事件）

（一）逮捕の緊急性

刑事訴訟法210条1項にいう「**急速を要し、裁判官の逮捕状を求めることができないとき**」とは、通常の手続（同法199条1項、2項）に従って逮捕状の発布を受ける時間的余裕がない場合、すなわち、その場で逮捕状なしででも逮捕しなければ被疑者が逃走してその後の身柄確保が著しく困難になるか、あるいは、罪証隠滅のおそれが顕著である場合をいうと解される。ところで、本件の捜査経過をみると、前述のとおり、一〇月一日Hの自供からOの死体が発見されたことにより、本件も小林事件と同様強盗殺人、死体遺棄事件であることが判明したが、Hは、本件について当初自己の単独犯行であると供述していたものの、翌二日になって自分は直接手を下していないと右供述を翻し、同日午後七時三〇分ころになって、共犯者は被告人で、被告人がO殺害の実行行為者であると供述するに至った。一方、この時既にO殺害から二年が経過し、Hの逮捕からは二週間が経過して新聞報道等によりHの逮捕が周知の事実となってはいたが、一日にOの死体が発見された事実が翌二日の北海日日新聞に掲載され（略）、本件が強盗殺人、死体遺棄事件であることが公然たる事実となり、Oの死体発見により本件の捜査が飛躍的な進展をみることは本件の共犯者でなくとも容易に予想できることであるから、本件の共犯者とされる被告人がOの死体発見の事実を報ずる新聞報道等に接して逃走するおそれがあると捜査官が判断した（被告人の緊急逮捕手続書中の「急速を要し裁判官の逮捕状を求めることができなかった理由」欄には**逃走のおそれ**があるため」との記載がある。）ことは、一応理解できるところであり、被告人の緊急逮捕が緊急性の要件を次くものということはできない。

（二）逮捕すること及び被疑事実の告知

次に、逮捕すること及び**被疑事実を告知**したかどうかについては、被告人の緊急逮捕手続書中の「逮捕時の状況」欄に、「被疑者は就寝中であり、被疑事実は全く認めなかった。」と記載されていることや被告人の原一審第二八回公判供述では、手錠をはめられた際被告人が抗議すると、刑事が「規則だから仕方がない。」と言ったとされていること等から合理的に判断すると、被告人方での逮捕の際、逮捕する旨告げられたことはもち論、被疑事実の要旨が被告人に告知されたことも推認することができる。仮に、これらの告知等が若干遅延したことがあったとしても、その違法がその後の勾留中に得られた被告人の検察官に対する自白調書の証拠能力に影響を及ぼすものとは考えられない。

（三）逮捕状請求の遅延

前記認定のとおり、被告人は、一〇月二日午後八時三〇分ころ自宅で北見市警察署警察官に逮捕され、同月五日同署に勾留されたが、勾留中の一〇月一七、一九日に被告人の検察官に対する自白調書が作成されたものであるところ、関係証拠によると、被告人の緊急逮捕の逮捕状が北見簡易裁判所裁判官宛に請求されたのは逮捕翌日の三日午後一時三〇分であったこと、同日同裁判所裁判官から逮捕状が発布されたこと、翌四日午前一一時に事件が釧路地方検察庁北見支部検察官に送致となり、翌五日午前九時に検察官から北見簡易裁判所裁判官に勾留請求がなされ、同日同裁判所裁判官が勾留状を発布し、勾留状は同日執行されたことが明らかである。

ところで、刑事訴訟法210条１項によれば、緊急逮捕をした場合の逮捕状の請求は逮捕後「**直ちに**」なされなければならないが、被告人の場合、被告人が逮捕されてから逮捕状の請求手続がなされるまでにほぼ一七時間が経過しているのである。右逮捕状の請求者である前記伊藤力夫は、当審において証人として尋問された際、逮捕状の請求手続が通常の場合よりも遅れた理由として、被告人を逮捕した一〇月二日の真夜中近くに北見市内で火災が発生したため、被告人の取調べを中止して当直員以外は全員が火災現場に急行し、翌三日の午前中も同火災現場で原因調査や実況見分等の捜査活動に従事せざるを得なかったこと、また右火災は連続的な放火事件で北見市警察署としては、本件と同様に極めて重大な事件として対応を迫られていたものであることを挙げている。確かに、前述のように、被告人が逮捕された日の真夜中近くに北見市内で火災が発生し、これが連続的な放火事件の疑いがもたれていたことから、北見市警察署の署員がこの捜査に忙殺されていたであろうことは想像に難くない。

もとより、**直ちに逮捕状の請求手続がなされたかどうかは**、単に逮捕したときから逮捕状の請求が裁判官になされるまでの所要時間の長短のみによって判断すべきではなく、被疑者の警察署への引致、逮捕手続書等の書類の作成、疎明資料の調整、書類の決裁等の警察内部の手続に要する時間及び事案の複雑性、被疑者の数、警察署から裁判所までの距離、交通機関の事情等をも考慮して合理的に判断されるべきである。これを本件についてみると、逮捕から逮捕状請求手続までに一七時間を要したというのは、いかに他に重大事件が発生して北見市警察署の署員がこれに忙殺されていたからといっても、それは、逮捕状請求手続のために必要とされる客観的に妥当な範囲の時間内における請求とは到底認められず、検察官の主張するような逮捕状請求までに要する時間について比較的緩やかに解釈、運用されていた本件当時の時代背景を考慮に入れてもなお、本件逮捕状の請求が被告人の逮捕後「直ちに」なされたとはいえないと考えられる。したがって、この点において本件緊急逮捕は違法たるを免れない。そして、緊急逮捕手続は、事後的に直ちに逮捕状の発布があることを要件として、かろうじてその合憲性を肯定し得るものであると考えられることに徴すると、**本件の違法は甚だ重大なものであって、これを前提とする勾留請求は許されず、本件勾留請求は却下されるべきものであったと考えられる。したがって被告人に対する本件逮捕、勾留は、現時点で事後的に判断すると本来違法なものであったといわざるを得ない。**

しかしながら、**被疑者の勾留**は、司法的抑制の見地から、捜査官憲とは別の立場にある裁判官が、逮捕手続における違法の有無を審査するとともに、被疑者の身柄拘束を継続する要件の有無を審査する新たな別個の司法的判断であり、たとえその判断が誤りであったとしても、準抗告で是正されないかぎり勾留状自体は有効とされるものであること、本件においては、前記のように、それ自体有効な勾留状が発布され、それに基づき執行もなされているところ、勾留請求を受けた裁判官が本件勾留請求を却下しなかった理由としては、前記のような逮捕状請求の遅延という事態に気付かなかったこと、これに気付いていたが違法とまではいえないと考えたこと、逮捕手続に違法があると考えたが、これが勾留請求が許されないほどのものではない、あるいは勾留請求を却下したとしても再逮捕が可能であるから被疑者の全体の身柄拘束期間を考慮すれば勾留請求却下がかえって被疑者に不利益になると考えたこと等が想定できるのであるが、検察官としては、逮捕の違法を理由に勾留請求が却下された場合には再逮捕等の方法を採ることも考えられるところ、裁判官の司法的判断である勾留の裁判がなされた以上、これに従い以後の手続をすすめたものであるから、これが事後的に違法なものとなり、その勾留中の自白調書であるとしてその証拠能力が否定される事態に至るとすれば、著しく手続の安定性が害されるものであること、本件においては、逮捕状の請求にあたって、請求者たる警察官が、被告人の逮捕時刻を殊更遅らせて請求までの時間を短くするなどの不当な手段を用いて捕捕状の発布を得たものではなく、また、勾留の請求者たる検察官が、被告人の緊急逮捕の違法性の判断を誤らせるような虚偽の資料を提出したり、あるいは、右判断に資するべき資料を隠秘するなどして勾留裁判官の判断を誤らせて本件勾留状の発布を得たものでもないこと、被疑者の勾留は、被疑者の逃亡及び罪証隠滅の防止の目的のための制度であり、被疑者の取調べを直接の目的とするものではないこと等の事情を考慮すれば、本件のような違法な逮捕手続を将来において抑制するためには勾留請求を却下することにより臨むのが相当であり、また原則としてそれでこと足りると考えられるうえ、本件における右捜査の違法と被告人の検察官に対する自白との間には司法的判断である勾留の裁判が介在していて両者は直接結び付いておらず、被告人の検察官に対する自白が獲得されるまでの一連の手続を全体としてみると、その過程に令状主義、ひいては適正手続の保障の精神を没却するほどの重大な違法があるとも認め難いから、本件において、違法な逮逮、勾留中に獲得された自白であることを理由に、その証拠能力を否定するのは正当ではないと考える。

3-32　最決昭50・6・12（強姦致傷被告事件）

（裁判官**団藤重光の補足意見**）本件緊急逮捕は刑訴法210条に規定する「死刑又は無期若しくは長期三年以上の懲役

若しくは禁錮にあたる罪を犯したことを疑うに足りる充分な理由がある場合で、急速を要し、裁判官の逮捕状を求めることができないとき」の要件を充たしていたと認めることができないわけではない。しかし、憲法33条のもとにおいては、**緊急逮捕は、とくに厳格な要件のもとにはじめて合憲性を認められるものというべきであり（当裁判所昭30・12・14判決**、略）、私見によれば、**犯罪の重大性、嫌疑の充分性および事態の緊急性の要件のほかに、逮捕状が現実の逮捕行為に接着した時期に発せられることにより逮捕手続が全体として逮捕状にもとづくものといわれるものであることが必要である**。そうして、もし**逮捕状の発付がかような限度をこえて遅延するときは、被疑者はただちに釈放されるべきであり、引き続いて勾留手続に移ることは許されないものと解しなければならない**。原判決の認定によれば、被告人が「実質上逮捕されたと認める余地のある」のは当日の「正午頃か遅くとも同日午後一時三〇分頃」であったのにかかわらず、午後一〇時ころになってはじめて逮捕状の請求があり、同日中に逮捕状の発付をえたというのであって、当日が休日であったこと、最寄りの簡易裁判所までが片道二時間を要する距離であったことを考慮に入れても、とうてい本件緊急逮捕の適法性をみとめることはできない。原判決は、実質上の逮捕日時から四八時間以内に検察官送致が行われたことを挙げ、勾留請求の時期等についても違法は認められないと判示するが、**緊急逮捕として許される時間を経過した以上、四八時間以内であっても即刻、被疑者を釈放しなければならないことは前述のとおりであり、したがって、この違法は勾留をも違法ならしめるものというべきである**。かようにして、この勾留中に作成された被告人の供述調書は証拠能力を欠き、これを有罪判決の基礎とした第一審判決およびこれを支持した原判決には、この点において法令違反があるものといわなければならない（原判決では逮捕中に作成された被告人の供述調書だけを除外している）。ただ、原判決によって支持された第一審判決の挙示する証拠をみると、**逮捕・勾留中における被告人の供述調書を除いても、その余の証拠によって優に原認定を肯認することができ、結局において、右法令違反は判決に影響を及ぼさないから、いまだ刑訴法411条を適用すべきものとはみとめられない。**

3-33　広島地呉支決昭41・7・8（勾留請求却下の裁判に対する準抗告事件）

被疑者は、昭和四一年七月四日午後二時頃、司法巡査から呉市天応町天崎四八九番地の自宅から同町所在の警察官駐在所まで出頭を求められ、同所で二名の巡査から同人が入質したカメラの出所を問いただされたが、黙秘していたところ、同日午後四時三〇分頃、呉警察署からジープが呼び寄せられ、同署へ同行を求められ、巡査一名とジープに同乗して同署に出頭し、取調べられた結果、同日午後九時三〇分頃本件犯行を自供し、これにより被疑者が本件犯行を行ったことが明らかとなったため、同日午後一〇時一五分頃**緊急逮捕**された。

ところで、右のように被疑者が最寄りの駐在所まで出頭することは、社会通念上被疑者にも一応自由意思があつたと推測するのが相当と考えられるが、巡査につきそわれ、看視された状態でジープにより呉警察署まで連行されたこと、しかも午後四時三〇分頃から午後九時三〇分頃まで引続き取調べが続行されたことなど連行の方法、場所、取調時間、看視状況など合せ考えると、被疑者がジープで連行された以後の状況は全く自由を拘束され、警察の取調べを拒絶できないような勢力圏内にあった、換言すると逮捕拘束された状態であったと認めるのが相当である。

もつとも右同行取調べにあたり、手錠、縄などが使用された事実、被疑者が明示的にこれを拒絶し又はこれに対し有形力を行使された事実などは認められないが、そうだからといって、直ちにこれを自由意思に基づくものとはいえない。

してみると被疑者は、緊急逮捕される以前に、すでに逮捕されていたものというべきであり、その時点ではまだ緊急逮捕の要件をそなえていなかった（本件ではその後の自供により嫌疑充分となった）ことになる。結局本件逮捕は違法である。

（二）次に被疑者の本件緊急逮捕については、翌七月五日逮捕状が発せられていること、記録上明らかである。しかし右逮捕状は、警察の緊急逮捕をしたと主張する時点での緊急逮捕の要件を認めただけで、それ以前の実質的な逮捕行為の存否又は適否まで判断したうえでこれを許したものではない。したがって逮捕状の発付によって、それ以前の違法逮捕という瑕疵が治癒されるものではない（若し逮捕状の発付によって違法が治癒され勾留にあって逮捕の適否まで判断できないとすれば、違法逮捕について、被疑者は不服申立方法を奪われることになろう。刑訴法第429条第1項第2号参照。）すなわち、緊急逮捕の適法性は逮捕状の発付にかかわらず存続し、かつ逮捕（その後の手続も含む）の適法であることは、勾留の前提要件として勾留にあたり判断すべきであり、これが違法であれば勾留請求は却下すべきである。

（三）以上（一）、（二）で述べたとおり、被疑者の逮捕（実質的）は違法であり、これを理由に被疑者の勾留請求を却下した原決定は相当で、本件準抗告は理由がない。

(5) 現行犯逮捕、準現行犯逮捕

現行犯逮捕は、「現に罪を行い、又は現に罪を行い終わった者」に対して認められ(**刑訴法212条1項**)、**準現行犯逮捕**は、「罪を行い終わってから間がないと明らかに認められる場合」で、かつ、「犯人として追呼されているとき」、「贓物または明らかに犯罪のように供したと思われる凶器その他の物を所持しているとき」、「身体または被服に犯罪の顕著な証跡があるとき」、「誰何されて逃走しようとするとき」の一つに該当する場合に認められる(**同条2項**)。

現行犯逮捕は、犯行目撃者による逮捕を想定し、その場合には犯人性が明白であるから、何人でも行うことができる(**同214条**)。しかし、判例は、直接目撃した場合に限定せず、「通報を受けて駆け付けた警察官が、暴行を受けた被害者から、犯人は20メートル離れた店にいると知らされて急行したところ、けがで血を流し、足を洗いながら喚いている者を、犯行から40分後に逮捕した場合(**最決昭31・10・25**)、あわびの密漁船を30分追いかけていた者から頼まれて追跡し3時間後に逮捕した場合(**最判昭50・4・3**)などまで肯定している。**判例3-34**は、父親に対する大麻取締法違反容疑の捜索に立ち会っていた息子が、車庫内のトラックの中から大量に大麻が発見されたため、車庫の管理責任者であるとして現行犯逮捕された事案で、トラックはカギがかけられていなかったのであるから、車庫の管理者であることが「直ちにそこに駐車してあったトラックの車中に存した物品に対して排他的支配を及ぼしていたということはできない」し、被疑者の父親に対する大麻取締法違反の被疑事実に基づく捜索によるものであり、被疑者とその実父との関係が親子であるという以上の資料がない本件逮捕時においては、本件大麻についての認識を否定する被疑者について、本件大麻の営利目的所持の『犯人』であることが明白であったとは」いえないとしている。

これに対して、**判例3-35**は、適法なおとり捜査により拳銃所持が発覚した事案で、おとり役に修理のために拳銃を預けていたので、職務質問の際の所持品検査では発見されなかったため、「実際には逮捕状が出ていないのに、D警部補においてこれがある旨嘘を言い、更に、被告人からの逮捕状の呈示要求に対して、後で見せると述べて、いかにも逮捕状が発付されているように振る舞って」、おとり役に預けた物が拳銃であることを認めさせ、警察官がおとり役から受け取ることを認めさせ、取りに行った警察官が被告人から預かった拳銃であることを確認して拳銃を領置して現行犯逮捕したことは、「警察官の要求などに対しては抵抗できないとの強い心理的な強制を及ぼすものであるから、事実上の強制にわたるものといわざるを得」ないから違法であり、「違法は軽微ならざるものではあるものの、本件現行犯逮捕に引き続く捜査過程で収集された証拠の証拠能力の否定にまでつながるものではない」としている。

準現行犯逮捕は、犯行を直接目撃したと同程度でないため、逮捕者は警察官または検察官に限定され、犯人性が確実視される場合の要件として、犯人であることの「明白性」に加えて、犯人自身及び所持品等から犯罪との関連を根拠づける証拠物あるいは痕跡を現認できる場合(**刑訴法212条2項2、3号**)、犯人に犯罪と結びつく顕著な言動がある場合(**同1、4号**)に限定される。

(現行犯逮捕に関する判例)

3-34 千葉地決平14・12・5(公務執行妨害、傷害被告事件)

(事実の概要)被疑者の実父に対する大麻取締法違反(営利目的譲渡)被疑事件に関連して被疑者が実質的に切り盛りしている水産会社の加工場の**捜索**がなされた際に、同所の車庫に駐車していたトラックの助手席及び荷台から多量の大麻草が発見されたことから、同捜索に立ち会った被疑者を現行犯人逮捕したというものである。本件トラックの置いてあった車庫にはシャッターなどがなく、誰でも中に入れる状態であり、トラック自体も施錠されておらず、かつ鍵が

エンジンキー部分に差し込まれたままの状態であったことや、本件トラックを所有している者、主に使用している者又は管理している者が誰であるのか等について明らかでないことからすれば、被疑者が当該車庫の管理責任者であるといってもそのことから直ちにそこに駐車してあったトラックの車中に存した物品に対して排他的支配を及ぼしていたということはできない。そして、上記のとおり本件発覚の経緯が被疑者の父親に対する大麻取締法違反の被疑事実に基づく捜索によるものであり、被疑者とその実父との関係が親子であるという以上の資料がない本件逮捕時においては、本件大麻についての認識を否定する被疑者について、本件大麻の営利目的所持の「犯人」であることが明白であったとは到底いえない。したがって、本件において、「犯人」であることの明白性を要件とする現行犯人逮捕手続を取ったことはその要件を欠く違法なものであったといわざるを得ない。さらに、上記の状況からすれば、被疑者に本件「罪を犯したことを疑うに足りる相当な理由」があったともいえず、通常逮捕の要件も充たしていなかったと解される。

してみると、被疑者に対する本件逮捕は違法であり、当該逮捕を前提とする勾留請求についても却下すべきであるから、これを認容した原裁判は違法の瑕疵を帯びるものといわざるを得ない。よって、本件準抗告の申立ては理由があると認められるので、刑訴法432条、426条2項により(勾留取消)。

3-35　東京高判平11・10・22(銃砲刀剣類所持等取締法違反被告事件)

(1)けん銃について詳しい知識を有していた被告人は、かねて知人の暴力団幹部から「グロック１９」というけん銃の修理を依頼されて、平成９年４月１２日にこれを預かる予定であったところ、同月は都合により預かることができず、同年５月２日ころにこれを適合実包等とともに受け取ったこと、(２)一方、Ａは、早くから被告人が自己の店舗にけん銃を持ってくるとの情報を警察ＯＢや自己の店舗を管轄する牛込警察署に提供しており、同年４月中旬ころから武蔵野警察署員がＡ方店舗に張り込むなどしていたこと、(３)被告人は、(１)記載のとおり、本件けん銃等を預かった後の同年５月２日ないし４日ころ、Ａ方店舗に電話をかけて、同人にけん銃の修理を依頼し、Ａはこれを承諾するとともに、警察へ通報したこと、(４)同月５日、被告人は、右の暴力団幹部から預かり当時同居していたＢ方で保管していた本件けん銃を持ってＡ方店舗に赴いたが、Ａから右けん銃の製造番号プレートが欠けているのを補修するには接着剤が必要だと言われて、本件けん銃を置いたまま、接着剤を買うために同店舗から外に出たこと、(５)被告人が店舗から出ると、Ａはすぐに外で張り込んでいた警察官に携帯電話で、被告人がけん銃を持ってきたことを暗号で連絡したこと、以上の各事実を認めることができる。

(注：判断) これを踏まえて検討するに、Ａは被告人がけん銃を持って自己の店舗に来ることについて警察に通報しているばかりでなく、右(２)、(３)及び(５)の各事実に徴すれば、同人は単なる通報者に止まるものではなく、警察側と緊密な連絡を取りつつ、これに協力的な態度をとっているものと認められるのであるが、他方において認められる、暴力団幹部から修理を依頼されてけん銃を預かり所持することは、被告人がＡに本件けん銃の修理に関する問合せの電話連絡をする以前から予定されていたものであること、右電話はＡ側から被告人にかけたものではなく、被告人が任意にＡにかけたものであることなどに照らせば、**Ａの誘発行為がなければ被告人に本件けん銃等所持の犯意を生じなかったとは到底いえない。**(略)

(現行犯逮捕に至る過程について)

(１)Ｃ武蔵野警察署刑事課課長代理(以下「Ｃ課長代理」という。)を責任者とする合計９名の警察官は、被告人がけん銃を持ってＡ方店舗に来るかもしれないとのＡからの事前の情報に基づき、平成９年５月５日午前１１時ころから同店舗周辺で張り込みを行っていたが、被告人に対する逮捕状はなく、被告人のけん銃所持が確認できたときに現行犯逮捕する予定であったこと、(２)同日午後３時ころ被告人が現われてＡ方店舗内に入り、午後３時５５分ころ同店舗から出てきたので、店から少し離れた商店街の横断歩道上で、まずＤ警部補において被告人に、「警察の者だ。ちょっと聞きたいことがある。」と話しかけたところ、被告人が、「警察がなんの用ですか。切符でも出ているんですか。」と逮捕状の有無を尋ねたのに対し、Ｄ警部補は、逮捕状が出ている旨答えたこと、(３)そこで、被告人は、「分かりました。行きましょう。」と言って、同行に応じることにしたところ、Ｄ警部補は自分の右腕で被告人の左手をつかみ、下から巻き込むようにし、Ｃ課長代理、Ｅ巡査部長ほか１名が取り囲むようにしたまま被告人を数十メートル離れた駐車場に停めておいた捜査用車両まで同行したこと、(４)Ｄ警部補らは、右駐車場において着衣の上から被告人の所持品検査をしたが、けん銃が発見されなかったことから、被告人を捜査用車両の後部座席に乗車させた上、被告人が所持していた手提げバッグの中にけん銃が入っているかもしれないと考え、「中を見せてくれ。」と言ったところ、被告人は先に逮捕状を見せて欲しい旨要求し、これに対してＤ警部補が、「逮捕状は後で見せる。」と答えたため、被告人は手提げバッグのファスナーを開けて見せたが、中にけん銃はなかったこと、（5）そこで、D警部補が、「お前、何を置いてきたんだ。何を修理に出してきたんだ。」と追及したところ、被告人が、「分かっているなら取ってこい。グロックというけん銃だ。」と答えたので、C課長代理らがA方店舗に確認に向かい、ショーケース上に置かれていた本件けん銃につき、それが被告人の物だという確認をAからとった上、本件けん銃が磁石につくことを確かめ、これらに基づいてD警部補らは被告人を本件けん銃所持の**現行犯人として逮捕したこと**、（6）被告人は、逮捕される際にも、逮捕状の呈示を重ねて要求したが、警察官らは警察署に行ってから見せるなどと答えたこと

（注：判断）以上認定の事実をもとに検討するに、D警部補らが**職務質問**に着手したのは、東京都新宿区内の繁華街の横断歩道上であり、しかも事前の情報等から被告人が真正けん銃を所持している疑いが強かったのであるから、**所持品検査の必要性**に問題はなく、更に、同所での所持品検査についても、その方法等に関しては格別問題はない。ただ、実際には逮捕状が出ていないのに、D警部補においてこれがある旨嘘を言い、更に、被告人からの逮捕状の呈示要求に対して、後で見せると述べて、いかにも逮捕状が発付されているように振る舞った点は、被告人が主張するように、警察官の要求などに対しては抵抗できないとの強い心理的な強制を及ぼすものであるから、事実上の強制にわたるものといわざるを得ず、これは原判決も指摘するように任意捜査の原則に照らして、違法評価を受けるべきものである。

そこで、進んで右捜査の違法性が、本件けん銃やその後の過程で収集された証拠の**証拠能力に影響を与えるほどの重大なものであったか**どうかについて検討するに、被告人のけん銃所持を現認したAは、被告人がけん銃を置いて同人方店舗を出た直後、付近で張り込んでいた警察官にその旨連絡をしており、D警部補らはその直後店舗から出てきた被告人に職務質問を行ったものであること、本件における被告人の嫌疑は真正けん銃の所持という重大な犯罪に係るものであったこと、職務質問の過程で被告人自身捜査官に対してけん銃の所持を自白したこと、職務質問に着手してからさしたる時間を経ないうちに、C課課長代理らがA方店舗に行って、本件けん銃が被告人の所持していた物であることの確認を取り、この段階で現行犯逮捕の要件は満たされたことなどの諸事情に徴すれば、右に指摘した違法は軽微ならざるものではあるものの、本件現行犯逮捕に引き続く捜査過程で収集された証拠の証拠能力の否定にまでつながるものではないというべきである。

（6）勾留

刑訴法206条は「前3条の時間の制限に従うことができなかったとき」に勾留請求ができるとして**逮捕前置主義**を定めている。事実が同一であれば逮捕罪名と異なった罪名での勾留請求は許される。

しかし、**一罪一逮捕勾留の原則**がある。**判例3-36**は、債務承認及び分割弁済の念書を書かせ、1万円を喝取したことで逮捕勾留され、その事件で釈放された日に、その事件の翌日に書かせた念書を履行しなかったので家族に危害を及ぼすことなどを申し向けて恐喝したという被疑事実で逮捕勾留した事案について同一事件に対する違法な二重勾留であるとして勾留請求を却下した。しかし、逮捕の被疑事実に別の被疑事実を付加して勾留請求することは、付加被疑事実についての勾留が逮捕前置主義の例外となるが、身柄拘束時間を短縮することになるので許容される。逆に、逮捕被疑事実に勾留の必要性がない場合には、付加した被疑事実に勾留の必要性があっても、逮捕前置主義に反するので勾留することは許されない。しかし、勾留中に、逮捕被疑事実に勾留の必要性がなくなっても、付加被疑事実に勾留の必要性がある場合は勾留を継続できる。

同3-37は、勾留質問調書の証拠能力に関する最判で、捜査手続とは異なる手続であるから捜査の違法は影響されないとして証拠能力を肯定している。なお、伊藤裁判官の第二次的証拠に関する詳しい説示は参考になるので掲載した。

（勾留に関する判例）

3-36　大阪地判平21・6・11（勾留請求却下に対する準抗告申立事件）

（1）事案の概要

ア　前回勾留にかかる被疑事実の概要

被疑者は、共犯者Ａと共謀の上、平成２１年２月２４日、被害者の経営する会社事務所に押しかけ、被害者に対し、共犯者Ａが被害者に対して債権を有しているかのように因縁をつけた上、被害者及びその家族の生命身体に対し危害を加えるかのような脅迫文言を申し向けて畏怖させ、被害者をして共犯者Ａに対する４０００万円の債務を承認し、分割弁済するなどの内容の念書を書かせ（強要）、さらに畏怖した被害者から１万円を喝取した（恐喝）。

イ　本件勾留請求にかかる被疑事実の概要

上記被害者が共犯者Ａに対し、上記内容の念書を書いたのに、翌２５日、これをむげにしたなどとして、被疑者は、共犯者Ａ及び他の共犯者２名と共謀の上、被害者の経営する上記会社事務所に押しかけ、被害者に対し、共犯者Ａが自己の債権を被疑者に譲渡したかのように装った上、被害者及びその家族の生命身体に対し危害を加えるかのような脅迫文言を申し向けた上で金員を脅し取ろうとしたが未遂に終わった（恐喝未遂）。

（２）捜査の経緯

一件記録によれば、被害者は、平成２１年２月２４日に上記の強要及び恐喝の被害に遭ったのち、同日中に警察に相談をしたことが認められる。また、同年３月２日には、前回勾留にかかる被疑事実に関する被害届が、同年５月５日には、本件勾留請求にかかる被疑事実に関する被害届がそれぞれ作成されており、同年３月１９日には、上記２月２４日及び２月２５日の一連の被害経過について述べた被害者の供述調書が作成されている。

被疑者及び共犯者Ａは、同年５月２０日、上記２月２４日に行った強要及び恐喝の被疑事実で同年６月８日まで勾留されているが、その間の被疑者取調べでは、上記２月２５日に行った恐喝未遂の事実についても供述調書が作成されている。

被疑者は、前回勾留について、同年６月８日、釈放されたが、同日、本件勾留請求にかかる被疑事実で通常逮捕された。

（３）本件勾留請求が違法な再勾留請求か否かについて

原裁判は、本件勾留請求と前回勾留にかかる被疑事実とが人的・経済的・時的な点で極めて密接に関連していることや、これまでの証拠の収集状況等に照らし、本件勾留請求が実質的には前回勾留にかかる被疑事実と同一事実にかかる違法な再勾留請求であると判断している。

この点、両事実が人的に共通していることは明らかであり、上記２月２５日の事件で新たな共犯者が加わったからといって、この点は変わらない。また、両事実の行為態様は必ずしも同一とはいえないとしても、いずれの行為も１０年以上前の貸金等の返済を受けようとし、被害者から金員を脅し取ろうという共通の目的に向けられた行為であるといえるし、被疑者らが被害者に対し支払いを迫った債権は、平成８年に共犯者Ａが被害者に対し行った２０００万円の融資等に起因するものであるから（なお、被害者は平成９年に破産宣告を受けている。）、背景事情や恐喝の目的という点で経済的にも密接に関連するということができる。時的な点をみても、両事実は連日の出来事であり、被疑者らは、前日の分割金支払いをむげにされたことから再度返済を求めて恐喝に及んだものであって、近接性も高いものといえる。

以上の点に加え、上記のとおり、平成２１年２月２４日に被害者が警察に被害申告をしたことにより、本件は捜査機関が認知していたのであり、遅くとも同年３月１９日には、捜査機関は、被害者に対する取調べを行った上で両事実の内容を相当程度把握していたと認められるのであって、これらの事情も併せ考えると、捜査機関において**両事実につき前回勾留の際に同時処理を行うことが困難であったとは認められない**。

以上検討したところによれば、本件勾留請求にかかる被疑事実と、前回勾留にかかる被疑事実は実質的に同一であり、本件勾留請求は違法な再勾留請求であるとして本件勾留請求を却下した原裁判が判断を誤ったとはみられない。（略）よって、本件準抗告には理由がないから、刑事訴訟法432条、426条1項により主文のとおり決定する。

3-37　最判昭58・7・12（現住建造物等放火被告事件）

勾留質問は、捜査官とは別個独立の機関である裁判官によって行われ、しかも、右手続は、勾留の理由及び必要の有無の審査に慎重を期する目的で、被疑者に対し被疑事件を告げこれに対する自由な弁解の機会を与え、もつて被疑者の権利保護に資するものであるから、違法な別件逮捕中における自白を資料として本件について逮捕状が発付され、これによる逮捕中に本件についての勾留請求が行われるなど、勾留請求に先き立つ捜査手続に違法のある場合でも、被疑者に対する勾留質問を違法とすべき理由はなく、他に特段の事情のない限り、右質問に対する被疑者の陳述を録取した調書の証拠能力を否定すべきものではない。……また、消防法32条1項による質問調査は、捜査官とは別個独立の機関である消防署長等によって行われ、しかも消防に関する資料収集という犯罪捜査とは異なる目的で行われるものであるから、違法な別件逮捕中における自白を資料として本件について勾留状が発付され、これによる勾留中に被疑者に対し右質問調査が行われた場合でも、その質問を違法とすべき理由はなく、消防職員が捜査機関による捜査の違法を知ってこれに協力するなど特段の事情のない限り、右質問に対する被疑者の供述を録取した調書の証拠能力を否定すべきものではない。

（裁判官伊藤正己の補足意見） 私も、法廷意見と同じく、本件において、裁判官の勾留質問調書及び消防職員の質問調書の証拠能力を肯定した原審の判断は、正当として是認できると考えるものであるが、（略） 記録に照らせば、被告人は、本件現住建造物等放火罪を理由とする逮捕、勾留に先き立って、住居侵入罪を理由として逮捕されているが、この逮捕は、裁判官が適法に発付した逮捕状によって行われたものであつたとはいえ、その真の目的が、当時いまだ逮捕状を請求するに足りる資料のなかつた本件現住建造物等放火事件について被告人を取り調べることにあり、住居侵入事件については、逮捕の必要性のなかつたことが認められる。したがつて、右逮捕は、憲法の保障する令状主義を潜脱して強制捜査を行った、いわゆる違法な別件逮捕にあたるものというべきであり、これによって収集された自白は、これを違法収集証拠として裁判の資料から排除するのが、適正手続の要請に合致し、また将来において同種の違法捜査が行われることを抑止し、司法の廉潔さを保持するという目的からみて相当であると考えられる。

ところで、このような**違法収集証拠（第一次的証拠）そのものではなく、これに基づいて発展した捜査段階において更に収集された第二次的証拠が、いわゆる「毒樹の実」として、いかなる限度で第一次的証拠と同様に排除されるかについては、それが単に違法に収集された第一次的証拠となんらかの関連をもつ証拠であるということのみをもって一律に排除すべきではなく、第一次的証拠の収集方法の違法の程度、収集された第二次的証拠の重要さの程度、第一次的証拠と第二次的証拠との関連性の程度等を考慮して総合的に判断すべきものである。**本件現住建造物等放火罪を理由とする逮捕、勾留中における、捜査官に対してされた同罪に関する被告人の自白のように、第一次的証拠の収集者自身及びこれと一体とみられる捜査機関による第二次的収集証拠の場合には、特段の事情のない限り、第一次的証拠収集の違法は第二次的証拠収集の違法につながるというべきであり、第二次的証拠を第一次的証拠と同様、捜査官に有利な証拠として利用することを禁止するのは、将来における同種の違法捜査の抑止と司法の廉潔性の保持という目的に合致するものであって、刑事司法における実体的真実の発見の重要性を考慮にいれるとしても、なお妥当な措置であると思われる。したがって、第一審判決及び原判決が、その適法に認定した事実関係のもとにおいて、捜査官に対する被告人の各供述調書の証拠能力を否定したことは適切なものと考えられる。

しかしながら、本件勾留質問は、裁判官が、捜査に対する司法的抑制の見地から、捜査機関とは別個の独立した職責に基づいて、受動的に聴取を行ったものであり、またこれに対する被告人の陳述も任意にされたと認められるのであるから、その手続自体が適法であることはもとより、この手続に捜査官が支配力を及ぼしたとみるべき余地はなく、第一次的証拠との関連性も希薄であって、この勾留質問調書を証拠として許容することによって、将来本件と同種の違法捜査の抑止が無力になるとか、司法の廉潔性が害されるとかいう非難は生じないと思われる。（なお、ここにもいわゆる自白の反覆がみられるのであるが、一般に、第二次的証拠たる自白が第一次的証拠たる自白の反覆の外形をもつ場合に、第一次的証拠に任意性を疑うべき事情のあるときは、証拠収集機関の異同にかかわらず、第二次的証拠についてもその影響が及ぶものとみて任意性を疑うべきであるとしても、本件において、第一次的証拠につき、その収集が違法とされ、これが排除されたのは、前記のとおり、任意性には必ずしも影響を及ぼさない理由によるものであるから、単に自白反覆の故をもつて、直ちに第二次的証拠を排除すべきものとすることは適切でない。）

また、消防機関は、捜査機関とは独立した機関であり、その行う質問調査は、効果的な火災の予防や警戒体制を確立するなど消防活動に必要な資料を得るために火災の原因、損害の程度を明らかにする独自の行政調査であって、犯人を発見保全するための犯罪の捜査ではないから、消防機関が右行政目的で行った質問調査が、捜査機関によって違法に収集された第一次的証拠を資料として発付された逮捕状、勾留状による被疑者の身柄拘束中に、当該被疑者に対して行われたとしても、そこに捜査と一体視しうるほどの密接な関連性を認めて、その質問に対する任意の供述の証拠能力を否定すべきものとする必然性のないことは、裁判官による勾留質問の場合と同様である。もとより、捜査機関が、その捜査の違法を糊塗するためにとくに消防機関に依頼し、これに基づき、消防官が、捜査官においてすでに違法に収集した証拠を読み聞かせるなどして質問をし、これに沿うようその供述を誘導して録取するなど、消防機関の質問調査を捜査機関による取調べ又は供述録取と同一視すべき事情があるときは、その調書の証拠能力を否定することが相当とされる。しかし、本件においては、そのような事情があるとはいえない。

以上のように右勾留質問調書及び消防官調書は第一次的証拠との関連の程度が希薄であることに加え、本件の事案も重大であり、右各調書は証拠としても重要であること等を総合考慮すれば、これらの証拠能力を否定することは、違法収集証拠の排除の目的を越えるものであるというべきであるから、これらの調書を裁判の資料とした措置には、所論の違法があるものとはいえない。

2　捜索・差押・検証・身体検査

逮捕に際して令状なしで行える捜索・差押（**刑訴法220条**）と令状に基づく捜索・差押（**同218条**）とがある。

捜索・差押令状には、被疑罪名、捜索の場所、差押対象物などが特定して記載されていなければならない。したがって、記載場所以外の捜索は許されない。記載場所の同一性の範囲が問題になる。また、被疑罪名に無関係の物及び記載されていない物の差押えは許されない。特定の対象物が記載され、「……など本件に関係あると思われる一切の物」という記載は、列挙されている物と関連する物という意味に限定されていると解して許容される。

最決は、被告人の内妻に対する覚せい剤取締法違反被疑事件で、同女及び被告人が居住するマンションの居室を捜索場所とする捜索差押許可状がある場合、同室にいた被告人が携帯するボストンバッグの中を捜索し覚せい剤を発見して現行犯逮捕した事案で、「被告人が携帯する右ボストンバッグについても捜索できるものと解するのが相当である」としている（**最決平6・9・8**）。また、**判例3-38**は、令状呈示後に配達された荷物を捜索の対象になるとし、**同3-40**は、令状記載の対象外である被疑者以外の者が使用している一階部分を捜索した事案で、現行犯逮捕の基となった覚せい剤は二階から発見されているので、一階部分の捜索の違法性とは無関係であるし、一階部分の捜索によって権利侵害を受ける者は被疑者ではないとしている。

同3-39は、拳銃所持の被疑事実で逮捕勾留中の暴力団員に対して、接見禁止中であるにもかかわらず、拳銃を子分に預けているのでその子分と話して拳銃の在処などを話させると申し出たので、子分との電話、子分やその関係者と面談させ、拳銃を移動して新たな在処を作り出し、それを受けて令状請求して捜索差押を行った事案について、「事案自体の重大性のほか、たまたまその途中からこれらを緊急に社会の中から回収する必要性も生じるに至ったという本件の特殊な事情を考慮に入れても、警察官らのとった上記一連の措置は、これを全体としてみると、その違法の程度が令状主義の精神を没却する重大なものであり、また、その令状主義潜脱の意図も明らかであって、本件けん銃等を証拠として許容することは、将来における違法捜査の抑制の見地からも相当でない」として、拳銃等及びそれに関連する証拠の証拠能力を否定した。

捜索・差押の執行については、「**必要な処分**」をすることができる（刑訴法222条、111条）。記載内容を見なければ被疑事実との関連性や証拠価値が分からない物について、どの程度の行為が許されるかは、物の形状の変更に至らない限度で許容される（封書の開披、写真のネガの現像、差し押さえたパソコン内の記録のプリントアウトなど）。**同3-41**は、必要性があれば、衣類のポケットや身体の捜索も許容されるとし、令状の差押対象物に「覚せい剤」が記載されていなかったため、絨毯の上にあった被告人の小物入れから発見された覚せい剤を差押さえて予試験をするのは違法であるが、捜査員が覚せい剤の占有を取得するために新たに被告人の積極的な行為を必要とするものではないこと、被告人が何の答えもしないこと、ビニール袋に入った結晶は、その形状、包装などから予試験の結果をまつまでもなく、覚せい剤である蓋然性がきわめて高く、現行犯逮捕も不可能とはいえない状況であること、被告人は、予試験をする旨の捜査員の発言に対しても「俺は知らない。俺は見たことない」などとそれが被告人の所持する物であることすら否定するようなことを言って応じないので、やむなく同席者に予試験の趣旨を説明して同意を得たことなどを総合して、いずれの違法も証拠能力を否定するほど重大ではないとしている。

同3-44は、監禁罪の令状逮捕の際の捜索で覚せい剤などが発見されたため、さらに覚せい剤関係の証拠を捜索し多数の証拠物を発見して、内妻による任意提出の形をとった事案で、被告人は警察署に連行されていて現場にいなかったことから覚せい剤所持で現行犯逮捕していないので、適法な監禁罪の被疑事実に関する捜索の便乗捜索といえ、それが禁止されている趣旨から見て適法とは言えないとしたが、最初に覚せい剤を発見したとき、被告人を現場に戻して準現行犯逮捕すれば可能であったのにその手続をしなかっただけであること、事案が重大であること、管理者と判断できる内妻の同意及び立会があることなどから違法性は重大ではないとした。

同3-42は、被告人の所持品から適法な所持品検査によって覚せい剤が発見されが、捜査側が入手していた情報よりその量が少なかったため、まだ隠しているのではないかとの疑いから、被告人を親同様に思っていた女性の家に移動して職務質問を継続し、その女性に家の中を探してよいかと尋ねたところ、女性が「どうぞ」と答えたので探して覚せい剤を発見したという事案で、現行犯逮捕前の捜索であることと、女性の同意が任意かという点が争われたが、「逮捕の現場」は、逮捕の時より広い概念であって、最初の覚せい剤発見時に現行犯逮捕する要件が充足されており、実際に逮捕したのが二回目の覚せい剤発見の後であるとしても違法ではないとしたが、「職務質問を継続する必要から、被疑者以外の者の住居内に、その居住者の承諾を得た上で場所を移動し、同所で職務質問を実施した後被疑者を逮捕したような場合には、逮捕に基づき捜索できる場所も自ずと限定されると解さざるを得ない」し、女性方の捜索は、最初の発見された覚せい剤所持の被疑事実に関連する証拠の収集という観点から行われたものではなく、発見された覚せい剤以外にも女性方に覚せい剤を隠匿しているのではないかとの疑いから、専らその発見を目的として実施されている」のであるから、「二つの覚せい剤の所持が刑法的には一罪を構成するとしても、訴訟法的には別個の事実として考えるべきであって、一方の覚せい剤所持の被疑事実に基づく捜索を利用して、専ら他方の被疑事実の証拠の発見を目的とすることは、令状主義に反し許されないと解すべきである」とし、女性の同意についても、断れない状況であって真意に出た同意とは言えないとして、女性方の捜索を現行犯逮捕に伴う捜索としては違法であるとしたが、一応女性の同意を得ていること、捜索の方法に違法はないこと、事案が重大であること、捜査側に令状主義を潜脱する意図があったとはいえないことなどから、違法の程度は二回目に発見された覚せい剤の証拠能力を否定するほど重大ではないとした。

同3-45は、**強制採尿**の令状は捜索・差押の性質を有するものであるから捜索・差押令状により、刑訴法218条5項を準用して、「医師をして医学的に相当と認められる方法により行わせなければならない」という条件を付さなければならないとした最決である。

採血は、実務では身体検査令状と鑑定処分許可状を併せて請求されている。**唾液の採取**は身体の自由に影響を及ぼす程度が少ないので捜索・差押令状で可能とされている。

検証は、物、場所、人の身体などの存在及び状態を五官の作用によって認識する処分である。**同3-43**は、**検証**令状による電話の傍受に関する事案である。電話を使った暴力団による組織的な覚せい剤取引に関する捜査で、捜査の必要と通信の秘密との調和という点と、通話者双方の同意がないので、令状の事前呈示をしていないという点から、慎重に検討して適法性を認めている。参考になる事案である。

身体検査は、人の身体の自由、名誉、尊厳を侵害するので身体検査令状によらなければならない（同218条1項、4項）。捜索、検証、鑑定などの性質を持つが、検証としての性質を持つ身体検査に関する規定である。身体の捜索（同102条）、鑑定のための身体検査（同168条）と区別されなければならない。

（取調べ以外の強制捜査に関する判例）

3-38　最決平19・2・8（覚せい剤取締法違反被告事件）

原判決の認定によれば、警察官が、被告人に対する覚せい剤取締法違反被疑事件につき、捜索場所を被告人方居室等、差し押さえるべき物を覚せい剤等とする捜索差押許可状に基づき、被告人立会いの下に上記居室を捜索中、宅配便の配達員によって被告人あてに配達され、被告人が受領した荷物について、警察官において、これを開封したところ、中から覚せい剤が発見されたため、被告人を覚せい剤所持罪で現行犯逮捕し、逮捕の現場で上記覚せい剤を差し押さえたというのである。所論は、上記許可状の効力は令状呈示後に搬入された物品には及ばない旨主張するが、警察官は、このような荷物についても上記許可状に基づき捜索できるものと解するのが相当である。

3-39 大阪高判平13・9・27（強盗殺人、死体損壊、強盗予備等被告事件）

原審裁判所は、「本件けん銃等については、警察官が、裁判官の発した接見等禁止決定に違反して、被告人Ａ１と被告人Ａ４とを面談させるとともに、被告人Ａ１らに外部の者との電話連絡をさせるなどして、他の場所から前記Ｆ方車庫への移動工作をした上、被告人Ａ４が本件けん銃等を同車庫内に隠匿所持していたとの被告人Ａ４の内容虚偽の供述調書を作成し、これを利用して発付を受けた令状により押収した違法収集証拠であり、さらに、本件けん銃等の写真撮影報告書及び鑑定書並びに本件けん銃等を直接示して得た関係各供述調書の供述部分についても、違法収集証拠である本件けん銃等との関連性が密接で、実質的に同一と評価できる」として、その各証拠能力を否定するとともに、これらをいずれも証拠から排除した結果、「被告人らの自白には補強証拠がなく、犯罪の証明がない」として無罪を言い渡した。（略）

（1）被告人Ａ１は、平成４年８月２１日、共謀によるけん銃２丁及び実包２０発所持の容疑で逮捕され、同月２２日に飾磨警察署に勾留され、また、被告人Ａ４も、同月２１日、けん銃１丁所持の容疑で逮捕され、同月２２日に加古川警察署に勾留され、それぞれ、公訴提起に至るまでの間その接見等を禁止する決定がなされた。さらに、被告人Ａ２も、同様に逮捕、勾留された。そして、上記３名はいずれも、自己に対する被疑事実について身に覚えがない旨述べて、これを否認していた。

（2）本件けん銃等の入ったアタッシュケースは、当時、被告人Ａ１がその内妻Ｇを通じ、同女の友人Ｅに預けていた。

（3）被告人Ａ１は、同月２２日、警察官Ｉからの取調べにおいて、「逮捕事実は間違いないが、けん銃等は現在被告人Ａ４が隠し持っているので、自分が被告人Ａ４と会うことが可能であれば、隠し場所について話をさせることができる。」との供述をするようになった。この供述について、Ｉは、被告人Ａ１が被告人Ａ４に自己の刑責を押しつけようとしているものであり、もし、被告人Ａ１と被告人Ａ４とを会わせると、暴力団の親分子分の関係から、被告人Ａ４は被告人Ａ１の指示に従うに違いないとの認識を持った。そして、被告人Ａ４の取調べを担当していた警察官Ｊや本件の捜査主任官のＫも、Ｉから被告人Ａ１の供述状況を聞いて、Ｉと同様の認識を持った。しかし、Ｋは、被告人Ａ１らからけん銃を提出させるには、いずれ何らかの形で被告人Ａ１と被告人Ａ４とを会わさざるを得ないだろうと考えていた。

（4）被告人Ａ４は、同月２３日、Ｊの取調べを受けていたところ、その部屋に電話がかかり、受話器をＪから渡されて、その電話の相手であった被告人Ａ１と話をすることになった。そして、被告人Ａ４は、被告人Ａ１から「お前、道具で懲役に行くか。どこか道具を交わす所ないか。」などと言われたので、被告人Ａ１が自分に本件けん銃等所持の責任を全て被れと言っているものと理解し、これを承諾して、本件けん銃等の移動先として知り合いのＦ方がある旨を告げた。その後、Ｊは、Ｆ方車庫にけん銃２丁と実包二十数発の入ったアタッシュケースを置いていることや、そのけん銃２丁の種類、更にはＦ方の電話番号等を被告人Ａ４から聴取し、その日のうちに、被告人Ａ４の同月２４日付け供述調書の主だった部分を作成した。

（5）同月２４日付けの産経新聞の朝刊には、警察が姫路の暴力団員を有馬資産家父娘失踪事件で取り調べる予定である旨の記事が掲載された。

（6）Ｉ及びＪは、同月２４日午後１時前ころにＫと話し合って、被告人Ａ１と被告人Ａ４とを会わせることを決め、同日午後３時前ころ、飾磨警察署２階第二取調室で、両名をＩ及びＪ在室の下に面談させた。

（7）その際、被告人Ａ１は、被告人Ａ４に「銃刀法で懲役行くか。」と聞き、これを被告人Ａ４が承諾し、両名で本件けん銃等の入ったアタッシュケースをＦ方車庫に置くこと及び被告人Ａ２の妻Ｈに同所までアタッシュケースを運ばせることを話し合った後、Ｊと被告人Ａ４は、第二取調室を出て参考人室に移動した。そして、その場に残った被告人Ａ１は、内妻のＧと上記Ｈにそれぞれアタッシュケースの運搬を依頼するための電話をした。

（8）その後、被告人Ａ１とＩも、参考人室に移動し、被告人Ａ４が、Ｈに電話で、Ｆ方への行き方とアタッシュケースを置く場所を指示した。また、Ｈから場所が分からないという電話がかかったので、被告人Ａ４が説明し直した。さらに、被告人Ａ４は、Ｆにも電話をし、荷物を置かせてくれと頼んだところ、同女から断られた。しかし、午後５時ころ、Ｈから、アタッシュケースを置いたという電話が入った。

（９）そうして、警察官らは、被告人Ａ４の同月２４日付け供述調書を疎明資料として、神戸地方裁判所姫路支部にＦ方を捜索場所とする捜索差押許可状の請求をし、同許可状が発付されたため、同日午後６時５０分ころ、Ｆ方の捜索に着手し、その車庫内から本件けん銃等の入ったアタッシュケースを発見して、これを差し押さえた。

（１０）ところで、被告人Ａ４の上記供述調書は、「けん銃等の入ったアタッシュケースを昨年（平成３年）１２月にＦ方車庫に隠し、その後何回もけん銃等があるか確認しており、最近では先月末に一度確認しており、けん銃があることは間違いありません。」といった内容虚偽のものである。（略）

〔１〕警察官らは、被告人Ａ１が被告人Ａ４に罪を押しつけようと企図して同人と会いたがっており、もし、同人が被告人Ａ１と会えば、その指示がたとえ理不尽なものであっても、暴力団の子分として従わざるを得ないことも分かっていながら、あえて、接見等禁止決定に違反して、被告人Ａ４に被告人Ａ１の意向を伝え、同人に引き合わせた上、外部との電話連絡までさせて、両名がけん銃移動工作をするのに手を貸しており、また、〔２〕被告人Ａ４が虚偽の供述をしていることを知っていながら、その内容どおりの供述調書までも作成し、そして、〔３〕その供述調書等に基づき、裁判所に真実を告げずに捜索差押許可状の発付を受け、更には、〔４〕検察官にも、被告人Ａ４の供述内容に虚偽が含まれていることを知らせず、検察官をして、被告人Ａ４を虚偽内容の調書等に基づき起訴までさせているのであって、これらは、単なる接見等禁止決定の違反だけでなく、被告人Ａ１の企図した罪証隠滅工作への協力、被告人Ａ４も加わった新たな犯罪行為の黙認、虚偽調書の作成及びその令状請求への利用といった各種の違法行為を意図的に積み重ねているとみるほかない上、被告人Ａ４に対し誤った起訴による有罪判決の恐れの発生といった結果まで生じさせている（ちなみに、被告人Ａ１及び被告人Ａ４に対する平成４年９月１０日付け起訴状記載の公訴事実は、原審第８４回公判で一部訴因変更がなされており、その変更された部分は、当初「被告人Ａ１及び被告人Ａ４は、共謀の上、平成３年１２月１８日ころから平成４年８月２４日ころまでの間、兵庫県姫路市（略）のＣ事務所、同市（略）所在の株式会社M作業場及び同市（略）Ｆ方車庫において、本件けん銃等を所持した」というものであった。）のである。そうすると、たとえ、**けん銃及び実包所持という事案自体の重大性のほか、たまたまその途中からこれらを緊急に社会の中から回収する必要性も生じるに至ったという本件の特殊な事情を考慮に入れても、警察官らのとった上記一連の措置は、これを全体としてみると、その違法の程度が令状主義の精神を没却する重大なものであり、また、その令状主義潜脱の意図も明らかであって、本件けん銃等を証拠として許容することは、将来における違法捜査の抑制の見地からも相当でないというべきである**。したがって、原審裁判所が、違法収集証拠である本件けん銃等及びこれらと関連性が密接で実質的に同一と評価できる写真撮影報告書、鑑定書並びに違法収集証拠物を直接示して得た関係各供述調書の供述部分を証拠から排除したのは正当であり、その措置は所論のような訴訟手続の法令違反には当たらない。

3-40　大阪高判平9・9・17（覚せい剤取締法違反被告事件）

そもそも**刑訴法110条における令状の呈示**においては、執行を受ける者がその内容を了知できるような方法で行われれば足りると解されるところ、本件における令状の呈示に関する事実関係は、「捜査官は、捜索開始時に被告人の面前に令状を示したが、被告人が『分かった』と応えたためにそれ以上内容の確認を求めたり読み聞かせたりせず、その後しばらくして被告人から令状を示すように求められたため、再度被告人に示して内容を確認させた」、というものであると認められ、右事実関係のもとでは、本件令状の呈示は適式なものと評価することができ、この点で本件捜索差押の手続に違法はない。所論は、被告人が捜索開始時においても令状の内容を確認しようとしたができなかったという右認定に反する事実を前提にして呈示方法の違法を主張するものであり、採用できない。

（略）一階部分の捜索の違法を言うものであるが、被告人の**現行犯人逮捕**の端緒となった覚せい剤は、二階部分のカーテンから発見されたものであるところ、令状の捜索対象として二階の被告人居住部分が含まれていることは明らかであって、仮に一階部分の捜索がなされなかったとしても右覚せい剤は発見されたはずのものであること、そもそも所論の一階部分の捜索の違法の主張は、一階に居住している者の権利の侵害を問題にするものであり、被告人自身の権利が侵害されたというものではないことからすると、その令状請求までの捜査経過や令状執行段階における一階居住者の対応等により違法性判断につき微妙な問題がある一階部分の捜索の適否が、右覚せい剤の発見、差押手続の適法性を左右するものとは考えられず、したがって、その後の現行犯人逮捕手続、強制採尿手続の適法性にも影響を及ぼすものではない。

よって、いずれの点でも本件の証拠となった被告人の尿の鑑定書が違法収集証拠であるとの主張は理由がなく、訴訟手続の法令違反をいう論旨は理由がない。

3-41　東京高判平6・5・11（覚せい剤取締法違反被告事件）

本件捜査における警察官らの行為の適法性は、前記一連の経過を、（一）捜索差押許可状に基づく捜索の段階（略）、（二）捜索の結果発見した差押の対象外の覚せい剤らしき物の領置、予試験実施の段階（略）、（三）予試験の結果に基づく現行犯人逮捕及び差押の段階（略）に分けて考察する必要がある。このうち、右（三）の**現行犯人逮捕については、その要件は十分充たされており、それ以前の捜査の違法を引き継ぐものと認められない限り、その適法性に疑問はない。また、現行犯人逮捕が適法であれば、その現場において令状によらない差押が許されることはいうまでもない（刑訴法220条参照）**。そこで、右（一）及び（二）の点につき、以下に検討する。

（一）捜索差押許可状による着衣・身体捜索の適法性について

（略）**場所に対する捜索差押許可状の効力**は、当該捜索すべき場所に現在する者が当該差し押さえるべき物をその着衣・身体に隠匿所持していると疑うに足りる相当な理由があり、許可状の目的とする差押を有効に実現するためにはその者の着衣・身体を捜索する必要が認められる具体的な状況の下においては、その者の着衣・身体にも及ぶものと解するのが相当である（もとより「捜索」許可状である以上、着衣・身体の捜索に限られ、身体の検査にまで及ばないことはいうまでもない。）。

これを本件についてみるに、まず、（略）、（１）捜査員がＧ方玄関内に入った際、応対に出た女性二人のうち、若い方の女性（被告人の内妻Ｋ子）がおろおろした様子で落ち着きがなく、玄関右奥の部屋の方を気にしていたこと、（２）その部屋で発見された被告人は、真冬であるのにトレーナー上下という服装であり、Ｋ子も短いパンツをはき、その上に軽くセーターを羽織るという服装であったこと、（３）Ｉが被告人の氏名を尋ねたところ、鈴木賢次と答えており、Ｇが使用する乗用車の登録名義人と一致したこと、（４）Ｇの妻やＫ子は被告人を「賢ちゃん」と呼んでいたことなどの状況から、捜査員は、被告人は一時的な来客ではなく、**Ｇ方に継続的に同居している者で、Ｇの輩下であると判断しており、その判断は客観的事実と一致する。**

次に、（５）本件は、暴力団関係者による**組織的かつ大規模な覚せい剤密売事犯の一端をなすものと目され**、したがって、関係者による**罪証隠滅の虞が高いこと**、（６）**本件差押の目的物**は「取引メモ、電話番号控帳、覚せい剤の小分け道具」という**比較的小さい物で、衣服のポケットなどに容易に隠匿できるものであること**、（７）Ｇは捜索差押許可状の被疑事実と関係のある暴力団の幹部であることなどの事情からすれば、**本件捜索に際し、同人と前示のような関係にある被告人において、Ｇ方に存在する差押の目的物を隠匿・廃棄しようとする虞は十分に考えられる**ところである。しかも、（８）被告人は、最初に発見されたときから両手をトレーナーのズボンのポケットに突っ込んだままという異常な挙動を続けていたのであるから、**そのポケット内に本件差押の目的物を隠匿している疑いはきわめて濃厚である**。したがって、捜査員において、被告人に対し、ポケットから手を出し、中に入っている物を見せるよう説得したことは、**適切な措置**と認められる。（９）これに対し、被告人は、「関係ない」などと言って説得に従わず、部屋を出ていく素振りを見せ、捜査員において、部屋に留まるよう両肩を押さえ付けて座らせ、説得を続けたにもかかわらず、なおも激しく抵抗してその場から逃れようとしているのであるから、**捜査員の目の届かない所でポケットの中の物を廃棄するなどの行為に出る危険性が顕著に認められる。**

以上のような本件の具体的状況の下においては、被告人が本件捜索差押許可状の差押の目的物を所持していると疑うに足りる十分な理由があり、かつ、直ちにその物を確保すべき必要性、緊急性が認められるから、右許可状に基づき、強制力を用いて被告人の着衣・身体を捜索することは適法というべきである。前示のとおり、捜査員らが用いた強制力はかなり手荒なものであるが、それは被告人の抵抗が激しかったことに対応するものであり、**抵抗排除に必要な限度を超えるものとは認められない**。被告人の両手をポケットから引き抜き、ポケットの中から出てきた小物入れの中身を確認するまでの捜査員の行為に所論の違法はない。

（二）捜索の結果発見された物の領置・予試験について

以上のような経過で被告人のズボンのポケット内から発見された茶色の小物入れは空であり、また、ピンク色の小物入れには覚せい剤と思われる結晶その他が入っていただけで、捜索差押許可状により差し押さえるべき物と指定された**「取引メモ、電話番号控帳、覚せい剤の小分け道具」は発見されなかった。**

もとより、ピンク色の小物入れから発見された覚せい剤と思われる結晶は、新たに被告人による覚せい剤所持の犯行を疑わせるものであって、捜査員においてこれを確保し、覚せい剤であることを確認するための予試験を行う必要のあったことが認められる。しかし、それは、明らかに本件捜索差押許可状の**差押の対象外の物**であるから、これを取得するために右許可状による強制処分を行うことは認められない。そこで、これを発見した段階でその所持者と認められる被告人に任意提出を求め、更に、被告人の同意を得た上で予試験（鑑定処分の一種である。）を行うのが本筋である。

しかし、（1）右覚せい剤と思われる結晶は、被告人に対する適法な着衣・身体の捜索の結果絨毯の上から取得した右ピンク色の小物入れの中から発見されたもので、捜査員がその占有を取得するために新たに被告人の積極的な行為を必要とするものではないこと、（2）被告人は、捜査員の「これは何だ」との問いにも答えていないこと、（3）ビニール袋に入った結晶は、その形状、包装などから予試験の結果をまつまでもなく、覚せい剤である蓋然性がきわめて高く、現行犯人逮捕も不可能とはいえない状況であること、（4）被告人は、予試験をする旨の捜査員の発言に対しても「俺は知らない。俺は見たことない」などとそれが被告人の所持する物であることすら否定するようなことを言って応じないので、やむなくＧの妻とＫ子に予試験の趣旨を説明して同意を得たことなど、一連の経過及び状況を総合すると、捜査員が、右覚せい剤と思われる物の**任意提出及びこれに対する予試験の実施について、なお被告人に対する説得を継続し、その明確な同意を得なかったことをもって、直ちに違法な捜査であるとまでは断定し難く、仮に若干の違法が認められるとしても、その違法はこれに引き続く現行犯人逮捕の適法性及びこれに伴う差押によって取得された証拠物の証拠能力を否定するほどの重大なものとは認められない**。

3-42　福岡高判平5・3・8（覚せい剤取締法違反被告事件）

寺崎警部らによるＫ子方の捜索が、同女の**承諾に基づく捜索**として適法なものといえるかどうかについて検討するに、関係証拠によれば、寺崎警部らは、被告人が所持していたペーパーバッグの中から約一キログラムの覚せい剤を発見したものの、事前の情報においては、被告人の所持する覚せい剤の量は五キログラムということであったことから、被告人が更にＫ子方に残りの覚せい剤を隠匿しているのではないかとの疑いを持ち、Ｋ子に対し「他に覚せい剤を隠していないか。あったら出しなさい」と告げたところ、同女から「いいですよ。室内を捜して下さい」との返事を得たので、同女の承諾があったものとして同女方を捜索したことが認められる。ところで、承諾に基づく住居等に対する捜索については、**犯罪捜査規範108条**が、人の住居等を捜索する必要があるときは、住居主等の任意の承諾が得られると認められる場合においても、捜索許可状の発付を受けて捜索をしなければならない旨規定しているが、住居等の捜索が生活の平穏やプライバシー等を侵害する性質のものであることからすれば、捜索によって法益を侵害される者が完全な自由意思に基づき住居等に対する捜索を承諾したと認められる場合には、これを違法視する必要はないと考えられる。しかし、住居等に対する捜索は法益侵害の程度が高いことからすれば、完全な自由意思による承諾があったかどうかを判断するに当たっては、より慎重な態度が必要であると考えられる。そこで、この点を本件についてみると、確かにＫ子方に対する捜索は、寺崎警部からの申し出に対し、同女が「いいですよ。室内を捜して下さい」と返事したことを受けて行われたものではあるが、同女は当時二十歳前の女性であったこと、また、同女が寺崎警部から捜索への承諾を求められる直前には、それまで父親代わりとしてＫ子の面倒を見てくれていた被告人が、数名の警察官らに連れられてＫ子方に来ていた上、被告人が持っていたペーパーバッグの中から覚せい剤も発見されていたこと、しかも、当時被告人と一緒に同女方に入って来た警察官の人数は決して少ない数ではなかった上、その最高責任者である寺崎警部から、「他に覚せい剤を隠していないか。あったら出しなさい」と告げられた上で、Ｋ子方に対する捜索についての承諾を求められていたことを併せ考えると、Ｋ子が同警部の申し出を拒むことは事実上困難な状況にあったと考えざるを得ない。そうすると、Ｋ子としては、同女方にまだ覚せい剤が隠されているのではないかとの警察官らの疑いを晴らす必要があったことや、被告人が「Ｋ子見せんでいいぞ」と怒鳴ってＫ子が捜索を承諾するのを制止したにもかかわらず、同女が「いいですよ」等と返事していることを考慮に入れても、同女の承諾が完全な自由意思による承諾であったと認めるのは困難であって、寺崎警部らによるＫ子方の捜索が同女の**承諾に基づく適法な捜索であったということはできない**。（略）被告人を右覚せい剤所持の現行犯人として逮捕する要件を具備していたことを理由に、その後のＫ子方に対する捜索は、刑訴法220条1項に基づく捜索として許される旨判示しているのに対し、所論がその適否を争っているので、この点について検討する。

所論は、まず、被告人は、○○鳥飼の北側通路西側出入口付近で警察官らに取り押えられた際に**実質的に逮捕**されたものと考えるべきである旨主張するが、被告人が、同所において数名の警察官から監視された状態に置かれたことは間違いないものの、それは被告人に対する職務質問を続けるために必要なものであり、その直前の被告人の行動からしてやむを得ないものと考えられる上、被告人の身体が既に拘束されたとまでは認められないから、右時点において被告人が逮捕されたとはいえず、所論は採用できない。

ところで、**刑訴法220条1項2号**は、司法警察職員らは、被疑者を「現行犯人として逮捕する場合において必要があるときは」「逮捕の現場」で捜索等をすることができる旨規定しているところ、右にいう「**逮捕する場合**」とは、逮捕との時間的な接着性を要するとはいえ「逮捕する時」という概念よりも広く、被疑者を逮捕する直前及び直後を意味するものと解される。なぜなら、被疑者を逮捕する際には、逮捕の場所に被疑事実に関連する証拠物が存在する蓋然性が強いこと、捜索等が適法な逮捕に伴って行われる限り、捜索差押状が発付される要件をも充足しているのが通例であること、更に、証拠の散逸や破壊を防止する緊急の必要もあることから、同条項は令状主義の例外としての捜索等を認めたものと解されるところ、このような状況は、必ずしも被疑者の逮捕に着手した後だけでなく、**逮捕に着手する直前**においても十分存在し得ると考えられるからである。そうすると、本件においては、清水巡査が、被告人の目前においてペーパーバッグを開披し、ポリ袋入り覚せい剤一袋を確認した時点では、被告人を右覚せい剤所持の現行犯人として逮捕する要件が充足されており、実際にも、警察官らは、K子方の捜索をした後とはいえ、被告人を右覚せい剤所持の現行犯人として逮捕しているのであるから、原判決が、警察官らのK子方に対する捜索を同条項の捜索に当たるかどうかの観点から検討したことは正当であると考えられる。しかしながら、同条項にいう「**逮捕の現場**」は、逮捕した場所との同一性を意味する概念ではあるが、被疑者を逮捕した場所でありさえすれば、常に逮捕に伴う捜索等が許されると解することはできない。すなわち、住居に対する捜索等が生活の平穏やプライバシー等の侵害を伴うものである以上、逮捕に伴う捜索等においても、当然この点に関する配慮が必要であると考えられ、本件のように、職務質問を継続する必要から、被疑者以外の者の住居内に、その居住者の承諾を得た上で場所を移動し、同所で職務質問を実施した後被疑者を逮捕したような場合には、逮捕に基づき捜索できる場所も自ずと限定されると解さざるを得ないのであって、K子方に対する捜索を逮捕に基づく捜索として正当化することはできないというべきである。更に、K子方に対して捜索がなされるに至った経過からすれば、同女方の捜索は、被告人が投げ捨てたペーパーバッグの中から発見された覚せい剤所持の被疑事実に関連する証拠の収集という観点から行われたものではなく、**被告人が既に発見された覚せい剤以外にもK子方に覚せい剤を隠匿**しているのではないかとの疑いから、専らその発見を目的として実施されていることが明らかである。そして、右**二つの覚せい剤の所持が刑法的には一罪を構成するとしても、訴訟法的には別個の事実として考えるべきであって、一方の覚せい剤所持の被疑事実に基づく捜索を利用して、専ら他方の被疑事実の証拠の発見を目的とすることは、令状主義に反し許されないと解すべきである**。そうすると、原判決のようにK子方に対する捜索を現行犯逮捕に伴う捜索として正当化することもできないといわざるを得ない。

3　そうすると、寺崎警部らがK子方に対して行った捜索は、同女の承諾による捜索として適法なものとはいえない上、原判決のように現行犯逮捕に伴う捜索としてその適法性を肯定することができないから、違法であるといわざるを得ない。

三　以上、検討した結果によれば、K子方の台所流し台の下から発見された覚せい剤二袋及び右覚せい剤を鑑定した鑑定書については、違法な捜索によって得られた違法収集証拠ないしそれから得られた証拠であるから、更にその証拠能力について検討するに、違法に収集された証拠であっても、当然にその証拠能力が否定されるわけではなく、証拠物の押収等の手続に、憲法35条及びこれを受けた刑訴法218条1項等の所期する**令状主義の精神を没却するような重大な違法があり、これを証拠として許容することが、将来における違法な捜査の抑制の見地からして相当でないと認められる場合**に、初めてその証拠能力が否定されるものと解される(最決昭53・9・7参照)。

これを本件についてみると、寺崎警部らによるK子方の捜索については、それがK子の完全な自由意思に基づく承諾によるとはいえないとしても、外形的には一応同女の承諾を得た上で実施されたものであること、同警部らは、K子から承諾を得るに当たって有形力を行使したり、脅迫的な言動に及んでいるわけではないこと、しかも、同警部らが事前に得ていた情報は、被告人による大量の覚せい剤所持という重大な犯罪に関するものである上、K子方の捜索が実施される直前には、既に被告人が持ち出したペーパーバッグの中から約一キログラムの覚せい剤が発見されており、更にK子方に覚せい剤が隠匿されている可能性が相当高かったこと、また、本件の経過からすれば、同警部らに**令状主義に関する諸規定を潜脱する意図はなかったことが認められ、これら諸般の状況からすれば、K子方の捜索の違法はいまだ重大なものとはいえず、右手続により得られた証拠を被告人の罪証に供することが違法捜査抑制の見地から相当でないとも認められないから、K子方の捜索によって発見された覚せい剤等について、その証拠能力を肯認することがで**

きると考えられる。

3-43　東京高判平4・10・15（覚せい剤取締法違反被告事件）

現在の社会生活において、電話は必要かつ不可欠な通信手段であり、これなくしては社会生活が成り立たないといっても過言ではない。そのような電話の通話内容を通話中の当事者双方に知られずに傍受、録音すること（以下「**電話の傍受等**」という。）は、**憲法21条2項の通信の秘密を侵害する行為**であり、犯罪捜査のためといえども、原則としてこれが許されないことはいうまでもない。しかしながら、電話による会話が何らの制約も受けないものではないことはもとよりであり（刑訴法222条1項、100条は、捜査官による郵便物及び電信に関する書類の押収を認めている。）、犯罪の捜査においては、通信の秘密が侵害されるおそれの程度を考慮しつつ、犯罪の重大性、嫌疑の明白性、証拠方法としての重要性と必要性、他の手段に出る困難性等の状況に照らして、真にやむを得ないと認められる場合には、電話の傍受等を行っても、憲法の保障する通信の秘密を侵害することはないと考えられ、その実施に当たっては、更に憲法35条及び31条の法意に従った手続を経て行うことが要請されるが、これらが充たされる限り、電話の傍受等を行うことが憲法上許されないわけではないと解される。すなわち、電話の傍受等がそれ自体として直ちに憲法21条2項、35条、31条等に触れるものではない。

本件についてみると、**被疑事実は営利目的による覚せい剤の譲り渡しという重大な犯罪であり、しかも、その犯行は暴力団によって組織的継続的に実行された社会的にゆるがせにできないものであったこと、被疑事実は、被疑者の氏名こそ特定されていないものの、その嫌疑が明白であったこと、長期間にわたる捜査によっても、覚せい剤の密売の実態を解明し犯人を検挙するに足る証拠を収集することができず、被疑事実について、被疑者を特定し実態を解明する確実な証拠を取得する手段として、他に適当な方法が容易に見付からなかったこと、本件の電話は、覚せい剤の密売のみに使われる専用電話である疑いが極めて濃厚であり、覚せい剤の密売と関係のない会話が傍受されるおそれはほとんどなかったこと、電話の傍受等は、裁判官が発した検証許可状に基づいて行われたこと、検証許可状は、検証の期間を二日間とした上、時間についてもそれぞれ午後五時から翌日午前零時までと限定し、更に、対象外と思料される通話については、立会人に直ちに関係機器の電源スイッチを切断させるとの条件が付されていたこと、実際の電話の傍受等は右の制限を遵守して行われたこと**などが認められ、以上の諸事情を考慮すれば、本件検証許可状及びこれに基づく電話の傍受等は、憲法21条2項の通信の秘密を侵害するものではないとともに、憲法35条及び31条の法意に従った手続がとられたものということができる。

三　**検証**という証拠の収集方法は、**人の五官の働きによって対象の存在、内容、状態、性質等を認識して、これを証拠とするもの**であるから、電話の傍受等は一般にいって検証の対象となり得るものということができるとともに、刑訴法及び刑訴規則を検討しても、電話の傍受等が検証許可状による検証の対象となり得ないとすべき理由も見出し難い。（略）

電話による人の会話を聞き取り、その意味を認識する行為が検証として行うことが許されない性質のものとは思われない。また、一般の検証においても、開始時に検証の対象が存在しなかったり特定していなかったりする場合があり得るだけでなく、本件においては、傍受等をする電話は毎日定時にほぼ覚せい剤の密売のみに使用されており、検証の日時に、検証の対象である覚せい剤取引に関する通話が行われることは確実といって差し支えない状況にあったと認められ、検証を行うことが不適当なほどにその対象が不明確であったとはいえない。

また、所論は、電話の傍受等をすることは、刑訴法の予定する検証に当たらない旨主張し、その理由として、処分を受ける者に対する令状の**事前提示の要件**（刑訴法222条1項、110条）が充足されず、また、**令状執行の一回性の原則**に反して一般探索的な処分を認めることになるという。しかし、刑訴法222条1項が準用する同法110条は、同法114条の規定と相まって、検証の公正を担保しようとの趣旨に出たものであるから、例外を許さない規定であるとは解されない。本件においては、通話の一方の当事者は客であって誰であるか詳らかでなく、他方の当事者は密売組織の側の電話受付係であって、検証許可状を示せば検証が不能となることが明らかである上、消防署職員二名の立会いを得て執行に及んでいて、手続の公正の担保が一応図られていると認められるから、通話の当事者に検証許可状を示さなかったからといって、本件検証にこれを違法とするほどの瑕疵があるとはいい難い。また、令状の執行が一回しかできないとしても、一定期間にわたる検証が全く許されないとはいえないのはもとより、本件においては、覚せい剤の密売のためほぼ専用されていると認められる電話について、通話の傍受等の期間及び時間を厳しく制限した上、立会人に検証の対象外の通話を排除させることにしていたことなどからすると、通常の令状執行が結果的に一般探索的な意味合いをもつ場合があること以上に、本件における電話の傍受等の検証が一般探索的なものであったとはいえないと思われる。

更に、所論は、本件検証許可状は条件を付しているが、刑訴法上検証に条件を付することができるとの規定はなく、条件を付することが必要であること自体刑訴法上の検証の枠を超えるものであることを示していると主張する。

しかし、令状一般について、濫用的事態の発生を防止するため**適切な条件が付し得ないものとは解されない**ばかりでなく、刑訴法218条5項は、人権の侵害にわたるおそれがある検証としての身体検査について、条件を付することを認めており、右規定の趣旨にかんがみれば、同様に人権侵害のおそれがある検証としての電話の傍受等について、刑訴法は条件を付することを禁止まではしていないと解することができる。本件検証許可状に付された条件を違法とすべき理由は見出し難い。

以上検討したところによれば、本件において検証許可状に基づき行われた電話の傍受等は、違憲、違法なものとは認められない。

3-44 広島高判昭56・8・7（恐喝未遂、監禁、覚せい剤取締法違反等被告事件）

被告人Ｋが逮捕された直後頃から、右署員数名により、前記Ｎ子を立合人として、右逮捕に伴うＹ方の捜索が開始され、同被告人が居室に使用していた右六畳間の押入れからけん銃二丁、実包十一、二発と共に天坪、ポリシーラー（ポリ袋の接着に使用する器具）、同間棚の上からポリ袋入り覚せい剤粉末が発見されたため、直ちに覚せい剤取締担当の西警察署防犯課に連絡し、同課係長村山昇外三名の警察官の応援を得て、右粉末等物件の確認を得たうえ、更に捜索を続け同日午后四時二〇分までの間に、右けん銃等の外に右逮捕事実にかかる証拠物の発見はできなかったが、覚せい剤取締法違反の証拠物として、右覚せい剤粉末等を含む合計二六七点を収集し、後述のとおりＮ子から任意提出を受けたことが認められる。ところで、右村山昇外防犯課警察官による捜索は、**覚せい剤取締法違反の証拠物件の発見を主目的としてなされたこと**は、原審での村山昇の証言と右捜索に要した時間、同捜索で収集された前示多量の物件内容がすべて覚せい剤取締法違反の証拠物件であったことによって認めることができるが、右防犯課の警察官らの捜索前、既に刑事課警察官によって発見されていた前示の覚せい剤粉末は、右六畳間棚の上の手提げチャック付布製バックに在中のポリ袋入り同剤粉末四二袋、五一・五五六グラムであったことは、その後の捜索でも同部屋からその余の覚せい剤粉末は発見された事実がないところからも明らかであり、同剤粉末は、天秤、ポリシーラーと共に、右刑事課警察官の被告人Ｋ逮捕に伴う適法な捜索により偶々発見されたものであるから、右各物件については、何ら違法捜索の瑕疵はない。そして、覚せい剤の知識を有する右村山が、右刑事課員によって発見されたポリ袋入り粉末や天秤、ポリシーラー、その他右布製バックに在中の多数の大小各種のポリ袋などから、右ポリ袋入り粉末が覚せい剤であることの十分な疑いを即座に抱いたであろうことは当然というべきで、その時点において、右粉末の発見個所からしても、被告人Ｋに対する右覚せい剤粉末の不法所持の容疑は十分にあり、しかも、五一グラム余に及ぶ量からしても、同被告人に対する現行犯逮捕の理由と必要性が認められ、また**逮捕に伴う捜索**も必至の状況にあったものであるが、既に、同被告人の身柄は西警察署に連行されていたため、右Ｙ方での即時の逮捕はできなかったものの、当時西警察署で同被告人の身柄の確保はなされていたのであるから、早急に身柄をＹ方に連れ戻し、右容疑で逮捕手続（その内容は、右覚せい剤粉末の不法所持罪の（準）現行犯で逮捕する旨の告知であろう）をとれば、少なくとも準現行犯として十分逮捕できたと思われる。**そうすれば、右村山らが、Ｙ方でなした前記の覚せい剤取締法違反の証拠物件の発見を主目的とした捜索と押収は、右逮捕に伴うものとして適法に実施できたものと思われる。しかし実際においては、右被告人に対する現行犯（以下、準現行犯を含む）逮捕の手続がなされないまま、しかも、前示の同被告人逮捕の監禁等被疑事件とは無関係の覚せい剤取締法違反の証拠物件の発見を主目的とした捜索が、その令状もなく、意図的になされたのであるから、たとえ、右の捜索が、右被告人逮捕に伴う監禁等被疑事件の証拠物の捜索と並行してなされた形態が認められ、かつ、右覚せい剤等の捜索に緊急かつ必要性が認められるにしても、現行法上、緊急逮捕のごとき緊急執行としての捜索は認められておらず、憲法35条、刑訴法218条、219条等の規定の趣旨からしても、また、不当な便乗捜索を禁圧するためにも、かつまた本件では、容易に前示の現行犯逮捕の手続を履行できたことなどからして、前示の村山ら警察官らによる覚せい剤等の証拠物件の捜索が違法でないということはできない。**しかしながら、本件は、既述のとおり、**被告人Ｋに対する現行犯逮捕とそれに伴う捜索が許されるものであり、しかも、その逮捕は、既に自署警察署に同被告人の身柄が確保されているため、容易かつ確実になし得る状況にあつたのであり、ただＹ方における右の逮捕手続に欠けているに過ぎないと考えられることに鑑みれば、右捜索の違法は、重大という程のものではなく、同捜索によって収集された物件について、後述のとおり、Ｎ子の任意提出を得てなされた領置手続を違法・無効ならしめるものとまでは認**

められない。そうすると、右村山らがＹ方に到着時に既に適法に発見されていた覚せい剤粉末約五一・五五六グラムが証拠能力を有することは勿論、その後の村山らの捜索によって発見された覚せい剤粉末約一七・七五五グラムについても証拠能力を有するのであって、原判決が、右結論と同旨の下に本件覚せい剤粉末を同判示第一の二の証拠物として採用し、事実認定に及んだ点には、何ら違法不当かつ事実誤認はなく、弁護人らの論旨は理由がない。

（略）右Ｎ子は、当時、内田組組長であつた被告人Ｋの内妻的地位を有する情婦であって、同被告人が前述のごとく警察官に逮捕され、しかもＹ方二階に居住していた右組員らも逮捕ないし任意同行され、被告人Ｋ自ら、または組員を通じて、同家屋および所在する物件に対する管理が出来ない現実に立至った以後、右Ｎ子が右家屋や右物件等に対し管理・保管者の地位にあつたものと認められ、同人が日頃からも、被告人Ｋから不在中の留守番を任され、同被告人の実印、現金一九五万円などを預けられていた事実に徴してもこれを裏付けることができる。そして、右Ｎ子は、捜索に当った警察官から本件覚せい剤粉末を含む前示多数物件の任意提出方を求められたが、自己への刑事責任の追及を恐れて、一旦は拒否したが、それが誤解であること、覚せい剤が一般に所持を許されない物件であることなど説得されて後、納得して任意提出書に署名・指印をしたことに鑑みると、右Ｎ子が、本件覚せい剤粉末について刑訴法221条所定の保管者というべきであり、また、同人の右本件覚せい剤粉末の提出は任意の意思によるものであるから、それに基づく同剤粉末の領置は適法である。

3-45　最決昭55・10・23（覚せい剤取締法違反被告事件）

（１）昭和五二年六月二八日午前一〇時ころ、愛知県江南警察署警察官宮本忠男らは、被告人を覚せい剤の譲渡しの被疑事実で逮捕した。（２）右宮本は、被告人の両腕に存する静脈注射痕様のもの、その言語・態度などに照らし、覚せい剤の自己使用の余罪の嫌疑を抱き、尿の任意提出を再三にわたり求めたが、被告人は拒絶し続けた。（３）翌二九日午後四時ころ、同署は、**強制採尿**もやむなしとして**身体検査令状及び鑑定処分許可状の発付を得た**。（４）同日夕刻鑑定受託者である医師Ｏは、強制採尿に着手するに先立ち、被告人に自然排尿の機会を与えたのち、同日午後七時ころ、同署医務室のベッド上において、数人の警察官に身体を押えつけられている被告人から、ゴム製導尿管（カテーテル）を尿道に挿入して約一〇〇ＣＣの尿を採取した。（５）被告人は、採尿の開始直前まで採尿を拒否して激しく抵抗したが、開始後はあきらめてさして抵抗しなかつた。（６）同署は、同医師から、採取した尿の任意提出を受けてこれを領置し、右尿中の覚せい剤含有の有無等につき愛知県警察本部犯罪科学研究所に対し鑑定の嘱託手続をとつた。

（略）尿を任意に提出しない被疑者に対し、強制力を用いてその身体から尿を採取することは、身体に対する侵入行為であるとともに屈辱感等の精神的打撃を与える行為であるが、右採尿につき通常用いられるカテーテルを尿道に挿入して尿を採取する方法は、被採取者に対しある程度の肉体的不快感ないし抵抗感を与えるとはいえ、医師等これに習熟した技能者によって適切に行われる限り、身体上ないし健康上格別の障害をもたらす危険性は比較的乏しく、仮に障害を起こすことがあっても軽微なものにすぎないと考えられるし、また、右強制採尿が被疑者に与える屈辱感等の精神的打撃は、検証の方法としての身体検査においても同程度の場合がありうるのであるから、被疑者に対する右のような方法による強制採尿が捜査手続上の強制処分として絶対に許されないとすべき理由はなく、被疑事件の重大性、嫌疑の存在、当該証拠の重要性とその取得の必要性、適当な代替手段の不存在等の事情に照らし、犯罪の捜査上真にやむをえないと認められる場合に、最終的手段として、適切な法律上の手続を経てこれを行うことも許されてしかるべきであり、ただ、その実施にあたっては、被疑者の身体の安全とその人格の保護のため十分な配慮が施されるべきものと解するのが相当である。

そこで、右の適切な法律上の手続について考えるのに、**体内に存在する尿を犯罪の証拠物として強制的に採取する行為は捜索・差押の性質を有するものとみるべきであるから、捜査機関がこれを実施するには捜索差押令状を必要とすると解すべきである**。ただし、右行為は人権の侵害にわたるおそれがある点では、一般の捜索・差押と異なり、**検証の方法としての身体検査と共通の性質を有しているので、身体検査令状に関する刑訴法218条5項が右捜索差押令状に準用されるべきであって、令状の記載要件として、強制採尿は医師をして医学的に相当と認められる方法により行わせなければならない旨の条件の記載が不可欠であると解さなければならない。**

（略）これを本件についてみるのに、覚せい剤取締法41条の2第1項3号、19条に該当する覚せい剤自己使用の罪は一〇年以下の懲役刑に処せられる相当重大な犯罪であること、被告人には覚せい剤の自己使用の嫌疑が認められたこと、被告人は犯行を徹底的に否認していたため証拠として被告人の尿を取得する必要性があつたこと、被告人は逮捕後尿の任意提出を頑強に拒み続けていたこと、捜査機関は、従来の捜査実務の例に従い、強制採尿のため、裁判官から身体検査令状及び鑑定処分許可状の発付を受けたこと、被告人は逮捕後三三時間経過してもなお尿の任意提出を拒み、他に強制採尿に代わる適当な手段は存在しなかったこと、捜査機関はやむなく右身体検査令状及び鑑定処分許可状に基づき、医師に採尿を嘱託し、同医師により適切な医学上の配慮の下に合理的かつ安全な方法によって採尿が実施されたこと、右医師による採尿に対し被告人が激しく抵抗したので数人の警察官が被告人の身体を押えつけたが、右有形力の行使は採尿を安全に実施するにつき必要最小限度のものであったことが認められ、本件強制採尿の過程は、令状の種類及び形式の点については問題があるけれども、それ以外の点では、法の要求する前記の要件をすべて充足していることが明らかである。

令状の種類及び形式の点では、本来は前記の適切な条件を付した捜索差押令状が用いられるべきであるが、本件のように従来の実務の大勢に従い、身体検査令状と鑑定処分許可状の両者を取得している場合には、医師により適当な方法で採尿が実施されている以上、法の実質的な要請は十分充たされており、この点の不一致は技術的な形式的不備であって、本件採尿検査の適法性をそこなうものではない。

第4章

伝聞証拠（認定の資料2）

第１　証拠裁判主義（刑訴法317条）

刑事裁判における証拠としての許容性（証拠能力）は、判断者である裁判官が事実認定の資料とすることができるか否かを意味する。何が証明対象（**要証事実**）かによって分かれる。

1　要証事実と立証趣旨

要証事実とは、当該証拠によって証明しようとする事実であり、**厳格な証明**を要する要証事実と、**自由な証明**で足りる要証事実とがある。必ずしも**立証趣旨**とは一致しない。例えば、詐欺事件の際に交付された領収書を証拠として請求する場合、立証趣旨を「領収書の存在」とすれば領収書の存在自体が要証事実である。しかし、領収書の存在が証明されても犯罪の成立の証明には殆ど意味がなく、せいぜい金員を詐取されたときに領収書を受け取ったという被害者供述と相まって、被害者供述の信用性を補強する証拠になるに過ぎない。領収書が証拠として意味を持つのは、記載日時に被害者から被告人に記載内容の名目で記載金額が支払われたという記載内容を証拠とできるからである。仮に、立証趣旨を上記のように限定しても、裁判官が目に触れるのであるから詐欺成否の心証形成に影響することは明らかである。したがって、**伝聞証拠排除の原則を適用すべきか否かが問題になる**。

立証趣旨は、当事者主義の原則に立てば、原則として拘束力があることになる。判例は、拘束力を認めながら「当該訴訟における諸般の事情に照らして、不当に訴訟当事者の利益を害するおそれがないと認められる場合においては、これを他の事実認定の証拠として用いることができるものと解するのが相当である」とするものがある（**福岡高判昭29・9・16**）。

2　厳格な証明と自由な証明

厳格な証明とは、「**刑訴法の規定により証拠能力が認められ、かつ、公判廷における適法な証拠調べを経た証拠による証明**」を意味する（**最判昭33・10・17**）。その要件を必要としない証拠による場合が自由な証明である。

自由な証明で足りる事実は、訴訟法的事実＝訴訟条件たる事実、訴訟行為の要件事実、証拠能力・証明力を証明する事実、その他の訴訟法的事実である。

厳格な証明を要する事実は次のような事実である。

①　犯罪事実（構成要件該当事実、違法阻却事由及び責任阻却事由の不存在を基礎づける事実）。

ただし、違法阻却事由、責任阻却事由は、構成要件該当事実の存在立証によって違法性、有責性が推定されるので、検察官は被告人が阻却事由の存在を争わない場合には立証する必要がない（被告人に**主張責任**があると言われる）。

②　犯罪事実を否定する事実。

通説は必要とするが不要とする説もある。捜査段階での防御活動が極めて限定されていること、有罪立証の責任が検察官にあること、捜査段階で収集された証拠が検察側に独占されていることなどの事情に鑑みれば、被告人側の証拠には厳格な証明は必要ないという意見は傾聴に値する。

③　刑を加重する方向での量刑事情。

最判昭24・2・22は、「執行猶予を基礎づける事実は証拠調べをした証拠のみによることは要しない」とし、**最決昭33・2・26**は、「累犯加重の事由となる前科について、刑の法定加重の事由となる事実であって実質において犯罪構成要件事実に準ずるものとして厳格な証明を要する」としている。

3　証拠能力

自然的関連性のない証拠、すなわち、裁判での立証事項と関係ない証拠は、無意味かつ有害なので証拠能力がないことは明らかである。その他に、一定の目的のために、法律上、証拠能力を認めないものがある。裁判の目的である真実発見の観点から**伝聞証拠排除の原則**、被告人の基本的人権擁護の観点、及び捜査権、訴追権、刑罰権を独占する国家権力の公正性、廉潔性の観点から**違法収集証拠禁止の原則**、**任意性のない自白の排除（自白法則）**などがある。**自白のみでは有罪にできない原則**は、自白の証拠価値に制限を設けたものである。

なお、**判例4-2**は、日本の検察庁が刑事免責を付与した上で、アメリカで宣誓して証言した証人尋問調書について、「我が国の刑事裁判上事実認定の証拠とすることができるかどうかは、我が国の刑訴法等の関係法令にのっとって決せられるべきものであって、我が国の刑訴法が刑事免責制度を採用していない」以上証拠能力はないとしている。これに対して、**同4-1**は、犯行前に不起訴ないし処罰しない旨の約束の下に犯行を行った者の供述調書について、一種のおとり捜査である場合は上記判例とは異なり、捜査の必要性、方法の相当性が認められれば証拠能力を有するとしている。

（刑事免責付与を受けた証言の証拠能力に関する判例）

4-1　東京高判平21・12・1（覚せい剤取締法違反、関税法違反被告事件）

〔１〕原判決はＸの証人尋問調書（略）及び検察官調書（略）並びにＹ（略）の証人尋問調書（略）及び検察官調書（略。以上の４通の調書を一括して「本件各調書」ということがある。）の各証拠能力を認めて上記事実認定の証拠としているが、これらの証拠能力はいずれも（注：**最判平7・6・20**以下「平成７年判例」という。）の趣旨に徴して否定されるべきであり、〔２〕Ｘが本件覚せい剤の密輸入に及んだのは、事前にマレーシア警察に対し本件に関する情報を提供し、同国及び日本の各捜査当局から処罰されない旨の保証を得ていた（**不起訴処分の合意、事前の刑事免責付与等の約束、「司法取引」**があった。）ためであって、そのようなＸの供述を録取した証人尋問調書・検察官調書には証拠能力が認められず、〔３〕原審弁護人らの〔２〕の主張に関する証人尋問の請求を原裁判所が却下したことは裁判所の証拠採否に関する裁量を逸脱したもの（審理不尽）であって、これらは訴訟手続の法令違反に当たり、これらの違反がなければ上記事実は認定されないから、原審の訴訟手続には判決に影響を及ぼすことが明らかな法令違反がある、というのである。（略）我が国の刑訴法が刑事免責の制度を採用しておらず、刑事免責を付与して得られた供述を事実認定の証拠とすることは許容されないと解すべきことは、（注：平成７年判例）が判示しているところである。

しかし、上記判例にいう刑事免責は、「自己負罪拒否特権に基づく証言拒否権の行使により犯罪事実の立証に必要な供述を獲得することができないという事態に対処するため、共犯等の関係にある者のうちの一部の者に対して刑事免責を付与することによって自己負罪拒否特権を失わせて供述を強制し、その供述を他の者の有罪を立証する証拠としようとする制度」をいうのであり、所論のいうような**犯行前に不起訴ないし処罰しない旨の約束があり、その結果犯罪を実行した者が任意にした供述の証拠能力については、これと同列に論じることはできない**。所論のいうような場合は**一種のおとり捜査**であるといえ、その捜査の適法性、関係者から得られた供述の証拠能力については、別途検討すべきものであり、これを本件についてみると、事案は大量の薬物密輸事犯という重大な犯罪であること、それにもかかわらず、組織的・密行的に行われるため、入国時の検査で薬物の運搬役を捕捉することはできるとしても、通常の捜査方法のみでその受取人など組織の関係者まで摘発するのは困難であること、Ｘは覚せい剤の密輸組織から本件覚せい剤の密輸を指示され、捜査当局にその情報を提供し、当初の指示どおり本件覚せい剤を密輸したにとどまり、被告人に対して犯意を誘発・強化するなどの働き掛けをしたものではないことなどに照らすと、本件の捜査が違法であるということはできず（略）、その捜査方法を理由にＸの証人尋問調書・検察官調書の証拠能力が否定されるものではない。

また、Ｘらが被告人と同様に逮捕・勾留されていることなどに照らすと、日本の捜査当局から処罰されない旨の保証を得ていたと考え難いことは原判決が「補足説明」３で説示するとおりである。その他、Ｘと日本の捜査当局やマレーシアの捜査当局との間で、上記調書の証拠能力を左右するような不当な捜査手法がとられたことをうかがわせる証拠や事情はない。

そうすると、所論の主張するような理由で上記調書の証拠能力が否定されるとはいえないし、所論の主張する証人尋問を行う必要性も認められず、それらの取調べ請求を却下した原審に審理不尽の違法があるとはいえない。

4-2　最判平7・2・22（贈賄等被告事件：ロッキード事件）

東京地方検察庁検察官は、東京地方裁判所裁判官に対し、被告人Ｈ外二名に対する贈賄及び氏名不詳者数名に対する収賄等を被疑事実として、刑訴法226条に基づき、当時アメリカ合衆国に在住したコーチャン、クラッターらに対する証人尋問を、国際司法共助として同国の管轄司法機関に嘱託してされたい旨請求した。右請求に際して、検事総長は、本件証人の証言内容等に仮に日本国法規に抵触するものがあるとしても、**証言した事項について右証人らを刑訴法二四八条により起訴を猶予するよう東京地方検察庁検事正に指示した旨の宣明書を、また、東京地方検察庁検事正は、右指示内容と同じく証人らを同条により起訴を猶予する旨の宣明書を発しており、東京地方裁判所裁判官は、アメリカ合衆国の管轄司法機関に対し、右宣明の趣旨をコーチャンらに告げて証人尋問されたいとの検察官の要請を付記して、コーチャンらに対する証人尋問を嘱託した。**（略）前記の検事総長及び東京地方検察庁検事正の各宣明は、コーチャンらの証言を法律上強制する目的の下に、同人らに対し、我が国において、その証言内容等に関し、将来にわたり公訴を提起しない旨を確約したものであって、これによって、**いわゆる刑事免責が付与されたもの**として、コーチャンらの証言が得られ、本件嘱託証人尋問調書が作成、送付されるに至ったものと解される。

（略）「事実の認定は、証拠による」（**刑訴法317条**）とされているところ、その証拠は、刑訴法の証拠能力に関する諸規定のほか、「刑事事件につき、公共の福祉の維持と個人の基本的人権の保障とを全うしつつ、事案の真相を明らかにし、刑罰法令を適正且つ迅速に適用実現することを目的とする」（同法一条）刑訴法全体の精神に照らし、事実認定の証拠とすることが許容されるものでなければならない。本件嘱託証人尋問調書についても、右の観点から検討する必要がある。

（略）刑事免責の制度は、（略）本件証人尋問が嘱託されたアメリカ合衆国においては、一定の許容範囲、手続要件の下に採用され、制定法上確立した制度として機能しているものである。

（略）我が国の憲法が、その刑事手続等に関する諸規定に照らし、このような制度の導入を否定しているものとまでは解されないが、刑訴法は、この制度に関する規定を置いていない。

（略）、これを採用するのであれば、その対象範囲、手続要件、効果等を明文をもって規定すべきものと解される。しかし、**我が国の刑訴法は、この制度に関する規定を置いていないのであるから、結局、この制度を採用していないものというべきであり、刑事免責を付与して得られた供述を事実認定の証拠とすることは、許容されないものといわざるを得ない。**

（三）　このことは、本件のように国際司法共助の過程で右制度を利用して獲得された証拠についても、全く同様であって、これを別異に解すべき理由はない。けだし、国際司法共助によって獲得された証拠であっても、それが我が国の刑事裁判上事実認定の証拠とすることができるかどうかは、我が国の刑訴法等の関係法令にのっとって決せられるべきものであって、我が国の刑訴法が刑事免責制度を採用していない前示のような趣旨にかんがみると、国際司法共助によって獲得された証拠であるからといって、これを事実認定の証拠とすることは許容されないものといわざるを得ないからである。

第２　伝聞証拠排除の原則（刑訴法320条）

1　意義

伝聞証拠とは、「公判期日における供述に代わる書面」（供述代用書面）、及び、「公判期日外における他の者の供述を内容とする供述」（伝聞供述）のうち、その意味・内容を証拠とする場合をいう（刑訴法320条1項）。

供述証拠は、知覚・記憶・表現の過程に歪曲、記憶違いなどによる誤りが混入しやすいので信用性に疑問があり、真実発見のために信用性を担保する方策が必要である。そのために、直接主義、口頭主義の原則の下では、真実の発見に努めようとすれば又聞きを排除し、不利益を受ける当事者に真実性を確かめるための反対尋問の機会を与えた公判供述を証拠とすべきであるというのが伝聞証拠排除の原則である。しかし、全ての証明対象についてこの原則を適用すると、かえって真実発見が阻害され、訴訟経済的不合理性が生じる。そこで、様々な理由から例外が設けられている。

供述証拠であっても、知覚・記憶・表現の経過を経ていない場合や伝聞証拠ではない場合がある（**非伝聞証拠**）。したがって、まず、伝聞証拠か否かが問題になり、次に、伝聞証拠排除の原則の例外にあたるかどうかを検討することになる。

供述代用書面には、供述者本人が作成した**供述書**と、取調べ担当者が供述を聞いて作成した供述録取書とがある。伝聞証拠排除の原則が適用される**供述書**は、供述者の署名または捺印があれば供述者自身が記述しているので作成自体の真実性が推定されるが、その記述内容の真実性が問題になる。これに対して、**供述録取書**は、又聞きの内容を記述したものであるから、録取者が聞いた内容を正しく記録したかという点があり、供述者が署名・捺印することによって供述通りに記録されているという正確性が推定され、録取者の署名または捺印によって作成者を明らかにすることになる。

また、**捜査機関が作成する証拠書類**は、原則として、作成捜査官の供述書である。そして、その中に、又聞き部分がある場合には、通常、原供述者の署名・捺印がないので、その部分は伝聞証拠として証拠能力が排除される。

2　伝聞証拠でない供述

供述証拠のうち非伝聞とされる場合には、次のようなものがある。

①自己の体験による知識から明らかな事実（肉親の生年月日など）（**最決昭26・9・6**）。

②供述内容の真実性を証明するのではなく、供述の存在を証明する場合。

供述自体が犯罪の構成要件の一部である場合（脅迫罪等の脅迫文言、侮辱罪の侮辱文言、名誉毀損罪の名誉毀損文言、詐欺罪の詐言など）や、原供述を聞いた者がその供述を聞いたことによって新たな行動を起こす契機となったり、新たな意思を持ったりしたことを証明する場合などである。

③供述者の行為と一体となってその行為の意味を明確にするために用いる供述（収賄者が、贈与者から金品を受け取る際に、贈与の趣旨として聞いた言葉など）。

④一定の客観的事実と符合する供述を、供述者が当該事実を知っていたことを証明する場合。

⑤供述者の心理状態あるいは精神状態（認識、信念、意思、動機など）を推測するための証拠とする場合。

問題になるのは、上記⑤の場合である。原供述者が供述時の感情、感想、提案、指示などを述べたのであれば、体験事実の供述ではないので非伝聞である。**判例4-4**は、謀議の場でのメモについて、非伝聞証拠になる場合と伝聞証拠になる場合の区別を問題にしており極めて参考になる。

次に問題になるのは、写真、録音テープ、映画フイルム、ビデオテープ、ＭＤ、ＣＤ、ＤＶＤなどの機械的記録装置によって自動的に行われる記録は、人の知覚、記憶、叙述が介在せず、科学的、技術的に対象事象が正確に記録される。したがって、人の供述と同一に扱う必要はなく非供述証拠として扱うことになる。**最判昭59・12・21（刑訴法判例百選Ｐ192）**は現場写真を、**同昭44・12・24**は個人の容貌等の写真を、**東京高判昭63・４・１**は防犯カメラによる撮影フイルムを、**東京地判平元・３・15**及び**京都地決平２・10・３**は被疑者の撮影写真を、それぞれ非供述証としている。ただし、それらが意図的に記録されたり編集された場合は、客観的かつ自動的に記録されたものとはいえなくなるので伝聞証拠である。**大阪高判平8・7・16**は、麻薬授受の現場を外国の捜査機関が撮影したビデオテープを非供述とし、**最判昭53・9・7、同昭56・11・20**は、現場録音と供述録音に分けて判断し、前者は非供述証拠、後者は伝聞証拠であるとしている。

検証調書、実況見分調書内の現場供述に至らない指示・説明、また、添付写真、その説明文は、検証あるいは実況見分の目的をより明確にするものであるから本体と一緒に証拠能力を有するし、それを態度で示している状態の写真に付されている説明文も同様である。しかし、指示・説明を超える供述は「現場供述」であり、それを態度で示している状態を撮った写真は「供述写真」であり、その写真に付されている「説明文」も伝聞証拠であり、刑訴法321条3項該当書面である検証調書あるいは実況見分調書とは別の同321条1項2号あるいは3号の要件を満たさないと証拠能力を有しない。そして、「現場供述」及び「説明文」は署名・捺印がないのでその要件を欠いているため証拠能力がない。ただし、「供述写真」は機械的自動的に記録したものであるから供述者の署名・捺印は不要であるので、同321条1項2号ないし3号の要件をみたせば証拠能力を有する。問題になるのは犯行状況再現あるいは被害状況再現の実況見分調書である。**判例4-3**は、被害者の被害状況再現や被告人の犯行状況再現に関する実況見分調書本文内の現場供述、添付写真、写真に付されている説明文などについて証拠能力を説示した重要な判例である。それらは、どういうことを表現するための態度であるかを説明するための文字による説明が必要になり、写真には説明文が付されている。しかし、この説明文は供述の録取であり、実況見分調書等には、通常、供述者の署名・捺印がないので**刑訴法321条１項2号あるいは3号**の要件を満たさないため、説明文は証拠能力を有しない。供述者の公判供述の際に、誘導尋問にならないように留意した上で（**規則199条の3**）、写真を示して説明を受けて関連性を証明した後に証拠とすることになる（**規則199条の12**）。実況見分調書等の本文中の現場供述については、後述の検証の項を参照されたい。

同4-5は、封書について、その内容ではなく存在が立証事項であるとして、刑訴法321条1項3号書面であるとした原審を否定したものである。

（伝聞か非伝聞かに関する判例）

4-3 最決平17・9・27（大阪府「迷惑防止条例」違反等被告事件）

（１）本件の第１審公判において、検察官は、第１審判決判示第１の事実に関し、**立証趣旨を「被害再現状況」とする実況見分調書**（略。以下「**本件実況見分調書**」という。）及び**立証趣旨を「犯行再現状況」とする写真撮影報告書**（略。以下「**本件写真撮影報告書**」という。）の証拠調べを請求した。

（２）本件実況見分調書は、警察署の通路において、長いすの上に被害者と犯人役の女性警察官が並んで座り、被害者が電車内で隣に座った犯人から痴漢の被害を受けた状況を再現し、これを別の警察官が見分し、写真撮影するなどして記録したものである。同調書には、被害者の説明に沿って被害者と犯人役警察官の姿勢・動作等を順次撮影した写真１２葉が、各説明文付きで添付されている。うち写真８葉の説明文には、被害者の被害状況についての供述が録取されている。

本件写真撮影報告書は、警察署の取調室内において、並べて置いた２脚のパイプいすの一方に被告人が、他方に被害者役の男性警察官が座り、被告人が犯行状況を再現し、これを別の警察官が写真撮影するなどして、記録したものである。同調書には、被告人の説明に沿って被告人と被害者役警察官の姿勢・動作等を順次撮影した写真１０葉が、各説明文付きで添付されている。うち写真６葉の説明文には、被告人の犯行状況についての供述が録取されている。
（３）弁護人は、本件実況見分調書及び本件写真撮影報告書（以下併せて「本件両書証」という。）について、いずれも証拠とすることに不同意との意見を述べ、両書証の共通の作成者である警察官の証人尋問が実施された。同証人尋問終了後、検察官は、本件両書証につき、いずれも「刑訴法321条3項により取り調べられたい。」旨の意見を述べ、これに対し弁護人はいずれも「異議あり。」と述べたが、裁判所は、これらを証拠として採用して取り調べた。（略）
前記認定事実によれば、本件両書証は、捜査官が、被害者や被疑者の供述内容を明確にすることを主たる目的にして、これらの者に被害・犯行状況について再現させた結果を記録したものと認められ、立証趣旨が「被害再現状況」、「犯行再現状況」とされていても、実質においては、再現されたとおりの犯罪事実の存在が要証事実になるものと解される。このような内容の実況見分調書や写真撮影報告書等の証拠能力については、刑訴法３２６条の同意が得られない場合には、同法３２１条３項所定の要件を満たす必要があることはもとより、再現者の供述の録取部分及び写真については、再現者が被告人以外の者である場合には同法321条1項2号ないし3号所定の、被告人である場合には同法３２２条１項所定の要件を満たす必要があるというべきである。もっとも、写真については、撮影、現像等の記録の過程が機械的操作によってなされることから前記各要件のうち再現者の署名押印は不要と解される。

本件両書証は、いずれも刑訴法321条3項所定の要件は満たしているものの、各再現者の供述録取部分については、いずれも**再現者の署名押印を欠くため**、その余の要件を検討するまでもなく証拠能力を有しない。また、本件写真撮影報告書中の写真は、記録上被告人が任意に犯行再現を行ったと認められるから、証拠能力を有するが、本件実況見分調書中の写真は、署名押印を除く刑訴法３２１条１項３号所定の要件を満たしていないから、証拠能力を有しない。

そうすると、第１審裁判所の訴訟手続には、上記の証拠能力を欠く部分を含む本件両書証の全体を証拠として採用し、これを有罪認定の証拠としたという点に違法があり、原裁判所の訴訟手続には、そのような証拠を事実誤認の控訴趣意についての判断資料にしたという点に違法があることになる。しかし、本件については、前記の証拠能力を欠く部分を除いても、その余の証拠によって第１審判決判示第１の事実を優に認めることができるから、前記違法は、判決の結論に影響を及ぼすものではない。

4-4 東京高判昭58・1・27（監禁、監禁致傷、恐喝等被告事件・刑訴法判例百選Ｐ174）

原審は、原判示第二の事実全部を認定する証拠として、押収してあるノート（抄本）一冊（以下「久留メモ」という）を用いている。ところで、記録によれば、右久留メモは、検察官が原審第五回公判期日において、立証趣旨として、戦術会議及び犯行準備等に関する記載のあるメモの存在として取調の請求をし、弁護人は異議がない旨の意見を述べ同公判期日において直ちに採用決定され、証拠調が行なわれていることが明らかである。所論は、久留メモについては、検察官の立証趣旨はメモの存在というに過ぎないところ、証拠物でも書面の意義が証拠となる場合は証拠書類に準じて証拠能力を判断すべきであるから、原判決が右メモにつき、金員喝取の共謀を認定する証拠として用いているのは、採証法則を誤ったものであると主張する。しかしながら、前示のように、久留メモの立証趣旨については、戦術会議及び犯行準備に関する記載のあるメモの存在とされていたのであり、所論のように単にメモの存在とされていたわけではない。本件においては、所論のごとく、メモの存在のみを立証趣旨として取り調べても意味をなさないのであって、原審における訴訟手続を合理的に解釈するかぎり、検察官は、本件犯行の事前共謀を立証するものとして右のメモの証拠調請求をし、弁護人の異議がない旨の意見を経て、裁判所がこれを取り調べたものと解すべきである。もっとも、原審が、久留メモの証拠能力につき、どのように解していたかについては、記録上必ずしも明らかにされていない。すなわち、それは、いわゆる供述証拠ではあるけれども、伝聞禁止の法則の適用されない場合であると解したのか、あるいは、伝聞禁止の法則の例外として証拠能力があると解したのかは明らかではないのである。おそらくは、原審第五回公判期日において、久留メモについて弁護人の意見を徴するに際し、同意、不同意の形でなく、証拠調に対する異議の有無の形において、その意見を徴している点をみるときは、原審としては、久留メモについては、伝聞禁止の法則の適用されない場合と解していたことが推測できるのである。**人の意思、計画を記載したメモについては、その意思、計画を立証するためには、伝聞禁止の法則の適用はないと解することが可能である。それは、知覚、記憶、表現、叙述を前提とする供述証拠と異なり、知覚、記憶を欠落するのであるから、その作成が真摯になされたことが証明されれば、必ずしも原供述者を証人として尋問し、反対尋問によりその信用性をテストする必要はないと解されるからである。**そしてこの点は個人の単独犯行についてはもとより、数人共謀の共犯事案についても、その共謀に関する犯行計画を記載したメモについては同様に考えることができる。もっとも、右の久留メモには、「（２５）確認点―しゃ罪といしゃ料」との記載が認められるが、右の久留メモが取調べられた第五回公判期日の段階では、これを何人が作成したのか、作成者自身が直接確認点の討論等に参加した体験事実を記載したものか、再伝聞事項を記載したものか不明であったのである。しかし、弁護人請求の証人久留の原審第一三回公判期日における供述によれば、原判示６９の会に加入している久留は、昭和五五年九月二七日夜、当時同会に加入していた桂某より、中野、酒井の両名が飯場の手配師に腕時計と金を取られたことにより、同会及び原判示山日労・山統労の三者が右飯場に対し闘争を取り組むことになり、同月二五日の右三者会議で確認された事項のあること等を初めて聞き、右聞知した二五日の確認点をノートに「（２５）確認点―しゃ罪といしゃ料」と書き留めたことが明らかとなったのである。すなわち、右の公判期日の段階においては、久留メモの右記載部分は、原供述者を桂某とする供述証拠であることが明らかとなったのである。前記のように、数人共謀の共犯事案において、その共謀にかかる犯行訓画を記載したメモは、それが真摯に作成されたと認められるかぎり、伝聞禁止の法則の適用されない場合として証拠能力を認める余地があるといえよう。ただ、この場合においてはその犯行計画を記載したメモについては、それが最終的に共犯者全員の共謀の意思の合致するところとして確認されたものであることが前提とならなければならないのである。本件についてこれをみるに、久留メモに記載された右の点が共犯者数名の共謀の意思の合致するところとして確認されたか否か、確認されたと認定することができないわけではない。したがって、確認されたものとすれば、久留メモに記載された右の点に証拠能力を認めるべきは当然であろう。のみならず、確認されなかったとしても、久留メモに記載された右の点は、以下の理由によって、その証拠能力を取得するものと考える。すなわち、久留メモのうち、右の記載部分は、同月二五日の三者会議において、これに出席した桂某が、謝罪と慰謝料を要求する旨の発言を聞き、これを久留に伝え、久留が更に右メモに記載したものであるから、原供述者を桂某とする再伝聞供述であると解しなければならない。したがって、この点を被告人らの共謀の証拠として使用するためには、当然に弁護人の同意を必要とする場合であったのである。しかしながら、右の久留メモについては、前記のように、原審第五回公判期日において、検察官の証拠調請求に対し、弁護人は異議がない旨の意見を述べており、更に、原審第一三回公判期日において、久留メモ中の右の記載部分が再伝聞供述であることが明らかとなった時点においても、弁護人は先の証拠調に異議がない旨の意見の変更を申し出ることなく、あるいは、右証拠の排除を申し出ることもなく、また、桂某を証人として申請し、その供述の正確性を吟味することもしていないのである。このような訴訟の経過をみるときは、久留メモの右記載部分については、弁護人として桂某に対する反対尋問権を放棄したものと解されてもけだしやむを得ないのであって、結局、久留メモを原判示第二の恐喝の共謀を認定する証拠とした原審の訴訟手続に法令違反があると主張する所論は、その余の点につき判断するまでもなく、採用することができない。

4-5 福岡高判昭28・12・24（関税法違反被告事件＝密輸出）

伝聞証拠及び書証の証拠能力が否定される所以は、反対尋問の吟味を受けない供述は真実性が乏しいという点にあるのであって、それはその供述内容の真実性の証明に供する場合、すなわち原供述者の直接に知覚した事実が要証事実である場合にのみ、これを証拠として使用することができないことを意味するに止まり、あらゆる伝聞供述を含むものではないと解すべきである。（略）

前記**封書**については、これを証拠とすることについて、被告人の同意がなく、原審において、刑事訴訟法第321条第１項第３号の書面としてその取調がなされていることが記録上明かであるとはいえ、本件において該封書が証拠として使用された意味内容を考察するに、その存在又は状態が証拠となっているのみでなく、その記載の意義も証拠となっているものと見られるけれども、該文書はそれに記載された事実の証拠として用いられたもの、すなわち記載された供述内容の真実性の証拠に供せられたものでなく、その**内容の真偽と一応無関係に、その供述がなされたこと自体が要証事実となっているのであって**、換言すると、単に琴村方面における海上保安部の警備状況に関して、大阪市に滞在のＫ宛に、該手紙か発送されたこと且つこれを被告人が逮捕された当時所持していたことの情況証拠とされたものであることが記録上推認されるところであり、しかもその作成の真正に関しては、前記各公判調書中証人Ｈの供述記載により真実右Ｈから郵便官署スタンプの日付に被告人宛に発信されたものであることが証明されていることを認めるに足りる。それで、**該封書は所謂伝聞証拠と異り、証拠能力を有する書面として、刑事訴訟法321条1項第3号所定の要件を充足すると否とにかかわりなく、これを証拠として採用し得るものといわねばならない。然し従って本件封書は前に説示のごとき意味において証拠に供されている以上、これを刑事訴訟法320条に規定する伝聞法則の適用を受ける証拠書類に該当しな**

いということができるからである。

3　簡易公判手続（刑訴法291条の２）での適用除外（同条２項）

軽微な犯罪については伝聞証拠排除の原則の適用外としているが、その場合でも、個別証拠で検察官又は弁護人が証拠とすることに異議を述べた場合はこの原則が適用される。

4　伝聞証拠排除の原則の例外

一切の伝聞証拠を排除すると真実発見が極めて困難となる。例えば、死体の胸部に心臓にまで達する包丁が刺さっていて、その柄から被告人の指紋が発見された場合でも、目撃者の供述、被告人の供述がないと犯行態様が明らかでないため、殺人なのか、傷害致死なのか、過失致死なのかが明らかにならない。そのために、被告人供述、目撃者供述、被害者と被告人との関係を明らかにする参考人の供述などが不可欠である。

したがって、全ての供述証拠に伝聞証拠排除の原則を厳格に適用して、例外を認めないと刑罰権の適正な行使と真実発見が著しく困難になる。知覚・記憶・表現という過程に誤りが入り込むおそれがない、あるいは、そのおそれが極めて少ない書面や供述にまでこの原則を適用する必要はないという例外を設けることによって、被告人の基本的人権との均衡を図っている。

刑訴法は、この例外を設けるに当たって、**被告人以外の者の供述と被告人の供述とを区別**している。

被告人以外の者の供述については、①同意書面（**刑訴法326条**）、②実質上反対尋問を経た書面及び裁判所が行った検証調書（**同321条2項**）、③書面の性格から高度に信用できる書面（**同323条**）、④文書の性格から見て作成者が真正に作成していれば問題のない鑑定書や検証調書（**同321条３項、４項**）、⑤真実発見のために一定の要件を満たせば証拠能力を認める供述書面（**同321条１項**）に分けて定めている。なお、最後の書面は作成者の地位による信用度に差を設けて、裁判官の面前での公判尋問調書（**同1号**）、検察官の面前での供述録取書（**同2号**）、その他の供述録取書（**同3号**）に分け、その順に証拠能力を認める要件が厳しくなっている。その他に、⑥公判証言に現れた被告人以外の者の伝聞供述（**同324条1項**）、⑦弾劾証拠がある。

被告人の供述については、自白の証拠能力の項で述べる。

(1)　同意書面（刑訴法326、327条）

該当証拠によって不利益を受ける当事者が証拠能力を認めることに同意した場合にまで伝聞証拠排除の原則を適用する必要がないことは明らかである。そこで、同意書面は「**相当と認めるときに限り**」証拠能力を有する。**判例4-16**は、「相当と認めるとき」とは、任意性を欠いたり、証明力が著しく低い場合などを意味するとし、**同4-9**は、検察官の取調べにおいて、当初から被告人の弁解を全て虚偽のものと決めつけ、その言い分には全く耳を傾けないという態度を取っていて、「ぶっ殺す。」などというのは明らかな威迫に当たる発言がなされた際の状況からみて「第２弾、第３弾があるぞ。」というのは、事実を認めない限り、被告人に対する勾留が繰り返され、取調べが長期間にわたって継続するということを示唆するものであり、長期の勾留及び取調べを逃れるための虚偽の自白を誘引しかねないし、検察官が２弾、３弾となるような被疑事実を捕捉していたとは窺えないので詐言であった可能性すら否定できない、被告人が黙り込んでしまうのも無理はない状況の態度自体を不誠実と決めつけ、「黙秘をするのか。」などと言って迫ったなどは、被告人に不当な心理的圧迫を与えるものとしてその相当性に疑問があり、また、農協の組合長という社会的地位を有し、前科も全くなかった被告人に対し、「あのな、お前。」「何々じゃねえか。」「何々なんだよ。」などと、敢えて見下したような口調で取調べをしている点も、前記のような暴言等と相まって、被告人に無用な屈辱感を与え、任意に供述し、あるいは意に沿わない調書への署名指印を拒否しようとする気力を削ぐおそれを生じさせるものであり、供述調書の作成方法も何日か分をまとめて調書にするというもので、被告人が屈服するまで調書化しないことが窺えるとして、「相当と認め」られないとして証拠能力を否定した。

また、**同意が真意に出たもの**であるか否かも問題になる。**同4-6**は、被告人が同席する法廷で、弁護人が証拠に同意の意見を述べ、被告人が異議を述べない場合は被告人もそれに拘束されるとする。**同4-7**、**同4-8**は、被告人が否認しているのに、弁護人が争わない旨の意見を述べた場合は、弁護人の証拠意見のみではなく、被告人の意見も聞かなければ違法であるとし、**同4-12**は、被告人が犯意を強く否認している場合に、弁護人が証拠調べに同意しても被告人も同意したと見ることができない場合があることを認めたものである。**同4-11**は、被告人が不在の法廷での弁護人の意見が有効である場合に関するものである。これらに対し、**同4-7**は、被告人が全面的に争っているのに弁護人が証拠の全てを同意した場合、証拠を取り調べるのは違法ではないが、審理において被告人の弁解を裏付ける証人を取り調べるなどの慎重審理が必要であり、それをしないことは審理不尽になるとしている。これらは、いずれも弁護人と被告人との関係に齟齬がある場合、弁護人の誠実義務、真実義務をどう考えるか、裁判所がどの程度まで介入できるかという問題と深く関係している。

同4-14は、共同被告人の各弁護人が分担して証拠意見を述べたときは、一人の弁護人の意見は全被告人に及ぶとしている。**同4-13**は、一旦行われた同意の証拠意見は、錯誤に基づくものでも取消が許されないとしている。**同4-18**は、伝聞供述が証言されたのに何ら異議を述べず、聞くことはないかと尋ねられても尋問しなかった場合を、伝聞供述に同意したものとして扱った事例であり、**同4-15**は、証言の内容がすべて共同被告人からの伝聞した事実であるとしても、被告人及び弁護人がなんら異議を述べていないばかりでなく、かえって証人に対し尋ねるところはないと述べている場合には、同意があったと認めるのを相当であるとした事例である。しかし、**同4-18**は、収賄罪の成否を決する重要な証拠である供述調書について、被告人及びその主任弁護人が供述者を直接尋問する機会を与えられることなく、たやすくこれを証拠とすることに同意するとは考えられないとして、主任弁護人が「証拠調べに異議なし」と述べた一事をもって、弁護人及び被告人が黙示的に同意したものと解することはできないとしている。

(同意書面に関する判例)

4-6　東京高判平18・4・13(覚せい剤取締法違反被告事件)、福岡高判平10・2・5も同趣旨

弁護人は被告人の訴訟行為に関する包括代理権に基づき証拠調請求に同意したものであり、被告人が在廷しながら異を唱えなかった場合には、特段の事情がない限り弁護人の意見は被告人の明示又は黙示の意思に反しないものと推認され、本件では、被告人の尿から覚醒剤が検出された事実及び宿泊した客室から覚醒剤が押収されたことにつき被告人が積極的に争っているように見受けられず、弁護方針にも合理性があり、被告人もその方針に同意していたものと認められる。

4-7　東京高判平17・2・16(覚せい剤取締法違反等事件)

検察官の請求する証拠の内容、被告人の主張内容などによっては、被告人が犯行を全面的に否認していても、弁護人が検察官請求証拠を全て同意した上で反証を行うという弁護方針が不合理であるとはいえず、裁判所が被告人の意思を確認等することなくこれを採用して取り調べることは、弁護人の同意が被告人の意思に明らかに反する等の特段の事情があると認められるような場合でない限り違法とはいえないのであって、そのような特段の事情が認められない限り、裁判所としては、書証の取調べと検討を経て、さらに、弁護人による被告人質問や弁論の内容を徴するまでのいず

れかの段階において、同意の効力は維持しつつ、すなわち、**書証の採用は維持しつつ、必要な証人調べを行うことによって被告人の主張に沿った審理を尽くせば足りる。**本件においても、書証の採用・取調べの時点ではそのような特段の事情は認められないが、原審弁護人は、検察官請求書証全てを何ら留保を付することなく同意し、これらの証拠による検察官立証に対する反証のため、あるいは被告人の弁護内容を裏付けるための証人請求等の証拠調べ請求を全く行っておらず、被告人質問における被告人の弁解内容に照らすと、事実認定上の疑問点もうかがわれるから、少なくとも書証の採用を維持しつつも、主要な証人の取調べは行うべき事案であったといえ、原審にはこの点で審理不尽、訴訟手続の法令違反があったといわざるを得ない。

4-8　広島高判平15・9・2（窃盗、窃盗未遂被告事件）

被告人が公訴事実について否認の陳述をしているのに対し、弁護人が公訴事実を争わない旨の意見を陳述し、その主張が相反している場合には、検察官請求の書証について、弁護人が全部同意すると述べたとしても、直ちに被告人が書証を証拠とすることについて同意したことになるものではなく、裁判所は、弁護人とは別に被告人に対し、被告人の否認の陳述の趣旨を無意味にするような内容の書証を証拠とすることについて同意の有無を確かめなければならない。

刑事訴訟法第326条第1項は「被告人が証拠とすることに同意した書面」については伝聞証拠であっても証拠とすることができる旨を規定しているところ、この場合の同意は弁護人がその包括代理権に基づき被告人を代理してこれをすることができるものであり、それが被告人の明示した意思に反する等の特段の事情が認められない限り、弁護人の同意をもって被告人の同意とみなして妨げないものと解するのが相当である。

4-9　佐賀地決平14・12・13（背任被告事件）

被告人の供述は、時系列が散漫であり、当公判廷においても、問いに対する答えになっていない部分が多く、どの時点で検察官にどのようなことを言われ、自分がいかなる反応をしたかという肝心な点について、正確性を欠くきらいがある。また、被告人は、逮捕直後の取調べから市川検事から怒鳴られるなどし、ねじまげられた弁解録取書が作られた旨供述する点は、前記のとおり、逮捕当日は、被告人に有利な否認の弁解録取書（略）が作成されており、その後の裁判官の面前における勾留質問においても「検察庁で述べたとおり。」との陳述をしていると認められること（略）とそぐわないし、検察官において、このような初期の段階から無理な取調べをする必要性があったとも思えない。他方、市川検事の証言は、全体として理路整然とし、被告人の供述経過に関する部分については、前記供述調書上の供述経過とも符合しており、これらからすると、市川検事の証言に比し、被告人の供述の信用性は低いと評価すべきとも考えられる。

しかし、市川検事は、取調べ状況につき、十分に記憶を喚起してから証人尋問に臨んだというのであり、尋問技術のプロでもある同検事が、上記のように整然とした供述をするのはむしろ当然であると言える一方、被告人は、自ら認めるようにその記憶には曖昧な部分も多く、質問の内容をよく理解しないまま答えたりしている場面も多いが、だからこそ、上記のような供述になっているともいえるし（例えば、弁解録取書の内容がねじ曲げられているというのも、弁護人の質問に対する答えからすると、担保評価を知っていたという点が自分の認識と異なるが、それは、強制脅迫でそういう調書となったのではなく、逮捕直後で気が動転しており、１回の読み聞けではよく理解できずに、署名指印してしまったということであると理解できる。）、時期、時系列に混乱が見られるからといって、その述べる出来事自体がなかったとまで言い切れるものでもない。そうすると、上記のように**被告人の供述に曖昧な点があること等をもって、直ちに、その取調状況に関する供述の信用性を全て否定するのは相当でなく、供述内容の合理性や、他の客観証拠との符合性等をより具体的に検討することにより、それぞれ供述の信用性を吟味する必要があるというべきである。**

そこで、検討するに、被告人の供述における市川検事の使った言葉、声の大きさ、右手で机を叩く様子、それに対して被告人が頭を突き出して殴ってくださいと言った状況、机の下にしゃがみ込んで被告人の顔を覗き込む様子、取調べの最後に市川検事が謝罪したことなどは、具体的かつ詳細である上、それ自体、かなり特異なものであり、現実に体験したものでなければ再現し得ないような生々しさがあり、極めて高い臨場感・迫真性が認められる。そして、「今時分ですね、裁判長さん、殺すということがありますか。それも１回ならなんですけれども、これは十数回、２０回ぐらい。私７１歳、戦中戦後あらゆる経験をしてきたんですけれども、人権尊重の時代においてですね、殺すということはですね、あまりに度が過ぎておるんじゃないか、これでいいんでしょうか。」「今回の取調べについては憤りと悔しさで一杯で、こんな取調べがあっていいものかと、私は残念で残念で死ぬまで私は思い続けます。」などと訴えながら供述したり、対質した市川検事に対しても、「私もですね。役者じゃないんです。真実を言っておるんです。」と言いながら質問する態度にも、強い迫力が感じられる。そして、被告人と同時期に同じ少年刑務所で取調べを受けていた時期のあるＢの前記証言は、やはりかなり特異な体験を述べるものであって、その供述の信用性は高いと思われるところ、これは、市川検事が、再三、大声をあげていたことや机を叩いていたという点について、被告人の供述を裏付けるものといえる。さらには、市川検事自身も、１回だけであるとはするもののぶっ殺すぞなどという暴言を吐いたこと、大声を上げた場面もあったこと、黙秘かと言って尋問したこと、法廷には家族も来る、裁判官は被告人の言い分は信用しないということは言ったこと等、被告人の供述を一部裏付ける証言をしているのであって、これらからすると、取調べ状況に関する被告人の供述は、軽視し難い信用性を有するというべきである。（略）

被告人の取調状況に関する供述には軽視し難い信用性が認められるところ、市川検事の証言はこれを排斥するに足りないというべきであり、被告人が述べる取調べ状況のうち、少なくとも、市川検事の特異な言動に関する部分、すなわち、被告人が反論すると、相当回数にわたり、手刀で机を叩きながら、嘘つく気か、こん畜生、ぶち殺すぞ、検察をなめるな、刑務所にぶち込むぞ、第２弾、第３弾があるぞなどと言って迫り、また、被告人が黙る場面があると、同様に机を叩くなどしながら、黙秘か、否認かと怒鳴るなどした事実を認めることができる。

（略）こうした言動は、それが繰り返し行われることによって、被告人に対し、**極めて強い心理的圧迫を与えるもの**であり、そのため不本意な調書に署名指印をするような状況を生む可能性を否定できない。また、その発言内容も甚だ穏当を欠くものであり、「ぶっ殺す。」などというのは明らかな**威迫**に当たる上、「第２弾、第３弾があるぞ。」という部分は、その発言がなされた際の状況を考慮すると、**事実を認めない限り、被告人に対する勾留が繰り返され、取調べが長期間にわたって継続するということを示唆するもの**であり（被告人も公判廷において、これを聞いて、２０日にわたる調べは厳しいのに、さらにまた２弾、３弾で長くなるのかということで身が縮む思いをした旨述べる。）、そのこと自体で、**長期の勾留及び取調べを逃れるための虚偽の自白を誘引しかねない**。しかも、その後の経緯をみても、検察官が被告人に対し、２弾、３弾となるような容疑を捕捉していたとは窺えず、**詐言であった可能性すら否定できず、取調官として甚だ不適切な言動というほかない**。さらには、市川検事は、その証言によっても、取調べ当初から、**被告人の弁解を全て虚偽のものと決めつけ、その言い分には全く耳を傾けないという態度を取っていたことが随所に窺われる**のであって、事実を否認する被告人としては、黙り込んでしまうのも無理はなく、にもかかわらず、市川検事は、被告人のそうした態度自体をさらに不誠実と決めつけ、「黙秘をするのか。」などと言って迫っているのであって、被告人としては、進退窮まらざるを得ず、こうしたことも、被告人に不当な心理的圧迫を与えるものとしてその相当性に疑問がある。また、佐賀市農協の組合長という社会的地位を有し、前科も全くなかった被告人に対し、「あのな、お前。」「何々じゃねえか。」「何々なんだよ。」などと、敢えて見下したような口調で取調べをしている点も、前記のような暴言等と相まって、被告人に**無用な屈辱感を与え**、任意に供述し、あるいは意に沿わない調書への署名指印を拒否しようとする気力を削ぐおそれを生じさせるものといえる。

ところで、本件自白調書は、以上のような問題を抱えた取調べが続いた後、勾留期間満了日である平成１３年３月２３日に、市川検事が予めワープロで内容を起案してきたものに被告人が署名指印をするという形で作成されている（ただし、３頁からなる簡略な乙１７だけは、当日に被告人から録取してその場で作成されている。）。そして、これらの調書は、（略）相当量の調書であり、自白に転じたとされる同月２０日以降は同月２３日までは取調べは行われておらず、２３日ももっぱら調書の読み聞かせが行われただけで、ほとんど取調べは行われていなかったことからすると、乙１７以外の本件自白調書が、被告人の供述に基づいて作成されたものといえるのか自体にまず疑問がある。確かに、供述者の供述とこれを録取した調書の作成年月日は必ずしも一致しなければならないものではなく、数日にわたって取り調べた後、日をあらためて一括録取して調書を作成するということは取調べにおいてはまま見られることであり、このこと自体は違法とはいえないものの、本件のように、被告人が取調べ当初から否認し、一旦自白に転じたものの、直ぐにまた否認し、勾留満期が迫る中でようやく再度の自白に転じたという経緯をたどり、取調べを通じて見るとほとんど否認であったという事案においては、供述者の供述に基づかない調書が作成されるおそれがあり、相当とは思われない。（略）被告人が本件自白調書に署名指印した後、完璧ですね、と言ったことには争いはなく、その言葉だけを捉えると、調書をきちんと録取してもらって文句はないと言っているようにも見えるが、これまで検討してきた経過からすると、検事の思うがままの調書になったので、作文として完璧ですねという意味で言ったという被告人の説明も十分成り立つというべきである。また、通常であれば、被疑者がこうしたことを言ったとしても録取までしないと思われるのに、わざわざ「検事さんが取ってくれた調書は完璧だなあと思いました」などという乙４２の調書を作成したのは、市川検事においても、後日、本件自白調書の任意性ないし信用性が争われることを懸念していたのではないかとの疑念が残る。

そうすると、本件自白調書作成時において、前述のような市川検事の言動がなされたか否かは必ずしも明確ではないものの、少なくともそうした言動の影響が遮断されたとは認められない中で本件自白調書が作成されているのであるから、その任意性に疑いがないとは言い難く、加えて検察官が予め作成した調書には、被告人の供述に基づかない部分があるのではないかとの疑いもあるというのであるから、一段とその任意性には疑いが残るといわざるを得ない。そして、当日録取がされた乙１７についても、意に添わない調書に署名指印をするような状況下で録取されたことになり、やはりその任意性には疑いがある。（略）以上のとおり、本件自白調書は、いずれもその任意性に疑いがあり、犯罪事実を立証するための証拠としての証拠能力を認めることができないので、その証拠調請求を却下することとする。なお、弁護人は本件自白調書の一部について既に同意しているが、上記検討したところによれば、同意部分についても任意性に疑いがあるので、**刑事訴訟法326条1項の相当性の要件**を充足せず、証拠能力は認められない。

4-10　大阪高判平8・11・27（覚せい剤取締法違反被告事件）
仙台高判平5・4・26（恐喝未遂被告事件）も同趣旨。

被告人が公訴事実を否認している場合、検察官請求証拠の内、被告人の否認の陳述の趣旨を無意味に帰せしめるような内容の証拠については、弁護人のみが関係証拠に同意したとしても、それによって被告人が右証拠に同意したことにはならない。

4-11　最決昭53・6・28（兇器準備集合等被告事件）

学生運動のセクトに属し、またはこれに同調する被告人らが、多数共同して他人の身体財産に危害を加える目的をもって兇器の準備あることを知って集合し、講堂内から要求を受けて退去せず、警察官らに対し火炎びん等を投げつけるなどの暴行を加え、職務の執行を妨害した事件につき、有罪が言い渡され、控訴したが棄却されたため、上告した事案で、刑訴法**326条2項**は、被告人が出頭しないでも証拠調べを行うことができる場合において、被告人らが出頭しないときは、裁判所は訴訟の進行の阻害を防止するため、被告人の真意のいかんにかかわらず、特にその同意があったものとみなす趣旨に出た規定と解すべきであり、被告人が秩序維持のため退廷を命ぜられ同法341条により審理を進める場合にも適用されると解すべきである。

4-12　東京高判昭48・3・28（常習累犯窃盗被告事件）

被告人が犯意を強く否認して公訴事実を争い、弁護人が公訴事実を争わない態度を明示している場合には、犯意の認定の資料となる重要な書面については、弁護人がこれを証拠とすることに同意する旨陳述し、被告人が弁護人の右陳述に異議を述べなかったとしても、必ずしも、被告人もこれに同意したものとは認められない。

4-13　東京高判昭47・3・22（業務上過失傷害等被告事件）

訴訟行為は手続の混乱を避けるため明文のある場合のほかその撤回（取消）を許さないものというべきところ、書証につき証拠とすることについての同意も、その撤回（取消）につき明文がなく、書証に証拠能力を付与する訴訟行為として、その同意が錯誤にもとずくことを理由として、一たんなされた同意をのちに撤回（取消）することを許されないものと解すべきであり、所論の被告人の司法警察員に対する供述調書についての錯誤を理由とする同意の撤回は、その効力を生ずるに由がないものであるから、原審が右主張を排斥して異議申立を却下したのは相当であり、その撤回が有効であることを前提とする所論は到底これを採用することができない。

4-14　最判昭30・8・2（公職選挙法違反被告事件）

共同被告人の各弁護人が分担を定めて多数の書証の各分担部分について同意不同意の意見を陳述し、他の弁護人はそれ以上同意不同意の意見を陳述しなかった場合、弁護人がそれ以上意見を陳述することを妨げられずに証拠調を終了した限り、自己の代理する被告人に最も関係深い書証の同意不同意を他の各弁護人に代って陳述したものであり、その効果は全被告人に及ぶと解するのが相当である。

4-15　最決昭30・1・25（偽造有価証券行使等被告事件）

公判廷において、検察官が各種の書面の取調を請求して立証の趣旨を述べ、裁判所からその証拠調の請求について意見を求められたのに対し、被告人から異議がない旨の陳述をし、さらに、右証拠調実施後、裁判所から反証の取調の請求等により、証拠の証拠力を争うことができる旨を告げられたのに対しても、被告人において、別にないと答えた場合においては、被告人はその書面を証拠とすることに同意した趣意を述べたものであると解すべきであるとした原審判断は正当である。

4-16 最決昭29・7・14（窃盗、傷害被告事件）

刑訴法**326条1項但書**の「相当と認めるときに限り」というのは、証拠とすることに同意のあった書面または供述が任意性を欠き、もしくは証明力が著しく低いなどの事由があれば証拠能力を取得しないとするものであって、原審がこれを証拠として挙示したことが即ちこのような事由のないことを示しているのであり、改めてその不存在を判示することを要するものではない。

4-17 最判昭28・5・12（食糧管理法違反被告事件）

証人の証言の内容がすべて共同被告人より伝聞した事実であるからこれを断罪の資料に供したのは採証の法則に反するという主張について記録を調べて見ると、第一審において被告人及び弁護人は、証人の供述についてなんら異議を述べていないばかりでなく、かえつて証人に対し尋ねるところはないと述べているのであるから証人の供述について同意があつたと認めるのを相当とする。

4-18 最判昭27・11・21（収賄等被告事件）

県土木出張所に勤務する収賄被告人が、請負工事の現場監督をしていた贈賄被告人を介し、請負工事の指導監督上便宜且寛大なる取扱いを受けたい趣旨の下に請負人の負担において接待するものであることを知りながら、宿泊、食事、湯席料等の接待を受けるなどした収賄等の事案の上告審で、本件収賄罪の成否を決する重要な証拠である供述調書について、被告人及びその主任弁護人が供述者を直接尋問する機会を与えられることなく、たやすくこれを証拠とすることに同意するとは考えられないから、主任弁護人が「証拠調に異議なし」と述べた一事をもって、弁護人及び被告人が同供述調書を証拠とすることに黙示的に同意したものと解することはできないとして、同供述調書を証拠とした第一審判決及び原判決を破棄し、本件を原裁判所に差し戻した。

(2) 反対尋問をしたと同一視できる書面（刑訴法321条2項）

当該裁判所あるいは当該裁判官の面前での供述ではないが、過去の公判廷で被告人が立ち会っていて反対尋問の機会が与えられていた尋問結果を記録した公判調書は、実質的には公判廷の供述と同一視でき、もう一度公判での尋問をやり直す必要性はないとの考えの下に、直ちに証拠とすることができるとしたものである。当該被告人の裁判における裁判官の交替による公判手続の更新（**刑訴法315条、規則213条の2**）、分離又は併合、管轄違いなどによる移送（**刑訴法3ないし13条**）、破棄差戻し（**同398条**）、破棄移送（**同399条**）などの場合の措置である。

裁判所が自ら行う検証も同様に扱われる。**判例4-19**は、検証は弁護人ないしは被告人の意見をよく聞いた上で行うべきものであるから、弁護人の立ち会いなしに行った検証は違法であるとしている。裁判所（又は裁判官）が行った検証結果を記録したもの（**同142、125、179条**）は、被告人又は弁護人が立ち会って意見を述べていれば、裁判所（又は裁判官）は、それを斟酌しながら検証を行うため、公判廷で行った場合と同一視し得るので、作成者の証言は不要とされている。したがって、被告人又は弁護人に立ち会いの機会を与えない検証には同条の適用はない。

（裁判所が行う検証に関する判例）

4-19　最判昭24・5・18（強盗殺人同未遂被告事件）

検証は調書の記載のみでは必ずしも事態の真想を把握し難い複雑微妙な点があるので弁護人がこれに立会って実地に見聞すると否とは被告人の利益に重大な影響があるのみならず現場に付て被告人の主張をよく説明し裁判所の注意を喚起する必要ある場合も少くないのである。其故弁護人に立会の機会を与えることは裁判所の義務と解すべきである。前記規定を訓示的のものと解するが如きは被告人並弁護人の権利を重視する新憲法下において殊に許さるべきでない。本件においては前記の如く遠隔の地において実施される検証が其当日しかも所定時刻経過後に至って初めて弁護人に知らされたのであるから弁護人はこれに立会う機会を全く与えられなかつたものというべく、其立会なくして行われた検証の調書を証拠に採った原審の措置は違法であるといわなければならぬ。そして此違法は判決に影響を及ぼす可能性あること勿論であるから論旨は理由があるものというべく原判決は破毀を免れない。（記録によると原審は前記決定謄本を検証期日約十日以前に執行吏に交付して其送達を命じたことが明であり従って此点に関する限り原審の措置に責むべき廉はないのである。当裁判所で調べた処によると執行吏は数回弁護人の事務所に謄本を持参したのであるが常に全戸不在で送達が出来なかったということである。執行吏は送達が出来なければ裁判所に返還する等相当の措置を執らなければならないのであるがそれを為さず、漫然検証の日迄謄本を持っていたため裁判所は不送達の事実を知らず従って更めて相当の手続を履むことをしなかったため前記の様な不都合な結果を生じたのである。しかし弁護人の側から見れば裁判所の手落ちたると執行吏の手落たるとを問わず立会う権利の行使を妨げられたことに変りはない。其故原裁判所が相当の時期に執行吏に送達を命じたという事実によってその違法がなかったとすることは出来ない。）

(3)　高度に信用性が認められる書面（刑訴法323条）

一般社会人が、作成者及び作成過程について、虚偽を混在させる余地がないと信頼しているために、高度の真実性があると認められる書面である。このような書面は、わざわざ作成者を尋問して真正に作成したことを確かめる必要すらないものである。したがって、極めて限定されている。

同条１号書面は、戸籍謄本等の公的原簿、台帳、登録簿等に記録されている事項を内容とする公的書面、法令により特別に公的に作成の真実性が担保されている書面（公正証書謄本、郵便物の引受時刻証明書、配達証明書、公的な各種の書面の届出の受理を証する証明書など）、判決や行政処分等を記載した書面、書面を作成した公務員が所属する公務所で公務の通常の遂行過程で記録に留められた事項を内容とする書面（気象関係職員が作成した気象状況に関する報告書、消防職員が作成した出火通報受理時刻、出動消防車数、鎮火時刻などに関する報告書〔ただし、火災の状況や出火原因に関する部分は**321条1項3号**と**同4項**に区分される〕、文書の授受、発送簿の謄本、関係帳簿に基づく回答書、留置人出入簿の等謄本など、その他に、一定の手続が一定の日時に行われた事実を立証するための書面（逮捕手続書、捜索差押調書を逮捕、捜索差押が行われたことのみの立証に使用される場合）などである。前科調書、身上照会書も含む。

同条2号書面は、特定の継続的な事業ないし業務の過程でその事業ないし業務のために作成された書面で、金銭出納簿、仕入れ帳、売上帳、貸借対照表、財産目録、証券の発行簿、在庫品台帳、伝票、小切手の耳などの会計関係の帳簿・帳票類、航海日誌・航空日誌、**カルテ**などである。契約書、領収書は継続性がないから含まないが、3号書面になる場合がある（**東京高判昭56・１・22**）。**判例4-22**は、速度違反車両の測定時間、車種、塗色、車両番号、特記事項、走行速度などを、測定の順序に従って具体的に記録し、当日の取締りの流れを示す速度測定通報（受理）記録用紙を、**同4-23**はいかつり漁船のＱＲＹ受信用紙の謄本を、**同4-27**は、販売未収金関係を備忘のため、闇米と配給米とを問わず、その都度記入したものと認められる帳面を、それぞれ**2号書面**としている。また、**同4-24**は、交通取締用車両速度計検査表（謄本）は**2号書面**であるが、速度測定カードは**刑訴法321条1項3号**の書面であるとしている。

同条3号書面は上記1、2号と同程度に信用性のある書面をいう。**同4-20**は嫌がらせ電話を克明に一覧表にして記載したノートを、**同4-25**は消防司令補が作成した火災に関する現場見分調書を、**同4-26**はノミ行為で勝馬投票類似の申込をする際、心覚えのため半紙約二枚大のカレンダーの裏面に、レース番号、連勝番号、口数等をボールペンで記載して作成したメモを、**同4-21**は信用金庫の課長が業務上作成したメモ(二次的証拠ではあるが)を、**同4-28**は農業調整委員会の議事録を、それぞれ**3号書面**としている。いずれも、作成者が法廷で真正に作成したことを証言することが条件であろう。

(刑訴法323条書面に関する判例)

4-20　東京地判平15・1・22(ストーカー行為等の規制等に関する法律違反、業務妨害被告事件)

検察官は、甲山花子(以下「甲山」という。)作成のノート(略。以下「**本件ノート**」という。)及び「**いやがらせ電話一覧」と題する書面**(略。「本件一覧表」という。)につき、刑事訴訟法323条3号に基づく証拠調べを請求し、当裁判所はこれらが同条同号の「前二号に掲げるものの外特に信用すべき状況の下で作成された書面」に該当するものと認めて取調べを行ったが(略)、その理由は、以下のとおりである。

本件ノートは、その体裁において、各欄ごとに、左端から、日付、時刻、電話番号、電話の内容、「無言」等の文字、名前(「甲山」等の姓のみ)が手書きされているものであり、**本件一覧表は**、いわゆる表計算ソフトで作成されたと認められるフォームに、左端から、番号、日付、時間、回線、状態、備考の項目が設けられ、また、このうち、「回線」の行には「8・9・他(　)」の文字が、「状態」の行には「無言・甲山宛・他(　)」の文字がそれぞれ記載されていて、それぞれの欄に手書きで、対応する事項が記入されている。

これらの記載内容等につき、証人甲山は、勤務先の株式会社○○(以下「本件会社」という。)に被告人からと思われる電話がかかってきた際に、その日時、回数、内容等を記録したもので、甲山自身が電話に出た場合は自ら本件ノートに記入するが、同僚が出た場合は、その後遅滞なくその旨の報告を受けて、これを同ノートに記入していたこと、本件一覧表についても、被告人からと思われる電話が本件会社に多数回にわたってかけられるようになったところ、他の従業員がその都度メモ等で、その日時や内容等を記録するのは煩瑣なため、合理的な記録方法を採ろうということになり、同僚の考案により、あらかじめこのようなフォームを作成した上、記録することにしたものであり、「回線」の行の「8」は本件会社の甲山の直通電話に電話がかかってきた場合を、「9」は本件会社の代表電話に電話がかかってきた場合を、「他」は甲山の携帯電話等に電話がかかってきた場合をそれぞれ指すこと、「状態」の行の「無言」は無言電話の場合、「甲山宛」は甲山以外の者が出たときで甲山宛の電話の場合、「他(　)」は甲山が電話に出た場合であり、括弧内には被告人がその際話した内容を記入すること、これらに基づいて、甲山はその日にかかってきた電話の回数等を集計した表を作成するが、その際には「備考」の行に最初に電話に出た者の名前を記入すること、元になる表と甲山が取りまとめた表は共に警察に提出していることなどを供述している。

甲山の上記供述は、具体的で、流れも自然であり、同じく証人として出廷した本件会社副社長乙川次郎の供述内容とも符号していることなどに照らしても、十分信用することができる。そして、これによれば、本件ノート及び本件一覧表は、被告人からと思われる電話に限って、受信日時や内容等を、直後かその後遅滞ない時期に、かつ、正確に記録したものであると認められ、その過程に恣意が入り込んだと疑うべき事情はない。そうすると、本件ノート及び本件一覧表は、刑事訴訟法**323条3号**所定の「前二号に掲げるものの外特に信用すべき状況の下に作成された書面」に該当するものと解すべきである。

4-21　東京高判平成11・10・8(詐欺被告事件)

Kの原審証言及び**本件メモ**等関係証拠によれば、さくら銀行が行うローン等の保証を業務としていた原判示H総合信用株式会社(以下「H総信」という。)の保証部部長であったIと実査部副部長であった被告人は、平成七年一月二〇日、被告人が紹介した顧客であるMが前年一一月一五日に原判示さくら銀行関内支店に打診した住宅ローンの申し込みが断られた経緯を確認するために同支店に赴いたこと、応対した同支店融資課課長Kは、後日Mからクレームがついてトラブルが起きる可能性を危惧したところから、右打診があった時点から、同支店内の稟議を経てH総信に住宅ローン申込書を送付してH総信の保証が得られるか検討を依頼し、平成七年一月一九日H総信実査部副部長Nから電話で最終的に保証を断られ、Mに対して右ローンの申込みを断るに至るまでの経緯を同支店内の記録として残すため、その都度、あるいは融資課作成の営業日誌、K個人が大学ノートに記載していた備忘録や右住宅ローンの担当者Bの記憶にも基づいて、Ｂ四版のけい紙に鉛筆で記載し、これをコピーしたものを原本とし、同支店長の決裁を経ていたものであって、右のようにして作成された本件メモは、同支店の文書としての体裁を備えており、全部で五枚あるうち、一、三、四枚目は、被告人らが来店した直後に急いで作成したもので、五枚目は、同月二三日にその後のＭ側とのやりとりを記載して作成し、二枚目は、一、三、四枚目に記載を漏らした出来事を同月二七日ころに記載して作成したものであることが認められる。

所論は、本件メモは五枚であるのに、Ｋは、全部で七枚メモを作成したと証言し、Ｋの平成一〇年六月三日付け検察官調書（略）添付のメモは三枚であって、このようにメモの枚数自体が明確でないことからも、本件メモの特信情況に重大な疑義があると主張する。しかし、Ｋの原審証言によれば、所論の右検察官調書（原審で不同意とされたため取り調べられていない。）に添付されているメモは三枚であるとうかがわれるが、同証言及び本件メモの記載（特に五枚目末行）によれば、Ｋは、検察官に、ＫがＨ総信のＩ部長にファックス送信し、その後Ｈ総信から警察に提出された本件メモの一、三、四枚目について事情聴取されたため、前記調書には右三枚だけが添付されたものと認められる。また、Ｋは、所論指摘のように、いったんは同人が作成したのは七枚ぐらいであると思う旨証言したものの、その直後に自ら作成したのは本件メモ五枚だけであることを確認し、これと区別しつつ、Ｂが独自に作成したものはなく、前記支店の副支店長が電話その他で受けたものを作成したメモもある旨証言しているのであって、本件メモの作成過程に格別疑問があるとは認められない。

以上によれば、**本件メモ**は、Ｋ課長がその業務遂行の必要上、日常業務の過程で作成された関係資料等をも参酌して作成し、上司の決裁も経た前記支店の正式文書としての体裁を備えたものであって、その作成経過・状況、作成目的、形式・体裁及び記載内容等に照らすと、営業日誌や備忘録を転記するなどした点で二次的資料といえる部分や、作成日から約二箇月前のできごとを記載した部分があること、原資料である営業日誌や備忘録が既に廃棄されていること、所論がいうように、将来のトラブルの発生に備えて作成した点で防衛的な配慮が入り込んでいる可能性があること、本件メモの二枚目には作成日付けがないことなど所論の指摘する諸点を考慮しても、特に信用すべき情況の下に作成された書面というに妨げなく、原審が本件メモを刑訴法**323条3号**に該当する書面としてその証拠能力を認めたことに違法があるとは認められない。

4-22　東京高判平9・12・18（道路交通法違反被告事件）

本件速度違反の取締りについては、違反車両の測定時間、車種、塗色、車両番号、特記事項、走行速度などを、測定の順序に従って具体的に記録し、当日の取締りの流れを示す速度測定通報（受理）記録用紙が存在する。そして、木村巡査の当審公判廷における証言によれば、右記録用紙は、記録係をしていた同巡査が、本件当日の平成七年五月二三日午後八時四五分ころから翌二四日午前一時五七分ころまでの間に、測定された三二台の違反車両について、警報音が鳴ると同時に、速度記録紙に測定時分と測定速度が印字されて出て来るので、それを見て右記録用紙に違反時間と走行速度を記載し、車種、塗色、車両番号及び特記事項等に関しては、測定現認係の有馬巡査からの通報に基づいて分かる範囲だけを記載し、違反車両が停止した後に、自分の目で見たり、停止係の警察官から教えてもらって記載したものである（うち三台の違反車両については、逃走したため記載が不完全である。）ことが認められる。すなわち、右記録用紙のうち、違反時間及び走行速度の各欄は、木村巡査が、本件測定装置によって印字された速度記録紙に表示された測定時分及び測定速度を、同巡査の主観、作為等を入れることなく、機械的に記録したものであるということができるのである。したがって、関係各証拠によって認められる本件速度違反の取締りの状況等を合わせ考えれば、当審公判廷において取り調べた右記録用紙（謄本）の違反時間及び走行速度の各欄は、内容的に、本件測定区間を走行した不特定多数の車両を対象として速度違反の取締りを行った結果を機械的に記録したもので、ことさらに特定の車両に違反があったように虚偽の内容を記載したり、後から記載を改竄したりしたものではないと認められる。なお、右記録用紙（ただし、車種、塗色、車両番号及び特記事項等の各欄の記載内容を除く。以下同じ。）は、当番において、刑訴法**323条2号**により証拠能力が認められるとして、証拠として採用し、取り調べたものであるところ、弁護人は、警察官の作成した右記録用紙につき、同号を適用できるとするのは、現行刑訴法の当事者主義構造からして、相当でないというのである。しかし、右にみたとおり、右記録用紙は、警察官が作成したものとはいえ、本件測定装置が測定した特定時刻における走行速度を、作成者の主観、作為等を入れることなく、機械的に記録したものであるから、業務の通常の過程で作成されたものと認めることができるのである。したがって、右記録用紙につき同号により証拠能力を認めることに何ら誤りはなく、弁護人の右主張は、採用することができない。

4-23　最決昭61・3・3（いかつり漁業等の取締りに関する省令違反被告事件）

所論にかんがみ、本件ＱＲＹ受信用紙（以下、「本件受信記録」という。）の謄本の証拠能力について検討すると、以下のとおりである。まず、本件受信記録の原本は、それ自体だけからでは刑訴法**323条2号**にいう「業務の通常の過程において作成された書面」であることが必ずしも明らかではないけれども、その作成者の証言等関係証拠をも併せて検討すると、「北海いかつり船団」所属の各漁船は、同船団の事前の取決めにより、洋上操業中、毎日定時に操業位置、操業状況、漁獲高等を暗号表等を用いて相互に無線電話で通信し合い、その通信内容を所定の受信用紙に記載することになっていたものであるところ、本件受信記録は、右船団所属の第二一福聚丸の乗組員が、右取決めに従い、洋上操業中の同船内において、通信業務に当者として、他船の乗組員が通常の業務として発する定時通信を受信した都度その内容を所定の受信用紙に機械的に記入したものであることが認められるから、本件受信記録自体は、船団所属の漁船の操業位置等を認定するための証拠として、「業務の通常の過程において作成された書面」に該当すると認めるのが相当である。そして、（略）その押収中に電子コピー機を使用して正確にこれを複写し、これに謄本である旨の認証文を付して作成したものであり、その後右原本がＩに還付され同人のもとで滅失したことが認められるから、（略）（注：検察官が配慮を欠いて還付してしまっても）、本件受信記録の謄本の証拠能力が否定されるものではないと解すべきである。

4-24　水戸地決昭59・1・24（道路交通法違反被告事件）

（略）本件**速度測定カード**は、三項から成っており、その一項には、被告人車の速度測定の状況が記載され、二項には、右測定状況が略図をもって図示され、そして三項には、速度計を表わす図面の中に測定結果を示すメーター指針が図示されるとともに数値をもって記入され、更に同所に被告人の姓である「Ｋ」の押印がなされているものである。右のうち、「Ｋ」の押印部分は、非供述証拠であるから、関連性が認められれば証拠として用い得るものであるところ、前記のとおり、右押印部分は、被告人を検挙した警察官らが、被告人にパトカー備付けの速度計の指針を示すとともに、これを速度測定カードに記入して、右測定結果を被告人に確認させる意味で押捺してもらったものであることが認められるから、関連性についての立証は十分であるし、その余の部分については、被告人車の速度測定に当たった警察官らが、その五官の作用によって認識した内容を、認識した際の状況とともに記載したものであるから、その作成に至る経緯及び内容に照らし、右書面は全体として、刑事訴訟法**323条3項**の書面として取り扱うのが相当である。そして、その成立の真正については、《証拠略》により証明十分であるから、本件速度測定カードは、同条項によりその証拠能力を肯定することができる。

（交通取締用車両速度計検査表（謄本）について）（略）、茨城県警察本部に所属する交通取締用車両の速度計については、同警察本部警務部警務課整備工場において、定期的にその精度検査がなされているところ、本件検査表は、本件違反の検挙に当たった覆面パトカー（略）の速度計について、右整備工場の検査員である袴塚昭四郎が、交通機動隊所属の警察官吉岡賢一郎、同鈴木明立会のもとに、ローラー式高速試験機により四〇、五〇、七〇、一〇〇キロメートル毎時の各段階毎にその精度検査を実施し、その検査結果を吉岡において記録したものであること、なお、右検査員の袴塚は、自動車整備士の資格を有する茨城県警察本部技術吏員で、前記整備工場において、県警察本部に所属するすべて警察用車両の速度計につきその精度検査の職務に従事しているものであり、また、右吉岡は、その職務として、交通機動隊所属の交通取締用車両の速度計につき前記整備工場で行われる検査に常時立会し、その都度検査結果を検査表に記録していたものであることが認められる。してみると、本件検査表は、本件覆面パトカーの速度計につき専ら機械的になされた精度確認の検査結果を、立会警察官が、その連続的かつ規則的な職務の一環として記録したものであり、作成者の主観、作為を容れる余地は存しないことが明らかであるから、右書面は、刑事訴訟法**323条3号**にいう「特に信用すべき状況の下に作成された書面」であるということができる。

4-25　東京高判昭57・11・9（建造物等失火被告事件）

消防司令補が作成した**火災に関する現場見分調書**は、その作成者が、公判期日において証人として尋問を受け成立の真正を供述したときは、刑訴法３２３条３号によりこれを証拠とすることができる。

4-26　東京高判昭54・8・23（競馬法違反被告事件）

所論指摘の押収にかかる**メモ写一枚**は、被告人Ｏの司法警察員に対する昭和五三年九月一九日付供述調書末尾添付のメモ写と同一物であり（なお被告人Mの司法警察員に対する同月一八日付供述調書末尾添付のメモ写もこれと同一内容のものである。）、原審第二回公判において、これがK作成のメモ写の存在を立証する趣旨で検察官から証拠調請求がなされ、決定のうえ証拠調がなされたこと、これとは別に被告人らの前記各供述調書が、検察官から被告人両名の関係で、本件の犯行状況等を立証する趣旨で証拠調請求がなされ、被告人両名ともこれを不同意としたため、それぞれ相被告人に対する請求としてはこれが撤回され、各供述被告人本人のみの関係でこれらが取調べられたこと、以上の証拠調に先立って取調べられた同公判における証人Kの供述によると、右各メモ写は、（略）勝馬投票類似の申込をする際、心覚えのため半紙約二枚大のカレンダーの裏面に、レース番号、連勝番号、口数等をボールペンで記載して作成したメモをそのままリコピー（複写機）で機械的にコピーして作られたもので、その原本は同人から警察官に提出され同人に対する競馬法違反被告事件の証拠として使用されたことが認められる。

以上の事実に照すと、原裁判所は右のメモ写をメモの原本と同様、Kが被告人らに対してなした勝馬投票類似の申込の行為を立証する趣旨のもとに、かつ証拠物として取調べたことが明らかであるところ、前記の作成の経過及び立証趣旨にかんがみると、**右メモは、その存在及び状態ことに表示された数字等の形状のみならず、その書面の意義が証拠となるいわゆる証拠物たる書面**と解せられるから、その証拠調は原則として所論のとおり原本によるべきではあるが、前示のとおり右メモの原本が存在すること及びその写は原本を機械的にそのままコピーしたもので文字や数字の大きさ配列等の形状等の内容が全く原本と同一であることが予め証人によって明らかにされたばかりでなく証拠価値としては記載された数字等の意味内容が重要であり、用紙の形状、大きさ、紙質等はさほど重視しなくてもよいものであること、その原本は他の被告事件の証拠に使用されていること等の事情がうかがわれる本件においては、右メモの原本を取調べることなく、写について原本と同様の証拠能力を認めてこれを取調べることが許されるものと解すべきである。そして、右メモは前記のとおりKが、それまでも繰返し行ってきたように、被告人らに原判示の勝馬投票類似の申込をする際本件事件を意識することなく、心覚えのためあたかも通常の取引の折の記帳と同様にレース番号、連勝番号、申込の口数をメモしたものであることが明らかであり、特に信用すべき情況のもとに作成されたものと認めることができるばかりでなく、これを作成したKは原審における証言の折には右メモに記載された具体的内容について記憶を失っていたことも明白であるから、右メモにつき刑訴法**323条3号**によってその証拠能力を肯認することができ、本件メモ写についても同様に解するのが相当である（最判昭32・11・2参照）。もっとも原審公判調書の記載からは原審裁判所が本件のメモ写を領置していることから、これを証拠物として取調べたことは明らかであり、その証拠調手続に当って、これが法廷で展示されたことも争いがないが、進んでその**要旨の告知**がなされたか否かについては必ずしも明白ではなく、その点についての異議の申立がなかったこと、原判決の説示に照し原審裁判所も右メモ写を記載された意義が証拠となる証拠物たる書面と解していたと認められることから、右要旨の告知等適法な証拠調がなされたものと推認できないわけではないが、さらに前記原審証人Kに対する証人尋問調書の記載に徴すると、右メモ写の採用に先立って行われた右の証人尋問の際右メモ写を示しての検察官の質問及びこれに対する証言の内容から右メモ写に記載されている内容がほとんどそのまま法廷で明らかにされたことが認められるし、その後採用された両被告人の前記各供述調書に添付された右メモ写は右調書とともに要旨告知を含む適法な証拠調がなされたと認められるし、各調書の本文部分中からもメモ写の内容が知られるのであるから、その調書の取調にあたり、仮りに所論のようにあらためて右各メモ部分の朗読ないし詳細な要旨の告知が行われなかったとしても、前記展示に際しての説明によって実質上その手続は履践されたものといって差支えなく、その証拠調手続に違法があったとすることは到底できない。

4-27　最判昭32・11・2（食糧管理法違反被告事件）

被告人が、法定の除外事由がないにもかかわらず、営業の目的をもって、多数回にわたり、米穀を買い受け、これを売り渡したという事案の上告審において、被告人が作成していた「未収金控帳」は、被告人が犯罪の嫌疑を受ける前にこれと関係なく、自らその販売未収金関係を備忘のため、闇米と配給米とを問わず、その都度記入したものと認められ、その記載内容は被告人の自白と目すべきものではなく、右帳面は刑訴法**323条2号**の書面として証拠能力を有し、被告人の第1審公判廷の自白に対する補強証拠たり得るものと認めるべきである。

4-28　東京高判昭27・7・17（食糧管理法違反被告事件等）

被告人I外二名　原審証人Yが原審第六回公判期日に供述するに当り根本村の農業調整委員会の議事録から自分で録取した手記を見ながら供述したことは同公判調書記載によって明らかである。然し右**議事録**は同委員会の議事の進行過程の要点を客観的に記載した公の文書であるから、刑事訴訟法**323条3号**所定の特に信用すべき情況の下に作成された書面に該当し、所論の如く同法第324条第2項所定の被告人以外の者の供述を内容とするものではない。従って同書類を見ながらなした右証人の供述はそのために証拠能力を欠如するに至る筋合のものではない。

(4) 検証調書、鑑定書(刑訴法321条3、4項)

判例4-32は、検証調書、鑑定書の証拠能力について説示している。

検証とは、裁判所の検証許可令状に基づいて、捜査機関が物、場所(身体を含む)などの存在及び存在状態を機械的に五官の作用によって認識することであり、それを記録したものが検証調書である(**同128、218条**)。

ただし、**身体検査**は、行動、意思に対して直接強制力を与えるものであるから特別の規定がある(**同131~138条**)。

公判廷における証拠物の取調べもこの性質を有するが、証拠物の取調べと呼ばれており、一般的には、存在そのものを法廷に顕出できない場合のことを検証という。

令状に基づかないで捜査機関が任意に作成した**実況見分調書**も、同様の性格を持つ書面であるので同条3項が準用されて検証調書と同様に扱われる。問題となるのは、立会人の指示説明であり、実況見分の目的を達するために行う指示説明は実況見分調書の一部として証拠能力を有する。**前掲同4-3**の説明を参照されたい。

同4-38は、訓練された警察犬による**臭気検査報告書**を同条3項書面であるとし、**同4-36**は、**光電式車両走行速度測定装置精度確認書**は同条3項書面であるが、車両走行速度測定装置点検成績書は、検査担当者が、同測定装置の点検を項目ごとに点検した結果を記載した部分は**同321条3項若しくは同条1項3号**に該当するか否かの書面であるとする。

同4-40は、一旦取り調べられた検証調書に後に付加された記載は証拠能力がないとし、**同4-39**は、一旦真正に作成された実況見分調書も、10日も後に他からの指示によって加筆されたことが明らかな場合はその内容の真偽を問うまでもなく、同条**3項**の真正に作成されたとの要件を充足しないとしている。**同4-39**は、2回に分けて行われた実況見分を一つの実況見分調書にまとめて渾然一体となっている場合、真正に作成されたとは言えないとしている。いずれも当然のことであろう。

鑑定は、裁判所の決定に基づいて、専門知識経験を要する事項について、裁判所が選任した当該知識経験を有する者が、その知識経験を対象事実に適用して得た判断であり、専門知識経験を適用する経過及びその結果としての判断に関する報告書が鑑定書である(**同165条**)。捜査機関が任意に行う鑑定も含まれる(**同223条**)。しかし、専門的知識といっても絶対的なものではなく、専門家間に意見の対立があるし、技術も日進月歩しているのであって、それまで正しいとされてきた知識や技術が否定される場合がある。ＤＮＡ鑑定の結果が覆って再審無罪となった事案(**同4-29**)はその典型である。また、専門知識を活用して判断するのは人間であって、判断者の哲学、思想、国家観などによって異なる。したがって、鑑定を絶対視することは危険である。

同4-43は**医師の診断書**を、**同4-32**は**柔道整復師**が作成した施術証明書を、いずれも同条４項書面であり、判断経過が記載されていなければ該当しないが、証言によってその点が明らかになれば同号書面として証拠能力を有するとし、医学的所見が含まれていても意見としての意味を持つとしている。**同4-33**はＭＣＴ１１８**ＤＮＡ型鑑定**を、**同4-34**は**指紋の分析・対照の経過・内容・結果**等が記載された文書を、**同4-35**は消防吏員作成の**火災原因判定書**を、**同4-41**は**ポリグラフ検査**を、**同4-30**は**火災原因実験報告書**を、それぞれ同条**4項**書面として証拠能力を肯定している。

（刑訴法321条3、4項に関する判例）

4-29　宇都宮地判平22・3・26（足利事件再審）

（ＤＮＡ鑑定の証拠能力）

（注：本件**ＤＮＡ型鑑定の証拠能力**）

（１）本件ＤＮＡ型鑑定については、前記最高裁判所決定（**平12・7・17**）において、「（本件ＤＮＡ型鑑定は）その科学的原理が理論的正確性を有し、具体的な実施の方法も、その技術を習得した者により、科学的に信頼される方法で行われたと認められる。（中略）これを証拠として用いることが許されるとした原判断は相当である。」として、その証拠能力が認められている。

（２）しかし、当審で取り調べた前記Ｐ４鑑定によると、検査した部位が異なるとはいえ、本件半袖下着から検出されたＤＮＡ型とＰ１氏のＤＮＡ型とは一致しなかったというのであるから、これにより、本件ＤＮＡ型鑑定は、その証拠価値がなくなったことはもとより、証拠能力に関わる具体的な実施方法についても疑問を抱かざるを得ない状況になったというべきである。

そして、当審における各証人らは、本件半袖下着から検出されたＤＮＡ型とＰ１氏のＤＮＡ型との一致を立証するために確定審に提出された、本件ＤＮＡ型鑑定の鑑定書（第一審甲７２号証）添付の電気泳動写真（写真１６、１７）に関し、次のとおり、その不鮮明さを指摘し、異同識別の判定について疑問を投げかけている。すなわち、前記Ｐ４教授は「はっきりとせず、なかなか判定できない」旨、前記Ｐ５教授は「電気泳動自体が完全に失敗している」、「ＰＣＲ増幅方法の失敗がうかがわれる」などと指摘した上で、「これらの電気泳動像でバンドが一致していると判定することは絶対にできない」旨、それぞれ前記写真を見ながら当公判廷で明確に証言しているところ、これらの証言は、いずれもＤＮＡ型鑑定に携わる専門的知識を有する者としての証言であり、その証言内容は十分首肯できるものである。のみならず、検察官請求の証人として当公判廷に出廷した警察庁科学警察研究所所長のＰ６も、本件ＤＮＡ型鑑定を擁護する観点からの証言を維持しつつも、前記写真を見て、これらの電気泳動像が不鮮明であることを認めた上、「普通であればやり直す」、「ベストではない、よくないバンドである」旨証言している。これらの証言は、本件ＤＮＡ型鑑定の中核をなす異同識別の判定の過程に相当程度の疑問を抱かせるに十分なものであるというべきである。

（３）確かに、この点、本件ＤＮＡ型鑑定を実施した技官らは、確定審において、「本件における異同識別の判定は、前記写真自体から直接行ったわけではなく、そのネガフィルムを解析装置で読み取り、補正、計算等の過程を経て行った」旨証言しており、前記Ｐ６証人も、当審で同様の証言をしている。しかし、確定審においても、当審においても、これらの証言に係るネガフィルムは証拠として提出されておらず、結局のところ、前記ネガフィルムが、解析装置で読み取る等の操作を経ることにより適正な異同識別判定ができるほどの鮮明さがあったか否か、全く不明というほかないところ、当審において、前記計算等の過程に係るデータ等として、検察官ではなく弁護人から計算データが証拠として提出されたが、これらのデータは一部にすぎず、到底前記疑問を払拭するに足りるようなものではない。

（４）以上のとおり、当審で新たに取り調べられた関係各証拠を踏まえると、本件ＤＮＡ型鑑定が、前記最高裁判所決定にいう「具体的な実施の方法も、その技術を習得した者により、科学的に信頼される方法で行われた」と認めるにはなお疑いが残るといわざるを得ない。したがって、本件ＤＮＡ型鑑定の結果を記載した鑑定書（略）は、現段階においては証拠能力を認めることができないから、これを証拠から排除することとする。（略）

（自白の証拠能力）

当審での証拠調べの結果、本件ＤＮＡ型鑑定は現段階では証拠能力を認めることができないものであることが判明した。しかし、関係各証拠によれば、捜査官は、これがＰ１氏が犯人であることを示す重要な一つの客観的証拠であると評価した上で、そのようなものとして本件ＤＮＡ型鑑定をＰ１氏に示して取調べを行ったと認められ、決して、証拠能力が認められない証拠であると認識した上でＰ１氏に示したものでないことは明らかである。このような取調べによって得られた自白が、偽計による自白として任意性が否定される違法な自白になることはないというべきである。

もっとも、前記のとおり、結果的には本件半袖下着に残された精液のＤＮＡ型はＰ１氏のＤＮＡ型と一致しなかったところ、関係各証拠によれば、取調べにおいて捜査官からこれらが一致するとした本件ＤＮＡ型鑑定の結果を告げられたことが、Ｐ１氏が本件を自白するに至った最大の要因となっているということができる。したがって、この事情は、Ｐ１氏の捜査段階における自白の任意性には影響しないものの、その信用性には大きく影響する事情であると認められる。

（略）Ｐ７検事による本件取調べ以外の起訴後の取調べを問題とする点については、関係各証拠によれば、これらの取調べは、いずれも、本件ではなく別件についてなされた取調べであって、別件の取調べとの関連で本件に話が及んだというものにすぎず、何ら違法なものとはいえないし、その他の点については、いずれも確定審において自白の証拠能力に影響しない旨判断されたものであるところ、当審においてその判断を覆すに足りる証拠は提出されていないのであるから、結局、いずれも採用できない。（略）

以上のとおり、Ｐ１氏の自白には証拠能力自体に影響する事情は見当たらないものの、Ｐ４鑑定という客観的な証拠と矛盾するという点に加え、Ｐ１氏が本件自白をした最大の要因が捜査官から本件ＤＮＡ型鑑定の結果を告げられたことにあると認められ、結果的にこれがＰ１氏と犯人を結びつけるものではなかったこと、再審公判において明らかとなった、当時の取調べの状況や、強く言われるとなかなか反論できないＰ１氏の性格等からすると、むしろ、本件自白の内容は、当時の新聞記事の記憶などから想像をまじえて捜査官などの気に入るように供述したという確定控訴審におけるＰ１氏の供述に信用性が認められることなどの各事情に照らすと、Ｐ１氏の自白は、それ自体として信用性が皆無であり、虚偽であることが明らかであるというべきである。

（結論）

以上によれば、Ｐ４鑑定により、本件半袖下着に付着していた本件犯人のものと考えられるＤＮＡ型がＰ１氏のＤＮＡ型と一致しないことが判明した上に、本件確定審で主な証拠とされた２つの証拠について、本件ＤＮＡ型鑑定には証拠能力が認められず、自白についても信用性が認められず虚偽のものであることが明らかになったのであるから、Ｐ１氏が本件の犯人ではないことは誰の目にも明らかになったというべきである。よって、刑事訴訟法３３６条により無罪の言渡しをすることとし、主文のとおり判決する。

4-30　最決平20・8・27（非現住建造物等放火、詐欺未遂被告事件）

記録によれば、本件の第１審公判において、本件非現住建造物等放火罪に係る火災の原因に関する「**燃焼実験報告書」と題する書面**の抄本（略。以下「本件報告書抄本」という。）が、その作成者の証人尋問の後に、同法３２１条３項により採用されたところ、上記作成者は、私人であることが明らかである。原判決は、本件報告書抄本が、火災原因の調査を多数行ってきた会社において、福岡県消防学校の依頼を受けて燃焼実験を行い、これに基づく考察の結果を報告したものであり、実際に実験を担当した上記作成者は、消防士として１５年間の勤務経験があり、通算約２０年にわたって火災原因の調査、判定に携わってきた者であることから、本件報告書抄本は、捜査機関の実況見分に準ずるだけの客観性、業務性が認められ、同項を準用して証拠能力を認めるのが相当である旨判示した。

しかしながら、同項所定の書面の作成主体は「検察官、検察事務官又は司法警察職員」とされているのであり、かかる規定の文言及びその趣旨に照らすならば、本件報告書抄本のような私人作成の書面に同項を準用することはできないと解するのが相当である。原判断には、この点において法令の解釈適用に誤りがあるといわざるを得ないが、上記証人尋問の結果によれば、上記作成者は、火災原因の調査、判定に関して特別の学識経験を有するものであり、本件報告書抄本は、同人が、かかる学識経験に基づいて燃焼実験を行い、その考察結果を報告したものであって、かつ、その作成の真正についても立証されていると認められるから、結局、本件報告書抄本は、同法３２１条４項の書面に準ずるものとして同項により証拠能力を有するというべきであり、前記法令違反は、判決に影響を及ぼすものではない。

4-31　東京高判平18・6・13（有印私文書偽造、同行使、詐欺被告事件）

刑訴法321条３項及び４項は、検証調書又は鑑定書という書面の性質に照らして、作成の真正が立証されれば、伝聞法則の例外として、その書面の証拠能力が認められる旨規定している。作成の真正の立証は、本来は、同条項が規定しているとおり、作成者が公判期日において真正に作成したものであること、すなわち作成者が自ら作成したことと検証又は鑑定の結果を正しく記載したことを証言することによって行われるものであるが、その趣旨は、その点についての反対尋問の機会を付与するためのものであるから、書面の体裁等から作成名義人がその書面を作成したと認めることを疑わせる事情がなく、しかも、相手方当事者が作成の真正を争わず、その点に関する作成者への反対尋問権を行使しない旨の意思を明示したような場合には、作成の真正が立証されたものとして扱うことが許されるものと解するのが相当である。そのように解しても、相手方当事者の権利保護に欠けるところはないし、そのような場合にまで作成者の証人尋問を行って真正に作成されたものであることを証言させることは、作成者のみでなく訴訟関係人にも無用の負担を強いる結果となるからである。なお、このような場合の反対尋問権の範囲については、作成者が自ら作成したことと、検証又は鑑定の結果を正しく記載したことのみでなく、観察や判断の正確性をも含むものと解されているから、反対尋問権の放棄が行われる場合は、原則としてその点の反対尋問権についても放棄されたものと解されることになるところ、本件もそれに該当する。

4-32　福岡高判平14・11・6（強盗致傷被告事件）

柔道整復師作成にかかる施術証明書（原審甲六号証、以下「施術証明書」という。）には、その判断結果として、負傷名、腰部捻挫及び殿（臀）部打撲、（本件の翌日から）約三〇日間の施療を要する旨の記載が存在すること、そして、原審裁判所は、施術証明書は、柔道整復師法に基づき、柔道整復師として必要な知識及び技能に関する試験を経て、公的な免許を取得した柔道整復師が、その専門的知見に基づき作成したものである。

（略）同条項は、鑑定の経過及び結果を記載した書面で鑑定人の作成したものは、供述者たる鑑定人が公判期日に証人として尋問を受け、その真正に作成されたものであることを供述したときは、証拠としうる旨規定するところ、**鑑定の実質を有する限り、鑑定人の資格を制限していないから、柔道整復師も、鑑定人として、その専門的な知識、経験に基き、鑑定書を作成することができ、鑑定の経緯及び結果を記載した書面は、同条項所定の手続きにより証拠能力を取得しうる。**また、裁判所選任の鑑定人でない場合であっても、その専門的知識経験により意見を形成し、作成した鑑定書に準じる書面は、これを同条項の準用によって、同様に証拠能力を取得しうるものと解される。

もっとも、本件施術証明書で述べられた意見は、「負傷名、腰部捻挫及び臀部打撲。平成一三年四月一〇日から約三〇日間の施療を要する」という医学的事項に関するものであり、医師ではない柔道整復師が、医学的事項に関して専門的意見を述べうるか否かが問題となるが、柔道整復師は、柔道整復師法に基づき、生理、解剖、病理、衛生等の医学に関わる事項をも内容とする試験を経て、公的免許を取得しており、業務として日常的に柔道整復の施術を行っているのであるから、医学に関わる事項であっても、柔道整復師として、その専門分野に関して、鑑定的意見を述べること自体はなしうると解される。

しかし、本件施術証明書には、判断結果及び運動痛の存在などの簡潔な記載のほかは「鑑定の経緯」に相当する記載はなく、主として柔道整復師としての判断結果を記載した書面に過ぎない。この点、**判断の経緯の記載がないまたは不十分な書面が、同条項による作成の真正の立証によって証拠能力を取得しうると解するのは相当ではない。**しかし、そもそも**鑑定書は、法廷での鑑定意見に代わるものであって、そのことの故に、真正に作成されたものであることを証言することによってその書面は証拠能力を取得しうるのである。**そして、鑑定結果のみが記載された書面であっても（なお、鑑定人は、法廷において、鑑定の経緯についても尋問されるのが通例である。）、鑑定人の証言によって鑑定の経緯を補足された鑑定的書面については、実質的に証拠能力を否定すべき理由がないというべきことになる。そうすると、その**判断の経緯が法廷で証言された本件施術証明書は、同条項の準用によって証拠能力を付与しうると解するのが相当である。**

4-33　最決平12・7・17（わいせつ誘拐、殺人、死体遺棄被告事件）

本件で証拠の一つとして採用されたいわゆる**ＭＣＴ１１８ＤＮＡ型鑑定**は、その科学的原理が理論的正確性を有し、具体的な実施の方法も、その技術を習得した者により、科学的に信頼される方法で行われたと認められる。したがって、右鑑定の証拠価値については、その後の科学技術の発展により新たに解明された事項等も加味して慎重に検討されるべきであるが、なお、これを証拠として用いることが許されるとした原判断は相当である。

（下級審＝東京高判平8・5・9）原判決は、**ＭＣＴ１１８法によりＤＮＡの型鑑定**は、その信頼性が社会一般に完全に承認されているとまではいえないが、科学的根拠に基づいており、専門的な知識と技術及び経験を持った者により、適切な方法によって行われる場合には信頼性があり証拠能力を持つとの前提に立ち、本件ＤＮＡ型鑑定の証拠能力が肯定される所以を説示しているのであり、理由に齟齬があるとは認められない。（略）　検討するに、一定の事象・作用につき、通常の五感の認識を超える手段、方法を用いて認知・分析した判断結果が、刑事裁判で証拠として許容されるためには、その認知・分析の基礎原理に科学的証拠があり、かつ、その手段、方法が妥当で、定型的に信頼性のあるものでなければならない。（略）ＤＮＡ型判定は、細胞核中の染色体内にある遺伝子の本体であり、二つの紐を組み合わせたような、螺旋構造を持つＤＮＡ（デオキシリボ核酸）の、それぞれの紐に相当する部分に様々な順序で並んで結合している四種の塩基の配列に、個体による多型性があることを応用した個人識別の方法である。

本件ＤＮＡ型鑑定で用いられたＭＣＴ１１８法は、ヒトの第一染色体のＭＣＴ１１８部位に位置する、特定の塩基配列（反覆単位となる塩基対は一六個）の反復回数の多型性（反覆回数が人により様々に異なること）に注目し、この部分（ミニサテライト、ＶＮＴＲとも呼ぶ。）をＰＣＲ法で増幅し、その増幅生成物につき、右の塩基配列の反復回数を分析するものである。この方式では、まず、検査資料の細胞から蛋白質等を除去してＤＮＡを抽出し、次に、これを加熱してＤＮＡの二本の鎖を解離させ、特定の塩基配列を持った二種類の試薬（プライマー）をＭＣＴ１１８部位に結合させて同部位を探し出したうえで、ＰＣＲ法によりその部位を複製して増幅する。そして、反応混合物から分離した増幅生成物をゲル上で電気泳動にかける。このとき、既知塩基数のＤＮＡ断片混合物をＤＮＡ型判定用の指標（サイズマーカー）として隣接レーンに加えておく（本件鑑定では１２３塩基ラダー・マーカーを用いた。以下、１２３マーカーという。）。そうすると、短い（反復回数の少ない）ＤＮＡほどゲルの網目をすり抜けて早く動き、長い（反復回数の多い）ものほど遅くなる。このようにして、反復回数の多いものから少ないものへ、順に縦に一列に並び、帯状のバンドパターンが生ずる。これを画像解析装置で分析し、マーカーとの対比で増幅生成物の結合塩基数を求め、ミニサテライト部分の特定塩基配列の反覆回数を算出する。ＭＣＴ１１８部位のミニサテライトでの反復回数は、本件鑑定当時、１２３マーカーを用いて一三回から三七回までの二五通りが経験的に知られており（略。その後、一二回、三八回の反覆回数を持つものもあることが判明している。）、染色体は父母それぞれに由来するから、一個人につき二つのＤＮＡ型が読み取られ、例えば、反復回数一六回と二六回の遺伝子対を持つ個人のＤＮＡ型は、一六一二六型と表示する。その二個の対立する遺伝子型の組み合わせでは、各二五通りずつとすると三二五通りに、各二七通りずつとすると三七八通りに、理論上分類できることになる。

このＭＣＴ１１８法は、科警研のスタッフによって開発された方法で、ＤＮＡ資料が微量の場合でも（新鮮な血液から精製する場合、型判定に必要なＤＮＡは約二ナノグラム程度で足りる。）、ＰＣＲ増幅により比較的短時間で型の検出ができること、増幅するミニサテライトのＤＮＡ分子量が小さいため正確に増幅でき、異型率が高く、したがって異同識別能力が高いこと、ＤＮＡ型分析結果の再現性が高いことなどの特長のために、犯罪捜査に有用な方法であるとされている。

また、原審及び当審証人向山明孝、当審証人坂井活子の各供述によれば、現在では、本件で用いられたＭＣＴ１１８法による型判定の検査試薬キットが市販されていて、大学などの専門機関が右キットを購入し、分子生物学、遺伝生化学などを修学した者がマニュアルにしたがって作業をすれば、同方式による型検出ができる段階にまでなっているというのであり、右各供述に当審で取調べた関係書証を併せみると、右ＭＣＴ１１８法によるＤＮＡ型鑑定は、一定の信頼性があるとして、専門家に受容された手法であることが認められる。

そして、本件ＤＮＡ型鑑定を担当した右向山は、平成四年三月末まで科警研の法医第二研究室長を務め、法医血清学の専門家として研究、鑑定等の業務に携わり、ＤＮＡ型判定の研究をしてきた者であり、同じく向山を補佐して共に右鑑定を担当した坂井活子は、主任研究官として、昭和六一年からＤＮＡ型判定の研究を続けてきた者であって、両名とも、多数のＤＮＡ型判定を経験し、また、同判定に関する論文も著すなど、ＤＮＡ型判定に必要な専門的知識、技術と豊富な経験を持っていることが認められ、本件の鑑定作業に特段の遺漏があった事跡は窺われない。（略）本件において、事件発生の翌日に発見された被害者の半袖下着に精液が付着していることが、間もなく（約一か月以内）捜査官に判明したが、右精液斑についてＤＮＡ型判定は試みられず、その約一年後に被告人のＤＮＡ型判定の資料（被告人のものと思われる精液が付着したティッシュペーパー）が得られて更にしばらく経って、初めて、科警研において、両者のＤＮＡ型の異同比較の判定が行われたこと、被害者の半袖下着に付着していた精液斑のＤＮＡ型については、科警研の判定作業のために精液斑七個のうち二個から採取したＤＮＡ資料のすべてが費消されたことなどのために、右と同一の精液斑について追試はほとんど不可能な状況にあることは、関係証拠に徴し、所論の指摘するとおりであると認められる。

当審証人向山、同福島康敏の各供述、原審検甲六五号証ないし七二号証等によれば、被害者の半袖下着に付着していた精液斑につき、科警研にＤＮＡ型の鑑定が嘱託されたのは、事件発生から一年数か月経てからであるが、それまで右下着は乾燥させたうえでビニール袋に入れて、常温で保管されていたのであり（ちなみに、警察庁が科警研と協議の上、都道府県警察の科学捜査研究所が行うＰＣＲ法によるＤＮＡ型鑑定について、運用の統一を図り、信頼性を確保するため、平成四年四月に刑事局長通達として各都道府県警察本部長宛に発したガイドライン、「ＤＮＡ型鑑定の運用に関する指針」（以下、指針という。）には、ＤＮＡ型鑑定資料の保存にあたっては、凍結破損しない容器に個別に収納し、超低温槽（マイナス八〇度Ｃ）で冷凍保存するなど、資料の変質防止等に努めるべきことが謳われている。当審検甲三号証（同弁一五号証に同じ）、同弁一二号証）、その間、時の経過によりＤＮＡ型判定に必要な精液斑中の精子のＤＮＡのある程度の量が変性、破壊したであろうことは、察するに難くない。しかし、当審証人向山の供述によれば、精子のＤＮＡは強固な蛋白質プロタミンにより保護されており、血液の場合に比べて、ＤＮＡの変性の点では、精子のＤＮＡはかなり安定しているのであって、本件被害者の下着が、相当期間、乾燥した状態で常温下におかれ、超低温下で保管していなかったからといって、本件ＤＮＡ型鑑定の信頼性を損なうような事態とはいえないというのであり、また、ＤＮＡが変性してしまうと、分断されて低分子化してしまい、ＭＣＴ１１８部位の塩基配列が型判別に必要な量だけ増幅できず、型判定ができない結果になるはずであるが、本件の場合、ＰＣＲ増幅を行ったうえ、所定の過程を履践して、確実にＤＮＡの型判定ができたこと自体、精液斑の精子のかなりのＤＮＡが変性しないで残存していたことを意味するというのである。そして、ＤＮＡ型判定は、当初から対照資料の異同識別に用いることを目的としており、血液型判定などに比して、相当に複雑な作業過程を経るものであるから、すべての対照資料に対し、同一の環境、条件の下で型判定の作業を行うことが信頼性を確保するうえでも好ましい旨の同証人の供述は、所論の論難にもかかわらず、首肯できる（前掲指針が、ＤＮＡ型鑑定は、原則として、現場資料と対照するための資料がある場合に実施すべきことを謳っているのも、このような趣旨と解される。）。（略）によれば、被告人の精液が付着しているティッシュペーパーからは比較的変性の少ない相当量のＤＮＡを抽出・精製できたため、ＭＣＴ１１８法による型判定とＨＬＡ　ＤＱ　α型判定の二つのＤＮＡ型の判定作業を行ったが、右下着の精液斑二個から採取した資料からは極く少量のＤＮＡが抽出・精製されたに止どまり、ＭＣＴ１１８法による型判定の作業で全量を消費してしまったため、ＨＬＡ　ＤＱ　α型判定の作業は行うことができなかったというのであって、そこには、追試を殊更に困難にしようとする作為は窺われない。一般に、鑑定の対象資料が十分あれば、鑑定作業を行った後、追試等に備えて、変性を予防しつつ残余資料を保存しておくのが望ましいことは言うまでもないが、犯罪捜査の現場からは、質、量とも、限られた資料しか得られないことの方がむしろ多いのであるから、追試を阻むために作為したなどの特段の事情が認められない本件において、鑑定に用いたと同一の現場資料について追試することができないからといって、証拠能力を否定することは相当ではない。

4-34　札幌高判平10・5・12（建造物侵入被告事件）

本件の場合のように、事件捜査の過程で、事件現場で採用された指紋を専門的知識・経験を有する者が分析・対照し、これにより容疑者を特定する手法が用いられた場合、右**指紋の分析・対照の経過・内容・結果等が記載された文書**は、その性格・内容等からして、刑訴法323条1号該当の書面ではなく、同法**321条4項**の鑑定書に準じた書面とみるべきであり、これを被告人側が不同意とした場合には、公判期日においてその作成者を証人として尋問し、その作成が真正になされたものであることの立証がなされなければならないものと解されるから、右対照結果通知書を、このような作成の真正の立証を経ずに証拠として採用した原審の訴訟手続には、刑訴法の右条項の解釈・適用を誤ったことによる訴訟手続の法令違反があるものといわざるを得ない（なお、原審記録中の本件捜査に関与した鑑識担当警察官林宏樹及び同市原雅之の各原審公判供述によれば、事件直後の当日午前一時ころ、現場である本件建物内の事務机から指紋を一三個採取し、これを北海道警察本部に送付し、その回答が右対照結果通知書である旨の証言がなされているが、この両証言をもってしても、右対照結果通知書自体の作成の真正の立証がなされたとはいえない）。

もっとも、本件では、現場に遺留された指紋の対照結果が被告人を本件建造物侵入の犯人とする唯一の証拠であったわけではなく、被告人が本件事実を犯したことは、右指紋合致の点を除いてみても、後記のとおり、原審証人Ａの目撃状況等に関する原審公判供述等の適法に取り調べられた関係証拠によって優に認定できるから、右訴訟手続の法令違反は、判決に影響を及ぼすことが明らかであるとはいえない。論旨は結局理由がない。

4-35　広島高判平8・5・23（現住建造物等放火被告事件）

（消防吏員熱田勝治作成の火災原因判定書）刑訴法**321条4項**において、鑑定の経過及び結果を記載した書面で鑑定人の作成したものについて、その供述者が公判期日において証人として尋問を受け、その真正に作成されたものであることを供述したときは、これを証拠とすることができる旨規定しているのは、当該書面の内容が実質的に鑑定人の鑑定書と同視できるものであればその書面の証拠能力を認める趣旨であると解されるところ、（略）同書面は、火災調査報告書謄本に添付されている、広島市消防局警防部警防課調査係消防士長熱田勝治の作成にかかるものであり、その内容は、関係者の供述内容、実況見分の状況、実験結果等から出火個所を判定し、出火原因の検討をなして出火原因の判定をなしている内容のものであることが認められ、火災原因を決定するまでの経過及び結果を記載したものであって、実質的に特別の知識・経験を有する者の判断を内容とするものと認められること、そして、消防機関は、消防法31条ないし35条の4に従って、ことに「放火又は失火の疑いのあるときはその火災の原因の調査の主たる責任及び権限」がある旨規定されており、前記書面も同規定に従って作成されたものであるといえること、前記消防士長熱田は、原審公判廷において同書面記載の正確性だけでなく、その内容についても実質的な反対尋問を弁護人から受けているところ、同人の原審証言等によれば、同人は、主に火災原因調査を職責としている上、火災原因判定に関する高度の知見、知識及び数多くの火災原因判定の経験を有する者であり、同人自身が本件火災が鎮火したころ現場に臨場して火災状況を見分し、また、被告人らからも供述を聴取していることが認められることなどに徴すると、公正さや客観性を損なわない適格性のある者の作成にかかる鑑定の経過及び結果を記載した書面であるといえ、同書面に刑訴法321条4項を準用して証拠能力を認めた原判決は正当である。

4-36　札幌高判平3・12・10（道路交通法違反被告事件）

光電式車両走行速度測定装置精度確認書は、専門の業者の係員が、事件とは直接関係なく定期的な検査の一環として、もっぱら機器により機械的に本件測定装置の精度を数値的に検査した結果を記載した書面であって、この検査結果は、性質上、作成者の主観・判断・作為等の入る余地は通常ないものと認められるので、刑訴法３２３条３号の書面に当たる。一方、**光電式車両走行速度測定装置点検成績書**は、（１）検査担当者が、同測定装置の点検を各項目ごとに点検した結果を記載した部分と、（２）司法警察員作成の検査の完了証明の部分とから成る書面であり、その内容に照らすと、右（１）の部分は、当然には刑訴法３２３条３号所定の書面に当たるものではなく、また、（２）の部分は、刑訴法**321条3項**（（１）の部分を含めその全体について）若しくは同法**321条1項3号**により、その証拠能力を判断すべきものと考えられるので、刑訴法３２３条３号の書面には当たらない。

4-37　大阪高判昭63・9・29（窃盗被告事件）

原判決が本件罪となるべき事実を認定する証拠として司法警察員作成の**実況見分調書**を挙示していることは、原判決書の記載に徴し明らかであるが、右実況見分調書の証拠能力には以下に述べるような疑問があり、結論として、原審の当該訴訟手続は法令違反のそしりを免れない。

すなわち、右実況見分調書は大阪府堺東警察署所属の司法警察員巡査部長Ｃが昭和六二年一〇月一〇日（被告人の逮捕当日）の午後三時三〇分ごろから午後四時三〇分ごろにかけて、被害者Ｄと被告人の両名を立ち会わせたうえ実施した実況見分の結果を記載したものとされているが、被告人及び証人Ｂの原審及び当審公判廷における各供述、Ｄ及びＣの原審公判廷における各証言を総合すると、Ｃ巡査部長は同月一〇日被告人及びＡ方隣人を立ち会わせて第一回目の実況見分を、ついでその四、五日後にＤを立ち会わせて第二回目の実況見分をそれぞれ実施し、その結果を一通の実況見分調書にまとめて記載したものであることが認められ、したがって、本件実況見分調書には、実況見分を実施した日時及び立会人の氏名の記載において真実に反するもののあることが明白であるばかりでなく、その被害者方現場の状況に関しても、いまだ現場保存のなされている第一回目の実況見分時の状況としながら、実際はその後現場が清掃・復旧等された第二回目の実況見分の際の状況や、後日被害状況を再現したにすぎない状態等が明確に区別されることなく混然記載ないし写真撮影されている有様であって（たとえば、同調書では、「侵入か所の仏間の床の間には祭壇が祭られ、畳の上には硝子の破片さらに木製サイドボードの棚及び抽き出しが開けられ、物色した痕跡が認められた」として実況見分調書別添写真５、６、７を参照とし、かつ、「この時立会人被害者Ｄは、この部屋も荒らされておりますが、何も盗まれておりませんと指示説明した」となっているが、このときＤが立ち会って指示説明していないことは前示のとおりであるし、添付の写真５、６、７には硝子の破片らしきものの存在は全く認められないうえ、前示Ｂ証言によれば、この仏間に落ちていたはずの硬貨の存在の記載ないし写真の撮影もなく、また、Ｄ証言による同仏間祭壇白木の台の下に置かれていた鞄が引っ張り出され、ファスナーが開けられていた状況についての記載も全くなく、かえって同鞄は白木の台の下に納められている状況《記録五〇丁、前示写真５》となっているのである。また、被害現場である書斎の状況に関しても、立会人のＤが、「この小物入れの抽き出しの中に入れていた硬貨が盗まれ無くなっている」旨指示説明したと記載され、写真撮影もなされているが、同女の証言では右の立会は第二回目のときで、しかも同女は本件硬貨の入っていた正確な保管場所を知らず、単にＣ巡査部長に言われてそのように指示する形をとったにすぎないものであるほか、書斎における同硬貨の散乱状況、とくにその状況写真は、第二回目の実況見分時に犯行直後の状態を適宜再現させて写真撮影を行ったもので、同調書記載のごとく犯行直後の状態をありのままに撮影したものではない疑いの濃いものである。)、到底実況見分の結果が正確に記載されているものとは認めがたい。そうすると、そのように数回に分けて実況見分が行われた場合に、必要に応じてその実況見分の結果を、各見分の経過及び結果等を正確に判別できる方法を用いて一通の実況見分調書にまとめて記載することが許されないものではないとはいえ、そのように重要な部分において現実に行われた実況見分の状況に合致しない虚偽の記載や、二回の実況見分の結果が判然と区別されず、ただ一回の実況見分の状況であるかのごとく混然一体として表示されている同実況見分調書にあっては、もとよりそれが刑訴法**321条3項**にいう真正に作成されたものというに由なく、これを証拠とすることはできないものというべきである。

してみると、同調書の採用・取調べに対し特段異議の申立てがなされていないことを考慮に容れても、これを証拠に採用し罪証に供した原審の訴訟手続には法令に違反した非違があるというのほかないが、本件においては前示のように右実況見分調書を除外してもその余の証拠によって原判示事実を認めることができるので、右の違法は結局判決に影響を及ぼさず、原判決破棄の理由とはならない。

4-38　最決昭62・3・3(強姦致傷、道路交通法違反被告事件)

警察犬による本件各臭気選別は、右選別につき専門的な知識と経験を有する指導手が、臭気選別能力が優れ、選別時において体調等も良好でその能力がよく保持されている警察犬を使用して実施したものであるとともに、臭気の採取、保管の過程や臭気選別の方法に不適切な点のないことが認められるから、本件各臭気選別の結果を有罪認定の用に供しうるとした原判断は正当である(右の各**臭気選別の経過及び結果を記載した本件各報告書**は、右選別に立ち会った司法警察員らが臭気選別の経過と結果を正確に記載したものであることが、右司法警察員らの証言によって明らかであるから、刑訴法**321条3項**により証拠能力が付与されるものと解するのが相当である。)。

4-39　大阪高判昭61・11・13(業務上過失致死、道路交通法違反被告事件)

右**実況見分調書**は昭和五六年六月一日作成とされているところ、所論指摘の現場においてプラスチック片を発見領置した旨の記載部分と添付の図面にその地点を図示する部分は、右同月一一日になって、京都府警察本部から峰山警察署に派遣されていた捜査員の指示に従って右実況見分調書の作成者である司法警察員Ｅ及び同Ｄによって加筆されたものと認められ、(略)、一旦真正に作成された実況見分調書に一〇日も後に他からの指示によって加筆されたことが明らかであるから、その内容の真偽を問うまでもなく、刑事訴訟**321条3項**所定の真正に作成されたとの要件を充足しないもので、証拠能力を有しないと解すべきである。原審裁判所は、右実況見分調書について何らの限定を付することなく、右321条3項の要件を満たすものとしてこれを証拠として採用し、原判示第一及び第二の各事実の認定に供していることが明らかなところ、本件の加筆は、右実況見分調書のその余の記載部分の意味をも変更するものではないので、加筆部分以外の部分の証拠能力に影響を及ぼさないと解され、原審の右訴訟手続には、右証拠能力がないと解すべき部分に関する限り、証拠能力のないものを証拠とした違法があるといわねばならないが、原判決がその判示第一及び第二の各事実に関して挙示する各証拠から右証拠能力を否定すべき部分を除いた証拠によっても、右各事実を優に肯認できるから、右違法は判決に影響を及ぼさないものというべきである。

4-40　東京高判昭41・10・17(業務上過失致死傷被告事件)

凡そ検証の結果を調書に作成し、検証調書として公判廷においてこれが取調べをなした後、**後日の公判においてその記載内容に文言を付加し、またはこれを訂正**するというが如きことは、検証調書の性格にかんがみ許されないものと解するのが相当である。従って右第五回公判において原審裁判官が右検証調書に検証の結果として付加するとして述べた事項は、検証調書の記載としては何ら効力を生じていないものというべきである。然るところ、原判決は原審の検証調書四通を証拠として掲げており前述のような原判決の説示に徴すれば、原審は右付加部分も検証調書の一部をなすものとし、この部分をも証拠として採用していることが窺われ、この点において原判決には証拠能力のないものを証拠とした違法の存することはまことに明らかであるが(しかし、右のように検証の結果に右の如き文言を付加するとしたことによって、前示検証調書全体を不法ならしめるものではないことも明白である。)、右部分を除く爾余の証拠によって、原判示事実を肯認するに十分であることは前述のとおりであるから、右の違法は判決に影響を及ぼさないものというべきである。

4-41　東京高決昭41・6・30（裁判官忌避申立却下決定に対する即時抗告事件）、最判昭43・2・8（刑訴法判例百選８版Ｐ150）、東京高判昭41・5・30

ポリグラフ検査を行うことそれ自体が直ちに被検者たる被疑者の供述拒否権を侵害し、憲法第38条第１項の趣旨に反し、刑事訴訟法198条第2項に違反するものとは断じ難い。

ポリグラフ検査がそれに使用された器具の性能、操作技術等の諸点からみて信頼度の高いものと認められること、検査者が適格者であること、被検者が検査を受けることに同意したこと、検査書は検査者が自ら実施した検査の経過及び結果を忠実に記載して作成したものであること等の諸点を証拠によって確かめ、叙上の諸要件を備えていると認められたときは、刑事訴訟法**321条第4項**により右検査書に証拠能力を付与しても違法ではないと解すべきである。

4-42　最判昭36・5・26（業務上過失致死傷被告事件）

捜査機関が任意処分として行う検証の結果を記載したいわゆる実況見分調書も刑訴321条３項所定の書面に包含されるものと解するを相当とすることは（注：最判昭35・9・8）の判示するところである。従って、かかる実況見分調書は、たとえ被告人側においてこれを証拠とすることに同意しなくても、検証調書について刑訴321条３項に規定するところと同一の条件の下に、すなわち実況見分調書の作成者が公判期日において証人として尋問を受け、その真正に作成されたものであることを供述したときは、これを証拠とすることができるのである。（略）捜査機関は任意処分として検証（実況見分）を行うに当り必要があると認めるときは、被疑者、被害者その他の者を立ち会わせ、これらの立会人をして実況見分の目的物その他必要な状態を任意に指示、説明させることができ、そうしてその指示、説明を該実況見分調書に記載することができるが、右の如く**立会人の指示、説明を求めるのは、要するに、実況見分の一つの手段であるに過ぎず、被疑者及び被疑者以外の者を取り調べ、その供述を求めるのとは性質を異にし、従って、右立会人の指示、説明を実況見分調書に記載するのは結局実況見分の結果を記載するに外ならず、被疑者及び被疑者以外の者の供述としてこれを録取するのとは異なるのである。従って、立会人の指示説明として被疑者又は被疑者以外の者の供述を聴きこれを記載した実況見分調書には右供述をした立会人の署名押印を必要としない**ものと解すべく（注：**大審判昭5・3・20、同9・1・17**参照）、これと同旨に出た原判示（控訴趣意第一点についての判断後段）は正当である。

そうして、刑訴**321条3項**が憲法37条2項前段に違反するものでないことは前掲昭和三五年九月八日第一小法廷判決の判示するところであって、既にいわゆる実況見分調書が刑訴321条３項所定の書面に包含されるものと解される以上は、同調書は単にその作成者が公判期日において証人として尋問を受け、その真正に作成されたものであることを供述しさえすれば、それだけでもって、同条一項の規定にかかわらず、これを証拠とすることができるのであり、従って、たとえ立会人として被疑者又は被疑者以外の者の指示説明を聴き、その供述を記載した実況見分調書を一体として、即ち右供述部分をも含めて証拠に引用する場合においても、右は該指示説明に基く見分の結果を記載した実況見分調書を刑訴321条3項所定の書面として採証するに外ならず、立会人たる被疑者又は被疑者以外の者の供述記載自体を採証するわけではないから、更めてこれらの立会人を証人として公判期日に喚問し、被告人に尋問の機会を与えることを必要としないと解すべきである。

4-43　最判昭32・7・25（強姦致傷被告事件）

被告人が、Ａの背後よりその首を締め、同女を脅迫し、また同女の頭部等を殴打するなどの暴行を加え、脅迫して反抗を抑圧した上、同女を強いて姦淫し、この間上叙暴行により両下肢打撲等の傷害を加えた事実につき、原判決が、有罪を言い渡した一審判決を維持し、控訴を棄却したため、被告人が上告した事案で、**医師の作成した診断書**には正規の鑑定人の作成した書面に関する刑訴法**321条4項**が準用されるから、診断書の作成者が公判期日（審理更新前の公判期日でも差支ない）において証人として尋問を受け、その真正に作成されたものであることを供述したときは、証拠能力をもつようになるとした原判決の判示は正当であるとし、上告を棄却した事例。

(5)　真実発見の必要性から、一定の要件を満たした供述証拠を例外として証拠能力を認める場合（刑訴法321条1項）

供述者の署名若しくは押印のある被告人以外の者の供述書又は供述録取書は、**書面の作成者の刑事**

訴訟法上有している権限あるいは地位によって信用度に差があることを擬制して、裁判官（1号）、検察官（2号）、それ以外の者（3号）に分けて証拠能力の要件を定めている。弁護人作成の書面は警察官と同列で、3号の程度の信用しかないとされていることに留意しなければならない。裁判官面前の供述録取書（証言速記録）は、公判での供述不能あるいは相反性のみが要件である。検察官作成の供述録取調書（2号書面）は、上記要件に相対的特信性が必要であり、その他の書面（3号書面）は、さらに必要不可欠性と絶対的特信性が必要とされる。

ｉ）　被告人以外の者の裁判官面前調書（証言調書）（1号）

裁判官の面前での供述は、**証言不能の場合、あるいは公判での前の供述と異なった供述をした場合**に証拠能力が認められる。証言不能には、証言拒否（**最判昭27・4・9、東京高判昭63・11・10**）、泣き崩れるなどして証言ができなかった場合（**札幌高函館支判昭26・7・20**）なども含まれる。

宣誓をして尋問形式で行われており信用性が高いことから、証拠とできる要件はもっとも緩やかで、直接主義、口頭主義には反するが、証言不能あるいは相反性があれば証拠能力を有するとしたものである。また、供述者の署名又は捺印は不要とされている（**最決昭29・11・25**）。その理由は、署名・捺印は供述者が供述内容を正確に記録されていることを承認するためのものであるが、裁判官の面前での供述は、供述者が供述したことを正確に記録していることが明らかであるからである（**規則45条１項、同37条、同40、46、47条、刑訴法51条**参照）。

対象となる供述は、起訴前又は公判期日前の証人尋問調書（**刑訴法179、226～228条**）、ビデオリンク方式（**同154条の４**）による尋問調書のほかに、他の裁判（公判準備も含む）の証人尋問調書も含むとされている（**最決昭29・11・11**）ので、民事裁判の証人尋問調書、少年事件の尋問調書なども含むことになる。

「**異なった供述**」は、**2号**の「相反する供述をするか実質的に異なった供述」より緩やかでよいことが規定自体から見て取れる。異なった供述部分のみが証拠となるのであって、一部が異なっているからといって尋問調書全体を証拠にすることはできないと考えるべきであるが、後述のとおり、**同条2号**書面で全体を証拠にできるとしていることから同様の結論になる。被告人及び弁護人が立ち会っているかなどは問わないとされている。そのため、供述者の知覚、記憶という過程の正確性が、弁護人の反対尋問によって試されていない供述も証拠となる。しかし、少なくとも、当該法廷で前と異なった供述をするに至った経緯を反対尋問する機会を与えるために、供述者に対する反対尋問前に、被告人の前の尋問調書が開示される必要があると考える。

ⅱ）　被告人以外の者の検察官調書（2号）

検察官が作成した供述録取書で、供述者の署名・捺印のある供述録取書は、**証言不能、又は、前の供述と相反するか若しくは実質的に異なった供述（相反又は自己矛盾供述）**に加えて、**両供述を比較して検察官調書の供述の方を「信用すべき特別の情況」が存在すること（相対的特信性）**が必要とされる。

証言不能について、**判例4-44**は、一時的な供述不能では足りず、その状態が相当程度継続して存続しなければならないとし、証言拒否の態度が強固な場合も含むが、「供述不能に関する立証責任は検察官にあるのであって、Ａの証言意思、裏返せば証言拒絶意思が明確でないというならば」、裁判所はその点について検察官に立証を促すべきであるのにそれをしないで証言不能として証拠採用したのは訴訟手続違反であるとしている。

問題になるのは、供述者が、被告人の公判開始を待たずに強制送還されてしまった場合、検察官が、不起訴・強制送還と引き換えに、被告人に不利な供述調書を作成する危険性があるという点である。**判例4-49**は、このような場合について、公判開始前の証拠保全としての証人尋問制度があることを考慮しながら、検察官が行政処分である強制送還を「ことさら利用した」場合でなければ証拠能力を認めるという一般基準を説示しており、大野裁判官の補足意見が傾聴に値する。**同4-47**は、真相解明に重要な証拠であって、立証趣旨が間接事実に関するものであることを理由に、強制送還が証言不能に該当するとするが、合理的な理由とはいえないと思う。**同4-52**は、12、3歳の未成年の供述者の両親が、未成年者の証人出廷を拒んだ事案について、公判準備などで対応できることなどを考慮して、正当な理由がないので該当しないとした。**同4-50**は、公判証言後に検察官調書が作成され、供述者が自殺した場合について、前の証言との関係では証言不能に該当しないが、再度証人請求が予定されていたので、その関係では証言不能に該当するとしている。

相反又は自己矛盾には詳細である場合も含むとされている（**最決昭32・9・30**）。**同4-51**は、最初の証人尋問と再度の証人尋問の間に作成された検察官調書について、再度の証言との関係で相反供述に該当するとして証拠能力を認めた。公判証言による立証に失敗した検察官の証言訂正に向けた圧力の危険性を考えると、このような場合にまで証拠能力を認めることには極めて慎重でなければならない。

相対的特信性とは、外部的事情のみならず、供述内容も考慮してよいとされている（**最判昭30・1・11**）。**同4-45**は、恋人が刑事処罰を慮って曖昧な供述をした公判供述に比べてその影響を考えなかった検察官調書の方に信用性があるとし、**同4-48**は、暴力団員の供述について、共犯であるとしていた捜査段階の供述と自分が単独犯であるとした公判供述では、組関係の諸般の事情を考慮して検察官調書の方が信用できるとしている。

検察官の請求の時期との関係で、**同4-53**は、相反供述をして相当期間が経ち裁判官が交替した後に請求した事案について、特信性は証言態度も考慮しながら判断するものであるとし、検察官は相反供述であることを証言直後に分かっていて、同号書面として証拠請求できたのに証言直後に証拠請求しなかったことを理由に、特信性ありとすることに躊躇するとして証拠請求を却下している。

証言不能の場合には対比すべき供述がないので特信性は不要とする考えもあるが、採用する場合には取調べ情況、調書及びその内容などで特信性を判断すべきとした判例があり（**大阪高判昭42・9・28**、**千葉地判平11・9・8**）、特信性を却下する理由にはできないとするものもある（**大阪高判平元・11・10**）。この考えは証拠能力の有無の判断に供述の信用性（証拠価値）を取り込むことになるが、証言不能であれば検察官調書が無条件に証拠能力を有するとしたのでは、伝聞証拠排除の原則を軽視するものであり、妥当な考えであると思う。

証拠にできる範囲について、**同4-46**は相反部分に限らず、供述調書全部を採用できるとし、その理由を説示している。相反しない部分について、公判供述より具体的な供述があればその部分については増強補強になるので、相反供述に限って証拠能力を認めた法の趣旨に反するのではないかと思う。

（2号に関する判例）

4-44　東京高判平22・5・27（死体遺棄、殺人被告事件）

刑訴法321条1項2号前段に供述者が公判準備若しくは公判期日において供述することのできないときとしてその事由を掲記しているのは、その供述者を裁判所において証人として尋問することを妨げるべき障害事由を示したもので、これと同様又はそれ以上の事由の存する場合において検察官調書に証拠能力を認めることを妨げるものではないから、証人が証言を拒絶した場合にも、同号前段によりその検察官調書を採用することができる（最判昭27・4・9）。しかし、**同号前段の供述不能の要件は、証人尋問が不可能又は困難なため例外的に伝聞証拠を用いる必要性を基礎付けるものであるから、一時的な供述不能では足りず、その状態が相当程度継続して存続しなければならないと解される。**証人が証言を拒絶した場合についてみると、その証言拒絶の決意が固く、期日を改めたり、尋問場所や方法を配慮したりしても、翻意して証言する見通しが少ないときに、供述不能の要件を満たすといえる。もちろん、期日を改め、期間を置けば証言が得られる見込みがあるとしても、他方で迅速な裁判の要請も考慮する必要があり、事案の内容、証人の重要性、審理計画に与える影響、証言拒絶の理由及び態度等を総合考慮して、供述不能といえるかを判断するべきである。(略)以上を前提に本件についてみると、Ａは、自らの刑事裁判が係属中であり、弁護人と相談した結果、現時点では証言を拒絶したい、としているにすぎず、他方で、被害者の遺族の立場を考えると、自分としては証言したいという気持ちがあるとまで述べているのであって、自らの刑事裁判の審理が進み、弁護人の了解が得られれば、合理的な期間内に証言拒絶の理由は解消し、証言する見込みが高かったと認められる。現に、被告人の弁護人作成の平成２１年５月２１日付け「証拠に対する意見書」によれば、原審第４回公判期日の終了後、被告人の弁護人が、Ａの弁護人に対し、同年７月８日に予定されているＡ自身の被告人質問が終了した後は、被告人の公判において、Ａに証言拒絶をさせずに、尋問に応じさせてほしい、と依頼したところ、Ａの弁護人から、弁護団で協議するが、十分に検討に値する提案である、と前向きな返答があった、というのである(略)。なお、原判決は、Ａ自身の公判が終了した後に証言する意思がある旨を明確にしていないことを供述不能の理由の１つとしている。しかし、**供述不能に関する立証責任は検察官にあるのであって、Ａの証言意思、裏返せば証言拒絶意思が明確でないというならば、その点について立証を促すべきである。**

原審は、本件を公判前整理手続に付し、あらかじめ争点及び証拠を整理した上、第８回公判前整理手続期日で審理予定を定め、平成２１年４月２２日から同年６月１９日までの間に合計７回の公判期日を指定している。しかし、第６回公判前整理手続調書によると、検察官は、同期日において、Ａの取調べ状況等に関する捜査報告書(謄本、原審甲４２)及びＡとその弁護人との接見状況等に関する回答書(謄本、同甲４３)を請求したのは、Ａが全く証言しない可能性を考慮してのことである旨釈明している。原審においても、この時点でＡの証言拒絶を想定し得たはずである。そうであれば、検察官に対して、Ａの証言拒絶が見込まれる理由につき求釈明し、Ａの審理予定を確認するなどした上、Ａが証言を拒絶する可能性が低い時期を見極めて、柔軟に対応することができるような審理予定を定めるべきであったのに、原審はそのような措置を講じることなく、審理予定を定めている。

本件が殺人、死体遺棄という重大事案であること、被告人が犯行を全面的に否認していること、Ａは共犯者とされる極めて重要な証人であることなどを考え併せると、このような公判前整理手続の経過がありながら、Ａが前記のような理由で一時的に証言を拒絶したからといって、直ちに前記の各検察官調書を刑訴法321条1項2号前段により採用し、有罪認定の用に供した原審及び原判決には訴訟手続の法令違反がある。

4-45　広島高判平20・9・18(強盗致傷被告事件)

７名共謀による慰謝料名下に金員を強取しようとした強盗致傷被告事件について、原審裁判所は、刑事訴訟法**321条1項2号後段**に基づいてなされた共犯少年２名及び共犯者１名の検察官調書の取調請求を却下した上、強盗致傷罪の成立を否定し、強盗未遂罪と傷害罪を認定したが、上記共犯少年２名は、被告人と恋人同士又はそのギャルチームの後輩であるなど緊密な関係にあり、その原審公判供述は、自らが事件の発端になったという負い目や、被告人と口裏合わせをしたことなどが窺われ、又、上記共犯者の原審公判供述は、終始曖昧で、被告人に不利益になる供述を避けようという態度が顕著であるのに対し、上記共犯少年らの検察官調書に記載された相反供述は、互いによく符合する上、別の共犯者の公判供述ともよく符合し相互に信用性を補強し合っており、これらを総合すると、上記共犯少年らの検察官調書は、その原審公判供述よりも信用性が高いと認めるに足りる**特別の情況的保障がある**と認められ、同検察官調書に記載された相反供述は、強盗の共謀の成否に関するものであり、取調べの必要性も認められるから、これらの検察官調書について、検察官による同条項に基づく取調請求を却下し、その却下決定に対する検察官の異議も棄却した原審の訴訟手続には、同条項の解釈適用を誤った法令違反がある。

4-46　東京高判平17・6・15(逮捕監禁、営利略取、殺人、死体遺棄被告事件)

捜査段階の供述と公判供述との間に相反する部分があって、裁判所が法**321条1項2号後段**によって証拠能力を認めて証拠採用する場合は、所論のいうように相反部分に限定して採用しても差し支えないが、そのような**限定をせずに当該調書全体を証拠として採用しても何ら違法ではないと解される。**(略)

少し補足すると、確かに、法321条1項2号後段は、前記のような相反部分のあることを証拠能力取得の要件としているが、同条１項の規定全体をとおして見ても、当該相反部分に限定してでなければ証拠能力を認めないとは定められておらず、前記のような相反部分を含む調書単位で証拠能力を認めた趣旨と解される。しかも、当該調書全体に証拠能力を認めることは、当該調書の証明力を判断する観点からも、適正な事実認定を行う観点からも、相当なものと解される。そして、相反部分以外について証拠能力を認めても、当該調書に定められた立証趣旨の範囲内での立証に用いる限りは不意打ち等の問題も生じないし、公判供述と相違のない部分も、そこに証拠能力を認めたことで格別の弊害は生じないと解される。

逆に、相反部分に限って証拠能力を認める考えを徹底すると、相反部分の特定だけでなく、相反性の判断等に関して、煩瑣であったり、一義的な理解が得られなかったりするなど実務上様々な支障が生じることが予想される。また、相反部分を含む可分な部分とか密接に関連する部分も含むといったより幅広い範囲での証拠能力を認める考え方にも、証拠能力を認める範囲の限界が不明確となるおそれがあるだけでなく、調書全体ではなく、相反部分ではないそういった部分についてだけ証拠能力を認める根拠が明確であるとまでは見られない。

このように、法321条1項2号後段によって、証拠能力を認める範囲を限定しようとする所論のような考えには、実務上、理論上の難点が考えられ、法条の文言を殊更限定的に解釈して積極的に採用すべき合理性まではないものと解される。

4-47　東京高判平11・10・26（覚せい剤取締法違反等被告事件）

原判示第二の事実の認定に供したエリック（略）及びコーラ（略）の検察官に対する各供述調書の不同意部分については**刑訴法321条1項2号前段**に該当する書面として取調べられたものであるが、エリックは右事実に係る起訴前の平成一〇年八月一九日、コーラは右起訴後の平成一一年一月一九日にそれぞれ送還されているところ、譲渡人の原判示ノリ（略）は平成一〇年五月二二日には逮捕されている上、被告人は当初より犯行を否認していたのであるから、エリック及びコーラは、日本に留め置いて証言させるべきであったのであり、このように両名についてとり得る手段を尽くしても公判準備ないし公判期日に供述することができない状態にはなかったのであるから、同人らの右各供述調書の不同意部分は、同号前段に該当する書面とはいえず、したがって、右各供述調書の不同意部分を証拠として採用した原審の訴訟手続には、判決に影響を及ぼすことが明らかな法令の違反があるという（略）。

本件において、覚せい剤を被告人に譲り渡したという直接事実に関する最重要証人を不同意書証に替えてまず取り調べた原審の措置は**事案解明のための重要な手続を履践したというべきである**上、所論指摘の各供述調書中の**立証趣旨が間接事実若しくは補助事実に関するものであること**にもかんがみると、これに続き送還により出国した者に係る右各供述調書中の不同意部分を同号前段に該当する書面として証拠調べ請求をしたことが、手続的正義の観点から公正さを欠くなどといえないことは明らかである。なお、弁護人は右各供述調書について、外国人の場合は通訳の正確性及び生活習慣の相違などから、同号所定の特信情況は認められない旨主張するが、右情況の存在は同号前段の要件とは解されず、主張自体失当である。

4-48　大阪高判平10・12・9（殺人・銃砲刀剣類所持等取締法違反被告事件）

まず**公判廷での供述**についてみると、丙野、甲野、被告人はいずれも暴力団寺村組の組員で、丙野、甲野は共に若頭補佐、被告人は甲野の兄弟分であり、丁野は戊野組組長を見届け人として丙野から杯をうけた同人の若衆という関係にあるところ、丁野は原審での被告人質問において、暴力団を辞める気はないと供述しており、将来、組に復帰することを考えている丁野としては、組幹部である共犯者やその関係者の面前では共犯者らに不利益な事実については供述しにくいところ、丁野の公判廷における供述は、被告人としてのものも、丙野らの公判における証人としてのものも、いずれも共犯者や多数の戊野組関係者の面前でのものであること（原審第三回公判期日の被告人質問の際、検察官から、傍聴席に戊野組の者がいるかと聞かれて「仰山いますね。」と答えている。）、丁野は、原審第一回公判期日においては、本件犯行に使用したけん銃及び実包は丙野から貰ったものであると供述しながら、その後この点について黙秘するなど供述に変遷があるばかりでなく、共犯者の言動についての供述には曖昧な点が多いことからすれば、丁野の**公判廷における供述にはその信用性を著しく低下させる状況が存する**ものといえる。これに対して**検察官調書**は、いかに丁野にとって単独犯行より暴力団幹部らとの共謀による犯行とした方が罪責が軽くなるとはいえ、自分の親分が所属する暴力団の幹部や自分の親分について、敢えて虚偽の事実を構えて罪に陥れるとは考えがたいこと、当初単独犯と供述していたことも、右の丁野と共犯者らとの関係からすれば親分らを庇ったものとして理解できること、また、丁野は逮捕の二日後には弁護人を選任しており、そのような状況で取調べを受けている時に、所論のように検察官が丁野の供述をすり替えて調書化し、それに丁野が異論を述べないなど考えられないことからすれば、**検察官調書には信用性に疑いを抱かせるような状況は存しない**。以上によれば、丁野の各検察官調書に特信性を認め、証拠として採用した点に違法はない。

4-49　最判平7・6・20（売春防止法違反被告事件）

本件検察官面前調書は、検察官が、退去強制手続により大阪入国管理局に収容されていたタイ国女性一三名（本件管理売春の事案で被告人らの下で就労していた者）を取り調べ、その供述を録取したもので、同女らはいずれもその後タイ国に強制送還されているところから、第一審において、刑訴法321条1項2号前段書面として証拠請求され、その証拠能力が肯定されて本件犯罪事実を認定する証拠とされたものである。（略）

同法321条1項2号前段は、検察官面前調書について、その供述者が国外にいるため公判準備又は公判期日に供述することができないときは、これを証拠とすることができると規定し、右規定に該当すれば、証拠能力を付与すべきものとしている。しかし、右規定が同法320条の伝聞証拠禁止の例外を定めたものであり、憲法37条2項が被告人に証人審問権を保障している趣旨にもかんがみると、検察官面前調書が作成され証拠請求されるに至った事情や、供述者が国外にいることになった事由のいかんによっては、その検察官面前調書を常に右規定により証拠能力があるものとして事実認定の証拠とすることができるとすることには疑問の余地がある。

（略）本件の場合、供述者らが国外にいることになった事由は退去強制によるものであるところ、**退去強制**は、出入国の公正な管理という行政目的を達成するために、入国管理当局が出入国管理及び難民認定法に基づき一定の要件の下に外国人を強制的に国外に退去させる行政処分であるが、同じく国家機関である**検察官において当該外国人がいずれ国外に退去させられ公判準備又は公判期日に供述することができなくなることを認識しながら殊更そのような事態を利用しようとした場合はもちろん、裁判官又は裁判所が当該外国人について証人尋問の決定をしているにもかかわらず強制送還が行われた場合など、当該外国人の検察官面前調書を証拠請求することが手続的正義の観点から公正さを欠くと認められるときは、これを事実認定の証拠とすることが許容されないこともあり得るといわなければならない**。

（略）これを本件についてみるに、検察官において供述者らが強制送還され将来公判準備又は公判期日に供述することができなくなるような事態を殊更利用しようとしたとは認められず、また、本件では、前記一三名のタイ国女性と同時期に収容されていた同国女性一名（同じく被告人らの下で就労していた者）について、弁護人の証拠保全請求に基づき裁判官が証人尋問の決定をし、その尋問が行われているのであり、前記一三名のタイ国女性のうち弁護人から証拠保全請求があった一名については、右請求時に既に強制送還されており、他の一二名の女性については、証拠保全の請求がないまま強制送還されたというのであるから、本件検察官面前調書を証拠請求することが手続的正義の観点から公正さを欠くとは認められないのであって、これを事実認定の証拠とすることが許容されないものとはいえない。

（略）したがって、本件検察官面前調書を刑訴321条1項2号前段に該当する書面として、その証拠能力を認め、これを証拠として採用した第一審の措置を是認した原判断は、結論において正当である。

（裁判官大野正男の補足意見）

一　本件の基本的問題は、出入国の公正な管理を目的とする入国管理当局による退去強制の執行と、公共の福祉の維持と個人の基本的人権の保障とを全うしつつ事案の真相を明らかにすべき刑事裁判の要請とを、いかに調整するかにある。

出入国管理の行政上の必要が常に優先することになれば、犯罪の証明に必要な外国人を行政処分によって退去強制した場合でも、「国外にいる」ことを理由として、証拠法上の例外である伝聞供述を採用し、被告人の証人審問権が行使される機会を失わせることになり、手続的正義に反する結果になりかねない。しかし、他方、その外国人が被告人の証人審問権の対象となる可能性があるということを理由に不確定期間その者の収容を続けることも、当該外国人の人権はもとより、適正な出入国管理行政の見地からみても、妥当とはいえない。

入国管理当局による出入国の公正な管理という行政上の義務と刑事裁判における公正の観念及び真相究明の要請との間に調整点を求めることが必要である。

二　法廷意見は、手続的正義、公正の観点から、検察官において当該外国人がいずれ国外に退去させられ公判準備又は公判期日に供述することができなくなることを認識しながら殊更そのような事態を利用した場合はもちろん、裁判官又は裁判所が証人尋問の決定をしているにもかかわらず当該外国人が強制送還されてその証人尋問が不能となったような場合には、原則としてその者の検察官面前調書に証拠能力を認めるべきものでないとすることによって、出入国管理行政上の義務と刑事司法の要請に一つの調整点を示すものである。
三　もとより、被告人の証人尋問権の保障の趣旨からすれば、右調整は必ずしも十分ではない。特に、被疑者に国選弁護人制度が法定されず、現実に被疑者に弁護人がつくのは一、二割にすぎないと推量される今日の現状よりすれば、証拠保全手続に頼ることは至難であろう。また、起訴後といえども、弁護人が速やかに検察官から証拠開示を受け、収容中の外国人につき証拠保全を請求することの要否を早急に判断することも決して容易ではない。

検察官についても、犯罪の証明に欠くことのできない外国人について、その供述の信用性を確保するため、第一回公判期日前に証人尋問を行おうとしても、現行法制上、困難な問題がある。

今日のように外国人の出入国が日常化し、これに伴って外国人の関係する刑事裁判が増加することを刑訴法は予見しておらず、刑訴法と出入国管理及び難民認定法には、これらの問題について調整を図るような規定は置かれていない。このような法の不備は、基本的には速やかに立法により解決されるべきである。

しかしながら、現に生じている刑事司法における困難を放置しておくことは許されず、裁判所、検察官、弁護人ら訴訟関係者の努力と相互の協力により、でき得る限り退去強制される外国人に対する証人尋問の機会をつくるなど、公正の観念に基づく真相究明を尽くしていくほかはないと考えるものである。

4-50　東京高判平5・10・21（業務上過失傷害、道路交通法違反被告事件）

右の各検察官調書は、Bの原審第二回公判期日における証言との関係では、同証言よりも後にした供述を内容とするものであるから、刑訴法**321条1項2号後段**を適用することはできない。しかし、原審第七回公判期日に行う予定であった証人尋問との関係では、前に一度公判期日に証人として供述しているとはいえ、原審第七回公判期日にはこれと異なる内容の供述すなわち新たな内容の供述を行うことが予定されていたのであるから、供述者が死亡したため公判期日において供述することができないときに当たるものということができ、したがって、右各検察官調書に**同号前段を適用することができる**ものと解される。

4-51　最決昭58・6・30（業務上横領、詐欺被告事件）

昭和五六年一一月四日の原審第三回公判期日において本件詐欺の被害事実につきTの証人尋問が行われたのち、昭和五七年一月九日検察官が同人を右事実につき取り調べて供述調書を作成し、同年六月一日の第八回公判期日及び同年七月一三日の第九回公判期日において再び同人を右事実につき証人として尋問したところ、右検察官に対する供述調書の記載と異なる供述をしたため、検察官が刑訴法**321条1項2号**の書面として右調書の取調を請求し、原審はこれを採用して取り調べた事実が認められる。このように、すでに公判期日において証人として尋問された者に対し、捜査機関が、その作成する供述調書をのちの公判期日に提出することを予定して、同一事項につき取調を行うことは、現行刑訴法の趣旨とする公判中心主義の見地から好ましいことではなく、できるだけ避けるべきではあるが、右証人が、供述調書の作成されたのち、**公判準備若しくは公判期日においてあらためて尋問を受け、供述調書の内容と相反するか実質的に異なつた供述をした以上、同人が右供述調書の作成される以前に同一事項について証言をしたことがあるからといって、右供述調書が**刑訴法**321条1項2号にいう「前の供述」の要件を欠くことになるものではない**と解するのが相当である（ただし、その作成の経過にかんがみ、同号所定のいわゆる特信情況について慎重な吟味が要請されることは、いうまでもない。）。したがつて、Tの検察官に対する供述調書は、同号にいう「前の供述」の要件を欠くものではない。

4-52　広島高判昭58・6・21（道路交通法違反被告事件）

本件各調書の供述者らは、本件の証拠決定がなされた当時いずれも中学校一年生（A、Bはいずれも一三才、Cは一二才）であるが、その保護者らは、検察庁係官による再三の説得にもかかわらず、公判期日外の尋問の場合を含めて右の供述者らの証人尋問に応ずることを強く拒否していること、右の拒否の理由は、たかが交通違反のことぐらいで、わざわざ小松島（Aの転居先である徳島県小松島市）まで来て話を聞きたいなどとは呆れ返ってしまう、違反をした人と検事との意地の張り合いとしか思えない（Aの母）、証言によって仕返しを受けることが絶対ないということを誓約する文書を貰わんことには証言させることはできない（Aの父）、被告人による報復のおそれやその子弟（Cの通学している中学校の生徒）との関係（Cの父母）、証人尋問の召喚状を受け取って、始めてBがこの事件に関わっていることを知った、従って親として出廷させることを認め難い（Bの母）などというものである（略）。

刑事訴訟法**321条1項2号前段**の「**供述者が死亡、精神若しくは身体の故障、所在不明若しくは国外にいるため公判**

準備若しくは公判期日において供述することができないとき」というのは例示的列挙であって、これに準ずるような供述不能の場合を含むと解される。しかし、本件の出頭拒否に正当な理由があるといえないことはもとより当然であり、このように証人において正当な理由なく出頭を拒否しているに過ぎない場合(それが保護者の恣意に基づくにせよ)が、前記の供述不能の場合にあたるとして憲法37条2項に定める被告人の証人審問権を奪うことはできない。してみると、本件各調書を刑事訴訟法321条1項2号前段に該当する書面として取り調べることは到底許されないところである。原審としては、すべからく、右の供述者らを再度証人として召喚し(その情操保護上必要がある場合には所在場所での公判期日外の尋問を行うなどして)、保護者らの説得に努めるべきであったのであり、これらの努力をしても右の供述者らが出頭しないときは、同人らを勾引することも止むを得ないところであって、右の勾引の措置を取ったからといって、なんら少年法の精神に反するものではない。

してみると、証拠能力がない本件各調書を証拠として取り調べ、かつ、これを罪となるべき事実を認定する証拠として挙示した点において原審の訴訟手続に法令の違反があり、本件各調書を全部除外した残余の原判決挙示の証拠のみによっては原判示の事実を認めるのに十分ではないから、右の違反が判決に影響を及ぼすことが明らかであって、原判決は破棄を免れない。

4-53　大阪地判昭48・10・25(傷害被告事件)

検察官は、証人として証言したＹ、Ｉ、Ｓ、ＴおよびＫの検察官に対する各供述調書につき、刑事訴訟法321条1項2号後段所定の事由ありと主張する。なるほど、右の者らの証言は速記録に記載されていて、この供述記載によれば、事前共謀に関する右の者らの各供述は、事前共謀を否定しながら、その理由は曖昧であり、覚えや記憶がない旨の答えも随所に見受けられ、全体として供述を回避しようとする節も窺われるなど信用性に疑問が残るものといえる。しかし、検察官も指摘するように、右の者らは当時、被告人らと同じ職場で働き、本件を共に犯したとされているものであるから、これらの者の検察官面前調書の特信状況を明らかにするについては、同人らが被告人らの面前で遠慮、はばかりなどなく証言できたかどうかが問題となるところ、このような事情の認定は速記録によっても不可能ではないものの、証人の証言態度ひいては出廷態度もまた判定の要素の一つとなりうるのであるから、証言に直接関与した裁判官がもっともよくなしうるところといえる。そして、右各証言の速記録によれば、右各証言終了時には、検察官において各証人の検察官面前調書をいわゆる2号書面として請求する必要性の生じていたことが明らかであるから、この請求は、右各証言の証言直後か、遅くとも、その証人尋問に直接関与した裁判官の交替前か、判事第一の事実の最終証人たるＫの証言が終了し、その請求が不可避となった時点でなされるべきであり、また記録に徴しても、その請求の機会は十分に与えられていたことが認められる。それにもかかわらず、検察官は、その後数年間右請求を放置し、その間、証人を偽証罪として追及した形跡もなく、また証人が証言中に不当を訴えた捜査段階における取調方法について取調官を証人として申請するでもなく、前裁判官が転出する直前の昭和四八年三月二二日の公判になって始めて請求した。以上の諸状況に鑑みれば、右各証人の証言の信用性を直ちに肯定するものではないが、さりとて、同人らの検察官に対する供述調書につきいわゆる**特信状況を肯定するについては、なお当裁判所は躊躇を感じざるを得ない**。したがって、右各証人の検察官に対する各供述調書の証拠能力を肯定することはできない。

iii）被告人以外の者のその他の書面(3号)

1号、2号以外の伝聞証拠、即ち、警察官調書や捜査報告書、供述書、弁護人作成の供述録取書などは、**証言不能で、犯罪事実の存否の証明に欠くことができない場合(不可欠性)で、かつ、特に信用すべき情況の下に供述されたこと(絶対的特信性)**が証拠能力の要件とされている。

不可欠とは、「犯罪事実の存否に関連する事実に属する限り、その供述が、その事実の証明につき実質的に必要と認められる場合」であるとされる(**東京高判昭29・7・24**)。しかし、起訴決定権を持つ検察官が、起訴前に、警察官調書内容の重要性を認識できたはずであるのに、検察官調書を作成せず、公判段階で行方不明になったために証人尋問ができなくなったことを理由に、警察官調書を請求できるとすることは、検察官の怠慢を救済するものであって問題であると思う。結局、この要件は、「犯人は処罰しなければならない」という命題と被告人の人権保障という命題との挾間で、伝聞証拠排除の原則の例外をどの程度認めるかという考え方の違いにある。

判例4-57は、単に心覚えのため書き留めた手帳は**3号**の書面であるとし、**同4-56**は、警察への匿名投書は該当しないとする。

本号の特信性は**絶対的特信性**といわれ、法の趣旨から見て警察官の面前であることは理由にならない。供述調書が作成された時の状況から見て特に信用できることが必要である。**同4-54**は韓国の裁判所で宣誓して行った供述録取書について、**同4-55**は アメリカでの宣誓供述書について、それぞれ特信性を認めている。

(3号に関する判例)

4-54　最決平15・11・26（覚せい剤取締法違反、関税法違反被告事件）

本件公判調書は、日本国外にいるため公判準備又は公判期日において供述することができないＡの供述を録取したものであり、かつ、本件覚せい剤密輸入の謀議の内容等を証明するのに不可欠な証拠であるところ、同人の上記供述は、自らの意思で任意に供述できるよう手続的保障がされている大韓民国の法令にのっとり、同国の裁判官、検察官及び弁護人が在廷する公開の法廷において、質問に対し陳述を拒否することができる旨告げられた上でされたというものである。このようにして作成された本件公判調書は、特に信用すべき情況の下にされた供述を録取したものであることが優に認められるから、刑訴法321条1項3号により本件公判調書の証拠能力を認めた原判決の判断は正当として是認することができる。

4-55　最決平12・10・31（麻薬及び向精神薬取締法違反、関税法違反等被告事件）

Ｎの宣誓供述書は、日本国政府からアメリカ合衆国政府に対する捜査共助の要請に基づいて作成されたものであり、アメリカ合衆国に在住するＮが、黙秘権の告知を受け、同国の捜査官及び日本の検察官の質問に対して任意に供述し、公証人の面前において、偽証罪の制裁の下で、記載された供述内容が真実であることを言明する旨を記載して署名したものである。このようにして作成された右供述書が刑訴法**321条1項3号にいう特に信用すべき情況**の下にされた供述に当たるとした原判断は、正当として是認することができる。

4-56　東京地判平3・9・30（麻薬取締法違反被告事件）

平成二年五月一一日ころ、**警視庁宛にスペイン語で書かれた匿名の投書**（神奈川県藤沢郵便局の消印があるもの）が郵送されてきた。その内容は、「コロンビア船籍のシウダー・デ・パスト号が、コカインを五〇ないし一〇〇キログラム積んで、四月下旬にコロンビアを出航し、五月に日本に着く、このコカインは、この船の船員であるＡに手渡されている。」というものであった。そこで、東京税関に調査を依頼したところ、右パスト号なる船舶が実在し、五月に日本に来航する予定であること、そして同船にはＡという船員が乗船していることが確認されたため、警視庁の捜査員らが、捜索差押許可状を得て、同月一五日午後八時過ぎころから、折から横浜港に入港して横浜市神奈川区出田町所在の出田町埠頭Ｃ号岸壁に接岸停泊していた本件船舶の捜索を行ったところ、第二甲板にある機械試験室（通称「インジェクター・ルーム」）の床上から高さ約三メートル九二センチメートルの天井に設置された通風管（ダクト）内の同室出入口から船首方向に約一メートル二五センチメートルの地点にある通風口付近の部分から黒ビニール袋に包まれた小荷物七個が発見され、右小荷物七個の中からテープや新聞紙に梱包された本件コカイン及び局所麻酔剤の固形物四〇個（重量合計約四二キログラム）が出てきたため、被告人が本件コカイン所持の現行犯人として逮捕された。（略）

本件の捜査の端緒となった前記投書については、被告人が犯人であることを裏付ける証拠として、検察官から刑事訴訟法**321条1項3号**に該当する書面として証拠調べ請求がなされたが、当裁判所は、平成三年一月一六日付け決定書のとおり、**同投書は捜査機関に対して匿名で犯罪事実を密告するものであり、投書作成時の外部的情況が明らかでない上、匿名投書の性質上、作成者がその文面について責任を負わず、作成者に対する反対尋問の機会も全くなく、そのため作成者の知覚等に誤謬が介在したり、意図的な虚言を交える可能性が他の供述書に比べて格段に高いこと等から、これが、同号但書にいう特に信用すべき情況の下で作成されたものとは到底認められない**との理由で、その証拠能力を否定し、右証拠調べ請求を却下したところである。

4-57　最判昭31・3・27（専売法違反被告事件）

記録によると、第一審では**本件メモ**を他のＴの手紙とともに証拠物として取扱い、これが証拠調の方法は、このメモを「展示」しその内容を「朗読」しているのであるから、これらの手続からみれば右メモを「書面の意義が証拠となる証拠物」として取り扱っていること明らかである。そして、証拠物であっても書面の意義が証拠となる場合は、書証に準じて証拠能力があるかどうかを判断すべきものであることはいうまでもない。原審は、右メモを刑訴323条3号の書面に当るものとして証拠能力を認めたのであるが、同号の書面は、前2号の書面すなわち戸籍謄本、商業帳簿等に準ずる書面を意味するのであるから、これらの書面と同程度にその作成並びに内容の正確性について信頼できる書面をさすものであることは疑ない。しかるに、本件メモはその形体からみても単に心覚えのため書き留めた手帳であること明らかであるから、右の趣旨によるも刑訴321条3号の書面と認めることはできない。してみれば、本件メモに証拠能力があるか否かは、刑訴321条1項3号に定める要件を満すかによって決まるものといわなければならない。ところで、本件においては記録により明らかなとおり、Ｔは逃亡して所在不明であって公判期日において供述することができないものであるし、本件メモの内容は被告人劉の犯罪事実の存否の証明に欠くことができない関係にあるものと認められるのであるから、もし本件メモがＴの作成したもので、それが特に信用すべき情況の下にされたものであるということができれば、右メモは刑訴法321条1項3号により証拠能力があることとなる（刑訴法321条1項3号の供述書には署名押印を要しないことについては、すでに当裁判所（注：昭29・11・25）に判示されたとおりである）。そこで記録を調べてみると、本件メモは専売監視が裁判官の捜索押収令状によってＴ方を捜索した際同家のタンスの中から発見されたものであり、Ｓの専売監視に対する昭和二六年一月二七日附犯則事件調査顛末書によると、右メモは夫Ｔのものだと思うと述べられているので、かかる状況の下においては右メモはＴが使用していたものであり、同人の意思に従って作成されたものと認めることができる。そして、本件メモが前記のような経過によって発見され、Ｔの意思に従って作成されたものと認め得ること及びその形体、記載の態様に徴すれば、本件メモはＴの備忘のため取引の都度記入されたもので、特に信用すべき情況の下に作成されたものと認めるのを相当とする。

されば原審が本件メモを証拠としたことは結局において適法であるということができる。

(6) 再伝聞証拠（刑訴法324条２項）

被告人以外の者の公判又は公判準備での供述の中に現れた被告人以外の者の供述は、刑訴法**321条1項3号**の要件を満たせば証拠能力を有するというものである。反対尋問で、供述者に対し、原供述者から聞いた状況や原供述を正確に記憶・表現しているかを確認できるので、真実発見のために、原供述者に対する反対尋問ができなくても厳しい条件の下に証拠能力を認めようとするものである。

問題は、**刑訴法321条1項2号で採用された検察官調書中の供述者以外の供述部分（再伝聞）**にまで拡大してよいかであるが、判例・通説は類推適用を認めていることである（**判例4-60、同4-61**）。その理由は、証拠採用された検察官調書は、証拠能力があるという点では324条の「公判準備又は公判期日における供述」と同一であるという点にある。しかし、被告人が無罪を争っているとき、被告人以外の者が、被告人を犯罪に引き込むことを意図して、被告人の有罪を裏付けるような第三者の供述を又聞きしたという供述をした場合、原供述者が証言不能だからと原供述を被告人の犯罪の立証に使えるとすると、その供述だけで被告人を有罪にすることが可能になる。厳格な証明を要求し、伝聞証拠排除を定めているのはこのような危険をなくすことが目的であるはずであり、安易に伝聞例外を拡大することは立法の趣旨に反すると考える。したがって、証拠能力を認めるとしても、同321条1項3号の要件を厳格に適用することを前提に許容できると思う。しかし、自白の項で後述するように、被告人の供述が原供述である場合には疑問である。

同4-59は、321条1項2号書面として採用した検察官調書中の他人の供述について、再伝聞供述であるか否かを検討し、再伝聞供述でないものは調書と一体として、再伝聞供述について324条1項の類推適用によって321条1項3号に該当するとしているが、再伝聞供述か否かの検討が参考になると思う。**同4-58**は、宣誓拒否の場合についての判例である。

被告人の供述中の被告人以外の者の供述については規定がない。この場合にも、任意性があることを条件に、被告人があえて再伝聞供述をしたのだから、原供述者に対する反対尋問権を放棄し同意したものと看做して類推適用を認めるのが多数説である。

(刑訴法324条2項に関する判例)

4-58　東京地判平7・9・29(強盗傷人被告事件)

弁護人は、〔1〕Mは単に宣誓を拒否しているだけであるから、刑事訴訟法321条にいう証言不能には当たらないこと、〔2〕検察官の取調べの結果は、刑訴法321条1項2号書面として証拠とすることができる旨規定されており、調書が作成されていない場合にまで、その取調べの結果を刑訴法324条が準用する同法321条1項3号により証拠とすることは法の予想していないところであること、〔3〕供述者の署名、指印のない供述調書は、刑訴法321条1項2号、3号のいずれによっても証拠能力がなく、これとの対比においても、立証に不可欠の供述について調書そのものが作成されていない本件において刑訴法324条を適用することは許されないこと、〔4〕刑訴法321条1項3号の特に信用すべき情況の下にされたという要件は厳格に解すべきところ、特に証言者が捜査機関である場合には単なる事実の報告者ではなく、訴追側としての先入観が入るおそれが高いこと、取り調べた結果を調書にしないということは、それ自体で信頼度の低い情報であり、また、原供述者が署名、指印を拒否し、あるいは調書の作成自体を拒否したということは、当該供述が裁判の資料となることを拒絶するということであって、原供述者自身がその供述の信用性を否定していることを意味するものであること、Mの供述はいわゆる共犯者の供述であり、虚偽の可能性が高いことなどを縷々主張し、Tに対し写真を示して「これが丙さんです。」と述べたというMの供述は特に信用すべき情況のもとにされたものとはいえず、T証言に含まれる前記Mの供述を刑訴法324条により準用される同法321条1項3号によって証拠とすることはできない旨主張する。

しかしながら、Mは第五回及び第六回公判期日に証人として召喚を受けたにもかかわらず、宣誓を拒否し、証言に応じなかったものであり、証言が得られないという点においては**刑訴法321条1項各号の掲げる諸事由と異なるところはなく、同項にいう供述不能の場合に当たることは、すでに多数の判例によって承認されているところであって**、この点に関する弁護人の主張は理由がない。

また、**刑訴法321条1項2号は、検察官に対する供述調書について、一定の要件のもとに、伝聞法則の例外として証拠能力を認めることを規定するにとどまり、検察官による取調べの結果は、同号の要件を満たさなければおよそ証拠となしえないとの趣旨をもつものではない。刑訴法324条が準用する同法321条1項3号の文言には、捜査機関に対する供述を除外する趣旨の制限はなく、特に信用すべき情況のもとにされたと認められる場合には、同号により証拠能力を取得する場合があると解すべきである。**

さらに、**署名、指印を欠く供述調書**が刑訴法321条1項2号、3号の書面としての証拠能力を有しないとされる場合があるのは、署名、指印を欠く供述調書については、その供述のなされたこと自体の正確性が担保されないため、書面としては、これらの条項により証拠能力を取得し得ないというにとどまり、その供述が、別に刑訴法324条により準用される同法321条1項3号の要件を満たす場合、同号によって証拠能力を取得する場合があることも明らかである。

刑訴法324条によって準用される同法321条1項3号にいう「特に信用すべき情況」という要件について、慎重に解釈すべきことは弁護人の指摘するとおりであるが、同号は伝聞法則の一般的例外を定めたものであって、特に原供述のなされた状況に法律上の限定はなく、検察官、警察官等取調官に対する供述が一般的にこれに該当しないとか、共犯者の供述はこれに当たらないとかといった類型的な制約があるとはいえず、また、取調べの結果を供述調書にすることを拒否したことから、直ちに特に信用すべき場合に当たらないということもできない。

同号にいう特に信用すべき情況のもとにされたかどうかについては、当該供述のなされた際の状況、供述者の立場及び供述の相手方、供述の動機等供述のなされた際の諸状況を基盤とし、当該供述の内容をも考慮して、真実の供述のなされる蓋然性の高い情況と認められるかどうかによって判断すべきものと解される。前記のとおり、Mは自己が関与した犯行について、共犯者の役割を含めて、自発的に詳細な供述を重ねる一方、共犯者については、その身体的特徴等を供述しつつも、氏名で特定することについては、仲間を裏切ることになるとか、家族が報復を受ける恐れがある等の理由で、強い拒否の姿勢を示していたものであるが、公訴提起後の任意の取調べの過程で、まず警察官から捜査の結果共犯者が相当絞られたとの説明のもとに写真を示され、調書作成には応じないとの意思のもとに写真で面割りを行った後、さらにその結果を受けた検察官から写真を示され、調書の作成にはあくまで応じないとの意思で、写真による特定の限度で、検察官に対し「これが丙さんです。」と供述したものであって、各共犯者の識別を含め相当明確な記憶を有していたという記憶の程度、それまでの供述の自発性と真摯性、調書に作成されないということから、かえって恐怖心や仲間への配慮に縛られない状況にあったと認められること、その供述内容は示された写真を見て「これが丙さんです。」という簡単なものであって、その供述自体については誤認の余地が乏しいことなどが認められるのであって、右状況に照らせば、右Mの供述は、真実の供述のなされる相当高度の蓋然性がある情況のもとになされたものと認めることができる。

以上の検討によれば、T証人の「Mが写真を示して、『これが丙さんです。』と述べた。」旨の供述は刑訴法324条の準用する同法321条1項3号に該当する供述として証拠能力を有するものと認められる。

4-59　東京地判昭53・7・13（供述調書に関する証拠調請求事件）

被告人児玉誉士夫他一名の弁護人は、本件検察官面前調書中の福田太郎の供述には、被告人児玉誉士夫、同大刀川恒夫の供述を内容とするものが含まれており、かかる再伝聞供述は、その証拠能力を認むべきではないと主張する（略）。提示にかかる本件検察官面前調書二九通の記載内容を具さに点検すると、福田太郎の供述中には、所論被告人両名の供述に止まらず、その他の者の供述を内容とする供述が多数含まれていることが窺われるので、これらをも含め、また、かかる主張をなしていない被告人小佐野賢治に対する関係をも含めて、職権を以てその証拠能力につき以下に検討する。

1　再伝聞にあたらない場合

供述者以外の者の供述を内容とする供述であっても、そのすべてが伝聞供述となるものではなく、伝聞供述となるかどうかは、要証事実と当該供述者の知覚との関係により決せられるものと解すべきであって、甲が一定内容の発言をしたこと自体を要証事実とする場合には、その発言を直接知覚した乙の供述は伝聞供述にあたらないが、甲の発言内容に符合する事実を要証事実とする場合には、その発言を直接知覚したのみで、要証事実自体を直接知覚していない乙の供述は伝聞供述にあたることとなる（いわゆる白鳥事件に関する最判昭３８・１０・１７参照）。これを本件について見れば、**供述者福田太郎と第三者との間になされた会話又は福田太郎の面前で複数の第三者相互間になされた会話であって、そのような会話の存在自体が要証事実となっているものは、伝聞供述にあたらない**ものと言うべきである。そして、被告人児玉誉士夫他一名の弁護人が再伝聞の例として挙示している（略）供述調書第三項ないし第五項の供述は、同年二月四日午後被告人児玉誉士夫方において同被告人及び被告人大刀川恒夫並びに福田太郎の三者間で、**同日クラッターから同人がチャーチ委員会において児玉領収証の一部を公開する旨の電話連絡をして来たことに対する善後策を協議した際の会話に関するものであって、かかる会話の存在自体を要証事実とするものと解され、これを直接知覚した福田太郎の供述は、伝聞供述にはあたらない**。（略）。

この類型の亜型と目されるものに、**要証事実はあくまで供述者の直接知覚した会話内容にあると解されるが、その前提となる部分に伝聞の含まれている場合がある**。たとえば、修正二号ないし修正四号契約書の作成に関し、クラッターが児玉の自宅でサインしたのに対し児玉がその場で記名押印しなかった事情の説明として「確か児玉さんが印鑑かゴム印か事務所に置いてあるから、後で押しておくというようなことではなかったと思います」旨の供述（略）があるが、**「事務所に置いてある」かどうかは福田太郎の直接知覚しないところであるから、伝聞と見られるけれども、この場合の要証事実は児玉が「後で押しておく」と言った点にあり、この点は福田太郎の直接知覚として伝聞性はなく、「事務所に置いてある」云々は単にこの場にないことの理由として付加されたに過ぎないものと認められる**。（略）

2　再伝聞にあたるが、立証事項と無関係の場合

（略）「ロッキード人から、シグ・片山はくず鉄を扱っている人だと聞いたことがあります、云々」、（略）「クラッター氏から私が聞いたことですが、ロッキード社には、弁護士の資格を持った法律の専門家が副社長クラスの地位についており、云々」の各供述があり、いずれも伝聞供述にあたると解されるが、右は各調書の**立証事項と何ら関係を有しない傍論的事項に関するものであるから、敢えて排除の要を見ない**ところである。

3　再伝聞にあたるが、許容される場合

（略）、法321条1項2号によって証拠能力を認められた書面は、「公判期日における供述に代えて」これを証拠とする

ことができる(法320条1項)のであるから、その中に伝聞供述が含まれるときは、公判期日における伝聞供述に関する法第**324条**が適用されることとなり、原供述が被告人の供述であるか被告人以外の者の供述であるかの区別に応じ、同条1項又は2項により、法322条又は321条1項3号の規定が準用されるものと解するのが相当である(いわゆる横川事件に関する**最高判昭32・1・22**参照)。

4　再伝聞にあたり、許容されない場合

その他の者、具体的にはS及びDの供述を内容とする供述は、法324条2項、321条1項3号所定の要件を具備しないことが明らかであるから、その証拠能力を肯認するを得ない。

4-60　最判昭30・12・9(強姦致死詐欺被告事件)

第一審判決は、被告人は「かねて山形春子と情を通じたいとの野心を持っていた」ことを本件犯行の動機として掲げ、その証拠として証人米原豊の証言を対応させていることは明らかである。そして原判決は、同証言は「春子が、同女に対する被告人の野心にもとずく異常な言動に対し、嫌悪の感情を有する旨告白した事実に関するものであり、これを目して伝聞証拠であるとするのは当らない」と説示するけれども、**同証言が右要証事実(犯行自体の間接事実たる動機の認定)との関係において伝聞証拠であることは明らかである**。従って右供述に証拠能力を認めるためには**刑訴324条2項、321条1項3号に則り、その必要性並びに信用性の情況保障について調査するを要する**。殊に本件にあっては、証人米原豊は山形春子の死の前日まで情交関係があり且つ本件犯罪の被疑者として取調べを受けた事実あるにかんがみ、右供述の信用性については慎重な調査を期すべきもので、これを伝聞証拠でないとして当然証拠能力を認める原判決は伝聞証拠法則を誤り、引いて事実認定に影響を及ぼすものといわなければならない。

4-61　東京高判昭30・4・2(強盗殺人未遂等被告事件)

原判示第一の放火未遂の事実の証拠として原判決は被告人伊藤の検察官に対する供述調書を挙げているし、それもその供述内容を刻明に判決に引用し、単に証拠の目標を示しているだけに止らないのであるが、この引用された供述中に被告人伊藤が「山畑から山畑、杉山、大谷、三浦の四人で関口方へ火焔瓶を投げつけてきたという話を聞いた」旨の供述記載があることは所論のとおりである。(略)

刑事訴訟法第324条は被告人以外の者の公判準備又は公判期日に於ける供述で、被告人又は被告人以外の者の供述を内容とするものの証拠能力について規定するが、検察官に対する供述調書中に現われている伝聞事項の証拠能力につき直接規定はない。しかし**供述者本人が死亡とか行方不明その他刑事訴訟法第321条1項各号所定の事由があるとき、その供述調書に証拠能力を認めたのは、公判準備又は公判期日に於ける供述にかえて書類を証拠とすることを許したものに外ならないから、刑事訴訟法第321条1項2号により証拠能力を認むべき供述書調中の伝聞に亘る供述は公判準備又は公判期日における供述と同等の証拠能力を有するものと解するのが相当である**。換言すれば、検察官供述調書中の伝聞でない供述は刑事訴訟法321条1項2号のみによってその証拠能力が決められるに反し、伝聞の部分については同条の外同法324条が**類推適用**され、従って同条により更に同法第322条又は第321条1項3号が準用されて証拠能力の有無を判断すべきであり、伝聞を内容とする供述はそうでない供述よりも証拠能力が一層厳重な制約を受けるわけであるが、検察官に対する供述調書中の伝聞に亘る供述なるが故に証拠能力が絶無とはいえない。これを本件についてみるに被告人伊藤は原審において公訴事実に対して陳述したくはないと述べたのみで爾来極力その無罪を主張して来たものであり、その検察官の供述調書は同被告人に対しては刑事訴訟法322条により証拠調が為されると共に放火未遂の共犯関係にある被告人田中、同山畑、同大谷に対しては同法第321条1項2号により証拠として採用されたものである。

(略)然るにこの伊藤の検察官に対する供述調書中の被告人山畑の供述を内容とする部分は被告人山畑にしてみれば被告人以外の者(伊藤)の供述で被告人(山畑)の供述を内容とするものというに該当するから、刑事訴訟法324条1項によって同法322条が準用されて証拠能力の有無を判断すべきものである。而してそれは被告人山畑に不利益な事実の承認を内容とすることは自明であり、しかも関口方放火未遂の共犯の一員である被告人山畑が、同じくその共犯で所用のため実行行為に参加しなかつた被告人伊藤に対する放火行為の結果の報告であるから、その供述が任意に為されたものと認めるのが当然である。それ故前記被告人伊藤の供述中山畑からの伝聞に関する部分は被告人山畑に対する関係に於ては刑事訴訟法第321条1項2号、324条1項、322条に則って証拠能力があるというべきである。所論はこの伝聞部分にも証拠能力を認めるのは、反対尋問権を保障した憲法37条2項に反すると主張するが、既に刑事訴訟法

321条によって証拠能力があると認められた供述調書の一部分たる伝聞事項のみについて反対尋問をすることは実質的に殆んど無意味であり、又被告人山畑やその弁護人が反対尋問をしようとさえすれば、被告人伊藤は原審公判廷に常に出頭していたのであるから、いつでも適当な時期に反対尋問をする機会は十分にあつたわけで、反対尋問権の確保を保障し得ないことを憂うる必要はない。それ故原判決が前記伊藤の検察官に対する供述調書を山畑から聞知した事項についての供述を含めその全部を証拠に引用したことは、被告人山畑に関する限りに於ては正当で論旨は理由がない。しかしそれが、他の共犯者たる被告人大谷、同田中に対する関係に於ても証拠能力を有するかというに、前記被告人伊藤の伝聞の供述は被告人山畑以外の被告人大谷、同田中にとつては、被告人以外の者（伊藤）の供述で被告人以外の者（山畑）の供述を内容とするから刑事訴訟法324条2項により、同法第321条1項3号の規定が準用されるのみである。従つてそれが「犯罪事実の存否を証明するにつき欠くことができないときに限り」証拠能力ありとされるに過ぎない。然るに本件第一事実の放火未遂に関し原判決は被告人伊藤の検察官に対する供述調書以外に三浦の裁判官に対する第一回調書及び同人の検察官に対する供述調書を採用しており、しかもこれによって「判示日時場所に於て三浦、山畑、大谷、杉山の四名が一列に並んで一斉に雨戸めがけて火焔瓶を一本宛投げた」事実を認めることができ、前記伊藤の供述調書を引用しなくても、放火未遂の実行者が何人であるかの点を確認する資料に欠けた点をみないのである。してみれば、前記伊藤の供述調書中山畑から聞知した事実を供述する部分は「犯罪事実の存否を証明するにつき欠くことができない」証拠とはいえないから、原判決がこれを被告人田中、同大谷に対しても証拠として引用したことは、結局証拠に関する刑事訴訟法の規定に反し、証拠能力のないものを証拠とした違法が存するとしなければならない。しかしながらかかる違法が存するにも拘らず、この証拠能力の認められない伝聞の部分を被告人大谷、同田中の関係に於て証拠から除外し、爾余の証拠のみによっても原判示第一の放火未遂の事実を十分認定できるから、前記の如き証拠能力に関する違法は判決に影響を及ぼすこと明らかなものとはいえないから、論旨は結局その理由がない。

(7)　弾劾証拠（刑訴法328条）

弾劾証拠は、証拠価値を減殺するという訴訟法上の問題であるので、厳格な証明は必要としないため、証拠能力が認められるのは当然である。判例は減殺された証拠価値を回復する場合も含むとしている（**判例4-63**）。証拠価値を補強する場合は、当該供述と相まって要証事実の存否の証明に使われることになるから厳格な証明が必要であり、弾劾証拠とはいえない（**福岡高判昭30・2・28**）。

判例4-62は、弾劾証拠となりうる証拠は、対象供述の供述者が以前に行った供述で、刑事訴訟法の要件を満たしたものに限るとし、署名・捺印がない供述書は弾劾証拠にできないとする。任意性のない供述調書も該当しない。

（弾劾証拠に関する判例）

4-62　最判平18・11・7（現住建造物等放火、殺人、詐欺未遂被告事件）

所論は、原判決は、供述の証明力を争う証拠としてであれば刑訴法328条によりすべての伝聞証拠が許容される旨の判断を示した**福岡高判24・11・18**と相反する判断をしたものである旨主張する。確かに、所論引用の判例は、刑訴法328条が許容する証拠には特に限定がない旨の判断をしたものと解され、これに限定があるとして本件書証は同条で許容する証拠に当たらないとした原判決は、所論引用の判例と相反する判断をしたものというべきである。

しかしながら、**刑訴法328条**は、公判準備又は公判期日における被告人、証人その他の者の供述が、別の機会にしたその者の供述と矛盾する場合に、矛盾する供述をしたこと自体の立証を許すことにより、公判準備又は公判期日におけるその者の供述の信用性の減殺を図ることを許容する趣旨のものであり、別の機会に矛盾する供述をしたという事実の立証については、刑訴法が定める厳格な証明を要する趣旨であると解するのが相当である。

そうすると、刑訴法328条により許容される証拠は、信用性を争う供述をした者のそれと矛盾する内容の供述が、同人の供述書、供述を録取した書面（**刑訴法が定める要件を満たすものに限る。**）、同人の供述を聞いたとする者の公判期日の供述又はこれらと同視し得る証拠の中に現れている部分に限られるというべきである。本件書証は、前記足立の供述を録取した書面であるが、同書面には同人の署名押印がないから上記の供述を録取した書面に当たらず、これと同視し得る事情もないから、刑訴法328条が許容する証拠には当たらないというべきであり、原判決の結論は正当として是認することができる。

4-63　東京高判昭54・2・7（強姦致傷、詐欺、暴行、傷害等被告事件）

検察官請求の右供述調書は、弁護人請求の供述書によって一旦減殺された甲野花子の原審証言の証明力を回復する内容のものであり、検察官もその趣旨のもとに同供述調書の取調を請求したものであることは公判調書の記載上明らかである。

ところで刑訴法328条の弾劾証拠とは、供述証拠の証明力を減殺するためのもののみでなく、**弾劾証拠により減殺された供述証拠の証明力を回復するためのものをも含む**ものと解するのが相当である。けだし、同法328条には「……証明力を争うためには、これを証拠とすることができる。」とあり、規定の文言上証明力回復のための証拠を除外すべき根拠に乏しいばかりでなく、右のように解することがすなわち攻撃防禦に関する当事者対等・公平という刑訴法の原則、さらに真実の究明という同法の理念にもよく適合するからである。同条の弾劾証拠を証明力減殺のためのものに限定する所論の見解には賛同できない。

なお所論は、仮に証明力を回復するための弾劾証拠が許容されるとしても、検察官請求の供述調書は、結果的に甲野花子の原審証言の証明力を増強する趣旨をも含むものであるから、いずれにしても同調書は刑訴法328条の書面としての適格性を欠くと主張する。しかし、本件において、検察官が、いったん減殺された甲野花子の原審証言の証明力を回復する趣旨のもとに同人の前記供述調書の取調を請求したものであることは前記のとおりであり、同調書の取調により事実上同人の原審証言の証明力が増強される結果となったとしても、これによる不利益は前記のような内容の弾劾証拠を提出した被告人の側において甘受すべきものであって、このことのゆえに右調書の刑訴法328条書面としての適格性を否定すべきいわれはない。

第5章

自白の証拠能力・証拠評価（認定の資料3）

はじめに

自白は、自分にかけられている犯罪成立要件事実（構成要件該当行為及び故意の存在、違法性阻却事由および責任阻却事由の不存在）を認めることである。これに似た言葉として「自己に不利益な事実の承認」（**刑訴法322条1項**）がある。自己に不利益な事実の承認とは、有罪認定上及び量刑上不利益な事実すべてを含む。自白も自己に不利益な事実の承認であるが、特に自白を区別しているのは、憲法上、自白には補強証拠が必要とされており（**憲法38条3項、刑訴法319条2、3項**）、訴訟手続上も、自白は他の証拠を取調べた後でなければ取り調べることができない（**同301条**）とされているからである。

自白は、直接証拠であり、本人が犯人であることを認めるのであるから最も価値の高い証拠であり、「証拠の女王」といわれる所以である。それだけに、捜査の最重要目標は自白獲得となるのは必然であり、被疑者の取調べが捜査の中心となり、「落としの名人」といわれる捜査官が評価され、客観証拠の収集・分析が軽視されがちとなる。そして、裁判所も、本人が認めていると安心して有罪判決を言い渡すことができる。しかし、殆どの誤判は虚偽自白に原因があるといっても過言ではない。

そのために、自白自体に任意性がなければ証拠能力がないとし（**憲法38条2項、刑訴法319条1、3項、同311条1項**）、さらに補強証拠を必要とし、自白があることにより審理が疎かにならないように、証拠調べの最後に調べることにしたのである。さらに、刑訴法は、自己に不利益な供述にまで拡張して任意性を必要としている（**同322条1項但し書、同条2項**）

任意性があるとは、自己の自由な判断の下で不利益事実を認めることを意味する。自由な判断とは、概念的には、あらゆる外圧から開放された精神状態での自己判断、自己決定を意味するが、社会的動物である人にそのような精神状態を期待することはできない。ましてや、刑事処罰が予想され、身柄を拘束された状態での取調べにおいて、そのような自由を想定すること自体不可能である。したがって、任意性の有無の判断は、何らかの心理的強制があることを前提として、どの程度の強制までが許容されるかという問題である。刑事手続では捜査機関からの強制が主として問題になり、捜査機関とは全く無関係の人的関係から生ずる強制は、信用性の有無として扱われる場合が多い。

任意性を欠く自白の証拠能力を否定することを**自白法則**と呼んでいる。法則というからには客観的な基準があり、その基準に該当した場合は、自白が真実であるか否かを問わず証拠能力が否定されなければならないはずであるが、決してそうはなっていない。

第１　被告人の取調べ

１　任意性と違法収集証拠との関係

自白に任意性を必要とする根拠理由について、**虚偽排除説、人権擁護説、違法排除説**がある。虚偽排除説は、刑事裁判の信頼性、安定性に基軸を置く考え方で、誤判を防ぐために虚偽自白を排除する必要があるとするもので、その観点から虚偽自白を誘発するおそれのある事情（**憲法38条2項**に規定されている強制、拷問、脅迫、不当に長い拘留・拘禁、その他任意になされたものでないと疑われる事情）の有無を判断する。したがって、真実な自白である場合は、それらの事情があっても証拠能力を肯定する傾向になり、国家の適正な処罰権の行使が優位に立ち、被疑者の基本的人権擁護が劣位におかれる。人権擁護説は、被疑者の人権擁護の観点から、人権を侵害するような取調べによって獲得された自白は、内容が真実であると否とにかかわらず証拠から排除するという考え方である。違法排除説は、さらに一歩進めて、違法収集証拠排除の考え方を自白に適用した考え方であり、捜査権限者は、公的機関として基本的人権を尊重する義務を負っていること、国家に課されている廉潔性、公正性が要求されていることを考慮して、違法な捜査を行った場合はそれによって獲得した証拠（自白）の証拠能力を否定するとする。

最高裁は虚偽排除説と違法排除説を混合した考え方が中心であるが、下級審では違法排除説的考え方が広がりつつある。最も重要な証拠である自白であるからこそ、その証拠能力を最も厳しく制限しなければならないと思う。そのためには違法排除説が最も適切であると考える。

最高裁判例では、自白の証拠決定が訴訟手続で相対的上告理由であることから、自白の信用性に疑問を持たないと職権発動して証拠能力にまで言及しない傾向が強く、ストレートに自白の証拠能力を問題にしたものは極めて少ない。このことが、判例は虚偽排除説を基本にしながら人権擁護説を加味しているといわれる所以であると思う。

下級審においては、自白にも違法収集証拠禁止の考え方が蓄積されつつある。**判例5-1**は、起訴後の別件余罪取調べについて違法収集証拠の理論を適用した一審判決を肯定している。**同5-2**は、逮捕前の任意段階での自白、及びそれに引き続く逮捕・勾留中の自白について、取調手続に重大な違法がある場合は、任意性の検討をする前に違法収集証拠の理論を自白にも適用すべきであることを明言し、違法性を認めたが重大な違法ではないとした一審判決を否定したものである。

前掲判例1-19は、公判開始後の検察官の取調べについて、当事者主義の観点から限界があるとした上で、弁護人への事前連絡等を一切しておらず、また、黙秘権告知や弁護人の援助を受ける権利について説明するなども一切しなかったことを理由として、当事者主義や公判中心主義の趣旨を没却する違法な取調べであったと判断している。

違法集証拠排除の考え方の観点から自白を見た場合、自白が得られた時期によって、任意の事情聴取の段階、逮捕勾留段階、起訴後の勾留の段階と分けて考えることが必要であると思う。

まず、任意捜査の段階では、任意同行、留め置きという職務質問に付随する処分の適法性とそれが自白に及ぼす影響、自白採取方法自体に任意性を疑わせる事情がないかを問題にしなければならない。前者については、第３章の任意捜査の項を参照されたい。

次に、逮捕勾留中は強制捜査としての取調べであるから、主として従来の任意性の問題であるが、その他に、手続違法の問題として別件逮捕勾留中の本件取調べがあるが、この点については、第３章の強制捜査の項を参照されたい。

さらに、起訴後の取調べには、本件の取調べと、余罪取調べの問題がある。この問題を本項では取り扱うことにする。

（自白と違法収集証拠に関する判例）

5-1　福岡高判平19・3・19（殺人被告事件）

平成元年１月（以下、特に断りのない限り、月日の記載は平成元年である。）の被告人に対する取調状況、本件取調べ前の捜査状況、１０月２６日から１１月２０日まで、及び同日移送された後１２月５日までの被告人に対する取調状況並びに本件取調べの取調時間の状況等は、原決定が「理由」第２で認定するとおりであり、被告人が本件取調べ時に置かれていた状況については、同第４の２（１）で認定するとおりの事実、及び被告人の取調べに用いられたＧ警察署**第二取調室**は、留置場に隣接する間口約１９５センチメートル、奥行約３５５センチメートルの**狭い部屋**であり（なお、関係証拠によれば、被告人は、１０月３日覚せい剤取締法違反罪の容疑で逮捕されて以来１１月２０日Ｓ少年刑務所に移送されるまでの間、引き続きＧ警察署内の留置場内で身柄を拘束されていたが、被告人が入っていた部屋は、上記取調室に近接した独居房で、他の被疑者と接触できないようにされており、その間被告人は、１１月１８日に上記覚せい剤取締法違反罪で起訴後選任された国選弁護人と初めて接見しただけで、そのほかには外部との接触が一切ないまま、ほとんど孤立化した状態に置かれていた様子もうかがえる。）、被告人は、１０月２６日から１１月１１日までの間、**取調官３名の態勢で連日取調べを受けていた**等の事実が認められる。

また、本件取調べの状況に関する被告人と取調官らの各供述の要旨は、（略）、大きく相反しているところ、取調官らの供述は、**備忘録**（略）や「**被告人の取調メモ**」と題するファイル（略）「以下「取調べメモ」という。）の記載内容によって裏付けられている部分が多いとはいえ、備忘録や取調べメモの記載内容、更には所論が取調官らの供述の信用性が高いと主張する論拠の一つである**カセットテープ**（略）の証拠物としての証拠価値にも限界があり、本件取調べ全般にわたって取調官らの供述を信用できるものではなく、他方、被告人の供述には、変遷や誇張がみられるものの、その信用性を一概に排斥することもできないものがあって、本件取調べの状況や態様、被告人の供述状況や本件上申書等の作成経過などについては、個々個別に検討する必要があることは、原決定が（略）指摘するとおりと認められる。そして、本件取調べの際、被告人が寡黙で自発的に発言することは少なく、取調官らの問い掛けにも、黙り込むなどして答えず、答える際にもぼそぼそと小声で話すことが多かったことは、取調官らも認めるところである。その状況は、被告人が自白した内容の上申書を作成した１１月１１日以降に録音されたカセットテープからある程度うかがわれる。**このような被告人に対する同日までの追及が、かなり威迫的なものであったことも**、原決定が（略）指摘する備忘録中の記載や（略）中で判示するＥの行為から認められる。被告人が、１１月１１日に、取調官の膝にしがみついて号泣し、Ａら殺害（以下「本件各殺人」ともいう。）について自白した、というような状況があったと認めるには、後記のとおり、かなり疑問が残る。また、上申書の作成に、取調官から被告人に対し相当具体的な指示ないし働きかけがあったことが推認できることも、原決定が（略）認定・判示するとおりである。

さらに、本件取調べの目的が被告人の自白獲得にあり、本件取調べが、後記のとおり、**任意の取調べ**であって、在宅被疑者に対する任意の取調べに準じ、被告人には**取調受忍義務がない**と解すべきところ、この点についての捜査当局の意識は極めて低く、他方、被告人においては、本件取調べが任意の取調べであって、取調受忍義務がなく、取調べを拒否できることや取調室から退去できることを知らなかったものと認められることについても、原決定が（略）認定・判示するとおりである。

以上の事実関係を踏まえて検討する。被告人は、１０月３日、覚せい剤取締法違反（自己使用）の被疑事実で逮捕されて引き続きＧ警察署の留置場で勾留され、１０月２４日に同法違反の事実で起訴された（以下、被告人に対する上記覚せい剤取締法違反被告事件を「別件」という。）が、その後も検察官によって刑務所等への移送手続が執られることがないまま、１１月２０日にＳ少年刑務所に移送されるまで、引き続きＧ警察署の留置場に前記のような独居の状態で勾留されていたものであり、検察官が証拠調請求をし、原審がこれを却下した本件上申書等は、いずれもその上記期間内に作成ないし録音されたものである。本件取調べがされた１０月２６日から１１月２０日までの期間を含む別件起訴後の被告人に対する上記勾留は、本来別件の公判審理を円滑に遂行するために、被告人の公判への出頭確保等を目的とするものであって、本件取調べは、いわゆる別件の、しかも本件とは全く関係のない覚せい剤取締法違反（自己使用）罪による起訴後勾留中の被告人に対する余罪取調べであるから、被告人（本件各事件との関係では被疑者）に対する取調べとしては、任意の取調べとして、在宅被疑者に対する任意の取調べに準じた取調べのみが許され、被告人には取調受忍義務がないと解すべきである。（略）

ところで、原決定が「理由」第２で詳細に認定・判示するとおり、Ａらの遺体が発見された１月２７日から同月３０

日までの被告人に対する取調べや本件取調べ前の捜査の過程で判明した事実関係からは、被告人とＡとの関係は明確になっておらず、被告人がＡ事件の犯人であるという嫌疑は逮捕・勾留するに足りるほどのものではなく、その嫌疑が濃厚であったとまでも言い難い状況にあった。また、被告人とＢ及びＣとの関係をうかがわせる具体的な事実や証拠は存せず、Ｂ事件及びＣ事件における被告人に対する嫌疑は、Ａの遺体と同じ現場からＢ及びＣの遺体が発見されたことなどから、Ａ事件の犯人が被告人であれば、Ｂ事件及びＣ事件の犯人も被告人である可能性があるという以上のものではなかった。そのような状況の下、**本件取調べ開始前日である１０月２５日の捜査会議では、被告人に対する取調べが午前零時まで行いうることが確認されるなど、被告人に対する取調べが深夜に及ぶことが当然のごとく予定されていた。**上記のとおり、１月の時点では、被告人はＡとの関係を否定していたのであるから、捜査当局において、被告人が本件取調べが任意の取調べであり、上記のとおりの意味での出頭義務や滞留義務がないことを理解し、あるいは被告人に対しその点の理解に配慮した告知をすることを前提に、取調べを実施する意図を有していたとすれば、上記のような取調べを続けるうちに、被告人において出頭要求や取調室での滞留を拒否することもあり得ることを当然想定して対応を検討したはずであるのに、取調官をはじめとする捜査側証人の証言からは、その点についての検討がされた形跡はうかがえない。のみならず、その会議の席上、「追及事項と自供獲得資料」と題する書面〔甲４６４（備忘録）中のもの〕が取調官らに配布されてもいる。

また、本件取調べの際、主として被告人の取調べに当たったＤは、その取調べが開始された１０月２６日の取調べの当初に、被告人に対し、「今日からＲの女性殺人事件で取調べをする。今、覚せい剤で逮捕されとるけれども、これは起訴になった、だから、飽くまでも任意の取調べである。だから、体調が悪いとかなどでどうしても取調べを受けたくないというときは刑事さんに言わんか。」などと、任意という言葉を用いてはいるものの、それに引き続き「だから、体調が悪いとかなどでどうしても取調べを受けたくないというときは刑事さんに言わんか。」などと、その発言内容を素直に理解すれば、通常は、体調が悪いといったような特別な事情（なお、Ｄが例示として用いている体調不良という事情は、一般に取調受忍義務があると解されている逮捕・勾留の基となった事実についての取調べであっても、その程度等によっては、殊更に取調べを続ければ、その供述の任意性に疑いを抱かせる場合があり得るものであって、取調べを差し控えるのが相当なケースであり、実務の通例でもあると考えられるものである。）がない限り、取調べを受けたくないと取調官に申し出ることができないこと、言い換えれば、原則として取調べに応じる（警察官の要求に応じて取調室に入り、滞留する）義務がある旨告げたと理解されても致し方のない表現を用いた告知をしている。また、Ｄら取調官の原審証言（以下には「供述」として引用する。）によっても、その後にでも、上記のとおり、「任意の取調べである」と告げたという以上に、被告人に対し、取調受忍義務がなく、取調べを拒否したり、取調室から退出することを求めることができる旨告げたり、具体的に説明したような形跡は一切うかがわれない。さらに、Ｄらの供述によっても、取調官らの追及に対して、被告人が下を向いて返答しないでいるような場合にはその顎に手をやって取調官の方を向かせたり、被告人が説得に対して耳を貸さない場合には注意を喚起する意味合いで机を叩くこともあったというのであり、同人らの供述からは、そのような振る舞いに及ぶことになんらの抵抗感がなく、このような振る舞いを当然視している取調官らの姿勢すらうかがわれる。（略）

以上のように、本件取調べは、本件とはまったく関係のない事件で起訴され、引き続きＧ警察署に起訴後勾留されていた被告人に対し、Ａ事件との関係でもさほど嫌疑が濃厚とまでは言い難く、Ｂ事件及びＣ事件では嫌疑が薄いというほかないような状況のもと、当初から遮二無二自白を獲得する目的でなされたものであり、その取調べの当初には、取調受忍義務のないことを知らなかった被告人に対し、あたかも取調受忍義務があるかのような内容の告知をした上で、本件取調べを開始している。そして、その後行われた実際の取調状況は、原決定が「理由」第２の５で詳細に認定するとおりであって、取調官らは、被告人が別件で起訴された後である１０月２６日から１１月１８日までの間連続して（令状に基づく起訴前の勾留期間をも超過した２４日間）取調べを続け、殊に被告人が自白した１１月１１日までの１７日間は、１０月２８日を除いて、１日の取調べ時間が１０時間を超え、最長が１０月２７日の約１５時間２１分、平均して約１２時間３５分にも及んでいるだけでなく、うち９日間については、翌日の午前２時３５分まで行われた１１月１０日の取調べを筆頭に、午前零時を過ぎた深夜に及ぶ取調べをしている。また、その間の取調べが、少なくとも、被告人に対し自白を迫る威迫的なものであったと認められることは、前記のとおりである。

本件が極めて重大かつ悪質事案であり、被告人を取り調べる必要性も一応肯定されるとしても、以上の事実関係に照らせば、本件取調べは、本来は取調受忍義務のない任意の取調べの限界を超えて、実質的に取調受忍義務を課したに等しいものというほかなく、そのような取調べがなされた背景には、別件勾留中の被告人に対し、取調受忍義務を前提とした取調べをすることが許されるとの捜査当局の誤った理解があったといわざるを得ず、そのような捜査当局の誤解は、備忘録（甲４６４）中の１１月２８日欄に、Ｓ少年刑務所移送後の被告人に対する取調べに当たって、参事官から、取調官らに「逮捕したという気持ちで取調べ」る旨の指示があった旨の発言が記載されていることからもうかがわれる。

しかも、上記のとおり、本件取調べが当初から自白獲得を目的としたものであって、実際にも連日深夜まで長時間に及ぶ取調べを実施し、爾後本件取調べの状況に関する捜査報告書の改ざんをも行うに至っては、**将来における違法捜査抑止の観点からしても、本件上申書等に証拠能力を認めることはできず**、これらを証拠から排除する必要がある。（略）したがって、本件取調べの間に作成された本件上申書等及びこれらを前提とした本件実況見分調書に証拠能力は認められないから、本件上申書等及び本件実況見分調書についての検察官の証拠調請求をいずれも却下し、これらに対する検察官の異議申立てを棄却した原審の訴訟手続に所論の法令違反はない。

なお、本件事案の重大性・特殊性等にかんがみ、以下、所論について若干説明を付加する。（略）被告人が、取調べを拒否したり、留置場に帰らせて欲しいと求めたこともなく、これらの事情は、本件取調べが適法であることを裏付ける一事情であるかのように主張するが、上記のとおり、被告人が取調受忍義務があると誤解していたと認められる本件においては、そのような事情でもって、本件取調べの適法性を認めることはできない。（略）本件で多数の上申書が作成されたのは捜査本部の方針によるものであって、被告人が自発的に上申書の作成を申し出たものではない。また、Ｄら取調官の供述からは、そのような捜査方針には、捜査手法として上申書を作成させることにより、任意性を争うことを困難にするとともに、ひとたび自白した後には、否認供述への変更を困難にする意図があったことがうかがわれる上、本件上申書の作成状況は前記のとおりである。したがって、このような上申書が多数作成されているからといって、本件取調べの適法性や任意性を推認させるものとはいえない。（略）、**備忘録や取調べメモ**の証拠価値に限度があり、カセットテープから本件取調べ全体が検察官主張のようなものであるとみることができないことは、原決定が、「理由」第３の２（１）で指摘するとおりである。殊に備忘録は、捜査官側が必要と思われる点を記載したもの、取調べメモは、上司の報告用に備忘録の記載を浄書・転記したものである性質上、記載者による恣意性はぬぐい去れないし、連日、平均して１２時間半ほども取調べが行われたというのに、上記備忘録中には、「追及」との記載があるのみで、具体的な追及の内容とそれに対する被告人の供述内容や供述態度についての記載がない部分が少なくないなど、その記載内容には、かなりの濃淡がある上、鉛筆書きであり、不自然な空白もある。（略）、鉛筆書きという記載方法から加除訂正の可能性も否定できないことは確かであり、それ故に、その信用性、Ｄら取調官の供述を裏付ける証拠としての価値について慎重に検討する必要があるのは当然である。

そして、備忘録には、記載者による恣意性やかなりの濃淡があり、不自然な空白もみれられることに加え、取調べメモ（その基は備忘録）を基に作成された取調状況に関する捜査報告書が改ざんされたことがあることなどをも考慮すると、備忘録やそれを基に作成された取調べメモの証拠価値には限界があるというべきである。また、自白後に、しかも被告人に対する**取調状況等の一部が、録音されたに過ぎないカセットテープ**から、本件取調べ全体の状況がそれと同様の状況であったとみることができないことも原決定が正しく指摘するとおりである。

5-2 東京高判平14・9・4（殺人被告事件）

平成九年一一月一〇日午前八時三〇分ころ、被告人が被害者方近くに位置する乙山病院（たまたまＡに預けていた長女の喘息が悪化して同児を入院させていた病院）に駆け込んで被害者の救助を求めたため、病院関係者らが被告人の案内で被害者方に赴いたところ、ベッドで血まみれになって倒れ一見して死亡していると分かる被害者を発見したことが端緒になって、本件殺人事件が発覚し、捜査が開始された。現場の室内の状況や死体損傷状況等にかんがみ、犯人は被害者に何らかの関係を有する周辺者の可能性が高いと判断した警察官らは、現場近くの自動車内で被告人から簡単に事情を聴取した後、同日午前九時五〇分ころ、重要参考人として更に詳しく事情聴取（取調べ）するため被告人を松戸警察署に任意同行した。その際、被告人は被害者のいる救急車に乗りたいなどと述べたが、邪魔になるだけである旨説明され、捜査に協力する気持ちもあって、任意同行に応じた。

（略）警察官は、一〇日以降一七日まで被告人を参考人として警察署で取り調べた。被告人は、Ａが犯人であるかのような供述をしたこともあって、一一日には被告人及びＡに対して書面の承諾を得てポリグラフ検査が実施された。Ａに対しても、一〇日以降在宅のまま連日参考人としての取調べがなされた。一七日夕刻、被告人の着衣に被害者と同じ型の血痕が付着している内容の鑑定結果がもたらされたため、被告人に対する嫌疑が濃厚となり、翌一八日からは、警察官は、被告人を参考人から被疑者に切り替えて取り調べ始めた。被告人は、翌一九日午後になって、本件犯行を認めて上申書（略）を作成した。被告人は、同日午後九時三二分通常逮捕され、翌二〇日検察官に送致され、同月二一日勾留され、勾留延長を経て同年一二月一〇日本件殺人罪で起訴された。被告人は、検察官送致になった一一月二〇日、検察官の弁解録取に対し自白して自白調書（略）が作成されたが、同日のうちに否認に転じて否認調書（略）が作成され、翌日の裁判官の勾留質問でも否認したものの（略）、同月二四日に再び自白し（略）、その後は再び否認に転じている。（略）警察は、一一月一〇日の任意同行以降、警察署において連日朝から夜まで被告人を取り調べたが、**夜間は被告人を帰宅させず、最初の二日は被告人の長女が入院していた病院に、同女の退院に伴いこれに次ぐ二日間は警察が手配した警察官宿舎の婦警用の空室に、その後の五日間は松戸市内のビジネスホテルに被告人をそれぞれ宿泊させた。被告人からは宿泊斡旋要望の書面などは出されていない。**

（略）被告人から事情を緊急、詳細に聴取する必要性が高かった事情が認められ、その事情聴取に複数日を要する状況にあり、被告人を任意同行した翌日以降も（連日かどうかは別としても）在宅のまま事情聴取する必要性があったと認められた。ところが、本件は、被告人の同棲相手がその同棲住居で殺害された事案であって、現場の保全等の観点からは、被告人を犯行場所である住居に帰すわけには行かないこと、そうかといって夫のＡ方については、被告人は同人と別居中で、同人を本件の犯人であるかのように述べており、現に同人も重要参考人として在宅で事情聴取を受けていたから、同人方に帰すのも相当ではなかったこと、被告人がホテル等に宿泊するだけの金銭も持っていなかったことからすると、最初の二日間の宿泊については、やむを得ない措置であり、宿泊先を探すための時間も必要なことから、長女のいた病院の病室にとりあえず同宿させたのは相当であったと認められる。

（略）当時、被告人には互いに行き来していたＩ子及びＪ子というフィリピン人の友人がおり、同人らは離婚や子供の問題で従前から被告人の相談に乗っていたことが明らかである（略）。したがって、本件当時被告人が同人ら方に宿泊できる可能性は十分にあったものと認められる。（略）、捜査官らは、一一月一二、三日ころには、既に被告人が宿泊することができる可能性のある親しい友人を有していることを把握したものと認められる。そうすると、被告人が泊まる友人もいないというので、仕方なく宿泊してもらった、あるいは、被告人に泊まるところがあるか聞いたとの前記大川、赤沼供述部分は、到底そのまま信用しがたく、捜査官らは、被告人に宿泊できる可能性のある友人がいるのを知りながら、その友人に関して真摯な確認、検討もしないまま、被告人に対し警察の方で用意した場所に宿泊するよう指示し、被告人がこれにやむなく従ったものと認められる。被告人が自ら望んで警察宿舎やビジネスホテルに宿泊したとは到底認められない。また、前記被告人の当審供述にかんがみ被告人の方から特定の友人の名前を挙げて宿泊の希望を申し出たことがなかったことも必ずしも断じがたい。

なお、被告人は、警察官の手配した警察官宿舎やビジネスホテルに宿泊することについて明確に反対の意向を示していないと認められるけれども、被告人が帰宅したい気持ちを有していたことは、幼い長女が病気上がりの状態にあり、Ａも事情聴取を受けていたから、長女のことが心配であったこと、当初着替えもできなかったこと、三日間風呂に入れなかったことなどから推認できるのであって、被告人が外国人の女性であるという比較的弱い立場にあったことなどから、気丈に反対の自己主張ができなかったと見るべきである。

（略）宿泊先では、最初の二日間の病院では、病室出入口付近に警察官複数を配置し、婦警用の部屋では、仕切り戸の外された続きの部屋に婦人警察官複数を配置して同宿させ、ビジネスホテルでは、室外のロビーのようなところに婦人警察官複数を配置して、いずれも被告人の動静を監視した。被告人は、警察署内ではもちろん、宿泊先の就寝中も含めて常時監視されており、トイレに行くにも監視者が同行し、カミソリの使用が許されてもすぐ取り上げられ、電話は掛けることも許されず（被告人は、警察宿舎に電話が設置されていたけれども、使用を許されなかった旨供述〈略〉しており、これを否定するに足りる証拠はない）、一〇日間外部から遮断された。捜査官は、被告人は被害者の話になると泣くなど、動揺しており、自殺のおそれがあったので、動静を確認していた旨説明している。ビジネスホテルの宿泊費用は警察が負担した。朝晩の宿泊場所と警察署との往復は、警察の車で送迎した。

警察官作成の「準抗告申立に対する事実確認報告書」（略）添付の「任意同行・動静確認・事情聴取状況表」によると、一一日から一九日までの間の宿泊場所を出発した時刻は、早くて午前八時零分、遅くて午前九時二〇分で、八時台が七回であり、一〇日から一八日までの間の宿泊場所に帰着した時刻については、早くて午後九時二〇分、遅くて午後一一時四〇分で、九時台が二回、一〇時台が二回、一一時台が五回ある。警察署にいるときは、昼食時、夕食時の休憩を除いてほとんど取調べに充てられ、連日午前九時過ぎないし一〇時過ぎころから午後八時三〇分ころないし一一時過ぎころまで長時間の取調べがあった。食事は取調室で与えられ、費用は警察が負担した。

（略）被告人は、参考人として警察署に任意同行されて以来、警察の影響下から一度も解放されることなく連続して九泊もの宿泊を余儀なくされた上、一〇日間にもわたり警察官から厳重に監視され、ほぼ外界と隔絶された状態で一日の休みもなく連日長時間の取調べに応じざるを得ない状況に置かれたのであって、**事実上の身柄拘束に近い状況にあった**こと、そのため被告人は、心身に多大の苦痛を受けたこと、被告人は、上申書を書いた理由について、ずっと取調べを受けていて精神的に参ってしまった、朝から夜まで取調べが続き、殺したんだろうと言い続けられ、耐えられなかった、自分の家に帰してもらえず、電話などすべて駄目で、これ以上何もできないと思ったなどと供述していること、被告人は、当初は捜査に協力する気持ちもあり、取調べに応じていたものと思われるが、このような長期間の宿泊を伴う取調べは予想外のことであって、被告人には宿泊できる可能性のある友人もいたから、被告人は少なくとも三日目以降の宿泊については自ら望んだものではないこと、また、宿泊場所については、警察は被告人に宿泊できる可能性のある友人がいることを把握したのに、真摯な検討を怠り、警察側の用意した宿泊先を指示した事情があること、厳重な監視については、捜査側は被告人に自殺のおそれがあったと説明するが、仮にそのおそれがあったとしても、任意捜査における取調べにおいて本件の程度まで徹底して自由を制約する必要性があるかは疑問であること等の事情を指摘することができるのであって、他方、本件は殺人という重大事件であり、前記のように重要参考人として被告人から事情を緊急、詳細に聴取する必要性が極めて強く、また、通訳を介しての取調べであったため時間を要したこと、被告人は自宅に帰れない事情があったことなどの点を考慮するとしても、本件の捜査方法は社会通念に照らしてあまりにも行き過ぎであり、**任意捜査の方法としてやむを得なかったものとはいえず、任意捜査として許容される限界を越えた違法なもの**であるというべきである。
（略）本件上申書（自白・略）は、任意取調べの最後の日に被告人が作成した書面であって、上記事情に照らせばこの任意取調べの結果得られたものである。また、検察官調書（自白・略）は、任意取調べに引き続く逮捕、勾留中に獲得されたものであるが、**捜査官は被告人の着衣に被害者と同型の血痕付着が判明しても直ちには被告人を逮捕せず、二日後に上記被告人の上申書（自白）を得て通常逮捕したものであり、逮捕状請求に際してはこの上申書も疎明資料として添付されていること**（逮捕状請求書中の「被疑者が罪を犯したことを疑うに足りる相当な理由」欄にこの上申書の記載がある。略）などからすると、**本件上申書が有力な証拠となって逮捕、勾留の手続に移行したと認められ、本件検察官調書（略）はその過程で得られた証拠である。**また、被告人にとっては、**直前まで上記のような事実上の身柄拘束に近い状態で違法な任意取調べを受けており、これに引き続き逮捕、勾留中の取調べに進んだのであるから、この間に明確な遮断の措置がない以上、本件検察官調書作成時は未だ被告人が違法な任意取調べの影響下にあったことも否定できない。そうすると、本件自白（略）は、違法な捜査手続により獲得された証拠、あるいは、これに由来する証拠ということになる。**そして、**自白を内容とする供述証拠についても、証拠物の場合と同様、違法収集証拠排除法則を採用できない理由はないから、手続の違法が重大であり、これを証拠とすることが違法捜査抑制の見地から相当でない場合には、証拠能力を否定すべきであると考える。**
　また、本件においては、憲法38条2項、刑訴法319条1項にいう自白法則の適用の問題（任意性の判断）もあるが、本件のように手続過程の違法が問題とされる場合には、強制、拷問の有無等の取調方法自体における違法の有無、程度等を個別、具体的に判断（相当な困難を伴う）するのに先行して、違法収集証拠排除法則の適用の可否を検討し、違法の有無・程度、排除の是非を考える方が、判断基準として明確で妥当であると思われる。本件自白（略）は**違法な捜査手続により獲得された証拠**であるところ、本件がいかに殺人という重大事件であって被告人から詳細に事情聴取（取調べ）する必要性が高かったにしても、上記指摘の事情からすれば、事実上の身柄拘束にも近い九泊の宿泊を伴った連続一〇日間の取調べは明らかに行き過ぎであって、**違法は重大であり、違法捜査抑制の見地からしても証拠能力を付与するのは相当ではない。本件証拠の証拠能力は否定されるべきであり、収集手続に違法を認めながら重大でないとして証拠能力を認めた原判決は、証拠能力の判断を誤ったものであるといわざるを得ない。**

2　起訴後の取調べ

　強制捜査としての被疑者の取調べは起訴によって終了し、以降は、任意捜査として許容されるかが問題となる。被告人は、起訴と同時に当事者となるのであるから、原則として、当該起訴事件についての取調べは許されるべきではないし、別件の取調べについても逮捕勾留して行うべきである。しかし、最高裁（**判例5-7**）は、刑訴法197条を根拠に、同198条1項に「被疑者」とあることにかかわらず取調べができるとしている。下級審の判例は、この最決を前提にして、令状主義遵守の観点から違法収集証拠の考え方に力点を置くものと、任意性に力点を置く考え方に分かれているように思える。前者は、起訴後の取調べを限定的に考える。

判例5-3は、起訴後の取調べが当該被告人の証拠とするためか、第三者の証拠とするためかによって区別し、専ら後者である場合には、取調べが任意である限り、参考人としての取調べであるから問題はないとしている。**同5-4**は、起訴後の別件取調べであって、被告人の当該事件には影響しない事柄であることを理由に適法としている。

これに対して、違法収集証拠の考え方に力点をおいたものとして、**同5-6**は、「勾留中の被疑者を起訴した場合に、起訴後も引きつづき勾留されている当該被告人を、被疑者のときと同様に取調べうるとするならば」、検察官は、逮捕勾留期間内に捜査を遂げることを義務付けられているのに、それができなかったときにも起訴後の取調べによってそれを補いうることになり、起訴前の勾留期間を制限した法の趣旨に反するし、勾留の性質も、「公訴提起によって、捜査のための勾留から公判審理のためのそれへと変じていることをも無視することになる」とし、起訴後、その勾留による身柄拘束状態を利用した取調べは許されない、「逆に、被告人において取調室への出頭を拒み、または出頭後いつでも取調室から退去することができることが保障された状態で、かつ、被告人自身がそのことを十分了知したうえで、出頭し取調べに応じた場合にのみ、その取調べが許されるものと解するのが相当である」としている。さらに、第一回公判期日後は、「被告人は防禦権の主体として公訴官たる検察官と相対する当事者としての活動を現実に開始することになるとともに、被告人質問等により当該公判手続を通じて被告人を一つの証拠方法として取扱うことができるのであるから、原則としてその方法によるべきである」とし、「第一回公判期日までの間においては、いまだ争訟状態は現実に開始されておらず、被告人の防禦権の主体としての地位も必ずしも顕在化していないとともに、公判手続を通じて被告人を一つの証拠方法として取扱う方途もないのであるから、検察官において、公訴維持を確実にする必要があり、かつ、第一回公判期日以降までまてば、何らかの障碍が生ずるおそれがあると思料することにつき相当な理由がある場合には、捜査官は被告人を当該起訴事実につき、任意捜査として取調べることが許されるものと解すべきであるが、その場合においても、被告人の当事者としての地位を実質的に害さない範囲および方法によることが要求されるのである」とし、結論として、被告人の当事者としての地位、防御権に対する配慮も全くなしに、「同人が起訴前から引きつづき勾留されていることを利用して、起訴前と全く同様の糺問的な取調べを公判手続と併行して無制限に行なったものと評さざるを得ないのであって、現行刑事訴訟の当事者主義的訴訟構造に全く背馳し、被告人の当事者としての地位を著しく侵害するばかりでなく、起訴前の勾留期間に限定をもうけた法の趣旨を没却せしめること甚しいものであって、令状主義の精神に違背し、まさに、法の適正手続の保障を規定する憲法31条に違反する重大な違法を犯したものというべきである」として自白調書の証拠能力を否定した。これと同様の考え方に立つものとして**同5-5**があり、起訴後の取調べは任意調べであるだけではなく、当該事件については捜査の補充的事項に限られるのに、起訴後も、起訴前と変わらずに連日長時間取調べ、当該事件と別件とを区別せずに取調べていることは任意捜査の限界を超えているとして自白調書の証拠能力を否定している。

また、**後掲判例5-16**は、起訴後の別件取調べについての限界を示している。

（起訴後の取調べに関する判例）

5-3　東京高判平8・5・29（兇器準備集合等被告事件）

Ｐは、平成元年一二月二六日Ｄ会館に係る封印破棄罪により千葉地方裁判所へ勾留中起訴され、平成二年三月一日第一回公判が開かれて即日結審し、同月一四日懲役八月、二年間執行猶予の判決が宣告され、同判決は、同月一六日確定した。取調済みのＰの検察官調書（謄本）は、全部で一八通あり、うち二通が起訴前のもの、一通が起訴当日のもの、一〇通が起訴後第一回公判までのもの、五通か第一回公判後判決宣告までのものである。また、Ｏは、平成二年四月一〇日Ｄ会館に係る封印破棄、木の根育苗ハウスに係る凶器準備集合、火炎びんの使用等の処罰に関する法律違反、公務執行妨害罪により千葉地方裁判所へ勾留中起訴され、同年六月二八日第一回公判が開かれて即日結審し、同年七月一二日懲役二年六月、三年間執行猶予の判決が宣告され、同判決は、同月一八日確定した。取調済みのＯの検察官調書（謄本）は、特信性立証の疎明資料である一通を除き、全部で一四通あり、うち一通が起訴前のもの、一通が起訴当日のもの、一二通が起訴後第一回公判までのものである。

ところで、本件では、**起訴後の取調べに基づく供述調書を当該供述者以外の者の被告事件において証拠として許容できるか否かが問題とされているから、当該供述者の被告事件における場合と全く同一に論ずるのは適当でなく、供述者にとっては起訴後の取調べであったという点を含めて、供述調書の作成過程にこれを本件における証拠として許容できない違法があるか否かという観点から、その証拠能力を決するのが相当と解される。**
（略）（１）取調担当官は、起訴後の取調べに際し、Ｐ、Ｏに対し、起訴後の取調べは任意であるから無理に応ずる義務はない旨告げており、両名とも、その趣旨を十分理解した上で自分から進んで供述したこと、（２）それぞれの事件が事案複雑で関係者多数のため、事実関係について所要の取調べをした上供述調書を作成するには相当の時間が必要であったこと、（３）Ｐ、Ｏに対する起訴後の取調べは、右両名の起訴済みの事件に関する取調べという面のほか、右両名以外の共犯者を被疑者又は被告人とする事件の捜査という面も有していたこと、（４）Ｐの検察官に対する供述調書のうち五通は、前記のとおり、Ｐに対する封印破棄被告事件の第一回公判後の取調べに基づき作成されたものであるが、右第一回公判においては、Ｐが事実関係を全面的に認め、所要の手続を経て即日結審されており、右取調べは、第一回公判後になされたものではあるが、要するに、**結審後の取調べにほかならないのであって、専らＰ以外の共犯者を被疑者又は被告人とする事件の捜査という面からなされたものと考えられること等の事情が認められる。**右のような事情に照らせば、起訴後に作成された前記各供述調書は、第一回公判後に作成されたＰの検察官に対する供述調書五通を含め、許されない起訴後の取調べに基づき作成されたものとは認められない。所論は、**最高裁判所の前記判例**をいかに緩やかに解しても第一回公判後の取調べは許されないというのであるが、右判例は、起訴後においては、被告人の当事者たる地位にかんがみ、捜査官が当該公訴事実について被告人を取り調べることは、なるべく避けなければならないが、これによって直ちにその取調べを違法とし、その取調べの上作成された供述調書の証拠能力を否定すべきではない旨判示しているところ、供述者に対する被告事件の第一回公判後に当該公訴事実について作成された捜査官に対する供述調書であっても、前記のように、任意の取調べであることが確保されていたほか、同被告事件が第一回公判で公訴事実に争いがなく即日結審されており、同調書が専ら供述者以外の者に対する事件の捜査という面から作成されたものであるなどの事情が認められる本件においては、これを許されない起訴後の取調べに基づき作成されたものとみるのは相当でなく、このように解しても、前記判例と抵触するとは考えられない。

5-4　大阪高判平2・9・28（殺人、逮捕監禁、犯人蔵匿被告事件）

起訴後の取調べが原則として違法とされるのは、起訴後においては、検察官と被告人側とが当事者対等の立場に立って、公判廷において攻撃防御方法を尽くし、その活発な訴訟活動によって事実を発見しようとする当事者主義の訴訟構造に照らし、起訴後に被告人を被取調者の立場に置くことが、被告人側の公判における訴訟活動を圧迫するなど不当な影響を与えるおそれがあると考えられるからであり、被告人に起訴された訴因と別の容疑がある場合、あるいは起訴された事実についての取調べであっても訴訟活動に不当な影響を与えるおそれがないと考えられる場合、例えば、被告人からの申し出があって補充的取調べをする場合とか、公判における争点に直接関係しない事実についての確認的取調べをするような場合等にまで、これに対する取調べが全て禁止されると解すべきではない。

本件についてこれをみるに、（略）昭和五三年一一月一三日に被告人Ｔが逮捕監禁・殺人幇助の事実、被告人秋丸が逮捕監禁の事実により再逮捕された事実が認められる。

従って、その後に行われた右各事実に関する取調べは、右両名が犯人蔵匿の事実により既に起訴されているか否かにかかわらず、余罪に関する取調べであって、その結果作成された供述調書が事実関係の関連性にかんがみ（略）の各事実に共通の証拠として用いられているにすぎず、違法な起訴後の取調べによる供述調書を用いている場合であるとは認められない。

所論指摘の各検察官調書のうち、右再逮捕の検察官調書（略）については、いずれも調書冒頭記載の被疑事実が「犯人蔵匿等」と記載されており、起訴後の取調べに該当するかのような外観を呈しているといわざるを得ない。しかしながら、原判決も指摘するように右四通の調書の内容を検討すると、被告人秋丸の昭和五三年一一月四日付を除くその余の調書の内容は、本件事案の性質上、犯人蔵匿の事実に無関係とはいえないものの、右事実に関する供述はほとんどなく、その取調べが起訴にかかる犯人蔵匿の事実の公判に備えて作成されたものではないことを窺わせており、また昭和五三年一一月四日付の被告人秋丸の検察官調書の前半部分は犯人蔵匿の事実に若干触れているものの、蔵匿中の鳴海の言動というような蔵匿の事実に直接関係しないものがほとんどであって、結局いずれの調書についても、犯人蔵匿の公判に不当な影響を与えるおそれがあるとは認められず、起訴後の違法な取調べとして、犯人蔵匿の事実認定から排斥すべき証拠であるとは考えられない。

5-5　東京地判昭56・11・18（検察官からの証拠取調請求事件）

（注：**起訴後の取調べの適法性**）四月五日以後被告人Ａを土田邸事件について取り調べることは、起訴後当該事件について被告人を取り調べる場合であるから、（略）に、日石事件について取り調べることは、被疑者として勾留満期後別件につき起訴され勾留中の被告人をその被告事件以外の被疑事件について取り調べる場合であるから、（略）に当る。したがって、いずれの取調べも、本来任意の取調べ（略）として許されるにとどまるとともに、土田邸事件については取り調べ得る事項も捜査の補充的事項に限られるべきものである。ところが、捜査当局は、被告人Ａは四月四日までの取調べでは未だ真実を供述していないとし、日石事件についてはもとより土田邸事件についても依然として取調べの必要があり、同被告人がこれを拒否しないで応ずる以上法的にも許されるとの見地から、四月五日後もそれ以前と同様に連日麹町警察署から警視庁本部地下の取調室に連行して取調べをしたものである。

すなわち、まず、取調べの期間、時間について見ると、すでに認定したとおり、この期間の取調べは、起訴前の勾留期間よりも長期にわたり、連日継続して、しかも毎日の取調時間も起訴前とあまり変りなく、むしろ帰房時刻が遅くなる傾向も見られたものである。

また、被告人Ａに対する追及的取調べも、日石事件及び土田邸事件について、土田邸事件の起訴前に引き続いて行われていたものであって、その結果、両事件についての同被告人の自白の主要な部分がこの時期に得られたものである。

そうだとすると、この時期における被告人Ａの取調べは、土田邸事件、日石事件のいずれを問わず同様に、司法警察員のそればかりでなく、事実上これと密接した検察官のそれも、同被告人の被告事件の勾留による身柄拘束を利用し、起訴前と同様の取調べを（さらに起訴前より長期間）継続したものと見ることができるのであって、任意捜査として許される取調べの限界を超えていたことは明らかである。

なお、右のうち特に土田邸事件については被告事件について被告人を取り調べることになるが、当時共犯被疑者として逮捕、勾留中の者らから同事件についての重要な自白が出ていた段階であったから、それならそれで、捜査当局として、日石事件の取調べと区別して、それらの他の被疑者の自白に照らして被告人Ａの起訴前の供述の曖昧さ、不正確さ等について質問し、再度供述を求めるという程度の補充的な取調べをし、あるいは、日石事件との関連で必要な取調べをするのならばともかく、日石事件と特に区別せず、前記のような見地から土田邸事件についても起訴前と同様な全面的な取調べを行い、その結果検察官の冒頭陳述に沿うような内容の重要な自白を得たものであって、すでに起訴された事件の被告人の取調べとして許される事項の限度を超えたものである。

また、六月五日の取調べは、時期的に離れているが、右のような取調べの結果得られた供述の補充であり、（略）捜査官と被告人Ａとの接触状況をも考えると、取調べの適法性につきそれだけを別異に扱うことはできない。

もっとも、この時期においては、捜査当局としては、当時共犯として逮捕、勾留中の被疑者らから土田邸事件ばかりでなく日石事件についても重要な自白が次々と出て来ており、したがって、その関係でも被告人Ａを追及して供述を得る必要のあったこと、被告人Ａは、この期間中の取調べについて明示的にこれを拒否したことはなかったこと等の事実があることは認められる。しかし、このような事情があるからといって、この時期における被告人Ａの取調べが以上のように任意捜査としての取調べの限度を甚だしく超えることを正当化するものではないことは明らかである。

そうだとすると、**四月五日以後の被告人Ａに対する取調べは、任意捜査として許される限界を超えたものとして違法といわなければならないものであり、その違法の程度は相当重大であって、このような取調べの結果得られた同被告人の自白ないし不利益事実の承認を録取した員面調書及び検面調書は、同被告人に対する関係においてばかりでなく、その余の被告人らに対する関係においても、いずれも証拠能力がないといわなければならない**（なお、これらの供述調書中もっぱら土田邸事件に関する部分は、被告事件についての被告人の取調べとして許される事項的な限界を超えており、証拠とすることの同意等の特別な理由のない以上、その点でも証拠能力がないものである。)。

なお、検察官は、四月五日後における被告人Ａの取調べは、これを必要とする具体的事情があり、同被告人は異議なくこれに応じたほか、その取調べに格別不当な点もなく、しかも第一回公判期日前にその取調べを終了しているから適法であると論じている(略)。右に述べたとおり、被告人Ａを取り調べる具体的必要性のあったこと、同被告人が明示的にこれを拒否することなく実際上取調べに応じたことは、認められる。しかし、被告人Ａが取調べを拒否しなかったのは、当時起訴後の勾留により身柄を拘束されていたため捜査官の取調べの要求に**やむを得ず応じたと認められること**(少なくとも、その機会に日石土田邸事件について詳細に供述していわゆる清算をしたいという気持から進んで取調べに応じたものではなかった。)、取調べの個々の方法の当不当は別としても、**取調べの時間は起訴前のそれと同様連日、しかも相当長時間に及んでいたこと**(取調べの場所も全く同じである。)こと等に徴して(なお、第一回公判期日前には終っているとはいえ、起訴前の勾留期間を上廻る期間にわたるものであった。)検察官の意見は首肯することができない。

付言するに、土田邸、日石各事件は、いずれも事案重大であり、捜査の困難な事件であり(この点はさきにも述べた。)、また、両事件は実質上密接に関連するものであるとともに、この時期に共犯被疑者らが供述を開始したこと等の事情があり、捜査当局に依然この時期においても被告人Ａを詳しく取り調べる必要性があったことは認めなければならないが、刑訴法上どのような事件でもひとしく起訴前の勾留期間が厳しく制限されていること、殊に被取調者は起訴後は被告人となって検察官と相対する当事者となることを考えるならば、右のような事情を考慮するのにも限界があり、右の結論はやむを得ないところである。

5-6　福岡高那覇支判昭53・11・24(銃砲刀剣類所持等取締法違反等被告事件)

刑事訴訟法197条は、捜査については、その目的を達するため必要な取調べをすることができる旨規定し、捜査官の任意捜査について法文上とくに何らの制限を設けていないし、実際上も、公訴提起以後であっても、公訴維持を確実ならしめるため、補充捜査として、なお被告人を取調べる必要があり、かつ、それを相当とする場合もありうるから、**同法198条の「被疑者」という文字にかかわりなく、**起訴後においても、捜査官はその公訴を維持するために必要な取調べを行うことができると解することができる。このように捜査官が被告人となった者をなお取調べ得るということは、起訴された後でも被告人はなお一つの証拠方法であることを意味するものであるが、他面、被告人は、公訴提起に伴い、刑事訴訟における当事者たる地位を取得し、公訴官たる検察官に相対する形で防禦権を行使する主体としての地位に立つものであるから、捜査官による被告人取調べには、おのずから、一定の限界が存するものと解さざるを得ず、例えば、起訴後当該起訴事実につき被告人を被疑者のときと全く同様に無制限に取調べることは、到底許されないこと明らかなところというべきである。そこで、捜査官による被告人取調べの限界について検討する必要が生ずるが、この点については、現実に公判手続が開始される**第一回公判期日以降とそれより前とでは、事情を異にする。**第一回公判期日以降においては、被告人は防禦権の主体として公訴官たる検察官と相対する当事者としての活動を現実に開始することになるとともに、被告人質問等により当該公判手続を通じて被告人を一つの証拠方法として取扱うことができるのであるから、原則としてその方法によるべきであるといえるのに反し、第一回公判期日までの間においては、いまだ争訟状態は現実に開始されておらず、被告人の防禦権の主体としての地位も必ずしも顕在化していないとともに、公判手続を通じて被告人を一つの証拠方法として取扱う方途もないのであるから、検察官において、公訴維持を確実にする必要があり、かつ、第一回公判期日以降までまてば、何らかの障碍が生ずるおそれがあると思料することにつき相当な理由がある場合には、捜査官は被告人を当該起訴事実につき、任意捜査として取調べることが許されるものと解すべきであるが、その場合においても、被告人の当事者としての地位を実質的に害さない範囲および方法によることが要求されるのである。すなわち、第一回公判期日までの間に、捜査官が任意捜査として被告人を当該起訴事実に関し取調べ得るのは、検察官において、公訴維持を確実ならしめるための必要性と、第一回公判期日までまてば、公訴維持上何らかの障碍が生ずるおそれがあると思料することにつき相当な理由がある場合であって、しかも、被告人の当事者たる地位を実質的に害さない範囲であると解すべきである。例えば、起訴前に既に被告人が捜査官に対して供述している事項について、補充的に説明を求めたり、あるいは、起訴後発見収集された証拠物等の資料の同一性についての確認を求めたり、あるいは共犯者の面通し等による確認を求めたりする場合や、被告人に対し余罪を取調べ中にたまたま起訴事実にも密接に関連する事項に供述が及んだため、その点について、起訴事実に関しても取調べをする場合等が考えられよう。これに反し、第一回公判期日以後においては、被告人は防禦権の主体として、公訴官たる検察官に相対する、いわば争訟状態のもとでの完全な当事者となること等に鑑みると、被告人を証拠方法として取扱い得るのは、仮りに検察官において公訴維持を確実にする必要がある場合であっても、原則として、当該公判手続を通じてでなければならないと解すべきであり、公判手続を離れて、捜査官が当該起訴事実について被告人を取調べることは原則として許されないところである。ただ、第一回公判期日以後にあっても、例えば、被告人が公判廷では十分に述べ難い事情のある場合や、あるいは、被告人自身でその意を尽した上申書等の書面を作成することが困難な場合などもありうるから、そのような場合に、被告人自身が自らの防禦権を放棄して自発的に取調べを求めたときには、検察官がその取調べを行うことを認める必要性のあることも一概には否定し難いのであって、このような場合の取調べまですべて違法視することもないと考えられるが、その取調べが公判手続に及ぼす影響などについて適正な判断を行わしめるため、公判手続の主宰者である公判裁判所の事前了解を得させることが相当であると解される。以上述べたことは、被告人が勾留されていると否とにかかわらず当てはまることであるが、これに加えて、とくに勾留中に起訴された被告人に関しては、起訴後も勾留中の被告人の取調べを許すと、起訴前の被疑者の勾留に期間の制限をもうけた法の趣旨を損なうことにもなりかねないことに注意すべきである。すなわち、刑事訴訟法208条によると、捜査段階における被疑者の勾留期間は最大限延長しても二〇日間（ただし、同法208条の2に規定する事件については二五日間。）を超えることができず、検察官はその期間内に公訴を提起しないときは、直ちに被疑者を釈放しなければならないこととなっているから、検察官としては、もし捜査の中途で被疑者を釈放することを欲しないならば、必然的に、右の期間内に被疑者の取調べを含む証拠資料の獲得につとめ、捜査を遂げたうえ起訴不起訴を決することが要求されているわけである。しかるに、勾留中の被疑者を起訴した場合に、起訴後も引きつづき勾留されている当該被告人を、被疑者のときと同様に取調べうるとするならば、検察官は、前記の期間内に捜査を遂げ得なかったときにも、起訴後の取調べによってそれが補いうる見込みがあるとして、それに期待をかけて、一応不十分のままでも起訴をしたうえで、被告人の取調べを行うことも可能であるということになり、そして、その取調の結果如何により、場合によっては訴因変更等により公訴を維持すればよいということになってしまいかねない。**しかしながら、このようなことは、起訴前の勾留期間を制限した法の趣旨にもとることが明らかであるとともに、勾留の性質が、公訴提起によって、捜査のための勾留から公判審理のためのそれへと変じていることをも無視することになるのであって、到底許容されないというべきである。**従って、被告人が起訴前の勾留期間満了の日に勾留中のまま起訴された場合には、起訴後、その勾留による身柄拘束状態を利用した取調べ（すなわち、被告人が取調室への出頭を拒み得ず、また取調室からの退去が自由でない状態での取調べ。刑事訴訟法198条1項但書参照。）は許されないもの、言い換えるならば、逆に、被告人において取調室への出頭を拒み、または出頭後いつでも取調室から退去することができることが保障された状態で、かつ、被告人自身がそのことを十分了知したうえで、出頭し取調べに応じた場合にのみ、その取調べが許されるものと解するのが相当である。以上、捜査官による当該起訴事実に関する起訴後の取調べが、右に述べてきた限界を逸脱したものであれば、すべて違法な取調べとなり、その取調べの結果得られた被告人の供述調書は、少くとも当該被告人の関係では、証拠能力を欠くものと解すべきである。

ところで、被告人の公訴事実が共犯にかかるものである場合には、当該被告人も他の共犯者にとっては、刑事訴訟法223条にいう「被疑者以外の者」（参考人と略する。）に該ると解されるから、共犯事件における被告人の取調べは、当該被告人の関係では被告人としての取調べであるとともに、一方他の共犯者との関係では同条の参考人としての取調べの一面を有している。従って、被告人の取調べが上来述べてきたところに照らし違法とされ、その取調べの結果得られた被告人の供述調書が当該被告人の関係では証拠能力を欠くとされる場合でも、その一事をもって直ちに右被告人の供述調書を他の共犯者のためにも証拠として用い得ないものとは必ずしも即断できないところである。しかしながら、少くとも、起訴後行われた捜査官による起訴事実に関する当該被告人の取調べが被疑者当時のそれと何ら実質的に変らないものであり、かつ、それが被疑者当時から引続き勾留中の被告人について、その身柄拘束状態を利用してなされたものである場合には、単に当該被告人の当事者としての地位を害した違法な取調べであるというに止まらず、被疑者の勾留期間を限定した法の趣旨を潜脱した違法な取調べという二重の違法を犯すものであって、しかも、とくに後者の違法は、当該被告人に対する関係で違法といい得るのみならず、他の共犯者のための参考人としての取調べの面からとらえても、被告人勾留の制度を濫用していわば強制的に参考人を取調べたに等しい違法を犯したといい得るものであり、令状主義の精神に違背し、ひいては適正手続を定めた憲法三一条の趣旨に反する重大な違法性を帯びた取調べというべきであるから、その取調べにもとずいて作成された被告人の供述調書は、当該被告人のためのみならず、他の共犯者を含めたすべての者のためにも、一切証拠として許容されず、証拠能力を欠くものと断ぜざるを得ない。

そこで、これを本件についてみるに、（略）、本件各公訴事実において被告人と共謀のうえ本件拳銃およびその実包を各所持していたとされているHは、右事実と同一の各公訴事実（ただし、右Hが単独で本件拳銃およびその実包を各所持したとの訴因。）で昭和五〇年六月二七日起訴され、同年七月二一日にその第一回公判期日が開かれており、所論指摘の同人の検察官に対する各供述調書は、右起訴後しかもその第一回公判期日後の取調べにより作成されたものであることが明らかであるところ、捜査官の右Ｈに対する取調状況を検討してみると、同人は同年六月六日に千葉市内で逮捕されて同日中に普天間警察署に引致され、その後同署に勾留されてのち、同月一四日に同署からコザ警察署に移監されたが、その後は起訴前はもちろん起訴後も引きつづきコザ署に勾留され、同年九月二五日に沖縄刑務所に、同年一〇月一三日に那覇警察署に、同月二五日に沖縄刑務所に、それぞれ順次移監されているところ、右Ｈは、その間、起訴前はもちろん起訴後も引きつづき、同人に対する起訴事実である本件拳銃およびその実包の所持の事実に関して司法警察員および検察官の取調べを受け、その取調べは、最終的には、同人に対する被告事件の審理が一旦終結した第四回公判期日（同年一〇月二〇日）の後である同年一〇月二四日まで続けられ、実にその起訴後における取調期間は約四カ月間近くもの長期間に亘っているばかりか、その間も、右Ｈの公判への出頭あるいは病気の治療等のなされた日（もっともその日にも取調べが行なわれた場合もある。）をのぞくと、取調べを行なわない日の方が稀であって、その取調実日数も約八〇日にも及んでおり、とくに起訴後同年八月上旬ころまでは一日も欠かさず連日取調べがなされ、しかも、その間の取調べは、朝早いときには午前八時すぎから、夜遅いときには午後一一時すぎまで行なわれ、一日の取調時間が一〇時間を超える日がその半数近くにも及び、中には、昼夕食時間を含めて約一五時間近くにもわたっているものもあり（同年七月二八日。）、その取調状況は、まさに、起訴前の勾留中の被疑者に対する糺問的取調べと全く異ならないもの（むしろ、その取調期間等に鑑みると、それ以上に厳しいもの。）であったことが認められるのであって、しかも、当然のことながら、そのような取調べは、被取調者であるＨの申し出によってなされたものでないことはもちろん、同人において取調室への出頭を拒み、あるいは出頭後取調室から自由に退去することができる状態ではなかったことが明らかである。このような右Ｈに対する起訴後の取調べは、まさに、公訴提起により検察官に相対する当事者としての地位を取得したＨに対し、同人の防禦権に対する配慮も全くなしに、同人が起訴前から引きつづき勾留されていることを利用して、起訴前と全く同様の糺問的な取調べを公判手続と併行して無制限に行なったものと評さざるを得ないのであって、現行刑事訴訟の当事者主義的訴訟構造に全く背馳し、被告人であるＨの当事者としての地位を著しく侵害するばかりでなく、起訴前の勾留期間に限定をもうけた法の趣旨を没却せしめること甚しいものであって、令状主義の精神に違背し、まさに、法の適正手続の保障を規定する憲法31条に違反する重大な違法を犯したものというべきである。従って、このような取調状況下での取調べの結果作成されたと認められるＨの前記各供述調書は、当のＨに対する関係だけではなく、本件被告人のＫを含むすべての関係で、一切証拠として用いることが許されないものといわなければならない。従って、右各供述調書は、本件においても証拠能力を欠くものとして、その証拠調請求を却下すべきである（因みに、Ｈに対する関係でも、一旦終結した弁論が再開された後の第五回公判期日（同年一一月一七日）において、検察官は、Ｈの単独犯の訴因を本件被告人であるＫとの共謀による所持の訴因に変更したうえ、前記各供述調書のうち、同年八月二七日付供述調書二通を**刑事訴訟法322条1項書面**として取調請求したが、その請求は同公判期日において却下されている。）のに、これを証拠として採用し原判決に挙示した原審の訴訟手続には法令の違反があるというべきところ、原判決の挙示する各証拠のうち、右各供述調書を除外したその他の証拠によって、原判示各事実を認定しうるかどうかを検討するに、右各証拠中には、原判示各事実において被告人の共犯者とされているＨが（略）の各日時場所において、各記載の本件拳銃あるいはその実包を所持していたことを認めるに足る証拠は存在するものの、右Ｈの右拳銃及びその実包の所持につき、被告人Ｋが右Ｈと共謀したとの事実を証明するに足りる証拠は見当らず、はたまた被告人Ｋ自身が右各日時場所において本件拳銃及びその実包を自ら単独で所持していたことを窺わせる証拠も全く存在しないから、結局、原審の右訴訟手続の法令違反は、判決に影響を及ぼすことが明らかであるといわなければならず、この点で原判決は破棄を免れない。論旨は理由がある。

5-7　最決昭36・11・21（窃盗同未遂被告事件）

刑訴197条は、捜査については、その目的を達するため必要な取調をすることができる旨を規定しており、同条は捜査官の任意捜査について何ら制限をしていないから、同法198条の「被疑者」という文字にかかわりなく、起訴後においても、捜査官はその公訴を維持するために必要な取調を行うことができるものといわなければならない。なるほど起訴後においては被告人の当事者たる地位にかんがみ、捜査官が当該公訴事実について被告人を取り調べることはなるべく避けなければならないところであるが、これによつて直ちにその取調を違法とし、その取調の上作成された供述調書の証拠能力を否定すべきいわれはなく、また、勾留中の取調べであるのゆえをもつて、直ちにその供述が強制されたもの

であるということもできない。本件において、第一審判決が証拠に採用している所論被告人の検察官に対する昭和三五年九月六日付供述調書は、起訴後同年九月七日の第一回公判期日前に取調がなされて作成されたものであり、しかも、右供述調書は、第一審公判において、被告人およびその弁護人がこれを証拠とすることに同意している。したがつて、原判決には所論のような違法は認められない。

3　任意性の判断基準

憲法38条2項、刑訴法198条2項の列挙は、強制や拷問と言っても、江戸時代のような拷問が現在存在していないので、どの程度の事象がそれに該当するかが問題となる。さらに、暴行・脅迫に至ってはその判断はもっと微妙になる。また「不当に長く抑留もしくは拘禁された」という点についても、「不当に」や「長く」の判断が分かれる。結局、自白の任意性の判断は、被告人と取調官の供述が真っ向から対立し、どちらの供述が信用できるかという事実認定の問題である。取調官は自分の取調べが任意であることを主張・立証する立場の一方当事者である。しかも、密室の中で行われる取調べにおいて、取調官は取調状況に関して自由にメモでき、都合の悪い部分はメモしなかったり（なかったことにする）、被告人の言動を恣意的に解釈してメモしたりすることが可能であり、その信用性について客観的保障はない。また、被告人は、メモを取ることを認められておらず、取調終了後に留置房に戻って思い出して記録することが関の山である。弁護人の接見があったとしても、接見制限されている場合は30分程度しか接見できない。したがって、検察官に任意性の立証責任があるとしても、任意性の反証に関して被告人の防御準備には著しい制限がある。このことから、取調べの全面可視化、とりわけ取調べ開始から自白まで、及び自白の変遷がある場合の録音、録画という客観的証拠が不可欠である。自白した後の供述録取場面のみの一部を録音・録画することは、自白させた後であるので、捜査側に有利な証拠となる可能性が強く、取調べの可視化の目的と逆行するものである。**判例5-8**は、任意性立証のために提出された取調べの録音・録画の報告書の証拠価値に関するものである。逮捕から１か月後の完全に自白が固まった時期に行われたものについて、一審判決は、「ＤＶＤの証拠価値を当該検察官調書の任意性についての有用な証拠として過大視することはできず、」警察官証言の「信用性を支える資料に止まると評価すべきである」としたのに対し、「初めて被告人が自白に転じた場面を録音・録画したものでないことはもとより、当該検察官調書の作成過程を録音・録画したものでもない」ことを認めながら、「否認から自白に転じた理由やその際の心情等について、簡潔ではあるが、何ら誘導されることなく自らの言葉で供述している」ので証拠価値があるとしている。完全に屈服した者が、事前に回答すべきことをレクチャーされ、その通りに演じたものではないという保障はなく、このような録音・録画は任意性立証のために恣意的・作為的な録音・録画を許容するものであって、取調べ可視化要請の目的に反する。

そして、どちらの主張を信用するかは、「犯人は自ら認めることなく、認めたとしても少しでも刑を軽くしようとして嘘を言うものだ。」「犯罪者を見逃してはならない。」という考え方に立つか、被疑者の基本的人権擁護を強調し、「無辜の者を処罰してはならない。」という考え方に立つかによって、具体的判断が異なってくることも心しなければならない。

同5-29は、窃盗事件で109日にも及ぶ勾留について不当に長い拘禁であり、憲法38条2項に反するとした最高裁判決である。**同5-22**は、事案としては任意性を肯定したものであるが、その前段で、一般論として、手錠、正座、供述の押しつけについて任意性否定の判断基準、任意性のない警察の取調べと検察官の取調べとの関係などを説示しているので参考にされたい。また、**同5-27**も、警察で激しい暴力が頻繁にあったという被告人の供述は、誇張があるとしても全く信用できないとは言えないとして、任意性を肯定した原審判決を破棄差戻しした最高裁の判決である。

なお、他人を庇うためにうその供述をした場合は、取調官から暴行脅迫を受けたとしても自白との間に因果関係がないから任意性があるとしたものもある（**福岡地判平23・2・7**）。

同5-11は、自白の任意性は人権擁護と虚偽排除を考慮して判断すべきであるとし、便宜供与は自白の任意性に影響ないが、一部罪の**不起訴を約束して**他事件の自白を得るのは被告人の弱みにつけこんだもので、到底許容される捜査方法ではないとして、その約束があったと判断した日以降の自白調書の証拠能力を全て否定した。**同5-25**は、検察官が起訴猶予を約束したのを信じて自白した事案で、任意性は否定されるが、その約束後の自白を除いても有罪の証拠が十分であるとしている。**同5-12**も、被告人が仕事上親しい関係にあった者については涜職事件を立件しない旨約束ないしその旨の利益誘導をし、逆に、右利益誘導に応じなければこれらの涜職事件を立件する旨暗黙のうちに脅迫を加えて自白を慫慂したと認められるとし、警察官作成調書の任意性を否定し、検察官の取調べ方法には違法はないが、警察の取調べの影響を遮断した形跡がないとして任意性を否定して、利益誘導があった以降の自白調書の証拠能力を否定した。

同5-10は、４、５歳程度の重度の精神遅滞者に対する取調べについて、任意同行初日のポリグラフ検査の意味も理解させずに行った違法があるとし、その精神的威圧がその後の取調べに影響しているとして、警察での自白の任意性を否定し、検察官の取調べは精神遅滞者に配慮し、警察の影響を排除するような配慮がなされているから任意性はあるが、信用性については慎重でなければならないとしている。

検察官の取調べについては、警察での任意性を疑わせる取調べの影響から遮断された状況で行われたかが重要となる。**同5-26**は、暴行脅迫による取調べを理由に警察官調書の任意性を否定し、検察官調書については、検察官が度々警察を訪れて捜査について注意したり打ち合わせしており、検察官の取調べも警察署で行い、否認すると取調べを中止して警察に委ね、警察官が検察官の前で否認したことをなじり暴力を振い警察で述べた通りに供述するよう強要したなどの事実を認定し、検察官の取調べ自体には任意性を疑わせる事情はないが、被告人の主観では警察の強い圧力下にあったとして任意性を否定した。また、**同5-13**も、夫を殺してしまった事件で殺意を認めた自白について、警察官が、供述調書を読み聞けせず、閲覧だけさせて署名・捺印させた点について、被告人の国語理解力が極めて劣ることを理由にし、調書の内容を理解して署名・捺印させたか疑わしいとして、署名・捺印のない調書として証拠能力を否定し、その後の殺意肯定の調書については、健康状態に不安のある妊娠５か月の女性を、連日長時間にわたり取調べた上、不当な言動で自白を迫ったもので、法律上許された被疑者の取調べの限度を逸脱しているといわざるを得ないので任意性に疑いがあるとし、検察官の取調べ自体は任意性を疑わせる事情がないが、警察の取調べの影響を遮断していないとして任意性を否定した。

同5-9は、任意取調べにおいて、ホテルに宿泊させて連日調べた事案について、ホテル宿泊は社会的相当性のある行為ではないとの一般論を述べた上で、被疑者が再三嘘をいって取調官を翻弄していることなど被疑者の態度から見て、ホテル宿泊と自白との間に因果関係がないので任意性に影響がないとしている。**同5-23**も、警察の近くのホテルに４泊させ、監視をつけて警察の車でホテルと警察署を送り迎えしたことは任意捜査として適法な範囲か疑問があるが、被疑者が望んだことであるから違法ではないとし、任意性を肯定した。

同5-14は、多くの問題を扱っている。すなわち、脅迫による取調べ（弁解を全く無視、「刑務所あるいは少年院に絶対送ってやる。」という脅し）、代用監獄での留置が自白の任意性に与える影響、偽計による自白、自白内容の真実性を任意性判断に使うことは本末転倒であり、任意性は取調べ状況によって判断すべきであることなどである。そして、確定日付のある弁護人の接見メモを高度に信用できるとし、被告人の弁解を真摯に検討している点に私としては感銘を受けた。

同5-15は、松戸ＯＬ殺人事件といわれた事案の逆転無罪となった控訴審判決であるが、まさに、代用監獄を自白獲得のために悪用したこと、取調べ方法から見て自白に任意性がないことを明快に判断している。

同5-16は、検察官の取調べについて、脅迫、利益誘導、偽計などを認めて任意性を否定しており、近年問題になっている特捜検察の取調べに通じるものがある。

同5-17は、取調べの可視化に言及し、警察官の悪意性を明確に述べ、黙秘権不告知、弁護人選任権侵害などをも考慮して警察官調書の任意性を否定し、警察官の取調べの違法に気付かず、それを前提に取調べて録取された検察官調書の任意性も否定している。自白の任意性の判断は、殆どの場合、密室の中で行われた状況について被告人の供述と取調官の供述が真っ向から対立し、どちらを信用するかにかかっているといっても過言ではない。**同5-19**は、取調べ中に前歯を折ったことについて、医師の診断書を基に警察官の弁解は信用できないとし、警察官の暴行、脅迫を認めて任意性を否定している。事実認定として参考になる事案である。**同5-24**は、逮捕状発付を受けているのに任意取調べを継続し、曖昧な供述をしていたので自白獲得のために逮捕したこと、弁護人に連絡をしなかった過失があることを理由に任意性を否定している。**同5-28**は、法律で禁止されている糧食差入禁止の行われた事実を認めながら、外形的には糧食差入禁止と自白との間に因果の関係を推測させ、少なくともその疑いがあるのに、そのことを検討せずに任意性を肯定したことに審理不尽があるとしている。

同5-18は、最高裁の判例であるが、任意同行から深夜を挟んで22時間に及ぶ取調べの末に自白内容の上申書を作成させた事案で、多数意見は、「警察官において、逮捕に必要な資料を得る意図のもとに強盗の犯意について自白を強要するため取調べを続け、あるいは逮捕の際の時間制限を免れる意図のもとに任意取調べを装って取調べを続けた結果ではなく、それまでの捜査により既に逮捕に必要な資料はこれを得ていたものの、殺人と窃盗に及んだ旨の被告人の自白が客観的状況と照応せず、虚偽を含んでいると判断されたため、真相は強盗殺人ではないかとの容疑を抱いて取調べを続けた結果であると認められる」として任意性を肯定したが、坂上裁判官の反対意見も掲載した。多数意見は虚偽排除説に立ったものであるが、取調時間については、客観的に、人が肉体的精神的に受忍できる限界があるはずであり、一睡もさせずに22時間も取調べを続けたことについて、取調官の意図に悪意性がないからという理由で任意性を肯定した多数意見には疑問である。

同5-20は、知人に行った犯行告白は強制によるものであるとし、その知人と警察に同行した後の取調べについて、警察官の取調べについても暴行脅迫を受けたという被告人供述を否定できないとし、その影響下でなされたとして検察官調書、勾留質問調書の任意性も否定した。

同5-21は、芸大教授の収賄事件に関する東京地検特捜案件で、弁護人の接見メモ、証言などを信用して壁に向かって立たせたり、脅すなどした強制事実を認定しながらも任意性を肯定している。裁判所が特捜の取調べに寛容であることを示す例である。

（自白の任意性に関する判例）

5-8　東京高判平20・6・30（殺人、有印私文書偽造、同行使、詐欺未遂、詐欺被告事件）

被告人の取調べを録音・録画した報告書（略）は、被告人が自白をした同年１０月１４日から１か月以上も経過した時期に行われた取調べについてのものであるところ、被告人は、完全に捜査機関に屈服した状況下において、それまでに作成された供述調書と同様の供述を繰り返させたものにすぎず、供述内容も、Ｐ３検事の質問に対して「はい」、「間違いありません」などと答える場面がほとんどであり、録画時間も１０分程度にすぎないなどとして、この供述に証拠価値を認めるべきではなく、むしろ、重要な場面が録画されていないという事実自体が、自白の任意性に疑問を生じさせるなどと主張する。

被告人の当該供述が、最初の自白から１か月以上経過した時期に行われたものであることや、その録画時間が１０分程度にすぎないことは所論指摘のとおりであり、**初めて被告人が自白に転じた場面を録音・録画したのでないことはもとより、当該検察官調書の作成過程を録音・録画したものでもない**。しかしながら、**ＤＶＤに録音・録画された供述内**

容は、否認から自白に転じた理由やその際の心情等について、簡潔ではあるが、何ら誘導されることなく自らの言葉で供述しているものであることなどにかんがみれば、ＤＶＤに録音・録画された供述状況は、その前後に録取された当該検察官調書における自白の任意性を認めるべき証拠に当たるというべきである。

（**一審判決：東京地判平19・10・10**）　検察官調書（略）や平野検事による取調べ状況を撮影したＤＶＤ（略）において、被告人が自白経緯や自白理由について供述しているところと、概ね一致し、信用性が高い。（略）、本件ＤＶＤは、被告人が平成１８年１０月１４日から１５日にかけて自白に至った時点よりも、約１か月後である時期において、しかも、全体で１０分余りの間、自白した理由、心境等を簡潔に述べているのを撮影したものにすぎず、弁護人が問題視する、１０月１４、５日の正に自白に転じるまでの経緯を撮影したものではない。したがって、**本件ＤＶＤの証拠価値を当該検察官調書の任意性についての有用な証拠として過大視することはできず、Ｐ３２警部補の証言の信用性を支える資料に止まると評価すべきである。**

5-9　東京高判平20・6・30（殺人、有印私文書偽造、同行使、詐欺未遂、詐欺被告事件）

任意同行やホテル宿泊の経緯についての被告人の原審公判供述の信用性が乏しいことは原判決が述べるとおりであって、これを前提として被告人の捜査段階の自白の証拠能力の有無を検討すべきではない。もっとも、本件では、逮捕勾留に先立つ**任意捜査の段階で、警察署が用意した宿泊所に被告人を一泊させ、連日に渡って取り調べた**という事情が認められ、このような宿泊を伴う取調べの適否については、宿泊や取調べが強制にわたるものであったか否かに加え、当該事案の性質、被疑者に対する容疑の程度、被疑者の態度等諸般の事情を勘案し、その方法ないし態様及び限度において社会通念上相当と認められるか否かによって決せられねばならない。

そこで検討するに、被告人を警察署まで同行するにも、宿泊所となったビジネスホテルへの往復にも警察官が運転する自動車が用いられ、ビジネスホテルでは警察官が隣室に同宿し、夜間にも無施錠状態の被告人の部屋の前の廊下で警察官が監視をするなど、同行から逮捕までの間は常時警察官らの監視下にあり、自由に家族らと接触したり、連絡をしたりする機会がなかったことなどがうかがわれ、一般に、このような形での宿泊を伴う取調べを行うことは、任意捜査の方法として必ずしも妥当とはいえない。しかし、この間の取調べで、殊更に有形力の行使や脅迫、あるいはこれに類するような不適切な手法が用いられたとは認められず、ビジネスホテルへの宿泊及び２日目の取調べについては、被告人が同意する旨の書面が作成されていることからすれば、宿泊や取調べが強制にわたるものであったとまではいい難い。（略）捜査機関に身柄を拘束され、自由を制限された状態下で警察官から取調べを受けること自体が相当の圧迫になることは自然の理であって、被告人もそのような意味で捜査機関からの圧迫を感じたであろうことは当然であるが、それを超えて、被告人が捜査官の言いなりになって供述をせざるを得ないとの心境に追い込まれるほどの圧力を感じていたとみることはできず、逮捕の当日には、見栄のためにちょっとした嘘を供述に挟み込むほどの心理的余裕があり、勾留期間の最終段階でも、弁護人の言葉を引き合いに出して取調べ担当の警察官らを翻弄する程度の余裕はあったと考えられる。（略）

Ｇ４警察官の原審供述等によれば、逮捕前後までの被告人の供述経過は、上記（１）項の（ｈ）から（ｏ）のとおりで、これらによれば、ポリグラフ検査直後の取調べでＧ４警察官に嘘を喝破されたことが略取を認める契機になったと考えるのが合理的であるが、当審証人Ｇ７の供述によれば、ポリグラフ検査で著しく不適切な方法で検査が実施されたり、被告人を怖がらせるような質問がなされたりした形跡はうかがえず、この検査実施が過度の圧迫になったとは考えられないし、その後の取調べでＧ４警察官から嘘を叱責されたことも、虚偽の自白を強いられるほどの事情になるとは解されない。「うそ発見器」ともいわれるポリグラフの検査を受け、これに引き続いた取調べで嘘を咎められたというのであるから、被告人としては、心中を見透かされるような心境になり、そのことで怖じ気づいた可能性はあるが、それは真実の自白を促す機能は持ち得ても、虚偽の自白をする動機になり得るものではない。（略）　以上を総合すると、本件では、被告人が逮捕される前の任意捜査の段階で各犯行を自白しており、その時点で警察官らが宿泊所を用意した上で一泊させ、連日にわたって取調べを行ったという事情はあるにせよ、宿泊や取調べが強制されたような事情はなく、他の事情に照らしてみてもそれだけで捜査が違法とされるとは思われない上、被告人が自白に転じた契機は、虚偽の弁解を看破されたことや、倫理感に訴えるような働きかけが警察官からなされたことで、早期に自白に転じたことも併せれば、この段階の自白には任意性があり、証拠能力を具備するものと認めるのが相当である。

また、当初の自白に任意性があるということは、これに引き続いて逮捕・勾留期間中に得られた被告人の捜査段階の自白も任意性が肯定できることを示すとともに、これらの自白が、捜査機関による圧迫から逃れんがための虚偽自白などではないとの意味合いにおいて、信用性を基礎づける素地があることをも示している。

5-10 仙台高秋田支判平9・12・2（非現住建造物放火等事件）

（一）被告人は、同年五月七日早朝、自宅において大館警察署巡査部長佐藤勲（以下「佐藤部長」という。）及び同署巡査金田弘巳（以下「金田巡査」という。）の訪問を受け、午前八時ころまでに、物置放火事件の容疑で大館警察署に任意同行された。

（二）被告人は、右のとおり大館警察署に任意同行された直後の同日午前八時八分から九時一六分までの間に、同署三号取調室において、秋田県警察本部刑事部鑑識課技術吏員平川久勝（以下「平川」という。）によるポリグラフ検査を受けた。平川は、右検査に先立って、被告人と面接し、被告人には検査にかかる質問の意味を理解する能力があり検査適格があるとの判断のもとに右検査を実施した。右検査は、平川作成にかかる質問表を使用した緊張最高点質問法の探索質問法及び裁決質問法によってなされたが、平川は、右検査の結果、被告人には、「木の葉に火をつけたのですか。」という質問に対して特異反応が認められたものと判断した。

なお、右検査実施に先立って、被告人作成名義のポリグラフ検査承諾書が作成されたが、右当時被告人は自己の氏名を記述することができず、右承諾書の被告人の氏名は、金田巡査が記載した。

（三）右検査の後に被告人に対する取調べが開始されたが、主として右取調べに当たったのは、佐藤部長であった。被告人は、右取調べの当初は、物置放火事件を否認していたので、佐藤部長は、前記ポリグラフ検査の結果を告げるなどしてさらに取調べを継続したところ、同日午後三時過ぎころになって、同事件を自白し、さらに工場放火事件についても自白するに至った。

（四）被告人は、右同日午後九時二五分、大館警察署内において、物置放火事件の容疑で通常逮捕された。

（五）右同日被告人の員面調書（略）が作成されたが、右調書中において、被告人は物置放火事件及び工場放火事件を自白している。右調書の被告人の署名は、被告人が無筆であるとして佐藤部長によって代筆された。右の時点では、被告人は、工場放火事件の動機について、抽象的に「会社の人たちから仲間外れにされた逆恨み」と述べており、歓迎会に誘われなかったというような具体的事実は述べられていないし、専務からの叱責も述べられていない。また、右事件の犯行方法については、切込作業所の板壁にかんな屑や木屑を集め、本件工場内のマッチで火を付けたと述べられており、カナガラ（仕上げかんながら発生する薄い「かんな屑」のこと。本件記録中では「カラガラ」とも表記される。）の袋を使用したという供述はなされていない。（略）

被告人は、同月八日、秋田地方検察庁大館支部に送致され、同支部検察官中屋利洋（以下「中屋検事」という。）の取調べを受けたが、その際、物置放火事件を自白し、その旨の検面調書（略）が作成された。なお、同検察官の取調べ状況については、その後も一部録音され、マイクロカセットテープ（略）に収められ、その反訳書（略）が提出されている。また、同日以降被告人が工場放火事件で起訴されるまでの被告人の取調べ状況は、別紙「被告人の留置場出し入れ状況」に記載のとおりである。

被告人は、同日の中屋検事の取調べにおいて、物置放火事件について自分の犯行であること、堰上げ後の飲み会で『あまり飲めば死ぬ』とか『葬式さださね』などと馬鹿にされたことがその動機であること、木の皮を集めてライターで火をつけたこと、そのライターはゴミに捨てたこと、などを供述し、さらに検察官が火をつけたのは初めてかと聞いたのに対して、当初「うん、今回が初めて」と答えたが、さらにほかにやってないかと聞いたのに対して、検察官の手元にあった記録の束を指さして「これさ書いてあるんでねえか。」と述べている（略）。

被告人は、同月一二日、工場放火事件で起訴された。

（略）原審証人苗村育郎の証言及び同人作成の鑑定書によると、被告人の知能程度は低く、ＩＱで五〇前後の中等度以下の精神発達遅滞と判定され、社会生活上の知的能力は大まかに言って小学校低学年程度と推定されるとして、次のような所見が示されている。「極めて単純な生産活動には従事できるが、多少なりとも会話能力や判断力を要求される仕事には困難を伴う。性格的には、陰険さや恨み深さ、執念深さ等が無く、攻撃性・爆発性も無い穏やかなものであり、幼稚な軽薄さと、若干の小賢しさが同居するものの、対人関係はむしろ同調的で親和性に富む気質が表面に出ている。」「被告人は自分の氏名を、漢字・ひらがな・カタカナのいずれによっても書くことが出来ず、見本を見ながらでも自書出来ない。しかし時間を掛ければ、手本の上をなぞって書くことが出来る。」「被告人は社会生活の最も基本的な部分についての是非弁別能力はほぼ備えており、通常の状態ではこれに従って自己の行動を制御することが出来る。また、飲酒による酩酊下でも、特に危険な逸脱行動に走る傾向も有していない。しかし知的能力の低さと、臆病さ、被暗示性などが触発される事態が生じた場合には、逸脱行動に対する自主的判断による抵抗性は脆弱であると予想される。」。

また、心理検査の総括としては、「精神年齢は四歳から六歳程度、人格の統合性は悪く、様々な反応場面において当為即答的であり、計画性や一貫性は認められない。抽象的な事柄に対する理解は困難で、適切な回答は得られない。現実吟味力や批判力もなく、被誘導性にも富むために、ある結論を強く教唆された場合には、それが事実であれ事実に反するものであれ、結論どおりに肯定する可能性があり、そのことに対する躊躇や反省も乏しいと思われる。」という指摘がある。

(略) 一般に重度の精神遅滞者は、供述について被誘導性が高いと言われている。捜査官側で既知の情報によって意識的に誘導する場合に限らず、対人関係において、通常人に対して劣位を意識することから、その場を収拾するために通常人の意に迎合する供述をすることにより、結果として誘導されることになる場合も考えられるからである。特に、通常人から権威的に接される場合は、その危険が増大すると思われる。しかも、そのような供述の生成過程を、後から、精神遅滞者の口から詳細に確定することも、本人の能力を超えることになりかねないので、ほとんど期待できない可能性がある。当審における事実取調べにおいても、被告人は、取り調べ状況に対する質問に対し、捜査官に対する情緒的な反発を訴えるだけで、具体的な事実に関する質問になると、明らかに客観的な事実と異なる事実(取り調べ過程において自白をしたことが明らかであるのにも関わらず、否認に終始した旨を述べるなど)を述べたり、分からない旨の供述を繰り返し、弁護人の質問に対しても同様であった。このように、法廷において具体的な事実を確認することが困難であり、ひいて訴訟上の防御能力に欠けるといわざるを得ないような供述態度を示す被告人の自白の任意性あるいは信用性については、慎重に判断しなければならないことは当然である。

(注：**員面調書の任意性について**)(略)被告人は、原審および当審の公判廷において、取調べに対する不満として、任意同行を受けた直後にまずポリグラフ検査(被告人の言によれば、電気で頭検査するもの。略)を受け、その結果を理由として「突っ込まれた」ために、混乱して自白したこと、取調べに当たった金田巡査から取調べに入って一週間ぐらいたってから平手で一回殴る暴行を振るわれた旨を述べている。(略)事実を確定するまでの具体性・明確性を被告人の供述に期待することはできないから、任意性を否定するに足る具体的な事実を特定することはできないが、少なくとも、金田巡査に対する不満は、傍聴席にいる同巡査を名指しで行ったり、背の小さい佐藤部長と明確に区別して、不満を訴えている点で、架空のことと否定し難いし、警察の取調べに対する前示の不満が日常の知識から生まれたとも考えられないことからいって、本件においては、警察の取調べが、被告人の精神遅滞の程度からして強い心理的な圧迫となり、ひいて虚偽の供述を生みやすい状態であったのではないかという疑いを払拭しきれないところが残る。(略)

本件では、被告人の知的能力から考えて、そもそもポリグラフ検査の検査適格があったかどうかにも疑問を差し挟む余地があり(ポリグラフ検査において、質問の意味が理解できない者は被検査者として不適当であるとされている。本件被告人程度の知的能力の者は、質問内容や質問時の状況次第では、これに該当する可能性が高いと解される。)、これをひとまず措くとしても、右程度の知的能力の被告人に対しポリグラフ検査をするにあたっては、その能力に応じて検査の内容及び自己の意思によってこれを拒否することもできることを十分理解させた上で行わなければならないというべきであるが、前記認定したところによれば、被告人は、任意同行された直後に精神能力についての専門家ではない技官によって、簡単な説明応答がなされただけでポリグラフ検査適格ありとの判断がなされ、しかも、被告人を任意同行した捜査官である金田巡査によって検査同意書に被告人の署名が代筆されて、ポリグラフ検査が開始されているのである。このような経過によれば、被告人の知的能力に照らして到底検査内容及び拒否権を理解し得たとは解されないものであって、仮に被告人が検査に承諾する旨を述べたとしても、検査の意味内容や拒否権の存在を理解した上での承諾であったとは到底解することはできないから、違法な手続であったものといわざるを得ない。

そして、原審証人佐藤勲の供述によれば、ポリグラフ検査後、被告人を取り調べたところ、午後三時ころまでは否認していたが、その後自白したため逮捕状を請求するにいたったというのであるが、その間の取調べの状況と被告人の供述の変化の過程を明らかにする客観的な証拠は提出されていないから、一般的に、警察が、被疑者の任意同行を求めた後ポリグラフ検査を行い、供述の矛盾をついて自白を求めるという取調べの常道を、精神遅滞の程度の大きさに配慮せずに行い、その後も継続したことにより、被告人に、右検査に強い恐怖感を与えて精神的抑圧を感じさせるとともに、取調官に迎合する方向で供述する雰囲気を生じさせた疑いを否定することはできない。

(略)以上を要するに、被告人が、**逮捕当日にポリグラフ検査を受けさせられ、その結果に基づいて取り調べられた上でなされた自白は、違法な手続に起因するもので任意性に疑いがあるというべきであり、その後の警察の取調べも、基本的に同一の捜査官が担当し、当初のポリグラフ検査の影響が残った上に前記2記載のように心理的な圧迫や利益誘導**

などを感じさせるような追及の結果得られたものではないかという疑いを払拭しきれないというべきである。また、工場放火事件についての被告人の員面調書（略）中の自白も、基本的には、物置放火事件の取調べ中になされた自白がもととなって捜査が開始されているうえ、最初の調書である乙三一の**取調べの影響を引き継いでいる**ものというべきであるから、すべて任意性に疑いがある自白といわざるを得ない。

右各員面調書には、被告人の署名押印があるが、前示の被告人の能力からいって、その記載内容と署名の意味を十分理解して署名したとするには疑問が残るから、被告人の署名指印があることをもって、任意性を担保するものと見ることはできない。したがって、被告人の員面調書における自白は、すべて任意性に疑いが残り、証拠能力がないものというべきである。

（注：**検面調書の任意性について**）本件における検察官の取調べについては、前述のように、一部ではあるが、取調べ過程がマイクロカセットレコーダーで録音され、その雰囲気を推察することができる（略）。本件において、被告人の取調べを担当した中屋検事は、原審において、あらかじめ警察から被告人の知能が低いことを聴いていたことから、〔1〕分かりやすい言葉で質問する、〔2〕誘導尋問にならないように質問の仕方を工夫する、〔3〕目線を被告人と同じ高さに保ってできる限り穏やかに取り調べるようにする、〔4〕被告人が犯人ではないのではないかという方向からも質問をする、〔5〕被告人は言語による表現力が劣っているため、動作も交えて取り調べを行うよう心掛けるなどといった方針の下に取調べを行ったと述べており、録音された部分からは、取調中に大声を上げたり、怒ったり、机をたたいたりした様子は認められないこと、中屋検事は、被告人に対し、警察でどういったかは別として真実をいわなければならないという趣旨の説明を繰り返ししており、警察に対して一定期間取調べを停止するよう指示したことを述べるなど、その取調べにおいて極力警察における取調べの影響を排除しようと試みていたこと、被告人も、検察官の取調べに対して警察での取調べについて苦痛を訴えるような場面が見られ、一旦は工場放火事件について否認に転じ、その否認を終日維持したこともあることなどの事実が認められるのであるから、中屋検事の取調べが、方言を正確に理解しないために、被告人の供述の意味を誤解したまま質問を進めたり、ときにはかなり執拗に説得に努めたりした場面もあり、被告人が警察の取調べについて暗に苦痛を訴えていたことを十分に把握できていなかった点で、被告人の精神遅滞の程度に対する理解が不十分であったような感じは残るが、全体として、被告人において供述の自由を抑圧されていたようには認められないから、前記警察の取調べの違法性に対する疑いを継承することなく、その任意性を肯定できるものというべきである。

しかし、取調べにおいては違法性が認められないことにより、自白の任意性が否定されないとしても、取調べを受ける被疑者側の事情により虚偽の自白がなされる可能性は否定できないから、その自白の信用性については、慎重な吟味を要することは、いうまでもない。特に、被告人のように、中等度の精神遅滞者で、前述のように、公判廷においては情緒的な不満を羅列することに終始し、裁判所を含めた訴訟関係者の質問によって真実を明らかにしようとすることに応える能力を欠くような場合の捜査段階における自白の真実性については、秘密の暴露など客観的な事実との合致があれば格別であるが、自白の一貫性、具体性など供述の経緯・態様からその真実性を肯定することについては、慎重であるべきものである。

5-11　福岡高判平5・3・18（建造物侵入、窃盗被告事件）

被告人は、平成二年八月七日、原判決犯罪事実一覧表番号１２の事実（略）により、逮捕、勾留されて、平成三年二月一九日に京町拘置支所に移監されるまでの間約六か月に亘り熊本北警察署に留置されていたこと、被告人は、逮捕直後には、別表１２の事実及び同日に敢行された別表１１及び１３の事実について犯行を認め、平成二年八月七日から同月二三日にかけて、これらの事実についての自白調書が作成されたこと、ところが、被告人は、同月末ころから一転して右各事実を否認し始め、同年九月二六日の第一回公判期日において、別表１２の事実について否認する旨供述したこと、しかし、その直後の同年一〇月初めころになって、再び右事実について犯行を認める旨供述をなし、そのころから、取り調べられていた余罪である別表１ないし１０の事実についての自白を始め供述調書が作成されたこと、同年一一月一五日の第二回公判期日において、被告人は別表１２の事実につき、前回の否認の供述を撤回し、同年一一月二日付起訴事実（別表１１及び１３の事実）も含めていずれも認める旨供述し、平成三年二月七日の第四回公判期日において、同年一月二八日付起訴事実（別表１ないし１０の事実）についても認める旨の供述をなして供述調書などの証拠調べがおこなわれ、同年三月一五日の第五回公判期日において弁論を終結したこと、しかし、その後、被告人が自白は利益誘導によるものだなどと主張したため弁論が再開され、同年四月一九日の第六回公判期日において、被告人は起訴された全部の事実につき否認するに至ったことがそれぞれ認められる。

（略）当審における事実取調べの結果によれば、福岡事件の被害者のＢ子は、平成元年一一月一〇日付でダイヤの指輪などの盗難被害届を福岡県南警察署に提出しているほか、被害状況や被告人が犯人と思うとの供述調書が作成され、更に平成二年一月六日付で追加被害届を提出していること、一方、被告人は、平成三年一月一一日付で福岡事件についてこれを自己の犯行と認める趣旨の供述書を作成し、Ａら捜査官に提出していたところ、福岡県南警察署は、熊本北警察署からの要請により、同月二一日付で福岡事件を同署に引き継ぎ、被害届等の関係書類を全て送付したこと、ところが、福岡事件については、遂に、熊本北警察署から検察官への事件送致がされないまま放置されて、同事件は、結局、同署で握りつぶしたと同じ結果となっていることがそれぞれ認められる。

そして、関係証拠によれば、被告人は、Ａら捜査官から取調べ時に飲むコーヒーや煙草等の代金についてかなりの金額を負担して貰い、現場引き当たりの際、手錠や腰縄をされないことが多く、また、捜査官からトレーナーや石けん等の物品を貰うなどの**便宜を受けていたことが窺われる**ばかりか、被告人が警察の留置場から京町拘置支所に移監される際に所持金が増えていることに徴すると、**捜査官から餞別として若干の現金供与まで受けた旨の被告人の供述もあながち否定し難いものがある。**

これに加えて、被告人は平成二年八月二二日から同三年二月五日まで前刑の仮出獄取消による残刑執行の期間中であったところ、Ａら捜査官は、平成二年一〇月以降休日も返上して連日のごとく被告人に対する取り調べを続行し、結局、被告人は、警察の留置場内で右残刑の執行を終えているものである。しかし、かかる長期間に及ぶ被告人の取り調べが本当に必要なものであったか、些か疑わしいものがあり、そうすると、これも、Ａら捜査官と被告人との間に交わされた前示の**約束にしたがい、被告人に対する便宜供与の一つとして、捜査官により殊更なされたものである旨の被告人の主張も、にわかに退け難い**。

そして、Ａら捜査官が、福岡県南警察署から引継ぎを受けた福岡事件の関係書類は、被害者Ｂ子作成の被害届二通及び同女の司法巡査に対する供述調書からなっていて、同調書によれば、被害者宅に外部から侵入された形跡がなく、家の中を荒らされた様子もないのに、整理タンスの戸袋棚内に置いていた、手提げバッグの中から、指輪、ネックレス等が盗まれているものであって、当時、同女と親密な交際があり、同女方の鍵の所在を熟知していた、被告人の犯行である疑いが強いものであったのである。そして、Ａら捜査官は、既に、被告人から平成三年一月一一日付で自己の犯行であることを認める旨記載した供述書を徴していたのであるから、被告人から供述調書を取る等の然るべき捜査を遂げたうえ、福岡事件を検察官に送致する手続を執るべきものであったということができる。しかるに、Ａら捜査官がかかる措置に出た形跡は全く窺われず、福岡事件は、そのまま放置されていたのである。右の経緯に鑑みると、Ａら捜査官の福岡事件に対する処置は、些か理解し難いものがあり、これに関し同事件を担当した捜査官の一人であるＤが当審証人として、事件不送致にした理由として述べるところも納得の行かないものである。

しかして、当審証人Ｄの証言によれば、Ａら捜査官は、平成二年一〇月ころには、福岡事件の存在を知っていたことが認められ、これと前示の本件捜査の経緯、特に被告人が捜査官から種々の便宜を得ていたことなどを併せ考えると、被告人は、Ａら捜査官から福岡事件を検察官に送致しないことやその他前示の便宜を図ってもらう**約束に基づいて、余罪である別表１ないし１０の事実等の自白をした疑いが極めて強い**といわざるをえない。

およそ、被告人の自白で任意性に疑いがあるものは証拠能力が認められないが、その判断にあたっては被告人の供述の自由を妨げる**違法な圧迫の存否（人権擁護）ないし虚偽自白を誘引する状況の有無（虚偽排除）を検討すべき**ところ、取調べ中に煙草やコーヒーの提供を受けたことや餞別として多少の金品を受領したことなどの**利益供与**は、いわゆる世俗的利益であって、人権擁護の面は考慮する必要はないし、定型的に虚偽の自白がなされる状況にあったとみることもできない。しかしながら、**他の事件を自白すれば福岡事件を送致しないという約束は、いわゆる不起訴の約束に等しいものであって、福岡事件を起訴してもらいたくないという被告人の弱みにつけこんだもので、到底許容される捜査方法ではない**。そうすると、右捜査官の**約束に基づいてなされた疑いのある平成二年一〇月以降の被告人の自白は、すべて任意性に疑いがあるものとして、その証拠能力を否定すべき**であり、したがって、これに反し、これらの証拠を有罪の認定に供した原判決には訴訟手続の法令違反があるというべきである。

5-12　浦和地判平4・3・19（恐喝、贈賄被告事件）

荒井市長を含む上尾市職員は、もともと本件についての被害意識が薄く、二〇〇〇万円もの大金を喝取されたとすれば通常当然提出される筈の告訴状や被害届を一切提出していなかったが、捜査官は、同市長や小池助役を含む多くの職員を取り調べて、「被告人に脅迫され、二〇〇〇万円を喝取された。」旨の供述を得、しかるのち、同年七月四日、本件恐喝の容疑で被告人を逮捕・勾留するに至り、勾留期間延長の裁判を経て同月二五日に起訴に持ち込むまでの間、連日長時間にわたり、被告人を取り調べた。右取調べに対し、被告人は、客観的な事実の経過は、ほぼこれを認めたものの、恐喝の犯意を頑強に否認していたところ、起訴直前の検察官による取調べの際において全面自白に転じた。他方、捜査官は、本件逮捕の際の捜索により被告人方で差し押さえたダイアリー三冊（「ノート」として押収してあるもの。〈略〉。これらは、被告人が、第三者の目に触れることを意識せず、専ら備忘の目的のみにより日常的に作成していったものであるから、その記載には高度の信用性が認められるといってよい。）を検討した結果、随所に乙課長及び丙町長に対する金員交付を裏付ける記載がみられたことから、その後、順次、乙事件、丙事件を立件するに至ったものである。

右のような特異な捜査経過を辿った本件においては、証拠の信用性の判断上、次のような点に留意する必要があると思われる。すなわち、その一は、浦和西署が、約一年間にも及ぶ内偵を続けてきた乙事件の捜査を中断し、たれ込みによって認知した本件恐喝事件の捜査を先行させたのは、本件の捜査（特に、被告人の逮捕・勾留・取調べ）により、乙事件その他の関連事件についても、捜査の手掛かりを掴み、いわば、本件を一連の事件の突破口にしたいという意向に基づくものであったと推測される点である（右の点について、捜査主任官である諏訪史郎〈以下、「諏訪刑事」という。〉は、「恐喝事件の方が重大事件だから先行させたにすぎない。」旨供述するが、本件は、被害が高額であるとはいえ、被害者側から告訴状はおろか被害届も提出されていなかった財産犯であるから、現に行っている涜職事件の捜査を中断してまで、先行させなければならない程の緊急性のある事案ではないと考えられる。本件恐喝事件が、乙事件と同様、北上尾駅の用地買収にからむ事件であり、登場人物も、かなりの程度重複していること、一年間にわたる内偵捜査によっても、浦和西署は、乙事件の決め手となる証拠を収集するに至っていなかったことなどからすると、右諏訪証言にもかかわらず、前記のような推測が、優に成立するというべきである。）。このような狙いにより本件恐喝事件の捜査を開始した場合には、「何としても、被告人の身柄拘束の根拠となる証拠を掴みたい。」という気持ちが捜査官に働くことは、十分あり得ることというべきであろう。その二は、捜査官が、それまでに告訴状や被害届を一切提出していなかった市当局者から、短期間内に、「被告人に脅されて二〇〇〇万円を喝取された。」旨の供述を得るに至った点である。荒井市長らが、本件の被害を警察に申告しなかった理由については、争いがあるが、いずれにしても、二〇〇〇万円という高額の公金を、本来支払うべきでない用途にあててしまった当局者としては、「脅し取られた。」という供述は、当面自己の責任を回避し立場を正当化するのに都合の良い弁解であることが明らかである。そして、そのような立場の市当局者が、前記のような気持ちに駆られた捜査官の取調べを受ければ、その意図をいち早く察知し、捜査官の意図にも自己の利益にも合致する前記のような供述を積極的にするということは十分に考えられるというべきである。その三は、本件により逮捕・勾留後、連日の厳しい取調べに対しても頑として犯意を自白しなかった被告人が、延長後の勾留期間の満了する直前になって、突然犯意を含む事実関係の全貌を自白するに至ったことである。被告人は、難病の高月病に苦しみながらも、妻甲２の助力を得て、〇〇工業を初めとする多くの関連企業を実質的に経営するオーナーとして辣腕を振るってきた者であり、性格的にも、感情が激しく意思の強い、いわばしたたかな（ただし、人情にはもろい）人物と評し得るところ、身柄拘束後終始否認を貫いてきたこのような人物が、起訴前の勾留期間満了直前に突然一挙に自白に転じたのであれば、それなりに人を納得させるに足りる自白の動機があって然るべきである。

（注：自白調書の任意性について）

（略）被告人は、恐喝の犯意等につき、捜査官に自白するに至った経過について、（略）恐喝事件で逮捕されたのち、その外形的事実はこれを認めていたが、それを恐喝というのかどうかは見解の違いであるとして、犯意については否認していた。すると勾留期間延長後、起訴の二、三日前くらいから、検事調べを終えて浦和西署に帰ってくると諏訪刑事が待っていて、あるいは入房後寝ようとしているところを諏訪刑事に房の外に連れ出されるなどして、「贈収賄が主眼なのでＵはやるが、ＴとＨと乙はやらないことを約束するから恐喝だけは認めていってくれ。あんたも男だ、業界人なんだし、ここまで新聞に出てしまったんだから一つくらい背負っていけ。」「台湾旅行も行っているし全部上がっているんだからこれもやるよ。だからこれだけの方がいいんじゃないか。」「Ｈや乙にも家族があるんだし。」などと説得された。自分はこれを信じて自白することにして、検察官に各自白調書を作成してもらった。しかし、その後、乙が逮捕されたので、「話が違うじゃないか。とにかく諏訪課長に会わせてくれ。」と乙事件の取調官に訴えたが、会わせてもらえず、その代わり、諏訪刑事から次のようなメッセージメモが届いた。それは、「乙は逮捕する気はなかったが、マスコミが騒いで毎日のように自宅や役所に押し掛けたりして大変だということで、乙の方から保護を求めてきたのであって決して私どもの方から逮捕したものではない。その辺は理解して欲しい。」というものであった。

（略）。諏訪刑事は、被告人の頑強な否認に手を焼いたため、被告人が仕事上かねて親しい接触のあった対策室のT、H及び乙課長の涜職事件を立件しない旨被告人に約束ないしその旨の**利益誘導をし、逆に、右利益誘導に応じなければこれらの涜職事件を立件する旨暗黙のうちに脅迫を加えて自白を慫慂したと認められ、本件自白調書六通は、警察官による右のような違法・不当な取調べの影響下において、検察官によって作成されたものと認められる**（なお、本件自白調書を作成した**検察官自身は**、特段違法・不当な言動に及んだとは認められないが、**警察官による右のような取調べの影響を遮断するための特段の措置を講じていないことが明らか**であり、本件自白調書は、警察官による違法・不当な取調べの影響下において作成されたと認められる）。このような違法・不当な取調べの影響下に作成された自白調書は、その任意性に疑いがあるというべきである。従って、前記自白調書六通は、その証拠能力を肯定することができないので、証拠から排除することとする。

5-13　浦和地判平4・1・16（殺人被告事件）

一月二一日当夜、Bは、午後八時すぎころから、翌二二日午前零時か、それを少し過ぎた時刻までの約四時間にわたり、妊娠五か月の身重で、しかも当夜夫の腹部を文化包丁で刺すという重大犯罪を犯した被告人を、川口署の二階刑事一課の取調室で取調べ、殺意を否認する被告人に対し、「そんな筈はないだろう。」などと理詰めで迫り、殺意に関する被告人の自白を引出し、その旨の供述調書に署名・指印させたものであるが、他方、右取調べに当たっては、黙秘権・弁護人選任権の告知に遺漏はなく、右に指摘した以上に不当な言動に及んだとは認められない。
（略）そうすると、１・２１員面は、その作成経過に照らし、信用性について慎重な検討が必要であることは言うを待たないにしても、その任意性に疑いがあるということにはならない（略）。

Ｃ調書は、前記のとおり、連日の長時間にわたる取調べによって作成されたものであるが、まず、Ｃは、これらの供述調書に被告人の署名・指印を求める際、実務上通常行われているような**読み聞かせの手続を一切行っていない**ことが明らかである。この点は、Ｃ自身が認めており、各調書末尾に「被疑者に読み聞かせた上」との記載がないことからも、明らかなところである。
（略）Ｃは、これを被疑者に読み聞かせる代わりに、「閲覧」させて、そのとおり間違いない旨の確認を得た上、署名・指印させた旨証言し、各調書の末尾には、確かにその旨の記載がある。そして、刑訴法一九八条四項、五項によれば、供述調書への署名・指印の前提となる手続は、必ずしも読み聞かせに限られず、「閲覧」でもよいとされていることは事実である。
（略）しかし、**右調書への署名・指印は、被疑者が、供述調書に録取された内容を十分理解した上で、これに間違いがないことを確認した事実を客観的に担保するために行わせるものであり、右署名・指印の存否は、供述調書の証拠能力に決定的な影響を与えるものであるから、署名・指印の前提となる「読み聞かせ」又は「閲覧」は、これによって、被疑者が、当該供述調書の内容を理解し得るものでなければならない**。（略）そして、「読み聞かせ」の場合は、被疑者が難聴者であるとか、日本語の理解が著しく劣る者など特別の場合以外は、右３記載の要件を通常充足すると考えてよいが、**「閲覧」の場合は、被疑者の文章読解力との関係で問題を生ずることが少なくない。従って、実務においては、刑訴法の規定にかかわらず、閲覧による方法は、通常、読み聞かせただけでは理解し難い場合の補助的方法として用いられているにすぎず、読み聞かせを全くせずに閲覧のみで供述調書の署名・指印を求めるというようなことは明らかに適当でないとして行われていない。従って、そのような方法により被疑者の署名・指印を得た供述調書については、右署名・指印が、被疑者の供述を正確に録取したことの客観的担保となり得るか否かを慎重に判断する必要がある。**
（略）本件についてこれをみると、関係各証拠によれば、被告人の国語力は、小学校一年ないし三年までは「評定３ないし４」であったが、四年ないし六年までは、「評定２」に止まり、中学校進学後は、「評定１ないし２」であって、劣悪であることが明らかである。そして、被告人は、「平素、本を読むことは全くない。」旨供述しているが、右供述は、被告人の右のような国語力に照らし、信用性が高いと考えられる。
（略）このように著しく読解力の劣る被告人がＣの作成した、漢字がたくさん混じり、しかも癖のある字体で略字を多用する長文の供述調書を閲覧させられても、その内容を理解し得たとは到底思われない。被告人は、第四回公判期日において、検察官に１・２２員面の冒頭部分を読むように求められ、その中から、判読可能な字を飛び飛びに拾いだして指摘しているが、右調書に用いられた文字、その字体に、被告人の前記のような国語力の評定からみると、右判定結果について被告人の作為が介入しているとは考え難く、また、右の程度の判読結果では、被告人が右調書の文脈とか、全体の意味内容を理解することは、至底不可能であったと認めざるを得ない。（略）

(略)「閲覧」による被告人の理解度が右のとおりであるとすると、これを前提とする被告人の供述調書への署名・指印は、前記のような意味で、録取内容の正確性を担保する機能を全く果たしていないというべきであるから、右各調書は、形式的には、刑訴法三二二条所定の署名・指印の要件を充たすものとはいえても、実質的な意味では右要件を充足しておらず、署名・指印が存在しない調書と同視するのが相当である。従って、右各調書は、この点で証拠能力を欠くといわなければならない。

(略)被告人は、当公判廷において、Cに対し、殺意を否認すると、「殺すつもりがあった筈だ。」「包丁を買ってるし、刺して実際に死んでいるんで、殺す気がなくはないだろう。」「いつまで経っても取調べが終わらないぞ。」「早く子供を産みたいだろう。」などと言われ、「そのまま殺意を否認していると、いつまで経っても怒鳴られてばかりいて、調べが終わらない。」と観念して、捜査官の作文した調書に署名・指印してしまった旨、その間の経緯を具体的に説明しており、右説明は、初めて警察の取調べを体験した二一歳の女性、それも、知能程度がそれほど高くはなく、表現力にも乏しいと認められる女性(被告人)が、創作して供述し得るような類のものではないと考えられ、かなりの迫真力を感じさせるものである。

(略)これに対し、Cは、そのような言辞を発したことはない旨強調するが、C証言には、被告人がその文章を自分で考えて書いたとは到底考え難い一月二四日付け上申書(「上しんしょ」と題する書面。その内容は極めて理路整然と要点を突いたものであり、その体裁も、警察官が通常作成する供述調書と酷似している。)を、被告人が全て自分で考えて書いたとしている点、しかも、これを下書きを含めても一〇分以内で書いた旨、被告人の国語力を前提としては常識上真実とは考え難い指摘をしている点、遅くとも一月二五日の時点では、被告人の中学校生徒指導要録を入手しており、その知能・言語能力が著しく劣ることを知った筈であるのに、一月三一日に至って、初めてその旨の被告人の供述を得て知ったとし、その重要部分が客観的証拠と抵触している点などに照らし、その信用性は全体として極めて低いというべきである。従って、右C証言をもってしては、取調べ状況に関する被告人の供述を排斥することはできない。

(略)他方、被告人は、一月二二日以降、健康状態が良好でなかったとして、「夫Aのことが心配で、一月二一日夜はほとんど眠ることができず、前日来、食事らしい食事をとっていなかったが、翌二二日も朝食、昼食はほとんど又は余り食べることができなかった。その晩は、Aが死んだと聞かされて、ほとんど泣き明かしたので、眠っていない。Aが死んだと聞かされたあとは、もう何を言っても駄目だという心境に陥り、強く抵抗することもできなくなった。」などと供述する。被告人が、一月二一日来、満足な食事をとっていないことは同日の被告人の行動に関する供述に照らして明らかであり、同日夜以降、睡眠・食事が十分とれなかったという点も、川口署における取調べの状況や、被告人が二一日に夫Aの腹部を突き刺すという異常体験をした事実、しかも、その後、同人の死亡を聞かされて著しく感情が高ぶったと推察されることなどに照らし、首肯し得るところである。なお、2・4員面には、前夜被告人が夕食をもどしたり発熱をした事実を窺わせる記載があり、右記載は、逮捕・勾留後の被告人が、万全の健康状態ではなかったことを推測させるものというべきである。

(略)**健康状態に不安のある妊娠五か月の女性を、連日長時間にわたり取り調べた上、前記(略)認定の不当な言動(これが脅迫に該ることは明白である。)で自白を迫ることは、法律上許された被疑者の取り調べの限度を逸脱しているといわざるを得ず、このような取調べによって得られた自白は、任意性に疑いがあるというべきである。**

(注:検面の任意性について)被告人は、検察官の取調べにおいては、黙秘権の告知や供述調書の読み聞かせを受けたと供述するが、他方、殺意を否認すると、「包丁も買ったし、実際に刺して死んでいるんだから殺すつもりがあったんだろう。」と言われ、何を言っても駄目だと諦めて調書に署名・指印した旨供述し、右供述と抵触する証拠は存在しない。

(略)右被告人の供述に現れた程度の理詰めの追及は、通常、供述の信用性についてはともかく、任意性を疑わせるものではないと解されているが、本件のように、**検察官の取調べが、任意性に疑いのある員面作成後に行われているときは、検察官において、警察官による違法な取調べの影響を排除するような措置を講じた等特段の事情が認められない限り、たとえ検察官自身の言動が、それだけでは供述の任意性を疑わせるものではないとしても、右取調べによって作成された検面の任意性には疑いが残るというべきである。**

5-14　浦和地判平3・11・11(強姦致傷、窃盗被告事件)

(注:**被告人甲に対する取調べ状況と各供述調書の作成経過**)

1　取り調べた**留置人出入れ簿**のほか、各取調官及び被告人両名の各供述、更には検察官の釈明等に基づき、浦和署警察官H(以下、「H刑事」又は「H」という。)及び浦和地方検察庁検察官K検事(以下、「K検事」又は「K」という。)

が甲を取り調べた時間、内容と作成された供述調書との関係を指摘すると、次のとおりである（なお、取調べ時間は、原則として、出房から入房までの時間を記載し、かつ、昼食事間等を除外していないので、厳密には、これより若干短いと考えられる。この点は、のちに認定する乙の場合も、同様である。）。

2　他方、同人に対しては、六月一八日、弁護士高野隆が弁護人として選任され、同弁護人は、同日、二二日、二五日及び七月四日の計四回、浦和署において同人と接見し、同人から事実関係及び取調べ状況について事情を聴取するとともに、「自分の記憶どおりに供述するように。」「誤った調書にはサインしないように。」などの助言を与えた。

3　甲は、当初の弁解録取の段階から、現金窃取の事実を認めるとともに（ただし、テレホンカードの窃取は否認）、強姦致傷の事実についても、ホテル「○○」内で被害者を殴ったり、煙草の火を近づけるなどして性交を求めたことがあるとして、核心部分の事実関係を認めたが、それに引き続き詳細な取調べを受けるに及び、「被害者は、ホテルへ行くことを納得していたのであり、ホテルへ向かう車内で、同女に暴行・脅迫を加えたことはなくホテル内でも入浴を強制していない。浴室内では同女もペッティングに応じており、ベッド上でも性交に応じていたが、陰茎が容易に入らず、同女に顔を殴られたので、かっとして殴ってしまった。」旨、公判段階における弁解とほぼ同旨の弁解をするようになり、高野弁護人との接見の際にも、一貫して同旨の訴えをしていた。

4　しかし、取調べに当たったH刑事は、被害者の供述の真実性を確信していたため、右3記載の甲の弁解は到底信用し難いとしてこれに一顧も与えず、いずれ甲を自白に追い込むことができるとの自信から、「今のうちだからそういうふうに言っておけ。」などとして甲を突き放し、逮捕翌日の六月一六日こそ、それ以上の追及をしなかったものの、その後は、次第に厳しく追及するようになり、一八日以降のほぼ連日の取調べにおいて、「首絞めただろう。」「無理に入浴させたんだろう。」「『庄や』を出るときから強姦の目的だったんだろう。」「被害者はこう言っている。」「もう少し考えてみろ。」などと言って甲に供述の変更を求め、同人がなおも弁解を貫こうとするや、「嘘は書けない。」などと言って、供述調書の作成を拒否した。

5　また、K検事も、甲の供述は、被害者のそれと対比して、明らかに不合理であるとして、甲が虚偽の弁解をしているものと決めつけ、二二日の取調べの際に、同人がそれまで否認していたテレホンカードの窃取の点を、高野弁護人の助言に従い自白したこともあって、強姦についての供述もこれ以上後退するおそれはないとの見込みのもとに、供述調書を作成しなかった。

6　甲は、高野弁護人の助言もあって、強姦致傷の被疑事実につき、最後まで、前記3記載の供述を維持しようとしたが、いくら弁解しても取り合ってもらえず、弁解内容を供述調書にも記載してもらえないことなどに次第に無力感を募らせ、特に、勾留期間延長後の同月三〇日、Hによって行われた終日（午前九時七分から午後八時まで）の取調べの際、ホテル「○○」へ行く車中での言動等につき、「被害者も乙もこのように言っていて、お前だけがそういうふうに言っているんだ。」などと一段と厳しく追及されるに及び、遂に、自己と行動をともにしていた乙まで、被害者と同じ供述をするのでは、自分だけが違うことを言っていても到底通らないものと諦め、Hの言うとおりに供述してひとまず厳しい追及を免れようとの考えのもとに、「被害者に対し、『俺たちの車に乗った以上、もうホテルに行くしかないんだ。』と言ってホテルに行くことを承知させた。」とか、ホテルの部屋の鍵を乙に閉めさせた理由について、「被害者を輪姦しようとしていたので同女が嫌がって逃げたら困ると思って乙に閉めさせた。」とか、「被害者から処女であることを聞かされた後も、処女であるかどうかに関係なくセックスしようとした。」などと、取調官の期待する供述を次次にしていった。

7　七月三日のK検事の取調べの際、甲は再びホテルに入る前の強姦の犯意を否認する供述をしたが、同検事は、その弁解を全く信用せず、五時間半にもわたって、理詰めの追及をした上、「自分の言い分を通すということは検察庁と戦うことだ。」「お前の話は全然信用できない。お前らが嘘つくから神様が雨降らしている。」「法廷に被害者を立てるようなことになるのはまずい。」「お前を絶対に刑務所に入れてやる。」などと言って自白を求め、遂に、強姦の事前の犯意についての自白を得たが、同人が、なお基本的には従前の供述を維持したため、取調官の疑問を甲にぶつけ、その応答内容の不合理性を浮き出させるように工夫した問答体による供述調書を作成し、その中に、強姦の事前の犯意等を認める供述をはめ込む程度に止めた。

8　なお、甲は、K検事の取調べにより強い畏怖の念を抱き、七月四日の高野弁護人との接見の際に、同弁護人に対し、嘘でもいいから被害者と話を合わせた方がいいのではないかと不安を訴えた。

（注：**被告人乙に対する取調べ状況と各供述調書の作成経過**）

（略）2　乙は、逮捕直後の弁解録取の手続において、逮捕状記載の被疑事実を概括的に認めた。しかし、乙は、その後、事実関係につき詳細な取調べを受けるに及び、強姦致傷の事実につき、ホテル「○○」内で甲が被害者を殴打して性交しようとしたこと、自らも甲に続いて嫌がる同女と性交しようとしたことを認めただけで、その他の点については、「被害者は、ホテルへの同行を承諾していたのであり、車内で同女の首を絞めたり、ホテル内で同女に入浴を強制したことはない」旨、甲と同様、公判段階での弁解とほぼ同旨の供述をするに至った（なお、窃盗の点については、甲と同様、現金窃取のみを認め、テレホンカードの窃取は否認していた。）。

3　ところが、乙の取調べを担当した浦和署検察官Ｎ（以下、「Ｎ刑事」又は「Ｎ」という。）は、Ｈ刑事と同様、乙の右弁解は、やはり到底信用し難いと考えてこれに一顧も与えず、乙に、何とかして被害者の供述と符合する供述をさせるため、本格的な取調べの初日である六月一九日午後、約二時間四五分にわたり、少年である乙に対し、今後の乙の刑事手続の流れについて、「今後、取調べを受けたのち、家庭裁判所に送られ審判を受けるか、或いは、逆送になり正式裁判になる。」との説明をするとともに、「絶対に少年院に入れてやる。」「否認すると逆送で刑務所に行って、五、六年は入ることになる。そういうことだから嘘隠しなく話すことが一番だ。」「甲も認めているんだから、お前も認めろ。」などと執拗に迫り、乙の前記否認供述を改めさせようとしたが、当日は、事実関係に関する本格的な追及に至らないまま取調べを終了し、供述調書も作成しなかった。

4　二〇日午後の取調べにおいても、Ｎは、前日話した刑事手続の流れの説明を繰り返すとともに、嘘隠しなく話すようにと重ねて注意し、翌日に予定される本格的な取調べのための下調べをした。

5　二一日の取調べにおいて、Ｎは、乙に対し、ホテルに向かう車内で被害者が「ホテル」という言葉を聞いて嫌がっていた筈であるとして追及し、その当時、甲から未だ「車内で被害者が嫌がっていた。」との供述も得ていなかったにもかかわらず、「甲も認めているんだぞ。」などと偽って自白を迫り、結局同人から、「従前の供述は間違いで、本当は、車内で女の子は『ホテル』という言葉を聞いて嫌がっており、それに対して甲が叱りつけるようなことを言っていた。」旨及び「『庄や』で話しているときに強姦することになった。」旨の自白を得、これを詳細な供述調書にまとめた。

6　そして、乙は、その後のＫ検事やＮの取調べに対し、再度否認すれば取調べが長引くのではないかなどの配慮から、基本的に、右６・２１員面と同旨の供述をし、勾留期間延長後のＫ検事の再度にわたる長時間の取調べ（七月二日約七時間五分、同月四日約八時間一三分）においては、甲が浴室に入ることを入浴中の被害者が承諾したか否かについて、Ｋ検事の理詰めの尋問に屈し、右承諾があったとしていた６・２２検面の供述を変更し、「あれは嘘でした。被害者の承諾はありませんでした。」旨供述した。

（注：**事実認定の補足説明**）（略）取調状況についてだけは、被告人両名とＨ、Ｎ及びＫ検事の各供述が微妙に対立しているところ、当裁判所は、これらの各供述を仔細に比較対照し、かつ、証拠上明らかな取調べの経過と両名の供述の推移、供述調書の作成日、更には高野弁護人作成・提出にかかる甲との**接見メモ**（右メモは、同弁護人が、甲との接見の都度同人から聴取した内容を、その日時を付記して具体的に記載し、甲に対する公訴提起の日である七月五日に公証役場において**確定日付**を得たものであることがその内容自体に照らして明らかであり、右のような記載の体裁・内容に照らして、**高度の信用性があるものと認められる**。）をも併せ考察した結果、各被告人の供述と取調官の供述とが抵触する部分については、基本的に各被告人の供述の方が信用性が高く、各取調官の証言は、右各被告人の供述を排斥するだけの証拠価値を有しないと考えるに至ったので、前記のとおり、ほぼ被告人両名の供述に副う事実関係を認定したものである。そこで、以下、右認定に関し若干の補足説明をしておくこととする。

1　乙に対するＮの取調べ状況について

（略）前記のとおり、乙は、六月二一日に初めて強姦の事前の犯意を自白したものと認められるが、乙は、それに先立つ一九日の取調べにおいて、Ｎから、概ね前記三３認定のような言辞で自白を迫られた旨供述しているのであって、右供述は、甚だ詳細かつ具体的で迫真力に富み、これまでに家庭裁判所の審判（不処分）すら一回しか経験したことのない当時一八歳の少年（乙）が、自ら創作して供述し得る類のものであるとは、にわかに考え難く、また、もし右乙供述に現れたＮの言辞が発せられたとすると、それまで、強姦の事前の犯意等を否認していた乙が以後自白に転じた理由を合理的に理解することができるから、この点に関する乙供述は、内容的にも極めて説得力に富む。これに対しＮは、一九日の取調べにおいては、家庭裁判所の審判で逆送決定を受けると刑事裁判を受けることになる旨、今後の手続の流れを説明しただけで、その際及びその後の取調べにおいても、追及的な言辞は発しておらず、乙に対し、『少年院送り』とか、『刑務所送り』などの話をしたことは全くない。また、被害者の供述を乙に押しつけるような取調べはしておらず、むしろ、六月二一日の取調べにおいて、乙が逮捕状の犯罪事実に副うような供述をする素振りを示したので、「そんな必要はない。」「無理に合わせる必要はない。」旨注意したほどであるなどと供述している。しかし、右供述によると、当時Ｎは、被害者の供述の真実性を確信していたにもかかわらず、被疑者（乙）が、それまでの虚偽と思われる弁解を撤回して被害者の供述（すなわち、取調官たるNが真実と確信する供述）に副う自白をしようとした際に、あえてこれを思い止まらせようとしたことになるが、このような行動は、被害者の供述の真実性を確信する捜査官の行動としていかにも不自然で常識に合致しないから、右N証言は、まずこの点で著しく説得力を欠くといわなければならない。また、Nは、右のように、乙に対し、被害者の供述を押しつけたことはないとしながらも、逮捕状の犯罪事実は被害者が言ったことが基礎になっているということを告げた上で、「犯罪事実にはこう書いてあるんだけれども、どうなんだ。言っていることが違うじゃないか。」と言ったことがある旨、前記供述と実質的に矛盾・抵触する供述をもしている。更に、Nは、一九日の取調べにおいては、単に、今後の刑事手続の流れを説明しただけであるとしながらも、他方において、少年の被疑者（乙）については、否認している場合の方が、自白している場合より逆送決定を受ける可能性が高いと認識していたこととか、その際、「そういうことだから嘘隠しなく話せば話はみんな合うんだ。」などと乙に申し向けたことなどを認めているのであり、Nが認めるこれらの事情は、一九日の取調べにおいて、同人が乙に対し、「否認すると逆送で刑務所に入る」などという発言をした可能性に連なるものであるといわなければならない。以上の諸点のほか、Hの証言によれば、浦和署刑事一課は、本件の捜査にいて、被疑者が否認している限りは供述調書を作成しないという強い方針をとっていたことが認められ、右のような捜査方針は、えてして、取調官の被疑者に対する強い態度となって現れ易いと考えられること、N証言によれば、乙が自白に転じた動機は、単に同人が「反省」したというだけのことに帰着し、否認から自白に転ずる決定的な心理の動きを説明するものとして、必ずしも説得的ではないことなどの諸点をも併せ総合して考察すると、一九日以降の取調べ状況に関するN証言は、乙供述を排斥するに足りるだけの信用性を有するとは認め難いというべきである。

なお、検察官は、Nの取調べが自白追及的ではなかったことの証左として、Nが作成した供述調書中には、乙の弁解や被害者の供述と食い違う供述も録取されていることを挙げているが、供述調書中に、右のような記載があるという一事から、その取調べが自白追及的でなかったとは認め得ないことは余りにも当然である上、そもそも、**供述調書に録取された供述の記載内容自体を任意性判断の前提となる事実認定の資料とすることは、証拠能力の存否未定の供述調書の記載内容を、当該供述調書の証拠能力の判断資料とすることを意味し、書証の証拠能力を厳格に法定した現行法の趣旨に合致しないし、特に、供述調書が、速記によってではなく、捜査官による要約録取の方法で作成されている現状に照らし、その弊害が大きいと考えられるから**、このような方法により取調べ状況を認定することは許されるべきではない。

2　甲に対するHの取調べ状況について

次に、甲に対するHの取調べ状況について検討すると、この点に関する甲の供述は、乙の供述同様、極めて詳細、具体的かつ迫真的であって、これがことさら虚構の事実をねつ造して供述しているものであるとはにわかに考え難い上、前記のとおり、信用性が高いと考えられる高野弁護人の接見メモの記載によってその核心部分が支えられている。Hは、当公判廷において、検察官の主尋問に対し、「被害者はこう言っているぞ。」とか「お前の話は全然信用できない。」などとは言っていない旨証言するが、右証言を額面どおりに理解して甲に対する取調べ状況を推認すると、結局のところ、Hは、被害者の供述と食い違う甲の供述は全く信用できないものと考えていたにもかかわらず、甲に対し、単に「思い出しなさい。」とか、「正直に述べなさい。」などという抽象的な質問を繰り返すだけの取調べに終始したということになる。しかし、右は、およそ犯罪捜査のプロである警察官（しかも、被害者や共犯者たる乙の供述など甲追及の材料を十分に持ち合わせ、取調べの対象たる被疑者〈甲〉の供述を虚偽と断じていた筈の警察官）による取調べの方法として余りにも不自然であって、にわかに措信し難いというべきである。他方、Hは、弁護人の反対尋問に対しては、被害者の言うことと違っているということは口に出したことがあると認めているほか、甲を取り調べた際、否認している限りは、上司の指示がなければ供述調書を作るつもりはなかったとし、甲に対し、「よく考えて思い出せ。」と述べた箇所は被害者や乙の供述と食い違う部分であって、当該箇所に関する甲の供述には納得しておらず、それと異なる供述を期待していた旨証言している。これらの証言は、Hが取調べにあたり、甲に対し、かなり強い態度で臨んでいたことを窺わせるものといえないことはなく、Hが、一方において自白追及的な取調べはしていないとしながらも、他方において、右のような言動に出たことを認めていることは、その取調べ方法が、弁解を全く受入れようとしないものであったとする甲の供述を、側面から支持するものというべきであろう。このようにみてくると、取調べ状況に関するHの証言は、これと矛盾・抵触する甲の供述を排斥するに足りる信用性を有するものとは認め難いといわなければならない。なお、甲の員面の記載内容自体から、追及的な取調べがなかったことを推認し得るとの検察官の主張は、乙に対する取調べ状況に関し、前記1に述べたのと同一の理由により、これを採用しない。

3　両名に対するＫ検事の取調べ状況について

（略）まず、Ｋ検事の取調べ状況に関する被告人両名の供述が、具体的かつ迫真的であり、特に甲供述中前記（略）認定に副う部分は、信用性が高いと考えられる高野弁護人の接見メモのほか、降雨の点につき、七月三日午後四時から五時までの間に、浦和地方では二ミリの降雨が観測された旨の熊谷気象台長作成の「回答依頼について」と題する書面によって支えられているので、右各供述の信用性は、かなり高いというべきであろう。

もっとも、他方、Ｋ検事は、当公判廷において、「本件は、被疑者の自白をとらなければ起訴できない事件ではないと思っていたので、自白にはこだわっておらず、甲を自白させようと懸命になったことはない。被疑者の供述を全て出させ、その信用性の検討材料を得るのが一番と考え、供述の矛盾点を浮き彫りにするような調べ方をした。」「乙の弁解にも十分耳を傾けており、弁解を受けつけないような態度はとっていない。」などと供述しており、右供述は、法曹の一員として、警察官とは明らかに一線を画して然るべき立場にあり、知性も教養も更には良識をも兼ね備えている筈の検察官が、公判廷において宣誓をした上で行った明確な証言であるから、その信用性をたやすく否定するのは問題であろう。そして、右供述のうち、同検事が被疑者の自白の採取にこだわっていなかったとする部分は、〔１〕本件においては、犯人と被疑者の同一性が争われているわけではなく、単に、強姦の事前の犯意や計画性、犯行の態様が争われているにすぎない上に、〔２〕右事前の犯意を推認させる犯行に至る経緯や犯行態様に関しては、同検事において信用性が高いと判断していた被害者の供述があり、右供述が信用し得る限り、その点の立証に、必ずしも被疑者の自白は必要がないと考えられることなどの点からみて、かなりの説得力があるように思われないではない。

（略）同検事の供述の内容について更に検討を加えるのに、同検事の供述中最も注目されるのは、同検事自身が、甲に対し、「君を刑務所に入れるために全力を尽くす。」とか「徹底的にやる。」などと行ったことがある旨、前記二の認定事実に副う甲供述と趣旨において符合するかにみえる供述をしていることである。もっとも、同検事は、これを甲に言ったのは、七月三日の検面の署名指印をもらったあとのことで、この言葉によって甲を自白に追い込もうと意図したものではないと言うのであるが、いやしくも検察官たる地位にあるものが、取調べ中の被疑者に向かい、「刑務所に入れるために全力を尽くす。」などという言葉を発することは、異例のことと思われ、かかる言辞を発したということ自体が、同検事において、甲の供述態度に手を焼いてかなり感情的になっていたことを推測させるといわなければならない。そして、浦和地検のように刑事部と公判部とが明確に区別されている検察庁においては、刑事部所属のＫ検事が、起訴後甲の公判に立会する可能性は原則としてないわけであるから、被疑者である甲の検面を作成し終わった段階において、同検事が、同人を「刑務所に入れるため全力を尽く」そうとしても、今後できることはほとんどなく（現に、同検事が、その後にした捜査としては、簡単な乙の７・４検面を作成した以外にはさしたるものが見当たらない。）、そもそも、取調べを終了した被疑者に対し、そのようなことを言う必要性があったとは到底考えられない。このように考えてくると、Ｋ検事は、甲供述に現れた同検事の言葉が極めて具体的で生生しく、迫力がある上に、信用性が高いと考えられる高野弁護人の接見メモにも支えられているところから、これに類する言葉を発したこと自体はこれを否定し難いと考えて、そのニュアンスを緩和し、かつ、これを発した時期をずらすことにより、自白の任意性に対する影響を否定しようとしている疑いがあるといわなければならない。（略）

（注：**乙の各自白調書の証拠能力について**）

１　（略）、乙は、当時一八歳の少年であったが、六月一五日朝、逮捕状を携行した浦和署の警察官に自宅から同署への同行を求められ、警察車両で同署へ出頭したのち逮捕状の執行を受け、本件についての取調べを受けた。同人は、当初から、ホテル内で甲が被害者を殴打して性交しようとしたとの事実を認めたものの、強姦の事前の犯意等を否認し、その旨の６・１５員面も作成されたが、同人に対しては、同月一六日、勾留場所を代用監獄である浦和署の留置場とする勾留状が発せられ、その後、右勾留期間は七月五日まで延長されて、その間同人は、Ｎ刑事による取調べを一〇回、Ｋ検事による取調べを三回、それぞれ受けた。右取調べ時間は、一日最短で二時間弱、同最長で八時間強、取調べのあった日の平均取調べ時間は約四時間半弱である。Ｎは、被害状況に関する被害者の供述の真実性を確信して、前記乙の弁解に一顧も与えず、本格的な取調べの初日である一九日に、今後の刑事手続の流れを説明するとともに、「絶対に少年院に入れてやる。」「否認すると逆送で刑務所に行って、五、六年は入ることになる。そういうことだから嘘隠しなく話すことが一番だ。」「甲も認めているんだからお前も認めろ。」などと執拗に自白を迫り、その後の取調べにおいても同様の態度で臨んだ結果、同人から強姦の事前の犯意や車内での甲の言動等につき、自己の想定に近い自白を得た。Ｋ検事も、乙の弁解を虚偽と信じて疑わず、七月二日、四日の両日、長時間にわたって同人を理詰めの尋問で追及し、被害者の入浴の経緯等につき、自己の想定に符合する自白を得た。以上のとおりである。

2　右事実関係を前提として検討すると、乙の捜査官に対する供述調書八通のうち、六月一九日のＮの取調べ以降に作成された七通は、いずれもその任意性に疑いがあって、これを証拠として取り調べることができないというべきである。すなわち、これらの員面・検面計七通は、いずれも、**代用監獄である警察の留置場に勾留された当時一八歳の少年である乙に対し、その弁解を全く受けつけないような態度で、しかも、取調べの方法として許容される筈のない前記のような違法・不当な言動で威迫を加えるなどして作成されたものであり、同人は、いくら弁解しても自己の言い分を理解してくれない取調官の態度に絶望し、次第に孤立感を深めた結果、Ｎの取調べに迎合して、その意に副う供述をしていったものと認められる。このような経過で作成された員面及びその影響が解消されていない状態で作成された検面については、その任意性に、疑いをはさまざるを得ない。**

3　六月一九日以降のＮの言動が違法・不当なものであることについては、まず異論をはさむ余地がないと思われるが、なお若干の説明を加えると、取調官が被疑者に対し、「絶対に少年院に入れてやる。」などと言うことは、被疑者に対し著しい畏怖の念を抱かせる脅迫的な言動である。もっとも、当該取調官が被疑者を少年院へ入れる具体的な権限を有しないことを被疑者が理解していた場合には、被疑者がこれにより畏怖することはない筈であるとの反論もあり得ないではないが、捜査の遂行上絶大な権限を有すると信じられている取調官に、そのような意気込みで捜査されれば、自己がどのような不利益を受ける結果になるかわからないとの畏怖を感ずることは、被疑者の通常の心理であると思われるから、右言辞は、いずれにしても、被疑者の供述の任意性に影響を与え得る不当な言動であるといわなければならない。次に、「否認すると刑務所に行って五、六年は入ることになる。」との言葉は、形式的には、被疑者が否認した場合の処遇についての客観的な見通しを述べたという体裁をとっているが、これが、捜査のプロである警察官から被疑者（特に、若年・未成年の被疑者）に対して発せられた場合には、被疑者の心理に重くのしかかり、これを絶望に追い込む可能性のあるものとして、やはり脅迫的な意味合いを持ち、これが、自白すれば少年院送致で済むという意味をも言外に含むと解されるところから、自白の任意性に影響するところは小さくないと考えられる。更に、Ｎの言辞中、「甲も認めているんだから、お前も早く認めろ。」という部分について考えると、当時、Ｎは、甲が強姦の事前の犯意を否認していたことを知りながら、あえてこのような虚偽の事実を申し向けたものと認められるのであり、右は、乙に対し、自分一人で言い張っても無駄ではないかという無力感を抱かせ、同人を自白に転じさせる契機となり得るものであるから、これによって得られた自白は、いわゆる**偽計による自白**としての性格を免れないというべきである。

4　右の点に加え、乙の自白調書の任意性判断において注目せざるを得ないのは、Ｎらが、代用監獄である警察署の留置場に勾留された当時一八歳の少年（乙）に対し、厳しい取調べを行ったという点である。**代用監獄**は、被疑者を全人格的に支配することを可能とするものであり、成人の被疑者を勾留する場合でもその運用には慎重な配慮が望ましいとされている。そもそも、法（少年法）は、人格の未熟な未成年者の身柄を拘束する場合には、身柄拘束の少年の心身に与える影響が大きいことにかんがみ、勾留に代わる観護措置（少年法43条1項）により少年鑑別所へ拘束するのを本則とし、未決監へ勾留する場合には、本来の勾留事由があることのほかに、観護措置によることができない「やむを得ない場合」（同法43条3項、48条1項）であることをその加重要件として規定している上、かりに勾留が「やむを得ない場合」であっても、勾留場所を少年鑑別所とすることができると規定するなど（同法48条2項）、少年が監獄に勾留される事態をできる限り回避しようとしているのであって、このような少年法の趣旨は、現実の捜査の実務においても十分に尊重されなければならない。もちろん、法は捜査官に対し不能を強いるものではないから、右「やむを得ない場合」に該当するか否かは、被疑事件の性質や勾留によらない場合の捜査の遂行上の支障の有無・程度のほか、少年鑑別所の収容能力や少年の資質などをも総合考察して慎重に決すべきであるが、本件当時、浦和少年鑑別所の収容能力に問題があったとの事情を窺わせる資料は存在しない上、同少年鑑別所と浦和署とは距離的にも近く（浦和署と浦和少年鑑別所が、徒歩約一〇分の距離関係にあることは、当裁判所に顕著である。（略）

（注：**甲の各自白調書の証拠能力について**）

1　前記一、二において認定したところを要約すると、次のとおりである。すなわち、当時二一歳の甲は、六月一五日朝、逮捕状を携行した浦和署の警察官に、乙方前路上から同署への同行を求められ、警察車両で同署へ出頭したのち逮捕状の執行を受け、本件についての取調べを受けた。同人は、当初から、ホテル内で被害者を殴打したり煙草の火を近づけて性交を求めたことがあるとの限度では事実を認めたものの、強姦の事前の犯意等を否認したため、代用監獄である浦和署の留置場に勾留され、その後、延長後の勾留期間が満了する七月五日までの間、日曜日を除くほぼ連日、警察官及び検察官による厳しい取調べを受けた。その間の取調べ回数は、Ｈ刑事によるもの一一回、Ｋ検事によるもの二回であり、取調べ時間は、一日最短で二時間強、同最長で九時間強、取調べのあった日の平均取調べ時間は、約四時間半強である。Hも、N同様、被害状況に関する被害者の供述の真実性を確信していたため、前記甲の弁解に一顧も与えず、「被害者はこう言っている。」「もう少し考えてみろ。」などと言って同人に供述の変更を求め、甲がなおも弁解を貫こうとするや、供述調書の作成を拒否した。甲は、逮捕後二度目の取調べ（六月一八日午前）の途中に高野弁護人と接見した際に、同弁護人から助言を受けていたこともあって、当初は、取調べの圧力に屈することなく、基本的に自己の主張を貫いてきたが、次第に無力感を募らせ、勾留期間延長後である同月三〇日の九時間を超える長時間の取調べにおいて、Hから、ホテル「〇〇」へ行く車内での言動等につき、「被害者も乙もこのように言っている。」として一段と厳しく追及されるに及んで遂にあきらめ、右の点につき取調官が期待する供述を次次とするに至った。また、甲は、その後のK検事の取調べの際、一旦は、事前の犯意等を否認する供述をしたが、右供述を虚偽と確信する同検事から全く相手にしてもらえず、長時間に及ぶ理詰めの尋問の末、「自分の言い分を通すということは検察庁と戦うことだ。」「お前の話は全然信用できない。」「お前を絶対に刑務所に入れてやる。」などと言われたため、遂に、強姦の事前の犯意等を認める趣旨の記載を含む供述調書に署名・指印してしまった。以上のとおりである。

2　右事実関係を前提として検討すると、甲の捜査官に対する供述調書七通のうち、六月二九日までに作成された四通の各不同意部分については、辛うじて任意性を肯定し得るが、六月三〇日以降に作成された三通（員面二通、検面一通）のうち、各弁護人が取り調べることに同意した7・2員面（乙六号）を除く二通に対する各不同意部分については、任意性に疑いがあって、これを証拠として取り調べることができないというべきである。すなわち、これらの員面・検面計二通は、当時二一歳の若年の被疑者である甲を、代用監獄である警察署の留置場に勾留した上、その弁解を全く受け付けないような態度でほぼ連日取調べを行った末、取調べの方法として許容されない前記のような言動により、同人を威迫するなどして作成したものであり、同人は、いくら弁解しても自己の言い分を理解してくれない取調官の態度に絶望し、次第に孤立感を深めながらも、弁護人の助言もあって必死に自己の主張を貫いてきたが、六月三〇日以降は、かなりの部分についてHやK検事の取調べに迎合して、その意に副う供述をもするに至ったものと認められる。このような経過で作成された員面及び検面の各不同意部分については、その任意性に疑いをはさまざるを得ない。（略）

4　確かに、甲は、当時既に成年に達しており、少年時代に保護処分等を受けた経験をも有するのであるから、少年でさしたる前歴を有しない乙と比較すれば、代用監獄へ勾留されたことによる心身への影響は小さいと考えてよく、従ってまた、同人を代用監獄へ勾留したことが、直ちに違法となるともいい難い（現に、甲の勾留場所を代用監獄とした勾留の裁判に対しては、高野弁護人が準抗告を申し立てたが、棄却されている。）。しかし、甲は、当時成年に達していたとはいえ、未だ二一歳の若年であったのであり、このような若年の被疑者を代用監獄に勾留して連日厳しい取調べを行うときは、これを拘置所に勾留して取り調べる場合よりも被疑者が取調べの影響を受け易いことは、見易い道理である。従って、取調官の同一の言動であっても、若年の被疑者が代用監獄に勾留されている場合と拘置所に勾留されている場合とでは、その供述の任意性に及ぼす影響の程度に違いの生じることがあることは、これを承認しなければならない。また、取調官の言動は、ただそれだけを取出して個別的に観察する限り、直ちに明白な脅迫、恫喝、威迫、利益誘導等にあたらないとか、その違法の程度がそれほど高くないとみられる場合であっても、これらの言動が、取調べの全期間を通じ次第に累積されることにより、被疑者の供述の自由を大きく左右することがあると考えるべきであって、供述の任意性の審査にあたり、現に発せられた個個の言辞の表面上の意味に拘泥しすぎるのは相当でない。そして、六月二九日以前にHが甲に対してした取調べの方法は（これを個別的に検討する限り、直ちに違法とすることはできないものの）、代用監獄に勾留中の当時二一歳の若年被疑者に対するそれとしては、やはり、少なからず供述の自由を圧迫する不相当なものであったと認めざるを得ず、これらの取調べの影響は、次第に累積されて被疑者（甲）の心理に重くのしかかり、勾留期間延長後、六月三〇日の長時間の取調べの際のHの言動と結びつくことにより、遂に供述の任意性を疑わせる程度に達したものと認めるべきである。

5　右の点に関しては、六月三〇日の取調べにおけるHの取調べ中には、**偽計とみられる言辞**が発せられたことにも注目する必要がある。すなわち、同日、Hが発した言辞のうち、「被害者も近藤もこう言っている。」との部分は、ホテル「〇〇」へ行く途中の車内において、甲が被害者を脅迫したことなどに関し、乙も既に被害者の供述に副う自白をしたことを指摘して、甲の自白を求める趣旨のものと解されるが、右時点において、乙は既に右の点につき被害者の供述に副う自白をしていたと認められるので、Hの指摘は、必ずしも虚構のものではない。しかし、乙の自白は、前記のとおり、Nの「甲も認めている」という、事実と異なる指摘によって引き出されたいわゆる偽計による自白であるから、このような偽計によって得られた共犯者の自白をもとに被疑者に自白を迫ることは許されず、かかる方法によって得られた自白もまた、偽計による自白といわなければならない。そして、**偽計による自白は、偽計によって被疑者が心理的強制を受け、**

その結果虚偽自白が誘発されるおそれがある場合には、任意性に疑いあるものとして、その証拠能力は否定されるべきである（最大判昭45・11・25）。もっとも、本件における偽計の程度は、右判例の事案におけるそれほど高度のものではないと認められるが、さきに指摘した身柄拘束開始後一貫してとられた、弁解に一顧も与えず、否認する限りは供述調書も作成しないというHの取調べ態度や、若年の被疑者が代用監獄に勾留されたまま長時間にわたる厳しい取調べを受けることにより蒙った心身の苦痛などとも結びつくとき、右は優に、虚偽自白誘発のおそれのあるものというべきである。

6　なお、K検事が甲に対して発した前記言辞のうち、「お前を絶対刑務所に入れてやる。」との部分が、脅迫にあたると解すべきことは、乙に対するNの言動の場合と同様であり（前記五３参照）、「自分の言い分を通すということは検察庁と戦うことだ。」との部分は、その表面上の意味は明らかな脅迫とはいえないけれども、「お前を絶対刑務所に入れてやる。」との言葉と結びつくことにより、脅迫をいっそう強め、被疑者を絶望に追い込む効果をもたらすもので、同検事の右言辞は、全体として甲の供述の自由を侵害するおそれの強いものというべきである。従って、このような言辞によって引き出された甲の自白は、それ以前のHの言動と切り離して考えてみたとしても、任意性に疑いのあるものといわなければならない（それ以前のHの言動と結びつけて考えれば、任意性に対する疑いは、いっそう強まると考えられ、最小限度、Hの言動によって生じた甲の心理に対する悪影響が解消されていなかったことは極めて明らかなところである。）。

5-15　東京高判平3・4・23（住居侵入、強姦、常習累犯窃盗、殺人、死体遺棄被告事件）

（注：**自白の任意性について**）

1　原判決は、「第五期間」の自白については、被告人は、宮田事件で釈放後は速やかに拘置所に移監されるべきであったのに、印西警察署にそのまま留置され、合計六七日間のうち、休んだのは一日のみという連日の調べを受けたこと、午後一〇時を超えた調べも三五回を数えること、留置場では看守者に代えてテレビカメラで監視するなど、釈放前より厳しい監視下に置かれたこと、取調官が取調室に宮田等三事件の被害者らの写真や位牌を持込み、線香をたいて厳しい方法で取調べをしたことがあること、などの理由を挙げて、証拠能力を否定している。

他方、原判決は、「第三期間」及び「第四期間」の自白については、事案の重大性に鑑み、独居拘禁しても早期解決を図る緊急の社会的要請があり、また捜査員の通勤上の便宜などから印西警察署に留置する必要があったこと、捜査員が看守者になったのは同署に定員配置がなかったためであること、看守者に動静日誌を記載させたのは被告人に対する重大犯罪の嫌疑上その動静を知る必要があること、また、取調べが任意の取調べであることやその任意性に疑いを抱かせる事情の認められないこと、などの理由を挙げて、証拠能力を肯定している。

2　しかしながら、「第三期間」及び「第四期間」における取調べも、取調室に被害者らの写真や位牌を持込み線香をたくということはなかったとはいえ、「第五期間」と同様に印西警察署の留置場に被告人一人だけを留置し、厳しい監視状況下においてなされたものであるから、この両期間の自白の任意性が当然問題となる。（略）

（一）印西警察署における留置の状況

（1）宮田事件を含め女性連続殺人事件の捜査に当たっていた捜査本部は、昭和四九年九月三〇日、被告人を成毛事件の容疑で逮捕すると同時に、（以降、「第二期間」）、それまで身柄を留置していた代用監獄の松戸警察署留置場から、新しくできた印西警察署の留置場に身柄を移監し、以後、原判決によって自白の証拠能力が否定された「第五期間」と同じく、右「第三期間」及び「第四期間」も印西警察署の留置場に留置して、被告人の取調べを行なった。

（2）右印西警察署は、小さな警察署であったため、同署の取り扱う被疑者は佐倉警察署に留置することとなっており、印西警察署に付設された留置場に留置されたのは被告人が初めてで、また、被告人が同署に留置されている間は、他の被疑者を留置することはなく、終始、被告人のみ一人が留置された。

（3）右留置場は、鉄筋コンクリート三階建の印西警察署の二階にあり、留置房は中央の監視台に向かい合って一房から三房までの三つの房があり、被告人は中央の第二房に収容されていた。なお、留置場には運動場も付設されており、取調室も、同じ階の近い場所にある。

（4）右の被告人の身柄移監は、捜査本部の強い希望から発したもので、当時、同警察署は新しくできたばかりで静かな環境下にあったこと、本件捜査はマスコミの注目をあびていたが、同署には報道関係者の常駐がなく対策に好都合であること、静穏な取調べの環境を確保できること、取調班として中核となった捜査員らが千葉市に在住していたため通勤の便がよかったこと、などの利点もあったが、大きな理由は、小沼事件について容疑の濃くなっていた被告人を静かな警察署に単独留置して連続殺人事件について取調べを行ない、自白を得ようとしたものである。
（5）印西警察署留置場における看守者は、同署に配置定員がなかったため、捜査本部の捜査員の中から必要な要員を割いて出し、これを印西警察署長の指揮下に入れて被告人の看守に当たらせた。
（6）そして、看守者に命じて、被告人の留置場内での言動を細かく記録した留置人動静日誌を記載させ、将来問題となる自白の任意性の立証に備えるとともに、これを毎朝、交替時にその写しを大矢ら取調班に提出させて、被告人の取調べなど、捜査の参考にした。命じられた担当の看守者は、忠実にこの職務を遂行し、四六時中、被告人の言動を監視し、分刻みで、行動は、被告人の一挙手一投足を、話した言葉は、看守者に話したことから独りごとまで記録して、取調班に提供していた。とりわけ、被告人の漏らす事件に関係あるとみられる言葉は、小型録音機で録音するなどして、懸命にこれを録取し、被告人の書くメモなども写し取って記録していた。
（7）これら看守者は、形式上は印西警察署長の指揮下に入っていたが、歯磨き粉の購入一つ、あるいは被告人が頭の毛を刈る、頭を洗うといった些細な事柄までも、取調班の意向を聞き、あるいは、被告人が取調べの際に頼むように仕向け、取調班の意向を重視して看守に当たっており、常に取調班と緊密な連携をとりあい、ときとしては、被告人に対し自白を勧めるような言動もしていた。
（8）留置場においては、被告人に対し、運動場における運動をする機会を全く与えず、途中一度、印西警察署刑事課長がその希望の有無を聞いたこともあったが（昭和四九年一一月二三日）、気が向かない素振りをみせるや、爾来、看守者らは、時折、運動不足を訴える被告人に対して、運動する機会を全く与えず、被告人は、一人房内で体操したり動き回るなど、身体を動かして運動不足を解消する工夫をしていた。
（9）被告人に対しては、窃盗事件、成毛事件、宮田事件などと勾留がなされる都度、併せて接見禁止の決定がなされ、親族らの面会は皆無であった。この間、警察官、検察官等の捜査関係者以外で面接に訪れたのは、起訴事件について選任された国選弁護人のみであり、長く続いた留置期間中の留置場における話し相手は、時折、巡視に現われる印西警察署の署長や刑事課長などのほかは、取調班員と担当の看守者のみであった。
（二）留置場での被告人の言動
この被告人の言動については、主として看守者の記載した右**留置人動静日誌**の記載によってみたが、同動静日誌は、自白の任意性を立証しようとして意識的に作成され、また、例えば、昭和四九年一二月一二日午後の検察官の取調べに対し、被告人は黙秘して供述調書は作成されなかったのに、調書が作成され署名指印した旨誤った記載があるなど、問題はあるけれども、次の状況を認定するには妨げがないと認められる。
（1）被告人は、印西警察署に移監されて間もなくから、田舎にあって静かな警察留置場にただ一人留置された寂しさを訴えており、移監後五〇日余を過ごした同年一一月中旬ころからは、時折、いらいらした様子をみせるようになり、次第にこれが高じて、自暴自棄な気分に襲われた言動を示したり、奇声を発したり、常軌を逸するような言動に出たりもしている。こうした傾向は時を経るにつれて大きくなってゆくようにみえ、自殺をほのめかす言動を繰り返したりし、とくに、同年一二月九日宮田事件によって逮捕されてからは、厳しい取調べも手伝ってか不安定な精神状態を示し、同年一二月一五日には、看守者の一人とトラブルを起こして暴れた上、自殺を図って、看守者に制止されたりなどしている。そのほか、前述のように盛んに運動不足を訴え、常に空腹を訴え、ひんぱんに看守者にパンなどの購入をせがんだり、また、寒さを訴えたりしている。
（2）一方、こうした勾留が長引くうち、時を追うにつれ、被告人は、人恋しさからか看守者に対し、次第に話し掛けるようになり、真偽は別として、事件に関する事柄を口走っていて、その量も増加しているようにみえる。しかも、連続殺人事件については否認している段階にある同年一一月中旬ころから、ときには、取調班による取調べを待ち望むような矛盾した言動すらみせている。
（三）被告人に対する取調べの状況
（1）右のような状態の中で、被告人は、連日、ほぼ休みなく取調べを受けた。連続殺人事件に関する取調べは、「第二期間」の昭和四九年一〇月一五日ころから行なわれ、当初は小沼事件などを中心に取調べがなされ、「第三期間」に入り約一月後の同年一一月二〇日ころから宮田事件についての追及が始められたが、宮田事件について取調べが開始されてから、「第四期間」の終わる同年末までの四二日間に取調べのなかったのは三日のみである。そして、その取調べ時間は、一〇時間以上に及ぶことは一回だけであったが、七ないし九時間に及んだことは一七回であり、午後九時過ぎまで取調べが行なわれたのは一四回であった。
（2）その結果、宮田事件に関して、「第三期間」には、昭和四九年一一月二二日、概要を自供し自ら説明する図面を作成するに至っている。もっとも、このときは調書の作成は拒否しているが、その後、同年一二月八日には最初の自白調書の作成に応ずるに至っており、翌九日付けで司法警察員に対する供述調書（以下、員面調書という。）が録取作成されたほか、この間に、自筆の図面、メモなどが作成されている。

（3）また、更に同様の身柄拘束の続いた「第四期間」には、弁解録取書を除き、供述調書だけでも、同月一〇日付け員面調書、同年一一日付け員面調書、同月一六日付け員面調書、同月一七日付け検察官に対する供述調書（以下、検面調書という。）、同月一八日付け員面調書、同月二三日付け員面調書、同月二五日付け員面調書、同月二六日付け員面調書、同月二七日付け検面調書、同月二八日付け検面調書、同月二九日付け検面調書二通、同日付け員面調書、同月三〇日付け検面調書二通、同日付け員面調書が作成され、一部は録音テープに記録され、他に図面や手記などが作成された。

（4）右にみられる被告人の供述調書などは、大部分、被告人が犯行を認め、それを前提とするものである。しかしながら、最初の自白があったときは、当初の窃盗での逮捕からは七〇余日を過ぎており、また、調書が作成されるに至ったのは、その逮捕による身柄拘束後すでに三か月近くを経ていたばかりか、前記のような印西警察署での独居留置は約七〇日に及んでいる。（略）、

3　右のような実態をもとに、「第三期間」及び「第四期間」の自白の任意性について考えると

（一）まず、印西警察署における留置の状況が大きな問題であろう。

被勾留被疑者を警察署に付属する留置場に収容するいわゆる**代用監獄**は、自白の強要等の行なわれる危険の多い制度であるので、その運用に当たっては、慎重な配慮が必要である。とりわけ、宮田事件のように、目撃者はなく物証に乏しく、その立証が被疑者の自供に依拠せざるをえない場合は一層そうである。本来、**被疑者の取調べという犯罪捜査と、代用監獄として被疑者の身柄を留置場に収容する業務とは、同じ警察が行なうにしても、全く別個の業務であり、混同して運用されてはならず、それぞれ別個独立の立場で適正に行なわれることが必要不可欠であり、留置業務が捜査に不当に利用されることがあってはならないのである。**

ところが、本件の場合、宮田事件を含む連続殺人事件について自白を得るため、代用監獄として、寂しい新設の印西警察署を選び、たった一人の状態で留置し、しかも、捜査本部の捜査員から看守者を選任して被告人の留置業務に当たらせ、被告人の留置場内での言動の逐一を捜査上の資料として提供させた上、取調べを行なったのである。これは、まさに、捜査員が留置業務に当たり、実質的にも留置業務が捜査の一環として行なわれたもので、留置業務は、その独立性がなく、捜査に不当に利用されたといえる。

したがって、このような留置のあり方は、不当なものであり、代用監獄に身柄を拘束して、自白を強要したとのそしりを免れない。

（二）次に、留置場内での被告人の言動をみると、被告人は、長期間にわたり、このような拘禁状態に置かれた末、宮田事件について厳しい取調べを受けたもので、精神的にも肉体的にも厳しい状態に追い込まれていたといえる。

（三）しかも、被告人に対する取調べの状況をみると、右のような状態にある被告人に対する殆ど連日の取調べから、真摯な反省に基づいた、真実を語る自白を得ることが、果たして可能であったか大いに疑問である。

（四）更に、被告人の自白の内容をみると、取調べの都度、あるいは取調べに当たる者により変転していて、まるで一貫性がなく、その供述状況・供述態度からも、その任意性には疑いが消し難いものがある。

以上のような諸点に鑑みると、宮田事件については、被告人の「第三期間」及び「第四期間」の自白も、その自白が任意にされたものでない疑いがあるといわざるをえない。

5-16　浦和地判平3・5・9（恐喝、贈賄被告事件）

1　（略）、被告人は、別件（恐喝事件及びＦ事件）の起訴後の勾留期間中である平成元年九月一日以降、Ｄ町長に対する贈賄の容疑で、連日浦和西署の警察官の取調べを受け、その後、同月一七日右贈賄の一部の事実により逮捕されたのちは、浦和地検のＡ検事により連日長時間の取調べを受けたものの、金員授受の趣旨等を頑強に否認していたところ、被告人の右態度に手を焼いた同検事は、捜査の過程で探知した被告人の妻ＢらのＤ町長への働きかけとみられる事実をたねに、被告人を追及しようと考え、同月二九日夜の取調べにおいて、右働きかけが被告人の意思に基づいて行われたとか、これに弁護人であるＥ弁護士が加担していた等の事実を確認しておらず、かつ、Ｂらの行為が、証憑湮滅罪等の犯罪を構成することがあり得ないことが明らかになっていたにもかかわらず、被告人に対し、「鳩を飛ばしたろう。」「女房ともども地獄に落ちるぞ。」「ワイフとＣを証拠湮滅の容疑で取調べている。」「そのうち、逮捕する。」「Ｅ弁

護士も弁護士資格剥奪になる。」などと申し向けて脅迫し、驚いた被告人が、「認めれば、妻やＥ弁護士を助けてくれるんですか。」とたずねるや、「お前が認めれば助けてやる。」「全部認めれば、あとから出てきた四〇〇万円の方の業者も助けてやる。」などと約束したため、自分が自白しないと妻や永年世話になっているＥ弁護士が重大な不利益を受けることになると信じた被告人は、その後間もなく、計七回にわたり授受された計一〇二〇万円に及ぶ金員が、Ｄ町長に対する賄賂の趣旨であったことを認めるとともに、それまで授受自体を否認していた四〇〇万円についても、その授受及び金員の趣旨をともに認める供述をするようになり、その趣旨の供述調書の作成に応じていったものと認められる。ところで、被告人の自白の直接の動機となったＡ検事の言辞は、要するに、被告人が否認を続ければ妻らを逮捕したり、Ｅ弁護士が弁護士資格を剥奪されることになるが、自白すれば同人らを助けてやるという趣旨のもので、このような言辞によって得られた自白は、脅迫及び約束ないし利益誘導によるものというべきである（なお、Ａ検事には、Ｅ弁護士の資格を剥奪する権限がないことに着目すると、右資格剥奪をめぐる同検事の言動は、いわゆる「約束」の概念に入らないとの反論も考えられるが、かりに同弁護士がＢらのＤ町長への働きかけとみられる行動に加担していたとすれば、同検事ないし浦和地検は、これを表沙汰にして同弁護士の実質上の資格剥奪ともいうべき除名問題に発展させるか、内内にことを納めてことを荒立たせずにおわらせるかについての事実上の決定権を有していたと認められるので、同検事による「自白をすれば、Ｅ弁護士を助けてやる。」との約束は、自己の事実上の権限内に属する事項に関するものとして、やはり、自白の任意性を疑わせる一事由になるというべきである。）。のみならず、Ａ検事において、Ｂらの行為が、証憑湮滅罪等の犯罪を構成する余地がないこと（従ってまた、Ｂらを逮捕することはあり得ないこと）を知悉していたのに、あたかも、当局が今にもＢらを逮捕することができ、また、逮捕する予定であるように装った点、及びＢらの行為にＥ弁護士が関係していることを確認していたわけでもなく、従ってまた、同弁護士が除名処分になるかどうかは全くの可能性の問題に止まることを知りながら、あたかも、検察官がことを公にすればこの資格剥奪が確実であるかのように装った点で、偽計的な要素も色濃く認められる。本件自白調書は、Ａ検事の右のような脅迫、約束ないし利益誘導、更には偽計という不当・違法な取調べの影響下に作成されたものであるから、その余の問題点を捨象して考えても、まずこの点で任意性に強い疑いを生ずるといわなければならない。

２　右の点に加え、本件におけるＡ検事の取調べ方法には、次のような問題点も存在する。すなわち、被告人は、持病の高月病のため、冷房の効きすぎる取調室での取調べに苦痛を感じて、これをＡ検事に訴えたが、同検事は、被告人に防寒コートを着せたり、毛布を膝にかけることを許すという程度の微温的な対応をしたに止まり、窓を開くとか取調室を変更するなどの抜本的な対策を講じておらず、既に二か月以上にわたって身柄拘束の上取調べを受けている病身の被告人の健康状態に対する配慮が十分でなかったこと、平成元年九月二八日までの取調べにおいて、同検事は、被告人に対し、「嘘つき」「ひねくれ者」「卑怯者」などと大声で罵倒し、検事執務机の前に置いてある机を扇子で数回叩いたりして被告人を威迫したこと、同月二九日の取調べ中において、同検事は、被告人に対し、〇〇工業の「修身斉家治国平天下」という社是を取り消せとか、社是の書かれた額を捨ててしまった方がよいなどと申し向けたばかりか、「Ｂも甲も地獄に落ちるぞ。」「女房ともども地獄に落ちるぞ。」などと言って被告人を威迫したことなどがそれである。Ａ検事のこれらの言動は、これを個個に取上げる限り、必ずしも、それ自体で直ちに自白の任意性に疑いを生じさせる事由であるとまではいうことができないかもしれないが、前記１指摘の諸事情と結び付くときは、虚偽自白を誘発する蓋然性の高い、著しい不当な取調べ方法であるというべきである。

３　なお、検察官は、意見書中において、被告人が、平成元年九月二九日に従前の弁解を撤回したあとも、昭和六二年三月四日ころに授受された二〇〇万円の趣旨について、Ｄ町長の供述と矛盾する供述をし、必ずしもＡ検事の追及どおりに供述していたわけではないとして、この点を、自白の任意性を肯定すべき一事由として指摘している。しかし、前記のような不当な取調べ方法によって得られた自白は、そのこと自体によって、任意性に強い疑いを生ずると解すべきであり、たとえ、右自白の内容が、完全には捜査官の考えのとおりのものでなかったとしても、そのことの故に、自白の任意性が肯定されることにはならないというべきである。また、検察官は、意見書中において、自白調書の中には、被告人しか知らないと思われる「天の声」「地の声」などの用語が出ているので、被告人が自ら進んで供述したとしか考えられないとも主張するが、取調べ状況を客観的に明らかにする証拠が存在せず、従ってまた、自白調書中にあるというこれらの言葉が、どのような経緯で調書に記載されるに至ったのかを知る手段が存在しない本件において、右調書中の片言隻語を重視して自白の任意性を肯定することの危険であることは、多言を要しないところである。

４　最後に、本件自白調書の証拠能力については、許される**余罪取調べの限界との関係**でも、重大な問題のあることが指摘されなければならない。前記のとおり、捜査当局は、約二か月前に別件により逮捕・勾留した被告人を、右別件（恐喝事件及びその後のＦ事件〉の起訴後も拘置所へ移監せず、引き続き代用監獄である浦和西署の留置場に勾留したまま、平成元年九月一日以降、右各勾留の基礎となる事実とは全く関係のない本件につき、改めて逮捕・勾留の手続をとることなく取調べを開始し、十数日間にわたり連日長時間の取調べを行った末、同月一七日に至り、そのうちの一部の事実（昭和六二年三月四日の二〇〇万円の授受の件）につき被告人を逮捕し、引き続き勾留の上、連日厳しい取調べを続行し、浦和西署の取調べの開始から約一か月を経た九月二九日、遂に右事実につき被告人を自白に追い込んだものである。

いうまでもないことであるが、**起訴後の被告人の勾留は、罪証隠滅を防止し、かつ、被告人の公判廷への出頭を確保するためだけのものであって、かりに捜査段階において、被疑者を代用監獄に勾留した場合であっても、起訴後は速やかに拘置所へ身柄を移監するのが本則である上、起訴後の被告人は、別罪につき新たに逮捕・勾留されない以上、いかなる意味においても取調べ受忍義務を有しない。もっとも、実務上は、起訴後被告人に対し余罪の取調べを行うことが時にあるが、右余罪の取調べは、元来、身柄拘束中の被告人が別罪を自白していて、任意の取調べに応じることが明らかであるような場合に、改めて右別罪につき逮捕・勾留の手続をとると、かえって手続が煩瑣になり被告人に不利益になることなどを考慮し、事実上起訴後の身柄拘束を利用して被告人の利益のために行う任意処分と解すべきである。従って、これと異なり、右別罪を否認している被告人に対し、同罪の取調べを行う目的でその身柄を引き続き代用監獄に止め置いたまま、連日厳しい取調べを行って別罪についての自白を迫るようなことが許されないことは、明らかなところである。**

ところで、本件において、浦和西署は、九月一日から一七日に至る間、既に恐喝事件及びＦ事件について起訴され同署に勾留中の被告人に対し、新たに本件（Ｄ町長に対する贈賄事件）についての逮捕・勾留の手続をとることなく、連日長時間にわたり厳しい取調べを行ってこれを自白に追い込もうとしたものであって、このような取調べが違法であることは、論を待たない。また、Ａ検事は、右のような同署の取調べの事実を認識しながら、これに引き続き、同月一七日以降自らも連日厳しい取調べを行ったもので、右取調べは、これに先行する同署の取調べの結果を事実上利用したものというべきである。従って、同検事の取調べは、三月四日の二〇〇万円の授受の事実につき逮捕勾留の手続を経た上でのものであるという点で、浦和西署の取調べと全く同視はできないにしても、同署の違法な取調べの効果を承継する違法なものであったというほかなく、このような取調べによって作成された被告人の自白調書の証拠能力には、右の観点から考えても、疑問があるといわなければならない。

（略）以上のとおりであって、検察官が証拠調べを請求した本件自白調書一一通は、いずれもその任意性に疑いがあり、記載された事実関係の存在を立証するための実質証拠としては、これを許容することができないので、右請求を却下することとする（なお、右のうち、平成元年九月三〇日付供述調書だけは、弁護人が、「九月三〇日付自白調書の内容」との立証趣旨のもとに証拠として申請し、既に取調べずみであるが、右は、あくまで、九月三〇日に作成された自白調書の内容を明らかにすることによって、一連の自白調書の任意性存否の判断の資料にしようとするに止まるから、これを実質証拠として使用することのできないことは、当然である。）。

5-17　浦和地判平3・3・25（覚せい剤取締法違反被告事件）

被疑者の取調べは、取調室という密室内で行われるので、その状況を知るものは、原則として、当該被疑者と取調官及びその補助者以外にはいない。従って、かりに密室内で違法・不当な取調べが行われたとしても、もし捜査官側が、口を合わせてこれを否定する供述をする限り、被告人が自らの供述のみによって、違法・不当な取調べの存在を立証することは、容易なことではない。しかし、このように、被告人側を、ほとんど防禦の方法を与えないに等しい状況のもとに置きながら、その供述が捜査官の供述と抵触し他にこれを支えるべき証拠がないというだけの理由により、これを排斥するのは相当でない。このような事実認定の方法が許されることになると、密室内において行われた不正義（違法・不当な取調べ）を被告人側が自白のもとにさらすことができないまま、無実の被告人が不当に処罰されるという事態の発生を防止し得ないと思われるからである。近時、そのような問題意識に基づき、「**捜査の可視化**」が提唱され、少なくとも、被疑者の取調べ時間等については、留置人出入簿等の簿冊類により比較的容易に把握し得るようになったが、それ以上の可視化（例えば、取調べ状況のテープ録音、弁護人の立会の許可等）の提案は、捜査官側に容易に受け容れられそうもない。そこで、現状においては、従前どおり、取調べ状況に関する被告人及び取調官の各供述を対比し、その信用性を比較的検討するほかないのであるが、もともと、自白の任意性については、これに疑いがないことについても、訴追側が立証責任を負担しているのに、捜査官において、取調べが適正に行われたことを客観的に明らかにすべき可視化の方策を講じていないことなどにかんがみ、右各供述の信用性の比較検討は、特に慎重、かつ、厳密に行う必要がある。（略）

次に、右被告人の供述を否定する捜査官の供述について考えてみるのに、警察官が、被疑者の供述をろくに聴取もしないで勝手に調書を作成し、読み聞けもしないで署名押印を迫るとか、黙秘権や弁護人選任権の告知もしないで取調べを行うなどということは、わが国の警察官の一般的水準からみて、あり得ないことのように考えられないことはなく、そのような違法行為を否定するＨ・Ｇ証言は、一見高度の信用性を有するようにも思われる。しかし、前記（略）において詳細に指摘したとおり、本件の捜査・公判の各過程において、上尾署の捜査員は、一見常識的には考えられないような重要な違法（採尿関係の書類の破棄・隠匿、鑑定嘱託の有無についての検察官への虚偽報告、事後新たに作成した採尿報告書への虚偽記載など）をあえて行っているかその疑いが強いのであって、このような違法をあえて行う捜査員の行動については、前記のようなわが国の捜査官の一般的水準を前提とした常識的な判断は、必ずしも妥当しない。従って、被告人の供述を否定するＨ・Ｇ証言が、一見常識に合致するように思われるということから、右各証言の信用性が高いと考えることはできない。（略）

また、本件捜査に関する前記（略）記載の特異な事実関係を前提とすると、被告人の供述に現れた捜査官の異常な自白しょうよう行為は、決してあり得ないものではないように思われる。すなわち、上尾署の捜査員は、前回（略）の検挙事実につき、被告人が言い逃れをして不当に処罰を免れたと考え、被告人の再逮捕に執念を燃やした末、七月七日に被告人が釈放されたのち約一月の間に、何度も、本来の管轄区域外の遠隔地にある被告人方を訪れたり、電話で探りを入れたりして情報収集につとめたが、遂に、本件当日（八月六日）に被告人が若い男性を伴って、覚せい剤の密売人であるＢ方を訪れた事実を突き止め、同人の供述に基づき被告人を逮捕するに至ったものであって、被告人を覚せい剤事犯の常習者と確信する捜査当局の目からみれば、Ｂ方へＡと同道した事実を認めながら、譲受けの事実を頑強に否定する被告人の供述が、証拠上明白な事実に異を唱える虚構のものに思えたとしても、不思議ではない。そして、このようにして、捜査官が、被告人に対し確固とした黒の心証を抱いてしまうと、右心証と抵触する被告人の弁解を虚構のものとして一蹴し、被告人の供述に謙虚に耳を傾けることなく、ただ、やみくもに自白のしょうように走るということは、大いに考えられるところである。本件においても、Ｈ・Ｇらが、右のような心理に支配され、前回の無念さを晴らしたいとの気持も手伝って、被告人の供述するような不当な言動により、自白のしょうように走った疑いは、これを否定することができないというべきである。

7　以上の検討によると、被告人に対する上尾署捜査員の取調べは、被告人の供述するような違法・不当な方法で行われた疑いがあるといわなければならず、その結果作成された員面は、いずれも、任意性に疑いがあるものとして、証拠能力を否定されるべきである。

（注：**黙秘権不告知、弁護人選任権の侵害**）法律論として、なお異論を唱える向きがあるかもしれない。例えば、（１）黙秘権の告知の欠如については、黙秘権を告知しなかったからといって、直ちに自白の任意性を疑うべきではなく、特に、被告人が、既に刑事裁判の経験を二度も有し、被疑者に黙秘権があることを知悉していたとみられる本件では、右告知の欠如は、供述の任意性に影響せず、また、被告人に対し、九月二日には、検察官及び裁判官から黙秘権告知が適切に行われているのであるから、少なくとも、同日以降に作成された員面については、黙秘権不告知が供述の任意性に影響することはあり得ないとする反論が考えられ、また、（２）弁護人選任権の不告知については、被告人の供述に現れたＨの言によっても、不十分ながら弁護人選任権の告知がされたとみるべきであるということのほか、黙秘権の場合と同様、被告人が右権利を知悉していたこと及び検察官による右権利の告知による瑕疵の治癒などが主張され得ると思われる。更に（３）被告人の供述に現れた捜査官のその余の言動は、必ずしも適当ではないにしても、このことから直ちに供述の任意性に影響を及ぼす程のものではないとの見方とか、（４）このような取調べにもかかわらず、被告人は、九月二日以降は、被疑事実である覚せい剤譲受けの事実を否認しているのであるから、少なくとも、右否認供述と取調官の前記の言動との間に因果関係はないとの見解なども、あり得ないではないと思われる。（略）、まず、反論（１）については、確かに、黙秘権の告知がなかったからといって、そのことから直ちに、その後の被疑者の供述の全ての任意性が否定されることにはならないが、被疑者の黙秘権は、憲法38条1項に由来する刑事訴訟法上の基本的、かつ、重要な権利であるから（同法198条2項）、これを無視するような取調べが許されないことも当然である。そして、刑訴法は、捜査官による被疑者の取調べの必要と被疑者の右権利の保障の調和を図るため（すなわち、取調べによる心理的圧迫から被疑者を解放するとともに、取調官に対しても、これによって、取調べが行きすぎにならないよう自省・自戒させるため）、黙秘権告知を取調官に義務づけたのであって、一般に、右告知が取調べの機会を異にする毎に必要で

あると解されているのは、そのためである。従って、本件におけるように、警察官による黙秘権告知が、取調べ期間中一度もされなかったと疑われる事案においては、右黙秘権不告知の事実は、取調べにあたる警察官に、被疑者の黙秘権を尊重しよとする基本的態度がなかったことを象徴するものとして、また、黙秘権告知を受けることによる被疑者の心理的圧迫の解放がなかったことを推認させる事情として、供述の任意性判断に重大な影響を及ぼすものといわなければならず、右のような観点からすれば、本件において、被告人が、検察官や裁判官からは黙秘権の告知を受けていることとか、これまでに刑事裁判を受けた経験があり黙秘権の存在を知っていたと認められることなどは、右の結論にさして重大な影響を与えないというべきである。

(略)次に、前記反論(2)について考えるのに、被疑者の弁護人選任権は、刑訴法30条に基づく、やはり基本的、かつ、極めて重要な権利であるが、特に、身柄拘束中の被疑者のそれは、憲法34条によって保障された憲法上の権利でもあって、最大限に尊重されなければならない。そして、刑訴法は、身柄拘束中の被疑者の弁護人選任権の右のような重要性にかんがみ、捜査官が被疑者を逮捕したり逮捕した被疑者を受け取ったときなどには、その都度必ず被疑者に弁護人選任権がある旨を告知させることとし(203条1項、204条1項)、更に、特定の弁護士を知らない被疑者に対しては、弁護士会を指定して弁護人の選任を申し出ることをも認めるとともに、右申出を受けた捜査機関に対し、弁護士会への通知義務をも定めるなどして(209条、78条)、被疑者の右権利行使に万一の支障の生じないように配慮しているのである。従って、右権利の告知は、当然のことながら、明確に、かつ、わかり易い表現でされなければならず、いやしくも、被疑者に右権利行使を躊躇させるようなニュアンスを感じさせるものであってはならない。そのような観点からみる限り、Hが被告人に告げたとされる「弁護士は必要ないな。」「いらないな。」などという言葉が、弁護人選任権告知の意味を持ち得ないことは明らかであろう。また、捜査官による右権利の不告知は、黙秘権不告知の場合と同様、当該捜査官に被疑者の弁護人選任権を尊重しようという気持がなかったことを推認させる。そして、本件においては、現実にも、被告人の弁護人選任の動きを積極的に妨害するような(又は、そう思われても仕方のない)不当な言動があった疑いのあることは、前記(略)のとおりである。このようにみてくると、被告人に対し、検察官や裁判官からは弁護人選任権の告知があったこと及び被告人が右権利の存在を現に知っていたことを考慮しても、Hら警察官の右権利不告知及びその後の言動は、被告人の警察官に対する供述の任意性を疑わせる重大な事由であるというべきである。

(略)次に、前記反論(3)に対する再反論は、いっそう容易である。被告人の供述に現れたHやGらの言動の中には、前記(略)のように、明らかに被告人に対する脅迫とみられるものもある上(被告人が、母親の信頼を裏切る結果となったことを心苦しく思っていたことは容易に推察されるから、そのような被告人にとって、母親が更に上尾署まで呼び出されて取り調べを受けるという事態は、かなりの心理的重圧であったと思われるし、更に、近所の人の取調をも行われるということは、堪え難いことであったであろう。)、(略)の母親の言を伝えるものは、偽計にあたる疑いが強い。その他、右(略)記載のその余の一連の言動は、それが文言どおりの意味では、直ちに脅迫、偽計にあたらないとしても、被疑者を不当に落胆させ、また、事実を認めれば本当に刑を軽くしてもらえるのではないかと思い込ませる効果を有する、甚だ適切を欠くものであったといわなければならず、前記脅迫、偽計とみられるしょうよう行為とあいまち、供述の任意性に重大な影響を及ぼすというべきである。

(略)最後に、前記反論(4)について考えると、確かに、被告人は、九月二日の取調べ以降、警察官に対しても検察官に対しても、自らの譲受けの事実を否認する供述をしているが、AをB方に案内したのは、覚せい剤の譲受けを希望するAをBに紹介してやるためであったとする点で、譲受けの事実の認定上も不利益に働き得る事実を認めたとされているのであり、右供述が、前記のような警察官の違法・不当な一連の取調べによって引き出されたものであるから、右供述と警察官の言動との間には、もとより因果関係の存在を否定することができないというべきである。

１３　以上、詳細に検討したとおり、右反論(1)ないし(4)は、いずれも前記７記載の結論を左右するものではあり得ない。従って、被告人の警察官に対する各供述調書は、前記７記載のとおり、いずれもその任意性に疑いがあるというべきである。

(注:**検察官に対する供述調書の任意性について**)

１　一般に、被疑者の警察官に対する供述調書の任意性に疑いがあるときは、検察官において、被疑者に対する警察官の取調べの影響を遮断するための特段の措置を講じ、右影響が遮断されたと認められない限り、その後に作成された検察官に対する供述調書の任意性にも、原則として疑いをさしはさむべきである。なぜなら、一般の被疑者にとっては、警察官と検察官の区別及びその相互の関係を明確に理解することは難しく、むしろ両者は一体のものと考えるのが通常であり(本件被告人は、これまでの経験により、両者の関係を一応理解していたとみられるのに、検察官の態度から、両者は「つるんでいる」と考えたという。)、特に、被疑者が、検察官への送致の前後を通じ、起訴前の身柄拘束の全期間中、代用監獄である警察の留置場に身柄を拘束されている本件のような事案においては、単に取調べの主体が警察官から検察官に交代したというだけでは、警察官の取調べによって被疑者の心理に植えつけられた影響が払拭されるとは考えられず、右影響を排除するためには、検察官による特段の措置(例えば、被疑者の訴えを手がかりに調査を遂げて、警察官による違法・不当な言動を発見し、警察官に対し厳重な注意を与えるとともに、身柄を拘置所へ移監するなどした上で、被疑者に対し、今後は、そのような違法が行われ得ない旨告げてその旨確信させ、自由な気持で供述できるような環境を整備することなど)が必要であると考えられるからである。

2　そこで、右の見解のもとに、本件におけるM検事の取調べの態度・方法について検討するのに、まず、同検事は、警察段階と異なり、被告人に対し、黙秘権及び弁護人選任権は、これを告知したと認められるが、右は、法律上要求される当然の義務を尽くしたというにすぎず、これだけでは、前記の意味における特段の措置を講じたことにならないのは、当然のことである。そして、同検事は、その取調べを行った当時、警察官が前記のような違法・不当な言動に出ていることに気付いておらず、これを是正すべき措置を何ら講じていないのであるから、そのことだけから考えても、被告人の検察官に対する本件各供述調書の任意性を肯定することは困難であるといわなければならない。

3　のみならず、被告人の供述によると、同検事は、警察の調書をめくりながら取り調べ、被告人が事実がちがうと訴えても、「いいから、いいから、そうむきにならないで。」などといって、まともに取り合ってくれなかったとされている。もっとも、右の点につき、同検事は、これを否定するとともに、むしろ、警察の調書は予めメモを取り、これを頭に入れておいた上で、右調書を離れて、被告人に事実関係を順次確認しては、その都度調書にまとめていったものであり、「警察で何か不満とか、殴られたり蹴られたりとか、調べが強かったということはないか。」とも聞いている旨証言している。当裁判所は、かりに同検事が、右のような取調べ方法をとったとしても、結局のところ、警察の違法を探知・是正することができなかった以上、検察官調書の任意性に関する結論に変りはないと考えるものであるが、同検事の右証言は、〔1〕前回(平成元年五月)の事件で、被告人の尿中から覚せい剤が検出されながら、結局、被告人を起訴に持ち込めなかった点で同検事が悔しい思いをしていた旨認めていること、〔2〕前回の事件を含む一連の捜査の経緯に照らし、同検事は、本件に関し被告人が虚偽の弁解を言い張っていると確信していた疑いが強いこと、〔3〕同検事は、せいぜい一、二時間以内の取調べ時間中、所用で中座したり電話で取調べを中断したことがたびたびあった旨認めており、取調べが落ち着いた雰囲気のもとに行われたものでなかったと認められるのに、右取調べにおいて作成された供述調書は、実質一六枚又は九枚というかなりの分量のものであること、〔4〕九月八日付検面の冒頭には、被告人の警察段階の供述に変遷があるのに、「詳しいことは、刑事さんに話して調書に取ってもらったとおりです。」との記載があること、〔5〕取調べ状況に関する被告人の供述は、前記三記載のとおり、全体として、信用性が高いと認められることなどの諸点に照らし、これを全面的に信用することはできず、少なくとも、同検事の取調べ方法が、被告人の弁解に謙虚に耳を傾け、警察での取調べにおいて違法・不当な手段が用いられていないかどうかを真剣に聞き出そうとする態度に欠けるものであったことは、これを否定すべくもないと考えられる。

4　以上の理由により、当裁判所は、被告人の検察官に対する各供述調書も、その任意性に疑いがあるものとして、証拠能力を否定されるべきであると解する。

5-18　最判平1・7・4(強盗致死、有印私文書偽造、同行使、詐欺被告事件)

(1)本件捜査は、昭和五八年二月一日午後八時四八分ころ、当時アパートの被害者方居室が約一〇日間にわたり施錠されたままで被害者の所在も不明である旨の被害者の妹からの訴え出に基づき、警察官が被害者方に赴き、被害者が殺害されているのを発見したことから開始されたものであるが、警察官は、右妹から被害者が一か月ほど前まで被告人と同棲して親密な関係にあつた旨聞き込んだので、事案の重大性と緊急性にかんがみ、速やかに被告人から被害者の生前の生活状況や交遊関係を中心に事情を聴取するため、被告人方に赴いて任意同行を求め、これに応じた被告人を同日午後一一時過ぎに平塚警察署に同行した。

(2)警察官は、まず、被告人から身上関係、被害者と知り合つた経緯などについて事情を聴取した後、一名が主になり、他の一名ないし二名が立ち会つて、同日午後一一時半過ぎころから本格的な取調べに入り、冒頭被告人に対し本件捜査への協力方を要請したところ、被告人がこれに応じ、「同棲していたので知っていることは何でも申し上げます。何とか早く犯人が捕まるように私もお願いします。」と述べて協力を約したので、夜を徹して取調べを行い、その間、被告人の承諾を得てポリグラフ検査を受けさせたり、被告人が最後に被害者と別れたという日以降の行動について一応の裏付け捜査をしたりしたが、翌二日午前九時半過ぎころに至り、被告人は、被害者方で被害者を殺害しその金品を持ち出した事事について自白を始めた。

(3)そこで、警察官は、その後約一時間にわたって取調べを続けたうえ、午前一一時過ぎころ被告人に犯行の概要を記載した上申書を作成するよう求め、これに応じた被告人は、途中二、三〇分の昼休み時間をはさみ、被害者と知り合つてから殺害するまでの経緯、犯行の動機、方法、犯行後の行動等を詳細に記載した全文六枚半に及ぶ上申書を午後二時ころ書き上げた。

(4)ところが、右上申書の記載及びこの間の被告人の供述は、被害者名義の郵便貯金の払戻しの時期や被害者殺害の方法につきそれまでに警察に判明していた客観的事実とは異なるものであったほか、被害者を殺害する際に同女の金品を強取する意思があったかどうかがはなはだ曖昧なものであったため、警察官は、右の被告人の供述等には虚偽が含まれているものとみて、被告人に対し、その供述するような殺人と窃盗ではなく、強盗殺人の容疑を抱き、その後も取調べを続けたところ、被告人が犯行直前の被害者の態度に憤慨したほか同女の郵便貯金も欲しかったので殺害した旨右強取の意思を有していたことを認める供述をするに至ったことから、更に上申書を作成するよう求め、これに応じた被告人は、午後四時ころから約一時間にわたつて、右の旨を具体的に記載した全文一枚余の「私がみどりを殺した本当の気持」と題する上申書を書いた。

(5)その後警察官は、逮捕状請求の準備に入り、右二通の上申書をも疎明資料に加え、午後七時五〇分当時の被告人の自白内容に即した強盗殺人と窃盗の罪名で逮捕状を請求し、逮捕状の発付を得たうえ、午後九時二五分被告人を逮捕し、その後間もなく当日の被告人に対する取調べを終えた。そして、同月三日午後二時三〇分に検察官送致の手続がとられ、同日勾留請求がなされ、同月四日午前一一時二三分勾留状が執行された。

(6) 被告人は、勾留質問の際に強盗の意思はなかつたと弁解した以外は、その後の取調べにおいても終始強盗の意思を有していたことを認める供述をし、一方、同月七日の取調べまでは、前記被害者名義の郵便貯金の払戻しの時期や被害者殺害の方法につき虚偽の供述を続けていたが、同日の取調べにおいてこれらの点を訂正し、その後は公訴事実に沿う自白を維持し、同月二二日、本件につき強盗致死等の罪名で勾留中起訴された。

2 右の事実関係のもとにおいて、昭和五八年二月一日午後一一時過ぎに被告人を平塚警察署に任意同行した後翌二日午後九時二五分に逮捕するまでの間になされた被告人に対する取調べは、刑訴法198条に基づく任意捜査として行われたものと認められるところ、**任意捜査の一環としての被疑者に対する取調べは、事案の性質、被疑者に対する容疑の程度、被疑者の態度等諸般の事情を勘案して、社会通念上相当と認められる方法ないし態様及び限度において、許容されるものである**(最決昭59・2・29参照)。

右の見地から本件任意取調べの適否について勘案するのに、本件任意取調べは、被告人に一睡もさせずに徹夜で行われ、更に被告人が一応の自白をした後もほぼ半日にわたり継続してなされたものであって、一般的に、このような長時間にわたる被疑者に対する取調べは、たとえ任意捜査としてなされるものであつても、被疑者の心身に多大の苦痛、疲労を与えるものであるから、特段の事情がない限り、容易にこれを是認できるものではなく、ことに本件においては、被告人が被害者を殺害したことを認める自白をした段階で速やかに必要な裏付け捜査をしたうえ逮捕手続をとって取調べを中断するなど他にとりうる方途もあったと考えられるのであるから、その適法性を肯認するには慎重を期さなければならない。そして、もし本件取調べが被告人の供述の任意性に疑いを生じさせるようなものであつたときには、その取調べを違法とし、その間になされた自白の証拠能力を否定すべきものである。

3 そこで本件任意取調べについて更に検討するのに、次のような特殊な事情のあつたことはこれを認めなければならない。

すなわち、前述のとおり、警察官は、被害者の生前の生活状況等をよく知る参考人として被告人から事情を聴取するため本件取調べを始めたものであり、冒頭被告人から進んで取調べを願う旨の承諾を得ていた。

また、被告人が被害者を殺害した旨の自白を始めたのは、翌朝午前九時半過ぎころであり、その後取調べが長時間に及んだのも、警察官において、**逮捕に必要な資料を得る意図のもとに強盗の犯意について自白を強要するため取調べを続け、あるいは逮捕の際の時間制限を免れる意図のもとに任意取調べを装って取調べを続けた結果ではなく、**それまでの捜査により既に逮捕に必要な資料はこれを得ていたものの、殺人と窃盗に及んだ旨の被告人の自白が客観的状況と照応せず、虚偽を含んでいると判断されたため、真相は強盗殺人ではないかとの容疑を抱いて取調べを続けた結果であると認められる。

さらに、本件の任意の取調べを通じて、被告人が取調べを拒否して帰宅しようとしたり、休息させてほしいと申し出た形跡はなく、本件の任意の取調べ及びその後の取調べにおいて、警察官の追及を受けながらなお前記郵便貯金の払戻時期など重要な点につき虚偽の供述や弁解を続けるなどの態度を示しており、所論がいうように当時被告人が風邪や眠気のため意識がもうろうとしていたなどの状態にあったものとは認め難い。

4　以上の事情に加え、本件事案の性質、重大性を総合勘案すると、本件取調べは、社会通念上任意捜査として許容される限度を逸脱したものであつたとまでは断ずることができず、その際になされた被告人の自白の任意性に疑いを生じさせるようなものであつたとも認められない。

5　したがつて、本件の任意取調べの際に作成された被告人の上申書、その後の取調べの過程で作成された被告人の上申書、司法警察員及び検察官に対する各供述調書の任意性を肯定し、その証拠能力を認めた第一審判決を是認した原判決に違法があるとはいえない。

（注：**裁判官坂上寿夫の反対意見**）私は、本件取調べが社会通念上任意捜査として許容される限度を逸脱したものであつたとまでは断ずることができないとし、その際になされた被告人の自白の任意性に疑いを生じさせるようなものであつたとも認められないとする多数意見には、賛成することができない。

多数意見が、本件のような長時間にわたる被疑者に対する取調べは、たとえ任意捜査としてなされるものであっても、特段の事情のない限り容易に是認できるものではないとする点については、全く異論はない。また、本件の任意取調べにおいては、徹夜で取調べをした点について、警察官が取調べの冒頭被告人から進んで取調べを願う旨の承諾を得ていたこととか、自白開始後の取調べが長時間に及んだ点について、警察官が自白を強要し、あるいは令状主義の要請を潜脱するなどの不法な意図のもとに取調べを続けた結果ではなく、事案の真相を解明するため取調べを続けた結果であることなど特殊な事情が認められることも、多数意見が指摘するとおりであろう。

しかしながら、本件の任意取調べは、午後一一時半過ぎころから翌日午後九時二五分に逮捕するまでの約二二時間にわたり、被告人に一睡もさせず、途中二、三〇分程度の休憩を三回位はさんだのみで、ほぼ間断なく行われたというものであつて、そのことだけをみても、長きに過ぎるとの感を否めない。

しかも、徹夜の取調べについては、被告人は、その間ポリグラフ検査を受けていることからしても、取調べのかなり早い段階から実質的には被疑者の立場に置かれ、警察官から追及を受けていたのではないかと推測される。そして、被告人は、右のような徹夜の取調べを経た後、午前九時半過ぎころには、客観的状況に照らし不自然な内容であつたにせよ、ともかく殺人というそれ自体重大な犯行を自白しているのである。さらに、自白をした後の取調べについては、それが被告人の意思に反して強制されたものであったとまでは認め難いとしても、被告人が積極的に取調べに応じたものではなく、いったん自己の犯行であることを認めたことから、次には強盗の意思はなかつたとの主張を受け入れてもらう必要もあって、やむをえず取調べに応ぜざるをえない状態に置かれていたものとみるべきである。

なお、本件任意取調べは、当初参考人に対する事情聴取として始められ、取調べが進むうちに被告人に対する容疑が濃くなってきたものと認められるが、その間に刑訴法198条2項の供述拒否権の告知がなされたのかどうか、なされたとしていつなされたのかということが、記録上明らかではない。被疑者に対し供述拒否権を告知することの重要性にかんがみると、本件任意取調べの適法性を判断するに当たっては、本来この点も重要な判断要素となるべきものと考える。

しかし、右の点を措いても、前記の諸事情を考慮すると、本件の長時間、連続的な取調べが被告人の心身に与えた苦痛、疲労の程度は、極めて深刻、重大なものであつたと考えられるのであって、遅くとも被告人が殺人と窃盗の自白をした段階で、最小限度の裏付け捜査を遂げて直ちに逮捕手続をとり、取調べを中断して被告人に適当な休息を与えるべきであつたと思われる。

そうしてみると、本件任意取調べは、いかに事案が重大であり、被告人に対する容疑も濃く、警察官としては事案の真相を解明する必要があったとしても、また、多数意見が指摘するような特殊な事情があつたことを考慮に入れても、許容される限度を超え違法なものであったというほかはなく、そのような取調べの間になされた被告人の自白については、その任意性に疑いがあるものというべきである。結局、原判決が、本件任意取調べの際になされた自白の任意性に疑いがないとし、さらに、その後の取調べの過程でなされた自白の任意性を検討するに当たつて被告人が本件任意取調べの際にした自白の影響を考慮する必要がなく、他に自白の任意性に疑いを挟むべき証跡がないとして、それらの任意性を肯定したのは、本件取調べの状況に関する事実の認定、評価を誤り、ひいては法令の解釈を誤つた違法があり、その違法は判決に影響を及ぼし、原判決を破棄しなければ著しく正義に反すると認められる。

5-19　大阪高判昭63・3・11（恐喝未遂、恐喝被告事件）

1　被告人甲野の供述調書の任意性について

（1）被告人甲野が、当審公判廷において、自己が警察官に対し犯行を自白するに至つた経過として述べる事実関係の概要は、次のとおりである。すなわち、

自分は、昭和六一年六月二三日に逮捕されたのち、当初の五日間位は、恐喝の犯意を否認していたが、その間、常時、A主任刑事、B刑事、それに、名前の判らない背の高い体格の良い警察官の三人の取調べを受けた。苦痛を伴う取調べは、最初からあり、例えば、留置場から刑事部屋に入るとき、そのまま入ると、軍隊調に、「甲野、入ります、と言え。」と言われ、声が小さいと、何十回もやり直しをさせられた。座る時も、同様、「甲野、座ります。」と言わされ、足が少し開いていたら、両脇から「足をまつすぐにせんかい。」と言われた。言い分を説明しても、耳元で、「甲野、甲野」と言われ、質問に答えないと、「甲野、甲野」と次第に大声で両側から連呼され、鼓膜が破れそうになった。また、背もたれのない回転椅子に一五分から三〇分位、腰縄を机の足に巻いたまま正座させられたことも二、三回あつた。六月二七日午前中は、いつもと同じ取調べだつたが、午後の取調べ開始後三〇分位して、乙山担当のC主任とD主任が入ってきて、正面の席に座り、同人らの尋問を受けた。Dは、私が弁解するたびに「嘘ぬかせ。」といっていたが、そのうちに、突然、机を私の方に当ててきて、それを私の方に引っくり返した。私は、腰ひもが椅子に結ばれていたので、避けることができず、Dが座っていた側の机の上端が私の前歯に当たり、前歯が折れた。私が抗議すると、横にいたCに足払いをされ、倒れた瞬間に頭を打ち、靴のまま二、三回腹を蹴られ、また壁に頭をぶつけられたり、髪の毛を引張られたりもした。歯が痛いし、頭がふらふらしていたが、今度は、丸椅子を引くり返して、エックス状のむき出しのスチール脚部の上へ正座させられているところへ、Bほか一名の刑事が、両脇から、「甲野、甲野」と連呼し、Dが、私の頭の上にかぶさってきて押さえつけるように力を加えてきた。当時、交通事故の鞭打ち症で通院していたため、背中も首も痛く、手足がしびれ泣き出してしまうほどだった。私が、体がどうなるか判らないと思い「堪忍して下さい。何でも話します。」といって、協力する素振りを示したら、暴行がやんだ。引き続いて自白調書を取られたが、私が、最終的に言う気になったのは、Dが、内ポケッとから乙山の調書を出して見せ、「乙山は、こうしてうととるんや（白状した、の意）」と言われたからである。しかし、それ以外にも、Cから、「正直に言わんかったら二宮金次郎にしてしまうぞ。二宮金次郎とは、重たい荷物を背負わせたろというか、なんぼでも余罪をあげたるから。弁護士に言いやがったら何回でも再逮捕したる。」などと言われた。　以上のとおりである。

（2）被告人甲野の右供述には、そのようなことが果たして行われ得るのかと、一見疑問に思われる点（たとえば、スチールの丸椅子を引っくり返して、パイプの上に正座させられたという点など）もないではないが、全体として、きわめて詳細、かつ、具体的で、特異な事実関係を内容とするものである上、当時の状況を想起しては、時に嗚咽落涙しながら供述する、同被告人の真しで迫真力ある供述態度等にも照らすと、果たして、従前さしたる前科もない同被告人（同被告人には、昭和四五年二月二〇日言渡しの窃盗罪による執行猶予付き懲役刑の前科があるほかには、同年三月の道路交通法違反罪の罰金前科一犯があるだけである。）において、自己の取調べ状況に関する右のような事実を創作して供述することが可能であるかについて疑問を生じ、また、警察官の言動をことさら針小棒大に述べたものであるとして一蹴し去ることにも、問題が残るといわなければならない。

（3）ところで、問題の六月二七日午後、被告人甲野の取調べに当たつた警察官D及び同Cの両名は、当審証人として、一部（すなわち、1　同人らが、当時、大阪府警察本部捜査四課所属の刑事として、暴力事件の捜査を担当していたもので、本件については、曽根崎警察署に身柄を拘束中の被告人乙山の取調べを担当していたこと、2　被告人乙山は、逮捕後二日間は、犯意を否認していたが、六月二五日に同被告人が自白したのち、同月二七日午後、大淀警察署に身柄を拘束中であつた被告人甲野の取調べに参加したことがあること、3　その際は、本来被告人甲野の取調べを担当していたE、Bの両刑事が退室したこと、4　D、Cらの取調べ開始後、被告人乙山も自白した旨を告げて説得を続けると、間もなく、それまで犯意を否認していた被告人甲野が全面自白に転じ、供述調書の作成に応じたこと、5

同日午後六時ころ、大淀署からの連絡により被告人甲野の前歯が折損していることを知ったので、D、C、Eの三名で同被告人を奥野歯科医院へ連れていつて、治療を受けさせたこと、6　被告人らの返答がはっきりしないときは、「こら、甲野」などと、多少大きな声を出したことはあること、7　被告人らに対し、入室の際、自分の名前を言つて「入ります。」と言うように注意し、あいさつをするように言つたことなど）被告人甲野の供述を裏付けるかのような供述をしたが、同被告人の訴える肝心の暴行・脅迫の大部分については、「そのようなことはなかった」とし、一部（たとえば、丸椅子に正座させたこと）については、「記憶がない。」旨供述した。当審証人Aの供述も、おおむねこれと同旨である。

（4）しかし、まず、問題の六月二七日夕刻、被告人が奥野歯科医院において、「上顎左側中切歯」（いわゆる左側の前

歯）の破損（ただし、口唇軟組織の損傷はない。）の治療を受け、その後、「歯冠三分の二破損並びにそれによる露髄により抜髄、根管治療、充填等」の治療のため、八月二五日までの間、六回通院していることは、歯科医師奥野逵三作成の診断書を含む当審における事実取調べの結果により明らかであるところ、右診断書の病名の記載等からすると、被告人甲野が、六月二七日に、D刑事らによる取調べの際の暴行により前歯を折ったとする供述は、その限度で客観的な裏付けを有するといわなければならない。

（5）もつとも、検察官提出の六月二七日付司法警察員（A）作成の「被疑者の負傷事故について」と題する書面及び被告人甲野の同日付司法警察員（E）に対する供述調書には、右の歯牙破損は、被告人甲野が自白する際、椅子に座つたまま机に向って頭を下げたとき、前歯が机の端に当つて生じた旨の記載がある。しかし、被告人甲野は、右の点につき、「歯医者へ連れて行かれる際、Cから、自分で歯を折つたと言うように言われたし、あとから、同じ内容の調書も取られてしまった。」旨供述しているので、更に検討すると、前示診断書により、被告人甲野の「上顎左側中切歯」の「歯冠約三分の二」の破損が、口唇軟組織の損傷を伴わずに生じていることが認められることからすると、右傷害は、被告人甲野の予期せざる外力が、受傷部位のみに直接作用して生じたものと推定されるところ、右のような同被告人の受傷の部位・程度及びそれから推定されるその生成過程は、被告人の前示供述調書等に記載された状況よりも、むしろ、被告人の当審供述に現われた状況を前提とした方が、理解し易いと考えられる。（人が、頭を深々と下げた拍子に顔面を机に打ちつけることは、もとよりあり得ないことではないが、そのような場合には、歯牙よりも、前額部とか、鼻部を打つことの方が多いと考えられる上、歯牙が机の端に当った場合でも、中切歯一本だけが、軟組織の損傷を伴うことなしに破損するということは、むしろ稀有のことではないかと考えられるのに対し、目の前の机を突然引っくり返された拍子に右机の角が歯に当った場合であれば、相手の剣幕に驚いて口を開いた受傷者の中切歯一本に、机の角その他作用面の小さな物体が、偶然に直接作用することは、十分あり得るというべきであろう。）

（6）　また、前掲D、Cの両名は、被告人甲野が当日前歯を折った事実を認めながら、「いつ折ったのかわからない。」旨供述しているが、被告人の前掲司法警察員Eに対する供述調書等によっても、同被告人の受傷は、D、Cらの面前において生じたものとされているのであるから、同人らが、激しい痛みを伴う筈の同被告人の前歯の破損に、全く気付かなかったという点は、疑問であるといわなければならず、同人らは、同被告人の受傷の原因について、真実を秘匿しているのではないかという疑いが濃いといわざるを得ない。

（7）　以上の諸点のほか、当審における事実取調べの結果により明らかにされた一切の事実関係（たとえば、1　Dらによれば、被告人甲野は、逮捕以来頑固に恐喝の犯意を否認し、六月二七日午前中の取調べにおいても否認を通していたというのに、Dらの取調べを受けるようになるや、二〇分もしないうちに自白したというのであり、そのこと自体によつても、Dらが、それ以前とは質的に異なつた取調べ方法をとつたのではないかとの疑いが生ずること、2　Dは、前示のとおり、「こら、甲野」などと時に、「一寸大きな声を出した」ことを認めているが、当裁判所の求めに応じて、同人が公判廷で出してみせた声は、それまでの証言中の声と比べ、かなり大きく、声を荒くして叱責する口調のように感じられるものであり、密室内の取調べにおいては、更に大きな声を出すこともあり得ると考えられること、3　Dは、取調べ室にマジックミラーがついていたか否かというような、取調べ官として知らない筈はないと思われるような事項についても、「覚えがない」などとあいまいな供述をしていることなど）を前提として、被告人甲野の供述と当審証人D、同C、同Aらの各供述とを対比し、その信用性を検討すると、右警察官三名の供述は、前示のような被告人甲野の供述を排斥するに足りる証拠価値を有せず、同被告人の自白は、同被告人の供述にあるような、警察官らの暴行・脅迫により得られた疑いが強く、その任意性に疑いがあるといわなければならない。

2　被告人乙山の供述調書の任意性について

（1）　被告人乙山の取調べ状況に関する供述の要旨は、「逮捕後一、二日は恐喝の犯意を否認したが、通してもらえなかつた。検察庁から帰つてきてからは、取調べ官がDとC及びもう一人の若い警察官の三人になつた。Dらには、耳元で大きな声でがんがん怒鳴られたり、後ろから腕を回されて首を締めるようにされて、息ができない位になった。椅子に正座させられたことも一日で二、三回あり、私は体重が八七キロもあるのでつらかった。また、私の事務所から持ち出した書類が山積みにされていて、『関係者を片端から調べると一〇年でも二〇年でもかかる』といわれた。」というものであって、同被告人の供述自体によっても、その取調べ状況は、被告人甲野の供述に現れた取調べ状況ほど苛酷なものではない。しかし、取調べ状況に関する被告人乙山の供述が真実であるとすれば、Dらによる同被告人の取調べ方法は、自白調書の任意性に疑いを生じさせるに足りるものといわなければならない。

（2）　これに対し、当審証人D、Cの両名は、被告人甲野に対する取調べに関してとほぼ同様、被告人乙山の供述するような不当な取調べ方法はなかったとしている。しかし、被告人甲野の取調べ状況に関するＤ、Ｃの各供述の信用性に、前示のとおり重大な疑問を生じていること等に照らすと、右両名の供述のみによつて、取調べ状況に関する被告人乙山の供述を排斥することはできないというべきであり、同被告人の自白調書も、その任意性に疑いがあるものとして、証拠能力を否定されなければならない。
（略）以上のとおりであるから、被告人両名の捜査官に対する各自白調書は、その任意性に疑いがあつて、証拠能力を否定すべきであり、これを証拠に挙示した原判決には、訴訟手続の法令違反があるが、両名の原審公判廷における各供述の少なくとも大部分は、その任意性に疑いはなく、右各供述を含む原判決挙示のその余の証拠（とくに各被害者らの捜査官に対する各供述調書）を総合すれば、原判示各事実を優に肯認することができるから、右訴訟手続の法令違反は、判決に影響を及ぼすことが明らかであるとはいえない。

5-20　大阪高判昭61・1・30（強姦、殺人、窃盗各被告事件）

一　ＺのＥに対する自白とその任意性について

本件犯行につき、被告人らに対する捜査が開始されたのは、（略）、Ｚが一月二六日午後八時ころ、Ｅに連れられて貝塚署に出頭したことに端を発するのであるが、Ｚは、その前にすでにＥに対して本件犯行（ただし、その全部ではない。）を自白しているので、その自白の内容とそれが任意になされたものかどうかを検討する。

Ｅの原審証言及びＺの公判廷における供述によれば、次のような事実が認められる。すなわち、「ＥとＺとはお互いに近くに居住していた関係で顔見知りであり、顔を合わせたときには声を掛ける間柄であった。Ｅは、内妻が本件犯行の被害者になったため、犯人が近所の者ではないかと心当たりを探していたところ、一月二三日路上でＺと顔を合わせ、また翌二四日同人を自宅に連れて行ったときの同人の態度から同人が犯人ではないかとの疑いを持つに至った。そして、一月二六日午後六時すぎころ、貝塚駅前で張り込んでいて同人に出合い、喫茶店に連れ込んで同人に対し本件犯行につき尋ねたが、同人が自白しなかったため、さらに同人を貝塚駅の西方にある脇浜の海岸に連れて行き、さらに追及した結果、同人が本件犯行を自白した。その自白の内容は、一月二一日の夜、Ｖ、Ｗ、Ｙ、Ｘ及びＺが貝塚駅前から二色の浜公園（海岸）をぶらぶらした後、本件ビニールハウスに行き、同所で女性を姦淫することにし、ＶとＹがカッターナイフを突き付けて被害者を本件ビニールハウス内に連れ込み、Ｚを除く他の者はＶから順番に同女を姦淫し、同女が抵抗したので、Ｖが殺せと言い、同人とＹが同女の首を絞めて殺害したが、その際Ｚは同女の手を押さえ付けていただけであり、右殺害後皆で同女に砂を掛けて埋め、足跡を消し、Ｖが被害者の財布を取ったのち、全員がその場から逃げ、ＺはＶと二人で羽倉崎の友達の家に行って泊った、というものであった。Ｚが右自白をしたので、ＥはＺを自宅に連れ帰り、同様の自白を確認したうえ、手帳（原審昭和五四年押第三五号符号２６＝当審昭和五八年押第二五五号符号２６。以下証拠物は同押号につき符号のみで示す。）に『ＹＶがナイフをＡ子ちゃんにつきつける。ハウス内に連れ込む　Ｖが最初にＡ子ちゃんをおかす。二番目にＹがオカス　三番目にＸがオカス　四Ｗ　まちがい有りません。』と書き、その下にＺに『昭和五四年一月二六日午後七時半　Ｚ　Ａ子ちゃんを殺したのは四人でころしました　Ｚ』と書かせたうえ、血判を押させた。その後、同日午後八時すぎころ、ＥはＺを連れて貝塚署に出頭した。」という事実である。

ところで、Ｚの公判供述は、同人がＥに右自白をした状況について、「自分は、Ｅから喫茶店で本件犯行につき尋ねられて、知らない旨言ったところ、殺すぞと脅され、さらに脇浜の海岸に連れて行かれて、同所でも本件犯行をしていない旨答えると、同人から顔を三、四回殴られ、ナイフか包丁を突き付けられて脅され、殺されるかも知れないと怖くなったので、同人が聞いてくることに次々と思いつきでうそを自白した。自分以外の四名の名前を言ったのは、誰と遊んでいたかと聞かれたからである。手帳の血判は、同人からナイフか包丁で右手の人差指を切られて押させられたものである。」旨Ｅから暴行、脅迫を受けたことを明確にかつゆるぎなく述べている。これに対し、Ｅは、原審において、「脇浜ではＺの顔を一回殴っただけである。そのとき、自分はナイフなど持っていなかった。手帳の血判は、Ｚが自分で指を切って押したものである。」旨証言し、Ｚの供述との間にくい違いをみせているものの、「Ｚが自白をした際、自分の剣幕がすごかったから、同人は自分に殺されると思ったようである。もし、Ｚが手を下したことを認めたら、自分は警察へ行かないでどうなっていたか分からない。」旨をも証言していて、Ｚの自白が異常な状態のもとでなされたことを認めている。また、前記認定のようにＥが自白しているＺを直ちに警察に通報しあるいは出頭させないで、同人に血判を押させたということも特異なことであり、異常な状況があったことを窺わせる。右の諸事情に照らすと、Ｚの右供述のようなＥによる暴行、脅迫があったことを強ち否定することはできず、したがって、ＺのＥに対する前記自白は同人に強要されたもので任意になされたものでない疑いを容れる余地があるといわざるをえない。そうすると、Ｅの原審証言中、Ｚの同人に対する自白を内容とする部分（以下Ｚの自白に関するＥ証言という。）は、これを被告人らの本件犯行を認定する証拠とすることはできないといわなければならない。

二　被告人らの捜査官に対する各自白とその任意性について

1　被告人らに対する取調状況について

（一）Ｚに対する取調状況について

Ｚは、公判廷において、捜査官による取調状況につき次のような供述をしている。すなわち、「一月二六日夜貝塚署へ出頭し、小さな取調室で五、六人くらいの警察官から『お前ビニールハウスやったやろう。』と言われ、やってないと答えて二、三〇分くらい黙っていたら、警察官からもうこっちでちゃんと分かっているんだと言って、平手で殴られ、頭を壁にぶつけられ、足を踏まれるなどの暴行を受け、仕方なく、Ｖ、Ｗ、Ｘ及びＹの四人が被害者を強姦し、殺害した旨Ｅに述べたと同様のことを自分の思い付きでしゃべった。自分自身はやっていないと言っていたが、調書をとられて逮捕された。逮捕されてからも、その日に、髪の毛を引っ張られたり、頭を壁にぶつけられたり、蹴られたり、殴られたりされ、怖かったので自分もやったことを認めた。これら暴行をした警察官の名前は分からない。その後、一月三〇日ころ暴行を受け、その後も警察で毎日のように同様の乱暴を受けた。乱暴をしたのは自分を取り調べた刑事である。河原刑事に殴られたり、髪の毛を引っ張られたりしたことがある。その間面会に来た弁護人に対し、警察官から乱暴を受けていること及び犯行をしていないが怖いから否認できない旨を述べたことがある。検察官の取調に対しては、警察が怖いので警察で述べたとおりを述べた。二月六日の検察官の取調を受けて帰る自動車内で警察官から『お前はまだ正直に言っていない。』といって殴られ、また、同月一六日の検察官の取調を受け警察に帰ってからも同様に言われて殴られた。」というのである。これに対し、当初Ｚの取調に当たった司法警察員角谷末勝は原審（略）において、「一月二六日貝塚署で出頭してきたＺを取り調べたが、同人がＥに連れられて出頭してきたことを知っていただけでＥとどのような経緯があったのか知らなかった。先入観なしでＺに対し本件犯行について尋ね、同人は普通の状態で供述した。同人を逮捕するまでの間に、同人に対し自分らが暴行を加えた事実はない。」旨証言している。しかし、Ｅの原審証言によれば、同人はＺを連れて貝塚署に出頭した際、Ｚに血判を押させた前記の手帳（略）を持参し、警察官に一、二時間話をしたことが認められることに徴し、右角谷がＥがＺを連れてきた経緯を知らないまま同人の取調べに当たったということは不自然であること、後記（五）で判断するように角谷のＹを取り調べた状況についての供述が措信できないこと、（略）で認定したように、Ｚは、逮捕された後１・２７員及び（検）に対する１・２８弁解録取書では自己の姦淫行為を認めながら、裁判官の１・２９勾留質問調書では、なお自己の姦淫行為を否定していることなどに照らすと、角谷のＺを取り調べた状況についての前記の証言をにわかに措信することができず、また、Ｚを逮捕した後の取調状況につきほかに検察官の立証がないので、結局Ｚの前記取調状況についての供述、すなわち取調当初から引き続き暴行を受けていた旨の供述を虚偽であるとして排斥できないというべきである。

（二）Ｖに対する取調状況について

Ｖは、公判廷において、捜査官による取調状況につき次のような供述をしている。すなわち、「一月二七日午前五時ころＬ方にいたところ、警察官が三名来て一月二一日の事件を知っているだろうと言われ、当時Ｌ方にいて現場にいなかった旨否認したら、自分一人が玄関の方の部屋に連れて行かれ、手錠をはめられて正座させられ、踏まれたり、蹴られたりした。それから貝塚署に連行され、広い部屋で谷村刑事から『お前やったんか』と聞かれて、やってない旨否認したところ、髪の毛を引っ張られた。それから直ぐ泉佐野署に移され、同日から一月二九日まで警察官から髪の毛を引っ張られたり、床に土下座させられたり、壁に頭をぶつけられたり、正座させられて踏まれたり、蹴られたりした。取調主任の谷村からは髪の毛を引っ張られたことがある。一月二九日裁判官の勾留質問を受けてから、刑事から『お前がやってないと言っても裁判官が認めたんだ。家に帰らしてもらえへんやろ。』などと言われて、髪の毛を引っ張られたり、殴られたりしたので、嫌になって死んでやろうと思って頭突きをして窓ガラスを割ったりして暴れた。その結果、一月三〇日に本件犯行を認めたが、具体的な供述ができず、刑事のいうとおりに答えた。右自白をしてからは余り暴行をされていないが、供述内容が他の者と違うといって髪の毛を引っ張られたことはあった。がま口を盗んだことを認めさせられ、それを捨てた場所も供述させられたが、その供述した場所からがま口が発見されなかったため、谷村主任と福田刑事から髪の毛を引っ張られたり、壁に頭をぶつけられたり、さらに蹴られたりなど目茶苦茶に暴行された。検察官の取調の際には、横に刑事がいたので、警察と違う供述ができなかった。」というのである。これに対し、Ｖの引致を受けて後、引き続き同人を取調べた司法警察員谷村安男は、原審（第二一回及び第二二回公判）において、右暴行の事実を否定し、

「一月二九日にＶが暴れたのは自白する気になったからであり、翌三〇日に自白をしたのは同人がその気になったからである。」旨の証言をしている。しかしながら、Ｖの前記暴行を受けた事実に関する供述は、暴行を受けた経緯を含めて極めて具体的であるうえ、一月二七日Ｌ方で暴行を受けたという点及び自白後は余り暴行を受けなかったが、がま口が発見されなかったときに暴行を受けたという点には真実性が窺われること、Ｖは、右谷村の原審（同右）証言に対する反対尋問において、自らが具体的状況を前提とした暴行の事実につき迫真力のある質問（自らの供述の形でなされている。）を数回にわたってしていること、右谷村の原審（同右）証言によるも、Ｖが一月三〇日に自白をするに至った経緯につき納得できるような説明がないことなどに照らすと、右谷村は否定するけれども、Ｖの前記警察官から暴行を受けた旨の供述が真実である可能性を否定することはできないと考えざるをえない。

（三）Ｗに対する取調状況について

（略）両者の右各供述を対比してみるに、Ｗの右暴行を受けた事実に関する供述は、極めて具体的詳細であり、特に暴行を受ける原因事実との結び付きは合理的で自然であること、Ｗは、右浅田も暴行をした旨明確に供述し、同人の原審証言に対する反対尋問において、自ら、具体的場面における同人らの暴行につき質問（自らの供述の形でなされている。）を数回して同人を追及したのに対し、同人は、単にその事実がないとかそんなことはできないはずであると否定するにとどまっていることなどに照らすと、右浅田の否定の証言にもかかわらず、Ｗの前記警察官から暴行を受けた旨の供述を虚偽であるとして排斥することはできないというべきである。

（四）Ｘに対する取調状況について

（略）、それぞれ自ら反対尋問して、具体的場面における警察官の暴行につき迫真性のある質問（自らの供述の形式でなされている。）をして追及したのに対し、同人らはいずれもそのような事実はないとか記憶にないとか答えるにとどまっていることなどに照らすと、右成原及び右武内の前記否定の各証言にもかかわらず、Ｘの前記警察官から暴行を受けた旨の供述を虚偽であるとしてにわかに排斥しがたいといわざるをえない。

（五）Ｙに対する取調状況について

（略）Ｙの右暴行を受けた事実に関する供述は、その暴行を受ける原因事実を含めて極めて具体的で迫真力に富むものであるのに対し、右角谷の供述は、ただ暴行を否定するだけであること、右角谷は、Ｙが自白をしたきっかけとして同人が手の傷を追及されたからである旨供述するのであるが、Ｙは、その傷がＸとの力比べをしてできた傷である旨弁解しても右角谷が聞いてくれなかった旨供述するところ、後記第三の三で認定判断するように、Ｙの右の手の傷が、被害者にひっかかれた傷ではなく、同人の右弁解どおりの可能性が大きいと考えられることに徴し、角谷の右Ｙの自白のきっかけに関する供述は到底信用できないこと、また、右角谷は、Ｙの取調中にＺを引き合わせたことは否定しながら、両者が顔を見合わせたことを認めるようなあいまいな供述をしていることなどに照らすと、右角谷は否定するけれども、Ｙの前記警察官から暴行を受けた旨の供述が真実である可能性が強く、これを虚偽としてたやすく排斥できないといわなければならない。

２　結び

前記１の（一）ないし（五）に説示したとおり、被告人らの司法警察員による取調の際に暴行を受けた旨の各供述を虚偽であるとまでいえないとすると、被告人らの司法警察員に対する各自白の任意性については疑いがあるといわなければならない。そして、被告人らが公判廷において供述するように、被告人らは、**検察官による取調を受ける前に警察官から警察で述べたとおり供述するように言われたり、またその取調に警察官が同席し、取調後警察署に連れ帰られる際、その取調における供述を非難され、暴行まで受けている疑いがあることに照らすと、検察官が被告人らに対し直接暴行、脅迫を加えた事実がないにしても、被告人らの検察官に対する各自白が警察官による不当な影響が遮断された状況の下でなされたものとは認められず、その任意性についても疑いがあるといわざるをえない**。また、その間になされたＶを除く被告人らの**勾留裁判官に対する各自白についても同様に考えざるをえない**。そうだとすると、前記四の１ないし５掲記の被告人らの各員面（略）及び各検面、Ｖ及びＹを除く被告人らの（員）に対する各弁解録取書、Ｖを除く被告人らの（検）に対する各弁解録取書、Ｖを除く被告人らに対する裁判官の各勾留質問調書並びにＺ作成の供述書（以下これらを被告人らの各自白調書という。）は、いずれも任意性を欠くものとして、その証拠能力を否定すべきことになるが、当裁判所としては、なお慎重を期してさらに被告人らの各員面及び各検面における自白の信用性について検討を加えることとする（略）。

5-21 東京地判昭59・6・19（受託収賄等被告事件）

1　被告人Uは、第三三回ないし第三八回、第四〇回及び第四一回各公判調書中の同被告人の供述部分において、昭和五六年一二月八日逮捕されて以来、同月一三日を除き同月一五日まで川原史郎検事から受けた取調の状況等について、(一)右期間連日長時間にわたり夜遅くまで取調を受けた、(二)大声で怒鳴られた、(三)書類を机の上に叩きつけたり、物差しで机を叩かれた、(四)ボールペンで右目を突き刺そうとしたり、首根つこを左手で押えつけて、ボールペンの先を右目の黒目の真中をねらい、目玉につく寸前まで突きつけられた、(五)座つている椅子を蹴られ、一度は椅子が倒された、(六)取調室の壁面に向かって立たされた旨供述している。そしてこの点、川原検事は、第四二回公判調書中の証人川原史郎の供述部分において、右(一)の事実は認めるものの、右(二)ないし(六)の各事実を全面的に否定しているが、証人大野正男及び同石井吉一の当公判廷における各供述並びに大野正男ほか一名作成の各接見メモ、石井吉一作成の接見メモ及び大野正男作成の接見メモによれば、被告人Uが川原検事から取調を受けていたころ、弁護人らとの接見の際に、「川原検事から(1)大声で怒鳴られた、(2)目の前にボールペンを近づけて振られたりした、(3)座つている椅子を蹴られた、椅子をバタンと倒された、(4)壁に向かってて長いこと立たされた」などと話していることが窺え、したがつて被告人Uの前記供述部分がすべて信用できないということもできず、結局、川原検事の前記証言を最大限考慮に入れても、その取調方法について少くとも右各接見メモに記載されているような範囲内で大声で怒鳴ったり、ボールペンを近づけたりという同検事の行為があったのではないかとの疑いが残るといわざるを得ない。すなわち、検察側において被告人Uが弁護人らに接見の際述べているような右(1)ないし(4)の各事実の不存在を立証できない以上、本件において被告人Uの検察官に対する各供述調書(略)に記載された供述の任意性を判断するにあたり、右各事実の存在を前提とするほかないということになる。

2　ところで、東京拘置所長作成の昭和五八年六月八日付回答書によれば、被告人Uは逮捕後二〇日間にわたり検事から取調を受け、その取調も連日に及び、一日の終了時刻が夜一一時ころまで達したこともあつたことが認められるが、これをもって直ちに被告人Uに対し、著しい肉体的・精神的苦痛を与える違法な措置がとられたということができないのはもとより、このような取調の期間や時間の長さなども、他の事例等にみられる長さなどに比し極度にこれを外れたものとは認められず、むしろ、本件の事案の性質や複雑さ(関係者も多数で、周辺事情の捜査も不可欠である)などに照らし、ある範囲で必要やむを得なかったものと認められ、現行法制のもとで、身柄拘束中の被疑者に対する取調として合理的に許容できる範囲を著しく越えたものと認めることはできない(なお、被告人Uの場合、拘置所内で高血圧症に対する医療措置もとられている)。

次に、前記のとおり前記(1)ないし(4)の各事実はこれが存在するという前提に立つべきところ、そこで川原検事がその取調中にこのような行動に出たことが許されるかどうか検討するに、たしかに取調官が拘束中の被疑者に対し右のような行為に出ることは、その取調方法ないし態度として適切かつ妥当なものであったとはいい難く、被疑者の心理に若干の不当な影響を与えるおそれもないではないが、右各行為自体が強制、拷問等にあたるものでないことは明らかであるし、その用いられた物理的力の強さ、頻度、また、川原検事の通常の状況における取調態度ないし方法等に照らし、違法な手続により又はその過程で得られた自白を排除するという立場に立ってみても、右(1)ないし(4)掲記のような行為があったことで検事の取調が全体的に違法なものとなるとは認められず、したがってその過程で得られた自白がすべて排除されることになるなどとはとうていいうことができないのみならず、本件においては、後述するように川原検事に右のような行為があつたことと、被告人Uが馬場俊行検事の取調の際になした自白ないし不利益事実の承認との間には因果関係も認められないところである。

3　(略)すなわち、検察官からの理詰めの追及を受けて、これに対応する供述が変転している点も窺えるが、しかし被告人Uが自己の言いたいことあるいは考えていることを曲げてまで検察官の追及に屈して供述したとは認められないこと、馬場検事は昭和五六年一二月一六日から同月二七日まで被告人Uの取調にあたっているが、その取調方法等は通常一般のものと異ならず、同検事が身体的な暴行を加えたり、具体的な脅迫文言を申し向けたりしたことなど一切認められず、また被告人Uの馬場検事に対する供述に川原検事による取調の影響があったとも窺われないこと、しかもこのように取調を受けている間、被告人Uはかなりひんぱんに弁護人らと接見し、その助言を受ける機会が与えられていたことなどが認められる。

4　以上を綜合して考えてみると、被告人Uは、取調期間が連日二〇日間にわたり、毎日の取調時間も長く、川原検事にその取調中若干不当な態度をとられ、ときにかなり厳しい理詰めの追及と受け取れるような尋問を受けたことも窺えるが、全体として、同被告人は検事の取調に対し自己の言いたいことあるいは考えていることを述べるという態度で貫いていたことが認められ、右のような若干不当な取調によつても、その供述内容に影響を受けることなく、また検察官から厳しい追及を受けても、それによつて心理的にさほど激しい動揺を生じさせてはいなかつたと認めることができる。してみると、なお乙一四号証ないし一九号証は馬場検事が被告人Uの供述を録取した書面であることにも照らし、(略)に記載された同被告人の供述は、同被告人に不利益な事実の承認をした部分を含み、いずれも任意にされたものであると認められ、同被告人に対しては刑訴法322条1項により証拠能力を有する。

5-22 大阪高判昭50・9・11(汽車往来危険、爆発物取締罰則違反等被告事件)

(注:**自白の任意性に関する一般的考察**)

(一) **取調に際しての手錠の施用**

既に勾留されている被疑者が捜査官から取り調べられる際に、さらに手錠を施されたままであるときは、その心身に何らかの圧迫を受け、任意の供述は期待できないものと推定せられ、反証のない限り、その供述の任意性につき一応の疑いをさしはさむべきものと解すべきことは最高裁判所の判例(昭38・9・13)の示すところであり、本件差戻判決もこの見解のもとに差し戻し、当裁判所もこれに拘束されるところである。**右の判例は両手錠施用の事案についてのものであるが、その判示自体からみれば両手錠施用の場合と片手錠施用の場合とを特に区別していないようにもみられる。**思うに、右判例が、手錠を施用したままの取調につき「心身に何らかの圧迫を受け、任意の供述は期待できないものと推定される。」というのは、手錠の施用が身体の自由を直接拘束するだけでなく、被疑者に卑屈感を抱かせ、取調に対して迎合的になり易いということによるものと考えられるのであるが、その傾向は被疑者の年令、境遇、社会的地位などによって異なるところがあるのみならず、両手錠か片手錠かによっても差異があることは是認されるところであろう。両手錠の場合は、身体の拘束の程度が強く、そのために受ける心理的圧迫感も相当強いと思われるのに対し、片手錠の場合は、両手はかなり自由で起居動作には支障がなく、片手錠施用による身体の拘束はきわめて軽度であるから、その者にとって勾留されていること自体によるある程度の心理的、肉体的圧迫感は免れないとしても、片手錠施用によって受ける心理的圧迫感は両手錠の場合に比べて弱く、人によっては心理的圧迫感がきわめて微弱な場合のあることも否定しがたいところである。してみると、取調に際し両手錠を施用したままであったときは、被疑者が逃亡、暴行、自殺のおそれが濃厚であるなど、その施用が何人も是認し得る場合や、前記判例の指摘するようにその取調が終始おだやかな雰囲気のうちに進められる等、手錠の施用と自白との間に因果関係がないと認められる特段の事情のある場合にはその取調の際の自白には任意性があるものというべきであるが、然らざる場合にはその自白の任意性に疑いがあるものと解するのが相当であり、他方、取調に際し片手錠を施用したままであったときは、両手錠施用のときのようにしかく厳格に解すべきではなく、被疑者の年令、境遇、社会的地位、性格、その他取調の状況等からみても、片手錠の施用と自白との間の因果関係が存在しないと認められる場合にはその取調の際の自白には任意性があるものというべきである。

(二) **正座の強制**

正座は、それが、短時間である場合は特に肉体的苦痛を感ずるものではないが、ある程度長時間にわたって続けられた場合には、正座に馴れない者は勿論、たとえ馴れている者であってもそれが習性となっている者はともかく、相当の肉体的苦痛を伴なうものであることは、吾人の経験に徴し明らかなところである。したがって、取調に際しその正座が被疑者の習性となっている場合、あるいはその自由意思に基づくものである場合はともかく、これを強制することは、一種の肉体的苦痛を与える手段として供述の任意性を疑わしめる一つの資料となりうるものというべきである。しかしながら、取調警察官が自分が正座をするところから取調の当初被疑者に対しても一応正座をさせることがあっても、それが比較的に短時間であったり、あるいは時間が経つにしたがって被疑者の自由に任せて取り調べたような場合には、正座を強制したものといえないことはいうまでもない。

(三) **供述の押しつけ**

捜査官が被疑者の意思に反する供述を押しつけるような取調をすることは、虚偽の自白を誘引するおそれがあり、このような取調による自白は任意性に疑いがあるものというべきである。しかしながら、自白に任意性があるためには徹頭徹尾自発的になされたことを要するものではなく、黙秘し否認している被疑者に対し条理を説いて供述を促し、記憶を喪失し又は他の証拠と矛盾する供述をする被疑者に対し、収集された資料に基づいて記憶の喚起を促し、又は矛盾をただすということは、それが強制にわたらないかぎり、取調の方法としては許されなければならない。そして、強制にわたるか否かは、捜査官の取調状況、被疑者の受けとめ方、その他諸般の事情を考慮して、事案ごとに個別的に検討すべき事柄である。

（四）警察官の取調の際における強制と検察官調書の任意性との関係

検察官に対する自白が、その前の警察署における警察官の取調の際における肉体的苦痛を伴う強制の結果なされた自白を反覆しているにすぎないのではないかとの疑いがある場合においては、警察官の取調の際における心理的影響が遮断され前示肉体的苦痛と検察官に対する右自白との間に因果関係が存在しないなどの事情が認められないかぎり、検察官に対する自白はその任意性に疑いがあるものと解するのが相当である。そして、右の影響が遮断されているかどうかは、（1）強制が加えられた警察官の取調と検察官の取調との間の日時の間隔、（2）両者の取調場所が同一かどうか、異なるとしても留置場所が同一かどうか、（3）検察官の取調に際して警察での取調に関与した警察官が立ち会ったかどうか、（4）被疑者の性格、健康状態等の事情を具体的かつ個別的に考慮して判断すべきものと考える。ことに、警察官の強制により自白した被疑者が、警察署に留置されたまま検察官の取調を受けるときは、その取調場所が警察署である場合はもちろんのこと、検察庁である場合であっても、検察官の取調に対し、もし黙秘又は否認をしたならば、再び警察官の取調を受け、前と同様の強制が加えられるのではないかという心理的な畏怖感ないし圧迫感を抱いて、検察官に対しても従来どおりの自供の態度に出るおそれのあることが考えられ、これとは反対に、被疑者を警察署の留置場から拘置所に移監のうえ、検察官が検察庁あるいは拘置所で取調をするときは、移監によって警察官の取調の際における影響が物理的に遮断されることは勿論、このことによって心理的にも影響が遮断されることもあり得ることは十分考えられるところである。このことは、当審証人野上銀次郎が「拘置所へ移されて後は警察から離れたというふうに思って、検事の調べでは供述を拒否した。」旨供述しており、又、被告人斎藤も当審第二五回公判において「拘置所へ移ってすぐ弁護士の面会があり、本来の黙秘の気持に戻った。拘置所は警察とは、第一、食事が全然違うし、警察と比べたら雲泥の差だったので、拘置所に移ってからは精神状態、身体等の状態はかなり回復していた。」旨供述しているところからもうかがわれるところである。（略）

5-23　最決昭59・2・29（殺人被告事件）

昭和五二年六月七日に被告人を高輪警察署に任意同行して以降同月一一日に至る間の被告人に対する取調べは、刑訴法198条に基づき、任意捜査としてなされたものと認められるところ、任意捜査においては、強制手段、すなわち、「個人の意思を制圧し、身体、住居、財産等に制約を加えて強制的に捜査目的を実現する行為など、特別の根拠規定がなければ許容することが相当でない手段」（**最決昭51・3・16**参照）を用いることが許されないことはいうまでもないが、**任意捜査の一環としての被疑者に対する取調べは、右のような強制手段によることができないというだけでなく、さらに、事案の性質、被疑者に対する容疑の程度、被疑者の態度等諸般の事情を勘案して、社会通念上相当と認められる方法ないし態様及び限度において、許容されるものと解すべきである。**

（略）これを本件についてみるに、まず、被告人に対する当初の任意同行については、捜査の進展状況からみて被告人に対する容疑が強まっており、事案の性質、重大性等にもかんがみると、その段階で直接被告人から事情を聴き弁解を徴する必要性があったことは明らかであり、任意同行の手段・方法等の点において相当性を欠くところがあったものとは認め難く、また、右任意同行に引き続くその後の被告人に対する取調べ自体については、その際に暴行、脅迫等被告人の供述の任意性に影響を及ぼすべき事跡があったものとは認め難い。（略）しかし、被告人を四夜にわたり捜査官の手配した宿泊施設に宿泊させた上、前後五日間にわたって被疑者としての取調べを続行した点については、（略）、右の間被告人が単に「警察の庇護ないしはゆるやかな監視のもとに置かれていたものとみることができる」というような状況にあったにすぎないものといえるか、疑問の余地がある。

すなわち、被告人を右のように宿泊させたことについては、被告人の住居たる野尻荘は高輪警察署からさほど遠くはなく、深夜であっても帰宅できない特段の事情も見当たらない上、第一日目の夜は、捜査官が同宿し被告人の挙動を直接監視し、第二日目以降も、捜査官らが前記ホテルに同宿こそしなかったもののその周辺に張り込んで被告人の動静を監視しており、高輪警察署との往復には、警察の自動車が使用され、捜査官が同乗して送り迎えがなされているほか、最初の三晩については警察において宿泊費用を支払っており、しかもこの間午前中から深夜に至るまでの長時間、連日にわたつて本件についての追及、取調べが続けられたものであって、これらの諸事情に徴すると、被告人は、捜査官の意向にそうように、右のような宿泊を伴う連日にわたる長時間の取調べに応じざるを得ない状況に置かれていたものとみられる一面もあり、その期間も長く、任意取調べの方法として必ずしも妥当なものであったとはいい難い。

しかしながら、他面、被告人は、右初日の宿泊については前記のような答申書を差出しており、また、記録上、右の間に被告人が取調べや宿泊を拒否し、調べ室あるいは宿泊施設から退去し帰宅することを申し出たり、そのような行動に出た証跡はなく、捜査官らが、取調べを強行し、被告人の退去、帰宅を拒絶したり制止したというような事実も窺われないのであって、これらの諸事情を総合すると、右取調べにせよ宿泊にせよ、結局、被告人がその意思によりこれを容認し応じていたものと認められるのである。
（略）被告人に対する右のような取調べは、宿泊の点など任意捜査の方法として必ずしも妥当とはいい難いところがあるものの、被告人が任意に応じていたものと認められるばかりでなく、事案の性質上、速やかに被告人から詳細な事情及び弁解を聴取する必要性があつたものと認められることなどの本件における具体的状況を総合すると、結局、社会通念上やむを得なかつたものというべく、任意捜査として許容される限界を越えた違法なものであったとまでは断じ難いというべきである。（略）したがつて、右任意取調べの過程で作成された被告人の答申書、司法警察員に対する供述調書中の自白については、記録上他に特段の任意性を疑うべき事情も認め難いのであるから、その任意性を肯定し、証拠能力があるものとした第一審判決を是認した原判断は、結論において相当である。

5-24　大阪高判昭35・5・26（贓物牙保被告事件）

被告人が捜査主任宮下実に弁護士の依頼を申し出たときに大和高田市の白井弁護士といったであろうことはおよそ明らかであって、右宮下が高田警察署に電話した際に仮りに誤って弁護士の氏名をシラスカと伝えたとしても、高田警察署から前記のごとき連絡があった後に被告人にその旨を伝えたとすれば、被告人はその際白井弁護士と答えたであろうこともまた明らかであり、右申し出により宮下において再度高田警察署に連絡したならばそれ程弁護士の数の多くない高田市のことであるから、警察署は容易に同弁護士に伝達することができたはずであるが同人はその連絡をしていないのである。そうだとすると、右宮下が被告人の依頼を受けて高田警察署に電話連絡をしたことについてはいささか疑問があり、少くとも再度の連絡をしなかった点においては同人に重大な過失があつたものと認めざるをえない。そもそも憲法第34条によつて保障される弁護人に依頼することのできる権利は、刑事訴訟法第203条第1項、第204条第1項、第209条、第78条により逮捕の場合においては司法警察員又は検察官が被疑者の指定した弁護士にその選任の通知をすることによって確保せられるものであるところ、前記の経緯から判断して本件の場合この点において被告人の権利は全く無視されたものといっても過言ではない。さらに、被告人の逮捕の理由の一つは証拠いん滅のおそれということであるが、当審証人山本、前記古川証人の各証言によれば被告人の逮捕より数日前に本犯であるＦは逮捕されているのであり、同人の司法警察職員に対する供述調書二通、神崎及び小野の司法警察職員に対する各供述調書によればその当時被告人に対する関係においても一応取調はなされているのであって、証拠いん滅のおそれは考えられず、むしろ前記のごとく捜査官において被告人の供述があいまいであると考えたために、捜査官の真実と考えるところを供述させる目的から、すでに逮捕令状は発せられていたが不拘束のまま取調を行っていた当初の方針を変更して、逮捕するに至つたものと認められる。しかも、前記のごとく右逮捕後の取調において被告人は逮捕前とは異なり、ほぼ真実に近いものを供述したというのであり、その取調に当ったのが前記山本正治巡査であるところから推して前記八月二十五日付の供述調書が右逮捕後の供述に該当すると認められるのであって、前記通常逮捕手続書によれば被告人は右供述後の同月二十七日には早くも釈放されているのである。右のごとく前記供述調書は、被告人の憲法により保障された権利を侵害し、かつ被告人の自白を得ることを唯一の目的とする身体の拘束の下に作成されたものであって、その取調の過程において被告人が不当に心理的な影響を受けるおそれのあつたことが十分に推察されるのであり右供述調書の任意性については疑いを抱かざるをえないのである。したがって、右供述調書に対してはその証拠能力を認めることができない。もっとも、**被告人の検察官に対する供述調書**においても前記のごとく知情の点を認めているのではあるが、前記司法警察職員に対する供述調書の任意性が疑われる以上、同調書の記載内容と同趣旨で、かつ更に簡略な右検察官調書の記載内容の真実性についても疑問がもたれるばかりではなく、被告人は原審第一回公判において原判示第二、第三の事実については卒直に自白しているのに反して、原判示第一の事実については本犯のＦが田舎に月賦で買つた自転車があるが売ってくれないかと前からいっていたので、盗んできた物とは知らなかったと供述しているのであって、このような供述を全く仮空のものとして直に排斥することはできないのである。なお前記Ｆの司法警察職員に対する昭和三十四年八月二十一日付供述調書及び同人の検察官に対する供述調書には被告人に対して最初から自転車を盗んでくることを打ち明けてあるという趣旨の供述記載があるが、前記山本証人及び古川証人の各証言によって認められるごとく、右Ｆが逮捕せられたのは被告人が捜査官に協力したことによるものであるから、あるいは同人が被告人に対して反感を抱き、殊更に被告人に不利益な供述をすることも考えられるのであって、右供述を直ちに信用することはできないのである。そして、右に述べた各証拠を除いては、原判示第一事実の知情の点を証明する証拠は存在しないのである。以上の理由により原判示第一事実の知情の点については疑問があり、結局右贓物牙保の事実についてはその証明が十分でないものといわなければならない。原審の事実認定はこの点において誤りがあり、かつ右の事実誤認は判決に影響を及ぼすことが明らかであるから原判決は破棄を免れない。

5-25　最判昭41・7・1（収賄被告事件）

福岡高等裁判所の判決は、所論の点について、「検察官の不起訴処分に附する旨の約束に基く自白は任意になされたものでない疑のある自白と解すべきでこれを任意になされたものと解することは到底是認し得ない。従って、かかる自白を採って以て罪証に供することは採証則に違反するものといわなければならない。」と判示しているのであるから、原判決は、右福岡高等裁判所の判例と相反する判断をしたこととなり、刑訴法405条3号後段に規定する、最高裁判所の判例がない場合に控訴裁判所である高等裁判所の判例と相反する判断をしたことに当るものといわなければならない。そして、本件のように、**被疑者が、起訴不起訴の決定権をもつ検察官の、自白をすれば起訴猶予にする旨のことばを信じ、起訴猶予になることを期待してした自白は、任意性に疑いがあるものとして、証拠能力を欠くものと解するのが相当である。**しかしながら、右被告人の司法警察員および検察官に対する各供述調書を除外しても、第一審判決の挙示するその余の各証拠によって、同判決の判示する犯罪事実をゆうに認定することができるから、前記判例違反の事由は、同410条1項但書にいう判決に影響を及ぼさないことが明らかな場合に当り、原判決を破棄する事由にはならない。

5-26　東京高判昭34・12・2（強盗殺人被告事件：小島事件差戻控訴審）

被告人の検察官に対する第一回供述調書は、昭和二五年七月五日庵原地区署で警察官の取調に引き続き行われた取調に基き作成されたものであり、第二回供述調書は、被告人が同月六日静岡刑務所に移監された後二日目の同月八日静岡地方検察庁で行われた取調に基き作成されたものであることは記録上明らかである。原第二審及び当審証人岡田唯雄（本件の起訴検事で第一審では公判に立会い公訴の維持に努めた）は、昭和二五年七月五日被告人を取り調べた時は庵原地区署の二階の経済室で事務官と被告人と三人だけで警察官を立会わせず部屋の戸を明け放し、圧迫感を受けないようにして調べ始め、先ず被告人に対し、この事件は君の私に対する自白が信用されるかどうかゞポイントである、君はいろいろ調べられ自白しているが自分には信用できない、君が今私に違うと誓うならば直ぐにかえす、私に自白をすればそれが唯一の証拠となって強盗殺人罪となり死刑か無期懲役になる、君の自白が証拠になるのだからその点をよく考えて云ってくれと云つたところ、被告人はやったことは間違いない、死刑になっても仕方がない、云いますと云ったので、黙秘権というものがあることを告げたが被告人はやったことは間違いないと述べた旨、原第二審及び当審証人下島高一（当時検察事務官として岡田検事の取調に立会った）は、昭和二五年七月五日岡田検事が庵原地区署で被告人を取り調べた際は同署の二階の防犯統計室で岡田検事と私と二人だけで被告人に手錠はせず窓は明けておいた、岡田検事は先ず被告人に対し、これから尋ねることについて云いたくなければ云わなくてもよい、こゝに証拠は何もない、しかし被告人が自分がやったということを云えばそれが唯一の証拠となるからと告げると、被告人は自分がやったことは間違いないと述べ、更に若しやったということになれば死刑になるかと尋ねたのに対し岡田検事は死刑になるというと、被告人はどうなってもよいと云うので取調を進め供述調書を作成して読み聞かせたところ、被告人は五ケ所を指摘して訂正を申し立てたのでそのとおり訂正した旨証言している。そして検察官の取調については何等強制、誘導その他不当な圧迫のなかったことは被告人も認めているのである。故に検察官が被告人を取り調べた当時は形式的には警察官による不当な圧迫からの影響は一応遮断されたかの如き観がないでもないが、しかし刑事訴訟法第319条第1項にいわゆる強制、拷問、脅迫等による自白とは、自白の任意性を失わせるような不法不当な圧迫が取調当時現に行われつゝあるか又は過去において行われたことにより将来も再びそのような圧迫が繰り返される虞がある状況においてなされた自白を指称し、再びそのような圧迫が繰り返される虞のある状況という中には主観的に将来かゝる圧迫が加えられると考えることが合理的な理由に基く場合をも包含するものと解するを相当とするところ、原第二審及び当審証人（略）の各証言によると、岡田検事は本件発生の直後現場に臨み親しく実況見分をし現場の模様を知悉していたばかりでなく、その後も司法警察員紅林麻雄、同望月美之次等から屡々取調状況の報告を受け或は被告人の供述調書を検討しその都度捜査の不備を指摘して警察員を指揮していたところ、昭和二五年七月五日愈々警察の捜査が大詰となつたので下島事務官を帯同して当時被告人が留置されていた庵原地区署に出張し、同日午前の司法警察員望月美之次の最終的取調に引続き同署二階で取り調べたものであり、被告人の検察官に対する自白の内容も被告人がそれまで司法警察員に対してなした自白の内容と概ね一致している。そして証人岡田唯雄は当審において、私が被告人を取り調べた感じとしては、被告人が否認することは時間の問題であると思っていたところ、起訴前の同月一八日頃被告人を呼んで調べて見たら予想したとおり否認したので今となってはおそいから公判で争うがよいと云った旨証言しているのである。一方被告人は、同年六月末頃地検から検事が庵原地区署にきて二階の防犯室で調べを受けたことがあるが、その際検事は望月主任の取った調書を写したものを読んで聞かせ間違いないかと聞いたので、そんなことは皆嘘です、私はこの事件には関係がありませんと否認したら検事はそのまゝかえってしまったが、その後鈴木刑事からお前は検事にも嘘を云うのかといって暴行され、更に七月四日夜刑事等から調べを受けた際もお前は嘘を云っているといって殴られたので、七月五日に検事の調べを受けた際も真実を述べることができなかった、供述調書を読み聞かされた時一部訂正して貰つたのはそれまで警察で述べたことと合せるためであったし、七月六日静岡刑務所に移監される時同行した刑事から、これで取調が終った訳ではないからこれからも行く、今度検事のところに行ったら今迄述べたうちで違つているところや手袋の話をしろと云われたので、七月八日検事の調べを受けた際にもそのとおりに述べ真実を述べることができなかった旨弁解している。そして岡田検事が七月五日の前に庵原地区署に出張して被告人を調べたことがあるかどうかについては同人は証人としてこれを否定しているが、当審証人矢部宜治は岡田検事は六月二四、五日頃事務官をつれて庵原地区署に来たことがある旨、また当審証人紅林麻雄は六月末か七月初頃岡田検事が庵原地区署に来て捜査について注意をされたことがある旨各証言しているのであって、これらの証言に徴すると、被告人が六月末頃一度検事の調べを受けたという供述は全然虚偽のものとは断じ難い。そして**被告人の司法警察員に対する自白にはその任意性に疑があるものであることは前段説明のとおりであるから、以上のような諸般の事情を総合して考えると、たとえ検察官において何等不当な圧迫を加えた事実がなく、任意の供述を求めるため細心の注意を払ったとしても、被告人の主観においては若し否認をすれば将来再び不当な圧迫が加えられる虞があると考えたことは合理的な理由があるものというべく、従ってその直前迄継続していた警察の不当な圧迫から何等の影響を受けずになされた任意の自白であると断定することはできないのであって、被告人の検察官に対する第一、二回供述調書における自白の任意性についても疑があると認めるのが相当である。**（略）

以上の如く被告人の司法警察員及び検察官に対する各自白はいずれもその任意性に疑があり、これを録取した各供述調書はいずれもこれを証拠となすべからざるものであるのに、第一審判決がこれをその他の証拠と総合して犯罪事実を認定したのは採証の法則に違反した違法があり、しかも右各供述調書は犯罪事実認定の有力な証拠となつていると認められ、その違法は判決に影響を及ぼすことが明らかであるから論旨はいずれも理由がある。

第一審判決が事実認定の証拠として挙示した証拠のうち、被告人の司法警察員及び検察官に対する各自白の任意性に疑があり、従ってこれを録取した被告人の司法警察員に対する（略）供述調書及び検察官に対する第一、二回供述調書に証拠能力がないことは既に説明したとおりであるが、第一審判決は被告人の自白を内容とするものとして更に第一審裁判官の被告人に対する**勾留尋問調書**を採用しているので、右調書について按ずるに、右調書については第一審において弁護人がこれを証拠とすることに同意し、第一審において適法に証拠調をしているのであって、その任意性を否定すべき事情は見当らない。

5-27　最判昭33・6・13（強盗殺人被告事件）

警察における取調の模様につき、被告人は第一、二審公判で、「警察では、殴る、蹴るあるいは膝の上に乗って足で踏みつける等の暴行を受け、ああだろう、こうだろうと言われるので、私もそうですと返事をしただけで、私から進んで申し上げたのではありません」、「一番酷く叩かれたのは六月二〇、二二日、七月四日の三回です」、「六月二〇日は午前八時半か九時頃から調べられました」、「刑事部屋に行くと紅林主任とほかに二人の警察官がいた。私は紅林主任の前に坐っていたが、鈴木刑事は棒を突いておどしたりしていました」、「私は最初否認した」、「紅林主任は少し調べて」、「この野郎に間違いないと言って、席を立って出て行った、その後で鈴木刑事が代って調べた」、「鈴木刑事は、主任が怒って帰って了ったが、どうするのだ、ずっと言わなければ駄目だ、僕が謝ってやるから主任に言え、主任に言って謝れと言ったが、私が言えぬと言うと、これだけかばってやっているのに言わぬか」、「俺達はよく知っているんだと言い、両方の頬を殴った、そんな調べが午前一一時か一一時半頃まで続いた、その時は坐らされていて、引張られたりして足の皮がむけた、その時大沢ゆきを殺したことを言った、一二時近かったと思う」、「調べの時には、鈴木のほかに刑事が二人いた、机を前にして、真中に鈴木がおり、質問し、脇にいた部長らしいのがメモを取っていた」、「それは小倉部長と思う」、「鈴木は私の穿いていたズボンの膝のところを掴んで座敷を引きずった、長い間畏まって坐っていると足が痛くなるので、動くと、動くと言つて両方の股の外側を蹴った、三回位引きずり廻され、四、五回蹴られた」、「鈴木は、私を殴ったり、蹴ったりし、又鼻の中へ指を入れたり、私が坐っている膝の上へ立ったり等して暴行をした、私は苦しかったので、言うから主任を呼んで貰いたいと言って、調書にあるとおり言ったのである、そして望月司法主任が調書を取った、紅林主任から望月司法主任に紙を渡し、同人はそれを読みながら、私に聞いて調書を作った」、「調べられる時は望月はいず、調書は夕方出来た、夕食は碌に食べなかった」、「一日おいて二二日にまた調があったが、暴行を受けた」、「その時は、鈴木、小倉、矢部の三人であったが、主とした鈴木が調べた」、「調べをしたのは午前中であるが、初めの時と同じような暴行を受けた、鈴木が酷しくやった、ほかの者は少しやった、二〇日の最後に向うの言うのを認めたが、二二日にはやらない、前に言つたのは嘘だと言ったので、暴行を受けたと思う、暴行されてまた嘘の自白をした、午前中部長らしいのがメモを取つて、それを望月にやった、そして昼食後、夕方と思うが望月に呼ばれた」、「鈴木が、お前はやったと言つているが、本当のことがない、正直に言えと言うので、私がやっていないと言うと、この野郎太い野郎だ、人を騙したと繰り返えし、この野郎ひどいことをしてやると言つて殴ったのである」、「三、四回引きずり廻され、三、四回蹴られ、五、六回以上殴られた」、「それで、午後の取調を受けた時、私はまた自白した、午後は刑事部屋で調を受けたが、初めは三人の警察官で、後で紅林主任も来たと思う、前に言ったように、余り殴られたり、蹴られたりして、暴行に耐えかねて嘘の自白をしたのである」、「その日、棒を見て驚いたことがある、それは紅林主任に調べられている時、後ろの方でおどされたので、私が一寸後ろを見たら、後ろを見るではないと叱られたが、その時その棒を見たのである」、「その日、調室で私は足が痛み、血が出ていたので、持ち合せていた紙を切り、傷口にそれを貼った、その傷は午前中暴行されて出来たものである、二〇日の時は傷も小さく、血がにじんでいた程度で、紙を貼った程度であった、両方の足である、二二日は傷が大きくなり、坐った後、畳は血に染まつていた」、「望月が用紙を取りに行って戻って来た時、私は傷にさわっていた、それで私にどうしたとったた、椅子が二つあって、私はその一つに腰をかけ、一方の椅子に足をのせてさわっていた、傷があって痛いというと、見せろと言うので、見せた、すると酷いな、おやじが一五〇〇円入れて行ったから薬を買ってやろうと言った、それから調書を取って、留置場え移ったら、間もなく、薬を持って来て呉れた、年寄りの看守であったが、私は傷にそのマーキユロとペニシリンをつけた、両方の足の傷のところに、先にマーキユロを塗り、その上にペニシリン軟膏を貼った、その後一週間後は朝晩毎日のようにつけていた、七月六日頃移監の時は傷は治って薬も使っていなかった、薬は余っていた、医者には診て貰わなかった、傷跡は残っていた、今まで水虫にかかったことはなかった」、「一番酷く叩かれ痛みが残ったのは二〇日の時だと思う、足の皮のむけたのも二〇日である」、「二〇日、二二日の後も、調書の変る毎にやられた、金庫を鉈で開けたと言っていたのを、たがねで開けたと言うと、お前の言うことは当てにはならないと言って殴られた」、「六月二九日頃と思う、検事に嘘を言ったと言って、刑事室で、二、三〇叩かれた」、「七月五日は検事と現場検証に行ったが、前の晩七月四日に叩かれた、検事が一度調べに来てから一週間位経って、四日の晩だったと思う、紅林等いつもの人の調べがあり、その時新しい人が二人来た、紅林は二人が後で聞くと言って帰った、私は二人の前に坐らされた、鈴木は左側にいて二人から調べを受けた、調書にあることについて聞かれたので、私はそうですと言った、するとお前の言うのは嘘だ、一つも言っていない、本当のことを言わないと言って殴られた、それで私は死刑志願書を書いた、それからほかの人が替って死刑志願を取消せと言い、また殴った、それで私はひっくり返えて了って、そして鈴木に起されたのだが、その時今度検事が来たら本当のことを言えと言われて、死刑志願を取消した、その日は二人が殴った、調べの度毎に殴られたのだが、大体鈴木が殴った、そして、その翌日に検証があった」、「七月四日の晩は、取調というより殴ったというべきである」、「その晩は警察官も酒に酔っていたようで、何処ということなく、めちやくちやに殴られたので、翌朝顔を洗う時に顔など腫れていた」、「七月五日自動車に乗っている時、母と妹に対面した」、「望月警部補に買って貰った薬は、静岡の刑務所に入る時に、受附に預けて置き、その後宅下げになった」、というような供述をしている（略）。

以上のような諸般の事実を綜合すると、警察における被告人の取調は、司法警察職員の第一、二審における弁明の証言にもかかわらず、被告人が第一審以来供述してやまない程、苛酷なものであったかどうかは別としても、そこには可なり無理もあったのではないかと考えざるを得ない。この意味で、被告人の警察における自白はその任意性に疑いがあると見るのが相当であるというべきである。

しからば、原判決が被告人の司法警察員に対する本件供述調書に任意性ありとし、第一審判決がこれを他の証拠と綜合して犯罪事実を認定したことを是認したのは、右調書の証拠能力に対する判断を誤り、採証すべからざる証拠を証拠とした違法があるに帰し、しかも右調書は犯罪事実認定の有力な証拠となっているものと認められるからこの違法は判決に影響を及ぼさないとはいえず、原判決はこれを破棄しなければ著しく正義に反するものと認める。

5-28　最判昭32・10・15（強盗殺人被告事件：八海事件）

本件のように**勾留されている被疑者に対し、捜査の必要のため糧食の授受を禁じ、またはこれを差し押えることは法の明文をもって禁止するところである（刑訴81条、207条参照）。そして、自白の証拠能力は、刑訴319条1項前段の規定する強制、拷問、脅迫、長期拘禁等の事由によるものはもとより、更に同項後段の規定により任意になされたものでないことに合理的な疑のあるものについてもまた存しないのである。**そして右**合理的な疑の存否につき何れとも決し難いときはこれを被告人の不利益に判断すべきでないものと解するを相当とする（昭23・6・30判決）。**しかるに、本件において原判決は前示のとおり警察における糧食差入禁止の行われた事実を認め、しかもこの糧食差入禁止の期間と自白の時日との関係上、外形的には糧食差入禁止と自白との間に因果の関係を推測させ、少なくともその疑ある事案であるにかかわらず、本件糧食差入禁止が何故行われたか、そしてまたそれと自白との因果関係の存否並びに叙上疑の存否について考究することなく、単に「このことだけを理由として直ちにその間又はその後に作成せられた供述調書の証拠能力、証明力を否定することはできないものと解すべく、」と断じ、何等特段の事由を説示することなく「しかもその他記録に徴し、また当審における事実取調の結果に照しても前記被告人の司法警察員に対する各供述調書の証拠能力、証明力を否定するに足るべき状況は発見できない。」という理由のみをもつて所論を排斥し、ただちに一審判決を維持したのであって、この点において原判決は審理不尽、理由不備の違法あるものというべく、破棄を免れない。

5-29　最判昭23・7・19（窃盗被告事件）

被告人は実に前後百九日にわたる拘禁の後に釈放せられ、次で同裁判所は同月十二日右被告人の自白を証拠にとって、被告人に対して有罪の判決をした。（略）

本件犯罪の内容は（略）、事実は単純であり、数は一回、被害者も被疑者も各々一人で、被害金品は全部被害後直ちに回復せられて、現に証拠品として押収せられているほとんど現行犯事件といつてもよいほどの事件で、被告人の弁解も終始一貫している。被告人が果して、本件窃盗の真犯人であるかどうかはしばらくおいて、事件の筋としては、極めて簡単である。被告人が勾留を釈かれたからといって、特に罪証湮滅のおそれのある事件とも考えられない。又、被告人は肩書のように、一定の住居と生業とを有し、その住居には、母及び妻子の六人の家族があり、尚、相当の資産をもっていることは、記録の上で十分にうかゞわれる。年齢も既に四十六歳である。かような情況から考えて、被告人が逃亡する危険もまづないと考えなければならぬ。とすれば、ほかに、特段の事情のうかゞわれない本件においては、被告人に対して、**あれ程長く拘禁しておかなければならぬ必要は、どこにもないのではないか。たゞ被告人が犯行を否認しているばかりに、一言葉をかえていえば被告人に自白を強要せんがために、勾留をつゞけたものと批難せられても、弁解の辞に苦しむのではなかろうか。以上各般の事情を綜合して、本件の拘禁は、不当に長い拘禁であると、断ぜざるを得ない。**しかして、第二審裁判所が、この拘禁の後に、はじめてした被告人の自白を証拠として、被告人に対し、有罪の判決をしたことは、前に述べたとおりであるが、不当に長い拘禁の後の自白を証拠にとることは、憲法第38条第2項の厳に禁ずるところである。従って、かゝる不当に長い拘禁後の自白を有罪の証拠とした第二審の判決及びこれを是認した原判決は共に憲法第38条第2項に違反した違法がある。（略）（**当裁判所昭23・7・7判決**参照）

4　刑訴法324条1項

刑訴法321条1項2号ないし3号で証拠能力を有する供述調書中の、被告人の供述（再伝聞）についても、判例・通説は同**324条1項**が類推適用されるとする（**判例5-32、同5-30**）。一旦証拠採用された供述調書は公判供述と同じであることと、再伝聞供述者である被告人は自分に対して反対尋問ができないこと、被告人尋問で反論できることを理由とする。しかし、公判供述は、供述者に対する反対尋問によって再伝聞供述を聞いた時の状況を確かめているし、例外的に証拠能力を認められた供述調書中の再伝聞供述にまで伝聞証拠排除の原則を拡張するには説得的ではないと思う。共犯者の供述は他人の供述であるとされているので、共犯者の供述調書中の被告人供述が証拠能力を有するということは、一層引き込みの危険性があることに思い至るべきである。**同5-31**は、古い判例であるが否定したものもある。

（刑訴法324条1項に関する判例）

5-30　東京高判昭53・3・13（凶器準備集合等被告事件）

被告人以外の者の検察官に対する供述調書中に被告人の供述を内容とする供述記載部分があるときは、右供述ｙ調書が刑訴法321条1項2号所定の要件を備えていると認められる限り、右供述調書中の被告人の供述を内容とする供述記載部分についても同法324条1項の準用があり、したがって、被告人の供述が同法322条所定の要件を備えているときは、右供述調書を被告人に対する証拠とすることができるものであると解すべきである（最判昭32・1・11）。なぜなら、刑訴法321条1項2号によって供述調書に与えられる証拠能力は、公判期日における供述と右供述調書の供述記載とを区別する必要がないからである。

5-31 長野地判昭33・5・23（窃盗被告事件）

窃盗未遂罪が成立するためには、被告人が窃盗の犯意をもつて被害者のポケツトに手を入れたこと、すなわち、犯意に基づく実行の着手が認められなければならない。この点直接証拠は検察官の面前におけるＵの供述を録取した調書である。この調書は証拠とすることについて被告人の同意がないけれども、右供述者が公判廷において取調を受けた結果公判期日において前の供述と実質的に異つた供述をしたので形式的には刑事訴訟法第321条第1項第2号後段の規定によつて一応証拠能力があるように見える。そして、検察官は右法条により証拠能力を有するという見解である。この調書は、Ｕの供述で被告人の供述を内容とするものであり、これを法律の用語例に従えば「被告人以外の者の検察官の面前における供述で被告人の供述をその内容とするもの」というべきものである。そしてこのような調書は刑事訴訟法第二編第三章第二節の諸規定に照し、同法第321条第1項第2号所定の書面の中に含ましめるべきではないし、他に同法上このような調書の証拠能力に関する規定はない（同法324条第1項の類推適用ということも考えられない）のであるから、被告人が証拠とすることに同意（この場合の同意は書面の内容が被告人の供述であるから反対尋問権の放棄というよりも供述内容の真実性の確認である。）しない本件においては、右の調書は同法320条第1項の原則（直接証拠主義の原則）により証拠能力を否定せざるを得ない。

5-32　最判昭32・1・22（強盗殺人未遂等被告事件）

所論は被告人Ｉの検察官に対する供述調書中の被告人Ｙから同人外三名がＳ方に火焔瓶を投げつけて来たということを聞いたとの被告人Ｉの供述は、伝聞の供述であるから刑訴321条1項2号により証拠とすることはできず、又公判期日において反対尋問を経たものではないから、同324条によつても証拠とすることはできない。然るにこれを証拠とすることは憲法37条2項に違反するというに帰する。

しかし、原審が弁護人の論旨第六点に対する判断において説示する理由によつて、**刑訴321条1項2号及び同324条により右供述調書中の所論の部分についての証拠能力を認めたことは正当である**。そして、これが反対尋問を経ない被告人Ｉの供述の録取書であるからという理由で、憲法37条2項によって証拠とすることが許されないものではないことは当裁判所の判例の趣旨に徴して明らかである（**最判昭24・5・18、同25・9・27**＝注：検察官調書が反対尋問を経ていないから憲法違反であるとの主張を否定）。又右伝聞の供述の原供述者に対する反対尋問権について考えるに、この場合反対尋問をなすべき地位にある者は被告人Ｙであり、反対尋問をされるべき地位にある原供述者もまた被告人Ｙであるから、結局被告人Ｙには憲法37条2項の規定による原供述者に対する反対尋問権はないわけである。従ってその権利の侵害ということもありえないことは明白である（**被告人Ｙは、欲すれば、任意の供述によってその自白とされる供述について否定なり弁明なりすることができるのであるから、それによつて自らを反対尋問すると同一の効果をあげることができるのである**）。

第2　自白の信用性

自白を含む供述の信用性の判断は、事実認定の中での極めて高度な判断の一つである。したがって、基礎知識としてはどのような点が判断基準となるかを述べるにとどめる。

1　秘密の暴露

まず、一番重要なことは、**秘密の暴露**があるか否かである。秘密の暴露とは、自白の中に、捜査側が知り得ない事実で、犯人だけが知っている事実が含まれている供述のことを言い、例えば、自白に基づいて捜索した結果死体や凶器が発見された場合が典型例である。自白の中に秘密の暴露があれば、その自白の信用性が極めて高いことになる。

しかし、一見、秘密の暴露のように見えるが、実際はそうでない場合がある。それには、客観的な証拠から、捜査側が合理的に推測できた事実と、捜査側が予め知っていたことを隠していたのに自白によって初めて明らかになったように細工した場合がある。前者は捜査側の誘導があった疑いが生じるし、後者は秘密の暴露転じて違法収集証拠となる。このような事実を明らかにするためには、捜査記録の開示、開示された証拠の綿密分析、捜査官の尋問などが欠かせない。

2　客観証拠との矛盾

次に、自白の信用性の判断で重要なことは、客観証拠との整合性の検討である。これも、専門家などの助けを借りながら客観証拠の綿密な検討が必要である。

3　自白の変遷

単独犯の場合は、自白の変遷に不自然さがないかを検討する必要がある。

また、共犯者がいる場合は、共犯者の不自然な供述が時をおかずに被告人や他の共犯者の自白として出現するという**供述の伝播**を綿密に検討しなければならない。

4　供述内容の合理性・客観証拠の裏付けのない事実（供述が具体的であり、迫真性がある）

供述内容自体に不自然・不合理な点がないかの検討も必要である。

第6章

事案の捌き方 その1
（刑法総論を中心として）

第１　発生結果の確定と罪数

１　具体的危険犯と抽象的危険犯

罪刑法定主義の下では、法律で定めた結果が発生した場合に刑罰権が発動されるのが原則である。**結果発生**とは、刑罰法が保護しようとする権利（保護法益）の侵害が発生したことを意味する（**具体的危険犯**）。しかし、国家秩序、社会秩序の維持の観点から法律で定めた結果発生の危険性がある行為があった場合に、具体的に法益侵害の結果が生じなくても処罰する**抽象的危険犯**がある。両者の区別を端的に表わすものとして現住建造物放火罪と非現住建物放火罪との関係があげられる。人が居住している建物に対する放火は、放火時に人が現在していると否とにかかわらず、放火行為自体の社会的危険性から特に重く処罰することとした抽象的危険犯であり、後者は具体的危険犯である。また、具体的危険犯の中の重大な犯罪について定められている**未遂罪**、**予備罪**も抽象的危険犯といえる。ただし、予備罪であっても、特定の犯罪を実現する意思を確認できる行為が必要であり、単に、意思や思想のみを処罰することは許されない。

本書では、主として具体的危険犯を扱う。具体的危険犯は、**まず、発生した結果（侵害された法益）を問題にしなければならない**。結果発生を問題にするということは、結果の特定、即ち、**誰のどのような保護法益が侵害されたかを確定すること**である。したがって、犯罪の構成要件該当性を判断する場合、まず、発生した結果から遡って考えるのが最も自然で分かりやすい。

２　結果発生と罪数

法益侵害は罪数の基準となる。刑事処罰権の抑制的行使の要請、公判維持・迅速処理などの観点から、侵害された保護法益の回数だけ犯罪を成立させるべきではなく、**同一意思の下での同一機会における同一被害者に対する同一の保護法益の侵害は、できる限り一つの犯罪に包摂**して処罰すべきである。例えば、他人が財物を交付した原因に詐欺的言動による錯誤と恐喝的言動による畏怖とが相まっているとき、詐欺罪と恐喝罪の両方を成立させて観念的競合とすることも考えられる。しかし、同一保護法益の侵害は原則として主たる一つの犯罪で評価を尽くすべきであるから、**犯人が主としてどちらの意思であったか、被害者が財物を交付するに至った原因がどちらあったか**を検討して、主たる罪を成立させれば足りる。また、Ｐの銀行預金通帳とキャッシュカードを預かっていて暗証番号も教えられていたＸが、ＡＴＭによって預金を払戻し、私的使途に費消してしまった場合、被害者は預金所有者Ｐと預金を預かっている銀行とが考えられる。この場合、Ｐとの関係で横領罪が成立すると同時に、銀行に対しても窃盗罪が成立すると考えて、両罪の観念的競合となるのであろうか。銀行は預金者のために預金を委託されて占有しているにすぎず、真の被害者は所有者Ｐである。したがって、Ｐとの関係で預金を払い戻す権限を与えられていれば、犯人はその権限を悪用して、Ｐのため以外の目的で払い戻すという意思なので横領罪が成立し、銀行に対する法益侵害もそれによって評価され尽くしたと考えるのである。

さらに、重要な保護法益に付随して当然発生する他の軽微な法益侵害も前者に包摂すべきである。例えば、服を着ている人を包丁で刺した傷害事件において、侵害した保護法益は人の身体であると同時に、着ていた服を切り裂いているので、概念的には傷害罪と器物損壊罪の成立が考えられる。しかし、傷害罪という重要な結果を起こす際に必然的かつ付随的に生じた軽微な結果であるので、傷害罪を成立させることによって器物損壊による法益侵害も評価し尽くされたと考えて、傷害罪のみを成立させれば足りると考えるのである。

包括一罪とするか、併合罪とするかも保護法益が基準となる。一つの保護法益侵害を、一つの故意の発現として複数の行為を行った場合である。**判例6-4**は同一人に対する名誉の侵害に向けて、ほぼ連日、同一の場所で、同一内容の表示を同一態様で行った複数回の行為を、**同6-6**は一回の交通事故で複数の被害者を出した場合の道交法上の救援義務違反罪と報告義務違反罪について、一個の故意による同一保護法益侵害であるとして、それぞれ包括一罪としている。また、**同6-2**は、多数回の、不特定または多数の者に、わいせつ図画である児童ポルノのDVD－Rなどを多数枚販売し、かつ、所持していたという事案について、同一意思の下に連続して行った行為として包括一罪としている。この考え方をさらに進めて、**同6-1**は、街頭募金による詐欺について、複数の被害者から連続して募金を受けることは、同一の故意の実現行為として包括一罪としている。本来、保護法益は各被害者の財産権であり、被害者ごとに独立した詐欺罪が成立する併合罪あるいは観念的競合となるはずである。結果の妥当性は認めるが、そうしたのでは被害者ごとに犯罪を特定して立証しなければならない困難性、煩雑性があるため、刑罰権の行使を優先した拡張解釈であるように思う。

これに対して、**同6-3**は同一目的で複数の不動産について行った公正証書原本不実記載罪、同行使罪、強制執行妨害罪について、**同6-5**は常習累犯窃盗罪と侵入具携帯罪について、**同6-7**は暴力行為等処罰に関する法律１条の保護法益は主として個人の身体であるとし複数の人に対する暴力行為について、**同6-8**は同一機会の複数の有価証券偽造について、それぞれ併合罪であるとしている。包括一罪については、本章第３の６で詳述する。

（結果発生に関する判例）

6-1　最決平22・3・17（詐欺被告事件）

被告人が、難病の子供たちの支援活動を装って、街頭募金の名の下に通行人から金をだまし取ろうと企て、平成16年10月21日ころから同年12月22日ころまでの間、大阪市（略）の各市内及びその周辺部各所の路上において、真実は、募金の名の下に集めた金について経費や人件費等を控除した残金の大半を自己の用途に費消する意思であるのに、これを隠して、虚偽広告等の手段によりアルバイトとして雇用した事情を知らない募金活動員らを上記各場所に配置した上、（略）、不特定多数の通行人に対し、ＮＰＯによる難病の子供たちへの支援を装った募金活動をさせ、寄付金が被告人らの個人的用途に費消されることなく難病の子供たちへの支援金に充てられるものと誤信した多数の通行人に、それぞれ1円から1万円までの現金を寄付させて、多数の通行人から総額約2480万円の現金をだまし取ったという街頭募金詐欺の事案である。

〈略〉この犯行は、（略）個々の被害者ごとに区別して個別に欺もう行為を行うものではなく、不特定多数の通行人一般に対し、一括して、適宜の日、場所において、連日のように、同一内容の定型的な働き掛けを行って寄付を募るという態様のものであり、かつ、**被告人の1個の意思、企画に基づき継続して行われた活動**であったと認められる。加えて、このような街頭募金においては、**これに応じる被害者は、比較的少額の現金を募金箱に投入するとそのまま名前も告げずに立ち去ってしまうのが通例であり、募金箱に投入された現金はただちに他の被害者が投入したものと混和して特定性を失うものであって個々に区別して受領するものではない。**以上のような本件街頭募金詐欺の特徴にかんがみると、これを一体のものと評価して**包括一罪と解した原判断は是認できる**。そして、その罪となるべき事実は、募金に応じた多数人を被害者とした上、被告人の行った募金の方法、その方法により募金を行った期間、場所及びこれにより得た総金額を摘示することをもってその特定に欠けるところはないというべきである。

（裁判官須藤正彦の補足意見）詐欺罪は、欺もう行為による被害者の錯誤（瑕疵ある意思〉に基づき、財物の交付又は財産土の利益の移転がなされることによって成立する犯罪である。そうすると、**詐欺罪**において、複数の被害者がある場合には、各別の瑕疵ある意思が介在するから、一般的にはこれを包括評価するのは困難であり、個々の特定した被害者ごとに錯誤に基づき財物の交付又は財産上の利益の移転がなされたことが証明されなければならず、個々の特定した被害者ごとに被告人に反証の機会が与えられなければならないのであるが、**犯意・欺もう行為の単一性、継続性、組織的統合姓、時や場所の接着性、被害者の集団性、没個性性、匿名姓**などの著しい特徴が認められる本件街頭募金詐欺においては包括評価が可能であり、かつ、相当であると考えられる。しかし、被告人が領得した金員の額が詐欺による被害金額であるというためには、その金員は欺もう行為による被害看の錯誤に基づき交付されたものでなければならず、本件の場合も、原判決が認定した約2480万円が被害金額であるというためには、その金額が、寄付者が被告人の欺もう行為によって錯誤に陥り、そのことによって交付した金員でなければならない。

そうすると、不特定多数であるにせよ、個々の寄付者それぞれに錯誤による金員の交付の事実が合理的な疑いを差し挟まない程度に証明された場合にのみ、その交付された金員の額が被害金額として認定されるというべきである。本件のように**包括一罪と認められる場合であっても、**被害金額については可能な限り特定した被害者ごとに錯誤によって交付された金員の額が具体的に証明されるべきであって、それによって他の被害者の寄付も錯誤によってなされたとの事実上の推定を行う合理性が確保されるというべきでる。したがって、例えば、一定程度の被害者を特定して捜査することがさして困難を伴うことなく可能であるのに、全く供述を得ていないか、又はそれが不自然に少ないという場合は、被告人が領得した金員が錯誤によって交付されたものであるとの事実の証明が不十分であるとして、被害金額として認定され得ないこともあり得ると思われる。

6-2　最決平21・7・7（わいせつ図画販売・所持等被告事件）

児童買春、児童ポルノに係る行為等の処罰及び児童の保護等に関する法律２条３項にいう児童ポルノを、不特定又は多数の者に提供するとともに、不特定又は多数の者に提供する目的で所持した場合には、児童の権利を擁護しようとする同法の立法趣旨に照らし、同法７条４項の児童ポルノ提供罪と同条５項の同提供目的所持罪とは併合罪の関係にあると解される。しかし、児童ポルノであり、かつ、刑法１７５条のわいせつ物である物を、他のわいせつ物である物も含め、**不特定又は多数の者に販売して提供するとともに、不特定又は多数の者に販売して提供する目的で所持したという本件のような場合においては、わいせつ物販売と同販売目的所持が包括して一罪を構成すると認められる**ところ、その一部であるわいせつ物販売と児童ポルノ提供、同じくわいせつ物販売目的所持と児童ポルノ提供目的所持は、それぞれ社会的、自然的事象としては同一の行為であって観念的競合の関係に立つから、結局以上の全体が一罪となるものと解することが相当である。

6-3　大阪地判平11・10・27（公正証書原本不実記載、同行使、強制執行妨害等被告事件）

ア　強制執行の適正を確保し、究極的には債権者の正当な権利を保護することにあるという**強制執行妨害罪**の罪質に照らすと、同一の財産を複数回にわたって帰属名義を変えずに順次隠匿するなどの行為を行った場合、順次行った各行為が独立して実行行為性があると認められ、かつ、それぞれの行為当時に別個の強制執行を想定することができるときには、原則として、別個の強制執行妨害罪が成立し、これらは併合罪の関係にあるというべきである。

もとより、これらの行為が密接に関連する、あるいは想定される強制執行が同一のものと評価できるという事情が認められれば、**これらを包括的一罪として扱う余地がある。**（略）強制執行妨害罪の実行行為である「財産の隠匿」とは、強制執行を実施しようとする者に対しその財産の発見を不能ないし困難にする行為をいい、当然、強制執行が行われた場合の効果を減殺する危険性のあることを要するものである。（略）

まず、〔１〕の末野興産名義の定期預金を解約して、割引債を順次購入し、これを前記の仮名で賃借した貸金庫内に保管する行為が「隠匿」に当たることは明白であって詳しく論じるまでもない。次に、〔２〕ないし〔４〕の行為については、弁護人らも指摘するとおり、なるほど、〔２〕については、あくまでも隠匿した割引債を点検・確認するための作業が中心で、これのみで隠匿行為とは評価するのは問題がないわけではないし、〔３〕及び〔４〕についても、債権者の求めに応じて決算報告書を提出しなければならない法的義務があるわけではない。しかしながら、これらの〔２〕ないし〔４〕の行為を全体としてみれば、被告人甲野らの方針決定のもと、継続的に、仮名で賃借する貸金庫に継続的に保管（割引債の確認行為を含む。）するなどして物理的にその発見を困難ならしめるのみならず、決算報告書から割引債の存在を隠蔽するという行為と評価できる行為をなした上、資産隠しを疑う債権者の要求を拒否して決算報告書を交付しなかったりしたが、結局、これらの行為を総合的にみれば、債権者に割引債の発見を困難にさせるためになした積極的な行為であって、実行行為と評価することができる。（略）

本件の場合に限って言えば、〔１〕の行為の後、被告人甲野らが〔１〕の行為により作出された違法状態を認識しつつ、継続的かつ積極的に〔２〕ないし〔５〕の行為を積み重ね、もって、債権者による割引債の発見や強制執行を不能又は著しく困難とさせたいう違法状態を更に維持強化したということができるから、仮に〔１〕の行為を他と独立して罪数評価し得るとしても、被告人甲野らが割引債の隠匿を中止するなど右違法状態を解消する措置をとってはじめて、その公訴時効の進行が開始すべきと解するのが正義にかなう結果になるところ、割引債は、無記名債権であって動産とみなされ（民法八六条三項）、これまで広く資産隠しに適する財産と考えられていたこと、被告人甲野らは、平成三年一月ころには、当時の末野興産をめぐる状況等からして、将来における強制執行を懸念し、末野興産名義の定期預金を解約して割引債の購入を続け、その目標額（約二〇〇億円相当）に達すれば、その購入を停止し、仮名で賃借した貸金庫内に継続的に保管していたこと、〔5〕の行為も割引債に対する強制執行の現実的危険性が高まったとはいえ、割引債の購入及び保管をするに至った当初の目的・意図の延長線上にあったといえること、前記のとおり〔2〕ないし〔5〕の行為は〔1〕の行為により作出された違法状態を更に維持強化する側面があったこと、平成三年一月以降は、債権者らに割引債の存在が判明していれば、多数の一般債権者からの強制執行が順次行われた可能性があったこと等にかんがみれば、かなりの時期的経過があるとはいえ、将来、一般債権者からの複数の強制執行が順次行われることが予想され、それを免れる継続的意思のもと、〔1〕ないし〔5〕の行為がなされたということができ、結局、〔1〕ないし〔5〕の際に**想定された強制執行が単一のものと認められ、しかも、これらの各行為が、被告人甲野らの同一の犯意に基づいた密接に関連する一連の行為と評価することができるから、これを包括的一罪**と解するのが相当である。

したがって、包括的一罪と評価できる本件割引債の隠匿による強制執行妨害罪の公訴時効は、その妨害の態様が解消される措置がとられた時期か、あるいは最終的行為（〔5〕の行為）が終了した時点から進行を開始すると解するのが相当である。そうすると、少なくとも、本件の割引債の隠匿による強制執行妨害罪の公訴時効は、起訴時点において未だ完成していないということができる。

6-4　東京地判平9・9・25（名誉棄損被告事件）

本件の**罪数関係**であるが、被告人の本件行為は、同一人の名誉の侵害に向けて、ほぼ連日のように、ほぼ同一の場所で、ほぼ同一内容の表示をほぼ同一の態様で連続的になしたものであるから、各被害者に対する行為毎に包括して一罪を構成するにとどまると解するのが相当である（そして、これらの各被害者ごとの一罪は観念的競合の関係にあるものと解される）

（略）そして、親告罪の告訴は、一個の犯罪事実の一部についてなされたものでも、その犯罪事実の全部について効力を生ずると解されるから（**告訴の客観的不可分の原則**）、本件公訴事実中、甲野商事の名誉殿損の事実に聞しては、（略）の起訴状による告訴の効力は、包括一罪の関係にある事実全体に及ぶのであって、何ら訴訟条件に欠けるところはないことになる。

6-5　最決昭62・2・23（常習累犯窃盗被告事件）

原判決の認定するところによれば、本件起訴にかかる常習累犯窃盗罪は、被管人が常習として昭和六〇年五月三日午前三時ころ大阪市（略）〇〇店において金員を窃取したことを内容とするものであり、また、確定判決のあった侵入具携帯罪は、被告人が同月三〇白午前二時二〇分ころ間（略）の公園において住居侵入・窃盗の目的で金槌等を隠して携帯していたというものであって、このように機会を異にして犯された常習累犯窃盗と侵入具携帯の両罪は、たとえ侵入具携罪が常習性の発現と認められる窃盗を目的とするものであったとしても、併合罪の関係にあると解するのが相当である。

6-6　東京高判昭58・10・20（業務上過失傷害・道交法違反被告事件）

原判決は、道路交通法七二条一項前段、一一七条の救護義務違反罪及び同法七二条一項後段、一一九条一項一〇号の報告義務違反罪の罪数につき、被害者ごとにそれぞれ一罪が成立するものと解し、本件において合計四個の罪の成立を認めて適条処断しているが、これらの罪は、**構成要件と保護法益に徴すると**、いずれも被害者の数にかかわらず一回の交通事故につき一罪のみが成立するものと解するのが相当であるから、原物決には法令の適用を誤った違法があることになる。

6-7　大阪高判昭50・8・27（凶器準備集合・暴力行為等処罰に関する法律違反被告事件）

一罪か数罪であるかの罪数問題については、従来多くの研究が発表され学説も区々に分かれているとことであるが、そのいかなる見解こよっても、これを異体的に適用する場合、必ずしも充分に明解なものはなく、実務上も多くの困難を来たしているところではあるが、**暴行、傷害、殺人等の一身専属的な法益を保護法益とする犯罪に賜する限り、その被害者ごとに一罪が成立すると解するのが、実務及び学説上ほとんど確定したところである。**原判決はこのような立場に立つて、暴力行為等処罰に関する法律一条に定める共同暴行罪の被害法益は、主として被害者の身体の安全にあるとの見解のもとに、被害者ごとに一罪が成立するとしたのに対し、論旨は、その保護法益の主たるものは社会的法益にあるとし、さらに本件犯罪の実態、特質等を加えて考えれば、本罪は包括一罪であると主張するので、まず本罪の保護法益について検討する。

暴力行為等処罰に関する法律（略）に定める基本となる犯罪類型は、暴行、脅迫、器物毀棄、傷害等の個人的法益を保護法益とするものであって、その犯行の態様の悪質性、危険性のゆえにその刑が加重されているものであることが明らかである。してみると、本法の罪の**保護法益**は、**第一次的には個人的法益**にあるといわなければならないのであるが、加重の理由となっている犯行の態様が、一般に社会不安をひき起こすような特殊な型態によるものであり、前述のような立法当時の社会的背景を考慮すると、同法は**公共的な社会生活の平穏という社会的法益をも保護法益としている**ことを認めなければならないであろうが、そうであるとしても、本法違反の罪が、暴行、脅迫、器物毀棄等の罪の加重規定であることをかえりみると、右のような**社会的法益はあくまでも副次的なものにすぎない**と解さないわけにはいかない。このことは従来学説上も一致して認めていたところであり、実務においても一般に承認されていたところであって、社会的法益が主たるものであるとする見解は、従来は遂に見る機会がなかったのである。

このことを本法一条の共同暴行罪に限っていえば、**その主たる被害法益は、被害者の身体の安全という一身専属的な個人的法益にあるということになる。してみればその罪数は、被害者ごとに一罪が成立すると解さなければならない。**

6-8　東京高判昭33・10・24（有価証券偽造・同行使等被告事件）

郵便普通為替証書は各一通毎に独立した有価証券であって原判示のごとき方法によって順次作成するにおいてはその完成のたびに各通毎に有価証券偽造罪の成立することはいうをまたないところであって、よしや**同一の日時場所において同一の機会になされ被害者が単一の国であり金額が同一であったとしてもこれを包括的一罪と目すべきではない。**本件三〇通の証書偽造が包括的に一罪であると主張する所論はまつたく独自の見解というの外なく採るべからざるものである。であるから原判決が各証書毎につき順次有価証券偽造、同行使及び詐欺又は同未遂の牽連犯関係を認め数個の偽造有価証券行使の罪と数個の窃盗との併合罪として処断したのはもとより正当であつて、その法令の適用になんら誤はない。

第２　故意の確定

1　故意と実行行為の関係

刑事処罰は、原則として、結果の発生原因となった**故意ある行為**を対象とする（**刑法38条１項**）。犯罪の結果発生の可能性のある行為を類型化したものが構成要件該当行為＝実行行為である。したがって、**結果発生の具体的危険性のある行為と故意とは同時に存在**することが原則である。

特定の犯罪の構成要件に該当するかどうか（実行の着手といえるか）は、客観的行為（方法と行為態様＝客観的要素）のみでは区別できず、行為者の内心（主観的要素＝故意、目的）を考慮しないと決められない。例えば、Ｘが持っていた包丁がＰの身体に刺さってＰが死亡した場合、Ｘが殺すつもりだったのか、傷を負わせるだけのつもりだったのか、Ｐがいることに気付かず振り回したら刺さってしまったのかが区別できないと、殺人、傷害致死、過失致死のどの構成要件に該当するのか区別できない。また、殺意があったとしても行為の目的を含めないと単純殺人、強盗殺人、強姦殺人などの区別ができない。行為者の主観的要素である故意や目的を判断材料にするからこそ区別が可能なのである。この意味で、**主観的要素（故意）または目的は、行為の構成要件該当性を特定する限度で、構成要件に取り込まれている。**

2　故意の概念

故意は、**構成要件該当行為（ある犯罪の結果が発生する可能性のある行為）であることを認識し、認容すること（あえてその行為を実行する意思、あるいは結果が発生してもやむを得ないという意思）である。**故意の存否は、行為者の主観（供述）を重視するが、それのみではなく、様々な客観的事情をも考慮して**法的評価を加えた概念**である。なぜなら、行為者の内心は、行為者の供述によってしか明らかにできない。しかし、拳銃で人体の枢要部を狙って撃ったり、鋭利な刃物で心臓を突き刺したのに、行為者が殺意はなかったと抗弁すれば殺意がないとしたのでは常識に反する。逆に、犯行時には感情が高ぶっていて自分の心理状態を正確に表現できない場合に、行為者は相手が死んでもいいと思って行為に及んだと供述しても、その行為に殺意があるとするのは酷であるという場合もある。そこで、主観的要素と客観的要素を総合評価して殺意があったか否かを判断することになる。**故意の認定は、生の事実ではなく法的評価**なのである。

故意には**確定的故意**と**未必の故意**があり、**確定的故意**は、構成要件的行為と結果発生を認識し、あえてその結果を実現しようとする意思であり、結果発生を意欲して積極的に行為を行う意思である。**未必の故意**は、構成要件的行為と結果発生の可能性を認識し、その結果が発生してもやむを得ないと判断（認容）して行為を行う意思である。前者は行為者が自認している場合が殆どであるが、行為者が故意を否定していても客観的情況から認定される場合もある。後者の結果発生の認識・認容は客観的事情が重視される。

未必の故意の中で、**殺意の認定**が重要な問題の１つである。**判例6-18**は、確定的殺意と、未必の殺意との区別を説示していて参考になる。**同6-9**、**6-12**、**6-14**、**6-17**も殺意の認定の事例であるので併せて参照されたい。凶器の形状及び性能、犯行方法及び態様、現場の状況、受傷の場所及び程度、動機、被害者との人間関係などが判断基準とされている。特に、**同6-12**は、確定的故意があったと評価できるとまで判断しながら、動機が間接的であることを理由として未必の故意に止めている点が注目される。

殺意以外で未必の故意を認めた判例として、**同6-10**（廃棄物の不法投棄）、**同6-13**（現住建造物放火）、**同6-15**（麻薬輸入における麻薬の認識）があり、未必の故意を否定したものとして**同6-11**（占有離脱物横領）などがある。

なお、**同6-14**は、ヘロイン（麻薬）であることを確定的に認識していなくとも、ヘロインを含む身体に有害で違法な依存性薬物であることの認識で足りるとしており、後掲の**同6-75**の判例と同趣旨で、上記認識があれば、その薬物から当該薬物を特に排除する意思が認められなければ、事実の錯誤ではなく故意を阻却しないとしている。処罰の必要性は認めるとしても、処罰根拠法令が異なる場合にまで拡張してよいかは、罪刑法定主義から疑問がある。

同6-16は、贓物寄蔵についての未必の故意を否定した最判である。もっぱら事実認定に関するものである。

（故意の認定に関する判例）

6-9 神戸地判平20・12・8（殺人等被告事件）

被告人は、Ｅ１に対する営業妨害の方法として火炎びんを用い、その発火した火力を用いて電話交換機など内部施設まで損壊することを提案しているところ、少なくとも火炎びんがガソリン等の燃料を用いた爆発物であって、建物内やその入り口付近に対し投てきして使用した場合は相当程度の火力が生じて火災に至るなどすることによって、人の死傷結果を生じる危険が高いものであるという一般的認識や、営業妨害を成功させるため、数日間は店が閉まる程度の損壊を与える威力を有するものが作られるといった認識は有していたと認められる。また、被告人は、Ａ１４とともにＦ１店及びＦ２店を下見し、Ｆ１店はＪＲの高架下にあり、Ｆ２店は３階建ての二、三階部分であって、いずれも入口が狭く、小さな店舗で狭い内部構造であろうことや、Ｆ２店については内部に個室がある構造であることについてもＡ１４から説明を受け、それぞれ認識しており、また両店舗がテレホンクラブであることから夜間でも店員や客等の人がいることや、本件犯行の性質上、犯行が夜間に行われることも認識していたと認められ、より具体的にＥ１の営業妨害のために火炎びんを使用することがもたらす生命に対する危険性の高さについては認識していたものといえる。他方で、証拠上、被告人が閉店時等人が全くいない状態の時を狙うなど人の死傷結果発生の回避策を検討した事実は認められない。これらの事情に照らせば、被告人は、夜間、前記両店舗に火炎びんを投てきすれば、火炎びんが炎上して火災が発生し、狭い店舗内にいる店員や客等が逃げ遅れて炎に巻かれたり、有毒ガスを吸引するなどして死傷する可能性があることを認識していたというべきである。

したがって、被告人は、本件各店舗内の店員及び客等に対して、**殺人の未必の故意**があったものと認められる。

6-10 最決平19・11・14（廃棄物の処理及び清掃に関する法律違反被告事件）

本件は、神奈川県横須賀市に本店を置き、港湾運送事業、倉庫業等を営む被告人Ａ株式会社（以下「被告会社」という。）の代表取締役等であったその余の被告人ら（以下「被告人５名」という。）において、被告会社が千葉市内の借地に保管中の、いわゆる硫酸ピッチ入りのドラム缶の処理を、その下請会社の代表者であったＢに委託したところ、同ドラム缶が北海道内の土地で捨てられたことにつき、被告会社の業務に関し、Ｂらと共謀の上、みだりに廃棄物を捨てたものとして、廃棄物の処理及び清掃に関する法律所定の不法投棄罪に問われた事案である。

原判決が是認する第１審判決の認定によれば、Ｂにおいて、Ｂにおいて、被告会社が上記ドラム缶の処理に苦慮していることを聞知し、その処理を請け負った上、仲介料を取って他の業者に丸投げすることにより利益を得ようと考え、その処理を請け負う旨被告会社に対し執ように申入れたところ、被告人５名は、Ｂや実際に処理に当たる者らが、同ドラム缶を不法投棄することを確定的に認識していたわけではないものの、不法投棄に及ぶ可能性を強く認識しながら、それでもやむを得ないと考えてＢに処理を委託したというのである。そうすると、被告人５名は、その後Ｂを介して共犯者により行われた同ドラム缶の不法投棄について、**未必の故意**による共謀共同正犯の責任を負うというべきである。

6-11 秋田家決平19・10・19（占有離脱物横領保護事件）

Ｄが（少年が本件自転車の所有者と誤信していたという）Ｅの弟であっても当然には兄であるＥの所有物を第三者に使用させる権限はないから、Ｄの承諾の事実のみによっては、少年が所有者の意思に反して、本件自転車を使用する事実の認識を有していたことは左右されない。

しかしながら、少年の弁解は、Ｄの言動から、Ｄが明示又は黙示にＥから、本件自転車の使用貸借を受け、又はある程度は第三者の使用を許すことを含めた包括的な許諾を得ているとの推測・認識を前提にしているものともいえ、少年の本件自転車の使用が、所有者の許諾の範囲内か、直ちに所有権の侵害にはならない、適法な使用権限を有する者が認められた範囲内での使用にとどまるとの少年の認識を示し、占有離脱物横領罪の故意を阻却するに足りると評価することが可能である。そうすると、故意の存在に疑問の余地が残らざるを得ない。

なお、D供述（略）によれば、同人は「たぶん、兄さんのだから、すぐ返すならいいよ。」と言ったとされるところ、この言葉は、本件自転車の所有者が実はDとは無関係な者である可能性をも示している。しかしながら、このような片言隻句を殊更に重視するのは相当とはいえない上、Dの供述態度等に照らせば、同人の記憶は相当に減退していることがうかがわれ、このような言葉の存在自体に疑問を差し挟むことができ、この言葉を根拠に少年の**未必の故意**を認定することはできない。

（3）また、占有離脱物横領罪の成立には、不法領得の意思の存在を要するところ、少年の弁解によれば、少年は本件自転車を持ち去った当時、翌日には返却しようと考え、その後、Dから「家の人が『返して。』と言うまで乗っていていいよ。」と言われて、3日後に検挙されるまで使用を継続していたのであり（略）、ある程度の期間使用した後、又はE若しくはDから返却を求められ次第、速やかに本件自転車を返却する意思があったといえる。また、〔1〕Dの許諾を得て持ち去っており、Dを通じてEに対し少年が本件自転車を使用していることを知らせるための措置を一応取っていること、〔2〕少年の自宅とEの居宅との間の距離は、約1キロメートルにすぎず、移動に要する時間も長くないこと（略）、少年とDが携帯電話等で連絡を取り合うことは容易であることなどにかんがみれば、Eからの返却の要求を受けて、速やかに本件自転車を返却することは容易な状況にあったといえる。これらの事情に加え、本件自転車の使用に伴う減価はほとんどないことを考慮すると、（少年が本件自転車の所有者と認識していた）Eを排除して、その所有権を侵害しようとする**不法領得の意思**の存在にも疑問の余地がある。（略）以上のとおり、少年が本件自転車を持ち去った際の故意及び不法領得の意思の存在には疑問の余地が残らざるを得ず、占有離脱物横領罪の成立を認めることができない。

6-12　静岡地判平19・8・6（殺人未遂等被告事件）

1　本件の凶器は、先端の鋭利なくり小刀であり、刃体の長さ等に照らしても殺傷能力は十分であり、その性能を被告人も十分に認識していた。

被告人は、この小刀を、被害者を刺すためにわざわざ持ち出し、不意打ちの形で、思い切り被害者の腹部を刺すため突き出した。たまたま鞘がついたままだったので、被害者に刺さらなかったが、もし鞘が外れていれば、被害者の腹部に深く突き刺さり、致命傷を与える可能性があったというべきである。さらに、被告人は、前記小刀で、被害者の頭部付近を複数回切りつけ、腹部目がけて少なくとも2回突き出して刺そうとしている。この攻撃に対し、被害者が腕で防御したため、その頭部や腹部には刺さらなかったものの、被害者は、その左腕に深い傷を負い、また、顔面に傷害を負った。以上のとおり、被告人の被害者に対する攻撃は、計画的である上、執拗なものであり、人体の重要な部位を狙って刺そうとしていることが認められる。弁護人は、腹部を刺すことは、首や胸などに比して生命侵害の危険性が定型的に低い旨主張するが、腹部にも重要な臓器・血管が多数存在し、そこを刺すことは生命侵害の危険性が高い行為であることは明らかである。

以上の客観的な事実を総合すると、被告人が被害者を**殺害する意思**を有していたことが強く疑われるところである。

2　次に、被告人が被害者を刺そうと決意するに至った経緯を考察する。

前記のとおり、被告人は、被害者に対して、次第に怒りと憎しみを募らせていき、犯行当日には、こたつの天板の3箇所に大きな穴を開けるほど激怒し、飲酒の勢いも手伝い、くり小刀を持ち出して、被害者を刺そうと決意した。

被告人は、その意図について、公判において、「当分動けない体にしてやろうとは思ったが、殺そうとは思っていなかった。首や胸と違い腹部は致命傷にならないと考えていた」、「死んでも構わないという心理状態にもなかった」旨述べている。しかし、被告人は、視聴したヤクザ映画で腹部を刺して殺そうとする者が登場したことがあったと認める一方で、本件について腹部を刺しても死ぬ可能性は全くないと思っていた旨、不合理、不自然な供述をしているし、くり小刀を突き出す際、手加減するなどして死亡結果を回避しようとする行動をとったことが全く窺われないことなどに照らせば、公判供述は信用できない。

他方、被告人は、捜査段階では、公判同様に「被告人を動けない体にしようと思った」など（略）と述べつつも、殺意に関して、被害者が「死んでしまってもかまわなかった」（乙3）、「被害者が死んでもどうでもいい気持ちがあったことは間違いない」（略）などと未必的な殺意の限度で認める供述をしている。被告人は、公判廷において、被告人が供述しないのに捜査官が勝手に調書を作成したなどと述べるが、弁護人から未必的な殺意に関して助言されていたこと、検察官から取調べ状況について聞かれた際に何も述べていなかったことその他の供述経過等に照らせば、被告人があきらめて真意ではない供述をしたということはない。供述内容も犯行態様等に照らして自然なものであり、信用性が認められる。そうすると、被告人は、少なくとも未必の故意をもって本件犯行に及んだことを自認しているというべきである。
3　確かに、被告人の本件犯行の客観的な態様は、検察官主張のように、確定的殺意があったと評価しうるものと一応はいいうる。

しかしながら、被告人が犯行に及んだ**動機**は、利己的な面が主であると認められるものの、いささか間接的なものであり、被告人自身が直接に被害を被ったというものではないから、積極的に殺害を意欲するまでの動機とみるには疑問が残る。また、検察官は、被告人が犯行後に刃物を強く握っていたことや、動揺した様子がなかったことから確定的殺意があったと主張するが、これらの事実から直ちに確定的殺意を積極的に推認することは困難である。また、被告人は、突き出す行為をしながら、被害者に対して殺す旨の発言をしているが、こうした発言は、闘争状況での感情の高ぶりから生じうるものであって、被告人の意思をそのまま反映したものとみるのは、相当でない。その一方で、被告人は、犯行直後に、救急車を呼ぶよう述べるなど確定的殺意があったことを否定するような発言もしている。
4　以上によれば、被告人には、本件犯行当時、被害者に対する殺意があったことは、優に認めることができるが、確定的な殺意まで有していたとするにはなお合理的な疑いが残り、未必の限度で被告人の殺意を認めるのが相当と判断した。

6-13　大津地判平19・1・23（現住建造物等放火等被告事件）

被告人は、第２ないし第８の各犯行において、いずれも人に気付かれにくい深夜の時間帯に、建物の軒先に吊され、あるいは軒下や建物に隣接する物置、玄関内に置かれていて、建物への延焼の危険性の高い可燃物に放火している上、放火後に自ら消火活動をするとか、付近住民や消防署へ通報するとかの延焼を回避するための措置を何ら講じていない（なお、被告人の公判供述には、自ら消火器を持って消火活動をし、１１９番通報をしたかのように述べている部分があるが、極めて不明確な供述である上、被告人が（略）の各犯行時にこのような行動をとったことを示す証拠は他に何もなく、信用できない。）。その客観的な行為態様からしても、少なくとも建物が燃えても構わないという**未必の故意**があったと推認できる。

6-14　名古屋地判平18・8・7（殺人被告事件）

第１事故後、被告人は、歩道上に突っ込んだ自車を切り返していたところ、被害者が国道第２車線上から第１車線上に移動の上停車し、自動車から降り、両手を広げて、最初は歩きながら、後に少し小走りで近寄って来て、国道第２車線上で、被告人車の前に立ち塞がった。そして、被告人は、自車を被害者のいる方向に少し走行させ、次いで一旦停止させた上、急発進させ、その結果、自車前部を被害者に衝突させたため、被害者は両手をボンネット上に突き、次いで両手を広げてその上半身をボンネット上に乗せる姿勢となった（略）。

被告人は、被害者が上記状態にあるにもかかわらず、自車を国道第１車線上へ走行させたため、Ｅ北側付近で、被害者の身体の大部分を被告人車車底部に引き込ませ、その結果、被害者は背部を路面に向けた状態となった（略）。

その後、被告人車は走行を継続させ、加速していき、時速８０ないし９０キロメートルに至った。被告人車は、車底部で被害者を引き擦りながら、国道の第１車線と第２車線をまたいで走行し、最終的に第２車線に入り、さらに北へ走行していった。被告人車は、被害者を車底部に引き込んでから、ジグザグ運転に及んだことがあった。そして、被告人車は、被害者を同市ｃ区ｄ×丁目×番×号先路上付近で轢過し、バウンドしたが、そのまま逃走した（略）。被害者は、前記停止線の南方１５．５メートルの地点に、頭部を北、足を南に向けた状態で血を流して倒れた（略）。
（殺意の有無について）
1　上記前提事実及び本件の事故態様から、さらに以下の各事実が認められる。
（1）被害者が被告人車の前に立ち塞がった状態にあるのに、被告人が自車を発進させ、一旦停止し、その後急加速して再発進させたという行動からすると、被告人は、自車の前に被害者が立ち塞がっていることを認識していたと推認される。そして、かかる認識の下に自車を走行させた場合、被害者が同車に衝突することは十分予想できるから、被告人は、自車が被害者に**衝突する危険性を認識しつつ**も、衝突させてでも逃走しようと、被害者の身体に対する危険を顧みることなく、**あえて自車を発進させた**ものと認めることができる。

(２)ア　被害者は、上半身をボンネット上にうつ伏せにし、手を広げていたと認められるところ(略)、このような状況下において、被告人は、自車を加速して走行させたというのであるから、その時点において、被害者の上半身が車両から滑落する蓋然性は極めて高かった。

また、本件現場の交通量は未明であっても相当程度あるものと認められ(略)、現に本件犯行後にも複数台の車両が通過していったのであるから(略)、被害者が車両より転落した際には、自車又は後続車両に衝突・轢過されることにより死亡の結果が発生する危険性が客観的にも十分にあった。

イ　そして、上記のように被告人が、被害者をボンネット上にうつ伏せにした経緯に照らすと、被告人は、被害者の不安定な体勢を認識していたものと推認される。また、第１事故以前にｅ交差点で停止した等の経緯から、被告人において後続車があり得ることを認識していたことは明らかである。そうすると、被告人は、自車又は後続車が衝突・轢過することによる被害者死亡という結果発生の危険性について認識していたと認めることができる。

(３)フロントガラスから視認可能なボンネット上に被害者の上半身が乗った状態で２０メートル前後にわたり走行し、しかる後に被害者の身体の大部分が車底部に引き込まれた経緯からすれば、被告人は、被害者が車底部に引き込まれる高度の蓋然性を認識していたと推認される。そして、被告人が時速８０ないし９０キロメートルの高速度で、逃走するためだけであれば不必要な動作と考えられるジグザグ運転に及んでいること、(略)走行実験結果を考え合わせると、被告人は、被害者を車底部に引き擦っていることを認識していたものと推認される。(略)

(４)以上のように、客観的事実のみによって推認される被告人の認識を総合すれば、被害者に自車を衝突させた後、被告人が、自己の行為により被害者の死亡という結果を生じさせるおそれのあることを認識しながら、あえて自車の走行を継続し本件犯行に及んだこと、すなわち**殺人の未必の故意**を有していたことが強く推認される。

6-15 大阪高判平16・1・30(麻薬及び向精神薬取締法違反、関税法違反被告事件)

〔１〕被告人は、覚せい剤の自己使用及び所持により、平成５年４月及び同１３年６月の２度にわたって処罰されており、本件当時は、後者の執行猶予期間中であった。また、被告人は、過去に大麻及びコカインを使用した経験がある。〔２〕被告人は、ヘロインを使用した経験はなく、また、その実物を見たこともないが、薬物の密売人から話を聞き、ヘロインがベビーパウダーや小麦粉のような白い粉末状のものであり、覚せい剤よりも値段が高く、薬が切れるとひどい禁断症状が出る覚せい剤よりも数倍恐ろしい麻薬で、法律よって規制されているという知識を持っていた。〔３〕被告人は、Ｈからある物を日本に持ち帰るように依頼される以前に、同女から、５キログラムあるいは１０キログラム単位の覚せい剤、大麻、ヘロインがいくらぐらいで手に入るかと聞かれたことがある。その際、ヘロインの方がずっと高いという話も出ていた。〔４〕被告人は、本件を含め、これまで２度ベトナムに行ったことがあり、いずれもＧと行動を共にしたが、その際のＧの目つき、態度、行動等から、Ｇが覚せい剤とは異なる薬物の中毒者であると思っていた。〔５〕被告人は、Ｈ一家が羽振りのいい暮らしをしていたこと、〔３〕のように日本での薬物の取引価格を聞いてきたこと、Ｈの関係者であるＧが薬物中毒者だと思っていたこと、さらに、Ｈから、Ｇはベトナムに行って物を運んで日本に帰ってくるだけで何百万円もの金を稼いでいると聞いていたことなどから、本件当時、もしかしたら、Ｈが国内で薬物を扱ったり、日本国内に薬物を持ち込んだりしているのかもしれないと想像していた。〔６〕被告人は、上記のとおり、Ｈからある物を日本に持ち帰るように持ち掛けられた際、同女にそれが何かを尋ねたが、同女からは、「それは聞かない方がいい。」と言われた。なお、被告人は、同女から、その物は、検査で見つからないように、着る物か履き物に入れ、身に付けて運んでもらうと言われており、さらに、同女から、一緒にベトナムに行くことになったＮが履いている靴の正確な大きさを尋ねられたことから、日本に持ち帰る品物は、履き物に隠匿できるような物であると認識しており、実際にも、本件ヘロインは、Ｇから渡されたサンダルの底(Ｎに関してはスニーカーの底)に隠匿されていた。〔７〕被告人がある物を日本国内に持ち込むことによる報酬は前記のとおり１００万円と高額であることに加え(うち１０万円は、ベトナムに出発する際、被告人に先払いされている。)、ベトナムまでの往復の旅費、現地での宿泊費、さらに、現地で行った美容整形費用等も、ＨやＧらにおいて支払っている(。注：当審における被告人の弁解は信用できない。内容略)。以上の事実に加え、被告人が捜査段階において、Ｈがベトナムから持ち帰らせようとした物は、ピストルの部品といった違法な物のほか、覚せい剤や大麻などの違法な薬物ではないかと思ったと供述していること、また、原審公判においても、持ち帰る物が違法な薬物かもしれないとの認識はあった旨の供述をしていることからすると、被告人において、**未必的ではあるものの、サンダル内に隠匿された物が身体に有害で違法な依存性薬物であるとの認識を有していたことは明らかである**(被告人は、当審において、サンダル内に違法な薬物が入っているという認識は全くなかったと弁解しているが、捜査段階の上

記供述は、前記〔1〕ないし〔7〕の事実関係に裏付けられており、十分信用できることに加え、原審においても、被告人が違法な薬物かもしれないとの認識があったことを認めていることに照らし、信用できない。)。そして、被告人は、上記のとおり、ヘロインに関する知識を有しているところ、本件では、上記の身体に有害で違法な依存性薬物の中からヘロインを特に排除する積極的な意思があったとも認められないから、被告人の上記認識は、ヘロインをも含む認識であったと認められるのであって、被告人がこのような認識を未必的にでも有している以上、麻薬であり輸入禁制品であるヘロイン輸入の故意は優に認められるというべきである。(略)、被告人において、本件密輸に係る物がヘロインかもしれないとの具体的な認識を有していたとまでは認められないが、上記のとおり被告人にヘロイン輸入の故意は認められるから、この点は判決に影響を及ぼさない。

6-16　最判昭58・2・24(賍物寄蔵被告事件)

一　被告人は、(略)、いずれも、東京都《番地略》の自宅において、自己の長男T(以下「T」という。)の友人である高校生A(以下「A」という。)から、同人が他から窃取してきた物品を、それらが盗品であることの情を知りながら買い受け、もって賍物の故買をしたとして起訴されたものである。(略)

第一審は、(略)、ほぼ各公訴事実どおりの賍物故買の事実を認定して、被告人を懲役一〇月、罰金四万円に処した。(略)**原審**は、Aの供述は、その供述内容自体においても信用性に疑いを抱くべき点があることに加えて、第一審において取り調べられず原審において始めて取調を受けたTは前記被告人の弁解に符合する証言をしており、右証言は、Tが本件の捜査当時においてすでに同旨の供述をしていることや、これを一部裏づける証拠も存することなどに照らして直ちにその信憑性を否定し難いものがあるなど、(略)合理的な疑いが残り、証拠が不十分であるから、第一審判決中右の部分は事実を誤認したものであるとして、これを破棄した。しかし、原審は、さらに進んで、原審において追加された予備的訴因に基づき、被告人は、昭和五一年二月中旬ころ、前記自宅において、Aから、同人が他から窃取してきたネックレス等六点(略・以下「本件物品」という。)を、それが盗品であるかもしれないことを認識しながら、Tを介し、Aに対する貸金二万円の担保として預り、もって賍物の寄蔵をしたとの事実を認定した(略)。

二　ところで、原判決が、被告人において本件物品を預かった際それらが盗品であるかもしれないと認識していたとの事実を認定した理由として説示するところは、(イ)本件物品は時価合計約六万四〇〇〇円相当のものであること、(ロ)被告人は本件物品を虫めがねで調べてみたりしてから二万円の金を出すことを承諾したこと、(ハ)「両親がけんかをし、母親が家出をするので、この品物で金を貸してほしい」とのAの話は、その内容自体からしても、また、Aの母親が実際に家出したことをうかがわせる客観的状況が認められないことからも、甚だ不自然なものであり、にわかに信じ難いものというべきところ、被告人は、Tから右の話を聞き、品物を見たほか、Aの母親とはもう連絡がつかないとか、Aはすでに帰ってしまったというTの言葉を聞いただけで、たやすく金を出すことにしていること、(ニ)被告人は、取調の当初においては、本件物品をAから預ったことを秘し、各地の質屋、骨とう屋、露店などで買ったものであると供述していたこと、(ホ)右のようにAから預ったことを秘していた理由につき、被告人は、TがAと一緒に悪いことをしているのではないかと心配し、また、自分の自衛官としての立場も考えたためであると述べていること、(ヘ)被告人は、本件物品を確認してから金を出したのか、それとも金を出してから物品を見たのかという点について、供述を変転させており、どちらかといえば、品物を見ないうちに金を出したとする傾向がうかがわれるのであるが、本件貸金が被告人のいうように全く善意の援助行為であるならば、担保物確認の先後にこだわる理由がなく、右のような供述の変転は奇異の感を免れないこと、(ト)被告人は、第一審では虫めがねで品物を見たことを否定したが、それはそのことを肯定すれば自分に疑いがかけられると思ったからであると原審において述べており、右は、被告人が品物を検認した際にそれが盗品ではないかとの疑念を抱いていたことを示すものとも考えられること、(チ)本件物品は他の品物と特に区別がなされず雑然と保管されていたこと、(リ)被告人とAの母親との間では、本件の事前にも事後にもなんら挨拶、話合いなどがされていないこと、以上のような諸点のほか、被告人方とA方の双方の家庭状況など諸般の事情を総合して判断すれば、被告人は、Tを介してAから本件物品を預る際、右物品が盗品であるかもしれないことを認識していたものと認めるのが相当である、というにある。

三　そこで検討すると、原判決が右に指摘する諸事実のうち、まず(イ)(ロ)の事実は、それ自体としては直ちに被告人の未必的認識を推認させるようなものとは考えられない。次に、(ニ)(ホ)(ヘ)(ト)の事実についてみると、このように被告人が当初本件物品をAから預かったことを秘匿したり、また、被告人が右物品を預った際それが賍品であることを知っていたのではないかと疑われることに対する強い警戒心を有していたことをうかがわせる供述態度を示していることは、これらについての被告人の弁解内容と相俟って、被告人の意識にやましさがあったこと、ひいては本件物品の賍物性について少なくとも未必的認識があったことを推認させるひとつの徴憑となりえないものではなく、(ハ)(チ)、(リ)の事実も、被告人は、本件物品を担保とするAの金銭借用依頼の理由の説明を必ずしもそのまま信用してはいなかったのではないか、少なくともこれらの点についてあまり関心がなかったのではないか、また、Aが借用金を返還して本件物品を取り戻しに来ることなどはあまりあてにしてはいなかったのではないか等の疑いを生ぜしめるものであり、ひいては同じく被告人の賍物性の未必的認識の肯定につながる可能性をもつ徴憑であることを全く否定することはできない。しかしながら、以上の各事実は、いずれもそれだけでは、あるいは被告人に右未必的認識があったかもしれないとの推測を生ぜしめる程度の証明力しかもつものではなく、他に被告人とAとの従来の関係、Aの人物や素行についての被告人の認識、本件物品の性状及びその対価の額、この種の物の売買や収受に関する被告人の従前の行動等の点においてさらに右の推認を強める特段の事情が認められない限り、右の事実だけでは未だもって被告人に本件物品の賍物性について未必的認識があったとの推断を下さしめるには足りないといわねばならない。

しかるに、本件において、盗品をめぐるAと被告人との交渉に関するAの供述の信用性が否定され、本件物品を被告人が所持するに至った経緯についてもAの供述が排斥されて被告人の弁解が採用される以上(この点に関する原判断は、記録に照らして相当と認められる。)、盗品をめぐる両者の交渉としては本件物品の授受が最初で唯一のものであったとせざるをえず、かつ、右のようにAの前記供述部分の信用性が否定され、ひいてそれ以外の被告人に関係のある供述部分についても、全体としてその信用性が失われる結果、これを証拠として、Aが盗みなどの非行をしたり、あるいはこれをしかねない少年であることを被告人が知っていたか、又は容易に知りうる状況であったことを認めることができず、他にこれを認めさせるような証拠は存在しないのである。また、本件物品はいずれも、この種の物としては特に高価な品というわけではなく、通常の家庭の主婦が持っていても格別不審に思われるようなものではないし、合計時価約六万四〇〇〇円相当の物を預かって二万円を貸与したことについても、対価が賍物性の未必的認識を推測させるほど低いものであるともいえない。さらに被告人が従来利得目的で貴金属類の売買等を反復して行っていたとの事実を示すような証拠も見あたらず、要するに右に挙げたような特段の事情の存在については、その証明がないのである。なお、原判決は、前記(イ)ないし(リ)の諸事実のほかに被告人方とA方の双方の家庭事情など証拠により認められる諸般の事情をも総合して被告人の未必的認識を認定しているが、そこにいう双方の家庭事情や諸般の事情が何を指すのか必ずしも明らかでないのみならず、記録を検討しても、これまで述べた点以上にかかる未必的認識を推認せしめる根拠となるような事実を見出すことはできない。

以上の点に加え、被告人が二三年間にわたり自衛官として勤務してきた前科のない者であることなどを考慮すると、本件において、被告人に本件物品が盗品であることについての未必的認識があったものと認定するに足りる十分な証拠があるとは、とうていいうことができない。

四　そうすると、原判決が、前示のような理由のみをもって右認識の存在を認め、被告人に有罪を言い渡したことは、証拠の評価を誤り、判決に影響を及ぼすべき重大な事実誤認を犯したものといわざるをえず、原判決を破棄しなければ著しく正義に反すると認められる。

6-17　東京高判昭43・5・27(殺人未遂被告事件)

原判決が証拠として掲げた被告人及び被害者Nの検察官及び司法警察官に対する各供述調書には、原判決の認定にそうような供述の記載があり、本件犯行の態様を見ても、被告人が原判示ナイフで被害者Nの胸部を突き刺し、胸腹腔内に達する深さ約一〇センチメートルの刺創を負わせた外、同人の顔面、頸部等に数回切り付け、原判示のような傷害を負わせたことが記録上明らかであって、これらの証拠及び事実関係から見れば、被告人に殺人のいわゆる**未必の故意**があったとする原判決の認定は、一応是認されるかのように見られないでもない。

しかし、被告人が本件犯行に使用した**兇器**は、肥後守と称されるナイフで、その刃体は、尖鋭ではあるが必ずしも頑丈なものではなく、刃渡も約七センチメートルに過ぎず、かつ、刃の付け根の部分から折れ曲るようになっており、刃を開いたまま固定させる装置を有するものではないので、その本来の用途が人畜の殺傷用のものでないのは勿論、その用い方によっては人命を奪うことが不可能とはいいえないけれども、一般的に他の刃物類に比しその危険性は少いものといわなければならない。現に本件においては、前記のとおり、被告人が右ナイフで被害者の胸部を突き刺したのに拘らず、前記のような傷害を負わせたに止り、殺害の結果は生じなかつたものであり、又前記の胸部刺創以外の各創傷(すべて切創)はその程度は必ずしも軽いものといえないが、いずれも致命傷にたりうるような程度には達しない傷に過ぎなかつたのであり、右の点は本件の未必の故意の有無の判断に当ってこれを**消極に解べき資料として重視**しなければならない。

また被告人が本件犯行当時被害者に対して不満と憤激の念を抱いていたことは事実であるが、本件犯行前においては、被告人は右不満の点につき被害者との間に格別の紛糾を生じたことなく、平穏に被害者の下で働いていたものであることを考えると、本件犯行は飲酒による気持の昂ぶった心理状態で被害者と口論して憤激した上の偶発的、衝動的犯行であると見るのが妥当であり、右動機を未必の故意認定の資料として**高く評価することはできない**と思料される。

尤も、被害者Nの前記供述調書には、被告人が殺してやるという言葉を発した旨の供述記載があるが、右は同人が被告人の突然の攻撃を受けて驚愕、狼狽している際の体験に関する事項であるから、その正確性について若干の疑問がある上、「殺す」という言葉は人が興奮状態において暴行をなすとき、真実その意思がない場合にも往々発する言葉であるから、被告人が本件犯行にあたり右のような言葉を述べたとしても、それは殺意を推測させる一つの証拠とはなるが、その決め手乃至は強い証明力のある証拠と認めるのは妥当でない。

以上の考察の結果、被告人が本件犯行前の日常生活において粗暴な行為に出たことが認められないことその他被告人の検察官及び司法警察員に対する各供述調書中被告人の具体的暴行々為に関する部分等諸般の証拠を併せて判断すると、被告人が本件犯行にあたり、被害者の身体の如何なる部位に右のナイフで暴行を加えるかを認識していたことも、又被告人の行為により被害者の死の結果を招来するかも知れないことの予見があったことも、これを認定するに足らないといわざるをえない。

なお被告人の前記各供述調書中の自白は、被告人の犯行当時の心理状態をそのまま供述したものとは解し難く、右供述記載を以てしても、先に述べた否定的結論を覆すに足らないし、他に被告人が未必の故意を有していた事実を認めるべき証拠はない。

然らば、被告人に殺人の未必の故意があったものとして殺人未遂罪の成立を認めた原判決は事実を誤認したものというべく、右誤認が判決に影響を及ぼすことは明らかであるから、論旨は理由があり、原判決は破棄を免れない。

6-18　東京高判昭42・4・11（殺人被告事件）

各所論に徴し、調査するに、原判決は、原判示の如き「被告人の略歴と被害者との関係」および「罪となるべき事実」、すなわち、被告人は、本件被害者磯貝しづい（当三二年）とは同じ簡易旅館に隣り合わせて居住していたところ、昭和四一年五月二二日の午後六時四〇分ごろ、自室前の廊下において、飲酒酩酊の末、被告人の放言に端を発して同女と口論のあげく、同女の反抗的態度にあうや、憤激し、自室茶箪笥の下から大工用のみを持ち出し、同旅館奥の共同便所の方に逃げ出した同女を追尾して同女の後頭部を殴打し、「さらに右便所に逃げこんだ同女が、便所の土間の片隅で左手で子供（当一年）を抱きかかえ、右手で後頭部をかばいながら進退に窮してうづくまつているのに対して、**同女が死ぬかもしれないが死んでも構わないとの意気込みで**同女の頸部、顔面、頭部等を一〇回以上突き刺し」よつて同日午後一〇時五分ごろ、田島病院において、長さ六・二センチメートル、深さ約八センチメートルの右頸部刺創による右外頸動脈、頸静脈損傷等に基く失血によつて死亡させて殺害した旨事実を認定判示し、さらに「被告人および弁護人の主張に対する判断」として

（1）本件犯行に用いた大工用のみは、全長二一・五センチメートル、刃体の長さ一二センチメートル、刃渡り九ミリメートルの細身のもので、身体の重要部分を突き刺せば容易に人の生命を奪うことのできる危険な兇器であること

（2）被告人は、原判示の如く被害者と口論したあげく、わざわざ自室入口附近の茶箪笥の下においてあつた前記のみを持ち出していること

（3）被害者の身体の重要部分である頭部、頸部、顔面の辺りをめがけ、右のみで一〇回以上にわたつてめつた突きに攻撃を加えて原判示の如き重大な創傷を生ぜしめていること

（4）被告人は生来極めて短気で、些細なことにも憤激する性格の持主であり、憤激時には全く前後の見境いもなく激しい行動に出る傾向を持つていたこと

（5）被告人は酒を飲まないときは割合おとなしいが、飲酒時には狂暴的になる傾向があつたことを総合すれば、被告人には被害者を殺害せんとする確定的な明確な意思がなかつたにしても、少なくとも、被害者が死ぬかもしれないが死んでも構わないとの意識が、被害者に対して攻撃を加えている被告人の心中に存在していたものと認めるのが相当である旨の判断を説示していることが明らかである。

（略）そもそも**確定的故意とは、結果の発生を確定的なものとして認識しながらこれを認容する場合**であり、これに対し、

未必の故意とは、結果の発生を可能なものとして認識しながらこれを認容する場合であると一般に解されるところ、両者同じく結果の発生に対する認識としながらも、**その差異は認識の程度の差にあるというよりは、主たる意思方向の差にあるものと解するのが相当**であり、すなわち、確定的故意においては、結果の表象は行為の主として指向するところであるのに対し、未必の故意においては、行為が主として指向するところは他に存し、結果の表象はただその行意を抑止する動機とはなりえなかつた場合と解すべきである。いま、これを本件被告人の犯意についてみるに、被告人の原判示所為の指向するところが、主として、被告人の弁解するような脅迫、または単なる暴行ないし傷害の結果に存し、被害者の死の結果は、単に可能な結果の一として認識しながらこれを認容したに過ぎないものとは到底認めることができない。もとより、被告人が原判示ののみを持ち出した当時から被告人に確定的な殺意があつたと認めるにはいささか疑わしい点がないわけではないが、その後直ちに被害者を追い、原判示共同便所に追いつめて直ちに兇行に及んでいる犯行の推移の状況に照せば、被告人は、被害者の逃走をあくまで被告人の意に従わない反抗的態度と解し、前記被告人の性格性行から、これを徹底的に慴伏せんとして、当初の意図はともかく、前記確定的な犯意をもつて攻撃を重ねるに至つたものと推認するのが相当である。してみれば、原判決が、被告人の殺人の犯意を認定しながらも、これを未必の故意と認定したのは、証拠の評価を誤り、ひいて事実を誤認したものといわざるをえない。

ところで、未必の故意にせよ、確定的故意にせよ、責任条件としてはひとしく犯意あるものとして同一であり、また、一概に未必の故意というも種々の段層を内包し、それ故に確定的故意との限界は認定上も極めて微妙なものがあるところから、この点に関する事実の誤認が、果して、一般に、判決に影響あるものとすべきかは種々論議の存するところではあろうが、前記の如く、両者は認識の分量の差に非ずしてむしろ行為の質的な差であるところから、行為ないしその責任の評価に影響するところが大きく、量刑上重要な要素の一となるのが一般であり、とくに本件の如く、これを無期懲役に処すべきか、有期懲役に処すべきか、隔絶した刑量の量刑問題を具体的に論旨として内包する事案においては、これを判決に影響を及ぼすことの明らかな事実の誤認と解するのが相当であり、検察官の論旨は理由がある。

第３　実行行為の確定

1　実行行為の意味

実行行為も生の具体的行為そのものではなく、実体法上の特定の犯罪の構成要件に当てはめて法的評価した**抽象化された概念**である。人の行為は、殆どの場合、特定の犯罪を実現するための連続した複数の行為である。例えば、ある人を刺し殺した場合、凶器を準備し、殺害相手まで近づき刺すまで様々な行為が連続している。その連続した複数の行為のうちから、殺すといえる具体的危険性のある行為の開始、即ち、殺人罪の**実行の着手時期**はどこかを決めなければならない。この場合、実行の着手前の複数の行為を独自の犯罪とすべきか、あるいは殺人の実行行為に含めて評価すべきかが問題となる。また、刃物で何回も刺した場合でも一つ殺意の実現行為として一つの殺人の実行行為と見る。これは、特定の人を殺すという**一個の意思の発現行為として、法的に一個の実行行為と評価**するからである。さらに、殺人の目的を達すれば**既遂**となるが、殺人の実行行為を終了しても即死でない限り、死という結果までに時間があり、その間にも犯人は被害者に対して様々な行為を行う場合があり、死という結果が生じた後でも死体に傷をつけたり、死体を隠したりする行為を行う場合があり、どこまでを殺人罪の実行行為として包摂すべきかが問題になる。このように、実行行為の確定は、どこからどこまでを一つの犯意の発現行為として評価すべきかということが重要な判断作業なのである。

実行の着手は、**予備罪**との区別、既遂時期は**未遂**あるいは**不可罰的事後行為**との区別の判断基準として重要である。また、実行行為は、成立する**犯罪の数**、**作為犯**と**不作為犯**の区別、**共犯関係にある場合の途中参加者あるいは途中離脱者**の刑事責任の確定などにも重要な影響を及ぼす。

例外として、実行行為のない犯罪として、**共謀共同正犯**、**間接正犯**、**不作為犯**、**原因において自由な行為**などがある。これらは実行行為の概念的拡張形態である。なお、**過失犯**は、結果発生の原因となる行為はあるが故意がない場合である。

(1) 実行の着手

実行の着手は、**当該犯罪を実行する故意をもって、行為自体に当該構成要件の結果が具体的に発生する危険性のある行為を開始すること**である。たとえば、殺すことが可能な凶器で心臓などの体の枢要部を狙うなどの、明らかに結果発生の具体的危険性がある場合は分かり易い。しかし、そうでない場合が多い。**同6-34**は、暴行・脅迫を強姦の実行の着手と認めた事案であり、実行の着手について説示しているので参考にされたい。

実行の着手を判断する上で、最も参考になるのが**判例6-21**と**同6-23**である。**前者は**、自分が起こした交通事故の重篤な状態にある被害者を、自動車に乗せて人のいない山奥に放置した事案について、自動車に乗せて運び山の中に捨てる一連の行為のうちで、殺人の実行の着手は山中に被害者を放置する意思で間道には入った時として作為犯として構成している。瀕死の人を車に乗せて間道に侵入する行為は、一般的に、死の結果が生じる具体的危険性のある行為であるとはいえない。まず、長時間放置すれば死に至る可能性が強いことと、その被害者を敢えて発見されにくい山中に長時間放置するために間道に侵入したことの二つの客観的要件が必要となる。それでも殺意がなければ殺人の実行行為とはいえない。そこで、被害者が重篤な状態に陥った原因を造ったこと、山の中に放置するために間道に入った時に、客観的に見て、被害者が死んでしまうかもしれないがやむを得ないという意思が存在したと判断し、不作為犯の考え方をベースにしながら作為犯を成立させている。これに対して、**後者は**いわゆる**シャクティパット事件**といわれる有名な判例で、一審は前者と同様の考え方で作為犯の殺人罪としたが、控訴審、最高裁は不作為犯としての殺人罪を成立させた。息子が、入院している意識がない重篤な父親を、教祖の強い誘導にしたがって、教祖のシャクティパット治療を受けさせるために、医師の反対を無視して点滴を外し病院から運び出して、なんら救命措置もしないままで自動車、飛行機を使って成田市のホテルにいた教祖の前に連れて行き、同治療を受けさせたが医学的な緊急救命措置をしなかったため死亡させてしまったという事案である。一審は、医師の忠告を無視して点滴を外して病院から運び出し教祖の傍に連れて行き救命措置をせずに放置したという一連の行為を殺人の実行行為とし、教祖は息子から父親の病状について報告を受けていて重篤な状態を承知しながら息子に病院を連れ出させた時に共謀が成立し未必の殺意があった、しかし、息子には父親の死を認容する意思はなかったので保護者遺棄致死罪の限度で共同正犯が成立するとした。しかし、教祖の作為犯と息子の（真正）不作為犯の共謀共同正犯とする点に不合理さが残るし、教祖も高額の治療代を受け取って長年の信者の治療を請け負ったのであるから、父の容態について詳しい報告を受けていたとしても病院から運び出させた時点で未必の殺意を認めるには無理があった。そこで、控訴審は、教祖の未必の殺意発生時期を目の前に父を見て、自分では救命することが無理であると分かった時とし、直ちに救命治療を受けさせれば助かった可能性があったのに、あえてそれを行わなかったとして不作為犯による殺人罪の構成をとり、最高裁もこれを支持した。

両判例の違いはどこにあるのだろうか。前者は、被告人は自ら引き起こした自動車事故で被害者に重篤な怪我を負わせた者であり、その者が被害者の生殺与奪を現に自己の支配下に置いていたのだから救命措置を取るべきであるし可能であったのに対し、後者は、教祖が、被害者の重篤な状況の原因と関係なく、詳しい病状を知らされていたとしても現認しておらず、息子を唆したとしても最終的には息子の判断に委ねられていたこと、主催する新興集団の維持等のために高額の金を受け取って上記治療行為を引き受けたことから、最初から死んでも仕方がないと思っていたというには無理があることなどを考慮して、父親の容態を現認した以降を殺人行為といわれてもやむを得ないと判断したのである。したがって、作為義務に**排他的支配下に置いた**という概念を加えている。

同6-25は、いわゆる**早すぎた結果の発生**といわれ、第一行為でクロロホルムをかがせて失神させ、車で運んで第二行為で川に転落させて殺害するという殺害計画の謀議をし、その通りに実行したところ、第一行為で多量のクロロホルムをかがせた結果第一行為で死亡した可能性もあり、死因がどちらなのか不明であったという事案について、**最高裁**は、第一行為は客観的にみれば、人を死に至らしめる危険性の相当高い行為であったこと、第一行為は第二行為を確実かつ容易に行うために必要不可欠なものであったといえること、第一行為を行った後にそれ以降の殺害計画を遂行する上で障害となるような特段の事情が存しなかったと認められること、第一行為と第二行為との間の時間的場所的近接性があることなどを理由として、「第一行為は第二行為に密接な行為であり、第一行為を開始した時点で既に殺人に至る客観的な危険性が明らかに認められるから、第一行為の時点において殺人罪の実行の着手があった」とした。この事案で重要なことは、第一行為の前に殺害の共謀（殺意の共有）があることが前提になっているということを忘れてはならないことである。即ち、第一行為時に共犯者の誰もが殺意を持っておらず、第一行為の後に殺意を持ったのならこのような結論にはならないということである。

覚せい剤の密輸入について、**同6-19**は、小型船に拾わせるために海に投下した行為は、まだ密輸入のために覚せい剤を実力支配においたとはいえないとして実行の着手を否定したのに対し、**同6-27**は、飛行機による密輸入で、出国手続を完了して大麻を隠していたスーツケースを飛行機に乗せたが、入国手続の際、手続上の理由で入国拒否されて、そのままスーツケースを受け取らないで自国に強制送還される直前に大麻所持が発覚した事案について、実行の着手を肯定し未遂罪を成立させている。この違いを考えてほしい。

同6-20は、強制わいせつの実行行為は、暴行・脅迫自体がわいせつ目的を含むものでなければならないとして、わいせつ目的を持っていたとしても単なる暴行・脅迫はそれに該当しないとし、**同6-24**は、強姦罪について暴行・脅迫の程度を問題にし、「本件暴行脅迫は、被告人の姦淫の意図を実現するための手段としては、その客観的危険性を具備しておらず、その準備段階にあったというべきであるから、いまだ強姦の実行に着手したということはできない。」としている。また、**同6-28**は、強盗強姦罪の実行の着手について、強盗たる身分を有する者が、強姦をすることにより成立する犯罪であるから、強盗の着手は強姦行為の実行の着手に先行するか、少なくとも同時になされなければならず、姦淫行為をするまでに強盗たる身分を取得していない場合には、強盗強姦罪は成立せず、強姦罪と強盗罪が成立するとしている。

同6-29は、侵入窃盗の着手時期について説示しているので参考にされたい。**同6-22**は、ＡＴＭによる窃盗について、キャッシュカードをＡＴＭに挿入した時点で 実行の着手を認めている。**同6-33**は、同じ場所に窃盗のために２回侵入し、２回目の侵入の際に気づかれたため金品の要求をせずに単に脅しただけで逃亡した事案で、１回目と２回目とを別罪とし、２回目は強盗の着手といえないとしている。包括一罪なのか別罪なのかを考える素材になる。

横領罪は、通常、実行の着手、即、既遂と言われ、不法領得の意思の現れとみられる行為があった時を実行の着手とする。**同6-26**は、選挙活動の郵便代金のために自己の預金口座に振り込み送金させて金を預かった場合、自己の使途のために預金を引き出した時（作為）、あるいは自己の使途のための自動引き落としを黙認した時（不作為）をもって、振り込まれた金額全額について実行の着手があったとし、横領行為について争いがある場合はその区別（作為か不作為か）を明示しないと理由不備になるとしている。

同6-30は、時限発火装置内の懐炉灰の火が完全に燃えてしまっていたとするならば発火は不可能であるから、放火犯の実行の着手とはいえず、その点が明確でないとして予備罪の限度でしか認定できないとしている。

同6-32は、名誉棄損罪について実行の着手と既遂を説示している。

（実行の着手に関する判例）

6-19　最判平20・3・4（覚せい剤取締法違反、関税法違反被告事件）

被告人は、共犯者らと共謀の上、外国において覚せい剤を密輸船に積み込んだ上、本邦近海まで航行させ、同船から海上に投下した覚せい剤を小型船舶で回収して本邦に陸揚げするという方法で覚せい剤を輸入しようとしたものの、悪天候などの理由により、投下した覚せい剤を小型船舶により発見、回収することができなかったものである。その事実関係に照らせば、小型船舶の回収担当者が覚せい剤をその実力的支配の下に置いていないばかりか、その可能性にも乏しく、覚せい剤が陸揚げされる客観的な危険性が発生したとはいえないから、本件各輸入罪の**実行の着手があったものとは解されない**。

6-20 東京高判平19・3・26（傷害、脅迫、暴行被告事件）

襲った相手が若い女性であること、時間帯と場所、暴行の態様や連行状況等に照らすと、被告人の目的がわいせつ行為ないしは金員奪取あるいは拉致監禁もしくは通り魔的な暴行以外には想定し難いところ、被害者に対する金員要求行為や持ち物の奪取行為には及んでおらず、被害者が暴行脅迫を受けて抵抗をやめると、連行行為を別として更なる暴行を加えようともしていないことなどからすると、最終的な目的はわいせつ行為にあった疑いが濃厚ではあるが、関係証拠を総合してもわいせつ目的があったと断定することはできない。たとえ、わいせつ行為目的を有していたとしても、わいせつ行為に出ることなく、本件暴行や脅迫を加えただけでは、未だ強制わいせつに到る客観的な危険性が明らかに認められるとまでは言い難く、**強制わいせつ行為の実行の着手を認めることはできない**。

6-21　佐賀地判平19・2・28（殺人未遂被告事件）

被告人は、（略）、上記Ａを自車の助手席に乗せて県道ｄ線ないし県道ｅ線を「Ｂ森林公園」方面に向かい走行し、同市ｆ町ｇｈ番地所在の同公園付近に至ったものであるところ、頭部に重傷を負って意識不明の状態に陥っている上記Ａは最寄りの病院に運ぶまでの短時間の間に死亡するかもしれないと思う一方で、上記Ａはそのままでも数時間程度は生き続ける可能性があるかもしれないとも思い、その場合には、上記Ａを人目に付かない山中に運んで遺棄すれば、誰にも発見・救助されないまま頭部の重傷が悪化して死亡するかもしれないが、それもやむなしと決意し、あえて、同日午後５時２０分ころ、上記Ａを同市ｆ町ｇｉｊ番所在の人目に付かない杉林内に運び、杉の木の下付近の地面上に置いて、同所から立ち去ったが、翌２１日午前１時３０分ころ、捜索中の家族らが、上記場所に遺棄されたままの上記Ａを発見し、搬送先の佐賀県唐津市ｋ１丁目ｍ番１号所在の「Ｃ病院」において緊急手術が施されたため、**殺害**の目的を遂げなかった。（略）

本件公訴事実には、「同人に医師の適切な治療を受けさせることなく、」という文言があるので、検察官は被告人の不作為を問題としているかのようにも思われるが、「殺意をもって」以下には、「同人を（中略）杉林付近まで連れ去り、（中略）通常では発見が困難な上記杉林内に置き去りにした」と記載され、これによれば、明らかに、検察官は被告人の「連れ去り」及び「置き去り」という**一連の作為を殺人行為**に当たるものとして起訴したと解される。

そうだとすれば、裁判所がまず判断すべきことは、検察官が問題にした、「被害者を本件事故現場から杉林内に連れ去り、同所に置き去りにした」という一連の作為（故意の要件をひとまずおく。以下、これを、「被告人の行為」という。）**が客観的に殺人の実行行為に当たるか**否かである。

そして、**これは構成要件該当性の問題であるから、その判断は、通常人が認識・予見し得たであろう事実及び行為者が現に認識・予見していた特別の事実を内容とする具体的状況を基礎として、科学的見地と社会通念の双方から見て結果発生の定型的危険性があるか否かという枠組みでなされるべきである。**（略）**（被告人の行為は被害者を死亡させる定型的危険性があるか否か）**

（１）被害者の受傷の程度と緊急に医師による治療を受けさせる必要性等

（略）、被害者を診察したＤ医師によれば、受傷後一般に６時間程度経過すると、血腫や腫脹が拡大して脳が圧迫されて脳ヘルニアを起こし、脳幹部が圧迫されて呼吸や循環器系等の生命維持に必要な機能が止まって死亡につながること、骨折による損傷部から頭蓋内に菌が侵入すると、髄膜炎や感染症を起こして死亡につながるおそれがあること、気温が体温より低いとエネルギーが消耗して免疫力を低下させる要因となること、被害者は発見・救出されなければ、死亡していたことは間違いないこと、が認められる。（略）

被害者の状態は、被告人も認識していたし、通常人であれば、より明確に、被害者は生きていること、被害者は頭部等に重傷を負っていること、もとより前記イのような専門的知識なくそのような判断はできないとしても、緊急に医師による治療を施さなければ頭部等の傷害が悪化して死に至るおそれがあると認識・予見し得るものであった。

（２）被害者の本件遺棄現場への搬送、遺棄等

被告人は、頭部という身体の枢要部分に重傷を負って大量に出血して意識を失い、救護を要する状態に陥っている被害者を、車に乗せて運び、事故現場から約３．２キロメートル離れた、夜間の気温が低く、通常では発見が困難な杉林の中に、不衛生な状態で置いて立ち去った。

本件事故現場が県道上であり、平日の午後５時台という時間帯や、実際に、本件事故から約６分後の午後５時１６分ころには近隣住民が本件事故現場を通りかかって事故の痕跡を発見していること、また、被害者は本件事故により重体となってはいたものの、実際に、本件事故から約９時間後に病院で治療を受けて死亡の結果を免れていることからすれば、被害者を車に乗せて運んで杉林の中に置き去りにするという被告人の行為がなければ、被害者が早期に事故現場で第三者に発見・救護され、病院で緊急治療を受けて死亡の結果を回避できた蓋然性は高かったものと認められる。

したがって、重体の被害者を、自己の車に乗せて移動させ、夜間の気温が低く、通常では発見・救出が極めて困難な杉林の中に運び込み、遺棄して立ち去るということは、自己が救護しないばかりか、第三者による発見・救護の機会をも奪うことを意味する。このことは、取りも直さず、医師による緊急治療の機会を奪い、頭部の重傷を進行・増悪させ、救命の可能性を閉ざすものである。

（３）本件遺棄現場の気温、衛生状態（略）

（４）小括

以上によれば、本件事故により重傷を負ったがまだ生きており、医師による緊急治療の必要がある被害者を、自己の車に乗せて搬送し、夜間の気温が低く、通常では発見・救出が極めて困難な杉林の中に運び込み、不衛生な状態のまま置いて立ち去った被告人の行為は、医師による緊急治療の機会を奪い、頭部の重傷を進行・増悪させたり、エネル

ギー消耗により免疫力を低下させたり、傷口から菌が侵入し髄膜炎や感染症を引き起こしたりするおそれが強い。これらは被害者の生命侵害の危険性を死が確実と言い得るほどにまで高めるという点で、被害者の生命に対する新たで重大な危険性を生じさせるものであることは、医学的見地のみならず、社会通念に照らしても、極めて明白である。

（略）そうすると、**被告人の行為は、被害者の死亡の結果を引き起こす定型的危険性を十分に備えた行為であり、客観的には、殺人の実行行為に該当する**と言わなければならない。（略）

（殺人の故意の有無及び故意発生の時期）（略）、**殺人の故意**は、行為者が、自己の実行行為によって、被害者を死亡させるに至ること、又はそのおそれがあることを予見しながら、その結果を認容し、あえてその行為に出る場合に認められる。（略）。

（被害者が生きていること等についての被告人の認識の有無）

ア　被害者が生きていること及びそのままでも数時間程度生き続ける可能性についての認識の有無

(ァ)（略）、被害者は、本件事故により、頭蓋骨骨折等の重傷を負って頭部から大量に出血し、被告人の声掛けに対して、左手の指先がわずかに前後に動き、左まぶたがピクピクと動くだけで、目は閉じたままで覚せいせず、意識不明の状態に陥っていた。この状態は、被害者を被告人が自車に乗せて搬送している間も、本件遺棄現場に遺棄した時もほとんど同じであり、このような被害者の状態については、被告人もそのとおり認識していた。

(ィ) 被告人は、当公判廷において、「被害者が死んだと思った」、「被害者を病院に連れて行っても助からないと思った」旨の供述をしている。一方で、被告人は、当公判廷において、「翌朝にまた来て被害者が死んでいれば埋めようと思っていた。」と、前記供述とは矛盾する内容の供述もしており、被害者が本件遺棄現場において数時間程度生存し続ける可能性を認識していたことを自認している。（略）

そうすると、被告人は、前記（ァ）のような重篤な被害者の状態を認識していたことから、被害者は間もなく死亡するかもしれない、病院に搬送する前に死亡するかもしれないという考えを有していたことは否定できないが、他方、そのような判断は人の生死を判断するに当たって通常行われるであろう確認を何ら行うことなくなされていること、「翌朝にまた来て被害者が死んでいれば埋めようと思っていた。」旨の、被害者がそのままでも数時間程度は生き続けることを前提とした内容の供述もしていることを併せ考えると、被告人は、被害者がそのままでも数時間程度は生き続ける可能性があることも認識していたと推認するのが合理的である。

イ　被害者を最寄りの病院に搬送し得る客観的可能性についての認識の有無は前記前提事実のとおり、本件事故現場から車で約３０分走った所に病院があり、そこに被害者を搬送するのに格別の困難はないところ、被告人はかかる事実も認識していたと認められる。

（被害者を本件遺棄現場に遺棄したこと及び同場所の状況等についての認識の有無）（略）、そのような被告人の行動からすれば、被告人は、本件遺棄現場が被害者を隠匿するのに適した、通常では発見・救出が極めて困難な場所であることを認識していたと認められる。

（被告人が自己の実行行為によって被害者を死亡させるに至ることを認識・認容していたか否か）

前記アないしウのとおり、被告人は、被害者が生きており、そのままでも数時間程度は生き続けることを可能性の一つとして認識した上で、事故現場から車で約３０分のところに病院がありそこに被害者を搬送するのに格別の困難はないこと、本件遺棄現場が通常では発見・救出が極めて困難な場所であることも認識していたことが認められる。

そうすると、被告人は、被害者を本件遺棄現場に運び込んで遺棄するという**自己の実行行為**によって、本件事故により傷害を負ったというだけの状態と比較して、医師による緊急治療を施せば救命が可能であった被害者からその機会を奪って頭部の重傷を進行・増悪させることにより、被害者の死の結果を惹起する現実的危険性を著しく高めてより確実にする可能性があることを予見しながら、それもやむなしとし、あえて、その行為に出たものと認められる。（略）以上より、被告人には、**殺人の未必の故意**が認められる。

（殺人の故意発生の時期及び実行行為の着手時期）（略）

被告人は、当公判廷において、「被害者を車に乗せた時には病院に連れて行く気持ちもあった、Ｂ溜池付近で被害者を山の中に置いてこようと思った。」旨供述している。そこで、**殺人の故意が発生した時期が問題**となり、これに関連して、**殺人の実行行為の着手時期が問題**となる。（略）

ア　前記前提事実のとおり、被告人は、被害者を車に乗せる直前に、事故を隠蔽するために被害者の自転車を投棄しており、このような行動からすれば、被告人が被害者を病院に搬送するのではなく、当初から、事故を隠蔽するために被害者を山中に運んで遺棄する目的で自車に乗せたものとも考えられる。

イ　しかしながら、前記前提事実によれば、被告人は重傷を負った被害者の頭部と汚れた座席との間にタオルを敷いたり、車内で被害者に声を掛けたりしたこと、本件事故現場から発車後の被告人の進行方向は、県道ｄ線であれ県道ｅ線であれ、市街地へと向かうものであったこと、被告人は管理車道への入り口を少し過ぎてから後退して管理車道に左折進入したことが認められ、これらの事実に照らせば、被告人が被害者を自車に乗せて運転を開始した後もしばらくの間は、被害者を病院に搬送するかどうか逡巡していたと見るのが自然である。

ウ　したがって、検察官主張のように、被告人が被害者を車に乗せた時点で被害者を山中まで運んで遺棄することを決意したと認定することはできず、被告人は、市街地へと向かう県道ｅ線をそのまま直進せずに、管理車道への入り口を少し過ぎてから後退し、山中へ向かう管理車道に左折進入した時点で、被害者を山中に運んで遺棄することを決意したことが認められる。

（略）**被告人の殺人の実行行為の着手時期**も、検察官主張のように、被告人が被害者を車に乗せた時点と認定するには合理的な疑いが残るのであり、この点については、被告人が、市街地へと向かう県道ｅ線から**管理車道に左折進入した時点と認定すべき**である。

6-22　名古屋高判平18・1・24（窃盗被告事件）

未遂犯成立の要件である「実行の着手」は、既遂結果発生の現実的危険性が発生した行為をいうところ、窃盗罪の場合には、占有侵害の具体的危険性が高まった時点、すなわち、財物に対する事実上の支配を侵すにつき密接な行為を開始した時点をもって、実行の着手が肯定され、窃盗未遂の罪が成立することになる。しかしながら、窃盗の犯罪類型は様々であり、財物の性状や保管状態、窃取行為の態様、状況、犯行場所等によって、占有侵害の危険発生の状況が異なることからして、当該状況においてそのような「財物に対する事実上の支配を侵すにつき密接な行為」が開始されたと見るべきか否かについては、上記のような諸般の状況を総合検討の上、社会通念により決すべきである。そして、このような観点から本件事案を検討するに、不正に入手した他人名義のキャッシュカードを自動預払機に挿入する行為は、４桁の暗証番号が合致さえすれば、その後は何の障害もなく、場合によっては極めて高額の現金を盗み出すことが可能となること、４桁の暗証番号による預金（財産）保護は、国民の財産を保護するシステムとして十分のものとは認識されておらず、偽造したキャッシュカードや不正に入手したキャッシュカードを使用して現金を盗み出す犯罪が多発している今日において、そのような犯罪を防止し、国民の財産権の保護を図ることが新たな立法課題となり、その結果、新たに預金者の保護等に関する法律が成立するに至った状況などにかんがみると、**自動預払機にカードを挿入する行為により犯罪構成要件実現に至る具体的、現実的な危険を含む行為が開始されたものと評価するのが社会通念に合致するところである**（自動預払機は、いわば、堅固な金庫と同様の機能を果たしており、それに対してキャッシュカードは、それ自体がその暗証番号と相俟って金庫の鍵やダイヤルとしての機能を有していることからすると、そのような鍵を金庫に挿入する行為やダイヤルを回す行為が行われた以上、金庫の中に保管されている現金に対する占有侵奪の危険が生じていると解するのが社会通念に沿うところである。）。そしてこのことは、犯人がそのカードの暗証番号を知らず、また知りうる手がかりを有していなかったとしても、その結論には何ら影響がないものと解すべきである。したがって、本件において、**キャッシュカードを自動預払機に挿入した時点をもって、窃盗の実行の着手があったと解すべき**であり、被告人には窃盗の未遂罪が成立するのであって、これを認めた原判決には法令の解釈適用の誤りはないというべきである。

（同旨：名古屋高判平13・9・17（窃盗未遂等被告事件）窃盗罪において実行の着手があったといえるためには、原判決の指摘するとおり、財物に対する事実上の支配を侵すにつき密接な行為を開始したことが必要と解されるところ、その判断は、具体的には当該財物の性質・形状、占有の形態、窃取行為の態様・状況、犯行の日時場所等諸般の状況を勘案して社会通念により占有侵害の現実的危険が発生したと評価されるかどうかにより決すべきものであり、これを本件についてみれば、キャッシュカードを現金自動預払機ないし郵便貯金自動預払機に挿入した時点で、犯罪構成要件の実現に至る具体的ないし現実的な危険を含む行為を開始したと評価するのが相当であって（たまたま盗難が届けられていたために各キャッシュカードが機械の中に取り込まれた事実（前示（３）（７））は、この判断に何ら影響を及ぼすものではない。）、かかる預払機に使用方法として、先ずキャッシュカードを挿入し、残高照会をした後に入力画面から払戻しに移行する場合と残高照会後に再度カードを入れ直して払戻しをする場合と直接払戻しの操作に及ぶ場合とで占有侵害の具体的危険性に実質的な差異があるとは考えられない。

そうすると、公訴事実第１及び第２について被告人の各所為は、窃盗の実行の着手と認められるものであって、**窃盗**

未遂罪の成立は否定できないところである。

6-23　最決平17・7・4（殺人被告事件）

（1）被告人は、手の平で患者の患部をたたいてエネルギーを患者に通すことにより自己治癒力を高めるという「シャクティパット」と称する独自の治療（以下「シャクティ治療」という。）を施す特別の能力を持つなどとして信奉者を集めていた。
（2）Aは、被告人の信奉者であったが、脳内出血で倒れて兵庫県内の病院に入院し、意識障害のため痰の除去や水分の点滴等を要する状態にあり、生命に危険はないものの、数週間の治療を要し、回復後も後遺症が見込まれた。Aの息子Bは、やはり被告人の信奉者であったが、後遺症を残さずに回復できることを期待して、Aに対するシャクティ治療を被告人に依頼した。
（3）被告人は、脳内出血等の重篤な患者につきシャクティ治療を施したことはなかったが、Bの依頼を受け、滞在中の千葉県内のホテルで同治療を行うとして、Aを退院させることはしばらく無理であるとする主治医の警告や、その許可を得てからAを被告人の下に運ぼうとするBら家族の意図を知りながら、「点滴治療は危険である。今日、明日が山場である。明日中にAを連れてくるように。」などとBらに指示して、なお点滴等の医療措置が必要な状態にあるAを入院中の**病院から運び出させ、その生命に具体的な危険を生じさせた**。
（4）被告人は、前記ホテルまで運び込まれたAに対するシャクティ治療をBらからゆだねられ、Aの容態を見て、そのままでは死亡する危険があることを認識したが、上記（3）の指示の誤りが露呈することを避ける必要などから、シャクティ治療をAに施すにとどまり、**未必的な殺意**をもって、痰の除去や水分の点滴等Aの生命維持のために必要な医療措置を受けさせないままAを約1日の間放置し、痰による気道閉塞に基づく窒息によりAを死亡させた。
（略）以上の事実関係によれば、被告人は、**自己の責めに帰すべき事由により患者の生命に具体的な危険を生じさせた**上、患者が運び込まれたホテルにおいて、被告人を信奉する患者の親族から、**重篤な患者に対する手当てを全面的にゆだねられた立場にあった**ものと認められる。その際、被告人は、患者の重篤な状態を認識し、これを**自らが救命できるとする根拠はなかったのであるから、直ちに患者の生命を維持するために必要な医療措置を受けさせる義務を負っていた**ものというべきである。それにもかかわらず、未必的な殺意をもって、上記医療措置を受けさせないまま放置して患者を死亡させた被告人には、**不作為による殺人罪が成立**し、殺意のない患者の親族との間では保護責任者遺棄致死罪の限度で共同正犯となると解するのが相当である。

（下級審：千葉地判平14・2・5）

一　殺人罪の実行行為性の検討

1　（略）、Vの生命にとって極めて危険な状況、致死的な結果を引き起こす可能性の極めて高い状況にあったものであり、最低でも7月2日からさらに10日ないし2週間は点滴を行うことが必要であったことが認められる。以上の各事実からすると、同月2日当時において、c病院のベッド上にいたVを、体につけられていた点滴装置及び酸素マスクを取り外し、病院外に連れ出すという行為は、それ自体、脳内出血の合併症や水分不足による窒息、脳血栓や心筋梗塞等を引き起こすことにつながる、Vの生命に対する重大な危険を孕んだ行為であることは疑いがない（略）。

2　もっとも、O医師もその供述において述べているように、仮にVをc病院より連れ出したとしても、その安全が保たれている等移動手段が適切であり、移動先が他の病院であるなどc病院と同等以上の治療設備を備えているような場合には、Vが死に至る具体的な危険性があるとはいえないため、「点滴装置や酸素マスクを取り外し、Vを病院外に連れ出す」段階までの行為のみをもって、殺人の実行行為として十分なだけの、Vの死に対する具体的・現実的危険性が存するとまでは認められない。

そこで、Vを病院から連れ出して以降の所為について見るに、Bらは、看護婦の資格経験を有する者を同行させたのみで、救急車等、常時点滴や痰の除去等の処置を施すことが可能な手段によらず、自動車と航空機を利用して、f市所在の何ら医療設備のないホテルにVを運び込み、その後も点滴による水分や薬剤の投与、痰の除去等Vの生存に必要な措置を一切行わずにおいたことが認められる。

そうすると、前記のような病状にあるVを、何ら医療設備のないホテルに運び込んだうえ、その生存に必要な措置をなんら講じなければ、Vの死という結果が生じる現実的具体的危険性は当然生じうるものであるから、前記のとおりの点滴装置及び酸素マスクを外したうえで病院外に連れ出す行為に伴う危険性をも併せ考えれば、**これら一連の行為は、前記したVの生命に対する現実的具体的危険性を生じさせるに十分なものであると認められる**。よって、本件においては、

Ｂらにおいて、ｃ病院にいたＶを、Ｓらをしてその点滴装置を外し、酸素マスクを外させたうえで、ベッドから下ろして病院外に連れ出し、自動車及び航空機により何ら医療設備のないホテルに運び込み、そして同ホテルにおいて、被告人及びＢらにおいて、その生存に必要な措置を何ら講じずにおくという**一連の行為をもって、殺人罪の実行行為に該当する**ものというべきである。そして、点滴装置や酸素マスクを外し、病院から連れ出してホテルに連れ込むＢらの行為は作為であり、同ホテルにおいて生存に必要な措置を講じなかった点については、被告人自身もＢらもこれを行わなかったものであるから、被告人自身の不作為でもあるといえるものであって、前記本件一連の実行行為はこれら作為及び不作為の複合したものであるというべきである。

二　Ｖの死亡と因果関係

（略）平成１１年７月３日午前６時３５分ころ、Ｖは呼吸が苦しそうにしていたが、そのうち段々ゆっくりとした呼吸になり、はあーと息を吐ききって、その後呼吸しなくなったこと、これ以降Ｖが呼吸するのを見た者はなく、Ｖの体にも変色、腐敗臭、鬱血等の変化が生じ始めたこと、その後の同年１１月１１日に千葉県警察によりＶの死体が押収され、鑑定の結果脳内出血の疑いがもたれたものであるが、死体の腐敗が激しく死因を特定できるには至らないものであり、他の死因を否定するものではないこと等の事実が認められる。

これに、（略）、Ｖは粘稠化した痰により気道閉塞状態に陥っており、痰が詰まることによる窒息の危険性が高く存したこと、脳神経外科の専門医であるＯ医師がその供述において右同日の痰の気道閉塞による窒息死が死因であると十分考えられる旨述べていることを併せ考えれば、Ｖは、判示事実のとおり、右同日に粘稠化した**痰による気道閉塞により窒息死したこと、そしてこの窒息死という結果とＶを点滴装置・酸素マスクを外したうえで病院外に連れ出し、何ら医療設備のないホテルに運び込んでその生存に必要な措置を何ら講じずにおくという一連の実行行為との間に因果関係が存することは明らかである。**

三　被告人の殺意の有無の検討

被告人が、７月１日の、Ｏ医師から退院は許可できないとの言を聞いたが、それでも「Ｈ２治療」を受けさせたいとしたＢからの依頼を受けて、「そうなんだ。もう夜逃げしかないんだ。」等、Ｂからの報告内容を理解したうえでなければ述べえないであろう応じ方をしていること等の事実から見るに、被告人は、Ｖの病状、それに対する治療投薬の内容や、このときのＶに対しこれらの治療を打ち切ることの意味、それゆえ医師としては退院許可を出せないことについて、逐一Ｌを介してＢから報告を受け、被告人もこれを十全に理解することが可能であった状況が認められる。

そうすると、前記のとおりの本件一連の実行行為の危険性に加え、このように医学的専門的知識を有しない者でもその危険性を認識しうる程度に具体的で詳細な報告を受けていたことを併せ考えれば、かかる報告を受けていながら、Ｖを連れ出して病院での治療を打ち切らせ、なんら医療設備のないホテルに運び込ませれば、**Ｖに不測の事態が起こりうること、それがＶの生命に危険を及ぼしかねないことであることの認識を有していたものと考えられるから、これは被告人がＶを死に至らしめるかもしれないとの認識**を有していたこと、ひいては被告人の殺意の存在を推認させるものである。（略）

被告人は、Ｖが倒れた当初、「たとえＲのそばにいたとしても、いかんともしがたいのです。治れば奇跡ですので、覚悟しておいて下さい。」などと、現代医学によっても被告人の「治療」によっても治療は極めて難しいかの如き発言をし、Ｂから病状の報告を受けた後も、「いい先生に出会えたね。本当のことを言ってくれているね。現代医学の定説から言っても、回復は不可能なんだ。」等と述べて、とくにＯ医師らの治療を非難するでもなく治療の難しさをＢらに説いている。（略）被告人に何らかの理由により「Ｈ２治療」を受けさせる必要があったことが窺われる（略）。

病院の行った治療が誤りであったことを繰り返し強調し、この後の見通しについても、「絶対大丈夫である、ということはないです。〇〇〇がＭａｉｌした日にくれば大丈夫だった。あれから何日か経ったよね。覚悟しておかなければならない。」などと述べている。これらの言が現代医学からして誤りであることは関係各証拠から明らかであるが、被告人がこれだけ病院の治療の誤り、あるいは現代医学の責任を繰り返し、すでに手遅れの可能性がある旨告げているというのは、自分の責任ではない旨を強調したい意図を窺わせるところ、真に「Ｈ２治療」でＶが治癒するのであれば、かかる言を吐く必要はない筋合であること等からすると、被告人はＶを治療することができないことを予め予測したうえで、原因を他に転嫁すべく伏線を敷いていたものと認められる。（略）また、被告人は、まだＶが生存していたと思われるときでも、「食事は、ほしいといったらなんでも。３日ぐらい食べなくても気にしなくていい。」、「これから、超熟睡に入ります。２４時間昏睡します。寝返りはないです。心配いりません。」、「２４時間飲み食いは要らないです。」、「冷やしてはいけません。なぜなら、Ｈ２で物凄く寒いからです。熱は問題ありません。」、「（水分は）２４時間は、本人がほしいといわない限り、大丈夫です。」などと、Vに対してほとんど何も行わなくてよいかの如く述べ、喉が乾いたのではないかと心配したEを激しい口調で罵倒している。これは、後述するようにVの死後、その死、ひいては被告人の治療が失敗したことを悟らせないようにしたのと同様、Bらに、Vに対する介護を行わしめ、これにより重篤な病状等がBらに察せられる事態を未然に防ぐことで、これらの者が疑念を抱くのを防ごうとの意図を強く推認させる。
（略。注：V死亡直後の被告人の言動から）被告人が、周囲の者においてVに触れることをひたすら押さえようとしている姿勢からは、Bらが「介護」としてVに触れるのを極力防ぎ、また腐敗臭等今後当然に予想される事態につきあらかじめ言訳しておくことによって、これらの者が疑念を抱くのを防止し、Vの死を悟らせないための予防線を張ったものと強く推認される。
（略）これら被告人の一貫性に欠ける場当たり的な発言等の事実からは、被告人は結局、自己がVを治療することなどできないことを知りながら、これを周囲の者に悟らせまいと、種々煙幕を張る弁解をしていたものであると考えるのが相当であるから、この点からも被告人は、Vの呼吸停止を聞き知った時点でその死の結果の発生を認識したものと認められる。
（略）以上を総合すると、結局、被告人の種々の言動からは、被告人が、Vを病院から連れ出す等することによる死の可能性の極めて高いこと、そして連れ出し、その後医学的に放置したこと等によりVが死亡したものであることを、それぞれ認識していたことが認められ、ひいて、これは、被告人の殺意を強く推認せしめるものというべきである。（略）

以上を総合すれば、被告人は、BからVの病状について詳細な報告を受け、Vの病状と、連れ出して医学的治療を受けさせないことの危険性、死亡させることになるかもしれないとの認識を有しながら、そして「H２治療」では治癒するものではないことも認識しながら、Vに対して「H２治療」を行ってみせる立場上の必要があり、また、その治療費が収入源でもあったこと等の事情から、敢えて本件に及んだものと認められる。よって、被告人にはVに対する**殺意**を認めることができる。（略）

そして、Bの側でも、Vの治療に関し、当初は移動は不可能とのO医師の説明を信じて、被告人にc病院まで出向いてもらって「H２治療」を行ってもらいたい、あるいは一応の医療を受け終えた退院後に被告人の下で「H２治療」を受けさせたいとの意思であったものであるのに、被告人のこれらの言により、退院を待たずしてでも連れていかなければならないとの切迫した危機感を抱き、移動は不可との医師の言、そして他の家族の考え等の狭間で悩みながらも、最終的には退院を待たずしてVを連れ出すことを決意したものであることが認められるから、Bは被告人のかかる発言があったればこそVを連れ出すに至ったことは明らかであり、その意味において、最終的にBがO医師らの治療方針に反し、病院から無理矢理退院させてでもVを連れ出すことを決意した７月１日の時点において、被告人とBとの間に、Vを医師による医療から離脱せしめ、何ら医療設備の用意されていない被告人のもとへ連れ行くことの**共謀が成立**したものと認められることもまた、明らかである。（略）

保護責任者遺棄の故意が認められるためには、通常ならば要保護者にとってその行為が「遺棄」あるいは「不保護」と評価すべきこととなる事実を認識していれば足りると考えられるところ、（略）Bは、O医師からVの病状について何度も詳細な説明を受け、c病院と同レベルの医療設備がない場所へ移動させることには命の保証ができないこと等の説明を受けていたというのであるから、「ドキュメント」の記載とこれから窺われるBの知能程度の高さを併せ考えれば、（略）退院見込みの時期については誤認があったものと思われるものの、それ以外の点については、Bがこれを納得していたかどうかはともかく、重篤なVの症状とこれに対してなされている治療の内容等はかなりの正確さで認識していたものと認められる。

そうすると、かかる認識を有していたBとしては、**本件一連の実行行為**、かかる重篤な症状のVを、点滴や酸素マスクを外し、航空機等により何ら医療設備のないf市所在のホテルに連れ込み、通常病院等でなされるべき医学的治療を受けさせないという行為をしたりすれば、Vの生命を危険にさらし、またその生存のために必要な保護を行わないことになるであろうことは通常当然に理解可能なところであるから、Bには保護責任者遺棄の故意に欠けるところはないと認められる。（略）

３　よって、被告人とBらは、客観的には殺人の実行行為を行っているものであるが、BはVの回復を強く望んでいたこと自体は認められるため、BにはVの死という結果に対する予見はあったとしてもこれを認容する意思はなく、殺人の故意までは認められないことは明らかであるから、保護責任者遺棄の故意が成立するに過ぎず、これまで述べ来たったとおり殺人罪の認められる被告人とは、保護責任者遺棄致死の範囲内の限りで共同正犯となるものである。

6-24　広島高判平16・3・23（強姦致傷〔予備的訴因わいせつ目的略取未遂、傷害事件〕）

本件公訴事実は、「被告人は、自転車で帰宅途中のA（当時２１年）を認めるや、同女を強いて姦淫しようと企てて同女を追尾し、平成１５年５月１日午後８時１０分ころ、広島県東広島市（以下略）Bマンションエントランスホールにおいて、同女に対し、やにわに同女の背後から抱きついて同女の口及び腹部を手で押さえつけて、『おとなしゅうせえ。やらせえ。』などと申し向けた上、抵抗する同女の腹部を膝で２回蹴るなどの暴行を加え、その反抗を抑圧して同女を強いて姦淫しようとしたが、同女が抵抗したため、その目的を遂げず、その際、上記暴行により同女に対し加療約８日間を要する腹部打撲、右肋間筋損傷の傷害を負わせたものである。」というものである。（略）

（1）被告人は、平成１５年５月１日午後８時ころ、普通乗用自動車を運転中、自転車に乗車して帰宅途中の被害者を見かけ、スタイルが良く、ミニスカートをはいていた同女の身体に惹かれて姦淫したいと考え、その後をつけた。

（2）被告人は、被害者を追い越し、本件マンション（５階建のワンルームマンション）の出入口から南方約２０メートル先に自動車を停止して待ち伏せしたところ、被害者は、本件マンションの南西側に隣接する自転車置き場に自転車を置き、外階段を上がって２階のエントランスホールに向かった。被告人は、同日午後８時１０分ころ、自動車から降りて、被害者に走り寄り、エントランスホール手前の踊り場付近で、その背後から抱きつき、口と腹部を手で押さえつけ、エントランスホールに押し込み、「おとなしゅうせえ。やらせえ。」と言った。被害者は、被告人の手に噛みつこうしたり、身体をよじったりして被告人を振りほどき、悲鳴をあげて助けを求めるとともに、被告人の急所を狙って膝蹴りをしたが、空振りになり、逆に被告人から２回腹部を膝蹴りされて息が詰まり、その場にうずくまった。被告人は、「早く車に乗れ。」と言い、被害者が落としたショルダーバッグの中から携帯電話を取り上げた。

（3）被害者は、機転を利かして時間稼ぎをするために、わざと咳き込んで動けない振りをし、さらに、コンタクトレンズを落としたとして探す振りをしていると、被告人も一緒になってコンタクトレンズを探し始めた。そして、本件マンションの中から住民と思われる男性一人が、エントランスホールに出て来たため、被害者は助けを求めたが、被告人は、その男性の肩を抱きかかえて、「男と女のことじゃけぇ。あっち行っといてぇ。」と言い、建物の内側に追い払った。

そのころ、被害者の大学の同級生で本件マンションに居住しているCが友人のDを連れて帰宅し、エントランスホールに入って来たため、被害者は、Cらに警察を呼んでほしいと言って助けを求めた。被告人は、CとDの肩を抱いて、「男だったら分かるだろう。」などと言って追い払った。その隙に、被害者は、本件マンションの外に逃げ出し、追い掛けて来た被告人から、「車に乗れ。」と要求されたが従わず、被告人に対し、携帯電話を返還するように要求し続けた上、エントランスホールに戻る際、被告人の自動車のナンバーを確認した。他方、Cは、同日午後８時１４分ころ、自室から警察に１１０番通報しており、被害者は駆けつけた警察官に強姦未遂の被害を申告した。

（4）本件現場付近は、閑散としているが、民家や学生用のワンルームマンションなどが点在する新興住宅地であり、本件犯行時刻は、通行人のあることが予想される時間帯であるし、現に、被告人が暴行脅迫を開始して間もなく、本件マンションの住民や被害者の友人がエントランスホールに出入りしている。また、エントランスホールには照明があり明るかったし、本件マンションの周囲は暗かったものの、廊下の照明や出入口付近に設置された自動販売機の明かりがあり、漆黒の暗闇というわけではない。このエントランスホールから市道に接しているマンションの出入口まで行くためには、階段の踊り場を通り、合計１１段の外階段を降りる必要がある。そして、被告人が被害者を連れ込もうとした自動車は、この出入口から更に約２０メートル離れた民家の門扉の前に停車してあり、エンジンは掛けたままであったが、ドアは閉めてあった。

（5）被告人は、当時２２歳の男性であり、身長約１７９センチメートル、体重約８０キログラムであった。本件犯行後、被告人の右手甲、前腕、上腕及び肩に傷が付いていた。他方、被害者は、当時２１歳の大学生であり、身長は１７０センチメートル近くあった。被害者は、被告人の本件暴行により、加療約８日間を要する腹部打撲、右肋間筋損傷の傷害を負った。

２　上記認定にかかる本件犯行の時刻、犯行現場の状況、被告人が被害者に加えた暴行脅迫の内容及び程度、被害者を連れ込もうとした自動車の停車位置や状況、自動車までの距離、被害者の年齢、体格及び抵抗の状況、被害者に暴行脅迫を加えた後に被告人が被害者や通行人らとしたやりとりの内容などを考慮すると、被告人が被害者を姦淫しようとする犯意が強固であったことを併せ考慮してみても、被告人は単独で、しかも凶器を使用することなく本件犯行を遂行しようとしているところ、成人した被害者の激しい抵抗を排除して、マンションの外階段を降り、その出入口から約２０メートル離れていて民家の前に停めてある自動車内に被害者を連れ込み、その停車場所で、あるいは、自動車を運転して適当な場所まで移動するなどした上、強いて姦淫行為に及ぶためには、客観的に困難な事情が多々あったというべきである。そうすると、**被告人が被害者に暴行脅迫を加えた時点において、直ちに強姦の犯意を確実に遂行できるような状況にあったということはできないのであって、本件暴行脅迫は、被告人の姦淫の意図を実現するための手段としては、その客観的危険性を具備しておらず、その準備段階にあったというべきであるから、いまだ強姦の実行に着手したということはできない。**
（略）しかし、すでに検討したとおり、被告人が加えた暴行脅迫の程度は、重大であるとまではいえないものであり、被害者も、被告人からの難を逃れるために種々の対応を行っていることからしても、本件事案においては、被告人が暴行脅迫を加えた時点で、直ちに被害者を自動車内に連れ込んで強姦に至る客観的な危険性があったということはできない。

6-25　最決平16・3・22（殺人、詐欺被告事件）

（１）被告人Ａは、夫のＶを事故死に見せ掛けて殺害し生命保険金を詐取しようと考え、被告人Ｂに殺害の実行を依頼し、被告人Ｂは、報酬欲しさからこれを引受けた。そして、被告人Ｂは、他の者に殺害を実行させようと考え、Ｃ、Ｄ及びＥ（以下「実行犯３名」という。）を仲間に加えた。被告人Ａは、殺人の実行の方法については被告人Ｂらにゆだねていた。
（２）被告人Ｂは、実行犯３名の乗った自動車（以下「犯人使用車」という。）をＶの運転する自動車（以下「Ｖ使用車」という。）に衝突させ、示談交渉を装ってＶを犯人使用車に誘い込み、クロロホルムを使ってＶを失神させた上、最上川付近まで運びＶ使用車ごと崖から川に転落させてでき死させるという計画を立て、平成７年８月１８日、実行犯３名にこれを実行するよう指示した。実行犯３名は、助手席側ドアを内側から開けることのできないように改造した犯人使用車にクロロホルム等を積んで出発したが、Ｖをでき死させる場所を自動車で１時間以上かかる当初の予定地から近くの石巻工業港に変更した。
（３）同日夜、被告人Ｂは、被告人Ａから、Ｖが自宅を出たとの連絡を受け、これを実行犯３名に電話で伝えた。実行犯３名は、宮城県石巻市内の路上において、計画どおり、犯人使用車をＶ使用車に追突させた上、示談交渉を装ってＶを犯人使用車の助手席に誘い入れた。同日午後９時３０分ころ、Ｄが、多量のクロロホルムを染み込ませてあるタオルをＶの背後からその鼻口部に押し当て、Ｃもその腕を押さえるなどして、クロロホルムの吸引を続けさせてＶを昏倒させた（以下、この行為を「第１行為」という。）。その後、実行犯３名は、Ｖを約２Ｋｍ離れた石巻工業港まで運んだが、被告人Ｂを呼び寄せた上でＶを海中に転落させることとし、被告人Ｂに電話をかけてその旨伝えた。同日午後１１時３０分ころ、被告人Ｂが到着したので、被告人Ｂ及び実行犯３名は、ぐったりとして動かないＶをＶ使用車の運転席に運び入れた上、同車を岸壁から海中に転落させて沈めた（以下、この行為を「第２行為」という。）。
（４）Ｖの死因は、でき水に基づく窒息であるか、そうでなければ、クロロホルム摂取に基づく呼吸停止、心停止、窒息、ショック又は肺機能不全であるが、いずれであるかは特定できない。Ｖは、第２行為の前の時点で、第１行為により死亡していた可能性がある。
（５）被告人Ｂ及び実行犯３名は、第１行為自体によってＶが死亡する可能性があるとの認識を有していなかった。しかし、**客観的にみれば、第１行為は、人を死に至らしめる危険性の相当高い行為であった。**
２　上記１の認定事実によれば、実行犯３名の殺害計画は、クロロホルムを吸引させてＶを失神させた上、**その失神状態を利用して、Ｖを港まで運び自動車ごと海中に転落させてでき死させるというものであって、第１行為は第２行為を確実かつ容易に行うために必要不可欠なものであった**といえること、**第１行為に成功した場合、それ以降の殺害計画を遂行する上で障害となるような特段の事情が存しなかったと認められること**や、**第１行為と第２行為との間の時間的場所的近接性**などに照らすと、**第１行為は第２行為に密接な行為であり、実行犯３名が第１行為を開始した時点で既に殺人に至る客観的な危険性が明らかに認められるから、その時点において殺人罪の実行の着手があったものと解するのが相当である。**また、実行犯３名は、クロロホルムを吸引させてＶを失神させた上自動車ごと海中に転落させるという一連の殺人行為に着手して、その目的を遂げたのであるから、たとえ、実行犯３名の認識と異なり、第２行為の前の時点でＶが第１行為により死亡していたとしても、殺人の故意に欠けるところはなく、実行犯３名については殺人既遂の共同正犯が成立するものと認められる。そして、実行犯３名は被告人両名との共謀に基づいて上記殺人行為に及んだものであるから、被告人両名もまた殺人既遂の共同正犯の罪責を負うものといわねばならない。したがって、被告人両名について殺人罪の成立を認めた原判断は、正当である。

6-26　名古高判平14・12・6（業務上横領、郵便法違反、加重収賄被告事件）

横領罪における横領行為とは自己の占有する他人の物について不法領得の意思を実現する一切の行為をいうのであって、本件に即していえば、自己のためにする被告人口座からの現金の引出しなどの行為（作為）だけでなく、被告人口座からの自動引落としを放置する行為（不作為）も横領行為ということができるが、単に、被告人口座を開設したり、この口座に振り込みを受けたり、振り込まれた金員をそのまま保管するだけでは、当然に不法領得の意思を実現する行為があったとはいえないのである（略）。

かかる見地から、被告人口座の管理状況を検討するに、その実態は上記のとおりであって、被告人は全甲連側から振り込まれた１２００万円につき、その直後に４００万円を引き出して豊橋郵便局から切手を購入し、すぐにその半分を現金化した上で個人的用途に費消したほか、被告人口座から自由に金員を引き出して自己のために費消し、あるいは個人的な支払のための自動引落としを続けさせるなどしていたものであり、その間、全甲連関係の郵便物の集荷後も、現金の形でも切手等の形でも、これを郵便料金として納めてはいなかった上、かかる納入の態度すらうかがえず、郵便局の関係者には被告人口座の内容（金融機関名、口座番号、入金額等）すら知らせていなかったのであるから、被告人には被告人口座に１２００万円の入金を受けた当初から、その全額について横領する意思があったものと認めるほかなく、**入金直後の４００万円の引出し行為は、全額についての不法領得意思の現れである「着服」行為ということができる**。また、被告人は、同年７月１７日の１１６８万６６９８円及び同年８月２５日の９４２万４３５９円については、既に郵便物の配送が実行され、料金総額が確定した後の入金であるから、上記のとおり、直ちに、これを引き出して現金又はこの現金で購入した切手等によって郵便料金として郵便局に納めるべきものであるのに、これをまったくしなかっただけでなく、豊橋南郵便局の関係者に郵便料金が振込入金された事実を告げず、上記同様に数回にわたって数十万単位で現金を引き出し、他からの切手の購入や個人的な用途に費消しているほか、口座から自己の車のローン代等の支払（自動引落とし）に充てているのであるから、被告人には被告人口座に入金された上記２件の金員についても、**入金の当初から全額について横領する意思があったものと認められ、入金直後の現金の引出し（作為）あるいは、この口座から自己のためにする自動引落とし等がなされることを放置した行為（不作為）をもって、各全額についての不法領得意思の現れである「着服」行為ということができる**のである。

（略）ところで、被告人口座に振込を受けた行為をもって着服横領の行為とはいえなく、原判決も、振込入金を受けたことをもって着服横領行為としているわけではなく、その直後の何らかの行為（作為又は不作為）をもって「着服」と認定しているものと解されるが、本件のように横領の犯意及び実行行為についての事実関係が争われている場合においては、単に「着服」という多義的で法的評価を含む行為を認定・判示するだけでは足りず、**いかなる作為又は不作為をもって不法領得意思の発現と認めたのかを犯罪事実として明示する必要がある**というべきである。殊に、後述のとおり、本件では、前払の１２００万円については、振込入金直後の４００万円の引出しという作為が「着服」行為であり、その後の７月の１１６８万余円については、同日の５０万円の払戻しという作為が「着服」行為であり、８月の９４２万余円については、直後の自動引落としの放置という不作為が「着服」行為であるから、この区別を明確にしないまま、振込入金による占有の事実を示したあとに「そのころ、着服して横領した」旨判示するだけでは、甚だ不十分であって、かかる意味で原判決には理由の不備があるといわざるを得ない。

以上のとおりであるから、業務上横領の事実についての認定は、全甲連側から振込入金された金員の全額について、不法領得の意思の存在を肯定し、業務上横領の事実を肯定した点において正当であるが、着服横領の犯罪事実の判示に不備があるといわざるを得ず、この点で破棄を免れない。

6-27　最決平11・9・28（大麻取締法違反、関税法違反被告事件）

被告人は、大麻を密輸入しようと企て、シンガポール共和国チャンギ国際空港から日本に向かう航空機に搭乗する際に、機内預託手荷物とした黒色スーツケース内と自ら携帯した紺色スーツケース内にそれぞれ大麻を隠匿しておいた上、平成八年一二月三一日午後一時三〇分ころ、同機で新東京国際空港に到着した。黒色スーツケースは、空港作業員によって航空機から取り降ろされ、同日午後二時ころまでの間に、旅具検査場内に搬入された。そのころ、被告人は、紺色スーツケースを自ら携帯し、航空機を降りて上陸審査場に赴き、上陸審査を受けたが、同日午後三時三〇分ころ、入国審査官から、出入国管理及び難民認定法七条一項二号の条件に適合していない旨の通知を受け、不服申立てをしなかったため、直ちに本邦からの退去を命じられた。そこで、被告人は、当日シンガポールに向け出発する航空機に搭乗することとし、待機していたところ、税関職員の指示に従った航空会社の職員から、税関検査を受けるように求められたため、それに応じて旅具検査場に赴いた。被告人は、同所において、黒色スーツケースを受け取り、自ら携帯していた紺色スーツケースとともに、税関職員による検査を受け、輸入禁制品は所持していないと答えたが、エックス線検査により、隠匿されていた大麻が発見された。

以上のような事実関係の下では、被告人は、入国審査官により本邦からの退去を命じられて、即日シンガポールに向け出発する航空機に搭乗することとした時点において、本件大麻を通関線を突破して本邦に輸入しようとする意思を放棄したものと認められるけれども、それまでに、大麻が隠匿された黒色スーツケースは空港作業員により旅具検査場内に搬入させ、大麻が隠匿された紺色スーツケースは被告人が自ら携帯して上陸審査場に赴いて上陸審査を受けるまでに至っていたのであるから、この時点においては被告人の輸入しようとした大麻全部について**禁制品輸入罪の実行の着手**が既にあったものと認められる。したがって、同罪の未遂罪の成立を認めた原審の判断は正当である。

6-28　東京高判平11・6・21（住居侵入・強盗強姦等被告事件）　同旨：札幌高判昭53・6・29

（略）強盗強姦罪は、強盗たる身分を有する者が、強姦をすることにより成立する犯罪であるから、強盗の着手は、強姦行為の実行の着手に先行するか、少なくとも同時になされなければならず、姦淫行為をするまでに強盗たる身分を取得していない場合には、強盗強姦罪は成立しないといわなければならない。

（略）原判決が認定するように、被告人は、住居に侵入する時点においては、金員を盗み取るとともに機会があれば女子を姦淫しようと考えていたものであって、強盗の犯意を有していたと認めることはできない（この点について公訴事実は、「金員を強取し、その機会に婦女を強姦しようと企て」住居侵入の上強盗強姦した旨の記載になっているが、住居侵入の段階で強盗の目的を認定することは困難である。）。また、被告人は、被害者を強姦する際に被害者に対して金銭的要求を全く行っておらず、もっぱら強姦行為のみに終始していることが明らかである。そうすると、被告人が被害者に刃物を突き付けて脅迫した行為が同時に強盗の実行行為として評価されるか否かについては、慎重に検討しなければならない。

（略）被告人の（略）検面調書（略）には、「金員の物色をしたが薄暗く、バッグなどを見付けることができなかった。」との記載の後に、「私は寝ている女性の所に近づき、右手に持った包丁を顔の前の首筋辺りに突きつけるようにして起きろと言いました。」と記載されているが、その強姦の実行の着手に及ぶ際、被告人が併せて強盗行為を行う意思であったと明示する記載はない。そして、強姦後の行動の記載として、「私はトイレから女性の所に戻ったときに、机の上の本に挟まっている一万円札一枚に気づきました。一万円札は本の間からほとんど全部といっていいくらいはみ出ている状態でしたから、私の目に付いたのです。私はその一万円札を盗ってズボンのポケットに入れました。」となっている。

（略）そして、金員奪取に関する心情を述べた検面調書（略）には、（略）との記載がある。しかしながら、右記載によっても、被告人が強姦の実行の着手に及んだ時点において、金員強取の意思を有していたと断定するには合理的疑いが残るものといわざるを得ない。

なお、室内において、**強姦の実行行為が終了した後、被害者が畏怖し、反抗を抑圧されている状態を利用し、同室内にとどまって、同室内の金品を奪取する行為は、強盗罪に該当するものというべきである。**

6-29　大阪高判昭62・12・16（建造物侵入、窃盗未遂被告事件）

屋内侵入型の窃盗罪における実行の着手時期は一般に、屋内における物色開始時と解されているが、土蔵、倉庫のような特殊な建物の場合には、当該建物の内部において物色を開始するまでもなく、右建物へ侵入する目的で外扉の錠や壁などの破壊を開始した時点で、**窃盗罪の実行の着手**があると解するのが相当であつて（名古屋高判昭２５・１１・１４、高松高判昭２８・２・２５各参照）、このことは、右土蔵、倉庫が家屋内の一部として設けられている場合（いわゆる**内蔵**）においても変るところはないというべきである。そして、右の見解によれば、本件における前示の事実関係に照らし、被告人らが窃盗罪の実行に着手したと認め得ることは明らかであつて、右着手を争う所論は採用できない。もつとも、原判決は、被告人らが、「内蔵にまで至り、物色した」事実を認定して、窃盗未遂罪の成立を認めているところ、一般に、施錠された内蔵の外側から単に内部を物色したに止まるのであれば、いまだ窃盗罪の着手ありとはいえないけれども、本件においては、被告人らが最奥の引き戸の金網から内部をのぞき見（物色）する以前に、外扉の施錠の破壊を完了し、最奥の引き戸の施錠の破壊を開始するなど、すでに窃盗罪の実行の着手と目される行為を行つていることが明らかであることは、前説示のとおりであつて、右の点からすると、原判決のいう「物色」は、前示施錠の破壊行為に引き続いてなされた「のぞき見」であると解するのが相当であり、そうだとすると、右「物色」が、窃盗罪の実行の着手後における、財物奪取に向けられた実行行為の一部を構成することも、論を待たないところである。従って、窃盗罪の実行行為として「物色」と摘示した原判決が、もし右時点において初めて着手があつたとする趣旨であれば、誤りであるといわなければならないが、結局は窃盗罪の着手があつたと認定したことは相当であるから、原判決に、判決に影響を及ぼすことの明らかな違法（事実誤認又は法令適用の誤り）があるとはいえない。

6-30　東京高判昭58・8・23（現住建造物等放火未遂、放火予備等被告事件）

被告人の司法警察員及び検察官に対する各供述調書中の供述記載は、右の犯行に供された懐炉灰が、果たして長さ八センチメートル以上を有する未使用のものであったか、それとも、すでに一部が燃焼した、いわば燃え残りのものであつたかの点に関しては、直接触れるところはない。しかしながら、被告人は司法警察員および検察官の取調に対して、原判示第一の犯行に際し、それが自分の犯行であることが発覚するのを免れ、かつ、右喫茶店「E」の閉店後、時限発火装置が発火するようにするため、薬局から多数の懐炉灰を購入してきたうえ、そのままの状態で燃焼させれば、約三〇分間程度で燃えつきてしまう右の懐炉灰に石綿を巻きつけ、しかも、それを巻きつける際の締め方が強すぎると、火が立ち消えになるおそれがあるため、その締め具合を加減することによって、これが約二時間にわたつて燃焼した後に発火するよう、あらかじめ実験を重ねた旨を供述しているのである。このように、未使用の懐炉灰を用いて、これに点火してから約二時間も経過してから発火するよう、燃焼時間をできるかぎり延伸するための実験を施した旨の供述内容にかんがみると、右の各供述調書中の供述がいう懐炉灰とは、事柄の性質上、当然に未使用の懐炉灰を指す趣旨であると解されるのである。してみると、原判決が原判示第一の事実の認定に際し、右の各供述調書のほか、右の時限発火装置に用いられた懐炉灰が未使用のものであるという前提のもとに、その懐炉灰の火が立ち消えになったのは、点火後六〇分間以上を経過した後と推認される旨の記載があるF作成の昭和五六年七月二七日付実験結果報告書を証拠として採用し、右時限発火装置が右喫茶店「E」の床の上に置かれた時、その懐炉灰の火は未だ立ち消えになることなく燃焼を続けていたと認定した点は正当である。右認定に反する被告人の原審公判廷における供述は措信しがたく、他に右認定を左右するに足りる証拠はない。

（略）原判決挙示の諸証拠によつて、右の時限発火装置に使用されたものと認められる懐炉灰一本（H株式会社製、商品名「〇〇〇〇〇」、（証拠略）は、点火後立ち消えになった状態で発見されたが、その燃え残つた部分の長さは、約八三ミリメートルであったことが認められる。ところで、右の懐炉灰が、当初、同判示犯行に際してこれに点火された時、どの程度の長さを有していたか、また、点火後自然消火に至るまでどの程度の時間が経過していたかは明らかではない。原判決が、事実認定の証拠として挙示する長野県警察本部刑事科学捜査研究所技術吏員F作成の昭和五六年七月二七日付実験結果報告書には、次のような趣旨の記載がある。すなわち、実験の資料として調達された懐炉灰「〇〇〇〇〇」二四本の長さをそれぞれ計測したうえ、その平均値を算出したところ、八五・八ミリメートルであつた、そこで、同判示犯行に供された懐炉灰も、当初の長さは右の平均値に達していたものと仮定して、これに点火したうえ、同判示の時限発火装置に近似した条件下で、右の燃え残つた部分の長さ八三ミリメートルに至るまで燃焼に要する時間を測定した結果、三〇分ないし四五分間を要することが明らかになつた、というのである。しかしながら、原審が取調べたJ作成の「カイロ用燃料棒の長さについて（回答）」と題する書面によれば、懐炉灰「〇〇〇〇〇」の長さは、製品ごとに差異があつて一定せず、そのうち、最短のもの八〇ミリメートルから、最長のもの八八ミリメートルまで、不揃いであることが認められる。したがって、同判示の犯行に供された懐炉灰の長さが、当初からその燃え残った部分の長さを出てなかったのではないか、という疑いを払拭することができない。してみると、被告人が右の時限発火装置内の懐炉灰に点火した直後、すなわち、同判示の「G」の床の上にこれを置く以前の段階で、懐炉灰の火が立ち消えになつた可能性のあることを否定できないのである。もしそうだとすれば、たとえ被告人が懐炉灰の火の立ち消えになった右の時限発火装置を、右「G」の床の上に置いたとしても、その行為が現住建造物等放火罪の実行の着手としての火を放つ行為に当たる、というわけにはいかないはずである。唯、原判決はこの点について、「被告人が判示発火装置をGの床上に放置した時点においては、なお懐炉灰は燃焼していた可能性が十分あり、仮に完全に消火していたとしても、被告人において懐炉灰が燃焼していると信じていただけでなく、一般人においても当時そのように信ずるのが当然と考えられる状況にあったのであるから、被告人のなした判示行為により一般人が判示建物が燃焼されるであろうという危険を感ずることは極めて当然である。」と説示している。なるほど、一旦放火罪の実行行為が開始された後の段階において、たとえ懐炉灰の火が立ち消えになったとしても、なお放火未遂罪が成立すると解すべきことは、原判決の説示するとおりである。しかしながら、いやしくも**放火罪の着手行為である「火を放つ」行為が開始されたか否かを判断するに当っては、あくま**

でも客観的にみて、現実に焼燬の結果発生のおそれのある状態を生ぜしめる行為が開始されたか否かによって決しなければならない。したがって、もし時限発火装置内の懐炉灰の火が完全に消えていたとするならば、たとえ、かかる時限発火装置を右「G」の床の上に置いたとしても、もはや、これによって発火し、焼燬の結果の発生するおそれは全く存在しないといわなければならない。それゆえ、原判示の行為が、火を放つ行為の開始に当たるということはできない。それにもかかわらず、原判決がこの点を積極に解したのは、同判示第三の行為の際、時限発火装置内の懐炉灰の火が立ち消えになっていた疑いがあるのに、未だこれが燃焼していると認定した点において事実を誤認したか、あるいは、たとえ右の懐炉灰の火が立ち消えになっていたとしても、同判示の行為が現住建造物等放火罪の実行の着手に当たるとした点において、法令の解釈適用を誤ったか、そのいずれかによるものというべきで、そのいずれであるにせよ、これらが判決に影響を及ぼすことは明らかである。

6-31　最判昭54・12・25（窃盗、詐欺、加重逃走未遂被告事件）

刑法98条のいわゆる加重逃走罪のうち拘禁場又は械具の損壊によるものについては、逃走の手段としての損壊が開始されたときには、逃走行為自体に着手した事実がなくとも、**右加重逃走罪の実行の着手**があるものと解するのが相当である。これを本件についてみると、原判決の認定によれば、被告人ほか三名は、いずれも未決の囚人として松戸拘置支所第三舎第三一房に収容されていたところ、共謀のうえ、逃走の目的をもって、右第三一房の一隅にある便所の外部中庭側が下見板張りで内側がモルタル塗りの木造の房壁（厚さ約一四・二センチメートル）に設置されている換気孔（縦横各約一三センチメートルで、パンチングメタルが張られている。）の周辺のモルタル部分（厚さ約一・二センチメートル）三か所を、ドライバー状に研いだ鉄製の蝶番の芯棒で、最大幅約五センチメートル、最長約一三センチメートルにわたつて削り取り損壊したが、右房壁の芯部に木の間柱があったため、脱出可能な穴を開けることができず、逃走の目的を遂げなかった、というのであり、右の事実関係のもとにおいて刑法九八条のいわゆる加重逃走罪の実行の着手があつたものとした原審の判断は、正当である。

6-32　東京高判昭53・5・30（公職選挙法違反、名誉棄損被告事件）

新聞又は雑誌の頒布という態様による名誉毀損及び公選法235条2項の各罪は、取材、原稿の作成、原稿の検討加除による最終稿の決定、最終稿の印刷、発売、読者への頒布という一連の過程を経て、不特定又は多**数の読者が、その記事内容を読みうる状況に至つて、はじめて既遂**となり、刊行公表される記事の内容をなす事実は、取材という行為により、新聞又は雑誌社がこれを入手するものであるから、右の**各罪の実行の着手は、記事の内容をなす事実を取材する時点において生じうるものである。**そして、被取材者の提供する事実が記事の内容となって刊行公表される場合にあっては、**被取材者において、**それが特定人の名誉を毀損する虚偽の事実であることの確定的乃至未必的認識を有しながら、その公表を意欲し、かつ、刊行された場合、その記事内容が公選法235条2項所定の目的をもって頒布公表されることを予測して、これを**取材者に提供するにおいては、名誉毀損の罪及び公選法235条2項の罪の実行の着手**があるのであり、その取材内容が記事に至らないで、つまり紙面に**掲載されないで終った場合には、**被取材者において着手した名誉毀損の罪及び公選法235条2項の罪が**未遂に終るにとどまるのである**と解せられるのであって、記事の作成、つまり原稿の作成の段階ではじめて、名誉毀損の罪及び公選法235条2項の罪の着手があるという所論の主張する考え方は、当裁判所の採らないところである。

新聞又は雑誌の頒布による名誉毀損の罪及び公選法235条2項の罪は、被取材者側に、右に述べたような実行の着手があったとしても、これを取材した新聞社又は雑誌社側が、その提供された事実を内容とする原稿を作成してこれを印刷し刊行しない限り、既遂となる余地はないのであるが、その頒布公表により名誉毀損の罪及び公選法235条2項の罪が成立する記事が掲載されている新聞又は雑誌が刊行された場合、これが不特定又は多数の読者に公選法235条2項所定の目的で頒布されることが予測諒知されるのに、その記事の作成と最終稿の決定に関与した記者及び編集者は、その記事の内容をなす事実が虚偽であることの確定的乃至未必的認識を有する限り、その記事の内容となった事実の資料を提供した被取材者ともども、頒布者の頒布公表行為により成立する名誉毀損の罪及び公選法235条2項の罪の共同正犯となるものであり、この場合、具体的になにびとが頒布公表の所為に出るかについて、被取材者及び取材者、記事作成者が予知していることは必要ではないし、また頒布者において、被取材者、取材者、記事作成者がなにびとであるかを特定して諒知していることは必要ではないのであるが、被取材者は、取材者、記事作成者、頒布者の行為を利用しない限り、また取材者、記事作成者は、被取材者の情報の提供行為、及び頒布者の頒布行為を利用しない限り、更に頒布者は、被取材者による情報の提供行為、取材者、記事作成者による記事の作成刊行の行為を利用しない限り、各自の意思を実行に移すことはできないものであるから、被取材者、取材者、記事作成者、頒布者の間には、名誉毀損の罪及び公選法235条２項の犯罪を行うため、**共同意思の下に一体となって互に他人の行為を利用し各自の意思を実行に移すことを内容とする意思の連絡があり**、よって右犯罪が実行に至るという関係があるのであって、原判決は、これを順次共謀という用語で説明しているものと解せられるのであり、原判示第一、第二の各頒布実行者と、取材に応じ資料を提供したにとどまる者、記事作成に関与した者とを、順次共謀した者と認定した原判決には、右（１）（３）及び（４）の所論のいう**共同正犯理論や共同正犯**についての法令解釈の誤りはない。

6-33　東京高判昭45・12・25（窃盗、住居侵入、準強盗等被管事件）

刑法238条の準強盗罪またはその未遂罪は窃盗犯人が窃盗が既遂に達した後、あるいは窃盗の着手後その機会の継続中に同条所定の目的で暴行または脅迫をする行為を、その態様において、暴行または脅迫を用いて財物を奪取する同法二三六条の強盗罪と同視するに足りる実質的違法性を帯びるものとして重く処罰する趣旨であるから、暴行または脅迫が窃盗の機会継続中に行われたか否か、換言すれば暴行または**脅迫と窃盗の犯行との接着性**については慎重に考慮し不当な拡張を避けるべきものであるところ、本件についてみると、最初の住居侵入窃盗後、被告人らは賍品を持つて自動車で犯行現場を立ち去り、約一粁離れた場所で賍品を分け、不用の物を処分するなどしたこと、その間被害の事実は誰れにも発見されず従つて被害者や警察官等に追跡される等のこともなく経過し、約三〇分して再び窃盗の意思を生じて犯行現場に立ちもどり、施錠のない所を探して奥四畳半の間に忍び込んだところ、金品物色のいとまもなく蒲団につまずいて倒れたためＳ子が目を醒まし起きあがりかけたので、窃盗の意思を放棄し逮捕を免れるため原判示の脅迫文句を言つて逃げ出したというのであって、右**脅迫と最初の窃盗との間には、犯行現場から誰れにも発見されることなく立ち去り賍品を処分したことなど重要な事実が介在し、とうてい最初の窃盗の機会継続中になされた脅迫と認めるに由ない**。しかして被告人らの**二度目の侵入行動をもっては、未だ窃盗の実行の着手があったとは認められない**ことは前段説明のとおりである。しかりとすれば原判決が本件につき準強盗罪の成立を認めたのは、事実を誤認し、ひいては法令の適用を誤つた違法があり、右が判決に影響を及ぼすことは明らかである。

6-34　高松高判昭41・8・9（強姦致傷、道路運送法違反、強姦未遂、強盗被告事件〉

犯罪の実行の着手の概念については、学説上主観説及び客観説の対立があり、或は、犯意の成立がその遂行的行為によって確定的に識別せられるときここに着手があるとか（主観説）、或は、犯罪構成要件の一部を行ない又はこれに近接する行為をなすことであるとか、或は、経験上犯罪に一般な行為を開始したときであるとか、又は、犯罪の危険が現出したときであるとか（以上客観説）、その説くところは区々に別れているところ、**判例は古くから客観的立場に立つ**ものであることは周知のとおりであるが、そのいずれの立場をとるにしても、各具体的事件に即して、着手と予備との区別が明瞭を欠く場合の存することは否定し得ないのであるが、結局、各個の具体的事件について、当該行為が、外部から観察して、結果発生の危険がある客観的状態に達したか否かによつて決すべきであると解するを相当とする。

さて、本件についてこれをみるに、前記認定の各事実、ことに、被告人が自動車を停車した地点が附近に人家の尠ない山間であり、道路の往来は殆どなく、時間は既に午後九時半近くであり、当時小雨が降っていたのみならず、被害者片岡秋子は狭い自動車内に監禁された状態にあったのであり、引返してくれと懇請する同女の言には耳をかさないで、被告人は、自動車の両後輪に歯止めをしたうえ、無言で自動車後部の右側ドアを開いて右座席の中央部に腰かけている同女に近づくため乗車しようとしたのであって、この行為により同女は強度の畏怖状態に陥つていたことに徴すると、被告人の右行為は同女を強いて姦淫するための無言の威圧行為であり、ひいては、強姦の手段である暴行もしくは脅迫行為に極めて近接した行為であり、右行為によって、**同女に対する強姦の危険が外部から客観的に優に観察し得る状態に達したというべく**、したがって、被告人の前記所為は、強姦の予備行為をもって目するのは失当であつて、**強姦の着手行為**であると認めるのが相当である。

然るに、原判決が、被告人に片岡秋子に対する強姦の意思のあったことを認定しながら、前記程度の行為では未だ強姦罪の実行の着手があったとすることはできないとしてこれに対し無罪を言渡したのは、法令の解釈適用を誤った違法がある。

(2)　既遂時期

意図した犯罪の結果が実行行為によって実現された時が既遂である。既遂時期が分かりにくいのは、全体財産に対する罪である背任罪である。背任罪には未遂規定（刑法250条）があるため、図利加害目的を持って背信行為をしただけでは既遂とすることはできない。そこで、「財産上の損害」とは現実に損害が発生した場合なのか、損害発生の危険性があればよいのかが問題になる。**判例6-38**は、保証協会の支所長であった被告人が、企業者の債務の保証業務を行うにあたり、企業者の資金使途が倒産を一時的に糊塗するためのものにすぎないことを知りながら、しかも、支所長に委任された限度額を超えて企業者に対する債務保証を専決し、あるいは協会長に対する稟議資料に不実の記載をし、保証条件として抵当権を設定させるべき旨の協会長の指示に反して抵当権を設定させないで保証書を交付するなどして、同協会に保証債務を負担させたという事案について、背任罪の「**本人に財産上の損害を加へたとき**」とは、「経済的見地において本人の財産状態を評価し、被告人の行為によって、本人の財産の価値が減少したとき又は増加すべかりし価値が増加しなかったときをいうと解すべきである」とし、債務がいまだ不履行の段階に至らず、同協会の財産に代位弁済による現実損失がいまだ生じていないとしても、経済的見地から見て同協会の財産的価値は減少したものと評価されるとして、保証債務を負担させたことで既遂とした。団藤裁判官の補足意見があり、背任罪は危険犯ではなく侵害犯であることに着目すべきとしていることに注意されたい。結局、倒産することが明らかな会社で代位弁済を履行しなければならなくなることが確実であることが具体的危険犯としての要件であろう。

同6-37は、無銭宿泊の詐欺の既遂時期について、チェックインが機械操作によって自動的に行われ、フロント内にいる従業員が確認するだけのシステムになっている場合、実行の着手は入室操作をした時であるが、既遂時期は従業員が入室を確認した時であるとして、従業員がフロントを留守にしていて入室確認が遅れたことを理由に、損害額を入室以降から退室までではなく、従業員の確認時から退室時までの利用料額であるとしている。

同6-39は、生け簀から逃げた緋鯉を捕獲して直ぐ売却した事案について、占有離脱物横領罪の実行の着手及び既遂時期を売却の時とする作為犯であるとし、捕獲後、所有者あるいは警察に届け出なかったことが実行行為ではないとしている。すると捕獲後売却しないで自分で飼育し続けた場合はどうであろうか。領得罪は占有状態の下で不法領得の意思の発現行為があった時が実行の着手であり既遂であるとされるので、所有者に返還しないとか警察に届けない状態をいうのではなく、例えば、自分の生け簀に入れて自分の緋鯉と混同させた時点を既遂時とすべきことになるのであろう。

既遂時期は、時効の始期との関係でも問題になるが、**同6-36**は、競売入札妨害罪の既遂時期は競売手続が終了したときであるとしている。

また、住居侵入罪や監禁罪などの継続犯は、結果の侵害状態がある程度継続しなければならないので、どの程度継続すれば既遂となるかの判断が必要となる。住居侵入罪に関する**同6-35**は、既遂時期に関するものではないが、自衛隊の宿舎ビルでの反戦ビラ配布について、構成要件該当行為を肯定しながら、一審は処罰に値する違法性がないとしてが無罪にしたが、最高裁はこれを否定した注目すべき事案なのであえて掲載した。

（既遂に関する判例）

6-35　最判平20・4・11（住居侵入被告事件）

被告人らは、立川宿舎の敷地内に入り込み、各号棟の１階出入口から各室玄関前まで立ち入ったものであり、当該立入りについて刑法１３０条前段の罪に問われているので、まず、被告人らが立ち入った場所が同条にいう「**人の住居**」、

「人の看守する邸宅」、**「人の看守する建造物」**のいずれかに当たるのかを検討する。
（略）立川宿舎の各号棟の構造及び出入口の状況、その敷地と周辺土地や道路との囲障等の状況、その管理の状況等によれば、各号棟の１階出入口から各室玄関前までの部分は、居住用の建物である宿舎の各号棟の建物の一部であり、宿舎管理者の管理に係るものであるから、居住用の建物の一部として刑法１３０条にいう「人の看守する邸宅」に当たるものと解され、また、各号棟の敷地のうち建築物が建築されている部分を除く部分は、各号棟の建物に接してその周辺に存在し、かつ、管理者が外部との境界に門塀等の囲障を設置することにより、これが各号棟の建物の付属地として建物利用のために供されるものであることを明示していると認められるから、上記部分は、「人の看守する邸宅」の囲にょう地として、邸宅侵入罪の客体になるものというべきである（最判昭51・3・4参照）。
（略）そして、刑法１３０条前段にいう「**侵入し**」とは、他人の看守する邸宅等に管理権者の意思に反して立ち入ることをいうものであるところ（最判昭58・4・8頁参照）、（略）被告人らの立入りがこれらの管理権者の意思に反するものであったことは、前記１の事実関係から明らかである。
（略）そうすると、被告人らの本件立川宿舎の敷地及び各号棟の１階出入口から各室玄関前までへの立入りは、刑法１３０条前段に該当するものと解すべきである。なお、本件被告人らの立入りの態様、程度は前記１の事実関係のとおりであって、管理者からその都度被害届が提出されていることなどに照らすと、所論のように法益侵害の程度が極めて軽微なものであったなどということもできない。
（略）表現の自由は、民主主義社会において特に重要な権利として尊重されなければならず、被告人らによるその**政治的意見を記載したビラの配布は、表現の自由の行使**ということができる。しかしながら、憲法２１条１項も、表現の自由を絶対無制限に保障したものではなく、**公共の福祉のため必要かつ合理的な制限を是認する**ものであって、たとえ思想を外部に発表するための手段であっても、その手段が他人の権利を不当に害するようなものは許されないというべきである（最判昭59・12・１８参照）。本件では、表現そのものを処罰することの憲法適合性が問われているのではなく、表現の手段すなわちビラの配布のために「人の看守する邸宅」に管理権者の承諾なく立ち入ったことを処罰することの憲法適合性が問われているところ、本件で被告人らが立ち入った場所は、防衛庁の職員及びその家族が私的生活を営む場所である集合住宅の共用部分及びその敷地であり、自衛隊・防衛庁当局がそのような場所として管理していたもので、一般に人が自由に出入りすることのできる場所ではない。たとえ表現の自由の行使のためとはいっても、このような場所に管理権者の意思に反して立ち入ることは、管理権者の管理権を侵害するのみならず、そこで私的生活を営む者の私生活の平穏を侵害するものといわざるを得ない。

（下級審：東京地八王子支判平16・12・16）

「住居」とは「人の起臥寝食に使用される場所」を指し、立川宿舎の各居室がこれにあたることは優に認められる。そして、（略）、同宿舎の敷地は各出入口部分を除いて高さ１．５メートルから１．６メートル程度の鉄製フェンスないし金網フェンスで囲まれており、外部から明確に区画されていること、（略）同宿舎の１号棟ないし８号棟は常時ほぼ満室であるところ、前記敷地及び通路部分（以下「前記敷地等」という。）は外界と各居室を結ぶ道などとして同宿舎の居住者らの日常生活上不可欠なものといえ、また、専ら同人らやその関係者らの用に供されていると推認できることからすれば、前記敷地等はいずれも同宿舎居室と一体をなして「住居」に該当すると評価すべきである。もっとも、前記敷地等は、場所によっては各居住者らによる利用が一部重複したり、あるいはほぼ専有的になるなど、必ずしもその利用形態は一様ではないことから、前記敷地等のどの部分がどの居室の一部にあたるか個別具体的に特定することはできないが、この点は前記評価を妨げるものではない。（略）
郵便や宅配便の配達員、電気会社やガス会社の検針担当者等、いわば定型的に他人の住居への立ち入りが許容されているとみられる者以外、立川宿舎と関係のない者が無断で同宿舎の敷地内に立ち入ること自体、居住者及び管理者の意思に反するというべきである。被告人らは、定型的に他人の住居への立ち入りが許容されている者に当たらず、また、立川宿舎の関係者ではなく、同宿舎内に立ち入ることにつき、居住者及び管理者いずれの承諾も得ていない。したがって、被告人らの各立ち入り行為は、居住者及び管理者の意思に反するというべきであり、「侵入」に該当すると認められる。そして、この理は、部外者の立ち入りを禁ずる旨の警告の有無、その点についての被告人らの認識如何に左右されるものではない。
（略）被告人らの各立ち入り行為が居住者及び管理者の意思に反するものである以上、それは住居の平穏を害するというべきである。また、（略）居住者が、たとえ集合住宅の階段、通路部分といった共用部分についてであっても、ビラ投函のためであれば部外者の立ち入りを包括的に承諾するなどということは、通常、考えられない。（略）**構成要件該当性**

の有無についてはある程度形式的類型的に判断すべきことからすれば、居住者及び管理者の意思に反する立ち入りは、それらの意思が明らかに不合理なものであるなど特段の事情のない限り、「侵入」と評価すべきであ（る。）以上より、被告人らの各立ち入り行為は住居侵入罪の構成要件に該当するといえる。

（略）一般に、社会通念上の違法有責行為類型たる構成要件に該当する行為は、それ自体、違法性の存在が推定されるというべきである。しかし、構成要件に該当する行為であっても、その行為に至る動機の正当性、行為態様の相当性、結果として生じた被害の程度等諸般の事情を考慮し、法秩序全体の見地からして、刑事罰に処するに値する程度の違法性を備えるに至っておらず、犯罪が成立しないものもあり得るというべきである。

（略）被告人らが立川宿舎に立ち入った動機は正当なものといえ、その態様も相当性を逸脱したものとはいえない。結果として生じた居住者及び管理者の法益の侵害も極めて軽微なものに過ぎない。

さらに、被告人らによるビラの投函自体は、憲法２１条１項の保障する政治的表現活動の一態様であり、民主主義社会の根幹を成すものとして、同法２２条１項により保障されると解される営業活動の一類型である商業的宣伝ビラの投函に比して、いわゆる優越的地位が認められている。そして、立川宿舎への商業的宣伝ビラの投函に伴う立ち入り行為が何ら刑事責任を問われずに放置されていることに照らすと、被告人らの各立ち入り行為につき、従前長きにわたり同種の行為を不問に付してきた経緯がありながら、防衛庁ないし自衛隊又は警察からＦに対する正式な抗議や警告といった事前連絡なしに、いきなり検挙して刑事責任を問うことは、憲法21条1項の趣旨に照らして疑問の余地なしとしない。

以上、諸般の事情に照らせば、被告人らが立川宿舎に立ち入った行為は、法秩序全体の見地からして、刑事罰に処するに値する程度の違法性があるものとは認められないというべきである。

6-36　最決平18・12・13（強制執行妨害、競売入札妨害等被告事件）

被告人Ａは、甲株式会社（平成７年１１月２４日の商号変更により株式会社乙となる。以下「本件会社」という。）の代表取締役であるとともに、同社関連会社である株式会社丙の実質的経営者として両社の業務全般を統括しているもの、被告人Ｂは本件会社の財務部長、被告人Ｃは丙の代表取締役であったものであるが、被告人３名は、共謀の上、平成７年１０月３１日付けで東京地方裁判所裁判官により競売開始決定がされた本件会社所有に係る土地・建物（以下「本件土地・建物」という。）につき、その売却の公正な実施を阻止しようと企てた。

（略）そこで、上記競売開始決定に基づき、同年１２月５日、同裁判所執行官が現況調査のため、本件土地・建物に関する登記内容、占有状況等について説明を求めた際、被告人Ｂにおいて、同執行官に対し、本件会社が同建物を別会社に賃貸して引渡し、同社から丙に借主の地位を譲渡した旨の虚偽の事実を申し向けるとともに、これに沿った内容虚偽の契約書類を提出して、同執行官をしてその旨誤信させ、現況調査報告書にその旨内容虚偽の事実を記載させた上、同月２７日、これを同裁判所裁判官に提出させた。

（略）その後、同裁判所裁判官から本件土地・建物につき評価命令を受けた、情を知らない評価人は、上記内容虚偽の事実が記載された現況調査報告書等に基づき、不動産競売による売却により効力を失わない建物賃貸借の存在を前提とした不当に廉価な不動産評価額を記載した評価書を作成し、平成８年６月５日、同裁判所裁判官に提出した。これを受けて、情を知らない同裁判所裁判官は、同年１２月２０日ころ、本件土地・建物につき、上記建物賃借権の存在を前提とした不当に廉価な最低売却価額を決定し、情を知らない同裁判所職員において、平成９年３月５日、上記内容虚偽の事実が記載された本件土地・建物の現況調査報告書等の写しを入札参加希望者が閲覧できるように同裁判所に備え置いた。（略）

被告人Ｂにおいて、現況調査に訪れた執行官に対して虚偽の事実を申し向け、内容虚偽の契約書類を提出した行為は、**刑法９６条の３第１項**の偽計を用いた「公の競売又は入札の公正を害すべき行為」に当たるが、**その時点をもって刑訴法２５３条１項にいう「犯罪行為が終つた時」と解すべきものではなく、上記虚偽の事実の陳述等に基づく競売手続が進行する限り、上記「犯罪行為が終つた時」には至らないものと解するのが相当である。**（略）、上記競売入札妨害罪につき、３年の公訴時効が完成していないことは明らかであるから、同罪につき、公訴時効の成立を否定した原判決の結論は正当である。

6-37　東東高判平15・1・29（詐欺被告事件）

〔1〕原判決は、「罪となるべき事実」において、被告人が平成一四年五月二九日午前一時五分ころ、本件ホテルにお

いて、ホテル従業員のCに対し、「宿泊代金支払いの意思も能力もないのに、これあるように装って、宿泊の申込みをした」旨認定、判示するところ、(略)、被告人は、本件ホテルでは従業員が機械装置により客の入室状況を把握していることを認識していた上、所持金が僅かしかなく、少なくとも宿泊代金を確実に支払う意思も能力もないのに、普通の客のような態度で、本件ホテルの入室システムに従って、前記時刻ころ二一二号室に入っている。そうすると、このような被告人の入室行為は、従業員に対し、直接、口頭で宿泊を申し込むものではないが、機械装置による入室管理システムの背後にいる従業員に向けられた行為であり、しかも、これを知った従業員をして、入室した以上は宿泊代金を確実に支払うものと誤信せしめ、これに基づき、ホテル宿泊の利便という財産上の処分行為をなさしめる行為であるといえるから、詐欺罪の欺く行為に該当すると認められる。また、被告人に詐欺の犯意も肯定することができる。なお、(略)、被告人が二一二号室に入室した時点で、フロント係のCは入室の事実を確認していないが、その事実は了知可能な状態になっていることに照らすと、**詐欺罪の実行の着手**に欠けるものではない。

〔2〕次に、原判決は、**錯誤に基づく財産的処分行為**、**不法利益の取得**の点について、前記のような欺く行為の摘示に続けて、Cをして、宿泊後直ちに宿泊代金の支払いを受けられるものと誤信させ、よって、「そのころ」(同日午前一時五分ころ)から同日午後二時二五分ころまでの間、同ホテル二階二一二号室に宿泊滞在して、宿泊代金「六三〇〇円」相当の宿泊の利便を受けた旨認定、判示するところ、まず、(略)、Cが二一二号室に利用客(被告人)が入っていることを認識し、宿泊代金の支払いを受けられると誤信して同室の利用を許容したのは、前記欺く行為から約一時間が経過した同日午前二時ころであって、この時点で錯誤に基づく財産的処分行為があったと認められるから、原判決が、前記欺く行為に引き続き、前記錯誤に基づく財産的処分行為があった趣旨の認定、判示をしている点には、事実の誤認があるといわざるを得ない。また、そうすると、**Cの錯誤に基づく処分行為により被告人が取得した財産上の利益は、**同時刻から同日午後二時二五分ころまでの宿泊の利便であると認められ、その被害額も、証拠上、当日の本件ホテルの宿泊代金は、午前零時以降の入室の場合は入室時刻から一二時間以内が定額四五〇〇円であり、これを超える三〇分ごとに六〇〇円の延長料金を加算するシステムであることなどに徴すると、Cが前記処分行為をした時刻からの定額分に、一二時間を超えた延長料金分を加算した合計五一〇〇円ということになる(前記処分行為の前後の宿泊の対価は区分できないとして、被害額は依然六三〇〇円であるという検察官の所論は採用できない。)。そうすると、原判決が、被害額について六三〇〇円相当と認定した点にも事実誤認があるといわざるを得ない。しかしながら、前者の誤認は、同じ欺く行為に起因する財産的処分行為の時期の認定を誤ったものであって、既遂の時点が後退するだけであること、また、後者の誤認も、宿泊の利便の被害は、宿泊時間からみると、本来、一二時間二〇分であるところ、一時間ほど多いに過ぎず、また、被害額からみても前述のとおりその誤差がそれほど多額なものではないことなどに照らすと、これらの事実誤認が判決に影響を及ぼすことが明らかであるとは認められない。

6-38　最決昭58・5・24(背任被告事件)

一　**刑法247条にいう「本人ニ財産上ノ損害ヲ加ヘタルトキ」**とは、経済的見地において本人の財産状態を評価し、被告人の行為によつて、本人の財産の価値が減少したとき又は増加すべかりし価値が増加しなかつたときをいうと解すべきであるところ、被告人が本件事実関係のもとで同協会をして小島一二の債務を保証させたときは、同人の債務がいまだ不履行の段階に至らず、したがつて同協会の財産に、代位弁済による現実損失がいまだ生じていないとしても、経済的見地においては、同協会の財産的価値は減少したものと評価されるから、右は同条にいう「本人ニ財産上ノ損害ヲ加ヘタルトキ」にあたるというべきである。

二　また、信用保証協会の行う債務保証が、常態においても同協会に前記の意味の損害を生じさせる場合の少なくないことは、同協会の行う業務の性質上免れ難いところであるとしても、同協会の負担しうる実損には資金上限度があり、倒産の蓋然性の高い企業からの保証申込をすべて認容しなければならないものではなく、同協会の役職員は、保証業務を行うにあたり、同協会の実損を必要最小限度に止めるべく、保証申込者の信用調査、資金使途調査等の確実を期するとともに、内規により役職に応じて定められた保証決定をなしうる限度額を遵守すべき任務があるものというべきである。本件においては、信用保証協会の支所長であつた被告人が、企業者の債務につき保証業務を行うにあたり、原判示の如く、**同企業者の資金使途が倒産を一時糊塗するためのものにすぎないことを知りながら、しかも、支所長に委任された限度額を超えて右企業者に対する債務保証を専決し**、あるいは協会長に対する稟議資料に不実の記載をし、保証条件として抵当権を設定させるべき旨の協会長の指示に反して抵当権を設定させないで保証書を交付するなどして、同協会をして保証債務を負担させたというのであるから、被告人はその任務に背いた行為をし同協会に財産上の損害を加えたものというべきである。

（裁判官団藤重光補足意見）一　従来の判例によれば、**刑法247条にいう「財産上ノ損害ヲ加ヘタルトキ」**とは、財産上の実害を発生させたばあいだけでなく、「実害発生の危険を生じさせた場合」をも包含するものとされている（**最判昭37・2・13、同決昭38・3・28**、以下略）。**背任罪は危険犯ではなく侵害犯**なのであるから、この判示は表現として誤解を招きかねないものを含んでいるようにおもわれるが、その趣旨は、まさしく、「経済的見地において本人の財産状態を評価し、被告人の行為によつて、本人の財産の価値が減少したとき又は増加すべかりし価値が増加しなかつたとき」をいうものとするにあると考えられる。本件判旨は、従来の判例の正しい趣旨を明確にしたものにほかならない。

わたくしは、もちろんこれに賛成であるが、ただ、判旨が「経済的見地」を基準としていることについて、一言しておきたいとおもう。けだし、財産状態の評価について、経済的見地だけでなく、事案によつては、修正原理としてさらに法的見地を加味しなければならないばあいがありうるとおもわれるからである。たとえば、公序良俗違反の理由で無効とされるべき法律行為が介入しているばあいに、純粋に経済的価値だけに着眼して背任罪の成否を決するとすれば、公序良俗違反の法律行為を是認する結果を生じるおそれがあるであろう。しかし、いずれにせよ、本件はこのようなことが問題となる事案ではない。（略）

二　本件を特徴づけるのは、信用保証協会の事案であることである。これは、背任罪の構成要件中とくに「**任務ニ背キ**」の要件にかかわりをもつ。信用保証協会は、中小企業者等が金融機関から貸付を受けるについてその債務を保証することによつてこれに金融援助をあたえる任務をもつものであるから（信用保証協会法一条参照）、その業務は、本来、ある程度の財産上損害の危険を覚悟しなければならないものであり、したがつて、協会の役職員が職務を行うにあたつて、ある程度の危険をおかして協会に財産上の損害を及ぼすことがあつても、ただちに任務の違背があつたものとすることはできない。しかし、このように協会の信用保証業務が微妙なものであるだけに、役職員が職務を行うについては、協会内部にこれに対処するための態勢が整えられているのが一般であり、本件協会においても、「事務決済規程」（略）が設けられていることがうかがわれる。役職員各自は、それぞれの役割に応じて、定められたとおりにその職務を行うのでなければ、協会の業務にいつ破綻を生ぜしめることになるかわからないのである。被告人は本件協会の一支所長の職にありながら、上記「事務決済規程」によつて内部的に定められた支所長としての権限の範囲を逸脱して本件行為をしたのであつた。もちろん、形式的に「事務決済規程」に違反することがすべて当然に任務の違背になるものということはできないが、協会の業務を適切に行うために重要とみとめられるような内部規制に違反することは、当の役職員にとつてあきらかに任務違背になるものといわなければならない。したがつて、仮に本件において、正規の手続をとつたとすれば協会として本件保証が認容されたかも知れないという余地があつたとしても、そのことは被告人の任務違背の有無を左右するに足りないのである。（いずれにせよ、本件では、法廷意見に要約されているとおり、被告人は、「支所長に委任された限度額を超えて右企業者に対する債務保証を専決し」たというだけでなく、さらに「協会長に対する稟議資料に不実の記載をし、保証条件として抵当権を設定させるべき旨の協会長の指示に反して抵当権を設定させないで保証書を交付するなどして、同協会をして保証債務を負担させた」のであるから、任務違背にあたることについては、問題の余地がないというべきである。）

6-39　秋田簡易裁判昭53・11・8（遺失物横領、賍物故買被告事件判所）

（罪となるべき事実）

第一　被告人Ｏは、秋田県南秋田郡八郎潟町字一日市イカリ地先官有地付近の八朗湖東部承水路において、建網を設置して漁業を営んでいた者であるが、昭和五一年五月三一日ころの午後二時過ぎころ、養鯉業Ｅの網生けすから逃げ出して右建網内に入った緋鯉約五四キログラム（時価約五万四〇〇〇円相当）を発見したが、右捕獲した緋鯉を他人の所有物であることを知りながら、敢えて所有者を探して返還しようとせず、同日の午後三時ころ、ほしいままに右同所において養鯉業Ｋに約二万〇五二〇円で売渡して横領し、

第二　被告人Ｋは、右同日の午後三時ころ、同所において、右Ｏが建網で捕獲した緋鯉約五四キログラムを、それが占有を離れた他人の物を捕獲し、売却しようとするものであることを知りながら、同人から約二万〇五二〇円で買い受けて賍物の故買をしたものである。（略）。

金魚の如き通常人に飼養されることを常態とするものは家畜に含まれると解するのが相当である。

（略）、現在八郎湖には、自然に棲息する野生の真鯉の交配によつて発生した緋鯉が棲息していることが認められるので、右家畜概念にしたがえば、緋鯉が家畜か否かについては問題の存するところであるが、（すなわち、本件におい

ては、前述のように、専門家が分類する本来の緋鯉とその他の錦鯉以外の色がついている鯉も含めて緋鯉として判断しているうえ、それらの八郎湖における棲息量や秋田地方の棲息量が明らかではないので、結局、本来の緋鯉のみならず、その他のいろ鯉についても、通常、人に飼養されることを常態とするか否かを一概に断定し得ない。）**刑法254条の遺失物横領罪の客体**は、「遺失物、漂流物、その他占有を離れた他人の物」であつて、前段の遺失物、漂流物は例示に過ぎず、同条は、他人の占有しない財物を領得する罪のうち、委託信任の関係が存しない場合の占有者の意思に基づかずに占有を離れて、未だ何人の占有にも属しない他人の物を不法に領得する行為を犯罪定型としているのであるから、人に飼養されていて逸走した家畜外の動物や自然力の作用によつて占有者の占有を離れた物なども同条の客体に該当すると解するのが相当である。したがつて、緋鯉が家畜か否かを論ずるまでもなく、本件緋鯉は同条の客体に該るものといわなければならない。
（略）被告人Ｏに対する本件訴因は、被告人Ｏが本件緋鯉を捕獲して自己の占有に移した後、所有者のＥへの返還または警察署長への届け出で手続を故意に相当期間履行しなかつた不作為をもつて遺失物横領罪が既遂に達したと（**不真正不作為犯**）いうものではなく、被告人Ｏが本件緋鯉を捕獲して占有を取得した後、被告人Ｋに売渡す意思表示をした行為を捉えて本件遺失物横領罪が既遂に達したと主張する趣旨で（なお、当裁判所は、遺失物横領罪は、占有離脱物であることを知りながら、不法にその占有を取得する意思で取得した場合には、直ちに、既遂に達するものと解するのが相当であると思料するので、本件は（略）、被告人Ｏが建網に入つている緋鯉を発見して他人の物であることを知りながら、被告人Ｋに売渡す決意をした時点で既遂に達したことになるが、（略）、被告人Ｏの右占有取得時点と被告人Ｋへの売却の意思表示の時点との間に時間的間隙がないことから、右占有取得行為と売却行為を一体として把握し、意思実現の外部的行為である売却の意思表示の時点をもつて本罪の完成時点と認定した。）、被告人Ｏの本件緋鯉の占有取得後の経緯を明らかにするために記載したものに過ぎないと解されるので、右作為義務の存否の当否については判断をしない。
（略。注：八郎潟には）無主物である野生の同種の緋鯉が棲息しているので、それらの緋鯉と識別ができなくなることなどから、飼主が逃走後直ちに追跡をしないで放置したような場合は、飼主は、その所有権を放棄したものとみなされて、結局、逸走した緋鯉は無主物になるものというべきであるから、これを捕獲する者が所有の意思をもつて占有をするのであれば、無主物先占によりその所有権を取得するのは当然のことである。そこで、これを本件緋鯉について考察すると、（略）、（１）Ｅの逸失した緋鯉が飼育されていた網生けすの設置されていた位置と、被告人Ｏが捕獲した建網を仕掛けていた位置の近接していること、（２）Ｅの本件緋鯉の逸失日時と、被告人Ｏの捕獲日時が長くても約一〇時間足らずの間に過ぎないこと、（３）建網は、魚の習性を利用した特殊な形態をなしていることと、被告人Ｏの仕掛けていた建網が本件網生けすの東北側承水路部分を遮蔽するように設置されていたこと、などの時間的、場所的関係および建網の特異性とその設置状況等に鑑みれば、緋鯉は、小さな魚で急速な移動が予想されるうえ、もとの網生けすに帰来するものでもないので、飼主であるＥの占有は逸走とともに離脱したといわなければならないが、さればといって、右のような事実関係の下においては、網生けすから逸走すると同時に飼主Ｅの追及可能性が消滅したものとして、直ちに無主物に転化するものとは到底認めることができないので、本件のＥが逸失した緋鯉は、被告人Ｏが捕獲した時点では、未だ無主物に帰したものとはいうことができず、占有離脱物に該当すると解するを相当とする。

2　間接正犯

間接正犯は、**他人を道具（手足）として実行行為を行わせた場合**、道具を自分の手足と見て自分が実行行為を行ったと同一と評価するものである。道具に故意がある、いわゆる**故意ある道具**の場合に、間接正犯か、教唆犯か、共謀共同正犯かが問題になる。故意ある道具とは、道具に故意（実行行為と結果発生の認識・認容）がある場合である。判例は、**故意ある道具がどの程度自由に判断・決定ができたかを基準**に判別している。道具たる者が自己の自由な判断に基づいて実行行為を行うことを決定したと判断できる場合、両者に正犯意思があり、指示者が道具も犯行を認識していることを承知していれば、道具もそれを承知して指示に従ったのであるから黙示の意思の合致（共謀）があると認められるとして指示者は共謀共同正犯、道具は実行共同正犯ということになる。これに対して、黙示の共謀が認められない場合には、片面的共同正犯を否定する判例の考え方では、指示する者は錯誤により教唆犯にしかならず、道具に正犯が成立することになる。即ち、指示者は、間接正犯を意図したが道具の単独犯という結果を生じさせたという錯誤が生じたことになり、指示者の故意と道具が実現した結果とが同一構成要件の場合には具体的事実の錯誤となり、道具が異なった構成要件の結果を実現した場合は抽象的事実の錯誤となる。詳細は「故意と結果のズレ」（本章第３の６）を参照されたい。

判例6-41は暴力団員と恐れられていた男が公園で遊んでいた顔見知りの10歳の子どもに、**同6-45**は日ごろから暴力を加えて恐れられていた父親が12歳の娘に、それぞれ命じて窃盗をさせた事案について、いずれも子どもの判断の自由を否定して間接正犯としている。これに対して、**同6-42**は母親が12歳の息子に命じて強盗をさせた事件について、息子は是非弁別の能力があり、母親の指示命令は息子の意思を抑圧するに足る程度のものではなく、息子は自らの意思により強盗の実行を決意した上、臨機応変に対処して本件強盗を完遂したことなどが明らかであるとして、母親に間接正犯を否定して共謀共同正犯を成立させている。

被害者自身が道具になる場合は間接正犯を認めやすい。**同6-40**は被害者を抗拒不能状態に追い込んで車ごと海に飛び込ませた事案で、**同6-44**は被害者を強制的に川に飛び込ませた事案で、**同6-43**は執拗な脅迫と暴行を継続したため被害者が自分の指を噛み切った事案で、いずれも、被告人らは転落や指の切断に関し直接的行為をしていないので、被害者を道具とする間接正犯を認めた。

（間接正犯に関する判例）

6-40　名古屋高判平14・4・16（公正証書原本不実記載、同行使、殺人未遂被告事件）

被害者は決して自己の自由な意思で車ごと海に飛び込んだものではなく、ほかの選択肢を選ぶことのできない心理状態において、**被告人から強制され**て車ごと海に飛び込んだものと認められ、被告人においても、**そのような被害者の状態を利用して**、被害者に対し車ごと海に飛び込むことを**指示**したものと認められる上、車ごと海に飛び込む被害者の行為には、その**生命侵害の現実的危険性が認められるから、被告人の殺害意思及び殺人の実行行為性は否定できない。**すなわち、被害者は、もともと暴力を振るう人には逆らわず、言われるままに行動するという性向が見られ、被告人との交際を通じ、同人から立替えた借金の返済を強く迫られ、脅され、暴力を振るわれるなどしたことで、服従関係が生じ、被告人に言われるがまま災害死亡時総額５億９０００万円の生命保険などに加入し、偽装の婚姻届を提出し、死亡保険金の受取人を被告人に変更し、遺書めいた手紙を作成して銀行の貸金庫に入れるなどしたが、まとまった返済資金を用意するあてはなく、被告人の監視下から逃げ出したり実家の両親らに助けを求めたりすることも心理的に不可能な状況に置かれていたこと、被告人から、本件当日まで３夜連続で被告人方から現場に連れて行かれ、車ごと海に飛び込んで死ぬよう執ように強く迫まられ、暴力も振るわれるなどしたことのほか、被害者には自殺する理由などないから、被害者は、ほかに選択肢のない精神状態に陥り、被告人に強制されて意思決定の自由を制限された状況において当該行為に及んだものと認めるほかない。追い詰められた被害者が被告人から逃れて姿を隠すためには車ごと海に飛び込むほかないと考えたことは、所論指摘のとおりとしても、これをもって、被害者の自由意思による選択などということはできない。そして、被告人は、上記のような被害者との交際などを通じて自己が被害者を支配していることを十分に認識していたものと認められる上、本件現場では、被害者に海に転落する具体的な指示をし、被害者が飛び込む時も現場近くにとどまり、その直後には車が海中に転落したのを確認するため現場に戻ったこと、甲山漁港の岸壁から車ごと海中に飛び込むことは、その生命を侵害する現実の危険性が大きいものであったことなどが認められるから、被告人に被害者殺害の意思があったことは明らかであるし、**被害者の行為を利用した殺人の間接正犯**としての実行行為性も到底否定できないところである。

すなわち、本件は被告人及び被害者両名の交際関係、被告人の経済的な困窮状況のほか、被告人が、口実を設けて被害者を巨額かつ多数件の生命保険等に加入させた上、被害者との（真意に基づかない）婚姻届を提出した後、保険金などの受取人の名義を被告人に変更したこと、その間、被害者に対し、暴行を加えるなどして執ように立替金などの返済を要求し、金を返せないなら死んで保険金で返せなどと言ったこと、被害者が車ごと海に落ちて死亡する事故死を装って殺害することを企て、被害者をして真冬の海に車ごと飛び込ませたが、海中で車外に出た被害者が停泊中の漁船にロープを使って同船にはい上がるなどしたため、未遂に終わったこと等については、原判示（補足説明）のとおりであると認められるのであって、殺人未遂の事実はたやすく否定できないところである。

6-41　大阪高判平7・11・9（窃盗、住居侵入被告事件）

（1）被告人は、本件当時、（略）加美北公園に時々やって来て、小学生がキャッチボールやサッカーをして遊んでいるのに加わったり、他から窃取してきたバイクを小学生に見せて直結する等して運転する方法を教えたりしていたこと、（2）Ｉ（当時一〇歳、小学五年生）もその小学生の一人であり、被告人に三、四回遊んでもらったことがあったが、元ヤクザでシンナーを吸うと聞いていたため被告人を怖いとは思っていたものの、反面いろいろ教えてくれる面白い人とも思っていたこと、（3）本件当日午後五時過ぎころ、同公園で被告人は、Ｉら小学生数名と遊んでいたが、他の小学生がいなくなって被告人とＩの二人だけになった午後五時五〇分ころ、公園の東の方から交通事故のような自動車のブレーキ等の音が聞こえてきたので、二人で走って行ったところ、一五〇メートル位離れた（略）小川の橋の上で（略）被害者Ｈ（当時五六歳）が血を流して倒れており、橋の付け根の道路上に（略）メンズバックが落ちていたこと、（4）その付近には中年の女性もいたが、被告人が救急車を呼ぶよう頼んだため、近くの公衆電話の方向に歩いて行き、その場に被告人とＩだけが残されたが、被告人は、四、五メートル先に落ちている右のバッグを指さして、Ｉに対し、「誰もおらんからそこのカバンとってこい」と命令したこと、（5）これに対し、Ｉは、バッグをとってくるのは悪いことと思ったので、知らん顔をしていたが、被告人がＩをにらみつけて、なおも、「おい、とってこい」ときつい声で命令したため、逆らったら何をされるか分からないと思って怖くなったＩは、四、五メートル歩いて行ってバッグを拾い、すぐ戻って被告人にバッグを手渡したこと、（6）バッグを受け取った被告人は、「早く来い」と言ってＩと共に約五〇メートル西に戻った加美北公園南側の駐車場まで行き、バッグの中身を確かめて、在中の現金約一三万二〇〇〇円のうち一万円札一枚を「もっとけ」と言ってＩに渡し、その後Ｉを連れ回って窃取した現金で被告人自身のための買い物をしたあと、「今日のことは誰にも言うな」と口止めをして別れたこと、以上の各事実が認められる。（略）

以上認定の各事実によれば、Ｉは、事理弁識能力が十分とはいえない一〇歳（小学五年生）の刑事未成年者であったのみならず、所論が指摘するような、直ちに大きな危害が被告人から加えられるような状態ではなかったとしても、右のＩの年齢からいえば、日ごろ怖いという印象を抱いていた被告人からにらみつけられ、その命令に逆らえなかったのも無理からぬものがあると思われる。そのうえ本件では、Ｉは、被告人の目の前で四、五メートル先に落ちているバッグを拾ってくるよう命じられており、命じられた内容が単純であるだけにかえってこれに抵抗して被告人の支配から逃れることが困難であったと思われ、また、**Ｉの行った窃盗行為も、被告人の命令に従ってとっさに、機械的に動いただけで、かつ、自己が利得しようという意思もなかったものであり、判断及び行為の独立性ないし自主性に乏しかったということができる。**そして、そのような状況の下で、被告人は、（略）自己が直接窃盗行為をする代わりに、Ｉに命じて自己の窃盗目的を実現させたものである。以上のことを総合すると、たとえＩがある程度是非善悪の判断能力を有していたとしても、被告人には、自己の言動に畏怖し意思を抑圧されているわずか一〇歳の少年を利用して自己の犯罪行為を行ったものとして、窃盗の**間接正犯**が成立すると認めるのが相当である。

6-42　最決平13・10・25（強盗被告事件）

スナックのホステスであった被告人は、生活費に窮したため、同スナックの経営者Ｃ子から金品を強取しようと企て、自宅にいた長男Ｂ（当時１２歳１０か月、中学１年生）に対し、「ママのところに行ってお金をとってきて。映画でやっているように、金だ、とか言って、モデルガンを見せなさい。」などと申し向け、覆面をしエアーガンを突き付けて脅迫するなどの方法により同女から金品を奪い取ってくるよう指示命令した。Ｂは嫌がっていたが、被告人は、「大丈夫。お前は、体も大きいから子供には見えないよ。」などと言って説得し、犯行に使用するためあらかじめ用意した覆面用のビニール袋、エアーガン等を交付した。これを承諾したＢは、上記エアーガン等を携えて一人で同スナックに赴いた上、上記ビニール袋で覆面をして、被告人から指示された方法により同女を脅迫したほか、自己の判断により、同スナック出入口のシャッターを下ろしたり、「トイレに入れ。殺さないから入れ。」などと申し向けて脅迫し、同スナック内のトイレに閉じ込めたりするなどしてその反抗を抑圧し、同女所有に係る現金約４０万１０００円及びショルダーバッグ１個等を強取した。被告人は、自宅に戻って来たＢからそれらを受け取り、現金を生活費等に費消した。

上記認定事実によれば、本件当時Ｂには是非弁別の能力があり、被告人の指示命令はＢの意思を抑圧するに足る程度のものではなく、Ｂは自らの意思により本件強盗の実行を決意した上、臨機応変に対処して本件強盗を完遂したことなどが明らかである。これらの事情に照らすと、所論のように被告人につき本件強盗の間接正犯が成立するものとは、認められない。そして、被告人は、生活費欲しさから本件強盗を計画し、Bに対し犯行方法を教示するとともに犯行道具を与えるなどして本件強盗の実行を指示命令した上、Bが奪ってきた金品をすべて自ら領得したことなどからすると、被告人については**本件強盗の教唆犯ではなく共同正犯が成立する**ものと認められる。

6-43　鹿児島地判昭59・5・31(傷害、暴力行為等処罰に関する法律違反被告事件)

(罪となるべき事実) 被告人らは、ｓと共謀のうえ、被告人ｂにおいては常習として、昭和五八年一一月二七日午前零時二〇分ころから同日午前二時三〇分ころまでの間、鹿児島市＜以下略＞βビル三階ルーレツト店「m」内において、ｇ(当時三八歳)に対し、被告人ａがガラス製灰皿及び鉄製丸型椅子で数回にわたり右ｇの頭部及び顔面等を殴打し、被告人らがその場から逃げ出そうとしたｇの肩、腰などをつかんで床に引き倒し、その腹部、下腿部を足蹴にし、被告人ｂがｇを正座させ、同人に「おい、お前は今日は覚悟せえよ。絶対生きて帰さんからな。お前の命は今日ここでとつてやる」などと申し向けてその肩付近を足で踏み付け、被告人ａがｇに「おいが十四、五年位入ってくれば済むことじや」などと申し向けてその胸部等を足蹴にし、被告人ｃがｇの腹部を足蹴にする暴行を加えた後、被告人ｂがｇに「よしｇ、今日だけは命を助けてやる。そのかわり指を詰めろ、歯でかんで詰めろ」、「指を詰めんかったら、殺すぞ」などと申し向け、前記暴行、脅迫により抗拒不能の状態に陥つている同人をしてその右第五指をかみ切らせ、よって、同人に加療約四か月間を要する左前腕骨折、頭部切創、左右眼瞼切創、右第五指切断、左第五指及び手切創、両上肢及び胸部打撲症の傷害を負わせたものである。(略)

被告人ｂはｇを終始「今日は殺す」などと脅迫し、特に被告人ａをしてｇに対し執拗かつ強力なリンチを二時間以上にもわたって行なわせているものであって、こうした徹底したリンチによってｇが当時肉体的にも精神的にも死という極限に近い状況に追い詰められていたことは十分に推認することができるし、そのような状況下でｇが被告人ｂの命令に従って自己の右第五指を歯でかみ切ったのは、指一本をかみ切ればそれと引替えに命が助かるという絶対的命題のもとに、自己の自由意思の存立を失い、その限りで自己を被告人ｂの道具と化したからにほかならず、反面、被告人ｂの側からしてみれば、自己の脅迫等により生か死かの選択を迫られ抗拒不能の状態に陥つているｇを利用してその指をかみ切らせたと認めるのが相当である。

(略)以上の次第で、ｇが自己の右第五指を歯でかみ切つた点につき被告人らに傷害の**間接正犯**の成立を認めるべきである。

6-44　最決昭59・3・27(殺人被告事件)

　被告人は、外二名と共に、厳寒の深夜、かなり酩酊しかつ被告人らから暴行を受けて衰弱していた被害者を、都内荒川の河口近くの堤防上に連行し、同所において同人を川に転落させて死亡させるのもやむを得ない旨意思を相通じ、上衣、ズボンを無理矢理脱がせたうえ、同人を取り囲み、「この野郎、いつまでふざけてるんだ、飛び込める根性あるか。」などと脅しながら護岸際まで追いつめ、さらにたる木で殴りかかる態度を示すなどして、遂には逃げ場を失つた同人を護岸上から約三メートル下の川に転落するのやむなきに至らしめ、そのうえ長さ約三、四メートルのたる木で水面を突いたり叩いたりし、もつて同人を溺死させたというのであるから、右被告人の所為は殺人罪にあたるとした原判断は相当である。**(原審は、東京高判昭５８・９・１９)**

6-45　最決昭58・9・21(窃盗被告事件)

　被告人は、当時一二歳の養女紀美を連れて四国八十八ケ所札所等を巡礼中、日頃被告人の言動に逆らう素振りを見せる都度顔面にタバコの火を押しつけたりドライバーで顔をこすつたりするなどの暴行を加えて自己の意のままに従わせていた同女に対し、本件各窃盗を命じてこれを行わせたというのであり、これによれば、被告人が、自己の日頃の言動に畏怖し意思を抑圧されている同女を利用して右各窃盗を行つたと認められるのであるから、たとえ所論のように同女が是非善悪の判断能力を有する者であつたとしても、被告人については本件各窃盗の間接正犯が成立すると認めるべきである。

3　不作為犯

不作為犯は、作為義務ある者が故意に義務のある行為を行わない場合であり、**作為義務を意図的に行わないこと**を作為犯の実行行為と同価値と評価するものである。作為義務の根拠は、法律、契約、条理などに基づいて、社会的に見て義務を引受けなければならない地位にあること、即ち、**保証人的地位**にあることだと言われている。その他の要件として、作為義務を履行していれば**結果発生を阻止できた可能性があった**こと、作為義務の**履行が可能であった**ことが必要である。

保証人的地位とは具体的に何を意味するかについて、最高裁は、**シャクティパット事件**（**前掲判例6-23**）において、教祖の作為義務存在の根拠として、先行行為の存在（息子を強く説得して父親を病院から連れて来させた）、引受け行為の存在（高額の報酬を取って治療行為を引き受けた）、排他的支配に置いたこと（息子たちが教祖を絶対的に崇拝していて教祖の指示に逆らえない状態の下で父親を自分の支配内に置いた）の３つの要件を挙げている。

不作為犯は、同居人などによる子どもに対する虐待を止められなかった母親について問題になる例が多い。**判例6-47**は、交際中の男がしつけと称して子どもに暴行を加え続けていたため、児童相談所に相談して一時的に里親に預けたが、男の指示でそれを解除して、再び子どもを男の暴力の下に置き、目の前での暴力は制止していたが、母親のいないところで加えた暴行を放置して死に至らしめた事案について、男との間に不作為犯による傷害致死罪の共謀共同正犯を認め、**同6-48**は、交際していた中学生の男が母親のいないときに子どもに暴行を加え続けたことを止められず死に至らしめた事案について、傷害致死罪の幇助犯としている。両者の違いは、前者は一旦里親に預けて子どもを避難させたのに、男の指示に従って再び子どもを男の暴力の下に戻してしまったのに対し、後者は自分の目の前での暴行は止めていたが、男と子ども二人だけの時間を作ってしまったという点にあるように思う。

同6-46は、耐震偽装事件のマンション分譲業者について、耐震構造の設計に偽装があることを知っていたのであるから、そのことを購入者に知らせて残代金の支払を止める作為義務があったとして詐欺罪の不作為犯を成立させている。**同6-49**は、建造物以外の物であるパチンコ店のパチンコ台に放火して立ち去り、客が気づいて店員に知らせ、出火場所の特定などに手間取り店員の消火活動が少し遅れたため、パチンコ店内に火が回り建物全部が焼失した事案について、パチンコ台への放火行為を先行行為として燃えていることを知らせる義務があるとし、それをしなかった不作為を認め、建物全体への類焼を認識、認容し得たとして不作為による現住建造物放火罪を認めている。**同6-50**も、過失により炭火が傍の段ボール箱に燃え移る可能性があったのにそれを放置し、仮睡から覚めた後、段ボール箱が燃えているのを発見しながらそのまま帰宅したという事案について、自己の重過失によって失火させたのだから、消火などの作為義務があるのにそれをしなかったとして不作為による建造物放火罪を認めている。

（不作為犯に関する判例）

6-46 東京高判平21・3・6（詐欺被告事件）

〔1〕については、Ｅは指定確認検査機関であり、建築確認及び検査業務について専門的な知識と能力を有する民間機関であって、実際に、本件物件について、建築確認及び完了検査を行って、確認済証及び検査済証を発行した機関であるから、そこからの情報というのは、十分信頼できるものとして、それを前提に行動すべきものと考えられる。しかも、そのＥからの情報は、構造計算書の計算結果が虚偽であり、建物の安全性が建築基準法に規定する構造計算によって確認されていないというものであるところ、（略）、Ｅは、Ｆが作成した構造計算書に改ざんがあるとの情報提供を受けて、調査を開始し、１０月２５日午後２時ころから開かれた同社の会議において、Ｂの常務取締役設計部長のＭ、Ｂが依頼している元請設計事務所のＩの両名に対し、Ｆが作成した４物件に関する構造計算書では地震力が低減され

るように改ざんされていたこと及びその低減値を伝え、このままでは４物件について検査済証を交付することができないことなどを知らせ、その会議には改ざんをしたというＦ本人も出席していたこと、ＭとＩは、Ｅにおける会議の直後、Ｆを伴ってＢ本社に赴き、同日午後４時ころから、被告人に対し、Ｅ側から４物件についてＦ作成の構造計算書に改ざんがあり、それらについては検査済証を交付することができないと言われたことなどを報告したこと、１０月２６日、Ｍから、電話でゴルフ場にいる被告人に対して、本件物件もＦ物件であることが伝えられたこと、１０月２７日、Ｍが、分譲実績表の写し中の本件物件を含むＦ物件にマーカーを引くなどした上、同日午前１０時３０分ころ、Ｊの部屋で、被告人とＪに対し、同表を見せながら調査結果を報告したこと、以上のような事実が認められるのであり、１０月２７日午前１０時３０分ころまでの段階において、被告人は相当に確実性の高い情報を得ていたことが認められるのである。**このような確実性の高い情報を得た被告人が、顧客に対して、残代金の請求を一時的にも撤回すべき作為義務があった**ことは明らかである。

〔2〕については、（略）分譲マンションに関し、構造計算書の計算結果が虚偽であり、建物の安全性が建築基準法に規定する構造計算によって確認されていないということは、そのマンション居室の購入者にとって、建物の安全性に関する重大な瑕疵であり、顧客において、そのような問題があるとの情報を得れば、契約を見直したり、残代金の支払いを拒絶しようとすることも十分想定できるのであるから、**民法及び売買契約上の信義誠実の原則からいっても、そのマンションを販売する会社において、残代金の支払前の居室の買主に対し、上記のような瑕疵がある旨を告げるなどして、予定されていた残代金の支払請求を一時的にでも撤回すべき義務**があったことは明らかと思われる。ここでは、１０月２７日の段階で、本件物件の購入者が契約を解除できたかとか、Ｂの残代金請求権が失われていなかったかとかという点が問題となっているのではなく、上記のような重大な情報を得た売主としての被告人が、購入者がその重大な情報を知らないまま残代金を振り込んでしまうことのないように、予定されていた残代金の支払請求を一時的にでも撤回すべき義務があったかどうかが検討されているのである。

6-47 東京高判平20・6・11（傷害致死被告事件）

被告人は、平成１５年１２月に被告人方に転居したところ、甲野は、度々被告人方にくるようになり、被告人が３交代制の変則な仕事に就くと、週に１、２度、子どもの世話をするなどし、有罪判決を受けてからは、自分の友達の子どもと比較して、しつけについても口を出すようになり、ほおとか腕を叩けといい、特に二郎のしつけに関心を持ち、被告人のしつけが甘いと非難し、被告人の前で二郎にほおをつねるなどの暴行を加えたほか、被告人の目の届かないところでも二郎に暴行を加えていて、甲野に預けたときに二郎の顔などに痣のあることがよくあった。

被告人は、平成１６年１月ころから児童相談所を訪れるようになり、子どもに手を上げてしまうので二郎を里子に出したいなどと相談していたが、その後の同年３月や同年８月に二郎に痣や怪我がみられたことから、児童相談所は、同年９月８日に二郎を里親に一時保護委託し、その後、被告人及び甲野の求めに応じて、同月３０日にこれを解除した。

被告人は、同年３月の二郎の腕や頭の痣などについては、平手やこぶしで殴ったことを認めているが、一時保護委託のきっかけとなった同年８月の二郎の右足の甲にやけどのような跡があるものについては、甲野が風呂場で二郎といるときにできたことなどから、甲野がやったと思うと述べている。また、被告人は、目の前で甲野が二郎のほおをつねった時には、これを止めさせたという。

被告人は、本件当日、頻繁に携帯電話で甲野と話をしているが、それは、甲野の指示に基づくもので、主に二郎の行動の報告にかかるものであった。（略）、被告人は、二郎に対して、しつけの一環として、はたいたり殴ったりしていたものであるが、甲野もまた、二郎のしつけに関心を寄せ、しつけと称して手を出すなどしていたことが認められる。そして、被告人は、甲野が二郎に手を出していることを、目の前での現認のほか、甲野に預けた後の二郎の顔などの痣から知るようになったが、甲野が目の前で二郎の顔に手を出した際には、これを止めさせていたものである。

（略）、母親として二郎が相当のダメージを受けていたことは十分に推測できる状況にあったのであるから、甲野に声をかけるだけでは、到底十分ではなく、二郎の傍らにいて、甲野が手を出すのを現に阻止すべきであったというべきである。この点は、児童虐待の事案で他の者が暴行を加えるのを単に止めなかった児童の肉親者に共犯の責任が問えるかという問題、本件にからめていえば、被告人が先行する暴行を加えていないと仮定した場合に、甲野が来て本件のような暴行を加えたときの被告人の責任の有無の問題とは異なり、**先行行為**としてこれだけの暴行等を加えた者については、その暴行により**被害者に生じた具体的危険な状況を自ら解消すべき義務があるから、他の者によるさらなる暴行を積極的に阻止すべき義務があるというべきなのである。**（略）、その程度についてはともかく、行為の態様は被告人が十分予想し得る範囲内のものであったというべきである。それが、予想以上に激しかったとしても、それを事前に阻止しなかった被告人の責任を否定することはできない。そして、被告人の目撃状況、甲野の暴行の態様と回数、想定される時間等からは、被告人が甲野の暴行を**止めることは**、事前はもとより、その途中でも**可能であった**というべきである。現に、前記のように甲野が目の前で二郎に手を出した際には止めさせていたのであるから、今回はそれができなかったとは認められない。

以上によれば、被告人は、本件当時、甲野の二郎に対する暴行につきこれを阻止することなく、容認していたと認められるから、被告人の責任は、幇助犯に止まるものではなく、不作為の正犯者のそれに当たるというべきである。そして、顔を殴らないという甲野の言葉に対して、被告人がこれを了解した時点において、**甲野の作為犯と被告人の不作為犯との共同意思の連絡、すなわち共謀があったと認められる。**

6-48 名古屋高判平17・11・7（傷害致死幇助被告事件）

（略）午後３時２０分過ぎの暴行がかなり執拗で苛烈なものであったこと、暴行後、Ｂは５分以上過ぎても立ち上がらず、一旦は意識を取り戻したが、再びこれを失うなど急速に容態が悪化していったこと等に照らすと、肝・右副腎裂開はこの時点の暴行によって生じた事実を優に認めることができる。

被告人とＢは、当日午後２時ころ、まだ就寝中であったＡを自宅に残したまま買い物に出掛け、ハンバーガー店で昼食用のハンバーガーや飲み物を購入して午後３時１５分ころに帰宅したこと、被告人は、目をさましていたＡの前でハンバーガーや飲み物を並べるなどして昼食の支度をしたところ、Ａは、机の上に飲み物が２つ並べられているのを見とがめ、これは被告人親子の分かとまず被告人に問い質し、次いでＢに飲み物をねだったのかなどと執拗に尋ねたこと、これに対して、被告人は、飲み物は被告人とＡの分であると答え、Ｂは萎縮して答えられずにいたところ、Ａはこれらの返答に満足せず、また質問に答えようとしないＢの態度が面白くないとして激高し、Ｂの身体を蹴りつけるなどの暴行を始めたこと、Ｂが床に倒れたとき、それまで隣室にいた被告人は２人のそばにより、「やめてよ。」などと言いながらＡの左肘あたりをつかんで制止したが、振り払われ、Ａに肩を手拳で殴打されてその場に倒れ込んだこと、その後もＡは倒れたＢを蹴ったり、同児の身体を抱え上げて床上に放り投げるなどの暴行を加えるなどしたことを認めることができる。（略）。

被告人は、Ｂの実母であり、唯一の親権者として同児と同居して監護していたものであって、同児を養育する義務の中には、当然ながら同児の安全を保護すべき義務も含まれていたと解される。にもかかわらず、被告人は、性的欲望の赴くままにまだ未成年の男子高校生であったＡと交際を始め、被告人自身とＢの生活の本拠であった自宅にＡを引き入れ、同人が頻繁に被告人方に出入りするようになった平成１５年７月以降、同人がＢに繰り返し暴行を加えるようになって、同児の安全が脅かされる事態となり、そのことを察知した保育園関係者から、ＢのためにＡを遠ざけるよう忠告されていたことが認められる。そうすると、**被告人は、Ｂの親権者として同児を保護すべき立場にありながら、自らの意思で同児の生活圏内にＡの存在という危険な因子を持ち込んだものであり、自らの責めにより同児を危険に陥れた以上、Ａとの関係においてはその危険を自らの責任で排除すべき義務をも負担するに至った**と解される。仮に、同児に暴行を加えようとする人物が被告人の意思に基づかずに接近してきたとすれば、いかに被告人に親として幼児に対する保護義務があるとはいえ、他人の暴行を阻止する行為をすべき義務まで負わせることはできないと考えられようが、本件の場合、これとは異なり、**ＡがＢを危険にさらす状況を生じさせたのは被告人本人であるから**（この点は、たとえば強盗犯人の襲撃に対して幼児を守らなかった場合とは異なる。）、**社会通念上、被告人にＡのＢに対する暴行を阻止すべき義務が課せられていたと解するのが相当である。**

もっとも、Ａは、（略）、被告人にも暴行を加えていたことが認められ、ＡがＢに対して暴行に及ぼうとする際、被告人が口頭でこれを制止したり、監視するだけでこれを確実に阻止できたとは考えがたい。そうすると、Ａとの関係を断絶するか、さもなくば、Ｂを親族方に預けるなど安全な場所に避難させるのが最も確実な阻止の手段であり、あえてＡとの関係を継続しながらＢを手元に置こうとするのであれば、Ａの暴行を阻止するには、不断に警戒し、機先を制してＡの体を抑制したり、Ｂの体に覆いかぶさるなどすることが必要とされるものというべきである。しかし、その際、Ａが被告人にも一定の暴行に及ぶ可能性は否定できないとしても、保護すべき幼児を自らＡの行為による危険の及ぶ状態に置いている以上、ある程度の犠牲を払うべきことが社会通念上当然に要請されるというべきであるし、他方、Ａの被告人に対する暴行は、ときに激しい場合もあったとはいえ、被告人に重大な危害を及ぼすようなものではなかったと考えられる（略）、ことに照らせば、**被告人のＡの暴行を阻止すべき義務は、自らがＡからの暴行を引受け、いわば体を**

張ってでも果たすべき程度に達していたとみるのが相当である。

幇助行為は、正犯の行為を容易にする行為をすべて包含するものであり、正犯者の行為を通じて結果に寄与するものであれば足りるのであって、不作為による幇助を認める場合にのみ、所論のように「犯罪の実行をほぼ確実に阻止できたのに放置した」との要件を必要とするものでないことは、例えば、助勢行為、見張り行為、犯行に使用する物や車の貸与等作為による幇助の場合について考えてみても、明らかというべきであるから、所論は採用できない。

6-49 大分地判平15・3・13（現住建造物等放火被告事件）

（罪となるべき事実）被告人は、妻が出産準備のため入院中、結婚式未払代金を精算し、５万円程度が余ったため、うち３万円につき妻に報告したところ、同女からこれを生活費として使うよう申し向けられ、手元の資金に余裕が出たことから、連日パチンコ店に通っていたものであるが、平成１３年１２月５日午後３時ころ、大分市大字ａ字ｂｃ番地ｄ所在のパチンコ店Ａにおいて、パチンコに負けて上記３万円等を使ってしまい、その腹いせに同店に設置されているパチンコ台３５６番台に、すすをつける目的で、その下受皿玉排出口に所携のライターを差し入れて点火した後、同ライターの火が同パチンコ台の下受皿玉排出口付近に燃え移ったことに気付いたが、同失火は自己のライター点火行為に基づくものであり、当然、自ら消火に当たり、又は同失火を同店従業員等に知らせて消火すべき義務があり、消火し得る状況であったにもかかわらず、このまま放置すれば火勢は拡大して上記パチンコ台が設置されていた「島」等へ延焼、焼損に至るかもしれないことを認識しながら、自己の行為による失火の発覚を恐れる余り、自ら消し止め、又は同店従業員に知らせることなく、上記延焼、焼損の結果が発生するかもしれないことを認容しつつ、同日午後３時７分ころ、同店からそのまま立ち去り、もって、同店建物に放火し、上記３５６番台から火を同パチンコ台が設置されていた「島」及び同店天井に燃え移らせ、同店店長Ｂほか２１名の従業員及び約５００名の遊技客等が現在する鉄筋コンクリート造陸屋根一部３階建店舗１階ホール部分約１４７２．１１平方メートルを焼損させたが、前同日、Ｃ警察署に出頭し、同署司法警察員Ｄに自首したものである。

（事実認定の補足説明）（略）、被告人は、本件犯行当日の平成１３年１２月５日、夜勤を終えて、妻の入院していた産婦人科医院に立ち寄った後、帰宅途中、同日午前１０時１５分ころ、前記３万円の現金等を持参の上、本件パチンコ店に立ち入り、パチンコやパチスロをした。

その後、被告人は、同日午後２時３０分ころ、パチンコ台３５６番（本件パチンコ台）に席を取り、パチンコを開始した。

しかしながら、本件パチンコ台を含め、本件パチンコ店でパチンコをしていた間に、上記の３万円をほぼ使い果たしてしまったことから、被告人は、立腹して、腹いせのため、所携のライターを本件パチンコ台の下受皿（以下「本件下受皿」という。）付近に差し入れて着火し、約５センチメートル程度のライターの火炎を左右に揺らすなどした上でライターの火を消したが、本件パチンコ台内部の本件下受皿付近を燃焼させるに至った。

被告人は、その後、ライターを着衣ポケットに納めた上で、さらに、パチンコを継続したが、その際、本件下受皿玉排出口下部付近の金属板に赤いものが反射して見えたことから、自らの左手薬指を差入れたところ、薬指先端にやけどを負ったため、即座に指を下受皿から抜いた。

被告人は、同日午後３時６分５７秒ころ、本件パチンコ台前のいすから立ち上がり、本件パチンコ台から立ち去った。（略）

被告人が本件パチンコ台から立ち去ってから約１分が経過した同日午後３時７分５４秒ころ、本件パチンコ台の異変に気付いた客が、本件パチンコ店従業員Ｇに知らせ、Ｇは、同日午後３時８分６秒ころ、インカム（店内無線）を用いて、本件パチンコ店の他の従業員に対し本件パチンコ台周辺に来るよう呼びかけた。これにより異変を知った従業員Ｈが、本件パチンコ台に駆けつけた。このころ、パチンコ台は、液晶画面のある板面が全く見えない状態に、黒色の煙が充満していた。Ｈは、同日午後３時８分２５秒ころ、本件パチンコ台の扉を開けたが、同パチンコ台内部に炎を認め、煙が出たことから、直ちに閉じ、同日午後３時８分３０秒ころ、店長ら幹部に知らせるべく、事務所に向けて事務所側通路へ駆け出した。パチンコ台を開けたときの炎の高さは、１０ないし３０センチメートルであった。

他方、従業員Ｉは、これら本件パチンコ台付近の異変を察知し、本件パチンコ台から煙が出ていたことなどから火災の発生を疑い、同日午後３時８分４６秒ころ、消火器を取りに行くため中央通路を駆け出した。また、本件パチンコ店店長Ｂは、Ｈから本件パチンコ台の火災を知らされて、同日午後３時９分３秒ころ、本件パチンコ台に駆けつけ、同パチンコ台を開けようとしたができなかったので、再び事務所側通路へ走っていった。このとき本件パチンコ台は、下受皿の出口から炎が見え、プラスチックが溶け、プラスチックが燃えるにおいがする状態であった。

そして、Ｉが消火器を持参の上、本件パチンコ台付近に駆け寄り、同日午後３時９分１３秒ころ、本件パチンコ台に向けて消火器を噴射し始めた。その後、Ｈが、午後３時９分１５秒ころ、消火器を持参の上、本件パチンコ台に向けて駆けつけ、消火活動に加わった。また、従業員Ｊは、本件パチンコ台の裏側の列から消火器をかけた。

しかしながら、本件パチンコ台の火は消えず、島に燃え広がり、さらには本件パチンコ店全体に延焼した。従業員及び客はほぼ全員避難したが、店長Ｂは、いったん店外に出たものの再度店内に戻ったため、結果として本件火災から逃げ遅れ、急性一酸化炭素中毒により死亡した。本件火事は、同日午後６時２９分に鎮火した。（略）

被告人は、本件パチンコ台から席を立ち去った後、直ちに店外に行き、自分の自動車に乗って、真っすぐ帰宅し、５ないし１０分後には、本件パチンコ店から約１キロメートル離れた自宅に帰り着いた。

被告人は、帰宅中及び帰宅後、パチンコ台のことが気になり、帰宅してから５分位した後には、職場で仕事中の父親に対して電話した上、元気のない声で、「パチンコ屋に行って、玉の出てくる穴にライターで、二、三秒火をつけた。怖くなって逃げた。（本件パチンコ店の防犯）カメラに写ってるんで、どうすればよいだろうか。」などと話したため、被告人の父親は、被告人の所在を聞き出し、電話を切った。その後、被告人は、ベランダから、本件建物の方を見たところ、黒い煙が上がっていた。（略）。

当裁判所は、被告人には自ら消火する義務あるいは従業員等に対して失火の事実を知らせて消火すべき義務があり、かつ、それらの義務を履行することは可能であった、また、被告人には「島」への延焼の未必的認識があった、したがって被告人には不作為による現住建造物等放火罪が成立すると判断した（略）、

（略）燃焼実験の経過と（略）の本件火災の状況を照らし合わせると、〔１〕被告人が本件パチンコ台を去ってから約５７秒後に、Ｇが客から本件パチンコ台から煙が出ていることを知らされた点と燃焼実験で着火後約１分１０秒でパチンコ台表面ガラス内に煙が侵入しだした点、〔２〕被告人が立ち去ってから約１分２４秒後に、Ｈがパチンコ台を開けようとした際にはガラス内部に煙が充満していた点と着火後約１分３２秒前後に、パチンコ台表面ガラス内に黒煙が侵入し、パチンコ台の警報エラーが鳴った点、〔３〕被告人が立ち去ってから約１分２８秒後に、Ｈが本件パチンコ台を開けた際、中に炎が１０ないし３０センチメートル上がっていた点と燃焼実験着火後１分３２秒前後に火炎が２５ないし３０センチメートルになっていた点などで、比較的類似した経過をたどっており、本件火災も、被告人が席を立ったころから以降、概ね燃焼実験と同様の経過で延焼していったのではないかと推認できる。

そして、パチンコ台の消火器による最終消火可能時期は、「島」の天井に炎が燃え移る前、燃焼実験でいえば着火後２分３０秒後ころの時点であると一応認められるところ、被告人が本件パチンコ台を立ち去ってから約２分３０秒後（午後３時９分２７秒）は、Ｉが本件パチンコ台に消火器による消火活動を始めたころであり、また、そのときの本件パチンコ台の状態は、表面上火は出ておらず、台の中からうっすらとした煙がもくもくと上がっていた状態であったから、客観的には、この時点までは消火の可能性があったということができよう。

また、それより以前の、Ｈがパチンコ台を開けてその内部に炎があるのを確認したのは、被告人が立ち去ってから約１分３０秒後の午後３時８分２５秒過ぎであったこと、Ｉは、本件パチンコ台の異変に気付いてから約１４秒で消火器を取ってくることができたこと、本件当時は、本件パチンコ台付近に多数の従業員や客がいたことに照らせば、午後３時８分４３秒ころにも、消火器を用いてパチンコ台内部に対する消火を行うことが客観的には可能であったと認められる。

（略）、被告人が、従業員らに対し、火災が発生したこと、その火元がライターであぶった本件下受皿玉排出口付近であることなどを告げていたならば、現実の推移のように、扉を開けたＨが、中から多量の煙が出てきて慌てて扉を閉め、以後扉が開けられることもなく、従業員らが、慌てふためいていたずらに無駄な消火活動を行ったような事態にはならず、さほど煙も立ち上っていない中、５センチメートル程度の火炎を見て火点の確認もでき、下受皿玉排出口目掛けて消火剤を撒くなどして、より冷静に消火活動を行い、その結果、十分消火できたものと推認することができる。（略）、また、被告人自身の消火可能性については、被告人が、従業員に消火器の所在を聞くなどして、その後の展開は前記とほぼ同じようになると推認され、やはり消火されたであろうといえる。

（略）、**本件建物の火災の原因**は、被告人が本件パチンコ台に着火させた火であるところ、その火点は、パチンコ台内部という、他人からは容易に発見し難い箇所であるから、従業員らが火勢が拡大する前に火点を発見し、適切に消火する蓋然性が客観的に認められる状況にあるとは言い難く、現に本件では従業員らが火点を発見したものの消火活動は成功しなかった。少なくとも従業員らが火災に気付くまで、あるいは火点を認識するまでの間は、ことの成り行きは

被告人のみに委ねられているというほかはないのであり、時間の経過とともに火勢は拡大し、消火の可能性は低くなるのであるから、前記のとおり、被告人に作為可能性（消火の可能性）が認められる以上、被告人には、**先行行為に基づく作為義務**があるというべきである。

また、前記のとおり、被告人が早期に従業員らに火災発生の事実等を告げていたならば消火が可能であったといえる以上、被告人の不作為と店の全焼との間の因果関係（条件関係）が肯定できるが、従業員らの消火の際の不手際が、因果関係に影響を及ぼすほどのものかといえば、既に相当程度燃え上がった状態の火災を発見した人々が、冷静に行動できるとは限らないから、従業員らの緊急下の行動を彼らの落ち度として非難できるほどのものということはできず、これによって因果関係が左右されるとはいえない。

（略）、本件「島」は、客観的には建造物である本件店舗の一部であり、長さ約１４メートル余り、高さ約１．９メートル余りであるところ、外観上からもそのことを容易に認識することがで

（略）、また、本件「島」の材質については、島柱は鉄製であるものの、木製ユニット等など客の目に触れる側面部については、木の下地にシートやメラミン化粧板等をはったものやポリ合板であり、可燃性のものであったと認められる。そして、被告人は、当公判廷において、本件「島」自体の可燃性について明確な認識がないと供述するが、証拠（略）添付の写真などに照らすと、本件「島」は一見して、その可燃性を認識することが容易と認められ、被告人もその可燃性を認識していたと認めることができる。略）

被告人は、（略）、本件パチンコ台を立ち去る前、同パチンコ台の下受皿玉排出口下部付近の金属板に赤いものが反射して見えたことから、自らの左手薬指を入れたところ、薬指先端にやけどを負ったため即座に指を下受皿から抜いており、このやけどは、本件犯行の約２日後にあっても、マッチ棒の頭半分大の大きさで、薄い赤色に変色し、その部分の感覚がなくてまひを生じる程度のものであった。

そして、被告人は、再度下受皿玉排出口に指を入れたが、熱を感じなかったと供述するも、前記のやけどの程度に加えて、被告人の点火行為からパチンコ玉を３０発程度（略）を打ち終えるだけの時間、パチンコ台内部で燃焼していたこと、２度目に指を入れた際、火が消えたことを確認していないこと、被告人が直ちにパチンコ台から立ち去ったのは、このままでは本件パチンコ台が燃焼し続け、これを壊してしまうと思ったからであること、帰宅後直ちに父親に電話し、パチンコ台を弁償しなければならないかもしれないと話していること、被告人自身、公判廷においても、２度目に確認した際には、下受皿底面に赤く反射するものがあり、火かもしれないと思ったと供述していることなどに照らすと、被告人は、本件パチンコ台を立ち去るときに、本件パチンコ台の内部が燃えていたことを認識していたと認められる。

（略）被告人は、前記のとおり、本件パチンコ台を立ち去るときには、その内部が既に数十秒以上燃え続けていることを認識していたのであり、しかも、（略）本件パチンコ台の木製木枠が

「島」の木製ユニット部分に木ねじで固定されていたことやそのために本件パチンコ台と「島」とが接着した位置関係にあることについて認識していたのであるから、本件パチンコ台内部の火が燃え移って、少なくともその周辺部の「島」へ延焼し、焼損させる認識があったと推認できる。（略）

単にパチンコ台が主としてプラスチック樹脂や鉄からできていることを理由として、パチンコ台自体が燃えないものであると認識していたとはいえない。（略）被告人は、本件当時、パチンコ台の詳細な構造を知らなかったところにもってきて、パチンコ台の内部が、被告人が立ち去るまでの間、ある程度の時間燃焼を続けていたと認識していたはずである以上、本件火災が、その後確実にパチンコ台だけにとどまって自然鎮火し、その周辺部にある「島」には燃え移らないと認識することは合理的な根拠を欠く。（略）

本件火災の発生場所はパチンコ台内部の分かりにくい箇所であり、被告人が逃走した当時、従業員も客も、だれ一人として火災発生の事実に気付いていなかったのであり、被告人もそのことを認識しながら立ち去ってしまったのであるから、被告人において、その後、火がさらに燃え広がれば、火災が周囲に認識され、消火活動がなされるであろうと期待するのはよいとしても、その期待は、せいぜい「ボヤ」程度で終わるであろうとの期待にすぎないといえ、「島」に延焼する前に確実に消し止められると合理的に期待できるはずがない。

（略）以上のとおり、被告人が、本件パチンコ台内部の炎から、少なくとも建造物の一部である「島」への延焼を認識していたとの推認は、これを覆すに足りるような事情はうかがわれないから、被告人は、建造物の一部である「島」への焼損の認識があったというべきである。（略）

したがって、被告人は、本件「島」及び本件パチンコ台の可燃性及び位置関係につきその認識があり、本件パチンコ台から本件「島」への延焼の認識が認められ、本件パチンコ台に対して何らの消火措置を取らずに立ち去ったのである

から、本件「島」に対する焼損の認容も認められる。よって、被告人には、本件建物に対する**現住建造物等放火罪の故意**が認められる。

6-50　最判昭33・9・9（放火被告事件）

被告人が判示日時判示営業所事務室内自席の判示木机一個の下に、右机と判示原符三万七〇〇〇枚位をつめたボール箱三個との距離が判示のとおり接近している位置に、大量の炭火がよくおこっている判示木製火鉢をおき、そのまま放任すれば右炭火の過熱により周囲の可燃物に引火する危険が多分にある状態であることを容易に予見しえたにかかわらず、何等これを顧慮せず、右炭火を机の外の安全場所に移すとか、炭火を減弱させる等その他容易に採りうる引火防止処置を採らず、そのまま他に誰も居合わさない同所を離れ同営業所内工務室において休憩仮睡した結果、右炭火の過熱から前記ボール箱入原符に引火し更に右木机に延焼発燃したという事実は、被告人の重大な過失によつて右原符と木机との延焼という結果が発生したものというべきである。この場合、被告人は自己の過失行為により右物件を燃焼させた者（また、残業職員）として、これを消火するのは勿論、右物件の燃焼をそのまま放置すればその火勢が右物件の存する右建物にも燃え移りこれを焼燬するに至るべきことを認めた場合には建物に燃え移らないようこれを消火すべき義務あるものといわなければならない。

（略）、被告人はふと右仮睡から醒め右事務室へ入り来つて右炭火からボール箱入原符に引火し木机に延焼しているのを発見したところ、その際被告人が自ら消火に当りあるいは判示宿直員三名を呼び起こしその協力をえるなら火勢、消火設備の関係から容易に消火しうる状態であったのに、そのまま放置すれば火勢は拡大して判示営業所建物に延焼しこれを焼燬するに至るべきことを認識しながら自己の失策の発覚のおそれなどのため、あるいは右建物が焼燬すべきことを認容しつつそのまま同営業所玄関より表に出で何等建物への延焼防止処置をなさず同所を立ち去った結果、右発燃火は燃え拡がって右宿直員らの現在する営業所建物一棟ほか現住家屋六棟等を焼燬した、というのである。すなわち、被告人は**自己の過失により**右原符、木机等の物件が焼燬されつつあるのを現場において**目撃しながら**、その既発の火力により右建物が焼燬せられるべきことを認容する意思をもってあえて被告人の**義務である必要かつ容易な消火措置をとらない不作為により建物についての放火行為**をなし、よつてこれを焼燬したものであるということができる。されば結局これと同趣旨により右所為を刑法108条の放火罪に当たるとした原判示は相当である。

4　原因において自由な行為

結果を発生させた行為時には判断能力を失っている場合（例えば泥酔状態の場合）、その行為時には行為やそれによって生じる結果の発生を認識できない精神状態なので、本来なら故意を認めることはできない。しかし、普段正常な者が、自分が判断能力を失う状態になると違法行為を行う可能性があることを認識し（過去に何回も泥酔状態で暴力事件を起こしている常習的な酒乱者）、自らその状態を作り出して（酒乱状態になるまで飲酒し）、認識した違法行為に至った場合（傷害事件を起こした場合）、自己の判断能力喪失状態を利用して犯罪を実行したことと同一視できるとし、原因行為を作り出した時点になんらかの故意があれば実行の着手があると擬制して故意犯を成立させ、故意がなければ原因行為をしてはならないという注意義務に違反したとして過失犯を成立させる考え方が**原因において自由な行為の理論**である。故意犯においては、自己の判断能力喪失状態を道具として犯罪を実行するという点で間接正犯と共通性がある。しかし、間接正犯は、予め特定の犯罪の故意を持って、情を知らない他人に実行行為を行わせるのに対し、原因において自由な行為は、原因行為（飲酒開始）時に特定の犯罪の故意（暴行）を明確に持っていないという点で違いがある。例えば、酒乱状態になると暴力的になることを認識しながらあえて飲酒したとしても、酩酊すれば暴力事件を起こすかもしれないという認識はあるが、殺意を持って飲酒するということは殆どないので、相手を死なせてしまった場合でもせいぜい結果的加重犯としての傷害致死罪を問えるだけである。

判例6-54は、病的アルコール中毒者のタクシー強盗未遂事件おいて、原因行為時の故意を暴行の限度として強盗未遂を否定した事案であるが、原因において自由な行為を詳しく説示し、自己を負罪道具とした間接正犯であると説いているので参考にされたい。**同6-57**は、ヒロポン中毒者の殺人行為について、原因行為時に暴行の未必の故意を認め傷害致死罪とし、**同6-53**は、覚せい剤使用及び所持について、起訴された使用時には覚せい剤中毒症状及びアルコール中毒などで心神耗弱状態にあったので刑法39条が適用されるが、覚せい剤を購入した時点で覚せい剤を継続使用する意思で所持を始めたものであるとして、原因において自由な行為の理論により所持の故意犯を認めている。

同6-58は、病的アルコール中毒者の心神喪失中の殺人行為について、原因において自由な行為の理論を適用して過失致死罪を認めた最判である。**同6-51**は、酒酔い運転で、道交法違反については故意犯を、交通事故については過失犯を認めている。**同6-55**は、てんかんの持病がある者が自動車運転をして発作を起こし交通事故を起こした事案について、**同6-56**は、酒乱になると凶暴行為を繰り返していた父親が、泥酔状態で子どもを殺害してしまった事案について、いずれも過失犯を認めている。原因において自由な行為の場合、故意犯とするか過失犯とするかの見極めが難しい。

なお、**同6-52**は、アルコール中毒による妄想状態で放火事件を起こしてしまった事案について、妄想状態は飲酒行為が原因ではなく、精神的病気が原因である可能性が強いとして原因において自由な行為を否定している。

（原因において自由な行為に関する判例）

6-51 大阪地判平1・5・29（業務上過失致死傷、道路交通法違反被告事件）

本件酒酔い運転について判断するに、道路交通法の酒酔い運転の故意とは、アルコールの影響により正常な運転ができないおそれがある状態で車両を運転することの認識、認容であり、それはいわゆる未必的なものでも足りるが、被告人は、Ａ方で飲酒を開始する時点で、被告人の通常の飲酒量及び当日のそれまでの飲酒量から判断して、それ以上適量を越えて飲酒すれば酒酔い状態になり、その影響で正常な運転ができなくなるかも知れないこと及びＡ方での新年会が終われば自動車を運転して帰宅することを認識していたと認められるから、Ａ方で日本酒をさらに飲酒したという事実によって、被告人は、その時点で、アルコールの影響により正常な運転ができないおそれがある状態で車両を運転するかも知れないことを認識、認容していたと認めることができる。

そして、前述のとおり、その時点では被告人の責任能力については何等の問題もなく、本件酒酔い運転行為は、責任能力に欠けるところのなかった右Ａ方での飲酒開始時における未必的な酒酔い運転の故意に基づくもので、その飲酒行為が原因となったものと認められるから、いわゆる**原因において自由な行為の理論**によって、被告人は本件酒酔い運転についても完全責任能力者としての責任を負わなければならない。

6-52 大阪地堺支判昭58・6・6（現住建造物等放火被告事件）

被告人の犯行時の精神状態はアルコール精神病の幻覚妄想状態であり、心神耗弱状態であつたとし、その根拠として、アルコールの幻覚妄想が一過性のものであること、被告人はこれまでアルコール酩酊のため数回幻覚妄想を起こして精神病院に入っており、アルコールを飲めば妄想に支配されることを予測できたはずであり、また妄想に対する確信が弱いことを指摘する。

しかしながら、同鑑定人も、被告人が犯行当日の午前二時ころから午後五時ころまでの約一五時間もの長時間幻覚妄想に支配されていたことを是認しているのであり、本件では、この間における被告人の責任能力を検討しなければならないのであるから、アルコールによる幻覚妄想が一過性のものであることをとらえて、右妄想にもとづく行為が心神喪失状態の下での行為ではないという一般論は是認できない。また、（略）、被告人にはアルコール中毒症により五回の入院歴はあるものの、これまでの妄想は本件と異り、自己に対する追跡妄想であったが、これにより他人に危害を加えたりしたことはなく、本件の如き犯行に出ることは被告人には予測困難であつたと考えられるから「原因において自由な行為」の論理を本件に持ち込むのは相当でない。

更に、被告人は前示のように前妻や子を呼んで妄想の真偽を確めさせようとし、また一一〇番通報したことがあり、これらの点が同鑑定人の指摘する被告人の妄想に対する確信が弱いことの根拠になり得るとしても、妄想に対する確信の強弱が責任能力にどの程度影響を与えるものであるか必ずしも明らかでなく、又その後の被告人の行動に照らすと、本件犯行時においてもなお右確信の程度が弱かつたといえるか疑問があり、遅くも一一〇番通報した以後本件犯行に至る被告人の一連の行動は、同鑑定人もいうようにアルコール精神病による妄想状態に支配されて自己と他人との区別がつかなくなり、自己に迫つてくると同じ感情のもとにすべて妄想に支配された結果の行動とみるのが自然である。従って同鑑定の結果にも疑問があるといわねばならない。

6-53 大阪高判昭56・9・30（覚せい剤取締法違反被告事件）

昭和五二年一二月中旬ころ覚せい剤を使用したというものであるが、原審における訴訟の全経過にかんがみると、右は最終の使用事実を指すものであることが明らかであり、前示のような覚せい剤の入手時期及び使用状況を考慮すれば、一六日以降であると認められるところ、この時期における被告人は、覚せい剤による急性中毒症にアルコールによる病的酩酊が付加され、少なくとも心神耗弱状態にあったといわねばならない。原判決は、被告人は覚せい剤使用に対する抑制力を失っておらず、それが著しく減弱してもいなかったとするけれども、北村鑑定に徴し相当でない。しかしながら、被告人は反復して覚せい剤を使用する意思のもとに、昭和五二年一二月一五日夕刻すぎ四・八一グラムを上回る量を譲り受けて注射したのであって、右の一部を使用した原判示第一の所為は右の犯意がそのまま実現されたものということができ、譲り受け及び当初の使用時には責任能力が認められるから、実行行為のときに覚せい剤等の影響で少なくとも心神耗弱状態であっても、被告人に対し刑法三九条を適用すべきではないと考える。原判示第二事実についても同様であつて、**犯行日時である昭和五二年一二月一九日午後九時半すぎころは少なくとも心神耗弱状態にあり、原判決は相当でないが、被告人は覚せい剤の使用残量を継続して所持する意思のもとに所持をはじめたものであり、責任能力があった当時の犯意が継続実現されたものといえる**から、これまた刑法三九条を適用すべきではない。そうすると、被告人に責任能力を認めた原判決は結論において正当であつて、原判決には所論のような判決に影響を及ぼすべき事実誤認はなく、論旨は理由がない。

6-54 大阪地判昭51・3・4（強盗未遂被告事件）

本件公訴事実は、「被告人は、タクシー運転手から金員を強取しようと企て、昭和四九年六月九日午前一時一〇分ころ、池田市豊島北（略）先路上でE（当四四年）の運転するタクシーに乗客を装って乗り込み、同日午前一時三五分ころ、豊中市螢ケ池東町（略）先路上にさしかかった際、背後から左手で右Eの左手首をつかみ、右手に持った肉切り庖丁を同人につきつけながら、同人に対し「金を出せ。」と申し向ける等の暴行及び脅迫を加え、その反抗を抑圧して同人から金品を強取しようとしたが、同人が隙をみて車外に飛出し逃げたため、その目的を遂げなかったものである。」というのである。（略）

被告人は、飲酒試験において一級清酒三合を飲んだ程度では心神に特段の異状を認めないが、酒を求めてやまなくなり、自由飲酒試験では飲酒開始二時間二〇分後に六合（純アルコール約一三八グラム）を飲むや、血中アルコール濃度は〇・二六％となり、急激に、素面では認められなかった狂暴な行動、粗暴な言辞を示す等の激しい運転昂奮、意識障害（譫妄）の特徴を呈し、その前後からの記憶は、著るしく悪く、飲酒開始二時間四〇分後に六・二合飲み終ってから約一時間二〇分以後即ち飲酒開始から四時間以後のことは完全に記憶脱失し、顕著な病的酩酊を発現したことが認められ、この事実に、（略）被告人が本件犯行前約八時間ないし五、六時間内に一級清酒五ないし七合（一合中の純アルコールは二三グラム）、二級清酒二合（一合中の純アルコールは二二グラム）合計純アルコール約一五九ないし二〇五グラムを飲んだ事実並びに従前の被告人の酩酊時の行動、その追想の内容程度、本件犯行前後の行動に関する鑑定人の問診に対する被告人の応答内容及び当公判廷における被告人の供述を加味して考察すると、被告人は、病的酩酊を起こし易い体質的条件を備えていると認められ、本件犯行前五、六時間から本件犯行当時まで被告人の意識障害の重い時間帯は長く、意識障害は軽いが追想の曖昧不鮮明な短い時間帯がこれに介在したと認められ、本件犯行後全健忘は呈しないが、広範囲で強い島性健忘が顕著であって、犯行前五、六時間から犯行当時までの記憶は捜査官の取調当時も定かではなかったと認められる。

従って、被告人の司法警察員に対する各供述調書中、判示牛刀を持ち出した頃から本件犯行頃までの事情に関する供述記憶が司法警察員の誘導に応じて録取されたとの当公判廷における供述をもって、自己の責を免かれるための弁疎に過ぎないとして無下に排斥することはできないのであって、右調書の影響を否定しえないと思われる被告人の検察官に対する供述調書を含めて被告人の捜査官に対する各供述調書の前記記載部分を被告人が本件犯行当時正常な心神の状態にあったことを認定する資とするわけにはいかない。

（略）、被告人は、成年前から酒に親しみ、次第に耽溺してアルコール嗜癖に陥り、飲酒を始めると抑制が困難となるのみならず、清酒に換算五、六合を越えて飲酒するときは暴力を振うに至ったこと等が屡々あり、かつ、事後その非を告げられ忠告される等して、自己の酒癖の悪いことを知悉しており、殊に大阪地方裁判所で審理された窃盗、住居侵入及び果物ナイフを被害者らに突き付け「今人を刺して来た。一人殺すも二人殺すも一緒だ。警察に知らせたら子供も殺す。」旨脅迫し、一被害者の両手両足をタオル等で縛る等の暴行を加え、金員を強取しようとしたが、その目的を遂げなかったという強盗未遂各被告事件につき精神鑑定を受け、判決が言い渡された際、被告人が同判決判示の各犯行当時飲酒（純アルコール一六八グラム以上と認められる。）による複雑酩酊のため心神耗弱の状態にあったことを告知され、かつ、特別遵守事項として禁酒を命ぜられたほどであるから、本件犯行前にも、飲酒を始めればこれを抑制し難く、相当量飲酒すれば異常酩酊に陥り、**是非弁別能力又は行動制禦能力が少くとも著るしく減低（刑の減軽という法的効果の加味される以前の状態を直視して以下「減低責任能力」）する状態において他人に暴行脅迫を加えるかもしれないことを認識予見しながら、あえて判示のように断続的に清酒七ないし九合を飲んだと推断することができ**、これを覆えすに足りる証拠はないので、本件犯行当時における被告人の心神状態だけを捉え、犯罪の成否を決することはできない。

そこで、いわゆる原因において自由な行為の成否が考慮されなければならない。これに関しては種々の見解が存するが、当裁判所は、行為者が責任能力のある状態のもとで、（イ）自らを精神障害に基づく責任無能力ないし減低責任能力の状態にして犯罪を実行する意思で、右各状態を招く行為（以下「原因設定行為」）に出、罪となるべき事実を生ぜしめること、（ロ）若しくは右各状態において犯罪の実行をするかもしれないことを認識予見しながらあえて原因設定行為に出、罪となるべき事実を生ぜしめること、（ハ）又は右各状態において罪となるべき事実を惹起させるであろうということの認識予見が可能であるのに不注意によってこれを認識予見しないで原因設定行為に出、罪となるべき事実を惹起させることをいうと解するが、右の責任無能力又は減低責任能力の状態は、行為者が積極的に右各状態に置こうとしてその状態になった場合に限らず、責任無能力状態に至るべきことを予見しながら減低責任能力状態に止まった場合や減低責任能力状態に至るべきことを予見したが、責任無能力状態にまで至った場合も含むこと勿論である。原因設定行為の際、責任無能力又は減低責任能力の状態において犯罪実行又はその可能性の認識予見があるときは**故意行為**であり、右各状態において罪となるべき事実惹起に至る認識予見の可能性があり、かつ、不注意があれば**過失行為**となるのであるから（この点精神障害の招来が過失によればよいとの見解があるが採らない。）、右の故意過失なしに、たまたま飲酒、薬物注射等により右各状態に陥り、右各状態で罪となるべき事実を生ぜしめた場合は、これに該当しないのは当然である。

そして、いわゆる**原因において自由な行為としての故意犯**（右（イ）（ロ））においては、行為者が責任能力のある状態で、自ら招いた精神障害による責任無能力又は限定責任能力の状態を犯罪の実行に利用しようという積極的意思があるから、その意思は犯罪実行の時にも作用しているというべきであって、犯罪実行時の行為者は、責任無能力者としての道具（間接正犯における被利用者について犯罪の成立が否定される場合に対比することができ、罪責を問われない道具という意味で、以下「単純道具」）又は減低責任能力者としての道具（被利用者自身も罪責を免れないという点で、正犯意思を欠くため正犯としての責は負わないが、幇助意思のみをもって罪となるべき事実を生ぜしめた故に幇助犯としての責を負う「故意のある幇助的道具」に対比することができ、罪責を問われる道具という意味で、以下「負罪道具」）であると同時に、責任能力のある間接正犯たる地位も持つ。一方**過失犯**（右（ハ））の場合は、原因設定行為時における責任能力のある状態での前記不注意という心的状態が事故惹起時にも作用しているので、この時点における行為者は、前述の単純道具又は負罪道具であるばかりでなく、責任能力のある不注意な行為者でもあると解せざるをえない。従って、故意犯についてはその実行行為時に、過失犯については事故惹起時に、それぞれ責任能力のある間接正犯としての行為の法的定型性の具備、行為と責任の同時存在を共に認めることができるのである。

ところで弁護人は、いわゆる原因において自由な行為にいう「自由」を素朴な意義における意志の自由、即ち自己の意志による抑制が可能なことと解し、アルコール嗜癖ないし慢性アルコール中毒に陥った者の飲酒は、自由意志が喪失ないし侵害されているから、かかる行為者にはいわゆる原因において自由な行為を認める余地がないと主張し、これと同旨の有力な専門家の見解があり、まことに傾聴すべきものとは思うけれども、当裁判所は、かかる見解を採らない。けだし、右見解は、いわゆる原因において自由な行為という概念の絶対性を前提とし、その「自由」に重要な意義があるとする立論であるが、右概念は、心理的責任論の影響を強く受けたものと思われるもので、措辞として妥当かどうか疑問があり、いわゆる原因において自由な行為の意義は、前述のようなもので、換言すれば、「故意に、又は過失により、行為者が責任能力のある状態のもとで、自ら精神障害を招いて、自らを単純道具又は負罪道具として罪となるべき事実を生ぜしめること」をいうのであって、問題の要点は、原因設定行為が自由か否かにあるのではなく、**「責任能力のある状態における行為者が、自ら精神障害を招いたか否か」にあるからである。**故に荒廃状態にある精神病者は、意思能力、挙動能力はあっても既に責任能力がなく、その人格性を喪失しているから、右理論適用の余地はないけれども、アルコール嗜癖ないし慢性アルコール中毒に陥ったというだけの者は、通常有責に行為する能力をもって社会的行為が為され、その行為は、法的に有効たるに十分なものであって、もとよりその意思発動も非人格的とはいえないのみならず、かかる者は、飲酒が当人にとって害毒であることを知りながら酒の誘惑から自己を制禦しえない弱い心の状態にあるだけで、所詮自儘が原因となっているのであるから、飲酒の点に関してのみ、殊更にその意思発動を摘出して非人格的ということはできず、その飲酒による精神障害は、自ら招いた精神障害というに何ら妨げはない。もとより飲酒しなければ死に勝るような七顛八倒の苦しみに襲われ、飲酒させることが医学的にも必要やむをえないと認められる特段の事態が想定されないではないが、このような場合における飲酒は、行為者に意識が存在して為されたか疑わしい場合というべく、恐らくこの段階で是非弁別能力、行動制禦能力が欠如し、挙動は認められても行為とはいえないものであろうと考えられる。更に、例えば飲酒せざるをえない現実の圧迫が外部から加えられ、又はそのような圧迫の加えられる緊急明白な虞(蓋然性)があったため、余儀無く飲酒して精神障害を惹起したような場合は、自ら招いた精神障害とはいえないこともとよりである。

従って、当裁判所は、原因において自由な行為と称するよりむしろ、「自ら招いた道具状態における犯行」ないしは「自招道具犯」と表現した方が理解し易いであろうと考える。

(略)被告人は、本件犯行前飲酒を始めるに当っては、積極的に責任無能力の状態において犯罪の実行をしようと決意して飲酒したとは認められないから、確定的故意のある作為犯とはいえないけれども、右飲酒を始めた際は責任能力のある状態にあり、自ら任意に飲酒を始め、継続したことが認められ、他方飲酒しなければ死に勝る苦痛に襲われ飲酒せざるをえない特殊な状態にあったとは認められず、前叙認定したように被告人は、**その酒歴、酒癖、粗暴歴ないし犯歴、前記判決時裁判官から特別遵守事項として禁酒を命ぜられたことをすべて自覚していたと認められるので、偶々の飲酒とはいえないのみならず、右飲酒時における責任能力のある状態のもとでの注意欠如どころか、積極的に右禁酒義務に背き、かつ、飲酒を重ねるときは異常酩酊に陥り、少くとも減低責任能力の状態において他人に暴行脅迫を加えるかもしれないことを認識予見しながら、あえて飲酒を続けたことを裕に推断することができる**から、**暴行脅迫の未必の故意**あるものといわざるをえない。そして、自ら招いた単純道具状態における故意犯の犯意は、責任能力のある状態のもとで認識予見し、認容した範囲に限定され、単純道具において知覚し意思を生じたものは人格の発現と認められないので否定されるべきものと解すべきところ(但し、自ら招いた負罪道具状態における故意犯については負罪道具たる自己の犯意に影響され、間接正犯たる自己の当初の犯意は、逆戻作用を受ける。)、被告人は、前記飲酒開始から飲酒継続中を通じて強盗をする意思のあったことを認むべき一片の証拠すらなく、前述のように同人は、清酒七ないし九合を飲み終えた判示八日午後八時頃からは病的酩酊に陥り始め、熊本の姉に電話を掛けたが目的を達しないまま牛刀を携えて飯場を出た同日午後一〇時過ないし一一時頃には、病的酩酊の最中であったと認められるので、意思能力、断片的意識は認められるけれども、人格の発現とみられる強盗の目的意識を推持して右牛刀を手にしたとは、到底肯認し難く、前記電話も意のままならず、金員にも窮する等の事情が重なり、鬱憤晴しの気持で漠然と牛刀を携帯したと認めるのが相当である。更に、判示Eに対し「金を出せ。」と申し向けた外形事実は動かし難いものではあるけれども、Eが「金は渡します。」と返答した事実の記憶は被告人にはなく(略)、Eの右言辞に被告人は応えずに牛刀でEの頸筋等をぴちゃぴちゃ叩きながら「真直ぐ走れ。」と言ったのみであって(略)、これは畢竟被告人がEの右返答を知覚しなかったためと思われ、判示暴行脅迫後被告人はEに金を要求せず、同人が隙をみて車外に逃げ出すと、被告人は助手席にあった金員入り革製大型がま口を容易に奪取しうる状況にあったのにこれをしないで現場から離脱している等の事実に鑑みると、被告人が負罪道具以上に人格を回復した状態において金品強取を表象認容し判示所為に出たとは認め難く、右所為当時も依然病的酩酊中であったと認めざるをえないのであって、前述犯意の逆戻作用は否定されるべきものであり、本件を強盗未遂に問擬することは到底できず、認定しうる犯罪事実は、判示範囲に止まらざるをえない。

6-55 仙台地判昭51・2・5(業務上過失致死傷被告事件)

被告人はすでに認定どおりてんかんの長い病歴を有し、その発作は不定期に間けつ的に起きるものであつたのであって、このことは被告人自身充分認識していたのであるから、本件運転開始時にも、その運転中発作が起り得ることは当然予見可能であり、かつその予見にしたがって運転を回避すべきであったのに、その予見をすることなく本件運転をなしたこと自体に過失が認められるのであるから、その後の発作による心神喪失の点は、本件における責任の存否には何ら影響を及ぼすものではない。

6-56 東京高判昭41・3・30(重過失致死被告事件)

被告人は昭和三九年一二月七日夜酒を飲んで病的酩酊に陥り、自室に寝ていた長男勝(当時二歳)に対して原判示のような暴行を加え、その結果翌日同人を死亡させるに至ったもので、原審における鑑定人加藤伸勝の鑑定の結果を参酌すれば、この暴行当時被告人は刑法にいう心神喪失の状態にあつたものと判断されるのである。(略)

まず第一に、被告人がその子勝に対して右のような暴行を加えるに至つた原因がもつぱら被告人の病的酩酊に陥る素質と当夜の飲酒行為とにあったことは原判決の挙示する証拠を総合すれば明らかで、一件記録をよく調査してみてもこのことは疑いがない。そこで、問題は、この致死の結果につき被告人に過失責任を認むべきかどうかであるが、(略)、被告人は以前から酒癖が悪く、酒に酔うと短気粗暴になって、昭和三六年一一月には酒の上で仕事上の仲間に傷害を与え、昭和三八年八月には同じように酒に酔つて店のウインドウのガラスを割ったことがあるほか、家庭では物を投げてこわしたり妻や子供に対し乱暴を働くことがしばしばで、昭和三九年六月には妻に暴行を加えてそのため九日間入院させたこともあるというのであり、被告人自身も酒癖が悪く、しばしば乱暴な行為に及ぶことは十分自覚していたことが認められるのであって、一件記録全部を検討してもこの認定に疑いは存しないのである。(略)そして、被告人の言うところによるとその飲酒の適量は清酒三合位だというのであるが、被告人は本件犯行の日の夕方仕事の帰りに五反田附近で清酒約一合を飲み、次いで新宿で清酒約二合を飲んだのち飯場に帰ってさらに隣室の佐々木圭二方で原判示のように清配約五合を飲んだのであるから、佐々木方で酒を飲む際には、これ以上飲むとあるいは酒に酔ったうえで他人に対し乱暴をし、その結果生命、身体に対して危害を加える虞があるということを予見して飲酒を適量に慎むべきであり、またそのように予見することは一般人にとっても被告人自身にとっても十分可能であつたと判断される。ことに、その飲酒した場所の隣室が被告人方の居室で、そこには二人の幼児が寝ており、妻が勤めに出て不在であることは被告人によくわかっていたのであるし、従来も酒に酔うと自宅で乱暴することが特に多かったというのであるから、飲酒のうえ自室に戻って子供に乱暴を働くことも容易に予想できることで、その場合にはその生命にも危険を及ぼすおそれがあることは当然考えられるところである。それゆえ、このような状況のもとでさらに約五合の酒を飲み、その結果前記のように幼児を死に致した被告人には、その死の結果につき**過失責任が十分認められる**といわなければならない。被告人がそれまでに飲酒した場合つねに必ず乱暴をしたわけではないにしても、そのことは右の過失責任を否定するものではない。なお、論旨は原判決がいわゆる「**原因において自由な行為**」の理論を不当に適用したとしてこれを非難しているようにもみえるが、本件において原決判が刑法第二一一条後段を適用したのは、要するにその事実が右の規定に該当すると解せられるからであって、なんら罪刑法定主義の原則に反するものでもなく、また被害者を死に致すについて過失があったとしているのであるから、なんら責任主義に反するところもないのである。

6-57 名古屋高判昭31・4・19(殺人被告事件)

被告人は原判示の如く昭和二十八年二月頃からヒロポンの施用を知り同年八月頃その中毒患者となり幻覚妄想等の症状を呈するに至ったので医療を受けると共にヒロポンの施用を中止した結果一旦治癒したが生来忍耐性乏しく家庭に居住するのを好まず同二十九年三月頃家出を為し其の後諸所を転々の上同年五月下旬姉隆子の結婚先である原判示松田静児方に至り同家に寄寓中同年六月五日頃塩酸エフエドリンの水溶液を自己の身体に注射しその結果中枢神経が過度に興奮し幻覚妄想を起し自己及端地一家が世間から怨まれて復讐されるが如く思惟して生甲斐なく感ずると共に厭生観に陥り先づ自己の身近におり日頃最も敬愛する姉隆子を殺害して自殺しようと決意し同月七日原判示の如く短刀を以て右隆子を突刺し同女を死に至らしめたことが明であるが被告人が右の如く隆子を殺害する決意をしたことが果してその**自由なる意思決定の能力**を有しないから右の如き決意をしたかどうかを考へると原審鑑定人(略)、を綜合すれば被告人は生来異常性格者でヒロポン中毒の為その変質の度を増し本件行為当時は薬剤注射により症候性精神病を発しおり本件犯行は該病の部分現象である妄想の推進下に遂行されたものであって通常人としての自由なる意思決定をすることが全く不能であつたことを認めることが出来るし以上の各証拠を信用出来ない事由は一として存在しないので被告人の本件犯行の殺意の点については法律上心神喪失の状態に於て決意されたものと認めざるを得ない。果して然らば本件犯行を心神喪失者の行為として刑法第三十九条第一項により無罪の言渡を為すべきか否かにつき更に審究するに薬物注射により症候性精神病を発しそれに基く妄想を起し心神喪失の状態に陥り他人に対し暴行傷害を加へ死に至らしめた場合に於て注射を為すに先だち薬物注射をすれば精神異常を招来して幻覚妄想を起し或は他人に暴行を加へることがあるかも知れないことを予想しながら敢て之を容認して薬物注射を為した時は**暴行の未必の故意**が成立するものと解するを相当とする。（略）、被告人は本件につき暴行の未必の故意を以て隆子を原判示短刀で突刺し死に至らしめたものと謂うべく従つて**傷害致死**の罪責を免れ得ないものと謂わなければならない。従つて原判決が被告人の前記犯行を殺人罪とし当時被告人は心神耗弱の状況にあったものと認定したのは証拠の価値判断を誤り採証の法則に反し事実を誤認した違法がありこの違法は判決に影響を及ぼすものと謂わなければならない。

6-58　最判昭26・1・17（殺人賍物故買被告事件）

本件殺人の点に関する公訴事実に対し、**原判決**の判示によれば「然しながら、……被告人には精神病の遺伝的素質が潜在すると共に、著しい回帰性精神病者的顕在症状を有するため、犯時甚しく多量に飲酒したことによつて病的酩酊に陥り、ついに**心神喪失の状態**において右殺人の犯罪を行つたことが認められる」旨認定判断し、もつてこの点に対し**無罪**の言渡をしているのである。しかしながら、本件被告人の如く、多量に飲酒するときは病的酩酊に陥り、因つて心神喪失の状態において他人に犯罪の害悪を及ぼす危険ある素質を有する者は居常右心神喪失の原因となる飲酒を抑止又は制限する等前示危険の発生を未然に防止するよう注意する義務あるものといわねばならない。しからば、たとえ原判決認定のように、本件殺人の所為は被告人の心神喪失時の所為であったとしても（イ）被告人にして既に前示のような己れの素質を自覚していたものであり且つ（ロ）本件事前の飲酒につき前示注意義務を怠ったがためであるとするならば、被告人は**過失致死の罪責**を免れ得ないものといわねばならない。そして、本件殺人の公訴事実中には過失致死の事実をも包含するものと解するを至当とすべきである。しからば原審は本件殺人の点に関する公訴事実に対し、単に被告人の犯時における精神状態のみによってその責任の有無を決することなく、進んで上示（イ）（ロ）の各点につき審理判断し、もつてその罪責の有無を決せねばならないものであるにかかわらず、原審は以上の点につき判断を加えているものと認められないことは、その判文に照し明瞭である。しからば原判決には、以上の点において判断遺脱又は審判の請求を受けた事件につき判決をなさなかった、何れかの違法ありというの外ない。

5　包括一罪

包括一罪は、一定の条件を備えた場合、複数の連続した行為を包括して一つの犯罪の実行行為として評価することである。どこで既遂とするかという問題である（既遂の項参照）。**判例6-63**は、古い判例であるが、**連続犯的数個の犯罪を包括一罪として処断すべき要件**について、「判例等を総合考察すると、その最少限の要件として、**①犯意が同一であるかまたは継続すること、②行為が同一犯罪の特別構成要件を一回ごと充足すること、③被害法益が同一性または単一性を有することの三つが必要である**」とし、複数の被害者に対する同一手口の詐欺罪について上記③が欠けるので併合罪としている。これと異なった判断をしている街頭募金による詐欺に関する**前掲判例6-1**と対照されたい。

包括一罪か数罪かは罪数問題だけではなく、共犯関係において、承継的共同正犯、共犯関係からの離脱を決する場合の前提問題でもある。共犯関係の項（本章第６）で詳述する。

同6-59は、牽連犯、包括一罪、併合罪について説示し、住居侵入してキャッシュカードを奪い、被害者を自動車内に監禁して暗証番号を言わせるために暴行を加え、キャッシュカードを使って銀行預金を引き出したが、金額が少なかったために、さらに被害者の弟に電話して、兄に暴行を加えてその悲鳴を弟に聞かせるなどして脅し、弟から金を奪おうとしたが実現しなかったという事案について、兄に対する傷害と弟に対する恐喝未遂は一個の行為と評価できないとして併合罪としており参考になると思う。

同6-60は、第１現場での強姦未遂、第２現場での強姦既遂を包括一罪とし、第二２現場に参加しなかった被告人に共犯関係からの離脱を認めず、既遂の責任を負わせた事案である。

同6-61は、住居侵入窃盗、強姦、強盗未遂という連続した行為について、窃盗と強盗未遂を包括一罪とし強盗未遂罪と強姦罪の併合罪とした事案である。

同6-62は、抗争中の暴力団間で、一方が覚せい剤の取引にこと寄せて被害者をホテルの部屋に誘い出して殺害するという計画を立てたが、途中で、共犯者の一人が被害者から覚せい剤を預かって逃げた後に実行犯が部屋に入り銃殺するということに計画を変更し、覚せい剤を預かった者がそのまま逃走した後に、殺害担当者が殺害行為を行ったが被害者が死亡しなかった事案について、下級審は、覚せい剤取得行為と殺害行為を一連の行為として包括一罪とし、一項強盗殺人未遂罪とした。しかし、最高裁は、殺害行為は覚せい剤の取得を完了した後であって、覚せい剤取得行為は詐欺あるいは窃盗罪であり、殺害行為が覚せい剤取得行為の手段ではないので一項強盗は成立しないとし、殺害行為は盗った覚せい剤の代金支払いを免れるためのもので二項強盗殺人未遂であるとし、詐欺罪あるいは窃盗罪は二項強盗殺人未遂に包括されて包括一罪となるとしている。包括される理由は、覚せい剤の盗取あるいは詐取と覚せい剤返還請求あるいは代金請求とは表裏の関係にあることにあると思う。確かに、共謀の内容は、覚せい剤を取得するための強盗殺人から被害者をうまくまるめ込んで覚せい剤を取得することに変更されているのであるから、覚せい剤の取得行為自体は詐欺罪か窃盗罪になるにすぎない。そして、覚せい剤を持った者が部屋を出たので覚せい剤の占有を取得したことになり既遂となる（既遂時期を遅らせてもホテルを出た段階では既遂になる）。そして、仮に、窃盗罪であるとしても、被害者が覚せい剤を持ち去った者を追尾したり、覚せい剤を取り戻そうとしていないので事後強盗罪にも該当しない。すると、殺害実行者の行為は殺人未遂になるだけである。これでは結果妥当性がない。上記共謀内容の変更は、覚せい剤取得と被害者の殺害という点では同一であり、その順序が逆になっただけであるのだから、理論的には問題があるとしても、一審判決の結論でも問題がないように思える。しかし、理論的整合性を考えながら結果の妥当性を導き出すために、殺害行為を覚せい剤の取戻又は代金支払いを免れるための２項強盗としたものであろう。この場合、窃盗の実行行為者は、実行前の２項強盗の共謀に加わっていれば２項強盗の共謀共同正犯が成立することになる。

（包括一罪に関する判例）

6-59　東京高判平13・5・16（強盗致傷、強盗、監禁、窃盗、恐喝未遂、傷害被告事件）

それぞれキャッシュカードを強取した後、これを用いて現金自動支払機等から現金を窃取した行為は、もちろん新たな行為であり、被害者が異なる新たな法益を侵害するものでもあるから、別個の罪（窃盗罪）の成立を認めるべきであって、これを先行する強盗ないし強盗致傷罪と包括的に評価すべきいわれはない。

また、**刑法54条1項後段**にいう「犯罪の手段若しくは結果である行為が他の罪名に触れるとき」とあるのは、**牽連犯**の成立には数罪間に罪質上通例その一方が他方の手段又はその結果となる関係、すなわち抽象的牽連性が要求されていると解すべきところ、強盗ないし強盗致傷罪と窃盗罪との間に、罪質上通例前者が後者の手段となる関係があるとはいえないから、上記強盗ないし強盗致傷罪と各窃盗罪はそれぞれ牽連犯の関係にはなく、併合罪の関係にあるというべきである。

刑法54条1項前段にいう一個の行為とは、法的評価を離れ構成要件的観点を捨象した自然的観察のもとで、行為者の動態が社会的見解上一個のものと評価を受ける場合をいうものと解すべきところ、原判示第四の四の恐喝未遂罪においては、電話を介して原判示の脅迫文言を申し向けての脅迫行為がなされたほか、Ｃをさらに畏怖させるためにＢの悲鳴を聞かせたものであるが、ＣにＢの悲鳴を聞かせる目的でＢに対し暴行を加える行為と、その結果発せられる悲鳴をＣに電話機を介して聞かせる行為には、隔たりがある上、悲鳴を聞かせる点は脅迫文言に付加されたもので恐喝未遂の脅迫行為の主要部分をなすとはいえず、また悲鳴を聞かせるための暴行は、上記のとおりＢに対して加えられた暴行の一部分をなすものに過ぎないなどの諸点にかんがみると、（略）恐喝未遂と（略）傷害の構成要件的行為の主要部分が重なり合うとはいえないから、両者を一個の行為と評価することはできず、両罪の関係を併合罪とした原判決に誤りはない。

6-60　福岡高判昭63・12・12（強姦致傷被告事件）

被告人及び共犯者が共謀の上、被害者に対し強姦目的で暴行、脅迫を加え、その反抗を抑圧した後、第１現場に駐車中の車内で被告人と共犯者が順次同女を強姦しようとしたがいずれも未遂に終わり、被告人が立ち去った後も共犯者が犯意を継続して更に被害者を第２現場に連行し、前記行為によりなお反抗抑圧状態にあった同女を強姦したのであるから、第１現場における被告人及び共犯者の強姦未遂と第２現場での共犯者の強姦既遂とは包括一罪であると解すべく、かつ、この間被告人において共犯者との共謀関係から離脱ないしこれを解消したというべき事情も認められないので、共同正犯としての刑責を免れない。

6-61　大阪高判昭62・9・10（住居侵入、窃盗、強姦未遂、強姦、強盗被告事件）

被告人は被害者が就寝している間に現金を窃取したものと認めるのが相当である。そうすると、その場合の被告人の罪責が問題となるのであるが、（略）、被告人は強姦及び窃盗の両目的をもって室内に侵入し、前記のとおりハンドバックの中から現金を窃取し被害者を強姦した後、更に同女を脅して現金を奪おうと企て、強姦の際の暴行脅迫により同女が極度に畏怖しているのを認識しながら、「金はどこにある。」と語気鋭く申し向けたところ、もし現金の在り場所を言わなければ更に生命・身体にいかなる危害を加えられるかもしれないと畏怖した同女が「そこらへんにあるでしょう」と言って右のハンドバックを指し示したものの、もうそこからは現金を抜き取った後だったので、現金を奪う気がなくなりそれ以上現金を探す事なく、その場を立ち去ったことが認められ、強姦後の行動だけをとらえても、優に強盗（未遂）罪の構成要件を充たすものといわなければならない。すなわち本件は、住居侵入の後まず窃盗があり、次に強姦があり、最後に強盗未遂があった事案であり、窃盗と強盗未遂とは、財物奪取に向けた社会的に同質の行為が同一場所で同一機会に連続してなされたものと評価されるので、両罪のいわゆる**包括一罪**として重い強盗未遂罪の刑で処断すべきものと解するのが相当である（現金は、暴行脅迫によって奪取されたものではないので、強盗既遂罪は成立しない。なお、最決昭６１・１１・１８参照）。

以上によると、強姦後の現金奪取の事実を認定し、強盗既遂罪の成立を認めた原判決は事実を誤認し、右誤認は判決に影響を及ぼすことが明らかであるから、これと他の罪との併合罪により一個の刑を科した原判決は、全部につき破棄を免れない。

6-62　最決昭61・11・18（強盗殺人未遂、恐喝未遂、殺人未遂等被告事件）

被告人が属していた暴力団Ｉ一家と、被害者Ｈが属していた暴力団甲会とは、かねて対立抗争中であつた。Ｉ一家Ｙ組組長Ｙは、知人である一、二審相被告人Ｏと話し合つた結果、ＯがかねてＨを知つており、覚せい剤取引を口実に同人をおびき出せることがわかつたので、甲会甲組幹部であるＨを殺害すれば甲会の力が弱まるし、覚せい剤を取ればその資金源もなくなると考え、Ｏにその旨を伝えた。Ｏは、Ｈに対し、覚せい剤の買手がいるように装つて覚せい剤の取引を申込み、Ｈから覚せい剤一・四キログラムを売る旨の返事を得たうえ、Ｔも仲間に入れ、昭和五八年一一月一〇日、Ｙ、その舎弟分のＩ一家乙組組長乙及び乙の配下の被告人と博多駅付近で合流した。被告人、Ｏ、Ｙ、乙、Ｔの五名が一緒にいた際に、Ｏは、被告人に対し「甲会の幹部をホテルに呼び出す。二部屋とつて一つに甲会の幹部を入れ、もう一つの部屋にはお前が隠れておれ。俺が相手の部屋に行きしばらく話をしたのち、お前に合図するから、俺と一緒についてこい。俺がドアを開けるからお前が部屋に入つてチヤカ（拳銃）をはじけ。俺はそのとき相手から物（覚せい剤）を取つて逃げる」と言つて犯行手順を説明し、被告人もこれに同調した。なお、この際、奪つた覚せい剤は全部Ｏの方で自由にするということに話がまとまつた。ところが、その後、Ｏは右犯行手順の一部を変更し、被告人に対し「俺が相手の部屋で物を取りその部屋を出たあとお前の部屋に行つて合図するから、そのあとお前は入れ替わりに相手の部屋に入つて相手をやれ」と指示し、翌一一日午前に至り、福岡市博多区博多駅前（略）所在のＭホテル三〇三号室にＨを案内し、同人の持参した覚せい剤を見てその値段を尋ねたりしたあと、先方（買主）と話をしてくると言つて三〇九号室に行き、そこで待機している被告人及びＴと会つて再び三〇三号室に戻り、Ｈに対し「先方は品物を受け取るまでは金はやれんと言うとる」と告げると、Ｈは「こつちも金を見らんでは渡されん」と答えてしばらくやりとりが続いたあと、Ｈが譲歩して「なら、これあんたに預けるわ」と言いながらＯに覚せい剤約一・四キログラム（以下、「本件覚せい剤」という。）を渡したので、Ｏはこれを受け取つてその場に居合わせたＴに渡し、Ｈに「一寸待つてて」と言い、Ｔと共に三〇三号室を出て三〇九号室に行き、被告人に対し「行つてくれ」と述べて三〇三号室に行くように指示し、Ｔと共に逃走した。被告人はＯと入れ替わりに三〇三号室に入り、同日午前二時ころ、至近距離からＨめがけて拳銃で弾丸五発を発射したが、同人が防弾チヨツキを着ていたので、重傷を負わせたにとどまり、殺害の目的は遂げなかつた。

（略）一、二審判決が、被告人がOと入れ替わりに三〇三号室に入つたと判示している点については、記録によると、OとTは、三〇三号室でHから本件覚せい剤を受け取るや直ちに三〇九号室に赴き、そこで本件覚せい剤をかねて準備していたシヨルダーバツグに詰め込み、靴に履き替えるなどして、階段を三階から一階まで駆け降りてMホテルを飛び出し、すぐ近くでタクシーを拾い、小倉方面に向かつて逃走したが、Oは、三〇九号室において被告人に少し時間を置いてから三〇三号室に行くように指示し、被告人もOらが出ていつてから少し時間を置いて三〇三号室に向かつたことが認められ、したがつて、被告人がHに対し拳銃発射に及んだ時点においては、OとTはすでにMホテルを出てタクシーに乗車していた可能性も否定できないというべきであつて、一、二審判決の判示は、措辞やや不適切というべきである（Oが用いた口実からして、Hは、Oが買主に本件覚せい剤の品定めをさせ、値段について話し合い、現金を数えるなどしてから戻つて来ると誤信させられていたことになるから、文字どおりOと入れ替わりに被告人が三〇三号室に入るのはいかにも不自然である。）。

右事実につき、**原判決**は、（1）OはHの意思に基づく財産的処分行為を介して本件覚せい剤の占有を取得したとはいえず、これを奪取したものとみるべきであること、（2）あらかじめ殺人と金品奪取の意図をもつて、殺害と奪取が同時に行われるときはもとより、これと同視できる程度に日時場所が極めて密着してなされた場合も強盗殺人罪の成立を認めるべきであること、（3）このように解することは、強盗殺人（ないし強盗致死傷）罪が財産犯罪と殺傷犯罪のいわゆる結合犯であることや、法が事後強盗の規定を設けている趣旨にも合致すること、（4）本件の場合、もともとHを殺害して覚せい剤を奪取する計画であつたところ、後に計画を一部変更して覚せい剤を奪取した直後にHを殺害することにしたが、殺害と奪取を同一機会に行うことに変わりはなく、右計画に従つて実行していること、などの理由を説示して、被告人（及びO）に対しいわゆる一項強盗による強盗殺人未遂罪の成立を認め、これと結論を同じくする第一審判決を支持している。

しかしながら、まず、右（1）についてみると、前記一、二審認定事実のみを前提とする限りにおいては、OらがHの財産的処分行為によつて本件覚せい剤の占有を取得したものとみて、被告人らによる本件覚せい剤の取得行為はそれ自体としては詐欺罪に当たると解することもできないわけではないが（本件覚せい剤の売買契約が成立したことになつていないことは、右財産的処分行為を肯認する妨げにはならない。）、他方、本件覚せい剤に対するHの占有は、Oらにこれを渡したことによつては未だ失われず、その後OらがHの意思に反して持ち逃げしたことによつて失われたものとみて、本件覚せい剤の取得行為は、それだけをみれば窃盗罪に当たると解する余地もあり、以上のいずれかに断を下すためには、なお事実関係につき検討を重ねる必要がある。ところで、仮に右の点について後者の見解に立つとしても、原判決が（2）において、**殺害が財物奪取の手段になつているといえるか否かというような点に触れないで、両者の時間的場所的密着性のみを根拠に強盗殺人罪の成立を認めるべきであるというのは、それ自体支持しがたい**というほかないし、（3）で挙げられている結合犯のことや、事後強盗のことが、（2）のような解釈を採る根拠になるとは、到底考えられない。また、（4）で、もともとの計画が殺害して奪取するというものであつたと指摘している点も、現に実行された右計画とは異なる行為がどのような犯罪を構成するのかという問題の解決に影響するとは思われない。本件においては、**被告人が三〇三号室に赴き拳銃発射に及んだ時点では、Oらは本件覚せい剤を手中にして何ら追跡を受けることなく逃走しており、すでにタクシーに乗車して遠ざかりつつあつたかも知れないというのであるから、その占有をすでに確保していたというべきであり、拳銃発射が本件覚せい剤の占有奪取の手段となつているとみることは困難であり、被告人らが本件覚せい剤を強取したと評価することはできないというべきである**。したがつて、前記のような理由により本件につき強盗殺人未遂罪の成立を認めた原判決は、法令の解釈適用を誤つたものといわなければならない。

しかし、前記の本件事実関係自体から、被告人による**拳銃発射行為は、Hを殺害して同人に対する本件覚せい剤の返還ないし買主が支払うべきものとされていたその代金の支払を免れるという財産上不法の利益を得るためになされたことが明らかであるから、右行為はいわゆる二項強盗による強盗殺人未遂罪に当たるというべき**であり（略）、先行する本件覚せい剤取得行為がそれ自体としては、窃盗罪又は詐欺罪のいずれに当たるにせよ、前記事実関係にかんがみ、本件は、**その罪と（二項）強盗殺人未遂罪のいわゆる包括一罪**として重い後者の刑で処断すべきものと解するのが相当である。したがつて、前記違法をもつて原判決を破棄しなければ著しく正義に反するものとは認められない。

6-63 名古屋高判昭34・4・22（詐欺被告事件）

犯罪の個数に関するいわゆる罪数論は、刑法上、併合罪の関係において、また刑事訴訟法上、判決の既判力、公訴不可分等の関係において、実益があり、重要な問題である。本件詐欺事犯は、いわゆる連続犯の規定（昭和二二年法律一二四号によつて削除された刑法五五条）があった当時においては、当然「連続した数個の行為にして同一の罪名に触れる場合」として実質上数罪であるのにかかわらず、科刑上一罪として処断されるべき案件であるが、右連続犯の規定が削除されてなくなった現在において、当然実質上の数罪として刑法**併合罪の規定によつて処断すべきであるか、それともいわゆる包括的一罪という概念を適用して、けつきよく一罪として処断すべきであるか**、理論的解釈はきわめて困難なところである。連続犯の規定のあった当時においても、包括一罪の概念はあったが、それは、（一）犯罪の特別構成要件の内容たる行為が異種の行為を結合している場合（例、強盗強姦罪、刑法二四一条）、（二）犯罪の特別構成要件たる行為がその性質上反復を予想せられる場合（例、常習賭博罪、刑法一八六条、わいせつ文書販売罪、刑法一七五条）、（三）犯罪の特別構成要件たる行為が同一法益侵害の諸種の態様を定めている場合（例、収賄罪の収受、要求、約束、刑法一九七条）等においてそれらの行為を一罪として取り扱う概念であつて、明らかに連続犯として科刑上一罪とせられるものと区別された概念であつた。そして右包括一罪の概念は、連続犯の規定の削除されたのちにおいても、当然に変ることのあるべきはずはなく、これを拡張すべき理論的根拠は見出されないのであるが、裁判の実務においては、右概念に含まれない連続犯的犯罪を包括一罪の名のもとに一罪として処断する傾向が生じていることは否定できない。おそらくそれは、現行刑事訴訟法の下において、犯罪個数の多い事件に関する捜査、公訴事実の訴因化、自白に関する補強証拠などすべての面について幾多の制約があるため、この種事犯を簡略処理するためその必要に迫られて生じた現象のようである。それゆえに、それら判例の右包括一罪の理由づけにあたつては、講学上いわゆる、意思標準説、行為標準説、結果標準説、あるいは犯罪特別構成要件標準説等のそれぞれに基いてまちまちであり、統一的な理論的根拠は発見し得ないのである。連続犯の規定のなくなつた現在において、連続犯的犯罪を常に必ず併合罪として処断すべきであるというのではなく、かかる犯罪を単に事務処理上の便宜のため包括一罪の概念を不当に拡張し、あたかも連続犯の規定の再現と同じように一罪として処断することは、他の犯罪との処断上の不均衡を伴い、社会通念ないし国民の法的感情からみても不合理といわざるを得ない結果が生ずることをおそれるのである。しからば、連続犯的数個の犯罪を包括一罪として処断すべき要件をどう考うべきか甚だ困難を感ずるのであるが前記**学説または判例等を総合考察すると、その最少限度の要件として、（一）犯意が同一であるかまたは継続すること、（二）行為が同一犯罪の特別構成要件を一回ごと充足すること、（三）被害法益が同一性または単一性を有することの三つが必要であると解する。**はたしてこの見解にして妥当であるとすれば、本件詐欺事犯は、犯意の継続性、行為の前記構成要件充足性は認められるが、全犯罪事実について被害法益の同一性または単一性を認めることはできないから（財産的被害法益でその数は多数であるが、同一被害者に対する数個の行為に限り被害法益の同一性ありとしてこれを包括一罪と認むべきである。）本件を包括一罪として処断することは許されないものといわなければならない。してみれば、原審がこれと見解を異にし、本件詐欺事犯を包括一罪として処断したのは法令の解釈適用を誤つた違法があり、この違法は各被告人に対する処断刑の範囲に変更を生じるので、判決に影響を及ぼすことが明らかである。ゆえに論旨は理由があり、原判決はこの点において破棄を免れない。

6　故意と結果のズレ

刑法38条2項は、故意が意図した結果を超えて重い結果が生じてしまった場合、故意の範囲でしか刑事責任を負わせないとしている。**例外として、結果的加重犯**がある。

上記条項の解釈で問題となるのは、構成要件的故意と発生した結果との間に錯誤（齟齬）が生じた場合（**方法＝打撃の錯誤**、**客体の錯誤**、**因果関係の錯誤など**）をどう扱うべきかである。そして、錯誤にも同一構成要件内の錯誤（**具体的事実の錯誤**）と異なった構成要件に跨った錯誤（**抽象的事実の錯誤**）がある。

錯誤に関する法理は、共犯者間の故意の齟齬についても適用される。それは、共同正犯は、共謀（特定の犯罪の故意の合致）によって、共同してその犯罪を実行するものであるから共同正犯者が行った行為も自分の行為と同一視されるが、負うべき責任は自分の故意の範囲内でなければならないし、狭義の共犯においても、特定の犯罪を教唆ないしは幇助するものであるから、共犯者は故意の範囲でしか責任を負わせることができないからである。共犯関係と錯誤についても全く同様なのでここで扱うこととする。

(1)　結果的加重犯

結果的加重犯は、例えば、暴行の故意しかなかったが傷害、あるいは死の結果まで生じてしまったという場合、結果の重大性を重視して、基本的行為に該当する故意犯（暴行罪）とは別に重く処罰する犯罪を特に定めたものである。**刑法118条2項**（ガス漏出等致死傷）、**同124条2項**（往来妨害致死）、**同126条3項**（汽車転覆等致死）、**同127条**（往来危険による汽車転覆）、**同145条**（浄水汚染等致死傷）、**同146条**（水道毒物導入致死）、**同181条**（強制わいせつ等致死傷）、**同196条**（特別公務員職権乱用等致死傷）、**同205条**（傷害致死）、**同213、214条**（同意堕胎致死傷）、**同219条**（遺棄等致死傷）、**同221条**（逮捕等致死傷）、**同240条**（強盗致死傷）、**同241条**（強盗強姦致死）、**同260条**（建造物等損壊致死傷）などがそれである。

同204条（傷害罪）に、暴行の故意しかないのに傷害の結果を生じさせた場合も含むかについて考え方が分かれているが、これは暴行罪（**同208条**）の「暴行の結果人を傷害するに至らなかった者」という規定を厳格に解するか否かの違いである。結果的加重犯は含まないとする考え方は、傷害結果について過失傷害罪を問うことになる。判例は結果的加重犯も含むとする。**判例6-64**は、暴行を共謀した共犯者は、一人が未必の殺意で犯した傷害の結果について、結果的加重犯としての致傷致死の責任を負うとしている。

実行行為と結果との間にどの程度の因果関係があればよいかについて、最高裁は条件説をとっている（本章第５章「因果関係の確定」の項参照）

（結果的加重犯に関する判例）

6-64　最決昭54・4・13（傷害致死等被告事件）

被告人Ｓは山口組系暴力団Ｓ組の組長、被告人Ｔは同組若者頭補佐、被告人Ａ、同Ｈは同組組員であるが、昭和四五年九月二四日午後九時ころ、神戸市兵庫区福原町（略）所在のスタンド「レツド」（経営者・被告人Ｈ）前路上において、兵庫警察署保安課巡査・石原克巳が同店の裏口から風俗営業に関する強硬な立入り調査をしたとして、同巡査に対し「店をつぶす気やろ」などと毒づき、さらに同町（略）所在の兵庫警察署福原派出所前路上に押しかけ、途中から加わつたＳ組若者頭・Ｙ（原審相被告人）、同組組員・Ｍ（第一審相被告人）ともども同派出所に向かって石原巡査の前記措置を大声でなじり、同九時三〇分ころ同町内の福原サウナセンター前路上に引き上げたが、気の治まらない被告人Ｓが組員・Ｉ（原審相被告人）に召集をかけるなどし、ここに、被告人Ｓ、同Ｔ、同Ａ、同Ｈは、Ｗ、Ｉ、Ｍとともに、順次、石原巡査に対し暴行ないし傷害を加える旨共謀し、同午後一〇時ころ、前記福原派出所前において、被告人Ｓら七名がこもごも石原巡査に対し挑戦的な罵声・怒声を浴びせ、これに応答した石原巡査の言動に激昂したＩが、未必の殺意をもって所携のくり小刀（刃体の長さ約一二・七センチメートル）で石原巡査の下腹部を一回突き刺し、よつて同午後一一時三〇分ころ、同巡査を下腹部刺創に基づく右総腸骨動脈等切損により失血死させて殺害した、というのである。

そして、第一審判決は、被告人Ｓら七名の右所為は刑法60条、199条に該当するが、Ｉを除くその余の被告人らは暴行ないし傷害の意思で共謀したものであるから、同法38条2項により同法60条、205条1項の罪の刑で処断する旨の法令の適用をし、原判決もこれを維持している。

（略）**殺人罪と傷害致死罪とは、殺意の有無という主観的な面に差異があるだけで、その余の犯罪構成要件要素はいずれも同一であるから、暴行・傷害を共謀した被告人Ｓら七名のうちのＩが前記福原派出所前で石原巡査に対し未必の故意をもって殺人罪を犯した本件において、殺意のなかった被告人Ｓら六名については、殺人罪の共同正犯と傷害致死罪の共同正犯の構成要件が重なり合う限度で軽い傷害致死罪の共同正犯が成立するものと解すべきである。**すなわち、Ｉが殺人罪を犯したということは、被告人Ｓら六名にとっても暴行・傷害の共謀に起因して客観的には殺人罪の共同正犯にあたる事実が実現されたことにはなるが、そうであるからといって、被告人Ｓら六名には殺人罪という重い罪の共同正犯の意思はなかったのであるから、被告人Ｓら六名に殺人罪の共同正犯が成立するいわれはなく、もし犯罪としては重い殺人罪の共同正犯が成立し刑のみを暴行罪ないし傷害罪の結果的加重犯である傷害致死罪の共同正犯の刑で処断するにとどめるとするならば、それは誤りといわなければならない。

(2) 具体的事実の錯誤

異なった構成要件間に跨る**抽象的事実の錯誤**の場合は、故意の限度でしか責任を負わないという点では問題がない。問題なのは、その錯誤が同一構成要件内である**具体的事実の錯誤**の場合に、発生した結果について刑事責任を負わせるには、構成要件的故意がどの程度まで重なり合っていればよいかであり、この点について考え方が分かれている。特定の構成要件の法益侵害についての故意が重なり合っていればよく、「誰の」かとか、どのような「方法」とかまで重なり合っている必要がないとする**法定的符合説**が判例・通説である。これと対立する考え方は**具体的符合説**であるが、この説でも方法の錯誤の場合のみを問題にし、他は重要ではないとする。例えば、前者によると、Ａを殺すつもりでＡ、Ｂ二人を殺してしまった場合ても、あるいはＢのみを殺してしまった場合でも、故意と結果は**人を殺す**という範囲で重なり合っているのであるから、構成要件該当性としては齟齬がないとして、Ａに対する殺人未遂罪とＢに対する殺人罪が成立することになるが、後者によると、Ａに対する殺人未遂罪とＢに対する過失致死罪が成立することになる。

また、この考え方の違いと連動して**故意の個数**も問題になり、法定的符合説に立つと、ＡとＢに対する二つの殺意を肯定することになり(**数故意説**)、判例もその立場に立っている。具体的符合説によると故意は一つということになる(**一故意説**)。

判例6-71は、鋲打ち器で警察官を殺害して拳銃を奪おうという故意で警察官を打ったところ、鋲が警察官の体を貫通して通行人にも当たったが、両人とも死亡しなかったという事案で、二つの強盗殺人未遂罪(観念的競合)を成立させた、打撃の錯誤に関する最高裁の判例である。なお、この事案の一審判決は、強盗罪の罪質、具体的事実の錯誤に関する判例及び学説について詳しく説示しているので併せて掲載した。**前掲判例2-22**は、追跡してきた警察官による逮捕を免れるために、殺意を持ってすぐ後ろのＡ警察官を拳銃で撃ったところ、その後ろから追尾してきた警察官Ｂにも当たりＡは死亡、Ｂは負傷という結果になったという事案で、検察官は、上記**6-71**の判例に従って錯誤論に基づいてＢにも殺人未遂が成立すると主張し、一審は、錯誤論を使わずに、Ｂについても未必の殺意を肯定して殺人未遂罪とした事案で、控訴審は、Ｂに対する殺意の存在を否定し、法定的符合説に立ってＡに対する殺意によってＢに対する傷害も評価すべきであるとして同じ殺人未遂を成立させた。そして、Ｂに対して殺人未遂罪を成立させる点では同じだが、Ｂに対する殺意を肯定するのか、殺意を否定して錯誤論を適用するのかという点では重要な事実の違いであるから、一審のような判決をするには検察官に訴因を変更させて争点を顕在化しなければならないのに、それをしていない訴訟手続の法令違反もあるとして破棄自判した。

同6-67は、二人の暴力団員Ｘ、Ｙが共謀して、敵対する組の組長Ａを、その組が法事を行っている斎場で銃殺しようとし、Ｘは一発だけを発射しその弾丸がＡの頭頂部に命中したが致命傷には至らず、Ｙは３発発射し一発がＡの右側胸部に命中したためＡが死亡し、１発がＢの左背面部に命中したためＢも死亡し、もう１発がＣの右膝に命中して同人を負傷させたという事案である。検察官の訴因は、Ｘ、Ｙの合計４発の発砲をＡ殺害のための一つの実行行為として構成し、法定的符合説によって同一構成要件内の**打撃の錯誤**であるから、両名とも３つの故意犯の刑事責任を負うとし観念的競合としたものとも思われる。判例はこの訴因を肯定しているが、数故意説に立って３つの犯罪の併合罪とすることも可能であったが、そのような主張をしていないのだから、量刑主張としても併合罪的な主張をすることは許されないとしたものである。

同6-65は、Ｘ、ＹがＡに睡眠薬を飲ませて眠らせた上で農薬を飲ませて殺害し、Ａに負っている借金を逃れようと共謀し、共謀の通りに実行してAを別の場所に移した時点でYは帰ったが、被害者が死ななかったので、残っていたXがカッターナイフで被害者の頸部を数回切りつけて殺害したという2項強盗殺人罪の事案で、先に帰ったYについて「同一構成要件内の具体的事実の錯誤にとどまるから、被告人の故意は阻却されない」とし、共謀の解消も認められないとした。先に帰ったYにとっては殺害の**方法の錯誤**である。初めに殺害の共謀があることが前提になっているという点では**前掲6-25**の「**早すぎた構成要件の実現**」といわれる事例と同様である。しかし、この判例は、共謀の方法では死なず、残った共犯者が先に帰った共犯者の知らない方法（切り殺す）で死亡させた、いわば「遅すぎた構成要件の実現」ともいえる。結局、これは、残った共犯者の殺害行為が当初の共謀の範囲内かという問題であるから共謀の解消が問題になるのに対し、前掲判例は実行の着手の問題である点が異なっている。

同6-69は、暴力団の組長Xが組員に対して、被害者Aに制裁を加えるために組事務所に連れてくるよう指示したところ、その組員らは被害者に対して独自に恨みを抱いていて意趣返しをしようと考え、第一現場、第二現場へと移動しながらで激しい暴行を加えたが、被害者の抵抗姿勢が継続していたため復讐を恐れて第三現場に連れて行って殺害してしまったという事案について、検察官が組長Xの刑事責任について具体的事実の錯誤であるから殺意が認められると主張したのに対し、Xが組員に指示（共謀）したのはAを事務所に連れて来ることであって、第三現場での行為は指示（共謀）の埒外であるとして殺人罪の成立を否定した。

同6-68は、窃盗の共同正犯で、盗品（**客体**）について共犯者の一人が知らなくても具体的事実の錯誤にすぎないからその盗品についても責任を負うとする一般論を述べた上で、Xが被害者を姦淫中にYが１万円を盗ったことについては共謀があるが、Yが姦淫している間にXがテレフォンカードを盗ったことまでは共謀がなく、Xの新たな犯意に基づくものであるとしてYは刑事責任を負わないとした。

同6-66は、共犯者からの依頼を受けて、債権者からの強制執行を妨害する意図で架空融資を了承した上、共犯者所有の重機をその担保とする旨の公正証書を作成しようとしたが、共犯者が経営する会社が所有する不動産に抵当権を設定する登記をしてしまったという事案について、同一構成要件内の中で登記簿か公正証書かの**客体の違い**があるだけであるから故意を阻却しないとした。

因果関係の錯誤について、**同6-70**は、放火罪について、発火の原因が自分の意図したものと異なった場合について故意を阻却しないとしている。因果関係に関する錯誤というより、実行の着手＝放火の故意の発生時期をどことみるかという問題であるように思う。

（具体的事実の錯誤に関する判例）

6-65　福岡地判平16・5・17（強盗殺人被告事件）

（犯罪事実） 被告人は、夫のSダッシュ（以下「Sダッシュ」という。）と共謀の上、B（略。以下「被害者」という。）に対する１７０万円の債務の支払を免れる目的で同人を殺害しようと企て、平成１２年１０月１６日午後２時４０分ころ、福岡県ａ郡ｂ町（略）所在の無人貸付店「Ｃ」横駐車場において、Sダッシュが被害者に睡眠薬入りのジュースを飲ませ、同日午後６時ころ、北九州市ｅ区所在の「Ｄ」付近所在の「Ｅ」北口駐車場において、Sダッシュが被害者に有機リン剤であるアセフェートを含有する殺虫剤入りの栄養ドリンク剤を飲ませ、さらに、同日午後９時ころから同日午後１１時ころまでの間、福岡県ａ郡ｆ町所在の「Ｆ」駐車場若しくは同町大字ｇｈ所在の料亭「Ｇ」東側駐車場又はそれらの周辺において、Sダッシュが所携のカッターナイフで被害者の頸部等を数回切りつけるなどし、よって、そのころ、同所において、被害者の左頸動脈及び左頸静脈切損に基づく失血により死亡させて殺害するとともに、上記１７０万円の債務の支払を免れて同金額相当の財産上不法の利益を得た。

（1）被告人は、平成１２年１０月１５日午後９時過ぎころ、被害者が被告人方を辞するや、本件債務の支払を免れるため、いっそ被害者を殺害する気になり、Sダッシュに対し、「私、Bさんを殺したいよ。」「本気よ。」などと言って、被害者の殺害を持ち掛けたところ、Sダッシュもこれに同意した。そして、被告人とSダッシュは、被害者の殺害方法について話合い、被害者に「私の金銭の管理の件で最近Ｓダッシュさんにご迷惑をおかけしました。」との遺書めいた書面を書かせていたこともあって、最終的に被害者を自殺に見せかけて殺害すること、具体的には被害者に睡眠薬を飲ませた上、眠った被害者の鼻をつまんで農薬を飲ませて殺害することを決めた。

(２)被告人らは、平成１２年１０月１６日午前１０時２３分ころ、福岡県ａ郡ａ町所在の「Ｓツーダッシュａ町店」で被害者殺害に使用するための家庭用農薬３本、すなわち「Ｙダッシュ」「Ｘダッシュ」「Ｚダッシュ」を購入し、また、Ｓダッシュは、同日午後零時１２分ころ、北九州市ｉ区ｊ所在の「Ｍダッシュ」で被害者殺害に使用するための栄養ドリンク「Ｈ」及び睡眠薬「Ｗダッシュ」等を購入した。さらに、被告人らは、同日午後１時３９分ころ、福岡県ａ郡ａ町所在の「Ｎダッシュ」で被害者殺害に使用するためのグレープフルーツジュース、紙コップ、プラスチック製スプーン等を購入した。

(３)被告人らは、同日午後２時１５分過ぎころ、本件Ｃ駐車場に来た被害者に対し、睡眠薬を飲ませて眠らせた上で農薬を飲ませて殺害するため、被告人が被害者の注意をそらせている隙に、Ｓダッシュが本件Ｃ駐車場に駐車中の自動車内でグレープフルーツジュースに睡眠薬「Ｗダッシュ」と降圧剤を混ぜた上、同日午後２時４０分ころ、これを被害者に勧めて飲ませた。

(４)被害者が郵便局に用事があると言うので、同日午後３時２０分ころ、被告人らと被害者は一旦別れた。

(５)被告人らは、同日午後５時過ぎころ、被害者と再度本件Ｃ駐車場で待ち合わせた上、北九州市ｅ区ｋ所在の「Ｃダッシュ」に被害者と共に行ってうどん等を食べ、同日午後５時３９分ころ、会計を済ませて店外に出た。その後、被告人の発案で被告人らと被害者は北九州市ｅ区所在のＤに行き、さらに、同所付近の「Ｅ」北口駐車場に移動した。そして、同所において、Ｓダッシュが被告人に対し「農薬はここで飲ませるから。元の場所に戻っていなさい。」などと言った上、農薬「Ｚダッシュ」を混入した「Ｈ」を被害者に飲ませた。

(６)その後、同日午後７時ころ、被告人らは被害者と共に本件Ｃ駐車場に戻ったところ、被害者は同駐車場に着いた途端、自動車から降りてうどんを嘔吐した。

(７)本件Ｃ駐車場で、Ｓダッシュが「ちょっと走って、様子を見てみよう。」と言って、被害者の車を運転して同駐車場を出たので、被告人は自車を運転してついていくと、同日午後７時２０分ころ、福岡県ａ郡ｆ町所在の「Ｆ」駐車場に着いた。同所で、Ｓダッシュが「時間が掛かりそうだし、眠ってもいない。寝そうで寝ないから、もうＳは帰っていいよ。」と言うので、被告人は車を運転して自宅に戻った。

(８)同日午後１０時３５分と同日午後１１時５分の２回、Ｓダッシュから携帯電話機で自宅に電話が架かった。その時、Ｓダッシュは「取り返しの付かんことをした。」「証拠を残した。」「もう帰られん。」などと被告人に言い、最後に「Ｓ、Ｓ。」などと、被告人の名前を呼ぶ声がして、電話が切れた。

６　前記１、３及び５の各認定事実を総合すれば、被告人とＳダッシュは、被害者から本件債務の支払を強く迫られたが、支払の当てが全くなかったことから苦慮し、特に支払督促の矢面に立たされていた被告人は困惑し、その挙句、被告人らは、平成１２年１０月１５日午後９時過ぎころ、被告人方において、被害者を本件Ｃ駐車場に呼び出して殺害することを計画し、本件共謀が成立したこと、被告人らが本件共謀を遂げた際に決めた被害者殺害の方法は自殺に見せかけた毒殺であり、被告人らは、その準備として、翌１６日、被害者と会う前、農薬や睡眠薬等必要な物をホームセンターや薬局等で購入し、これらを秘に被害者に飲ませることに成功したが、被告人らが考えたほど農薬の毒性は強くなく、毒殺するに至らなかったため、同日午後９時ころから同日午後１１時ころまでの間に、「Ｆ」駐車場若しくは料亭「Ｇ」東側駐車場又はそれらの周辺において、Ｓダッシュが所携のカッターナイフで被害者の頸部等に切り付け、これが致命傷となったこと(失血死。その後Ｓダッシュは自殺したと見られる。)及びカッターナイフを用いて殺害することは被告人とＳダッシュの間で決めた計画にはなく、その意味で被告人にはＳダッシュがカッターナイフを用いて被害者を殺害することまでの認識はなかったものの(これはいわゆる事実の錯誤に当たるが、**同一構成要件内の具体的事実の錯誤**にとどまるから、被告人の故意は阻却されない。

(略)被害者にはＲやＸら法定相続人がいる以上、被告人らが被害者を殺害してもそれだけで本件債務の支払を免れることがないことは民事上当然としても、(略)、被告人らは被害者に対し本件債務の存在を証明し得る預り証等の証拠書類を渡していなかった以上、被害者を殺害すれば、Ｘら被害者の法定相続人らが被告人らに対し本件債務の支払を請求することが著しく困難になることは明らかであったと言うべきである。そして、これにより被告人らは被害者及びその法定相続人からあたかも本件債務の免除の処分行為を得たのと実質上同視し得るほどの現実の利益を受けることになるのであるから、このような場合も**刑法236条2項の強盗利得罪を構成すると解するのが相当**である。

6-66　札幌高判平16・3・29（公正証書原本不実記載、同行使、強制執行妨害被告事件）

原判決は、被告人において、共犯者から担保の目的内容が共犯者が経営する会社が所有する不動産に対する根抵当権であることを聞いて知っていた旨認定したが、（略）、被告人が前記の目的内容を認識していたことには疑問があるものの、少なくとも、被告人は、共犯者からの依頼を受けて架空融資を了承した上、共犯者所有の重機をその担保とし、その旨の公正証書を作成し、これによって債権者からの強制執行を妨害することを認識していたものと認められるから、共犯者が経営する会社が所有する不動産に抵当権を設定し、その旨登記簿に登載することと、共犯者個人が所有する重機類に担保を設定し、その旨の公正証書を作成することとの**認識の違いは、同一構成要件内の中で登記簿か公正証書かの客体に違いがあるだけ**であり、被告人の認識を前提としても、被告人に公正証書原本不実記載・同行使、強制執行妨害の故意は阻却されず、共犯者との共謀も明らかであるから、被告人において架空融資に基づく担保設定に同意し、犯行に必要不可欠な実印等を交付したことなど、被告人の果たした役割の重要性にかんがみると、被告人には正犯意思が認められるから原判決は結論において正当である。

6-67　東京高判平14・12・25（殺人、殺人未遂、銃刀違反被告事件）（方法の錯誤）

本件は、Ｄ市内に本拠を置くＧ会Ｈ一家に属する暴力団の組員である被告人両名が、Ｉ会系暴力団組長であるＸ（略）を殺害することを共謀し、不特定もしくは多数の者の用に供される場所である斎場において、けん銃２丁からＸに向けて弾丸４発を発射し、Ｘほか１名を殺害し、他の１名にも傷害を負わせたが殺害するには至らなかった、という銃砲刀剣類所持等取締法違反、殺人、同未遂の事実（原判示第１）及び、その際上記けん銃２丁をそれぞれの適合実包合計１１発とともに携帯して所持した、という同法違反の事実（同第２）である。すなわち、被告人両名は、平成１３年8月１８日、Ｉ会関係者の通夜（以下、「本件葬儀」という。）が行われていた東京都Ｅ区内の斎場に、それぞれ実包５発又は６発を装てんした回転弾倉式けん銃を１丁ずつ隠し持って赴き、同斎場の建物出入口付近において、いずれもＸに向け、各自のけん銃から、まず被告人Ｂが弾丸１発を、次いで同Ａが弾丸３発を発射した。その結果、被告人Ｂの発射した弾丸がＸの頭頂部に命中し、被告人Ａの発射した弾丸のうち１発がＸの右側胸部に命中して同人に（略）肝臓損傷を負わせ、同損傷に起因する出血性ショックによって同人を死亡させた。被告人Ａが発射したその余の弾丸のうち１発は、本件葬儀に参列していたＩ会系暴力団総長のＹ（当時５７歳）の左背面部に命中し、右肺及び右肺静脈損傷を負わせ、これによる失血により同人を死亡させた。もう１発の弾丸は、参列していたＩ会系暴力団組長代行Ｚ（当時６１歳）の右膝に命中し、同人に加療約３か月間を要する右膝銃創の傷害を負わせたが、同人を殺害するには至らなかった。（略）刑法の講学上いわゆる**打撃の錯誤（方法の錯誤）とされる場合である。**（略）

被告人両名は、Ｘの殺害を共謀した上で、その行動予定を調査し、同人が本件葬儀に出席する可能性が高いことを把握して、その場で実行することとした。現場では、式場内の参列者席にＸが着席しているのを確認し、同人が外に出てきたところを挟み撃ちにすることを打合せた。葬儀終了後、建物の前で、ＸらＩ会幹部五、六名が挨拶のために整列して数百名の参列者と向かい合い、Ｘらの少し後方にもＺを含む相当数の参列者が並んだが（Ｙの位置は証拠上必ずしも明らかとなっていない。）、被告人両名も参列者の中に混り、実行の機会をうかがった。Ｘの挨拶が終わり、全員がお辞儀をし、Ｘが頭を上げた瞬間、被告人Ｂは、Ｘの正面約１ｍの所に飛び出すと同時に右手に握った拳銃の撃鉄を起こしながら、銃口をＸの頭に向けて引き金を引き、弾丸１発を発射してその頭頂部に命中させた（なお、同弾丸は、Ｘの頭皮を貫通して、後方の斎場壁面に当たっている。）上、更にその腹に向けて引き金を引いたが不発に終わった。被告人Ｂの発射後、後方にいた同Ａもすぐに右手に持ったけん銃の撃鉄を起こしながら前に出て、両手でけん銃を構え、３回にわたり、その都度よろめきながら移動するＸを追って、かがむようにしていた同人の後方ないし右横１ｍ前後の所から、その背中を目掛けて引き金を引き、弾丸３発を発射した。この３発が、それぞれ１発ずつＸ、Ｙ及びＺに命中した。被告人Ａは２発目がＸに当たった手応えがあったと供述していることなどに照らすと、１発目がＹに、２発目がＸに、３発目がＺにそれぞれ命中したものと推認される。

この点に関し、被告人Ａは、捜査段階及び原審公判廷において、また、被告人Ｂは捜査段階において、それぞれ周囲の参列者に命中しても仕方ないと思っていた旨供述して、概括的で未必的な殺意を認めるものと解し得る供述をしていた（ただし、被告人Ｂは、原審公判廷においてはこれを認める趣旨の供述はしていない。）。

ところで、検察官は、被告人両名は、Ｘを殺害するためには、同人の近くにいる者らを殺害することになってもやむを得ないとの極めて強固で確定的な殺害意思で犯行に及んだなどと主張する（原審検察官の論告も同様の主張をしていた。）。その趣旨は必ずしも明確ではないが、Ｙ及びＺに対する各殺害意思を主張するものとすれば、原審において主張した訴因と整合するものとはいえない。また、原審検察官の冒頭陳述においてもそのような主張は何らなされておらず、原審の審理においても明示的にそれが争点とされていなかった。

そもそも、本件は、打撃の錯誤（方法の錯誤）の場合であり、**いわゆる数故意犯説**により、２個の殺人罪と１個の殺人未遂罪の成立が認められるが、Ｙ及びＺに対する各殺意を主張して殺人罪及び殺人未遂罪の成立を主張せず、打撃の錯誤（方法の錯誤）の構成による殺人罪及び殺人未遂罪の成立を主張した以上、これらの罪についてその罪名どおりの各故意責任を追及することは許されないのではないかと考えられる。したがって、前述のとおり、周囲の参列者に弾丸が命中する可能性が相当にあったのに、これを意に介することなく、Ｘに対する殺害行為に出たとの点で量刑上考慮するのならともかく、Ｙ及びＺに対する各殺意に基づく殺人、同未遂事実が認められることを前提とし、これを量刑上考慮すべきことをいう所論は、失当といわなければならない。

6-68　浦和地判平4・3・9（強姦致傷、窃盗被告事件）

右両名間では、当初、「甲がＡを性交している最中に、乙が金を盗んでおく」旨の共謀（謀議）が成立し、現実にも、甲がＡに性交を求めている間に乙が金一万円を窃取したが、その後、乙がＡに性交を求めている間に手持ち無沙汰になった甲が、Ａの財布の中を調べた際、たまたまテレホンカードを発見して、これを一人で窃取し、乙には全く知らせることなく、その後も一人で所持していたものであることが認められ、（略）このような場合においては、甲と乙の共謀にかかる窃取は、乙による一万円の窃取により終了し、その後の甲のテレホンカードの窃取は、乙との共謀とは無関係に、甲の独断で行われたと認めるのが相当であり、右窃取について、乙の共謀による刑責を肯定することはできないと考えられる。

（略）一般に、甲・乙両名が、丙から財物Ａを窃取する旨共謀を遂げたが、乙は、現実には財物Ａに加えて財物Ｂをも窃取したという設例において、窃取にかかる物が「財物」という概念で包摂される限り、財物Ｂの窃取が甲の予想しない事実であったとしても、右は、いわゆる**具体的事実の錯誤**として、乙による財物Ｂの窃取に関する甲の刑責は否定されないと解されている。そして、右の結論は、甲において、「乙が他人の財物を窃取する」という認識を有する事案に関する限り、正当なものというべきであろう。しかし、本件において、乙は、甲との間で、「自ら金員を窃取する」という共謀を遂げただけであり、甲がＡの財物を窃取する事態を全く予期していなかったのであるから、本件のような場合を右設例の事案と同視するのは、明らかに相当でなく、むしろ、甲と乙の共謀にかかる窃取は、乙が金一万円を窃取したことにより完了し、その後の甲によるテレホンカードの窃取は、乙の意思とは無関係に、甲が単独で実行したものと認めるのが相当である。従って、本件の事案においては、弁護人の主張するとおり、乙については金一万円の窃盗（共同正犯）のみが、甲については、一万円の窃盗（共同正犯）とテレホンカードの窃盗（単独犯）の包括一罪が成立すると解すべきであり、テレホンカードの窃取の点について乙は無罪であるが、金一万円の窃取とテレホンカードの窃取とは、一罪として起訴されたものであるから、主文において無罪の言渡しをしない。

6-69　浦和地判平3・3・22（傷害致死被告事件）

１　暴力団の組長である被告人が、判示の経緯により、自己の輩下であるＢに対し、「Ａをぶっちめて縛って西口の事務所へ連れて来い。」と指示し、Ｂが「はい、分かりました。」とこれに応じたこと、その後、被告人は、Ｃ及びＭに対しても、Ｂと行動を共にするよう命じ、結局、Ｂらは、Ｅ組長以下戊田組の組員七名と意思相通じた上、総勢九名で判示第一、第二各現場の暴行に出ていることは、証拠上極めて明らかなところである。従って、被告人は、Ｂら三名及び戊田組の者七名と、Ａに対し有形力を行使して制裁を加える旨直接に又はＢを介して間接に共謀を遂げたと認めざるを得ない。

２　ただ、右の結論に到達するについては、若干の問題点がないわけではない。まず、問題の第一は、Ａに対する有形力行使の時期・態様・程度につき、被告人の意思と現実の事態の推移との間にくいちがい（錯誤）が存することである。すなわち、（略）、被告人は、Ｂらに対し、Ａへのある程度の有形力の行使（殴打・足蹴り等）を容認しつつも、最終的には同人を甲野組事務所へ連行することを命じ、その上で同人に制裁を加えて反省を求めようとの意図のもとにその指示を発したものと認められるが、現実のＢらの行為は、第一、第二現場のものだけをみても、被告人の右意図をはるかに超える激烈なものであった。そして、（１）Ｂらが、Ａを甲野組事務所へ連行するような行動に出ることなく、当初から右のような激しい行動に出ていることに加え、（２）Ｂが、被告人から指示を受ける以前において、前夜来のＡの言動に著しく憤激しており、被告人の指示を待つまでもなくＡに制裁を加えてやりたいという気持を有していたこと、（３）戊田組の実行行為者六名は、最終的にはＥ組長の指示に基づき行動に移ったものと認められ、同人らには、Ａを甲野組事務所へ連行せよとする被告人の指示は、遂に伝達されていないこと、（４）右実行行為者らは、Ａ方へ赴くにあたり、金属製特殊警棒や木刀などのほか、現実には使用されなかったにせよ拳銃まで携行していることなどの（略）事実を総合すると、**Ｂら実行行為者は、「Ａをいためつけた上甲野組事務所へ連行して制裁する」という被告人の意図を越え、当初から、甲野組事務所への連行とは無関係に、激しい有形力を加えるだけの意図のもとに現場に赴き、現実にもそのような行動に出たと認めるのが相当である。**そうであるとすると、本件においては、被告人とＢらが、一旦被告人の意図する線での制裁について合意したのち、現場に臨んで予定した以上の行動に出たというのではなく、**そもそも、被告人とＢ及びその余の実行行為者の間では、当初からＡに対する有形力行使の時期・態様・程度に関し、完全には意思が合致しなかったことになる。**しかしながら、右両者間では、少なくとも、Ａに対し不法な有形力を行使して制裁を加えるという限度では意思が合致していたことは明らかであり、右の限度において意思の合致が認められる以上、右有形力行使の時期・態様・程度につき前記のようなくいちがいの存することは、第一、第二現場において現実に行われた有形力行使（暴行）及びその結果としての傷害につき、被告人の刑責を問う上での妨げにはならないというべきである（右の点は、いわゆる**具体的事実の錯誤**として、情状面で考慮すれば足りる。）。

３　次に、問題の第二は、（略）、Ｂが最終的に行動に踏み切る決意を固めたのは、やはり組長である被告人の指示があったからであると認められ、また、Ｅ組長も、甲野組幹部であるＢの決意を知るに及んで、断固行動に立ち上るべく決意を固め、その旨輩下組員に指示したと認めるのが相当であるから、実行行為者らの現実の行動が、被告人の指示と無関係に行われたとみることはできない。（略）

Ｂらは、被告人の「Ａをぶっちめて縛って西口の事務所へ連れて行け。」との指示に基づいてＡ方へ赴き、第一、第二現場で同人に激しい暴行を加えたあと、右暴行により死んだと思ったＡが、「死なねえよ。」などと言ったことから、そのたくましい生命力に驚愕するとともに、同人による後日の報復を恐れる余り、かくなる上は、同人を完全に殺害して禍根を断つほかないとの考えのもとに、同人を後ろ手にしてその手首を鎖で結わえて車両トランクに押し入れ、公訴事実記載の元荒川左岸土手上（第三現場）に運び、同所から土手下に放り投げるなどした上、同川内に蹴落とし、更に同人を水中に押し沈め、そのころ、同所において、同人を溺水により窒息死させて殺害した事実が明らかである。

（略）第三者（乙）にある犯罪を指示して実行させた者（甲）に対する刑責は、原則として、（１）右乙が甲の指示に基づいて実行した犯罪と一罪の関係に立つものに限られると解すべく、

（２）これと一罪関係に立たない別個の犯罪につき甲の刑責を問い得るためには、当初の指示・命令の中に、既に実行された犯罪以外に、右別個の犯罪の実行をも指示・容認する趣旨が含まれており、従ってまた、右犯罪が、甲乙両名の合致した意思（共謀）に基づいて実行されたと認め得る特別な事情の存することが必要であると解すべきである。このことは、**共同正犯の成立には、共犯者間に、一定の構成要件に該当する行為を行うことの意思の合致が不可欠である**とされていることからする当然の帰結であって、これと異なり、例えば、乙にある犯罪を指示した甲は、右乙の実行した犯罪のうち、甲の指示と因果関係を肯定し得る全てのものに対する刑責を免れないというような議論（検察官の議論は、これに近い。）は、共同正犯の成立に不可欠とされる共犯者間の意思の合致の要件を無視するもので理論上是認し得ないのみならず、その実際の適用においても、共同正犯の成立範囲を拡大しすぎて不当な結果を招来する。

３　そして、当裁判所は、前記第五記載のとおり、Ｂらが第三現場でＡを殺害した行為は、それ以前に実行された傷害罪とは別個独立の殺人罪（併合罪）を構成し、両者を一罪と評価することはできないと考えるものである。従って、本件は、右（１）の場合にはあたらないことが明らかである（なお、検察官が論告要旨〈補充〉中で援用する最一判昭和五四・四・一三刑集三三巻三号一七九頁は、共犯者の殺意発生前後の行為が一罪を構成すると認めてよい場合であると考えられるから、右判例は、本件の適切な先例たり得ないというべきである。）。

（略）、被告人のＢに対する指示は、Ａに対するある程度の有形力の行使を容認しつつも、最終的には、同人を甲野組事務所へ連行させて、同所における制裁を目的とする趣旨のものであったのに対し、第三現場での犯行は、Ｂらが第一、第二現場において、被告人の右命令を越えて激しい暴行を行いＡに重傷を負わせてしまったことから、いっそのこと同人を殺害して将来の禍根を断とうとして、同人殺害をしたものである。従って、被告人のＢらに対する前記指示・命令が、第一、第二現場における暴行に加えて、第三現場におけるＢらの行為をも容認する趣旨のものでなかったこと、そしてまた、Ｂらの行為が、当初の共謀に基づくものと認め得ないことは、明らかなところである。

（略）これに対し、検察官は、（１）**共犯の錯誤の場合、結果的加重犯については、**共犯者において基本的行為について認識がある限り、重い結果についても責任を負うとされているとか、（２）被告人がＢらに与えた指示とＡの死の結果との間には、条件的な因果関係はもとより相当因果関係も存在するなどとして、Ｂらの第三現場における行為及びＡ

の死の結果について、被告人は刑責を免れないと主張する。しかし、まず、右（1）の点についていうと、確かに、一般に、暴行の故意を有するに過ぎない甲と、傷害ないし殺人の意思を有する乙とが、丙に対し不法な有形力を行使する旨共謀の上、こもごも暴行を加え、丙を死に致したような場合、甲も結果的加重犯としての傷害致死の刑責を免れないと解されているが、右は、死の原因となった不法な有形力の行使の点につき互いに意思相通じていることから生ずる当然の帰結に過ぎないのであって、本件のように、**Aの死の直接の原因となった第三現場でのBらの行動（つまり、第三現場における暴行）につき、被告人が謀議を遂げたと認め得ない事案においては、検察官指摘の点は、Aの死の結果に対し被告人の刑責を問う論拠とは、到底なり得ない。**次に、前記（2）の点について考えると、既に指摘したとおり、共同正犯が成立するためには、少なくとも、一定の構成要件に該当する行為を行うことに関する意思の合致と右合致した意思に基づく行動が必要であることは多言を要しないところ、本件においては、第一、第二現場における行動については右要件が充足されていると認められるが、これとは別個の犯罪である第三現場での行動（つまり、第三現場における暴行）については、被告人とBらの意思の合致がみられないことは、前述したとおりである。検察官の前記主張（2）は、共同正犯の成立に意思の合致までは必要とせず、単なる因果関係の存在で足りるとする独自の見解を前提としなければこれを理解することができないものであって、到底採るを得ない。

（略）〔1〕このままでは、Aから復讐されて皆殺されて仕舞うのではないかと思ったこと、〔2〕被告人の「しめろ」という意味が、殺せという意味かなと思うようになったこと、〔3〕B自身、前にAらから暴行を受けたことがありその仕返しを考えたこと）を検討してみると、右〔1〕〔3〕の点は、その後行ったA殺害の動機として合理性を有し、かつまた、その時点で同人がそのような考えを持つに至ったとしても不自然ではないと認められるが、〔2〕の点は、それまで、被告人の指示を「Aを殺せ。」という意味であるとは必ずしもとっていなかったBにおいて、何故にこの時点に至ってそのように考えるに至ったのかについて疑問を容れる余地があり、いささか不自然である。そうすると、右は、同人が、既に指摘した諸点と同様、自己の行動に対する被告人の指示の影響を強調したいがためにした、事実に反するものではないかとの疑いを免れないのであり、第三現場での犯行の動機に関するB証言中〔2〕の点は、にわかに採用し難いというべきである。このようにみてくると、第三現場におけるBらのA殺害行為は、既に指摘したとおり、当初の被告人の指示とは直接関係のない別個の動機により敢行されたと認めるのが相当であり、右指示と殺害行為の間には、単に条件的な因果関係を肯定し得るに止まるというべきである。

（略）以上のとおりであって、本件公訴事実中、第三現場におけるBらのA殺害行為について、被告人に対し共謀共同正犯の刑責を問うことはできないというべきである。

6-70 横浜地判昭58・7・20（現住建造物等放火被告事件）

（罪となるべき事実）被告人は、昭和五八年四月一〇日午後一一時半ころ、右のように本件家屋を燃やすとともに焼身自殺しようと決意し、自宅前の路上に駐車中の自己所有の自動車からガソリンを抜き取って青色ポリ容器に移し入れ、本件家屋の六畳及び四畳半の各和室の床並びに廊下などに右ガソリン約六・四リットルを撒布して右ガソリンの蒸気を発生せしめ、翌一一日午前零時五分ころ、廊下でタバコを吸うためにつけたライターの火を右蒸気に引火爆発させ、もってA子が現に住居に使用する本件家屋に火を放ち、これを全焼させたものである。

なお、被告人は、同日午前零時二〇分ころ、茅ケ崎警察署岡田派出所において、警察官に対し本件犯行を自首したものである。

（略）被告人は本件家屋を焼燬するとともに焼身自殺しようと考え、本件家屋内にガソリンを撒布したこと、被告人は撒布後すぐには火を放とうとせず、妻A子から帰宅を知らせる電話があるかも知れないと思い、しばらく廊下の電話台の近くに立っていたこと、しかし電話がかかってこないので、被告人はガソリンに火をつけて家を燃やしその炎に包まれて死のうと覚悟を決め、死ぬ前に最後のタバコを吸おうと思い、口にくわえたタバコにライターで点火したこと、その際右ライターの火が撒布したガソリンの蒸気に引火し、大音響を立てて爆発し、本件火災に至ったものであること、右爆風を強く感じた被告人は、ふりむくと玄関の戸が吹き飛ばされてなくなっていたので、急に恐ろしくなって本件家屋から飛出して車で本件現場から離れ、約一五分後には派出所に自首していることが認められ、（略）被告人がライターを点火した直接の動機は、本件家屋を焼燬するためではないことは認められる。しかしながら、（略）本件家屋は木造平家建であり、内部も特に不燃性の材料が用いられているとは見受けられず、和室にはカーペットが敷かれていたこと、本件犯行当時、本件家屋は雨戸や窓が全部閉められ密閉された状態にあったこと、被告人によって撒布されたガソリンの量は、約六・四リットルに達し、しかも六畳及び四畳半の各和室、廊下、台所、便所など本件家屋の床面の大部分に満遍無く撒布されたこと、右撒布の結果、ガソリンの臭気が室内に充満し、被告人は鼻が痛くなり、目もまばたきしなければ開けていられないほどであったことが認められるのであり、ガソリンの強い引火性を考慮すると、そこに何らかの火気が発すれば本件家屋に撒布されたガソリンに引火し、火災が起こることは必定の状況にあったのであるから、被告人はガソリンを撒布することによって放火について企図したところの大半を終えたものといってよく、この段階において法益の侵害即ち本件家屋の焼燬を惹起する切迫した危険が生じるに至ったものと認められるから、右行為により**放火罪の実行の着手**があったものと解するのが相当である。（略）
（なお、前記のとおり本件焼燬の結果は被告人自身がタバコを吸おうとして点火したライターの火に引火して生じたものではあるが、前記の状況の下でライターを点火すれば引火するであろうことは一般人に容易に理解されるところであって予想し得ないような事柄ではなく、被告人はライターを点火する時に本件家屋を焼燬する意思を翻したわけでもないから、**右のような経緯で引火したことにより本件の結果が生じたからといって因果関係が否定されるものではなく**、被告人は放火既遂罪の刑責を免れない。）

6-71　最判昭53・7・28（強盗殺人未遂等被告事件）

被告人は、警ら中の巡査田中からけん銃を強取しようと決意して同巡査を追尾し、東京都新宿区西新宿（略）先附近の歩道上に至つた際、たまたま周囲に人影が見えなくなったとみて、同巡査を殺害するかも知れないことを認識し、かつ、あえてこれを認容し、建設用びょう打銃を改造しびょう一本を装てんした手製装薬銃一丁を構えて同巡査の背後約一メートルに接近し、同巡査の右肩部附近をねらい、ハンマーで右手製装薬銃の撃針後部をたたいて右びようを発射させたが、同巡査に右側胸部貫通銃創を負わせたにとどまり、かつ、同巡査のけん銃を強取することができず、更に、同巡査の身体を貫通した右びようをたまたま同巡査の約三〇メートル右前方の道路反対側の歩道上を通行中の河川信三の背部に命中させ、同人に腹部貫通銃創を負わせた、というのである。これによると、被告人が人を殺害する意思のもとに手製装薬銃を発射して殺害行為に出た結果、被告人の意図した巡査田中に右側胸部貫通銃創を負わせたが殺害するに至らなかったのであるから、**同巡査に対する殺人未遂罪が成立し**、同時に、被告人の予期しなかった通行人Ｋに対し腹部貫通銃創の結果が発生し、かつ、右殺害行為とＫの傷害の結果との間に因果関係が認められるから、**同人に対する殺人未遂罪もまた成立し**（大審院判昭8・8・30参照）、しかも、**被告人の右殺人未遂の所為は同巡査に対する強盗の手段として行われたものであるから、強盗との結合犯として、被告人の田中に対する所為についてはもちろんのこと、Ｋに対する所為についても強盗殺人未遂罪が成立するというべきである。**

（略）原判決が、被告人の田中に対する故意の点については少なくとも未必的殺意が認められるが、被告人のＫに対する故意の点については未必的殺意はもちろん暴行の未必的故意も認められない旨を判示している（略）が、右は、行為の実行にあたり、被告人が現に認識しあるいは認識しなかつた内容を明らかにしたにすぎないものとみるべきである。また、原判決は、Ｋに対する傷害について被告人の過失を認定し、過失致死傷が認められる限り、強盗の機会における死傷として刑法二四〇条の適用があるものと解する旨を判示しているが、右は強盗殺人未遂罪の解釈についての判断を示したものとは考えられない。原判決は、Ｋに対する傷害の結果について強盗殺人未遂罪が成立することの説明として、田中につき殺害の未必的故意を認め、同人に対する強盗殺人未遂罪が成立するからＫに対する傷害の結果についても強盗殺人未遂罪が成立するというにとどまり、十分な理由を示していないうらみがあるが、その判文に照らせば、結局、Ｋに対する傷害の結果について前述の趣旨における殺意の成立を認めているのであって、強盗殺人未遂罪の成立について過失で足りるとの判断を示したものとはみられない。

（一審判決　東京地判昭50・6・5〔強盗殺人未遂、銃刀法違反等被告事件〕）

刑法二四〇条の法意が、強盗の機会にしばしば死傷という重大な結果が生じ易い事実にかんがみ、これに対し重罰をもって臨むこととしている点にあることを考慮すれば、**強盗行為（事後強盗にあたる行為をも含む。）の直接の相手方に対する致死傷の結果に限らず、その際、犯行の手段、態様等を含めた犯行の具体的状況の下において、通常致死傷の結果が発生することがありうると予想される者につき、少なくとも強盗の手段である暴行・脅迫行為から直接に発生した致死傷の結果についても、その結果発生につき過失が認められる限り、本条の適用があると解するのが相当である。**すなわち、通常の結果的加重犯（たとえば監禁致傷、強姦致傷等）においては、加重責任は、実行行為の直接の相手方との関係でのみ成立すると解されるのに対し、本条においては、直接の相手方にとどまらず、右の限度においてその他の者についても、強盗の機会に致死傷の結果が生ずれば、その結果発生につき過失が認められる限り、これをも処罰の対象としているものというべきであり、したがって、本条は単に結果的加重犯であるにとどまらず、強盗罪と故意または過失による死傷の罪との結合犯とみるべき性格をもあわせ有するものと解するのが相当である。

これを本件についてみるのに、強力な発射機能と殺傷能力をもつ本件のような装薬銃を用いて公道上で強盗行為に及ぶ場合には、公道上に通行人が存在することは通常の状況であるから、かような装薬銃を反抗抑圧の手段として発射することにより通行人を巻き添えにし、これらに対し致死傷の結果を生じさせることは、しばしばありうることであって、通行人に対する致死傷の結果は通常予想されるところといわなければならず、本件において、通行人であるＫに発生した傷害は、田中巡査の反抗を抑圧する手段として発射されたびようにより生じたもので、かかる結果については、すでに認定したように、被告人には暴行の故意は未必的にせよこれを認めえないが過失があつたことは明らかであるから、強盗の機会において発生した過失による傷害として本条による処罰の対象に含まれると解すべきであり、したがってＫに対しても強盗致傷罪が成立するものといわなければならない。のみならず、仮に本条の罪が成立するためには少なくとも当該被害者に対する暴行の故意を要するとの前提に立つとしても、**特定の客体に対する故意による実行行為の結果、これと異なる全く予期しない客体に対し、右故意の内容に含まれる結果が発生した場合には、意図した客体に結果が発生したと否とにかかわらず、予期しない客体に発生した結果についても右の故意犯が成立するとしているのが大審院以来の判例**であり（方法の錯誤につき、予期しない客体についてのみ結果が発生した事例として、大審院判大6・12・14判決、最判昭24・6・15等多数。二重に結果が発生した場合につき、大審院判昭8・8・30、東京高判昭25・10・30）、当裁判所も、これに従うのを相当と解するが、ただ、**その結果発生が予見不可能な場合には、責任主義の見地から方法の錯誤を理由とする故意犯は成立しないものと解するのが相当である**。そうすると、本件においてＫに生じた傷害の結果については、田中巡査に対する傷害の故意が認められるうえ、前記のとおりかかる結果発生は予見可能であったことが認められるから、傷害罪の成立は明らかであるが、さらに田中巡査に対する強盗の目的意思まで含めた故意犯が直ちに成立するものと解すべきではなく、傷害の結果発生を予期していなかった対象であるＫに対しても強盗の故意を有する場合は格別、これを有しない本件においては、予期しない対象に発生した傷害の結果自体についての故意犯である傷害罪（殺意がある場合は殺人未遂罪）が本来成立するにとどまるものと解するのが相当である。ただ本件においては、前記認定のとおりＫに対する行為が強盗の機会において発生した傷害として刑法二四〇条の処罰の対象となりうるものであり、さらに右のとおり故意の傷害罪が成立するものと解される結果、同条の罪が成立するためには少なくとも当該被害者に対する暴行の故意を要するとしても、強盗犯人がその機会に傷害罪を犯したことになり、したがつて強盗傷人罪が成立することになると解するのが相当である。

弁護人は、前掲の判例等の事案はいずれも未必の故意を認定しえた場合であると主張するが、仮にそうだとすれば、直接未必の故意を理由として故意犯の成立を認めたはずであり、わざわざ方法の錯誤を論ずるまでもないのであるから、当該具体的事案において未必の故意の認定が困難であつた事例と思われるのみならず、**判例は方法の錯誤の場合につき、前記のとおり、全く意識しない客体の上に構成要件的に包含される結果が発生した場合であつても故意犯の成立を認める旨明言しているのである**。そして、同一の構成要件の範囲内で、方法の錯誤により予期しない客体の上に結果が発生した場合については、周知のように、学説上、予期しない客体の上に発生した結果につき故意犯の成立を否定するいわゆる**具体的符合説**と、これを肯定するいわゆる**法定的符合説**との対立があり、判例の大勢はその理論的根拠として後説を採用していると認められるところ、**法定的符合説**は、発生した結果が表象した内容と同一の構成要件にあたる場合には、構成要件的には故意に基づく行為と評価し、故意犯の成立を認めるのが妥当であるとの価値判断に立脚するものであり、あくまでも、発生した結果が構成要件的に抽象化された故意の内容に含まれるか否かがその理論的核心をなすのである。この点に照らせば、予期しない客体についての故意犯の成否の判断基準を、結果発生についての予見の有無、結果発生を予期していなかつた客体の存在についての認識の有無、または未必の故意を認定しうるような客観的状況の存否などに求めることは、相当ではないというべきであり、したがつて、判例が全く意識しない客体の上に結果が発生した場合についても故意が阻却されないと判示しているのも、右のような理論的帰結を示すものにほかならず、これを単なる傍論とみるのは妥当でないと解される（ただし、前にも述べたように、結果発生が予見不可能な場合まで故意を阻却しないと解するのは責任主義の見地から相当でないと考える。）。

さらに、意図した客体に対し何らの結果も発生せず未遂に終わったとき、たまたま方法の錯誤により予期しない客体に対し構成要件的に包含される結果が発生したからといって、他に何らの結果も発生しなかつた場合と同様、意図した客体についても未遂犯の成立を認めるべきであり、予期しない客体に結果が発生したことが、意図した客体についての故意未遂犯の成立を否定することにはならないと解するのが相当である。けだし、**方法の錯誤の場合には犯罪の対象となつた客体が複数存在する結果になり、しかも保護法益はそれぞれ別個に成立しうることを考慮するならば、保護法**

益ごとに独立に犯罪が成立すると解するのが合理的であるからである。したがつて、検察官は、右の場合において、意図した客体についての未遂罪のみを起訴するのも、予期しない客体についての罪のみを起訴するのも、双方共起訴するのも、その裁量に属するものというべきである。そのように解すると、本件のように二重に結果が発生した場合についても、それぞれ別個に故意犯が成立するものと解するのが合理的であり、両者は一個の行為で二個の罪名に触れる場合として観念的競合の関係に立つと解するのが相当であるから、二重に結果が発生した場合についての前記判例の立場は理論的にも正当として支持されるべきものである。以上の理由により、Kに対する傷害の結果についても強盗傷人罪が成立するというべきである。

(3) 抽象的事実の錯誤

刑法38条2項は、「重い罪に当たる行為をしたのに、行為の時にその重い罪に当たることになることを知らなかった者は、その重い罪によって処断することはできない。」と規定している。これは、**抽象的事実の錯誤**(異なった構成要件間の錯誤)に関する規定である。故意責任の限界を定めたものである。**判例6-79**は、「犯罪の故意ありとなすには、必ずしも犯人が認識した事実と、現に発生した事実とが、具体的に一致(符合)することを要するものではなく、右両者が犯罪の類型(定型)として規定している範囲において一致(符合)することを以て足る」として、法定的符合説をとることを明言した最高裁の判例である。ただし、実行者は、教唆者の教唆と実行した住居侵入窃盗との間に障壁が生じて住居侵入窃盗の犯意を一端断念した後に、他の共犯者が強硬に実行を主張したために生じた新たな犯意である可能性があるとして教唆者を無罪にしている。典型的な例として、**同6-73**は、殺人罪と傷害致死罪という抽象的事実の錯誤に関する事案であり、**同6-76**は、傷害の共謀で実行行為中の一人が殺意を持った事案で、傷害致死罪の限度で責任を負うとしている。**同6-77**は、強盗を共謀して窃盗に着手した後、共犯者の一人が事後強盗をした事案について、「両罪は態様が酷似し何れも強盗罪を以て評価せられる犯罪類型に属し且つ法定刑も全く同一である」から、共犯者はすべて故意の責任を負うべきものとしている。

抽象的事実の錯誤は**違法性の錯誤との区別**に留意する必要がある。**同6-74**は、法定速度に違反する犯意で指定制限速度を犯した場合、法益、法定刑が全く同種、同一であることを理由に故意を阻却しないとする。抽象的事実の錯誤ではなく、スピード違反に適用される法律の違いと理解できる(違法性の錯誤)。これに対して、**同6-72**は、警察官が現在していない派出所に対する放火について、現住建造物放火の故意があるといいうるためには、「派出所内に勤務員が寝泊まりできるような施設があり、実際にも、そこで寝泊まりをする勤務態勢が取られていることを認識していることが必要であるが、少なくとも、被告人が、本件派出所内に仮眠休憩施設があることの認識を欠いていることからすると、被告人に現住建造物放火の故意を認めることについては、合理的な疑いが残る」として非現住建造物放火の限度に止めている(事実の錯誤)。**同6-75**は、麻薬取締法と覚せい剤取締法は、「その目的物が覚せい剤か麻薬かの差異があるだけで、その余の犯罪構成要件要素は同一であり、その法定刑も全く同一である」ので、両罪の構成要件は実質的に全く重なり合っているものとみるのが相当であるとして、麻薬を覚せい剤と誤認した錯誤は、生じた結果である麻薬輸入の罪についての故意をしないとしている。これらは、**形式的には異なった構成要件ではあるが、実質面から具体的事実の錯誤と同様に扱った**ものである。このような結果妥当性から論理的一貫性を軽視する判例は少なくない。

同6-78は、結果的加重犯は抽象的事実の錯誤の問題ではないとしたものである。

(抽象的事実の錯誤に関する判例)

6-72 札幌地判平6・2・7(現住建造物等放火(認定罪名「非現住建造物等放火」)事件)

「被告人は、平成五年五月五日午前五時ころ、警察官に自己の境遇等について話を聞いてもらい日頃のうっ屈した気分を晴らそうと考え、札幌市中央区南五条東四丁目九番地先所在の札幌方面中央警察署豊平橋警察官派出所に赴いたところ、警察官が不在でしばらく待っても来ないことに立腹し、日頃のうっ屈した気分や警察官が不在であることに対する腹立ちをうっ散するため右派出所に放火することを企て、同日午前六時ころ、右派出所事務室内において、同所にあった新聞紙に所携のライターで火をつけ、これを同所にあった灯油ストーブのゴム製送油管上に置いて同管に火を放ち、同管内の灯油、右事務室板壁等に順次燃え移らせ、よって、札幌方面中央警察署長角地覺が管理し現に警察官が勤務に使用している右派出所の事務室内部（床面積約二〇・五平方メートル）を焼燬したものである。」との訴因を掲げ、冒頭陳述においても、本件は現住建造物等放火罪である旨主張しているので、更に、被告人に、本件派出所が現住建造物であるとの認識があったか否かを検討する。（略）

本件派出所は、勤務員の仮眠休憩施設があり、また、現に仮眠等に利用されていたのであるから、本件犯行当時警察官等が現在していなくとも現住建造物と認めることができる。（略）被告人は、捜査段階において、検察官に対し、事務室の奥に警察官の寝泊まりする所があるとは全く知らなかった、逮捕されてからその旨聞かされびっくりするとともに、警察官が寝ていなくてよかったと思ったなどと供述し、また、交番というのは、昼も夜もいつも警察官がいて仕事をしているところだから、たまたま被告人が火を点けた時には誰もいなくとも現住建造物にあたるというのは分かる旨の供述をしている。確かに、（略）、被告人は派出所の事務室内にしか立ち入っておらず、また、実際にも事務室と休憩室の間のドアは施錠されていたこと、後述のように、被告人は本件当時相当量の飲酒をし、最後に立ち寄ったスナックの経営者とともに豊平橋のそばまで来て派出所のあることに気づき、派出所事務室内に立ち入ったもので、特に、派出所建物の外周を確認した様子も窺われないことから、被告人が、本件派出所に仮眠休憩施設があることを知らなかったとしても、この点は無理からぬところである。そして、警察官が現在していない官公署である本件派出所に対する放火について、現住建造物放火の故意があるといいうるためには、被告人において、本件派出所が人の住居に使用されているという点、すなわち、派出所内に勤務員が寝泊まりできるような施設があり、実際にも、そこで寝泊まりをする勤務態勢が取られていることを認識していることが必要であるが、少なくとも、被告人が、本件派出所内に仮眠休憩施設があることの認識を欠いていることからすると、被告人に**現住建造物放火の故意を認めることについては、合理的な疑いが残る**といわざるを得ない。（略）他方、**被告人が非現住建造物等放火の故意を有していたことは明らかであるから、現住建造物等放火の訴因の範囲内で非現住建造物等放火の事実を認定することにする。**

6-73　最決昭54・4・13（傷害致死等被告事件）

殺人罪と傷害致死罪とは、殺意の有無という主観的な面に差異があるだけで、その余の犯罪構成要件要素はいずれも同一であるから、暴行・傷害を共謀した被告人Ｓら七名のうちのＩが前記福原派出所前で石原巡査に対し未必の故意をもって殺人罪を犯した本件において、殺意のなかった被告人Ｓら六名については、殺人罪の共同正犯と傷害致死罪の共同正犯の構成要件が重なり合う限度で軽い傷害致死罪の共同正犯が成立するものと解すべきである。すなわち、Ｉが殺人罪を犯したということは、被告人Ｓら六名にとつても暴行・傷害の共謀に起因して客観的には殺人罪の共同正犯にあたる事実が実現されたことにはなるが、そうであるからといって、被告人Ｓら六名には殺人罪という重い罪の共同正犯の意思はなかったのであるから、被告人Ｓら六名に殺人罪の共同正犯が成立するいわれはなく、もし犯罪としては重い殺人罪の共同正犯が成立し刑のみを暴行罪ないし傷害罪の結果的加重犯である傷害致死罪の共同正犯の刑で処断するにとどめるとするならば、それは誤りといわなければならない。

しかし、前記第一審判決の法令適用は、被告人Ｓら六名につき、刑法六〇条、一九九条に該当するとはいっているけれども、殺人罪の共同正犯の成立を認めているものではないから、第一審判決の法令適用を維持した原判決に誤りがあるということはできない（最判昭23・5・1参照）。

6-74　広島高判昭55・7・8（道路交通法違反被告事件）

被告人は、かつて運転免許を取得していたことがあり、本件当時政令で定められた最高速度が六〇キロメートル毎時であることを知っていたにかかわらず、これを超える速度で車輌を走行させる認識を有していたことが明らかであるところ、このように法定速度に違反する犯意で指定制限速度違反を犯した場合には、法定速度違反罪と指定制限速度違反罪の各法益、法定刑が全く同種、同一であって、その最高速度の制限が公安委員会の指定に基くものか又は政令に定められたものかの差異でしかないことを考慮すれば、生じた結果についての故意を阻却するものではないと解するのが相当である。

6-75 最決昭54・3・27（麻薬取締法違反等被告事件）（麻薬を覚せい剤と誤信したことと故意）
同旨最決昭61・6・9（大麻取締法違反、麻薬取締法違反被告事件）

（一）麻薬と覚せい剤とは、ともにその濫用による保健衛生上の危害を防止する必要上、麻薬取締法及び覚せい剤取締法による取締の対象とされているものであるところ、これらの取締は、実定法上は前記二つの取締法によつて各別に行われているのであるが、両法は、その取締の目的において同一であり、かつ、取締の方式が極めて近似していて、輸入、輸出、製造、譲渡、譲受、所持等同じ態様の行為を犯罪としているうえ、それらが取締の対象とする麻薬と覚せい剤とは、ともに、その濫用によつてこれに対する精神的ないし身体的依存（いわゆる慢性中毒）の状態を形成し、個人及び社会に対し重大な害悪をもたらすおそれのある薬物であつて、外観上も類似したものが多いことなどにかんがみると、**麻薬と覚せい剤との間には、実質的には同一の法律による規制に服しているとみうるような類似性があるというべき**である。

本件において、被告人は、営利の目的で、麻薬であるジアセチルモルヒネの塩類である粉末を覚せい剤と誤認して輸入したというのであるから、覚せい剤取締法四一条二項、一項一号、一三条の覚せい剤輸入罪を犯す意思で、麻薬取締法六四条二項、一項、一二条一項の麻薬輸入罪にあたる事実を実現したことになるが、両罪は、その目的物が覚せい剤か麻薬かの差異があるだけで、その余の犯罪構成要件要素は同一であり、その法定刑も全く同一であるところ、前記のような麻薬と覚せい剤との類似性にかんがみると、この場合、両**罪の構成要件は実質的に全く重なり合つているものとみるのが相当であるから、麻薬を覚せい剤と誤認した錯誤は、生じた結果である麻薬輸入の罪についての故意を阻却するものではないと解すべきである。**してみると、被告人の前記一（一）の所為については、麻薬取締法六四条二項、一項、一二条一項の**麻薬輸入罪が成立し、これに対する刑も当然に同罪のそれによるものというべきである。**したがつて、この点に関し、原判決が麻薬輸入罪の成立を認めながら、犯情の軽い覚せい剤輸入罪の刑によつて処断すべきものとしたのは誤りといわなければならないが、右の誤りは判決に影響を及ぼすものではない。

（二）（略）、第一審判決は、被告人は、税関長の許可を受けないで覚せい剤を輸入する意思（略）で、（略）輸入禁制品である麻薬を輸入した（略）との事実を認め、これに対し関税法一一一条一項のみを適用している。そこで、右法令適用の当否につき案ずるに、関税法は、貨物の輸入に際し一般に通関手続の履行を義務づけているのであるが、右義務を履行しないで貨物を輸入した行為のうち、その貨物が関税定率法二一条一項所定の輸入禁制品である場合には関税法一〇九条一項によって、その余の一般輸入貨物である場合には同法一一一条一項によって処罰することとし、前者の場合には、その貨物が関税法上の輸入禁制品であるところから、特に後者に比し重い刑をもってのぞんでいるものであるところ、密輸入にかかる貨物が覚せい剤か麻薬かによって関税法上その罰則の適用を異にするのは、覚せい剤が輸入制限物件（略）であるのに対し麻薬が輸入禁制品とされているというだけの理由によるものに過ぎないことにかんがみると、覚せい剤を無許可で輸入する罪と輸入禁制品である麻薬を輸入する罪とは、ともに通関手続を履行しないでした類似する貨物の密輸入行為を処罰の対象とする限度において、その犯罪構成要件は重なり合っているものと解するのが相当である。本件において、被告人は、覚せい剤を無許可で輸入する罪を犯す意思であったというのであるから、**輸入にかかる貨物が輸入禁制品たる麻薬であるという重い罪となるべき事実の認識がなく、輸入禁制品である麻薬を輸入する罪の故意を欠くものとして同罪の成立は認められないが、両罪の構成要件が重なり合う限度で軽い覚せい剤を無許可で輸入する罪の故意が成立し同罪が成立するものと解すべきである。**

6-76 鹿児島地判昭52・7・7（殺人未遂、監禁、傷害被告事件）

被告人Ａ、同Ｂ、同Ｃ及びＥが、甲に対する傷害の故意をもつて共謀のうえ、（略）Ｄ方居室において、交々手拳で甲の顔面身体等を殴打足蹴する等の暴行行為に出で、その際、被告人Ａは突嗟に殺意をもって、Ｄ方台所より万能包丁を持ち出して、同包丁で甲の背部を二回突き刺したが同人を殺害するまでには至らず、被告人Ａ、同Ｂ、同Ｃ及びＥの右一連の暴行により判示の傷害を負わせたものであつて、被告人Ｂ、同Ｃ及びＥは右犯行当時傷害の故意をもっていたにすぎず、被告人Ａの殺人未遂行為は、その余の右三名の予期しないところであった。

ところで、このように共犯者中のある者が軽い傷害の事実を認識して、他の共犯者と共同実行の意思連絡をしたのに、共犯者の一人が重い殺人未遂の結果を発生させた場合、共同正犯は何罪について成立し、各共犯者は何罪で処断されるのかが問題となり、刑法三八条二項の解釈及び共犯理論と関連して種々議論のわかれるところである。（略）刑法三八条二項は、「罪本重カル可クシテ犯ストキ知ラサル者ハ其重キニ従テ処断スルコトヲ得ス」と規定しているが、この規定の解釈として、行為者が軽い罪を犯す意思で重い罪の結果を発生させた場合には、重い罪が成立して刑だけが軽い罪で処断されるというのではなく、そもそも重い罪の成立を認めることができないことを意味するものと解される。けだし、故意とは、犯罪一般の認識・認容ではなく、個々の犯罪ごとに具体化され、個別化されたものでなければならず、構成要件的故意は、本来行為者が認識した構成要件の枠内でのみ認められ、行為者の認識していた構成要件的故意の枠を越えた故意犯の成立は認められないのが原則であり、例外として同質で重なり合う構成要件間の錯誤においては、その重なり合う限度で軽い罪の構成要件的故意を認めることができるにすぎないからである。**このことは共同正犯においても同じである。共同正犯は二人以上の行為者が特定の犯罪に関して故意を共同にして、これを実行することが必要であり、共同行為者の認識している構成要件的故意が共同行為者相互の間においてくいちがっている場合に、それが異なった構成要件間のくいちがいであるときには、原則として共同正犯の成立は否定され、ただ例外的にそれが同質で重なり合う構成要件間のものであるときには、その重なり合う限度で故意犯の共同正犯の成立を認めることができ、その過剰部分についてはその認識を有していた者のみの単独の故意犯が成立することになると解せられる。**そして、右は、事前の共犯者間の共同実行の意思連絡の時点から共犯者相互間に右のような錯誤があった場合たると、右時点においては軽い罪の故意の共謀があったが、実行段階で共犯者の一部が重い罪の故意をもつて実行行為に及んだ場合たるとを問わないものと考える。

しこうして、傷害と殺人との間には、その行為の態様、被害法益において構成要件的に重なり合うものがあり、罪質的にも同質性を認め得るし、殺人の意思の中には、暴行・傷害の意思も包含されているものと解されるから、本件において、被告人Ａ、同Ｂ、同Ｃ及びＥ間においては、傷害の範囲で共同正犯の成立を認容し得るにすぎない。そして、被告人Ａは自ら殺人の実行行為に着手しているから殺人未遂で問擬されることはもちろんであり、他方、被告人Ｂ、同Ｃは、主として被告人の行為に基づいて発生した本件傷害の結果について、傷害の限度において共犯者としての罪責を免れることはできない。

6-77　福岡高判昭36・8・31（強盗致死窃盗被告事件）

刑法第二三六条の強盗罪と同法第二三八条のいわゆる事後強盗罪とは犯罪の構成要件を異にするが、前者は財物盗取の手段として暴行脅迫を加える罪であり、後者は財物盗取（又はその未遂）後これを確保する等のため暴行脅迫を加える罪であって、両者は犯罪の態様が酷似し何れも強盗罪を以て評価せられる犯罪類型に属し且つ法定刑も全く同一であるから、強盗を共謀した上窃盗に着手した後、共犯者の一人において事後強盗をしたときは、該行為につき共犯者はすべて故意の責任を負うべきものと解するのが相当である。本件についてみると、被告人両名はＴ等と強盗を共謀して窃盗に着手し未遂に終つたものであるから、共犯者Ｔが犯行現場で咄嗟に単独で逮捕を免れるため盗難被害者に暴行を加えた事後強盗につき、たとえ所論のごとき予見を有しなくとも故意の責任を免れ得ないものというべきである。そして、強盗致死は強盗の結果的加重犯であつて強盗と致死との間に因果関係の存することを以て足り、致死の結果に対し予見や過失を要しないものと解すべきであるから、被告人両名がＴの作為による事後強盗につき共謀共同正犯としての責任を有する以上、右強盗による致死の結果につき予見、過失がなく、また兇器の使用を予期しなかったとしても、強盗致死の刑責を免れることができない筋合である。なおまた、共謀共同正犯は実行正犯と犯意の連絡を有するものであるから、実行正犯の行為につき刑事責任を負担すべきものとしても毫も刑罰個人責任の原則に反するものではない。

6-78　名古屋高判昭35・10・5（強盗傷人窃盗詐欺恐喝未遂被告事件）

被告人らの準強盗の共謀に基いて、共犯者Ｎが現実に実行したところは、原判決が認定したとおりＳに対し暴行を加え、その反抗を抑圧して現金を奪取する強盗の行為であった。ところで、このように準強盗を共謀した共犯者の一人が、他の者に諮ることなく強盗行為に及んだ場合であっても、その共謀にかかるところも又強盗を以て論ぜられるものである以上、その共謀にかかるところと実行行為との間に、その共同意思実現の態様としては異るところがあっても、両者は共に強盗罪としての刑法的評価に服するわけのものであるから、現実にその実行行為としての強盗を行わなかつた他の共犯者全員について又強盗罪の成立があるものというべきである。（略）この場合、Ｎのした強盗行為によりＳに原判示傷害の結果を生ぜしめた以上、（略）被告人において、右傷害の点についての認識を欠いていたとしても、同人がＮらとの強盗の共同正犯としての罪責を負うべきものである以上、いわゆる**結果的加重犯としての右Ｎのした強盗致傷罪について又被告人もその罪責を免れることのできない筋合である。**次に又、強盗致傷罪の成立について、その強盗の未遂、既遂を問わないことは勿論である。

6-79　最判昭25・7・11（窃盗教唆住居侵入教唆被告事件）

原判決によれば、被告人ＺはＫに対して判示Ｙ方に侵入して金品を盗取することを使嗾し、以て窃盗を教唆したものであって、判示日備電気商会に侵入して窃盗をすることを教唆したものでないことは正に所論の通りであり、しかも、右Ｋは、判示Ｕ等三名と共謀して判示日備電気商会に侵入して強盗をしたものである。しかし、犯罪の故意ありとなすには、必ずしも犯人が認識した事実と、現に発生した事実とが、具体的に一致（符合）することを要するものではなく、**右両者が犯罪の類型（定型）として規定している範囲において一致（符合）することを以て足るものと解すべき**ものであるから、いやしくも右Ｋの判示住居侵入強盗の所為が、被告人Ｚの教唆に基いてなされたものと認められる限り、被告人Ｚは住居侵入窃盗の範囲において、右Ｋの強盗の所為について教唆犯としての責任を負うべきは当然であって被告人Ｚの教唆行為において指示した犯罪の被害者と、本犯たるＫのなした犯罪の被害者とが異る一事を以て、直ちに被告人Ｚに判示Ｋの犯罪について何等の責任なきものと速断することを得ないものと言わなければならない。しかし、被告人Ｚの本件教唆に基いて、判示Ｋの犯行がなされたものと言い得るか否か、換言すれば右**両者間に因果関係が認められるか否か**という点について検討するに、原判決によれば、Ｋは被告人Ｚの教唆により強盗をなすことを決意し、昭和二二年五月一三日午後一一時頃Ｕ外二名と共に日本刀、短刀各一振、バール一個等を携え、強盗の目的でＹ方奥手口から施錠を所携のバールで破壊して屋内に侵入したが、母屋に侵入する方法を発見し得なかつたので断念し、更に、同人等は犯意を継続し、其の隣家の日備電気商会に押入ることを謀議し、Ｋは同家附近で見張をなし、Ｕ等三名は屋内に侵入して強盗をしたというのであって、原判文中に「更に同人等は犯意を継続し」とあることに徴すれば、原判決は被告人Ｚの判示教唆行為と、Ｋ等の判示住居侵入強盗の行為との間に因果関係ある旨を判示する趣旨と解すべきが如くであるが、他面原判決引用の第一審公判調書中のＫの供述記載によれば、Ｋの本件犯行の共犯者たるＵ等三名は、Ｙ方裏口から屋内に侵入したが、やがてＵ等三名は母屋に入ることができないといって来たので、諦めて帰りかけたが、右三名は、吾々はゴツトン師であるからただでは帰れないと言い出し、隣のラヂヲ屋に這入つて行つたので自分は外で待っておった旨の記載があり、これによればＫのＦ方における犯行は、**被告人Ｚの教唆に基いたものというよりむしろＫは一旦右教唆に基く犯意は障碍の為め放棄したが、たまたま、共犯者三名が強硬に判示日備電気商会に押入らうと主張したことに動かされて決意を新たにして遂にこれを敢行したものであるとの事実を窺われないでもない**のであって、彼是綜合するときは、原判決の趣旨が果して明確に被告人Ｚの判示教唆行為と、Ｋの判示所為との間に、因果関係があるものと認定したものであるか否かは頗る疑問であると言わなければならないから、原判決は結局罪となるべき事実を確定せずして法令の適用をなし、被告人Ｚの罪責を認めた理由不備の違法あることに帰し、論旨は理由がある。

第4　過失犯

刑事処罰は故意犯を原則としているので、過失の処罰は規定がある場合に限定される。人は他人との関係を抜きにして生活できない。したがって、日常行動において不注意で他人の権利を侵害しないように気をつけなければならない。過失犯は、社会生活上の行為における不注意によって他人の法益侵害をしてしまった場合、重大な法益侵害に限って特別に法律で定めて刑罰を科すことにしている。そして、**業務上の過失**を特に重く処罰している。

処罰される**不注意（過失）**とは、**注意義務を負う者が（注意義務の存在）、結果発生を予見でき（結果発生の予見可能性）、かつ、結果を回避することができたのに（結果回避の可能性）、結果発生を回避することを怠ったこと**である。考え方は不作為犯と似ているが、故意犯と過失犯の違い、すなわち、作為義務と注意義務の違い、結果発生についての認識・認容と予見可能性の違い、結果回避行為についてはあえて行わなかったか怠ったかの違いにある。

過失犯は、**開かれた構成要件**といわれる。すなわち、不注意は作為ばかりではなく不作為の中にも存在し、他人の法益を侵害する不注意は多種多様であり、不注意を類型化することは困難であるので、発生した結果から原因となった作為または不作為に遡り、その中に潜む不注意を特定する作業が必要なのである。そして、過失犯は、**注意義務ごとに犯罪が成立**することになる。

判例6-91は、電気手術機器の誤接続をした看護師の結果発生の予見可能性を肯定し、結果発生の予見とは、「内容の特定しない一般的・抽象的な危惧感ないし不安感を抱く程度では足りず、特定の構成要件的結果及びその結果の発生に至る因果関係の基本的部分の予見を意味する」、予見可能性があったかは通常人から見ての判断であるとして、詳細に予見可能性を説示しているので参考になる。**同6-80**は、堤防の管理者が堤防の破損について、耐用年数30年とされていた防砂板がわずか数年で破損した他の例を承知しており、事故以前から、損壊した部分ではない場所に複数の陥没様の異常な状態が生じていたことを現認していたといえることを理由に予見可能性があるとした。**同6-83**は、犬を繋いだ縄を持って散歩していた際に犬が通行人に噛みついて怪我をさせた事案で、その犬の性格、過去の体験などから人を噛む可能性があることを予見することが可能であり、縄の持ち方などから結果を回避する可能性もあったとして過失を認定している。また、**同6-88**は、トラックの荷台に人が乗っていることを知らなかった運転者について、「自動車運転をすれば人の死傷を伴ういかなる事故を惹起するかもしれないことは、当然認識しえたものというべきである」として荷台に乗っていた者の負傷について過失を認めている。**同6-85**は、鉄道用のトンネル内の電力ケーブルの接続ミスのために、電流が大地に流れず、「炭化導電路」ができてそこに長時間電流が流れ続けたことが火災の原因である場合、炭化導電路の形成を知らなくても、大地に流れるべき電流が流れず、他に長時間流れ続ければ火災になる可能性を予見することはできたとしている。

また、同一人の複数の不注意（たとえば、交通事故においてスピード違反、信号無視、追い越し禁止違反、前方不注視、左右確認など）が結果発生と因果関係がある**過失が競合**する場合が多い。このような場合、結果と因果関係のある過失の併存を認める**併存説**と、結果回避可能性があった直近の過失を回避していれば結果が発生しなかったのであるから、それ以前の過失は直近の過失に包摂されるとする**直近過失のみを過失犯と認める過失段階説**とがある。**同3-92**は、過失併存説をとっている判例である。

過失犯には**信頼の原則**という考え方がある。これは、人は、他人が一定の条件の下で必要とされるルールを順守することを信頼して社会生活を送っているのであるから、それを信頼して自分はルールを守って行動したのに、予想不可能なルール破りをした者の法益を侵害する結果を起こしてしまった場合、そのような者の被害法益まで保護し、ルールを順守することを信頼して行動した者を処罰することは正義に反するので、そのような場合には過失犯は成立しないという考え方である。**同6-93**、**同6-84**は、いずれも交差点に進入する自動車が交差道路を走行する自動車を信頼して走行した場合に関して信頼の原則を適用した**最高裁の判例**である。後者は、対面信号機が黄色灯火の点滅を表示している状態で時速30ないし40キロメートルに減速して交差点内に進入したところ、交差道路から一時停止も徐行もせず、時速約70キロメートルという高速で進入してくる車両があり得るとは、通常想定し難いとして、進路を妨害するような行為をする者はいないと信頼して走行すればよいとして信頼の原則を適用して予見可能性を否定し、当時は夜間であったから、たとえ相手方車両を視認して時速10ないし15キロメートルに減速して侵入したとしても、交差道路から侵入してきた車の速度を一瞬のうちに把握するのは困難であったし、急制動の措置を講ずるまでの時間を考えると、被告人車が衝突地点の手前で停止することができなかったとして結果回避可能性も否定している。これに対して、**同6-89**は、南北道路が左方道路に対し優先道路である場合、左方道路（劣後道路）を通行する車両が優先道路を通行する車両の進行妨害をしてはならない法律上の義務があるから、**特段の事情**が認められない限り、優先道路を通行する者は、劣後道路から交差点に進入する車が進行妨害避止義務を遵守するのを信頼して運転すれば足り、優先車を無視して交差点に進入右折しようとする車両のありうることまで予想すべき注意義務はないとしたが、優先道路側の信号は黄色の時には歩行者用信号は赤となっているので、劣後道路を走行する者は優先道路の歩行者用の赤信号を見て、車両用の信号も直ちに赤に変わると思って、一時停止しないままで右折することはありうることであり、優先道路側の信号が黄色であることが特別事情であるとして**信頼の原則の適用を否定**している。

過失犯には、一つの結果発生に複数の人の過失が原因する**過失の競合**もあり、その場合に過失を犯した者全員に過失を認めるか、特定の過失のみを認め他の過失は特別事情の介在があったとして結果との間**の因果関係が切断**されるかも問題になる。これについては、因果関係に関する項で検討する。

複数人の過失が競合する場合には、**過失の共同正犯**を認めるかという問題もあり、**同6-94**は、共同正犯を肯定した最判である。**同6-90**は、過失の共同正犯について詳細に説示しているので参考になる。**同6-81**も、大病院で複数の医師、看護師らがチームを組んで施術を行う場合に、多数の関係者の過失が競合することを前提に、人違いの患者に施術をした事案について、麻酔医が人違いではないかと疑問を持って何回か関係者に質していたとしても、それだけでは**注意義務を尽くした**といえないとしている。

さらに、会社などの**組織の中での過失について**は、誰が具体的に安全配慮義務（結果の発生を予見し、結果発生を回避する義務）を負っていたかを確定しなければならない。**同6-86**は、ホテル火災について経営者の過失を肯定したのに対し、**同6-87**は、デパート火災事件について、経営幹部の責任分担を細かく検討し、起訴された多くの幹部の注意義務の存在を否定している。

（過失犯に関する判例）

6-80　最決平21・12・7（業務上過失致死被告事件）

被告人らは、本件事故現場である人工の砂浜の管理等の業務に従事していたものであるが、同砂浜は、東側及び南側がかぎ形の突堤に接して厚さ約２．５ｍの砂層を形成しており、全長約１５７ｍの東側突堤及び全長約１００ｍの南側突堤は、いずれもコンクリート製のケーソンを並べて築造され、ケーソン間のすき間の目地に取り付けられたゴム製防砂板により、砂層の砂が海中に吸い出されるのを防止する構造になっていた。本件事故は、東側突堤中央付近のケーソン目地部の防砂板が破損して砂が海中に吸い出されることによって砂層内に発生し成長していた深さ約２ｍ、直径約１ｍの空洞の上を、被害者が小走りに移動中、その重みによる同空洞の崩壊のため生じた陥没孔に転落し、埋没したことにより発生したものである。そして、被告人らは、本件事故以前から、南側突堤沿いの砂浜及び東側突堤沿い南端付近の砂浜において繰り返し発生していた陥没についてはこれを認識し、その原因が防砂板の破損による砂の吸い出しであると考えて、対策を講じていたところ、南側突堤と東側突堤とは、ケーソン目地部に防砂板を設置して砂の吸い出しを防ぐという基本的な構造は同一であり、本来耐用年数が約３０年とされていた防砂板がわずか数年で破損していることが判明していたばかりでなく、実際には、本件事故以前から、東側突堤沿いの砂浜の南端付近だけでなく、これより北寄りの場所でも、複数の陥没様の異常な状態が生じていた。

以上の事実関係の下では、被告人らは、本件事故現場を含む東側突堤沿いの砂浜において、防砂板の破損による砂の吸い出しにより陥没が発生する可能性があることを予見することはできたものというべきである。したがって、本件事故発生の予見可能性を認めた原判決は、相当である。

6-81　最決平19・3・26（業務上過失傷害被告事件）

原判決は、心臓手術の麻酔科医師であった被告人につき、麻酔導入前に患者の外見的特徴等や問診により患者の同一性を確認するのはもとより、麻酔導入後においても頭髪の色及び形状、歯の状況、手術室内での検査結果等が、いずれもXのものと相違し、患者の同一性に疑念を抱いたのであるから、自ら又は手術を担当する他の医師や看護婦らをして病棟及び他の手術室に問い合わせるなどして患者の同一性を確認し、患者の取り違えが判明した場合は、Yに対する手術の続行を中止するとともに直ちに連絡してXに対する誤った手術をも防止し、事故発生を未然に防止する義務があるのにこれを怠り、Yを、その同一性を確認することなくXと軽信して麻酔を導入した上、外見的特徴や病状の相違などから、その同一性に疑念が生じた後も、他の医師らにその疑念を告げ、電話により介助担当看護婦をして病棟看護婦にXが手術室に搬送されたか否かを問い合わせはしたが、他の医師からは取り合ってもらえず、病棟からXを手術室に搬送した旨の電話回答を受けただけであるのに、その身体的特徴等を確認するなどの措置を採ることなく、患者をXと軽信してYに対する麻酔を継続するとともに、Xの現在する手術室に患者取り違えを連絡する機会を失わせた過失があると認め、原審相被告人らとの過失の競合により、YとXを麻酔状態に陥らせた上、Yに全治約５週間の胸骨正中切開等の傷害を負わせ、Xに全治約２週間の右側胸部切創等の傷害を負わせたものと認定した。

（略）**医療行為において、対象となる患者の同一性を確認することは、当該医療行為を正当化する大前提であり、医療関係者の初歩的、基本的な注意義務**であって、病院全体が組織的なシステムを構築し、医療を担当する医師や看護婦の間でも役割分担を取り決め、周知徹底し、患者の同一性確認を徹底することが望ましいところ、これらの状況を欠いていた本件の事実関係を前提にすると、**手術に関与する医師、看護婦等の関係者は、他の関係者が上記確認を行っていると信頼し、自ら上記確認をする必要がないと判断することは許されず、各人の職責や持ち場に応じ、重畳的に、それぞれが責任を持って患者の同一性を確認する義務があり、この確認は、遅くとも患者の身体への侵襲である麻酔の導入前に行われなければならないものというべき**であるし、また、麻酔導入後であっても、患者の同一性について疑念を生じさせる事情が生じたときは、手術を中止し又は中断することが困難な段階に至っている場合でない限り、手術の進行を止め、関係者それぞれが改めてその同一性を確認する義務があるというべきである。

これを被告人についてみると、〔１〕麻酔導入前にあっては、患者への問い掛けや容ぼう等の外見的特徴の確認等、患者の状況に応じた適切な方法で、その同一性を確認する注意義務があるものというべきであるところ、上記の問い掛けに際し、患者の姓だけを呼び、更には姓にあいさつ等を加えて呼ぶなどの方法については、患者が手術を前に極度の不安や緊張状態に陥り、あるいは病状や前投薬の影響等により意識が清明でないため、異なった姓で呼び掛けられたことに気付かず、あるいは言い間違いと考えて言及しないなどの可能性があるから、上記の呼び掛け方法が同病院における従前からの慣行であったとしても、患者の同一性の確認の手立てとして不十分であったというほかなく、患者の容ぼうその他の外見的特徴などをも併せて確認をしなかった点において、〔２〕更に麻酔導入後にあっては、外見的特徴や経食道心エコー検査の所見等から患者の同一性について疑いを持つに至ったところ、他の関係者に対しても疑問を提起し、一定程度の確認のための措置は採ったものの、確実な確認措置を採らなかった点において、過失があるというべきである。

この点に関し、他の関係者が被告人の疑問を真しに受け止めず、そのために確実な同一性確認措置が採られなかった事情が認められ、被告人としては取り違え防止のため一応の努力をしたと評価することはできる。しかしながら、**患者の同一性という最も基本的な事項に関して相当の根拠をもって疑いが生じた以上、たとえ上記事情があったとしても、なお、被告人において注意義務を尽くしたということはできない**といわざるを得ない。

6-82　高松高判平19・7・3（業務上過失致死被告事件）

交差点西方から東方進行車両が少なくとも１台いて前照灯を点灯している状況下では、西行車線第２通行帯を走行中に中央分離帯西端付近に止まっている自転車を認めることは、著しく困難であり、中央分離帯西端から再び南進を始めた被害者の自転車を発見するのも、同様に困難であるから、被告人が被害者に気付かなかったからといって、前方注視を怠ったとはいえない。なお、横断歩道等の信号が赤色であるのに、被害者のように東行車線の間隙を縫って中央分離帯付近まで達し、次いで西行車線の間隙を縫って横断することは通常は少なく、中央分離帯西端付近に自転車を認め得たとしても、西行車線第２通行帯を走行する先行車があるとき、赤色信号で南進すると予測することは困難である。ところで、通勤等で本件交差点を走行していた被告人は、「今までに何回か事故現場の横断歩道や自転車横断帯を南から北に向けて信号を無視して横断する歩行者や自転車を見かけたことがあるのです」と供述するが（略）、市営バスの運転手として頻繁に本件交差点を通行していたＦ及びＧは、最も頻繁に見かけるのは、信号の変わり目に駆け込みで横断するものと、信号周期に関して勝手な判断をして見切りで横断するものと証言しており、赤色信号で中央分離帯付近から進行する者が多かったとはいえず、被害者のように赤色信号であるのに東行３車線、西行３車線ある幹線道路を走行する車両の間隙を縫って自転車で横断する者の存在を**予測することは困難**である。さらに、被告人車が西行車線第２通行帯から第１通行帯に進路変更する際には、中央分離帯付近から南進している被害者の自転車を確認するには、斜め右側の中央分離帯付近では対向車の前照灯が支障になり、第２通行帯を走行している先行車の前方付近は同車の影になり、**視認することには困難**を伴う。そして、被告人車が第１通行帯を走行する際には、第２通行帯の前方で先行車の影になる部分では視認に支障があるが、それ以外の部分では視認に支障はない。ところで、被害者の自転車の進行速度と位置関係を正確に認定することは困難であるが、被害者の自転車を認めて急制動をしても衝突を回避できる地点は、衝突地点から時速５０キロのときは約２４．４８メートル手前、時速６０キロのときは約３２．７５メートル手前であり、この衝突回避可能地点に至るまでに被害者の自転車を右斜め前方に認めて急制動をすれば回避可能である。しかし、走行中に人であることが分かる地点は、３台の車両の前照灯を点灯したときは基点から２０メートル、被告人車の先端は衝突地点から２１．５５メートル手前であって、指定最高速度時速５０キロの衝突回避可能地点２４．４８メートル内であるから、衝突を回避することはできない。次に対向車が前照灯を点灯しないときは、基点から３５メートル、被告人車の先端は衝突地点から３６．５５メートル手前であるから、時速５０キロの衝突回避可能地点に至る前に発見することができるが、この地点から衝突回避可能地点に至るまでの距離は１２．０７メートルで、時速５０キロ（秒速約１３．８９メートル）の走行時間にして約０．８７秒であり、**この間に被害者を発見することは著しく困難**である。ちなみに時速６０キロ（秒速約１６．６７メートル）でみると、衝突回避可能距離約３２．７５メートルであり、人を発見してから回避可能地点までの距離は約３．８メートルで、走行時間にして約０．２３秒であり、**一層困難**である。そうすると、被告人が制限速度を遵守していても、中央分離帯西端付近から横断歩道等を南進する被害者を認めて急制動することは著しく困難であり、前照灯を点灯した対向車両が１台でもいれば人の発見に困難を伴い、**更に困難**であるといわざるを得ない。**これらによれば、被告人に前方不注視の過失があるとはいえない**。なお、被告人は、衝突回避可能地点から衝突地点の約７．５メートル手前まで被害者に気づいていないが、これをもって本件事故を招いた原因とはいえない。

次に、被告人は、指定最高速度である時速５０キロを約１０キロ超過した違反があるが、上記のとおり、**時速５０キロで走行していても被害者を発見することが困難で事故発生を防止することができないから、この速度超過が本件事故を招いた原因とはいえない**。また、被告人は、第２通行帯の先行車を追い越すため第１通行帯に進路変更したが、進路変更した地点は交差点端点から３０メートルを超える地点であるから、この点は道路交通法に違反しない。さらに、被告人は、追い越しのため交差点端点から３０メートル内で第２通行帯を走行している先行車を左側から追い抜いており、この点は道路交通法３０条３号、２８条１項に違反している。しかし、３０条３号の規定は、先行車両、対向車両、横断歩道等の横断者を考慮し、そのような者の交通安全のための規制を定めるものであるが、被害者は、上記のように赤色信号であるのに６車線ある幹線道路の走行車両の間隙を縫って横断しようと考え、西行第２通行帯の走行車（被告人の先行車）の位置と走行速度から、その車両が通過するより前に横断できると認め、その後続車（被告人車）が第１車線に進路変更して追い越すとは予測せずに横断を開始したものであって、このような横断まで法が予定しているとはいえず、この違反が本件事故を招いた原因ともいえない。また、２８条１項違反の点も、西行車両の進行に影響を及ぼすとはいえ、赤色信号である横断歩道等の横断に影響を及ぼすものではなく、被告人車の走行方法が被害者の横断を誘発したとはいえない。もとより、**被告人が被害者の横断を予測することは困難である。そうすると、被告人の追越しが過失であるとはいえない**。（これらによれば、被告人に公訴事実のような過失はないとの原判決の認定に事実誤認はない。（略）

次に、所論は、本件に**信頼の原則を適用すべきでない**として、その論拠として、〔１〕本件交差点は赤色信号を無視する歩行者や自転車運転者が多くて危険性が高く、被告人もその危険性を認識していたから、他の者が交通秩序に従った適切な行動をとるものとの信頼が存しないか、そのように信頼することは相当ではない、〔2〕被告人には指定最高速度遵守義務違反、前方注視義務違反、追越し禁止義務違反という重大な交通違反があり、これらはすべて本件事故の原因となったから、信頼の原則を適用して被告人の過失を否定することは、クリーンハンドの原則の趣旨からも是認できない、〔3〕被害者は、横断歩道等の中央付近で自転車にまたがり交通の途切れるのを待っていたもので、更に横断を開始することが十分に予測できる状況にあり、これを予測することが可能であった被告人には信頼の原則が適用されない、と主張する。

しかしながら、〔1〕の赤色信号無視の自転車運転者等についてみると、上記のとおり、１１年間に赤色信号を無視した自転車、歩行者による交通事故が５件認知されているが、決して少ない数とはいえないものの、多くはなく、殊に対面信号機が赤色であるのに、東行車線３車線、西行車線３車線の幹線道路を走行車両の間隙を縫って横断歩道等を横断するようなことが常態化していたとは到底認められず、このような事態まで念頭に運転する必要があるとは考えられない。

〔2〕の被告人の違反との関係の点についてみると、前方不注視は、制限速度を遵守しつつ前方注視を尽くしていても、本件衝突を回避できたか合理的な疑いが残る上、被告人が脇見をするなどといった高度の不注意があったことをうかがわせる事情はない。次に、速度超過の違反があるが、指定最高速度で走行していても、事故の発生を防止できなかった可能性があるから、これが過失とはいえず、速度超過の程度も大きいとまではいえない。追越し禁止義務違反にしても、左側の第１通行帯に進路変更したこと自体は道路交通法に反せず、それによって横断歩道上の視認に特段の支障が生じたものでもなく、３０メートル手前で先行車の左側方を通過して追い越したことは道路交通法に反するが、第１通行帯には走行車両はなく、本件交差点には右折待機中のＥ車のほかに右折車両はなく、南側歩道から横断歩道等を横断しようとする者もいなかったから、信号を殊更無視する被害者を除いて、交通の妨げになる事態を招いていない。これらによれば、**被告人が対面信号機の表示に従って運転すれば足り、被害者のように赤色信号であるのに西行車両の間隙を縫って横断することまで予測して走行すべき義務がないとして、信頼の原則を適用したことがクリーンハンドの原則にもとるとはいえない。なお、被告人は指定最高速度を超過しているのに、原判決に信頼の原則により速度を調節する義務もないとする点があるのは、納得することができない。**

〔3〕の被害者の横断の予測についてみると、上記のとおり、自車の先行車が走行しているのに、その車が接近する前に、赤色信号を無視して自転車で横断すると予測することは著しく困難であり、所論には疑問がある。

6-83　広島高判平15・12・18（過失傷害被告事件）

１　（略）被告人はＡを繋いでいたロープの持ち手に右手を入れた上、ロープを２重巻きにして右手片手で持っていたから、Ａは、半径９０センチメートル弱の範囲内で被告人の周囲を自由に動き回ることが可能であったところ、首輪からＡの頭部までの長さや被告人の腕の長さ、被告人がＡの力で約１．５メートル引きずられて、Ａが被害者の右足首に咬みついたことなどを考慮すれば、原判決が指摘するとおり、被告人と被害者との距離が３．２メートル程度離れていたとしても、過失を論じる前提事実として、有意の差があるとはいえない。

２　（略）本件のこのような具体的状況のもとにおいて、一般人を基準にして検討すると、犬の飼い主としては、当該犬の性格や加害前歴、相手方との関係、距離などを考慮して、飼い犬が被害者に襲いかかり咬みつくことがあるかもしれないと予見することは十分可能であり、**その結果を未然に防止するための措置を講じる義務があった**というべきである。

３　被告人は、捜査段階において、（略）供述している。その内容は、本件の具体的状況において、一般的な犬の飼い主に要求される注意義務及び被告人が中型犬であるＡの行動を制御できなかった理由について、自然で合理的なものであるから、その信用性は十分であり、上記の認定判断を裏付けるものといえる。これに反する原審公判廷の被告人の供述は信用することができない。（略）

被告人とＡには、所論が指摘するとおりの体格差があり、被告人が右手片手ではなく、両手でロープをしっかり持ち、あるいは左手をロープの首輪に近い部位に添えて被害者との距離を保持するなどの方法によりＡの行動を制御して、**被害者に襲いかかり咬みつくことを防止することは容易であり、かつ、十分可能であった。**それにもかかわらず、被告人は、上記のとおり油断して、被害者との間の距離を十分取ることなく、漫然と右手片手でロープを持っていたのであるから、結果回避義務を尽くしていたということはできない。

6-84　最判平15・1・24（業務上過失致死傷被告事件）

「被告人は、平成１１年８月２８日午前零時３０分ころ、業務としてタクシーである普通乗用自動車を運転し、広島市南区宇品東７丁目２番１８号先の交通整理の行われていない交差点を宇品御幸４丁目方面から宇品東５丁目方面に向かい直進するに当たり、同交差点は左右の見通しが利かない交差点であったことから、その手前において減速して徐行し、左右道路の交通の安全を確認して進行すべき業務上の注意義務があるのにこれを怠り、漫然時速約３０ないし４０キロメートルの速度で同交差点に進入した過失により、折から、左方道路より進行してきたＡ運転の普通乗用自動車の前部に自車左後側部を衝突させて自車を同交差点前方右角にあるブロック塀に衝突させた上、自車後部座席に同乗のＢ（当時４４歳）を車外に放出させ、さらに自車助手席に同乗のＣ（当時３９歳）に対し、加療約６０日間を要する頭蓋骨骨折、脳挫傷等の傷害を負わせ、Ｂをして、同日午前１時２４分ころ、同区宇品神田１丁目５番５４号県立広島病院において、前記放出に基づく両側血気胸、脳挫傷により死亡するに至らせたものである。」というにある。（略。注、上記過失は肯定できる）しかしながら、他方、本件は、被告人車の左後側部にＡ車の前部が突っ込む形で衝突した事故であり、本件事故の発生については、Ａ車の特異な走行状況に留意する必要がある。（略）Ａは、酒気を帯び、指定最高速度である時速３０キロメートルを大幅に超える時速約７０キロメートルで、足元に落とした携帯電話を拾うため前方を注視せずに走行し、対面信号機が赤色灯火の点滅を表示しているにもかかわらず、そのまま交差点に進入してきたことが認められるのである。このようなＡ車の走行状況にかんがみると、被告人において、本件事故を回避することが可能であったか否かについては、慎重な検討が必要である。（略）**対面信号機が黄色灯火の点滅を表示している際、交差道路から、一時停止も徐行もせず、時速約７０キロメートルという高速で進入してくる車両があり得るとは、通常想定し難いものというべきである。**しかも、当時は夜間であったから、たとえ相手方車両を視認したとしても、その速度を一瞬のうちに把握するのは困難であったと考えられる。こうした諸点にかんがみると、被告人車がＡ車を視認可能な地点に達したとしても、被告人において、現実にＡ車の存在を確認した上、衝突の危険を察知するまでには、若干の時間を要すると考えられるのであって、急制動の措置を講ずるのが遅れる可能性があることは、否定し難い。そうすると、（略）、**被告人が時速１０ないし１５キロメートルに減速して交差点内に進入していたとしても、上記の急制動の措置を講ずるまでの時間を考えると、被告人車が衝突地点の手前で停止することができ、衝突を回避することができたものと断定することは、困難であるといわざるを得ない。**そして、他に特段の証拠がない本件においては、被告人車が本件交差点手前で時速１０ないし１５キロメートルに減速して交差道路の安全を確認していれば、Ａ車との衝突を回避することが可能であったという事実については、**合理的な疑いを容れる余地がある**というべきである。

6-85　最決平12・12・20（業務上失火、業務上過失致死傷被告事件・刑法判例百選総論P106）

近畿日本鉄道東大阪線生駒トンネル内における電力ケーブルの接続工事に際し、施工資格を有してその工事に当たった被告人が、ケーブルに特別高圧電流が流れる場合に発生する誘起電流を接地するための大小二種類の接地銅板のうちの一種類をＹ分岐接続器に取り付けるのを怠ったため、右誘起電流が、大地に流されずに、本来流れるべきでないＹ分岐接続器本体の半導電層部に流れて炭化導電路を形成し、長期間にわたり同部分に集中して流れ続けたことにより、本件火災が発生したものである。右事実関係の下においては、被告人は、右のような炭化導電路が形成されるという経過を**具体的に予見することはできなかったとしても、**右誘起電流が大地に流されずに**本来流れるべきでない部分に長期間にわたり流れ続けることによって火災の発生に至る可能性があることを予見することはできた**ものというべきである。したがって、本件火災発生の予見可能性を認めた原判決は、相当である。

6-86　最決平5・11・25（業務上過失致死傷被告事件・ニュージャパン火災事件）

被告人は、代表取締役社長として、本件ホテルの経営、管理事務を統括する地位にあり、その実質的権限を有していたのであるから、多数人を収容する本件建物の火災の発生を防止し、火災による被害を軽減するための防火管理上の注意義務を負っていたものであることは明らかであり、ニュージャパンにおいては、消防法八条一項の防火管理者であり、支配人兼総部部長の職にあった幡野に同条項所定の防火管理業務を行わせることとしていたから、同人の権限に属さない措置については被告人自らこれを行うとともに、右防火管理業務については幡野において適切にこれを遂行するよう同人を指揮監督すべき立場にあったというべきである。そして、昼夜を問わず不特定多数の人に宿泊等の利便を提供するホテルにおいては火災発生の危険を常にはらんでいる上、被告人は、昭和五四年五月代表取締役社長に就任した当時から本件建物の九、一〇階等にはスプリンクラー設備も代替防火区画も設置されていないことを認識しており、また、本件火災の相当以前から、既存の防火区画が不完全である上、防火管理者である幡野が行うべき消防計画の作成、これに基づく消防訓練、防火用・消防用設備等の点検、維持管理その他の防火防災対策も不備であることを認識していたのであるから、自ら又は幡野を指揮してこれらの防火管理体制の不備を解消しない限り、いったん火災が起これば、発見の遅れや従業員らによる初期消火の失敗等により本格的な火災に発展し、従業員らにおいて適切な通報や避難誘導を行うことができないまま、建物の構造、避難経路等に不案内の宿泊客らに死傷の危険の及ぶおそれがあることを容易に予見できたことが明らかである。したがって、被告人は、本件ホテル内から出火した場合、早期にこれを消火し、又は火災の拡大を防止するとともに宿泊客らに対する適切な通報、避難誘導等を行うことにより、宿泊客らの死傷の結果を回避するため、消防法令上の基準に従って本件建物の九階及び一〇階にスプリンクラー設備又は代替防火区画を設置するとともに、防火管理者である幡野を指揮監督して、消防計画を作成させて、従業員らにこれを周知徹底させ、これに基づく消防訓練及び防火用・消防用設備等の点検、維持管理等を行わせるなどして、あらかじめ防火管理体制を確立しておくべき義務を負っていたというべきである。そして、被告人がこれらの措置を採ることを困難にさせる事情はなかったのであるから、被告人において右義務を怠らなければ、これらの措置があいまって、本件火災による宿泊客らの死傷の結果を回避することができたということができる。

以上によれば、右義務を怠りこれらの措置を講じなかった被告人に、本件火災による宿泊客らの死傷の結果について過失があることは明らかであり、被告人に対し業務上過失致死傷罪の成立を認めた原判断は、正当である。

6-87　最判平3・11・14（業務上過失致死傷被告事件：太洋デパート火災事件）

1　公訴事実は、山口社長は、防火対象物である店舗本館の消防法（昭和四九年法律第六四号による改正前のもの。以下同じ。）八条一項に定める管理について権原を有する者（以下「管理権原者」という。）であり、同法一七条一項に定める関係者であるところ、被告人山内は、太洋の取締役人事部長として、同社の従業員らの安全及び教育に関する事務を所管していた人事部を統括し、かつ、山口社長を補佐して、店舗本館の同法八条一項に定める防火管理者である被告人Ｓを指揮監督し、若しくは自ら店舗本館について消防計画を作成し、同計画に基づく消火、通報及び避難の訓練を実施すべき注意義務があるのに、これを怠った過失がある、としている。

2　**第一審判決**は、消防計画を作成し、これに基づく消火等の訓練を実施する責務は防火管理者にあり、企業組織における取締役が人事部長であるというだけで直ちに右の責務が生じるものではないところ、被告人山内は、管理権原者であった山口社長から形式的にも実質的にも防火管理者に選任されたことはなく、同社長から店舗本館の維持、管理について委任を受けたこともなく、さらに、太洋の人事部の所管業務の中に防火管理に関する業務は含まれておらず、実質的に防火管理業務に従事していたとも認められないとし、結局、同被告人は公訴事実にいうような注意義務を負う立場になかった旨を判示し、同被告人に過失はないとした。

3　これに対し、**原判決**は、店舗本館の管理権原者である山口社長が前記一の（2）のとおり防火管理を怠り、店舗本館を危険な状態に放置していたところ、被告人山内は、山口社長から店舗本館の管理権原について委任を受けていたとは認められないが、太洋の取締役会の構成員の一員として、同社が従業員、客及び工事関係者に対して負う安全配慮義務あるいは安全確保義務としての消防計画の作成、同計画に基づく従業員に対する消火、通報及び避難誘導の訓練の実施等に関与すべき立場にあり、実際にも社内の防火管理につき関心をもって被告人Ｓに助言や指導をしていたものであるから、取締役会において積極的に問題点を指摘して決議を促し、あるいは山口社長に直接意見を具申して同社長の統括的な義務履行を促すことにより、消防計画の作成等をすべき注意義務があるのに、これを怠った過失により本件死傷の結果を招来した旨を判示し、業務上過失致死傷罪が成立するとした。

4　そこで検討するのに、原判決が被告人山内に太洋の取締役会の構成員の一員として取締役会の決議を促して消防計画の作成等をすべき注意義務があるとしたのは、是認することができない。

多数人を収容する建物の火災を防止し、右の火災による被害を軽減するための防火管理上の注意義務は、消防法八条一項がこれを消防計画作成等の義務として具体的に定めているが、本来は同項に定める防火対象物を使用して活動する事業主が負う一般的な注意義務であると考えられる。そして、右の事業主が株式会社である場合に右義務を負うのは、一般には会社の業務執行権限を有する代表取締役であり、取締役会ではない。すなわち、株式会社にあっては、通常は代表取締役が会社のため自らの注意義務の履行として防火管理業務の執行に当たっているものとみるべきであり、取締役会が防火管理上の注意義務の主体として代表取締役に右義務を履行させているものとみるべきではない。原判決は、被告人山内について取締役会の構成員の一員として消防計画の作成等に関与すべき立場にあった旨を判示するが、それが一般に取締役会が防火管理上の注意義務の主体であるとの見解の下に取締役である同被告人に右義務があることを判示した趣旨であるとすれば、失当といわざるを得ない。

もっとも、取締役は、商法上、会社に対し、代表取締役の業務執行一般について監視し、必要があれば取締役会を通じて業務執行が適正に行われるようにする職責を有しており、会社の建物の防火管理も、右監視の対象となる業務執行に含まれるものである。

しかしながら、前記のとおり、一般に会社の建物について防火管理上の注意義務を負うのは取締役会ではなく、代表取締役であり、代表取締役が自らの注意義務の履行として防火管理業務の執行に当たっているものであることにかんがみると、たとえ取締役が代表取締役の右業務の執行につき取締役会において問題点を指摘し、必要な措置を採るべく決議を促さなかったとしても、そのことから直ちに右取締役が防火管理上の注意義務を怠ったものということはできない。取締役としては、取締役会において代表取締役を選任し、これに適正な防火管理業務を執行することができる権限を与えた以上は、代表取締役に右業務の遂行を期待することができないなどの特別の事情のない限り、代表取締役の不適正な業務執行から生じた死傷の結果について過失責任を問われることはないものというべきである。（略）

これを本件についてみると、原判決の認定によれば、本件当時の太洋の取締役は、山口ら合計一三名であり、そのうち代表取締役社長が山口、常務取締役が山内（本件につき被告人らと共に業務上過失致死傷罪で起訴されたが、第一審の公判審理中に死亡した。）ら五名、取締役が被告人山内ら七名であったところ、太洋においては、代表取締役の山口が、同社の株式のほとんどを所有するいわゆるオーナー社長として、取締役の選任や従業員の人事配置について絶大な権限を有していた上、同社の経営管理業務の一切を統括掌理し、絶えず各取締役あるいは従業員に対し直接指揮、命令をするなどして同社の業務執行に当たっていたというのであり、店舗本館の防火管理についても、取締役会が特に決定権を留保していたなどの事実はなく、山口社長が包括的な権限を有し、これを履行する義務を負っていたものと認められる。他方、原判決の認定及び記録によっても、山口社長において適正な防火管理業務を遂行する能力に欠けていたとか、長期不在等のため右業務を遂行することができない状況にあったというような事情は認められず、実際にも、山口社長は、ほぼ毎日店舗本館内を巡視し、たばこの吸い殻を拾うなどして防火に注意し、あるいは本件当時施工中であった店舗本館の増改築に際しては、十分な防火防災設備の設置を予定していたという事情がある。

その他本件当時の太洋の業務執行体制の実情、店舗本館の状態、被告人山内ら他の取締役が置かれていた立場など記録上明らかな本件の具体的な事情を総合しても、本件当時店舗本館の防火管理体制が不備のまま放置されていたのは、山口社長の代表取締役としての判断によるものであって、その責任は同社長にあるものとみるべきであり、本件において太洋の取締役会の構成員に過失責任を認めることを相当とする特別の事情があるとは認められない。

したがって、原判決が被告人山内に太洋の取締役会の構成員の一員として取締役会の決議を促して消防計画の作成等をすべき注意義務があるとしたのは、誤りといわざるを得ない。

５　さらに、原判決が被告人山内に山口社長の防火管理上の注意義務の履行を促すよう同社長に直接意見を具申すべき注意義務があるとしたのも、首肯し得ない。

すなわち、被告人山内は山口社長から防火管理者に選任されたことも、店舗本館の維持、管理について委任を受けたこともなく、また、人事部の所管業務の中に防火管理に関する業務は含まれておらず、同被告人が実質的に右業務に従事していたものでもなかったことは、第一審判決が認定するとおりであり、原判決も右認定を是認している。

そうすると、被告人山内が取締役という地位にあったこと、社内の防火管理につき関心をもって助言や指導をしていたことなど原判決が判示する事情を考慮しても、自ら防火管理上の注意義務を負っていなかった同被告人に、山口社長に対し意見を具申すべき注意義務があったとは認められない。

６　以上のとおり、被告人山内には原判決が判示するような注意義務はなかったというべきである。したがって、その余の点について判断するまでもなく、原判決が被告人山内に過失があるとして業務上過失致死傷罪の成立を認めたのは、法令の解釈適用を誤ったものというほかはない。

（略。注：被告人Ｓの過失の有無）

１　公訴事実は、被告人Ｓは、太洋営繕部の課員及び店舗本館の防火管理者として、山口社長、取締役人事部長の被告人山内及び同社営繕部を統括していた常務取締役の山内の指揮監督を受けて、消防計画を作成し、右計画に基づく消火、通報及び避難の訓練を実施し、自動火災報知設備を設置し、店舗本館の増改築工事期間中同工事に伴い撤去された既設の非常階段に代わる避難階段を設置し、その他誘導灯、必要数の救助袋、避難はしごなどの避難設備を設置し、避難階段に出火延焼の原因となる商品などを放置させないようにすべき注意義務があるのに、これを怠った過失がある、としている。

２　第一審判決は、被告人Ｓは、店舗本館の防火管理者として選任届が提出されていたものであるが、防火管理者に適した地位にはなく、実質的にも防火管理業務の権限を与えられてその業務に従事していたともいえず、消防署との窓口的な役割を果たしていたにすぎないものであって、消防計画を作成し、これに基づく消火等の訓練を実施するなど公訴事実にいうような注意義務を負う立場にはなかった旨を判示し、同被告人に過失はないとした。
３　これに対し、原判決は（略）、業務上過失致死傷罪が成立するとした。
４　そこで検討するのに、原判決が被告人Ｓに過失があるとしたのも、是認することができない。
すなわち、被告人Ｓについては、前記一の（５）のとおり、同被告人を店舗本館の防火管理者とする山口社長名義の選任届が昭和四七年一二月一五日付けで熊本市消防長あてに提出されていたものであるが、原判決の認定及び記録によれば、更に次の事実が認められる。
（略）、被告人Ｓが店舗本館の防火管理者として消防計画を作成し、これに基づく避難誘導等の訓練を実施すべき注意義務を負っていたかどうかについて判断する。消防法施行令三条は、同法八条一項に定める防火管理者の資格として、所定の講習課程を修了したことなどのほか、「当該防火対象物において防火管理上必要な業務を適切に遂行することができる管理的又は監督的な地位にあるもの」という要件を定めているところ、右の管理的又は監督的な地位にあるものとは、その者が企業組織内において一般的に管理的又は監督的な地位にあるだけでなく、更に当該防火対象物における防火管理上必要な業務を適切に遂行することができる権限を有する地位にあるものをいう趣旨と解される。しかし、前記の事実関係に照らし、被告人Ｓがそのような地位にあったとは認められず、消防計画を作成し、これに基づく避難誘導等の訓練を実施するための具体的な権限を与えられていたとも認められない。
もっとも、防火管理者が企業組織内において消防法八条一項に定める防火管理業務をすべて自己の判断のみで実行することができる地位、権限を有することまでは必要でなく、必要があれば管理権原者の指示を求め（同法施行令四条一項参照）、あるいは組織内で関係を有する所管部門の協力を得るなどして業務を遂行することが消防法上予定されているものと考えられる。しかしながら、前記の事実関係に徴すると、被告人Ｓが消防計画の作成等の主要な防火管理業務を遂行するためには、山口社長や常務取締役らに対し、すべてそれらの者の職務権限の発動を求めるほかはなかったと認められるのであり、このような地位にしかなかった同被告人に防火管理者としての責任を問うことはできない。
（略）、被告人Ｓは、ともかくも山口社長により店舗本館の防火管理者として選任及び届出がされ、実際にも、前記認定のとおり、一定範囲の防火管理の業務に従事していたものであるので、なおその立場において尽くすべき注業義務があったかどうかについても検討する。
前記の事実関係から明らかなように、山口社長ら太洋の上層部の者は、被告人Ｓが防火管理者に適した地位、権限のないことを十分認識しながら、同被告人を防火管理者に選任し、さらに、同被告人から上申があった後も何らの措置を採ることなく放置していたものであるから、同被告人において、山口社長に対し自己に防火管理業務を遂行するのに必要な権限の委譲を求め、あるいは他に適切な地位、権限を有する者を防火管理者に選任するように進言するなどの注意義務はなかったというべきである。
また、被告人Ｓは、前記事実のとおり、防火管理者として選任及び届出がされてから本件火災までの間、消防に関する検査の立会い、消火器の点検、消火剤の詰め替え、消防署との連絡や打合せなどの業務を行っていたものであり、同被告人においてすることができる範囲の業務はこれを遂行していたものと認められるから、この点からみても、同被告人に注意義務違反はなかったというべきである。
６　そのほか、被告人Ｓに自動火災報知設備等の消防用設備を設置し、あるいは避難階段に商品を放置させないようにする注意義務があったとは認められないことは、原判決が判示するとおりである。
以上によれば、被告人Ｓには原判決が判示するような注意義務はなく、他に注意義務違反があったとも認められない。したがって、その余の点について判断するまでもなく、原判決が被告人Ｓに過失があるとして業務上過失致死傷罪の成立を認めたのは、法令の解釈適用を誤ったものというべきである。

6-88　最決平1・3・14（業務上過失傷害、業務上過失致死被告事件）

被告人は、業務として普通貨物自動車（軽四輪）を運転中、制限速度を守り、ハンドル、ブレーキなどを的確に操作して進行すべき業務上の注意義務を怠り、最高速度が時速三〇キロメートルに指定されている道路を時速約六五キロメートルの高速度で進行し、対向してきた車両を認めて狼狽し、ハンドルを左に急転把した過失により、道路左側のガードレールに衝突しそうになり、あわてて右に急転把し、自車の走行の自由を失わせて暴走させ、道路左側に設置してある信号柱に自車左側後部荷台を激突させ、その衝撃により、後部荷台に同乗していた広木誠司及び大谷慶永の両名を死亡するに至らせ、更に助手席に同乗していた佐藤浩に対し全治約二週間の傷害を負わせたものであるが、被告人が自車の後部荷台に右両名が乗車している事実を認識していたとは認定できないというのである。しかし、被告人において、右のような**無謀ともいうべき自動車運転をすれば人の死傷を伴ういかなる事故を惹起するかもしれないことは、当然認識しえたものというべきであるから、たとえ被告人が自車の後部荷台に前記両名が乗車している事実を認識していなかつたとしても、右両名に関する業務上過失致死罪の成立を妨げないと解すべき**であり、これと同旨の原判断は正当である。

6-89　福岡高判昭56・8・27（業務上過失致死被告事件）

本件交差点は隣接交差点とは一応別個独立の交差点と解され、交通整理の行なわれていなかった本件交差点において、南北道路は左方道路に対し優先道路であるので、その限りでは左方道路を通行する車両は、優先道路を通行する車両の進行妨害をしてはならないのである。（道路交通法三六条二項）したがって、本件において特段の事情が認められない限り、原判決の説示するように、優先道路を通行する被告人としては、左方道路から本件交差点に進入する車両が右の進行妨害避止義務を遵守するのを信頼して被告人車を運転すればたり、この義務を怠って**本件交差点に進入右折しようとする車両のありうることまで予想すべき注意義務はない**ものといえよう。

しかしながら、本件の場合右にいわゆる**特段の事情**の存否こそ検討を要するところである。

（略）本件交差点と隣接交差点は位置的に極めて近接し、機能的には交通信号に媒介されて、実際的には統一的な交通規制であるかの如き関係状況が事実上醸成されていたこと、かかる実情とくに、左方道路から本件交差点に進入し右折する車両の運転者は、隣接交差点の北側付近横断歩道の東端に設けられた歩行者用信号機に依存し、これが青色の燈火を表示するときは、隣接交差点の南北道路に対面する信号機は赤色の燈火を表示するところから、南北道路を北進する車両は右信号に従い隣接交差点の南側で停止し、本件交差点に進入してくることはないものと信じ、右方道路から隣接交差点に進入し右折する車両の有無だけを確認して、本件交差点に進入し右折する実状にあったことが認められ、更に、（略）、被告人は本件交差点における車両交通の実情、とりわけ左方道路からの右折車両が前示の如き進入状況にあることも知り得たものと認められるので、自車の対面する信号が赤色であることを認知すれば、左方道路から本件交差点に進入し右折する車両と衝突事故を惹き起こすおそれのあることを予見することもできたはずであるから、本件交差点への進入を思い止まり、おそらく対面信号に従い直ちに停車する措置を講じて衝突事故の発生を未然に防止したであろうと推認される。

しかるに、前記４の事実関係によれば、被告人車が隣接交差点の北端からその南方三〇メートルの地点を進行していたときには既に同交差点に設置された南北道路を進行する車両の対面する信号機が黄色の燈火を表示し、同交差点の北端付近の横断歩道に達するころには右信号機が赤色の燈火を、同交差点と本件交差点の間の横断歩道の両端に設けられた歩行者用信号機は青色の燈火をそれぞれ表示するに至っていたことが認められる。

しかして、右は被告人が対面する信号機の表示する信号を注視していなかったため、同信号機が黄色燈火を表示していたことも、その後赤色燈火を表示していたことも看過したことに因るものであり、かかる状態で被告人が漫然従前の速度で進行したことにより、本件事故を惹き起こすに至ったものである。

ところで、本件交差点は以上のような関係状況にあるため、隣接交差点の南北道路に対面する信号機が赤色燈火（歩行者用信号機は青色燈火）を表示する限り、左方道路から同交差点に進入し右折する車両に南北道路の車両に対する進行妨害避止義務は全く期待できない実情にあり、かつ被告人においてもかかる実情にあることを知り得たことが窺われる本件において、被告人において被害車のような左方道路からの右折車両が被告人車の進路に進入しないものと信じるのが相当であるとは到底認められず、しかも、被告人の側においては、赤信号無視という交通の安全確保のための最も基本的な交通法規違反があり、それがなければ本件事故は生じなかったことも明らかである。したがって、**右の諸事情は原判決のいうような信頼の原則を是認することができない特段の事情にあたるものというべきであると同時に、被告人に対し後記の如き注意義務違反を肯定すべきところであって、被告人はその業務上の過失責任を免れない**ものといわなければならない。

そうすると、本件公訴事実につき犯罪の証明がないことに帰するとして被告人に対し無罪の言渡しをした原判決は、注意義務の前提事実を誤認し、不当に信頼の原則を適用し、これがため被告人に要請されるべき注意義務の構成を誤ったものというのほかなく、右の誤りが判決に影響を及ぼすことは明らかであるから、破棄を免れない。

6-90　越谷簡判昭51・10・25（業務上過失致死被告事件）

過失犯においても共同正犯が成立することは、幾多の判例で判示されているところである。（最判昭２８・１・２３。名古屋高判昭３２・１０・２２など）、過失の共同正犯も正犯であるから、一個の犯罪実現に数人の行為者があった場合彼等を**共同正犯とするためには、当該犯罪が彼等の共同で実行されたという評価がなされなければならず、この場合共同実行という概念には次の二つの型が考えられる。**それは、共同行為者のおのおのが他人の協力を待つまでもなく彼自身の行為によってそれぞれ当該犯罪構成要件に予定された実行々為を完成するいわゆる**不真正の共同正犯**と共同行為者が共同することによって一体となってはじめて実行々為が完成するいわゆる**真正の共同正犯**である。（同旨内田文昭著刑法における過失共働の理論五頁参照）。両者とも、共同で犯罪を実行しようという相互的な意思の連絡なしには共同正犯は成立しないが、過失犯の特質から考えて、共同で犯罪を実行しようという意思の連絡なしでも、共同行為者のそれぞれが各自不注意な行為に出でてそれぞれの不注意が相互に影響しあうことにより全体として一個の不注意が形成され、それにもとずく結果が発生したという評価が下される場合には過失共同正犯が成立すると考えられる。（同旨法学教室三巻一九二頁内田文昭過失共犯論参照）これを本件事故で検討してみると、前記認定の如く、本件事故当時被告人は本件事故現場にはいなかったこと、被告人は渋谷に二七日と二九日にアドバルーンの掲揚と、繋留する場合の監視を指示したこと、渋谷は二七日アドバルーンの繋留について富士アドバルーン株式会社の被告人の妻に電話連絡したこと、渋谷はアドバルーンの繋留について水素ガスを抜くか抜かないかは独自の判断でやっていたこと渋谷は事故発生日にアドバルーンの繋留場所に四回しか監視に訪れなかったことが認められるので、共同実行の相互的な意思の連絡があったとは認められないうえ、被告人と渋谷がそれぞれの不注意な行為に出でそれぞれの不注意が相互に影響しあうことによって全体として一個の不注意が形成され、それに基づいて結果が発生したとも評価することはできない。また、被告人は、アドバルーンの掲揚繋留についてこれを管理する立場にあったには違いないが、現実に発生した事故との関係においてこれを見た場合、現実にアドバルーンを掲揚し繋留する業務をしていない被告人自身に当該事故の発生を予測することができこれを防止することができる立場にあったとは限らないし、これを関係者の意思の点よりみても、現実にアドバルーンを掲揚し繋留する業務を担当している者は、自己の業務執行中発生した事故についての刑事上の責任を自己が負うつもりで業務を執行するのがうしろ通常であるということができるからであり、業務の執行を管理する者がその業務の執行を従業員に委ねた後従業員の業務の執行について刑事上の過失責任を問われるためには、従業員の業務の執行が未熟であるとか、その者の業務の執行が事故発生につながることが明らかに予想され、従業員の業務の執行を中止させ自ら業務の執行にあたることが相当とするような事情のあった場合、あるいは、管理者が従業員に対し適切な指示助言により事故の発生を避けることができる性質のものであったというような特殊な事情を必要とすると解され（同旨東京高判昭４５・１・２９）、管理者の不注意が従業員の不注意と同格の関係において結果発生へと一体化していることを要し、相互に同格の形において不注意を促進しあい影響しあうことが必要と解するところ、前記認定事実からみると、特殊な事情が認められず、かつ被告人の不注意と渋谷の不注意とが同格の関係において結果発生へと一体化しているとは評価することができず、むしろ、渋谷の不注意の方が重いと認めるのが相当である。

以上のとおりいづれの点から判断しても、被告人の行為は業務上過失致死罪の構成要件に該当したとは認められず、犯罪の証明が十分でないことに帰するから、被告人に対しては、刑事訴訟法三三六条により無罪の言渡をする。

6-91　札幌高判昭51・3・18（業務上過失傷害被告事件）

原判決は、被告人畔見について、「（同被告人は、ケーブルの）交互誤接続の余地があつたことを知つており、かつ電気手術器は高周波電流を患者の身体に通じその回路中に発生する高熱を利用する機械であることに照らし、ケーブルを誤つて接続するならば電流の流路に変更が生ずるなどして患者に対し危害を及ぼすおそれがないわけでないことを知りえたものである。」旨判示し、右程度の認識をもつて**過失犯における予見可能性**を充足するものとした。しかし常識上、電気器械について誤接続をすれば器械本来の作動をしないとの認識は可能でも事故の発生を当然予想することはできない。さらに何らかの事故という無内容の不安を肯定したとしても、そのことから、何らかの危害が患者に及ぶかもしれないとの予測が可能であるか疑わしい。のみならず、以下の諸点、すなわち、（一）看護婦らにかぎらず医師らも電気手術器の原理を全く知らず、知らされていなかつたこと、従つて各ケーブルをそれぞれの端子に接続することがいかなる電気的意味をもつのかなどについて無知、無関心であつたこと、（二）電気手術器による本件のような事故は世界の医療史上かつてなく、医療従事者は電気手術器による医療事故の発生に思い及ぶことが全くなかつたこと、(三)本件のような医療事故は、ケーブルの誤接続だけでは起きる可能性がなく、心電計接地極の接地という条件のもとで誤接続をした場合にのみ発生するのであるから、専門家も誤接続による事故の可能性を予測しなかつたと推認されること、(四)本件事故当時事故原因としてケーブルの誤接続を想定した者がなく、むしろ応用電気の専門家は誤接続が事故原因であることを否定していたことを考慮すれば、同被告人の結果発生に対する認識について原判決のような認定をすることはできない。原判決のいう「患者に対し危害を及ぼすおそれがないわけでないことを知」るという意味は不安ないし危惧感を抱くということと同義と解されるが、かりに同被告人が右のような不安ないし危惧感を抱きもしくは抱きえたとしても、これをもつて直ちに過失犯における結果の予見可能性を充足するものとすることは、過失犯の構造から予見可能性を排除した結果責任論に堕するもので失当である。要するに、同被告人は、かりにケーブルの誤接続をしたとしても、結果の予見可能性が全くないのであつて、同被告人に右予見可能性を認めて過失を肯定した原判決は刑法二一一条の解釈適用を誤つたものである。

(略)過失犯が成立するためには、その要件である注意義務違反の前提として結果の発生が予見可能であることを要し、結果の発生が予見できないときは注意義務違反を認める余地がない。ところで、**内容の特定しない一般的・抽象的な危惧感ないし不安感を抱く程度で直ちに結果を予見し回避するための注意義務を課するのであれば、過失犯成立の範囲が無限定に流れるおそれがあり、責任主義の見地から相当であるとはいえない。右にいう結果発生の予見とは、内容の特定しない一般的・抽象的な危惧感ないし不安感を抱く程度では足りず、特定の構成要件的結果及びその結果の発生に至る因果関係の基本的部分の予見を意味するものと解すべきである。**そして、この予見可能性の有無は、当該行為者の置かれた具体的状況に、これと同様の地位・状況に置かれた通常人をあてはめてみて判断すべきものである。(略)

少なからぬ期間手術部所属看護婦の日常の職務の一部として電気手術器による手術を介助する任務に従事し、特に間接介助の際にはケーブルの接続を含む電気手術器のセツト一切を担当し、本体とケーブルの誤接続の可能性に対する認識もあつた被告人畔見にとっては、ケーブルの接続に際しケーブルを本体に誤接続する可能性もないわけではないこと、もし誤接続をしたまま器械を作動させるならば、あるいは電気手術器の作用に変調を生じ、本体からケーブルを経て患者の身体に流入する電流の状態に異常を来し、その結果患者の身体に電流の作用による傷害を被らせるおそれがあることは、予見可能の範囲にあったと認められる。このことは一般通常の間接介助看護婦を被告人畔見の立場において考えてみてもその結論を異にするところはないというべきである。

(略)、被告人畔見が電気手術器による手術の介助看護婦として認識しもしくは認識しえたと認められる電気手術器に関する上述の諸事情を考えれば、それ以上に電気手術器の構造・原理等を詳細に認識していなかつたからといって、前記予見可能性を否定することはできない。それまで同病院ないし広く医療機関一般において長期間にわたり電気手術器が使用されながら本件と同種の事故例がなかったにせよ、その点は指定された方法で器械を使用する限り安全であることを物語るものではあっても、指定に反した方法で使用しても全く安全であることまで保障するものとはいえない。

(略)**過失犯成立の要件としての結果の予見可能性**は、ある条件の下で発生すべき結果を逐一確定的に予見することが可能であることまでは必要とせず、本件についていえばケーブルの誤接続をしたまま電気手術器を作動させたとき惹起するかもしれない事態の一つとして傷害の発生をも予見することが可能であれば十分なのである。従つて、事後において専門家がたやすく事故の原因を特定できないことがあつたとしても、そのことによつて当然に事前における通常人の立場からの結果に対する予見可能性が否定されるとは論定しがたい。

(略)、本件傷害事故が心電計併用という条件の下でのみ起きうるものであつたことを指摘する。しかし、すでに述べたとおりそれまでにも電気手術器による手術に際し心電計が併用されることは少なくなく、心電計併用は何ら特殊稀有の事態ではなかったのであるから、心電計併用の点をもつて被告人畔見もしくはその立場に置かれた一般通常の間接介助看護婦にとり予想しえない特殊な条件が加わったため事故発生に至つたものとみるのは相当でなく、所論の点は本件傷害事故発生に対する予見可能性を肯認する妨げとなるものではないというべきである。

(略)、本件において被告人畔見ないしその立場には置かれた一般通常の間接介助看護婦にとつて予見可能と認められるのは、上述したようにケーブルの誤接続をしたまま電気手術器を作動させるときは電気手術器の作用に変調を生じ、本体からケーブルを経て患者の身体に流入する電流の状態に異常を来し、その結果患者の身体に電流の作用による傷害を被らせるおそれがあることについてであって、その内容は、構成要件的結果及び結果発生に至る因果関係の基本的部分のいずれについても特定していると解される。従って、(略)単なる一般的・抽象的な危惧感ないし不安感を抱く程度にとどまるものと解することはできない。もつとも、発生するかもしれない傷害の種類、態様及びケーブルの誤接続が電気手術器本体から患者の身体に流入する電流の状態に異常を生じさせる理化学的原因については予見可能の範囲外であつたと考えられるけれども、過失犯成立のため必要とされる結果発生に対する予見内容の特定の程度としては、前記の限度で足りると解すべきである。通常人にとつて身体に流入する電流の状態に異常を生じ、その作用により傷害を被るおそれがあることを知れば、その傷害の種類・態様までは予見できなくても、日常の知識・経験に照らして危険の性質・程度を把握し、それに対処すべき措置を決定するのに何らの支障がないからである。前記の程度を超えて傷害の種類、態様まで特定されることが注意義務確定上欠くことのできない要素とは考えられない。またケーブルを誤接続したまま電気手術器を作動させることが電気手術器本体から患者の身体に流入する電流の状態に異常を生じさせる理化学的要因がいずれにあろうとも、右誤接続が原因となつて、患者の身体に流入する電流の状態に異常を生じ、その作用により患者に傷害を被らせるに至る因果関係の基本的部分の予見が可能である以上、予見者にとつてその結果が全く予想外の原因・経過により生ずることはありえない。従つて、右の程度を越えて結果発生に至る因果関係の過程の詳細な予見が可能であることまで必要としないと解される。そして、このことは責任主義の要請に反するものでないというべきである。

（略）、以上の次第で、被告人畔見の場合、刑法上結果発生の予見可能性があつたといえるのであって、（略）所論指摘の原判決の説示も、帰するところ、電気手術器から患者の身体に流入する電流の状態の異常により患者の身体に傷害を被らせるおそれのあることについて認識可能であったこと、すなわち特定の構成要件的結果発生について予見可能であったことを意味し、単なる危惧感ないし不安感を抱くことをもって結果発生についての予見と同視する趣旨ではないと解することができる。

6-92　東京高判昭47・7・25（業務上過失致死傷被告事件）

刑法211条前段は「業務上必要ナル注意ヲ怠リ因テ人ヲ死傷ニ致シタル者ハ云々」と規定しており、交通事故において、**犯人が二個以上の注意義務を怠り死傷の結果を発生せしめた場合、その結果発生に対し相当性のある不注意が一個でなければならないと解すべきき理由はないというべきである。**本件において、原判決（略）の趣旨とするところは、被告人は原判示道路を運転進行するに際し、制限速度を遵守するは勿論ハンドル操作の自由を失って中央線をこえ対向車線に進入するような運転をしないようにし、以って事故の発生を未然に防止すべき業務上の注意義務があるのに、これを怠り、漫然時速約七〇キロメートルの高速度で運転し、対向車の前照灯の強い光に眩惑され一瞬前方注視が困難に陥り急停車しようとして強くブレーキを踏んだため、ハンドル操作の自由を失い中央線をこえて反対車線に進入した過失により、被害車両と衝突し原判示死傷の結果を生ぜしめたこと、すなわち、被告人が制限速度を超える毎時約七〇キロメートルの高速度で進行した不注意と、急停車しようとして強くブレーキを踏んだ不注意とが相重って、ハンドル操作の自由を失い中央線をこえ対向車線に進入したことの全体を過失であると認定したものと解される。が被告人に対し如何なる過失を認定したか不明で、判決の理由に不満があるとの所論は、採用できない。

6-93　最判昭45・11・17（業務上過失致死被告事件）

道路交通法35条3項は、「車両は、交通整理の行なわれていない交差点に入ろうとする場合において、左方の道路から同時に当該交差点に入ろうとしている車両があるときは、当該車両の進行を妨げてはならない。」と規定しており、右にあげた被告人の車両と松下の自動二輪車の交差点への進入直前の位置、速度などからすると、同時もしくは松下の方が少し先に交差点にはいろうとしていたものというべきであるから、この限りにおいては、被告人に、原判示のように減速徐行しなければならない注意義務があつたといえることになる。しかし、同法三六条は、その二項において、「車両等は、交通整理の行なわれていない交差点に入ろうとする場合において、その通行している道路（優先道路を除く。）の幅員よりもこれと交差する道路の幅員の方が明らかに広いものであるときは、徐行しなければならない。」と規定し、かつ、三項において、「前項の場合において、幅員が広い道路から当該交差点に入ろうとする車両等があるときは、車両等は、幅員が広い道路にある当該車両等の進行を妨げてはならない。」と規定するとともに、四項において、「前項の場合において、幅員が広い道路を通行する車両等については、前条三項の規定は、適用しない。」と定めているのである。これを本件についてみると、松下の通行していた農道の幅員は、約二メートルであるのに対し、被告人の通行していた県道の幅員は、約五、六メートルであるというのであるから、後者が明らかに広いものであることは多言を要しないところである。また、被告人が松下を発見した地点から交差点の入口までの距離は約三七、五メートルであり、松下の自動二輪車の末尾が、その発見された地点から、右折のため交差点を斜めに横切つて県道の中央付近を通過するまでの距離は計算上約一五メートルとなるはずであり、しかも、被告人の車両の速度は少なくとも松下の自動二輪車のそれの二倍を下らない五〇ないし六〇キロメートルであつたのであるから、原判決がいうように被告人が道路の中央から左の部分を通行していたとしても、松下が被告人の車両の前を横切ろうとすれば、被告人としては、衝突のおそれがあるのであるから、どうしても急停車の措置をとらざるをえないことになって、被告人の車両の進行が妨げられることになるわけである。そして、このように、幅員が明らかに広い道路から交差点を通過しようとしている車両の交差点における正常な進行が妨げられる場合には、その車両は、道路交通法三六条三項にいう「幅員が広い道路から当該交差点に入ろうとする車両等」にあたるものと解すべきであるから、松下としては、同条二項により交差点の入口で徐行し、かつ、同条三項により被告人の車両の進行を妨げないように一時停止するなどの措置に出なければならなかつたのであり、これに対応して、被告人は同条四項により前記三五条三項の左方車両優先の規定の適用から免れる立場にあつたものといわざるをえない。したがつて、被告人が、松下がいったん停車して自車に進路を譲つてくれるものと信じたのは自動車運転者として当然のことであり、これを不注意であるということはできない。このようなわけであるから、被告人が、当時、道路交通法一七条三項に違反して道路の中央から右の部分を通行していたことは、右の結論に影響を及ぼすものではない。もちろん、被告人が道路の中央から左の部分を通行していたとすれば、あるいは本件のような事故は起こらなかつたかもしれない。この意味で、右道路交通法違反と松下の死亡との間には条件的な因果関係はあるが、このような因果関係があるからといつて、ただちに過失があるということができないことは、あえて多言を要しないところである。本件では、松下がいつたん停止して被告人の車両に進路を譲るべきものであつたのであるから、被告人が道路の中央から右の部分をそのままの速度で進行したからといつて、衝突死傷の結果が発生するおそれはなかつたのであり、したがってまた、これを認識すべき注意義務もなかつたのである。

（略）以上のような次第であつて、本件被告人のように、交差する道路（優先道路を除く。）の幅員より明らかに広い幅員の道路から、交通整理の行なわれていない交差点にはいろうとする自動車運転者としては、その時点において、自己が道路交通法一七条三項に違反して道路の中央から右の部分を通行していたとしても、右の交差する道路から交差点にはいろうとする車両等が交差点の入口で徐行し、かつ、自車の進行を妨げないように一時停止するなどの措置に出るであろうことを**信頼して交差点**にはいれば足り、本件松下のように、あえて交通法規に違反して、交差点にはいり、自車の前で右折する車両のありうることまでも予想して、減速徐行するなどの注意義務はないものと解するのが相当である。

そうすると、本件において、被告人に過失責任を認めた原判決は、法令の解釈を誤り、かつ事実を誤認して、被告事件が罪とならないのに、これを有罪としたものというべく、右は判決に影響を及ぼすことが明らかである。

6-94　最判昭28・1・23（有毒飲食物等取締令違反被告事件）（過失の共同正犯）

原判決は「被告人両名は、飲食店Ｋから仕入れた「ウイスキー」と称する液体には「メタノール」（メチルアルコール）を含有するかも判らないから、十分にこれを検査し、「メタノール」を含有しないことを確めた上で、客に販売すべきであつたに拘らず、不注意にも何等の検査をせず、被告人両名は、「意思を連絡して」本件液体を販売した事実を認定したのである。

即ち、原判決は、被告人両名の共同経営にかかる飲食店で、右のごとき出所の不確かな液体を客に販売するには「メタノール」を含有するか否かを十分に検査した上で、販売しなければならない義務のあることを判示し、被告人等はいずれも不注意にもこの義務を懈り、必要な検査もしないで、原判示液体は法定の除外量以上の「メタノール」を含有しないものと軽信してこれを客に販売した点において有毒飲食物等取締令四条一項後段にいわゆる「過失ニ因リ違反シタル」ものと認めたものであることは原判文上明らかである。しかして、原判決の確定したところによれば、**右飲食店は、被告人両名の共同経営にかかるものであり、右の液体の販売についても、被告人等は、その意思を連絡して販売をしたというのであるから、此点において被告人両名の間に共犯関係の成立を認めるのを相当とするのであつて原判決がこれに対し刑法六〇条を適用したのは正当**であって、所論のような違法ありとすることはできない。

第５　因果関係の確定

刑事責任を負わせる場合、実行行為と発生した結果との間に因果関係があることが当然必要である。しかし、実行行為と発生した結果との間に、不測の事実が介在したり、新たな原因が加わったために因果関係が曖昧になったり、意図した結果を越える結果が発生したり、因果関係が切断される場合がある。因果関係の存否の判断は、実行行為と結果との間にどの程度の条件関係があれば結果を帰責させるべきかという法的な判断作業である。その判断基準について、大別して**条件説と相当因果関係説**とがあり、**判例は条件説**に立っていると言われている。

最高裁の判例を中心に検討すると、**判例6-103は、条件説に立つことを明言している**。その概要は、**原審**は「被害者は、被告人の右暴行がなされている時に急性心臓死をしたものであり、被害者の死因は、被告人の暴行によつて誘発された急性心臓死であることは否定できないけれども、本件において因果関係の有無を考えるに当たっては、被告人の加害行為と被害者の死亡との間には、加害行為から死亡の結果の発生することが、経験上通常生ずるものと認められる関係にあることを要するものと解すべきであり、その際、この**相当因果関係**は、行為時および行為後の事情を通じて、行為の当時、平均的注意深さをもつ通常人が知りまたは予見することができたであろう一般的事情、および通常人には知り得なかつた事情でも、行為者が現に知りまたは予見していた特別事情を基礎として、これを考えるべきものである」との見解を前提とし、一審の強盗致死罪を否定して強盗罪としたが、**最高裁**は、「被害者（略）の死因は、被告人の同判決判示の暴行によつて誘発された急性心臓死であるというのであり、（略）、致死の原因たる暴行は、必らずしもそれが死亡の唯一の原因または直接の原因であることを要するものではなく、たまたま被害者の身体に高度の病変があつたため、これとあいまつて死亡の結果を生じた場合であつても、右暴行による致死の罪の成立を妨げないと解すべき」としたものとし、強盗致死罪を肯定したものである。

その後の最高裁の判例も、自動車のトランクの中に被害者を監禁して車道に停車していたところ、走行してきた自動車の前方不注視により追突事故が起こり、監禁されていた被害者が死亡した事案について、監禁と被害者の死の間に因果関係を認め監禁致死罪とした**同6-97**、被告人らの暴行による傷害の結果はそれ自体が死に至る危険性があるほどのものでなく、被害者が医師の指示に従わず安静に努めなかったために治療の効果が上がらなかったという事情が介在していたとしても、死との因果関係があるとして傷害致死の刑責があるとした**同6-98**、部屋の中で長時間暴行を加えられた被害者が、部屋を逃げ出して800メートルくらい離れた高速道路に進入し、疾走してきた自動車に衝突され、後続の自動車にれき過されて死亡したという事案について、被告人らに対し極度の恐怖感を抱き必死に逃走を図る過程で、とっさにそのような行動を選択したものと認められ、その行動が被告人らの暴行から逃れる方法として著しく不自然、不相当であったとはいえないとして、死との因果関係を認めた**同6-99**、激しい暴行を加えた後被害者を工事現場に運んで放置したところ、何者かが角材などで被害者に暴行を加え、結果として被害者は死亡したという事案について因果関係を肯定した**同6-100**、航空機の衝突事故について、一方の飛行機が航空管制官の上昇指示に従わなかったということが、航空管制官の指示ミスと事故との因果関係を切断しないとした**同6-95**、高血圧の人を殴ったら興奮し脳溢血になり入院中に死亡した事案で傷害致死を認めた**同6-105**、電車事故で、被告人の過失に加えていくつかの悪条件が存在していたとしても因果関係があるとした**同6-106**などは、いずれも条件説を維持しているといえよう。

これに対して、**同6-104**は、自動車を運転していて被害者と衝突し、被害者が自車の屋根に飛ばされて気絶していたのを知らないで低速で運転中、同乗者が被害者を引きづり下ろして傷害を負わせ死亡させたが、被害者の死亡がどちらの傷害によるものか判別できない事案について、「経験則上当然予想しえられるところであるとは到底いえない」として、事故と死との因果関係を否定した。これは、相当因果関係説に近いとも考えられるが、失神した被害者が屋根に乗っていることを認識しておらず、同乗者が屋根の上から引きづり下ろすことを予想できないし、咄嗟のことで止めることもできないのであるから、被告人に死の責任を負わせるのは酷であり、当然の結論であるといえよう。条件説の立場でも矛盾しない結論ともいえる。

同6-96は、牛肉の補助金不正受給について、犯罪が成立する範囲は、受給した補助金全額ではなく不正申告した分に限定されるとし、**同6-102**は、万引きで逮捕した被害者（女性）を取調べた被告人が、釈放から14日後に電話して日時場所を約束して性交渉をもった事案について、取調べの際の脅迫は姦淫行為の時まで継続しており、因果関係の中断はないとして強姦罪を成立させ、**同6-101**は、被告人らが覚せい剤を注射した女性が錯乱状態に陥ったのを放置して死亡させた事案について保護者遺棄致死罪を認め、**同6-107**は、自殺幇助罪で、崖の上で睡眠薬を飲んで寝入った女性が寝返りをして崖に転落した事案で睡眠薬を飲ませたことと死の間に因果関係を認めて自殺幇助罪を成立させているが、これらは因果関係の事実認定問題といえる。

（因果関係に関する判例）

6-95　最決平22・10・26（業務上過失傷害被告事件）

被告人Ａが航空管制官として担当空域の航空交通の安全を確保する職責を有していたことに加え、本件時、異常接近警報が発せられ上昇中の９０７便と巡航中の９５８便の管制間隔が欠如し接触、衝突するなどのおそれが生じたこと、このような場面においては、巡航中の９５８便に対して降下指示を直ちに行うことが最も適切な管制指示であったことを考え合わせると、被告人Ａは本来意図した９５８便に対する降下指示を的確に出すことが特に要請されていたというべきであり、同人において９５８便を９０７便と便名を言い間違えた降下指示を出したことが航空管制官としての職務上の義務に違反する不適切な行為であったことは明らかである。（略）被告人Ａが言い間違いによって９０７便に降下指示を出したことは、ほぼ同じ高度から、９０７便が同指示に従って降下すると同時に、９５８便も降下ＲＡに従って降下し、その結果両機が接触、衝突するなどの事態を引き起こす高度の危険性を有していたというべきであって、業務上過失傷害罪の観点からも**結果発生の危険性**を有する行為として過失行為に当たると解される。被告人Ａの実地訓練の指導監督者という立場にあった被告人Ｂが言い間違いによる本件降下指示に気付かず是正しなかったことも、同様に結果発生の危険性を有する過失行為に当たるというべきである。

また、**因果関係**の点についてみると、９０７便のＣ機長が上昇ＲＡに従うことなく降下操作を継続したという事情が介在したことは認められるものの、上記１（３）のとおりの管制指示とＲＡが相反した場合に関する規定内容や同（４）エのとおりの降下操作継続の理由にかんがみると、同機長が上昇ＲＡに従わなかったことが異常な操作などとはいえず、むしろ同機長が降下操作を継続したのは、被告人Ａから本件降下指示を受けたことに大きく影響されたものであったといえるから、同機長が上昇ＲＡに従うことなく９０７便の降下を継続したことが本件降下指示と本件ニアミスとの間の因果関係を否定する事情になるとは解されない。そうすると、本件ニアミスは、言い間違いによる本件降下指示の危険性が現実化したものであり、同指示と本件ニアミスとの間には因果関係があるというべきである。

なお、本件ニアミスが発生した要因として、管制官の指示とＲＡが相反した場合の優先順位が明確に規定されていなかったこと、航空機の性能についてＣ機長に周知されていなかったという事情があったことも認められる。しかし、**それらの事情**は、本件ニアミス発生の責任のすべてを被告人両名に負わせるのが相当ではないことを意味するにすぎず、被告人両名に対する業務上過失傷害罪の成否を左右するものではない

6-96　最決平21・9・15（補助金等に係る予算の執行の適正化に関する法律違反等被告事件）

補助金等に係る予算の執行の適正化に関する法律２９条１項の文理及び趣旨に照らせば、補助金等不正受交付罪は、不正の手段と因果関係のある受交付額について成立するものと解するのを相当とする。

そして、因果関係については、不正の手段の態様、補助金交付の目的、条件、交付額の算定方法等を考慮して判断することが相当である。

これを本件についてみると、（略）本件補助金は、対象牛肉を市場から隔離するため、これを保管又は処分した場合に、その量に応じて交付されるものであるところ、被告人らは、対象牛肉に加え、それ以外の又は実在しない牛肉につき、

これらが対象牛肉であってその保管又は処分をしたと偽って、これを上乗せした合計量に対する補助金の交付を申請し、これに対する補助金の交付を受けたというのである。そうすると、**不正の手段と因果関係のある受交付額は、対象牛肉以外の又は実在しない牛肉に係る受交付額であり、補助金等不正受交付罪はその受交付額について成立するというべき**であって、第１審判決及びこれを是認した原判決は、交付を受けた補助金全額について補助金等不正受交付罪の成立を認めた点において、法令の解釈適用を誤ったものといわざるを得ない。しかしながら、上記の誤りは同罪の成否には影響を及ぼさない上、原判決の認定判示したその余の量刑事情に照らすと、その誤りを是正し検討しても、原判決が是認した第１審判決の宣告刑は不当であるとはいえないから、本件につき、いまだ刑訴法４１１条を適用すべきものとは認められない。

6-97　最決平18・3・27（暴行、逮捕監禁致死被告事件）

（１）被告人は、２名と共謀の上、平成１６年３月６日午前３時４０分ころ、普通乗用自動車後部のトランク内に被害者を押し込み、トランクカバーを閉めて脱出不能にし同車を発進走行させた後、呼び出した知人らと合流するため、大阪府岸和田市内の路上で停車した。その停車した地点は、車道の幅員が約７．５ｍの片側１車線のほぼ直線の見通しのよい道路上であった。

（２）上記車両が停車して数分後の同日午前３時５０分ころ、後方から普通乗用自動車が走行してきたが、その運転者は前方不注意のために、停車中の上記車両に至近距離に至るまで気付かず、同車のほぼ真後ろから時速約６０ｋｍでその後部に追突した。これによって同車後部のトランクは、その中央部がへこみ、トランク内に押し込まれていた被害者は、第２・第３頸髄挫傷の傷害を負って、間もなく同傷害により死亡した。（略）、**被害者の死亡原因が直接的には追突事故を起こした第三者の甚だしい過失行為にあるとしても、道路上で停車中の普通乗用自動車後部のトランク内に被害者を監禁した本件監禁行為と被害者の死亡との間の因果関係を肯定することができる。**したがって、本件において逮捕監禁致死罪の成立を認めた原判断は、正当である。

6-98　最決平16・2・17（傷害致死等被告事件）

被告人らの行為により被害者の受けた前記の傷害は、それ自体死亡の結果をもたらし得る身体の損傷であって、仮に被害者の死亡の結果発生までの間に、（略）**被害者が医師の指示に従わず安静に努めなかったために治療の効果が上がらなかったという事情が介在していたとしても、被告人らの暴行による傷害と被害者の死亡との間には因果関係があるというべき**であり、本件において傷害致死罪の成立を認めた原判断は、正当である。

6-99　最決平15・7・16（傷害致死被告事件）

（１）被告人４名は、他の２名と共謀の上、被害者に対し、公園において、深夜約２時間１０分にわたり、間断なく極めて激しい暴行を繰り返し、引き続き、マンション居室において、約４５分間、断続的に同様の暴行を加えた。

（２）被害者は、すきをみて、上記マンション居室から靴下履きのまま逃走したが、被告人らに対し極度の恐怖感を抱き、逃走を開始してから約１０分後、被告人らによる追跡から逃れるため、上記マンションから約７６３ｍないし約８１０ｍ離れた高速道路に進入し、疾走してきた自動車に衝突され、後続の自動車にれき過されて、死亡した。

２　以上の事実関係の下においては、被害者が逃走しようとして高速道路に進入したことは、それ自体極めて危険な行為であるというほかないが、**被害者は、被告人らから長時間激しくかつ執ような暴行を受け、被告人らに対し極度の恐怖感を抱き、必死に逃走を図る過程で、とっさにそのような行動を選択したものと認められ、その行動が、被告人らの暴行から逃れる方法として、著しく不自然、不相当であったとはいえない。そうすると、被害者が高速道路に進入して死亡したのは、被告人らの暴行に起因するものと評価することができるから、被告人らの暴行と被害者の死亡との間の因果関係を肯定した原判決は、正当**として是認することができる。

6-100　最決平2・11・20（傷害致死、傷害被告事件）

被告人は、昭和五六年一月一五日午後八時ころから午後九時ころまでの間、自己の営む三重県阿山郡伊賀町大字柘植町所在の飯場において、洗面器の底や皮バンドで本件被害者の頭部等を多数回殴打するなどの暴行を加えた結果、恐怖心による心理的圧迫等によって、被害者の血圧を上昇させ、内因性高血圧性橋脳出血を発生させて意識消失状態に陥らせた後、同人を大阪市住之江区南港所在の建材会社の資材置場まで自動車で運搬し、右同日午後一〇時四〇分ころ、同所に放置して立ち去ったところ、被害者は、翌一六日未明、内因性高血圧性橋脳出血により死亡するに至った。ところで、右の資材置場においてうつ伏せの状態で倒れていた被害者は、その生存中、何者かによって角材でその頭頂部を数回殴打されているが、その暴行は、既に発生していた内因性高血圧性橋脳出血を拡大させ、幾分か死期を早める影響を与えるものであった、というのである。

このように、**犯人の暴行により被害者の死因となった傷害が形成された場合には、仮にその後第三者により加えられた暴行によって死期が早められたとしても、犯人の暴行と被害者の死亡との間の因果関係を肯定することができ**、本件において傷害致死罪の成立を認めた原判断は、正当である。

6-101　最決平1・12・15（覚せい剤取締法違反、保護者遺棄致死被告事件）

被害者の女性が被告人らによって注射された覚せい剤により錯乱状態に陥った午前零時半ころの時点において、直ちに被告人が救急医療を要請していれば、同女が年若く（当時一三年）、生命力が旺盛で、特段の疾病がなかったことなどから、十中八九同女の救命が可能であったというのである。そうすると、同女の救命は合理的な疑いを超える程度に確実であったと認められるから、被告人がこのような措置をとることなく漫然同女をホテル客室に放置した行為と午前二時一五分ころから午前四時ころまでの間に同女が同室で覚せい剤による急性心不全のため死亡した結果との間には、刑法上の因果関係があると認めるのが相当である。したがって、原判決がこれと同旨の判断に立ち、**保護者遺棄致死罪の成立を認めたのは、正当**である。

6-102　高松高判昭47・9・29（恐喝、傷害、強姦被告事件）

被告人Oは、「昭和四〇年一一月五日午後〇時三〇分ごろ、T子が同店において一五四円相当の商品を万引したことに因縁をつけ、強いて同女を姦淫しようと企て、同事務室において、同女に対し『あなたは一ぺんじやない何回も盗みをしちよるろう、ただじやすませんきに一時金として五、〇〇〇円出してくれ、五、〇〇〇円の金が一ぺんにできざつたら五丁目の警察へ突き出すぞ、お金ができんことは判つたが警察へ行くか、身体を張ったら今日のがは許しちやる、一回で五、〇〇〇円を精算してやる』などと申し向けて脅迫し、暗に右万引の事実を警察へ申告しないことの代償として情交関係を結ぶことを要求し、同女をして警察などへ申告され処罰を受けることなどに畏怖困惑の念を生ぜしめ、情交関係を結ぶもやむをえないものと思惟せしめ、もってその反抗を抑圧し、同月一九日ころの午後一時三〇分ごろ、高知市の旅館『A荘』において強いて同女を姦淫した」（一審判決要旨）。

なるほど、論旨指摘のとおり、脅迫行為時と姦淫時との間には一四日間の経過があり、T子が情交当日被告人Oに同被告人との情交に応ずる旨の電話をした際、情交の場所を旅館A荘と指定しており、同旅館内での情交が外観上は極く自然とみられる状態において行なわれていることが明らかである。ところで、男女間で姦淫の行なわれるにあたり、事前に女子が男子に対し電話連絡をし、女子自ら姦淫の場所と時刻を指定し、その結果同場所で行なわれた姦淫も外観上は極く自然で通常の男女間の情交と認められるような状態においてなされているものであっても、前記場所等の指定および自然の状態で行なわれたかのように見える姦淫が、それ以前に加えられた犯人の脅迫行為によって、被害者が精神的に抗拒する気力を失った状態に陥り、その状態が継続していることによるものであつて、犯人が被害者のその状態に乗じ強いて姦淫した場合には、たとえ、脅迫行為時と姦淫時との間に一四日間の経過があり、姦淫行為が外観上は通常の男女間におけると同様な状態で行なわれたとしても、脅迫と姦淫行為との間の**因果関係は中断**されることなく存在するのであって、脅迫による刑法一七七条前段の強姦罪が成立するというべきである。そこで、本件についてこれをみるに、被告人Oは、T子が万引でつかまり警察へ申告されるのをおそれているのに乗じ、同女に対し前記の脅迫を加えて同女を畏怖困惑させ、同女をして精神的に抗拒する気力を失わせる状態に陥しいれたうえ情交の承諾を余儀なくさせ、その状態が続いている状況のもとで同女が被告人Oの指示に従い同被告人に電話をした際、同被告人の求めにより同女に情交の場所として旅館A荘を指定させ、次いで同旅館において同女が精神的に抗拒する気力を失っていて同被告人の意のままになるのに乗じて強いて姦淫の目的を遂げたのであるから、被告人Oの右一連の所為は、刑法一七七条前段の強姦罪にあたることが明らかである。

6-103　最判昭46・6・17（強盗、私文書偽造、同行使、詐欺被告事件）

本件強盗致死の公訴事実の要旨は、「被告人は、昭和三八年四月ころから東京都目黒区（略）M方四畳半一間を賃借りしているうち、同四〇年四月ころにいたり、同人の妻Eとの折り合いが悪くなり、立ちのきを要求されて、同年一〇月一六日ころ転出したものであるが、生活費等に窮していたところから、右Ｅに対し、家主側からの立ちのき要求であつたことを理由に、右要求があつた後の支払いずみ部屋代等二万数千円を返還させようと企て、同月二二日午後二時過ぎころ、前記Ｍ方におもむき、右Ｅ（明治三五年一〇月一二日生）に対し、右金員の返還方を交渉したところ、強く反対されたばかりか、一〇月分の部屋代について日割計算による支払いを要求されて激昂し、このうえは同女に暴行を加えて金員を強取しようと決意し、やにわに同女の胸倉をつかんであおむけに倒し、左手で頸部を絞めつけ、右手で口部を押え、さらにその顔面を夏布団でおおい、鼻口部を圧迫するなどして、同女の反抗を抑圧したうえ、同女所有の現金二四〇円およびＭ名義の協和銀行目黒支店普通預金通帳（預金残高九万八、二五〇円）一通を強取し、その際前記暴行により、同所において、同女を鼻口部閉塞に基づく窒息により即時死にいたらしめた。」というのであり、**第一審**は、右Ｅの死因につき、「右暴行により、同女に急性心臓死を惹起せしめて、即時その場で同女を死亡するにいたらしめた」旨認定したほか、ほぼ右公訴事実にそう事実を認定し、**強盗致死罪**の成立を認めたところ、**原審**は、（略）被告人は、同女に対し、第一審判決判示の暴行を加えて、その反抗を抑圧したが、「たまたま同女が急性心臓死により死亡したので」、同判示預金通帳および現金を強取したとの事実を認定し、被告人の右所為は刑法二三六条の**強盗罪**に該当するものとした。そして、その理由とするところは、「被害者は、被告人の右暴行がなされている時に急性心臓死をしたものであり、被害者の死因は、被告人の暴行によつて誘発された急性心臓死であることは否定できないけれども、本件において因果関係の有無を考えるに当たつては、被告人の加害行為と被害者の死亡との間には、加害行為から死亡の結果の発生することが、経験上通常生ずるものと認められる関係にあることを要するものと解すべきであり、その際、この**相当因果関係**は、行為時および行為後の事情を通じて、行為の当時、平均的注意深さをもつ通常人が知りまたは予見することができたであろう一般的事情、および通常人には知り得なかつた事情でも、行為者が現に知りまたは予見していた特別事情を基礎として、これを考えるべきものである」との見解を前提とし、相当因果関係の有無を判断すべき基礎となる事情として、第一審判決判示の被告人の暴行の態様、程度のほか、被害者の心臓の病的素因、すなわち被害者の心臓および循環系統には相当高度の変化が存し、そのために被害者は、極めて軽微な外因によつて、突然心臓機能の障害を起して心臓死にいたるような心臓疾患の症状にあつたこと、および被害者の夫その他の近親者も、かかりつけの医師も、恐らくは被害者自身も、これを知らなかつたものと認められ、被告人においてこれを知りうべき筋合いではないことなどを考察し、かかる具体的事情のもとにおいては、被告人の暴行と被害者の死亡との間に必ずしも相当因果関係があるということができない、というのである。

しかし、原判決の認定した事実によれば、被害者Ｅの死因は、被告人の同判決判示の暴行によつて誘発された急性心臓死であるというのであり、右の認定は、同判決挙示の関係証拠および原審鑑定人上野正吉作成の鑑定書、原審証人上野正吉の供述等に徴し、正当と認められるところ、**致死の原因たる暴行は、必らずしもそれが死亡の唯一の原因または直接の原因であることを要するものではなく、たまたま被害者の身体に高度の病変があつたため、これとあいまつて死亡の結果を生じた場合であつても、右暴行による致死の罪の成立を妨げないと解すべきことは所論引用の当裁判所判例**（昭22・11・14。同25・3・31。同32・3・14。同36・11・21。）の示すところであるから、たとい、原判示のように、被告人の本件暴行が、被害者の重篤な心臓疾患という特殊の事情さえなかつたならば致死の結果を生じなかつたであろうと認められ、しかも、被告人が行為当時その特殊事情のあることを知らず、また、致死の結果を予見することもできなかつたものとしても、その暴行がその特殊事情とあいまつて致死の結果を生ぜしめたものと認められる以上、その暴行と致死の結果との間に因果関係を認める余地があるといわなければならない。したがつて、被害者Ｅの死因が被告人の暴行によつて誘発された急性心臓死であることを是認しながら、両者の間に因果関係がないとして、強盗致死罪の成立を否定した原判決は、因果関係の解釈を誤り、所論引用の前示判例と相反する判断をしたものといわなければならず、論旨は理由がある。

6-104　最決昭42・10・24（道路交通法違反業務上過失致死被告事件）

被告人は、普通乗用自動車を運転中、過失により、被害者が運転していた自転車に自車を衝突させて被害者をはね飛ばし、同人は、被告人の運転する自動車の屋根にはね上げられ、意識を喪失するに至つたが、被告人は被害者を屋上に乗せていることに気づかず、そのまま自動車の運転を続けて疾走するうち、前記衝突地点から四粁余をへだてた地点で、右自動車に同乗していたＲがこれに気づき、時速約一〇粁で走つている右自動車の屋上から被害者の身体をさかさまに引きずり降ろし、アスファルト舗装道路上に転落させ、被害者は、右被告人の自動車車体との激突および舗装道路面または路上の物体との衝突によって、顔面、頭部の創傷、肋骨骨折その他全身にわたる多数の打撲傷等を負い、右頭部の打撲に基づく脳クモ膜下出血および脳実質内出血によつて死亡したというのである。（略）、右のように同乗者が進行中の自動車の屋根の上から被害者をさかさまに引きずり降ろし、アスファルト舗装道路上に転落させるというがごときことは、**経験上、普通、予想しえられるところではなく**、ことに、本件においては、被害者の死因となった頭部の傷害が最初の被告人の自動車との衝突の際に生じたものか、同乗者が被害者を自動車の屋根から引きずり降ろし路上に転落させた際に生じたものか確定しがたいというのであって、このような場合に被告人の前記過失行為から被害者の前記死の結果の発生することが、われわれの**経験則上当然予想しえられるところであるとは到底いえない**。したがって、原判決が右のような判断のもとに被告人の業務上過失致死の罪責を肯定したのは、刑法上の因果関係の判断をあやまった結果、法令の適用をあやまってものというべきである。しかし、本件では、被告人は、道路交通法七二条一項前段、一一七条の救護義務違反の刑によって処断されているのみならず、業務上過失致死と同傷害の法定刑は同一であり、被告人の刑責が業務上過失傷害にとどまるにしても、本件犯行の態様等からみて、一審判決のした量刑は不当とは認められないから、右あやまりは、いまだ原判決を破棄しなければ、著しく正義に反するものとはいえない。

6-105　最決昭39・4・9（傷害致死被告事件）

原判決およびその支持する第一審判決の認定する事実によると、かねてから高度の高血圧症患者として医師の治療を受けていた被害者（当時四八年の女性）が、被告人に左手掌で右頬部を強打されたため、いたく憤激し、執拗にその不法を難詰しているにつれて、興奮の度を増して行き、ために同女の血圧を急激に上昇せしめ、よつて間もなく（二四時間以内）同女をして脳内出血を惹起せしめ、その結果その後約一二日余で死亡せしめるに至つたというのであり、右事実関係はその挙示の証拠で優に認められ、かかる事実関係の下では被告人の判示暴行と被害者の死亡との間に因果関係があると認めた原審の判断は、正当である。

6-106　最決昭35・4・15（業務上過失致死傷被告事件）

特定の過失に起因して特定の結果が発生した場合に、これを一般的に観察して、その過失によってその結果が発生する虞のあることが実験則上予測される場合においては、たとえ、その間に他の過失が同時に多数競合し或は時の前後に従って累加的に重なり、又は他の何らかの条件が介在し、しかもその条件が結果発生に対して直接且つ優勢なものであり、問題とされる過失が間接且つ劣勢なものであつたとしても、これによって因果関係は中断されず、右過失と結果との間にはなお法律上の因果関係ありといわなければならない。原判決がこれと同一見解の下に、本件において被告人（略。ら）の各過失と本件致死傷の結果との間に、相被告人H、同Nの各過失が競合し、又当時横浜変電所の高速度遮断器の給電回路がπ型でなくT型であり、第二事故発生の際右変電所の高速度遮断器は動作したが鶴見饋電室の高速度遮断器は動作しなかったため四分間に亘り継続給電されたこと、本件電車がいわゆる六三型電車であってパンタグラフの絶縁が二重絶縁装置でなかったこと、車体に木造部分が多く耐火的に構造上弱いものでありその他幾多の欠陥のあったこと等**悪条件が存在していたとしても、右被告人等の過失と本件結果との間には因果関係の存在を肯定すべきもの**とし、本件の結果である致死傷も右被告人等にとって予見不可能の事柄ではなく、その程度が数量的に未だ経験しなかってような甚大なものであったとしても、右過失と結果との間の因果関係はないということはできず、結果の甚大である点は過失者にとって責任の存否の問題ではなく、責任の大小、軽重に関する情状の問題である。

6-107　東京高判昭39・2・25（自殺幇助等被告事件）

被害者Wの死亡が睡眠剤を呑んだ直接の結果ではなく睡眠剤そのものは致死量に達しなかつたために、それだけでは死の結果を招くことはなかつたが、昏眠中に被害者が寝返えりをうつて傍らの断崖から崖下に転落したために、胸部打撲による心臓損傷により死亡するに至つたものであること、および被告人は被害者と共に自殺を決意し、互に睡眠剤を呑んだとき、被害者が昏睡状態に陥つて寝返えりをうってこの崖に転落するだろうと予見し、またそのような予想のもとでことさらにそのような危険な場所を選定したものでないこと、すべて弁護人が主張するとおり、これを肯認することができる。しかしながら、記録によれば本件犯行の現場は海抜七十米の岩山の上であって、そのような場所で睡眠剤を呑めば、昏睡中に寝返えりをうって崖下に転落するであろうということは、実験則上予測されることであるから、被害者の死亡が、睡眠剤を呑んだことによる直接の結果ではなく、その間に被害者が昏睡状態に陥り、寝返えりを打って崖下に転落したという事実が存在しても服薬と被害者の死亡の結果との間にはなお法律上の因果関係があるといわなければならない。

第6　共犯関係の処理

1　共同正犯と共犯の区別

共同正犯は、特定の犯罪を共同して実行するという意思の合致（**共謀**）があり（**共同実行の意思**）、相互に補完しあいながら実行行為を分担（**実行行為の一部分担**）する**実行共同正犯**を原則とする（**刑法60条**）。特定の犯罪の故意の合致の下に、協力し合って特定の犯罪を実行するのであるから、実行行為の一部を分担したにすぎなくても、共同して実行行為から生じた結果全ての刑事責任を負うことになるのである。共同正犯には、解釈上の拡張概念として**共謀共同正犯**が認められている。これは、特定の犯罪の共謀がある場合、実行行為を分担しなくても、実行行為以外の加担事情によって実行行為の一部を分担したと同価値の役割を担い、他人の実行行為を利用して結果実現させた場合、実行共同正犯と同じに処罰するという考え方による。**共同実行の意思**（共謀）の存在、**正犯意思**の存在、及び**他の共犯者が実行行為をすること**が要件であるとされている。どのような場合に正犯意思があるといえるかについて、学説は、実行行為の一部を分担したと同価値の役割を担っていると判断できる場合であるという。**判例は、「他人の犯罪を積極的に利用して自己の犯罪を実現する意思」と説示している。**過失犯の項で述べたように判例は過失犯にも共同正犯を認めている。

これに対して、**狭義の共犯**には、**教唆犯**（**刑法61条1項**）と**帮助犯**（**同62条**）がある。共同正犯と狭義の共犯との関係について、学説は**共犯従属性説**と共犯独立性説とに分かれているが、**判例は前者**である。前者は、狭義の共犯が成立するためには、少なくとも正犯が実行の着手以上の行為を行うことが条件であるとする。これに対して、後者は、狭義の共犯もそれ自体に可罰性があるとして特別に定められているのだから、正犯の成立とは関係なく成立するとする考え方である。しかし、条文の規定上から後者の考え方には無理がある。

また、共犯従属性説でも、**どの程度の従属性が必要か**という点で、正犯に構成要件該当性があれば足りるとする最小限従属性説、正犯が構成要件該当性があり、かつ違法性がなければならないとする制限従属性説、有責性までも必要とする極端従属性説があるといわれている。構成要件該当性さえあれば足りるとすると、正犯に違法阻却事由がある場合でも教唆犯が成立することになり不都合ではないかと思う。また、有責性までも必要とすると、間接正犯を認める領域が広がりすぎると思う。間接正犯における故意ある道具の場合に問題が生じる。例えば、14歳以下の少年を教唆して犯罪を実行させた場合、少年にも犯罪性（違法性）をある程度認識・判断できる場合があり、その場合に間接正犯とするか、少年に正犯を成立させ教唆者を教唆犯とするかという違いである。犯罪は、客観的に構成要件に該当する違法な行為があれば犯罪として客観的に成立するのであり、違法性阻却事由は個別的に判断されるのであるから、正犯の個人的事情である有責性までを必要とすると間接正犯を認める領域が広くなりすぎるように思う。**前掲判例6-42**は、12歳の子どもにエアーガンなどを渡して強盗を唆した事案において、子どもの判断能力と自主性を肯定して間接正犯ではなく共同正犯であるとしている。

いずれにしても、正犯とするか狭義の共犯とするかは、**実務的には、教唆犯においては正犯意思の有無であり、帮助犯においては正犯意思の有無及び帮助行為が実行行為の一部と同価値といえるかによって区別されると考えれば足りる**のではないかと思う。

同6-110は、脱税方法を相談されたＡが、架空の発注をした旨の偽造契約書やその解約損害金支払いの合意書などの作成を教え、文案を作成してやった者について、正犯者が予め不確定な犯意を抱いていても、「被告人の意向にかかわりなく本件犯罪を遂行するまでの意思を形成していたわけではないから、Ａの本件証拠偽造の提案に対し、被告人がこれを承諾して提案に係る工作の実行を依頼したことによって、その提案どおりに犯罪を遂行しようというＡの意思を確定させたものと認められる」場合も、幇助罪ではなく、教唆犯が成立するとしている。なお、**同6-114**は、教唆犯について**共謀共同教唆**を認めた判例である。

正犯と幇助の区別に関し、**同6-112**は、窃盗罪事件について、正犯か幇助犯かは、実行役らの行為を利用して自らも建造物侵入、窃盗の各犯罪を実現する意思を有していたのか、それとも被告人には実行役らによる本件各犯罪の実行を容易にする意思しかなかったかによって決せられると説示し、積極的に加わる意思で運転手役をしていたとし、**同6-108**は、窃取行為自体には加わっていなくても、犯行現場までの車の運転、盗品の運搬、自宅を起居や盗品保管の場所の提供、報酬約束などを理由にして、いずれも正犯としている。**同6-111**は、夫に対する保険金殺人を執拗に持ちかけられて、これを承知して夫に対する生命共済加入手続をした妻について、加入手続をした時点で、夫を殺害して共済金を受け取るというMの意図を十分認識し、これに同意した上で同手続を行ったものと認められるし、正犯者から借金の返済を迫られていて夫の死亡共済金でそれが返済できると考えていたことから、幇助犯ではなく殺人の共謀及び正犯意思があるとして共謀共同正犯を肯定した。**同6-109**は、法廷で証人威迫行為をしている者の横で、証人を睨み続けて威迫行為を幇助した事案で、証人威迫の幇助といえるには、凝視行為が、相手に認識できるような形でなされ、または、相手が凝視行為を認識していなくても、正犯者が、その凝視行為を認識して犯意を強化するなど、その犯行を容易にしたと評価できることが必要であるが、正犯者にはそのような事実が認められないとしている.。また、**同6-113**は、同棲している男が幼児に暴行を加えて死亡させた事案で、母親に幇助犯を認めた事案であるが、**不作為による幇助犯**について、正犯者の犯罪を防止しなければならない作為義務のある者が、一定の作為によって正犯者の犯罪を防止することが可能であるのに、そのことを認識しながら、その防止行為をせず、これによって正犯者の犯罪の実行を容易にした場合には作為による幇助犯の場合と同視できることが必要と解されと説示している。

（共同正犯と共犯の区別に関する判例）

6-108　高松高判平20・7・14（住居侵入、窃盗被告事件）

被告人は、Ｂ、Ｃが窃盗に及ぶことを十分認識しながら、侵入先までの足もなく、盗品を運ぶ術もないＢらのため、侵入盗に必要な目的地付近までの運転、窃盗後の盗品及びＢらの運搬、自宅を提供してＢらの起居の場所及び盗品の保管場所を提供したから、報酬目当てに自分の犯行として、が成立する侵入盗の遂行に重要で不可欠な役割を果たし、現に報酬を得たのであるから、共同正犯と考えられ、〔１〕被告人は、従前交際していた中国人Ａの依頼により運転手役を務めたもので、主体的に関与したものではない、〔２〕被告人が、Ｂ、Ｃから見張りを依頼されたことはなく、犯行場所、犯行態様や窃取品について知らされたこともない、〔３〕被告人が、Ｂ、Ｃから明示に盗みをする旨告げられたことはない、〔４〕被告人は、窃取品の処分に関与していない、〔５〕被告人が受け取る報酬の額は、窃取金品の価額に対する割合は比較的小さく、金品の多寡にかかわらず、１日当たり合計３万円の定額であったなど原判決の指摘する点から、**被告人の行為が幇助にとどまるとはいえない**。（略）、幇助犯にとどまるとした原判決は、事実を誤認したものであり、その誤認が判決に影響を及ぼすことは明らかである。

6-109　広島高判平19・4・10（暴力行為等処罰に関する法律違反、証人等威迫被告事件）

本件公訴事実は「被告人は、Ｅを長とする暴力団「甲」の構成員であるところ、いずれも甲の構成員であるＢ、ＣおよびＤと共謀の上、平成１７年３月４日広島地方裁判所に公訴を提起されたＥらに対する銃砲刀剣類所持等取締法違反、建造物損壊被告事件（以下「Ｅらに対する被告事件」という）の審判に必要な知識を有すると認められる元甲構成員Ａに対し、同年４月１９日午前１１時３０分から広島高等裁判所で別件の控訴審が行われる機会に、Ａを脅迫するとともに、Ｅらに対する被告事件に関して強談威迫の行為をしようと企て、同日午前１１時３０分ころおよび午前１１時５０分ころの２回にわたり、広島市中区上八丁堀（以下省略）所在の同高等裁判所第３０２号法廷（以下「３０２号法廷」という）において、Ａに対し、こもごも傍聴席から立ち上がって詰め寄り、にらみつけながら「この嘘つきが、このまま無事に懲役行けると思うなよ。親父陥れるようなこと言いやがって」「おう、A」「おう、A」「このまま一生逃げるんか。このおかま」などと大声で怒鳴りつけるなどし、もって、団体の威力を示し、数人共同してAの生命、身体等に危害を加える旨告知して人を脅迫するとともに、他人の刑事事件に関して強談威迫の行為をした」というものであるところ、原判決が認定した罪となるべき事実の要旨は「被告人、BおよびCは、いずれも暴力的な団体である甲に属していたところ、平成１７年4月１９日午前１１時３０分ころ、３０２号法廷において、Bは、Eらに対する被告事件の審判に必要な知識を有すると認められる甲の元メンバーAに対し「この嘘つきが、このまま無事懲役行けると思うなよ。親父陥れるようなこと言いやがって」などと大声で怒鳴りつけ、続いて、同日午前１１時５０分ころ、BおよびCは、暗黙のうちに意を通じて共謀し、Aに対して、立ち上がってにらみつけ、こもごも「おう、A」「このおかまやろう、このまま一生逃げるんか」などと怒鳴りつけるなどし、もって、団体の威力を示し、かつ、数人共同してAの生命、身体等に危害を加える旨告知して脅迫するとともに、他人の刑事事件の審判に関し強談威迫の行為をしたところ、被告人は、同日午前１１時５０分ころ、同法廷において、BおよびCの近くにおいて、身を乗り出すような姿勢で、Aに対して訴えかけるように凝視し、もってBおよびCの犯行を容易にしてこれを幇助した」というのであって、（略）、原判決は、起訴状に記載された訴因とは異なる事実を認定している。

起訴された訴因と原判決の認定事実とを対比すると、正犯者の行った証人威迫等の実行行為はほとんど同一である上、本件においては、共同正犯の成否をめぐって、共謀の有無、被告人による実行行為の有無等を主要な争点として、本件に至る経緯、３０２号法廷に行った目的、正犯者であるBらの行為に対する被告人の認識、被告人の行為の態様・趣旨、被告人の行為についてのAの認識・影響等が審理対象となるべきものであるところ、これらの事実は、幇助行為の可罰性や幇助行為の因果性を含め、証人威迫等の幇助犯の成否を検討する際の間接事実を包含していると解される。しかも、原審の審理においては、上記間接事実について当事者双方の攻撃防御は十分に尽くされていることも併せ考えると、原判決が、証人威迫等の共同正犯の訴因に対して、訴因変更手続を経ないで、証人威迫等の幇助犯を認定したことは、不意打ちとなるものではない。（略）

以上検討したところを総合すると、被告人の凝視行為は、正犯者であるBおよびCからも、本件証人威迫等の対象となったAからも、認識されていなかったことに帰する。ところで、他人の刑事事件の審判に必要な知識を有すると認められる者を威迫する目的で、その者に対し脅迫文言を浴びせている犯人のそばにいて、その相手を凝視する行為が、当該脅迫や威迫の効果を促進させ、その犯行を容易にするものと評価できることは原判決が説示するとおりである。しかし、そのように評価することができるのは、**その凝視行為が、相手に認識できるような形でなされ、または、相手が凝視行為を認識していなくても、正犯者が、その凝視行為を認識して犯意を強化するなど、その犯行を容易にしたと評価できることが必要である。**本件においては、被告人の凝視行為は、Aにも、正犯者であるBらにも認識されていないのであるから、それが、正犯者であるBおよびCの犯行を容易にするものであったと評価することは困難であり、被告人が、本件証人威迫等を片面的にせよ幇助したと認めることはできない。

6-110　最決平18・11・21（法人税法違反、証拠隠滅教唆被告事件）

（1）被告人は、スポーツイベントの企画及び興行等を目的とする株式会社Kの代表取締役として同社の業務全般を総括していたものであるが、同社の平成９年９月期から同１２年９月期までの４事業年度にわたり、架空仕入れを計上するなどの方法により所得を秘匿し、虚偽過少申告を行って法人税をほ脱していたところ、同社に国税局の査察調査が入るに及び、これによる逮捕や処罰を免れるため、知人のAに対応を相談した。

（2）Aは、被告人に対し、脱税額を少なく見せかけるため、架空の簿外経費を作って国税局に認めてもらうしかないとして、Kが主宰するボクシング・ショーに著名な外国人プロボクサーを出場させるという計画に絡めて、同プロボクサーの招へいに関する架空経費を作出するため、契約不履行に基づく違約金が経費として認められることを利用して違約金条項を盛り込んだ契約書を作ればよい旨教示し、この方法でないと所得金額の大きい平成１１年９月期と同１２年９月期の利益を消すことができないなどと、この提案を受入れることを強く勧めた。

（3）被告人は、Aの提案を受け入れることとし、Aに対し、その提案内容を架空経費作出工作の協力者の一人であるBに説明するように求め、被告人、A及びBが一堂に会する場で、AがBに提案内容を説明し、その了解を得た上で、被告人がA及びBに対し、内容虚偽の契約書を作成することを依頼し、A及びBは、これを承諾した。

（4）かくして、A及びBは、共謀の上、BがKに対し上記プロボクサーを上記ボクシング・ショーに出場させること、KはBに対し、同プロボクサーのファイトマネー１０００万ドルのうち５００万ドルを前払すること、さらに、契約不履行をした当事者は違約金５００万ドルを支払うことなどを合意した旨のKとBとの間の内容虚偽の契約書及び補足契約書を用意し、Bがこれら書面に署名した後、K代表者たる被告人にも署名させて、内容虚偽の各契約書を完成させ、Kの法人税法違反事件に関する証拠偽造を遂げた。

（5）なお、Aは、被告人から、上記証拠偽造その他の工作資金の名目で多額の資金を引き出し、その多くを自ら利得していることが記録上うかがわれるが、Aにおいて、上記法人税法違反事件の犯人である被告人が証拠偽造に関する提案を受け入れなかったり、その実行を自分に依頼してこなかった場合にまで、なお本件証拠偽造を遂行しようとするような動機その他の事情があったことをうかがうことはできない。

２　このような事実関係の下で、被告人は、A及びBに対し、内容虚偽の各契約書を作成させ、Kの法人税法違反事件に関する**証拠偽造を教唆した**旨の公訴事実により訴追されたものであるところ、所論は、Aは被告人の証拠偽造の依頼により新たに犯意を生じたものではないから、Aに対する教唆は成立しないというのである。

なるほど、Aは、被告人の相談相手というにとどまらず、自らも実行に深く関与することを前提に、Kの法人税法違反事件に関し、違約金条項を盛り込んだ虚偽の契約書を作出するという具体的な証拠偽造を考案し、これを被告人に積極的に提案していたものである。しかし、本件において、**Aは、被告人の意向にかかわりなく本件犯罪を遂行するまでの意思を形成していたわけではないから、Aの本件証拠偽造の提案に対し、被告人がこれを承諾して提案に係る工作の実行を依頼したことによって、その提案どおりに犯罪を遂行しようというAの意思を確定させたものと認められるのであり、被告人の行為は、人に特定の犯罪を実行する決意を生じさせたものとして、教唆に当たるというべきである。**したがって、原判決が維持した第１審判決が、Bに対してだけでなく、Aに対しても、被告人が本件証拠偽造を教唆したものとして、公訴事実に係る証拠隠滅教唆罪の成立を認めたことは正当である。

6-111　福岡高判平17・4・7（詐欺、殺人被告事件）

被告人は、総額約１６６万円に上る消費者金融に対する借金返済に追われていた上、平成１２年６月１４日ころ以降は、Mから借金の返済を執拗に迫られ、同人に強く求められて３００万円の借用書を差入れていたところ、同年７月から８月にかけて、Mから、Vに内緒で同人に本件生命共済に加入した上で交通事故を装って殺害し、共済金をMが取得するという計画への了承、協力を執拗に迫られたことから、被告人はこれを受け入れるようになり、遅くとも同年８月２５日、被告人が本件生命共済加入手続をする時点においては、被告人も夫Vを殺害して共済金を受け取るというMの意図を十分認識し、これに同意した上で同手続を行ったものと認められる。そして、本件のような保険金殺人事件においては、被告人が、夫を被共済者として本件生命共済に加入させて、共済掛金を払い込むという点で、被告人の協力が得られなければ、そして、夫を殺害後は、共済金を被告人から受け取る見込みがなければ、MにとってはVを殺害する意味もなく、殺意が生じる理由もなかったのであるから、**被告人の上記行為の客観的意義は、殺害の実行犯に劣らないほどの重要性を持つものと評価できる。**また、Mは多額の借金を負っており、当時その支払いに苦しんでいたため、被告人に対して貸金返済を強く求めたが、被告人において早期の支払いの目処が立たなかったことから、Vの生命保険金で支払うことさえ求めるまでになっていたが、被告人においても、Mからの借金返済の請求をただ引き延ばしていて、もし、これが直接夫に請求されるなどして、Mとの不倫関係が表沙汰になれば、Vから離婚される危険が予見される状況にあったこと、被告人は、Mの求めに応じる形で生命共済への加入手続をし、その後の本件生命共済の掛金は、ほとんどMに支払ってもらったことの各事実が認められる。これによれば、被告人の主観面からみても、被告人は、Mの計画に従って、V死亡後交付を受ける共済金からMへの借金を清算することにより、Mとの不倫関係を顕在化させることなく借財の返済を処理できれば、離婚の危機から逃れて、Vの妻としての地位を維持することができるという認識を有していたと推認できる。

（略）原判決は、被告人には、共同実行の意思に欠けていた疑いがあり、また、MのV殺害の意図については、積極的な賛同や了承をしておらず、V死亡という結果を認容してもいないと判示している。しかし、前記認定事実によれば、Mは、その経済状態が逼迫したことから、被告人に借金返済を強く求めていたのであり、これを放置していれば、Mが直接夫Vに支払いを求める危険があることは被告人も感じていたし、被告人に、不倫の事実や借金の存在等をVに隠したまま、その窮状を打開する目処があったわけではない。その意味で被告人の家庭生活は早晩崩壊する危機に直面していたのである（この点は、被告人が夫に事情を打ち明けて借金の返済を求めた場合でも基本的に同様である。）。そして、被告人は、本件生命共済の加入手続の際に、Mが共済掛金等を支払った行為は、それまでの経過から見て、本件生命共済への加入がMの計画に沿って行われているというMの認識を表したものであることは明らかであり、その際に被告人がMの気持を感じ取ることができなかったとは到底思われない。もとより、被告人において、本件生命共済加入手続以降は、Ｖを殺害して保険金や遺産を取得しようという意図のもとに、Mの計画に積極的に関わっている様子は認められないものの、少なくとも、被告人が本件生命共済への加入手続を行う時点では、被告人において、上記窮状を打開する目処がなく、従前どおりの安楽な生活を送るためには、ＶがMによって殺害されてもやむを得ないと考えたことは十分推認できるところである。そうすると、原判決の上記認定には同調できない。以上のとおり、**被告人が、夫Ｖに対する保険金目的の殺害についてMと意思を通じて共謀し、さらに、本件犯行の実質的な動機、目的となるという意味で不可欠な上記生命共済加入手続等を被告人が行うことにより、直接殺人の実行行為に参加しなくても、客観的にも主観的にも、Mの企図したＶ殺害行為を自己の手段として犯罪を行ったという意味で、実行担当者とその刑責に差異はない**と評価することができるから、結局、被告人は、Ｖ殺害行為について**共謀共同正犯**の責任を免れないというべきである（最判昭33・5・28参照）。

6-112　東京高判平15・1・23（建造物侵入、窃盗、窃盗未遂被告事件）

共同正犯と幇助犯の区別は、共同正犯が複数の者が互いに他人の行為を利用して各自の犯罪を実現しようとするものであるのに対し、幇助犯は他人の犯罪の実現を容易にしようとするものであるから、本件において、被告人が本件各犯行について共同正犯（被告人が実行行為そのものを行っていないことは、上記のとおりであるから、ここでは共謀共同正犯の成否が問題となる。）であるか幇助犯であるかについては、**被告人が、実行役らの行為を利用して自らも建造物侵入、窃盗の各犯罪を実現する意思を有していたのか、それとも被告人には実行役らによる本件各犯罪の実行を容易にする意思しかなかったか**によって決せられる。（略）

被告人は、８月２日夜、今池の駐車場から犯行グループと共に車で出発するまでの間に、（略）、７月１５日以来、昼の下見を併せて多数回にわたって犯行グループの金庫盗のための運転を行っており、かつ、被告人が運転手役としてかかわった金庫盗の中には７月２０日の（略）れを含め、約４回にわたり金庫盗を成功させたケースも含まれているところ、このことから考えると、被告人は、この間に見聞きし、体験したことから（略）、被告人らを使ってＨＲＶ車やステップワゴン車で深夜スーパーマーケット等の店舗に赴く８名位の中国人は金庫盗をしに行くものであること、これらの者がグループを形成し、役割分担を決め互いに連携協力して金庫盗を職業的、営業的に行っていること、被告人の運転するＨＲＶ車に乗車する者のうち２人の男女が見張り役であり、同車に乗車するそれ以外の中国人及び山口運転のステップワゴン車に乗車する中国人が実行役であること、見張り役の１人が建物内にいる実行役の１人と携帯電話をつなげたままにして連絡を保ち、ストップウォッチで計測した時間経過等を知らせたりしているのは、警備会社の警備員等が駆け付ける前にすみやかに逃げ去ることができるようにするためであること、被告人は金庫盗の盗取金から直接分け前を貰うわけではないが、被告人の受け取る報酬の出所がいずれかの金庫盗による盗取金であること、などを（略）の金庫盗を行うころまでには、確定的に知るようになっていたことを推認するに十分である。また、被告人の担当する**運転手役**は、犯行グループの行う金庫盗の実行役、見張り役を搬送するもので、チームを組み標的としたスーパーマーケット等の店舗へ出向いて多人数が一斉に侵入して金庫を搬出盗取するという、犯行グループの行う金庫盗の犯行にとって不可欠な役回りであり、しかも運転手役には、標的となるスーパーマーケット等の店舗まで実行役らを送り付けるだけでなく、実行行為の間も現場付近に停車して自らも逮捕の危険に身を晒しつつ、実行役が、警備会社の警備員等が現場に駆け付けてくるのと競争して金庫盗を遂行し、寸秒を争って建物外に出てくるのを待ち受け、実行役が外に出て来るや直ちにこれを車に乗せて現場から逃走するという、**実行行為そのものではないが、実行行為に準ずるような極めて重要な行為を行うことも求められていた**ものであるところ、被告人としても、（略）の金庫盗のころまでには、この運転手役の担う仕事の内容と金庫盗の実行との関連におけるその重要性等を十分認識するに至っていたと推認できるのである。さらに、被告人が頼まれたのは運転であるが、被告人運転のＨＲＶ車は、実行役による金庫盗が行われている間は見張りの拠点となっていたことから、遅くも（略）の金庫盗のころには、自発的に自らも見張り行為をするようになっていたことも認められる（略）、このように、被告人は、金庫盗を職業的、営業的に行っている犯行グループから依頼されて、報酬目当てに毎日のように犯行グループの運送をする運転手役として金庫盗に加担して（略）の犯行時に至っており、しかもこのころには上記のとおり実行役が金庫盗を実行している間自発的に車内で見張り行為も行うようになっていたのであって、被告人がこのころには犯行グループとの相応の一体感ないしは犯行グループへの相応の帰属意識を持って犯行にかかわるようになっていたことを看取し得る。その上、被告人の分担した運転の仕事は、上記のとおり、金庫盗に欠くべからざるものであったばかりでなく、実行行為そのものではないものの金庫盗実行中現場付近で待機し実行直後現場から実行役らを逃走させるという実行行為に準ずるような重要な役目も担うものであったのであり、かつ、**被告人はこのことを十分認識していたのである。**しかも、この現場付近に待機し実行直後実行役らを現場から逃走させるという仕事は逮捕される危険に身を晒すものであるが、被告人はこの危険を顧みず、敢えてこの仕事を行っていたものであって、そこには、**被告人の金庫盗を完遂させることへの積極的意思が看取できる**のである。このほか、被告人は、(略)の犯行のころには、被告人に対する報酬が、下見の分を含め、犯行グループが被告人ら運転手役を使って行っている金庫盗の上がりから支払われるものであることを知るようになっていたものであり、このことからしても、被告人は自己のためにも金庫盗を成功させたいと考えるようになっていたと見るのが常識にかなうことなどを併せ考えると、たとえ、所論の指摘するように、被告人が金庫盗を実行する店舗の選定等に与ることがなく、その分担する仕事も基本的には運転にとどまり、また、その報酬が盗取金から直接分け前として支払われるわけではなく、金庫盗の成功、不成功、窃取金額の多寡にかかわらず、1回2万円又は3万円と定額であり、基本的には運転行為に対する対価と見られること(もっとも、この報酬単価が、運転行為の対価としては高額であり、金庫盗のための運転行為であることが考慮された単価であることは明らかである。)などの事情があったとしても、被告人は、(略)の金庫盗のための運転をした時点では、他の者らが窃盗行為をしており、**自分の運転行為がそれを手助けしているという認識を有するにとどまっていたとはいえず、自らも、共犯者の行為を利用して建造物侵入、窃盗の各犯罪を実現する意思を有していたと優に認めることができる。**

6-113　札幌高判平12・3・16(傷害致死〔変更後の訴因　傷害致死幇助〕被告事件)

不作為による幇助犯の成立要件に徴すると、原判決が掲げる「犯罪の実行をほぼ確実に阻止し得たにもかかわらず、これを放置した」という要件は、不作為による幇助犯の成立には不必要というべきであるから、実質的に、作為義務がある者の不作為のうちでも結果阻止との因果性の認められるもののみを幇助行為に限定した上、被告人に具体的に要求される作為の内容としてAの暴行を実力をもって阻止する行為のみを想定し、AとDの側に寄ってAがDに暴行を加えないように監視する行為、あるいは、Aの暴行を言葉で制止する行為を想定することは相当でないとした原判決には、罪刑法定主義の見地から不真正不作為犯自体の拡がりに絞りを掛ける必要があり、不真正不作為犯を更に拡張する幇助犯の成立には特に慎重な絞りが必要であることを考慮に入れても、なお法令の適用に誤りがあるといわざるを得ない。(略)(注:**破棄自判の罪となるべき事実**)

被告人は、平成九年六月ころ、先に協議離婚したAと再び同棲を開始するに際し、当時自己が親権者となっていた、元夫Bとの間にもうけた長男C及び二男D(当時三歳)を連れてAと内縁関係に入ったが、その後、AがDらにせっかんを繰り返すようになったのであるから、その親権者兼監護者としてDらに対するAのせっかんを阻止してDらを保護すべき立場にあったところ、Aが、平成九年一一月二〇日午後七時一五分ころ、釧路市鳥取南《番地略》甲野マンション一号室において、Dに対し、その顔面、頭部を平手及び手拳で多数回にわたり殴打し、転倒させるなどの暴行を加え、よって、Dに硬膜下出血、くも膜下出血等の傷害を負わせ、翌二一日午前一時五五分ころ、同市春湖台一番一二号市立釧路総合病院において、Dを右傷害に伴う脳機能障害により死亡させた犯行を行った際、同月二〇日午後七時一五分ころ、右甲野マンション一号室において、Aが前記暴行を開始しようとしたのを認識したのであるから、直ちに右暴行を阻止する措置を採るべきであり、かつ、これを阻止してDを保護することができたのに、何らの措置を採ることなく放置し、もってAの前記犯行を容易にしてこれを幇助したものである。(略)

(補足説明) 1　**不作為による幇助犯は、正犯者の犯罪を防止しなければならない作為義務のある者が、一定の作為によって正犯者の犯罪を防止することが可能であるのに、そのことを認識しながら、右一定の作為をせず、これによって正犯者の犯罪の実行を容易にした場合に成立し、以上が作為による幇助犯の場合と同視できることが必要と解される。**

2　被告人は、平成八年三月下旬以降、約一年八か月にわたり、Aとの内縁ないし婚姻関係を継続し、Aの短気な性格や暴力的な行動傾向を熟知しながら、Aとの同棲期間中常にDらを連れ、Aの下に置いていたことに加え、被告人は、わずか三歳六か月のDの唯一の親権者であったこと、Dは栄養状態が悪く、極度のるい痩状態にあったこと、Aが、甲野マンションに入居して以降、CやDに対して毎日のように激しいせっかんを繰り返し、被告人もこれを知っていたこと、被告人は、本件せっかんの直前、Aが、Cにおもちゃを散らかしたのは誰かと尋ね、Cが、Dが散らかした旨答えたのを聞き、更にAが寝室でDを大きな声で問い詰めるのを聞いて、AがDにせっかんを加えようとしているのを認識したこと、Aが本件せっかんに及ぼうとした際、室内には、AとDのほかには、四歳八か月のC、生後一〇か月のF子及び被告人しかおらず、DがAから暴行を受けることを阻止し得る者は被告人以外存在しなかったことにかんがみると、Dの生命・身体の安全の確保は、被告人のみに依存していた状態にあり、かつ、被告人は、Dの生命・身体の安全が害される危険な状況を認識していたというべきであるから、被告人には、ＡがＤに対して暴行に及ぶことを阻止しなければならない**作為義務**があったというべきである。
ところで、原判決は、被告人は、甲野マンションで、Ａから強度の暴行を受けるようになって以降、子供達を連れてＡの下から逃げ出したいと考えていたものの、逃げ出そうとしてＡに見付かり、酷い暴行を受けることを恐れ、逃げ出せずにいたことを考えると、その作為義務の程度は極めて強度とまではいえない旨判示しているが、原判決が依拠する前記第二の一の被告人の供述（１）及び（２）は、前記第三の一の１及び２で検討したとおり、いずれもたやすく信用することができないから、右判示はその前提を欠き、被告人の作為義務を基礎付ける前記諸事実にかんがみると、右**作為義務の程度は極めて強度**であったというべきである。
３　前記第四の二のとおり、被告人には、一定の作為によってＡのＤに対する暴行を阻止することが可能であったところ、関係証拠に照らすと、被告人は、本件せっかんの直前、ＡとＣとのやりとりを聞き、更にＡが寝室でＤを大きな声で問い詰めるのを聞いて、ＡがＤにせっかんを加えようとしているのを認識していた上、自分がＡを監視したり制止したりすれば、Ａの暴行を阻止することができたことを認識しながら、前記第四の二のいずれの作為にも出なかったものと認められるから、被告人は、右**可能性を認識しながら、前記一定の作為をしなかったものというべき**である。
４　関係証拠に照らすと、被告人の右不作為の結果、被告人の制止ないし監視行為があった場合に比べて、ＡのＤに対する暴行が容易になったことは疑いがないところ、被告人は、そのことを認識しつつ、当時なおＡに愛情を抱いており、Ａへの肉体的執着もあり、かつ、Ａとの間の第二子を懐妊していることもあって、Ｄらの母親であるという立場よりもＡとの内縁関係を優先させ、ＡのＤに対する暴行に目をつぶり、あえてそのことを認容していたものと認められるから、被告人は、右**不作為によってＡの暴行を容易にしたものというべき**である。（略）、被告人の行為は、不作為による幇助犯の成立要件に該当し、被告人の作為義務の程度が極めて強度であり、比較的容易なものを含む前記一定の作為によってＡのＤに対する暴行を阻止することが可能であったことにかんがみると、被告人の行為は、作為による幇助犯の場合と同視できるものというべきである。

6-114　大阪高判平5・3・30（覚せい剤剤取締法違反、同幇助等被告事件）

被告人両名は、幼い時から親しい友人であり、小・中学校では同級生であった。被告人Ｂは、実妹のＤを通じて同女の愛人Ｃと知合い、同人を被告人Ａに紹介した。被告人両名は、平成三年七月二五日ごろ、ＣとＤの宿泊先である台湾台北市内のホテル美的大飯店（以下「美的大飯店」という。）でＣから覚せい剤の入手を頼まれ、被告人Ａが心当たりがあると言って、Ｃの依頼に応じた。同月二六日ころ、美的大飯店で、被告人ＡがＣから覚せい剤の仕入代金のほか、手数料等を含めて一八万元を受け取り、うち七五〇〇元は被告人両名の取り分とされた。被告人Ｂは、Ｄの強い希望により、被告人Ａの覚せい剤の買い入れに同行した。なお、被告人ＢもＤから交通費、食事代名下に一万元を受け取った。被告人両名は、覚せい剤を調達するため、そろって台湾嘉義県にある被告人Ａの友人方に行き、そこで密売人のＥに会った。翌二七日ころ被告人ＡとＥが高雄に行って一七万元で約一・五キログラムの覚せい剤を入手した。被告人両名は、これを台北市に持ち帰ったが、その途中、被告人Ｂもこれを手にしたことがあった。被告人両名は、同月二八日ころ、美的大飯店に行き、その一室において、被告人Ｂが同席している場で、被告人ＡがＣに入手した覚せい剤を手渡した。以上の事実が認められる。
ところで、原判決は罪となるべき事実第一として、**被告人両名が「共謀のうえ」**Ｃらが営利の目的で台湾から関税法上の禁制品である覚せい剤を輸入して、旅具検査場を通過し、禁制品である覚せい剤を本邦内に輸入した際、同月二八日ころ、「調達した覚せい剤約一四〇〇グラムを同人に手渡して」同人らの犯行を**幇助した**旨認定している。この点に関する起訴状の記載も同趣旨である。これらによれば、覚せい剤の手渡し行為のほか、「調達行為」も幇助行為に該当するとしているのか、必ずしも明らかとはいえない。したがって、覚せい剤の手渡し行為だけについて、幇助行為の成否を論ずるのほかない。しかし、その事実関係は前示のとおりであって、特に、被告人Ｂは、ＤやＣと特別な関係にあること、被告人ＡをＣに紹介したのは被告人Ｂであること、覚せい剤の調達には被告人Ｂも同行していること、被告人両名の手で美的大飯店まで持ち込まれていることなどの経緯に加え、手渡した場に被告人Ｂも同席していたことなどを併せ考えると、被告人両名が意思相通じ、共同して右の覚せい剤をＣに手渡したものとみるのが自然であ（略）
共同幇助ひいては共謀共同幇助の罪が認められるかについては、刑法上直接明示の規定はない。しかし、刑法六二条の「幇助」を単独行為に限定すべき理由はない。また、刑法六〇条の「犯罪」を構成要件該当の正犯行為に限定すべき理由もない。したがって、これらは積極的に解するのが相当である（大審判昭10・10・24等参照）。

2　共謀共同正犯

共謀共同正犯は、自分では実行行為を行わないが、他人と犯罪の実行を共謀（**共同実行の意思**）して、**他人の実行行為を自己の犯罪の実現のために積極的に利用する意思（正犯意思）があれば、他の正犯者が実行した結果について**、実行行為を分担したと同一の非難可能性があるとして共同正犯者とするものである。間接正犯とは共謀＝意思の連絡の有無によって区別される。間接正犯を意図したのに、道具が指示された行為が犯罪の実行行為であることを認識していた場合（故意ある道具）に錯誤の問題が発生し、間接正犯を意図した者に共謀共同正犯が成立するのか、錯誤によって教唆にとどまるのか、故意ある道具は片面的幇助犯にとどまるのか、単独の正犯が成立するのかが問題となる（間接正犯の項で詳述した）。

判例6-116は、スワット事件と言われる有名な判例であり、暴力団組織内の取り決め、慣行などを基に、組長である被告人とは別の車に乗って同行していた警護員（スワット）の拳銃所持について、被告人に共謀を肯定している。組長である被告人は、自分のための警護員であることを認識しているので正犯意識は認められるとしても、警護員が拳銃を所持していることの認識の明確性がない上に、具体的な共謀が存在しなくても黙認しているだけでよいとして、共謀の範囲、故意の存在を肯定する点で拡張しすぎるのではないかという危惧があり、深澤裁判官が、この理論を適用することには賛成しながらも、その適用は厳格であるべきであると警告している。これに対して、**同6-115**は、同種事案について、要件を厳格に吟味して組長の共謀を否定している。二つの判例を比較すると分かりやすい。

同6-118は、指揮者の地位にあった被告人の故意について、謀議の内容では実行者による殺害を被害者の抵抗状態を見た上で決行するとしていたとしても、実行者らによって実行行為を遂行させようとする被告人の意思そのものは確定していたとし、殺意は未必の故意で足り、それがあるとした。

同6-117は、暴力団員間の恐喝事案において、間に入って調整役を行っていた者について、共謀及び実行行為を否定した事案である。**同6-119**は、共謀認定には厳格な証明が必要であるとしたものである。

（共謀共同正犯に関する判例）

6-115　最判平21・10・19（銃砲刀剣類所持等取締法違反被告事件）

原判決は、太郎及び一男は、暴力団丁木会関係者による襲撃から被告人を警護するため、本件けん銃等を所持した上、甲野組総本部における定例の幹部会に出席するため阪神地区に向かった被告人に、その秘書役のＢ及び総長付きのＣと共にＪＲ浜松駅から同行し、同駅から新幹線を利用して新神戸駅に着くまでの間や、その後、同駅から甲野組総本部に向かうまでの間、被告人の身近に随行し、あるいは被告人の乗車した車を別の車に乗って追従し、Ａホテル（以下「本件ホテル」という。）においては、被告人と同じ階の部屋に宿泊して、本件当日も本件ホテルロビーで逮捕されるまでの間、被告人らと行動を共にしていたことは明らかであるとした。その上で、原判決は、ア　被告人が、丁木会関係者から乙原会が攻撃を受ける可能性はさほどではなく、特段の警護をするまでのことはないと考えていたとしても不自然ではない状況にあった、イ　乙原会本部事務所付近における警戒態勢が平成９年９月１日以降特に厳重なものであったとは認められない、ウ　本件前日の同月１９日のＪＲ浜松駅から本件ホテル到着までの警護状況につき、太郎や一男の立場は被告人の警護役専門ではなく、荷物持ちとしての役割の方が大きいとみる余地が多分にある、エ　本件ホテルにおいて、被告人ら乙原会関係者の警護の程度は、同じ階に宿泊していた暴力団甲野組系戊谷会関係者の警護、警戒の状況と比べると格段に低かった、オ　本件直前、ホテルロビーにおいて、被告人は集団の中心付近ではなく、その最前列を歩いており、警察官が職務質問のために被告人に接近しても、太郎らは、これを制止するなどの行動に出た形跡がうかがわれない、カ　甲野組若頭補佐のＤ及びＥについてけん銃等所持の共謀共同正犯が認定された同人らに係る各銃砲刀剣類所持等取締法違反被告事件と異なり、乙原会では、けん銃を所持するなどした組長の警護組織の存在がみられないなどとした。そして、原判決は、被告人が太郎らのけん銃等所持についての共同正犯としての責任を負うには、被告人において、太郎及び一男が本件けん銃等を所持していたことについて概括的にせよ確定的に認識していたことを認めるに足りる証拠が必要であるところ、前記アないしカの諸点に照らすと、関係証拠によってもそのような認識が被告人にあったことが認められるような事実は存せず、被告人において、太郎及び一男がけん銃等を携行して警護しているものと概括的にせよ確定的に認識しながら、これを受け入れて容認していたとするには合理的な疑いが残るとして、本件公訴事実の証明がないとし、被告人を無罪とした第１審判決に事実の誤認はないというものである。

6-116 最決平15・5・1（銃砲刀剣類所持等取締法違反被告事件）

（１）被告人は、兵庫、大阪を本拠地とする三代目山健組組長兼五代目山口組若頭補佐の地位にあり、配下に総勢約３１００名余りの組員を抱えていた。山健組には、被告人を専属で警護するボディガードが複数名おり、この者たちは、アメリカ合衆国の警察の特殊部隊に由来するスワットという名称で呼ばれていた。スワットは、襲撃してきた相手に対抗できるように、けん銃等の装備を持ち、被告人が外出して帰宅するまで終始被告人と行動を共にし、警護する役割を担っていた。

被告人とスワットらとの間には、スワットたる者は個々の任務の実行に際しては、親分である被告人に指示されて動くのではなく、その気持ちを酌んで自分の器量で自分が責任をとれるやり方で警護の役を果たすものであるという共通の認識があった。

（２）被告人は、秘書やスワットらを伴って上京することも多く、警視庁が内偵して把握していただけでも、本件の摘発がなされた平成９年中に、既に７回上京していた。東京において被告人の接待等をする責任者は山健組兼昭会会長のＡ（以下「Ａ」という。）であり、Ａは、被告人が上京する旨の連絡を受けると、配下の組員らとともに車５、６台で羽田空港に被告人を迎えに行き、Ａの指示の下に、おおむね、先頭の車に被告人らの行く先での駐車スペース確保や不審者の有無の確認等を担当する者を乗せ（先乗り車）、２台目にはＡが乗って被告人の乗った車を誘導し（先導車）、３台目には被告人と秘書を乗せ（被告人車）、４台目にはスワットらが乗り（スワット車）、５台目以降には雑用係が乗る（雑用車）という隊列を組んで、被告人を警護しつつ一団となって移動するのを常としていた。

（３）同年１２月下旬ころ、被告人は、遊興等の目的で上京することを決め、これを山健組組長秘書見習いＢ（以下「Ｂ」という。）に伝えた。Ｂは、スワットのＣ（以下「Ｃ」という。）に上京を命じ、Ｃと相談の上、これまで３名であったスワットを４名とし、被告人には組長秘書ら２名と山健組本部のスワット４名が随行することになった。この上京に際し、同スワットらは、同年８月２８日に山口組若頭兼宅見組組長が殺害される事件があったことから、被告人に対する襲撃を懸念していたが、山健組の地元である兵庫や大阪などでは、警察の警備も厳しく、けん銃を携行して上京するのは危険と考え、被告人を防御するためのけん銃等は東京側で準備してもらうこととし、大阪からは被告人用の防弾盾を持参することにした。そこで、Ｂから被告人の上京について連絡を受けたＡは、同人の実兄である姉ヶ崎連合会佐藤二代目畠山組組長のＤ（以下「Ｄ」という。）に電話をして、けん銃等の用意をも含む一切の準備をするようにという趣旨の依頼をし、また、Ｃも、前記兼昭会の組員にけん銃等の用意を依頼し、同組員は、Ｄにその旨を伝えた。連絡を受けたＤは、畠山組の組員であるＥとともに、本件けん銃５丁を用意して実包を装てんするなどして、スワットらに渡すための準備を調えた。

（４）同年１２月２５日夕方、被告人がＢやＣらとともに羽田空港に到着すると、これをＡや畠山組関係者と、先に新幹線で上京していたスワット３名が５台の車を用意して出迎えた。その後は、（２）で述べたようなそれぞれの役割区分に従って分乗し、被告人車のすぐ後ろにスワット車が続くなどの隊列を組んで移動し始め、最初に立ち寄った店を出るころからは、次のような態勢となった。

〔１〕先乗り車には、山健組本部のスワット１名と同組兼昭会のスワット１名が、各自実包の装てんされたけん銃１丁を携帯して乗車した。

〔２〕先導車には、Ａらが乗車した。

〔３〕被告人車には、被告人のほかＢらが乗車し、被告人は前記防弾盾が置かれた後部座席に座った。

〔４〕スワット車には、山健組本部のスワット３名が、各自実包の装てんされたけん銃１丁を携帯して乗車した。

（略）そして、被告人らは、先乗り車が他の車より少し先に次の目的場所に向かうときのほかは、この車列を崩すことなく、一体となって都内を移動していた。また、遊興先の店付近に到着して、被告人が車と店の間を行き来する際には、被告人の直近を組長秘書らがガードし、その外側を本件けん銃等を携帯するスワットらが警戒しながら一団となって移動し、店内では、組長秘書らが不審な者がいないか確認するなどして警戒し、店外では、その出入口付近で、本件けん銃等を携帯するスワットらが警戒して待機していた。

（5）略。

（6）スワットらは、いずれも、被告人を警護する目的で実包の装てんされた本件各けん銃を所持していたものであり、**被告人も、スワットらによる警護態様、被告人自身の過去におけるボディガードとしての経験等から、スワットらが被告人を警護するためけん銃等を携行していることを概括的とはいえ確定的に認識していた**。また、**被告人は、スワットらにけん銃を持たないように指示命令することもできる地位、立場にいながら、そのような警護をむしろ当然のこととして受入れ、これを認容し、スワットらも、被告人のこのような意思を察していた**。

２　本件では、（略）スワットらのけん銃５丁とこれに適合する実包等の所持について、被告人に共謀共同正犯が成立するかどうかが問題となるところ、被告人は、スワットらに対してけん銃等を携行して警護するように直接指示を下さなくても、スワットらが自発的に被告人を警護するために本件けん銃等を所持していることを確定的に認識しながら、それを当然のこととして受け入れて認容していたものであり、そのことをスワットらも承知していたことは、前記１（6）で述べたとおりである。なお、弁護人らが主張するように、被告人が幹部組員に対してけん銃を持つなという指示をしていた事実が仮にあったとしても、前記認定事実に徴すれば、それは自らがけん銃等の不法所持の罪に問われることのないように、自分が乗っている車の中など至近距離の範囲内で持つことを禁じていたにすぎないものとしか認められない。また、前記の事実関係によれば、被告人とスワットらとの間にけん銃等の所持につき**黙示的に意思の連絡があった**といえる。そして、スワットらは被告人の警護のために本件けん銃等を所持しながら終始被告人の近辺にいて被告人と行動を共にしていたものであり、彼らを指揮命令する権限を有する被告人の地位と彼らによって警護を受けるという被告人の立場を併せ考えれば、**実質的には、正に被告人がスワットらに本件けん銃等を所持させていたと評し得るのである**。したがって、被告人には本件けん銃等の所持について、Ｂ、Ａ、Ｄ及びＣらスワット５名等との間に共謀共同正犯が成立するとした第１審判決を維持した原判決の判断は、正当である。

（裁判官深澤武久の補足意見）

私は、法廷意見に賛同するものであるが、罪刑法定主義との関係において、**共謀共同正犯の成立については、厳格に考えるべきものであるという立場から意見を述べておきたい**。

（略）本件犯行について、具体的な日時、場所を特定した謀議行為を認めることはできないが、組長を警護するために、けん銃等を所持するという犯罪行為を共同して実行する意思は、組織の中で徐々に醸成され、本件犯行当時は、被告人も警護の対象者として、実行行為者らが被告人警護のために、けん銃等を携行していることを概括的にではあるが確定的に認識して犯行場所ないしその付近に臨んでいたものである。

２　被告人と実行行為者間に、上記のような関係がある場合、具体的な謀議行為が認められないとしても、犯罪を共同して遂行することについての合意が認められ、一部の者において実行行為が行われたときは、実行行為に直接関与しなかった被告人についても、**他人の行為を自己の手段として犯罪を行ったものとして、そこに正犯意思が認められる本件のような場合には、共謀共同正犯が成立するというべきである**。

6-117 大阪高判平8・9・17（恐喝被告事件）

被告人は、山口組系倉本組組員であり、Ｘの経営するプチラウンジ「Ｍ」からいわゆる守料を得て同店で発生するもめ事を治める用心棒をしていたものであるところ、平成六年一二月二八日、Ｘから、同店に疋田組のＹ下という男が来て迷惑している旨の連絡を受けたが、所用のため自身では同店に行くことができなかったことから、かねて懇意にしていた山口組系山健組内疋田組若頭甲野に依頼して、代りに同店まで出向いてもらうことにした。甲野は、疋田組にＹ下という者はいないことから組の名を騙る者が同店に来ているものと考え、配下の組員とともに同店に乗り込んだところ、店にいたのは、疋田組組長の兄弟分で、暴力団の組織上自分より目上にあたる山口組系中野会組員のＹ川であったため、両目を失い、気まずい思いをすることになった。そこで、甲野は、その日のうちに、被告人に対し、Ｙ川をＹ下と間違えた事情につき、Ｘに釈明させるよう求めたが、Ｘから詫びの電話ひとつなかったので腹を立て、翌二九日、被告人に電話して、いくら待ってもＸからは連絡がないこと、前日被告人から前記依頼の電話を受けたときは、組の幹部会の最中だったが、それを抜けて「Ｍ」に行ったこと、などの苦情を言ったうえ、同人との面談を手配するよう要求した。その際、被告人は、甲野にむだ足を踏ませたうえ、気まずい思いをさせたことに対する詫びとして飯代または車代名目で二〇万ないし三〇万円を渡すことで始末をつけようと考え、「飯代や車代を出させる。」等と応じたが、甲野は「そんなもんですまへんやろ。」と言って納得しないので、「相手をよう知っとるし、わしはそんなことは言われへん。それやったらおまえが言え。自分から言わんかい。」と言い、その日のうちに、姫路市内のホテル・サンシャイン青山の喫茶室でＸと会って、前日甲野が被告人の代わりに「Ｍ」に行った経過を説明し、「甲野は幹部会に出とったところを店に行ってくれたのに、相手が中野会のＹ川だったのでヘタうたしてしまった。だから、それなりの礼をせなあかん。組の者を連れて行っているので、飯代、足代として二〇万位包もうと思っている。」と話したところ、Ｘも「それで話がつくんやったら、それくらいの金は私が出しましょう。」と了解した。そこで、被告人が電話で両者と連絡をとって面談の日時場所を打ち合わせ、翌三〇日午後三時過ぎころ、被告人経営のＢ産業事務所に被告人、Ｘ、甲野及び同人が連れて来た疋田組組員乙谷が集まり、同日午後四時ころまでの間、同所において、甲野と乙谷が、Ｘに対し、原判示のような言辞を弄して金員の提供と手形の割引を要求し、現金三〇〇万円については同日午後一二時までに、手形割引金については翌三一日の午後一二時までに、いずれも被告人に届けるよう指示した。その間、被告人は、Ｘから右喝取金を受け取ることは引受けたものの、同人に対して脅迫的な言動は示しておらず、甲野が一〇〇〇万円を要求したときには、「ちょっと待て。そんなもん、ゴジャ（無理難題）やないか。ゴジャ言わんと、下げて物を言えや。」と言って制している。そして、同月三〇日午後七時三〇分ころ、Ｘが右事務所に一〇〇万円ずつ帯封した現金三〇〇万円を持参したときにも、甲野に対しては、百七、八十万はできたが、三〇〇万はできないとＸが言っているので二〇〇万位でおさめてもらいたい旨電話で値切り交渉をし、甲野が承諾しなかったので、同夜同人に右喝取金を届けるときには、帯封を解き、ばらばらに集めて工面したように見せかけた。その際、甲野が、右三〇〇万円のなかから五〇万円を取っておくように言ったので、五〇万円を手元に置き、残りの二五〇万円を甲野に届けたが、Ｘには当日か遅くとも翌日にそのことを話し、その処理について同人の意見を聞こうとしている。また、手形割引については、Ｘができないと言ってきたのをそのまま甲野に伝えている。

以上のとおり認めることができ、なお、公訴事実によれば、甲野がＸを脅迫していたとき、被告人も、甲野に調子を合わせて「甲野は幹部会を抜けてお前の店へ行ったんや。幹部会にちゃんとした話持って帰らなあかん言うとんのや。」と脅迫したというのであるが、被告人は、原審公判において、甲野が幹部会のことを持ち出してＸを脅迫しているとき、自分も、相槌を打つようなことは言ったけれども、その場の空気を和らげる調子で言ったにすぎない旨供述しており、原審証人Ｘも、同人が甲野から脅迫されている時、被告人が「幹部会云々でネジを巻かれとるから、きっちりしたもんを持って帰らんと、組の中で甲野自身の顔がないんじゃ。」というようなことを言った旨供述しているものの、同証人の供述からは、当時被告人からも脅迫されたという認識はなかったことが窺われ、原審証人甲野は、被告人の右のような言葉を聞いた記憶がないと供述しており、乙谷の検察官調書抄本にも、被告人が右のような言葉でＸを脅した旨の供述記載はなく、甲野がＸに一〇〇〇万円とか三〇〇万円とかを要求していた際、被告人が甲野に対して「こないだの話のようにしたってくれへんか。」と金額的にもう少しまけられないかといった意味のことを二、三回言っていた旨の供述記載があるのみであって、これらを総合すると、被告人が、右のような言葉でＸを脅したと認めるに足りる証拠はないといわなければならない。

以上の認定事実によれば、被告人は、前記二九日の甲野との電話で、同人が二〇万円程度の詫び料では到底納得せず、Ｘに対してより多額の金銭を要求し、同人が素直に応じなければ暴力団の威力を背景に脅迫することが予想されたのに、甲野にＸを引き合わせ、また、その後、喝取金の受け渡しを仲介するなどして、本件恐喝の犯行の実現に相当程度寄与していることは明らかであるけれども、**恐喝の実行行為を分担したものとは認められず**（原判決は、喝取金の受領行為を恐喝行為の典型的な実行行為の一部であると説示しているが、**喝取金の交付を受ける行為は、それが恐喝の犯意のある者によって行われた場合にのみ恐喝の実行行為にあたるというべき**である。）、Ｘの経営する店の用心棒という関係にあり、しかも、本来被告人自身がＸの店に行かなければならないのに、甲野に代わりを頼み、その際、Ｘと共に組関係の客の名前を間違えて伝えて甲野の面目を潰したといういきさつもあって、甲野の右詫び料の要求に対しては、同人との友好関係に配慮しつつも、他方で、Ｘの側にあって同人をかばわざるを得ない立場にあり、そのため、当初は、二〇万円程度の金額でことを治めようと考えてその旨Ｘから了解をとり、甲野に働きかけ、Ｘが現金三〇〇万円を支払うことになった後も、甲野に値引き交渉をしていること、甲野から分け前の趣旨で五〇万円を受け取ったが、それは、Ｘが持参した三〇〇万円を甲野のもとへとどける段になって同人が言い出したことによるものであり、さらに、右五〇万円のことを遅くとも翌日にはＸに告げ、その処理について同人の意見を聞こうとしていることなどにかんがみると、被告人に甲野らの行為を利用し同人とともに**恐喝罪を行おうとする犯意があったとは認めがたい**。

してみると、被告人は実行行為を分担しておらず、甲野、乙谷との間で共謀があったと認めることもできないので、被告人に共同正犯としての罪責を認めるべき証拠は不十分であるといわざるを得ないから、原判決はこの点に関し事実の認定を誤ったものである。

6-118　最判昭59・3・6（殺人、銃砲刀剣類所持等取締法違反、火薬類取締法違反被告事件）

右判示は、共謀共同正犯者につき、謀議の内容においては被害者の殺害を一定の事態の発生にかからせており、犯意自体が未必的なものであつたとしても、実行行為の意思が確定的であつたときは、殺人の故意の成立に欠けるところはないものとする趣旨と解すべきである。（略）被告人は、本件殺人の共謀時においても、将来、被害者といま一度話し合う余地があるとの意思を有しており、被害者の殺害計画を遂行しようとする意思が確定的ではなかったものとみているかに解される部分もないではないが、原判決を仔細に検討すれば、それは共謀の当初の時期における被告人の意思を記述したにとどまることが明らかである。すなわち原判決は、被告人は、S、U及びYとの間で、被害者から貸金問題について明確な回答が得られないときは、結着をつけるために、暴力的手段に訴えてでも同人を強制的に連行しようと企て、当初は、被害者と貸金問題についていま一度話し合つてみる余地もあると考えていたものの、一方では、このような緩慢な態度に終始していると舎弟頭として最後の責任をとる羽目にもなりかねないとも考え、また、本件犯行現場に向かう自動車内等でのSらの言動から、同人らが被害者の抵抗いかんによつてはこれを殺害することも辞さないとの覚悟でいるのを察知しており、Sらとともに本件犯行現場に到着した際には、同人らに対し、被害者の応対が悪いときは、その後の事態の進展を同人らの行動に委ねる旨の意思を表明していること、その後犯行現場においてS及びUが刺身包丁で被害者の左前胸部等を突き刺したうえ転倒した同人を自動車後部座席に押し込む際、「早よ足を入れんかい」などと指示し、さらに右自動車内において、Uが刺身包丁で被害者の大腿部を突き刺したのに対してもなんら制止することなく容認していたこと等の事実を認定したうえで、これらの事情を総合して、被告人は、未必の故意のもとに、実行行為者であるSらと共謀のうえ被害者を殺害した旨判示しているのである。右判示を全体としてみれば、原判決は、指揮者の地位にあつた被告人が、犯行現場において事態の進展をSらの行動に委ねた時点までには、謀議の内容においてはSらによる殺害が被害者の抵抗という事態の発生にかかつていたにせよ、Sらによつて実行行為を遂行させようという被告人の意思そのものは確定していたとして、被告人につき殺人の未必の故意を肯定したものであると理解することができる。

6-119　最判昭33・5・28（傷害致死暴行暴力行為等処罰ニ関スル法律違反窃盗各被告事件）

「共謀」または「謀議」は、共謀共同正犯における「罪となるべき事実」にほかならないから、これを認めるためには厳格な証明によらなければならないことはいうまでもない。しかし「共謀」の事実が厳格な証明によつて認められ、その証拠が判決に挙示されている以上、共謀の判示は、前示の趣旨において成立したことが明らかにされれば足り、さらに進んで、謀議の行われた日時、場所またはその内容の詳細、すなわち実行の方法、各人の行為の分担役割等についていちいち具体的に判示することを要するものではない。

3　承継的共同正犯

承継的共同正犯とは、実行行為の途中で、先行行為者と共謀（ほとんどは現場共謀）して、その後の実行行為（後行行為）を分担した場合、自分が加わる以前の先行行為によって生じた結果の責任をも負うという考え方である。これは、実行行為と故意（共謀＝故意の共同）の同時存在という原則を拡張した概念であり、その根拠は、先行行為の結果を認識し、それを積極的に利用する意思で後行行為を行ったことは、先行行為も分担したと同じ非難可能性があるとの考えに基づくものである。

判例6-124は、承継的共同正犯の理論について詳細に説示し、全面肯定説、全面否定説とも否定し、後行行為者は、特別の事情がない限り、共謀成立後の行為についてのみ責任を負い、先行者の行為についても責任を負うのは、先行者の行為及び結果を認識・認容して、参加後の自己の犯罪に積極的に利用する意思がある場合に限られるとし、承継的共同正犯の成立を否定し、その場合に**同時傷害の特例**の適用の有無にまで論及している。大変参考になる。**同6-120**は、中心人物の強盗の犯意が第一現場から第二現場まで一貫して継続しており、第一現場でも第二現場でも強取があった場合、後から加わった者は、第二現場での暴行については制止するなどして自ら暴行を行っていないことを理由として、第二現場で先行行為の反抗抑圧状態を利用して強取することを共謀する意思はあるが、第一現場で生じた傷害の結果まで利用する意思はないとして、承継的共同正犯を否定して第二現場での強盗罪の成立に留めている。**同6-121**も、第二現場での監禁から加わった者について、第一現場での暴行などを知らなかったし、第二現場から参加したのも暴力団の上位者から支持されたためであることなどを理由に承継的共同正犯を否定したが、継続犯である監禁罪の成立には影響しないとしている。この場合、第二現場で傷害を負わせていなければ第一現場での傷害の責任を負わず監禁罪のみが成立することになる。これに対して、**同6-122**は、住宅に関する不動産侵奪罪について、玄関に占有意思を表明する張り紙をし鍵を取り換えた後しばらくしてテレビなどを持ち込んで寝泊まりした者は不可罰的事後行為ではなく、張り紙や鍵の変更は実行の着手にはなるが、継続犯であるので既遂時期は前占有者の占有を排除した状態がある程度継続する必要があり、前占有者が家事道具をそのままにしており戻ってくる意思があるのだから、寝泊まりを始めたことで既遂になるとして、承継的共同正犯を肯定している。**同6-123**は、サリン製造計画に途中から参加したオウム信者について殺人予備罪の承継的共同正犯を認めたものである。

(承継的共同正犯に関する判例)

6-120　東京高判平17・11・1(強盗致傷、窃盗被告事件)

(1)ＡとＢは、午前２時過ぎころ被告人乙の実家からＣの家に向かったが、その途中、第１現場の付近において、Ａは、Ｅがヘルメットを被らずに原動機付自転車に乗っているのを認めてそのことに腹を立て、同人に因縁をつけて暴行を加え金品を奪おうと考え、すれ違いざまにＥの原動機付自転車を蹴ったが、Ｅはそのままスピードを上げて逃げてしまった。そこで、ＡはＥと一緒に自転車で併走していたＤにＥの居場所を尋ねたが、同人がＥの居場所を教えようとしなかったため、その態度に腹を立て、同人からＥの居場所を聞き出し、２人に暴行を加えて金品を奪おうと考えた。Ａは、**第１現場**において、Ｄに自転車から降りるように言い、Ｄが道路上に止めた自転車を蹴飛ばして倒し、Ｂと共にＤを取り囲み、同人の頭部及び顔面を手拳で数回殴打したり、「誰の許可でノーヘルで走ってるんだ、刺すぞ」、「ナイフで刺されねえとわからねえのか」などと怒鳴りつけ、電話でＥを第１現場まで呼び出させた。Ｅが到着すると、Ａは、「てめえ、誰の許可でノーヘルで走っているんだ」、「調子に乗ってんじゃねえ、二和をなめるな、ナイフで刺すぞ」、などと怒鳴りつけると共に、その顔面や頭部を手拳やヘルメットで多数回殴打し、Ｂは、Ｅの髪の毛を掴んでその顔面を４、５回殴打し、倒れた同人の背中を足蹴にするなどした。ＡないしＢに電話で呼び出されて、第１現場に到着したＣは、ＡやＢの暴行によって倒れているＥを認めるや、同人に近づき、その顔面を数回殴打した。

(２)午前３時過ぎ、ＡはＧに電話し、「今、ノーヘルの奴捕まえて、やっちゃってる、これから公民館(第２現場)に行く」と伝え、Ｇがその場(被告人乙の実家)にいた被告人両名及びＨに「Ａたちがノーヘルの奴を捕まえてシメている」などと伝えたところ、被告人両名はＧ及びＨと共に第２現場に赴くことに決めた。一方、Ａは、ＢにＧを迎えに行くように頼むと、Ｃと共に被害者両名を連れて**第２現場**に移った。

(３)Ａ及びＣは、**第２現場**に着くと、被害者両名を正座させ、Ａが携帯電話で被害者両名の頭部を殴打した。更に、Ａは財布を出せなどと被害者両名に要求してＤから現金約５５００円、キャッシュカード１枚及び運転免許証１通在中の財布の交付を受けるとともに、Ｅから現金約１万５０００円、キャッシュカード１枚及び運転免許証１通在中の財布の交付を受けてそれらをＣに渡し、Ｃないしそのころ同所に来ていた他の者が上記２個の財布から、それぞれ現金約５５００円及び現金約１万５０００円を抜き取った上、被害者両名にキャッシュカード１枚及び運転免許証１通在中の各財布を返した。その後、Ａは、更に、被害者両名の頭部をコンクリートブロック片で殴打した。被告人両名は、Ｂのバイクに乗って、そのころ、第２現場に到着し、一たん被害者両名に対する暴行は止まった。

(４)その後、Ｂはバイクで折り返し被告人乙の実家に行き、Ｇ及びＨを乗せて第２現場に到着すると、Ｇがいきなり、Ｄの背部や左肩、Ｅの肩や背部を立て続けに金属製の棒様の物で殴打し、Ｄにコンクリートブロック片を投げ付けるなどした。更にＡも加わりＧと共に被害者両名を殴打し始めたところ、**被告人両名は直ちにこれを制止した。**

(５) 被告人両名は、いずれも被害者らに対し、暴行は加えていないし、共犯者らに暴行を継続することを促すような言動もしていない。
(６) その後、被告人乙は「金取っちゃえば」などと言い、Ｇが被害者両名に「財布を出せ」などと要求してそれぞれの財布を奪った。被告人上ノ内はＧが被害者両名から奪い取った財布の中に運転免許証等があるのを見て、「免許証で金借りられるんじゃないか」などと言い、他の者も皆同調して被害者両名に消費者金融で借金をさせ、その金を奪い取ることが決まった。Ａは、Ｅの髪の毛を掴んで「借りてくるんだよ」などと怒鳴りつけ、その脇腹を足蹴にした。しばらくして、Ａから呼び出されたＩが第２現場に到着し、被告人らに合流した。
(７) 被告人両名は、共犯者らと共謀の上、反抗抑圧状態にあるＤに消費者金融から２回にわたり現金合計２５万円を借り入れさせて強取した上、強取した被害者両名名義のキャッシュカードを使用し、現金自動預払機から現金合計２９万４０００円を引出して窃取した（原判示第２事実）が、被告人両名は、これらの強取及び窃取に係る金品の中から、それぞれ現金１５、６万円を取得した。
(８) 前記（１）、（３）、（４）の暴行により、Ｄは加療約２週間を要する頭部打撲傷、顔面多発打撲傷及び背部打撲傷の傷害を負い、Ｅは加療約７か月間を要する右頬骨骨折、両側下顎角部骨折及び顔面打撲の傷害を負った（原判決は、Ｅの傷害につき、上記傷害名に「等」を加えているが、関係証拠を検討しても、上記以外の傷害を具体的に認定することはできない。）。
２　原判決は、（略）、ＡからＧに電話があり、被告人両名がＧからＡらが通行人に暴行を加えていることを聞いた時点で強盗についての共謀が暗黙のうちに成立したものと認定し、第２の現場におけるＡらによる暴行及び強取行為のうち、そのころ以降のものについては共同正犯としての刑責を負うものとしているように解される。（略）被告人両名はその時点では、第２現場での具体的な状況を何ら把握しておらず、実際に自ら暴行行為に及ぶことになるのか、更には金品を取得することができるのかは未確定であったこと、第２現場に到着するまでは、Ａらの犯行につき何らの支配力も及ぼしていないし、また、支配力を及ぼし得る状況にもなかったことからすると、被告人両名が場合によってはＡらが痛めつけている被害者から金品を取得したいとの希望を持っていたとしても、その時点では、**未だ強盗の共謀が成立したと認めるには足りず**、第２現場で現に行われつつあるＡらの犯行につき共同正犯として帰責されるいわれはない。更に検討すると、前記１（３）ないし（５）のとおり、被告人両名が第２現場に到着したときは、Ａらの被害者両名に対する暴行は止まっており、被告人両名は、いずれも自ら暴行は加えていないし、ＧやＡが突然暴行に及んだのを見るや直ちにこれを制止しているのであって、共犯者らに暴行を促してもいない。被告人両名の供述によると、被害者両名は、既にＡらに手ひどい暴行を加えられて負傷しており、金品を強奪するにはこれ以上の暴行を加える必要はないし、これ以上重篤な結果を招来してはいけないと思ったというのであり、上記のような被告人両名の行動に照らし、これらの供述は信用できるというべきである。被告人両名は、前記１（４）の目前で突然開始されたＧやＡによる暴行に何らの支配力も及ぼしていないし、直ちにこれを制止していることからしても、これらの暴行を容認していたわけでもない。してみると、**被告人両名は、引き続いて反抗抑圧状態にある被害者両名から他の共犯者らと共に金品を強取する意思を有していたことは認められるが、これらの暴行についてまで、ＧやＡと意思を相通じていたとはいえない。**前記１（６）のとおり、被告人両名がＡらの暴行を制止した後、被告人乙がＧらに現金の取得を促し、これを受けたＧが被害者両名に財布の交付を要求し、被告人上ノ内もこれを傍観した上、Ｇが奪い取った財布の中に運転免許証等があるのを見て、被害者両名に消費者金融から借金をさせてこれを取得することを提案したこと、そして前記１（７）のとおりの事実が認められるので、**被告人両名については、第２現場に到着した後に被告人乙がＧらに現金の取得を促したころに、Ａ、Ｇらとの間で被害者両名から金品を強取することについての共謀が成立したと認めるのが相当である。**被告人上ノ内の検察官調書には、ＡからＧに電話があり、被告人両名がＧからＡらが通行人に暴行を加えていることを聞いた時点で強盗についての共謀が暗黙のうちに成立した趣旨の供述がみられるが、その内容に照らし、上記認定を左右するに足りる証拠価値があるとは認められない。そうすると、上記認定とは異なり、Ａらが通行人に暴行を加えていることを聞いた時点で強盗についての共謀が暗黙のうちに成立した旨認定した原判決は、事実を誤認したものであって、その事実誤認は判決に影響を及ぼすことが明らかである。
（被告人両名に対し強盗罪の成立を認めるにとどめた理由）
（略）当裁判所は、**被告人両名が第２現場に到着してから被告人乙がＧらに現金の取得を促したころ、Ａ、Ｇらと被告人両名との間で強盗の共謀が暗黙のうちに成立したと認めるものである。**（略）そうすると、被害者両名の傷害はすべて被告人両名について共謀が成立する前に生じていたものと認めざるを得ず、**被告人両名が他の共犯者らによるこれらの**

傷害の原因となった暴行による被害者両名の反抗抑圧状態を利用して強盗の犯行に加功したとしても、加功前に生じた傷害の結果についてまで帰責されるものではないと解するのが相当である。

したがって、被告人両名に対しては、強盗罪の共同正犯が成立するにとどまり、強盗致傷罪の共同正犯の刑責を問うことはできない。

３　なお、前記１（３）のとおり、Ａは、被告人両名による共謀成立前の段階で、被害者両名に財布を出せなどと要求して、Ｄから現金約５５００円、キャッシュカード１枚及び運転免許証１通在中の財布の交付を受けるとともに、Ｅから現金約１万５０００円、キャッシュカード１枚及び運転免許証１通在中の財布の交付を受けてそれらをＣに渡し、Ｃないしそのころ同所に来ていた他の者が各財布から現金のみを抜き取って各財布を被害者両名に返したことが認められる。キャッシュカード１枚及び運転免許証１通在中の財布はすぐに被害者両名に返還されたため、これらの占有が被害者両名に一応回復された状況になっているから、被告人両名の加功後これらを改めて強取したものといえるが、上記現金については、被告人両名が加功する以前に、その共犯者らがその占有を確保しており、被害者両名の占有は完全に失われていたとの合理的疑いを否定することはできない（被告人両名がこれらの現金のことを認識していたとの証拠も見当たらない。）。

したがって、被害者両名から強取された現金等のうち、Ｄから強取された現金約５５００円及びＥから強取された現金約１万５０００円については被告人両名には帰責することができないと解するのが相当である。

6-121　東京高判平16・6・22（業務上過失傷害、道路交通法違反、監禁、傷害被告事件）

（１）ＡはＷ会系の暴力団Ｘ組の若頭であり、Ｂは同組の若頭補佐であり、Ｄ及び被告人は同組組員である。Ｃ（当時４１歳）も、もとＸ組組員であったが、暴力団Ｙ会系Ｚ組の組員から暴行、傷害を受けたことがあり、これが刑事事件となり、被害者として東京地方裁判所で証言することとなって上京し、平成１４年５月３日には、原判示のｄ公園内にテントを張って生活している知人のところにいた。

（２）ＡやＢらＸ組幹部は、Ｃが上記刑事事件において被害者として証言することは、同組とＹ会等との関係を悪化させることになるため、Ｃを探索しており、同日午後１０時３０分ころ、ｄ公園においてＣを発見するや、同人をら致しようと企て、Ｂが剣先スコップの先端で、Ａが特殊警棒で、それぞれＣを殴打するなどした上、原判示ｄ公園北交差点付近路上に駐車中の普通乗用自動車にＣを乗車させて発進し、同日午後１１時３０分ころ、原判示ｈマンションｉｊ号室のＸ組事務所へ連行し、同所においてＢが模造刀の鞘でＣの手背を突くなどした。

（３）被告人とＤは、Ａから上記Ｘ組事務所に来るよう指示されて、そのころ、同事務所に到着した。その時点では、Ｃは応接セットのテーブルとソファーとの間の床に正座させられており、ＡやＢがソファーに座るなどして、Ｃを怒鳴りつけていた。

（４）その後、ＡやＢは、Ｃを他県に連れて行くなどの話をし、同月４日午前零時３０分ころ、上記マンション前路上で、Ｃを普通乗用自動車後部座席に乗車させ、Ｂが運転し、被告人とＤが同乗し、同車を走行させて、同日午前３時ころ、原判示山梨県塩山市の道路脇の空き地まで連行した。

２　以上の事実が認められるところ、原判決は、（略）、被告人についての監禁罪の成立範囲に関しては、「被告人は、本件において、Ｘ組事務所においてＣが監禁されている事実を認識しつつ、その犯人と犯意を共通にして、以後の監禁に加担したことになるのであって、そうであれば、継続犯という監禁罪の性質等を考慮すると、被告人が同事務所に到着する以前の監禁についても併せて承継的共同正犯としての責任を負うものと言うべきである」と判示している。

しかしながら、被告人は、上記Ｘ組事務所に到着した時点で、Ｃが正座をさせられていてＡやＢから怒鳴られているという状況を認識して、その後の監禁行為に加功したものではあるが、**ＣがＸ組事務所に連行される前の、ｄ公園でのＡらの暴行や連行の態様等については知らなかった**と認められるのであり、しかも、被告人は、暴力団の上位者であるＡからの指示によって上記組事務所に赴き、その場の状況から、Ｃを監禁し、他県へ連行するというＡらの意図を了解してその後の監禁行為に加功したに過ぎないのであって、自分が加功する前の監禁状態をことさらないしは積極的に利用する意思があったものとも認められない。そうすると、被告人が、Ｃの監禁について共同正犯としての責任を負うのは、上記Ｘ組事務所に到着した以後の監禁に限られると解するのが相当である。（略）

もっとも、原判決の上記法令適用の誤りは、罪数や処断刑の範囲に影響を及ぼすものではなく、継続犯である監禁罪という１個の罪の成立範囲に関するものに止まること、原判決も、その事実摘示や補足説明における説示内容をみると、具体的な事実としては、被告人が関与したのがＸ組事務所に到着した以後の監禁であることを明示しており、量刑理由においても、被告人が途中から関与したもので、自らは格段の暴行等を行っていないことを被告人に有利な情状として摘示していること、原判決の量刑が処断刑の幅の中で下限に近いものとなっていること等に照らすと、原判決の上記誤りは判決に影響を及ぼすものとはいえない。

6-122　東京高判平11・8・27（不動産侵奪被告事件）

不動産侵奪罪にいう「侵奪」とは、不法領得の意思をもって、不動産に対する他人の占有を排除し、これを自己又は第三者の占有に移すことをいうものと解されるところ、「侵奪」があったか否か、特にそれがいつ既遂に達するかは、具体的事案に応じて、不動産の種類、占有侵奪の方法、態様、程度、占有期間の長短、原状回復の難易・占有排除及び占有設定意思の強弱、相手方に与えた損害の有無などを総合的に判断し、社会通念に従って判断すべきであるが、なお、本件においては、目的物が直前までＳ親子が居住していた物件であることにも留意すべきである。そして、本件居宅等に対する不動産侵奪の実行行為がいつ始まり、いつ既遂に達したかに関しては、（略）右の基準に照らして検討することとなる。

まず、**実行の着手**については、（略）、平成九年一一月二八日ころ、Ｆが、本件居宅等の敷地への出入口門扉に「何人も立入り禁止、（株）Ｋ商事管理部担当Ｆ」などと書かれた張り紙を貼付し、更に、Ｋにおいて、同年一二月一日ころ、本件居宅表玄関の施錠を新しいものと交換して、その鍵二個をＦに渡したのであるが、右一連の行為はＳらの占有を侵害してＦらが自らの占有を設定しようとするものであるから、これが不動産侵奪罪の実行の着手に当たることは明らかである。

問題は、**既遂時期**であるが、所論は、立入禁止との張り紙がされ、施錠の交換がなされた時点で、Ｆ及びＫによる不動産侵奪罪は既遂に達しており、その後の段階で被告人が何らかの共謀、関与をしたとしても、不動産侵奪罪は状態犯であるから、既遂に達した後に当該不動産の占有を確保する行為やそれを利用する行為は**不可罰的事後行為**として犯罪を構成する余地はない旨主張するので、この点についても視野に入れつつ判断する。

本件居宅等に即してみると、本来これを占有していたＳの両親が、Ｓとともに姿を隠すこととなった際の具体的状況は、（略）、すべての家財道具類をそのままにして、わずかの身の回りの品のみを持って出たものであり、またＳ親子の主観面においても、再度本件居宅等に戻ってくることを予定していた上、Ｆ及びＫ側の行為は、単に、本件居宅等の出入口門扉に張り紙をし、本件居宅表玄関の施錠を交換しただけで、建物内部はそれまでＳの両親が生活していた状況がそのままにされていた事情に加えて、施錠の交換についても子細に検討すると（略）、Ｓのかつての従業員の立会を求め、費用も同人が出しているというのであって、要するに、従前のＳ側の占有が相当に強度なものであった反面、Ｆらの行為はＳ側の占有を完全に排除するまでのものではないというべきである。また、もともと不動産に対する侵奪行為は、**その行為の性質上一定の時間的継続があるのが通常であり、侵奪とみうる最終の行為が終わるまでは既遂に達したと評価することはできない**ところ、本件にあっては、Ｆ及びＫの行為はＳ親子が姿を隠した同年一一月二五日からわずか数日から一週間程度しか経過していない間のものであることも右判断を支えるものであって、Ｋ及びＦによる施錠の交換や張り紙だけで本件居宅等に対する侵奪行為が**既遂に達していたと評価するのは無理**というべきである。

そして、被告人は、（略）、同年一二月三〇日、配下の組員に本件居宅等の清掃をさせ、Ｈに指示して約四〇万円相当のテレビ、布団、炬燵等の家財道具類を購入させて、本件居宅内に運び込ませた上、翌三一日ころ入居したが、これによって現実に、被告人自身が配下の者らと一緒に生活を始めたのであるから、Ｓ側の占有は完全に排除され、被告人らの占有が完全に設定されたと評価すべきものであって、このころ、被告人らの本件居宅等に対する不動産侵奪行為は既遂に達したとみるのが相当である。そして、被告人の本件不動産侵奪についての共謀発生時期に関しては、（略）、同年一二月一九日ころまでには、被告人においてＦ及びＫとともに本件各物件を侵奪することにつき意思を通じて共謀が成立していたのであるから、被告人は、**承継的共同正犯**としてＦ及びＫとともに本件居宅等の不動産侵奪について刑事責任を負うこととなる。

6-123　東京高判平9・3・18（殺人予備・有印公文書偽造被告事件）

原判決は、宗教法人オウム真理教（以下「教団」という。）代表者松本智津夫及び教団所属の多数の者が共謀の上、不特定多数の者を殺害する目的（大量殺人の目的）で、平成五年一一月ころから平成六年一二月下旬ころまでの間、教団施設の第七サティアン及びその周辺の施設等において、第七サティアン内に設置する五工程から成るサリン生成化学プラント工程等の設計図書類の作成、同プラントの施工に要する資材、器材及び部品類の調達、その据付け及び組立て並びに配管、配電作業を行うなどして同プラントを完成させ、さらに、サリン生成に必要な原材料であるフッ化ナトリウム、イソプロピルアルコール等の化学薬品を調達し、これらをサリンの生成工程に応じて同プラントに投入し、これを作動させてサリンを生成しようとし、もって殺人の予備をしたとの事実を認定し、被告人については、平成六年八月上旬ころから右共謀に加わり、第七サティアンにおいて、第一工程の運転制御の作業などに従事したとして、殺人予備罪の成立を認めているところ、原判決の掲げる関係証拠によれば、右の事実は優に認められ、このサリンを生成しようとした一連の行為が殺人予備に当たることに問題はないから、被告人は、**承継的共同正犯として殺人予備罪**の責任を免れない。

平成六年一二月下旬までの間にプラントの第五工程につき試運転も稼働もされていないのに殺人予備罪の成立を認めるのは、罪刑法定主義に反するというが、そのように解すべき合理的な理由はない。（略）土谷が効率的で量産可能な五工程から成るサリン生成方法で標準サンプルの生成に成功したことにより、サリン生成工程がほぼ確立されたわけであるが、その時点における客観情勢としては、（略）七〇トンのサリンの生成に必要な大量の原材料が集められつつあり、サリン生成工場としての第七サティアンが既に完成し、プラント建設の基本設計もほぼ完了し、それに必要な機器類の選定も進められ、ヘリコプター購入の手配もするなどの情況が他方で認められるのであって、これらの情況を併せ考えると、（略）サリン生成工程がほぼ確立された段階で、企図された殺人の実行行為に不可欠なサリンの量産へ向けての態勢に入ったといえる。このような状態に達した後、（略）、これに引き続きサリンの大量生成に向けてされた諸行為は、企図された大量殺人の実行のために必要で、かつ、その実行の危険性を顕在化させる準備行為であるから、殺人予備罪として可罰性を有するというべきであり、所論のようにプラントの第五工程の稼働によりサリンを生成させることは必ずしも必要でないと解するのが相当である。

次に、（略）、被告人には大量殺人の目的がなかったという点については、殺人予備罪の成立には自己の行為が殺人の準備行為であることの認識があれば足り、その殺人が自ら企図したものであるか共犯者である他の者が企図したものであるかはその成否を分ける要件ではないと解されるから、被告人に大量殺人の意図がなくても、自己の行為が松本らの企図する殺人の準備行為であることの認識がある以上、殺人予備罪が成立し得る。これを踏まえ、（略）、プラントを稼働させて死を招く毒ガスのような極めて危険な化学薬品を大量に生成するというにあることは、文言自体から容易に理解することができたと認められる（略）そして、このような説明を受ける前の状況として、松本によるハルマゲドン勃発の予言（略）、大量の化学薬品を含む原材料の購入（略）、第七サティアンの建設、完成（略）、プラントの建設着手（略）等の諸事情があることをも併せ考慮すると、被告人は、具体的な計画まで把握していなかったとはいえ、松本らが毒ガスのような化学薬品による大量殺人を企図し、その準備としてそのような化学薬品を秘密裏に大量に生成しようとしているのではないかと考えながら、これに加わる意思を持ってプラント稼働要員になったものというべきである。要するに、被告人も、第七サティァンに入ってすぐに、松本らの殺人予備の共謀に加わったものであって、これを否定することはできないわけである。ちなみに、（略）、被告人は、右の共謀時には最終生成物がサリンであることまでは知らなかったと思われるが、**サリンと特定した認識がなくても、死を招く毒ガスのような化学薬品との認識がある以上、共謀の成否に影響を与えない**。

なお、所論は、被告人のプラントへの関与の程度も問題にしているが、被告人は、右の殺人予備の共謀に基づき、一の１５のような行為をしているのであって、予備行為の一部を分担していることは間違いがない。

6-124　大阪高判昭62・7・10（傷害、恐喝、恐喝未遂等被告事件）

１　まず、原判決は、（略）、Ｙは、Ｋ（当時四四歳）が、Ｏと情交関係のあつたＭにアパート代を支払わせたり、金三〇万円を更生資金名下に出捐させた旨をＯから聞き及び、「Ｏと共謀の上、昭和六〇年二月二三日午前二時ころ、大阪市西成区（略）林アパート内のＫ方で、Ｏにおいて、Ｋの顔面を一回殴打し、続いて暴力団山口組系Ｎ組事務所に連行するタクシーの中で二回ほど同人の顔面を殴打する暴行を加え、引き続いて同日午前四時三〇分ころまでの間、大阪市西成区（略）Ｎ組事務所において、Ａ組組員であるＢとも共謀の上、Ｋに対し、こもごもその顔面、頭部を数回に亘つて手拳、木刀（略）及びガラス製灰皿（略）で殴打し、或いは、その下腿部を足蹴りにする暴行を加え、更に、その途中から被告人Ｈも被告人Ｙ、Ｏらと意思を相通じ共謀の上、その顔面を二、三回殴打する暴行を加え、よつて、Ｋに対し、加療約八日間を要する顔面打撲、頭頂部挫創、右下腿打撲の傷害を負わせた」旨の事実を摘示した上、これが「刑法60条、204条、罰金等臨時措置法3条1項1号」に該当するとしている。そして、右摘示事実と適条、更には原判決の「被告人両名につき有罪と認めた理由」欄の説示をも併せると、原判決は、被告人は、原判示Ｎ組事務所におけるOらの暴行現場にその途中から現われて、その場の状況等から事態の成行きを察知し、暗黙のうちに同人らと共謀を遂げた上、Kの顎を二、三回手拳で殴打した事実、及び、同人が被告人の共謀加担の前後にわたるO、Yらの一連の暴行により原判示各傷害を負つた事実を各認定し、被告人は、右のような経緯のもとにOらの暴行に途中から共謀加担したものであるから、Kの傷害が被告人の加担後の暴行によつて生じたものといえない場合でも、いわゆる承継的共同正犯として、右傷害全体についての刑責を免れないとの見解を採つたものと解される。

2　ところで、原認定の事実中、暴力団山口組系N組長の友人であるOが、自己と情交関係のあつたMがKからアパートの賃借料を立替え払いさせられた上金三〇万円の更生資金を要求されて支払つたことを知って憤激し、同組員であるYと共謀の上、昭和六〇年二月二三日午前二時ころ、原判示Kの居室及び同人をN組事務所へ連行するタクシー内で、同人に対し、約三回顔面を殴打する暴行を加えたこと、右事務所内（一階応接間）においても、Oらは、居合わせた他の暴力団組員Bとも共謀の上、同日午前四時三〇分ころまでの間、Kに対し、こもごも、手拳、木刀及びガラス製灰皿でその顔面、頭部を数回にわたって殴打したり、その下腿部を足蹴りにする暴行を加えたこと、N組幹部で、当夜、飲酒の上同組事務所三階で寝ていた被告人は、折からの階下の物音で目をさまして右応接間に現われたのち、Oらに殴打されてすでに頭部や顔面から血を流しているKの姿やMの説明などから、いち早く事態の成行きを察知し、OらがKに対し暴行を加えて同人を負傷させた事実を認識・認容しながら、Bの慫ように従い、自らもこれに共同して加担する意思で、同人の顎を手で二、三回突き上げる暴行を加え、その後更に、Yにおいても、Kの顔面を一回手拳で殴打したことが明らかであり、これによれば、被告人は、自らKの顎を手で突き上げる行為に出た時点では、O、Yらとの間で、**暗黙のうちに**、Kに対し不法な有形力を加える旨の**共謀を遂げていた**ものと認めざるを得ない。

3　右事実のうち、被告人のKに対する有形力行使の態様につき、原判決は、「顔面を二、三回殴打」した旨認定しているが、右認定に副う被告人の（略）検察官調書、Yの（略）各検察官調書並びにKの各捜査官調書は、被告人のその余の各捜査官調書、Yの（略）検察官調書、並びに同人及び被告人の各原審供述などと対比しその信用性に疑問があり、右各証拠を含む関連全証拠を総合して考察すると、被告人の有形力行使の態様に関する認定は、前示の限度に止めるのが相当であって、原判決の右事実認定は、この点に関しては誤りであるといわなければならない。しかし、前示認定の「顎を手で二、三回突き上げる」という被告人の有形力行使も、その前後のいきさつ、被告人の意思及び突き上げの程度（決して軽いとはいえない。）などに照らし、これを暴行と認めるのに十分である。そして、前認定の経緯によれば被告人の右暴行は、前示のように、Oらとの共謀に基づくものと認めるべきである。そうすると、いわゆる承継的共同正犯の成立範囲につき原判決のような見解を採るならば、被告人の暴行の態様が右の程度に止まる場合でも、被告人につき原判示傷害の犯罪の共同正犯を肯定すべきことになる。しかし、当裁判所は右見解には賛同できない。

4　一般に、先行者の犯罪にその途中から共謀加担した後行者に対し加担前の先行者の行為及びこれによつて生じた結果（以下、「先行者の行為等」という。）をも含めた当該犯罪全体につき共同正犯の刑責を問い得るのかどうかについては、これをすべて否定する見解（略。以下「**全面否定説**」という。）や、後行者において、先行者の行為等を認識・認容して一罪の一部に途中から共謀加担した以上常に全体につき共同正犯の刑責を免れないとする見解（略。以下「**全面肯定説**」という。）もあるが、当裁判所としては、右いずれの見解にも賛同し難い。右のうち、全面否定説は、刑法における個人責任の原則を重視する見解として注目に値するが、後行者において、先行者の行為等を認識・認容するに止まらず、積極的にこれを自己の犯罪遂行の手段として利用したと認められる場合には、先行者の行為等を実質上後行者の行為と同視し得るというべきであるのに、このような場合まで承継的共同正犯の成立を否定する見解は、妥当でないと考えられる。他方、全面肯定説は、実体法上の一罪は、分割不可能な一個の犯罪であるから、このような犯罪に後行者が共謀加担したものである以上、加担前の先行者の行為等を含む不可分的全体につき当然に共同正犯の成立を認めるほかないとする点に論拠を有すると考えられる。右見解が、承継的共同正犯の成立を実体法上の一罪に限定する点は正当であり、また、実体法上の一罪の中に分割不可能なものの存することも明らかなところであるが、実体法上一罪とされるものの中にも、これを構成する個々の行為自体が、形式的にはそれぞれ一個の構成要件を充足するものであるけれども、実質的にみてその全体を一個の構成要件により一回的に評価すれば足りるとして一罪とされるもの（接続犯、包括一罪等）があることを考えると、実体法上の一罪のすべてが絶対に分割不可能であるということは、独断であるといわなければならない。しかも、右見解においては、たとえ分割不可能な狭義の単純一罪に加担した場合であつても、後行者が先行者の行為等を認識・認容していたに止まるのであれば、何故に、先行者の行為による結果についてまで後行者に刑責を問い得るのかについての納得し得る説明がなされていない。

思うに、先行者の犯罪遂行の途中からこれに共謀加担した後行者に対し先行者の行為等を含む当該犯罪の全体につき共同正犯の成立を認め得る実質的根拠は、**後行者において、先行者の行為等を自己の犯罪遂行の手段として積極的に利用したということにあり、これ以外には根拠はないと考えられる。従つて、いわゆる承継的共同正犯が成立するのは、後行者において、先行者の行為及びこれによって生じた結果を認識・認容するに止まらず、これを自己の犯罪遂行の手段として積極的に利用する意思のもとに、実体法上の一罪（狭義の単純一罪に限らない。）を構成する先行者の犯罪に途中から共謀加担し、右行為等を現にそのような手段として利用した場合に限られると解するのが相当である。**

もっとも、例えば、「暴行又ハ脅迫」により被害者の反抗を抑圧した状態に置き、その所持する財物を「強取スル」ことによって成立する強盗罪のように、一罪であっても一連の行為により一定の結果を発生させる犯罪（強姦、殺人等についても同様である。）については、後行者が、先行者の行為等を認識・認容して犯行に共謀加担すれば（例えば、先行者が強盗目的で暴行中、自らも同様の目的で右暴行に加わり、あるいは、反抗抑圧の結果を生じた段階でこれに加わって、自ら金品を強取するなど）、多くの場合、先行者の行為等を自己の犯罪遂行の手段として積極的に利用したと認めるのが相当であるといい得るから、これらの犯罪については、当裁判所の見解によっても、全面肯定説によった場合と（特異な場合を除き）おおむね結論を異にしないと考えられる。しかし、例えば、先行者が遂行中の一連の暴行に、後行者がやはり暴行の故意をもって途中から共謀加担したような場合には、一個の暴行行為がもともと一個の犯罪を構成するもので、後行者は一個の暴行そのものに加担するのではない上に、後行者には、被害者に暴行を加えること以外の目的はないのであるから、後行者が先行者の行為等を認識・認容していても、他に特段の事情のない限り、先行者の暴行を、自己の犯罪遂行の手段として積極的に利用したものと認めることができず、このような場合、当裁判所の見解によれば、共謀加担後の行為についてのみ共同正犯の成立を認めるべきこととなり、全面肯定説とは結論を異にすることになる。なお、検察官の当審弁論の援用する各判例は、おおむね、後行者において、先行者の行為等を自己の犯罪遂行の手段として積極的に利用する意思で加担し、現にこれをそのようなものとして利用していると認め得る事案に関するものであり、当裁判所の見解と正面から対立するものではない。

5　ところで、前示の認定によれば、被告人は、Ｎ組事務所一階応接室へ現われた段階で、同室内におけるＯらの行動や被害者Ｋの受傷状況、更にはＭの説明などにより、事態の成行きを理解し、同室内におけるＯらのＫへの暴行及びこれによる同人の受傷の事実を認識・認容しながら、これに途中から共謀加担したものといい得る。しかし、前示のような暴行罪そのものの性質、並びに被告人がＫに対し現実にはその顎を二、三回突き上げる程度の暴行しか行っていないことからみて、被告人が先行者たるＯらの行為等を自己の犯罪遂行の手段として利用する意思であったとか、これを現実にそのようなものとして利用したと認めることは困難である。従つて、本件において、被告人に対しては、Ｏらとの共謀成立後の行為に対して共同正犯の成立を認め得るに止まり、右共謀成立前の先行者の行為等を含む犯罪全体につき、**承継的共同正犯の刑責を問うことはできない**といわざるを得ない。

しかして、本件においては、被害者Ｋの原判示各傷害は、同人方居室内、タクシー内及びＮ組事務所内におけるＯ、Ｙ、Ｂらによる一連の暴行によつて生じたものではあるが、一連の暴行のうち、被告人の共謀加担後に行われたと証拠上認定し得るものは、被告人による顎の突き上げ（二、三回）及びＹによる顔面殴打（一回）のみであつて、Ｋの受傷の少なくとも大部分は、被告人の共謀加担前に生じていたことが明らかであり、右加担後の暴行（特に正勝の顔面殴打）によつて生じたと認め得る傷害は存在しない。そうすると、被告人に対しては、暴行罪の共同正犯が成立するに止まり、傷害罪の共同正犯の刑責を問うことはできない。

6　右のような当裁判所の結論に対しては、**刑法207条のいわゆる同時傷害罪**の規定との関係で、異論があり得るかと思われるので、以下、若干の説明を補足する。

例えば、甲の丙に対する暴行の直後乙が甲と意思の連絡なくして丙に暴行を加え、丙が甲、乙いずれかの暴行によつて受傷したが、傷害の結果を生じさせた行為者を特定できない場合には、刑法二〇七条の規定により、甲、乙いずれも傷害罪の刑責を免れない。これに対し、甲の暴行終了後乙が甲と共謀の上暴行を加えた場合で、いずれの暴行による傷害か判明しないときには、前示のような当裁判所の見解によれば、乙の刑責が暴行罪の限度に止まることになり、甲との意思連絡なくして丙に暴行を加え同様の結果を生じた場合と比べ、一見均衡を失する感のあることは、これを否定し難い。しかし、刑法207条の規定は、二人以上で暴行を加え人を傷害した場合において、傷害を生じさせた行為者を特定できなかつたり、行為者を特定できても傷害の軽重を知ることができないときには、その傷害が右いずれかの暴行（又は双方）によつて生じたことが明らかであるのに、共謀の立証ができない限り、行為者のいずれに対しても傷害の刑責を負わせることができなくなるという著しい不合理を生ずることに着目し、かかる不合理を解消するために特に設けられた例外規定である。**これに対し、後行者たる乙が先行者甲との共謀に基づき暴行を加えた場合は、傷害の結果を生じさせた行為者を特定できなくても、少なくとも甲に対しては傷害罪の刑責を問うことができるのであって、刑法の右特則の適用によつて解消しなければならないような著しい不合理は生じない。従つて、この場合には、右特則の適用がなく、加担後の行為と傷害との因果関係を認定し得ない後行者たる乙については、暴行罪の限度でその刑責が問われるべきこととなるのであって、右結論が不当であるとは考えられない。**

もつとも、本件のように、甲の暴行終了前に乙がこれに共謀加担し、丙の傷害が、乙の共謀加担の前後にわたる甲の暴行によつて生じたと認められる場合には、乙の共謀加担後の甲、乙の暴行とその加担前の甲の暴行とを、あたかも意思連絡のない二名(甲及び甲)の暴行と同視して、刑法二〇七条の適用を認める見解もあり得るかと思われ、もし右の見解を肯認し得るものとすれば、本件においても、同条の規定を媒介とすることにより、被告人に対し傷害罪の刑責を問う余地は残されていることになる。しかしながら、右のような見解に基づき被告人に傷害罪の刑責を負わせるためには、その旨の訴因変更(予備的変更を含む。)手続を履践して、事実上・法律上の論点につき被告人に防禦を尽くさせる必要のあることは当然であると解せられるところ、本件においては、検察官は、かかる訴因変更の請求をしていないし、また、本件が、訴因変更を促し又は命ずる義務があるとされるような事案でないことも明らかであると考えられる。従つて、本件においては、右訴因変更手続が履践されたことを前提として、被告人につき傷害罪が成立するか否かを論ずる実益はないから、これ以上立ち入らないこととする。

4　共同正犯の解消

いったん成立した**共謀が解消**されたといえるには、共謀を実現するための実行行為に着手する前と後では、要件が異なる。実行の着手前の場合は、共犯者に離脱する意思を伝え、共犯者がこれを了承すればよいが、実行の着手後の場合は、それだけでは足りず、共犯者の実行を阻止する行為しなければ解消は認められないとされている。

判例6-129、**同6-130**は、実行の着手前の共謀の解消を認めている。

これに対し、**同6-125**の最判は、住居に侵入し強盗に着手する前に、見張り役が、現場付近に人が集まってきたのを見て犯行の発覚をおそれ、屋内にいる共犯者らに電話をかけ、「危ないから待てない。先に帰る。」と一方的に伝えただけで電話を切り、付近に止めてあった自動車に乗り込み、強盗の実行行為に及ぶべくその車内に待機していた被告人ら３名が話し合って一緒に逃げることとし、被告人が運転する自動車で現場付近から立ち去ったが、室内に残っていた者が強盗致傷の犯行を行った事案で、「被告人が離脱したのは強盗行為に着手する前であり、たとえ被告人も見張り役の上記電話内容を認識した上で離脱し、残された共犯者らが被告人の離脱をその後知るに至ったという事情があったとしても」共謀は解消しないとしている。強盗の実行の着手前ではあるが、強盗のための住居侵入は既遂となっており、まさに着手直前であることなどが考慮されたためであると思われる。また、**同6-126**は、共謀後に犯行現場に向かう途中に、職務質問を受けて逮捕されたために犯行に加われなかった事案で、共犯者に離脱を知らせていないこと、共犯者の犯行を阻止することを全く行っていないことなどを理由に離脱を否定している。途中の職務質問で逮捕されてしまうという特別事情で離脱を知らせることができなかったのであるから、警察に犯行を打ち明けて実行を阻止すべきであったのにそれをしなかったのだから離脱を否定したものと思われる。いずれも、実行の着手前の事案であり、他の共犯者に離脱の意思を明確に知らせていないこと、共犯者が離脱に同意していないことで足りるのではないかと思う。考えられるとすれば、住居侵入し強盗に着手する寸前であったり、犯行現場に車に分乗して向かうという実行の着手に直近した行動であったりして、共謀の実現に向けて準備行為を行っているという点にあるのかもしれない。

実行の着手以降の離脱については、**同6-128**は、「おれ帰る。」といって勝手に帰ってしまい、共犯者の犯行を阻止することを何ら行っていない事案について共謀の解消を否定している。**同6-127**は、第一の暴行と第二の暴行の間に、被害者に対する暴行が厳し過ぎるとして仲間割れが生じ、被告人は仲間から殴られて気絶してしまったため第二の暴行を知らなかった場合について、その後の第二の暴行は被告人の意思・関与を排除して共犯者らのみによってなされたものと解するのが相当であるとしながら、同時傷害の特例を適用している。複数の傷害の結果が第一の暴行によるものと第二の暴行によるものとが混在し、どの傷害がどちらの暴行によるものか区別できないことによる。

（共同正犯の解消に関する判例）

6-125　最判平21・6・30（住居侵入、強盗致傷被告事件）

（1）被告人は、本件犯行以前にも、第１審判示第１及び第２の事実を含め数回にわたり、共犯者らと共に、民家に侵入して家人に暴行を加え、金品を強奪することを実行したことがあった。
（2）本件犯行に誘われた被告人は、本件犯行の前夜遅く、自動車を運転して行って共犯者らと合流し、同人らと共に、被害者方及びその付近の下見をするなどした後、共犯者７名との間で、被害者方の明かりが消えたら、共犯者２名が屋内に侵入し、内部から入口のかぎを開けて侵入口を確保した上で、被告人を含む他の共犯者らも屋内に侵入して強盗に及ぶという住居侵入・強盗の共謀を遂げた。
（3）本件当日午前２時ころ、共犯者２名は、被害者方の窓から地下１階資材置場に侵入したが、住居等につながるドアが施錠されていたため、いったん戸外に出て、別の共犯者に住居等に通じた窓の施錠を外させ、その窓から侵入し、内側から上記ドアの施錠を外して他の共犯者らのための侵入口を確保した。
（4）見張り役の共犯者は、屋内にいる共犯者２名が強盗に着手する前の段階において、現場付近に人が集まってきたのを見て犯行の発覚をおそれ、屋内にいる共犯者らに電話をかけ、「人が集まっている。早くやめて出てきた方がいい。」と言ったところ、「もう少し待って。」などと言われたので、「危ないから待てない。先に帰る。」と一方的に伝えただけで電話を切り、付近に止めてあった自動車に乗り込んだ。その車内では、被告人と他の共犯者１名が強盗の実行行為に及ぶべく待機していたが、被告人ら３名は話し合って一緒に逃げることとし、被告人が運転する自動車で現場付近から立ち去った。
（5）屋内にいた共犯者２名は、いったん被害者方を出て、被告人ら３名が立ち去ったことを知ったが、本件当日午前２時５５分ころ、現場付近に残っていた共犯者３名と共にそのまま強盗を実行し、その際に加えた暴行によって被害者２名を負傷させた。
２　上記事実関係によれば、被告人は、共犯者数名と住居に侵入して強盗に及ぶことを共謀したところ、共犯者の一部が家人の在宅する住居に侵入した後、見張り役の共犯者が既に住居内に侵入していた共犯者に電話で「犯行をやめた方がよい、先に帰る」などと一方的に伝えただけで、被告人において格別それ以後の犯行を防止する措置を講ずることなく待機していた場所から見張り役らと共に離脱したにすぎず、残された共犯者らがそのまま強盗に及んだものと認められる。そうすると、被告人が離脱したのは強盗行為に着手する前であり、たとえ被告人も見張り役の上記電話内容を認識した上で離脱し、残された共犯者らが被告人の離脱をその後知るに至ったという事情があったとしても、**当初の共謀関係が解消したということはできず、**その後の共犯者らの強盗も当初の共謀に基づいて行われたものと認めるのが相当である。

6-126　名古屋高判平15・6・19（強盗殺人、死体損壊、死体遺棄等被告事件）

　諸論は、被告人《乙１》及び同《乙２》の各弁護人の所論は、被告人《乙１》及び同《乙２》は、強盗傷人の実行後の同月４日午前１時１７分ころ警察官から職務質問を受けて千種警察署へ任意同行を求められ取調べを受けることになったことによって強盗殺人、死体損壊遺棄の実行の着手前に共謀関係からの離脱状態に置かれたものであり、他の共犯者４名においても、被告人《乙１》及び同《乙２》が待合せ場所の瀬戸自動車学校前に来ないことからその後の犯行に加わらないことを認識しながら、それでも構わないと考えて、残る４名だけで強盗殺人、死体損壊遺棄の実行に及んだのであるから、他の共犯者４名が被告人《乙１》及び同《乙２》を待たずに待合せ場所から出発した時点で、被告人《乙１》及び同《乙２》は他の共犯者４名との共謀関係から離脱したものというべきであって、強盗殺人、死体遺棄損壊の共同正犯としての罪責を負わないのに、共犯関係の解消を否定し、共謀共同正犯の刑事責任を認めた原判決は事実を誤認し、ひいては法令適用を誤ったものである、というのである。

しかし、（略）共犯者６名の間には強盗殺人、死体遺棄損壊を含む本件一連の犯行についての**綿密な共謀が成立し**、ら致監禁を含め役割分担も決められ、ｃは取り逃がしたものの、同伴者の女性２名については殺害のためにら致して車内に監禁し、被告人《乙１》、同《乙２》は強取した車で合流場所に向かい合流しようとしていたものであり、単に付和随行していたのではなく**事前の謀議に基づく強固な共同意思主体が形成されていたというべきである**。したがって、被告人《乙１》、同《乙２》両名が何らかの事情により途中から参加しなかったからといって、それだけでは共謀から離脱したことにはならない。しかも、被告人《乙１》及び同《乙２》は、実行に参加するために走行中、たまたま警察官の職務質問を受けたために犯行を共同実行することができなくなったにすぎないから、共謀から離脱したものといえないことが明らかである。ましてや、本件では、ａ及びｂが殺害についての強固な実行意思を有していることからして、被告人《乙１》、同《乙２》が参加できなくなっても、残る４名だけでも当初の犯行計画がそのまま遂行されることになることを十分認識していながら、被告人《乙１》、同《乙２》は、職務質問を受けた後も、**何らこれを防止するための措置もとらず、ら致の事実を全く警察官に告知することなく成り行きに任せていたものであって、それにより発生する結果をそのままに容認していたものといわざるを得ない**から、そもそも、被告人《乙１》、同《乙２》が共謀関係からの離脱の意思を有していたものとは認められない。他方、他の共犯者４名は被告人《乙１》及び同《乙２》が警察に任意同行されたことは知らず、待合せ場所に来ないことから、はぐれてしまったものと思い込み、同所を出発して強盗殺人、死体遺棄損壊を当初の計画どおり実行したことが認められるのであって、被告人《乙１》及び同《乙２》が合流できなかったために、全員で共謀した行為の実行を、やむなく残りの者らで行うことにしたにすぎず、実行した者らも、いずれも被告人《乙１》、同《乙２》が共謀から離脱したとは考えていないことが明らかである。このことは、強盗殺人の犯行後死体を焼却中にその現場からａ及びｂが被告人《乙１》及び同《乙２》を捜しに出掛けていることによっても裏付けられている。また、被告人《乙１》、同《乙２》が合流地点に現れなかったことをもって、所論のように離脱の意思を表明したと見ることはできないし、さらに、残りの４名が、離脱を受け入れて共謀を解消した上、新たな共謀の下にその後の行為を実行したと見るべき情況も存しない。

6-127　名古屋高判平14・8・29（傷害被告事件）

被告人は共犯者Ｂとともに上記駐車場で被害者に暴行（第一の暴行）を加えたところ、これを見ていたＣがやりすぎではないかと思って制止したことをきっかけとして同所における暴行が中止され、被告人が被害者をベンチに連れて行って「大丈夫か」などと問いかけたのに対し、勝手なことをしていると考えて腹を立てたＢが、被告人に文句を言って口論となり、いきなり被告人に殴りつけて失神させた上、被告人（及びＤ子）をその場に放置したまま他の共犯者と一緒に被害者ともども上記岸壁に赴いて同所で第二の暴行に及び、さらに逮捕監禁を実行したものであり、被害者の負傷は（１）通院加療約二週間を要する上顎左右中切歯亜脱臼、（２）通院加療約一週間を要する顔面挫傷、左頭頂部切傷、（３）安静加療約一週間を要した頸部、左大腿挫傷、右大腿挫傷挫創、（４）安静加療約一週間を要した両手関節、両足関節挫傷挫創であるが、（１）は第一の暴行によって生じ、（４）は第二の暴行後の逮捕監禁行為によって生じたものと認められるが、（２）及び（３）は第一、第二のいずれの暴行によって生じたか両者あいまって生じたかが明らかでないものである。このような事実関係を前提にすると、Ｂを中心とし被告人を含めて形成された共犯関係は、被告人に対する暴行とその結果失神した被告人の放置というＢ自身の行動によって一方的に解消され、その後の第二の暴行は被告人の意思・関与を排除してＢ、Ｃらのみによってなされたものと解するのが相当である。したがって、原判決が、被告人の失神という事態が生じた後も、被告人とＢらとの間には心理的、物理的な相互利用補充関係が継続、残存しているなどとし、当初の共犯関係が解消されたり、共犯関係からの離脱があったと解することはできないとした上、（２）及び（３）の傷害についても被告人の共同正犯者としての刑責を肯定したのは、事実を誤認したものというほかない（なお、原判決が（４）の傷害についてまで被告人の刑責を肯定したものでないことは、その補足説明（３）及び（４）に照らし明らかである。）。しかしながら、叙上の事実関係によれば、被告人は第一の暴行の結果である（１）の傷害について共同正犯者として刑責を負うだけでなく、（２）及び（３）の各傷害についても**同時傷害の規定によって刑責を負うべきものであって**、被害者の被った最も重い傷が（１）の傷害である本件においては、（２）及び（３）の各傷害について訴因変更の手続をとることなく上記規定による刑責を認定することが許されると解されるから、結局、原判決が（２）及び（３）の各傷害についての被告人の責任を肯認したことに誤りはなく、原判決はその根拠ないしは理由について誤りを犯したにすぎないことになる。原判決の誤認は判決に影響を及ぼすことが明らかなものとはいえず、論旨は理由がない。

6-128　最決平1・6・26（傷害致死、死体遺棄被告事件）

（1）被告人は、一審相被告人のAの舎弟分であるが、両名は、昭和六一年一月二三日深夜スナツクで一緒に飲んでいた本件被害者のHの酒癖が悪く、再三たしなめたのに、逆に反抗的な態度を示したことに憤慨し、同人に謝らせるべく、車でA方に連行した。（2）被告人は、Aとともに、一階八畳間において、Hの態度などを難詰し、謝ることを強く促したが、同人が頑としてこれに応じないで反抗的な態度をとり続けたことに激昂し、その身体に対して暴行を加える意思をAと相通じた上、翌二四日午前三時三〇分ころから約一時間ないし一時間半にわたり、竹刀や木刀でこもごも同人の顔面、背部等を多数回殴打するなどの暴行を加えた。（3）被告人は、同日午前五時過ぎころ、A方を立ち去ったが、その際「おれ帰る」といっただけで、自分としてはHに対しこれ以上制裁を加えることを止めるという趣旨のことを告げず、Aに対しても、以後はHに暴行を加えることを止めるよう求めたり、あるいは同人を寝かせてやってほしいとか、病院に連れていってほしいなどと頼んだりせずに、現場をそのままにして立ち去った。（4）その後ほどなくして、Aは、Hの言動に再び激昂して、「まだシメ足りないか」と怒鳴って右八畳間においてその顔を木刀で突くなどの暴行を加えた。（5）Hは、そのころから同日午後一時ころまでの間に、A方において甲状軟骨左上角骨折に基づく頸部圧迫等により窒息死したが、右の死の結果が被告人が帰る前に被告人とAがこもごも加えた暴行によつて生じたものか、その後のAによる前記暴行により生じたものかは断定できない。

（略）、被告人が帰つた時点では、Aにおいてなお制裁を加えるおそれが消滅していなかったのに、被告人において格別これを防止する措置を講ずることなく、成り行きに任せて現場を去ったに過ぎないのであるから、Aとの間の当初の**共犯関係が右の時点で解消**したということはできず、その後のAの暴行も右の共謀に基づくものと認めるのが相当である。

6-129　大阪高判昭41・6・24（強姦等被告事件）

被告人Aは、中学の同級生でかねて顔見知りのK子を強姦しようと企て、前記認定のように、Bに命じて同女を音戸山に連れ出した上、CやBを通じてデリンス喫茶店から被告人Dを呼び寄せ、同被告人及びCと共に、同女をタクシーに乗せて原判示嵐山ホテル地下グリルまで連れ出したが、同店内で被告人Aは、右K子に気付かれないようにひそかに、被告人D、Cに同女を旅館に連れ込んで強姦しようとその意中を打ち明け、被告人Dらもこれに賛成し、更に被告人AはEに連絡して自動車を持ってこさせ、同人も右犯行に加わることを承知したので、ここに被告人A、同D、C及びEの四名は、附近の旅館で同女を強姦することを共謀の上、被告人AがEの運転する自動車に同女を乗せて旅館にはいり、被告人D、Cが後から続いて旅館にはいるという手はずのもとに、同被告人らは附近の甲旅館に行ったが、休業を理由に入室を断わられたため、犯行の場所を原判示T旅館に変えることとし、先の手はずどおり、被告人AがEの運転する自動軍に同女を乗せて右T旅館に連れ込み、続いて被告人D、CもEが折り返し迎えに来た自動車に乗り同旅館に着き、同旅館の主人Wに対し、被告人Aのはいった客室に案内せよと求めたところ、同女から断わられて押問答をしているうち、この騒ぎを聞いて被告人Aも客室から出て来たので、被告人D、C及びEは被告人Aを交えて相談した結果、被告人Dら三名は本件強姦の実行を断念して引き返すことになり、被告人Aもこれを了承したため、被告人DはC、Eと共に同旅館から退去し、被告人Aだけがなおも右旅館にとどまり、単独でK子に対する強姦を遂げたことが認められる、

（略）被告人Dが一旦は被告人Aらと強姦の共謀を遂げたとはいえ、C、Eと共に、右犯行の着手前右共謀に基づく犯罪の実行を断念する意思を表明し、共謀者被告人Aもこれを了承したことにより、**一旦成立した共謀関係は犯行の着手前にすでに消滅したと解するのが相当であるから、その後における被告人Aの強姦行為について、被告人Dが共謀共同正犯としての刑責を負うべきいわれはない**。従つて、原判決が、その判示のとおり被告人Dが被告人Aと共謀して本件強姦行為に及んだ旨認定したのは事実を誤認したことが明らかである。

6-130　福岡高判昭28・1・12（強盗教唆銃砲刀剣類等所持取締令違反被告事件）

被告人は昭和二十七年六月九日夕刻佐賀県小城郡南多久村大字長尾所在の鹿島建設事務所寮に遊びに行き前掲原審共同被告人等と雑談をした後共に外出するに際し、右原審共同被告人Nが同寮止宿人Kから借受けた「匕首」を被告人において携帯し同県同郡北多久村（略）で遊ぶうち、同日午後十時過頃右Nから、「どこか押し入るのによい所はないか」と話しかけられるや、被告人は「この先の峠で二人の子供を抱えた後家さんが店をしている、入るには都合がよい、その上今日は炭坑の勘定日だから掛金が集まり相当の金があるだろう」とかねて被告人が知っている原判示強盗

被害者Ｔ方を教え、ここにおいて被告人と原審共同被告人Ｎ、同Ｆ、同Ｓの四名は右Ｔ方において強盗をしようと共謀した上、相共に同家附近に赴き時間を過すうち、強盗の用に供するため、被告人所携の前掲「匕首」を取り出し被告人及びその他右原審共同被告人等において、交々雑草等で刀身を研磨してから、同日午後十一時過頃右四名で右Ｔ方で強盗するため、まず原審共同被告人Ｆにおいて戸外より屋内の様子を窺ったけれども未だ時間が早いように感ぜられたので附近の番所炭坑と鉄道線路（筑肥線）との交叉点附近で時間を過し、同日午後十二時頃再び右四名でＴ方に赴き同家屋内に**侵入しようと試みたが、容易に戸を開くことができなかったので更に前記交叉点附近に引返しているうち、被告人は右原審共同被告人等と共に強盗することの非を悟り、同人等に対しては敢て犯行を阻止することなく又明示的に該犯行から離脱すべき表意もせず、該犯行から離脱するため同所を立ち去った**ことを認め得ると同時にその後約二時間を経過した頃前記原審共同被告人三名において、それぞれ、被告人が右犯行から離脱したものであることを察知し、更に同人等三**名で右Ｔ方に押入り強盗をしようと共謀した上**、原判示三記載のとおり翌六月十日午前二時四十分頃同家において強盗をしたものであることを認めることができるのであって、原判決がその二の（イ）において判示した様に、被告人が強盗の犯意のない前記原審共同被告人等三名を教唆し、因って原判示三の強盗を為すに至らしめたものであることは到底認めることはできない。記録を精査しても当裁判所の右認定を左右するに足りる資料は全く存しない。しかして、**数人が強盗を共謀し、該強盗の用に供すべき「匕首」を磨くなど強盗の予備をなした後、そのうちの一人がその非を悟り該犯行から離脱するため現場を立ち去った場合、たとい、その者が他の共謀者に対し、犯行を阻止せず、又該犯行から離脱すべき旨明示的に表意しなくても、他の共謀者において、右離脱者の離脱の事実を意識して残余の共謀者のみで犯行を遂行せんことを謀つた上該犯行に出でたときは、残余の共謀者は離脱者の離脱すべき黙示の表意を受領したものと認めるのが相当であるから、かかる場合、右離脱者は当初の共謀による強盗の予備の責任を負うに止まり、その後の強盗につき共同正犯の責任を負うべきものではない**。けだし、一旦強盗を共謀した者と雖も、該強盗に着手前、他の共謀者に対しこれより離脱すべき旨表意し該共謀関係から離脱した以上、たとい後日他の共謀者において、該犯行を遂行してもそれは、該離脱者の共謀による犯意を遂行したものということができないし、しかも右離脱の表意は必ずしも明示的に出るの要がなく、黙示的の表意によるも何等妨げとなるものではないからである。さすれば当裁判所が説示した被告人の前示所為はまさしく刑法第237条所定の強盗予備罪を構成することが明かであるに拘らず、挙示の証拠により原判示二の（イ）の事実を認定した原判決は、その事実理由と証拠理由との間にくいちがいの違法があるので原判決中被告人に関する部分は刑事訴訟法第397条に則り破棄を免れない。（略）

（当裁判所が認定した事実）被告人は、（略）、昭和二十七年六月九日夕刻被告人肩書住居附近の佐賀県小城郡南多久村大字長尾所在の鹿島建設出張所寮に遊びに行き、原審共同被告人Ｎ、同Ｆ、同Ｓ等と雑談をした後共に外出するに際し、右原審共同被告人Ｎが同寮止宿人Ｋから借受けた「匕首」を被告人において携帯し、同県同郡北多久村（略）で遊ぶうち、同日午後十時過頃右Ｎから「どこか押し入るのによい所はないか」と話しかけられるや、被告人は「この先の峠で二人の子供を抱えた後家さんが店をしている、入るには都合がよい、その上今日は炭坑の勘定日だから掛金が集まり相当金があるだろう」とかねて被告人が商用で知つていた同県東松浦郡厳木町（略）物品販売業Ｔ方を教え、ここにおいて、被告人は原審共同被告人Ｎ、同Ｆ、同Ｓの三名と右Ｔ方において強盗をしようと共謀した上、相共に同家附近に赴き時間を過すうち、強盗の用に供するため、被告人所携の前掲「匕首」を取出し、被告人その他右原審共同被告人等において交々雑草等で刀身を研磨してから、同日午後十一時過頃右四名でＴ方で強盗をするため、まず原審共同被告人Ｆにおいて戸外より屋内の様子を窺つたけれども未だ時間が早いように感ぜられたので附近の番所炭坑と鉄道線路（筑肥線）との交叉点附近で時間を過し、同日午後十二時頃再び右四名で右Ｔ方に赴き、同家屋内に侵入しようと試みたが、容易に戸を開くことができなかつたので更に前記交叉点附近に引返しているうち、被告人は右原審共同被告人等と共に強盗をすることの非を悟り該犯行から離脱するため同所を立ち去つたが、その後右原審共同被告人等において、それぞれ被告人が右犯行から離脱したものであることを察知し被告人と共に強盗をしないこととしたため、被告人は単に強盗の予備をなし、（たものである。）

5　共犯と身分

刑法65条が共犯と身分の関係を定めている。身分とは、「男女の性別、内外国人の別、親族の関係、公務員たる資格のような関係のみに限らず、総ての一定の犯罪行為に関する犯人の人的関係である特殊の地位又は状態を指称する」（**最判昭27・9・19**）。事後強盗罪における窃盗犯、強姦罪における男、領得罪における他人の物の占有者、背任罪における事務受託者なども身分である。判例は営利目的も身分であるとしている（**最判昭42・3・7**＝営利目的の大麻輸入罪について）。**1項**の「共犯」は共同正犯も含む（**大審院判昭5・12・12**）。

1項と2項との関係について見解が分かれている。条文解釈上からは、1項を身分犯の成立を、2項を加減的身分犯（不真正身分犯）の科刑を定めたと解するのが自然に思える。しかし、**判例通説は、1項を真正（構成的）身分犯の成立と科刑を、2項を不真正（加減的）身分犯の成立と科刑を定めたものであるとする**。この対立は、共犯に関する犯罪共同説と行為共同説に根ざしているとされる。しかし、犯罪共同説を採ったとしても共同の範囲を罪名までの一致を必要としないで、単なる行為ではなく構成要件の客観的要素（外形的行為）の共同で足りると考えれば、加功した非身分者に真正身分を共同させなければ非身分者を真正身分犯の共犯とすることはできない。そして、犯罪と刑罰は一体であることが原則であるから、1項は、非身分者に真正身分を共同させることを定めたもので、真正（構成的）身分犯の成立を定めたものであり、不真正（非構成的）身分者については、不真正身分を除いた身分犯のみが成立することを定めたものであると考えたほうがよいと思う。問題は、それなら「身分のない者には通常の刑を科す」と科刑を定めたことと矛盾するのではないかという批判がありうる点である。

問題となるのは、業務上横領について、判例は1項で非身分者にも業務上横領罪が成立し、2項で単純横領罪の刑で処断されるとしていることである（**最判昭32・11・19**）。判例と通説が同じであるとすると、判例は業務上横領罪の真正身分は「業務上の占有」であると解する外はない。通説の立場から、他人の物の占有が真正身分であり、業務上が不真正身分であるとの批判がある。この他にも、**判例6-132**は、特別背任罪について、非身分者に真正身分犯である単純背任罪ではなく、特別背任罪を成立させているのも、同罪の構成的身分は「特別に定められた事務委託関係」であると考えたものと判断するしかない。確かに、横領罪と業務上横領罪は別の構成要件であるので、後者の真正身分は「業務上の占有」であると考えることも可能である。

同6-133は、窃盗既遂後に加わった共犯者について、事後強盗罪の罪質を説明して、１項を適用して事後強盗致傷罪を成立させている。**同6-134**は、女性が強姦罪の共犯になった事案である。

（共犯と身分に関する判例）

6-132　最決平20・5・19（商法違反被告事件）

被告人は、本件融資について、その返済が著しく困難であり、本件ゴルフ場の担保価値が乏しく、本件融資の焦げ付きが必至のものであることを認識しており、本件融資の実行がＤらの任務に違背するものであること、その実行がＢ銀行に財産上の損害を加えるものであることを十分に認識していた。

そして、被告人の経営するＥ等はＢ銀行との間で長年にわたって不正常な取引関係を続けてきたものであるところ、本件融資の実行はＥの経営破たんを当面回避させるものであり、それはＤらが経営責任を追及される事態の発生を回避させるというＤらの自己保身につながる状況にあったもので、被告人はＤらが自己の利益を図る目的も有していたことを認識していた。

（略）被告人は、**特別背任罪の行為主体の身分を有していないが、上記認識の下**、単に本件融資の申込みをしたにとどまらず、本件融資の前提となる再生スキームをＤらに提案し、Ｇ社との債権譲渡の交渉を進めさせ、不動産鑑定士にいわば指し値で本件ゴルフ場の担保価値を大幅に水増しする不動産鑑定評価書を作らせ、本件ゴルフ場の譲渡先となるＣを新たに設立した上、Ｄらと融資の条件について協議するなど、**本件融資の実現に積極的に加担した**ものである。このような事実からすれば、被告人はＤらの特別背任行為について共同加功したものと評価することができるのであって、被告人に特別背任罪の共同正犯の成立を認めた原判断は相当である。（同趣旨・**最決平17・10・7**）

6-133　大阪高判昭62・7・17（事後強盗致傷被告事件）

原判決は、被告人が、原判示日時場所において、共犯者二名（略）と共謀の上、原判示サイドリングマスコット一個を窃取し、その直後、警備員Ａから逮捕されそうになるや、逮捕を免れる目的で同人に対し、こもごも殴る蹴るの暴行を加え、同人に加療約一〇日間を要する傷害を加えた旨の公訴事実（強盗致傷の共同正犯）に対し、**共犯者二名は、被告人の窃盗が既遂に達したのちにこれに関与した**ものであって、窃盗の共同正犯ではないとし、かかる共犯者は事後強盗の主体ともならないから、被告人ら三名について強盗致傷の共同正犯をもって擬律することは相当でないとの見解を示した上、被告人の所為につき、「刑法240条前段（238条）に該当（但し、傷害罪の限度で同法60条も適用）する」旨判示している。

原判決の法令の適用について考えるのに、原認定のように、共犯者二名が被告人の犯行に関与するようになったのが、窃盗が既遂に達したのちであったとしても、同人らにおいて、被告人が原判示マスコットを窃取した事実を知った上で、被告人と共謀の上、逮捕を免れる目的で被害者に暴行を加えて同人を負傷させたときは、窃盗犯人たる身分を有しない同人らについても、**刑法65条1項、60条**の適用により（事後）強盗致傷罪の共同正犯が成立すると解すべきであるから（なお、この場合に、事後強盗罪を不真正身分犯と解し、身分のない共犯者に対し更に同条2項を適用すべきであるとの見解もあるが、**事後強盗罪は、暴行罪、脅迫罪に窃盗犯人たる身分が加わって刑が加重される罪ではなく、窃盗犯人たる身分を有する者が、刑法二三八条所定の目的をもって、人の反抗を抑圧するに足りる暴行、脅迫を行うことによってはじめて成立するものであるから、真正身分犯であって、不真正身分犯と解すべきではない**。従って、身分なき者に対しても、同条2項を適用すべきではない。）、傷害罪の限度でのみしか刑法六〇条を適用しなかった原判決は、法令の解釈適用を誤ったものといわなければならないが、原判決は、被告人自身に対しては刑法240条（238条）を適用しているのであるから、右法令の解釈適用の誤りが、判決に影響を及ぼすことの明らかなものであるとはいえない。

6-134　最決昭40・3・30（強姦恐喝被告事件）

強姦罪は、その行為の主体が男性に限られるから、刑法六五条一項にいわゆる犯人の身分に因り構成すべき犯罪に該当するものであるが、身分のない者も、身分のある者の行為を利用することによつて、強姦罪の保護法益を侵害することができるから、身分のない者が、身分のある者と共謀して、その犯罪行為に加功すれば、同法65条１項により、強姦罪の共同正犯が成立すると解すべきである。従つて、原判決が、被告人Ｍの原判示所為に対し、同法177条前段、60条、65条1項を適用したことは、正当である

第7章
事案の捌き方　その2
（違法性阻却事由を中心として）

はじめに

違法性阻却事由は、構成要件に該当する行為が認められる場合でも、特定の職業、身分、被害者の同意、定められたルールなどから行為自体を正当とする行為（**刑法35条**）、差し迫った不正な侵害から自己の権利を守るための防御行為（**同36条**）、緊急の危難から避難するためにやむを得ず行った行為（**同37条**）について、違法性を阻却して犯罪を成立させないこととする事情を言う。

第１　正当行為

判例7-1は、安楽死に関するものであり、**同7-3**は、豊胸施術ミスの事案であって、いずれも医師の治療行為に関するものである。**同7-2**は、別居している夫婦の夫が妻と生活している子どもを保育園から連れ去った事案で親権行使に関する事案であり、**同7-4**は、登校拒否等の情緒障害児などを矯正する施設における体罰に関する事案であり、**同7-5**は、大学の格闘技部における練習（いじめ）に関する事案である。いずれも正当行為の限界を逸脱して刑事処罰対象となったものである。

これに対し、**同7-6**は、私人による現行犯逮捕の際の暴行に関して、**同7-7**は、他人に使用させている建物を使用不能にさせられた状態からの自救行為に関して、それぞれ正当行為が認められた事案である。

（正当行為に関する判例）

7-1　最決平21・12・7（殺人被告事件：安楽死事件）

１　原判決の認定した事実及び記録によれば、気管内チューブの抜管に至る経過等は以下のとおりである。

（１）本件患者（当時５８歳。以下「被害者」という。）は、平成１０年１１月２日（以下「平成１０年」の表記を省略する。）、仕事帰りの自動車内で気管支ぜん息の重積発作を起こし、同日午後７時ころ、心肺停止状態でＡ病院に運び込まれた。同人は、救命措置により心肺は蘇生したが、意識は戻らず、人工呼吸器が装着されたまま、集中治療室（ＩＣＵ）で治療を受けることとなった。被害者は、心肺停止時の低酸素血症により、大脳機能のみならず脳幹機能にも重い後遺症が残り、死亡する同月１６日までこん睡状態が続いた。

（２）被告人は、同病院の医師で、呼吸器内科部長であったものであり、１１月４日から被害者の治療の指揮を執った。被害者の血圧、心拍等は安定していたが、気道は炎症を起こし、喀痰からは黄色ブドウ球菌、腸球菌が検出された。被告人は、同日、被害者の妻や子らと会い、同人らから病院搬送に至る経緯について説明を受け、その際、同人らに対し、被害者の意識の回復は難しく植物状態となる可能性が高いことなど、その病状を説明した。

（３）その後、被害者に自発呼吸が見られたため、１１月６日、人工呼吸器が取り外されたが、舌根沈下を防止し、痰を吸引するために、気管内チューブは残された。同月８日、被害者の四肢に拘縮傾向が見られるようになり、被告人は、脳の回復は期待できないと判断するとともに、被害者の妻や子らに病状を説明し、呼吸状態が悪化した場合にも再び人工呼吸器を付けることはしない旨同人らの了解を得るとともに、気管内チューブについては、これを抜管すると窒息の危険性があることからすぐには抜けないことなどを告げた。

（４）被告人は、１１月１１日、被害者の気管内チューブが交換時期であったこともあり、抜管してそのままの状態にできないかと考え、**被害者の妻が同席するなか、これを抜管してみたが**、すぐに被害者の呼吸が低下したので、「管が抜けるような状態ではありませんでした。」などと言って、新しいチューブを再挿管した。

（５）被告人は、１１月１２日、被害者をＩＣＵから一般病棟である南２階病棟の個室へ移し、看護婦（当時の名称。以下同じ。）に酸素供給量と輸液量を減らすよう指示し、急変時に心肺蘇生措置を行わない方針を伝えた。被告人は、同月１３日、被害者が一般病棟に移ったことなどをその妻らに説明するとともに、同人に対し、**一般病棟に移ると急変する危険性が増すことを説明した上で、急変時に心肺蘇生措置を行わないことなどを確認した。**

（6）被害者は、細菌感染症に敗血症を合併した状態であったが、被害者が気管支ぜん息の重積発作を起こして入院した後、本件抜管時までに、同人の余命等を判断するために必要とされる脳波等の検査は実施されていない。また、被害者自身の終末期における治療の受け方についての考え方は明らかではない。

（7）１１月１６日の午後、**被告人は、被害者の妻と面会したところ、同人から、「みんなで考えたことなので抜管してほしい。今日の夜に集まるので今日お願いします。」などと言われて、抜管を決意した。**同日午後５時３０分ころ、被害者の妻や子、孫らが本件病室に集まり、午後６時ころ、被告人が准看護婦と共に病室に入った。被告人は、家族が集まっていることを確認し、被害者の回復をあきらめた家族からの要請に基づき、被害者が死亡することを認識しながら、気道確保のために鼻から気管内に挿入されていたチューブを抜き取るとともに、呼吸確保の措置も採らなかった。

（8）ところが、予期に反して、被害者が身体をのけぞらせるなどして苦もん様呼吸を始めたため、被告人は、鎮静剤のセルシンやドルミカムを静脈注射するなどしたが、これを鎮めることができなかった。そこで、被告人は、同僚医師に助言を求め、その示唆に基づいて筋し緩剤であるミオブロックをＩＣＵのナースステーションから入手した上、同日午後７時ころ、准看護婦に指示して被害者に対しミオブロック３アンプルを静脈注射の方法により投与した。被害者の呼吸は、午後７時３分ころに停止し、午後７時１１分ころに心臓が停止した。

２　所論は、被告人は、終末期にあった被害者について、被害者の意思を推定するに足りる家族からの強い要請に基づき、気管内チューブを抜管したものであり、本件抜管は、法律上許容される治療中止であると主張する。

しかしながら、上記の事実経過によれば、被害者が気管支ぜん息の重積発作を起こして入院した後、本件抜管時までに、**同人の余命等を判断するために必要とされる脳波等の検査は実施されておらず、発症からいまだ２週間の時点でもあり、その回復可能性や余命について的確な判断を下せる状況にはなかったものと認められる。そして、被害者は、本件時、こん睡状態にあったものであるところ、本件気管内チューブの抜管は、被害者の回復をあきらめた家族からの要請に基づき行われたものであるが、その要請は上記の状況から認められるとおり被害者の病状等について適切な情報が伝えられた上でされたものではなく、上記抜管行為が被害者の推定的意思に基づくということもできない。**以上によれば、上記抜管行為は、法律上許容される**治療中止には当たらないというべきである。**

そうすると、本件における気管内チューブの抜管行為をミオブロックの投与行為と併せ殺人行為を構成するとした原判断は、正当である。**（その他の安楽死事件判決：横浜地判平７・３・２８、高知地判平２・９・１７）**

7-2　最決平17・12・6（未成年者略取被告事件）

（1）被告人は、別居中の妻であるＢが養育している長男Ｃ（当時２歳）を連れ去ることを企て、平成１４年１１月２２日午後３時４５分ころ、青森県八戸市内の保育園の南側歩道上において、Ｂの母であるＤに連れられて帰宅しようとしていたＣを抱きかかえて、同所付近に駐車中の普通乗用自動車にＣを同乗させた上、同車を発進させてＣを連れ去り、Ｃを自分の支配下に置いた。

（2）上記連れ去り行為の態様は、Ｃが通う保育園へＢに代わって迎えに来たＤが、自分の自動車にＣを乗せる準備をしているすきをついて、被告人が、Ｃに向かって駆け寄り、背後から自らの両手を両わきに入れてＣを持ち上げ、抱きかかえて、あらかじめドアロックをせず、エンジンも作動させたまま停車させていた被告人の自動車まで全力で疾走し、Ｃを抱えたまま運転席に乗り込み、ドアをロックしてから、Ｃを助手席に座らせ、Ｄが、同車の運転席の外側に立ち、運転席のドアノブをつかんで開けようとしたり、窓ガラスを手でたたいて制止するのも意に介さず、自車を発進させて走り去ったというものである。

被告人は、同日午後１０時２０分ころ、青森県東津軽郡平内町内の付近に民家等のない林道上において、Ｃと共に車内にいるところを警察官に発見され、通常逮捕された。

（3）被告人が上記行為に及んだ経緯は次のとおりである。

被告人は、Ｂとの間にＣが生まれたことから婚姻し、東京都内で３人で生活していたが、平成１３年9月１５日、Ｂと口論した際、被告人が暴力を振るうなどしたことから、Ｂは、Ｃを連れて青森県八戸市内のＢの実家に身を寄せ、これ以降、被告人と別居し、自分の両親及びＣと共に実家で暮らすようになった。被告人は、Ｃと会うことも ままならないことから、ＣをＢの下から奪い、自分の支配下に置いて監護養育しようと企て、自宅のある東京からＣらの生活する八戸に出向き、本件行為に及んだ。

なお、被告人は、平成１４年８月にも、知人の女性にＣの身内を装わせて上記保育園からＣを連れ出させ、ホテルを転々とするなどした末、９日後に沖縄県下において未成年者略取の被疑者として逮捕されるまでの間、Ｃを自分の支配下に置いたことがある。
（４）Ｂは、被告人を相手方として、夫婦関係調整の調停や離婚訴訟を提起し、係争中であったが、本件当時、Ｃに対する被告人の親権ないし監護権について、これを制約するような法的処分は行われていなかった。

２　以上の事実関係によれば、被告人は、Ｃの共同親権者の１人であるＢの実家においてＢ及びその両親に監護養育されて平穏に生活していたＣを、祖母のＤに伴われて保育園から帰宅する途中に前記のような態様で有形力を用いて連れ去り、保護されている環境から引き離して自分の事実的支配下に置いたのであるから、その行為が未成年者略取罪の構成要件に該当することは明らかであり、被告人が親権者の１人であることは、その行為の違法性が例外的に阻却されるかどうかの判断において考慮されるべき事情であると解される（最決平１５・３・１８参照）。

本件において、被告人は、離婚係争中の他方親権者であるＢの下からＣを奪取して自分の手元に置こうとしたものであって、そのような行動に出ることにつき、**Ｃの監護養育上それが現に必要とされるような特段の事情は認められないから、その行為は、親権者によるものであるとしても、正当なものということはできない**。また、本件の行為態様が粗暴で強引なものであること、Ｃが自分の生活環境についての判断・選択の能力が備わっていない２歳の幼児であること、その年齢上、常時監護養育が必要とされるのに、略取後の監護養育について確たる見通しがあったとも認め難いことなどに徴すると、家族間における行為として社会通念上許容され得る枠内にとどまるものと評することもできない。以上によれば、本件行為につき、違法性が阻却されるべき事情は認められないのであり、未成年者略取罪の成立を認めた原判断は、正当である。

7-3　東京高判平9・8・4（医師法違反、傷害致死被告事件）（美容整形）

被害者が身体侵害を承諾した場合に、傷害罪が成立するか否かは、単に承諾が存在するという事実だけでなく、右承諾を得た動機、目的、身体傷害の手段・方法、損傷の部位、程度など諸般の事情を総合して判断すべきところ（**最決昭55・11・13**参照）、関係証拠によれば、（１）Ａは、本件豊胸手術を受けるに当たり、被告人がフィリピン共和国における医師免許を有していないのに、これを有しているものと受取って承諾したものであること、（２）一般的に、豊胸手術を行うに当たっては、（ａ）麻酔前に、血液・尿検査、生化学的検査、胸部レントゲン撮影、心電図等の全身的検査をし、問診によって、既往疾患・特異体質の有無の確認をすること、（ｂ）手術中の循環動態や呼吸状態の変化に対応するために、予め、静脈ラインを確保し、人工呼吸器等を備えること、（ｃ）手術は滅菌管理下の医療設備のある場所で行うこと、（ｄ）手術は、医師または看護婦の監視下で循環動態、呼吸状態をモニターでチェックしながら行うこと、（ｅ）手術後は、鎮痛剤と雑菌による感染防止のための抗生物質を投与すること、などの措置をとることが必要とされているところ、被告人は、右（ａ）、（ｂ）、（ｄ）及び（ｅ）の各措置を全くとっておらず、また、（ｃ）の措置についても、滅菌管理の全くないアパートの一室で手術等を行ったものであること、（３）被告人は、Ａの鼻部と左右乳房周囲に麻酔薬を注射し、メス等で鼻部及び右乳房下部を皮切し、右各部位にシリコンを注入するという医行為を行ったものであること、などの事実が認められ、右各事実に徴すると、被告人がＡに対して行った医行為は、身体に対する重大な損傷、さらには生命に対する危難を招来しかねない極めて無謀かつ危険な行為であって、社会的通念上許容される範囲・程度を超えて、社会的相当性を欠くものであり、たとえＡの承諾があるとしても、もとより違法性を阻却しないことは明らかであるといわなければならないから、論旨は採用することができない。

7-4　広島高判平9・7・15（監禁致死、監禁、監禁致傷等被告事件：戸塚ヨットスクール事件）

被告人は、第二次世界大戦の終戦により入隊していた海軍を除隊し、一時農業等に従事した後、昭和三二年から三菱重工業株式会社広島造船所検査課に勤務し、勤務の傍ら、昭和三九年ころから、海軍で修得したカッター操法、手旗信号、ロープ結び等の野外活動を中心として青少年を指導する活動をしていたが、昭和五七年七月、広島県佐伯郡大柿町に飛渡瀬青少年海洋研究所を開設した。同年一〇月に前記会社を定年退職した後、昭和六〇年一一月ころ、同所を「ふるさと自然の家」と名付けて、登校拒否等の情緒障害児や非行少年を預かり始めた。しかし、予定した人数の入園者が集まらず、大柿町からも立退きを求められたため、平成元年三月ころ、被告人は同施設を閉鎖せざるを得なくなった。この間、被告人は、園生の指導方法につき行き過ぎがあったとして、昭和六二年一一月ころ、江田島警察署から、「戒具の使用、居室の施錠は保護者の承諾があってもしないこと、戸塚ヨットスクールのような暴行はしないこと」等を指導されるなどした。また、被告人は、前記飛渡瀬青少年海洋研究所等の開設、運営の費用等にあてるため、二〇〇〇万円を超える債務を抱えるようになっていた。そこで、右多額の債務の返済や退職後の収入を得、かつ、被告人なりの青少年指導の試みを続けるため、更に約四〇〇〇万円もの借入れをした上、平成元年七月ころ、三原市沖の小佐木島の海水浴場跡の土地建物を取得し、登校拒否等の情緒障害児及び非行少年の矯正等をする施設として同年一一月「風の子学園」を開設した。

被告人の目論見では、年間園生を三〇人程度集めれば経営が成り立つ見込みであったが、入園者数は開設から本件時まで合計一七名に過ぎず前記巨額の債務の支払はもとより、学園の維持運営費にも窮する状態が続いていた。このような状況の中で、前記Aに対する監禁、監禁致傷行為を行った。

その後、平成三年一月、ＪＲ東広島駅から用途廃止になった貨物用鉄製コンテナ（以下、コンテナという。）を購入し、同年五月から内観改心室と称して、園生を閉じ込めるために使用するようになり、Ｂ子及びＣ子に対する各監禁行為、Ｄ及びＥ子に対する各監禁致死行為に及んだ。

（略）本件各監禁の場所、監禁の態様等に徴すると、所論のいう矯正のための懲罰その他如何なる名目をもってするにせよ、本件のような監禁行為そのものが社会通念上許容されるものではなく、**正当業務行為というにはほど遠いものであることは明らか**である。

（略）以上認定の監禁の場所、態様等に照らすと、本件各監禁行為は、これによって単に園生に苦痛及び恐怖感を味あわせて被告人の言うことに従わせる手段というほかなく、園生の人格を踏みにじり、終生消えない心の傷を与えるものであって、到底教育や矯正指導の名に値するものではない。（略）、Ａらが前記小屋やコンテナに監禁されるに至った経緯についても、Ｂ子には、学園から逃走しようと試み、また、Ｄ及びＥ子には、喫煙行為があったことは認められるけれども、それ以上に先に見た環境が極めて劣悪で心身に悪影響を及ぼすことが明らかな小屋やコンテナに監禁する必要性が認められるような暴力的な状況や反省悔悟させる事情は見当たらない上、Ｂ子、Ｄ及びＥ子の前記行為についても、海を渡らなければならない危険な逃走を防止したり、喫煙を反省させたりするための措置を取るとしても、あくまでも社会的に是認される手段、方法によらなければならず、小屋やコンテナに監禁する正当な理由とは認められない。すなわち、各園生が学園に入園した目的が、各園生の抱える非行や生活習慣の乱れといった問題点の矯正、改善にあるとしても、その目的達成のための手段、方法にも自ずから限度があるのであって、無理矢理有形力を行使して強制的に小屋やコンテナに閉じ込めるといったことは、明らかに社会的に是認される限度を逸脱したものである。

以上に明らかなように、被告人の本件各監禁行為が**正当業務行為に当たるとは到底認めることができず、違法性を阻却しないことは明らかである**から、正当業務行為であるとの所論は採ることができない。ろと認めた原判決の認定に誤りはない。所論は採ることができない。

7-5　大阪地判平4・7・20（傷害致死被告事件）（スポーツクラブ活動と体罰）

スポーツとして行われる格闘技及びその練習が正当行為として違法性を阻却されるためには、スポーツを行う目的で、ルールを守って行われ、かつ相手方の同意の範囲内で行われることを要するものと解される。前記認定事実、特に、被害者が本件の半月ほど前から退部を申し出ており、本件直前にも退部届を提出していること、被告人の本件前後における被害者及びＤらに対する言動、被告人と被害者の日本拳法の実力差、本件における防具の選択及び装着状態等からして、本件は、**被害者が退部届を出したことに憤った被告人が、被害者に退部を思い止まらせ、また他の部員が退部するのを防ぐ見せしめのため、制裁として行ったものと認める外なく、心身の鍛錬に基づき技を競い合うというスポーツの練習を行う目的でなされたものとは到底認められない**。

また、日本拳法の試合及び互いに実際に打ち合う練習方法である乱稽古の場合は、鉄製の面、胴布図、胴、金的、日本拳法用グローブを装着して行われるのがルールであるが、本件においては、前記二、８のとおり、互いに防具の着用が全く不十分なままで行われており、外形上も到底日本拳法のルールが守られていた**正規の練習とは言えない**。

さらに、被害者は、被告人の「稽古」の申し出を明示的には拒絶していないけれども、先輩からの申し出を拒絶できない立場にあったため、やむなくこれに応じたものであり（被害者の本件直前の退部届の提出によっても、被害者の心情は十分に窺うことができる）、被害者には本件「稽古」について真意に基づく同意があったものとは認められない。

以上のとおり、被告人の本件行為は日拳部の練習時間、練習場所において行われたものであるが、いかなる観点からもスポーツとして是認される日本拳法の練習とはいえず、**それに名を借りた制裁行為と見るべきであり、到底正当行為と見ることはできない**というべきである（なお、被告人は、本件直後、前記二、１２のとおり、大学側に、本件を練習中の事故と偽った報告をし、他の上級生も、下級生に口裏合わせを命じているのであって、被告人には、本件行為が正当行為とは言えない旨の認識も十分存在したと認められる）。

7-6　最判昭50・4・3（傷害被告事件）（私人による現行犯逮捕）

原判決及びその是認する第一審判決の各認定によると、金沢勝生を含む大平丸の乗組員は、逃走を始めるまであわびの採捕をしていたものであるが、その場所におけるあわびの採捕は、漁業法六五条一項に基づく岩手県漁業調整規則三五条により、三月から一〇月までの間は禁止されており、金沢勝生らの行為は同条に違反し、同法六五条二項、三項に基づく同規則六二条一号の犯罪を構成し、六か月以下の懲役、一万円以下の罰金又はその併科刑が科されるものであることは明らかである。そして、前記の経過によると、漁業監視船しおかぜ丸は、大平丸の乗組員を現に右の罪を犯した現行犯人と認めて現行犯逮捕をするため追跡し、第一清福丸も、しおかぜ丸の依頼に応じ、これらの者を現行犯逮捕するため追跡を継続したものであるから、いずれも刑訴法二一三条に基づく適法な現行犯逮捕の行為であると認めることができる。

（略）　右のように現行犯逮捕をしようとする場合において、現行犯人から抵抗を受けたときは、逮捕をしようとする者は、警察官であると私人であるとをとわず、その際の状況からみて社会通念上逮捕のために必要かつ相当であると認められる限度内の実力を行使することが許され、たとえその実力の行使が刑罰法令に触れることがあるとしても、**刑法三五条**により罰せられないものと解すべきである。これを本件についてみるに、前記の経過によると、被告人は、金沢勝生らを現行犯逮捕しようとし、同人らから抵抗を受けたため、これを排除しようとして前記の行為に及んだことが明らかであり、かつ、右の行為は、社会通念上逮捕をするために必要かつ相当な限度内にとどまるものと認められるから、被告人の行為は、刑法三五条により罰せられないものというべきである。

7-7　最決昭46・7・30（建造物損壊、器物毀棄被告事件）（自救行為）

（一審の事実認定）被告人Oは、娘の名義で東京都調布市小島町（略）に古い空家の映画館及び木造平家建の住宅各一棟並にその敷地を所有していたが、その有利な利用方法として、昭和四〇年七月三日Sとの間に、右住宅及び敷地を利用して釣堀をはじめ右住宅は月額金五万円の賃料でSに賃貸し、Sは右住宅を釣堀営業に便ならしむるために適当に増改築し、且つ釣堀設備道具及び魚類等一切を設け、これが費用はSにおいて立替えた上互に折半し、最初六ケ月間はSが単独で釣堀営業を行ない、七ケ月目から被告人Oと共同経営をなし、互に利益を折半することとし、この契約期間は三年とすることに口頭契約を取り結び、これによりSにおいては該契約通り間もなく右住宅を改築し、旧住宅に接続して、これより少し広い約二七・五坪の木造平家建一棟を新築し、旧住宅と新築家屋の屋根の下に二箇の水槽を設置し、これに鯉、うなぎ等を入れて間もなく釣堀営業を開店しようとするに至つたところ、同月一九日Sに対し、右住宅の賃料を月額一五万円に値上げする外、Sは共同経営の相手方ではなく、雇人とすることに条件の変更方を要求したが、同人においてこれを拒絶したところから、実力をもつて釣堀営業の開店を阻止しようと試みたが意の如く成らなかつたので、俗に暴力団員と目される被告人Hと語らい、ここにおいて被告人両名は共謀の上、昭和四〇年八月二三日午前五時二〇分頃の早朝、突然人夫十数名を引率指揮して、前記SがR釣堀と称し、雇人をおいて営業する釣堀に赴き、同人と共有に係る前記旧住宅に接続して同人が新築した木造平家建一棟の建造物を目茶苦茶に打ちこわす（損害約三〇〇万円）と同時に、前記二箇の水槽に入れてあつた同人と共有の鯉約一五〇キロ、うなぎ約四七キロ（価格約前者八二、五〇〇円、後者二七、七〇〇円）を、水槽の栓を抜いて水を流す等の方法をもつて死滅せしめ、もつて建造物並に器物を損壊したものである。

自救行為は、正当防衛、正当業務行為などとともに、犯罪の違法性を阻却する事由であるから、この主張は、刑訴法三三五条二項の主張にあたるものと解すべきである。これに反する原判断は、法令の解釈を誤つたものであるが、記録によれば、本件は、自力救済を認めるべき場合でないことが明らかであるから、この誤りは、判決に影響を及ぼさない

第２　正当防衛

正当防衛（**刑法36条**）の成立要件は、「**急迫不正の侵害**」**の存在、防衛の意思の存在、防衛行為の相当性**である。多くの判例があるので、最高裁の判例を中心として掲載する。

急迫不正の侵害では、自招行為による侵害や、予め侵害を予見しながらあえてその侵害に向かっていく場合などが急迫性があるといえるかという問題と、防衛行為の着手時には急迫性が存在したが途中でそれが消滅してしまった後も反撃行為を続けた場合、正当防衛行為と連続した一つの実行行為として過剰防衛を認めるのか、別の実行行為として新たな犯罪が成立し正当防衛、過剰防衛は問題にならないとするかの判断が問題となる。

防衛の意思では、積極加害の意思が併存した場合、あるいは、憤怒や激情などの感情で行為に出た場合などに防衛の意思があると認めてよいかという問題がある。

防衛行為の相当性については、過剰防衛との区別が問題になる。

1　急迫不正の侵害

判例7-16は、**喧嘩に**は正当防衛が適用されない旨を明言している。**同7-12**は、執拗に決闘を迫られやむなく受けて相手を殺してしまった事案で、急迫不正の侵害を否定している。**同7-11**は、１升瓶をテーブルに叩きつけて割り、その口元部分を持って向かってきた者を包丁で刺した事案で、まだ急迫不正の侵害に至っていないとした。

これに対して、**同7-10**は、一審判決が喧嘩であるとして急迫不正の侵害を否定したのに対し、傷害の故意を認めた上で、本人が予想していたのは口論の程度であるから、相手が暴力を加えるために迫ってくることは予想できなかったとして急迫不正の侵害を認めている。

同7-8は、不動産を競売で落札した者が、居住したり模様替えの工事をしようとするのを、工事中止の仮処分申請や物理的圧力で妨害し、その仮処分申請が却下された後も大きな看板を掲示するなどして物理的妨害を継続したことについて、共有持分権、賃借権、業務、名誉に対する急迫不正の侵害に当たるとし、防衛行為の相当性についても詳細に事実を検討して、原審の有罪判決を覆して無罪とした。

自招行為による侵害について、**同7-9**が、相手の暴行が加害者の暴行の程度を大きく超えるような場合でない限り急迫性がないとしている。

予期された侵害について、**同7-14**が、正当防衛は「予期された侵害を避けるべき義務を課する趣旨ではないから、当然又はほとんど確実に侵害が予期されたとしても、そのことからただちに侵害の急迫性が失われるわけではない」とし、「しかし、同条が侵害の急迫性を要件としている趣旨から考えて、単に予期された侵害を避けなかったというにとどまらず、その機会を利用し積極的に相手に対して加害行為をする意思で侵害に臨んだときは、もはや侵害の急迫性の要件を充たさない」としている。**同7-15**も同様である。そして、**同7-13**は、被害者に暴力を振るわれたことから怒りがおさまらず、仕返しをするために木刀を用意して立ち向かおうとしたが、仲裁に入った仲間の言を聞き入れて木刀を捨てて話し合おうとしたところ、被害者がその木刀を拾って殴りかかったため、被告人は逃げ回ったがついに鋏を取り出して刺して殺してしまったという事案について、仲間が仲裁に入った時点で攻撃を止めて話し合いをしようとしていたのだから、被害者の侵害は予期できなかったとして急迫不正の侵害を認め、鋏で刺したことは相当性を欠くとして過剰防衛を認定した。**後掲判例7-24**は、相手がナイフを持っていたか否かが明らかでないとしても相手の態度自体に急迫性があるとして、過剰防衛を認定している。

（急迫不正の侵害の存否に関する判例）

7-8　最判平21・7・16（暴行被告事件）

（1）本件建物及びその敷地は、Dの亡父が所有していたところ、その持分の一部は、同人から贈与又は相続により取得した者を経て、E不動産が強制競売又は売買により取得した。本件当時、登記上、本件建物については、D及びE不動産がそれぞれ２分の１ずつの持分を有する一方、その敷地については、E不動産、被告人、Dほかが共有しており、そのうちE不動産は２６４分の８３の持分を有していた。E不動産は、これらの持分を平成１５年１２月ころまでに取得したものである。

（2）F宅建は、平成３年に本件建物の賃借人の地位を取得し、平成１７年９月、それまで他の会社に転貸されていた本件建物の明渡しを受けた。そして、F宅建は、同年１０月ころ、建設会社に本件建物の原状回復及び改修の工事を請け負わせた。また、そのころ、被告人及びDは、本件建物の一部に居住し始めるとともに、これをF宅建の事務所としても使用するようになった。ところが、その後、E不動産の関連不動産会社である株式会社Gの従業員が上記建設会社の作業員らに対して上記工事を中止するように申入れ、同年１１月には、本件建物に取り付けられたばかりのサッシのガラス１０枚すべてをE不動産関係者が割るなどしたことから、上記建設会社は、工事を中止した。

そこで、F宅建は、同年１２月、改めて別の建設会社に上記工事の残工事を請け負わせたところ、E不動産の従業員であるBがほとんど毎日工事現場に来ては、上記建設会社の作業員に対し、本件建物の工事差止めを求めて裁判で争っているから工事をしてはならない旨申し向けて威圧的に工事の中止を求め、その工事を妨害した。また、E不動産は、上記建設会社に対し、工事の中止を求める内容証明郵便を送付したり、F宅建から支払われる請負代金額の３倍の保証金を支払うので工事から手を引くよう求めたりし、上記建設会社がこれを断ると、E不動産関係者は、今後広島で無事に仕事をすることができると思うななどと申し向けて脅迫した。平成１８年に入ると、Bのほかにも、E不動産の従業員と称する者が、毎日、工事開始から終了まで本件建物前に車を止めて張り付き、作業員らにすごむなどしたため、上記建設会社も工事を中止した。

そして、E不動産は、その工事が続行されないように、本件建物の周囲に残っていた工事用足場をG名義で買い取った上、本件建物の入口付近に鉄パイプを何本も取り付けて出入り困難な状態とし、「足場使用厳禁」等と記載した看板を取り付けるなどした。その後も、E不動産関係者は、本件建物の前に車を止めて、F宅建を訪れる客に対して立入禁止である旨を告げるなどした。

また、E不動産は、同年１月ころ以降、建設業者が本件建物に立ち入らないようにするため、その立入りを禁止する旨表示した看板を本件建物の壁面等に取り付けたところ、**被告人らに外された**りしたため、その都度、同様の看板を本件建物に取り付けることを七、八回繰り返した。

（3）一方、E不動産は、平成１７年１１月、本件建物の２分の１の共有持分権に基づく妨害排除請求権を被保全権利として、D、被告人及びF宅建を相手方として、本件建物の増改築工事の中止及び続行禁止並びに明渡し断行を求める仮処分を申し立てたが、却下され、即時抗告を申し立てた。広島高等裁判所は、平成１８年９月、F宅建はE不動産が本件建物の持分を取得する以前から本件建物について賃借権を有しており、Dは本件建物の共有持分権を有し、被告人はF宅建の代表者又はDの妻として本件建物を占有しているから、E不動産は、F宅建に対しても、D及び被告人に対しても、本件建物の明渡しを請求できない旨、F宅建は賃貸借契約において本件建物の大修繕や改良工事の権限が与えられているから、E不動産はF宅建による工事の中止や続行禁止を求めることもできない旨判示して、E不動産の上記即時抗告を棄却し、これが確定した。

（4）Bは、平成１８年１２月２０日に本件建物の壁に取り付けた立入禁止の看板の一部が同月２１日朝にはがされたりちぎられたりし、同日夜にはなくなっているのを発見したので、同月２２日午後7時１０分ころ、立入禁止の看板３枚を本件建物に取り付けるため、看板製作・取付会社の取締役であるC及び同社従業員のHほか１名と共に本件建物前に行った。Bの依頼により、C及びHは、立入禁止の看板１枚（以下「本件看板」という。）を自動車から下ろし、その裏面全面に接着剤であるコーキングを付け、はしごを本件建物西側の壁面に立て掛けるなど、本件看板を取り付ける作業を開始した。

本件看板は、縦９１ｃｍ、横１１９．９ｃｍ、厚さ０．３ｃｍ、重さ２．５ｋｇのものであり、「立入禁止　広島地方裁判所においてD、Aおよび（有）F宅建と係争中のため本件建物への立入を禁ずる。所有者株式会社E不動産」等と記載され、「立入禁止」の文字は赤色で他の文字より大きく、「広島地方裁判所」及び「係争中」の文字もそれぞれ赤色で表示され、その他の文言は黒色で表示されている（なお、Ｅ不動産が、Ｆ宅建及びＤを被告として、本件建物について共有物分割訴訟等を提起したのは、平成１９年１月１１日になってからである。）。

また、本件建物は、その西側が南北方向に走る市道に面し、その境界から約２ｍ離れて建てられており、その西壁は南北の長さが約１８ｍある。上記市道は車道幅員が約５ｍであり、その東側には幅員約１．９ｍの歩道が設けられている。上記市道は、夜間、交通が閑散である。

（５）前記のとおりＣらが本件看板を本件建物の壁面に取り付ける作業を開始したところ、被告人及びＤがやってきて、何をするんだなどと大声で怒鳴り、被告人は、Ｃの持っていた本件看板を強引に引っ張って取り上げ、裏面を下にして、本件建物西側敷地と上記歩道にまたがる地面へ投げ付け、その上に乗って踏み付けた。Ｂは、被告人が本件看板から降りた後、これを持ち上げ、コーキングの付いた裏面を自らの方に向け、その体から前へ１０ｃｍないし１５ｃｍ離して本件看板を両手で持ち、付けてくれと言ってこれをＣに渡そうとした。そこで、被告人は、これを阻止するため、Ｂに対し、上記市道の車道の方に向かって、その胸部を両手で約１０回にわたり押したところ、Ｂは、約２ｍ後退し、最後に被告人がＢの体を右手で突いた際、本件看板を左前方に落として、背中から落ちるように転倒した（本件暴行）。

なお、Ｂが被告人に押されて後退し、転倒したのは、被告人の力のみによるものではなく、Ｂが大げさに後退したことと本件看板を持っていたこととがあいまって、バランスを崩したためである可能性が否定できない。

（６）Ｂは、本件当時４８歳で、身長約１７５ｃｍの男性であり、被告人は、本件当時７４歳で、身長約１４９ｃｍの女性である。被告人は、本件以前に受けた手術の影響による右上肢運動障害のほか、左肩関節運動障害や左肩鎖関節の脱臼を有し、要介護１の認定を受けていた。

３　原判決は、本件暴行につき被告人を有罪とした上で、被告人はＢらによる本件看板の設置を阻止しようとして本件暴行に及んだものであるが、前記２（３）のとおり即時抗告棄却決定においてＥ不動産が被告人らに対して本件建物の明渡しや工事の中止等を求める権利がない旨判断されていること等からすれば、Ｂが本件看板を本件建物に設置することは、違法な行為であって、従前の経緯等をも考慮すると、嫌がらせ以外の何物でもないというべきであるとし、Ｂによる違法な嫌がらせが本件の発端となったことは、刑の量定に当たって十分考慮しなければならない旨判示し、前記１のとおり、被告人を科料９９００円に処した。

４　（略）、Ｂらが立入禁止等と記載した本件看板を本件建物に設置することは、被告人らの本件建物に対する前記２（３）の共有持分権、賃借権等を侵害するとともに、Ｆ宅建の業務を妨害し、被告人らの名誉を害するものといわなければならない。そして、Ｂの依頼を受けたＣらは、本件建物のすぐ前において本件看板を取り付ける作業を開始し、被告人がこれを取り上げて踏み付けた後も、Ｂがこれを持ち上げ、付けてくれと言ってＣに渡そうとしていたのであるから、本件暴行の際、Ｂらはなおも本件看板を本件建物に取り付けようとしていたものと認められ、その行為は、被告人らの上記権利や業務、名誉に対する**急迫不正の侵害に当たる**というべきである。

そして、被告人は、ＢがＣに対して本件看板を渡そうとしたのに対し、これを阻止しようとして本件暴行に及び、Ｂを本件建物から遠ざける方向に押したのであるから、Ｂらによる上記侵害から被告人らの上記権利等を**防衛するために本件暴行を行った**ものと認められる。

さらに、Ｂらは、前記２（２）及び（４）のとおり、本件建物のガラスを割ったり作業員を威圧したりすることによって被告人らが請け負わせた本件建物の原状回復等の工事を中止に追い込んだ上、本件建物への第三者の出入りを妨害し、同（３）の即時抗告棄却決定の後においても、立入禁止等と記載した看板を本件建物に設置するなど、本件以前から継続的に被告人らの本件建物に対する権利等を実力で侵害する行為を繰り返しており、本件における上記不正の侵害は**その一環をなすもの**である。一方、被告人とＢとの間には同（６）のような体格差等があることや、同（５）のとおりＢが後退して転倒したのは被告人の力のみによるものとは認め難いことなどからすれば、本件暴行の程度は軽微なものであったというべきである。そうすると、本件暴行は、被告人らの主として財産的権利を防衛するためにＢの身体の安全を侵害したものであることを考慮しても、いまだＢらによる上記侵害に対する防衛手段としての相当性の範囲を超えたものということはできない。

以上によれば、本件暴行については、刑法３６条１項の正当防衛として違法性が阻却されるから、これに正当防衛の成立を認めなかった原判決は、事実を誤認したか、同項の解釈適用を誤ったものといわざるを得ない。（注：無罪）

7-9　最決平20・5・20（傷害被告事件）

（１）本件の被害者であるＡ（当時５１歳）は、本件当日午後７時３０分ころ、自転車にまたがったまま、歩道上に設置されたごみ集積所にごみを捨てていたところ、帰宅途中に徒歩で通り掛かった被告人（当時４１歳）が、その姿を不審と感じて声を掛けるなどしたことから、両名は言い争いとなった。
（２）被告人は、いきなりＡの左ほおを手けんで１回殴打し、直後に走って立ち去った。
（３）Ａは、「待て。」などと言いながら、自転車で被告人を追い掛け、上記殴打現場から約２６．５ｍ先を左折して約６０ｍ進んだ歩道上で被告人に追い付き、自転車に乗ったまま、水平に伸ばした右腕で、後方から被告人の背中の上部又は首付近を強く殴打した。
（４）被告人は、上記Ａの攻撃によって前方に倒れたが、起き上がり、護身用に携帯していた特殊警棒を衣服から取出し、Ａに対し、その顔面や防御しようとした左手を数回殴打する暴行を加え、よって、同人に加療約３週間を要する顔面挫創、左手小指中節骨骨折の傷害を負わせた。
（略）被告人は、Ａから攻撃されるに先立ち、Ａに対して暴行を加えているのであって、**Ａの攻撃は、被告人の暴行に触発された、その直後における近接した場所での一連、一体の事態ということができ、被告人は不正の行為により自ら侵害を招いたものといえる**から、Ａの攻撃が被告人の前記暴行の程度を大きく超えるものでないなどの本件の事実関係の下においては、被告人の本件傷害行為は、被告人において何らかの反撃行為に出ることが正当とされる状況における行為とはいえないというべきである。そうすると、正当防衛の成立を否定した原判断は、結論において正当である。

7-10　広島高判平14・12・24（傷害致死被告事件）

〔１〕被告人と被害者は、同じタクシー会社に乗務員として勤務する同僚であったが、平成１３年３月に被告人が被害者と同じく営業課の班長に就任したころから、被害者は、ささいなことで被告人に文句をつけたり、被告人を無視するような態度をとるようになり、被害者に嫌われているのではないかと感じていた被告人も、被害者に良い感情を抱かず、同人とかかわることを避けるようになったこと、〔２〕本件犯行の前日である同年４月２８日、被告人は、会社からの指示に基づき老人ホームの客を送り届けた後、独断で別の客を乗車させたため、葬儀会場へ配車するためにあらかじめ指示されていた集合時間に遅れ、配車運用の仕事から外されてしまったが、今回の葬儀会場への配車運用の中心的役割を果たしていた被害者が自分を外したのではないかと思い、Ａ主任に配車運用を外された理由を尋ねたところ、送迎の客の後に更に客を乗車させたためであると指摘されたこと、〔３〕翌２９日午後２時２０分ころ、被告人は、本件犯行現場であるＢ住宅展示場内にある結婚式場の客の送迎の仕事につくため、住宅展示場の向かいにある他の会社の駐車場入口前の道路に駐車し、Ａの車両の運転席側横で、乗車したままのＡと、５月の連休中の乗務員の勤務の割当てについて相談していたところ、遅れて到着した被害者が、やや荒っぽい口調で被告人の駐車位置について文句を言いながら近づいて来たこと、〔４〕これに対し、被告人が言い返したり、反論したりしたため、被害者は、次第に激しい口調になり、興奮した様子で、「なに、もういっぺん言うてみい」と言って、顔を振るわせながら、被告人の顔の前に近づけて来たが、それ以上に腕を振り上げるなどの動作はなかったこと、〔５〕この様子を見ていたＡが、被害者が暴力でも振るうのではないかと思い、その口論に割って入って制止したため、その場はいったん収まったこと、その後、待機していたタクシー乗務員は、順次結婚式場から出て来た客を乗車させて出発し、住宅展示場前には、被告人、被害者、Ａ、Ｃが残るのみとなったが、被告人は、客を乗車させる順番が来たことから、住宅展示場門扉から敷地外の道路に向かって約５度の傾斜角で下っている住宅展示場入口前に、別紙現場見取図（省略）のように、自己の車両を後部から入れて駐車したこと、〔６〕被告人は、車内に常備している会社の傘を右手で順手に持って車から降り、現場見取図〔１〕の位置に、住宅展示場に向かって、閉じた状態の傘の先端を地面に向けて立っていたところ、およそ３メートル離れた現場見取図＜Ａ＞の位置で住宅展示場に向かって傘をさして立っていた被害者が、被告人のほうを振り返り、昨日の葬儀の集合時間に遅れたことを問い詰めてきたため、遅れた理由を説明しようとしたが、被害者は、怒鳴りながら、被告人のほうにジリジリと近寄って来たこと、〔７〕そこで、被告人がなおも弁解しようとすると、被害者は、「嘘を言うな。ちょっとこっち来い」と言いながら、およそ１．７メートル離れた現場見取図＜Ｂ＞の位置から、傘をさした状態で、一、二歩前に勢いよく被告人のほうに近づいて来たものの、腕を振り上げるなどの動作はなかったこと、〔８〕次の瞬間、被告人が右手に持っていた傘の石突が、およそ１メートル離れた現場見取図＜Ｃ＞の位置に立っていた被害者の左上眼瞼に突き刺さり、被害者は、現場見取図＜Ｄ＞の位置に仰向けに倒れ込んだこと、〔９〕被告人は、「ごめんなさい」と言いながら、被害者のところに駆け寄り、その後、Ｃが１１９番通報するとともに、被告人自身も携帯電話で１１９番通報したこと、〔１０〕本件傘の長さは約８６．９センチメートル、重さは約４００グラムで、その柄の部分は曲がりがなく直線状であり、その先端部は金属製の石突になっており、この石突は長さ約８．１センチメートル、太さ約０．６ない

し０．８センチメートルで、先端に向けてとがった形状をしていること、〔１１〕被害者の負った傷害は、左内眼角部から左前頭蓋窩に頭骨骨折と脳損傷を伴い、約５６度の角度で被害者の前下から後ろ上に向かう杙創であり、その深さは約６センチメートル（左内眼角部から左前頭蓋窩の穿孔部まで約３センチメートル、脳内の穿孔部の深さ約３センチメートル）であること、〔１２〕被告人の身長は１７３センチメートルであり、被害者の身長は１８１センチメートルであることが認められる。
（略）被告人は、捜査段階の当初（略）においては、被害者が自分のほうに向かって来たので、殴られると思い、左手で自分の顔辺りをガードし、右手に持っていた傘の先を被害者のほうに向けた、その瞬間、傘の先で被害者の眉間辺りを突き刺す状態になった、この傘は、営業車内にいつも置かれている傘で、先が金属製のとがったものであり、この傘で突き刺してやろうとか、傘を使って相手を痛めつけてやろうという気持ちまではなかったが、向かって来る相手にその先を向ければ、相手の身体に刺さってしまうかもしれないということは分かっていた、と供述していたが、この供述は、左右の手の動き等について具体的であり、上記（略）認定事実とも符合していること、本件犯行の翌日で、しかも自発的に警察へ出向いた時又はその次の日の供述であること、５月１６日に本件現場で犯行状況を再現した際にも、上記供述に沿う姿勢をとっていること（略）、他の証拠との間で矛盾するところやそごを来す点がないことなどに照らして、十分信用できるものである。

これに対し、被告人は、その後の捜査段階並びに原審及び当審の各公判廷において、本件犯行当時、右手に傘を持っていたこと及び被害者が向かって来たとき、自己の身を守るため左掌を被害者に向けて自分の顔面辺りにかざしたことは覚えているが、そのとき、傘を持っている右手をどのように動かしたかは覚えていないなどと供述している。しかしながら、被告人は、本件犯行直前の状況、本件犯行時の左手の動き及び犯行後の行動については、捜査段階の当初から一貫して具体的かつ詳細に供述し、また、本件犯行時に自分がとろうとした姿勢、構えについても明瞭に供述しているにもかかわらず、そのときの右手の動きに限って認識がないというのは不自然であるから、被告人の上記各供述は信用することができない。さらに、被告人は、当審公判廷において、被害者の暴行を防ぐために、両手を頭の前辺りで合わせて両腕で三角形を作るようにしようとしたが、右手には傘を持っていたので、そのような姿勢をとる前に、傘の石突が被害者の左眼付近に刺さってしまったと供述するに至っているところ、仮に、その供述するような姿勢をとろうとしたのであれば、動作の途中の段階であっても、右手で順手に持った傘の石突は、被告人から見て左側の方向を向く状態になるのが自然であるが、実際には、ほぼ正面前方わずかに左側から近づいて来た被害者の左上眼瞼に刺さっており、創洞の方向も被害者の正面からほぼ真後ろに向かって形成されていることからすると、被告人のこの供述は不自然というほかはない。そして、被告人は、原審及び当審の各公判廷において、傘を持っているという認識もなかったなどとも供述しているが、Ａと５月の連休中の勤務の割当てについて相談していたときには、傘をさしていたこと、本件犯行直前には、被告人としては傘をさすまでもない程度の降り方と思ったが、もう少し降りが強くなってきた場合や客のためにさそうと思って、傘を持って被告人車両から降りていることなどにかんがみると、この供述は到底信用できない。

また、被告人の（略）検察官調書（略）では、被害者が１メートル半くらい離れた位置からこちらに向かって来たことを見たし、いつも使っている会社の傘を右手に持っていたのだから、そのような状況で傘の先端を被害者のほうに向ければ、被害者の体に傘の先端がぶつかることは十分分かっていた、それだけでなく、傘の先端が金属製で細くなっていることも分かっていたから、それを被害者に向ければ、被害者がけがをするかもしれないことも分かっていたと供述しているところ、この調書は、被告人が右手の動きについては覚えていないと供述するようになった後のものであり、しかも、調書を読み聞かせられた後、２頁余りにわたって、細かい点についても訂正や補足等を申し出ていることなどからすると、この供述は十分に信用することができる。

そうすると、被告人は、本件傘の形状等や被害者との位置関係を認識しつつ、その先端を被害者の上半身に向けようとして、この傘を振り上げたものであるから、少なくとも被害者の上半身に対して有形力を行使するという認識、認容はあったということができる。したがって、この限度で暴行の故意を認めることができる（略）。
（注：**急迫不正の侵害について**）上記（略）で認定した事実に加えて、関係証拠によれば、次の事実が認められる。すなわち、〔１〕被告人は、これまで文句や嫌がらせを言ってきた被害者に対して、我慢して黙って聞き流すなどしていたが、本件当日、被害者が被告人車両の駐車位置に関して文句を言ってきたときには、入社以来初めて、真正面から被害者の言うことに反論し、全く引き下がらなかったこと、〔２〕被害者は、結婚披露宴帰りの客を迎えに行っているのに、「葬儀云々」と極めて不適切なことを、周りにも聞こえるような大きい声で怒鳴るように言っており、しかも、その内容が、この場で問題にする必要が全くない前日の仕事に関するものであったことからしても、その当時かなり興奮していたと認めら

れること、〔3〕会社の同僚は、それまで、被害者が人を殴ったりするところを目撃したことはなかったが、本件のときには、被害者が被告人を殴るのではないかと思ったこと、とりわけ、Aは、既に被告人車両の駐車位置に関するもめ事の時点で、被害者が被告人を殴るのではないかと思って、仲裁に入っていること、〔4〕被害者は、その際、被告人に顔を振るわせながら数センチメートルの所まで近づけてにらみつけ、かなりきついことを言っており、Aが仲裁に入るまでやめなかったこと、〔5〕被害者は、被告人に対し、「ちょっとこっち来い」などと、けんかを吹きかけるときに用いるような言葉を発しながら、勢いよく被告人のほうへ近づいており、Aが背後から引き止めようとしたほどであること、〔6〕被告人は、それまで一度も被害者から殴られるなどしたこともなく、他人が殴られるなどしたのを見たこともないというのに、このときは、被害者から殴られる、あるいはつかみかかられると思ったことなどが認められる。

こうした事実及び状況を総合して考えると、本件現場において、約3メートル離れた位置に対峙して被告人を激しくなじっていた被害者が、ジリジリとその間合いをつめた後、更に勢いよく被告人のほうへ一、二歩近づいたというのであるから、殴りかかるために手を上げるなどしていたとまでは認められず、しかも、片手で傘をさしていたことを考慮に入れても、なお、**被害者の行動は、もはや単なる言い争いの域を超えており、少なくとも被告人につかみかかろうとしていたものであるとの合理的な疑いを払拭することはできない。したがって、被害者からの法益の侵害が間近に押し迫っていたというべきであって、急迫不正の侵害がなかったとはいえない。**

そうすると、急迫不正の侵害はなかったと判示している原判決には、事実の誤認があり、この誤りが判決に影響を及ぼすことは明らかである。(略)

(略)被告人に暴行の故意があったこと及び被害者の行為につき急迫不正の侵害がなかったとまではいえないことについては、上記2及び3で説示したとおりである。また、被告人に**防衛の意思**が認められることは、これまで検討してきたところからも明らかである。

(注:**行為の相当性について**)(1)これまで検討してきたとおり、被告人は、対峙して言い合っていた被害者が、つかみかかるなどしようとして勢いよく近づいて来たのに対し、暴力を振るうのを思いとどまらせようとし、あるいは被害者の暴力から自己の身体の安全を守ろうとして、手のひらを被害者のほうに向けて左手を前斜め上に上げるとともに、右手に所持していた傘を被害者のほうに向けようとして振り上げたものである。

もっとも、被害者の杙創は左内眼角部から刺入し左前頭蓋窩の頭骨骨折と脳損傷を伴い、深さは約6センチメートルのものであって、左眼に当たった傘が上下あるいは左右にはじかれることなく、全長約8.1センチメートルの石突の相当部分が刺入したと考えられることからすると、被害者が近づいて来たことを考慮に入れても、被告人は、右手に下げた状態で持っていた傘を、被害者の上半身に向けようとして、手首を返すようにして振り上げ、傘の先が固定される程度の腕の力を加えたものと推認できるものの、他方、傘が刺入した部分の頭骨は薄く柔らかいこと、脳は豆腐くらいの柔らかさであることなどをも併せ考えると、被告人が、石突を被害者の上半身に向けながら、あるいは向けた上で、更に意識的にそれを突き出すという行為をしたとまで認めることはできない。

(2)そして、本件犯行時の状況下において予想される被害者の暴行としては、被告人につかみかかることや、続いて殴打することであって、要するに、**道具を使用しない素手によるものであり、通常であれば、死亡や重大な傷害の結果を生じさせる危険までは認められない程度の侵害行為**である。他方、被告人の行為は、先のとがった金属製の石突を有する傘を振り上げて、勢いよく近づいて来る被害者の上半身に向けるというものであって、当時の被告人と被害者の距離からすると、客観的にみて、石突が被害者の身体に当たるのみならず、その上半身に突き刺さる可能性も大きく、その結果、重大な傷害を負わせることになる危険性が高いものであったから、**防衛行為として過剰なものであったといわざるを得ない**。そして、被告人は、本件犯行直前に自己の右手に上記のような形状の傘を所持していたこと及び被告人と被害者との距離を認識していたのであり、また、身近に迫った被害者の上半身に傘の先を向けるようにして傘を振り上げることの認識も有していたのであるから、自己の行為の過剰性を基礎づける事実を認識していたというべきである。したがって、被告人の判示行為は、正当防衛や誤想防衛とはいえず、過剰防衛に該当する。

7-11　広島高判平14・3・18(殺人被告事件)

〔1〕被害者とAが漁業取締船「X」の船内部員食堂において飲酒中に口論となり、激高した被害者が立ち上がって一升瓶をテーブルに叩きつけて割り、その口元部分(長さ約18cm)を持ってAに対したことから、Aは被害者をテーブルに押さえつけてこれを制止したこと、〔2〕被害者はAの制止に対し、怒鳴ったり、暴れる等の目立った抵抗はしなかったこと、〔3〕Aが被害者を制止している間に、両名とともに飲酒していた被告人は部員食堂の隣の厨房に赴き包

丁置場から出刃包丁（刃体の長さ約１７．４ｃｍ）を取り出したこと、〔４〕被害者を押さえつけていたＡは、被告人が出刃包丁を持って部員食堂の厨房側出入口付近に立っているのを見て、これを制止するために被告人のもとに赴き、被告人を厨房の奥の方へ押し込むとともに、「包丁だけはやめぇ。」と言ったこと、〔５〕Ａは、１人では被告人と被害者を制止することはできないと思い、厨房から部員食堂を通って他の者を呼びに行こうとしたこと、〔６〕その途中で、Ａは、被害者が割れた一升瓶の口元部分を持ったまま、部員食堂の厨房側出入口付近に出刃包丁を持って立っている被告人の方に向かって歩いていくのに気付き、これを制止するために被害者の方に行き、被害者の後方からその手を引っ張ったが、既に被害者は左胸部を刺されていたこと、〔７〕この間、被告人と被害者との間で特段のやり取りはなかったこと、〔８〕被害者の傷は、その左胸部であり、出刃包丁がほぼ水平に突き刺さったもので、肋骨を貫通して心臓等を損傷し、その深さは約１３ｃｍに及んでいること、が認められる。

前記事実によれば、被告人は、割れた一升瓶の口元部分を持って近づいてきた被害者に対し、瞬時にその機先を制して正面から身体の枢要部をめがけて力を込めて出刃包丁を突き刺したものであって、優に殺意が認められ、また、被害者は割れた一升瓶の口元部分を持ったまま被告人に近付いてきたものではあるが、未だ被害者が被告人に対し攻撃を加えようとした状況はなかったものであって、急迫不正の侵害は生じておらず、正当防衛は成立しない。また、被告人は、Ａから制止された後、被害者が被告人に近付いてきている状況を認識していたものと認められるのであって、急迫不正の侵害を誤信したものともいえないから、誤想防衛も成立しない。

7-12　大阪高判昭62・4・15（決闘殺人被告事件）

（正当防衛ないし誤想防衛の成否について）原判示乙山住宅一階ロビーにおいてナイフを所持した被告人と対峙するまでの被害者の言動が、あくまで被告人を喧嘩に応じさせようとするものであったことも明らかなところであって、同人は、直ちに無抵抗の被告人の生命を一方的に奪おうとしたりその身体に重大な危害を加えようとしたわけではないのであるから、被告人が、対決する意思のないことを明確にし、断固としてその場を立ち去るという態度を示せば、たとえ同人に嘲弄・罵倒される程度のことはあっても、生命・身体に対する一方的な攻撃を加えられる危険があったとまでは考えられず、そのこと自体は、被告人自身もこれを認識していたものである（略）。もっとも、被告人は、その場をいったん逃れても、後刻自宅へ押しかけて来られることは必定であったから、ナイフを持っての闘争に応ずるのもやむを得なかったとの趣旨に帰着する供述をしているが、もし後刻自宅へ押しかけられることがあるとしても、その際に臨機適切な対応をして大事に至らせないことが不可能であったとは考えられない。しかも、相手は自分よりはるかに小柄な中学三年生であるから、被告人としては、一時の屈辱に甘んじてもひとまずその場を逃れるという手段を取るべきであったということができる。従ってそれにもかかわらず、被告人はあえて右屈辱を潔しとせずに喧嘩闘争を受けて立ったものである以上、その後の闘争の過程において自己の生命身体を相手の攻撃にさらすことになったとしても、特段の事情のない限り、右攻撃をもって刑法三六条にいう「**急迫不正ノ侵害**」ということはできない。本件においては、互いに対峙して以後は、双方が相手に対する兇器による攻撃の機をうかがいつつ緊迫した態勢で経過し、被告人が一瞬の機会をねらって攻撃したものであり、本件につき正当防衛の成立する余地はなく、また、前記の事実関係に照らせば、ナイフを所持して対峙の姿勢に入ったのちにおける被告人の認識の如何にかかわりなく、**誤想防衛**も成立しないことが明らかである。（なお、原判決は、本件のように、闘争の合意形成の過程に特異な事情のある事案においては、最終的に闘争自体が双方の合意によって行われたとしても、右闘争は、決闘罪ニ関スル件三条所定の「決闘」にあたらないとして、同条の適用を否定した上、本件における被告人の行為につき刑法一九九条を適用しており、この点については疑問がないではないけれども、「急迫不正ノ侵害」の存否に関する前記の結論は、被告人と被害者とのナイフを持っての闘争が「決闘」にあたるか否かによって左右されないというべきであるし、決闘殺人罪と殺人罪との間には何ら法定刑のちがいがないのであるから、いずれにしても、原判決に、判決に影響を及ぼすことの明らかな法令適用の誤りがあるということにはならない。）正当防衛ないし誤想防衛を認めなかった原判決に事実誤認は存しない。

7-13　最判昭59・1・30（殺人、銃砲刀剣類所持等取締法違反被告事件）

被告人とＨとは、共に徳島市内の造船所工員寮に住み込み熔接工として働いていたが、仕事上のことなどで反目し合い、その間柄は険悪化しつつあったところ、昭和五〇年五月二四日夜、寮近くの酒店で両名の間で口論となり、被告人は、Ｈに顔面を殴打されて前歯を折られるなどし、そのため一旦帰寮したものの憤まんが収まらず、Ｈに非を認めさせようとして同人の帰るのを待っていたが、そのうち帰寮したＨの怒鳴る声がしたので、木刀を携えズボンの後ポケットに理髪用鋏を入れて寮二階ホールに赴き、Hと相対して同人を難詰するに至った。しかし、声を聞きつけて来たOが仲裁に入り、同人に木刀を捨てて話合いをするよう説得されたことから、被告人は、その言に従い、手にした木刀を同ホール壁際に置かれた下駄箱の裏側に投げ入れ、寮前庭に通じる階段を先に立って下り始めたところ、Hは、いきなり右下駄箱を倒して被告人の捨てた木刀を取り上げ、それを手にして追いかけ、寮前庭で被告人に右木刀で殴りかかったため、被告人は、頭、足首等を殴打され、当初は逃げ回っていたものの、そのうち鋏を取り出してHに対し刺突行為に及び、同人に胸腔内や心臓に達する刺創等を負わせ、間もなく同人を死亡させたものである。(略)

第一審判決は、被告人が木刀を下駄箱の裏側に投げ入れて階段を下りようとした時点では、被告人はHと穏やかに話合いができると考えていたと認めるのが相当であるから、同人が木刀で殴りかかってくることは被告人にとって予想しえない出来事といわざるをえず、同人の右行為はまさに被告人の生命、身体に対する急迫不正の侵害であり、被告人のHに対する刺突行為は、右の侵害に対し自己の生命、身体を防衛するため行つたやむをえない行為であるとして、殺人について正当防衛の成立を認め、銃刀法違反については、被告人が鋏を所持したのは防衛の用に供するためであり、時間的にも短く、場所的にも寮内及びその前庭という限られた範囲にとどまるとの理由から、違法性阻却を認め、公訴事実全部について罪とならないとして被告人を無罪とした。これに対し、**原判決**は、第一審判決に対する検察官の控訴を容れ、殺人についての正当防衛及び銃刀法違反についての違法性阻却をいずれも否定して、第一審判決を破棄したうえ、殺人及び銃刀法違反の両罪の成立を認め、被告人を懲役六年の刑に処した。(略)

本件殺人における正当防衛の成否をめぐっては、**被告人に対するHの木刀による攻撃が、被告人にとって予測できなかった急迫な侵害にあたるか否か**について(略)判断すると、被告人は、木刀を捨てて階段を下りた時点では、Hと話合いをする積もりであり、同人もそれに応じるものと予期していたもので、Hが被告人の捨てた木刀を取上げ攻撃してくることは予想しなかったと認めるのが相当である。たしかに、被告人は当夜Hに対しかなり強い憤激の情を抱いていたことであり、被告人が木刀を手にして寮二階ホールでHに相対し同人を難詰した時点までをとらえるならば、それまでのいきさつからしても、被告人はHと喧嘩になることを予期しそのため木刀を手にしていたと推認することはあながち無理とはいえない。しかしながら、その後Oが仲裁に入り、同人から喧嘩をしないよう説得されたことにより、Hは、話合いの明確な意思表示まではしなかったものの、握っていた被告人の手を離し、一方、被告人は、手にしていた木刀を下駄箱の裏側に投げ入れたうえ、Hに向かって「話合いをしようではないか。」といって、先に立って階段を下りているのであるから、この事実から合理的に推測するならば、木刀を捨てて階段を下りた時点では、被告人としてはHは話合いに応じるものと予期し、自らもその意図であることを積極的に示す態度に出たものと認めるのが自然である。もし右の時点で被告人がHとは話合いができずなお喧嘩になるものと予測していたのであるならば、空手の心得もあるHに腕力では到底かなわないと思っている被告人が、対抗すべき有力な武器である木刀を捨てることは、いかにも不自然である。また、原判決も肯認するとおり、被告人はHから攻撃を受けるや直ちに鋏で応戦することなく、当初はHの攻撃を避けて逃げ回り、さらに鋏を取り出した後も最初の段階では、それを振り回すなどしてHを威嚇する行動に出ていたに過ぎないのであるから、これら一連の行動からすれば、原判決のように被告人は当初から木刀を捨てても喧嘩に際しては隠し持った鋏で対抗しようと意図していたと見ることは、相当でない。さらに原判決は、被告人が喧嘩を予期していたことを推認せしめる事由として、被告人が予め鋏を用意し隠し持っていたこと、被告人のHに対する攻撃の態様、すなわち刺突行為は胸腔内や心臓に達するほどの相当強力なものであり、しかもそれは木刀が折れてHの攻撃力が減じた後になされたと考えられることを挙げるのであるが、原判決がその判文中に引用する被告人の検察官に対する供述調書(略)の記載によっても、鋏は必ずしもHとの喧嘩に備えて用意したものといえるものではなく、また、Hに対する応戦行為は防衛の意思に憤激の情が加わって激しくなったものとも考えられるから、原判決の挙げる右各事由は、いずれも被告人がHとの喧嘩を予期していたことを裏付けるものということはできない。従って、Hの木刀による攻撃は被告人の予期しなかったことであって、それは被告人に対する**急迫不正の侵害というべき**であり、この点において、原判決が、被告人はHの攻撃を予期しており、その機会に積極的に同人を加害する意思であったもので、Hの攻撃は侵害の急迫性に欠けるとしたのは、事実を誤認したものといわざるをえない。

そして、原判決及び第一審判決の認定する事実関係並びに原審及び第一審で取り調べた証拠により判断すると、Hの木刀による攻撃は、兇器の種類、形状及び攻撃態様等からして、被告人の生命、身体に対する侵害の危険を有するものであったと認められ、それに対し、被告人は、前記のとおり当初は逃げ回りあるいは鋏を振り回して威嚇する行為に出たが、それでもなお攻撃を止めないHに対し鋏でその胸部等を突き刺すに至ったものであって、その経過、状況からすれば、**被告人が右刺突行為に及んだのは、自己の生命、身体を防衛する意思に出たものと認めるのが相当である。**

しかしながら、被告人は、Hの攻撃力が木刀の折損等により相当弱まったにもかかわらず、なお反撃行為を継続してついにHを殺害するに至ったものと認められるから、**被告人のHに対する刺突行為は、全体として防衛のためにやむをえない程度を超えたものといわざるをえない**。また、鋏の携帯については、たとえそれが第一審判決の指摘するような防衛の目的でしかも時間的、場所的に限られた範囲にとどまったとしても、それをもって違法性が阻却されるべき事由となすことはできないというべきである。そうすると、**被告人の本件殺人は、Hによる急迫不正の侵害に対し自己の生命、身体を防衛するためその防衛の程度を超えてなされた過剰防衛にあたり**、理髪用鋏の携帯については銃刀法違反罪が成立するというべきであるから、右殺人について正当防衛のみならず過剰防衛の成立をも否定した原判決は事実を誤認したものであり、また、右殺人について正当防衛の成立を認め、鋏の携帯について違法性阻却を認めた第一審判決は事実を誤認しまたは法令の解釈適用を誤ったものといわざるをえない。

7-14　最決昭52・7・21（兇器準備集合、暴力行為等処罰に関する法律違反被告事件）

刑法36条が正当防衛について**侵害の急迫性を要件としているのは、予期された侵害を避けるべき義務を課する趣旨ではないから、当然又はほとんど確実に侵害が予期されたとしても、そのことからただちに侵害の急迫性が失われるわけではないと解するのが相当**であり、これと異なる原判断は、その限度において違法というほかはない。しかし、同条が侵害の急迫性を要件としている趣旨から考えて、**単に予期された侵害を避けなかったというにとどまらず、その機会を利用し積極的に相手に対して加害行為をする意思で侵害に臨んだときは、もはや侵害の急迫性の要件を充たさないものと解するのが相当**である。そうして、原判決によると、被告人Aは、相手の攻撃を当然に予想しながら、単なる防衛の意図ではなく、積極的攻撃、闘争、加害の意図をもって臨んだというのであるから、これを前提とする限り、侵害の急迫性の要件を充たさないものというべきであって、その旨の原判断は、結論において正当である。

7-15　最判昭46・11・16（殺人被告事件）

原判決は、『被告人は、静岡県富士宮市（略）所在の安宿「F本旅館」ことW子方に宿泊してパチンコで稼いで生活を立てていたものであるが、昭和四四年九月二〇日夕刻、同宿人のG（当時三一才）から、同旅館を営む右Wの家族部屋でテレビを見ていたことを詰られたり、扇風機を持ってくるように言いつけられたりなどしたことで、右Gと言い争いとなり、以前同人から足蹴にされたことなどもあって同人に対し畏怖の念を抱いていたため、一旦同旅館を出て行こうと考えたものの、同日午後一〇時一〇分ころ、一度同人にあやまってみようという気を起し、同人の姿を見かけて同旅館帳場に入ったところ、立ち上った同人からいきなり手拳で二回くらい強く殴打され、同人が立ち向ってきたので、後退りして同帳場南隣りの八畳間に入り、同人から押されて背中を同八畳間西側の障子にぶつけた際、かねて同障子の鴨居の上にくり小刀（略）を隠してあったことを思い出して、とっさに右くり小刀を取り出し、同人の理由のない暴行に憤慨して同人を死に至らしめるかも知れないがやむをえないとして、自己の身体を防衛するためその必要な程度を超え、同くり小刀を右手に持って、右八畳間において、殴りかかってきた同人の左胸部を突き刺し、よって同人に心臓右心室大動脈貫通の刺創を負わせ、同日午後一〇時二五分ころ、その場で右刺創に基づく心嚢タンポナーゼのため同人を死亡させて殺害したものである。』との過剰防衛による殺人の事実を認定判示し（略）た。

刑法36条にいう「急迫」とは、法益の侵害が現に存在しているか、または間近に押し迫っていることを意味し、その侵害があらかじめ予期されていたものであるとしても、そのことからただちに急迫性を失うものと解すべきではない。これを本件についてみると、被告人はGと口論の末いったん止宿先の旅館を立ち退いたが、同人にあやまって仲直りをしようと思い、旅館に戻ってきたところ、Gは被告人に対し、「A、われはまたきたのか。」などとからみ、立ち上がりざま手拳で二回ぐらい被告人の顔面を殴打し、後退する被告人に更に立ち向かったことは原判決も認めているところであり、その際Gは被告人に対し、加療一〇日間を要する顔面挫傷および右結膜下出血の傷害を負わせたうえ、更に殴りかかったものであることが記録上うかがわれるから、もしそうであるとすれば、このGの加害行為が被告人の身体にとって「急迫不正ノ侵害」にあたることはいうまでもない。

原判決は、前記のように、「被告人が旅館を出ていった前記経緯からすると、若し被告人が再び旅館に戻ってくるようなことがあると、必ずや被害者との間にひと悶着があり、場合によっては被害者から手荒な仕打ちをうけることがあるかもしれない位のことは、十分に予測されたことであり、被告人としてもそのことを覚悟したうえで、酒の勢いにのり、旅館に戻ったものと考えられるので、たとえ被害者から立上りざま手拳で殴打されるということがあり、その後被害者が被告人に向ってゆく体勢をとることがあったとしても、そのことは被告人の全く予期しないことではなかったのであり、その他証拠によって認められるその殴打がなされる直前に、扇風機のことなどで、旅館の若主人と被害者との間にはげしい言葉のやりとりがかわされていて、その殴打が全く意表をついてなされたというものではなかったこと」をGの侵害行為につき急迫性が認められない有力な理由としている。右判示中、被告人が右のようにGから手荒な仕打ちを受けるかもしれないことを覚悟のうえで戻ったとか、殴打される直前に扇風機のことなどで旅館の若主人（略）とGとの間にはげしい言葉のやりとりがかわされていたとの部分は、記録中の全証拠に照らし必ずしも首肯しがたいが、かりにそのような事実関係があり、Gの侵害行為が被告人にとつてある程度予期されていたものであったとしても、そのことからただちに右侵害が急迫性を失うものと解すべきでないことは、前に説示したとおりである。

更に、原判決は、右の点に加えて「被告人本人がその気になりさえすれば、前記広間の四周にある障子を押し倒してでも脱出することができる状況にあつたこと、近くの帳場には泊り客が一人おり、またその近くに旅館の若主人もいて、救いを求めることもできたことや、被害者のなした前記殴打の態様、回数などの点をも総合、勘案すると、被害者による法益の侵害が切迫しており、急迫性があつたものとは、とうてい認められない」と判示している。しかし、記録によれば、右判示のように本件広間（八畳間）の四周に障子があつたのではなく、北側には帳場との間に板の開き戸があっただけであり、東側には廊下との間に四枚の唐紙、南側には二枚のガラス障子があるので、以上の北、東、南三方はともかく出入りが可能であるが、被告人がGと向き合ったまま後退し、いわば追いつめられた地点である西側には、ガラス障子をへだてて当時物置となっていた廊下があり、ここに衣類、スーツケース等の物品がうず高く積まれていたため、とうてい「脱出することができる状況」ではなかったこと、近くの帳場（四畳半）にはたしかに「泊り客の一人」であるB（五一才）がいたが、同人はG、被告人両名と知り合いの仲でありながら、眼前でGが被告人を殴るのを制止しようともしなかったこと、まだ、右帳場と勝手場との境付近に「旅館の若主人」である前記W子もいたが、女性である同人が荒っぽいGを制して被告人を助けることを期待するのは困難であったことがうかがわれるから、原判決の前記判示中、被告人が脱出できる状況にあったとか、近くの者に救いを求めることもできたとの部分は、いずれも首肯しがたいが、かりにそのような事実関係であったとしても、法益に対する侵害を避けるため他にとるべき方法があったかどうかは、防衛行為としてやむをえないものであるかどうかの問題であり、侵害が「急迫」であるかどうかの問題ではない。したがって、Gの侵害行為に急迫性がなかつたとする原判決の判断は、法令の解釈適用を誤つたか、または理由不備の違法があるものといわなければならない。

（略）刑法36条の防衛行為は、**防衛の意思をもってなされることが必要**であるが、**相手の加害行為に対し憤激または逆上して反撃を加えたからといって、ただちに防衛の意思を欠くものと解すべきではない**。これを本件についてみると、前記説示のとおり、被告人は旅館に戻ってくるやGから一方的に手拳で顔面を殴打され、加療一〇日間を要する傷害を負わされたうえ、更に本件広間西側に追いつめられて殴打されようとしたのに対し、くり小刀をもって同人の左胸部を突き刺したものである（この小刀は、以前被告人が自室の壁に穴を開けてのぞき見する目的で買い、右広間西側障子の鴨居の上にかくしておいたもので、被告人は、たまたまその下に追いつめられ、この小刀のことを思い出し、とっさに手に取ったもののようである。）ことが記録上うかがわれるから、そうであるとすれば、かねてから被告人がGに対し憎悪の念をもち攻撃を受けたのに乗じ積極的な加害行為に出たなどの特別な事情が認められないかぎり、被告人の反撃行為は防衛の意思をもってなされたものと認めるのが相当である。

しかるに、原判決は、本件においてこのような特別の事情のあったことは別段判示することなく、前記のように、「ふだんおとなしい被告人、ことに被害者には昭和四四年八月頃すなわち本件の約一箇月前頃パチンコ店において、黙つてパチンコをやりにきたことを理由に足げりにされたことがあり、またふだん同人の胸や腕に入れ墨があることを見ていて、同人を恐ろしく思い、何事も同人のいうままに行動して、反抗したことのなかった被告人が、その恐ろしく思っている被害者に立ち向っていることから考えると、被告人は被害者から殴打されたことが余程腹にすえかねたものと思われ、その憤激の情が酒の酔いのため一時に高められ、相手がいつもこわがつている被害者であることなどは意に介しないで、つぎの行動に移ったものと考えられるので、被告人が被害者から殴打されて逆上したときに、反撃の意図が形成され、被害者に報復を加える意思が固まったものと思われ、おそくとも前記広間西側障子鴨居の上からくり小刀を取り出そうとした頃には、防衛の意思などは全くなくなっていたことが認められる」として、あたかも最初は被告人に防衛の意思があったが、逆上の結果それが次第に報復の意思にとってかわり、最終的には防衛の意思が全く消滅していたかのような判示をしているのである。

しかし、前に説示したとおり、被告人がGから殴打され逆上して反撃に転じたからといって、ただちに防衛の意思を欠くものとはいえないのみならず、本件は、被告人がGから殴られ、追われ、隣室の広間に入り、西側障子のところで同人を突き刺すまで、一分にもみたないほどの突発的なことがらであつたことが記録上うかがわれるから、原判決の判示するような経過で被告人の防衛の意思が消滅したと認定することは、いちじるしく合理性を欠き、重大な事実誤認のあることの顕著な疑いがあるものといわなければならない。

（略）正当防衛が成立するには**防衛行為がやむをえないものであることを要し**（刑法36条1項）、**この要件を欠くときは、防衛の程度を超えたものとして、過剰防衛となり、違法性を阻却されないのである**（同条二項）。これを本件についてみると、Ｇの加害行為は手拳で殴打する程度のものであったのに対し、被告人はくり小刀を用い、しかも、相手の左胸部を突き刺したのであるから、被告人の行為が防衛行為として必要な程度を超えたものであり、刑法36条の防衛上やむをえない行為にあたらないことはいうまでもない。このことは、第一審判決も認めているのであり、さればこそ第一審は本件を過剰防衛として処理しているのである。しかるに、原判決は、前記のように、「本件においては、被害者による不正の侵害に急迫性があることも、被告人に防衛の意思があったことも、また被告人の行為が防衛上已むことをえざるものであったことも認められないのであるから、原判決が被告人の本件行為について、過剰防衛が成立すると認定し、判断したのは、判決に影響を及ぼすことの明らかな事実の誤認をおかしたもの」と判示している。（略）、被告人に対する不正の侵害行為に急迫性がなかつた旨の原判示は首肯しがたく、また、（略）、被告人に防衛の意思がなかつた旨の原判示も合理性があるものとは認めがたいのであるが、もしも、原判決のいうように、被告人に対する不正の侵害行為に急迫性がなく、または、被告人に防衛の意思がなかつたとするならば、本件において正当防衛の要件を欠くのみならず、過剰防衛の要件をも欠くことになるのは当然である。しかし、防衛上やむをえない行為でなかったことは、正当防衛の要件を欠くことにはなっても、過剰防衛の要件を欠くことにはならないのであるから、このかぎりにおいて、原判決が右のような理由づけをもつて第一審判決に事実誤認があるとしたのは、理由不備である。

7-16　最判昭32・1・22（殺人被告事件）

（注：**原判決**は）本件闘争関係の維移として、被害者Ｍはいわゆる遊人であって、その輩下を含めて何らかの理由により被告人の主筋に当るＳないしその組織する共愛会に敵意を抱いて居り、そのためはじめＭ側よりＳ一派に対し挑戦的態度に出で、Ｍまたはその輩下による共愛会会員Ｋに対する暴行、さらに自己及び輩下において刺身庖丁を携帯し同会員Ｎ方に押し掛け同人を殴打する等、本件闘争関係がＭ一派のＳ一派に対する全く一方的攻撃に終始した集団的対立なることを示しながら、「かかる事情の下においてはＮ救援が当面の目的であることは勿論だとしても被告人等においてＭと喧嘩闘争に至るやも知れないことは当然予期していたものと解するを相当とする」と断じ、次いで両派の具体的な闘争関係を説明した後、末段において、「そうだとすれば動機の曲直は何れの側にあるかは暫らく措き」と前提し、終局段階におけるＭ対被告人の闘争を捉えて、「被告人とＭとの間には後者が前者を蹴り前者が後者の臀部を刺したことによって喧嘩闘争は既に開始され」と判示し、結論として、「Ｍの追跡、被告人のＭ刺殺は右闘争の延長でありその一部をなす攻撃防禦であって原判決のようにその一部を他から切り離して事を論ずることは事の真相に徹しないものといわねばならない。そうだとすれば被告人の本件所為は**喧嘩闘争の一駒**であり、これを組成する一攻撃に過ぎないものと云うべく素より**正当防衛の観念を容れる余地がない**」と判断した。

以上によってみるときは、原審はＭと被告人との間に判示のある特定の段階において喧嘩闘争が成立したものと認定し、喧嘩闘争なるがゆえに正当防衛の観念を容るる余地がないと判断したことが認められるから、その結果として正当防衛はもとより、従ってまた過剰防衛の観念もまた全く成立すべくもないとしてこのことに触れなかったものと認められるのである。このような原審判断は、**喧嘩闘争と正当防衛との関係について、ひっきよう喧嘩闘争を認めるにつき一場面をのみ見て闘争の全般を観察しなかったか、または喧嘩闘争には、常に全く正当防衛の観念を容れる余地はないとの前提にたったか、いずれにしても結局前記判例の趣旨に反するというそしりを免れないのである。**従ってかような判断に基く限り、本件につき少くとも過剰防衛の有無ないし量刑についても影響あること論をまたないところであって、右判断は判決に影響を及ぼすこと明らかであるから論旨は理由があり、（略）差し戻すべきものというべきである。

2　急迫不正の侵害の消滅

最初は急迫不正の侵害がありそれに対する防衛行為であったが、途中から形勢が逆転したり、急迫不正の侵害が消滅したのに防衛行為を継続し、その結果、加害者転じて被害者という状態が多くみられる。

この場合、別々の行為と見て、前の方は正当防衛であるが、後の方はそれと無関係に犯罪の成否を判断する考えと、一連の一つの防衛行為と見て過剰防衛になるか否かを考える方法とがある。この分かれ目は、時間的、場所的近接性と加害者が防衛の意思を持続していたか否かにあるように思う。

判例7-17、**同7-19**は、第一暴行は正当防衛であるが、それに連続して行った第二暴行も含めて一連の一つの実行行為として見て、第二暴行が相当性の程度を超えているとして過剰防衛とした。これに対し、**同7-18**は、第一暴行によって被害者は完全に反撃できない状態となったので急迫不正の侵害状態は終了しており、第二暴行は防衛の意思というよりは新たな攻撃意思に出たものであり、２つの暴行は別の実行行為であるから、第二暴行は正当防衛の問題ではないとして過剰防衛を否定した。

また、**同7-20**は、共同正犯で行った正当防衛行為について、急迫不正の侵害が終了した後、一部の者が追撃行為を行った場合、新たな共謀に基づくものと考えて、他の者が新たな共謀に加わったといえるかを再度認定すべきであるとして、加わっていないと認定した被告人について、過剰防衛を認定した原審を否定して無罪としている。

（急迫不正の侵害の消滅と過剰防衛の成否に関する判例）

7-17　最決平21・2・24（傷害被告事件）

１　本件は、覚せい剤取締法違反の罪で起訴され、拘置所に勾留されていた被告人が、同拘置所内の居室において、同室の男性（以下「被害者」という。）に対し、折り畳み机を投げ付け、その顔面を手けんで数回殴打するなどの暴行を加えて同人に加療約３週間を要する左中指腱断裂及び左中指挫創の傷害（以下「本件傷害」という。）を負わせたとして、傷害罪で起訴された事案である。

２　**原判決**は、上記折り畳み机による暴行については、被害者の方から被告人に向けて同机を押し倒してきたため、被告人はその反撃として同机を押し返したもの（以下「第１暴行」という。）であり、これには被害者からの急迫不正の侵害に対する防衛手段としての相当性が認められるが、同机に当たって押し倒され、反撃や抵抗が困難な状態になった被害者に対し、その顔面を手けんで数回殴打したこと（以下「第２暴行」という。）は、防衛手段としての相当性の範囲を逸脱したものであるとした。そして、原判決は、**第１暴行と第２暴行は、被害者による急迫不正の侵害に対し、時間的・場所的に接着してなされた一連一体の行為であるから、両暴行を分断して評価すべきではなく、全体として１個の過剰防衛行為として評価すべきである**とし、罪となるべき事実として、「被告人は、被害者が折り畳み机を被告人に向けて押し倒してきたのに対し、自己の身体を防衛するため、防衛の程度を超え、同机を被害者に向けて押し返した上、これにより転倒した同人の顔面を手けんで数回殴打する暴行を加えて、同人に本件傷害を負わせた」旨認定し、過剰防衛による傷害罪の成立を認めた。その上で、原判決は、本件傷害と直接の因果関係を有するのは第１暴行のみであるところ、同暴行を単独で評価すれば、防衛手段として相当といえることを酌むべき事情の一つとして認定し、被告人を懲役４月に処した。

３　所論は、本件傷害は、違法性のない第１暴行によって生じたものであるから、第２暴行が防衛手段としての相当性の範囲を逸脱していたとしても、過剰防衛による傷害罪が成立する余地はなく、暴行罪が成立するにすぎないと主張する。

しかしながら、前記事実関係の下では、**被告人が被害者に対して加えた暴行は、急迫不正の侵害に対する一連一体のものであり、同一の防衛の意思に基づく１個の行為と認めることができるから、全体的に考察して１個の過剰防衛としての傷害罪の成立を認めるのが相当**であり、所論指摘の点は、有利な情状として考慮すれば足りるというべきである。

7-18　最決平20・6・25（傷害被告事件）

（１）被告人（当時６４歳）は、本件当日、第１審判示「Ａプラザ」の屋外喫煙所の外階段下で喫煙し、屋内に戻ろうとしたところ、甲（当時７６歳）が、その知人である乙及び丙と一緒におり、甲は、「ちょっと待て。話がある。」と被告人に呼び掛けた。被告人は、以前にも甲から因縁を付けられて暴行を加えられたことがあり、今回も因縁を付けられて殴られるのではないかと考えたものの、同人の呼び掛けに応じて、共に上記屋外喫煙所の外階段西側へ移動した。

（2）被告人は、同所において、甲からいきなり殴り掛かられ、これをかわしたものの、腰付近を持たれて付近のフェンスまで押し込まれた。甲は、更に被告人を自己の体とフェンスとの間に挟むようにして両手でフェンスをつかみ、被告人をフェンスに押し付けながら、ひざや足で数回けったため、被告人も甲の体を抱えながら足を絡めたり、けり返したりした。そのころ、二人がもみ合っている現場に乙及び丙が近付くなどしたため、被告人は、１対３の関係にならないように、乙らに対し「おれはやくざだ。」などと述べて威嚇した。そして、被告人をフェンスに押さえ付けていた甲を離すようにしながら、その顔面を１回殴打した。
（3）すると、甲は、その場にあったアルミ製灰皿（直径１９ｃｍ、高さ６０ｃｍの円柱形をしたもの）を持ち上げ、被告人に向けて投げ付けた。被告人は、投げ付けられた同灰皿を避けながら、同灰皿を投げ付けた反動で体勢を崩した甲の顔面を右手で殴打すると、甲は、頭部から落ちるように転倒して、後頭部をタイルの敷き詰められた地面に打ち付け、仰向けに倒れたまま意識を失ったように動かなくなった（以下、ここまでの被告人の甲に対する暴行を「第１暴行」という。）。
（4）被告人は、憤激の余り、意識を失ったように動かなくなって仰向けに倒れている甲に対し、その状況を十分に認識しながら、「おれを甘く見ているな。おれに勝てるつもりでいるのか。」などと言い、その腹部等を足げにしたり、足で踏み付けたりし、さらに、腹部にひざをぶつける（右ひざを曲げて、ひざ頭を落とすという態様であった。）などの暴行を加えた（以下、この段階の被告人の甲に対する暴行を「第２暴行」という。）が、甲は、第２暴行により、肋骨骨折、脾臓挫滅、腸間膜挫滅等の傷害を負った。
（5）甲は、Ａプラザから付近の病院へ救急車で搬送されたものの、６時間余り後に、頭部打撲による頭蓋骨骨折に伴うクモ膜下出血によって死亡したが、この死因となる傷害は第１暴行によって生じたものであった。
（略）**原判決**は、被告人の第１暴行については正当防衛が成立するが、第２暴行については、甲の侵害は明らかに終了している上、防衛の意思も認められず、正当防衛ないし過剰防衛が成立する余地はないから、被告人は第２暴行によって生じた傷害の限度で責任を負うべきであるとして、第１審判決を事実誤認及び法令適用の誤りにより破棄し、被告人は、被告人の正当防衛行為により転倒して後頭部を地面に打ち付け、動かなくなった甲に対し、その腹部等を足げにしたり、足で踏み付けたりし、さらに、腹部にひざをぶつけるなどの暴行を加えて、肋骨骨折、脾臓挫滅、腸間膜挫滅等の傷害を負わせたものであり、傷害罪が成立するとし、被告人に対し懲役２年６月の刑を言い渡した。
３　前記１の事実関係の下では、第１暴行により転倒した甲が、被告人に対し更なる侵害行為に出る可能性はなかったのであり、被告人は、そのことを認識した上で、専ら攻撃の意思に基づいて第２暴行に及んでいるのであるから、第２暴行が正当防衛の要件を満たさないことは明らかである。**そして、両暴行は、時間的、場所的には連続しているものの、甲による侵害の継続性及び被告人の防衛の意思の有無という点で、明らかに性質を異にし、被告人が前記発言をした上で抵抗不能の状態にある甲に対して相当に激しい態様の第２暴行に及んでいることにもかんがみると、その間には断絶があるというべきであって、急迫不正の侵害に対して反撃を継続するうちに、その反撃が量的に過剰になったものとは認められない。そうすると、両暴行を全体的に考察して、１個の過剰防衛の成立を認めるのは相当でなく、正当防衛に当たる第１暴行については、罪に問うことはできないが、第２暴行については、正当防衛はもとより過剰防衛を論ずる余地もない**のであって、これにより甲に負わせた傷害につき、被告人は傷害罪の責任を負うというべきである。以上と同旨の原判断は正当である。

7-19　最判平9・6・16（傷害被告事件）

被告人は、肩書住居の文化住宅誠和荘二階の一室に居住していたものであり、同荘二階の別室に居住するＳ（当時五六歳）と日ごろから折り合いが悪かったところ、平成八年五月三〇日午後二時一三分ころ、同荘二階の北側奥にある共同便所で小用を足していた際、突然背後からＳに長さ約八一センチメートル、重さ約二キログラムの鉄パイプ（以下「鉄パイプ」という）で頭部を一回殴打された。続けて鉄パイプを振りかぶったＳに対し、被告人は、それを取り上げようとしてつかみ掛かり、同人ともみ合いになったまま、同荘二階の通路に移動し、その間二回にわたり大声で助けを求めたが、だれも現れなかった。その直後に、被告人は、Ｓから鉄パイプを取り上げたが、同人が両手を前に出して向かってきたため、その頭部を鉄パイプで一回殴打した。そして、再度もみ合いになって、Ｓが、被告人から鉄パイプを取り戻し、それを振り上げて被告人を殴打しようとしたため、被告人は、同通路の南側にある一階に通じる階段の方へ向かって逃げ出した。被告人は、階段上の踊り場まで至った際、背後で風を切る気配がしたので振り返ったところ、Ｓは、通路南端に設置されていた転落防止用の手すりの外側に勢い余って上半身を前のめりに乗り出した姿勢になっていた。

しかし、Ｓがなおも鉄パイプを手に握っているのを見て、被告人は、同人に近づいてその左足を持ち上げ、同人を手すりの外側に追い落とし、その結果、同人は、一階のひさしに当たった後、手すり上端から約四メートル下のコンクリート道路上に転落した。Ｓは、被告人の右一連の暴行により、入院加療約三箇月間を要する前頭、頭頂部打撲挫創、第二及び第四腰椎圧迫骨折等の傷害を負った。

（略）原判決及びその是認する第一審判決は、被告人がＳに対しその片足を持ち上げて地上に転落させる行為に及んだ当時、同人が手すりの外側に上半身を乗り出した状態になり、容易には元に戻りにくい姿勢となっていたのであって、被告人は自由にその場から逃げ出すことができる状況にあったというべきであるから、その時点でＳの急迫不正の侵害は終了するとともに、被告人の防衛の意思も消失したとして、被告人の行為が正当防衛にも過剰防衛にも当たらないとの判断を示している。

しかしながら、前記一の事実関係に即して検討するに、Ｓは、被告人に対し執ような攻撃に及び、その挙げ句に勢い余って手すりの外側に上半身を乗り出してしまったものであり、しかも、その姿勢でなおも鉄パイプを握り続けていたことに照らすと、同人の被告人に対する加害の意欲は、おう盛かつ強固であり、被告人がその片足を持ち上げて同人を地上に転落させる行為に及んだ当時も存続していたと認めるのが相当である。また、Ｓは、右の姿勢のため、直ちに手すりの内側に上半身を戻すことは困難であったものの、被告人の右行為がなければ、間もなく態勢を立て直した上、被告人に追い付き、再度の攻撃に及ぶことが可能であったものと認められる。**そうすると、Ｓの被告人に対する急迫不正の侵害は、被告人が右行為に及んだ当時もなお継続していたといわなければならない。さらに、それまでの一連の経緯に照らすと、被告人の右行為が防衛の意思をもってされたことも明らかというべきである。したがって、被告人が右行為に及んだ当時、Ｓの急迫不正の侵害は終了し、被告人の防衛の意思も消失していたとする原判決及びその是認する第一審判決の判断は、是認することができない。**

以上によれば、被告人がＳに対しその片足を持ち上げて地上に転落させる行為に及んだ当時、同人の急迫不正の侵害及び被告人の防衛の意思はいずれも存していたと認めるのが相当である。また、被告人がもみ合いの最中にＳの頭部を鉄パイプで一回殴打した行為についても、急迫不正の侵害及び防衛の意思の存在が認められることは明らかである。しかしながら、Ｓの被告人に対する不正の侵害は、鉄パイプでその頭部を一回殴打した上、引き続きそれで殴り掛かろうとしたというものであり、同人が手すりに上半身を乗り出した時点では、その攻撃力はかなり減弱していたといわなければならず、他方、被告人の同人に対する暴行のうち、その片足を持ち上げて約四メートル下のコンクリート道路上に転落させた行為は、一歩間違えば同人の死亡の結果すら発生しかねない危険なものであったことに照らすと、鉄パイプで同人の頭部を一回殴打した行為を含む被告人の一連の暴行は、**全体として防衛のためにやむを得ない程度を超えたものであった**といわざるを得ない。

そうすると、被告人の暴行は、Ｓによる急迫不正の侵害に対し自己の生命、身体を防衛するためその防衛の程度を超えてされた過剰防衛に当たるというべきであるから、右暴行について過剰防衛の成立を否定した原判決及びその是認する第一審判決は、いずれも事実を誤認し、刑法三六条の解釈適用を誤ったものといわなければならない。

7-20　最判平6・12・6（傷害被告事件）

被告人は、昭和六三年一〇月二二日の夜、中学校時代の同級生であるＡ、Ｋ、Ｆ及びＳとともに、近く海外留学するＳの友人を送別するために集まり、アネックス茗荷谷ビル二階のレストラン「デニーズ」で食事をし、翌二三日午前一時三〇分ころ、同ビルとは不忍通りを隔てた反対側にある文京印刷会館前の歩道上で雑談をするなどしていたところ、酩酊して通りかかったＩが、付近に駐車してあったＡの乗用車のテレビ用アンテナに上着を引っかけ、これを無理に引っ張ってアンテナを曲げておきながら、何ら謝罪等をしないまま通り過ぎようとした。不快に思ったＡは、Ｉに対し、「ちょっと待て。」などと声をかけた。Ｉは、これを無視して文京印刷会館に入り、間もなく同会館から出て来たが、被告人らが雑談をしているのを見て、険しい表情で被告人らに近づき、「おれにガンをつけたのはだれだ。」などと強い口調で言った上、「おれだ。」と答えたＡに対し、いきなりつかみかかろうとし、Ａの前にいたＳの長い髪をつかみ、付近を引き回すなどの乱暴を始めた。被告人、Ａ、Ｋ及びＦ（以下「被告人ら四名」という。）は、これを制止し、Ｓの髪からＩの手を放させようとして、こもごもＩの腕、手等をつかんだり、その顔面や身体を殴る蹴るなどし、被告人も、Ｉの脇腹や肩付近を二度ほど足蹴にした。しかし、Ｉは、Ｓの髪を放そうとせず、Ａの胃の辺りを蹴ったり、ワイシャツの胸元を破いたりした上、Ｓの髪をつかんだまま、不忍通り（車道幅員約一六・五メートル）を横断して、向かい側にある本件駐車場入口の内側付近までＳを引っ張って行った。被告人ら四名は、その後を追いかけて行き、Ｉの手をＳの髪から放させようとしてＩを殴る蹴るなどし、被告人においてもＩの背中を一回足蹴にし、Ｉもこれに応戦した。その後、ようやく、Ｉは、Ｓの髪から手を放したものの、近くにいた被告人ら四名に向かって、「馬鹿野郎」などと悪態をつき、なおも応戦する気勢を示しながら、後ずさりするようにして本件駐車場の奥の方に移動し、被告人ら四名もほぼ一団となって、Ｉを本件駐車場奥に追い詰める格好で迫って行った。

そして、その間、本件駐車場中央付近で、Ｋが、応戦の態度を崩さないＩに手拳で殴りかかり、顔をかすった程度で終わったため、再度殴りかかろうとしたが、**Ｆがこれを制止**し、本件駐車場の奥で、今度はＡがＩに殴りかかろうとしたため、再び**Ｆが二人の間に割って入って制止した**。しかし、その直後にＡがＩの顔面を手拳で殴打し、そのためＩは転倒してコンクリート床に頭部を打ちつけ、前記の傷害を負うに至った。なお、ＩがＳの髪から手を放した本件駐車場入口の内側付近からＡの殴打により転倒した地点までの距離は、二〇メートル足らずであり、この間の移動に要した時間も短時間であり、被告人ら四名のうちＫやＦは、ＩがいつＳの髪から手を放したか正確には認識していなかった。

（略） 原判決は、（略）被告人ら四名の行為は、本件駐車場中央付近でＫを制止した後のＦの関係を除き、相互の意思連絡のもとに行われた一連一体のものとして、その全体について共同正犯が成立し、これが過剰防衛に当たると判断した。

（略）本件のように、**相手方の侵害に対し、複数人が共同して防衛行為としての暴行に及び、相手方からの侵害が終了した後に、なおも一部の者が暴行を続けた場合において、後の暴行を加えていない者について正当防衛の成否を検討するに当たっては、侵害現在時と侵害終了後とに分けて考察するのが相当**であり、侵害現在時における暴行が正当防衛と認められる場合には、侵害終了後の暴行については、侵害現在時における防衛行為としての暴行の共同意思から離脱したかどうかではなく、**新たに共謀が成立したかどうかを検討すべきであって、共謀の成立が認められるときに初めて、侵害現在時及び侵害終了後の一連の行為を全体として考察し、防衛行為としての相当性を検討すべきである。**

（略）（一） まず、被告人らの反撃行為についてみるに、ＩのＳに対する行為は、女性の長い髪をつかんで幹線道路である不忍通りを横断するなどして、少なくとも二〇メートル以上も引き回すという、常軌を逸した、かつ、危険性の高いものであって、これが急迫不正の侵害に当たることは明らかであるが、これに対する被告人ら四名の反撃行為は、素手で殴打し又は足で蹴るというものであり、また、記録によれば、被告人ら四名は、終始、Ｉの周りを取り囲むようにしていたものではなく、Ａ及びＫがほぼＩとともに移動しているのに対して、被告人は、一歩遅れ、Ｆについては、更に遅れて移動していることが認められ、その間、被告人は、ＩをＳから離そうとしてＩを数回蹴っているが、それは六分の力であったというのであり、これを否定すべき事情もない。その他、Ｉが被告人ら四名の反撃行為によって特段の傷害を負ったという形跡も認められない。以上のような諸事情からすれば、右反撃行為は、いまだ防衛手段としての相当性の範囲を超えたものということはできない。

（二） 次に、**被告人らの追撃行為**について検討するに、前示のとおり、Ａ及びＫはＩに対して暴行を加えており、他方、Ｆは右両名の暴行を制止しているところ、この中にあって、被告人は、自ら暴行を加えてはいないが、他の者の暴行を制止しているわけでもない。

被告人は、検察官に対する供述調書において、「ＩさんがＳから手を放した後、私たち四人は横並びになってＩさんを本件駐車場の奥に追い詰めるように進んで行きました。このような態勢でしたから、他の三人も私と同じように、Ｉさんに対し、暴行を加える意思があったのだと思います。」と供述しているところ、原判決は、右供述の信用性を肯定し、この供述により、被告人ら四名がＩを駐車場奥に追い詰める格好で追って行ったものと認定するとともに、追撃行為に関して被告人の共謀を認めている。しかし、記録によれば、Ｉを追いかける際、被告人ら四名は、ほぼ一団となっていたということができるにとどまり、横並びになっていたわけではなく、また、本件駐車場は、ビルの不忍通り側と裏通り側とのいずれにも同じ六メートル余の幅の出入口があり、不忍通りから裏通りを見通すことができ、奥が行き詰まりになっているわけではない。そうすると、被告人ら四名が近付いて来たことによって、Ｉが逃げ場を失った状況に追い込まれたものとは認められないのであり、「被告人ら四名は、Ｉを駐車場奥に追い詰める格好で追って行った」旨の原判決の事実認定は是認することができない。したがって、また、被告人の右検察官に対する供述中、自分も他の三名もＩに暴行を加える意思があったとする部分も、その前提自体が右のとおり客観的な事実関係に沿わないものというべきである以上、その信用性をたやすく肯定することはできない。

そして、Ｉを追いかける際、被告人ら四名がほぼ一団となっていたからといって、被告人ら四名の間にＩを追撃して暴行を加える意思があり、相互にその旨の意思の連絡があったものと即断することができないことは、この四人の中には、Ａ及びＫの暴行を二度にわたって制止したＦも含まれていることからしても明らかである。また、Ａ及びＫは、第一審公判廷において、Ｉから「馬鹿野郎」と言われて腹が立った旨供述し、Ｉの右罵言がＡらの追撃行為の直接のきっかけとなったと認められるところ、被告人がＩの右罵言を聞いたものと認めるに足りる証拠はない。

被告人は、追撃行為に関し、第一審公判廷において、「謝罪を期待してＩに付いて行っただけであり、暴行を加えようとの気持ちはなかった。Ｓの方を振り返ったりしていたので、ＫがＩに殴りかかったのは見ていない。ＦがＡとＩの間に入ってやめろというふうに制止し、一瞬間があいて、これで終わったな、これから話合いが始まるな、と思っていたところ、ＡがＩの右ほおを殴り、Ｉが倒れた。」旨供述しているのであって、右公判供述は、本件の一連の事実経過に照らして特に不自然なところはない。以上によれば、**被告人については、追撃行為に関し、Ｉに暴行を加える意思を有し、Ａ及びＫとの共謀があったものと認定することはできないものというべきである。**

（略）以上に検討したところによれば、被告人に関しては、反撃行為については正当防衛が成立し、追撃行為については新たに暴行の共謀が成立したとは認められないのであるから、反撃行為と追撃行為とを一連一体のものとして総合評価する余地はなく、被告人に関して、これらを一連一体のものと認めて、共謀による傷害罪の成立を認め、これが過剰防衛に当たるとした第一審判決を維持した原判決には、判決に影響を及ぼすべき重大な事実誤認があり、これを破棄しなければ著しく正義に反するものと認められる。（略）被告人に対し**無罪**の言渡しをすべきである。

3　防衛の意思

学説には防衛の意思が不要であるとするものもあるが、判例は必要としている。

防衛の意思と**憤激などの感情が併存**している場合について、**判例7-21**は、「憎悪や怒りの念を抱き攻撃的な意思に出たものであっても、ただちに防衛の意思を欠くものではない」とし、**前掲判例7-15、後掲判例7-44、同7-46**も同様の趣旨で、いずれも防衛の意思を肯定している。また、**同-22**は、侵害者に対する**攻撃的な意思が併存**していても、「自己又は他人の権利を防衛するためにした行為と認められる限り」防衛の意思は認められるとしている。

（防衛の意思に関する判例）

7-21　最判昭60・9・12（殺人被告事件）

被告人は、スナツクを営んでいる妻マサ子（以下、マサ子という。）が自己に冷淡になり、外泊を重ねたりしていることからマサ子がＭ（当時四三歳、以下、Ｍという。）と情交関係を持っているのではないかと強く疑っていたところ、昭和五八年二月二八日午前零時ころ大阪市平野区（略）所在の自己の経営するスナツク「鈴蘭」（以下、鈴蘭という。）に、Ｍが女性一名を伴つて客として訪れ、酒を注文して飲み始めた。同店は、同月三日に開店したばかりであったが、被告人は、そのことをＭに知らせていないのにＭが来たので、同店の開店を知った理由を尋ねたところ、Ｍがマサ子から聞いて知った旨答えたので、もともとＭと顔を合わせたくなかったのにマサ子が開店を教えたことに強い不満を抱き、かつ、マサ子とＭとの関係についての疑いを一層深め、強い不快の念を抱きながらもそのまま時を過ごすうち、Ｍが同店内から、マサ子の経営しているスナツクに電話をかけ、マサ子に対し、鈴蘭に来るよう繰り返し誘いかけているのを聞き、そのなれなれしい会話の調子からいよいよ右の疑いを深め一層不快の念を募らせていた。同月二八日午前二時ころ、マサ子が鈴蘭店内に入って来たのを認めるや、被告人は、来るはずがないと思っていたマサ子がＭの誘いに応じてやって来たことに激怒し、マサ子に対しその場にあったウイスキーの空びんを持つて振り上げ、「お前はなんで来たんや」と怒鳴りつけた。すると、Ｍは被告人から右空びんを取上げたうえ、被告人に掴みかかって、カウンターの奥に押しやり、左手でそのネクタイのあたりを掴み、右手拳で頭部、顔面を繰り返し殴打し、首を締めつけるなどのかなり激しい暴行を加えた（以下、これを**第一暴行**という。）。被告人はその間全く無抵抗でされるがままになっていたが、マサ子がＭに対し、「あんた、やめて」と呼んで制止しているのを聞き、マサ子のこの言葉遣いから、マサ子とＭとは情交関係を持っていると確信するに至り、右両名に対し言い知れない腹立ちを覚えたものの、まもなく右暴行をやめてカウンター内から出て元の席に戻ったＭからウイスキーの水割りを注文されたので、三人分のウイスキーの水割りをつくって差し出し、「なんで殴られなあかんのかなあ」などと思わず小声でつぶやいた。すると、またもや、Ｍは「お前まだぶつぶつ言っているのか」と言うなり、手許の右ウイスキー水割りの入ったガラスコツプのほか灰皿、小鉢などを次々にカウンター内にいる被告人に投げつけ始めた（以下、これを**第二暴行**という。）。ここに至り、**被告人は**、同日午前二時二五分ころ、「なぜこんなにまでされねばならないのか。女房を取りやがって」と、それまで抱いていたMに対する憤まんや不快感を一気に募らせ、Mに対する憎悪と怒りから、調理場にあった文化包丁一丁を持ち出し、ことと次第によってはMの殺害という結果に至ることがあるかもしれないがそれもまたやむをえないと決意を固め、Mに向かって「表に出てこい」と申し向け、カウンターを出て通路（略）を出入口の方へ行こうとしたところ、Mからなおも客席にあった金属製の譜面台（高さ約一・二メートル）を投げつけられ、更には「お前、逃げる気か。文句があるなら面と向かつて話しせえ」などと怒鳴りながら後を追ってこられ、背後から肩を掴まれるなどしたため（以下、これを**第三暴行**という。）、Mから更にいかなる仕打ちを受けるかもしれない、かくなるうえは機先を制して攻撃しようという気持から振り向きざまに、右手に持った文化包丁でMの右胸部を一突きし、よって、（略）、Mを大動脈起始部切破による心嚢血液タンポナーデにより死亡させたものである。

（略）　原判決は、被告人の本件行為が正当防衛にも過剰防衛にも当たらないと判断した（略）。しかしながら、刑法三六条の防衛のための行為というためには、**防衛の意思**をもってなされることが必要であるが、急迫不正の侵害に対し自己又は他人の権利を**防衛するためにした行為と認められる限り、たとえ、同時に侵害者に対し憎悪や怒りの念を抱き攻撃的な意思に出たものであっても、その行為は防衛のための行為に当たると解するのが相当である**ところ（最判昭46・11・16、同昭50・11・28参照）、原判決が認定した前記事実自体から、被告人の本件行為が、Mから第三暴行に引続き更に暴行を加えられることを防ぐためのものでもあったことは明らかであると思われるし、原判決が指摘する被告人のMに対する憎悪、怒り、攻撃の意思は、それだけで直ちに本件行為を防衛のための行為とみる妨げになるものでないことは、右に述べたとおりである。

（略）原判決は、被告人の右言葉から、被告人は包丁を手にしてMを店外に呼び出して攻撃するつもりで自分から先に店外に出ようとしていたところ、たまたま、店外に出る前にMから追いつかれたため、本件行為に及んだものである旨推認し、本件行為は専ら攻撃の意思に出たものとみているように理解されないでもない。しかしながら、**挑発という点についてみると**、原判決の認定するところによっても、Mは「お前、逃げる気か。文句があるなら面と向かって話しせえ」などと怒鳴りながら、被告人を追いかけたというのであるから、そもそもMに被告人が発した「表に出てこい」などという言葉が聞こえているのか否かさえ定かではないというべきであるし（記録によると、当時Mの隣にいたMの連れの女性は被告人のそのような言葉は何も聞いていないと供述している。）、少なくとも当時Mは被告人が逃げ始めたと思って追跡したとみられるのであって、被告人の右言葉がMによる第三暴行を招いたものとは認めがたい。また、いずれも記録からうかがわれる**Mにより全く一方的になされた第一ないし第三暴行の状況、包丁を手にした後も直ちにMに背を向けて出入口に向かつたという被告人の本件行為直前の行動、包丁でMの右胸部を一突きしたのみで更に攻撃を加えることなく直ちに店外に飛び出したという被告人の本件行為及びその直後の行動等に照らすと、被告人の「表に出てこい」などという言葉は、せいぜい、防衛の意思と併存しうる程度の攻撃の意思を推認せしめるにとどまり、右言葉の故をもって、本件行為が専ら攻撃の意思に出たものと認めることは相当でないというべきである。**

そうすると、被告人の本件行為につき、防衛の意思を欠くとして、正当防衛のみならず過剰防衛の成立をも否定した原判決は、刑法三六条の解釈を誤つたか、又は事実を誤認したものといわなければならないとし、差し戻した。

7-22　最判昭50・11・28（殺人未遂被告事件）

被告人は、昭和四八年七月九日午後七時四五分ころ、友人のSとともに、愛知県西尾市（略）付近を乗用車で走行中、たまたま同所で花火に興じていたT（当時三四年）、K、Oらのうちの一名を友人と人違いして声を掛けたことから、右Tら三名に、「人違いをしてすみませんですむと思うか。」、「海に放り込んでやろうか。」などと因縁をつけられ、そのあげく酒肴を強要されて同県幡豆郡吉良町の飲食店「仁吉」でTらに酒肴を馳走した後、同日午後一〇時過ぎころ、右Sの運転する乗用車でTらを西尾市寺津町（略）宮地虎雄方付近まで送り届けた。ところが、下車すると、Tらは、一せいに右Sに飛びかかり、無抵抗の同人に対し、顔面、腹部等を殴る、蹴るの暴行を執拗に加えたため、被告人は、このまま放置しておけば、右Sの生命が危いと思い、同人を助け出そうとして、同所から約一三〇メートル離れた同市巨海町（略）の自宅に駆け戻り、実弟A所有の散弾銃に実包四発を装てんし、安全装置をはずしたうえ、予備実包一発をワイシヤツの胸ポケツトに入れ、銃を抱えて再び前記宮地方前付近に駆け戻った。しかしながら、SもTらも見当たらなかったため、Sは既にどこかにら致されたものと考え、同所付近を探索中、同所から約三〇メートル離れた同市寺津町観音東一番地付近路上において、Tの妻実子を認めたので、Sの所在を聞き出そうとして同女の腕を引っ張ったところ、同女が叫び声をあげ、これを聞いて駆けつけたTが「このやろう。殺してやる。」などといつて被告人を追いかけてきた。そこで、被告人は、「近寄るな。」などと叫びながら西方へ約一一・二メートル逃げたが、同（略）付近路上で、Tに追いつかれそうに感じ、Tが死亡するかも知れないことを認識しながら、あえて、右散弾銃を腰付近に構え、振り向きざま、約五・二メートルに接近したTに向けて一発発砲し、散弾を同人の左股部付近に命中させたが、加療約四か月を要する腹部銃創及び左股部盲管銃創の傷害を負わせたにとどまり、同人を殺害するに至らなかつたものである。

（略）**原判決**は、被告人の右行為が自己の権利を防衛するためのものにあたらないと認定した（略）。しかしながら、急迫不正の侵害に対し自己又は他人の権利を防衛するためにした行為と認められる限り、その行為は、同時に侵害者に対する攻撃的な意思に出たものであつても、**正当防衛のためにした行為にあたると判断するのが、相当である。すなわち、防衛に名を借りて侵害者に対し積極的に攻撃を加える行為は、防衛の意思を欠く結果、正当防衛のための行為と認めることはできないが、防衛の意思と攻撃の意思とが併存している場合の行為は、防衛の意思を欠くものではないので、これを正当防衛のための行為と評価することができるからである。**

しかるに、原判決は、他人の生命を救うために被告人が銃を持ち出すなどの行為に出たものと認定しながら、侵害者に対する攻撃の意思があったことを理由として、これを正当防衛のための行為にあたらないと判断し、ひいては被告人の本件行為を正当防衛のためのものにあたらないと評価して、過剰防衛行為にあたるとした第一審判決を破棄したものであって、刑法三六条の解釈を誤ったものというべきであるとして差し戻した。

4　防衛行為の相当性

急迫不正の侵害および防衛の意思があるが防衛行為の相当性を欠く場合は**過剰防衛**になり、責任故意が阻却されず犯罪は成立するが、刑の減免事由となる（**刑法36条2項**）。

判例7-23は、駐車の仕方で口論になり、暴力を振るう姿勢で迫ってきた相手に対し、菜切包丁を持ち出して威圧した事案について、相当性を認め、包丁所持の銃刀法違反についても正当防衛の一部を構成するものだから犯罪は成立しないとしている。**前掲判例7-8**も、囲い塀に賃借人らの名誉を侵害する内容を含む大型看板を取り付けようとしたので、これを阻止しようとした被告人の暴行について、暴行が軽微であったとして相当性を肯定した。

また、**同7-24**は、被害者が机から立ち上がった際、ナイフを持っていたか否かが確定できないが、その際の被害者の挙動は、「もはや被告人を威迫するという域に止まるものでなく、その言辞のとおり被告人に危害を加える意思でなされたものと認める余地があり」、被害者が「立ち上がろうとした際にはいまだナイフを握持していなかったとしても、瞬時の間に傍らのテーブル上に鞘を払った状態で置いてある右ナイフを手にして被告人に対し切りつけ又は突きかかる等の挙に出る勢いのある態勢にあり、その危険が現在する情況にあったものと認めることができる」として、すでに被告人の生命身体に対する急迫且つ不正の侵害を開始するものであると判断し、過剰防衛を認定している。

前掲判例7-10は、侵害が素手での暴行であるのに対し、石突きのコウモリ傘で顔面を突き刺したことを過剰であるとし、**後掲判例7-43**は、ホテトル嬢が、サディストの客からナイフで軽傷を負わされた後、サディスティックな行為で責め続けられていた状態から逃れるために、隙を見て、被害者が置いていたナイフで被害者の腹部を刺し逃げようとしたが、被害者が追いかけてきたのでさらに刺して死亡させた事案で過剰防衛としている。

（相当性に関する判例）

7-23　最判平1・11・13（暴力行為等処罰に関する法律違反等被告事件）

第一審判決は、正当防衛の主張を排斥して右各公訴事実につき被告人を有罪とし、罰金三万円の刑を言い渡したが、原判決は、被告人の第一の所為は**過剰防衛行為**に当たるから、正当防衛のみならず過剰防衛の成立をも否定した第一審判決には事実の誤認があるとしてこれを破棄したうえ、右各公訴事実につき被告人を有罪として罰金一万五〇〇〇円の刑を言い渡した。(略)、原判決の認定によれば、本件における事実関係は次のとおりである。すなわち、被告人は、前記日時ころ、運転してきた軽貨物自動車を前記空地前の道路に駐車して商談のため近くの薬局に赴いたが、まもなく貨物自動車(いわゆるダンプカー)を運転して同所に来たKが、車を空地に入れようとして被告人車が邪魔になり、数回警笛を吹鳴したので、商談を中断し、薬局を出て被告人車を数メートル前方に移動させたうえ、再び薬局に戻った。ところが、それでも思うように自車を空地に入れることができなかったKは、車内から薬局内の被告人に対し「邪魔になるから、どかんか。」などと怒号したので、再び薬局を出て被告人車を空地内に移動させたが、Kの粗暴な言動が腹に据えかねたため、同人に対し「言葉遣いに気をつけろ。」と言ったところ、Kは、空地内に自車を駐車して被告人と相前後して降車して来たのち、空地前の道路上において、薬局に向かおうとしていた被告人に対し、「お前、殴られたいのか。」と言って手拳を前に突き出し、足を蹴り上げる動作をしながら近づいて来た。そのため、被告人は、年齢も若く体格にも優れたKから本当に殴られるかも知れないと思って恐くなり、空地に停めていた被告人車の方へ後ずさりしたところ、Kがさらに目前まで迫ってくるので、後に向きを変えて被告人車の傍らを走って逃げようとしたが、その際ふと被告人車運転席前のコンソールボックス上に平素果物の皮むきなどに用いている菜切包丁を置いていることを思い出し、とっさに、これでKを脅してその接近を防ぎ、同人からの危害を免れようと考え、被告人車のまわりをほぼ一周して運転席付近に至るや、開けていたドアの窓から手を入れて刃体の長さ約一七・七センチメートルの本件菜切包丁を取り出し、右手で腰のあたりに構えたうえ、約三メートル離れて対峙しているKに対し「殴れるのなら殴ってみい。」と言い、これに動じないで「刺すんやったら刺してみい。」と言いながら二、三歩近づいてきた同人に対し、さらに「切られたいんか。」と申し向けた。(略)被告人がKに対し本件菜切包丁を示した行為は、今にも身体に対し危害を加えようとする言動をもって被告人の目前に迫ってきたKからの急迫不正の侵害に対し、自己の身体を防衛する意思に出たものとみるのが相当であり、この点の原判断は正当である。

しかし、原判決が、素手で殴打しあるいは足蹴りの動作を示していたにすぎないKに対し、被告人が殺傷能力のある菜切包丁を構えて脅迫したのは、防衛手段としての相当性の範囲を逸脱したものであると判断したのは、刑法三六条一項の「已ムコトヲ得サルニ出テタル行為」の解釈適用を誤ったものといわざるを得ない。すなわち、右の認定事実によれば、被告人は、年齢も若く体力にも優れたKから、「お前、殴られたいのか。」と言って手拳を前に突き出し、足を蹴り上げる動作を示されながら近づかれ、さらに後ずさりするのを追いかけられて目前に迫られたため、その接近を防ぎ、同人からの危害を免れるため、やむなく本件菜切包丁を手に取ったうえ腰のあたりに構え、「切られたいんか。」などと言ったというものであって、**Kからの危害を避けるための防御的な行動に終始していたものであるから、その行為をもって防衛手段としての相当性の範囲を超えたものということはできない。**

そうすると、被告人の第一の所為は刑法三六条一項の正当防衛として違法性が阻却されるから、暴力行為等処罰に関する法律一条違反の罪の成立を認めた原判決には、法令の解釈適用を誤った違法があるといわざるを得ない。

五　次に、被告人の第二の所為について検討すると、その公訴事実は、Kを脅迫する際に刃体の長さ約一七・七センチメートルの**菜切包丁を携帯**したというものであるところ、右行為は、**Kの急迫不正の侵害に対する正当防衛行為の一部を構成し、併せてその違法性も阻却されるものと解するのが相当であるから、銃砲刀剣類所持等取締法二二条違反の罪は成立しないというべきである。**(略)、被告人に対し無罪の言渡をすべきものである。

7-24　東京高判昭62・1・19(殺人被告事件)

被告人は、父Aのもとで出生してから、東京で大学生活を送った時期を除き、就職、婚姻、三子出生を経て、終始同人と同居生活をしてきたものであるが、Aは、酒を好み、終戦後復員して間もないころから、酔余しばしば些細なことに立腹して被告人やAの妻B(被告人の義母)ら家族の者に対し、殴ったり蹴ったりするなどの暴力をふるい、あるいは、刃物を示しながら「殺してやる。」などといって脅すことがあった。Aの右の所業は、被告人の結婚後はその妻Cに対しても向けられたため、同女は難を避けて近所の家に逃げ込み、あるいは、新潟県白根市の実家に逃げ帰ったりすることがあり、被告人に対しAとの別居を迫ったりしたこともあったけれども、被告人は身体の不自由なBをAのもとに残して別居することに不安を感ずるなどの理由から別居することに踏み切れないまま、ひたすら忍従の生活を過していた。昭和六〇年五月二二日、Aは、(略)、被告人の出張留守中にCを家から追い出し、同女はやむなく三子と共に実家に帰り、Aは、間もなく帰宅した被告人に対し、同月二四日までの間、原判示のように、「Cが子供を連れて出て行った。」

「嫁が悪いのはお前の教育が悪いからだ。」「こうなったのはお前が悪い。殺してやる。」「下の子はいらない。長男だけ連れて来い。」「長男を連れに行かないのか。おれが白根に行って全部解決してくる。」「会社に行く必要はない。長男を迎えに行け」などと怒鳴りちらし、この間Bに対しても殴る蹴るの暴力をふるうなどして、強度の興奮ぶりを示した。

同月二五日、Aは、早朝から酒に酔って被告人を呼び起こし、(略)、被告人に対し、「おれが白根に行き、Cを殺して長男を連れてくる。」「お前は家庭のこともまとめられないのだから、会社なんか辞めてしまえ。」「どうせ会社を辞めるのだから電話なんかしなくていい。」などと怒鳴り、自ら被告人の勤務先会社の社長宅に電話をかけようとして被告人に制止されるということがあり、さらに、「会社を辞めろ。長男を今から車で迎えに行け。」「Cは悪い奴だが、お前が一番悪い。」「お前には親の資格がない。」などと云ってなじり、被告人は、憤激の余り、Aに対し「俺だって逢いたいのを我慢しているんだ。」と怒鳴り返したこともあった。その後、被告人は、朝食を済ませたAから、「お前がすべての元凶だ。お前から先に殺してやる。」といいつつ強くにらみつけられ、いったん台所に行ったものの間もなく居間にいる同人の様子を窺ったところ、同人が異様な形相で座椅子の前に立ち、ペティナイフ(刃渡り約一二センチメートル)を右手に持って肩を小さく回すようにしているのを見、同人が気が狂ってそのナイフで被告人を攻撃してくるのではないかと考えて恐ろしくなり、台所に戻って、風呂釜の脇に置いてあつた鉄製の水道栓開閉ハンドル(略。長さ約六四・五センチメートル、直経約三・八センチメートル、重量約一・九キログラムのもの。以下単にハンドルという。)を、Aからの攻撃があった場合にはこれで防ぎ、見とがめられた場合は水道の水の出を良くする仕事をするところである旨告げて同人の気をそらそうという気持で、手に持ち、その後間もない同日午前九時二〇分ころ、同人から呼ばれて右ハンドルを持ったまま居間の入口まで行き中をのぞくと、同人が前にも増して異様な形相で、目をぎらつかせ座椅子に座っていたので、もはや同人に水道修理の話をしてもその気をそらすことはできないと考えたものの、同人から「こっちに来い。」と命じられるまま、右のハンドルを右後ろ手に持って背中に隠して同人の前に進み、「そこに座れ。」と云われたのに対し座らずにいたところ、同人が、いきなり、「お前から先に殺してやる。」と鋭い口調で云いながら座椅子から腰を浮かして立ち上ってこようとしたのを認め、とつさに、右ハンドルを両手で振りあげざま、これを同人の頭部に振りおろし、このため同人は、ほぼそのころ、同所で、脳挫傷及びクモ膜下出血により死亡するに至った。同人の受傷状況は、(略)創傷があり、頭蓋冠において右創傷に一致してほぼ正中を前後に走る骨折線を中心として(略)陥没骨折となり、大小不同の数個の骨片に粉砕状に骨折しており、この陥没骨折部から放射線状に左右側頭部にかけて骨折が数条走り、頭蓋底において前頭部の骨折と連続して前頭蓋窩のほぼ正中に骨折があり、左右前頭から頭頂にかけて(略)、所々に脳挫傷を伴うクモ膜下出血がある、というものである。(略)

被告人の本件所為につき**正当防衛ないし過剰防衛の成否**について判断するに、先ず、Aが前示のように座椅子から腰を浮かして立ち上がろうとした際すでに所論ナイフを握持していたかどうかの点については、(略)、同人が被告人に殴打されて転倒した際の姿勢、これと被告人の捜査及び公判段階における供述により推認されるAの立ち上がろうとする際の姿勢、これと現場に残された右ナイフの位置・刃先の方向、とくに右転倒時におけるAの右手と右ナイフの位置・刃先の方向との関係、間隔等を併せ検討すると、同人は、立ち上がろうとする際いまだ右ナイフを握持するに至っていなかった高度の蓋然性があり、しかも(略)、被告人は、犯行の翌日自首して初めて警察官に対し供述した際、被告人が犯行直前にAのいる居間に入ったときはナイフがテーブル上に置いてあった旨、及び、その後同人が立ち上ろうとした際ナイフを手に持っていたかどうかは気持が動揺していたため記憶していない旨を供述していたものと認められることに照らせば、被告人が、Aにおいて右ナイフを握持していないのにこれを握持しているものと錯覚したとの主張を認めることには証拠上かなりの無理が伴うといわざるをえない。

しかし、翻って検討するに、Aは、(略)、本件の数日前から従前にない異様な興奮ぶりを示していたうえ、本件当日も被告人による本件所為の前、被告人に対し、「お前がすべての元兇だ。お前から先に殺してやる」旨申し向け、その後座椅子の前に立ち、異様な形相でナイフ(略)を右手に持って肩を小さく回すという、被告人をして気が狂ったものと思わせるような動作をしていること、その後間もなく被告人を居間に呼びつけた際も、Aは、前にも増して異様な形相で目をぎらつかせて座椅子に座っていたが、被告人がAに座れと云われても座らずにいたのに対し、いきなり、「お前から先に殺してやる」旨語気鋭く申し向けて座椅子から立ち上がろうとしたものであること、Aは、当時相当酩酊していたものの、そのころまでの同人の言動に照らしても、いまだ他人に危害を加えるに足りる体力を保有していたものと認められることなどを考慮すると、Aのその際の挙動は、もはや被告人を威迫するという域に止まるものでなく、その言辞のとおり被告人に危害を加える意思でなされたものと認める余地があり、してみると、Aが右のように申し向けて立ち上がろうとした際にはいまだナイフを握持していなかったとしても、瞬時の間に傍らのテーブル上に鞘を払った状態で置いてある右ナイフを手にして被告人に対し切りつけ又は突きかかる等の挙に出る勢いのある態勢にあり、その危険が現在する情況にあつたものと認めることができるから、Ａの右挙動は、すでに被告人の生命身体に対する**急迫且つ不正の侵害を開始するもの**であり、被告人は、Ａの右の言動及びその勢いを目前に認め、やむなく自己の生命身体を防衛するためもあって、本件所為に及んだものと認める合理的な疑いを容れるべき情況が存在するといわなければならない。

もつとも、被告人が本件所為に及んだのは、Ａの被告人やその家族に対するそれまでの数々の仕打ちに対する恨み、憤激等の気持がうつ積し、被告人自身緊張した心理状態にあったところ、これがＡによる前示の挙動に触発されて一時に発したことにもよると認められることは、その旨をいう被告人の捜査官に対する供述が、前示のような本件所為に至るまでの経緯とよく符合していて十分信用しうること、及び、被告人が、前示のとおり、父であるＡに対しその頭部に前示鉄製ハンドルを振りおろすという、後示のように防衛行為としては過剰な反撃の挙に出ている事実に照らして明らかであるといわなければならないが、このように被告人が**本件所為に出た際Ａに対する憤激等の気持を併せ有していたことが同所為の防衛行為性を否定するものでない**ことは原判決も指摘するとおりと解される。

また、被告人が前示のとおり犯行直前にＡに呼びつけられ、ハンドルを後ろ手に隠し持ったうえ居間に入って行った時点においては、被告人としては必ずしもＡがその後いかなる言動に出るかを明確に予想したわけのものではないのであり、被告人の、その際の心境に関する捜査官に対する供述等にも照らすと、被告人に、Ａの本件におけるような挙動を利用して同人に対し**積極的に害を加えようとする意思**があったとまで認定することができないことは、原判決も判示するとおりであるから、この点においても、本件被告人の所為の防衛行為性（Ａによる侵害の急迫性）を否定することはできない。

以上によれば、被告人の本件所為は、刑法三六条所定の、急迫不正の侵害に対し自己の生命身体を防衛するためやむを得ず出た行為にあたる情況が存在すると認めるのが相当である。

しかしながら、原判決も適切に判示するとおり、Ａの年令、被告人との体力差、当時の被害者の酩酊度、対面する両者の位置・姿勢関係、使用され、また、使用されようとした双方の兇器の各性質・形状、被告人としては、前示ハンドルを使用するとしても、これでＡの手、腰などを払う等の挙に出れば防衛するに足りたものと認められることなどにかんがみると、右ハンドルをＡの頭部に振りおろして同人を殺害した被告人の本件所為が、**防衛の程度を超えた、いわゆる過剰防衛にあたる**ことも、また、明らかであるといわなければならない。

第３　緊急避難

緊急避難は、現在の危難が不正でない場合、すなわち正対正の関係である点で正当防衛と異なっている。したがって、**現在の危難および避難の意思の存在**に加えて、「**やむを得ずにした行為**」であることが必要である。やむを得ずにした行為とは「**他に方法がなく、条理上肯定される行為でなければならない**」（**最判昭24・5・18**）という**補充の原則**と、危難によって侵害される権利と危難を避けることによって侵害される**権利との等価性（権利の権衡）**が要求される。

判例7-26は、緊急避難について各要件を詳しく説示しているので参考になる。事案は、韓国人の被告人が暴力団の組長に紹介された就労先で、労災事故にあって労災申請をしたことから、組長が面子をつぶされたとして、被告人の不法就労を入管に通報し、組事務所で被告人に酷い暴行を加え、強制退去のために入管に出頭する日まで同事務所に軟禁状態にしたところ、被告人が逃れるために組事務所に放火したという事案である。緊急性、避難の意思は認めたが補充の原則を満たさないとし、同原則を満たさないと緊急避難にはならないので過剰避難の問題にもならないとしている。

同7-27は、不動産占拠者に対する自力救済行為について緊急性の存在を否定した原判決を、占拠されていることによって倒産の危機に陥るという主張について、それが事実であれば緊急性があるのに、その点の審理を尽くしていないとして破棄差戻した。

同7-28は、被告人がセンターラインを超えて対向して来る普通乗用車を避けるために、左後方の安全を確認せずに50キロメートル位に減速したのみで約１メートル左側に進路を変えて進行したため後続車と衝突した事案について、過失を肯定した原判決に対し、「衝突の危険を避けんとして把手を左に切り、約１メートル左に寄った被告人の行動は、現在の危難を避けるため已むことを得ない行為」であるとして緊急避難を認めている。これに対して、**同7-25**は、自動車走行中の衝突回避のための車線変更の緊急性を認めたが、回避に必要な範囲を超えたとして補充性を否定した。この違いは他に方法がなかったかの違いである。読み比べると理解できる。

（緊急避難に関する判例）

7-25　東京地判平21・1・13（自動車運転過失傷害被告事件）

（１）被告人が、右にハンドルを切って第３車両通行帯に進出した行為は、突然進出してきた青色乗用車との衝突による身体傷害という自己の身体に対する現在の危難を避けるための行為であった（なお、青色乗用車の運転者については、自ら危険な状態を作った可能性が高い。）。しかし、（略）、被告人は、Ｙ車両の進行を妨げない範囲で第３車両通行帯に進出することで、青色乗用車との衝突を回避することが可能であったのに、衝突の回避に必要な程度を超えて、Ｙ車両の進行を妨げるところまで大きく進出している。したがって、その行為は、刑法３７条１項の「**やむを得ずにした行為」であったとは認められず、緊急避難の成立は認められない**。

（２）もっとも、青色乗用車との衝突を回避して身体に対する危難を避けるためには、急制動その他の方法は確実なものではなく、ハンドルを右に切って進路変更することが唯一確実な方法であった。被告人は、この避難のための回避手段の行使の方法を誤り、回避に必要な程度を超えて進出し、Ｙに傷害を負わせたものである（衝突の回避に必要な程度を超え、かつＹ車両の進行を妨げない限度を超えた進出について過失が認められるが、だからといって、必要な程度を超えて進出した行為が避難のための行為でなくなるわけではない。）。そうすると、被告人の本件行為は、現在の危難から避難するための行為が適切さを欠いたためにやむを得ない程度を超えたものであり、**過剰避難に該当**すると解すべきである。

7-26　大阪高判平10・6・24（現住建造物等放火被告事件）

1　被告人は、親しく交際していた暴力団組長のＡを頼って平成八年六月韓国から来日し、同人から紹介された三重県内の土木工事会社で働いていたが、同年七月就労中に左足首を骨折したため、同年八月以降はＡに引き取られ、甲野興業事務所や右事務所近くのＡが管理するマンションの一室で寝泊まりし、Ａやその配下組員らの世話を受けながら、大阪市内の病院で他人名義の健康保険証を用いて治療を受けていたところ、帰国の念が募り、平成九年一月一一日、Ａに帰国する旨告げて組事務所を出た。
2　被告人は、その直後、いわゆる韓国民団関係者であるＢを知り、同人から足の怪我について労災請求の手続をとることを勧められ、同月一三日に同人とともに前記就労先に赴いて労災認定の手続をとるように要求し、さらに、同月二〇日には退去強制の手続により出国するため大阪入国管理局（以下、「入管局」という。）に出頭したが、在宅調査に付され、次回出頭日を二月三日とする呼出し状を交付されたため、その後も引き続き大阪市内にある簡易宿泊所で滞在していた。
3　一方、Ａは自己が紹介した前記就労先に被告人が労災認定手続を要求したことを知って面子を潰されたとして激昂し、右労災請求を阻止するため、同年一月二一日入管局に赴いて、被告人が不法残留者であることを告げて、その身柄を拘束したうえ、韓国へ強制送還するように依頼した。被告人は、同月二四日、Ｂとともに労災請求に必要な診断書を入手するために野田記念病院を訪れたところ、そこには、Ａから情報提供を受けた入国警備官が待機していて、被告人の取調べがなされたが、前記呼出し状を被告人が呈示したため、後日在宅での違反調査に委ねられることとなった。しかし、その直後、被告人は付近に待機していたＡ配下の組員のうちの一名から指示されて車に乗り込み、組事務所まで連行された。
4　被告人は、組事務所に到着後、Ａから、労災請求の件で罵られたうえ、ガラス製の卓上ライターで頭部を殴打されて頭部裂傷の傷害を負わされたほか、小刀で左頬をつつかれたり、手錠を掛けられて手の甲を踏みつけられ、さらには左足首を蹴りつけられるなどの暴行を受け、その途中、一旦病院で頭部の傷の治療を受けたが、再び組事務所に連れ戻され、Ａからさらに左足首を蹴られるなどの暴行を受けた。被告人は、その間に入管局の指示により一月二七日に出頭することとなったことをＡから告げられた。
5　被告人は、一月二四日以降、日中は組事務所内で組員らから監視され、その間Ａから何回か左足首を蹴られたり、ガラス製の灰皿で軽く左肘を殴打されるなどの暴行を受け、夜間は、前記マンションの一室で組員とともに寝泊まりさせられるなどし、同月二六日朝も右マンションから組事務所へ連れて行かれ、事務所内でＡから左足首を蹴られたり、顔面を膝蹴りされるなどの暴行を受けた。被告人は、このような度重なるＡからの暴行に腹を立てる一方、Ａらによる監視及び暴行から逃れるためには、組員による見張りが手薄になったときを狙って**事務所に放火し、その騒ぎの隙を突いて逃げるしかないと考え、Ａ及び組員二名が所用で外出し事務所内に組員が二名になった機会を捉え、本件放火に及んだ**。（略）

Ａは、被告人がＢの支援を受けて労災請求手続を進めることを阻止するために入管局に働きかけて被告人を退去強制手続によって帰国させようと図ったが、案に相違して入国警備官が身柄の拘束を差し控えたことから、新たに入管局が指示した出頭期日（一月二七日）までは被告人の身柄を何としても確保しなければならないと考え、被告人を事務所等に留め置いて配下組員らに指示してその支配下から逃げ出さないように監視する体制をとっていたことが明らかであり、客観的には被告人は監禁状態に置かれていたと認められる。（略）そうすると、**被告人には、行動の自由に対する「現在の危難」が存したものと認められる**。また、身体の安全の点についても、連日Ａが被告人に暴行を加えていたことなどからすると、原判決がこれを肯定したことが不合理とはいえない。

次に、「**避難の意思**」の点は、本件放火の態様に加え、被告人自身も動機にＡの仕打ちに対する腹いせの気持ちがあったことを捜査段階において認めていることからすると、本件放火が避難行為といえるか疑問の余地もないではない。しかし、一方、被告人は一貫して監禁から脱する手段でもあったとも供述しているのであり、現に本件放火の直後には組員らの隙を突いて現場から逃走を図っていることなどからすると、避難行為に藉口してことさら過剰な結果を意図して放火したとまでは認めがたく、本件放火が避難の意思をもって行われたとする原判決の説示が誤りであるとはいえない。（略）まず、**刑法三七条一項に規定する「やむを得ずにした行為」とは「当該避難行為をする以外には他に方法がなく、かかる行動に出たことが条理上肯定し得る場合を意味する**」（最判昭24・5・18参照）と解するのが相当である。

原審記録によると、被告人は平成八年七月に左足首を骨折したが、その後の治療により本件当時は歩行に支障がないほどに回復しており、現に、本件放火の前後に被告人が機敏に行動している事実からすると、Ａから左足首に暴行を受けていたとはいえ、当時逃走が困難となるほど歩行能力が低下していたとは認めがたいところ、組員らによる監視の程度は前示のとおり厳しいものではなく、その隙を突いて被告人がほぼ終日座っていたソファー近くの組事務所表出入口の門錠を外して逃走し、あるいは、原判決が説示するとおり裏口からの逃走によることも不可能ではなかったと認められるのであり、本件において、**逃走の手段として放火する以外に他にとるべき方法がなかったとはいえない**。さらに、被告人は、翌日には入管局に出頭することが予定されており、Ａの支配下から解放される見込みがあったうえ、その監視の態様も緩やかで、行動の自由の侵害の程度は甚だしいものではなく、身体の安全についても、Ａから暴行を受ける可能性は否定できないとしても、せいぜい左足首を蹴られるといった程度の比較的軽い暴行が想定されていたのであって、右のような程度の害を避けるために本件のごとき灯油の火力を利用した危険な態様の放火行為により不特定多数の生命、身体、財産の安全、すなわち公共の安全を現実に犠牲にすることは、法益の均衡を著しく失するものといわざるを得ず、条理上も是認し得るものではない。したがって、本件放火は**補充性及び条理のいずれの観点からしても「やむを得ずにした行為」であったとは認められない**。

ところで、原判決は、本件放火について**補充性の原則**を充たさないとしながらも、その一方で、「補充性の原則に反する場合においても、当該行為が危難を避けるための一つの方法であるとみられる場合は、過剰避難の成立を肯定し得るものである。本件においては、前記認定のとおり、本件放火行為が危難を避けるための一つの方法であること自体は認められるから、過剰避難が成立するものと解する。」旨を判示している。しかしながら、**緊急避難では、避難行為によって生じた害と避けようとした害とはいわば正対正の関係にあり、原判決のいう補充性の原則は厳格に解すべきであるところ、過剰避難の規定における「その程度を超えた行為」（刑法三七条一項ただし書）とは、「やむを得ずにした行為」としての要件を備えながらも、その行為により生じた害が避けようとした害を超えた場合をいうものと解するのが緊急避難の趣旨及び文理に照らして自然な解釈であって、当該避難行為が「やむを得ずにした行為」に該当することが過剰避難の規定の適用の前提であると解すべきである**（最判昭３５・２・４参照。もっとも、「やむを得ずにした行為」としての実質を有しながら、行為の際に適正さを欠いたために、害を避けるのに必要な限度を超える害を生ぜしめた場合にも過剰避難の成立を認める余地はあると考えられる。）。

そうすると、本件においては、他に害の少ない、より平穏な態様での逃走手段が存在し、かつ、本件放火行為が条理上も是認し得るものとはいえない以上、過剰避難が成立する余地はなく、これを肯定した原判決の前記法解釈は過剰避難の要件を過度に緩めるものとして採用できない。

7-27　最判昭47・6・13（建造物損壊被告事件）

原判決が認定判示した犯罪事実は、「被告人は、昭和三八年一一月一七日ごろ、広島氏（略）のＡ商店南側空地において、情を知らないＢをして人夫数名を使用させ、同地所在のＣ所有にかかるトタン葺平屋建倉庫二棟（一六坪および一・五坪の各一棟）を取り壊させ、もって他人の建造物を損壊したものである。」というのであり、同判決は、右所為は**緊急避難ないし自救行為**にあたるとの被告人の主張を斥け、刑法二六〇条前段を適用して被告人を有罪としたのであるが、自救行為の点はしばらくおき、緊急避難の主張についてこれを斥ける理由として判示するところをみると、原判決は、証拠により、大要、「昭和三七年一〇月ごろ、Ｄは被告人の経営するＥ株式会社から右土地を買受け、その周囲に金網を張り、Ｄ所有地なる立札をしたところ、Ｃが右土地を自己の所有であると主張し、右金網等を撤去し、昭和三八年八月ごろ、右土地に本件トタン葺倉庫二棟を建設したので、被告人は右Ｄから善後策を講ずるよう求められ、同年八月から一〇月までの間内容証明郵便をもってＣや同人から右倉庫の建設を請け負つたＦに対し再三右倉庫の撤去を要求したが、同人らがこれに応じなかったため、ついに自らこれを取り壊して撤去しようと決意して本件所為に及んだ」ことが認められるとし、「右認定の事実に徴し、被告人の右損壊行為が刑法三七条一項にいわゆる『自己又ハ他人ノ生命、身体、自由若クハ財産ニ対スル現在ノ危難ヲ避クル為メ已ムコトヲ得サルニ出テタル行為』に該当するものとはとうてい認め難」いというのである。

ところで、右のごとき判示によつては、被告人の所為のいかなる点がいかなる理由で刑法三七条一項の判示部分に該当しないとされたものであるのかを知ることができないのであるが、その趣旨を忖度するに、判文に照らし、判示Ｃの所為が同条項にいう危難にあたらないとしたものというよりは、危難が現在せず、または被告人の所為がやむをえないものでないというもののごとく解せられる。そして、本件緊急避難の主張が、右倉庫建設による本件土地の不法占拠をもって危難というものであるならば、その建設は既に終了している点において危難の現在性は失われており、また土地の占有妨害排除のためには他に採るべき方法があって、たやすく実力行使に出た被告人の所為はいまだやむをえないものではないということもできよう。しかしながら、本件において被告人が一審以来主張するところは、判示Ｃ、Ｆらの所為は、被告人の経営する分譲地の一角に、名ばかりの「倉庫」を設け、これに暴力団の看板を立てて不穏なふん囲気を醸成し、分譲地の売行きをそこね、既に契約した者のうちにも解約する者を生じ、よって被告人の会社を倒産の危機に瀕するにいたらしめたもの、すなわち被告人の営業に対する威力業務妨害的行為であって、被告人は、かかる現在の危難を避けるため、やむなく本件所為に出でたに過ぎない、というのであり、記録上、この主張にそうがごとき事情も、ある程度うかがわれないではなく、もし、被告人の主張するごとくであるならば、場合によつては、被告人の所為が罪とならず、あるいはその刑を減軽免除すべきこともありうるところである。

してみれば、前記のごとく判示するのみで、たやすく被告人の**緊急避難の主張を斥けた原判決には、審理不尽、理由不備の違法がある**に帰し、右違法が判決に影響するこというまでもなく、これを破棄しなければ著しく正義に反するものと認める。

7-28　大阪高判昭45・5・1（業務上過失傷害被告事件）

本件公訴事実は、「被告人は自動車の運転を業とするものであるが、昭和四三年一一月五日午後一時一五分ごろ和歌山市（略）先道路において普通貨物自動車を運転し時速五五キロメートル位で北進中道路中央線を右にこえて南進してくる普通乗用自動車を前方三〇メートル位で認め、これとの接触を避けるため進路を左に変更しようとしたのであるが、自動車運転者としては左後方からの交通の安全を確め変更しようとする進路を進行してくる車両が危険な距離にある場合は直ちにブレーキをかける等して後車との衝突を防止しなければならない業務上の注意義務があるのにこれを怠り、五〇キロメートル位に減速したのみで六〇センチメートル位左に進路を変えた過失により、折から後方から進行してきていたO運転の自動二輪車が八メートル位の位置に接近していたのに気付かず自車左後部に同車を衝突させ、因って同人に対し加療三週間の右第三中指骨皸骨折右中指示指表皮剥離創等の傷害を負わせたものである」というのであって、これに対し**原判決**は、被告人が進路を変更した幅を約二メートルと認め、又直ちにブレーキをかける義務を否定した外、訴因事実とおりに認定し、本件事故は、被告人がセンターラインを超えて対向して来る普通乗用車を避けるために、左後方の安全を確認せずに減速して左側に進路を変えて進行した過失に基因するものであるとしているのである。

（略）、本件事故現場は、和歌山市西浜七六五番地先道路（県道和歌山市停車場新和歌浦線）上であり、該道路は、南北に通じ現場附近は直線、平坦、見透し良好な道路であって、コンクリート及びアスフアルトで舗装され、歩車道の区別がなく、幅員約一四・七〇メートルあり、道路中央線東側（南行車線）は、中央線から三・三〇メートルの部分はコンクリート舗装、それより約四メートルの部分はアスフアルト舗装され、道路中央線西側（北行車線）は、中央線から三・三〇メートルの部分はコンクリート舗装、それより約二メートルの部分はアスフアルト舗装、それより更に約二メートルの部分は未舗装の状態であることが認められる。
（右道路には通行帯の区別はされていないが、前記舗装材質の相違により、一見、南北行とも各二車線の如き観を呈する）又（略）、当時、被告人は普通貨物自動車（和歌山四な八〇七九）を運転し、道路中央線の西側を右中央線から約一・六〇メートル（同線と自車右端）の間隔を置き（同車の車幅は一・七メートルであるから、同車の左端はほゞコンクリート舗装の左端にあることとなる）、時速約五五キロメートルで北進中、前方約三、四〇メートルの地点を、道路中央線を車体の半分以上超え、時速約七〇ないし七五キロメートルの高速で反対方向から南進して来た対向車を認め、同車と正面衝突の危険を感じ、ある程度減速すると共に左にハンドルを切って左側に約一メートル寄って進行し（衝突地点が道路左端より約三メートル内側であることは実況見分調書により明らかなところであるから、前説明の如き被告人車の進行位置から約一メートル左に寄ったことは計算上明らかであり、これを約二メートル左に進路を変えたと認定した原判決は、この点事実誤認といわざるを得ない。）対向車と離合し、同一速度で約八メートル進行したとき、自車左後部をO運転の自動二輪車と接触せしめ、更に約六メートル進んで停車したこと、その間被告人が進路変更前に方向指示器による合図をしたか否か、或は被告人がその際左後方の危険の有無を確認した上進路変更をしたか否かについては疑わしいこと、一方、被害者について見ると、当時、被害者Oは自動二輪車を運転して、時速約五五キロメートルで事故現場から七、八〇〇メートルくらい手前から被告人の車の後方約一〇メートルに追随する谷口和真運転の自動車と併行して、その左側約一メートルの間隔をおき、被告人車との車間距離約九メートルで北進していたのであるが、（その進路は道路西側のコンクリート舗装部分の左端よりやや左のアスフアルト舗装部分を進行していたと認められる）本件現場で先行する被告人の車が急に速度を緩めて左に切込んで来たため、瞬間ブレーキを踏み、左に逃げたが間に合わず被告人の車の後部左端に衝突し約九メートル前進して車と共に倒れ本件事故となったことが認められ、これらの点については、前記の如き被告人車の進路変更の幅の点を除き、原判決に事実誤認の疑はない。

以上に徴して判断するに、被告人が本件現場において左にハンドルを切り約一メートル左に寄って進行したのは、道路中央線を超えて対向する自動車を認めてこれとの衝突をさけるためにやむを得ざるに出た行為と認むべきである。なるほど被告人車は中央線から約一・六メートル離れて進行していたものであり、対向車（普通乗用車）の車体の半分乃至八割が中央線を超えていたとしても、計数上はそのまま直進してすれ違い得る如くであるが、本件の場合の如く双方の車が高速である場合（被告人車は時速約五五キロであるから秒速約一五・三メートルとなり、対向車は時速約七〇ないし七五キロであるから秒速約一九・四メートルとなって、車両が一秒間に接近する距離は約三四・七メートルとなる）前記の如き間隔のまますれ違うことは危険であるし、車を運転する者としては、このような状況の下では、自車を左に寄せて接触を避けんとすることは当然の措置と考えられる。たゞ本件の場合、被告人が左に進路を変えるにあたり、法定の進路変更の合図をし、又左バツクミラーで後方の安全を確認しているか否かは、原判決の説示のとおり疑問であるから、（少くとも道路交通法第五三条、同法施行令第二一条の要求する安全措置は満たしていない）本件が通常の状況の下に発生したものならば、後続車Oの車の操作に遺憾の点があったとしても、被告人は進路変更につき安全措置をとらず且後方の安全確認を怠ったため本件事故を惹起したものとして過失責任を問われることは免れないところであろう。しかしながら本件にあっては、前記説明のとおり、被告人は三、四〇メートル前方に中央線を超えて高速度で対向して来る車を発見し（前記計算の如く、両車がこの距離を走行するに要する時間は一秒前後であり、又対向車は被告人の車との距離約一五・六メートルに接近した際自車線に復帰したことは原判決の認定するところであるが、この際の両車の距離は約〇・五秒の走行時間に過ぎない）これと衝突の危険を感ずる状態になったのであるから、**正に自己の生命身体に対する現在の危険な状態にあった**ものという外はなく（このような状態に達するまでの間に被告人側に過失と認むべきものはない。）、この衝突の危険を避けんとして把手を左に切り、約一メートル左に寄つた被告人の行動は、**現在の危難を避けるため已むことを得ない行為**といわざるを得ない。

その際多少減速した点は対向車との衝突を避けるためには不必要な処置かも知れないが、高速で進行したまま把手を操作すること自体危険な措置であるから、その際被告人が咄嗟に原判決の認める程度の減速をしたこともまたやむを得ぬ処置と解すべきである。しかも被告人のとった右行為により、後続する被害者O運転の自動二輪車と衝突したことによって同人に被らしめた損害が、前記対向車との正面衝突により発生すべき損害を越えるものとは考えられないから、本件は**刑法第三七条第一項前段に所謂緊急避難行為である**といわなければならない。本件公訴事実中、本件の場合の注意義務として、対向車を認めて進路を左に変更しようとする際は左後方を追進してくる車両が危険な距離にある場合は直ちにブレーキをかける等して後車との衝突を防止しなければならない業務上の注意義務があるというのであるが、本件の場合にかかる注意義務を科することが不当であることは原判決の説明するとおりであり、更に原判決は、かかる場合、進路を変えることなく直進するか、あるいは進路をかえるにしても、その速度、寄る距離等を考えて進路を変えるなりして後続車の進路を妨げることのないよう適切な運転をする業務上の注意義務があるというのであるけれども、進路を変えずそのままの速度で直進すること自体、道路中央線を突破して対向してくる車両との衝突の危険があるから無謀というの外はなく、しかも対向車両は七〇ないし七五キロメートルの時速であったのであるから危険の切迫している際に、その速度、寄る距離を考えて進路を変えることを要求することは不可能を強いるものといわなければならないから、左後方の確認をすることなく、且法定の時間進路変更の指示することなく、約一メートル（この点に関する原判決の誤は前記のとおりである）左に寄った行為を、たやすく被告人の過失と認定した原判決には、本件行為当時の緊急状態の認定を誤った点において判決に影響すること明らかな事実の誤認があるといわなければならない。論旨は理由がある。

第４　違法性阻却事由を基礎付ける事実に関する錯誤

1　違法性の錯誤との区別

刑法38条３項は、**法律（違法性）の錯誤**は故意を阻却しないと定めている。**違法性そのものの錯誤なのか、違法性を基礎づける事実の錯誤なのかの区別が重要である**（違法性の錯誤については抽象的事実の錯誤の項でも触れているので参考にされたい）。なお、犯意の成立に違法の認識を必要としない（**最判昭23・7・14**）。しかし、違法性の意識を持つことが期待できない場合にまで責任故意を認めることはできない（但し、不要説もある）。

判例7-37は、有毒飲食物取締令違反被告事件につき、犯罪の構成に必要な事実の認識に欠くるところがなければその事実が法律上禁ぜられていることを知らなかったとしても、犯意の成立を妨げるものでないとし、**同7-34**は、財物の占有者が親族相盗例の適用される者か否かに関する錯誤は、告訴は訴追の条件にすぎないから犯罪の成否には関係ないとし、**同7-30**は、自動車検査員や指定自動車整備事業者（民間車検場）の役員が刑法の適用について公務員とみなされることを直接知らなかったとしても、その実質的根拠となる事実の認識はなかったものというべきであるから犯罪の成否に関係がないとしている。

違法性の意識の可能性について、**同7-31**は、紙幣に酷似したサービス券を印刷した事案について、違法性の意識はないとしながら、違法性の意識の可能性はあったとして故意を肯定している。また、**同7-32**は、不法占有は窃盗から保護されるべき法益となりえないという主張に対し、大審院判例は変更され、故意を阻却しないとしたものであるが、これは法律の解釈に関する錯誤である。

これに対し、**同7-33**は、「後者の執行によって前者の執行が無効となったものであるとの民事法規の誤解に基いてその行為に出た場合には、たとえその搬出した伐木が前者の執行の対象物であることを知っていても未だもって前者の執行についての差押の標示を無効ならしめ、且つその差押物件を窃取するについて、その犯意を欠く」とし、**同7-36**は、法令で鑑札をつけていない犬は他人の飼犬であっても無主犬と看做されるものと誤信していた場合は、「右錯誤の結果判示の犬が他人所有に属する事実について認識を欠いていたものと認むべき場合」は違法性の意識を欠くことになるが、その点の審理が尽くされていないとして破棄差し戻した。

また、**同7-29**は、拳銃輸入罪について、違法性の意識がなく、違法性の意識を持つ可能性もなかったとして故意を否定し、**同7-35**は、予備罪の規定がない窃盗罪について、実行の着手前に、「現行犯人と信じて逮捕し、直ちにその旨を警察署に通報して警官の来場を待ち、自分の行為を法律上許されたものと信じていたことについては、相当の理由があるものと解されるのであって、被告人の右所為は、罪を犯すの意に出たものと言うことはできない。」としている。

（違法性の錯誤に関する判例）

7-29　大阪高判平21・1・20（銃砲刀剣類所持等取締法違反、関税法違反等告事件）

（違法性の意識の有無について）（ア）（略）被告人は、（略）、けん銃加工品を合法的に輸入するための方策について、主体的に、警察の専門部署の警察官から詳細な助言を受け、それを参考に考案した加工方法を、警察及び税関の担当係官に説明して、その合法性を確認したことが認められる。

（イ）加工の方法（略）被告人が、本件各部品を含め、けん銃加工品の輸入に際して行った加工は、次のとおり、警察での指導内容を相当大幅に上回るもので、このことに照らすと、被告人は、けん銃部品性のないものの輸入を心掛けたと認めるのが相当である。（略）

(ウ)(略)被告人がけん銃加工品の輸入の際に行っていた(略)措置は、税関における担当者の検査の便宜を図った措置であったと認めるのが相当である。(略)被告人は、当該文面は、検察官が主張するものとは別の型式のけん銃に対する加工を示すもので、その形式の場合は、スティール棒を機関部体内に溶接しないと、装填、排莢のエジェクターが使えないため、そのような加工をしてそれを説明する書面を入れたと述べており、この供述の信用性を排斥するのは困難である上、何よりも、被告人は、けん銃加工品を部品ごとに分解してその書面と同じ梱包内に入れているのであり、また、税関から前記イ(イ)〔4〕のような対応を受ける過程で、輸入しようとするけん銃加工品を税関において細部まで検査されることも熟知していたと考えられるのであって、現物を見れば一目でその虚偽性が発覚するような書面を、わざわざ税関の目を欺くために書き添えるということ自体が不自然である。したがって、この書面を、違法性の意識を示すものと見ることはできない。

(エ)(略)そもそも、本件各輸入行為は、銃器関係品のマニアが専ら観賞用あるいは装飾品として用いることを予定したもので、被告人が、本件押収物又はその一部である本件各部品が凶器として用いられ、あるいは取引される事態を、全く意図も想定もしていなかったことは明らかであって、この点も、本件各輸入行為の基本的な性格として軽視できない。

(オ)(略)他方、本件証拠上、被告人に違法性の意識があったことを窺わせる事実も数点指摘することができる。

a　警察の指導の形式的不遵守

まず、「無可動銃の認定基準」では、自動装てん式けん銃に関し、「引き金及び撃鉄を外部から見えないところで切断し、両者が連動しないようにしているか」という項目が設けられて、引き金と撃鉄の両者について、それが他の連動用の部品と接続する部分を切断することが求められており、被告人も、警察において、その趣旨の指導を受けたことを認めているところ、これは、引き金と撃鉄が連動する構造の物は無可動銃と認定しないという趣旨のものと解釈できるが、本件押収物はこの基準を満たしておらず、また、被告人がそれ以前にも引き金と撃鉄が連動するけん銃加工品を輸入していたことも明らかで、被告人は、警察で教示された内容の一部を、形式的には遵守していなかったといえる。

しかし、被告人にとって、警察での指導内容は、けん銃あるいはけん銃部品たる性質を失わせるための、解釈基準そのものではなく、その参考であって、被告人が、銃刀法上の各けん銃部品に指導内容を大幅に上回る加工をすることによって、銃器としての性能も警察の要求以上に破壊されたと考えて、法律上の適法性は十分担保されていると認識するに至ったとしても、特に不自然・不合理とはいえない。

b　関係者に対する協力依頼の経緯

(略)被告人がHを通じてこれら両名に受取人となることを依頼した平成１４年８月より前に、N、Mのいずれについても、相当回数にわたり、「ＦＯＲＣＥ」から注文した覚えのないけん銃加工品が届けられ、Nらが、被告人又はHの依頼を受けて、これらを日本国内の他の者に転送したことが認められる。この出来事が生じた原因について、被告人やHが十分説得力のある説明をしているとはいい難く、これを単なる誤配であると理解するのは困難であって、被告人やHが、違法な輸入事業の国内における拠点としてNやMを引き入れるため、同人らの反応を見極めるための探りであった可能性も否定できない。

しかし、NやMとの接触を含む商品の販売、発送関係は、主にHが担当していた事務であって、Nらを介して商品を発送することもHの発案であったことが窺われ、被告人の具体的な知情の程度は疑問であるし、Nらの供述を精査するも、Hや被告人が特にけん銃加工品の輸入事業が違法なものであることを前提とする振る舞いをした事実を認めることもできず、上記の出来事を、違法性の意識の表れと見ることは困難である。

c　Mに対する証拠隠滅工作

Mは、原審において、本件各輸入行為の後である、平成１４年１１月ころ、Hと被告人から電話で、「ＦＯＲＣＥ」から商品を買った他の客が家宅捜索を受け、M宅にも捜索が来る可能性があるので、今までに買った物や使っていたパソコンを隠してほしいと頼まれ、パソコンのメールのデータを消したこと、物を隠すために貸倉庫を借りる費用として、被告人から勝手に５万円か１０万円が入金されてきたこと、その後、Hから、実際に警察が来たかどうかを尋ねる電話があったことを、それぞれ述べているところ、これらについては、Mが殊更意図的に虚偽の事実を述べる動機も、思い違いをする原因も考えられず、その信用性は十分であって、被告人がHと共に、本件各輸入行為を含む同種加工品の輸入につき、Mに対して証拠隠滅工作を行ったこと自体は、優に認められる。

しかし、同種加工品の顧客のもとに警察の捜索が入り、自己が行っていた輸入事業が何らかの犯罪の嫌疑の対象となった旨の情報を得た被告人として、その情報に狼狽するとともに、具体的にどのような点が違法と評価されたのか具体的な見当も付かないまま、とにかく関連する証拠を隠蔽しようと企てたとしても、著しく不合理な行動であるとまではいい切れない。
d　その他（経由税関の変更の点）（略）、被告人がＮらを介在させたことが、税関での指導に端を発する対策であったことは認められるものの、それは、銃身閉塞の措置に要する労力や煩瑣を回避するためのものであって、けん銃部品性の発覚を防ぐ目的はなかったと認めるのが相当である。
（カ）総合評価
以上に検討したとおり、前記（ア）から（エ）までの諸点は、いずれも、被告人に違法性の意識がなかったことを示す有力な事情であり、他方、同（オ）の各事実は、ｄの点を除いて、違法性の意識の存在をそれなりに窺わせるものの、その証明力には自ずと限度があり、これらをもって、（ア）から（エ）までの事情を総合して認められる消極的な推認を覆すには足りない。よって、被告人に**違法性の意識があったと認めることはできない**。
（違法性の意識の可能性）（略）
違法性の意識を欠いたことについて相当の理由があったかどうかは、違法性を認識するために必要な思考自体の複雑困難さの程度のみによって決すべきものではなく、具体的局面に即し、その立場に置かれた者に対して、客観的・論理的に適正な思考を求めることが酷でないかどうかを、社会通念に照らし、常識的観点から判断することも必要であるところ、上記（ア）ｂの論理操作自体はそれほど難解なものではないとしても、今一度、前記イの事実経過に照らして評価すると、本件において、被告人にそのような思考を要求し、それができずに適法と信じて輸入行為を行ったことをもって、故意犯の成立を認めることが妥当かどうかについては、重大な疑問がある。
ａ（略）まず、被告人は、（略）、けん銃加工品の輸入事業開始に先立ち、合法的な輸入を行うために必要とされる加工の方法等を警察官や税関職員から確認しているが、この確認行為は、単に個人的に面識のある警察官等に事実上の打診をしたとか、別の話題の中でたまたま付随的に話された内容を信じたとかいうものではなく、けん銃加工品の輸入行為を合法化するという明確な目的をもって、銃器類の規制に関する専門的知見を有することが期待される専門部署の警察官２人から、その方法を詳細に聴取し、同様の期待が可能な警視庁生活安全課に電話をしたり、関空の税関に出向いたりして、自らの疑問を主体的に提示しながら、念入りに合法性を確認したのであるから、被告人が、その指導や回答の内容について、それが警察や税関の内部、ひいては、銃器に関する実務全般に、公的に通用している合法性の基準であると考えるのは、やむを得ないところである。
加えて、被告人は、警察で教示された基準を、けん銃部品性を否定する法的な十分条件として鵜呑みにすることなく、この基準ではなお不十分であると判断して、各部品に対する破壊度を同基準より更に高め、けん銃部品性を確実に失わせようと、積極的に努力していた。被告人は、「例えば『無可動銃の認定基準』を１００とした場合、１２０か１３０壊した物を出そうという意識はあり、同基準を２割も３割も上回る破壊をすれば、誰も文句は言わないだろうと思っていた。」旨供述しており、この供述は、被告人の心境を示すものとして十分信用できるとともに、この「誰も文句は言わない」という意識は、単に、事実上摘発されることはないという認識を示すにとどまらず、法的な意味でも、誰が判断しても問題なく合法と判定される、いわゆる安全圏に達している、という意識を示すものと理解するのが自然であり、客観的に評価しても、警察の専門部署に対して念入りに合法性の基準を確認した上、その基準を上回る加工を実践した以上、自らの行為が法的にも合法であると確信することには、それなりの根拠があったといえる。
これと異なる見解をとることは、被告人に対して、その指示を守れば適法な輸入ができるという趣旨で、しかも、担当警察官個人の見解ではなく、警察内部の公的な基準に基づいて、客観的には不十分な指導しかしなかった捜査機関自身の落ち度を、その指導内容を上回る実践をした被告人に、刑事責任という重大な不利益を負わせるという形で転嫁することにほかならず、こうした社会的正義の観点も、可能な限り、法的評価に反映させるのが相当である。
ｂ　（略）次に、被告人が、けん銃加工品の輸入事業開始後、本件各輸入行為までに、同種加工品を輸入した回数や、輸入に係る同種加工品の数を正確に認定することはできないが、前記イ（イ）〔３〕のとおり、これを相当回数繰り返していたことは十分認められ、かつ、その間に、被告人が税関側から指摘された事項は、同〔４〕の諸点に限られる。（略）被告人が、本件各輸入行為より前に、同種加工品の輸入を繰り返し、その間、税関側から、実質的な安全性にほとんど影響しない些細な不備を含めて、是正を求められていたのに、機関部体自体に関する問題点の指摘は一切受けることがなかったのであって、被告人には、同種加工品の輸入の合法性を再検討する機会は実質的になかったといえ、むしろ、そのような経験を重ねる中で、被告人が、同種加工品は、銃刀法上も機関部体に当たらないという確信を更に強めたとしても、何ら不自然ではなく、そのような被告人に対し、一度も実質的機会を与えないまま、本件各輸入行為に際して、その適法性に関する客観的かつ冷静な判断を求めることには、実際上、過度の困難を強いる面がある。

c　(略)被告人は、(略)、機関部体の耐久性を相当弱める加工をし、スライドや銃身にも、そのままでは発射が不能になる加工をし、(略)、専ら、銃器関係品のマニア向けに、観賞用の装飾銃を構成するセットとして輸入しており、客観的にも、本件押収物全体がけん銃として使用される現実的可能性がなかったことは明らかである。すなわち、本件押収物自体について発射機能を回復させるためには、銃刀法上必要最小限度の発射機能であっても、相当専門的な技能を伴う本格的な修復作業を要することが、各鑑定書に示された修復作業の内容から推察できるところであり、直接の顧客自身が、その発射機能を回復させようと試みることはもとより、本件押収物全体が、顧客から更に暴力団関係者等に譲り渡され、その者において、発射機能を回復させて発射を試みることも、実際上ほとんど考えられない。被告人は、本件押収物の発射機能については、主観的にも客観的にも、これを排除するに十分な加工をしていたと認められ、それが正に、本件がけん銃の輸入としての起訴に至らなかった理由でもある。

そして、本件各輸入行為の実態を見れば、本件各部品は、決して独立した輸入の対象品ではなく、上記のような鑑賞用のセットの一部分にすぎず、本件各部品がそのセットと切り離されて、性能に欠陥のない別の部品と組み合わされ、凶器として使用されるような可能性も、事実上、ほとんどなかったといえる。(略)観賞用の銃を一つのセットとして輸入しようとする者に対し、本件押収物の発射機能とは別に、部品ごとに厳密なけん銃部品該当性の冷静かつ正確な把握を求め、「本件各部品を、性能上欠陥のない他の部品と組み合わされて使用すれば、金属製弾丸を最低１発発射できるか」、という現実味の希薄な仮定論に立った判断を求めるのは、相当困難な要求である。

現に、本件の原審では、各鑑定人に対し、実包の選定、弾速測定器の使用方法等について詳細な尋問が延々と続けられ、発射実験の具体的問題点に関する書証が多数取り調べられるなど、その証拠調べは、本件各部品のけん銃部品該当性の判定に必要な範囲を明らかに超え、あたかも、本件押収品のけん銃としての発射機能が要証事実であるかのような観を呈し、(略)、本件のように、現象として一つのけん銃様の物が取り扱われる事案において、その物のけん銃としての発射機能とは別に、それを構成する個々の部品ごとに、けん銃部品としての構成要件該当性を、銃刀法による規制の趣旨の根本に立ち返って考察することが、法律の専門家が事後的に検討する場合でさえ、必ずしも容易ではないことを、端的に示している。

したがって、本件各輸入行為の際の具体的状況下で、被告人が前記(１)イに示したような判断を行うことは、実際上、相当困難であり、被告人に銃器類に関する相当専門的な知識があることを考慮しても、一私人である被告人に対し、そのような判断に至れなかったことについて、法的非難を浴びせることは、酷に過ぎるといえる。

(略)以上のとおり、被告人には、本件各部品の輸入がけん銃部品輸入罪の構成要件に該当する**違法な行為である旨の意識がなく、かつ、その意識を欠いたことについて相当な理由があったといえるから、けん銃部品輸入罪の故意を認めることはできず**、被告人に同罪は成立しない。

7-30　東京地判平14・12・16(贈賄被告事件)

被告人は、公判廷において、「Ｂが民間車検場である乙山社の社長であることは知っていたが、民間車検場は民間であり、公的なところだとは理解できなかった。」と述べる一方、「陸運局の行う車検制度が公的な制度であるということは分かっていたし、車検証が公的な文書であることも分かっていた。車検を受けるには自動車が基準に適合しているかを検査する必要があり、本来ならばそれは陸運局に自動車を持ち込んで検査をしてもらい、検査を通して車検証をもらうものであるが、その代わりに、民間車検場に自動車を持ち込んで検査をしてもらい、その後どういう手続を踏むのかは分かっていなかったけれども、何らかの手続を踏んで車検証が下りるということは分かっていた。」と供述している。

これによれば、被告人は、指定自動車整備事業場における車検の手順、すなわち、自動車検査員が保安基準適合証明をし、同事業場において保安基準適合証を作成・交付するという手順の詳細を具体的に認識していなかったものの、民間車検場において自動車の検査をした上で手続を踏んで車検証の交付を受けることになること、すなわち、民間車検場の職員が陸運局と同様の法的効果を生ずる検査を行っていることを認識していたものというべきであり、結局のところ、被告人は、車検を受けるための自動車の検査について、民間車検場の職員等は陸運局の職員と同様の立場にあることを認識していたものにほかならないというべきである。そうすると、**被告人は、自動車検査員や指定自動車整備事業者(民間車検場)の役員が刑法の適用について公務員とみなされることを直接知らなかったとしても、その実質的根拠となる事実の認識はあったものというべき**であり、そうした立場にあるＢに対して賄賂を供与することが賄賂罪を成立させることになるその違法の実質を基礎付ける事実の認識に欠けるところはないというべきであるから、この点において、被告人につき本件贈賄罪の故意責任は阻却されない。

7-31 最決昭62・7・16（通貨及証券模造取締法違反被告事件）

被告人は、自己の経営する飲食店「五十三次」の宣伝に供するため、写真製版所に依頼し、まず、表面は、写真製版の方法により日本銀行発行の百円紙幣と同寸大、同図案かつほぼ同色のデザインとしたうえ、上下二か所に小さく「サービス券」と赤い文字で記載し、裏面は広告を記載したサービス券（略）を印刷させ、次いで、表面は、右と同じデザインとしたうえ、上下二か所にある紙幣番号を「五十三次」の電話番号に、中央上部にある「日本銀行券」の表示を「五十三次券」の表示に変え、裏面は広告を記載したサービス券（略）を印刷させて、それぞれ百円紙幣に紛らわしい外観を有するものを作成した。ところで、同被告人は、右第一、一のサービス券の作成前に、製版所側から片面が百円紙幣の表面とほぼ同一のサービス券を作成することはまずいのではないかなどと言われたため、北海道警察本部札幌方面西警察署防犯課保安係に勤務している知合いの巡査を訪ね、同人及びその場にいた同課防犯係長に相談したところ、同人らから通貨及証券模造取締法の条文を示されたうえ、紙幣と紛らわしいものを作ることは同法に違反することを告げられ、サービス券の寸法を真券より大きくしたり、「見本」、「サービス券」などの文字を入れたりして誰が見ても紛らわしくないようにすればよいのではないかなどと助言された。しかし、同被告人としては、その際の警察官らの態度が好意的であり、右助言も必ずそうしなければいけないというような断言的なものとは受け取れなかったことや、取引銀行の支店長代理に前記サービス券の頒布計画を打ち明け、サービス券に銀行の帯封を巻いてほしい旨を依頼したのに対し、支店長代理が簡単にこれを承諾したということもあってか、右助言を重大視せず、当時百円紙幣が市中に流通することは全くないし、表面の印刷が百円紙幣と紛らわしいものであるとしても、裏面には広告文言を印刷するのであるから、表裏を全体として見るならば問題にならないのではないかと考え、なお、写真原版の製作後、製版所側からの忠告により、表面に「サービス券」の文字を入れたこともあり、第一、一のサービス券を作成しても処罰されるようなことはあるまいと楽観し、前記警察官らの助言に従わずに第一、一のサービス券の作成に及んだ。次いで、同被告人は、取引銀行でこれに銀行名の入つた帯封をかけてもらったうえ、そのころ、右帯封をかけたサービス券一束約一〇〇枚を西警察署に持参し、助言を受けた前記防犯係長らに差出したところ、格別の注意も警告も受けず、かえって前記巡査が珍しいものがあるとして同室者らに右サービス券を配付してくれたりしたので、ますます安心し、更に、第一、二のサービス券の印刷を依頼してこれを作成した。

しかし、右サービス券の警察署への持参行為は、署員の来店を促す宣伝活動の点に主たる狙いがあり、サービス券の適否について改めて判断を仰いだ趣旨のものではなかった。一方、被告人Ｎは、被告人Ｈが作成した前記第一、一のサービス券を見て、自分が営業に関与している飲食店「大黒家」でも、同様のサービス券を作成したいと考え、被告人Ｈに話を持ちかけ、その承諾を得て、前記写真製版所に依頼し、表面は、第一の各サービス券と同じデザインとしたうえ、上下二か所にある紙幣番号を「大黒家」の電話番号に、中央上部にある「日本銀行券」の表示を「大黒家券」の表示に変え、裏面は広告を記載したサービス券（略）を印刷させて百円紙幣に紛らわしい外観を有するものを作成した。右作成に当たっては、被告人Ｎは、被告人Ｈから、このサービス券は百円札に似ているが警察では問題ないと言つており、現に警察に配付してから相当日時が経過しているが別になんの話もない、帯封は銀行で巻いてもらったなどと聞かされ、近時一般にほとんど流通していない百円紙幣に関することでもあり、格別の不安を感ずることもなく、サービス券の作成に及んだ。しかし、被告人Ｎとしては、自ら作成しようとするサービス券が問題のないものであるか否かにつき独自に調査検討をしたことは全くなく、専ら先行する被告人Ｈの話を全面的に信頼したにすぎなかった。

このような事実関係の下においては、被告人Ｈが第一審判示第一の各行為の、また、被告人Ｎが同第二の行為の各違**法性の意識を欠いていたとしても、それにつきいずれも相当の理由がある場合には当たらないとした原判決の判断は、これを是認することができる。**

7-32　最判昭35・4・26（窃盗被告事件）

「被告人は判示高倉製紙株式会社の前身である兼大製紙株式会社に対する被告人の判示貸金の譲渡担保として実質上同会社所有の本件貨物自動車一台の所有権を取得したが、本件自動車は引き続き同会社が使用していた。ところが、同会社は商号変更後、会社更生手続開始決定を受けた結果、判示管財人三名が選任され、右管財人三名は会社更正法五三条により同会社の事業経営、財産の管理、処分権を専有するに至った。そして昭和二八年一二月二五日当時は右自動車は右管財人三名が高倉製紙株式会社の所有物として同会社の石川運転手にその運搬操縦を委託してこれを占有していたが、被告人は本件自動車を占有所持していなかった。被告人は従前前示のように実質的には本件自動車の所有権を取得したといっても、右一二月二五日当時においては、本件自動車所有権の法律的帰属は前記被担保債権に対する右会社からの弁済の充当関係が不明確なため民事裁判によらなければこれを確定し難い状態であったけれども、右一二月二五日当時、本件自動車の所有権が仮りに被告人にあったとしても、右管財人三名は同会社の石川運転手に委託してこれを保管占有していたのである。しかるに、同日被告人はその運搬操縦者石川運転手のいない隙に乗じほしいままに氏名不詳の徳島県人をして判示道路上にあつた本件自動車を運転させて被告人の判示倉庫まで運び去ったものる。」というのである。

所論は、不法占有は窃盗から保護されるべき法益となりえないことを主張するが、当裁判所においては、すでに、(1)「正当の権利を有しない者の所持であっても、その所持は所持として法律上の保護を受けるのであるから、盗賍物を所持する者に対し恐喝の手段を用いてその賍物を交付させた場合には恐喝罪となる。」との趣旨の判決(最判昭24・2・8)、(2)「元軍用アルコールがかりにいわゆる隠匿物資であるため私人の所持を禁ぜられているものであるとしても、それがため詐欺罪の目的となりえないものではない。**刑法における財物取財の規定は人の財物に対する事実上の所持を保護せんとするものであって、これを所持する者が法律上正当にこれを所持する権限を有するかどうかを問わず、たとい刑法上その所持を禁ぜられている場合でも現実にこれを所持している事実がある以上、所持という事実上の状態それ自体が独立の法益とせられみだりに不正の手段によってこれを侵すことを許さぬとする趣旨**である。」との旨の判決(最判昭24・2・15)、(3)「他人に対し恐喝の手段を用いてその者が不法に所持する連合国占領軍物資を交付させたときは恐喝罪が成立する。」との趣旨の判決(最判昭25・4・11)、また、(4)「法令上公傷年金の受給権を担保に供することが禁止されている結果国鉄公傷年金証書(これは刑法にいわゆる財物に該当する)を借受金の担保として差入れたことが無効であるとしても、これを受取った者の右証書の事実上の所持そのものは保護されなければならないから、欺罔手段を用いて右証書を交付させた行為は刑法二四二条にいわゆる「他人ノ財物ト看做」された自己の財物を騙取した詐欺罪に該当する。」との趣旨の判決(最判昭34・8・26)があり、この判決により大審判大7・9・25は変更されたものであること明らかであり、他人の事実上の支配内にある本件自動車を無断で運び去つた被告人の所為を窃盗罪に当るとした原判決の判断は相当である。

7-33　大分地竹田支判昭31・1・10(封印破棄窃盗被告事件)

民事法上その後者の仮処分執行にもかかわらず、前者の仮処分執行が依然としてその効力を存することを知りながら敢えて搬出行為に出でたのでない場合、すなわち後者の執行によって前者の執行が無効となったものであるとの民事法規の誤解に基いてその行為に出た場合には、たとえその搬出した伐木が前者の執行の対象物であることを知っていても未だもって前者の執行についての差押の標示を無効ならしめ、且つその差押物件を窃取するについて、その犯意を欠く。

7-34　大阪高判昭28・11・18(窃盗被告事件)

故意は罪となるべき事実の認識をいうのであるから、事実の錯誤が故意を阻却する可能性のあるのは、その錯誤が罪となるべき事実について存する場合に限るのであり、**刑法第三八条第二項**もまた右の場合に限つて適用されるに止るのである。しかして、窃取した財物が別居の親族の所有である場合においては、告訴を待ってその罪を論ずるだけのことであって、進んで窃盗罪の成立を阻却するものでないことは刑法第二四四条第一項が「第二百三十五条ノ罪及ヒ其未遂罪ヲ犯シタル者」と規定していることからしても明かであるから窃盗罪の客体としてはその財物が他人の所有であるを以て足り、その他人が刑法第二四四条第一項所定の親族であるや否やは窃罪盗の成否に影響を及ぼすものではない。従って、**財物の所有者たる他人が別居の親族であるとの錯誤は窃盗罪の故意の成立を阻却するものではなく**、この点については刑法第三八条第二項もまた適用の余地がないのである。ただ坂田末雄の財物を西村久男の財物であると誤信した点において罪となるべき事実に関する具体的の錯誤が存するけれども、他人の物を他人の物と信じたことは相違がなく、その認識とその発生せしめた事実との間には法定的事実の範囲内において符合が存するから、右の錯誤を以て窃盗の故意を阻却するものということができず、この点についても刑法第三八条第二項を適用することができない。被告人の本件所為に対し刑法第三二五条を適用した原審の措置は結局相当であつて、その間所論のような違法があるということはできない。

7-35　東京高判昭27・12・26(逮捕致傷被告事件)

被告人は、茨城県猿島郡長須村（略）にこんにやく畑を所有耕作していたところ、昭和二十四年十一月十日頃から同月十四日頃までの間に何者かに右畑の成熟したこんにやくだま約十五貫を窃取された。そこで、被告人方では、同月十四日の夜は、一家の者がかわるがわる右畑の見張をすることとなり、被告人の実妹Ｙ子（当時Ｆ子）及び義弟Ｋの両名に先に見張をさせ、翌十五日午前一時三〇分頃被告人がこれと交替して自ら右畑の東側で見張を始めた。右畑の北方約三十間の箇所を幅員約八尺の里道が東西に通じ、該里道の南側は一帯の畑地で、右里道からこれとほぼ垂直に幅員約一尺の畑道が南に向かい、延びて被告人方の右こんにやく畑の西側に接着しており、該こんにやく畑の西北端近くの該畑道西側路傍に榎の木立があるが、右Ｙ子とＫが被告人と交替し、右榎の傍まで来てたたずんでいたところ、同村のＡ（当時五十歳）が右こんにやく畑のこんにやくだまを窃取する目的でかます、ざる及びこんにやくだまを掘るためのつくい棒をいれた籠を背負つて右里道の方向から右畑道を南に進んで来た。Ｙ子とＫは、かかる深夜このように人の近づいて来たのを知って不審に思い、様子をうかゞっていたところ、Ａは、右こんにやく畑に数間の地点まで来た際附近に人の居るのを知って逆行して逃げ出したので、既に同人がこんにやくだまを窃みに来たものであることを知った右両名は「泥棒、泥棒」と連呼しながらこれを追い、右畑道の上でＡを掴んだが、この騒ぎを知った被告人も直ちに駆け付けてＡを取り押さえ、同人の背負っていた籠につけてあった藁縄で同人の手足を縛り、直ちに被告人の実弟Ｂに連絡して同村巡査駐在所に右逮捕の旨を届け出させたが、駐在巡査が境地区警察署留置場の看守に赴いていて不在であったので、同巡査の妻から同郡岩井町の警部補派出所へ電話で知らせてもらったけれども、更に念のためＢを直接岩井町の右警部補派出所まで赴かせて右逮捕の事実を届け出させ、そのまま警官の来場するまで現場でこれを待ち受けていたものであって、**被告人は、右Ａが窃盗の現行犯人たることを信じてこれを逮捕し、自己の行為を法律上許されたものと信じていたものである**。以上の認定事実に徴し、Ａの行為が果して犯罪の実行に著手したものと解し得るか否かについて考察すれば、論旨所論のように本件のような「野荒し」型の窃盗においては、他の窃盗とは異り、窃盗の対象たる財物が舎屋もなく垣根等の囲いもない所にあって、外部に開放されたままの状態にあることも、もとより考慮さるべき問題であり、前顕証拠によつて認められるようにＡが被告人方こんにやく畑の所在も、右畑にこんにやくだまの成熟していることもよく知っていて、ひたすら右畑に向かって前記畑道を直進していたものであり、ことさら財物を物色する要もない状況にあったことも考慮さるべきものではあるが、（略）、Ａは、右こんにやく畑のこんにやくだまを窃取する目的で、そのための用具を携え、前記畑道を右こんにやく畑に向かつて数間の地点まで進んで来ていたものであるとは言え、右畑道は、Ａにとっては附近に同人方の畑もなくなんら通行の要のない道ではあっても、被告人方の右畑に限らずひろく附近一帯の畑地の共用の小道であり、また他の通路にも通じているものであるから、Ａが前記逃走直前まで右畑道の上を進んでいたものと認められる以上は、**未だ同人が右畑のこんにやくだまに対する被告人の事実上の支配を侵すにつき密接な行為をしたものとは解し得ないのであって**、Ａの行為は、**窃盗の実行の著手には達せず**、その予備の段階にあるものと言わなけばならない。そして、窃盗の予備は、犯罪とはされていないのであるから、**被告人の本件逮捕行為は、現行犯の逮捕と解することはできない**。しかしながら、犯罪の実行の著手をいかに解するかは、極めて困難な問題であって、専門家の間においても説が分かれ、本件のような事案についてかかる著手の有無を判断するにあたっては、当然に相反する見解の生ずることが考えられるものであるから、たとえ被告人の現認した事実が前説示によれば未だ窃盗の実行の著手とは解し得ないものであったとしても、**普通人たる被告人**が、前記のような経過のもとに自己の畑のこんにやくだまの盗難を防ぐため見張中、深夜右こんにくだま窃取の目的でその用具を携えて右畑に近づき、人の姿を認めて逃げ出したＡを前叙のように**窃盗の現行犯人と信じて逮捕し、直ちにその旨を警察署に通報して警官の来場を待ち、自分の行為を法律上許されたものと信じていたことについては、相当の理由がある**ものと解されるのであつて、**被告人の右所為は、罪を犯すの意に出たものと言うことはできない**。原判決は、Ａにこんにやくだま窃取の意図のあったことについては一応疑われる程度のものと解し、被告人がＡを右こんにやくだまを盗みに来たものと即断して不法に逮捕し、これにより同人の治療約一箇月を要する右上膊捻挫傷等を負わせたものと認定し、被告人の本件所為については犯意を阻却しない旨判断した点において、上叙の認定及び判断と反するものであつて、原判決には、この点において論旨所論のように判決に影響を及ぼす事実の誤認及び法令適用の誤が存するものと言わなければならない。

7-36　最判昭26・8・17（毀棄窃盗等被告事件）

被告人の供述によれば同人は判示日時頃判示の犬を撲殺したことはあるが、それが他人の飼犬で判示山崎一夫の所有であったとは思われないと述べているだけであるが、同じく原判決の引用する被告人に対する（略）各聴取書によれば同人の供述として判示に各摘録したところと不可分一体のものとして判示の犬には鑑札がついていなかったとか、判示の犬は革製のような首環をはめていたが鑑札はつけていなかった、私は以前警察から鑑札のない犬は野犬と看做すということを聞いておりましたのでこれ迄犬に兎をとられた事に対する立腹もあって判示の犬を撲殺した旨の記載がある。以上被告人の各供述によれば被告人は本件犯行当時判示の犬が首環はつけていたが鑑札をつけていなかったところからそれが他人の飼犬ではあっても無主の犬と看做されるものであると信じてこれを撲殺するにいたった旨弁解していることが窺知できる。そして明治三四年五月一四日大分県令第二七号飼犬取締規則第一条には飼犬証票なく且つ飼主分明ならざる犬は無主犬と看做す旨の規定があるが同条は同令第七条の警察官吏又は町村長は獣疫其の他危害予防の為必要の時期に於て無主犬の撲殺を行う旨の規定との関係上設けられたに過ぎないものであって同規則においても私人が擅に前記無主犬と看做される犬を撲殺することを容認していたものではないが被告人の前記供述によれば同人は右警察規則等を誤解した結果鑑札をつけていない犬はたとい他人の飼犬であっても直ちに無主犬と看做されるものと誤信していたというのであるから、本件は被告人において右錯誤の結果判示の犬が他人所有に属する事実について認識を欠いていたものと認むべき場合であったかも知れない。されば原判決が被告人の判示の犬が他人の飼犬であることは判っていた旨の供述をもって直ちに被告人は判示の犬が他人の所有に属することを認識しており本件について犯意があったものと断定したことは結局刑法三八条一項の解釈適用を誤った結果犯意を認定するについて審理不尽の違法があるものとはいわざるを得ない。そして右の違法は事実の確定に影響を及ぼすべきものであるから原判決はその余の論旨について判断をまつまでもなく失当として、とうてい破棄を免れない。

7-37　最判昭26・1・30（麻薬取締法違反麻薬取締規則違反被告事件）

違法の認識が犯意成立の要件でないことについては、従来大審院の判例としたところであったが、（略）当裁判所は、有毒飲食物取締令違反被告事件につき、犯罪の構成に必要な事実の認識に欠くるところがなければその事実が法律上禁ぜられていることを知らなかったとしても、犯意の成立を妨げるものでない旨説示して従前の判例を維持したのである（昭23・7・14判）。そしてその後当裁判所は、右判例の趣旨に従ってて判決をしているのであって（昭25・4・18判決、昭25・6・6判決、昭25・11・28判決、昭25・12・26判決）、今にわかに右判例を変更しなければならない理由を見出すことはできない。以上のように、新憲法下における解釈としても、違法の認識は犯意成立の要件ではないのであるから、刑罰法令が公布と同時に施行されてその法令に規定された行為の違法を認識する暇がなかったとしても犯罪の成立を妨げるものではない。されば被告人が昭和二一年六月一九日麻薬取締規則が公布され同日以降施行されていたことについて、これを知らなかったとしても、**かかる法令の不知は未だ犯意の成立を妨げるものではない**から、同日以降の被告人の判示所為に対して右規則を適用して処断した原判決は正当である。

2　誤想防衛

誤想防衛には、**急迫不正の侵害がないのに急迫不正の侵害があると誤信する錯誤**と、**防衛行為が相当でないのに相当であると誤信する錯誤**がある。いずれも、違法性の認識を基礎付ける事実に関する錯誤であって、責任としての故意を阻却する。

しかし、誤想防衛において、加害者が誤解した事実が真実であると仮定しても、防衛行為が相当性を超えている場合には**誤想過剰防衛**となり、過剰防衛と同様に責任故意を阻却しないが、刑の減免事由になる。

同7-44は、誤想防衛の要件について詳しく説示し、日ごろから暴力で脅されて金を取られていた兄に耐えきれなくなって、再び乱暴狼藉ができない身体にしてやろうと決意して兄の家に赴いたところ、家族に対して大声で怒鳴り散らしているのを聞き感情が一気に爆発し、家に帰って包丁を持ってきて刺し殺してしまった事案について、「被告人は、『いわしてもうたる。』と言いつつ両手を後方に突いて立ち上ろうとするＡの行動に接し憤激するとともに、同人から受けた過去の激しい暴行の経験や、利き腕を使えないという自己の肉体的条件等から、とっさに恐怖にかられ、Ａの行動能力を過大に評価した結果、同人に立ち上られれば従前同様たちまち激しい暴行を受けるに至るのは必定であると誤って判断し、右攻撃から自己の身体を守るには、機先を制して脇差で攻撃するほかないと考えたものと認められるのであるから」、被告人が「急迫不正の侵害がないのにあると誤信した場合」にあたり、「誤想過剰防衛成立の要件に欠けるところはない」とし、誤想過剰防衛とした。

同7-45は、空手などの日本武道を身につけていた外国人が、深夜、通りがかりで、仲間が泥酔した女性をなだめて家に帰そうとしている場面に遭遇し、その女性が倒れて叫んでいるのを見て、多数人が一人の女性に暴力を振るっていると誤信し助けに入り、被害者がファイティングポーズをとったと思い回し蹴りで被害者を転倒させ、コンクリート道路面に頭部を強く打ちつけて死亡させたという事案で、誤想過剰防衛を認定している。

同7-46は、無法者の被害者が、被告人宅に押しかけて来るということで、被告人が妻に警察に電話して保護依頼をするよう指示し、自らも猟銃で迎え撃つしかないと決意していたところ、外で対峙していた息子が、「なにか持っている」と叫び、まだ被害者が包丁を持って立っていただけで何等の侵害行為に出ていないのに、被害者に対し持っていたチェーンで殴りかかるなどしていたところ、猟銃を持って外に飛び出した被告人が被害者を撃って殺害したという事案について、一審は、喧嘩であるから正当防衛にはならないとした判断を否定し、息子は喧嘩状態にあったが、被告人は被害者と喧嘩する意思がなったとし、急迫不正の侵害がなかったのにあると誤信したとし、誤想過剰防衛を認定した。

これに対して、**同7-38**は、急迫不正の侵害に関して誤信があったか否かは、被告人が認識した具体的事実を基に判断すべきで、妄想や単なる思い込みではないとし、被害者が、トイレに入ってきて、男性用小便器の前に立った後、被害者から傘の先を向けられたことから、被害者が銃を持っていると思って、被害者の傘を両手でつかんでとろうとしたという事案で、被告人が認識していた事実は傘の先を向けられたという事実であるから、その事実は急迫の侵害とは認められないとしている。**同7-41**は、酒席で侮辱した同僚の被害者が、しばらくたって他の同僚に諭されて一緒に謝罪に来たが、その際、被害者がナイフをちらつかせて「リンゴの皮をむいたりするのにいいんだよ」と言ったので、被告人が見せてくださいと言って取り上げようとしたら被害者が抵抗せずにナイフを渡したのに、その直後にそのナイフで被害者の左大腿部を二回突き刺したという事案について、**同7-43**は、ホテトル嬢がサディストの客からサディスティックな行為によって責め続けられているのから逃れるために、被害者が持ってきて置いていたナイフで刺し殺した事案について、被告人の生命が危険に瀕したことはなかったうえ、当時被告人がそのような客観的な状況や自己の行為内容について誤った認識を有していたとすべき事情は格別見当たらないとして、いずれも誤想防衛を否定した。

特異な事例である**同7-40**は、集団での喧嘩において、一方的に攻撃されて、逃げるために、乗ってきた自動車をバックで運転して、仲間とそれを攻撃している相手の間に割り込んで仲間を救って乗せようとしたところ、後輪で仲間を轢き死亡させたてしまったという事案について、誤想防衛の一種として誤想過剰防衛になるとし、自動車でけがをさせるかもしれないと思っていた相手は敵であって、味方の仲間を轢いてしまうなどという故意までは認められないとして過失致死罪の限度でしか責任を問えないとした。

同7-42は、殺人罪で起訴された被告人が、被害者に殺してくれと頼まれたと信じて殺した事案で、その供述を信用して被害者の同意について錯誤があるとして嘱託殺人の限度で認定した。

同7-39は、防衛行為を共同して行った場合に、共犯者の一人が行った防衛行為の過剰の責任を他の共犯者も負うか、すなわち、**共犯関係における錯誤**の事例であり、違法性を基礎付ける事実の錯誤は責任故意の問題であり、責任は個別に判断するという原則に沿って、個々人が認識していた事実に基づいて判断し、過剰な防衛行為を行ったことを認識していなかった者はその認識に錯誤があるので誤想防衛となり、過剰防衛の責任を負わないとして無罪とした。

（誤想防衛に関する判例）

7-38　広島高判平18・11・14（暴行被告事件）

急迫不正の侵害が存在しないのに、これが存在するものと誤信して防衛行為を行った場合に、その防衛行為が相当であったときは、いわゆる誤想防衛として事実の錯誤により故意が阻却され、犯罪は成立しないものと解される。そして、誤想防衛を事実の錯誤と解する以上、急迫不正の侵害が存在しないのに、これが存在するものと誤信したといえるか否かについては、被告人の認識内容が急迫不正の侵害に該当するものであることを要すると解するのが相当であり、また、この判断の前提となる被告人の認識内容は、**被告人が認識していた具体的な事実に基づくものであることを要し**、被害妄想により被害者のことを殺人鬼と確信している場合のように、具体的な事実に基づかない認識を考慮するのは許されないと解するのが相当である。

そこで、誤想防衛の成否について検討するに、被告人は、急迫不正の侵害を誤信させる具体的な事実がないにもかかわらず、被害者が銃を持っており殺されるかもしれないと思い込んだものであり、この思い込みは、被害者の言動等何らかの具体的事実に基づいた認識でないことは明らかである。

被告人は、その細部はともかく、被害者の行動のおおよそは認識していたことが認められるところ、被告人が認識したのは、被害者が、本件トイレに入ってきて、男性用小便器の前に立った後、被告人から傘の先を向けられたことから、この傘を両手でつかんでとろうとしたということなのであるから、これを前提とする限り、法益侵害が間近に押し迫っていた、すなわち法益侵害の危険が緊迫した状態にあったといえないことは明白である。したがって、被告人が、急迫不正の侵害が存在する状態を認識していたと認めることはできないから、本件暴行について誤想防衛の成立を認めることはできない。

原判決は、被告人は、銃による**襲撃**から自己の生命身体を護るために本件トイレに逃げ込み、被害者が銃を所持していると思い込み、被害者が傘を奪おうとしたことから、傘をも奪われると被告人の身体生命が一層危うくなるので、傘を奪われないようにして、自己の身体生命を防衛するために、やむなく本件暴行に及んだとして、本件暴行について**誤想防衛**の成立を認めているが、被告人が、被害者が銃を持っていると思い込み生命の危険を感じたのは、**飲酒酩酊による被害念慮に基づくもの**であって、被害者の言動等具体的な事実に基づくものとはいえないから、この場合、被告人の責任能力について別途考慮するのはともかく、そのような被告人の認識内容を、誤想防衛の成立要件である急迫不正の侵害が存在すると誤信したか否かの判断の前提として考慮することは許されないというべきである。

7-39　東京高判平15・8・8（傷害致死被告事件）

（一）Ｓ郎は、五、六年前ころから、飲酒酩酊して帰宅すると、人が変わったように大声を出して暴れ、母親である被告人Ｙ子、妹である被告人Ｋ子及び弟であるＭ夫に対し、容赦なく殴ったり蹴ったりして負傷させたり、家具をたたき壊すなどの粗暴な行動に出たりすることがあり、しかも朝になると暴れたことをすっかり忘れてしまっているということを何度も繰り返してきた。被告人Ｙ子ら三名は、しばしば三人がかりでＳ郎の体を押さえ付け、同人が疲れて眠ってしまうまで押さえ続けるなどしてこれに対処していたが、同人が寝静まるまで長時間掛かることもあり、途中で押さえる力を緩めると再び暴れ出すので、時には同人の手や足をガムテープやネクタイなどで縛ることもあった。また、同人が仰向けの状態のまま押さえ付けられると嘔吐することがあったので、被告人ら三名は、Ｓ郎をうつ伏せ又は横向きの姿勢にして押さえ付けるようにしていた。

（二）Ｓ郎は、本件前夜深酒をして、午前六時ころに相当酩酊した状態で帰宅した。Ｓ郎は、本件居室内の四畳半の間で寝ていたＭ夫に対し、「起きろ、起きろ」と大声で呼び掛け、Ｍ夫が応じなかったことから、「この野郎」「ゲームじゃ生きられないんだ」などと意味不明の言葉も交えて怒鳴り声を上げながら、Ｍ夫の身体の上に馬乗りになってその後頭部や背中を一方的に殴り始めた。隣りの布団で寝ていた被告人Ｋ子は、Ｓ郎が怖かったので、その暴行を制止することはできなかったが、別室の六畳間で寝ていた被告人Ｙ子は、四畳半の間での騒ぎを聞いて起き出し、Ｓ郎に早く寝るように言ってたしなめたところ、同人は「うるせえ、ばばあ」などと罵声を浴びせながら六畳間に戻った同被告人に向かって行った。Ｍ夫は、そのＳ郎を追い掛け、廊下で同人の後ろから抱き付こうとしたが、同人に蹴られてその場に転倒した。さらに、Ｓ郎は六畳間で被告人Ｙ子に殴り掛かろうとしたので、Ｍ夫がＳ郎を後ろから羽交い締めにして制止したところ、Ｓ郎が後頭部でＭ夫に頭突きをしようとしたので、その両腕を離したところＳ郎は体勢を崩し、六畳間の電気カーペットの上に敷かれた二組の布団の隙間に顔を埋めるような姿勢で、うつ伏せに倒れ込んだ。

（三）そこで、被告人Ｙ子は、起き上がろうとするＳ郎の右腰付近に、同人の身体の向きに直角になる方向でひざまずき、同人の尻付近を両手で押さえ付け、後には右手で同人の右腕を押さえ付けるなどした。ほぼ同時に、Ｍ夫は、Ｓ

郎の左脇付近に、同人の身体の向きと同じ方向でひざまずき、同人のくの字に曲がった左腕を両手で伸ばして左腕全体の上に近くにあった枕を乗せて左手で押さえ付け、右手の親指と揃えた他の四本の指とでＳ郎の後頸部を挟む形で、体重を掛け、歯を食いしばって力一杯に押さえ続けた。遅れて六畳間に入ってきた被告人Ｋ子は、Ｓ郎の右膝付近に被告人Ｙ子と並ぶ形でひざまずき、右手でＳ郎の右足首を、左手で同人の左足首をそれぞれ掴んで押さえ付けた。このように、被告人Ｙ子ら三名がこもごもＳ郎を押さえ付ける状態は、おおむね五分ないし一〇分間続いた。

(四) その後、被告人Ｋ子は、傍らにあったガムテープを手に取り、Ｓ郎の両足首に巻き付けて縛り、さらに被告人Ｙ子とＭ夫に「手を取って」と声を掛けて両名がそれぞれＳ郎の両手を後ろ手に回したところでガムテープを巻き付けて手を縛った。間もなくＳ郎の力も抜けて抵抗もやみ、静かになったので、被告人Ｙ子が「ちょっと巻きすぎじゃないの。きついんじゃないの」と言ったことから、被告人ら三名でＳ郎の両手首や両足首のガムテープを剥がして外した。

(五) 被告人Ｙ子とＭ夫は、動かなかったＳ郎を左右から挟み、同人の両腕をそれぞれの体で押さえるようにして、そのまま六畳間で同人と共に就寝し、被告人Ｋ子は四畳半の間に戻って就寝した。暫くして、被告人Ｙ子が、Ｓ郎を起こそうとしたところ、反応がなかったことから、午前六時三九分ころに一一九番通報をし、同日午前六時五四分ころに救急隊員が本件居室に駆けつけたが、既にＳ郎は意識がなく呼吸停止状態であり、同日午前八時一分、搬送先の病院でＳ郎の死亡が確認された。Ｓ郎の死因は、後頸部圧迫に起因する鼻口部閉塞による急性呼吸循環不全に基づく窒息死であり、同人の鼻口部及びその周辺には平面的な鈍体に押し付けられて生じたものと見られる軽い圧迫傷ないし打撲傷が、同人の左右頭半棘筋下半には手指によるものと見られる軽い筋肉内出血が、それぞれ認められた。

(略)、**被告人Ｙ子ら三名の行為は、Ｓ郎による急迫不正の侵害に対して防衛の意思でなされた制圧行為といえるとともに、Ｍ夫がＳ郎の後頸部を数分間以上にわたって右手で強く押さえ続けた行為は防衛行為の相当性の範囲を逸脱したものであることが認められ**、Ｍ夫の行為の評価に関して、原判決が第三の三 (一) 及び同 (二) で説示するところは、相当として是認することができる。(略)

被告人両名の供述内容は、上記のとおり、被告人Ｋ子の当初の警察官調書を除いてそれぞれ一貫性があるばかりでなく、激しく暴れるＳ郎を制圧するため、互いに必死になってそれぞれが思い思いの場所を押さえ付けるという修羅場において、他の者がどのような行為をしているのかの詳細を認識していなかったとしても不自然ではないこと、また、Ｍ夫が行っていた人体の後頸部を本件のような体勢で押さえ付けるという行為がどれほど危険なものであるかということを、当時被告人両名が認識していたと認めるに足りる証拠はないから、被告人両名がことさらＭ夫の具体的行為に注意を払っていなかったとしても不自然ではないことに照らすと、被告人両名において、Ｍ夫がＳ郎の後頸部を強く押さえ付けているという認識を有せず、首から左肩の辺りを押さえ付けていると思っていたという供述は、これをあながち排斥することはできないものというべきである。

(略)、〔１〕三名の位置関係が至近距離にあったことは所論のとおりであるが、被告人両名とＭ夫の三名は、それぞれ自分が押さえ付けている箇所に全力を傾注して必死で押さえ続けていたものと認められ、このような状況の下では、至近距離にあったとしてもＭ夫の行為を具体的に認識していなかったとする供述を直ちに不自然なものとして排斥することはできない。〔２〕被告人Ｋ子は、上記のとおり、当初の警察官調書において、所論のとおりの供述をしていたものであるが、その後に実施された実況見分 (略) においては、当時の状況として、Ｍ夫がＳ郎の肩の下の肩甲骨付近に右手の掌全体を当てた形で再現、説明しているのであるから、この段階で既に「首根っこ辺り」を押さえていたとの供述を補正し、捜査機関もこれを受入れていたものとみることができるのであって、同被告人の弁解が不合理であるとはいえない。

〔４〕被告人Ｙ子が「そっちは大丈夫」と声を掛けたことは認められるが、この言葉は多義的であり、同被告人が他者の行為を具体的に認識していないが故に発したものとも理解できるのであって、Ｍ夫の行為を具体的に認識していた証左とはいえない。(略)

以上のとおり、被告人両名については、Ｍ夫の具体的な行為を認識していなかったのではないか、すなわち、**防衛行為の相当性判断の基礎となる事実に関する錯誤があったのではないかという合理的な疑いを払拭することができず、被告人両名の行為が誤想防衛に当たることを否定することはできないとする原判決の判断に誤りはない**というべきであるから、原判決には所論のような事実誤認はない。論旨は理由がない。

7-40　大阪高判平14・9・4 (暴行、傷害致死被告事件)

(一審の認定事実) (略) 被告人は、判示犯行前夜、友人の戊野三郎と電話で話していた際、傍らにいた友人の東野四郎が戊野の傍らにいた丙野花子に悪口めいたことを言ったことなどをきっかけとして、その後、丙野との間で、互いに激しく罵り合う口論となった。丙野や一緒にいた友人の南野春子らも、被告人から、「お前ら、まわしてまうぞ。しばくぞ。」などと脅されたことに立腹し、丙野は、その後も再三被告人に電話をして言い合いとなり、話をつけるために南海電鉄堺駅に出向くよう求めるとともに、南野の交際相手である丁野二郎にこのことを話して加勢を依頼した。
（略）被告人は、丙野の呼出しに応じることなく一旦は帰宅したものの、兄の太郎に丙野と口論したことについて話したところ、太郎から「お前ら、なめられてんちゃうんか。」などと言われ、さらに、その後、被告人は、太郎並びに友人の東野、西野五郎及び甲野一郎らと戊野方に立ち寄った際、丙野から戊野宛にかかってきた電話に出たところ、同様に丙野と激しい口論となって、「お前らしばいたる。」などと怒鳴りつけると、丙野に替わって電話に出た丁野から、「お前、どこのもんだ。手下に言ってさらうぞ。」などと脅された。これに対し、被告人に替わって電話に出た太郎が、丁野をからかうような調子で話をし、「間違い電話じゃないですか。」などと言って電話を切った上、被告人らに対し、「堺に喧嘩に行くぞ。」などと言い、被告人らもこれに同調して、被告人の運転する車（ホンダ・オデッセイ、以下「本件車両」という。）と甲野の運転する車の二台に分乗して、南海電鉄堺駅に出向くこととした。

他方、丁野は、仲間の北野六郎に電話をして仲間を集めるように指示し、六郎は、兄の北野七郎のほか、仲間の春野、甲山八郎、乙山九郎、丙山十郎らと木刀とバールなどを持参して南海電鉄堺駅に集合した。そして、丁野は、集まった仲間らに対し、相手と話がつかなければ、これに暴行を加えてけじめを取るように指示していた。
（略）一方、被告人ら六名は、犯行当日午前零時二〇分ころ、南海電鉄堺駅付近に赴き、同駅前の吾妻橋交差点東側路上に車を駐車して、それぞれ降車したところ、同所付近のコンビニエンスストア前の歩道上において、丙野、南野らのほか丁野ら七名の男達と対峙するに至り、太郎と丁野との間で喧嘩腰の口論が始まった。そして、丁野が太郎に土下座して謝罪するよう求めた直後、春野、六郎及び甲山らは、木刀等を手にして一斉に被告人及び太郎らに襲い掛かった。
（略）春野らにいきなり襲い掛かられた被告人らは一斉にその場から逃げ出したが、被告人は、太郎から、「逃げるぞ。次郎、車回せ。」と言われ、歩道上を本件車両に向かって走り出し、本件車両運転席に乗り込んだ。被告人は、本件車両に逃げ込む際、太郎が春野に木刀で殴打される様を目の当たりにし、運転席に乗り込んだ後も、太郎が、春野らに追い掛けられ、吾妻橋交差点北詰の横断歩道方向に逃げていく姿を目にした。

太郎が、右横断歩道上の東端付近で追い掛けてきた春野から木刀で左脇下付近を殴打されるなどしているうちに、春野と向かい合って木刀を取り合う格好となり、互いに手拳で殴り合いながら、右交差点北詰横断歩道あたりから右交差点内まで移動した。
（略）一方、太郎が春野と木刀の取り合いをしていたころ、六郎は、被告人が逃げ込んだ本件車両に駆け寄り、バールで同車の左後部座席の窓ガラス、助手席の窓ガラス及び助手席側のフロントガラスを次々と叩き割り、甲山も、本件車両の運転席側から同車に向けて木刀を振り下ろしたり、運転席側ドア付近を足蹴りするなどした。

このように六郎らから本件車両の窓ガラスを割られるなどされたことに対し、被告人は、六郎らを追い払うように本件車両を一旦急前進させた後、直ぐに急後退させ、左転把して時速約二〇キロメートルで本件車両を後退進行させたところ、一五・五メートルほど後方の前記交差点横断歩道辺りで太郎と木刀の取り合いをしていた春野の右手に本件車両の左後部を衝突させるとともに、同車後部を太郎に衝突させ、転倒した同人は、同車に轢過されて車体下に巻き込まれ、肝臓挫滅等の傷害を負い、同日午前一時五一分ころ、右傷害に起因する出血性ショックにより死亡した。
（略）なお、犯行現場である吾妻橋交差点の路面には、南北道路南行きの第二車線と第三車線の間辺りに、北側停止線より南方約九・八メートルの地点から、約三・二メートルにわたり、幅約〇・一五メートルの弓状のタイヤ痕（以下、「タイヤ痕Ａ」という。）が印象されており、さらに、タイヤ痕Ａを南方へ延長した誘導線上には、長さ約〇・三五メートルのタイヤ痕（以下、「タイヤ痕Ｂ」という。）が印象されており、タイヤ痕Ｂのすぐ東側には、同痕跡とほぼ平行に、血液や毛髪等の身体組織が付着してできたとみられる路面痕跡が印象されていた。右各タイヤ痕は、その印象ラインの連続性から同一車輪によるものであると認められ、本件車両が春野らの方向に後退進行した際に、同車の装着タイヤによって印象されたものであることが判明している。
（控訴審の判断）本件現場に至るまでの被告人の言動等によれば、被告人においても喧嘩になることを予想して本件現場に赴いたことは明らかであり、喧嘩をしに行ったのではなく単に話合いをするつもりであったとの被告人の公判供述が信用できないことは原判決（略）が説示するとおりである。

しかし、（略）、被告人らは、喧嘩の手順や役割分担などを打ち合わせておらず、また武器を準備した形跡もない（甲野の車内に木刀などがあったが、使用が検討された形跡もない。）から、喧嘩の意思といっても、いきなり相手方に攻撃を加えるような強固ないし積極的な意思までは認められない。そして、本件現場に到着した後、相手方から太郎と被告人だけが来るように言われ、はるかに多数（女性を除いても七人対二人）で、しかも木刀などを持ち今にも襲いかかろうとする気勢を示している相手方に囲まれた時点においては、たとえ後方には仲間四名が居たとしても、もはや現実に暴力を振るっての喧嘩をする意思を喪失したと解することは不自然ではない。そのような状況下でも、太郎がなお強気な態度を取ったことは被告人自身が認めている（略）が、彼我の勢力を考えると、乱闘になったら負けることが必至であるから、太郎の強気な態度は、あくまで話し合いを有利に決着させるためのポーズであって、これが相手に先に手を出させるための挑発であったとは解されない。その上、相手方が襲撃を開始した後は、一方的に相手方が被告人方を攻撃し、味方四名はどこかに逃げ去ってしまい、残された被告人と太郎は逃げることに急で、反撃に出た様子はない（上記認定のとおり、被告人が、相手方に本件車両を衝突させようとするまでの意図は認められず、これがあらかじめ予定していた攻撃行為とみることもできない。）。その中で、太郎は木刀で二発殴打された上に、さらに春野に木刀で襲いかかられており、被告人も、本件車両の中に居たものの、二、三名から木刀やバールで攻撃を受け、助手席側ガラスやフロントガラスが割られ、運転席側にも一撃を受けており、両名の生命・身体の危険は相当高まっていたと認められる。以上の状況に照らせば、被告人らが現場に赴くまで有していた喧嘩闘争の意図が、本件現場における正当防衛の適用を排除するものとはいえず、また、被告人らが**この機会を利用して相手方に加害行為**を加えようとしていたとも認められないから、**不正の侵害の「急迫性」の要件**も具備していると解するのが相当である。**防衛意思が認められることも明らか**である。

そして、この急迫不正の侵害に対し、加害者に車両の威力を示して追い払うため、加害者がいる付近を目がけて車両を発進する行為は、車両の動きを見ている者は当然これを避けようとする行動をとるであろうことをも加味すると、後退走行による急発進であって的確な操作が前進に比べはるかに難しく、現に春野が避け切れず自らの手に本件車両を衝突させたという事情を考慮しても、これが**防衛行為としての相当性を逸脱しているとまではいえない**。したがって、春野に対する暴行については、暴行の構成要件に該当するものの、正当防衛が成立し違法性が阻却されるというべきである。（略）

被告人が本件車両を急後退させる行為は正当防衛であると認められることを前提とすると、**その防衛行為の結果、全く意図していなかった太郎に本件車両を衝突・轢過させてしまった行為**について、どのように考えるべきか問題になる。不正の侵害を全く行っていない太郎に対する侵害を客観的に正当防衛だとするのは妥当でなく、また、たまたま意外な太郎に衝突し轢過した行為は客観的に緊急行為性を欠く行為であり、しかも避難に向けられたとはいえないから緊急避難だとするのも相当でないが、被告人が主観的には正当防衛だと認識して行為している以上、太郎に本件車両を衝突させ轢過してしまった行為については、**故意非難を向け得る主観的事情は存在しないというべき**であるから、いわゆる**誤想防衛の一種として、過失責任を問い得ることは格別、故意責任を肯定することはできないというべきである。**

ところで、**原判決**は、前記のように特段の理由を示していないが、被告人に春野に対する暴行の故意があったことを認め、いわゆる方法の錯誤により誤って太郎を轢過したととらえ、法定的符合説にしたがって太郎に対する傷害致死の刑責を問うもののようである。本件においては、上記のように被告人の春野に対する行為は正当防衛行為であり太郎に対する行為は誤想防衛の一種として刑事責任を考えるべきであるが、**錯誤論の観点から考察しても、太郎に対する傷害致死の刑責を問うことはできないと解するのが相当である**。すなわち、一般に、人（A）に対して暴行行為を行ったが、予期せぬ別人（B）に傷害ないし死亡の結果が発生した場合は、いわゆる方法の錯誤の場面であるとして法定的符合説を適用し、Aに対する暴行の（構成要件的）故意が、同じ「人」であるBにも及ぶとされている。これは、犯人にとって、AとBは同じ「人」であり、構成要件的評価の観点からみて法的に同価値であることを根拠にしていると解される。しかしこれを本件についてみると、被告人にとって太郎は兄であり、共に相手方の襲撃から逃げようとしていた味方同士であって、暴行の故意を向けた相手方グループ員とでは構成要件的評価の観点からみて法的に人として同価値であるとはいえず、暴行の故意を向ける相手方グループ員とは正反対の、むしろ相手方グループから救助すべき「人」であるから、自分がこの場合の「人」に含まれないのと同様に、およそ故意の符合を認める根拠に欠けると解するのが相当である。この観点からみても、本件の場合は、たとえ春野に対する暴行の故意が認められても、太郎に対する故意犯の成立を認めることはできないというべきである。したがって、太郎に対する傷害致死罪の成立を認めることはできない。（略）

故意犯が成立しないとしても、過失犯の成否が問題となり得る。しかし、被告人は激しい攻撃を受けて心理的動揺が激しかったと認められ、被告人の過失責任の根拠となる注意義務を的確に構成することも困難であり、その他本件審理の状況をあわせ考えても、当裁判所において、検察官に対する訴因変更命令ないし釈明義務が発生するとはいえない。

7-41　東京高判平13・9・17（傷害致死被告事件）

（1）被告人は、平成一一年一二月二七日から、新聞販売店である原判示甲野専売所の寮に住み込んで新聞配達員の仕事に従事していたが、仕事の傍ら、友人らと「乙山」という名のロックバンドを結成し、エレキギターを担当してパンクロック系のバンド活動を行っていた。平成一二年三月一〇日午後七時ころ、寮の食堂において、新聞配達員の懇親のために、約一〇人が参加して焼き肉パーティーが開かれたが、その席上、同じ新聞配達員仲間の被害者Ｂが酒に酔って、「お前のやっているバンドはよくない。音楽は古くさい。売れないよ」などと言って絡んできた。被告人が、「自分が好きだからやっているんです。売るためにやっているんではありません」と言い返すと、被害者は、「それじゃ意味ないじゃないか。お前の生活見ていても、そんなの続ける意味があるのか。妻や子供を養うことはできないから、パンクロックなんか止めて別のにした方がよい。入れ墨なんか入れてどうするんだ」などと言ってなおも絡んだ。被告人は、ロックバンドの演奏活動が人生のすべてであり、これを生き甲斐として誇りにしていたのに、酔った被害者から自分の音楽活動をけなされたばかりか、個人的な生活まで非難されたことから、なんで酔っぱらいにそこまで言われなければならないのかと、悔しさと腹立たしさで一杯になり、同人に対し、大声で、「あんたは僕のことを傷つけた」と言って、同人とつかみ合いになったが、同僚らが止めに入り、一旦はその場は収まり、被告人は食堂の外へ出た。

（2）その後しばらくして、被告人が寮の食堂へ戻ると、被害者が、「さっきは悪いこと言ってごめん」と被告人に頭を下げて謝罪したが、被告人は悔しさと腹立たしさがこみ上げてきて、自己の感情を抑えきれなくなり、同人の顔面を手拳で二回位思い切り殴打したので、同僚らが再び二人の間に割って入り、被告人を押さえつけながら被告人の部屋へ連れていった。

（3）被告人が二畳半の自室へ戻って五ないし一〇分が経過したころ、上司である主任のＣがいさかいの事情を聞きに訪れ、ベッドに腰掛けていた被告人の隣に腰を掛けた。被告人は自己の感情を抑えきれずに被害者を殴ったことに自分の弱さを感じるとともに、同人から自己の生き様を批判されたことに対する悔しさから涙ぐみ、「Ｂさんにバンドをやっていることをぼろくそに言われた。どうして他の奴らは何も言われないのに、俺だけぼろくそにいわれなきゃならないんだ」などと言った。Ｃは、被告人が相当落ち込んでいるとともに被害者に立腹していることを感じ、同人の言ったことは気にしないようにと慰めていた。二〇分位すると、同人が、途中で出会った同僚のＤと共に被告人の部屋に来て、Ｄがドア越しに「Ｂさんが謝りたいそうなんで連れてきました」と声をかけた。被害者は部屋の入り口に立ったまま、被告人に向かって、「さっきは酔っているからといって、悪いことを言って本当にごめん。バンドがんばれよ。応援しているから」などと言いながら、何度も謝り、右手を出して握手を求めた。被告人も、「仲直りできるならいいや」と思って、被害者の手を握り、仲直りの握手を交わした。同人は握手が終わると、今度はＣに向かって、「言いたいことがあるんだよ」などと絡むような口調で言ってきたが、被害者の酒癖の悪いのを知っていたＣは被害者を適当にあしらっていたが、ふと気付くと、同人が両手で刃体の長さ約一一センチメートルのロックブレードナイフを持っていた。Ｃはびっくりし、「取り敢えず、しまってくださいよ」ないしは「危ないから、しまってください」と言ったが、被害者はしまわなかった。ナイフに気付いた被告人も、「なんなんですか」「なんでナイフを持っているんですか」と尋ねたところ、被害者は、腹の前辺りで、右手にナイフの柄を持ち、その刃を左手の手のひらにぺたぺたと当てながら、「リンゴの皮をむいたりするのにいいんだよ」などと答えた。Ｄは、被害者が話題作りのためにナイフを取り出したと思い危険を感ずることはなく、他方、Ｃは当初、威嚇するような感じを抱いたものの、被害者の説明を聞いてからは、危ないとの感じはなくなっていた。

（4）被告人は、被害者の前記発言の直後の同日午後九時四五分ころ、同人に「ちょっといいですか」ないしは「ちょっと見せてください」などと声をかけて同人の方に手を伸ばしナイフを取りにかかった。同人は、ナイフを強く握ったり後方に引いたりして被告人が取るのを拒否する態度に出ることはなく、被告人の取るに任せており、被告人がナイフを手にした後もこれを取り戻そうとはしなかった。被告人は左手でナイフの柄と刃の境付近を下から持ち、右手でナイフの刃の部分をつまむようにして、同人からナイフを取り上げ、**これを右手で順手に持つや、直ちに同人の左大腿部を二回突き刺した。**被告人が、「こうするつもりだったんだろう」と言ったところ、被害者は、「そんなつもりじゃなかった。いくらなんでもこれはやりすぎだろう」と言って、そのまま被告人とＣの間のベッド上にうつ伏せに倒れ込み、そのまま動かなくなった。被告人がナイフで被害者を刺したことに気付いたＣは、直ぐに「やめろ」と叫びながら、腰を少し浮かせて、被告人の襟首を右手で掴み、被告人の体を右横の壁に押しつけ、被害者から遠ざけた。ほとんど同時に、Ｄも、「やめてください」と言って、ナイフを持った被告人の右手を押さえた。二人がかりで二、三分間位被告人を押さえつけていたが、被告人はなおも二人の制止を振り切って、うつ伏せの被害者の背中をナイフで一回根元まで突き刺した。
（5）その結果、同人は、同月一一日午前零時一一分ころ死亡した。死因は背部（上大動脈、右肺）刺創、左大腿部（筋肉、左大腿動脈・静脈）刺（切）創による失血死である。（略）

（誤想過剰防衛の成否について）

（1）上記認定事実に照らせば、被害者は被告人を刺すつもりでナイフを手にしていたものではなく、また、被告人を刺すような素振りもなかったのであって、**急迫不正の侵害は客観的に存在しなかったことは明らか**であり、原判決もこれを認めるところである。

（2）（略）、**原判決**は、「酒癖の悪い被害者が刃体の長さ約一一センチメートルのロックブレードナイフを隠し持って被告人の部屋に赴いて来て、被告人に謝罪した後、狭い部屋の中で唐突に同ナイフを右手に持ち、その刃を左手に当てて威嚇するような動作をしており、また、同ナイフを持ってきた理由を問い質されて、その場にリンゴなどないのに、リンゴをむくために持っているなどと答えていることなどにかんがみると、被告人が被害者の答えを不自然、不合理であると考え、被害者は本当は被告人に殴りつけられたことに対する仕返しのためにナイフを持ってきたのであって、被告人をナイフで刺そうとしているものと思い込み、身の危険を感じたことにつき、その誤信も無理からぬところがある」として、被告人に急迫不正の侵害の誤信があったことを認めるとともに、防衛の意思も認定した上、被告人の行為につき**誤想過剰防衛の成立を認めた。**

（3）しかしながら、〔1〕被害者は、（略）、ナイフを取り出して「リンゴの皮をむいたりするのにいいんだよ」などと答えていたのであって、「リンゴをむくために持ってきた」とは言っていないこと、〔2〕被告人がナイフを取り上げるまでの約五分の間に、被害者はナイフの刃先を被告人に向けることはなく、その他被告人を攻撃するような素振りを全く示しておらず、そのことは被告人も認識していたこと、〔3〕その場にいた同僚のDは、被害者の発言内容や口調から、ナイフを取り出したのは話題作りのためと思っており、同席していたCにおいても、被害者がナイフを手に持っているのを見た瞬間こそ、危ないと思いこれをしまうように言ったが、被害者が「リンゴの皮をむいたりするのにいいんだよ」と答えるや、不安感を解消し危険を感じなくなっていたこと、〔4〕被告人が、「ちょっといいですか」などと言って被害者の手からナイフを取り上げた際、同人は全くこれを拒む言動をとらず、被告人が取るに任せていたこと、〔5〕したがって、ナイフを受け取った時点で、被害者には被告人を攻撃する意図がないことは明らかとなったのであり、被告人においても、当然そのことを認識できたはずであること、現に被告人は、当審公判において、その時の心理状態につき「あれっ、すんなり渡してくれたなという感じがあったかもしれない」と供述し、このような認識があったことを半ば認めていること、〔6〕被害者からナイフを取り上げた以上、これを取り返されなければ攻撃されるおそれはなく、また被害者がナイフを取り返す行為に出ていないのに、被告人はナイフを取り上げた後、これを部屋の隅に投げ捨てたり、そばにいた上司に渡すなど他の手段を講ずることもなく、直ちに無防備となった被害者の足を二回突き刺していること、〔7〕被告人は被害者の左足を刺した上、「こうするつもりだったんだろう」と言ったところ、同人は「そんなつもりじゃなかった。いくらなんでもこれはやりすぎだろう」と言っており、同人に攻撃の意思のなかったことが言葉の上でも明白になり、また、同人は被告人とCとの間のベッド上にうつ伏せに倒れ込んだまま全く動かなかったのであって、もはや被告人に対する攻撃は物理的にも不可能な状態にあり、さらに、CとDが前記のように二、三分間被告人を押さえ込んでいたにもかかわらず、これをも振り切って、倒れ込んだままの被害者の背中を右手に持った前記ナイフで力一杯突き刺す行為にまで出ているのであって、この点は被害者からの被告人に対する侵害を予想した行為とみる余地はなく、被害者に対する一方的かつ積極的な攻撃とみざるをえないこと、〔8〕被害者から侮辱されたことに対する被告人の悔しさと腹立たしさは、前述のとお極めて激しく、食堂において頭を下げて謝罪する被害者の顔面を下から上に強く二回殴打し、同僚に止められても容易に治まらず、その後Cが被告人の自室に慰めに来た際にも、悔しさなどから涙ぐみ立腹の念をにじませ、前記のようにうつ伏せに倒れ込んだ被害者に対し上司らの制止を振り切ってナイフで突き刺しているほどであること等を総合すると、**遅くとも被告人が被害者からナイフを取り上げた時点において、被告人には被害者がナイフで自分を刺そうとしているとの急迫不正の侵害の誤信はなかったものと認めるのが相当であり**、被告人は、自室に謝罪に来た被害者と握手を交わしたことなどから一旦は立腹の念が和らいだものの、被害者がナイフを手にしていじっているのを見て、真摯な謝罪の態度ではないと感じ激しい憤りの念に駆られて本件攻撃に出たものと認められる。（略）被告人について誤想過剰防衛の成立を認めた点において、原判決は事実を誤認したものであって、これが判決に影響を及ぼすことは明らかであるから、この点に関する検察官の論旨は理由がある。したがって、その余の論旨について判断するまでもなく、原判決は破棄を免れない。

7-42　名古屋地判平7・6・6（殺人〔認定した訴因嘱託殺人〕被告事件）

被告人は、本件犯行直後から捜査段階、公判段階を通じて、本件殺害につき、「犯行直前にＡが発した『僕が先だよ』『刺してもいいよ』との言葉が呪文のように心の中によぎり、Ａが本気で同意し依頼していると信じて殺害に及んだ」と、Ａの真意に基づく嘱託があると信じていた旨一貫して供述している。

しかして、そのように信じた点は、一面、被告人のいわば思い込みの激しい性格によるところもあるものの、他面、被告人は、犯行当時巨額の借金の返済期日が目前に迫っており、Ａにその返済への協力を求めたが、Ａからはよい返事が得られず、精神的に追い詰められ疲弊していたこと、前記の九州旅行以来、Ａから何度となく死を仄めかされ、Ａの求めで睡眠薬や果物ナイフを購入したこと、犯行前日から当日にかけて、被告人の目にとまり易いベット横の木箱上に右果物ナイフが置かれていたこと（しかも、これはＡが置いたものである）、寝るでもなく起きるでもなくの状態で一夜を過ごすことが二日にわたって続き、精神的にも肉体的にも疲労困ぱいし、前途を思って動揺していたさ中、Ａから「僕が先だよ」「刺してもいいよ」と言われたことなどの事情も認められ、これらの事情にかんがみると、「僕が先だよ」「刺してもいいよ」との言葉が呪文のように心の中によぎり、Ａが真摯に殺害に同意しているものと信じて犯行に及んだ被告人の心情は、当時の状況に照して通常人の立場からも納得でき、その供述は十分信用できる。

（略）被告人は、被害者Ａの**嘱託がないのにこれあるものと誤信して殺害行為に及んだことが明らかであるから、嘱託殺人の故意で殺人を犯したものとして、（略）刑法二〇二条嘱託殺人罪の罪責を負うことになる。**

7-43　東京高判昭63・6・9（殺人被告事件）

1　被告人は、事務所に所属して客の待つホテルに赴いて売春をする、いわゆる「ホテトル嬢」をしていたものであるところ、事務所の経営者に指示されて、昭和六二年四月一五日午後六時過ぎころ東京都豊島区東池袋所在のホテル甲野七一二号室に赴き、同室内で、**客のＡ**と二時間コースのダブル、計四時間の遊びを約束して、その規定料金六万円と交通費一万円を貰い、事務所に電話でその旨を連絡したこと、

2　Ａは、あらかじめ右の部屋に、切出しナイフ（刃体の長さ約八センチメートル、以下単に「ナイフ」ということもある。）、電動性具、理容はさみ、ドライバー、ガムテープ、物干し用ひも、ロープ、洗濯ばさみ、浣腸薬、ゴム手袋、八ミリビデオカメラ、ポラロイドカメラ、三五ミリカメラ等を持ち込んでおり、被告人が事務所への連絡電話をかけ終わると、いきなり被告人のみぞおちを殴打し、ひるむ被告人を窓際のベッドの上に押し倒して押さえ付け、「静かにしろ、静かにしないと殺すぞ。」などと言って、右ナイフで被告人の右手背を一回突き刺したり（この傷について、被告人は逮捕後一針の縫合手術を受ける。）、ナイフを被告人の顔面近くに突き付けたり、被告人の両足首、両手首をそれぞれ帯やガムテープで縛るなどしたうえ、被告人をドア側のベッドに移らせ、午後六時三〇分ころから午後七時五〇分ころまでにかけて、「お前の恥ずかしい姿を見てやるから、いいな。」「おとなしくしていれば、痛い目には合わせない。」などと言った後、三脚上に据え付けた八ミリビデオカメラを自動撮影できるようにセットして、これで自己の行為や被告人の姿態を撮影し続けながら、被告人に自己の陰茎、陰嚢、肛門等を繰り返しなめさせ、被告人のブラウスを引っ張り開け、ブラジャーを引き下ろして、乳房をもてあそび、ブラウス、スカート、スリップ等を脱がし、ナイフでパンティーストッキングを切り裂き、パンティを引き下ろして、指で陰部をもてあそび、更に、ナイフでパンティを切り取り、ほぼ全裸状態にした被告人の右手と右足、左手と左足をそれぞれ帯で縛り直したうえ、電動性具を使って執ように陰部をもてあそぶなどし、その間ビデオカメラのほか、時々ポラロイドカメラ、三五ミリカメラでも同様撮影したこと、

3　被告人は、突然Ａから思わぬ暴行や脅迫を受けて、驚きかつ畏怖し、同人の要求するままにしていたが、落ち着くに従って、同人の言動から、その要求を忍受しておとなしくしている限り、同人が粗暴な振舞いに出ないことを知る一方、同人からこのような理不尽で異常な仕打ちを受けるいわれはなく、機会を見付けて逃げ出したいと考え、その方途を思いめぐらしつつ様子をうかがい、同人が電動性具を使い始めると、同人の歓心を買うため、快感を覚えてきたかのように振舞い、身体を動かすうちに手足を縛っていた帯がほどけてくると、同人がベッド上に放置していた前記ナイフをひそかに枕の下に隠し入れたこと、

4　午後七時五〇分ころ、Ａは、なおも電動性具を使って被告人の陰部をもてあそび続けたうえ、被告人が快感を感じているものと信じ、被告人に卑わいな言葉や屈辱的な言葉を次々に言わせたため、被告人は、憤慨のあまり、もはやＡの要求のままになっていることに堪えられなくなり、ドアの戸締まりの状況などが分かっていなかったが、前記ナイ

フで同人の腹を刺せば同人がその場にうずくまり、その隙に同室から逃げ出すことができるであろうと考え、ひそかに枕の下に左手を差入れてナイフを握り、同人の隙をうかがううち、同人が被告人の右後ろに密着して電動性具で陰部をもてあそびながら、体を傾けてよそ見をした瞬間をとらえ、Aの左腹部をナイフで一回突き刺し、腸間膜及び腹膜を損傷する創洞の長さ約八センチメートルの腹部刺創(鈴木裕子ら作成の鑑定書記載のシ創、以下創傷をこの例により表示する。)を負わせたうえ、すぐに飛びのいてAに背を向け、裸姿でナイフを持ったままドアの方に逃げ出したこと、

5　しかし、Aは、ナイフで刺されるや、被告人を突き飛ばすようにしたうえ、直ちにそのあとを追い、ドアの直前で、被告人の前に回り込んで立ち塞がり、被告人ともみ合い、被告人の持つナイフで、左大腿上部に創口の長さ約七・五センチメートル、創洞の長さ約五センチメートルの刺切創(ハ創)を負うなどしたのに、被告人が反転して部屋の奥の方に逃げると、すかさずそのあとを追い、二つのベッドの周りやその上で、逃げ回る被告人を捕まえて押さえつけ、被告人からナイフを取り上げようとし、その間に、被告人の左こめかみ付近に噛み付く、髪をつかんで頭を壁に打ち付ける、首に手を回す、頭を殴るなどし、被告人が再度ドアの方に逃げると、なおもあとを追い、またもドアのところで被告人の前に回り込み、間もなくドアにもたれながら崩れ落ち、「殺人犯にしてやるぞ。」「殺人犯だぞ。」などと言った後、出血多量で失神したこと、

6　被告人は、Aが右のように追い回してくる間、逃げ回り、同人の手を振り払い、体を押し返すなどしたほか、同人が死亡するかもしれないことを認識しながら、同人の胸部や腹部をナイフで数回強烈に突き刺したこと、しかし、同人がドアに寄りかかって失神すると、フロントに電話をかけ、「助けて、早く、死んじゃう。」「救急車を、早く早く。」などとAを救助するように頼んだこと、

7　Aは、被告人から右のようにナイフを突き刺されたことにより、左肺を損傷する創洞の長さ約九センチメートルの前胸部刺創(キ創)、第五肋骨を切断し、(略)、肝臓等についての胸腹腔臓器刺創に基づく失血により死亡したこと、

8　被告人も、右闘争の過程において、自己の持っていたナイフで左大腿部に切創を負い、一三針の縫合手術を受け、全治まで約二週間を要したこと、

などが認められる。(略)

(正当防衛の成否について)

(1)**原判決**は、「罪となるべき事実」において、被告人の本件行為は「自己の身体及び自由に対する急迫不正の侵害に対し、自己の権利を防衛するためになしたもので、防衛の程度を超えたものである。」として**過剰防衛を認定し**、「弁護人の主張に対する判断」において、右認定の理由を詳述しているところ、その理由中には部分的に首肯し難い箇所があるものの、被告人の本件行為が過剰防衛に当たるとの判断は正当として是認することができる。(略)

被告人の本件行為が、Aの急迫不正の侵害に対し、自己の権利を防衛するためになしたものであることは、原判決の認定判示するとおりであると認められる。(略)そこで、被告人の本件行為が防衛のためやむことをえないものであったか否かをみると、なるほど、Aは、身長約一七二センチメートル、当時二八歳の男性であるのに対し、被告人は、身長約一五八センチメートル、当時二一歳の女性であって、体力的にAより劣勢であったこと、被告人は、本件犯行の一時間余り前にはAから、殴る、ナイフで突き刺す、ナイフを突き付けて脅すなどの強力かつ露骨な暴行や脅迫が加えられ、その後も手足を縛られて監禁状態に置かれ、わいせつ行為を強要されていたこと、Aは、被告人から第一撃を受けた後被告人を追い回している間、終始機敏に動いて攻勢を取り、被告人は守勢に回って、恐怖、驚き、怒り、興奮等の錯綜した心理状態の中で、必死に逃げあるいは応戦していたことなどの事情はあるが、他面次のような事情も認められる。

すなわち、被告人の最初の刺突行為については、そのころ被告人は、監禁状態に置かれていたとはいえ、それ以上に強力な暴行を加えられていたわけではなく、そのような状況下でわいせつ行為を強要されていただけであり、被告人において、Aの言動、表情等から同人に無気味なものを感じ、更にどのようなことをされるかもしれないという不安を抱いていたことは否定し難いが、生命にまで危険を感じていたとは認められないこと、右の一撃は、先端の極めて鋭利な切出しナイフで、わいせつ行為に熱中する同人の腹部を狙いすまして強く突き刺した危険なものであること、被告人は、自らの意思により、「ホテトル嬢」として四時間にわたり売春をすることを約して、Aから高額の報酬を得ており、原審検察官が主張するように、これにより被告人が性的自由及び身体の自由を放棄していたとまではいえないが、少なくとも、Aに対し、通常の性交及びこれに付随する性的行為は許容していたものといわざるをえないから、被告人の性的自由及び身体の自由に対する侵害の程度については、これを一般の婦女子に対する場合と同列に論ずることはできず、相当に減殺して考慮せざるをえないことなどの事情がある。

次に、その後被告人がAから追い回されている間にした刺突行為については、それが未必的にもせよ殺意をもって、右のような危険なナイフで繰り返し強烈に行われ、同人に対しキ、ク、ケ、コ、ザ、サの各創のような重傷を負わせ、間もなく同人をその場で失神させたうえ、約一時間後には失血死させたものであること、Aは、機敏かつ一方的に被告人を追い回し続けていたとはいいながら、素手であったうえ、被告人は、守勢に終始しながらも、Aに対しよく応戦していて、その間同人からナイフを奪い取られたようなことはなく、同人にナイフを取られない限り、被告人の生命までもが危険となることはなかったこと、Aの右のような執ような追撃は、被告人のAに対する前記の第一撃が、同人を刺激して激昂させ、これを誘発したといえなくもないことなどの事情があり、これらの事情もまた被告人の行為の違法性を判断するに当たって考慮に入れざるをえない。

（略)、同人がひるむことなく、敏速かつ執ように被告人を追い回し、被告人のナイフで受傷して血にまみれながらも、被告人の逃走や抵抗を制圧しようとしていたことが明らかであり、Aのその行動には、自己の生命の安否をも省みることなく、被告人を逃がすまいとする異常なまでの激情と執念とが看取されるのであって、実際にAが被告人からナイフを奪い取った後どうするつもりでいたかはともかく、被告人がナイフを奪われれば殺されると思ったというのは、まことに無理からぬところであったと認められ、原判決が被告人の右供述を措信できないとしたのは支持し難い。もっとも、被告人がAからナイフを奪い取られたことがないことは、前記のとおりであり、その限りで被告人の懸念は現実化するに至らなかったということができる。

そして、これらの諸事情を総合し、法秩序全体の見地からみると、確かにAの側に被告人の権利に対する侵害行為のあったことは否定し難いところであるが、本件の状況下でこれに対し前記のような凄惨な死をもって酬いることが相当であるとは認め難く、**被告人の本件行為は、前後を通じ全体として社会通念上防衛行為としてやむことをえないといえる範囲を逸脱し、防衛の程度を超えたものであると認めざるをえない。**

(誤想防衛の成否について) 被告人は、原審公判において、Aに対し第一撃を加えた際にも、最終的には殺されると思っていた旨を供述しているところ、被告人のあげる根拠に首肯できるものはなく、事態の客観的状況に照らしてみても、当時被告人がその生命までもが危険な状態にあると思っていたとは認め難い。また、前記のとおり、被告人がAから追い回されていた際、同人にナイフを奪われれば殺されると思っていた旨の捜査段階及び原審、当審各公判における供述は、その信用性を否定することができないが、被告人は現実にはナイフを奪われておらず、その限りで被告人の生命が危険に瀕したことはなかったうえ、当時被告人がそのような客観的な状況や自己の行為内容について誤った認識を有していたとすべき事情は格別見当たらない。そうすると、被告人の主観的な認識においても、自己の生命を防衛するためAの生命を絶たねばならないような状況があったとは認められず、被告人のAに対する一連の刺突行為が、防衛の程度に錯誤のある誤想防衛の場合に当たるとすることはできない。

7-44　大阪高判昭62・10・28（傷害致死、銃砲刀剣類所持等取締法違反被告事件）

（1）被告人は、かねてより、実兄Aから、しばしば理由のない暴力を振るわれ、本件の一月足らず前には、高額の金員の支払いを要求された上、激しい暴行を受けて右腕等を骨折して入院し、本件当時、利き腕の右腕をギブスで固定した状態であつたこと

（2）Aは、右暴行後も、被告人を殺してやるなどと放言し、本件当日には、被告人が経営する縫製工場のミシン、自動車等をつるはしで壊してしまつたこと

（3）被告人は、警察官に対し、Aを器物損壊で告訴したが、家族の状況が心配で、この際、Aと話をつけるほかないと思いつめ、原判示B方に赴いたが、同女方屋内から聞こえてくる「殺してやる。」などのAの怒声に危険を感じ、いったん帰宅して、護身用に刃渡り約四五センチメートルの脇差を携え、再び右B方に赴いたこと

（4）同女方奥六畳の間で坐っているAに対し、被告人が声をかけたところ、同人は、「おどれ、来やがったんか。いわしてもうたる。」と怒鳴って立ち上ろうとしたこと

（5）これを認めた被告人は、同人に対する積年にわたるうつ積した気持が一気に爆発し、同人に傷害を負わせて再び乱暴狼藉ができない身体にしてやろうと決意したこと

（6）そして、被告人は、所携の脇差を抜き放ち、これを左手で握持して、両手を後方に突いて立ち上ろうとしているAの大腿部目がけて一回突き刺したが、手元が狂って同人の左脇腹に突き刺さり、更に体を起こした同人の右大腿部に一回強く切りつけ、同人に対し、左前腹壁刺切創等の傷害を負わせ、翌日同人を死亡させたこと、以上のとおりである。

原判決は、その上で、右（4）記載のAの行為をもってしては、いまだ被告人に対する現実の侵害行為があったとは

認め難く、かりに何らかの侵害行為の着手があったとしても、被告人は、Aの侵害行為を確実に予期し、この機会に同人に積極的に攻撃を加えて禍根を取り除こうとする強い意思で行動したと認められるから、本件については、急迫不正の侵害又はこれに対する防衛行為があったとは認め難いとして、弁護人の過剰防衛の主張を排斥している。

（略）、被告人は、原審及び当審各公判廷において、「兄がいわしてもうたると言って立ち上ったのを見て、このままではやられてしまうと思い、足を狙って脇差を突き出した。」旨弁解しているところ、被告人の検察官に対する供述調書中にも「兄が立ち上ろうとしたのを見て、やられてしまうと思い、……脇差を突き出した」旨の、前記公判供述に近い供述が録取されている上、証拠上明らかな前記（１）ないし（３）の従前のいきさつを加えて考察すると、当時の両名の体勢、位置関係及び武器の差等後記〔１〕ないし〔５〕認定の諸点を考慮に容れても、被告人において、Aの行動に憤激するとともに、利き腕を使えないという不利な肉体的条件も手伝い、同人に立ち上られたら自分がやられてしまうと恐怖にかられ、予想される同人の攻撃から自己の身体を守るためには、機先を制して脇差による攻撃を加えるほかないとの気持から原判示所為に出ることは、十分あり得るところと考えられる。従って、原認定に副う被告人の司法警察員調書の記載は、にわかにこれを措信することができず、結局、被告人は、右に指摘したような、同人に対する**憤激の念と防衛の意思の併存する状態**で原判示所為に出たものと認めるのが相当であって、これを、専ら積極的加害のみの意図に出たものと断じた原判決は、事実を誤認したものといわなければならない。

そこで、更に進んで、所論のいう過剰防衛の成否につき判断するのに、すでに説示したとおり、被告人がAの足を狙って脇差を突き出した際、〔１〕同人は、立ち上ろうとして、両手を後方に突いて上体を起こしかけていただけであって、被告人に対し、直ちに攻撃を仕掛け得る態勢にはなかつたのであるが、更に証拠によれば、〔２〕同人が立ち上る気配を示した際、被告人は、原判示B方奥六畳の間前の廊下において、半開きのふすま越しに約二・二五メートルの距離を置いて、座っているAと対峙していたものであること、〔３〕両名の間の室内には座卓などの障害物もあり、右座卓とその脇の押入れの間の間隔は、せいぜい五〇センチメートル程度しかなかったこと、〔４〕Aは、当時飲酒してかなり酩酊していた上に素手であったこと、〔５〕他方、被告人は、利き腕の右手が使えないという不利があったとはいえ、刃渡り約四五センチメートルの脇差を所持していたことなどが明らかである。そして、これらの事情をも総合して考えると、かりに、「いわしてもうたる。」と言いながら立ち上ろうとしたAにおいて、その直後に被告人に対する攻撃を意図していたとしても、右に示した相互の位置関係、障害物の存在、及びAの酩酊状況等からみて、同人が被告人に対し素早く攻撃を仕掛けることは著しく困難であったと認められ、従って、被告人としては、所持する脇差を示したり、六畳間との仕切りの襖を締めたりして、同人に攻撃を思い止まらせる努力をしたのちであっても、**その攻撃から自己の身を守ることが十分できたと考えられるのであるから、Aが両手を後方に突いて立ち上ろうとした段階においては、同人による被告人の身体に対する攻撃（「不正ノ侵害」）が、いまだ切迫していたとは認められない**。従って、本件については、犯行時における被告人の主観的意図のいかんにかかわらず、過剰防衛は成立しないといわなければならない。そうすると、過剰防衛の成立を否定した原判決の結論は、相当としてこれを是認すべきであり、被告人の主観的意図に関する原判決の前示事実誤認は、それ自体では判決に影響を及ぼすことの明らかなものであるとはいえない。

しかしながら、本件において、被告人が、Aの態度に憤激するとともに、予想される同人の攻撃から自己の身体を守るためには、機先を制して同人に攻撃を加えるほかないという、いわば憤激の念と防衛の意思の併存する状態で同人に攻撃を加えたと認めるべきであることは、すでに説示したとおりであるから、本件については、更に、いわゆる**誤想過剰防衛の成否が問題となる**ので、以下、職権をもつて検討する。**一般に、行為者が、急迫不正の侵害がないのにあると誤信して防衛行為に出た場合には、行為者の認識（誤認）した、行為を適法とする事実（急迫不正の侵害）に対し、防衛行為が相当性を持つ限り、誤想防衛として故意が阻却され、右の相当性を欠くときは、故意は阻却されないが、いわゆる誤想過剰防衛として、刑法三六条二項により処断されるべきこととされている**（最決昭４１・７・７、最決昭６３・３・２６各参照）。ところで、右にいう「**急迫不正の侵害がないのにあると誤信した場合**」には、（１）行為者において、急迫不正の侵害に該当する具体的事実自体を、それが現実には、存在していないのに存在すると誤信した場合（すなわち、「**侵害**」**を誤認した場合**）のみならず、（２）すでに存在する具体的事実自体に関する行為者の認識に誤りはなくても、**これから推測される侵害者のその後の行動に関する判断を誤った結果、急迫性がないのにあると誤信した場合も含まれると解すべきである**。なぜなら、右（２）の場合においても、行為者は、侵害者のその後の行動に関する判断を誤った結果、結局は、「急迫不正ノ侵害」という違法性に関する（規範的）事実の存否に関する判断を誤ったものとして、前記（１）の場合と同一に論じ得ると解されるからである。そしてこのように解しても、なお、行為者が、その後の侵害者の行動をも正しく予測しながら、単にその法規へのあてはめを誤った結果、これに対する防衛行為が許されると誤信したにすぎない場合（この場合は、法律の錯誤の一種として故意を阻却されない。）とは、区別されると考えられる。

そこで、右の見解に基づき、本件についてみてみると、被告人が脇差でAの大腿部を突き差そうとした時点において、Aが両手を後方に突いて立ち上ろうとしていただけであり、当時の双方の位置関係等からすれば、いまだ被告人の身体に対するAの攻撃（すなわち「侵害」）が切迫していた（すなわち「急迫」のものであつた）と認められないことは、前説示のとおりであって、また、被告人には、右急迫性判断の基礎となるべき前記〔1〕ないし〔5〕の具体的事実関係の認識に欠けるところはなかったと認められるのであるが、すでに認定した事実関係を総合すると、被告人は、「いわしてもうたる。」と言いつつ両手を後方に突いて立ち上ろうとするAの行動に接し憤激するとともに、同人から受けた過去の激しい暴行の経験や、利き腕を使えないという自己の肉体的条件等から、とっさに恐怖にかられ、Aの行動能力を過大に評価した結果、同人に立ち上られれば従前同様たちまち激しい暴行を受けるに至るのは必定であると誤って判断し、右攻撃から自己の身体を守るには、機先を制して脇差で攻撃するほかないと考えたものと認められるのであるから、本件は、結局、前記（2）の意味において、被告人が「急迫不正の侵害がないのにあると誤信した場合」にあたり、**誤想過剰防衛成立の要件に欠けるところはないといわなければならない**（なお、所論及び弁護人の当審弁論が正当防衛ではなく過剰防衛の成立のみを主張している点からも窺われるとおり、素手のAに対し被告人が脇差で攻撃を加えた本件においては、被告人が認識した事実を前提としても、防衛行為の相当性はこれを認め得ず、誤想防衛は成立の余地がない。）。

従って、本件については、いわゆる誤想過剰防衛が成立するのに、これを認めなかつた原判決は、右の点において事実を誤認したものといわなければならず、右事実誤認は、判決に影響を及ぼすことが明らかである。原判決は、結局、破棄を免れない。（略）

7-45　東京高判昭59・11・22（傷害致死被告事件）

（一）、本件の被害者であるH（当時三一歳、以下「被害者」という）は、本件当日の昭和五六年七月五日午後六時すぎころから、知人で日頃から親しくしていたM夫妻、O夫妻を自宅に招いて飲食を共にし、次いで妻A（現姓T）もまじえて右の全員で午後八時ころから近くの同市田尻五丁目所在のスナツク「サワ」に赴き飲酒した。右O夫妻は間もなく帰宅したがその後午後一〇時すぎころになり右店内において右M子の夫と他の客との間にトラブルが生じ、その際聊か酒癖のよくない右M子がひどく酩酊して右の客とさらにトラブルを生じそうな事態となったため、被害者が同女をなだめて帰宅させるべく店外に連れ出し、その夫やAもこれに続いて店外に出た。また同店経営者E子、同店従業員Bも右M子がひどく酩酊していたので、タクシーを呼んだ方がよいのではなかろうか等と案じて店外に出て、右被害者らの傍に赴いた。

被害者は、右酩酊したM子を連れ帰るべく同女をなだめながら右「サワ」の店舗前の幅員約七・三メートルの県道を横切り、同店と反対側の同市田尻四丁目一四番二四号所在の福田光司方倉庫前コンクリート舗装された車寄せ上まで同女を連れて行ったが、そのころ同女の夫が右店内に戻ったのに気付いた同女が、「てめえ出てこい」などといって自分の夫を罵りながら暴れ出したため、被害者が、「やめなさい」などといってなだめながら同女の腕を押えるなどすると、今度は同女は被害者に対し「お前、H、うるさい」、「放せ」など毒づいて暴れ、被害者の手を振り払おうとするなどして同女と被害者とが揉み合う状態となったが、そのうち同女は背後にあつた前記倉庫の鉄製シヤツターに大きな音を立てて頭部ないし背中をぶつけ、そのまま右コンクリート上に尻もちをつく形で転倒した。

（二）、（略）、精々被害者が、酔って暴れるような状態の右M子をなだめながらその腕を持っていたが、同女が放せといって自分で手を振りほどこうとしたので、その手を引っ張った、または振り払った、若しくは押したら同女が尻もちをついて倒れたというものであると認められるのであって、（略）同女はひどく酩酊していたものであるから、制禦力を失っていてひどくぶつかつたものと認めるのが相当であって、投げ飛ばすような強い暴行によって生じたものとは必らずしも認めることはできない。（略）、M子が、被告人に対し、「ヘルプミー」と繰り返し叫んでいたのも、被害者の怒りから逃れようとして必死に助けを求めた態度の現れにほかならないと主張するけれども、後記認定のように同女が「ヘルプミー、ヘルプミー」と叫んだのは、被告人が同女を抱えて助け起こそうとした際であって、酔った同女が、外国人であるのに気付いて英語で右の如く叫んだ真意は証拠上明確ではなく、ただその場の状況から判断して、右弁護人所論のように被害者の怒りから逃れようとして必死に助けを求めたものと断定することはできないものと考える。

（三）、然しながら、（略）、被告人は「やめなさい。レデイですよ」などと言いながら被害者と右M子との間に割って入ったことは証拠上動かし難い事実であり、また、前記認定のような本件現場の状況の経緯について、被告人はこれを全く知るに由ないものであったこと、当時は夜間であって、街路灯などはあったものの、現場には照明はなく薄暗く人の見分けがつく程度の状況であったことなどの諸事情に徴すると、暴行の程度は前記の程度であったとしても、被告人は、捜査段階以来一貫して供述しているように、**その外形状況から被害者が女性に不法な暴行を加えたものと思い込んでいたものと認められる。**

（注：**急迫不正の侵害があったとの被告人の誤信について**）

（一）、（略）、被告人は英国人であり、（略）、本国において空手を習っていたこともあって、日本の各種の武道に興味を抱いて空手、居合道、杖道、柔道、中国拳法等を習い、本件当時剛柔流空手三段、居合道三段、杖道二段、柔道一級の腕前を有し、昭和四九年三月以降本件当時までトーマス外語学院で英語の教師をしていたものである。

被告人は、本件当夜、映画を観て地下鉄東西線原木中山駅から自転車で帰宅途中、右「サワ」前路上にさしかかったところ、同所に人が出ていたことから前記被害者とM子との揉み合いに気付き、さらに前記のように同女がシヤツターにぶつかるのを目撃し、被害者が女性に対し乱暴しているものと思い込み、同女を助けるべく自転車から降りて右両名に近づきながら日本語で「やめなさい、その人はレデイーですよ」などと叫び、被害者に背を向ける形で二人の間に割って入った。被告人が右場所に行く途中、被告人が何か勘違いをしていると感じた前記Bは、被告人に近寄りながら、「なんでもないから、大丈夫ですよ」といい、また前記Aも手を左右に振りながら、「ちがいます」などと注意したけれども、被告人は、これには何の反応をも示すことなく、尻もちをついている同女の両脇を抱えて助け起こそうとした。しかし、酔っていた同女は立ち上ることができず、「大丈夫ですか」と尋ねた被告人に対し、最初、「助けて」といい、次いで被告人が外国人であるのに気付き、「ヘルプミー、ヘルプミー」と叫んだところ、被告人は、同女の手をはなして被害者の方を振り返り、両手を胸あたりの高さで被害者の方に向けて突き出すようにしつつ若干被害者の方に近づき、次いで無言のまま、とっさに靴をはいたままの左足の甲を使って被害者の右顔面付近に対し回し蹴りを加えた。そのため同人はその場に後ろ向けに電信柱が倒れるように（証人C）あるいは鉛筆が倒れるように（証人D）転倒し、その際左側頭部をコンクリート床に強打した。被告人は、その後、M子に対し、「大丈夫ですか」などと声をかけ、被害者が後ろ向けに転倒し、同人の妻Aや前記「サワ」の経営者E子らがかけ寄り救急車などと騒いでいるのを知りながら、「警察を呼んで」などといったのち、その場から立ち去った。被害者は、被告人の右暴行により左側頭部に長さ約一一センチメートルの骨折、左硬膜外血腫等の傷害を負い、直ちに近くの中沢病院に収容され手術を受けるなど治療を受けたけれども意識が回復しないまま八日後の同月一三日脳硬膜外出血及び脳挫滅により同病院で死亡した。（略）

被告人が本件の回し蹴りをする直前において、被害者がいわゆるフアイテイングポーズのような姿勢をとつたことはなかったと断ずることはできず、被害者が右のような構えをしたとの前記被告人の供述はあながち不自然、不合理であるともいえず、これを排斥することはできないものと考える。（略）、もつとも、（略）、被害者が右フアイテイングポーズのような姿勢をとるのを見たと述べるのは被告人だけであり、他の周囲にいた者らはいずれも被害者が右のポーズをとったことを見たとは述べず、かえって原審公判廷において証人Bは、被害者は蹴られる前は手を下げていた旨供述し、同じく原審証人A（旧姓H）も、蹴られる直前ではないけれども被告人が割って入ってきたころ被害者は手を下げていた旨供述し、また原審証人Dも、被害者が手を上げたりするのを見ていない旨供述しているけれども、右証人らは、いずれも外国人である被告人が本件に介入してきたという、事の意外な成り行きに注目し、被告人がM子を助け起こそうとしていたころは、当然被告人及び同女の方に関心が集中していたと思われ、前記証人Bも、絶えず被害者の方ばかりを見ていたわけではなく、被害者の方を見た時には同人は手を下げていたが、同人を見ていない時にその手がどうなっていたかはわからないとも供述しており、また、前記の蹴られる前に被害者は手を下げていたとの供述部分についても、被害者は後記のように蹴られる直前に被告人が近づいて来て反射的に両手をあげたものであって、右星の視力は、左眼〇・二、右眼〇・一と悪く、前記のように現場は必ずしも明るくはなかったものであるから、右の動作を見逃がした可能性がないとは断定し難く、同女の目撃供述が細部まで絶対的に信用することができるほど正確なものか若干の疑念なしとしないこと、証人Aの前記証言は前記のように被害者が蹴られる直前のことをいうものではないこと、また前記証人Dは、丸義飯店前路上から本件を目撃したものであつて、本件現場とは若干の距離があり、しかも現場は薄暗く、さらに同人が一方では、蹴られる前に被害者がどんなことをしていたかについては「見ていない」とも供述しているのであり、これらにかんがみると、同人の前記「被害者が手を上げたりするのは見ていない」旨の供述も、これをもって直ちに被害者が前記ポーズをとらなかったと断定する証拠とするにはその証拠価値に疑問があると言わざるを得ないこと、原審証人森沢武も、所論指摘のとおり被害者が被告人に蹴られて倒れた状況を目撃していながら、被害者がフアイテイングポーズをとったか否かについて何ら証言するところがないけれども、右の事実をもって被害者が前記のような姿勢をとったことがないと断ずる証拠とはなし得ないこと、以上のような諸点にかんがみると、本件目撃証人らの証言をもって、直ちに被害者が前記のような姿勢をとったことはないと断ずることはできない（略）。

被害者は、M子に悪意を抱いて暴行を加えていたものではなく、同女に対しては勿論、被告人に対しても暴行を加えるべき動機・原因は全くなく、またそのような雰囲気もなかったものであって、被害者は、被告人が両手を前に出して近寄って来たため反射的に両手を胸の前辺りにあげて防禦の姿勢をとったものであって、被告人やM子に対し攻撃を加える意図で右の姿勢をとったものではないと推認するのが相当であり、これに対し、被告人は、M子が尻もちをついて倒れるに至った経緯を全く知らず、そのため自己が目撃した外形状況から同女が被害者から不法な暴行を受けているものと速断して同女を不法な暴行から救うべく同女と被害者との間に割って入って行ったものであり、被害者が両手を胸の辺りに上げたのがファイティングポーズの姿勢のように見え、被告人やM子に攻撃を加えようとしたものと**誤認**し、自己及びM子の身体を守るため、とっさに回し蹴りの行為に出たものと認めるのが相当である。（略）以上のとおり、本件においては、**急迫不正の侵害があったものとはいえないものであるけれども、被告人は、急迫不正の侵害があるものと誤想して反撃行為に出たものというべく**、結局、この点においては、右と同旨の認定をした原判決に誤りはない。

（注：**誤想防衛の成否について**）(一)、右認定のように、本件においては急迫不正の侵害が存在したものとはいえないけれども、右の如く急迫不正の侵害があるものと誤認して防衛行為を行った場合に、右防衛行為が相当であったときは、いわゆる誤想防衛として事実の錯誤により故意が阻却され、犯罪は成立しないものと解するのが相当である。しかし、**防衛行為が相当性を欠き、過剰にわたるものであるときは、少なくとも後記のように防衛行為の相当性を基礎づける事実につき錯誤の存しない本件の如き場合においては、事実の錯誤として故意の阻却は認められないものと解するのが相当である。**ただこの場合においては正当防衛との均衡上、過剰防衛に関する刑法三六条二項の規定に準拠して、刑の軽減又は免除をなし得るものと解するのが相当である（最決昭41・7・7参照）。（略）錯誤の有無の認定は慎重になされる必要があることはいうまでもないけれども、（略）**相当性が認められることが誤想防衛成立の法律的要件であると言えないことは**、誤想防衛が事実の錯誤の一場合であることから当然の帰結であると言わざるを得ず、前記最高裁判例も右の趣旨に出たものと解するのが相当であると考える。（略）

本件各証拠によれば、被害者は空手を習得したことがあるものとは窺われず、また当時何らの兇器も所持せず素手であったものであり、（略）同人が防禦のため両手を胸の前辺りにあげたのを、ファイティングポーズのような姿勢をとり、暴行を加えようとしたものと誤信した空手三段の腕前を有する被告人が、防衛のため、得意技である左回し蹴りを加えて被害者の右顔面付近に命中させ、転倒させて死亡するに至らせたものであるが、そもそも空手の回し蹴りは、一撃必殺ともいわれる空手の攻撃技の一つであって、身体の枢要部である頭部、顔面を狙うものであるうえ、制御しにくい足技であるだけに、命中すれば場合によってはその打撃により直接頭部等に損傷を与え、あるいは相手を転倒させる可能性も十分にあり、その際、打ちどころによっては重大な傷害や死の結果も発生しかねない危険なものであり、かつて全日本空手道連盟においてこれを禁止しようとする動きがあったこと（略）に徴しても、急所蹴り、足払いに較べ危険性の低いものであるとは必らずしもいいがたいように思われる。被告人は、相手を転倒させるつもりはなく、相手を驚ろかす目的で足の甲で最低の力で蹴った旨供述するけれども（略）、単に驚ろかせてひるませるのが目的であったのであれば三段の腕前をもってすれば、相手の顔面に蹴りを命中させることなく、その直前でこれを止めること等で十分に目的を達することが出来たものと考えられるのに、顔面付近をねらって左回し蹴りを行って命中させていること、被告人はとっさに自己の得意技である左回し蹴りを行ったものであること、回し蹴りを受けた被害者は前記のように尻もちをつくような形ではなく、「電信柱が倒れるように」「鉛筆が倒れるように」後方に倒れ、左側頭部をコンクリートの路面に強打し、致命的傷害を負ったこと、当時被害者は飲酒した後であったとはいえ、さほど酩酊している状態ではなく、M子をなだめるなど同行者の中ではしっかりしていた方であり（略）、わずかの衝撃を受けて転倒するほどは酩酊していなかったものと認められること、被告人は、身長が約一八〇センチメートル（五フイート一一インチ）、体重も八〇キログラムをこえるという巨漢であったから、空手の技を用い足で蹴る以上、ある程度力を加減したとしても、身長約一六〇センチメートル、体重約六〇キログラムの被害者に対してはなお相当の衝撃を与えることになると思われること、被害者の右顔面付近に挫傷、皮下出血等の怪我が存在したとは証拠上認められないものの、担当医師は当時被害者の救命措置に必死だったため細部まで外傷の確認ができなかった事情があり、被害者の右顔面に何らの損傷もないことが確認されたものではない事情があること（原審証人永律正章の供述）、回し蹴りが前記のように顔面・頭部という身体の枢要部を蹴るものであるのに制御がむずかしく、絶えず相手を転倒させる危険性を伴う危険な技である以上、よほどの熟達者でなければ相手を転倒させない程度に確実に自己の力を制御することはきわめて困難であると思われることなどの事情に徴すると、被害者が前記のような構えをしていたにもかかわらず、全く不意を突かれたように蹴りを受けて転倒し致命的傷害を負ったことは、いかに足の甲の部分で打ったとはいえ、被告人の蹴りが敏速であり、かつ、相当の衝撃力、威力を伴っていたことを示すものと言わざるを得ず、相手を驚ろかす目的で最低の力で蹴つたとの被告人の供述部分をそのまま信用することはできない。（略）蹴った者の技量、彼我の体格、蹴られた部位、その時の相手方の状況等によっては、本件のように転倒することのあり得ることは容易に肯認し得るところであり、また、被告人も、場合によれば被害者が転倒する可能性のあることも当然認識していたと認めるほかはない。
（略）そもそも空手の技は危険なものであって社会一般の生活において容易に用いるべきものではないのであり、本件において相手方は兇器を所持していたわけでもなく素手であつたものであって、前記のようにファイティングポーズのような姿勢をとったに過ぎないのであり、また、被告人は体力的にもはるかに勝り、しかも空手等の武道の修練を積んでいたのであって、被害者に対し優位にあつたことが窺われるのであり、相手に対し警告の声を発するなり、腕を引き続きさし出すなり、回し蹴りをするにしても相手の身体に当てないようにするなりして相手の殴打行為を押し止め、あるいは相手が殴打してきた段階でその腕を払うなり、つかまえるなり、もしくは身を引くなり、防衛のためには採るべき方法はいくらでもあったと考えられ、回し蹴りの空手技を用いる以外に方法がなかったものとは到底認めることができない。（略）

以上認定のような諸事情のもとにおいては、**被告人の本件行為は、明らかに防衛行為としての必要かつ相当の限度を超えたものというべく、相当性を欠くものであることは明らかである。そしてまた、防衛行為としての相当性を基礎づける事実、すなわち、前記のような回し蹴りを行うことについては被告人の認識に錯誤の存しないことも明らかであり、従って少なくとも右のような事情のもとにおいては、本件行為については誤想防衛は成立せず、いわゆる誤想過剰防衛が成立するに過ぎないものといわなければならない。（最決昭６２・３・２６は、この判断を正当とした。）**

7-46　福岡高判昭40・6・22（殺人未遂、銃砲刀剣類等所持取締法違反被告事件）

被害者桑山は、傷害致死、傷害、恐喝等の前科を有し、無法者の噂が高く、被告人も昭和三六年一月頃から桑山のそのような人柄を知っていたこと、本件当日も、午後九時過頃被告人の長男武公が桑山に呼び出されて出掛けて行ったのを知り、直ぐ警察に連絡して保護を求めた結果、間もなく武公が帰って来たのであるが、同日午後一〇時頃今度桑山から被告人に対して呼び出しの電話があり、被告人が桑山の言動に憤慨して同人との間で激しい言葉のやりとりをした末同人に対し「用事があるならお前の方から出て来い。」と言って桑山が被告人宅にやって来るようになったこと、被告人は桑山の無法者であることを知っていたため、直ぐ妻美由に警察に連絡して保護を依頼するよう指示し、武公に対しても「桑山が何か持って来るかもしれないから用心しとけ。」と注意するとともに、自らも、桑山が加害行為に出れば猟銃で対抗することも止むを得ないと決意し、その心積りをして六帖居間で桑山の来るのを待っていたこと、同日午後一〇時二〇分頃屋外に様子を見に出ていた武公が「父ちやん何か持って来たぞ」と大声で叫んだのを聞き、大変だと思つて直ぐ床の間に置いてあった猟銃を手に取って表道路に飛び出したところ、前方約五、三五メートル附近で、**庖丁を擬し、武公と対峙している桑山の姿を認め、桑山の侵害から武公を防衛する意思で、猟銃を発射した**こと、が認められる。以上の如き経緯に加えるに、（略）、本件猟銃は主として鳥猟に供するものであるけれども、それでもなお、射程距離や命中個所のいかんによっては、人を死亡させるに足る性能を備えていると認めるのが相当である。

しかるに被告人が桑山に向けて右猟銃を発射したのは約五、三五メートルという至近距離からであったことが認められるし、又被告人が発射に際し弾が桑山に当らないよう殊更留意した形跡はなく、むしろ立つたまま銃を腰に構えて発射し、現に散弾粒の若干が桑山の右頸部前面鎖骨上部に命中していること等から、銃口を桑山の上半身の方に向けたままで発射したと推認できること等を総合すると、**猟銃の発射に当り被告人にはいわゆる未必的殺意があったと認めるのが相当**であり、これを認めなかつた原判決には事実誤認の違法があり、その違法が判決に影響を及ぼすこと明らかであるから、原判決は破棄を免れない。（略）

原判決は、被告人の原判示第一の所為は、被告人並びに武公が共同して桑山に当った一種の**喧嘩闘争**で、全体として法律秩序に反する旨認定判示している。なるほど被告人は、桑山の性格や同人との電話のやりとりの状況から、桑山が被告人や家族に対し侵害行為に出る蓋然性のあることを予知し、同人に対し猟銃を使用するも止むを得ない意思であったことが認められる。しかし被告人にとって武公の叫び声を聞くまで銃の使用は未だ心積りの域を出ていなかったのであって、被告人が床の間に置いてあった猟銃を持ち出し積極的に使用できるよう準備していたとか、その他場合によっては被告人の方から桑山に対し制圧的攻撃を加えることをも辞さない考えであったことまで認められず、却って、被告人が妻美由に対し警察に保護を依頼するよう指示していることや、桑山は無法者として評判が悪いのに比べ、被告人には社会的信用も資産もあり、桑山を相手に闘争することが得策と思われない立場にあったこと等を考え合せると、**被告人に桑山と喧嘩闘争する意思があったとまで認めることはできず、むしろ被告人には防衛のためやむなく反撃に出る意思しかなかったと認めるのが相当**である。しかし、武公は、被告人と異なり、桑山が被告人方車庫の前附近まで来るや、同人が何等の侵害行為に出ていないのに、同人に対し所携のチエン（略）で殴りかかり、被告人が表道路に飛出したときにも、なお攻撃を加えることを辞さない意思で、桑山と対峙していたことが認められるから、そのような武公に対する桑山の反撃は、武公に対する**急迫不正の侵害とはいえず**、したがって被告人の（略）所為を正当防衛と認めることはできないのである。しかし被告人は右の如き事情を知らず、武公の叫び声を聞き表に飛び出した瞬間、庖丁を擬し武公と対峙している桑山の姿を見て、武公が桑山から攻撃を受けるものと誤信し、猟銃を発射したことが認められるから、被告人の所為は**誤想防衛と認めるべき**ところ、桑山の侵害が未だ庖丁を擬する程度に止っていたこと前叙のとおりであるから、その程度の侵害を排除するために猟銃の銃口を桑山に向けて発射し、散弾の一部を同人の右頸部前面鎖骨上部に命中させるようなことまでする必要があったとは認められず、被告人の所為は防衛の程度を超えていたと認めるのが相当である。又被告人が原判示第一の所為に出たのは桑山が被告人の住居え不法に侵入するのを防止しようとしたためでないこと明らかであり、恐怖、驚愕、興奮又は狼狽のためであったとも認められないから、原判決が被告人の原判示第一の所為を盗犯等ノ防止及処分ニ関スル法律第一条第一項第二号の防衛行為又は同条第二項に該当するとしなかったのは正当である。そうだとすれば結局原判決は**過剰防衛を認めなかった点に事実誤認**の違法がある。

3　誤想避難

現在の危難が存在しないのに、存在すると誤信して避難行為を行った場合、誤想防衛と同様に、行為者が誤信した事実を前提として、緊急避難の要件を充足している場合には、責任故意を阻却し、避難行為がその程度を超えた場合に誤想過剰避難となり責任故意は阻却しないが、刑の減免事由になる。

判例7-47は、同居の女性と喧嘩している際、同女がベランダから飛び降りて自殺するそぶりを見せたので、これを止めるために、同女の両肩を両手で強く突いてその場に転倒させたため、同女が転倒して頭部を床面に強打し、入院中に死亡した事案について、同女は、真実自殺を意図していたとは認められないが、真に自殺すると思ったという被告人の供述を排斥できないとして、危難の現在（事実）について錯誤があるとし、被告人には自殺をやめさせようとした意思があり、内心で同女に対する憤激や苛立ちの感情が併存していたからといって、そのことのゆえに避難意思が否定されることにはならないとし、あえて自殺を制止するのにやむを得ない程度を超えて暴行に及び、被害者を死に致らせたものであるとして、誤想過剰避難を認めた。

また、**同7-48**は、オウム教団内から女性を救い出そうとして捕まってしまい、ある人を「殺せば家に帰してやる、殺さなければお前を殺す」と責められ、仕方なく、教団の信者の助けを借りて殺害した事案について、「緊急避難における『現在の危難』とは、法益の侵害が現に存在しているか、または間近に押し迫っていることをいうのであり、近い将来侵害を加えられる蓋然性が高かったとしても、それだけでは侵害が間近に押し迫っているとはいえない。また、本件のように、生命対生命という緊急避難の場合には、その成立要件について、より厳格な解釈をする必要があるというべきである。」とした上で、「被告人があくまでもＤの殺害を拒否し続けた場合には、被告人自身が殺害された可能性も否定できないが、被告人がＤ殺害を決意し、その実行に及ぶ時点では、被告人は、Ｇから口頭でＤを殺害するように説得されていたに過ぎず、被告人の生命に対する差し迫った危険があったとは認められないし、また、この時点で、仮に被告人がＤ殺害を拒否しても、ただちに被告人が殺害されるという具体的な危険性も高かったとは認められないのであるから、被告人の生命に対する現在の危難は存在しなかった」というべきである。したがって、被告人の行為は緊急避難行為には該当しない」とし、誤想避難についても、「自己の生命に対する侵害が差し迫っているという認識までは有していなかったと認められるから」成立しないとし、「被告人は、Ｇの意思によって身体の拘束を解かれる以外に監禁状態から脱するすべはなく、Gの意思によって身体の拘束を解かれるためには、Dを殺害しなければならないということに帰するのであって、結局、被告人が身体拘束状態から解放されるためには、Dを殺害するという方法しかとり得る方法がなかったものと認めざるを得ない」ので身体に対する危難の現在を認め、已むことを得ざるに出たる行為であるとして避難行為の相当性も認めたが、自己の身体の自由に対する危難から逃れるために、Dを殺害したのであって、法益の均衡を失しているとして、過剰避難を成立させている。

(誤想避難に関する判例)

7-47　東京地判平9・12・12（傷害致死等被告事件）

被告人は、第一　(略)、在留期間を経過して不法に本邦に残留し、第二　平成八年五月二日にA子と婚姻し、東京都渋谷区《番地略》所在の甲野三〇三号室で一緒に暮らしていたものであるが、同年六月ころからしばしば夫婦げんかをするようになっていたところ、同年七月二四日深夜から翌二五日朝にかけて、同室において、同女(当時三三歳)が以前交際していた男性とホテルへ行った旨を告白したことから、憤激した被告人が離婚すると言い出し、被告人を引き止めようとする同女が包丁で自殺の素振りを示し、自殺されてはと困惑する被告人が同女を制止するなどして激しく争い、この間、同日午前三時ないし午前四時三〇分ころには、被告人が同室を飛び出して最寄りの代々木公園交番へ離婚の相談に赴き、これを追って同女も同交番に赴き、ともに警察官からなだめられ助言を受けて再び同室に戻ったりしたが、このような争いが朝まで断続的に繰り返されるうち、同日午前八時二〇分前ころ、同女は、室内からベランダへ出て行こうとした。これは、被告人の気を引くため飛び降り自殺の素振りを見せたものであって、同女に真実自殺する意思はなかったが、被告人は、同女がベランダへ出て行こうとするのを見るや、同女が本気で自殺を図っているものと感じて、これを制止しようとした。その際、被告人は、同女に対する憤激や安易に自殺に走る同女への苛立ちの感情があったこともあって、自殺を制止するのにやむを得ない程度を超え、同女の両肩を両手で強く突いてその場に転倒させる暴行を加え、よって、同女に対し、右転倒に際し頭部を床面に強打したことによる頭部打撲の傷害を負わせ、同月二九日午後三時五〇分ころ、同区(略)所在の(略)病院において、同女を右傷害に基づく頭蓋内損傷により死亡させた、ものである。

(緊急避難における「現在の危難」について) 本件暴行の直前に被害者が飛び降り自殺の素振り、すなわち室内からベランダへ出て行こうとする行動をとったか否かについてみると、被告人は、被害者がなお存命中の事件直後から捜査公判段階を通じて、被害者にそのような行動があった旨を供述しているところ、その供述内容は、基本的に一貫しており、動揺はみられない(略)。また、被害者は、前判示のとおり、本件当夜、現に包丁で自殺の素振りを示しており(略)、平成八年七月三日未明に被告人と争った際にも、同室ベランダにおいて、飛び降り自殺するかのような言動をしていたものであって(略)、被害者には日頃から被告人の面前で自殺の素振りを示す傾向があったことが明らかであり、本件暴行の直前に被害者が自殺の素振りを示したとする被告人の供述内容に沿う情況事実の存在が認められる。他方、本件においては、被告人の供述以外にはこの点に関する直接証拠がなく、被害者が本件の直前に室内からベランダへ出て行こうとしたことを否定するに足る情況も格別うかがうことはできない。以上のような証拠関係の下においては、本件暴行の直前に被害者が室内からベランダへ出て行こうとしたとする被告人の供述を排斥することは困難であるといわざるを得ず、したがって、被害者にそのような行動があったとの前提に立って検討を進めるべきものと考えられる。

(略) 本件暴行の直前に被害者が室内からベランダへ出て行こうとした際、被害者が真実自殺を意図していたか否かについてみると、関係各証拠によれば、前判示の包丁で自殺の素振りを示した点に関し、被害者自身が代々木公園交番の警察官に対し、そういうことをやれば被告人も落ち着いて話を聞いてくれると思ってジェスチャーとしてやった旨説明していたこと(Cの証言)、平成八年七月三日未明に飛び降り自殺の素振りを示した際の被害者の言動も、「来ないで、来たら飛び降りてやる。」というにとどまるものであって、自分の言い分を通すための便法にすぎないとみられること(D子の証言)、本件暴行直前の行動も、夫婦げんかに伴うそれまでの自殺の素振りを示す行動と同根のものと考えられること等の事情が認められ、これらに照らせば、被害者は、このときも被告人の気を引くため自殺の素振りを示したものであって、真実自殺を意図していたわけではないものと認めるのが相当である。

(略) しかしながら、(略)、被告人は、事件の直後から捜査公判段階を通じ一貫して、被害者が自殺を意図しているものと思った旨の供述を維持していること、被告人は、前夜から一睡もせずに被害者と争いを繰り返しており、本件当時、冷静な判断がいささか困難になっていた側面も否定できないこと、他方、被告人において被害者が自殺を意図しているものと思ったか否かは、被告人の内心に係るものであるだけに、被告人の供述以外には直接証拠がないこと等の事情が認められ、これらに照らせば、本件暴行の際、とっさに被害者が本当にベランダから飛び降りるものと思った旨の被告人の供述を排斥することは困難であるものといわざるを得ず、したがって、被告人がそのように思ったとの前提に立って判断すべきものと考える。なお、本件暴行の時点では、被害者は未だベランダに出ていたわけではなく、六畳間にいたものであるが、六畳間とベランダとがガラス戸一枚を隔てて隣接していることにかんがみると、被害者が六畳間にいたことから危難の切迫に関する被告人の認識を否定することも困難である。

（略）したがって、本件においては、**客観的には「現在の危難」は存在しなかったものであるが、被告人の主観においてそれが存在する旨誤想したとの点については、これを認めざるを得ない**。

（略）次に、緊急避難における**避難意思**の点についてみると、受傷状況からも明らかなように本件暴行が相当強烈なものであったこと、被告人には従前から被害者に対し暴力に訴えがちな傾向があったこと、被告人は被害者が不貞を働いたと信じており、当時の被告人の心境としては被害者に対する愛情よりも怒りが前面に出ていたこと等、本件証拠上認められる諸事情に照らすと、本件暴行に及んだ被告人の内心には、被害者に対する憤激や安易に自殺に走る同女への苛立ちの感情も存在したことが認められる。しかしながら、**被告人に被害者の自殺を制止しようとの意思があり、それが本件暴行の動機になっていたことは、本件証拠上否定できない。したがって、被告人の内心に右のような憤激や苛立ちの感情が併存していたからといって、そのことのゆえに避難意思が否定されることにはならないものと考えられる。**

（略）また、緊急避難における**「やむを得ずにした」ものといえるか否か**について検討すると、関係各証拠によれば、被告人は身長体重等の体格差において被害者よりもはるかに勝っており、被告人が被害者の飛び降り自殺を制止するためには、被害者をその場で取り押さえるなど容易に採り得べき方法が他にいくらでも存在したものであって、そのことは被告人自身も十分承知していたものと認められるのに、被告人は、前判示のとおり、被害者の両肩を両手で強く突いてその場に転倒させる暴行を加えたものである。したがって、**本件暴行は、被告人の誤想した「現在の危難」を前提とした場合においても、避難にやむを得ない程度を超えたもの**であったことは明らかであって、これを正当化することはできないというべきである。（略）

本件においては、被害者が室内からベランダへ出て行こうとしたとき、同女には真実自殺する意思はなかったが、被告人は、同女が本気で自殺を図っているものと誤信してこれを制止しようとし、その際、あえて自殺を制止するのにやむを得ない程度を超えて本件暴行に及び、被害者を死に致らせたものである。したがって、弁護人の主張のうち、緊急避難、誤想避難をいう点は採用できないが、誤想過剰避難の点を採用する。

7-48 東京地判平8・6・26（殺人被告事件）

（１）被告人とＤは、被告人の母親であるＢ子を救出すべく、平成六年一月三〇日午前三時ころ第六サティアン内に忍び込み、同サティアン三階の医務室内でＢ子を発見して、二人で同女を同サティアン外に連れ出そうとしたが、途中で信者らに発見され、Ｂ子を取り戻されてしまった。

（２）被告人とＤは、信者らに対して催涙スプレーを噴射するなどして抵抗したが、結局、取り押さえられ、その場にいたＨの指示によりそれぞれ両手に前手錠を掛けられ、ガムテープで口を塞がれたうえ、Ｇの指示を受けたＨらによりワゴン車に乗せられ、第二サティアンに連行された。

（３）他方、Ｈらから被告人とＤが第六サティアン内に侵入した旨の報告を受けたＧは、Ｈに対し被告人らを第二サティアンに連行するよう指示した後、Ｉ子に先導させ、Ｊの運転する車で第二サティアンに赴いたが、その車中において、厳しい表情で「今から処刑を行う。」と言った。

（４）Ｇは、第二サテイアンに到着すると、Ｉ子に先導させて同サティアン三階の「尊訪の部屋」と称する瞑想室（東西一一・八五メートル、南北七・一二メートルの広さのほぼ長方形の部屋であり、入口には二重のドアの設備がある。）に入り、Ｈらから経過の報告を受けた後、同所に集まった教団幹部であるＫ、Ｈ、Ｌ、Ｊら七名位の者に対し、被告人及びＤの処分について、二人を殺害するしかないかという趣旨のことを述べて意見を求めたところ、Ｋ、Ｈらから殺害するしかない旨の積極的な意見があり、他の者もこの意見に同調し、異を唱える者は誰もいなかった。

なお、Ｈらが本件の経過を説明する際、被告人らから取上げた所持品についての説明もあり、これらの品物は「尊師の部屋」の入り口付近に並べられていたが、その中には、催涙スプレーなどと並んで、Ｄが持参したサバイバルナイフ様の刃物も含まれていた。
(5)Gは、教団幹部の意見を聞いた後、「もし、AがDとAの母親との関係を知らないとするなら、AもDに騙された被害者である。カルマからいって、AがDをポアすべきである。」などと言い、被告人が、DとB子との交際状況等を知らないままDと共に第六サティアンに侵入したのであれば、被告人自身もDに騙された被害者といえるのであるから、その場合には、被告人を殺害するのではなく、教団の教義からして、Dに騙されて悪業を行った被告人にDを殺害させるべきであるとの考えを述べ、この点を確かめるべく、被告人一人を先に入室させた。なお、Gの意見に異を唱える教団幹部はいなかった。
(6)第二サティアン三階で信者に監視されて待機させられていた被告人は、Hらに呼ばれて「尊師の部屋」に入れられ、Gの面前に座らされたうえ、周囲をその場にいた一〇名近くの教団幹部に取り囲まれた。なお、その当時、被告人は、口を塞がれていたガムテープは取られていたものの、依然として、両手に前手錠を掛けられた状態であった。
(7)Gは、被告人に対し、普通の声の調子で、なぜこのような行為に及んだのかを尋ねた後、DがB子を連れ戻そうとした理由を知っているかを尋ねたが、これに対し、被告人が分からない旨答えたことから、Gは、予定通り被告人をしてDを殺害させることにした。
(8)そこで、Gは、被告人に対し、DがB子と関係を持っており、そのため教団がDとB子を引き離したところ、Dはこれを不服に思ってB子を取り戻そうとした、Dは、B子を取り戻した後、B子と結婚するつもりであったなどとDやB子のことを悪し様に述べ立てたうえ、被告人は、そのようなDの言うことを信じて大きな悪業を積んだ、この悪業はちょっとやそっとのことでは落とすことができないなどと言った。被告人がGの言葉に対して反論をせず、相槌を打ちながら話を聞いていると、Gは、「お前はちゃんと家に帰してやるから心配するな。大丈夫だ。」などと言い、この言葉に被告人が礼を述べると、「ただ、それには条件がある。なんだか分かるか。」などと言った後、「また、一生懸命修行することですか。」との被告人の言葉に応じ、「それもある。」「それもあるが、それとな。」「それと、お前がDを殺すことだ。」と言った。さらに、Gは、黙っている被告人に対し、続けて、「なぜならば、Dはお前のお袋さんを巻き込んで戒律を破ったばかりではなく、お前を騙して、お前にも大きな悪業を積ませた。だから、ポアしなければいけない。分かるな。」などと、被告人がDを殺害しなければならない必要性、正当性を説明した。
なお、この時点においても、被告人の周囲にいた教団幹部に、Gの言葉に対して異論を述べる者はいなかった。
(9)Gの右の言葉に対し、被告人が本当に家に帰してもらえるのかを尋ねたところ、Gは、「私が嘘をついたことがあるか。」などと応じ、結論を先延ばしにしようとする被告人が、少し考える時間が欲しいと言ったのに対しても、「いや、だめだ。今直ぐ決めろ。」と言って、被告人にD殺害を承諾するよう促した。
(10)被告人が結論を出せないでいると、Gは、第六サティアンから第二サティアンに移動するに際に気付いた栃木ナンバーの車について、この車が被告人らが乗ってきた車かどうかを尋ね、被告人が父親の車であると答えたことから、さらに、被告人が運転してきたのかを尋ねた。被告人は、父親と一緒に来ていることを話したならば、父親や一緒に来ている弟の身に危害が及ぶかもしれないとは思ったものの、自らの身の安全を図り、D殺害という条件もなくなることを期待して、あえて父親が同行していることを教え、父親は車に乗っていると思うと告げた。
(11)しかしながら、Gは、被告人に対し、「お前の親父さんがいようがいまいが関係ない。お前はDを殺すんだぞ。どうする。」などと言ってきたため、被告人は、本当に家に帰してもらえるのかGに確認し、Gから「それは約束する。」と言われたことから、Dを殺害すれば身体の拘束を解かれて家に帰れるものと考え、Dの殺害を決意し、「それじゃあ、分かりました。」などと言ってDの殺害を承諾した。
(12)その後、被告人は、Gの指示に従い、室内に連れてこられたDの頭部にビニール袋を被せ、その中に催涙スプレーを噴射するなどしたうえ、暴れるDを教団幹部に押え付けてもらったうえ、用意されたロープをDの頸部に巻いて締め付けた。しかし、被告人は、両手に前手錠を掛けられたままの状態であったことから、なかなかDを絞殺できないでいたところ、Gから、「これでDを殺せなかったらお前のカルマだから諦めろ。」と言われた。そのため、被告人は、周囲にいた教団幹部の指示により、二つ折りにしたロープの一端の輪の部分に右足をかけ、他の端を手錠を掛けられたままの両手で持ってDの頸部を絞め続け、Dを窒息死させた。
(13)Dを殺害してから、被告人はGらから口止めをされるなどした後、ようやく手錠をはずされて解放された。(略)
前記第二認定の事実関係によると、被告人は、教団の施設である第二サティアン内「尊師の部屋」において、両手に前手錠をされたうえ、Gの面前において、その周囲を一〇名近くの教団幹部に囲まれた状態で、GからDを殺害するよう命ぜられてこれを決意し、その後、同室内で、同様に教団幹部が周囲にいる中、前手錠をされたままの状態でD殺害行為に及んでいることが認められる。したがって、被告人は、Gらに不法に監禁された状態下で、Dの殺害を決意し、その殺害行為に及んだものであるから、右時点において、少なくとも、被告人の身体の自由に対する現在の危難が存在したことは明らかである。
（略）ところで、弁護人及び被告人は、被告人がDの殺害を決意し、殺害行為に及んだ時点では、被告人の身体の自由に対する現在の危難だけでなく、被告人の生命に対する現在の危難が存在したと主張する。（略）
（1）（略）被告人は、外部と遮断された教団施設内で手錠を掛けられ、周囲を教団幹部に囲まれるなど監禁された状態にあったことが認められるほか、被告人を取り囲んでいた教団幹部は、いわゆる教祖であるGを絶対視し、その命令を絶対のものと受け止めて行動するGの信者であったこと、このような状態下で、被告人は、GからDを殺害するように命ぜられ、それができなければ被告人自身を殺すと言われたこと、また、室内の入り口方向には、被告人、Dが教団施設内に立ち入る際に所持してきた品物が並べられており、その中には、Dが持参したサバイバルナイフ様の刃物等もあったことなどが認められる。

また、（略）、Dと被告人が教団施設内に立ち入ってB子を連れ出そうとした行為、及び教団の信者らに取り押さえられた際、持参した催涙スプレーを噴射するなどして抵抗した行為は、教団破壊行為であり、教団内においては、いわゆる五逆の大罪といわれるものの一つに該当する極めて大きな悪業であって、このような悪業を積んだ者は殺害しても本人の利益になるという教えがあること、被告人を囲んでいた教団幹部は、この教えを信じており、実際にこの教えを実践した者もいたこと、本件当時、第二サティアンの地下室には、マイクロ波を用いた死体焼却設備が設置されていたことなどの事実が認められる。

これらの事実関係に、前記第二認定のとおり、第六サティアンから第二サティアンに移動する車中で、GがJに対し、「今から処刑を行う。」と言っていること、また、第二サティアン三階の「尊師の部屋」において、Gが、その場に集まった教団幹部に対し、Dと被告人の二人とも殺害するほかないかという趣旨のことを述べて幹部らの意見を徴していることなどを考慮すると、Gの意思いかんによっては、被告人も殺害される可能性があったことは否定できない。
（2）しかしながら、前記第二で認定したとおり、Gは、その場に集まった教団幹部の意見を徴した後、自ら教団の教えであるカルマの法則を持ち出し、被告人がDとB子との関係を知らないとするなら被告人もDに騙された被害者であるから、カルマからいって被告人がDを殺すべきであるとし、先に入室させた被告人に対し、DとB子の関係を知っているか否かを確認したところ、被告人が分からない旨を答えているのであるから、Gとしても、この時点においては、被告人を殺害するのではなく、被告人をしてDを殺害させようとの意図であったと推認することができる。実際にも、前記第二で認定したとおり、被告人が分からないと答えた後、Gは、DがB子と関係を持っているなどとDやB子のことを悪し様に言い、さらに、そのようなDの言うことを信用して被告人がこのように大きな悪業を積んだなどと言っており、Dの行動に対して立腹するよう被告人に話をしていること、その後、Gは、「お前はちゃんと家に帰してやるから心配するな。」などと言って被告人を安心させたうえ、その条件としてD殺害を持ち出していること、前記認定のとおり、Gは、被告人に対し、Dを殺害するように言ったほか、「できなければ、お前も殺す。」と言ったことは認められるが、それに続けて、「なぜなら、Dはお前のお袋さんを巻き込んで戒律を破ったばかりではなく、お前を騙して、お前にも大きな悪業を積ませた。だから、ポア（この場合は、殺害を意味する。）しなければいけない。分かるな。」などと言って、被告人がDを殺害しなければならない理由、教義上の正当性を説いて聞かせていることなどが認められるのである。そして、関係証拠によれば、被告人の周囲にいた教団幹部も、被告人がDとB子の関係を知らないと言ってからは、殺害されるのはDだけであり、被告人が殺害されることはないとの認識で、被告人がDを殺害する準備等をしていたことが認められる。

これらの事実関係に照らすと、確かに、被告人やDの行為は教団に敵対する行動であり、前記教団の論理からすると、被告人があくまでDを殺害するように説得するGの言葉に逆らい、D殺害を強硬に拒否し続けたとすれば、被告人自身も殺害される可能性が存したとはいい得るが、被告人がD殺害を決意した時点では、右のとおり、Gは、被告人をしてDを殺害させることにより事態の収拾を図ろうとして、被告人に対し、被告人がDを殺害しなければならない所以を諄々と説いて聞かせているのであり、この時点でのGの意思として、被告人がD殺害を拒否した場合には、ただちにその場で被告人の殺害行為に移ろうということまで意図していたとは認められないというべきである。してみれば、「できなければお前も殺す。」というGの言葉も、被告人にD殺害を決意させるための脅し文句の一種と理解すべきものである。
（3）以上のとおり、被告人がDの殺害を決意し、殺害行為に及ぶ時点においては、被告人は、教団施設内で両手に前手錠をされ、周囲を教団幹部に囲まれたうえで、GからDを殺害するように言われ、それができなければ被告人を殺すなどと言われたことは認められる。しかし、この時点でも、Gは、被告人に対し、被告人がむしろDに騙された被害者であるといった論調で話をし、被告人を家に帰す条件としてDの殺害を命じてからも、被告人がDを殺害する理由、教義上の正当性を被告人に説いて聞かせ、被告人が自らそれを承諾するように説得している状態であり、Gが、Dを殺害できなければ被告人を殺害すると言ったという点も、言葉による脅しに過ぎず、実際に、Gないしは周囲にいる教団幹部が、被告人に対し凶器を突き付けるなどしてDの殺害を迫ったという事実は認められないことに加え、前記第二に認定したとおり、Gは、被告人に対し、Dを殺害するよう命じた後、被告人が明確な答えをせず、時間を稼いでいる間に、被告人が乗車して来た車に関して質問をするなどしているのであって、Gが絶え間なく被告人にDの殺害を迫っていたわけでもないこと、さらに、被告人がDの殺害を決意したのは、右車に関する会話の後、二度目にDを殺すように言われた時点であること、被告人がDの殺害を決意するまでの間に被告人がDの殺害を拒絶したり、命乞いをするなどして事態が緊迫化するということもなかったことなどの事実が認められるのである。

（4）ところで、緊急避難における「現在の危難」とは、法益の侵害が現に存在しているか、または間近に押し迫っていることをいうのであり、近い将来侵害を加えられる蓋然性が高かったとしても、それだけでは侵害が間近に押し迫っているとはいえない。また、本件のように、生命対生命という緊急避難の場合には、その成立要件について、より厳格な解釈をする必要があるというべきである。これを本件についてみるに、右に認定した状況からすると、被告人があくまでもDの殺害を拒否し続けた場合には、被告人自身が殺害された可能性も否定できないが、被告人がD殺害を決意し、その実行に及ぶ時点では、被告人は、Gから口頭でDを殺害するように説得されていたに過ぎず、被告人の生命に対する差し迫った危険があったとは認められないし、また、この時点で、仮に被告人がD殺害を拒否しても、ただちに被告人が殺害されるという具体的な危険性も高かったとは認められないのであるから、被告人の生命に対する現在の危難は存在しなかったというべきである。したがって、被告人の行為は緊急避難行為には該当しない。

3　なお、被告人は、当公判廷において、D殺害を断れば、すぐその場で殺されると思った旨供述している。しかしながら、関係証拠によれば、被告人は、前記第二で認定した被告人が入室してからDの殺害を決意するまでの客観的状況、特に、GがD及びB子を悪し様に言い、被告人をDに騙された被害者だという見方をしていること、被告人に対してDを殺害するように言ってから、その理由、教義上の正当性を説明して被告人を説得していることなどをすべて認識把握していることが認められるほか、B子は、教団に入信してから本件当時までの間に、約四五〇〇万円のいわゆるお布施を行っているところ、被告人も、本件当時、Dから話を聞くなどして、B子が多額のお布施をしていることは知っていたこと、被告人が第六サティアンで教団信者らに捕まった時点で、信者らに対し、自分達が帰らなければ警察が来ることになっているなどと言っていること、また、この時点では、被告人は、B子の息子であり、息子が母親を取戻しにきたのであるから、そうひどい目に遭わされることはないであろうと思っていたこと、被告人は、平成四年ころ教団を脱会してからは教団とのかかわりを断っており、本件当時、教団によって殺害された者がいるとか、教団内でリンチ的な行為が行われているということは知らなかったこと、したがって、第二サティアン三階の「尊師の部屋」に入れられた後も、GからDを殺害するように言われ、それができなければ被告人を殺すと言われるまでは、被告人自身が殺されるということは全く考えていなかったこと、Gから右のように言われた後、被告人が乗車してきた車の話が出るや、同乗してきた父親や弟の身に危険が及ぶ可能性があったにもかかわらず、父親が同行して来ていることを明らかにしていることなどの事実が認められるのであり、これらの事実関係に照らすと、被告人自身、あくまでGの命令に逆らい、Dの殺害を拒否し続ければ自己の生命も危うくなるという認識は有していたとしても、Gが被告人にDを殺害させようとして説得している状態であったことからして、その時点で、Dの殺害を断っても、ただちに被告人が殺害されるような状態にはなかったことは十分に認識し得たというべきである。これを否定する被告人の公判供述は信用できない。してみると、被告人も、自己の生命に対する侵害が差し迫っているという認識までは有していなかったと認められるから、この点について被告人に誤想はなかったというべきであり、**誤想避難**も成立しない。（略）

（注：**過剰避難について**）（1）**補充性の要件**についていえば、**被告人が避難行為に出る以前にどれだけの行為をしたかということが重要なのではなく、客観的にみて、現在の危難を避け得る現実的な可能性をもった方法が当該避難行為以外にも存在したか否かという点が重要**なのであり、この観点からすれば、前述のとおり、被告人は、外部と隔絶された教団施設内で、両手に前手錠を掛けられたうえ、Gの面前で一〇名近い教団幹部に取り囲まれている状況にあったのであり、被告人が自力でこの拘束状態から脱出することや、外部に連絡して官憲の救助を求めることは不可能な状態にあったといってよい。また、前記のとおり、被告人やDの行った行為が教団破壊行為であり、教祖であるGが、教団の教義に基づき、被告人をしてDを殺害させることによって事態を収拾しようと考え、その旨を周囲にいた教団幹部に話

している以上、被告人にＧの翻意を促す説得行為を要求してみたところで、被告人の身体の拘束が解かれる現実的な可能性はほとんどないといわざるを得ない（現に、被告人は、Ｇから家に帰してやる条件はなんだと思うかという趣旨の質問を受け、教団に戻って一生懸命修行する旨回答しているが、Ｇからは、それもあると言われただけで、結局、修行をすることに加えてＤを殺害するように命ぜられているのである。）。このような状況からすると、被告人は、Ｇの意思によって身体の拘束を解かれる以外に監禁状態から脱するすべはなく、Ｇの意思によって身体の拘束を解かれるためには、Ｄを殺害しなければならないということに帰するのであって、結局、被告人が身体拘束状態から解放されるためには、Ｄを殺害するという方法しかとり得る方法がなかったものと認めざるを得ない。
（２）次に、**相当性の要件**について検討するに、本件では、侵害されている法益が被告人の身体の自由であり、避難行為によって侵害される法益がＤの生命であることから、これを単純に比較すれば、当初より法益の均衡を著しく失しているともいえ、自己の身体の拘束状態を脱するために他人の生命を奪う行為に出るということは、条理上これを肯定することができないというべきであるから、その点からすると、避難行為の相当性を欠くとの検察官の主張もあながち理解できないわけではない。しかしながら、前述のとおり、被告人が現に直面している危難は被告人の身体の自由に対する侵害であるが、被告人に対する侵害そのものはこれにとどまるものではなく、危難の現在性は認められないとはいえ、被告人があくまでもこれを拒否すれば被告人自身の生命に対しても侵害が及びかねない状況も他方では認められるのであり（現に、被告人は、Ｇから脅し文句の一つとはいえ、Ｄを殺せないのならば被告人も殺すと言われており、また、前記第二で認定したとおり、被告人がＤ殺害行為に着手した後のことではあるが、被告人がなかなかＤを殺害できないでいるときにも、Ｇから「これでＤを殺せなかったら、お前のカルマだから諦めろ。」とも言われている。）、**当面被告人が避けようとした危難が被告人の身体の自由に対する侵害であったとしても、その背後には、危難の現在性はないとはいえ、被告人の生命に対する侵害の可能性もなお存在したといい得るのであるから、このような状態下で、被告人の身体の自由に対する侵害を免れるためにＤの殺害行為に出たとしても、このような行為に出ることが条理上首定できないとまではいえない**。したがって、被告人のＤ殺害行為について、避難行為の相当性も認められるというべきである。
３　以上の次第で、被告人のＤ殺害行為は、被告人の身体の自由に対する現在の危難を避けるために、已むことを得ざるに出でたる行為とは認められるが、他方、被告人は、自己の身体の自由に対する危難から逃れるために、Ｄを殺害したのであって、法益の均衡を失していることも明らかであるから、結局、被告人の行為には、**過剰避難が成立**するといわなければならない。

第8章

事案の捌き方 その3（財産犯を中心として）

はじめに

財産犯は、個人の財産権の侵害を処罰するものである。どの財産罪に該当するかを分ける基準は、大きく分けて４つあり、次の順番に検討して行けばよい。

まず、一番目は、発生した結果について、侵害された**客体が個別財産か全体財産か**を決める。これによって、恐喝、詐欺、強盗については１項犯罪か２項犯罪かが区別でき、横領と背任を区別できる。遺失物横領罪は横領の部類に入る。電子計算機使用詐欺罪も２項詐欺の類型に入る。

二番目は、**個別財産については占有による区別**である。財物の占有が被害者にあれば奪取罪（窃盗、詐欺、恐喝、強盗）、被害者に占有がなく犯罪者自身にあれば横領罪、占有が被害者にも犯罪者にもない場合には遺失物横領罪となる。

三番目は、**不法領得の意思の有無に関する区別**であり、それがあれば領得罪（窃盗、詐欺、恐喝、強盗、横領）であり、それがなければ毀棄・隠匿罪となる。

四番目は、**実行行為による区別**である。これは正に刑法各論の領域であるが、詐欺的言動と暴行・脅迫などとが混在する場合にどの犯罪を成立させるかという点に留意しなければならない。

盗品等に関する罪は、事後的に、個別財産に対する領得罪の客体の処理にかかわることによって、領得罪の発覚を困難にするとともに、自らもその利益を得ようとするものとするものである。

第１　客体による区別

客体が全体財産か個別財産かの判断に迷うのは背任と横領の区別において問題になる場合が多い。この点については別項で取り上げる。

全体財産に損害が生じたか否かの判断は難しい。**判例8-1**は、住管機構に担保価値を大幅に上回る債務を負っている会社が、担保不動産をダミー会社に売却して債務額の圧縮を図った事案で、「根抵当権等を放棄する対価としてＡ社から住管機構に支払われた金員が本件各不動産の時価評価などに基づき住管機構において相当と認めた金額であり、かつ、これで債務の一部弁済を受けて本件各根抵当権等を放棄すること自体については住管機構に錯誤がなかったとしても、被告人に欺かれて本件各不動産が第三者に正規に売却されるものと誤信しなければ、住管機構が本件各根抵当権等の放棄に応ずることはなかったというべきである。被告人は、以上を認識した上で、真実は自己が実質的に支配するダミー会社への売却であることなどを秘し、住管機構の担当者を欺いて本件各不動産を第三者に売却するものと誤信させ、住管機構をして本件各根抵当権等を放棄させてその抹消登記を了したものであるから」２項詐欺罪が成立するとした。また、**同8-2**は県の制度融資について、虚偽事実及び虚偽資料によって、県知事に貸付決済をさせ、貸付契約を締結させたことについて２項詐欺罪の成立を認めている。**同8-8**は、畏怖させてその請求を一時的に断念させたという事案について、「そこに被害者側の黙示的な少なくとも支払猶予の処分行為が存在するものと認め」、２項恐喝罪の成立を肯定した。**同8-12**は、偽造した約束手形を真正に成立したもののように装って、偽造手形の支払期日まで支払いの猶予を得た事案について２項詐欺罪を認めた。**同8-10**は、いかさま賭博によって負けた客に債務を負担させた事案について、「不法とはその利益を取得する手段が不法である場合と解すべく、右利得によって生ずる法律行為が私法上有効なると否とは詐欺罪の成立に影響がない」として２項詐欺の既遂を認めた。**同8-11**は被害者から麻薬購入資金として預かっていた金員の返還を免れるため、**同8-13**は被害者に頼まれて取り立てた金の引き渡しを免れるために、それぞれ被害者を殺害、あるいは殺害しようとした事案について２項強盗及び同未遂を認めている。いずれも、全体財産に対する侵害は、損害額が具体的に発生したことまでは必要とされないと考えられる。

1　個別財産か全体財産か

被害が個別財産か全体財産かについては、例えば、金員の恐喝や詐欺を目的として支払い約束の書面を受け取ったが金員を得るまでに至らなかった場合、その借用書を財物と見て既遂とするか、書面は金員を得るための手段にすぎないから金員を得ないと既遂にならないとして未遂とするかが問題になるが、**同8-7**は、慰謝料500万円を支払う旨の契約書を作成させて受け取ったことを１項恐喝未遂とした一審判決を覆して、「署名押印のある書面にまで作成されているときは、たとえ、その契約は法的には無効であるとしても、その書面は当該当事者にとっては、金員の交付の実行があるまで利用される可能性のある、重要な財産的価値のある物と解せられる」として契約者の恐喝既遂を認めた。

注意しなければいけないのが、**情報自体**と**情報が化体した物**との区別である（**同8-2**、**同8-3**参照）。情報が化体した紙は財物であるが、情報自体は財物ではない。また、**同8-5**は、情報を化体した紙やＣＤなどを一時的に持ち出して、自分の紙やＣＤにコピーして返却した場合について、一時使用における不法領得の意思の考え方を使って持ち出し行為自体を横領罪としている。

同8-9は、客体に関するものではないが、入場券で駅員のいる改札口を通って駅構内に入り無賃乗車した事案について、駅員の錯誤に基づく処分行為がないとして２項詐欺を否定している。

2　個別財産（財物）の意味

個別財産（財物）の権利形態は、**占有**という形で表象され、占有者は何らかの占有する権原を有していることが推定され、占有の侵害が一次的に処罰対象となる。したがって、個別財産に対する犯罪は、占有という形態で表象できる客体に限定され、これを「**財物**」と表現し、動産、不動産、電気、特定の金額の金員などが財物である。判例は、有形物に限定せず**管理可能性説**に立って、貸金証書、売渡証書、委任状、署名入りの白紙、登記済証、小切手、小切手用紙、印鑑証明用紙、投票用紙、試験問題用紙、備忘的な効用を持つ用済みの常務役員会開催通知書、保険契約が無効な場合の保険証券、ゴルフ場内の池に落ちているボール、他人になりすまして口座開設して交付を受けた他人名義の預金通帳（**判例5-3**）などを財物としている。しかし、財産権の侵害である以上、**財産的価値がない**か、あっても極めて微小であって処罰するに値しない物まで、刑法上の財物とする必要はない。判例は、財産的価値が微小として刑法で保護する財物とする必要はないとして、いずれもスリの事案であるが、封筒に入った自由に受け取れる広告用パンフレット（**東京高判昭54・3・29**）、四つ折のちり紙13枚（**東京高判昭45・4・6**）、メモ１枚（**大阪高判昭43・3・4**）などの財物性を否定して、窃盗未遂としている。

（客体に関する参考判例）

8-1　最決平16・7・7（詐欺被告事件）

（１）被告人が代表者として支配、経営するＡ社（以下「Ａ社」という。）は、住宅金融専門会社であるＢ社（以下「Ｂ社」という。）に対する債務を担保するため、本件各不動産に第１順位の根抵当権又は抵当権（以下「本件各根抵当権等」という。）を設定した。

（２）株式会社住宅金融債権管理機構（以下「住管機構」という。）は、Ｂ社から、本件各根抵当権等を被担保債権と共に譲り受け、被告人に対し、本件各不動産を売却してその代金をＡ社の債務の返済に充てることを督促していた。住管機構は、担保不動産の売却による一部弁済を受けて担保権を放棄する際には、代金額が適正であることを厳格に審査し、かつ、必要な経費を除く代金全額を返済に充てさせるものとし、担保不動産に関する利益を債務者に残さない方針を採っていた。

（３）他方、被告人の経営する別の会社（以下「別会社」という。）の取引銀行（以下「取引銀行」という。）は、被告人に対し、被告人が実質的に支配する会社（以下「ダミー会社」という。）が適当な不動産を取得してその上に取引銀行のため第１順位の根抵当権を設定することを条件として、ダミー会社に融資を行い、その融資金の中から別会社に対する貸付債権につき返済を受けるという取引を申し出た。その取引は、取引銀行の別会社に対する回収の困難な多額の不良貸付債権を表面上消滅させ、実質はこれをダミー会社に付け替えることに主眼があったが、被告人にもこれに応じる利益のある内容であって、担保に供する不動産の価値をあえて過大に評価してダミー会社が多額の融資を受け、その中から、当該不動産の購入代金相当額を支払い、かつ、別会社の取引銀行に対する債務を返済しても、なお多額の資金が被告人の手元に残るものであった。

（４）被告人は、取引銀行との間で、本件各不動産を担保に供して上記取引を実行することを合意し、住管機構から本件各根抵当権等の放棄を得て本件各不動産をダミー会社に売却することを企てた。しかし、住管機構のＡ社に対する債権額は本件各不動産の価格を大幅に上回るものであった上、被告人は、住管機構の前記（２）の方針を承知していたので、真実を告げた場合には住管機構が本件各根抵当権等の放棄に応ずるはずはないと考え、住管機構の担当者に対し、真実はダミー会社に売却をして本件各不動産を被告人において実質的に保有しつつ取引銀行から多額の融資を受ける目的であるのに、これらの事情を秘し、真実の買主ではなく名目上の買主となるにすぎない者と共謀の上、本件各不動産をその者に売却するという虚偽の事実を申し向け、上記担当者を欺いてその旨誤信させ、住管機構をして、時価評価などに基づき住管機構の是認した代金額から仲介手数料等を差し引いた金員をＡ社から受け取るのと引換えに、本件各根抵当権等を放棄させ、その抹消登記を了した。

２　以上の事実関係の下では、本件各根抵当権等を放棄する対価としてＡ社から住管機構に支払われた金員が本件各不動産の時価評価などに基づき住管機構において相当と認めた金額であり、かつ、これで債務の一部弁済を受けて本件各根抵当権等を放棄すること自体については住管機構に錯誤がなかったとしても、被告人に欺かれて本件各不動産が第三者に正規に売却されるものと誤信しなければ、住管機構が本件各根抵当権等の放棄に応ずることはなかったというべきである。被告人は、以上を認識した上で、真実は自己が実質的に支配するダミー会社への売却であることなどを秘し、住管機構の担当者を欺いて本件各不動産を第三者に売却するものと誤信させ、住管機構をして本件各根抵当権等を放棄させてその抹消登記を了したものであるから、刑法２４６条２項の詐欺罪が成立するというべきである。

8-2　高松高判平15・10・28（詐欺被告事件）

平成８年３月２５日ころ、県庁において、知事に対し、前記のとおり、Ｄが、貸付金返済能力がなく、多額の負債を抱え、必要な自己資金も調達できず、前記建設会社からの短期借入金で見せ金増資を行っており、さらに、貸付対象となる工場建設請負工事を前記建設会社に５億５５１９万３０００円で請け負わせていたのにこれらの情を秘し、貸付金返済能力があり、Ｄの負債は少額であって、自己資金により前記増資を行い、更に前記工場建設工事代金が７億８０３２万８０００円である旨仮装し、前記見せ金による増資に係るＤの商業登記簿謄本、前記のとおり水増しした工場建設工事代金見積書等とともに、建物建設、設計監理、設備等の費用として申請金額合計９億５２５０万円の中小企業高度化資金貸付申請書を提出し、同貸付の審査を担当する県商工政策課長らを介し、同年４月２日ころ、知事の同貸付決定に係る権限を専決する副知事をして、Ｄが自己資金により増資を行い、前記見積書記載の工事代金が真実のものであり、かつ、Ｄに返済の能力があって、約定どおりの貸付金の償還を確実に受けられるものと誤信させ、副知事をして、同貸付金の支出負担行為を決議させるとともに、知事とＤとの間において、同金額の平成７年度中小企業高度化資金貸付契約を締結させ、よって、Ｄに県に対する同金額の債権を取得させ、もって、同額の財産上不法の利益を得た（同第２）、というものである。

8-3　最判平14・10・21（窃盗等被告事件）

（注：事実）不正に入手したＡ名義の国民健康保険被保険者証を使用して同人名義の預金口座を開設し、これに伴って**預金通帳**を取得しようとの意図の下に、同人名義の「口座開設のお客さま用新規申込書」を偽造し、これが真正に成立し、かつ、自己がＡ本人であるかのように装って、上記国民健康保険被保険者証、Ａと刻した印鑑と共に銀行窓口係員に提出して行使し、同係員らをしてその旨誤信させ、同係員から貯蓄総合口座通帳１冊の交付を受けた。（略）、原判決は、

預金通帳は預金口座開設に伴い当然に交付される証明書類似の書類にすぎず、銀行との関係においては独立して財産的価値を問題にすべきものとはいえないところ、他人名義による預金口座開設の利益は詐欺罪の予定する利益の定型性を欠くから、それに伴う預金通帳の取得も刑法246条１項の詐欺罪を構成しないとして、第１審判決を破棄し、詐欺罪の成立を否定した。（略）

預金通帳は、それ自体として所有権の対象となり得るものであるにとどまらず、これを利用して預金の預入れ、払戻しを受けられるなどの財産的な価値を有するものと認められるから、他人名義で預金口座を開設し、それに伴って銀行から交付される場合であっても、刑法246条１項の財物に当たると解するのが相当である。

8-4 東京地判平10・7・7（業務上横領被告事件）

（注：事実）被告人は、（略）、業務について作業をしていた甲田テクノサイエンス株式会社五階事務所のコンピュータに丁原銀行の顧客タンデムデータが約一〇〇〇件入力されていたので、これを戊田図書館に売却しようと考え、**フロッピーディスクに右約一〇〇〇件の顧客タンデムデータをコピー**し、これを戊田図書館に持ち込みその買取りを求めた。戊田図書館の経営者Ａは、右顧客タンデムデータを代金三万円で買い取り、その際、被告人に対し、「もっとたくさんの顧客データがあれば、もっと高く買う。」旨告げた。（略）、被告人は、その数日後（略）、甲田テクノサイエンス株式会社五階事務所において、同所のコンピュータのハードディスクに保存されていたメイン顧客データベース中の顧客データ及びサブ顧客データベースの中の顧客データを**フロッピーディスク二枚にそれぞれコピーした**。（略）、次いで、被告人は、右フロッピーディスク二枚と、業務上預かり保管中の本件資料とを右事務所から持ち出して戊田図書館へ赴いた。被告人は、戊田図書館において、**パソコンのハードディスクに右フロッピーディスク二枚から前記顧客データをコピーするとともに、本件資料をコピーした上Ａに渡した**。被告人は、右顧客データ及び本件資料のコピーの対価として現金二〇万円をＡから受け取った。

（略）本件資料のうち、項目説明書三枚は、丁原銀行の債券償還期限対象者データ（以下「債券タンデムデータ」という。）の項目説明書で、債券タンデムデータがどのような項目になっているかを知る上で非常に重要なものであり、この項目説明書がない限り右データを解読することが不可能なものである。また、本件資料のうち、「テレマシステムにおける問題点及び未決定事項について」と題する書面は、右項目説明書を補充するもので、債券タンデムデータを読み取るのに必要不可欠なものである。

そして、右項目説明書等があれば、被告人が戊田図書館に売却した前記顧客データもある程度読み取ることが可能である。また、右項目説明書には「丁原情報システム株式会社」と印字されており、これにより前記顧客データが丁原銀行の顧客データであることが推測されるものである。（略）。

被告人は、（略）、**本件資料のコピー**を戊田図書館に売却するために本件資料を持ち出したものであると認められる。また、（略）、本件資料は、丁原銀行の企業秘密にかかわる重要事項に関する書類であることは明らかである。本件資料が**横領罪の客体に当たらないとはいえない**。

8-5 東京地判昭60・2・13（業務上横領、詐欺未遂被告事件）

被告人ａは、昭和三九年三月大阪府立大学工学部船舶工業科を卒業して同年四月株式会社新潟鉄工所（以下、新潟鉄工という。）に入社し、同四五年三月化工機事業部管理部ＥＤＰＳ課に配属され、同四八年一月同事業部エンジニアリング本部センター技術開発センターＥＤＰＳグループ主任、（略）、同五六年一〇月同グループを担当するエンジニアリング事業本部企画管理本部企画管理部長代理となった者、被告人ｂは、（略）、同五六年一〇月同グループマネージヤー（課長職）となった者、被告人ｃは、昭和三六年にアメリカ合衆国イリノイ州立大学工学部を卒業して帰国し、電子機器の輸入販売会社のセールスエンジニアとして勤務した後、同四四年一〇月、電子機器の輸入販売業等を営むプロテツク株式会社（以下、プロテツクという。）を設立し、代表取締役の地位にあった者である。（略）

被告人ａは、昭和四四年以降ＥＤＰＳグループの中心として本件各システムの開発に関与していたが、（略）、新潟鉄工は、昭和五五年春ころからＣＡＤシステムのハードウエアであるＩＧＴ五〇〇・ＩＧＴ七〇〇や各種ソフトウエアの外販を始めることとなった。（略）昭和五六年春ころ、ＥＤＰＳグループが外販に伴うソフトウエアのプログラム変更作業等に多大の労力をさかれ、過度の残業まで強いられるような状態になったことを契機として、新潟鉄工社内に、ＥＤＰＳグループは本来の目的どおり自社のための技術開発に専念すべきであり、開発したシステムを外販するのは敵（競業会社）に塩を送るようなものだとする意見が強まり、同年七月、既に販売契約を締結した六社以外への販売はエンジニアリング事業本部長の許可を要するものとして、外販を実質的に禁止する方針を決めるに至った。

被告人ａは、以上の経緯でＣＡＤシステムの外販が禁止された上、昭和五六年一〇月には企画管理部長代理に昇進してＥＤＰＳグループから離れ、コンピューターシステムの開発に直接携わらなくなるに及んで、新会社設立の意図を一層強固にし、それまでＣＡＤシステムの販売を担当していた新潟鉄工国内営業第三部所属のｊに対して新会社設立の意向を打ち明けて参加を求め、同人の承諾を得た後、昭和五七年二月末ころから同年三月末ころにかけて、それまで主としてＣＡＤシステムのソフトウエアの開発に従事していた被告人ｂ、同システムのハードウエアの開発に従事していたｅ及び汎用ＣＡＤシステム、ＩＳＡＳ・ＰＭＳ等の開発に従事していたｋに対し、それぞれ、新会社設立の意向を打ち明けて参加を求め、その賛同を得た。

また、被告人ａは、新会社を設立することにしても当初から一〇社以上の有望な客を確保しておくことが必要であるところ、ＣＡＤシステムの販売の場合は客に声をかけてから契約を締結するまでに相当期間を要するため、新潟鉄工退社前から客集めをしておく必要があるものと考え、そのような客集めをし、新会社設立後も販売等に協力してくれる会社として、新潟鉄工にＩＧＴの部品を納入していたプロテツクを選び出し、昭和五六年九月ころから一一月ころにかけて、プロテツクの営業担当社員に対し、新潟鉄工がＣＡＤシステムの外販を禁止していること及び同被告人が新潟鉄工を退社する意思であることを秘して、「プロテツクを販売代理店にするので新潟鉄工のＣＡＤの販売に協力してほしい。」と持ち掛けた上、客に対するＣＡＤシステムの実演や販売後の保守管理のために必要なコンピューターの導入及び技術者の確保を要請したところ、右社員からその旨の報告を受けた被告人ｃは、被告人ａの言葉を真に受け、営業部員ｌ等に指示して客集めを行わせると共に、コンピューター導入の検討や技術者の確保を行った。（略）

被告人ａは、新会社を設立するとしても新たなコンピューターシステムを開発して販売できるようになるまでに相当の期間と資金を必要とするため、その間新会社を維持するには、当面、新潟鉄工が開発した本件各システムをそのまま、又は少し手直しして販売するほかないものと考え、本件各システムの資料やソースプログラム、ロードモジユール等を退社前に秘かにコピーしておこうと考えた。

そこで同被告人は、昭和五七年三月ころから同年四月上旬ころまでの間に、新会社に参加することを応諾した被告人ｂ及びｅに対し、蒲田駅付近の飲食店、新潟鉄工社内等において、「新会社を作って新しいＣＡＤを開発、販売するにしても、十分な資金もないし、立ち上がりまでのしばらくの間は新潟鉄工のＣＡＤをそのままねたり、少し手直しして売っていくほかない。良心に恥じることはあるが当座は仕方がない。」と話して、「ＣＡＤのフアイルなどのコピーを目立たないように取っておいてくれ。」と依頼し、被告人ｂ及びｅは、被告人ａの意図を知って、同被告人の言うようにするほかないと考え、その依頼を承諾した。

また、被告人ａは、プロテツクがＣＡＤシステムの販売に積極的であることを知って、同年二月下旬ころ、プロテツクの営業部員ｌを介して被告人ｃに対し、「新潟鉄工ではもうＣＡＤを外販しない方針になった。自分達は独立して新会社で積極的にＣＡＤを販売していきたい。プロテツクにも応援してもらいたい。」と伝えた上、同年三月上旬ころ、プロテツクの事務所又はＥＣビル近くの寿司店で同被告人と会い、直接、新会社を作ってＣＡＤを売っていきたいので協力してほしい旨要請し、同被告人から「新潟鉄工を辞めてＣＡＤを売っていけるのか。」と尋ねられると、「新潟鉄工から物を持ってくる。物と言つてもコピーして持ってくるから問題はない。」などと話して、新潟鉄工が開発したコンピューターシステムの資料等をコピーし、新会社ではそれを利用して右システムを手直しするなどして販売する意向であることを打ち明けた。被告人ｃは、被告人ａの話を開き、そのように企業機密を持ち出すことは許されないと考えたものの、既にプロテツクとして販売活動を開始し、技術者の派遣等のため資金を投入していることでもあつたので、被告人ａの方針を了承し、新会社設立への協力要請を応諾した。

更に、被告人ａは、同年四月二四日ころ、東京都新宿区＜以下略＞所在のプロテツクの事務所において、被告人ｂ、同ｃ、ｅ、ｋ及びｌと共に新会社設立に向けての今後の計画等を打ち合わせた際、同年四月から六月にかけて本件各システムのフアイルやプログラムをコピーしてソフトウエアの準備をし、七月中に準備したソフトウエアをコンピューター内にインストール（装着）し、八月からはシステムの実演をしながら、プログラムについての若干の手直し、ハードウエアの外観の変更を行い、これを「新機軸」と宣伝して市場の開拓を続け、一〇月の新会社設立当初は新潟鉄工を刺戟するのを避けるためひそやかに販売を行い、翌五八年一月から公開宣伝をして大々的に販売を行うなどと説明した上、被告人ｂ、ｅ及びｋに対し、本件各システムの資料を分担してコピーするよう再び指示し、次いで、被告人ｃに対し、「量が多いので一部はプロテツクの事務所でコピーさせてほしい。」と依頼したところ、被告人ｃは、それを承諾した。

以上の経緯により、被告人ａ、同ｂ、同ｃ、ｅ、ｋ及びｌは、新潟鉄工の本件各システムの資料を新会社で利用するコピーをとるために社外に持ち出すことを意思相通じて共謀するに至った。
（罪となるべき事実） 被告人ａ、同ｂ及び同ｃは、前示の経緯により、ｅ、ｋ及びｌと共謀の上、
（一）被告人ｂ、ｅ及びｋが、それぞれ、同年四月下旬ころから同年八月下旬ころまでの間、多数回にわたり、被告人ｂが新潟鉄工のために業務上保管中の本件各システムの設計書、仕様書、説明書、回路図等である別表記載の各資料のうち（略）の**各資料を**、ニイガタ開発株式会社に**コピー作成を依頼するために**、情を知らない前記ＥＤＰＳグループ勤務の事務員等をして前記ＥＤＰＳグループ事務室から前記ＥＣビル一階のニイガタ開発株式会社蒲田営業所ＥＣ営業事務所へ**持ち出させ**、
（二）被告人ｂ、ｅ、ｋ及びｌが、同年四月二八日ころ、同年五月四日ころ、同月二八日ころ及び同年六月四日ころの約四回にわたり、被告人ｂが新潟鉄工のために業務上保管中の別表記載の前同様の各資料のうち番号（略）の各資料を、前記プロテツクの**事務所でコピーするために**、前記ＥＤＰＳグループ事務室から右プロテツクの事務所へ**持ち出し**、もつて、**自己の用途に供する目的でほしいままに右ＥＤＰＳグループ事務室から新潟鉄工の社外へ持ち出して横領した。**
（なお、**東京高判昭60・12・4**は、弁護人の控訴を棄却した。控訴審の争点は主として著作権法に関するものである。）

8-6　東京地判昭59・6・28（窃盗被告事件・刑法判例百選各論P64）

（罪となるべき事実） 被告人Ｐ１及び被告人Ｐ２の両名は、Ｐ３９と前示のとおり相互又は順次共謀のうえ、昭和五八年五月二三日ころ、東京都品川区<以下略>所在Ｐ３６抗生物質部抗生物質製剤室において、同室長Ｐ３８の管理にかかるＰ３５がかつて厚生大臣に輸入承認を申請し、同大臣からの諮問を受けて中薬審が日本抗生物質医薬品基準の一部改正について審議した抗生物質「ホスホマイシンカルシウム」、「ホスホマイシンカルシウムカプセル」、「シロツプ用ホスホマイシンカルシウム」（開発費用合計約八億八〇〇〇万円）に関する薬理作用、動物実験、臨床試験等に関する資料及び製造承認申請書（写し）が編綴されたフアイル一冊を窃取したものである。（略）
情報ないし思想、観念等（以下「情報」という。）の化体（記載・入力等。以下同様）された用紙などの媒体（以下「媒体」という。）が**刑法235条**にいう財物に該当するか否かを判断するに当たって、弁護人主張のように情報と媒体を分離して判定するのは相当でない。けだし、媒体を離れた情報は客観性、存続性に劣り、情報の内容が高度・複雑であればあるほど、その価値は減弱している。媒体に化体されていてこそ情報は、管理可能であり、本来の価値を有しているといつて過言ではない。**情報の化体された媒体の財物性は、情報の切り離された媒体の素材だけについてではなく、情報と媒体が合体したものの全体について判断すべきであり、ただその財物としての価値は、主として媒体に化体された情報の価値に負うものということができる。**そして、この価値は情報が権利者（正当に管理・利用できる者を含む。以下同様）において独占的・排他的に利用されることによって維持されることが多い。また、権利者において複製を許諾することにより、一層の価値を生みだすことも可能である。情報の化体された媒体は、こうした価値も内蔵しているものといえる。以上のことは、判示窃盗にかかる本件フアイルについても同様であって、**本件フアイルは、判示医薬品に関する情報が媒体に化体され、これが編綴されたものとして、財物としての評価を受けるものといわなければならない。**（略）。**不法領得の意思の有無**について検討する。まず、本件フアイルの財物としての価値は、前示のように情報が化体されているところにあるとともに、権利者以外の者の利用が排除されていることにより維持されているのであるから、複写という方法によりこの情報を他の媒体に転記・化体して、この媒体を手許に残すことは、原媒体ともいうべき本件フアイルそのものを窃かに権利者と共有し、ひいては自己の所有物とするのと同様の効果を挙げることができる。これは正に権利者でなければ許容されないことである。しかも、本件フアイルが権利者に返還されるとしても、同様のものが他に存在することにより、権利者の独占的・排他的利用は阻害され、本件フアイルの財物としての価値は大きく減耗するといわなければならない。

このような視点に立って本件をみるに、所論引用の判例にもあるように、「**窃盗罪の成立に必要な不法領得の意思とは、権利者を排除し、他人の財物を自己の所有物と同様にその経済的用法に従いこれを利用又は処分する意思をいい、永久的にその物の経済的利益を保持する意思であることを必要としない**」と解するのを相当とするところ、本件窃盗は、判示にもあるように、本件フアイルを複写して、これに化体された情報を自らのものとし、前示のような効果を狙う意図と目的のために持ち出したものであるから、これは正に被告人らにおいて、権利者を排除し、本件フアイルを自己の所有物と同様にその経済的用法に従い利用又は処分する意思であったと認められるのが相当である。

そして、こうした意思で本件フアイルを持ち出すことは、たとえ複写後すみやかに返還し、その間の権利者の利用を妨げない意思であり、かつ物理的損耗を何ら伴わないものであっても、なお被告人両名及びＰ３９らに不法領得の意

思があつたものと認めざるを得ない。

8-7　東京高判昭53・3・20（恐喝被告事件）

被告人は昭和四四年秋頃から、妻と離婚して入籍する約束でD（当三九年）と同棲し、同女に新潟県長岡市内でクラブ「C」を経営させていたが、本籍地で被告人の両親や二人の女児と暮す妻と離婚できる筈もなく、また他にも女性関係を生じ、昭和五一年春頃から右Dとの関係も冷たくなって同女から遠ざかるようになっていたこと、Dはその頃から「C」の客であるB（当四三年）と親しくなり、情交関係をも持つようになり、被告人はこれを知って、同年一〇月上旬頃、Dとの同棲先であった同市内<以下略>の被告人方にBを呼び、将来Dとの関係をどうするかと質したのに、Bは二、三日中に返事すると言ったまゝ放置し、同月二四日には秘かにDと温泉に一泊旅行に出掛け、このことを被告人は翌二五日夕刻知ったこと、被告人は同日午後九時頃賭場開張を手伝ってもらったことがある等でつき合いのある原審相被告人Eを集金に行くので手伝ってくれと誘い、被告人の運転する乗用車でB方に赴き、間もなく帰宅したBに対し、その妻F（当三九年）、母G（当六一年）の面前で「お前、おれの女房に手を出して、この始末をどうつけてくれるんだ」等と申し向け、黙りがちなBに「はっきりせい」と怒鳴り、ようやく同人がDと別れると言うと午後一一時頃B夫婦及び母を乗用車に乗せ、途中クラブ「C」に立寄ってDをも同乗させて前記被告人方に連行し、Bに対しDに直接別れることを言うよう求め、再びBが躊躇すると、「この野郎、この始末をどうつけるんだ、はっきりせい」と怒号し、和服を脱いで肩や背中に施した刺青を示し、煙管でBの顎をしやくり上げたり、頸部や頭部を小突いたり、左耳付近を殴りつける等の暴行を加え、その間繰返し「始末をつけろ」「はっきりせい」等と申し向けたが、Dが、五年も籍を入れてくれない等と被告人を責めてBをかばったり、同人と一緒になる等とわめき、Bは黙ったまゝであったため、被告人は包丁を持ち出してBの前に投げつけ、「はっきりせい」と怒鳴り脅迫したものの、Gの取りなしでB夫婦は先に帰宅したこと、その後間もなくして被告人はG及びEを乗用車に乗せて翌二六日午前二時頃再びB方に赴き、午前五時頃までの間Bに対し「早くはっきりさせないと、お前の女房を連れてって、お前が俺の女房にしたようなことをしてやる」「この辺に居られないようにしてやる」などと繰返し、Eが傍から「社長は忙しい体だから出すものを早く出して勘弁してもらえ」などと申し向けたこと、その後一たん帰宅した後、同日午後二時過頃被告人はD、Eを伴って更にB方に赴き、Bに対し、その妻や母の面前で、「人間裸になればなんでもできる、早くはっきりせい」などと怒号し、結局「この件は五〇〇万円でどうだ」などと申し向け、Eが「早く出すものを出して勘弁してもらえ」などと口を添えたこと、Bは前夜来妻や母ともども脅かされ続けたことから、要求どおりの金員を提供しなければ、いつまでも押しかけられ、家族の身体に危害を加えられるかも知れないと困惑畏怖し、三名で相談の末被告人の要求に応ずることゝし、被告人及びDに対し、同年一二月三一日までに金五〇〇万円を慰藉料名義で支払う旨の契約書を記載し、妻及び母を保証人とする趣旨で三名で署名押印して被告人に交付して右支払を約束したこと、等の事実をそれぞれ認めることができ、（略）原判決はこの事実を認定はしたものゝ、起訴状に掲げられた訴因は恐喝既遂に構成され、罰条は**刑法249条1項**とされていたのに対し、「財物（金員）を交付させる目的で人を恐喝したばあい、金員の交付を約束させた段階では、その約束（意思表示）がそれ自体で独立の財産的価値のある権利を犯人に与えるものである場合（本件においては契約書は小切手などと違ってそれ自体財産的価値はない）をのぞき恐喝利得罪は成立せず、むしろ財物喝取罪の未遂罪と解するのが相当である」との趣旨で刑法60条、250条、249条を適用している。しかし**金員を喝取することを目的とした場合でも金員を交付する旨の約束が、実行されるかどうか不確かな、単に口頭でなされたような場合はともかく、それが契約書と題し、署名押印のある書面にまで作成されているときは、たとえ、その契約は法的には無効であるとしても、その書面は当該当事者にとっては、金員の交付の実行があるまで利用される可能性のある、重要な財産的価値のある物と解せられ、このような書面を強制的に作成交付させた所為は財物喝取罪の既遂に当るというべきであり、本件にあっても前記契約書を喝取した罪の既遂を認め、刑法249条1項を適用するのが相当**であるから、原判決には法令の適用を誤つた違法があり、その誤りが判決に影響を及ぼすことは明らかであるから、原判決は破棄を免れない。

8-8　最決昭43・12・11（詐欺、恐喝被告事件）

被告人が、本件飲食店において従業員から飲食代金の請求を受けた際、右従業員に対し、「こんな請求をしてわしの顔を汚す気か、お前は口が過ぎる、なめたことを言うな、この店をつぶすくらい簡単だ」などと申し向けて脅迫し、同人らをして畏怖させてその請求を一時的に断念させたという事案の上告審において、原裁判所が、被告人が右のような脅迫文言を申し向けて被害者らを畏怖させ、よって被害者らの請求を断念せしめた以上、そこに被害者側の黙示的な少なくとも支払猶予の処分行為が存在するものと認め、恐喝罪の成立を肯定したのは相当である。

8-9　広島高松江支判昭51・12・6（詐欺等被告事件）

被告人は、原判示第六ないし第八の事実により起訴、勾留されていたところ、健康上の理由で昭和四九年三月一日勾留の執行が停止され、松江日赤病院に入院したが、同月一七日同病院を出奔して各地を転々とし、昭和五一年一月二一日夜岡山市に着いたときには所持金が僅か八二円になったので、以前働いたことのある名古屋まで無賃乗車することを企て、翌二二日午前二時頃岡山市駅（略）で入場券一枚を買い求め、同日午前四時一〇分頃同駅において改札係景山哲夫に対して右意図を秘し、右入場券を呈示して同駅乗降場に入場し、同日午前四時一九分同駅発新大阪駅行第二〇四列車急行阿蘇号に乗車し、途中検札に会って姫路駅で下車させられたため名古屋まで乗車する所期の目的は達しなかったが、姫路駅までの乗車賃九四〇円相当の輸送の利益を受けたことが明らかである。

形法246条2項の詐欺利得罪が成立するには、他人を欺罔して錯誤に陥れ、その結果自己または第三者が財産上の利益を得ることのみでは足りず、その欺罔行為による錯誤に基づいて被欺罔者をしてなんらかの処分行為をなさしめることが必要であることはいうまでもない。

本件において、被告人は当初から名古屋駅まで無賃乗車して運賃の支払をしない意思であるにもかかわらずその意図を秘し、単に乗降場に入場するのみであるように装って改札係員に入場券を呈示したものであるところ、右入場券呈示行為は改札係員に対し入場料金を支払ったことおよび乗車することなく乗降場を出る意思であることを告知したものというべきであるから、被告人は後者の点において欺罔的な行為をなしたものということができ、また、被告人が岡山駅から姫路駅までの正当な運賃を支払うことなく前記列車に乗車してその間の乗車賃相当の輸送の利益を得たことは明らかである。しかしながら、前記被告人の入場券呈示行為が詐欺利得罪の欺罔行為に該当するというには、改札係員ないし改札係員および前記列車の乗務員において、被告人の入場券呈示行為による錯誤に基づく財産的処分行為があったということ（さらにさかのぼっては、被告人の欺罔的行為がそのような処分行為をなさしめるような性質のものであったということ）ができなければならないので、この点につき以下判断する。

まず、所論は、改札係員の入場許諾行為がそれ自体処分行為に該当すると主張し、その論拠として、「乗車中あるいは下車の際に運賃の精算をすることも可能であり、一般の常識もそのような方法による運賃の支払を特に不当、異常とは考えていないから、改札係員としても入場券による入場者が列車に乗車することを予期しており、少なくとも潜在的にはその欲する区間の乗車を許容したことになるといってよい。そして改札係員が乗降場に入場させた以上、乗客か入場客かを区別することはできず、入場客の列車への乗車を阻止する機構にもなっていないので、不正乗車の意図ある被告人に改札口を通過させた改札係員の行為は、社会的にみて輸送機関の利用という財産上の利益を与える行為である。」というのであるが、運賃が後払いされることが一般に特に異常なものと考えられておらず、改札係員がある程度このことを予期していて、国鉄が入場客の列車への乗車を阻止する設備を特に置いていないことは所論指摘のとおりであるけれども、右のような事情は、むしろ、国鉄が運賃の徴収を確保するため、改札係員に対しては専ら利用者が乗車することを含め乗降場に入るべき資格を有するか否かについて審査せしめているにすぎないことを示すものというべきであり、改札係員の入場を許容する行為が乗客ないし入場券による入場客に対し、その欲する区画の乗車を許容するとか、あるいはどの区間を乗車するとかしないとかを確かめその是非を決するような性質のものであるとは考えることができない（そのうえ、昭和三三年日本国有鉄道公示第三二五号旅客営業規則296条2項によれば入場券所有者は列車等に立入ることができない旨定められているのである。）。たまたま改札係員が入場券呈示者に乗車の意図のあることを知り得た場合に入場を拒否できることは、もとより右のように解するについて妨げとなるものではない。

見方を変えて言えば、被告人に不正入場を許容することによって改札係員は被告人に入場券による正当な入場者と同一の地位を取得させたに過ぎないのであり、右のようにして入場した被告人が潜在的に輸送の利益を受ける可能性を有するということは被告人の主観的意図を別にしては格別の意味を有する事柄ではなく、そこに客観的に見て単なる入場自体による利益以上の利得が生じており、右入場許容行為がそのような利益を与える処分行為であるということはできない。なお改札口を通過して乗降場に入場すること自体が、入場券につき料金が定められていることから明らかなように、財産上の利益を得る行為であるということはできるけれども、本件においては被告人が輸送の利益を得たことが問題となっているのであって、乗降場に入場した利益を得たということが問題となっているのではないから、この点を論拠に改札係員に処分行為があったと考えることもできない。

以上のとおり、改札係員が被告人をして改札口を通過させた行為が、被告人に対して本件に関しなんらかの処分行為をしたものということはできない。

次に、所論は、被告人に対して処分行為をしたのは前記列車の乗務員であると主張し、「国鉄のような組織体においては、被欺罔者である改札係員のとった処置により当然に他の職員から有償的役務の提供を受ける機構になっているから、被欺罔者と処分行為者が異なるときでも詐欺罪は成立する。」というけれども、前記のとおり詐欺罪が成立するためには、被欺罔者が錯誤によってなんらかの財産的処分行為をすることを要するところ、本件においては前記列車の乗務員が、被告人から直接または改札係員を利用して間接に欺罔されて錯誤に陥ったというような事情は認められず、また処分行為者とされる乗務員が被欺罔者とされる改札係員の意思支配のもとに被告人を輸送したとも認められないのであるから、単に組織体の機構を理由として被欺罔者の錯誤に基づく処分行為がなされたとすることは相当ではない。すなわち、改札係員は前記のとおり利用者の入場の資格を審査するものであって、さらに進んで入場券による入場者に対する乗車の許否に関し乗務員と個別的な意思連絡をとるわけではなく、また、処分行為者とされる列車乗務員が被告人を輸送したという行為を中心に考えると、被告人が入場券を呈示した欺罔的行為は、乗降場にやすやすと入場するための方便としての意味をもつにとどまり、輸送の利益を得るために乗務員に対して直接向けられたものではないから、顧客を装い、店員に対して「品物を見せてくれ。」と申し向け、物品の交付を受けた後、隙をみて逃走するような行為について詐欺罪の成立が否定される（窃盗罪に問擬すべきである。）のと同様に被欺罔者による処分行為があったとはいえない。

以上の考察によれば、本件被告人の欺罔的行為は、その性質上、これに対応すべき被欺罔者の処分行為を欠くものであり、この点において被告人の所為は形法246条2項の詐欺利得罪を構成しないものというべく、原審の審理経過に照らし検察官が鉄道営業法29条違反として被告人の処罰を求める意思がないことは明らかであるから、右と同旨の判断のもとに被告人に無罪を言渡した原判決には所論の事実誤認ないし法令の解釈適用の誤りはない。

8-10　東京高判昭42・11・22（詐欺、賭博開帳図利被告事件）最決昭43・10・24が肯定。

（一審認定の犯罪事実）

第一、被告人N、同K、（略）は共謀の上、花札を使用して俗に「バッタ撒き」と称する賭博の開張を装ってCより金員を騙取しようと企て、昭和四一年九月一三日頃の午前零時過頃東京都立川市曙町（略）東亜荘内被告人K方において、被告人Nが貸元及び中盆と称する賭博開張者Uが予め目的を付した花札によって被告人らに秘かに勝目を合図する仕事師、他の被告人等が右Uと共に座りと称する賭客を各装う等の分担をなした上、Cに右賭博への参加を勧誘し、同人をして偶然の輸えいに関し賭金の得喪を決するものと誤信させ賭客として参加させて賭銭博奕を行わせ、同日同所において、寺銭及び賭銭名下に現金二万円の交付を受けて之を騙取すると共に一三九万円の債務を負担させて財産上同額の不法の利益を得

第二、被告人K、同Oは共謀の上昭和四一年七月二八日頃の午後九時半頃より翌二九日頃の午前七時頃迄の間東京都立川市錦町一丁目一〇八番地の被告人O方に於て、賭場を開張し、賭客B等約八・九名に花札を使用し現金を賭けて俗に「コイコイの後先」と称する賭博を行はせ、その勝者から、寺銭名下に金員を徴して利を図り（略）。

（判断）弁護人は、被告人らの右債権は詐欺賭博という公序良俗に反する無効な行為を原因とするものであるから権利関係は発生せず、したがって財産上の利益に対する侵害がないので詐欺利得罪は成立しないというが、**刑法第246条第2項**の罪は人を欺罔し、これを錯誤に陥れて財産上不法の利益を得又は他人をしてこれを得させることにより成立するものにして右に所謂不法とはその利益を取得する手段が不法である場合と解すべく、**右利得のよって生ずる法律行為が私法上有効なると否とは詐欺罪の成立に影響がないものと解するを相当とする（大審院判昭13・10・4参照。）**。（略）本件においては原判示のとおり被告人らが詐欺賭博を行ない賭客となったCを欺罔し同人をして被告人ら共犯者の一人である原審相被告人Nに対し金一三九万円を支払うべき債務を負担させたものであるから刑法第246条第2項の罪が成立するものと解するを相当とする（**大審院判大12・2・13、最決昭34・3・12**参照。）。

8-11　最判昭35・8・30（強盗殺人被告事件）

刑法236条2項の罪は**同条1項**の罪と同じく処罰すべきものと規定され、一項の罪とは不法利得と財物強取とを異にする外、その構成要素に何らの差異がなく、一項の罪におけると同じく相手方の反抗を抑圧すべき暴行、脅迫の手段を用いて財産上不法利得するをもって足り、必ずしも相手方の意思による処分行為を強制することを要するものではない。従って、犯人が債務の支払を免れる目的をもって債権者に対しその反抗を抑圧すべき暴行、脅迫を加え、債権者

をして支払の請求をしない旨を表示せしめて支払を免れた場合であると、右の手段により債権者をして事実上支払の請求をすることができない状態に陥らしめて支払を免れた場合であるとを問わず、ひとしく右236条2項の不法利得罪を構成するものと解すべきであるとされるに至ったのであり、原審の確定した事実関係によれば被告人Ｙは判示第一の犯行の二日位前に被害者Ａ、Ｂの両名から現金約三〇万円の保管を託されてこれを受取り、以来その管理一切の責任を負い、その後各地において諸経費を同人らの了解のもとに右金員中より支出し、犯行直前には残金約二七万五千円を所持していたところ、同被告人は自己の保管にかかる右金員を領得するため相被告人波木と共同し判示日時判示あかつき丸の船尾から毛布に巻きつけた右Ａ、Ｂの両名を次々に暗夜の海中に投入れて溺死させ、もって委託者たる右両名を殺害し、同人らから事実上右金員の返還請求を受けることのない結果を生ぜしめて返還を免れたというのであるから、原審が右被告人らの所為は財産上不法の利益を得たものであるとなし、刑法240条後段、236条2項に該当することが明白であると判示したのはまことに正当であり、論旨は理由がない。
（略）たとえ原判示金員が麻薬購入資金として被害者Ａ及びＢ両名から被告人Ｙに保管を託され、右金員の授受は不法原因に基づく給付であるがため右Ａらがその返還を請求することができないとしても、前示の如くいやしくも被告人らが該金員を領得するため右Ａらを殺害し、同人らから事実上その返還請求を受けることのない結果を生ぜしめて返還を免れた以上は、刑法240条後段、236条2項の不法利得罪を構成するものと解すべきである。（**最判昭25・7・4**及び**最判同・12・5**各参照。）

8-12　最決昭34・3・12（有価証券偽造同行使詐欺被告事件）

被告人が、Ａ作成名義の約束手形を偽造し、これを恰も真正に成立したもののように装って、情を知らないＢを介して被告人に対する債権を有していたＣに右約束手形を交付させ、右約束手形の満期日まで右債務弁済の猶予を得て財産上の不法の利益を得たと（ものとして２項詐欺の成立を無止めたのは相当）。

8-13　最判昭32・9・13（強盗殺人未遂被告事件・刑法判例百選各論Ｐ78）

被告人は、大牟田市（略）に居住する真言宗教師試補河野千明（略）と信仰関係で知合の間柄で、同女が多額の金銭を貯えこれを他に融通しているところから、被告人自身も昭和二九年二月頃六万円、同年三月頃五万円、計一一万円を自己の営業費や家族の生計費等に資するため借り受けると共に、その頃同女の他人に対する資金の斡旋取立等を委任されるに至ったが、交付を受けた金員について被告人がほとんど同女の手許までその返済をしなかったため、被告人に対して不信をいだくようになった同女から再三その返済方を督促され、これに対し被告人は、長崎県島原の実兄に依頼して預金がしてあり、それが三二〇万円位になっている旨虚言を弄していたが、同年六月一二日夜路傍で同女に出逢った際にも強く返済方を迫られた上「もうこれ以上だますと警察や信者にばらす」といわれたので、被告人は「明日の晩全部支払うから待ってくれ」といってその場をいいつくろったものの、これが返済の手段がなかったので、一面前記貸借につき証書もなくその内容は分明を欠き、また、他面同女が死亡すれば被告人以外にその詳細を知る者のないことに思をいたし、むしろ同女を殺害して債務の履行を免かれ以て財産上不法の利得を得ようと企図し、同女に対し「明晩金を渡すから芝居を観に行って一幕早く帰って来てくれ、家では人が来るといけないから何処かの家をかりてそこで支払うことにしよう」と申し向け、翌一三日夜被告人の言葉に従い観劇に行った同市通町劇場「寿座」を一幕先に立ち出て被告人方に立ち寄った同女と共に被告人方を出て、同市大字白川堂面川北白川水門より約八五米上流の人家がなく人通りの稀れな道路上に差しかかるや、同女の後部にまわり矢庭に所携の薪様の兇器をもって同女の頭部等を殴打し、因って頭部、顔面等に多数の裂創挫創等を負わせ人事不省に陥らしめたが、同女が即死したものと軽信しそのままその場を立ち去ったので、同女の右創傷が被告人の意に反し致命傷に至らなかったため殺害の目的を遂げなかったというのであるから、被告人の右所為は、前示の法理に照し**刑法240条後段**、**243条**、**236条2項**に該当し、**強盗殺人未遂**の罪責を負うべきこと勿論であるといわなければならない。

第２　占有による区別

1　占有の移転の有無

個別財産に対する罪には、**占有**の移転が伴うもの（窃盗、１項詐欺、１項恐喝、１項強盗）と、占有の移転を伴わないもの（横領）とがある。

占有を伴う犯罪は、占有を奪う形態によって成立する犯罪が異なる。**窃盗罪**は、占有者の知らない間に事実上の占有を奪う犯罪であり、**強盗罪**は、占有者は奪われることは認識しているが占有者の意思を完全に制圧して占有を奪う犯罪であり、**恐喝罪**、**詐欺罪**は、占有者を瑕疵ある意思に陥らせて交付させる犯罪である。

横領罪は、被害者から占有を託された状態を悪用して、所有権などの原権利を侵害する犯罪である。

遺失物横領罪は、占有者不在の状態から犯人の占有に移すという意味では占有の移動があるが、被害者から占有の移転ではないという点で奪取罪と異なっており、占有が委託信任関係に基づかないという点で横領罪と異なっている。しかし、自己の占有に置いたとしても、たとえば交番に届ける意思であった場合もあるので、占有取得が直ちに犯罪となるものではない。すなわち、横領罪と遺失物横領罪は、占有侵害自体で犯罪が成立するのではなく、処分権者でなければできない権利を行使する意思（不法領得の意思といわれる）の生じた時期を犯罪成立とすることになるので、その意思が生じたのはいつかという判断が重要になる。

不動産侵奪罪は、不動産の現実の占有形態が移動不可能であるが、占有を移転したと同視できる状態を定めて特別に定めたものである。**判例8-15～8-17**は不動産侵奪罪に関する判例である。

2　違法な占有の保護

刑法上の占有は、その権限が正当である必要はない。**最判昭24・2・15**は、「刑法における財物奪取罪の規定は人の財物に対する事実上の所持を保護せんとするものであって、これを所持するものが、法律上正当にこれを所持する権限を有するかどうかを問はず、たとい刑法上その所持を禁ぜられている場合でも現実にこれを所持している事実がある以上社会の法的秩序を維持する必要からして、物の所持という事実上の状態それ自体が独立の法益として保護せられ、みだりに不正の手段によってこれを侵すことを許さぬとする趣意である。」として、所持を禁じられている元軍用アルコールの所持者から詐取した事案で詐欺罪を、**最判昭36・10・10**は、「単に犯人の占有する他人の物であることを以って足るのであって、その物の給付者において、民法上犯人に対しその返還を請求し得べきものであることを要件としないとし、窃盗犯人から預かった盗品が返還を請求し得ないとしても、預かった者は自己以外の者のため占有者である」として横領罪を、**最判昭25・4・11**は、恐喝罪について、「物件を所持することが所論政令によって禁ぜられて居るとしても被告人等において不正の手段によってこれが所持を奪うことの許されない」として、恐喝罪の成立を肯定している。

3　占有の有無の判断

占有の存否の判断が重要になる。**判例8-14**は、清掃員が、店舗が多数ある人通りの多いビルの地下１階の収納棚の上に、携帯電話、たばこ、ライターなどを置いて付近を清掃していて、５分くらい後に携帯電話がなくなっているのに気付いて、傍にいた被告人に問いただしたところ、被告人がとったことが発覚した事案で、被告人が遺失物であると認識していたとの弁解をしたとしても、附近の状況、携帯電話が置かれていた状況などから、客観的に清掃員の占有下にあったと認定し、被告人の窃盗の故意についても推測により肯定している。**最判昭32・11・8**は、「刑法上の占有は人が物を実力的に支配する関係であって、その支配の態様は物の形状その他の具体的事情によって一様ではないが、必ずしも物の現実の所持又は監視を必要とするものではなく、物が占有者の支配力の及ぶ場所に存在するを以て足りると解すべきである」とし、その判断は「通常人ならば何人も首肯するであろうところの社会通念によって決するの外はない。」とし、バスに乗るため行列していた被害者がバスを待つ間に身辺の左約30メートルの場所に置いた写真機を置き忘れたことに気がつき直ちに引き返したところ、既にその場から持ち去られていたという事案について、「行列が動き始めてからその場所に引き返すまでの時間は約五分に過ぎないもので、且つ写真機を置いた場所と被害者が引き返した点との距離は約19・58メートルに過ぎないと認められる」ので、被害者の実力的支配のうちにあったものとして窃盗罪を認めている。また、**最判昭37・6・16**は、被害者が電車道寄りの歩道端に在った塵箱の上に革製ショルダーバッグ（カメラ等在中）とカメラの三脚とを置いて、右塵箱から約七メートル離れた店舗内に入り表戸を開けたまま短時間（約五分間）店内にとどまっていたにすぎない場合には、そのショルダーバッグは被害者の占有を離れたものとはいえないとして窃盗罪を認めている。さらに、**同8-20**は、施錠されていない集金かばんを、二百数十メートル離れた店に弁当を買いに行って帰るまでの約30分の間預かっていた者がその中にあった現金をとった事案について、「自由に出入りする場所で看視するとの趣旨で預かったものであり、また、右集金かばんは、施錠されていなかったとはいえ、上蓋の止め金はかけられていて、被告人がその在中物を取り出すことは許されていたものではないことにかんがみると、被告人が右現金に対し排他的な事実上の支配をしていたものとは到底認めることはできない」として、被害者に預けた者に現金につき実質的な事実的支配があるとして、窃取罪としている。**同8-18**は、借主が使用したまま担保提供する自動車金融について、作らせて預かっていた合鍵を使って、返済期日の前日に借主に無断で自動車を引き上げた事案について窃盗罪を認めている。

これに対して、**最判昭32・10・15**は、河川敷地内に堆積している砂利等は、占有を保持するために特段事実上の支配がなされない限り、流水によって移動するので管理占有されているとはいえないとしている。

殺害直後に領得の意思を生じて、**死者から財物を奪った場合**「被害者が生前有していた財物の所持はその死亡直後においてもなお継続して保護するのが法の目的である」として、遺失物横領罪ではなく窃盗罪の成立を認めている（**最判昭41・4・8・刑法判例百選各論P58**）。

同8-19は、スーパーでの窃盗の既遂時期（レジの横を通りぬけて、サッカー台の上に置いて備え付けのビニール袋に移そうとした時点で既遂）に関するものである。

横領罪については、**同8-21**は、所有権留保付割賦販売で引き渡しを受けたトラックを担保に入れた場合に横領罪を認め、**最決昭36・10・31**は、使途の決まっている金銭または有価証券の寄託を受けた場合は、所定の使途に使用されるまでは、これらの所有権は所有者に保留され、これを受寄者が所定の使途以外に使用すれば横領罪を構成するとし、**最判昭23・12・24**は、米５俵が占有を離れた他人の物であることを認識しながら、不法にこれを領得しようと決意して、自宅の蔵の内に匿い込んだ事案について、「被告人が右の米の盗品であることを認識していたとしても、不法領得の意思を以て之れを拾得した以上」横領罪が成立し、賍物収受罪が成立するのではないとしている。

また、**同8-22**は、郵便切手が許可制になっていて販売名義人が限定されていた時代に、郵便局との間で一定額のマージンをもらう約束の下に、大量に購入して売りさばいていた事案について、販売名義人である郵便局が売りさばいたように書類を作成して同郵便局に提出し、歳出金支払証票の交付を受けた行為は詐欺罪となり、また、売りさばきは郵便局の代理人としてではなく自己の計算で行っているので、自己の保管する渡切経費の中から右手数料支払名下に金員を支出し、右手数料相当額を利得した行為は、業務上横領罪になるとした原判断を肯定している。しかし、これに対しては、色川裁判官の反対意見がある。

これに対し、**最判昭30・11・8**は、海中に落とした物品を引揚げてほしいとの依頼を受けた者がその物品をとってしまった事案で、落とした人が「その落下場所の大半の位置を指示し、その引揚方を人に依頼した結果、該物件がその附近で発見されたときは、依頼者が、その物件の現実の握持なく、現物を見ておらず且つその物件を監視していなくても、所持すなわち事実上の支配管理を有するものと解すべき」として窃盗罪を成立させている。

（占有に関する判例）

8-14　東京高判平21・7・1（窃盗被告事件）

被告人は、平成２０年１１月１３日午前零時４５分ころ、東京都武蔵野市内のＡファーストフード吉祥寺店（以下「本件店舗」という。）地下１階（以下、単に「地下１階」ということがある。）で、甲男が収納棚の上に置いていた同人所有の携帯電話機１台（時価３０００円相当。以下「本件携帯電話機」という。）を窃取した。（略）

（注：**本件携帯電話機の占有物性等について**）

（１）本件時の地下１階の状況等（略）

ア　本件店舗は、地下１階、地上５階建雑居ビルの地下１階、地上１、２階部分に位置し、地上１階に出入口があり、その中央付近には地下１階につながる階段が設置されている。

イ　地下１階には客席があり、北西側にトイレが設置されており、同トイレ前で客席から容易に見える位置に、縦約０．９m、横約０．６m、高さ約０．９mの大きさの原判示の収納棚（以下「本件収納棚」という。）が設置されている。

ウ　地下１階の階段付近の踊り場南側にはゴミ収納箱が置かれており、同収納箱から本件収納棚までの直線距離は約９．７mである。

エ　甲男及び乙男は、本件店舗で清掃専門のアルバイトをしていた。甲男は、本件前日午後１０時ころから本件店舗２階で清掃作業をしていたが、本件当日午前零時３０分ころ、レジ担当の店員が地下１階に行き、客らに清掃するので１、２階に移るよう指示し、地下１階の客は全員移動して甲男以外に誰もいなくなり、地下１階に降りる階段には「清掃中」の札が立てられた。

（２）本件携帯電話機の占有物性等について

ア　甲男は、同日午前零時４０分ころ、地下１階で、ズボンのポケットから本件携帯電話機、たばこ、ライターを出して本件収納棚の上に置いた後、前記ゴミ収納箱でゴミの回収作業を始めたというから、この供述を前提とすれば、甲男が清掃業務に従事していた場所から約１０m離れているだけで、他に人のいない場所にある本件収納棚上に置かれていた本件携帯電話機が甲男の占有に属する物であることは、甲男との関係では明白である。また、甲男が本件携帯電話機のことを失念していなかったことは、それが無くなったのに気が付くまで５分も経過していないことからして明らかであり、所論も争っていない。

イ　他方、被告人は、そういった経緯までは知らないが、本件携帯電話機が本件収納棚の上にたばこやライターと共に置かれていた上、携帯電話機という社会的に高度に有用な有価物であることからして、その所有者が実存していることは分かっていたと推認できる。そして、付近に本件携帯電話機を直接保持・管理している者がいなかったとはいえ、前記の位置に甲男がいることは知っていたし、本件携帯電話機が置かれていた前記の場所、状況からして、本件携帯電話機は、甲男、少なくとも、本件店舗関係者の占有に属しているものと容易に分かり得たと推認できる（なお、被告人が客の忘れ物と考えたとの前提でも、本件携帯電話機の上記保管状況等からして、本件店舗関係者が占有し続けているものと容易に分かり得たと推認できるから、上記結論に影響を及ぼさない。）。

ウ　そうすると、このような状況下で本件携帯電話機を取得した被告人は、客観的には甲男の占有を奪ったことになるだけでなく、主観的にも、甲男、少なくとも本件携帯電話機の管理者と想定できる本件店舗関係者の占有を奪っていることを認識し得たものといえる（このことは、被告人が後記のとおり本件携帯電話機を着衣内に秘匿する形で保持していたこと自体で、有力に裏付けられているといえる。）から、他の要件が認められる限り、被告人に窃盗罪が成立することを認めることができる。（略）

エ　所論（略）の主張の内、本件店舗は、ＪＲ吉祥寺駅前の店舗で、深夜でもかなりの人通りのある場所に位置するテナントビル内にあり、同ビルでは本件店舗以外にも複数の店舗が入居して営業していたとする点は、証拠上明らかである。しかし、更に続けて、他の店舗の来客や従業員が階段を上下することはよくあり、他のトイレが満室である場合、他階のトイレを利用することは経験則上よくあるから、たまたま地下１階のトイレに本件携帯電話機が残置されていたからといって、真の所有者が本件店舗で清掃している店員であると推知できるということも、また、通常人なら何人でも甲男の支配内にあると首肯できるということも無理であって、むしろ、善良な市民であれば、落とし物か忘れ物と認めたはずであるなどと主張する点は、後記のとおり信用性の認められない被告人の供述以外に沿う証拠のない独自の前提に立った主張であって、その前提において採用できない。

8-15　最判平12・12・15（不動産侵奪被告事件・刑法判例百選各論Ｐ72）

１　**刑法235条の2の不動産侵奪罪にいう「侵奪」**とは、不法領得の意思をもって、不動産に対する他人の占有を排除し、これを自己又は第三者の占有に移すことをいうものである。そして、当該行為が侵奪行為に当たるかどうかは、具体的事案に応じて、不動産の種類、占有侵害の方法、態様、占有期間の長短、原状回復の難易、占有排除及び占有設定の意思の強弱、相手方に与えた損害の有無などを総合的に判断し、社会通念に従って決定すべきものであることは、原判決の摘示するとおりである。

２　本件で起訴の対象となっている平成八年一二月中旬ころの時点あるいはそれに引き続いて西側に増築された時点における本件簡易建物の性状を示す的確な証拠がないことも、原判決の指摘するとおりである。

しかし、捜査段階において検証が行われた平成九年八月一日当時の本件土地の状況について見ると、本件簡易建物は、約一一〇・七五平方メートルの本件土地の中心部に、建築面積約六四・三平方メートルを占めて構築されたものであって、原判決の認定した前記構造等からすると、容易に倒壊しない骨組みを有するものとなっており、そのため、本件簡易建物により本件土地の有効利用は阻害され、その回復も決して容易なものではなかったということができる。加えて、被告人らは、本件土地の所有者である東京都の職員の警告を無視して、本件簡易建物を構築し、相当期間退去要求にも応じなかったというのであるから、占有侵害の態様は高度で、占有排除及び占有設定の意思も強固であり、相手方に与えた損害も小さくなかったと認められる。そして、被告人らは、本件土地につき何ら権原がないのに、右行為を行ったのであるから、本件土地は、遅くとも、右検証時までには、被告人らによって侵奪されていたものというべきである。

３　前記一の事実については、殊にその特定する時期における不動産侵奪罪の成立を認めることができないとしても、前記一の事実と、その後遅くとも前記検証時である平成九年八月一日までの間に本件簡易建物によって本件土地を侵奪したという事実とは、基本的事実関係を同じくし、公訴事実の同一性があるというべきである。そうだとすると、原審裁判所は、右検証時までの右罪の成立の可能性について、必要であれば訴因変更の手続を経るなどして、更に審理を遂げる義務があった。ところが、原審裁判所は、刑法235条の2の侵奪の成否についての判断を誤り、右検証時における本件土地の占有状態によってもなお侵奪があったとはいえないと解した結果、右時点までの同罪の成立の可能性について何ら審理をすることなく、直ちに犯罪の証明がないとして被告人を無罪としたものであって、原審には判決に影響を及ぼすべき法解釈の誤り及び審理不尽の違法があるといわざるを得ず、原判決を破棄しなければ著しく正義に反するものと認められる。

8-16 最決平12・12・15（不動産侵奪被告事件）

１　株式会社Ａ不動産は、平成四年一二月ころ、その所有する大阪市中央区所在の宅地一二六・一五平方メートル（以下「本件土地」という。）を、転貸を禁止し、直ちに撤去可能な屋台営業だけを認めるとの約定で、Ｈに無償で貸し渡した。

２　Ｈは、そのころ、本件土地上に、（１）約三六本の鉄パイプをアスファルト面に穴を開けて差し込み、これにねじ締め式器具を使って、長さ約三メートルの鉄パイプを縦につないで支柱とし、（２）支柱の上部、下部及び高さ約一・五メートルの部分に、右器具を使って鉄パイプを横に渡し、（３）以上の骨組みの上面に、鉄パイプを網の目状に配して右器具でつなぎ、その上に角材を載せて針金で固定した上、トタンの波板等をくぎ付けして屋根にし、（４）側面にビニールシートを垂らし鉄パイプにひもで結び付けて壁面とするという方法により、Ｌ字型の仮設の店舗を構築した。Ｈは、その後、さらに、（１）約四本の鉄パイプを埋設してセメントで固定し、（２）右パイプの上部から既存の鉄パイプに鉄パイプを渡して溶接して固定し、（３）その上部に塩化ビニール樹脂の波板を張って屋根にし、側面にビニールシートを垂らして壁面とするという方法により、これをく形にするための増築を加えた。

3　Hは、前記施設（以下「本件施設」という。）で飲食業を営んでいたが、平成六年六月ころ、Kに対し、本件土地を転貸や直ちに撤去できる屋台以外の営業が禁止されていることを伝えて賃貸し、本件土地及び本件施設を引き渡した。
4　Kもまた、本件施設で飲食業を営んでいたが、同年一一月ころ、被告人に対し、本件土地を転貸や直ぐ撤去できる屋台以外の営業が禁止されていることを伝えて賃貸し、本件土地及び本件施設を引渡した。
5　被告人は、同月下旬ころから同年一二月一日ころにかけて、（1）本件施設の側面の鉄パイプにたる木を縦にくくり付けるなどした上、これに化粧ベニヤを張り付けて内壁を作り、（2）本件土地上にブロックを置き、その上に角材を約一メートル間隔で敷き、これにたる木を約四五センチ間隔で打ち付け、その上にコンクリートパネルを張って床面を作り、（3）上部の鉄パイプにたる木をくくり付けるなどした上、天井ボードを張り付けて天井を作り、（4）たる木に化粧ベニヤを両面から張り付けて作った壁面で内部を区切って八個の個室を作り、各室にシャワーや便器を設置するという方法により、風俗営業のための店舗（以下「本件建物」という。）を作った。
6　本件建物は、本件施設の骨組みを利用して作られたものであるが、同施設に比べて、撤去の困難さは、格段に増加していた。

以上によれば、Hが本件土地上に構築した本件施設は、増築前のものは、A不動産との使用貸借契約の約旨に従ったものであることが明らかであり、また、増築後のものは、当初のものに比べて堅固さが増しているとはいうものの、増築の範囲が小規模なものである上、鉄パイプの骨組みをビニールシートで覆うというその基本構造には変化がなかった。ところが、被告人が構築した本件建物は、本件施設の骨組みを利用したものではあるが、内壁、床面、天井を有し、シャワーや便器を設置した八個の個室からなる本格的店舗であり、本件施設とは大いに構造が異なる上、同施設に比べて解体・撤去の困難さも格段に増加していたというのであるから、被告人は、本件建物の構築により、所有者であるA不動産の本件土地に対する占有を新たに排除したものというべきである。したがって、被告人の行為について不動産侵奪罪が成立するとした原判断は、正当である。

8-17　最判平11・12・9（不動産侵奪被告事件・刑法判例百選各論P70）

株式会社A工務店（以下「A工務店」という。）は、埼玉県東松山市内の宅地一四九六平方メートル（以下「本件土地」という。）を地上の作業所兼倉庫等の建物五棟とともに所有していたものであるが、振り出した小切手が不渡りとなったことから、平成八年二月二八日、債権者の一人である株式会社東京経営サポート（以下「東京経営」という。）の要求により、同社に本件土地及び地上建物の管理を委ねた。東京経営が取得した権利は、地上建物の賃借権及びこれに付随する本件土地の利用権を超えるものではなかった。東京経営は、同月下旬、右の権利を競売物件の売買仲介業を営む長野物産株式会社（以下「長野物産」という。）に譲り渡した。そのころ、A工務店は、代表者が家族ともども行方をくらましたため、事実上廃業状態となった。建築解体業を営む被告人Sは、同年三月五日、長野物産から右の権利を買受けて、本件土地の引渡しを受けた後、これを廃棄物の集積場にしようと企て、そのころから同月三〇日ころまでの間に、従業員である被告人Kとともに、本件土地上に建設廃材や廃プラスチック類等の混合物からなる廃棄物約八六〇六・六七七立方メートルを高さ約一三・一二メートルに堆積させ、容易に原状回復をすることができないようにした。

以上のような事実関係の下においては、本件土地の所有者であるA工務店は、代表者が行方をくらまして事実上廃業状態となり、本件土地を現実に支配管理することが困難な状態になったけれども、本件土地に対する占有を喪失していたとはいえず、また、被告人らは、本件土地についての一定の利用権を有するとはいえ、その利用権限を超えて地上に大量の廃棄物を堆積させ、容易に原状回復をすることができないようにして本件土地の利用価値を喪失させたというべきである。そうすると、被告人らは、A工務店の占有を排除して自己の支配下に移したものということができるから、被告人両名につき不動産侵奪罪の成立を認めた原判決の判断は、相当である。

8-18　最決平1・7・7（窃盗等被告事件・刑法判例百選各論P52）

1　被告人は、いわゆる自動車金融の形式により、出資の受入、預り金及び金利等の取締等に関する法律による利息の制限を免れる外形を採って高利を得る一方、融資金の返済が滞ったときには自動車を転売して多額の利益をあげようと企て、「車預からず融資、残債有りも可」という広告を出し、これを見て営業所を訪れた客に対し、自動車の時価の二分の一ないし一〇分の一程度の融資金額を提示したうえ、用意してある買戻約款付自動車売買契約書に署名押印させて融資をしていた。契約書に書かれた契約内容は、借主が自動車を融資金額で被告人に売渡してその所有権と占有権を被告人に移転し、返済期限に相当する買戻期限までに融資金額に一定の利息を付した金額を支払って買戻権を行使しない限り、被告人が自動車を任意に処分することができるというものであり、さらに本件の三一台の自動車のうち二台に関しては、買戻権が行使された場合の外は被告人は「自動車につき直接占有権をも有し、その自動車を任意に運転し、移動させることができるものとする。」という条項を含んでいた。しかし、契約当事者の間では、借主が契約後も自動車を保管し、利用することができることは、当然の前提とされていた。また、被告人としては、自動車を転売した方が格段に利益が大きいため、借主が返済期限に遅れれば直ちに自動車を引き揚げて転売するつもりであったが、客に対してはその意図を秘し、時たま説明を求める客に対しても「不動産の譲渡担保と同じことだ。」とか「車を引き揚げるのは一〇〇人に一人位で、よほどひどく遅れたときだ。」などと説明するのみであり、客には契約書の写しを渡さなかつた。

２　借主は、契約後も、従前どおり自宅、勤務先等の保管場所で自動車を保管し、これを使用していた。また、借主の中には、買戻権を喪失する以前に自動車を引き揚げられた者もあり、その他の者も、次の営業日か短時日中に融資金を返済する手筈であつた。

３　被告人又はその命を受けた者は、一部の自動車については返済期限の前日又は未明、その他の自動車についても返済期限の翌日未明又は数日中に、借主の自宅、勤務先等の保管場所に赴き、同行した合鍵屋に作らせた合鍵又は契約当日自動車の点検に必要であるといって預かつたキーで密かに合鍵屋に作らせたスペアキーを利用し、あるいはレツカー車に牽引させて、借主等に断ることなしに自動車を引き揚げ、数日中にこれらを転売し、あるいは転売しようとしていた。

以上の事実に照らすと、被告人が自動車を引き揚げた時点においては、自動車は借主の事実上の支配内にあったことが明らかであるから、かりに被告人にその所有権があったとしても、被告人の引揚行為は、**刑法242条にいう他人の占有に属する物を窃取したものとして窃盗罪を構成する**というべきであり、かつ、その行為は、社会通念上借主に受忍を求める限度を超えた違法なものというほかはない。

8-19 東京高判平4・10・28（窃盗被告事件・刑法判例百選各論Ｐ66）

原判決挙示の証拠によると、被告人は、原判示スーパー比富美店内において、買物かごに入れた商品三五点をレジで代金を支払うことなく持ち帰って窃取しようと考え、店員の監視の隙を見て、レジの脇のパン棚の脇から、右買物かごをレジの外側に持ち出し、これをカウンター（サッカー台）の上に置いて、同店備付けのビニール袋に商品を移そうとしたところを、店員に取り押えられたものと認められる。

そして、以上の事実関係の下においては、被告人がレジで代金を支払わずに、その外側に商品を持ち出した時点で、商品の占有は被告人に帰属し、窃盗は既遂に達すると解すべきである。なぜなら、右のように、買物かごに商品を入れた犯人がレジを通過することなくその外側に出たときは、代金を支払ってレジの外側へ出た一般の買物客と外観上区別がつかなくなり、犯人が最終的に商品を取得する蓋然性が飛躍的に増大すると考えられるからである。

8-20　東京高判昭59・10・30（常習累犯窃盗被告事件・刑法判例百選各論Ｐ54）

１　被告人は、本件当時原判示のＣ新聞Ｄ専売所に住み込みで働いていた者であり、本件被害者であるＢも同専売所に住み込み新聞の配達、新聞代金の集金等の仕事に従事していた者であること、

２　Ｂは、昭和五八年一〇月三〇日午後六時一〇分過ぎごろ集金を終えて同専売所に戻り、従業員が自由に出入りする一階食堂で集金かばんを開けて集金額を数えるなどしているうち、同僚のＥ、Ｆと一緒に近所の弁当屋「Ｇ」に夕食のための弁当を買いに行くことになったが、その際、右食堂でテレビを見ていた被告人が、Ｂに対し、被告人の弁当も買ってくるよう依頼するとともに、「かばん持ってお前買いに行くのか」と言ったことから、Ｂは、右買物に行って帰って来るまでの間被告人に右食堂で右集金かばんを預かって貰おうと考え、同時二〇分ころ右食堂で、被告人に対し、右趣旨のもとに「これ預かって下さい」と言って右集金かばんを手渡し、右Ｅらとともに買物に出掛けたこと、

３　右集金かばんの中には、Ｂが当日集金し、その明細を明らかにしたうえ直ちに雇主である同専売所所長Ｈに引き渡すべき現金一七万四四〇〇円（うち五〇〇〇円はつり銭）が入っており、また、右集金かばんは、中のチヤツクが閉まっておらず、施錠もされていなかったが、上蓋が閉まっていてその止め金もかけられていたこと、また、その時刻にたまたま右Ｈの姿が見えなかったので引き渡すことが出来ずにいたものであること、

４　被告人は、Ｂらが外出するや間もなく右集金かばんの上蓋を開け、右在中現金のうち一七万三二〇〇円を抜き取り、これを持つつて同専売所から逃走したこと、

５　Ｂらは、前示弁当屋で弁当を買い、道筋のＪでも買物をしたうえ、午後六時五〇分ころ同専売所に戻ったところ、

被告人は既に右現金を持って逃走していたこと、なお、同専売所と右弁当屋との間の距離は二百数十メートルであり、弁当を買うだけであればその注文時間を含めても一二、三分で往復することができたこと

以上の事実が認められ、以上の事実関係に照らすと、被告人は、Bから施錠されていない集金かばんを預かったものであって、その在中物である現金に対して被告人の事実上の支配がある程度及んでいたことは否定しえないとしても、被告人は、Bから右集金かばんを前記のように僅か二百数十メートル離れた店に弁当を買いに行って帰るまでの約三〇分の間、同人が自由に出入りする場所で看視するとの趣旨で預かったものであり、また、右集金かばんは、施錠されていなかったとはいえ、上蓋の止め金はかけられていて、被告人がその在中物を取り出すことは許されていたものではないことにかんがみると、被告人が右現金に対し排他的な事実上の支配をしていたものとは到底認めることはできず、Bにおいてなお右現金につき実質的な事実的支配を有していたものと認められる。したがって、被告人が右集金かばんから現金を抜き取りこれを持って同専売所から逃走した行為は、Bの右現金に対する占有を侵害しこれを窃取したというべきことが明らかであり、これと同旨の認定をした原判決には所論の事実の誤認はない。

8-21　最決昭55・7・15（横領被告事件）

自動車販売会社から所有権留保の特約付割賦売買契約に基づいて引渡を受けた三台の貨物自動車を、右会社に無断で、金融業者に対し自己の借入金の担保として提供した被告人の本件各所為が、横領罪に該当するとした原判断は相当である。

8-22　最判昭43・7・5（業務上横領詐欺被告事件）

所論引用の**東京高判昭28・11・18**は、本件同様、特定郵便局長が、自ら利得する目的で郵便切手類及び印紙の売さばき人の承諾を得て、その名義を使用して印紙等を売りさばき、その手数料相当額を利得した行為につき、印紙等の売さばきの代理は、法律上許容されているから、背任にも業務上横領にもならないとしているのであって、本件の原判決は、これと異なった判断をしているものといわざるを得ない。しかしながら、当裁判所は、本件のように、被告人が、売さばき人の名義を借り受け、自己の計算の下に郵便切手類等を売さばき、その手数料を右売さばき人の名義で取得する行為は、郵便切手類売さばき所及び印紙売さばき所に関する法律（昭和二四年法律第九一号）の認めないところであり、従って右のような行為によって売りさばいた印紙等の手数料を請求する権利は被告人にはなかったのであるから、**その事実を秘し、あたかも実際に名義人自身が郵便切手類等を売りさばいたように書類を作成して指定郵便局に提出し、歳出金支払証票の交付を受けた行為は詐欺罪**となり、また**自己の保管する渡切経費の中から右手数料支払名下に金員を支出し、右手数料相当額を利得した行為は、業務上横領罪になるとした原判断は相当である**と考える。しからば、これと相反する判断をした前記東京高等裁判所の判例を変更して、原判決の判断を維持するのを相当と認めるので、結局、所論判例違反の論旨は原判決破棄の理由となり得ない。

（裁判官色川幸太郎の反対意見）

一、多数意見は、被告人が売さばき人の名義を借り受け、自己の計算の下に郵便切手類および印紙（以下、切手等という）を売さばき、その手数料を右売さばき人の名義で取得した行為は、当時の郵便切手類売さばき所及び印紙売さばき所に関する法律（以下、同法または売さばき法と略称する）の認めないところであると説示している。なるほど同法二条によれば、売さばき人は切手等を「売さばくのに必要な資力及び信用を有する者のうちから」選定し、売さばき業務を委託するものであり、同法三条によれば、売さばき人は「郵政大臣の定める場所に」「売さばき所を設けなければならない」ものであるから、売さばき人及び売さばき場所を特定することは、一応、同法の趣旨と、したところであったかも知れない。しかし、それだからといって、売さばき人その人でなければ切手等の売さばき行為ができず、また、特定の売さばき所でない場所での売さばきは法の許さないところである、と解する根拠は果してあり得るであろうか。

思うに切手類の売さばき行為はきわめて単純な軽作業である。格別な熟練や高度の知識経験を必要とするものではない。したがつて売さばき人自身の判断にもとずき、自らが手を下すのでなければ遂行し得ない底のものでないことはいうまでもない。補助者によっても十分に処理できる行為なのである。そうである限り、性質上、本来、代理に親しむ行為であるといわなければならない。同法は、売さばき人に資力及び信用の存することを要求しているが、売さばき人は、現金と引換でなくては、郵便局から切手等の売渡しを受けることはできないのであるから、資力云々とはいうものの、当該売さばき所の需要に見合う額の印紙等を常備（同法五条）し得る程度のものであれば十分であり、必ずしも裕福な人物たることを必要とせず、信用といっても、偽造や変造された切手等を売りつけるような犯罪的傾向を有しない、

善良な市民であれば事が足りる筈なのである。現に記録に徴すれば、売さばき人選定の運用も以上のような趣旨において行なわれていることを窺い得るのである。次に売さばきの場所について考察すると、昭和二四年の制定にかかる売さばき法は、旧逓信省令による場所に関する制限をことさらに意識して撤廃していることに留意しなければならない。したがつて、昭和二九年法律第一四号による改正により再び場所的制限が設けられるまでは、同法上特定の売さばき所でなければ切手等を売さばくことができなかったというわけではなかつたのである（被告人の本件所為のうちには、同法の改正されるまでの行為も含まれていることは明らかである。）。もともと切手等は、公衆の便宜のために発行されるものであり、その流通を規制しなければならない特段の国家的な要請があるわけではないから（むしろその逆であろう）、私人間において売買されても、その取引を目して公の秩序にもとるとすべき何らの理由もあり得ない筈である。そして、もし仮に郵政当局として、これらの行為を規制する必要があったとするならば、合理的な範囲内において、これを禁ずる旨の立法措置を講ずべきであって、それがないのにかかわらず、本件のような行為を一概に法の認めないところとするのは、私の納得し難いところである。

被告人の本件売さばき行為は、被告人自身の計算においてなされているのであるが、それだけでは代理の成立を否定する根拠にはなり得ない。代理人は、必ずしも本人の経済的利益を図るためにのみ行動する必要はないのであって、代理人に利益が帰属する如き形において売さばき行為が行なわれたにせよ、代理権の授与があり、代理の意思が代理人に存在するならば、代理関係の成立を認めるに欠くるところはないのである。（なお本件売さばき行為が、売さばき人本人の名によってなされたかどうかという点も、代理の成否を決するための決定的理由にはなり得ないと考える。けだし切手等の売さばきのような定型的取引行為においては、本人の名を顕わさないでも、商法五〇四条の類推によって、代理の成立を認めることができるのであろうから。）原判決の認定するところによれば、被告人は、各売さばき人の同意の下にその名義を利用して切手等を買受けて売さばき名義を借りた謝礼として、毎月五〇〇円宛の金員を売さばき人に支払っていたというのである。そしてそのために売さばき人に依頼して切手等の売渡請求書用紙、切手等の売さばき手数料請求書用紙等に売さばき人の届出印を押して貰っていたのであるが、この事実関係を虚心に観察する限り、売さばき人と被告人らの間に代理権の授受があったものだとすることは決して無理な解釈ではあるまい。しかもその際、両者間には手数料を被告人らに取得せしめる暗黙の合意があったと推認すべきであるから、被告人らによる売さばき行為によって一旦売さばき本人に生じた売さばき手数料請求権は、別段の意思表示をまたず、即時、代理人たる被告人に移転したと解することができるのである。そうだとすると、売さばきについて代理を禁ずる明文上の根拠もないのに、本件被告人の行為を売さばき法の認めないところであるとし、これを業務上横領及び詐欺にあたるとした多数意見には到底賛成し難く、原判決は、上告趣意の引用する昭和二八年一一月一八日の東京高等裁判所の判例と相反する判断をしたものとして、刑訴法四〇五条三号により破棄を免れないものと考える。
二、もつとも、私は、多数意見が、売さばき手数料をもって、文字どおり売さばいた行為に対する手数料と解していることに疑問をいだくものである。昭和二九年法律第一四号による改正前の売さばき法七条は、「郵政大臣は、売さばき人に対し」切手等の「売渡月額に左の割合を乗じて得た金額の売さばき手数料を支払うものとする」と定めているのであるから、その「売渡」とは、郵便局から見た行為の態様であつて、売さばき人からいえば、正しく郵便局からの買受けにほかならない。大正一二年逓信省令第四一号郵便切手類及収入印紙売捌規則（売さばき法が制定施行されるまでは、印紙等の売さばきは、この省令及びその改正規則によって律せられていた）の一二条は「売捌人ニ売渡ス郵便切手類及収入印紙ハ定価ニ対シ左ノ割引ヲ為スヘシ」と規定していたのであるが、売さばき法が、果してこの割引制度を全く転換し、売さばきの実績に応じて手数料を支払うことに改めたのか、それとも、よび名を売さばき手数料と改めたにとどまり、その実質は依然従来の割引と変わるところがなかったのかが問題とされなければなるまい。この点はさきに引用した売さばき法七条の解釈上ほとんど疑問の余地はないと思うのであるが、一件記録によれば、売さばき手数料の算定は売さばき人の売さばき高によることなく（売さばき実績の調査、報告さえ行われていない）、売さばき人が郵便局から切手等を買受ける際、その買受額に応じて、即時、現金で支払われる取扱であり、しかも、売さばき人の便宜のため、手数料を差引いた現金を郵便局に差出せば足りるというような運用さえ許容されていたというのである。これらを綜合してみれば、名は売さばき手数料というものの、その実質は割引にほかならないというべきではあるまいか。ところで前述のとおり、売さばき人に対して予想される需要に見合うだけの印紙等を常備するよう要請されてはいるのであるが、それにしても、需要には当然変動があるのみならず、何時予期しない大口の需要家が現われないとも限らないのである。そういう、手持ちでは到底まかない切れないような事態が生じた時、代金の授受と切手類の引渡を郵便局と需要家の間に直接行わしめたとしても、それが売さばき人の名においてなされる限り、売さばき手数料の発生を妨げるものではあるまい。

もしその場合、右の手数料の全部又は一部を頭初からの両者の約束に基づき、当該需要家に取得せしめたならばどうであろうか。これをもつて、売さばき人が定価を割つて需要家に売さばいたものだとみることができれば、売さばき法一一条違反の問題を生ずるであろうが、問題はそれだけのことであって、郵便局から売さばき人が買受けたという事実そのものには何らの虚構もないのであるから、郵便局を錯誤に陥れ、需要家に不法な利得を得せしめたことにはならないし、いわんや当該需要家に刑事上の責任を帰せしむべき理由は全くないのである。そうだとするならば、第三者が売さばき人より適法に委任を受け、その代理人たることを明らかにし、又は売さばき人の承諾のもとにその名前を使用して（この場合も代理である）、売さばき手数料を控除した金額と引替に郵便局より切手等を買受けたとしても、これまた同断ではあるまいか。なるほど郵政当局にとって、かかる行為の反覆累行は管理上好ましくないことであるかも知れまい。しかし当時としては、手数料の最高額を極めて低くおさえていたことでもあり、さしたる弊害があつたとも考えられないし、またもしこの種の行為を抑制する行政上の必要があつたとするならば、適宜立法手段に訴えることも可能であったのである。しかるに国家としてその途に出ることなく、事後において、にわかに、詐欺もしくは横領に問擬し、峻厳なる刑罰を以て臨まんとすることは、それによって保護せんとする法益との間に懸隔のあまりにも甚しきものを感ぜざるを得ない。要するにさきに引用した原審認定の被告人の行為は詐欺及び横領の定型性を有せず犯罪を構成しないのであるから、これに反する判断をした第一審判決及びこれを是認した原判決には、判決に影響を及ぼすべき法令の違反があり、これを破棄しなければ著しく正義に反するものと考える。

以上、いずれにしても、原判決は破棄を免れないのであるから、私は、本件上告を棄却すべしとする多数意見には賛成することができない。

第3　不法領得の意思

個別財産に対する罪は、財物の所有権の保護を根底にしているので、財産的諸権利を侵害する意思、すなわち、構成要件的行為の認識・認容（故意）に加えて、不法領得の意思（処分権者でなければ行えない経済的処分行為を行う意思）が必要であるとされる。占有によって表象される権利には、所有権のみならずそれから分岐した様々な権利（使用権、担保権など）があり、それらも財産的権利であるので保護対象になるが、奪取罪は占有を奪う行為自体に不法領得の意思があると推定される。問題となるのは、最終的に占有を奪う意思がない場合、すなわち、一時使用（いわゆる「使用窃盗」）に不法領得の意思があるかが問題になる。

判例8-31及び**同8-27**は、横領罪の成立に必要な不法領得の意思ついて詳しく説示している。前者は「他人の物の占有者が委託の任務に背いて、その物につき、権限がないのに、所有者でなければできないような処分をする意思をいうのであり、必ずしも、占有者が自己の利益の取得を意図することを必要とするものでない」、「従って、他人の金員を保管する者が、所有者の意思を排除して、これをほしいままに自己の名義をもって他に預金するが如き行為は、また、所有者でなければできないような処分をするに帰する」、しかし「右の如き保管者の処分であっても、それが専ら所有者自身のためになされたものと認められるときは、不法領得の意思を欠くものとして、横領罪を構成しない」と説示する。後者は、信用組合で経理課長名義の裏金口座を作り、理事長の交際費等に使用していたが、理事長の私的使途にも使われていたという事案について、占有者が、法令や内規等によって課されている一切の制約を離れて、どのような用途にでもその意のままに費消できるような資金を作出しようとの意図に基づき、いつでも必要額を引き出せるように仮名預金口座を作ってその口座に資金をプールすることは、その口座は理事長個人が支配している口座であり、その口座から金員を払い戻す行為は、それ自体、占有者が本人から委任された趣旨に背いて当該金員につき権限がないのに所有者たる本人でなければできないような処分を行ったものというべきであるとして、不法領得の意思を肯定し裏金の管理口座に入金された時に横領罪の既遂になるとしている。また、**同8-30**は、**一時使用（いわゆる「使用窃盗」）**について、物の経済的用法に従って利用・処分する意思も含まれるとする。

したがって、不法領得の意思とは、財物について、**処分権者でない者が、権限がないのに処分権者でなければできないような経済的用法に従った処分を行う意思**ということになる。不法領得の意思がない場合には、他人の財産権を侵害することには変わりないが**毀棄・隠匿罪**となる（**大判大4・5・21・刑法判例百選各論P60**）。

同8-29は、選挙運動用の郵便料金として預金口座に振り込まれていた資金に「被告人口座を開設したり、この口座に振り込みを受けたり、振り込まれた金員をそのまま保管するだけでは、当然に不法領得の意思を実現する行為があったとはいえない」が、「口座からの現金の引出しなどの行為（作為）だけでなく、自動引落としを放置する行為（不作為）も横領行為ということができる」とし、その時から入金された金額全額に横領罪が成立するとしている。

不動産も財物であり、占有の表象形態である登記名義を、登記手続に必要な書類を預かっているのを利用して預かった目的以外の登記手続をしたり、権利が他人に移っているのに登記名義が自分名義になっていることに乗じて、勝手に新たな権利移動の登記手続した場合には横領罪となるが、**同8-23**は、実質上所有権が移っているが登記簿上の名義が残っている場合、抵当権設定の仮登記をしたことを不法領得の意思としている。また、**東京高判平21・7・1**は、携帯電話の窃取について、操作方法を知らず使う意思がなくても不法領得の意思の存否に影響しないとしている。

これに対し、**同8-24**は、所有者の弟から承諾を得て自転車を乗り回していた少年について、占有離脱物の故意、不法領得の意思を否定し、**同8-25**は、パチンコ玉を窃取する目的でパチンコ台の正規ロムを不正なものに取り替えていた際に発見され暴行を振るって逃亡し事後強盗致傷罪に問われた見張り役について、過去に行った同種事件においても、当該事件でも、取り外したロムの行方、処分方法について全く知らない場合には、当該ロムを廃棄する可能性を否定しきれないので、不法領得の意思が確実であるとは言えないとして窃盗罪を否定して傷害罪のみを有罪とし、**同8-26**は、あわび捕り用のたまりを盗もうと思って被害者宅敷地内に侵入したが、たまりが干してなかったためにその窃取をあきらめ、被害者を困らせるために、被害者があわび漁に使用していたジャージの上着１着と浮き袋１個を物干し竿から外して取り、さらに、駐車してあった被害者所有の普通乗用自動車の右サイドミラーから、鏡の部分を取り外し、帰宅途中で捨てた事案について、投棄はその用法に従った利用・処分とはいえないし、被害者を困らせて反省させようとする意思が主であるとして不法領得の意思を否定して窃盗罪不成立としている。また、**同8-28**は、自社株の買い占めに対抗するために会社の資金を使って買い戻した事案について、被告人は上司の指示どおり行っていただけである可能性が強く、上司である役員の不法領得の意思を認識、認容して犯行に加わったと認めるには合理的な疑いが残り、また、被告人に自己保身など固有の利己目的があったことについても合理的な疑いが残るとして、被告人に不法領得の意思を認めるには証明不十分としている。

（不法領得の意思に関する判例）

8-23 最判平21・3・26（電磁的公正証書原本不実記録、同供用、横領被告事件）

裁判上の和解に基づき、Ａ社・破産管財人弁護士Ｄ・医療法人Ｂ会に順次譲渡されたもののＡ社が登記簿上の所有名義人であった本件建物をＢ会のために預かり保管中であった被告人が、Ｄ・Ｂ会から解決金を得ようと企て、登記簿上医療法人Ｅ会を登記権利者とする不実の抵当権設定仮登記をしたという事案の上告審において、仮登記を了した場合、それに基づいて本登記を経由することによって仮登記の後に登記された権利の変動に対し、当該仮登記に係る権利を優先して主張することができるようになり、これを前提として、不動産取引の実務において、仮登記があった場合にはその権利が確保されているものとして扱われるのが通常であるから、不実とはいえ、本件仮登記を了したことは、**不法領得の意思を実現する行為として十分**であり、横領罪の成立を認めた原判断は正当である。

8-24　秋田家決平19・10・19（占有離脱物横領保護事件）

（注：本件自転車の所有者と誤診していた少年は）、Ｄが（少年は）Ｅの弟であっても当然には兄であるＥの所有物を第三者に使用させる権限はないから、Ｄの承諾の事実のみによっては、少年が所有者の意思に反して、本件自動車を使用する事実の認識を有していたことは左右されない。

しかしながら、少年の弁解は、Ｄの言動から、Ｄが明示または黙示にＥから、本件自転車の使用貸借を受け、又はある程度は第三者の使用を許すことを含めた包括的な許諾を得ているとの推測・認識を前提にしているものともいえ、少年の本件自転車の使用が、所有者の許諾の範囲内か、直ちに所有権の侵害にはならない、適法な使用権限を有する者が認められた範囲内での使用にとどまるとの少年の認識を示し、占有離脱物横領罪の故意を阻却するに足りると評価することが可能である。そうすると、故意の存在に疑問の余地が残らざるを得ない。

なお、Ｄ供述（略）によれば、同人は「たぶん、兄さんのだから、すぐ返すならいいよ。」と言ったとされるところ、この言葉は、本件自転車の所有者が実はＤとは無関係な者である可能性をも示している。しかしながら、このような片言隻句を殊更に重視するのは相当とはいえない上、Ｄの供述態度等に照らせば、同人の記憶は相当に減退していることがうかがわれ、このような言葉の存在自体に疑問を差し挟むことができ、この言葉を根拠に少年の未必の故意を認定することはできない。（略）

また、**占有離脱物横領罪の成立には、不法領得の意思の存在を要する**ところ、少年の弁解によれば、少年は本件自転車を持ち去った当時、翌日には返却しようと考え、その後、Ｄから「家の人が『返して。』と言うまで乗っていていいよ。」と言われて、３日後に検挙されるまで使用を継続していたのであり（略）、ある程度の期間使用した後、又はＥ若しくはDから返却を求められ次第、速やかに本件自転車を返却する意思があったといえる。また、〔1〕Dの許諾を得て持ち去っており、Dを通じてEに対し少年が本件自転車を使用していることを知らせるための措置を一応取っていること、〔2〕少年の自宅とEの居宅との間の距離は、約1キロメートルにすぎず、移動に要する時間も長くないこと（略）、〔3〕少年とDが携帯電話等で連絡を取り合うことは容易であることなどにかんがみれば、Eからの返却の要求を受けて、速やかに本件自転車を返却することは容易な状況にあったといえる。これらの事情に加え、本件自転車の使用に伴う減価はほとんどないことを考慮すると、（少年が本件自転車の所有者と認識していた）Eを排除して、その所有権を侵害しようとする**不法領得の意思**の存在にも疑問の余地がある。

（略）、少年が本件自転車を持ち去った際の**故意及び不法領得の意思の存在**には疑問の余地が残らざるを得ず、占有離脱物横領罪の成立を認めることができない。

8-25　名古屋高判平19・8・9（強盗致傷〔認定罪名　傷害〕、建造物侵入被告事件）

原判決は、原判示第1の各事実につき、回胴式遊技機からロム1個を取り外した点が窃盗に当たり、その後に窃盗の現行犯人として被告人が逮捕されようとした際、その逮捕を免れるため、共犯者らが被害者3名に暴行を加えて傷害を負わせたので強盗致傷罪が成立すると判断しているが、当初のロムの取り外しについて被告人らに**不法領得の意思**が存したかにつき疑問が存する。

（略）被告人と共犯者らは、かねてパチンコ店の遊技機のロムを密かに不正なものにすり替え、出玉率を良くしておいて、一味の者がその台で遊技をしてメダルを窃取するという犯罪を繰り返していたこと、被告人は、グループ内ではロムのすり替え時にそのすぐ傍らで佇立するなどして犯行の発覚を防止する役割をしていたこと、他方、ロムのすり替えは、もっぱら共犯者のAの役割で、不正なロムを取り付けるために取り外した正規のロムは共犯者の内の誰かが持ち帰っていたが、被告人は、誰が持ち帰るのか、持ち帰った後に正規ロムをどのように利用又は処分するのかについては全く知っておらず、主だった共犯者が検挙されていないため、その点について確認のしようがないこと、本件犯行時は、Aが原判示第1記載の正規ロムを取り外し、何者かがこれを持ち去ったが、当該正規ロムは発見されておらず、その行方は明らかではないことなどが認められる。

これらによれば、被告人らが正規ロムを取り外した目的は不正なロムを取り付けるための準備と見るべきであり、これを持ち去っていたことについても、証拠上、その目的が明らかでなく、被告人が、検察官に対し、取り外した正規ロムを捨てると共犯者から聞いてないと供述していること等を考慮しても、単にその場に放置できず、他の場所に投棄するためであったと解する余地があるから、被告人らが取り外して持ち去った正規ロムについてその経済的用法に従って利用、処分する意思、すなわち**不法領得の意思**を有していたと認めることができない。

したがって、被告人の共犯者らがその後に逮捕を免れるために被害者らにした暴行は、事後強盗の要件を充たさず、原判示第1の各事実についてはいずれも単なる傷害罪が成立するに留まるというべきである。

上記のとおり、原判決は、正規ロムの取り外し行為が窃盗に当たることを前提とした上で、原判示第1の各行為がいずれも強盗致傷に当たると認定しているところ、この点において原判決は事実を誤認したもので、この誤りは判決に影響を及ぼすことが明らかである。

8-26　東京高判平18・4・3（器物損壊、現住建造物等放火、住居侵入、窃盗等被告事件）

（1）被告人は、地元の白浜であわび捕りのために海に潜るときは地元の者だと分かるようにだいだい色の服を着て浮き袋の代わりに木のたるを使って漁をするのが習わしであると考えていたが、地元に帰ってきて間もない被害者が赤い浮き袋と黒いジャージという地元の者とは違ういで立ちで海に潜っていたことから反感を持っていた。また、漁の日には被告人が徒歩や自転車で海の近くまで向かうのに、被害者だけがいつも白い乗用車を利用しているのが気に食わなかった。さらに、被告人は、浜辺で暖を取るためにたき火をしていた際にも、当たりたければ薪を持参するようにと苦言を呈しても言うことをきかないし、年下であるのに生意気な口をきくことがあって、口げんかをしたこともあり、いつかは仕返しをしようと考えていた。

（2）被告人は、平成17年5月28日の午前2時ころ、かねてから反感を抱いていた被害者に対する嫌がらせのために、被害者があわび漁に使用しているたまり（捕ったあわびを入れておくための収納網）を持ち去れば被害者も困るだろうし、後で自分でも使えるなどと考えて、被害者が居住する被害者宅敷地内に侵入した。しかし、たまりが干してなかったため、これをあきらめ、同じく被害者があわび漁に使用していたジャージの上着（以下、「ジャージ」という。）1着と浮き袋１個を物干し竿から外して取り、さらに、駐車してあった被害者所有の普通乗用自動車の右サイドミラーから、鏡の部分を取り外した。こうして、被告人は、ジャージ、浮き袋及び鏡（以下、これらを併せて「被害品」という。）の占有を取得した後、被害者宅敷地を後にした。被告人は、被害者宅敷地から出た直後、被害品を投棄しようと考え、２０メートルほど行ったところで、ジャージをブロック塀越しに他人の畑内に投棄し、さらに、そこから直線距離で約２００メートル離れた港（被害者宅敷地から道路沿いに行くと約４００メートルの距離である。）まで歩いて行き、空気を抜いた浮き袋を、鏡と共に海中に投棄した（略。）

（本件では、被告人が、たまりを盗む目的で被害者宅敷地に侵入した事実は認められるものの、実際に持ち去ったのは、当初の目的であるたまりではなく、しかも持ち去った被害品をその後間もなく投棄していることから、被害品を持ち去った際に**不法領得の意思**を有していたと認められるか否かが問題となる。

この点被告人は、当審公判において、たまりを盗んで自宅に持ち帰り、手を加えれば自分でも使えると思った旨述べる一方、サイドミラーから鏡を取り外したのは、被害者が自動車を運転するときに後ろが見えずに困るだろうと考えた旨供述し、ジャージは、小さくて自分では着られないし、浮き袋も自分で使うつもりはなかった旨供述している。被害品のうちの鏡は、自動車のサイドミラーの部品であって、単体で使用されることが想定されるというようなものではない。また、ジャージや浮き袋についてみても、被告人を含む地元の者は、あわび捕りの際にこれらを使用しないのが普通であり、それにもかかわらず被害者が使用していたことに被告人が反感を持っていたほどであるから、被告人にとっては、これを持ち帰って使用する価値など全くないものである。しかも、ジャージの両肩口から両胸元付近にかけて特徴的な模様が入っており、浮き袋は赤色で目立つ上、被告人と被害者は、近い場所であわび捕りを行っていたことなどからすると、被告人が浮き袋やジャージを使用すれば、被告人が持ち去ったことがすぐに分かってしまう。そして、これらの点は、被告人にとっても自明なことである。このような事情からすれば、**被告人が、その占有を取得した時に、被害品をその経済的な用法に従って使用する意思を有していたとは考えにくい。**

被告人がたまりを盗もうとした目的についてみると、被告人の供述調書（略）及び被告人の当審公判における供述によれば、前記認定のとおり、被害者に対して嫌がらせをすることが主たる目的であったと認められる。そして、その供述内容からすると、盗んだ後に自らたまりを使用しようとする意思もあったことは認定できるが、その意思は、嫌がらせの目的に比して、従たるものであったと認められ、執拗にたまりを探し求めたり、他に使用できる物を物色したりした様子はうかがわれない。また、確かに、被告人は、被害者宅敷地を出た後に被害品を投棄しようと考えた旨述べてはいる。しかし、他方、被告人はいずれの被害品も使うつもりはなかった旨述べていること、実際に被害品を持ち去った直後にこれらを投棄していること、被告人が本件の約１１か月ほど前にも同様の動機から近隣の者の自動車を損壊する犯行（略）等に及んでいることなどの事情も認められる。これらを総合すれば、被告人が被害品を持ち去ったのは、あくまで被害者にこれらを使えないようにして困らせてやろうという意思によるものと認めるのが自然であり、被害品を投棄しようと考えた時期に関する前記供述は、被害品を長時間携帯することなく投棄してしまおうと考えたという意味に理解でき、それまでは使うつもりであったことを必ずしも意味するものではないと考えられる。以上によれば、被告人が被害品の占有を取得した時点において、**不法領得の意思を有していたと推認するには、合理的な疑いが残るといわざるを得ない。**そして、他に、被告人の不法領得の意思を認定するに足りる証拠はない（なお、被告人は、原審第１回公判において、原判示第３の事実を認める旨の供述をしている。また、捜査段階における各供述調書中にも、ジャージ、浮き袋、ドアミラーの鏡について「盗んだ」との記載部分があり、これらは、一見、窃盗の自白であるかのようでもある。しかし、一般的には、不法領得の意思の有無にかかわらず、他人の物の占有を取得する行為は窃盗であると観念されていることにかんがみると、中学校を特殊学級に通って卒業した経歴を持ち、もとより法律的な知識を有するわけでもない被告人が、不法領得の意思の有無を意識した上で窃盗の事実を認めて「盗んだ」という表現を用いたものとは認め難く、前記の供述ないし供述記載部分に依拠して不法領得の意思を認定することはできない。）。よって、（略）、これを認定して窃盗罪の成立を認めた原判決には、判決に影響を及ぼすことが明らかな事実の誤認がある

8-27　東京高判平17・6・7（業務上横領、背任被告事件）

そもそも、**横領罪における不法領得の意思とは、他人の物の占有者が委任の趣旨に背いてその物につき権限がないのに所有者でなければできないような処分をする意思を意味し、必ずしも占有者が自己の利益取得を意図することを必要とするものではないが（最判昭２４・３・８等）、占有者が専ら本人のためにした行為については不法領得の意思が否定され横領罪を構成しないと解されるところ、占有者が、法令や内規等によって課されている一切の制約を離れて、**

どのような用途にでもその意のままに費消できるような資金を作出しようとの意図に基づき、いつでも必要額を引き出せるように仮名預金口座を作ってその口座に資金をプールし、あるいは、手許に現金を留保するため、本人の口座から金員を払い戻す行為は、それ自体、占有者が本人から委任された趣旨に背いて当該金員につき権限がないのに所有者たる本人でなければできないような処分を行ったものというべきであって、**占有者が専ら本人のためにする意思を持ってそのような行為をしたというような事情がなければ**、横領罪が成立すると考えられる。

（略）、被告人は、P２内部の経費支出に関する事前の手続や金額の定め等による制約を全く受けず、かつ、事後の決算、監査、検査の対象ともならず、どのような用途にでも意のままに費消しようと思えばできる簿外金を作出する意図に基づき、P３ら部下職員に指示して、P２の総務部等の口座に入金された消耗品費等を多数回にわたって払い戻したことが認められるのであって、上述したところによれば、被告人が専らP２のためにする意思を持ってそのような払い戻し行為をしたという事情が認められなければ、本件の払い戻し行為は業務上横領罪を構成すると考えられることになる。

（略）したがって、以下では、被告人が本件の払い戻しを受けるに当たって専らP２のためにする意思を持っていたかどうか、という点に焦点を当てながら、所論にかんがみ更に検討を加えることとする。

（略）以上みてきたところによれば、被告人は、原判決が説示するように、簿外金を主として私的な用途に費消したとか、主として私的な用途に流用するためにP３ら部下職員に消耗品費等の払い戻しを指示したとするには未だ証拠十分とはいえないものの、被告人が簿外金を私的な用途に流用した機会は多数回にわたっているばかりか、その使途も多様であって、その流用総額も相当額に上ったと認められるのであるから、被告人が専らP２のためにする意思を持ってP２の口座から消耗品費等の払い戻しを受けたとみられないことは、明らかというべきである（したがって、原判決が（略）被告人が「主として私的な用途に流用する意思で」、P３らに消耗品費等の払い戻しを指示したと認定しているのは誤りであり、また（罪となるべき事実）の項の第１の１及び２において、これと同趣旨を示したものとみられる「被告人の用途に充てるため」との被告人の着服横領の意図についての判示も誤りといわざるを得ないが、この誤りは判決に影響を及ぼすことが明らかとはいえない。なお、（罪となるべき事実）の項の第１の３の「被告人の用途に充てるため」との判示についても、これが「主として私的な用途に流用する意思で」あることを示そうとしたものであるとすれば、同様のことがいえる。）。所論は、所論〔１〕に関連して、被告人がP２の理事長として消耗品費等を簿外化した主たる目的は、被告人がP２の信用組合としての経理処理の枠や、支出先・支出目的を明確にすることに対する憚りなどの各種の制約にとらわれることなく、大局的な見地から直接間接にP２のためになる、または、ためになると考えられる使途に柔軟に資金を充てるためであり、あくまでP２のためであった、というのである。しかしながら、そもそも、被告人が本件で業務上横領罪に問擬されないためには、上述したところから明らかなとおり、被告人が簿外金を作出しようとした意図が、主としてP２の利益を図ることにあったというだけでは足らず、専らP２の利益を図ることにあったとまでいえなければならないと考えられるから、所論はその意味で失当というほかない。また、所論は、被告人が簿外金を私的な用途に費消したのは、手許に簿外金を保有している状況下においてたまたま誘惑に負けて個別に横領行為を行ったに過ぎない、というのであるが、被告人が簿外金を私的な用途に費消した回数の多さ、用途の多様性、額の大きさなどに照らすと、やはり所論のようにいうことはできず、被告人が簿外金を作出しようとした意図そのものの中に私的な利益を図りたいという気持ちも含まれていたと認められる。（略）

原判決が認定する上記の四つの事実が、いずれも、被告人が主として私的な用途に流用する意思で部下職員に消耗品費等の払い戻しを指示した、という事実を直ちに推認させるものではないことは、所論がいうとおりであるにしても、これらの事実は、いずれも、被告人が法令やP２の内規等で課されている一切の制約を離れて、どのような用途にでも意のままに費消しようと思えばできる簿外金を作出しようとの意図に基づき、部下職員に消耗品費等の払い戻しを指示したことを推認させるものといえるのであるから、被告人の横領行為を推認させる事実といえる点では変わりがないといえる。そして、被告人が本件払い戻しを受ける際に専らP２のためにする意思を持っていたものでないことも、これまで検討してきたところから明らかであるから、結局、被告人の原判示の第１の１及び２の各行為が業務上横領罪に該当すると認められることになる。

8-28　東京高判（差戻控訴審）平15・8・21（業務上横領被告事件）

（要旨）A社の経理部次長であった被告人が、BがA社の株式を買い占めて同社の経営権を奪取しようと画策しているのに対抗するため、（略）相被告人であるA社の取締役経理部長ａと共謀の上、Cらにこれを阻止するための工作を依頼し、その工作資金や報酬などに充てるために会社資金を流用したという事案の差戻控訴審において、被告人がａの不法領得の意思を認識、認容して犯行に加わったと認めるには合理的な疑いが残り、また、被告人に自己保身など固有の利己目的があったことについても合理的な疑いが残るというべきであるから、被告人が不法領得の意思を有していたことについては証明不十分というほかないとして、検察官の控訴を棄却し、業務上横領の点につき被告人を無罪とした差戻前第１審判決を維持した。

（略）上告審判決の理由の要旨は以下のとおりである。

「（１）被告人らのｅらに対する計９回の現金交付（以下「本件交付」という。）の意図が専らｂ（注：被告人らが役員をしている会社）のためにするところにあったとすれば、**不法領得の意思**を認めることはできず、業務上横領罪の成立は否定されるところ、本件では、被告人においてａの不法領得の意思を認識、認容して犯行に加わったことが認められるか、被告人に自己保身など、固有の利己目的が存在したことが認められれば、被告人の不法領得の意思の存在を肯定すべきである。

（２）確かに、原判決（旧控訴審判決）の認定するとおり、本件交付は、それ自体高額なものであった上、もしそれによって株式買取りが実現すれば、ｅらに支払うべき経費及び報酬の総額は２５億５０００万円、これを含む買取価格の総額は５９５億円という高額に上り（当時のｂの経常利益は、１事業年度で２０億円から３０億円程度であった。）、ｂにとって重大な経済的負担を伴うものであった。しかも、それは違法行為を目的とするものとされるおそれもあったのであるから、会社のためにこのような金員の交付をする者としては、通常、交付先の素性や背景等を慎重に調査し、各交付に際しても、提案された工作の具体的内容と資金の必要性、成功の見込み等について可能な限り確認し、事後においても、資金の使途やその効果等につき納得し得る報告を求めるはずのものである。しかるに、記録によっても、被告人らがそのような調査等をした形跡はほとんどうかがうことができず、また、それをすることができなかったことについての合理的な理由も見いだすことができない。

（３）原判決は、ｂにおいてｃ側の支配する株式を買い取るとの方針は固まっておらず、ｈ社長（以下「ｈ社長」という。）も株式買取りの可能性を探るための工作を了承したにとどまること、本件交付にかかる金額の合計は１１億７５００万円に上るのに、各交付の時点において、それぞれの交付に見合った工作が成功するか否かは全く不明確であったこと、被告人らは、ｈ社長らに本件交付について報告する機会が度々あったのに、その交付の内容や具体的交付目的等を報告していないこと、ａは、本件交付を開始する前、ｃ側と通じ、協力してｂの経営権を握ろうと図り、その過程でｂ株を多数売買して多額の売却益を得たほか、ｃ側から約２億３０００万円の売却益の分配を受け取ったが、ｃ側とｂが全面対決するに至り、ａはｃ側から裏切り者として攻撃され、妻子に危害を加えるなどとの脅迫を度々受けていたことなどを指摘しているが、これらの事情に加えて、上記（２）の事情をも考慮すれば、本件交付におけるａの意図は、専らｂのためにするところにはなかったというべきである。

（４）しかしながら、本件交付のうちａが取締役経理部長の地位を解かれる以前において支出した資金の多くは、被告人が、経理部長であるａの直属の経理部次長として、ａの指示に従って調達したものであるところ、被告人は、本件交付までにｂが実施した防戦買いに関連してａが多額の資金を動かしていたことを承知し、また、ａから、ｅらに対する工作依頼の件についてｈ社長の承諾を得ていると説明され、ａと共に、ｅらをｈ社長に引き合わせたこともあった。ａには、かつてｃと通じてｂの経営権を掌握しようと画策し、その過程で前記のとおり、ｂ株を多数売買して多額の売却益を得、ｃ側からも売却益の一部を受領していたことなどの弱みがあったが、被告人は、ａがｃ側から２億８５００万円を受領していたとの暴露記事が新聞に出た昭和６３年3月１８日ころまで、こうしたａの弱みを知る機会がなかった。被告人らは、本件交付が度重なり、支出額が巨額となりながらも、効果等が認められなかったことから、その支出の問題化を避けるために、是非ともｃ側からの株式買取りを実現し、その取得費用の中で支出金を精算しようと意図して、更に支出を継続したのではないかともうかがわれるが、仮にそのような意図があったとしても、そのような事情は支出行為が複数回存在した後に生じ得るものであって、本件交付の当初から認められるものではない。そして、この点を除けば、本件交付について、被告人に自己保身など、固有の利己目的があったと認めるに足りる証拠はない。他方、当時、ｂとしては、乗っ取り問題が長期化すると、同社のイメージや信用が低下し、官公庁からの受注が減少したり、社員が流出するなどの損失が懸念されており、本件交付に際し、被告人らが、こうした不利益を回避する意図をも有していたことは否定できない。

（５）以上のような事情に照らすと、被告人は、少なくともある段階までは、本件交付はａの権限に基づくものであるか、又は専らｂのために行う正当な支出であると認識していたのではないかと解する余地がある。なお、**当該行為ないしそ**

の目的とするところが違法であるなどの理由から委託者たる会社として行い得ないものであるとしても、そのことのみから、直ちに行為者に不法領得の意思を認めることができないというべきであり、これに反する旧控訴審判決の判断は是認することができない。

（６）したがって、原判決は、被告人の不法領得の意思の有無について、法律の解釈を誤り、ひいては審理を尽くさず、その結果事実を誤認した疑いがあり、これが判決に影響を及ぼすことは明らかであって、原判決を破棄しなければ著しく正義に反するものと認められる。

8-29　名古屋高判平14・12・6（業務上横領、郵便法違反、加重収賄被告事件）

被告人は、平成１０年２月ころから数回にわたり、同年７月に予定の参議院議員選挙に関し全甲野労働組合連合会（以下「全甲連」という。）側から出される大量の郵便物を引受けて処理するために全甲連側のＡらと交渉し、被告人の要請により同年３月中に前払金で１２００万円を支払うことが合意され、同年３月３０日にはＡが代表者を務める「新党乙山とＢを支援する会」名義の口座から被告人名義の口座（以下「被告人口座」という。）に１２００万円が振込入金されたこと、その後全甲連側から同年５月中旬から６月中旬にかけて第１種３万１９１６通等の郵便物が豊橋南郵便局に持込まれ、区分された後配送されたが、この際、料金別納郵便物差出票等の書類は作成されず、いわゆるヤミで処理されたこと、同年６月２４日ころ、確定した上記郵便物の数量をもとに被告人とＡの間で郵便料金の総額を３２４６万１８３４円とすることで最終的に合意し、これに基づいて同年７月１７日に「全甲野労連政策制度関連活動資金会計」名義の口座から被告人口座に金１１６８万６６９８円が振込入金され、同年８月２５日、上記「支援する会」名義の口座から被告人口座に金９４２万４３５９円が振込入金されたこと、被告人は、被告人口座の内容（銀行支店名、口座番号）や全甲連側から３回の振込入金があったことや振込額については豊橋南郵便局、豊田郵便局、豊橋郵便局の関係者には知らせていなかったこと、被告人口座は被告人のみが管理し、被告人の購入した自動車代金の支払その他のローン等の自動引落としが毎月、１５ないし２０万円に達していたが、同年４月以降はキャッシュカードによる数十万単位の引出し、窓口での数百万単位の引出しがなされていること、被告人は全甲連からの１２００万円の入金直後に４００万円を引き出して豊橋郵便局長から頼まれていた切手４００万円分を購入し、同年３月３１日このうち２００万円分の切手を名古屋郵便集中局の職員に買い取ってもらい現金化するなどした上、同日、この現金を手持ちの金員に加えて自宅の増築費用（約３２８万円）の支払に充てたほか、被告人口座から自己の証書貸付のローン代、車のローン代の支払等の自動引落としに充て、あるいは、同年４月中に３回にわたり合計９０万円の現金を引き出して担当エリア内の郵便局から切手等を購入したり、小遣い等に費消したため、同年４月末には切手として２９０万円を保有するものの、被告人口座の残高は約７２２万円となり、残高は同年６月末には約４９３万円に減少したこと、上記７月１７日の全甲連側からの入金後、被告人はこれを引き出して同年８月５日岩津郵便局から３００万円分、翌６日豊橋南郵便局から５００万円分の各切手を購入し、更に上記８月２５日の全甲連側からの入金後、被告人口座からの引出しによって同年８月２６日に豊橋南郵便局から５００万円分、同年８月２９日に豊田郵便局から６００万円分の各切手を購入し、その結果、同年８月末で残高は約４１１万円に減少し、更に、上記７月１７日以降も、キャッシュカードによる現金の引出しと各種自動引落とし等が続けられ、同年１２月末には残高が約１８０万円までになっていたこと（同年４月１日から１２月末までに上記全甲連側からの３回の入金以外の被告人自身による振込入金は同年８月１２日の１００万円［父親の自動車代金の立替え分］だけである。）、更に被告人は平成１１年１月から同１２年１月まで７回にわたり保有していた切手額面合計約１４００万円分をチケットショップで処分して合計約１２００万円の現金を取得したことの各事実が認められる。

この事実関係によれば、被告人口座に振り込まれた全甲連側からの金員について被告人の業務上の占有が認められることは多言を要しないところ、そのうち、（ａ）平成１０年３月３０日に振り込まれた前払金の１２００万円は、郵便物の集荷以前の段階であって、引受局である豊橋南郵便局のために同金員を預かり保管しなければならず、（ｂ）同年７月１７日の１１６８万６６９８円及び同年８月２５日の９４２万４３５９円は、郵便物の数量や種類が確定してこれらが配送され、かつ、料金総額も確定した後の入金であるから、直ちに豊橋南郵便局に郵便料金として納めなければならなかったものである。

そして、**横領罪における横領行為**とは自己の占有する他人の物について不法領得の意思を実現する一切の行為をいうのであって、本件に即していえば、自己のためにする被告人口座からの現金の引出しなどの行為（作為）だけでなく、被告人口座からの自動引落としを放置する行為（不作為）も横領行為ということができるが、単に、被告人口座を開設したり、この口座に振り込みを受けたり、振り込まれた金員をそのまま保管するだけでは、当然に不法領得の意思を実現する行為があったとはいえないのである（略）。

かかる見地から、被告人口座の管理状況を検討するに、その実態は上記のとおりであって、被告人は全甲連側から振り込まれた１２００万円につき、その直後に４００万円を引き出して豊橋郵便局から切手を購入し、すぐにその半分を現金化した上で個人的用途に費消したほか、被告人口座から自由に金員を引き出して自己のために費消し、あるいは個人的な支払のための自動引落としを続けさせるなどしていたものであり、その間、全甲連関係の郵便物の集荷後も、現金の形でも切手等の形でも、これを郵便料金として納めてはいなかった上、かかる納入の態度すらうかがえず、郵便局の関係者には被告人口座の内容（金融機関名、口座番号、入金額等）すら知らせていなかったのであるから、被告人には被告人口座に１２００万円の入金を受けた当初から、その全額について横領する意思があったものと認めるほかなく、入金直後の４００万円の引出し行為は、全額についての**不法領得意思**の現れである「着服」行為ということができる。また、被告人は、同年７月１７日の１１６８万６６９８円及び同年８月２５日の９４２万４３５９円については、既に郵便物の配送が実行され、料金総額が確定した後の入金であるから、上記のとおり、直ちに、これを引き出して現金又はこの現金で購入した切手等によって郵便料金として郵便局に納めるべきものであるのに、これをまったくしなかっただけでなく、豊橋南郵便局の関係者に郵便料金が振込入金された事実を告げず、上記同様に数回にわたって数十万単位で現金を引き出し、他からの切手の購入や個人的な用途に費消しているほか、口座から自己の車のローン代等の支払（自動引落とし）に充てているのであるから、被告人には被告人口座に入金された上記２件の金員についても、入金の当初から全額について横領する意思があったものと認められ、入金直後の現金の引出し（作為）あるいは、この口座から自己のためにする自動引落とし等がなされることを放置した行為（不作為）をもって、各全額についての不法領得意思の現れである「着服」行為ということができるのである。

そうすると、これと同旨の理由によって、不法領得の意思がある旨判断し、振込入金の直後における入金全額についての着服横領の事実を認定した原判決に誤りはなく、これを争う所論は理由がない。

ところで、被告人口座に振込を受けた行為をもって着服横領の行為とはいえなく、原判決も、振込入金を受けたことをもって着服横領行為としているわけではなく、その直後の何らかの行為（作為又は不作為）をもって「着服」と認定しているものと解されるが、本件のように**横領の犯意及び実行行為についての事実関係が争われている場合においては、単に「着服」という多義的で法的評価を含む行為を認定・判示するだけでは足りず、いかなる作為又は不作為をもって不法領得意思の発現と認めたのかを犯罪事実として明示する必要があるというべきである。**殊に、後述のとおり、本件では、前払の１２００万円については、振込入金直後の４００万円の引出しという作為が「着服」行為であり、その後の７月の１１６８万余円については、同日の５０万円の払戻しという作為が「着服」行為であり、８月の９４２万余円については、直後の自動引落としの放置という不作為が「着服」行為であるから、この区別を明確にしないまま、振込入金による占有の事実を示したあとに「そのころ、着服して横領した」旨判示するだけでは、甚だ不十分であって、かかる意味で原判決には理由の不備があるといわざるを得ない。

以上のとおりであるから、業務上横領の事実についての認定は、全甲連側から振込入金された金員の全額について、不法領得の意思の存在を肯定し、業務上横領の事実を肯定した点において正当であるが、着服横領の犯罪事実の判示に不備があるといわざるを得ず、この点で破棄を免れない。

8-30　最判昭55・10・30（窃盗等被告事件・刑法判例百選各論Ｐ62）

原判決及びその是認する第一審判決によれば、被告人は、深夜、広島市内の給油所の駐車場から、他人所有の普通乗用自動車（時価約二五〇万円相当）を、数時間にわたって**完全に自己の支配下に置く意図のもとに、所有者に無断で乗り出し、その後四時間余りの間、同市内を乗り廻していた**というのであるから、たとえ、使用後に、これを元の場所に戻しておくつもりであったとしても、被告人には右自動車に対する**不正（ママ）領得の意思**があったというべきである（**最決昭43・9・17**参照）。

8-31　最判昭33・9・19（業務上横領等被告事件）

横領罪の成立に必要な不法領得の意思とは、**他人の物の占有者が委託の任務に背いて、その物につき、権限がないのに、所有者でなければできないような処分をする意思をいうのであり、必らずしも、占有者が自己の利益の取得を意図することを必要とするものでない**ことは、当裁判所の判例とするところである（**最判昭24・3・8、同昭24・6・29**）。

従って、他人の金員を保管する者が、所有者の意思を排除して、これをほしいままに自己の名義をもって他に預金するが如き行為は、また、所有者でなければできないような処分をするに帰するのであって、場合により、横領罪を構成することがあるのは、論旨のいうとおりである。

しかしながら、右の如き保管者の処分であっても、それが**専ら所有者自身のためになされたものと認められるときは、不法領得の意思を欠くものとして、横領罪を構成しない**ことも、また、当裁判所の判例とするところである（**最判昭28・12・25**）。

本件につき、原判決の判示するところを見るに、本件電気料金の預金は、専ら、会社側のためにする保管の趣旨の下になされたものと認められ、その保管の安全を期する点に主たる目的があったというのであり、この判断は、原判決が証拠によって適法に確定した諸般の事情から十分首肯できるところである。すなわち、原判示によれば、いわゆる集金ストに代え、特に、本件納金ストを実施するに当っては、組合側は銀行に対し納金スト実施の経緯を説明し、争議解決後は、直ちに、預金を電力会社に返還すること、また、争議中は預金の引出しは一切これを行わないことの条件で、すなわち、電気料金を一時保管の意味で、M分会執行委員長K名義で預金したい旨を申出た事実、組合側はM配電局における会社側利益代表者に対し納金ストを実施している旨を何回となく伝えているという事実、本件預金が従来会社と取引関係のある銀行になされていた事実、会社側がいわゆる業務命令を発するや、組合側においても、納金スト中止指令を出し、本件預金はそのまま全額が会社口座に返還せられるに至った事実が認められるというのであるから原判決が、本件につき、被告人らに不法領得の意思がないものと判断したのは相当であり、本件が労働争議の手段としてなされたとの一事をもつて、直ちに、被告人らに不法領得の意思があったものと推断することはできない。

第４　横領と背任の区別

横領と背任を区別する基準について、両罪とも委託信任関係が基になっていることに着目し、①権限逸脱が横領、権限濫用が背任という説、②行為の結果を行為者（受託者）に帰属させる意思の場合が横領、本人（委託者）に帰属させる意思の場合が背任という説がある。しかし、いずれの考え方も、横領や背任の罪の性質を述べているにすぎず、この基準では具体的な事案の処理に苦しむ場合が多い。**判例8-34**は、本人の計算か否かで区別して横領を認めた判例である。

1　択一関係

私は、大枠として、両罪は委託信任関係を基にする点では同じであるが、個別財産は全体財産の一部であるから、個別財産に対する罪を特別に定めたのが横領であると考えて、**両罪は択一関係**になることを最初に考えるべきと思う。すると、まず横領の成否を検討してそれが成立すれば、背任を問題にする必要はなく、横領を否定した場合に背任を問題にすればよい。したがって、横領と背任の区別は、**まず、客体**（個別財産か否か）を検討することになる。

まず、**実行行為時に損害額が確定しているか否か**によって区別できる。客体が財物である横領は、実行行為によって財物の経済的価値を委託者から奪うことであるから、実行行為時に委託者の損害は財物と確定している。これに対して、全体財産が対象となる背任罪は、実行行為時には損害の内容が不特定である。不良貸付の例を見てみよう。不良貸付は、貸付時に、全く返済可能性がない者（会社）に貸し付けるということは殆どなく、将来どの程度が返済不能となるかがはっきりしないため、実際の実損が明らかではない（仮に、貸付時に全く返済不可能が明らかな者（会社）に貸し付ければ、上司の決裁を得るために虚偽内容の書類を作成したとして詐欺罪となるか、貸付権限があれば、貸付に名を借りた貸付金額全額の横領罪となる）。すなわち、背任罪は、損害が確定した時点から遡って、貸付時に、返済不能の可能性をどれほど予測しえたかを問題にすることになる。そのことは、犯罪成立要件としては**故意**（相手の資産状態、経営状態等からどの程度の返済不可能状態になることを認識していたか）、及び**図利加害目的**（返済に対する不安を無視して委託者に損害を与えることを承知しながら、自己または第三者の利益を図る目的で貸付を実行したのか）の問題として論じることになる。

判例8-32は「本人に財産上の損害を加へたるとき」について、「経済的見地において本人の財産状態を評価し、被告人の行為によって、本人の財産の価値が減少したとき又は増加すべかりし価値が増加しなかつたときをいうと解すべき」であり、保証協会の担当者は倒産回避のための債務であって返済が殆ど困難な債務を保証した場合に、「債務がいまだ不履行の段階に至らず、したがって同協会の財産に、代位弁済による現実損失がいまだ生じていないとしても、経済的見地においては、同協会の財産的価値は減少したものと評価されるから」該当するとしている。団藤裁判官の補足意見は、**背任罪は具体的危険犯**だから、「経済的見地において本人の財産状態を評価し、被告人の行為によって、本人の財産の価値が減少したとき又は増加すべかりし価値が増加しなかったとき」をいうとしている。このことは、経済的損害が発生した結果から遡って、該当行為時に任務違反（権限濫用）であることを認識し、結果発生を認容していたかを問題することを意味していると理解できる。**同8-33**は、農業協同組合の組合長が手形振出行為で、手形を決済するために組合の当座預金から払出して支払った行為は、先に約束手形を振出したこと自体が背任罪を構成する以上、その払出も背任罪の一部であって別に横領罪を構成しないと判示している。

（横領と背任の区別に関する判例）

8-32　最決昭58・5・24（背任被告事件）

一　**刑法247条にいう「本人ニ財産上ノ損害ヲ加ヘタルトキ」とは、経済的見地において本人の財産状態を評価し、被告人の行為によって、本人の財産の価値が減少したとき又は増加すべかりし価値が増加しなかつたときをいう**と解すべきであるところ、被告人が本件事実関係のもとで同協会をして小島一二の債務を保証させたときは、同人の**債務がいまだ不履行の段階に至らず、したがって同協会の財産に、代位弁済による現実損失がいまだ生じていないとしても、経済的見地においては、同協会の財産的価値は減少したものと評価されるから、右は同条にいう「本人ニ財産上ノ損害ヲ加ヘタルトキ」にあたるというべきである**。

二　また、信用保証協会の行う債務保証が、常態においても同協会に前記の意味の損害を生じさせる場合の少なくないことは、同協会の行う業務の性質上免れ難いところであるとしても、同協会の負担しうる実損には資金上限度があり、倒産の蓋然性の高い企業からの保証申込をすべて認容しなければならないものではなく、同協会の役職員は、保証業務を行うにあたり、同協会の実損を必要最小限度に止めるべく、保証申込者の信用調査、資金使途調査等の確実を期するとともに、内規により役職に応じて定められた保証決定をなしうる限度額を遵守すべき任務があるものというべきである。本件においては、信用保証協会の支所長であった被告人が、企業者の債務につき保証業務を行うにあたり、原判示の如く、同企業者の資金使途が倒産を一時糊塗するためのものにすぎないことを知りながら、しかも、支所長に委任された限度額を超えて右企業者に対する債務保証を専決し、あるいは協会長に対する稟議資料に不実の記載をし、保証条件として抵当権を設定させるべき旨の協会長の指示に反して抵当権を設定させないで保証書を交付するなどして、同協会をして保証債務を負担させたというのであるから、被告人はその任務に背いた行為をし同協会に財産上の損害を加えたものというべきである。

（裁判官団藤重光の補足意見）

一　従来の判例によれば、**刑法247条**にいう「財産上ノ損害ヲ加ヘタルトキ」とは、財産上の実害を発生させたばあいだけでなく、「実害発生の危険を生じさせた場合」をも包含するものとされている（**最判昭37・2・1、同昭38・3・28**）。背任罪は危険犯ではなく侵害犯なのであるから、この判示は表現として誤解を招きかねないものを含んでいるようにおもわれるが、その趣旨は、まさしく、**「経済的見地において本人の財産状態を評価し、被告人の行為によって、本人の財産の価値が減少したとき又は増加すべかりし価値が増加しなかったとき」をいうものとするにあると考えられる。**（略）わたくしは、もちろんこれに賛成であるが、ただ、判旨が「経済的見地」を基準としていることについて、一言しておきたいとおもう。けだし、財産状態の評価について、経済的見地だけでなく、事案によっては、修正原理としてさらに法的見地を加味しなければならないばあいがありうるとおもわれるからである。たとえば、公序良俗違反の理由で無効とされるべき法律行為が介入しているばあいに、純粋に経済的価値だけに着眼して背任罪の成否を決するとすれば、公序良俗違反の法律行為を是認する結果を生じるおそれがあるであろう。しかし、いずれにせよ、本件はこのようなことが問題となる事案ではない。判旨がこの問題に言及していないのはそのためであって、法廷意見も法的見地をいっさい排除して純粋に経済的見地のみを基準とするほどの積極的な趣旨を含むものではないと、わたくしは理解したい。そうして、わたくしは、その趣旨において、この法廷意見に同調する者である。

二　本件を特徴づけるのは、信用保証協会の事案であることである。これは、背任罪の構成要件中とくに「任務ニ背キ」の要件にかかわりをもつ。信用保証協会は、中小企業者等が金融機関から貸付を受けるについてその債務を保証することによってこれに金融援助をあたえる任務をもつものであるから（信用保証協会法一条参照）、その業務は、本来、ある程度の財産上損害の危険を覚悟しなければならないものであり、したがって、協会の役職員が職務を行うにあたって、ある程度の危険をおかして協会に財産上の損害を及ぼすことがあっても、ただちに任務の違背があったものとすることはできない。しかし、このように協会の信用保証業務が微妙なものであるだけに、役職員が職務を行うについては、協会内部にこれに対処するための態勢が整えられているのが一般であり、本件協会においても、「事務決済規程」（略）が設けられていることがうかがわれる。役職員各自は、それぞれの役割に応じて、定められたとおりにその職務を行うのでなければ、協会の業務にいつ破綻を生ぜしめることになるかわからないのである。被告人は本件協会の一支所長の職にありながら、上記「事務決済規程」によって内部的に定められた支所長としての権限の範囲を逸脱して本件行為をしたのであった。もちろん、形式的に「事務決済規程」に違反することがすべて当然に任務の違背になるものということはできないが、協会の業務を適切に行うために重要とみとめられるような内部規制に違反することは、当の役職員にとつてあきらかに任務違背になるものといわなければならない。したがつて、仮に本件において、正規の手続をとつたとすれば協会として本件保証が認容されたかも知れないという余地があつたとしても、そのことは被告人の任務違背の有無を左右するに足りないのである。(いずれにせよ、本件では、法廷意見に要約されているとおり、被告人は、「支所長に委任された限度額を超えて右企業者に対する債務保証を専決し」たというだけでなく、さらに「協会長に対する稟議資料に不実の記載をし、保証条件として抵当権を設定させるべき旨の協会長の指示に反して抵当権を設定させないで保証書を交付するなどして、同協会をして保証債務を負担させた」のであるから、任務違背にあたることについては、問題の余地がないというべきである。)

8-33　最決昭40・5・27(業務上横領背任被告事件)

農業協同組合の組合長である被告人が組合の当座預金より金員を擅に払出して横領した旨判示するが、右預金の払出は、被告人が先に任務に背いて組合名義をもって振出した所論各約束手形の支払のためであったことは第一審判示及び挙示の証拠によって明らかである。右のごとき事実関係のもとにおいては、**先に被告人が約束手形を振出したこと自体が背任罪を構成するものであり、その手形を組合の当座預金から払出して支払った行為もまた右背任罪の一部であって、別に横領罪を構成するものではない**。しかるに、被告人の右手形支払の行為のみをとらえ、これを業務上横領罪をもって処断した原判決には、判決に影響を及ぼすべき法令の違反が存するというべきである。しかし原判決の認定する被告人の犯行は合計二四回総額一、三四一万円に達する業務上横領並びに合計六回総額二、二三〇万円に達する背任の所為であるが、原判決が法令の適用を誤り背任罪とすべきものを業務上横領罪として処断したのは、そのうち合計四回総額一六五万円にすぎないから、原判決を破棄しなければ著しく正義に反するものとは認められない。

8-34　最判昭33・10・10(業務上横領詐欺被告事件)

被告人等が擅に組合から仮払伝票により支出せしめた金員を預金謝礼金として支払ったものであり、又第一(二)の事実は、融資を受けられる資格ある者に貸付けるものの如く手続を偽装し、貸出伝票により支出せしめた金員を被告人等が擅に第三者に高利貸付をしたものであること、即ち前者は仮払伝票により後者は貸出伝票により組合から支出を受けて、被告人等が自由に処分し得る状態に置き、これを被告人等が預金謝礼金として支払いまたは融資希望者に貸付けていたものであることが窺われるから(略)、本件は、所論のように**組合の計算においてなされた行為ではなく、被告人等の計算においてなされた行為**であると認むるを相当とする。従って原判決が本件につき業務上横領罪の成立を認めたのは正当である。

2　図利加害目的

次に、委託内容が**占有か事務か**による区別である。占有は財物にしか成立しないし、横領は占有の移動時を捉えて犯罪を成立させるのだから、自分または第三者の利益のために占有を開始した時、あるいは自分または第三者の利益のために占有を移動させた時、すなわち、処分権者でなければできない処分行為(不法領得の意思の発現行為)によって成立する犯罪である。したがって、権限逸脱行為であること、及び、処分結果を犯罪者自身に帰属させることになることは、いずれも当然のことである。

これに対して、**背任罪**は、事務を受託していることに乗じて、委託の趣旨に反して、本人(委託者)名義で事務を行うのであるから、権限濫用であることも、損害の結果が本人に帰属することも当然である。しかし、真摯な気持ちで本人の利益になると考えて権限濫用行為を行った場合にまで刑事処罰を科したのでは経済活動が著しく萎縮するし窮屈になる。したがって、濫用に至る場合でも専ら本人のために行った行為は刑事処罰しないこととするための区別が必要になる。しかも、当該権限濫用事務は外見的には権限内の行為と区別できない状態で行われるので、本人のために真摯であったかどうかと区別する基準として**図利加害目的**が必要となる。

横領罪に不法領得の意思が、背任罪に図利加害目的が、それぞれ必要であるということは当然の帰結なのである。不法領得の意思については前述したので、ここでは**図利加害目的に関する判例**を検討する。

同8-35は、リゾート開発会社に多額の融資をして回収困難な状態に陥っているのに、無担保での追加融資を決定した事案について、銀行役員の貸付に際しての注意義務を説示し、客観性を持った整理再建計画もなく、従来の貸付の回収すら困難な状態だったのであるから、追加担保をとることもせずに無担保で貸し付けたことは追加融資の回収不能の危険が大きかったとして特別背任罪を肯定している。**同8-36**は、銀行が保証協会の保証付き貸付が回収不能となったとして保障の履行を求めたところ、銀行が取っていた工場財団担保に一部登記漏れがあることを理由に保証免責の通知を受けたため、たまたま保証協会への出資金負担を求められたことを奇貨として、銀行の頭取が保証免責を撤回しないと出資に応じないと迫り、保証協会が検討した結果、保証免責を撤回して代位弁済したという珍しい事案について、一審判決は、保証免責を「撤回して代位弁済をした協会役員らの行為はその任務に違背するものであり」、頭取の行為は「正常な交渉とはかけ離れたもので、（略）銀行の頭取等としての影響力に基づいて協会役員らに対し不当な要求をしたものといわざるを得ず、協会役員らがこれに応ずることはその任務に違背するものであることをも、明確に認識していた」として、頭取は、協会職員の「Ｃを介して協会役員らと順次共謀を遂げたと認められ、協会役員らの義務違反行為を手段として自己の背任罪を犯したものといえる」と認定したのに対して、代位弁済を受ける金額と出資金額とに比較、出資金の多くを負担する大銀行の頭取に社会的地位などから見て審理不尽であるとして破棄差戻している。

同8-37は、質入れしていた株券について、返済期限に返済していないのに、紛失したとして除権判決を得て質入れした株券を失効させた場合、除権判決などをしてはならないという不作為の義務があるとして背任罪を成立させている。

同8-38は、当座貸越で貸越額が信用供与の限度額及び差し入れていた担保の総評価額をはるかに超え、約束手形を振出しても自らこれを決済する能力を欠く状態になっていたのに、銀行の支店長と共謀して手形を振出して銀行に手形保証をさせたという事案で、手形決済額を別途貸付する形で処理していたことは、当該手形の保証に見合う経済的利益が銀行に確定的に帰属したものということはできないので銀行に財産上の損害を与えたことになるとしている。

（図利加害の目的に関する判例）

8-35　最決平21・11・9（商法違反被告事件）

（１）被告人Ａは平成元年４月１日から平成６年６月２８日までの間、被告人Ｂは同月２９日から平成９年１１月２０日までの間、それぞれ株式会社北海道拓殖銀行（以下「拓銀」という。）の代表取締役頭取であったもの、被告人Ｃは、札幌市等で理美容業、不動産賃貸業等を営むＤ株式会社（以下「Ｄ」という。）及び同社から借り受けた土地上に総合健康レジャー施設を建設してこれを経営する株式会社Ｅ（以下「Ｅ」という。）の各代表取締役で、かつ、Ｄからホテル施設を借り受けて都市型高級リゾートホテルを経営する株式会社Ｆ（以下「Ｆ」という。）の実質的経営者であったものである（以下、Ｄ、Ｅ及びＦの３社を併せて、「Ｄグループ」ということがある。）。拓銀は、昭和５８年ころから、Ｄに対する本格的融資を開始し、拓銀の新興企業育成路線の対象企業として積極的に支援したが、拓銀と他行等との協調融資１０７億円により建設した上記レジャー施設（昭和６３年４月開業）は当初見込みと違ってその売上げが減少し、また、建設費等２６６億円余のうち、その大半を拓銀１行からの融資により建設した上記いた。ホテル（平成５年４月開業）は採算性が見込まれないものであり、売上高は当初見込みの半分程度にとどまってさらに、Ｄは、上記レジャー施設の東側に位置する一帯の土地であるＧ地区約２４万坪の総合開発を図るため、平成５年５月までに拓銀の系列ノンバンクである株式会社たくぎんファイナンスサービスから１４４億円余の融資を受けて土地の取得を進めていたが、未買収部分が点在し、開発計画の内容が定まらず、採算性にも疑問がある等、深刻な問題を抱えていた。このような状況の下、Ｄグループの資産状態、経営状況は悪化し、遅くとも平成５年５月ころまでには、同グループは、拓銀が赤字補てん等のための追加融資を打ち切れば直ちに倒産する実質倒産状態に陥っていた。（略）

（**銀行の取締役が負うべき注意義務**については、一般の株式会社取締役と同様に、受任者の善管注意義務（民法644

条）及び忠実義務（平成17年法律第87号による改正前の商法254条の3、会社法355条）を基本としつつも、いわゆる経営判断の原則が適用される余地がある。しかし、銀行業が広く預金者から資金を集め、これを原資として企業等に融資することを本質とする免許事業であること、銀行の取締役は金融取引の専門家であり、その知識経験を活用して融資業務を行うことが期待されていること、万一銀行経営が破たんし、あるいは危機にひんした場合には預金者及び融資先を始めとして社会一般に広範かつ深刻な混乱を生じさせること等を考慮すれば、融資業務に際して要求される銀行の取締役の注意義務の程度は一般の株式会社取締役の場合に比べ高い水準のものであると解され、所論がいう経営判断の原則が適用される余地はそれだけ限定的なものにとどまるといわざるを得ない。

したがって、銀行の取締役は、融資業務の実施に当たっては、元利金の回収不能という事態が生じないよう、債権保全のため、融資先の経営状況、資産状態等を調査し、その安全性を確認して貸付を決定し、原則として確実な担保を徴求する等、相当の措置をとるべき義務を有する。例外的に、実質倒産状態にある企業に対する支援策として無担保又は不十分な担保で追加融資をして再建又は整理を目指すこと等があり得るにしても、これが適法とされるためには客観性を持った再建・整理計画とこれを確実に実行する銀行本体の強い経営体質を必要とするなど、その融資判断が合理性のあるものでなければならず、手続的には銀行内部での明確な計画の策定とその正式な承認を欠かせない。

（略）これを本件についてみると、Ｄグループは、本件各融資に先立つ平成６年３月期において実質倒産状態にあり、グループ各社の経営状況が改善する見込みはなく、既存の貸付金の回収のほとんど唯一の方途と考えられていたＧ地区の開発事業もその実現可能性に乏しく、仮に実現したとしてもその採算性にも多大の疑問があったことから、既存の貸付金の返済は期待できないばかりか、追加融資は新たな損害を発生させる危険性のある状況にあった。被告人Ａ及び同Ｂは、そのような状況を認識しつつ、抜本的な方策を講じないまま、実質無担保の本件各追加融資を決定、実行したのであって、上記のような客観性を持った再建・整理計画があったものでもなく、所論の損失極小化目的が明確な形で存在したともいえず、総体としてその融資判断は著しく合理性を欠いたものであり、銀行の取締役として融資に際し求められる債権保全に係る義務に違反したことは明らかである。そして、両被告人には、同義務違反の認識もあったと認められるから、特別背任罪における取締役としての任務違背があったというべきである。

8-36　最判平16・9・10（背任被告事件）

（１）協会は、信用保証協会法に基づいて設立され、中小企業者等に対する金融の円滑化を図る目的をもって債務保証等の業務を行っていた認可法人であり、北國銀行は、協会の保証債務のうち４５％強に当たる債権を有する、石川県最大の地方銀行であった。

（２）協会は、北國銀行が平成５年６月３０日にＤ社に融資した８０００万円の債務について保証をしていたが、Ｄ社は、その直後の同年７月９日、裁判所に会社整理の申立てを行い、事実上倒産した。

（３）協会の事務担当者は、北國銀行がＤ社の経営状態の悪化を知りながら融資を実行したのではないかとの疑いを抱いたものの、その確証が得られなかったので、代位弁済の実行に向けた審査手続を進めていたが、その過程で、融資の担保となっていた工場財団の機械１６６点（これらの当時の時価評価額は約３億円である。）のうち機械４点（同じく約６０００万円である。）が登記漏れになっていることに気付き、この点が保証条件違反に当たるとの理由で、代位弁済できない旨を北國銀行側に伝えた。その後、双方の担当者が折衝し、機械４点の登記の追完がされれば代位弁済を行う旨の妥協案も出されたが、登記の追完が実現しなかったことから、北國銀行の審査部は、代位弁済を受けることは困難と判断して、協会に対し、債権償却のための免責通知書の発行を求めるに至り、平成８年２月１５日ころ、その交付を受けた。

（４）他方、協会においては、平成６年度から平成１０年度までの間、経営基盤の強化等を目的として、県、市町村及び金融機関の出捐金や負担金により、合計１０億５０００万円を基本財産に充てるという基本財産増強計画があり、北國銀行も、平成６年度及び平成７年度には、各４０００万円を超える負担金を拠出していた。平成８年３月２８日、Ｃは、被告人に面会して、同計画に基づき、平成８年度の負担金の拠出を依頼したところ、被告人は、「負担金拠出には応じられない。それよりもＤ社の代弁否認は無茶ではないか。１６０件余りの担保物件の追担の４件ぐらいで否認は無茶ではないか。」などと言って、前記債務に係る協会の免責方針を見直し、代位弁済に応ずるよう強く要請した。

（５）Ｃは、ＡとＢに被告人の要請を報告し、対応を協議した。その結果、協会役員らは、北國銀行が負担金を拠出しなければ基本財産増強計画に支障を来すおそれがあることから、被告人の要請に応じざるを得ないと判断し、被告人から折衝するよう指示を受けて協会を来訪した北國銀行審査部部長らに対し、代位弁済に応ずる旨を告げた。

（６）同年４月１日、Ｃが再度、被告人に面会して負担金の拠出を依頼したところ、被告人は、協会が免責通知を撤回したことについて礼を述べるとともに、拠出に応ずる態度を示した。そして、協会は、同年７月１９日、北國銀行に対し、８０００万円の代位弁済を実行した。

３　以上の事実関係を前提として、第１審判決は、被告人が協会役員らとの間で順次共謀し、協会役員らにおいて、北國銀行の利益を図る目的をもって、その任務に背き、保証債務が消滅しているにもかかわらず、免責通知を撤回した上、上記代位弁済を実行し、協会に同額の財産上の損害を加えたとして、背任罪の共同正犯の成立を認め、原判決はこれを是認した。（略）

原判決の理由の要旨は、（略）（１）免責事由の有無は免責通知書に記載された事由に限定されず、免責通知書は既に発生している免責の効果を確認するにすぎないと解されるところ、本件保証には、免責通知書に記載された担保の対象となった機械４点の登記漏れだけでなく、旧債振替禁止違反、会社整理申立て等の隠ぺいの各免責事由が存在するから、協会の保証債務は消滅している。（２）したがって、免責通知は正当なものであったと認められるから、これを撤回して代位弁済をした協会役員らの行為はその任務に違背するものであり、同人らの当時の発言等に照らせば、任務違背の認識があったことも優に認められる。

（３）被告人の行為は正常な交渉とはかけ離れたもので、北國銀行の頭取等としての影響力に基づいて協会役員らに対し不当な要求をしたものといわざるを得ず、協会役員らがこれに応ずることはその任務に違背するものであることをも、明確に認識していたと認められる。

（４）被告人は、Ｃを介して協会役員らと順次共謀を遂げたと認められ、**協会役員らの義務違反行為を手段として自己の背任罪を犯したものといえる。**

（略）、原判決の上記判断は是認することができない。その理由は、次のとおりである。

（１）原判決は、前記（略）のとおり、被告人が、平成８年度の協会に対する負担金の拠出に応じないことを利用して、代位弁済を強く求めたとする。記録によれば、負担金の問題については、次のような経緯がある。平成６年度から５年計画で協会の基本財産を１０億５０００万円増加させることとなり、５年間で石川県が５億円、関係市町村が５０００万円、県内の金融機関が５億円を協会に拠出することとなった。北國銀行は、平成６年度に４２００万円余、平成７年度に４４００万円余を拠出し、平成８年度には４３００万円余の拠出が求められていた。金融機関の拠出額は、協会の保証を受けた債務の前年末の残高及び過去１年間に受けた代位弁済額によって算定されることになっていた。北國銀行関係は、当時においては、協会の保証債務残高の約５割弱、代位弁済額の約３割強ないし４割弱を占めており、いずれの額においても断然第１位であった。このような状況の下において、独り北國銀行のみが負担金の拠出を拒絶し、協会から利益は受けるけれども、応分の負担をすることは拒否するという態度を採ることが実際上可能であったのか、ひいては、原審の認定のように、被告人が協会に対する負担金の拠出に応じないことを利用して代位弁済を強く求めることができたかどうか、については疑問があるといわざるを得ない。

（２）北國銀行が協会に対する平成８年度の負担金の拠出を拒絶することが実際上も可能であり、かつ、協会側が被告人から負担金の拠出に応じられない旨を告げられていたとしても、協会としては、（ア）本件代位弁済に応ずることにより、北國銀行の負担金の拠出を受け、今後の基本財産増強計画を円滑に進めるべきか、それとも、（イ）北國銀行からの負担金を断念しても、本件代位弁済を拒否すべきか、両者の利害得失を慎重に総合検討して、態度を決定すべき立場にある。上記（ア）の立場を採ったとしても、負担金の拠出を受けることと切り離し、本件代位弁済をすることが、直ちに協会役員らの任務に背く行為に当たると速断することは、できないはずである。

（３）原判決は、本件では免責通知書に記載された事由すなわち工場財団の対象となる機械１６６点のうち４点について、登記手続が未了であったという事実以外にも免責事由が存したとして、協会役員らが免責通知を撤回し代位弁済をした行為がその任務に違背するものであった旨を詳細に判示しているが、上記の登記手続が未了であったという事実以外の事実を当時の被告人が認識していたことは確定していないのであるから、そのような事実を直ちに被告人が行為の任務違背性を認識していた根拠とすることはできない。そして、記録によれば、上記の機械４点の登記漏れの事実が８０００万円の債務全額について協会の保証責任を免責する事由となり得るかどうかについて、議論があり得るところである。

また、原判決は、被告人の要求は事務担当者間の実質的合意等を無視したものであるから根拠のある正当な行為とはいえない旨を判示しているが、事務担当者間の交渉結果につき役員による交渉によって再検討を求めること自体が不当なものと評価されるべきものではない。

（4）これらの諸事情に照らせば、本件においては、被告人が協会役員らと共謀の上、協会に対する背任行為を実行したと認定するには、少なからぬ合理的な疑いが残っているといわざるを得ない。
5　そうすると、原判決は、事実を誤認して法律の解釈適用を誤った疑いがあり、破棄しなければ著しく正義に反するものと認められる。（注：上記各点について審理を尽くしていないとして破棄差戻）。

8-37 最決平15・3・18（背任被告事件）

被告人は、A株式会社の代表取締役として、B生命保険相互会社から合計１億１８００万円の融資を受け、その担保として同社のために株式を目的とする質権を設定し、同社に株券を交付していたところ、返済期を過ぎても融資金を返済せず、A株式会社の利益を図る目的で、質入れした上記株券を紛失したとの虚偽の理由により除権判決の申立てをし、同判決を得て上記株券を失効させ、質権者に財産上の損害を加えたというのである。**株式を目的とする質権の設定者は、株券を質権者に交付した後であっても、融資金の返済があるまでは、当該株式の担保価値を保全すべき任務を負い、これには、除権判決を得て当該株券を失効させてはならないという不作為を内容とする任務も当然含まれる。**そして、この担保価値保全の任務は、他人である質権者のために負うものと解される。したがって、質権設定者がその任務に背き、質入れした株券について虚偽の申立てにより除権判決を得て株券を失効させ、質権者に損害を加えた場合には、背任罪が成立するというべきであるから、（略）被告人が刑法２４７条にいう**「他人のためにその事務を処理する者」に当たる**として背任罪の成立を認めた原判決の判断は、正当である。

8-38　最決平8・2・6（背任被告事件）

本件は、被告人が代表者をしていた株式会社が、被害者である銀行との間で当座勘定取引を開始し、当座貸越契約を締結して融資を受けるうち、貸越額が信用供与の限度額及び差し入れていた担保の総評価額をはるかに超え、約束手形を振出しても自らこれを決済する能力を欠く状態になっていたのに、被告人が、同銀行の支店長と共謀の上、九回にわたり同社振出しの約束手形に同銀行をして手形保証をさせたという事案である。そして、原判決によれば、一部の手形を除き、手形の保証と引換えに、額面金額と同額の資金が同社名義の同銀行当座預金口座に入金され、同銀行に対する当座貸越債務の弁済に充てられているが、右入金は、被告人と右支店長との間の事前の合意に基づき、一時的に右貸越残高を減少させ、同社に債務の弁済能力があることを示す外観を作り出して、同銀行をして引き続き当座勘定取引を継続させ、更に同社への融資を行わせることなどを目的として行われたものであり、現に、被告人は、右支店長を通じ、当座貸越しの方法で引き続き同社に対し多額の融資を行わせているというのである。右のような事実関係の下においては、右入金により当該手形の保証に見合う経済的利益が同銀行に確定的に帰属したものということはできず、同銀行が手形保証債務を負担したことは、右のような入金を伴わないその余の手形保証の場合と同様、刑法（平成七年法律第九一号による改正前のもの）**247条**にいう「財産上ノ損害」に当たると解するのが相当であって、これと同旨の原判断は、正当である。

掲載判例一覧（年月日順）

※頭に整理番号のあるものは判例の一部抜粋であり、それ以外は本文中に引用したものである。

（最高裁判例）

6-95　最決平22・10・26（業務上過失傷害被告事件）
1-1　最判平22・4・27（殺人、現住建造物等放火被告事件）
6-1　最決平22・3・17（詐欺被告事件）
6-80　最決平21・12・7（業務上過失致死被告事件）
7-1　最決平21・12・7（殺人被告事件：安楽死事件）
8-35　最決平21・11・9（商法違反被告事件）
6-115　最判平21・10・19（銃砲刀剣類所持等取締法違反被告事件）
3-12　最決平21・9・28（覚せい剤取締法違反被告事件）
6-96　最決平21・9・15（補助金等に係る予算の執行の適正化に関する法律違反等被告事件）
2-1　最判平21・7・16（道路交通法違反、労働基準法違反被告事件）
7-8　最判平21・7・16（暴行被告事件）
2-2・6-2　最決平21・7・7（わいせつ図画販売、所持等被告事件）
6-125　最判平21・6・30（住居侵入、強盗致傷被告事件）
1-2　最判平21・4・14（強制わいせつ被告事件）
8-23　最判平21・3・26（電磁的公正証書原本不実記録、同供用、横領被告事件）
7-17　最決平21・2・24（傷害被告事件）
1-43　最決平20・9・30（即時抗告棄却決定に対する特別抗告事件）
4-30　最決平20・8・27（非現住建造物等放火、詐欺未遂被告事件）
7-18　最決平20・6・25（傷害被告事件）
1-45　最決平20・6・25（即時抗告棄却決定に対する特別抗告事件）
7-9　最決平20・5・20（傷害被告事件）
6-132　最決平20・5・19（商法違反被告事件）
3-11　最決平20・4・15（窃盗、窃盗未遂、住居侵入、強盗殺人被告事件）
6-35　最判平20・4・11（住居侵入被告事件）
6-19　最判平20・3・4（覚せい剤取締法違反、関税法違反被告事件）
1-48　最決平19・12・25（即時抗告決定に対する特別抗告事件）
6-10　最決平19・11・14（廃棄物の処理及び清掃に関する法律違反被告事件）
1-3　最決平19・10・16（爆発物取締罰則違反、殺人未遂被告事件）
6-81　最決平19・3・26（業務上過失傷害被告事件）
3-38　最決平19・2・8（覚せい剤取締法違反被告事件）
6-36　最決平18・12・13（強制執行妨害、競売入札妨害等被告事件）
6-110　最決平18・11・21（法人税法違反、証拠隠滅教唆被告事件）
2-19　最判平18・11・20（詐欺、恐喝未遂、出資の受入れ、預り金及び金利等の取締りに関する法律違反被告事件）
4-62　最判平18・11・7（現住建造物等放火、殺人、詐欺未遂被告事件）
6-97　最決平18・3・27（暴行、逮捕監禁致死被告事件）
7-2　最決平17・12・6（未成年者略取被告事件）
1-7　最決平17・11・29（逮捕監禁、営利略取、殺人、死体遺棄被告事件）
1-17　最決平17・11・25（準抗告の決定に対する特別抗告事件）

4-3 最決平17・9・27（大阪府「迷惑防止条例」違反等被告事件）
6-23 最決平17・7・4（殺人被告事件）
1-11 最判平17・4・19（国家賠償請求上告、同附帯上告事件）
8-36 最判平16・9・10（背任被告事件）
1-12 最判平16・9・7（損害賠償請求事件）
3-18 最決平16・7・12（大麻取締法違反、出入国管理及び難民認定法違反被告事件）
8-1 最決平16・7・7（詐欺被告事件）
6-25 最決平16・3・22（殺人、詐欺被告事件）
6-98 最決平16・2・17（傷害致死等被告事件）
2-55 最判平16・2・16（暴力行為等処罰に関する法律違反被告事件）
4-54 最決平15・11・26（覚せい剤取締法違反、関税法違反被告事件）
2-14 最判平15・10・7（窃盗被告事件・刑訴法判例百選P208）
6-99 最決平15・7・16（傷害致死被告事件）
6-116 最決平15・5・1（銃砲刀剣類所持等取締法違反被告事件）
8-37 最決平15・3・18（背任被告事件）
3-2 最判平15・2・14（覚せい剤取締法違反、窃盗被告事件）
6-84 最判平15・1・24（業務上過失致死傷被告事件）
8-3 最判平14・10・21（窃盗等被告事件）
6-42 最決平13・10・25（強盗被告事件）
2-28 最判平13・4・11（殺人、死体遺棄、現住建造物等放火、詐欺被告事件・刑訴法判例百選P98）
1-13 最決平13・2・7（準抗告棄却決定に対する特別抗告事件）
6-85 最決平12・12・20（業務上失火、業務上過失致死傷被告事件・刑法判例百選総論P106）
8-15 最判平12・12・15（不動産侵奪被告事件・刑法判例百選各論P72）
8-16 最決平12・12・15（不動産侵奪被告事件）
4-55 最決平12・10・31（麻薬及び向精神薬取締法違反、関税法違反等被告事件）
4-33 最決平12・7・17（わいせつ誘拐、殺人、死体遺棄被告事件）
1-14 最判平12・6・13（損害賠償請求事件）
1-15 最判平12・3・17（慰謝料請求事件）（少数意見）
1-16 最判平12・2・22（損害賠償請求事件）
8-17 最判平11・12・9（不動産侵奪被告事件・刑法判例百選各論P70）
6-27 最決平11・9・28（大麻取締法違反、関税法違反被告事件）
最判平11・3・24（被疑者の取調べ受忍義務関係）
3-30 最判平10・9・7（損害賠償請求事件）
7-19 最判平9・6・16（傷害被告事件）
3-19 最決平8・10・18（覚せい剤取締法違反被告事件）（反対意見）
8-38 最決平8・2・6（背任被告事件）
4-49 最判平7・6・20（売春防止法違反被告事件）
3-5 最決平7・5・30（覚せい剤取締法違反被告事件）
1-39 最決平7・3・27（暴力行為等処罰に関する法律違反、住居侵入被告事件）
4-2 最判平7・2・22（贈賄等被告事件：ロッキード事件）
7-20 最判平6・12・6（傷害被告事件）
最決平6・9・16（職務質問関係）
最決平6・9・8（差押の範囲関係）
6-86 最決平5・11・25（業務上過失致死傷被告事件：ニュージャパン火災事件）
6-87 最判平3・11・14（業務上過失致死傷被告事件：太洋デパート火災事件）
最判平3・3・24（接見制限関係）

6-100　最決平2・11・20（傷害致死、傷害被告事件）
6-101　最決平1・12・15（覚せい剤取締法違反、保護者遺棄致死被告事件）
7-23　最判平1・11・13（暴力行為等処罰に関する法律違反等被告事件）
8-18　最決平1・7・7（窃盗等被告事件・刑法判例百選各論Ｐ52）
5-18　最判平1・7・4（強盗致死、有印私文書偽造、同行使、詐欺被告事件）
1-25　最判平1・6・29（損害賠償請求事件）（公訴提起の適法性）
6-128　最決平1・6・26（傷害致死、死体遺棄被告事件）
6-88　最決平1・3・14（業務上過失傷害、業務上過失致死被告事件）
2-46　最判昭63・10・25（覚せい剤取締法違反被告事件）
2-36　最判昭63・10・24（業務上過失傷害被告事件）
3-7　最判昭63・9・16（覚せい剤取締法違反被告事件）
2-37　最判昭62・12・3（窃盗、有印私文書偽造、同行使、詐欺、詐欺未遂等被告事件）
7-31　最決昭62・7・16（通貨及証券模造取締法違反被告事件）
4-38　最決昭62・3・3（強姦致傷、道路交通法違反被告事件）
6-5　最決昭62・2・23（常習累犯窃盗被告事件）
6-62　最決昭61・11・18（強盗殺人未遂、恐喝未遂、殺人未遂等被告事件）
最決昭61・6・9（違法性の錯誤関係）
3-8　最判昭61・4・25（覚せい剤取締法違反被告事件・刑訴法判例百選Ｐ198）、
4-23　最決昭61・3・3（いかつり漁業等の取締りに関する省令違反被告事件）
3-13　最判昭61・2・14（道路交通法違反被告事件）
7-21　最判昭60・9・12（殺人被告事件）
最判昭59・12・21（犯行現場の写真と供述証拠・刑訴法判例百選Ｐ192）
6-44　最決昭59・3・27（殺人被告事件）
6-118　最判昭59・3・6（殺人、銃砲刀剣類所持等取締法違反、火薬類取締法違反被告事件）
3-9・5-23　最決昭59・2・29（殺人被告事件）
7-13　最判昭59・1・30（殺人、銃砲刀剣類所持等取締法違反被告事件）
6-45　最決昭58・9・21（窃盗被告事件）
2-38　最判昭58・9・6（公務執行妨害、傷害、同致死被告事件・刑訴法判例百選Ｐ106）
3-37　最判昭58・7・12（現住建造物等放火被告事件）
4-51　最決昭58・6・30（業務上横領、詐欺被告事件）
6-38・8-32　最決昭58・5・24（背任被告事件）
2-57・6-16　最判昭58・2・24（贓物寄蔵被告事件）
3-16　最決昭56・11・20（軽犯罪法違反被告事件）
1-26　最決昭55・12・17（傷害被告事件・刑訴法判例百選Ｐ88）
8-30　最判昭55・10・30（窃盗等被告事件・刑法判例百選各論Ｐ62）
3-45　最決昭55・10・23（覚せい剤取締法違反被告事件）
8-21　最決昭55・7・15（横領被告事件）
6-31　最判昭54・12・25（窃盗、詐欺、加重逃走未遂被告事件）
6-64・6-73　最決昭54・4・13（傷害致死等被告事件）
6-75　最決昭54・3・27（麻薬取締法違反等被告事件）（麻薬を覚せい剤と誤信したことと故意）
1-27　最判昭53・10・20（国家賠償請求事件・刑訴法判例百選Ｐ86）
最判昭53・9・22（職務質問関係）
最判昭53・9・7（現場録音）
3-10　最判昭53・9・7（覚せい剤取締法違反等被告事件・刑訴法判例百選Ｐ196）
6-71　最判昭53・7・28（強盗殺人未遂等被告事件）
4-11　最決昭53・6・28（兇器準備集合等被告事件）

最決昭53・3・6（公訴事実の同一性関係）
3-28 最決昭52・8・9（強盗強姦、強盗殺人、死体遺棄、恐喝未遂、窃盗等被告事件）
7-14 最決昭52・7・21（兇器準備集合、暴力行為等処罰に関する法律違反被告事件）
7-22 最判昭50・11・28（殺人未遂被告事件）
最決昭50・6・12（緊急逮捕関係）
3-32 最決昭50・6・12（強姦致傷被告事件）
7-6 最判昭50・4・3（傷害被告事件）（私人による現行犯逮捕）
最判昭50・4・3（現行犯逮捕関係）
1-4 最判昭48・12・13（現住建造物等放火被告事件）
2-33 最決昭47・7・25（詐欺被告事件）
7-27 最判昭47・6・13（建造物損壊被告事件）
7-15 最判昭46・11・16（殺人被告事件）
7-7 最決昭46・7・30（建造物損壊、器物毀棄被告事件）（自救行為）
6-103 最判昭46・6・17（強盗、私文書偽造、同行使、詐欺被告事件）
最決昭46・6・14（勾留理由開示関係）
6-93 最判昭45・11・17（業務上過失致死被告事件）
2-52 最判昭45・7・10（賭博開帳図利、同幇助被告事件）
最判昭44・12・24（容貌の撮影）
最決昭44・4・25（証拠開示関係・２件あり）
最決昭44・3・18（差押に対する不服申立）
8-8 最決昭43・12・11（詐欺、恐喝被告事件）
8-22 最判昭43・7・5（業務上横領詐欺被告事件）
最決昭43・2・8（ポリグラフ検査の証拠能力・刑訴法判例百選８版Ｐ150）
6-104 最決昭42・10・24（道路交通法違反業務上過失致死被告事件）
2-58 最判昭42・5・25（器物損壊境界毀損被告事件）
最判昭42・3・7（共犯と身分）
5-25 最判昭41・7・1（収賄被告事件）
最判昭41・4・8（占有関係・刑法判例百選各論Ｐ58）
8-33 最決昭40・5・27（業務上横領背任被告事件）
2-41 最判昭40・4・28（公職選挙法違反被告事件）
6-134 最決昭40・3・30（強姦恐喝被告事件）
6-105 最決昭39・4・9（傷害致死被告事件）
1-5 最判昭38・9・12（汽車顛覆致死等被告事件：松川事件）
最判昭37・6・16（占有関係）
最判昭37・3・15（公訴事実の同一性）
5-7 最決昭36・11・21（窃盗同未遂被告事件）
最決昭36・10・31（占有関係）
最判昭36・10・10（占有関係）
2-42 最判昭36・６・13（収賄被告事件）
4-42 最判昭36・5・26（業務上過失致死傷被告事件）
8-11 最判昭35・8・30（強盗殺人被告事件）
2-17 最判昭35・7・15（放火幇助被告事件）
7-32 最判昭35・4・26（窃盗被告事件）
6-106 最決昭35・4・15（業務上過失致死傷被告事件）
2-18 最判昭34・12・11（窃盗被告事件）
最判昭34・12・11（公訴事実の同一性）

8-12	最決昭34・3・12（有価証券偽造同行使詐欺被告事件）
	最判昭33・10・17（証拠能力の意味）
8-34	最判昭33・10・10（業務上横領詐欺被告事件）
8-31	最判昭33・9・19（業務上横領等被告事件）
6-50	最判昭33・9・9（放火被告事件）
5-27	最判昭33・6・13（強盗殺人被告事件）
6-119	最判昭33・5・28（傷害致死暴行暴力行為等処罰ニ関スル法律違反窃盗各被告事件）
2-53	最判昭33・5・20（業務上横領等被告事件）
	最決昭33・2・26（厳格な証明関係）
	最判昭33・1・23（訴因逸脱認定関係）
	最判昭33・1・23（訴因の不特定と裁判所の措置）
	最判昭32・11・19（共犯と身分）
	最判昭32・11・8（占有関係）
4-27	最判昭32・11・2（食糧管理法違反被告事件）
5-28	最判昭32・10・15（強盗殺人被告事件：八海事件）
	最判昭32・10・15（窃盗被告事件・占有関係）
	最決昭32・9・30（刑訴法321条1項2号関係）
8-13	最判昭32・9・13（強盗殺人未遂被告事件・刑法判例百選各論P78）
4-43	最判昭32・7・25（強姦致傷被告事件）
7-16	最判昭32・1・22（殺人被告事件）
5-32	最判昭32・1・22（強盗殺人未遂等被告事件）
	最判昭31・11・9（公訴事実の同一性）
	最決昭31・10・25（現行犯逮捕関係）
4-57	最判昭31・3・27（専売法違反被告事件）
	最判昭30・12・26（控訴審での訴因変更）
4-60	最判昭30・12・9（強姦致死詐欺被告事件）
	最判昭30・11・8（占有関係）
4-14	最判昭30・8・2（公職選挙法違反被告事件）
	最判昭30・7・9（職務質問関係）
4-15	最決昭30・1・25（偽造有価証券行使等被告事件）
	最判昭30・1・11（刑訴法321条1項2号関係）
	最決昭29・11・25（刑訴法321条1項1号関係）
	最決昭29・11・11（刑訴法321条1項1号関係）
	最決昭29・10・8（証拠決定と不服申立）
	最判昭29・9・7（公訴事実の同一性）
2-43	最判昭29・8・20（強制猥褻被告事件）
	最決昭29・8・5（勾留理由開示関係）
	最判昭29・7・15（職務質問関係）
4-16	最決昭29・7・14（窃盗、傷害被告事件）
2-54	最判昭29・5・14（窃盗傷害被告事件）
2-29	最判昭29・1・21（窃盗幇助被告事件）
1-36	最決昭28・10・19（偽証教唆被告事件）
1-23	最判昭28・7・14（殺人未遂被告事件）
4-17	最判昭28・5・12（食糧管理法違反被告事件）
	最判昭28・3・15（公訴事実の同一性）
6-94	最判昭28・1・23（有毒飲食物等取締令違反被告事件）（過失の共同正犯）

4-18　最判昭27・11・21（収賄等被告事件）
最判昭27・10・30（公訴事実の同一性）
最判昭27・9・19（共犯と身分）
最判昭27・4・9（刑訴法321条1項1号関係）
1-32　最判昭27・3・5（詐欺被告事件）
最決昭26・9・6（伝聞証拠関係）
7-36　最判昭26・8・17（毀棄窃盗等被告事件）
7-37　最判昭26・1・30（麻薬取締法違反麻薬取締規則違反被告事件）
6-58　最判昭26・1・17（殺人賍物故買被告事件）
最判昭25・9・27（審級制度と一事不再理）
6-79　最判昭25・7・11（窃盗教唆住居侵入教唆被告事件）
2-44　最決昭25・6・8（住居侵入窃盗被告事件）
1-33　最判昭25・4・12（窃盗建造物侵入被告事件）
最判昭25・4・11（占有関係）
4-19　最判昭24・5・18（強盗殺人同未遂被告事件）
最判昭24・2・22（厳格な証明関係）
最判昭24・2・15（占有関係）
最判昭23・12・24（占有関係）
5-29　最判昭23・7・19（窃盗被告事件）
最判昭23・7.・14（違法性の錯誤関係）
大判昭5・12・12（共犯と身分）
大判大4・5・21（不法領得の意思・刑法判例百選各論P60）

（高裁判例）

4-44　東京高判平22・5・27（死体遺棄、殺人被告事件）
1-40　東京高決平22・3・17（即時抗告申立事件）
広島高判平21・12・14（勾留理由開示での被疑者陳述）
4-1　東京高判平21・12・1（覚せい剤取締法違反、関税法違反被告事件）
8-14　東京高判平21・7・1（窃盗被告事件）
2-20・6-46　東京高判平21・3・6（詐欺被告事件）
3-23　大阪高判平21・3・3（覚せい剤取締法違反被告事件）
7-29　大阪高判平21・1・20（銃砲刀剣類所持等取締法違反、関税法違反等告事件）
1-41　大阪高決平20・12・3（即時抗告申立事件）
2-30　東京高判平20・11・18（業務上過失致死、道路交通法違反被告事件）
1-42　東京高決平20・11・17（即時抗告申立事件）
2-3　東京高判平20・9・25（死体損壊、死体遺棄、殺人等被告事件）
4-45　広島高判平20・9・18（強盗致傷被告事件）
6-108　高松高判平20・7・14（住居侵入、窃盗被告事件）
1-44　東京高決平20・7・11（即時抗告事件）
5-9　東京高判平20・6・30（殺人、有印私文書偽造、同行使、詐欺未遂、詐欺被告事件）
1-46　東京高決平20・6・18（即時抗告事件）
6-47　東京高判平20・6・11（傷害致死被告事件）
1-47　東京高決平20・4・1（即時抗告事件）
3-1　東京高判平19・9・18（公務執行妨害、大麻取締法違反被告事件）
8-25　名古屋高判平19・8・9（強盗致傷〔認定罪名　傷害〕、建造物侵入被告事件）

6-82　高松高判平19・7・3（業務上過失致死被告事件）
1-6　東京高判平19・5・18（公務執行妨害、傷害被告事件）
6-109　広島高判平19・4・10（暴力行為等処罰に関する法律違反、証人等威迫被告事件）
6-20　東京高判平19・3・26（傷害、脅迫、暴行被告事件）
5-1　福岡高判平19・3・19（殺人被告事件）
3-21　札幌高判平19・3・8（「児童ポルノに係る行為等の処罰等に関する法律」違反等被告事件）
1-49　東京高決平18・12・28（即時抗告事件）
7-38　広島高判平18・11・14（暴行被告事件）
1-51　東京高決平18・10・16（即時抗告事件）
1-52　大阪高決平18・10・6（証拠開示命令請求棄却決定に対する即時抗告事件）
1-50　大阪高決平18・9・22（即時抗告事件）
2-45　東京高判平18・7・5（傷害被告事件）
1-53　大阪高決平18・6・26（証拠開示裁定請求棄却決定に対する即時抗告事件）
4-31　東京高判平18・6・13（有印私文書偽造、同行使、詐欺被告事件）
4-6　東京高判平18・4・13（覚せい剤取締法違反被告事件）、
8-26　東京高判平18・4・3（器物損壊、現住建造物等放火、住居侵入、窃盗等被告事件）
1-54　東京高決平18・2・24（証拠開示に関する裁定決定に対する即時抗告事件）
6-22　名古屋高判平18・1・24（窃盗被告事件）
2-4　東京高判平17・12・19（各受託収賄被告事件）
6-48　名古屋高判平17・11・7（傷害致死幇助被告事件）
6-120　東京高判平17・11・1（強盗致傷、窃盗被告事件）
東京高判平17・6・16（勾留理由開示裁判での被疑者の陳述関係）
4-46　東京高判平17・6・15（逮捕監禁、営利略取、殺人、死体遺棄被告事件）
8-27　東京高判平17・6・7（業務上横領、背任被告事件）
6-111　福岡高判平17・4・7（詐欺、殺人被告事件）
4-7　東京高判平17・2・16（覚せい剤取締法違反等事件）
2-5　東京高判平16・11・15（窃盗被告事件）
6-121　東京高判平16・6・22（業務上過失傷害、道路交通法違反、監禁、傷害被告事件）
6-66　札幌高判平16・3・29（公正証書原本不実記載、同行使、強制執行妨害被告事件）
6-24　広島高判平16・3・23（強姦致傷〔予備的訴因わいせつ目的略取未遂、傷害被告事件〕）
6-15　大阪高判平16・1・30（麻薬及び向精神薬取締法違反、関税法違反被告事件）
6-83　広島高判平15・12・18（過失傷害被告事件）
8-2　高松高判平15・10・28（詐欺被告事件）
4-8　広島高判平15・9・2（窃盗、窃盗未遂被告事件）
8-28　東京高判（差戻控訴審）平15・8・21（業務上横領被告事件）
7-39　東京高判平15・8・8（傷害致死被告事件）
6-126　名古屋高判平15・6・19（強盗殺人、死体損壊、死体遺棄等被告事件）
2-15　東京高判平15・5・27（強盗殺人、窃盗被告事件）
2-26　東京高判平15・5・14（商法違反、詐欺被告事件）
6-37　東京高判平15・1・29（詐欺被告事件）
6-112　東京高判平15・1・23（建造物侵入、窃盗、窃盗未遂被告事件）
6-67　東京高判平14・12・25（殺人、殺人未遂、銃刀違反被告事件）（方法の錯誤）
7-10　広島高判平14・12・24（傷害致死被告事件）
6-26・8-29　名古屋高判平14・12・6（業務上横領、郵便法違反、加重収賄被告事件）
4-32　福岡高判平14・11・6（強盗致傷被告事件）
1-8　福岡高判平14・10・31（覚せい剤取締法違反被告事件）

7-40　大阪高判平14・9・4（暴行、傷害致死被告事件）
5-2　東京高判平14・9・4（殺人被告事件）
6-127　名古屋高判平14・8・29（傷害被告事件）
6-40　名古屋高判平14・4・16（公正証書原本不実記載、同行使、殺人未遂被告事件）
7-11　広島高判平14・3・18（殺人被告事件）
2-16　東京高判平14・3・15（各建造物侵入、窃盗被告事件）
2-27　仙台高判平13・10・4（覚せい剤取締法違反被告事件）
3-39　大阪高判平13・9・27（強盗殺人、死体損壊、強盗予備等被告事件）
7-41　東京高判平13・9・17（傷害致死被告事件）
6-59　東京高判平13・5・16（強盗致傷、強盗、監禁、窃盗、恐喝未遂、傷害被告事件）
2-6　大阪高判平13・1・30（銃砲刀剣類所持等取締法違反、殺人被告事件）
2-7　東京高判平12・6・27（覚せい剤取締法違反被告事件）
6-113　札幌高判平12・3・16（傷害致死〔変更後の訴因　傷害致死幇助〕被告事件）
4-47　東京高判平11・10・26（覚せい剤取締法違反等被告事件）
3-35　東京高判平11・10・22（銃砲刀剣類所持等取締法違反被告事件）
4-21　東京高判平11・10・8（詐欺被告事件）
6-122　東京高判平11・8・27（不動産侵奪被告事件）
3-3　東京高判平11・8・23（覚せい剤取締法違反被告事件）
6-28　東京高判平11・6・21（住居侵入・強盗強姦等被告事件）
3-4　大阪高判平11・3・5（覚せい剤取締法違反被告事件）
4-48　大阪高判平10・12・9（殺人・銃砲刀剣類所持等取締法違反被告事件）
7-26　大阪高判平10・6・24（現住建造物等放火被告事件）
4-34　札幌高判平10・5・12（建造物侵入被告事件）
1-37　高松高判平10・2・10（覚せい剤取締法違反、道路交通法違反被告事件）
福岡高判平10・2・5（刑訴法326条関係）
4-22　東京高判平9・12・18（道路交通法違反被告事件）
5-10　仙台高秋田支判平9・12・2（非現住建造物等放火被告事件）
3-40　大阪高判平9・9・17（覚せい剤取締法違反被告事件）
7-3　東京高判平9・8・4（医師法違反、傷害致死被告事件）（美容整形）
7-4　広島高判平9・7・15（監禁致死、監禁、監禁致傷等被告事件：戸塚ヨットスクール事件）
6-123　東京高判平9・3・18（殺人予備、有印公文書偽造被告事件）
4-10　大阪高判平8・11・27（覚せい剤取締法違反被告事件）
6-117　大阪高判平8・9・17（恐喝被告事件）
大阪高判平8・7・16（ビデオテープ）
5-3　東京高判平8・5・29（兇器準備集合等被告事件）
4-35　広島高判平8・5・23（現住建造物等放火被告事件）
6-41　大阪高判平7・11・9（窃盗、住居侵入被告事件）
1-24　大阪高判平7・9・1（強盗致傷〔変更前の訴因傷害、窃盗〕窃盗被告事件）
2-35　札幌高判平7・6・29（強姦致傷、強盗被告事件）
3-6　福岡高判平6・10・5（覚せい剤取締法違反被告事件）
2-22　東京高判平6・6・6（公務執行妨害、殺人等被告事件）
3-41　東京高判平6・5・11（覚せい剤取締法違反被告事件）
1-55　大阪高決平5・11・29（提出命令に対する抗告事件）
4-50　東京高判平5・10・21（業務上過失傷害、道路交通法違反被告事件）
仙台高判平5・4・26（刑訴法326条関係）
6-114　大阪高判平5・3・30（覚せい剤取締法違反、同幇助等被告事件）

5-11　福岡高判平5・3・18（建造物侵入、窃盗被告事件）
3-42　福岡高判平5・3・8（覚せい剤取締法違反被告事件）
8-19　東京高判平4・10・28（窃盗被告事件・刑法判例百選各論Ｐ66）
3-43　東京高判平4・10・15（覚せい剤取締法違反被告事件）
2-8　大阪高判平4・2・5（覚せい剤取締法違反被告事件）
4-36　札幌高判平3・12・10（道路交通法違反被告事件）
5-15　東京高判平3・4・23（住居侵入、強姦、常習累犯窃盗、殺人、死体遺棄被告事件）
5-4　大阪高判平2・9・28（殺人、逮捕監禁、犯人蔵匿被告事件）
2-9　大阪高判平2・9・25（覚せい剤取締法違反被告事件）
大阪高判平1・11・10（刑訴法321条1項2号関係）
3-25　大阪高判平1・11・9（現住建造物等放火被告事件）
6-60　福岡高判昭63・12・12（強姦致傷被告事件）
東京高判昭63・11・10（刑訴法321条1項1号関係）
4-37　大阪高判昭63・9・29（窃盗被告事件）
2-47　東京高判昭63・9・12（住居侵入、窃盗被告事件）
7-43　東京高判昭63・6・9（殺人被告事件）
東京高判昭63・4・1（防犯カメラによる録画）
5-19　大阪高判昭63・3・11（恐喝未遂、恐喝被告事件）
6-29　大阪高判昭62・12・16（建造物侵入、窃盗未遂被告事件）
7-44　大阪高判昭62・10・28（傷害致死、銃砲刀剣類所持等取締法違反被告事件）
6-61　大阪高判昭62・9・10（住居侵入、窃盗、強姦未遂、強姦、強盗被告事件）
6-133　大阪高判昭62・7・17（事後強盗致傷被告事件）
6-124　大阪高判昭62・7・10（傷害、恐喝、恐喝未遂等被告事件）
7-12　大阪高判昭62・4・15（決闘殺人被告事件）
7-24　東京高判昭62・1・19（殺人被告事件）
4-39　大阪高判昭61・11・13（業務上過失致死、道路交通法違反被告事件）
3-27　東京高判昭61・5・28（覚せい剤使用被疑事件）
3-26　福岡高判昭61・4・28（殺人被告事件）
5-20　大阪高判昭61・1・30（強姦、殺人、窃盗各被告事件）
1-28　東京高判昭60・12・4（業務上横領被告事件）
2-56　仙台高判昭60・5・28（公職選挙法違反被告事件）
7-45　東京高判昭59・11・22（傷害致死被告事件）
8-20　東京高判昭59・10・30（常習累犯窃盗被告事件・刑法判例百選各論Ｐ54）
2-10　東京高判昭59・9・17（公職選挙法違反被告事件）
6-6　東京高判昭58・10・20（業務上過失傷害・道交法違反被告事件）
6-30　東京高判昭58・8・23（現住建造物等放火未遂、放火予備等被告事件）
4-52　広島高判昭58・6・21（道路交通法違反被告事件）
広島高判昭58・2・1（緊急逮捕関係）
4-4　東京高判昭58・1・27（監禁、監禁致傷、恐喝等被告事件・刑訴法判例百選Ｐ174）
4-25　東京高判昭57・11・9（建造物等失火被告事件）
1-29　大阪高判昭57・9・27（傷害被告事件）
1-9　東京高判昭57・4・28（住居侵入、殺人、同未遂被告事件）
2-11　東京高判昭57・3・24（覚せい剤取締法違反被告事件）
1-30　東京高判昭57・3・4（恐喝、競売入札妨害被告事件）
6-53　大阪高判昭56・9・30（覚せい剤取締法違反被告事件）
2-49　東京高判昭56・9・16（業務上横領、贈賄被告事件）

6-89　福岡高判昭56・8・27（業務上過失致死被告事件）
3-44　広島高判昭56・8・7（恐喝未遂、監禁、覚せい剤取締法違反等被告事件）
東京高判昭56・1・22（刑訴法323条関係）
6-74　広島高判昭55・7・8（道路交通法違反被告事件）
2-51　東京高判昭55・3・28（預金等に係る不当契約の取締に関する法律違反等被告事件）
4-26　東京高判昭54・8・23（競馬法違反被告事件）
東京高判昭54・3・29（財物性）
4-63　東京高判昭54・2・7（強姦致傷、詐欺、暴行、傷害等被告事件）
5-6　福岡高那覇支判昭53・11・24（銃砲刀剣類所持等取締法違反等被告事件）
札幌高判昭53・6・29（実行の着手関係）
6-32　東京高判昭53・5・30（公職選挙法違反、名誉棄損被告事件）
8-7　東京高判昭53・3・20（恐喝被告事件）
5-30　東京高判昭53・3・13（凶器準備集合等被告事件）
3-29　福岡高判昭52・5・30（殺人〔変更前の罪名尊属殺人〕等被告事件）
2-12　仙台高判昭52・2・10（業務上過失致死傷被告事件）
8-9　広島高松江支判昭51・12・6（詐欺等被告事件）
2-32　福岡高那覇支判昭51・4・5（殺人被告事件）
2-39　東京高判昭51・3・30（公務執行妨害被告事件）
6-91　札幌高判昭51・3・18（業務上過失傷害被告事件）
大阪高判昭50・11・19（緊急逮捕関係）
5-22　大阪高判昭50・9・11（汽車往来危険、爆発物取締罰則違反等被告事件）
6-7　大阪高判昭50・8・27（凶器準備集合・暴力行為等処罰に関する法律違反被告事件）
1-31　名古屋高決昭50・6・12（裁判官忌避申立却下決定に対する即時抗告申立事件）
4-12　東京高判昭48・3・28（常習累犯窃盗被告事件）
6-102　高松高判昭47・9・29（恐喝、傷害、強姦被告事件）
6-92　東京高判昭47・7・25（業務上過失致死傷被告事件）
4-13　東京高判昭47・3・22（業務上過失傷害等被告事件）
6-33　東京高判昭45・12・25（窃盗、住居侵入、準強盗等被告事件）
7-28　大阪高判昭45・5・1（業務上過失傷害被告事件）
東京高判昭45・4・6（財物性）
2-40　仙台高判昭43・7・18（道路交通法違反、業務上過失致死被告事件）
6-17　東京高判昭43・5・27（殺人未遂被告事件）
大阪高判昭43・3・4（財物性）
8-10　東京高判昭42・11・22（詐欺、賭博開帳図利被告事件）
大阪高判昭42・9・28（刑訴法321条1項2号関係）
6-18　東京高判昭42・4・11（殺人被告事件）
2-13　大阪高判昭41・12・9（業務上横領被告事件）
4-40　東京高判昭41・10・17（業務上過失致死傷被告事件）
6-34　高松高判昭41・8・9（強姦致傷、道路運送法違反、強姦未遂、強盗被告事件）
4-41　東京高決昭41・6・30（裁判官忌避申立却下決定に対する即時抗告事件）
6-129　大阪高判昭41・6・24（強姦等被告事件）
東京高判昭41・5・30（ポリグラフ検査の証拠能力）
6-56　東京高判昭41・3・30（重過失致死被告事件）
7-46　福岡高判昭40・6・22（殺人未遂、銃砲刀剣類等所持取締法違反被告事件）
6-107　東京高判昭39・2・25（自殺幇助等被告事件）
6-77　福岡高判昭36・8・31（強盗致死窃盗被告事件）

6-78　名古屋高判昭35・10・5（強盗傷人窃盗詐欺恐喝未遂被告事件）
5-24　大阪高判昭35・5・26（贓物牙保被告事件）
5-26　東京高判昭34・12・2（強盗殺人被告事件：小島事件差戻控訴審）
6-63　名古屋高判昭34・4・22（詐欺被告事件）
6-8　東京高判昭33・10・24（有価証券偽造・同行使等被告事件）
6-57　名古屋高判昭31・4・19（殺人被告事件）
4-61　東京高判昭30・4・2（強盗殺人未遂等被告事件）
福岡高判昭30・2・28（弾劾証拠関係）
福岡高判昭29・9・16（立証趣旨関係）
東京高判昭29・7・24（刑訴法321条1項3号関係）
4-5　福岡高判昭28・12・24（関税法違反被告事件＝密輸出）
7-34　大阪高判昭28・11・18（窃盗被告事件）
2-24　名古屋高金沢支判昭28・9・17（公職選挙法違反被告事件）
6-130　福岡高判昭28・1・12（強盗教唆銃砲刀剣類等所持取締令違反被告事件）
7-35　東京高判昭27・12・26（逮捕致傷被告事件）
4-28　東京高判昭27・7・17（食糧管理法違反被告事件等）
札幌高函館支判昭26・7・20（刑訴法321条1項1号関係）

（地裁・簡裁・家裁判例）

1-19・4-29　宇都宮地判平22・3・26（足利事件再審）
3-36　大阪地判平21・6・11（勾留請求却下に対する準抗告申立事件）
7-25　東京地判平21・1・13（自動車運転過失傷害被告事件）
6-9　神戸地判平20・12・8（殺人等被告事件）
6-11・8-24　秋田家決平19・10・19（占有離脱物横領保護事件）
6-12　静岡地判平19・8・6（殺人未遂等被告事件）
福井地判平19・5・10（勾留理由開示での被疑者陳述関係）
1-20　奈良地判平19・4・18（損害賠償請求事件）
6-21　佐賀地判平19・2・28（殺人未遂被告事件）
熊本地判平19・2・26（勾留理由開示での被疑者陳述関係）
6-13　大津地判平19・1・23（現住建造物等放火等被告事件）
6-14　名古屋地判平18・8・7（殺人被告事件）
2-25　広島地判平18・7・4（強制わいせつ致死、殺人、死体遺棄等被告事件）
2-34　東京地判平16・12・20（「迷惑防止条例」違反被告事件）
東京地八王子支判平16・12・16（住居侵入被告事件）
6-65　福岡地判平16・5・17（強盗殺人被告事件）
東京地判平16・3・17（逮捕の適法性の判断関係）
6-49　大分地判平15・3・13（現住建造物等放火被告事件）
4-20　東京地判平15・1・22（ストーカー行為等の規制等に関する法律違反、業務妨害被告事件）
7-30　東京地判平14・12・16（贈賄被告事件）
4-9　佐賀地決平14・12・13（背任被告事件）
3-34　千葉地決平14・12・5（公務執行妨害、傷害被告事件）
千葉地判平14・2・5（シャクティパット事件の一審判決・実行の着手）
3-24　東京地判平12・11・13（偽造有印公文書行使、強盗致傷、住居侵入、窃盗被告事件）
6-3　大阪地判平11・10・27（公正証書原本不実記載、同行使、強制執行妨害等被告事件）

千葉地判平11・9・8（刑訴法321条1項2号関係）
8-4 東京地判平10・7・7（業務上横領被告事件）
2-31 大阪地判平10・4・16（殺人、死体遺棄、窃盗、強盗致傷、公務執行妨害等被告事件）
7-47 東京地判平9・12・12（傷害致死等被告事件）
6-4 東京地判平9・9・25（名誉棄損被告事件）
1-38 高松地判平9・3・25（覚せい剤取締法違反、道路交通法違反被告事件）
7-48 東京地判平8・6・26（殺人被告事件）
4-58 東京地判平7・9・29（強盗傷人被告事件）
7-42 名古屋地判平7・6・6（殺人〔認定した訴因嘱託殺人〕被告事件）
2-21 福岡地判平6・6・17（法人税法違反被告事件）
6-72 札幌地判平6・2・7（現住建造物等放火〔認定罪名「非現住建造物等放火」〕事件）
7-5 大阪地判平4・7・20（傷害致死被告事件）（スポーツクラブ活動と体罰）
5-12 浦和地判平4・3・19（恐喝、贈賄被告事件）
6-68 浦和地判平4・3・9（強姦致傷、窃盗被告事件）
5-13 浦和地判平4・1・16（殺人被告事件）
5-14 浦和地判平3・11・11（強姦致傷、窃盗被告事件）
4-56 東京地判平3・9・30（麻薬取締法違反被告事件）
5-16 浦和地判平3・5・9（恐喝、贈賄被告事件）
5-17 浦和地判平3・3・25（覚せい剤取締法違反被告事件）
6-69 浦和地判平3・3・22（傷害致死被告事件）
1-56 京都地判平2・11・16（確定訴訟記録の閲覧不許可処分に対する準抗告申立事件）
1-21 浦和地判平2・10・12（現住建造物等放火等被告事件）
京都地決平2・10・3（容疑者の写真）
3-14 東京地判平2・7・26（職務強要被告事件）
1-10 大阪地判平1・12・7（大麻取締法違反、覚せい剤取締法違反等被告事件）
6-51 大阪地判平1・5・29（業務上過失致死傷、道路交通法違反被告事件）
東京地判平1・3・15（容疑者の写真）
3-31 釧路地判昭61・8・27（強盗殺人、死体遺棄再審被告事件）
8-5 東京地判昭60・2・13（業務上横領、詐欺未遂被告事件）
8-6 東京地判昭59・6・28（窃盗被告事件・刑法判例百選各論Ｐ64）
5-21 東京地判昭59・6・19（受託収賄等被告事件）
6-43 鹿児島地判昭59・5・31（傷害、暴力行為等処罰に関する法律違反被告事件）
4-24 水戸地決昭59・1・24（道路交通法違反被告事件）
2-48 宇都宮地判昭58・9・27（住居侵入、強盗殺人被告事件）
6-70 横浜地判昭58・7・20（現住建造物等放火被告事件）
6-52 大阪地堺支判昭58・6・6（現住建造物等放火被告事件）
1-18 千葉地決昭57・8・4（証拠保全請求事件）
3-15 松江地判昭57・2・2（殺人未遂教唆、有印私文書偽造、同行使被告事件）
5-5 東京地判昭56・11・18（検察官からの証拠取調請求事件）
2-50 前橋地決昭56・6・19（覚せい剤取締法違反被告事件）
3-20 京都地判昭55・12・19（損害賠償請求事件）
4-59 東京地判昭53・7・13（供述調書に関する証拠調請求事件）
6-76 鹿児島地判昭52・7・7（殺人未遂、監禁、傷害被告事件）
6-90 越谷簡判昭51・10・25（業務上過失致死被告事件）
6-54 大阪地判昭51・3・4（強盗未遂被告事件）
6-55 仙台地判昭51・2・5（業務上過失致死傷被告事件）

1-34　札幌地判昭49・4・19（損害賠償請求事件）
4-53　大阪地判昭48・10・25（傷害被告事件）
3-22　東京地決昭48・3・6（勾留の裁判に対する準抗告事件）
　神戸地決昭47・2・17（勾留理由開示関係）
1-35　札幌地判昭46・5・10（偽証被告事件）
1-22　岡山地決昭44・9・5（勾留取消の裁判に対する準抗告申立事件）
　横浜地小田原支決昭43・10・9（訴因変更の時期的制限）
3-33　広島地呉支決昭41・7・8（勾留請求却下の裁判に対する準抗告事件）
3-17　静岡地判昭40・3・5（公職選挙法違反、名誉毀損被告事件）
　田川簡決昭36・9・27（勾留理由開示関係）
5-31　長野地判昭33・5・23（窃盗被告事件）
7-33　大分地竹田支判昭31・1・10（封印破棄窃盗被告事件）
　山口地決昭29・8・58（勾留理由開示関係）

◎著者プロフィール

丸山輝久（まるやま・てるひさ）

1943年、長野市生まれ。1967年、中央大学法学部法律学科卒業。司法研修所第25期修了。1973年、弁護士登録（第二東京弁護士会）。第二東京弁護士会法律相談センター運営委員会委員長、日本弁護士連合会法律相談事業に関する委員会委員長、東京フロンティア基金法律事務所初代所長、東京家庭裁判所調停員、東京労働局個別動労紛争斡旋委員を歴任。

2005年7月より現在まで、大宮法科大学院教授（担当:刑事クリニック、刑事事実認定論）。2011年9月より、桐蔭横浜大学法科大学院非常勤講師。

◎主な著作

単行本／『隣近所のトラブルに負けない本』（中経出版、2003年）。

論文／「自白の任意性をどのように争うか」（村井敏邦ほか編『刑事弁護の技術（上）』〔第一法規、1994年〕に収録）、「公設事務所と弁護士法人」（自由と正義2003年5月号）、「ロースクールにおける刑事クリニック試論」（大宮法科 大学院大学季刊誌・大宮ローレビュー3号〔2006年〕）、「原発事故損害賠償の現状と問題点」（都市問題2011年12月号）など。

判例《はんれい》を基《もと》にした刑事事実認定《けいじじじつにんてい》の基礎知識《きそちしき》

2011年12月28日　第1版第1刷

著　者◎丸山輝久

発行人◎成澤壽信

発行所◎株式会社 現代人文社

〒160-0004 東京都新宿区四谷2-10八ッ橋ビル7階
振替 00130-3-52366
電話 03-5379-0307（代表）
FAX 03-5379-5388
E-Mail henshu@genjin.jp（代表）／hanbai@genjin.jp（販売）
Web http://www.genjin.jp

発売所◎株式会社 大学図書

印刷所◎株式会社 ミツワ

装　丁◎加藤英一郎

検印省略　PRINTED IN JAPAN

ISBN978-4-87798-504-2 C3032

©2011 MARUYAMA Teruhisa

本書の一部あるいは全部を無断で複写・転載・転訳載などをすること、または磁気媒体等に入力することは、法律で認められた場合を除き、著作者および出版者の権利の侵害となりますので、これらの行為をする場合には、あらかじめ小社また編集者宛に承諾を求めてください。